Bernhard Kytzler · Lutz Redemund
Nikolaus Eberl

*unter Mitarbeit
von Elke Steinmeyer*

Unser tägliches GRIECHISCH

Lexikon des griechischen Spracherbes

VERLAG PHILIPP VON ZABERN · MAINZ AM RHEIN

Bernhard Kytzler · Lutz Redemund
Nikolaus Eberl

unter Mitarbeit
von Elke Steinmeyer

Unser tägliches GRIECHISCH

Lexikon des griechischen Spracherbes

XLIII, 1209 Seiten

Die Herausgabe des Werkes wurde durch die
Vereinsmitglieder der WBG ermöglicht.

Bibliografische Information der Deutschen Nationalbibliothek

Die Deutsche Nationalbibliothek verzeichnet diese Publikation
in der Deutschen Nationalbibliografie; detaillierte bibliografische Daten
sind im Internet über <*http://dnb.d-nb.de*> abrufbar

3. Auflage 2007
© 2001 by Verlag Philipp von Zabern, Mainz am Rhein
ISBN: 978-3-8053-2816-6
Alle Rechte, insbesondere das der Übersetzung in fremde Sprachen, vorbehalten.
Ohne ausdrückliche Genehmigung des Verlages ist es auch nicht gestattet, dieses Buch
oder Teile daraus auf photomechanischem Wege (Photokopie, Mikrokopie) zu vervielfältigen
oder unter Verwendung elektronischer Systeme zu verarbeiten und zu verbreiten.
Printed in Germany by Philipp von Zabern
Printed on fade resistant and archival quality paper (PH 7 neutral) · tcf

Inhaltsverzeichnis

I.	Vorwort	VII
II.	Einführung	
	a) Kulturhistorischer Teil	IX
	b) Einführung in die Arbeit mit dem Wörterbuch	XVI
	Kriterien für die Auswahl der Wörter	XVI
	Vorgehensweise	XVII
	Zur Literatur- und Abkürzungsliste	XVIII
	Zum Sachgruppenkatalog	XVIII
	Zum lexikalischen Teil	XIX
	Zu den Listen im Anhang	XXV
III.	Literaturliste	XXVIII
IV.	Sachgruppenkatalog	XXX
V.	Abkürzungsverzeichnis	XXXIV
VI.	Griechische Buchstaben	XL
VII.	Griechische Akzente	XLI
VIII.	Lexikalischer Teil	
	Buchstabe A	1
	B	114
	C	156
	D	187
	E	238
	F	305
	G	311
	H	357
	I	435
	J	464
	K	468
	L	546
	M	574
	N	662
	O	692
	P	727
	Q	881
	R	882
	S	895
	T	965
	U	1020
	V	1025
	W	1029
	X	1031
	Y	1037
	Z	1038

Anhang:

IX.	Partikelliste	1060
X.	Liste der Wortelemente	1065
XI.	Anhang Namen	1098
XII.	Sprichwörter und Zitate	1121
XIII.	Alphabetisches Verzeichnis der griechischen Ursprungswörter	
	a) nach lateinischem Alphabet	1129
	b) nach griechischem Alphabet	1169

VORWORT

Die Autoren sahen sich durch das freundliche Interesse und die Zustimmung, die ihrer Darstellung des lateinischen Spracherbes[1] zuteil wurden, dazu ermuntert, auch den griechischen Einfluß auf die deutsche Sprache umfassend vor Augen zu führen. Der folgende Band sucht auf über 1000 Seiten die Spuren des griechischen Spracherbes im Deutschen möglichst faßlich und übersichtlich zu verdeutlichen.

Im Gegensatz zum Lateinischen ist freilich den deutschen Lesern das Griechische dadurch, daß es ein anderes Alphabet benutzt, schwerer zugänglich. Nur wenige beherrschen heute noch jene Buchstaben und Zeichen, die uns den Reichtum der griechischen Gedanken und Empfindungen auf Papyros und im Codex, auf Ton und Stein überliefern. Diesem allgemeinen Mangel tritt die Anlage unseres Buches entschlossen entgegen: Jedes einzelne griechische Wort und selbst jede Silbe, ja jeder Buchstabe ist nicht nur im griechischen Original abgedruckt, sondern erscheint auch in genauer Umschrift. So kann niemand Schwierigkeiten haben, den Erklärungen genauestens bis zum einzelnen Buchstaben hin zu folgen.

Der Band stellt das Spracherbe der Griechen im heute benutzten Deutsch umfassend und detailliert dar:

– Nicht nur die Herkunft einzelner Wörter ist erklärt, auch ihr

– Weg durch die späteren Sprachen wird aufgezeigt;

– eine Liste der Vor– und Nachsilben und gleichfalls;

– eine Liste der Wortelemente belegen deren häufige Benutzung in Zusammensetzungen;

– Zitate und Redewendungen werden eigens aufgelistet und in ihrem Wortlaut wie in ihrer Bedeutung erklärt;

– eine Liste der griechischen Ursprungswörter führt den Benutzer zu den unterschiedlichen Verwendungen des Wortes im Deutschen.

So sind die wesentlichen Aspekte, die „Unser tägliches Griechisch" konstituieren, für jedermann zugänglich gemacht.

Aristoteles hat im ersten Satz seiner *Metaphysik* gesagt: „Alle Menschen streben von Natur aus nach Wissen." Die Autoren wünschen dem Leser bei der Benutzung des Buches, daß er nicht nur seinen Wissensdurst stillen kann, sondern auch manche überraschende Einsicht gewinnt, die ihm sonst noch nicht begegnet war.

---

[1] Bernhard Kytzler & Lutz Redemund, Unser tägliches Latein. Lexikon des lateinischen Spracherbes, Mainz 1992, 5. Aufl. 1997

Vorwort

Sie wünschen sich selbst, daß das Buch dem Leser die gewünschte Information bietet und ihm als nützliches Nachschlagewerk ebenso dienen kann wie als erfreuliche Fundgrube so mancher unverhoffter Erkenntnis.

* * *

Der Plan der Ausarbeitung des Buches wurde 1994 auf Vorschlag von Niko Eberl ins Auge gefaßt und die Vorbereitung alsbald begonnen. Als er 1996 aus persönlichen Gründen ausscheiden mußte, trat Elke Steinmeyer an seine Stelle und sicherte so den Fortgang der Arbeiten. Trotz des Einsatzes moderner Kommunikationsmittel wie Fax und e–mail behinderte die räumliche Distanz zwischen den Autoren auf zwei Kontinenten die Fortschritte der Fertigstellung nicht unbeträchtlich. Daß der Band nun, allen Schwierigkeiten zum Trotz, abgeschlossen werden konnte, verdanken wir einer Reihe von Personen und Institutionen:

– der University of Natal, Durban / Südafrika, die für das Projekt einen Arbeitsraum und einen MacIntosh–Computer zur Verfügung gestellt und das Projekt mit finanziellen Zuschüssen unterstützt hat;

– Elke Steinmeyer, die sich konsequent eingearbeitet und die Ausarbeitung mit viel Enthusiasmus wesentlich gefördert hat;

– Elisabeth Schmidt–Leichtle und cand. phil. Adrian Ryan, die mit Schreib– und EDV–Arbeiten mitgewirkt haben;

– dem Seminar für Klassische Philologie der Freien Universität Berlin und seinen Geschäftsführenden Direktoren Prof. Dr. G. Thome und Prof. Dr. B. Seidensticker, die in höchst entgegenkommender Weise die Benutzung der Seminar-Bibliothek und ihrer Computer ermöglicht haben.

Wiederum gilt unser Dank vor allem Herrn Franz Rutzen vom Verlag Philipp von Zabern, der das Entstehen des Werkes mit großer Geduld und allzeit freundlicher Aufmerksamkeit begleitet hat.

Am 25. März 2001   Bernhard Kytzler / Durban–Morningside, RSA
                    Lutz Redemund / Berlin–Frohnau
                    Nikolaus Eberl / Vorna Valley, RSA

EINFÜHRUNG – KULTURHISTORISCHER TEIL

Auf den ersten Blick bilden griechisches und römisches Erbe, im deutschen Kulturgebiet unter dem Sammelbegriff der „Klassischen Antike" gesehen, ein gemeinsames Ganzes. Dennoch ergeben sich bei näherem Zusehen erhebliche Unterschiede. Das Römische Imperium hatte sich über Generationen hin germanische Gebiete einverleibt. Davon sind dort auch deutliche Spuren erhalten geblieben. Straßenbau und Brückenbau, Weinbau und Städtebau sind unmittelbare Zeugen. Städtenamen, wie Köln, Neuss, Zabern und andere, belegen die römische Herkunft der Orte. Die Spuren des *gigantischen* Sicherheitswalles des Imperiums, lateinisch Limes genannt, sind über hunderte von *Kilometern* hinweg augenfällig zu verfolgen. Und auch die deutsche Sprache mit ihrem hohen Anteil an ursprünglich lateinischen Wörtern und Wendungen beweist nachdrücklich diesen Kulturtransfer, worauf schon anderen Ortes hingewiesen wurde (vgl. Anm. 1 S. VII).

Anders Griechenland: Die Wiege der *europäischen Poesie* und *Philosophie,* der *Demokratie* und der *Aristokratie,* der *Architektur* und der *Gymnastik* hat ihren Einfluß auf Deutschland in nicht minder nachhaltiger Weise, doch deutlich in weniger direkter Überführung ausgeübt. Die beiden Länder sind ja nicht benachbart; erst in den letzten Dezennien des eben vergangenen XX. Jahrhunderts ist es zu einigen nachhaltigeren Kontakten gekommen: durch griechische Gastarbeiter und Besucher in Deutschland einerseits, durch deutsche *Touristen* in Griechenland andererseits.

Es ist demnach nicht die *geographische* Nähe, sondern vielmehr eine vielhundert-jährige Tradition kultureller Berührung, die den **Bestand** altgriechischer Wörter im heutigen Deutsch bewirkt hat. Denn der Einfluß des griechischen Erbes in unserem Land ist nicht nur in den Formen von *Stelen* und *Kapitellen,* von *Stadien* und *Theatern,* von *Basen* und *Architraven* bewahrt; er ist auch in unerwartet vielen Begriffen in unserer Sprache präsent – in dem weiten Feld zwischen *Phantasie* und *Logik, Rhetorik* und *Erotik, Melancholie, Dynamik* und *Phlegma*; zwischen *Hierarchie, Anthropologie, Strategie* und *Taktik.* Wir denken an *Gastronomie* und *Legasthenie;* an *Physik* und *Metaphysik,* an *Physiologie* und *Akustik* und *Kybernetik,* an *Apokalyptik* und *Aerobic,* an *platonische* wie an *lesbische* Liebe, an *Parenthesen* und *Paradoxien,*

IX

Einführung – kulturhistorischer Teil

an *dialektisches* Denken im 20. Jahrhundert und an *holistisches* im 21. Jahrhundert Und neben mancherlei mehr gelehrten *Akademika* denken wir ebenso auch an allbekannte Alltagswörter ohne besonderen fremdsprachlichen Schimmer, an Wörter wie *Kachel, Bombe, Diplom, Diamant; Butter* oder *Pantoffel;* an Bereiche wie *Kirche, Pfarrer* und *Bibel; Athlet, Stadion* und *Olympiade; Arzt, Apotheke* und *Klinik – Epidemien* wie *Cholera* oder *Malaria* nicht zu vergessen. So selbstverständlich haben diese „Gastwörter" sich in ihre neue Sprachheimat eingefügt, daß sie auch ohne weiteres zu Zusammensetzungen mit anderem Sprachgut, sei es deutscher oder lateinischer Herkunft, verwendet werden können: vom *Parabol*spiegel über die Kunst*metropole* bis zur *Monopol*stellung, vom *Problem*bewußtsein bis zur Doppel*strategie,* vom *Hyper*text zum *para*militärischen *Hegemonie*streben, vom Tanz*marathon* und der *Theorie*diskussion über den *Thun*fisch und die *Tapeten*rolle bis zum Schreib*tisch,* zur *Mikro*welle und zur *Telefon*zelle. Und vom *Mega*hertz zum *Mega–*out.

Auch die Formung deutscher Vornamen bezeugt überraschend starken griechischen Einfluß. Es geht dabei nicht etwa nur um erhaben Abstraktes wie das *Dionysische* und *Apollinische* (das korrekterweise das „*Apollonische*" heißen müßte). Es geht vielmehr um so allgemein Gebräuchliches wie *Schorsch* und *Grete, Irene* oder *Iris,* um *Peter, Alexander, Philipp, Klaus, Georg, Stephan, Theodor* und *Dorothea, Andrea, Agathe, Katharina / Katja, Barbara* und so manche andere.

So mancher könnte da leicht ein wenig in Verwirrung geraten: Auch wer Bescheid weiß, wie sich *Astronomie* und *Astrologie* unterscheiden, wer *Ökonomie* und *Ökologie* klar auseinanderhalten kann, mag sich fragen müssen: Wie unterscheiden sich denn nun *Biotop* und *biotrop* und *Biotyp* und *Biotin*? Oder wie *Teleskop, Stethoskop, Mikroskop, Horoskop, Kaleidoskop*? Oder *Bezirk, bezirzen, Zirkus, Zirkel*? Was haben *Synapse* und *Synopse* miteinander zu tun? Was *Chiasmus* und *Chiliasmus*? Oder *Meteorologie* und *Metrologie*? Und wie stehen sich *Chorographie und Choreographie* gegenüber? Wie *Liturgik* und *Lithurgik*? Wie *Logograph* und *Logogriph*? Oder *Pyromanie* und *Pyromantie*? Der Stoßseufzer „Das ist ja ein *Labyrinth*" führt freilich erst recht mitten hinein in jene vielgestaltige nuancenreiche Sprachschicht, die wir hier, mit leichter Abrundung, „Unser tägliches Griechisch" nennen.

Natürlich sind da zunächst einmal vielerlei Fachsprachen mit dem leicht exotisch anmutenden Farbenreichtum des Ausdrucksspektrums ihrer Terminologie vertreten: So die der Medizin und der *Musik*, der *Physik* und der *Theologie*, der *Biologie* und der *Geologie,* der modernen Sprachwissenschaft und so manches mehr. Aber daneben kommt allenthalben auch der Alltag durchaus gut alt–griechisch zu Wort: Der *Zimt* in der *Büchse* auf dem *Tisch* unter der *Lampe*; die *Burschen* an der *Börse* mit ihren *Brillen* und *Papieren*; die *Bojen* im *Ozean*; vielerlei Getier, wie *Pferd, Löwe, Elephant, Delphin, Leopard;* dann auch das *Echo* der *Orgel* in der *Kathedrale*; in der *Boutique* die *Kosmetik* mit Produktnamen wie *Kaloderma*; im *Theater* in der *Pause* dieser *Idiot*, ein *Banause*, der sich ständig *blamiert*. Man muß schon *stop! basta! basta!* rufen. Oder eher *bravo!?* Lassen wir's auf sich beruhen.

* * *

Der *Prozeß der Aneignung* griechischen Sprach– und Gedankengutes im Deutschen hat vielerlei Stufen und mannigfache Wege beinhaltet. Verschiedene *Epochen* haben unterschiedlich beigetragen. Dabei ist festzuhalten, daß ja auch das Altgriechische selbst eine Reihe von voraufliegenden Sprachelementen übernommen hat, insbesondere von Namen für Gewächse, Tiere und Orte. Andererseits ist ein beträchtlicher Teil griechischer Wendungen nicht direkt, sondern über das Lateinische ins Deutsche eingeflossen, so etwa *Zentrum* und *Zirkus, Maschine* und *Sphäre, Koloß* und *Krone*. Einige frühchristliche Bezeichnungen, wie *Kirche, Pfingsten, Pfaffe,* sind wiederum durch Bischof Wulfilas Gotisch zu uns Heutigen herübergekommen. Selbst die unübliche Wortstellung „Vater unser" hat hier ihren Ursprung.

Insgesamt hat dann das Mittelalter stark eingewirkt: War es einerseits der Bildungsbetrieb, der über *Schule* und Hochschule das *enzyklopädische, pädagogisch-didaktische Programm,* meist durch die *Kalligraphie* der *Mönche,* vermittelte und in *Bibliotheken* bereitstellte, so war andererseits in den Naturwissenschaften, am Krankenbett und im Laboratorium, neben dem Lateinischen auch das Griechische zur Bewältigung so mancher *Probleme* präsent; es wirkte als gern genutzte *Basis* und *Methode* für *Kategorisierung* und *Katalogisierung*.

Einführung – kulturhistorischer Teil

Natürlich haben später die Renaissance und der Humanismus mit ihrem betonten Anknüpfen an antike Vorbilder den Prozeß der sprachlichen Übernahme aus dem Griechischen ins Deutsche nachdrücklich befördert. Ein Begriff oder ein Zitat, dem Altgriechischen entnommen, galt als Schmuck der lateinischen wie auch der deutschen Rede. Gerne bezog man sich auch auf bestimmte Ereignisse der Geschichte [*Pyrrhossieg*] oder des *Mythos [Achillesferse, Tantalosqualen]*. Des weiteren schöpften *Philosophie, Theologie, Theorie* der Kunst und andere Wissenschaften allenthalben aus dem reichen Reservoir griechisch geformter Gedanken. Und selbst deutsche Familiennamen wurden nun gräzisiert; aus „Schwarzerd" wurde jetzt *Melanchthon,* aus „Neumann" nun *Neander,* und *Chrysander* aus „Goldmann".

So manches altgriechische Wort kam hernach auch auf dem Wege über das Französische oder das Italienische ins Deutsche. Es waren dann insbesondere Nachdichtungen, so die von Homers *Odyssee 1781 und Ilias* 1793 durch Johann Heinrich Voß oder die Übersetzung des aischyleischen *Agamemnon* durch Wilhelm von Humboldt 1816, die in unsere Sprache griechische Redeweise und Sichtweise einbrachten: Auf das „schaltfreudige" *Auto*mobil, geformt nach Art der homerischen Zusammenfügungen wie „rosenfingrig", „männermordend", „erderschütternd", wird gern hingewiesen.

Eine eigene Gruppe bilden jene Verben, die auf *–isieren* enden (nach altgriechisch –idsein, lateinisch –isare). Sie erscheinen im Anschluß an antike Eigennamen, wie *platonisieren, pindarisieren, homerisieren,* oder im Anschluß an allgemeine Begriffe, wie *kritisieren, problematisieren, harmonisieren, ironisieren, idealisieren, traumatisieren, dramatisieren*. Auch *ästhetisieren* (aus der *Poetologie*) und *anästhesieren* (aus der Medizin) können genannt werden; schließlich das *Poetisieren, Phantasieren, Theoretisieren*.

Das alles war gewiß vorwiegend gehobenes Bildungsgut, vorherrschend im Neunzehnten Jahrhundert, mehr und mehr verblassend im Zwanzigsten. Umso nachdrücklicher wirkte und wirkt dagegen jetzt der wachsende Einfluß von Medizin und Naturwissenschaften. In schier unerschöpflichem Strom brachten und bringen sie bereits Bekanntes wie auch gerade eben neu Entdecktes oder neu Entwickeltes in griechischer Lautform zur Sprache: in der *Technik* das *Atom* und das *Thermometer,* dann das *Gen* und die *Photographie,* das *Trauma* und das *Megabyte; Piloten* und

Boliden, die *Stenographie* und die *Psychoanalyse,* das *Kosmodrom* und das *Kino* samt dem *Poster,* ferner *Chaostheorie, Kybernetik, Telekinese.*

So ist heute das *Panorama* bunt und breit und bedeutungsreich, das von den griechisch beeinflußten Wörtern im gegenwärtigen Deutsch eröffnet wird: Der *Polizist* ist dabei, aber auch der *Strolch* und der *Pirat*; es gibt allerhand *Allotria, Sirenen*gesänge ertönen oder gar *Sphären*klänge; *Historiker* haben teil und *Hysteriker, Pädagogen* und *Plasmaphysiker* ebenso wie *Ökonomen* und *Ökologen,* aber auch *Mystiker* und *Theosophen. Eukalyptus* verströmt sein *Aroma,* der *Rhododendron* blüht, *Hyazinthen* schimmern.

Doch auch das alltägliche Küchen–Griechisch sei nicht vergessen: Die *Buttercremetorte* und die *Pilze, Marmeladen* und *Semmeln,* der *Chicorée* und die *Zichorie,* ferner *Pfifferlinge, Pfeffer* und *Senf, Öl* und *Petersilie, Sellerie, Ingwer, Saccharin, Spargel, Kirsche, Quitte, Pflaume, Rhabarber*: Der *Tisch* ist gedeckt, die *Pfanne* gefüllt, der *Kamin* raucht.

Weithin geläufig ist schließlich auch die Fülle der Redewendungen, meist *Mythologisches* meinend, wie *Pegasos, Medusenhaupt*; *Hydra, Augiasstall, Herkulesarbeit*; *Tantalosqualen.* Gelegentlich wird auf *Historisches* oder wenigstens Legendarisches Bezug genommen, wie etwa beim *Damoklesschwert,* beim *gordischen* Knoten, dem *archimedischen* Punkt oder dem *Trojanischen* Pferd.

* * *

Welche **Kategorien** zeichnen sich im Rahmen des hier betrachteten griechisch–stämmigen Wortschatz–Anteils im Deutschen ab? Er ist, so hat sich gezeigt, zwiefach zweigeteilt. Zum einen begegnen wir **altgriechischen** Prägungen, die sich über bald hundert Generationen hinweg erhalten haben. Anderseits ist in der **Neuzeit** eine Vielfalt von modernen Erfindungen, Entdeckungen und Hervorbringungen mit Namen benannt, die aus altgriechischen Wort–Elementen in neuer Fügung geschmiedet sind.

Einführung – kulturhistorischer Teil

Ferner differenzieren sich, unter einem anderen Blickwinkel, einerseits jene Wortblöcke, die ihren griechischen Ursprung unverzüglich deutlich werden lassen, gegenüber andererseits solchen, die sich soweit umgeformt und eingedeutscht haben, daß ihre hellenische Herkunft hier und heute erst in eingehenderer Betrachtung zu bemerken möglich ist. Um bei den bereits benannten Beispielen zu bleiben: Während etwa das Wort „Philosophie" bereits auf den ersten Blick als griechisch grundiert erkennbar ist, wird man im Wort „Teppich" das nicht sogleich vermuten, ebensowenig wie in „Kammer" oder „Stube". Vereinfacht ausgedrückt: Die beiden Bereiche der fachsprachlichen Terminologie, mit ihrem mehr arkanen Wortschatz, einerseits und der alltäglichen Umgangssprache, mit ihren mehr populären Wörtern, andererseits, sie stehen Seite an Seite nebeneinander, sie sind in unterschiedlichen Sprachprovinzen angesiedelt, doch im Grunde durchaus gleichgeartet. Sie ergänzen sich zum *Thesaurus* der griechisch grundierten Sprachelemente im deutschen Ausdrucksbereich.

Wichtig in diesem Zusammenhang ist ist zweierlei: Einmal, daß wir beim statistischen Befund nicht stehen bleiben, sondern die Stadien der einzelnen Wortschichten (und Wortgeschichten!) betrachten und bedenken, sodaß ein weiteres *Panorama* sich eröffnet.

Wichtig zum anderen, daß die deutsche Sprache mit der Verwendung dieses reichen griechischen Erbes gewiß nicht allein steht. Sie ist vielmehr Teil eines größeren, eines *Europa*–weiten Zusammenhanges, ein Kontinuum, das sowohl tradierte Grundvorstellungen wie auch moderne Errungenschaften mit griechischem Sprachgut bezeichnet. Ob im romanischen Sprachbereich, im slawischen, im Germanischen – allenthalben sind dieselben Wörter anzutreffen, sind die gleichen Wendungen in Gebrauch. Von Polen bis Portugal, von Skandinavien bis Sizilien wird ein und dieselbe griechische Wurzel verwendet, um *Musik* oder *Philosophie* zu bezeichnen; um *Tyrannei* zu geißeln und *Demokratie* zu bejahen; um weltweit die *olympischen* Spiele zu feiern.

So hat es denn auch durchaus seinen Sinn, wenn in letzter Zeit Bildungen wie „Euro–Griechisch" oder „Gräko–Europäisch" in Vorschlag gebracht worden sind. Das nämliche gilt für das parallel formulierte „Euro–Latein" respektive „Latino–Europäisch". Damit sind jene Wortfelder bezeichnet, die, aus der Klassischen Antike herstammend, alle oder doch die meisten der Sprachfamilien dieses unseres Kontinents durchwirken. Unter den in Vorschlag gebrachten Bildungen sollten wohl „Latino–Europäisc" und „Gräko–Europäisch" den Vorzug erhalten. Denn sie sondern ja nicht das „Euro–Latein" oder das „Euro–Griechisch" von einem anderen, einem *hypothetisch* nicht–europäischen Latein oder nicht–europäischen Griechisch ab. Sie betonen vielmehr die gemeinsame Komponente griechischer bzw. lateinischer Provenienz, die dem gesamt–europäischen Diskurs allenthalben zugrunde liegt.

Was sich von diesen neuen Terminologie–Vorschlägen im Wortschatz der einzelnen Länder und des gesamten Kontinents durchsetzen wird, bleibt abzuwarten. Festzuhalten aber ist der glückliche gedankliche Griff dieser Nomenklatur. Sie richtet unseren Blick darauf, wie jene Traditionsvorgänge, die sich im deutschen Sprachraum abzeichnen, nicht allein stehen, sondern Teil einer den ganzen Kulturraum Europas umfassenden, aus griechischer Grundierung geborenen Bewegung darstellen.

* * *

Griechenland und Germania mögen *geographisch* getrennt gelegen sein – im Geistigen sind sie gewiß einander nah. Europas Bildungstradition bindet sie eng aneinander. Die geheime Gräzität der deutschen Sprache korrespondiert mit ihrer latenten und permanenten Latinität. Sie gründet auf der stetigen Weiterführung des griechischen Gutes vieler verschiedener Bereiche: *Mathematik, Geologie, Grammatik, Orthographie,* dazu die vielfältige Termin*ologie* in der *Historiographie, Pädagogik, Didaktik,* in den bildenden Künsten und der Literatur, der *Chemie,* der *Botanik,* der *Poesie* und beim *Drama* des *tragischen* oder *komischen Theaters* – sie alle haben in weit ausgreifender Folge im europäischen Raum all das übernommen und entwickelt, was einst im hellenischen Kulturkreis entdeckt, erschlossen und gültig benannt worden ist. Im Rahmen dieser klassischen Traditionen sind dann auch in der Neuzeit weiterführende Errungenschaften mit neugebildeten Namen bezeichnet worden, Namen, die sich sprachlich an jene althergebrachten Prägungen anschließen. Das geheime Griechisch des alltäglichen deutschen Sprachgebrauchs ist, um auch mit einem griechischen Wort zu schließen, ein faszinierendes *Phänomen*.

Einführung in die Arbeit mit dem Wörterbuch

1. Kriterien für den Bestand der Wörter im lexikalischen Teil

Der vorliegende Lexikon–Teil **enthält** alle wichtigen Wörter altgriechischer Herkunft aus dem täglichen Sprachgebrauch sowie darüber hinaus zahlreiche zentrale Wörter aus den Fachsprachen. Gegenüber dem Parallel–Werk „Unser Tägliches Latein" ist dieser Anteil deutlich vermehrt worden. Von etwa 30.000 Fremdwörtern wurden so etwa **15.000** ausgewählt, die den Autoren am bedeutendsten schienen.

Enthalten sind darin ebenfalls all diejenigen Wörter **altgriechischen Ursprungs**, die indirekt über andere europäische Sprachen ins Deutsche eingedrungen sind. Dies gilt auch für Wörter, die den Weg über das Lateinische oder Vulgärlateinische genommen haben, selbst dann, wenn die Herleitung nicht völlig sicher geklärt ist (und möglicherweise lediglich eine gemeinsame sprachliche Wurzel zugrunde liegen könnte).

Wörter aus anderen Sprachen, vornehmlich aus dem Orient (z. B. hebräischer oder ägyptischer Herkunft), die ihren Weg über das Altgriechische genommen haben, wurden von uns ebenfalls berücksichtigt.
Der Anteil der Lehnwörter ist im Gegensatz zum Lateinischen bei Altgriechisch naturgemäß sehr gering, da die alten Griechen nie Nachbarn oder gar Besetzer Deutschlands oder eines Teils davon gewesen sind. Bei der Bildung von Lehnwörtern fungierten in der Regel die Römer als „Vermittler". Solcherlei Lehnwörter sind in den Lexikonteil ohne besondere Kennzeichnung aufgenommen worden.
Aus mehreren Wörtern bestehende Floskeln oder Redewendungen und Ausdrücke finden sich in den Lexikonteil integriert unter dem jeweils ersten Adjektiv bzw. Substantiv. Ferner sind dieses Mal je eine Liste mit Partikeln (Prä–, Suffixe etc.) sowie Wortelementen hinzugetreten. Diese Wortteile sollen es dem interessierten Leser ermöglichen, eventuell nicht enthaltene Wörter aus Fachsprachen (z. B. der Medizin) ggf. selbst zu entschlüsseln.
Originär **neugriechische Wörter** sind in diesem Buch **nicht** enthalten.
Ebenfalls nicht aufgenommen wurden diejenigen Wörter, die auf eine dem Deut-

schen und Altgriechischen und auch anderen europäischen Sprachen zugrundeliegende gemeinsame **indoeuropäische Wurzel** zurückgehen. In diesem Falle ist von einer analogen Entwicklung, nicht jedoch von einem Mutterverhältnis des einen Wortes zum anderen auszugehen.

Im Gegensatz zum Parallelwerk „Unser Tägliches Latein" haben wir den Anteil an **zusammengesetzten Wörtern**, entsprechend der größeren Bedeutung und dem wesentlich höheren Anteil maßvoll erhöht. Jedoch wurde wieder auf Zusammensetzungen verzichtet, die unter Verwendung einer deutschen Präposition (an–, auf–, ver–, zer– etc.) in Kombination mit einem altgriechischen Wort entstanden sind.

Es empfiehlt sich, falls die jeweilige Zusammensetzung im lexikalischen Teil nicht zu finden ist, entweder jeweils bei den **Einzelwörtern, der Partikelliste** oder der **Liste der Wortelemente nachzuschlagen**.

Im Gegensatz zu „Unserem Täglichen Latein" (UTL) haben wir uns entschlossen, eine kurze Liste mit mythologischen bzw. historischen Namen dem Buche beizugeben.

Abgesehen von wenigen Ausnahmen wurde unsere Wortauswahl bei „Unserem Täglichen Latein" von den meisten Kritikern goutiert. Wir hoffen auch dieses Mal, trotz aller notwendigen Beschränkungen, daß unsere Leser das von ihnen Gesuchte und Gewünschte finden mögen.

2. Vorgehensweise

Zunächst ist unter Benutzung der letzten greifbaren Auflage des Fremdwörterbuches der Dudenredaktion eine Liste sämtlicher aus dem Altgriechischen stammender, direkt oder indirekt übernommener, Wörter erstellt worden. Diese, mit Hilfe anderer Werke überprüfte Liste wurde danach auf die den Autoren relevant erscheinenden Ausdrücke reduziert. Anschließend wurden diese Wörter für den Lexikon–Teil bearbeitet, die Etymologie mit Hilfe der anderen in der Literaturliste aufgeführten Werke überprüft (gegebenfalls Korrekturen angebracht) und das jeweilige Ursprungswort aus dem Griechischen unter Verwendung der Wörterbücher von Pape und Liddell–Scott ermittelt. Eventuelle Lücken wurden am Schluß unter Benutzung des siebenbändigen Duden–Wörterbuchs geschlossen.

Die wichtigsten Redewendungen wurden den entsprechenden in der Literaturliste aufgeführten Werken entnommen und vollständig neu zusammengestellt.

3. Zu den einzelnen Teilen des Wörterbuchs

3.1. Literaturliste und Abkürzungsliste

Im Literaturverzeichnis vor dem lexikalischen Teil sind die bibliographischen Angaben sämtlicher benutzter Werke vollständig aufgeführt.

Aus praktischen Erwägungen befinden sich die im gesamten Lexikon verwendeten Abkürzungen direkt vor Beginn des Lexikon–Teils.

3.2. Sachgruppenkatalog

Der aufgenommene altgriechische Wortschatz ist, auch was die unterschiedlichen Bedeutungen des Einzelwortes betrifft, nach dem schon bewährten Verfahren von „Unserem Täglichen Latein" **88 verschiedenen Sachgruppen** zugewiesen worden. Mit Hilfe der in der Liste systematisch aufgeführten Gruppen ist es möglich, einen Überblick darüber zu gewinnen, in welchen Lebensbereichen die altgriechische Sprache besonders Fuß gefaßt hat. Auf diese Weise läßt sich die kulturelle Verknüpfung der Antike mit der Moderne schon anhand des Mediums Sprache sichtbar machen.

Die **Grundlage** des Sachgruppenschemas bildet ein von **Hallig–Wartburg** in den dreißiger Jahren entwickeltes und von Schmidt erweitertes System, mit dessen Hilfe sich der gesamte Wortschatz in einigermaßen überschaubare Strukturen gliedern läßt. Bei der Verwendung dieses Systems ergab sich nicht nur die Notwendigkeit, sich dabei auf Hauptgruppen zu beschränken, sondern im Nachhinein mußten auch einige Modifikationen und Erweiterungen vorgenommen werden, um auf diese Weise bestimmte Gruppen nicht zu groß, andere dagegen nicht zu klein werden zu lassen. Deshalb stimmt an einigen Stellen die Struktur des Systems nicht voll mit der Reihenfolge der Numerierung überein, was jedoch keine gravierenden Nachteile mit sich bringt.

Viele Wörter lassen sich einer ganzen Reihe von Sachgruppen zugleich zuordnen; um die Fälle von **Mehrfachzuordnungen** zu verringern und endlose Zahlenkolonnen zu vermeiden, wurden überwiegend die Bedeutungsschwerpunkte bei der

Zuweisung berücksichtigt und die Spanne der Möglichkeiten nicht immer voll ausgenutzt. Die Zahl der Zuordnungen wurde auf in der Regel höchstens sechs Sachgruppen pro Bedeutung begrenzt. Der Sachgruppe 29 (Aktion, Handlung) zum Beispiel sind nur solche Wörter zugeordnet worden, die sich ansonsten schwer einordnen lassen; im Prinzip müßten sonst alle Verba, die Tätigkeiten ausdrücken, in diese Sachgruppe aufgenommen werden.

Problematisch ist bei dem verwendeten System die Herauslösung der Fachbegriffsebene aus der Sache selbst, z. B. *Medizin* Gruppe 70 (C.2.b.3) aus *Gesundheit und Krankheit* Gruppe 14 (B.1.e). Im allgemeinen wurde so verfahren, daß die Begriffe und Bezeichnungen dann ggf. beiden Gruppierungen zugeordnet wurden.

Auf eine Aufgliederung des deutschen Wortschatzes der altgriechischen Fremd- und Lehnwörter nach Sachgruppen mußte aus Platzgründen verzichtet werden. Dornseiff hat in einer umfangreichen Arbeit dies bereits für den gesamten deutschen Wortschatz getan und ihn in zahreiche Sachgruppen aufgegliedert (vgl. Literaturliste).

Des weiteren ist hinzuzufügen, daß die **Zuweisung** trotz der Modifikationen bisweilen **nicht unproblematisch** ist, was freilich seine Ursache in der Sache selbst hat; jeder, der sich mit dieser Materie befaßt, verbindet mit einem bestimmten Wort einen anderen Zusammenhang und weist das Wort dann einer der jeweiligen individuellen Assoziation geeignet erscheinenden Gruppe zu, wie die (mehr oder weniger gelungenen) Versuche von anderer Seite beweisen. Jedoch scheint seit dem Erscheinen von „Unserem Täglichen Latein" das bislang angewandte Verfahren allgemein akzeptiert worden zu sein.

3.3. Lexikalischer Teil

Dieser Abschnitt stellt auf 1050 Seiten etwa **15 000 Wörter ausführlich** dar. Die Auflistung erfolgte in der Regel streng **alphabetisch**, lediglich bei zur gleichen Wortgruppe gehörigen und nur geringfügig alphabetisch getrennten Wörtern gibt es wenige Ausnahmen, die jedoch in keinem Falle das Auffinden des gesuchten Wortes erschweren.
Wörter, die mit Präpositionen zusammengesetzt sind und die nicht ausführlich

Einführung – Wörterbuchteil

behandelt werden, befinden sich zuweilen hinter dem Grundwort.

Wörter, die der Leser unter dem Buchstaben C (oder K, Z) vermißt, sind ggf. unter den anderen beiden oben genannten zu suchen. Das Gleiche gilt auch für F bzw. Ph.

Zur schnellen Orientierung besitzt jede Seite – übrigens des gesamten Werkes – eine **Kopfzeile**. Im lexikalischen Teil findet sich dort auf jeder geraden (linken) Seite links außen das erste ausführlich behandelte Wort, rechts innen die jeweilige Wortnummer; auf jeder ungeraden (rechten) Seite ist diese Anordnung umgekehrt, angegeben wird dort das letzte Wort und die letzte Wortnummer auf der jeweiligen Seite. Beim raschen Durchblättern ist so rasch und mühelos feststellbar, ob das gesuchte Wort auf den beiden gerade aufgeschlagenen Seiten zu finden ist oder davor bzw. danach.

Die Seitenzahl befindet sich unten am äußeren Rand der Seite.

Die einzelne Seite ist in **fünf senkrechte Spalten** gegliedert, zu denen im folgenden einige Erläuterungen gegeben werden.

Erste Spalte

Hier finden sich vierstellige Ziffern. Diese dienen nicht nur dem schnelleren Auffinden des gesuchten Wortes, sie fassen vor allem verschiedene Fremdwörter zu einzelnen **Gruppen** (Wortfamilien) zusammen. Im Gegensatz zu „Unserem Täglichen Latein" haben wir die Wortfamilien in diesem Werk zumeist auf direkte Ableitungen reduziert, wodurch die Familien insgesamt sehr klein gehalten wurden. Nur dadurch wird auch das Auffinden erleichtert. Da es von einigen Präfixen oder Wortelementen zahllose Ableitungen bzw. Zusammensetzungen gibt (z. B. von mega–, kata–, epi– u. a.), war ein derart rigides Verfahren notwendig. Wörter, die zur gleichen Wortgruppe gehören, tragen in dieser Spalte keine Ziffern, sondern das Zeichen „–".

Durch die Auflistung der Wörter nach dem Alphabet wird natürlich bewirkt, daß manche Wörter, die eigentlich zu einer Wortgruppe gehören, räumlich voneinander getrennt sind. Diese tragen dann auch eine andere Ziffer. Um das Auffinden der Fremdwörter nicht unnötig zu erschweren, war diese Lösung unumgänglich. Einige Verweise zu anderen Wortgruppen in der letzten Spalte, die mit „s. auch" gekennzeichnet sind, erleichtern das Auffinden von verwandten, doch durch das Alphabet getrennten Wörtern. Aus Platzgründen wurden diese Verweise jedoch sparsam gehalten. Wer alle verwandten Wörter einer Wortfamilie finden möchte, kann mit Hilfe der **Liste der griechischen Ursprungswörter** (die sowohl in lateinischer Umschrift in der Reihenfolge des lateinischen Alphabets wie auch in einer Version mit altgriechischen Buchstaben mit entsprechendem griechischen Alphabet präsentiert werden) am Ende dieses Buches S. 1100ff. die Wörter herausfinden, die sich von einem einzigen griechischen Wort herleiten.

Das Fehlen einzelner Ziffern sowie die Untergliederungen in a, b usw. resultieren aus Änderungen, die sich im Verlauf der Arbeiten als notwendig ergeben haben; es bedeutet keinesfalls die irrtümliche Auslassung eines Wortes bzw. einer Wortfamilie.

Die Kennzeichnung „>>>" kündigt einen **Verweis** an. In diesem Falle muß unter dem zuletzt angegebenen Wort des Verweises nachgeschlagen werden bzw. in der jeweils angegebenen Liste.

Zweite Spalte

Hier ist in Fettdruck das jeweilige **Fremd-** bzw. **Lehnwort** in der Schreibweise, wie es sich in der gegenwärtigen deutschen Sprache findet, notiert. Im Gegensatz und in Verbesserung zu „Unserem Täglichen Latein" sind unter dem jeweiligen Wort **Betonungszeichen** vermerkt. Betonte Silben – und im Gegensatz zu anderen Fremdwörterlexika können dies durchaus mehrere Silben sein – sind **unterpünktelt**. Gerade bei weniger bekannten Fachwörtern wollten wir den des Altgriechischen nicht oder nur eingeschränkt mächtigen Lesern diese nützliche Aussprachehilfe bieten. Ferner haben wir bei Substantiven auch den jeweiligen Artikel mit aufgenommen, da bei der geringeren Verbreitung von Altgriechisch-Kenntnissen auch hier eher von – im Vergleich zum Lateinischen – größeren Wissensdefiziten ausgegangen werden muß.

Direkt **darunter** befinden sich in den meisten Fällen Angaben über den Weg, den das Wort vor dem Eindringen in die deutsche Sprache genommen hat.

Diese **Sprachenfolge** ist im allgemeinen dem Fremdwörterbuch der Dudenredaktion entnommen; jedoch wurden die Angaben anhand anderer Werke überprüft und ggf. erweitert.

Fehlt der Hinweis über Herkunftssprachen, so ist das Wort **direkt** aus dem Altgriechischen ins Deutsche gelangt.
Bei Wörtern, die **nicht direkt** übernommen wurden, ist jeweils der Weg durch die einzelnen Sprachen angegeben. Die dabei verwendeten Abkürzungen sind direkt vor dem lexikalischen Teil aufgelistet. Der Übergang in eine andere Sprache ist durch das Zeichen „>" gekennzeichnet. Insbesondere sind Wandlungen im Lautbestand, in der Orthographie und in der Bedeutung berücksichtigt worden.
Zusammengesetzte Wörter bestehen oftmals aus Teilen mit unterschiedlicher Sprachenfolge. Die für die jeweiligen Teile geltenden Angaben sind durch Semikolon getrennt. Zum Beispiel bedeutet die Angabe gr>engl;l bei dem Wort Economy-Klasse, daß die erste Hälfte des Wortes den Weg aus dem Griechischen über das Englische genommen hat, die zweite hingegen direkt aus dem Lateinischen in das Deutsche gelangt ist. Stammen die Wortteile aus verschiedenen Sprachen, so handelt es sich um sogenannte Hybride.

Ist eine der aufgeführten Sprachen **eingeklammert** – z. B. (ägypt)>gr –, wird damit eine Beeinflussung des Wortes in der nächst aufgeführten Sprache ausgedrückt; das bedeutet, daß ein – im Beispiel ägyptisches – Wort bei der Bildung eines altgriechischen Wortes beteiligt ist, ohne daß es als direkte Übernahme bezeichnet werden könnte.

Sind **mehrere** durch Semikolon getrennte Teile der Sprachenfolge **eingeklammert**, so wurden die ursprünglich getrennten Teile in der nächstfolgenden Sprache zusammengesetzt.
Ist dagegen die **gesamte Sprachenfolge eingeklammert**, dann bezieht sich diese Angabe nur auf die Bedeutungen des jeweiligen Wortes, die in den gegenüber- und ggf. darunterliegenden Zeilen in der dritten Spalte aufgeführt sind. Bisweilen haben nämlich andere Sprachen die Bedeutungen bereits übernommener Femdwörter erweitert oder verändert.
Aus Platzgründen wurden einige Wörter, die inhaltlich nichts Neues bieten und deren Bedeutung wie Herleitung eindeutig ist, **nicht ausführlich** behandelt. Dies gilt besonders für Substantivierungen von Verben.

Dritte Spalte

Sie enthält alle wichtigen **Bedeutungen**, die das Fremd- oder Lehnwort in der deutschen Sprache besitzt. Die vorwiegend den Fremdwörterbüchern entnommenen Angaben wurden z. T. gekürzt, aber zuweilen besonders auch im umgangssprachlichen Bereich erweitert und aktualisiert.

Die verschiedenen **Bedeutungen** sind **durchnumeriert** und durch Semikola voneinander getrennt. Hinter den einzelnen Bedeutungen befindet sich in **geschweiften Klammern** die jeweilige **Sachgruppenkennziffer**. Die jeweilige Sachgruppe kann mit Hilfe des vor dem Lexikon befindlichen Sachgruppenkataloges S. XXXff. leicht aufgeschlüsselt werden. Mehrfach-Zuweisungen sind häufig und werden durch das Zeichen „ / " getrennt. Befindet sich hinter der einzelnen Bedeutung **keine Sachgruppenkennziffer**, so gilt die der jeweils folgenden Bedeutung.
Die Angabe „s. oben" in geschweiften Klammern verweist auf die Sachgruppen des jeweiligen Bezugswortes.

Außerdem enthält diese Spalte in **runden Klammern** auch Hinweise bezüglich der Zugehörigkeit des Wortes oder der Bedeutung zu **Fachsprachen**. Derartige Angaben befinden sich stets hinter der Bedeutung, jedoch vor der Sachgruppenkennziffer; im Gegensatz zu dieser gilt aber die Angabe nur für die einzelne Bedeutung, nie für die vorangegangene oder folgende.
Steht eine Fachsprachenangabe jedoch vor der ersten Bedeutung – z. B.: (jur. t. t.) 1. ...; 2. ... usw. –, so gilt sie für alle Bedeutungen des Wortes.
Die gleiche Regelung gilt auch für Angaben wie „veraltet, ugs." oder ähnliches. In dieser dritten Spalte haben wir mittels des Zeichens ↗ eine größere Anzahl von Verweisen aufgenommen, die auf in diesem Wörterbuch oder in UTL (dann mit entsprechender Wortfamilienkennziffer) auftauchende Fremdwörter hinweisen. Das Zeichen ↗ findet sich auch bei Verweisen auf die Partikel- und Wortelementeliste.

Vierte Spalte

Sie enthält in Fettdruck das jeweilige **altgriechische Ausgangswort**, und zwar in originalen Buchstaben mit sogenannten „spiritus" (Hauchzeichen) und Betonungsakzent, und darunter die lateinische Umschrift für all diejenigen, die sich nicht des griechischen Alphabets bedienen.

Dabei geben die Betonungszeichen über den Vokalen wie z. B. über einem e = ὲ (Gravis) bzw. o = ῶ (Zirkumflex) die Silbe an, die im Altgriechischen betont gesprochen wurde; hingegen markiert das Zeichen a = ἁ (der sogenannte spiritus asper) über einem Vokal nicht die Betonung, sondern die Behauchung dieses Vokals (in der Aussprache also nicht a..., sondern ha...). Dabei kann natürlich ein Betonungszeichen wie bei ha = ἅ dazukommen.

Hinzu treten – normal gedruckt und durch Komma sowie die Angabe Gen. (Genitiv) vom eigentlichen Ursprungswort getrennt – eine Zeile tiefer stehend **bei Substantiven** gelegentlich Angaben über die **Form des Genitivs**. Dies geschieht, weil mitunter erst durch die Form des Genitivs eine enge Verwandtschaft des griechischen Urwortes mit dem Fremdwort im Deutschen deutlich wird.

Neben dem altgriechischen Wort sind – zur Verdeutlichung des Weges und der lautlichen wie inhaltlichen Veränderung eines Wortes – sehr häufig auch Angaben zu diesen „**Brückenwörtern**" zu finden. Altgriechische Wörter sind dabei fett, Wörter aus nichtgriechischen Sprachen dagegen kursiv gedruckt. Die verwendeten Abkürzungen für die verschiedenen Sprachen können dem Abkürzungsverzeichnis S. XXXff. entnommen werden.

Die **Reihenfolge** der Auflistung dieser Brückenwörter entspricht dem Weg, den das Wort durch die jeweiligen Sprachen genommen hat.

Mit einem **Stern** „*" sind jene Formen gekennzeichnet, die von Sprachwissenschaftlern erschlossen wurden und nicht schriftlich belegt sind.

Das Zeichen „+" bedeutet, daß das jeweilige Fremdwort aus mehreren Einzelwörtern, die auch nicht selten aus verschiedenen Sprachen stammen können (Hybride), **zusammengesetzt** worden ist (z. B. Automobil).

Die Abkürzung **dto.** bedeutet, daß das in der höheren Spalte zuletzt genannte griechische Wort (z. T. auch mehrere Wörter) ebenfalls Urwort für das jeweilige Fremdwort ist.

Fünfte Spalte

Hier befindet sich die **Übersetzung** des genannten **altgriechischen Ur- bzw. (nichtgriechischen) Brückenwortes**. Angesichts der Vielzahl der Bedeutungen mancher Wörter war es aus Raumgründen unumgänglich, die Angaben auf in der Regel maximal vier Bedeutungen zu beschränken. Deshalb konnten an dieser Stelle nur **Grundbedeutungen** und / oder die zur Bedeutung des Fremdworts im Deutschen **korrespondierenden Bedeutungen** aufgenommen werden. Es kann daher vorkommen, daß für das gleiche Wort an verschiedenen Stellen auch verschiedene Übersetzungen aufgeführt sind. Für griechische Wörter sind die Übersetzungen überwiegend den Lexika von Liddell–Scott und Pape entnommen worden.

In dieser Spalte sind auch die **Querverweise** zu anderen verwandten Fremdwörtern eingefügt worden. Die Angabe „dto." oder „s. oben" bezieht sich in der Regel auf die jeweils zuletzt genannte Übersetzung. Zum Teil konnte auf die Übersetzung fremdsprachlicher Brückenwörter verzichtet werden.

Gelegentlich wird bei lateinischen Wortteilen hier auch auf das Parallel–Werk „Unser tägliches Latein" (UTL) mit der entsprechenden dort verwendeten Wortnummer verwiesen.

Bei Verweisen s. o. bzw. s. u. in dieser Spalte folgt bei zusammengesetzten Wörtern (z. B. Thermodynamik) meist ein Hinweis auf das jeweilige Einzelwort (also in dem genannten Beispiel auf Dynamik).

3.4. Anhang

3.4.1. Partikelliste

Da es, wie oben erwähnt, in der Deutschen Sprache – besonders den Fachsprachen – zahllose Zusammensetzungen aus altgriechischen Wörtern oder Partikeln gibt, die wir nicht komplett in dieses Wörterbuch aufnehmen konnten, bieten diese und die nachfolgende Wortelementeliste dem Leser die Möglichkeit, den Sinn des Wortes aus der Bedeutung seiner Einzelteile zu ermitteln. Für diejenigen, die sich bei der Schöpfung neuer Wörter betätigen möchten, sind diese beiden Listen ebenfalls eine Fundgrube. Die Partikelliste enthält in alphabetischer Reihenfolge alle Präfixe, Suffixe oder Wortteile, die nicht für sich ein Einzelwort darstellen,

Einführung – Wörterbuchteil

jedoch eine stets gleichbleibende Bedeutung besitzen (z. B. ιστης = –istes für jmd., der etwas Bestimmtes tut).

3.4.2. Wortelementeliste

Im Gegensatz zur Partikelliste sind hier alle wichtigen Wortteile in alphabetischer Reihenfolge sowie ihre jeweiligen altgriechischen Pendants enthalten, die zwar bereits als Einzelwort existieren (z. B. Dynamik), jedoch auch in zahlreichen anderen Zusammensetzungen Verwendung finden.

3.4.3. Anhang Namen

In dieser alphabetischen Aufstellung finden sich alle in diesem Buch erwähnten Namen altgriechischer Personen oder Örtlichkeiten, die in den deutschen Fremdwortschatz eingedrungen sind. Dabei handelt es sich vorwiegend um Namen aus der griechischen Mythologie oder Geschichte. In einem knappen Essay wird jeweils das Wichtigste zu dem jeweiligen Stichwort zusammengefaßt.

3.4.4. Redewendungen und Sprichwörter

Die Anzahl der aus dem Altgriechischen stammenden Sprichwörter, die in der deutschen Sprache einige Verbreitung gefunden haben, fällt gegenüber dem Lateinischen deutlich geringer aus; hierfür ist kürzlich von Reinhard Pohlke (s. Literaturliste) ein Spezial–Nachschlagewerk erschienen, das sich ausführlich mit diesem Thema befaßt. Wir haben uns daher an dieser Stelle auf eine kleine Auswahl der wichtigsten Beispiele beschränken können.

3.4.5. Alphabetische Verzeichnisse der im lexikalischen Teil auftauchenden griechischen Ursprungswörter

Diese Auflistungen **sämtlicher** im Lexikon–Teil vorkommenden **altgriechischen Wörter** in **alphabetischer** Reihenfolge bilden den Abschluß dieses Werkes. Für Leser mit Kenntnis des griechischen Alphabets gibt es eine Liste in griechischer Originalschrift (Reihenfolge nach dem griechischen Alphabet), für die übrigen Leser auch eine nach dem lateinischen Alphabet sortierte Auflistung in lateinischer Umschrift, da wir dieses Buch auch gerade für den Benutzer konzipieren wollten, der

über keine oder nur geringe Kenntnisse der altgriechischen Sprache verfügt. Beide Listen sind dreispaltig gedruckt und enthalten neben dem jeweiligen altgriechischen Ursprungswort die betreffende **Wortnummer**, die im Lexikon in der ersten Spalte steht. Unter Benutzung der Kopfzeilen im lexikalischen Teil ist so ein schnellstmögliches Auffinden des Wortes im Buch gewährleistet.
Wortelemente und Partikel wurden nicht in diese Listen aufegenommen.
Hinweise auf die in dieser Liste verwendeten **Zeichen** finden sich zu **Beginn** der jeweiligen Listen.
Diese Listen dienen einerseits dazu, zusammengehörige Wortfamilien, die durch das Alphabet räumlich voneinander getrennt sind, zu kennzeichnen und komplett im Überblick zu behalten, so daß das Buch auf eine Vielzahl von Verweisen verzichten kann. Andererseits ist es für den einen oder anderen Philologen interessant herauszufinden, welche Fremdwörter von der jeweiligen Vokabel herzuleiten sind. Manch einem Schüler kann der Lehrer so das Lernen einer Vokabel erleichtern und den Zusammenhang der europäischen Sprachen einerseits, den Zusammenhang des Deutschen mit dem Altgriechischen andererseits mühelos darstellen. Dies gilt natürlich auch für jeden, der sich für das Nachleben der Antike in der modernen Zeit interessiert.

LITERATURLISTE

– Betz, Werner, Deutsches Wörterbuch, Tübingen 1966⁵

– Bloch, O., et von Wartburg, W., Dictionnaire étymologique de la langue française, Paris 1975

– Corominas, J., & Pascual, J. A., Diccionario crítico etimológico castellano e hispánico, Volumen 1 - 6, Madrid 1991³

– Deoto, G., & Oli, G. C., Dizionario della lingua italiana, Firenze 1977⁸

– Dornseiff, Franz, Die griechischen Wörter im Deutschen, Berlin 1950

– Duden, Das große Wörterbuch der deutschen Sprache, 8 Bde, Mannheim, Wien, Zürich 1993²

– Duden, Bd. 1, Rechtschreibung der deutschen Sprache auf der Grundlage der neuen amtlichen Rechtschreibregeln (herausgegeben von der Dudenredaktion), Mannheim, Leipzig, Wien, Zürich 1996²¹

– Duden, Bd. 5, Fremdwörterbuch (bearb. vom Wissenschaftlichen Rat der Dudenredaktion), Mannheim, Wien, Zürich, 1990⁵

– Duden Bd. 7, Herkunftswörterbuch (Etymologie) (bearb. v. Drosdowski, Günther), Mannheim, Wien, Zürich, 1989²

– Frisk, Hjalmar, Griechisches Etymologisches Wörterbuch, Band 1 Heidelberg 1960 und Band 2 Heidelberg 1970

– Georges, Heinrich, Ausführliches Lateinisch–Deutsches Handwörterbuch, 2 Bde, ND der 8. Auflage 1913, Darmstadt 1983

– Glück, Helmut, Metzler Lexikon Sprache, Stuttgart/Weimar, 1993

– Greimas, A.J., Dictionnaire de l'ancien français (jusqu'au milieu du XIVe siècle), Paris 1968

– Grimm, Jacob und Wilhelm, Deutsches Wörterbuch, 33 Bde, Leipzig 1854-1971, ND (DTV) München 1984

– Hoad, T.F., The concise Oxford Dictionary of English Etymology, Oxford 1986, paperback 1993

– Hofmann, J. B., und Rubenbauer, H., Wörterbuch der grammatischen und metrischen Terminologie, Heidelberg 1950

– Klotz, Reinhold, Handwörterbuch der lateinischen Sprache, 2 Bde, Braunschweig 1858

– Kluge, Friedrich, Etymologisches Wörterbuch der deutschen Sprache, bearbeitet von Mitzka, Walter, Berlin 1975²¹ und bearbeitet von Seebold, Elmar, Berlin 1999²³

– Kytzler, Bernhard, und Redemund, Lutz, Unser tägliches Latein. Lexikon des lateinischen Spracherbes, Mainz 1997⁵

– Langenscheidts Taschenwörterbuch der griechischen Sprache. Dritter Teil: Griechisches Namenswörterbuch, zusammengestellt von Güthling, Otto, Berlin 1913

– Larousse de la langue française, Paris 1979

– Lausberg, Heinrich, Elemente der literarischen Rhetorik, München 1949

– Lerchner's Fremdwörterbuch, Limasol 1993

– Liddell, Henry George, and Scott, Robert, A Greek–English Lexicon (revisited and augmented by Jones, Henry Stuart), Oxford 1953⁹

– Marouzeau, J., Lexique de la terminologie linguistique (français, allemand, anglais, italien), Paris 1951

– Pape, W., Griechisch–Deutsches Handwörterbuch, 2 Bände, Graz 1954³ (dritte Auflage bearbeitet von Sengebusch, M.)

– Etymologisches Wörterbuch des Deutschen, erarbeitet von einem Autorenkollektiv des Zentralinstituts für Sprachwissenschaft unter der Leitung von Pfeifer, W., 3 Bde, Berlin (DDR) 1989, Taschenbuchausgabe München 1999⁴

– Pohlke, Reinhard, Das wissen nur die Götter: Deutsche Redensarten aus dem Griechischen, Düsseldorf und Zürich, 2000

– REW (Romanisches Etymologisches Wörterbuch) von Meyer-Lübke, W., Heidelberg 1935³

– Richter, Friedrich, Unser Tägliches Griechisch. Deutsche Wörter griechischer Herkunft. Mit einem archäologischen Beitrag von Hornbostel, Wilhelm, Mainz 1981

– Scarborough, John, Medical Terminologies. Classical Origins, Oklahoma 1992

– Walde, A., und Hofmann, J. B., Lateinisches Etymologisches Wörterbuch, Band 1 Heidelberg 1938³ und Band 2 Heidelberg 1954

– Wahrig, Gerhard, Fremdwörter–Lexikon, bearbeitet von U. Hermann, K. Rüme u. N. Raum, Neuausgabe 1983, Sonderausgabe München 1987

– Wittstock, Otto und Kauczor, Johannes, Latein und Griechisch im Deutschen Wortschatz, Berlin (DDR) 1982³

Sachgruppenkatalog

Hinweis:

Die Sachgruppen sind sowohl thematisch geordnet als auch – in der Regel – in aufsteigender Ziffernfolge aufgeführt. Folgende Abweichungen sind jedoch zu beachten:

Gruppe **13** entfällt.
Gruppe **84** - Charaktereigenschaften (B.2.b.) steht nach Nr. 22.
Gruppe **85** - Freizeit und Freizeitverhalten (B.3.a.4.) steht nach Nr. 33.
Gruppe **86** - Militärwesen (B.4.d.) steht nach Nr. 50.
Gruppe **87** - Freizeit– und Haushaltstechnik (B.3.b.8.) steht nach Nr. 44.
Gruppe **88** - Architektur und Baukunst (B.3.a.5.ee.) steht nach Nr. 37.

Themenbereich   Sachgruppenkennziffer

- A. Universum
    1. Himmel und Atmosphäre 0 1
    2. Erde 0 2
    3. Pflanzenwelt
        - a) allgemein 0 3
        - b) Wildpflanzen / exotische Gewächse 0 4
        - c) Nutzpflanzen 0 5
    4. Tierwelt
        - a) Säugetiere 0 6
        - b) übrige Wirbeltiere 0 7
        - c) übrige Tierwelt 0 8
        - d) Tierkrankheiten 0 9

- B. Mensch
    1. Körperliches Wesen
        - a) Rasse, Geschlecht, Verwandtschaft 1 0
        - b) Körper und Organe 1 1
        - c) Bewegungen und Stellungen 1 2
        - d) Gesundheit / Krankheit 1 4
        - e) Leben allgemein, Alter 1 5

B. 1. f) menschliche Bedürfnisse

        1. Schlaf 16
        2. Ernährung 17
        3. Sexualleben / Erotik 18
        4. Kleidung 19
        5. Schmuck 20
        6. Hygiene / Kosmetik 21

  2. Geist / Seele

     a) Intellekt / Fähigkeit 22
     b) Charaktereigenschaften 84
     c) Wahrnehmung / Empfindung 23
     d) Bewußtsein / Erinnerung / Einbildung 24
     e) Denken 25
     f) Gemütszustände / Empfindung / Gefühl 26

     g) Absicht / Wollen / Handeln

        1. Wunsch 27
        2. Wille 28
        3. Aktion, Handlung 29

     h) Moral 30

  3. Mensch als soziales Wesen

     a) gesellschaftliches Leben im allgemeinen

        1. allg. Erscheinungsformen (Ehe, Bildg., Erziehung) 31
        2. Kommunikation u. Sprache 32
        3. Gesellschaftliche Beziehungen 33
        4. Freizeit, –verhalten (Sport, Unterhaltung, Spiel) 85

        5. Kunst / Kunstgewerbe

           aa) Literatur 34
           bb) Drama / Theater / Schauspiel 35
           cc) Plastik / Bildende Kunst 36
           dd) Musik / Tanz 37
           ee) Architektur / Baukunst 88

Sachgruppenliste

B. 3. b) Welt der Arbeit

        1. Jagd, Forstwirtschaft 38
        2. Landwirtschaft, Gartenbau 39
        3. Beruf / Handwerk / Arbeit allgemein 40
        4. Industrie / Industrietechnik 41
        5. Handel / Finanzen / Geld 42
        6. Eigentum / Besitz 43
        7. Wohnung / Haushalt 44
        8. Freizeit–, Haushaltstechnik (Foto, Optik, Geräte) 87
        9. Transport / Verkehr / Reise 45
      10. Kommunikation, –stechnik 46
      11. Hof / Hofhaltung 47

    4. Sozialer Aufbau

        a) politische Einheiten 48
        b) Kommunen 49
        c) politische Ordnung / Staat 50
        d) Militärwesen 86
        e) Mythologie / Religion / Kirche 51

C. Mensch und Welt

    1. a priori

        a) Existenz 52

        b) Eigenschaften / Zustände

            1. Ausdehnung / Gestalt 53
            2. physikalisch-chemische Eigenschaften 54
            3. sinnlich wahrnehmbare Eigenschaften 55

        c) Verhältnis / Ordnung / Wert / Maße u. Gewichte 56

        d) Zahlen und Mengenbegriffe 57

        e) Raum 58

        f) Zeit 59

        g) Kausalität 60

        h) Bewegung / Wechsel / Veränderung 61

C. 2. Wissenschaft und Technik

    a) Geowissenschaften

        1. Geologie 62
        2. Geophysik 63
        3. Geographie 64
        4. Meteorologie 65
        5. Astronomie, Raumfahrt 66
        6. Mineralogie 67

    b) biologische Wisssenschaften

        1. Botanik 68
        2. Zoologie 69
        3. Medizinwissenschaften 70

    c) übrige Naturwissenschaften

        1. Mathematik / Logik / EDV-Technik 71
        2. Physik / Elektro / Atom 72
        3. Chemie 73

    d) Geisteswissenschaften

        1. Theaterwissenschaften 74
        2. Geschichte / Archäologie / Kulturgeschichte 75
        3. Philologie / Sprachwissenschaft / Rhetorik 76
        4. Philosophie / Theologie / Moral und Ethik 77
        5. Pädagogik 78
        6. Ästhetik 79
        7. Wirtschafts- und Finanzwissenschaften 80
        8. Soziologie / Politikwissenschaften / Ethnologie 81
        9. Jura / Rechtswissenschaften / Kriminalistik 82

D. Partikelwörter 83

Für die Gruppen 13 bzw. 84 bis 88 beachten Sie bitte den Hinweis zu Beginn des Sachgruppenkatalogs.

Abkürzungsverzeichnis

Verzeichnis der im Buch verwendeten Abkürzungen

Abl.	=	Ablativ
Adj.	=	Adjektiv
Adv.	=	Adverb
aengl	=	altenglisch
afränk	=	altfränkisch
afrikaans	=	mundartliche, südafrikanische Amtssprache
afrz	=	altfranzösisch
ägypt	=	ägyptisch
ahd	=	althochdeutsch
akad.	=	akademisch
Akk.	=	Akkusativ
akust. t. t.	=	Fachausdruck der Akustik
allg.	=	allgemein
altd	=	altdeutsch
altengl	=	altenglisch
altind	=	altindisch
altisl	=	altisländisch
altl	=	altlateinisch
altröm.	=	altrömisch
am	=	amerikanisch(es Englisch)
amtl.	=	amtlich
amtsspr. t. t.	=	Fachausdruck der Amtssprache
anat. t. t.	=	anatomischer Fachausdruck
aport	=	altportugiesisch
aprov	=	altprovenzalisch
arab	=	arabisch
aram	=	aramäisch
archäol. t. t.	=	archäologischer Fachausdruck
archit. t. t.	=	architektonischer Fachausdruck
arithm. t. t.	=	arithmetischer Fachausdruck
arkad.	=	arkadisch
asächs	=	altsächsisch
aspan	=	altspanisch
assyr	=	assyrisch
astrol. t. t.	=	astrologischer Fachausdruck
astron. t. t.	=	astronomischer Fachausdruck
AT	=	Altes Testament
awest	=	awesta
b.	=	bei, beim
babyl	=	babylonisch
ballist. t. t.	=	ballistischer Fachausdruck
Bed.	=	Bedeutungen
belg.	=	belgisch
bergmannspr. t. t.	=	Fachausdruck des Bergbaus
berlin.	=	berlinisch
bes.	=	besonders

Abkürzungsverzeichnis

best.	=	bestimmt(e/er/es)
bibliothekswiss. t. t.	=	Fachausdruck der Bibliothekswissenschaft
biol. t. t.	=	biologischer Fachausdruck
bot. t. t.	=	botanischer Fachausdruck
brit	=	britisch
buchw. t. t.	=	Fachausdruck aus dem Buchwesen
bulgar	=	bulgarisch
bzw.	=	beziehungsweise
chald	=	chaldäisch
chem.	=	chemisch(e/er/es)
chem. t. t.	=	chemischer Fachausdruck
d	=	deutsch
Dat.	=	Dativ
DDR	=	Wort, Bedeutung, die in der Ex-DDR üblich war
dimin.	=	diminutiv, Verkleinerungsform
dor	=	dorisch(es griechisch)
druckw. t. t.	=	Fachausdruck im Druckwesen
dt.	=	deutsch(e/er/es) (nicht als Sprachenangabe)
Dud.	=	Fremdwörterduden
eccl.	=	kirchlich (d. h. bei den Kirchenschriftstellern)
EDV	=	elektronische Datenverarbeitung
EDV – t. t.	=	Fachausdruck der EDV
elektrotechn. t. t.	=	elektrotechnischer Fachausdruck
engl	=	englisch
etc.	=	et cetera (usw.)
ethnol. t. t.	=	ethnologischer Fachausdruck
etr	=	etruskisch
etw.	=	etwas
ev.	=	evangelisch
f u. Fem.	=	Femininum
forstwirt. t. t.	=	forstwirtschaftlicher Fachausdruck
fot. t. t.	=	fotografischer Fachausdruck
Frankr.	=	Frankreich
französ.	=	französisierend
frz	=	französisch
gall	=	gallisch
gallolat	=	gallolateinisch
gallorom	=	galloromanisch
gaskogn	=	Dialekt / Mundart der Gaskogne
gastron. t. t.	=	gastronomischer Fachausdruck
GB	=	Großbritannien
gen. communis	=	ohne grammatisches Geschlecht
genealog. t. t.	=	genealogischer Fachausdruck
geogr. t. t.	=	geographischer Fachausdruck
geol. t. t.	=	geologischer Fachausdruck
geometr. t. t.	=	geometrischer Fachausdruck
geophys. t. t.	=	geophysikalischer Fachausdruck
gerichtl.	=	gerichtlich
germ	=	germanisch

Abkürzungsverzeichnis

Gerund.	=	Gerundium / Gerundivum
got	=	gotisch
gr	=	griechisch
gramm. t. t.	=	grammatischer Fachausdruck
hebr	=	hebräisch
hist. t. t.	=	historischer Fachausdruck
iber	=	iberisch
idg	=	indogermanisch
Imp.	=	Imperativ (Befehlsform)
indian.	=	indianisch
it	=	italienisch
Ital.	=	Italien
jap	=	japanisch
Jh.	=	Jahrhundert
jmd.	=	jemand
jur. t. t.	=	juristischer Fachausdruck
kath.rel. t. t.	=	katholischer religiöser Fachausdruck
kaufmannsspr. t. t.	=	kaufmannssprachlicher Fachausdruck
kelt	=	keltisch
kernphys. t. t.	=	kernphysikalischer Fachausdruck
Kfz	=	Kraftfahrzeug
kirchenl	=	kirchenlateinisch
klass.	=	klassisches Latein
komp.	=	Komparativ, Steigerungsform
Konj.	=	Konjunktiv
kopt	=	koptisch
kuban	=	kubanisch
kunsthist. t. t.	=	kunstgeschichtlicher Fachausdruck
künstl. t. t.	=	künstlerischer Fachausdruck
Kunstw.	=	Kunstwort
kybern. t. t.	=	kybernetischer Fachausdruck
l	=	lateinisch
ladin	=	ladinisch
landsch.	=	landschaftlich
landw. t. t.	=	landwirtschaftlicher Fachausdruck
latein.	=	lateinisch (in Texten, nicht Sprachkennz.!)
linguist. t. t.	=	linguistischer Fachausdruck
lit.wiss. t. t.	=	literaturwissenschaftlicher Fachausdruck
log. t. t.	=	logischer Fachausdruck
lombard	=	lombardisch
lyd	=	lydisch
m	=	Maskulinum
MA	=	Mittelalter
marxist. t. t.	=	Fachausdruck der marxistischen Ideologie
math. t. t.	=	mathematischer Fachausdruck
med. t. t.	=	medizinischer Fachausdruck
metaphys.	=	metaphysisch
meteor. t. t.	=	meteorologischer Fachausdruck
meton.	=	metonymisch

metr. t. t.	=	metrischer Fachausdruck
mfrz	=	mittelfranzösisch
mgr	=	mittelgriechisch
mhd	=	mittelhochdeutsch
mil. t. t.	=	militärischer Fachausdruck
mind	=	mittelindisch
miran	=	mitteliranisch
mittelalterl.	=	mittelalterlich
mlat	=	mittellateinisch
mnd	=	mittelniederdeutsch
mniederl	=	mittelniederländisch
mod. t. t.	=	Fachwort der Modewelt
mus. t. t.	=	musikalischer Fachausdruck
n	=	Neutrum
n. Chr.	=	nach Christi Geburt
neapol.	=	neapolitanischer Dialekt
Nf.	=	Nebenform
nhd	=	neuhochdeutsch
niederd	=	niederdeutsch
niederl	=	niederländisch
nlat	=	neulateinisch
nordamerik.	=	nordamerikanisch(er) (nur in Texten)
nordfrz	=	nordfranzösisch
nordit.	=	norditalienisch
norman.	=	normannisch
NT	=	Neues Testament
o.	=	oder
öffentl.	=	öffentlich
okkultist. t. t.	=	okkultistischer Fachausdruck
opt. t. t.	=	optischer Fachausdruck
orth.	=	orthodox (in bezug auf die Religion)
österr	=	österreichisch
ostpr	=	ostpreußisch
ozeanograph. t. t.	=	ozeanographischer Fachausdruck
päd. t. t.	=	pädagogischer Fachausdruck
pali	=	pali (mittelindisch)
parapsych. t. t.	=	parapsychologischer Fachausdruck
Part.	=	Partizip
pers	=	persisch
Pf.	=	Perfekt
PFA	=	Partizip Futur Aktiv
pharmaz. t. t.	=	pharmazeutischer Fachausdruck
philat. t. t.	=	Fachausdruck der Briefmarkenkunde
philol. t. t.	=	philologischer Fachausdruck
philos. t. t.	=	philosophischer Fachausdruck
phön u. phönik	=	phönikisch
phys. t. t.	=	physikalischer Fachausdruck
physiol. t. t.	=	physiologischer Fachausdruck
Pl.	=	Plural

Abkürzungsverzeichnis

poet. t. t.	=	dichterischer Fachausdruck
polit.	=	politisch(e/er/es)
polit. t. t.	=	politischer Fachausdruck
poln	=	polnisch
polyn	=	polynesisch
port.	=	portugiesisch
postal. t. t.	=	postalischer Fachausdruck
PPA	=	Partizip Präsens Aktiv
PPf.	=	Partizip Perfekt (Aktiv)
PPfem.	=	Partizip Perfekt Femininum
PPrM	=	Partizip Präsens Medium
PPrP	=	Partizip Präsens Passiv
PPP	=	Partizip Perfekt Passiv
Präp.	=	Präposition
praep. insep.	=	untrennbare Präposition
Präs.	=	Präsens
prov	=	provenzalisch
psych.	=	psychisch(e/er/es)
psych. t. t.	=	psychologischer Fachausdruck
rätorom	=	rätoromanisch
rel. t. t.	=	religiöser Fachausdruck
rhein.	=	rheinisch
rhet. t. t.	=	rhetorischer Fachausdruck
röm.	=	römisch (nur in Texten, nicht Sprachkennzeichen!)
roman	=	romanisch
rumän	=	rumänisch
russ	=	russisch
Rw	=	Redewendung(en)
s.	=	siehe
s. a.	=	siehe auch
sanskr	=	sanskrit
sc.	=	scilicet: ergänze
scherzh.	=	scherzhaft
schott	=	schottisch
schweiz	=	schweizerisch
s. d.	=	siehe darunter
seemannsspr. t. t.	=	seemannssprachlicher Fachausdruck
semit	=	semitisch
serb	=	serbisch
serbokroat	=	serbokroatisch
slaw	=	slawisch
s. o.	=	siehe oben
soziol. t. t.	=	soziologischer Fachausdruck
soz.psych. t. t.	=	sozialpsychologischer Fachausdruck
span	=	spanisch
spätahd	=	spätalthochdeutsch
spätgr	=	spätgriechisch
spätl	=	spätlateinisch
sport. t. t.	=	Fachausdruck aus der Welt des Sports

Abkürzungsverzeichnis

sprachl.	=	sprachlich(e/er/es)
sprachwiss. t. t.	=	sprachwissenschaftlicher Fachausdruck
s. S.	=	siehe Seite
staatl.	=	staatlich(e/er/es)
statist. t. t.	=	statistischer Fachausdruck
* (Stern)	=	erschlossene, nicht belegte Form
stilk. t. t.	=	stilkundlicher Fachausdruck
s. u.	=	siehe unten
Subst.	=	Substantiv
südam	=	südamerikanisch(es Spanisch)
süddt	=	süddeutsch
südfrz	=	südfranzösisch
sumer	=	sumerisch
Superl.	=	Superlativ
techn.	=	technisch(e/er/es)
techn. t. t.	=	technischer Fachausdruck
theat. t. t.	=	theaterwissenschaftlicher Fachausdruck
theat. wiss.	=	theaterwissenschaftlich
theol. t. t.	=	theologischer Fachausdruck
t. t.	=	terminus technicus (Fachausdruck)
u.	=	und
übertr.	=	in übertragenem Sinne
ugs.	=	umgangssprachlich
ung	=	ungarisch
Uni	=	Universität
uns.	=	unsicher
ursp.	=	ursprünglich
UTL	=	„Unser tägliches Latein" (s. Anm. 1 S. VII)
v.	=	von, vom
v. Chr.	=	vor Christi Geburt
vgl.	=	vergleiche
völkerrechtl. t. t.	=	völkerrechtlicher Fachausdruck
voridg	=	vorindogermanisch
vork	=	vorkeltisch
vulgl.	=	vulgärlateinisch
Wahrig	=	Wahrig, Fremdwörterlexikon
waidm. t. t.	=	waidmännischer Fachausdruck
walis.	=	walisisch
westgerm	=	westgermanisch
wirtsch. t. t.	=	wirtschaftlicher Fachausdruck
wirtsch.wiss. t. t.	=	wirtschaftswissenschaftlicher Fachausdruck
wiss.	=	wissenschaftlich
wörtl.	=	wörtlich
z. B.	=	zum Beispiel
zool. t. t.	=	zoologischer Fachausdruck
↗	=	Verweispfeil (siehe)

Griechische Buchstaben

Übersicht über die griechischen Buchstaben

Das griechische Alphabet besteht aus folgenden 24 Buchstaben:

Zeichen		Aussprache	Name
Großbuchstaben	Kleinbuchstaben		
A	α	a	Alpha
B	β	b	Beta
Γ	γ	g	Gamma
Δ	δ	d	Delta
E	ε	e (kurz)	Epsilon
Z	ζ	z	Zeta
H	η	e (lang)	Eta
Θ	ϑ	th	Theta
I	ι	i	Iota
K	κ	k	Kappa
Λ	λ	l	Lambda
M	μ	m	My
N	ν	n	Ny
Ξ	ξ	x	Xi
O	ο	o (kurz)	Omikron
Π	π	p	Pi
P	ϱ	r	Rho
Σ	σ, ς	s	Sigma
T	τ	t	Tau
Y	υ	y, ü	Ypsilon
Φ	φ	ph, f	Phi
X	χ	ch	Chi
Ψ	ψ	ps	Psi
Ω	ω	o (lang)	Omega

Hinzu treten in sehr alten Texten ferner:

ϝ	w	Digamma
ϟ	q	Koppa
ϡ	ss	Sampi

Übersicht über die griechischen Buchstaben mit Akzent

ά	ὰ	ᾶ	ἀ	ἁ	ἄ	ἅ	ἆ	ἇ	ἂ	ἃ	
ᾴ	ᾲ	ᾷ	ᾀ	ᾁ	ᾄ	ᾅ	ᾆ	ᾇ	ᾂ	ᾃ	ᾳ
Ἀ	Ἀ	Ἆ	Ἀ	Ἁ	Ἄ	Ἅ	Ἆ	Ἇ	Ἂ	Ἃ	

| έ | ὲ | ˆε | ἐ | ἑ | ἔ | ἕ | ἒ | ἓ | ῾ε | ῾ε |
| Ἐ | Ἐ | ˆE | Ἐ | Ἑ | Ἔ | Ἕ | Ἒ | Ἓ | ῾E | ῾E |

ή	ὴ	ῆ	ἠ	ἡ	ἤ	ἥ	ἦ	ἧ	ἢ	ἣ	
ῄ	ῂ	ῇ	ᾐ	ᾑ	ᾔ	ᾕ	ᾖ	ᾗ	ᾒ	ᾓ	ῃ
Ἠ	Ἠ	Ἦ	Ἠ	Ἡ	Ἤ	Ἥ	Ἦ	Ἧ	Ἢ	Ἣ	

ί	ὶ	ῖ	ἰ	ἱ	ἴ	ἵ	ἶ	ἷ	ἲ	ἳ
ᾱ	ί	ἰ								
Ἰ	Ἰ	Ἶ	Ἰ	Ἱ	Ἴ	Ἵ	Ἶ	Ἷ	Ἲ	Ἳ

| ό | ὸ | ˆο | ὀ | ὁ | ὄ | ὅ | ὂ | ὃ | ῾ο | ῾ο |
| Ὀ | Ὀ | ˆO | Ὀ | Ὁ | Ὄ | Ὅ | Ὂ | Ὃ | ῾O | ῾O |

| ᾿ρ | ῥ | ῥ | ῥ | | | | | | | |
| ᾿P | ῾P | ῾P | ῾P | | | | | | | |

ύ	ὺ	ῦ	ὐ	ὑ	ὔ	ὕ	ὖ	ὗ	ὒ	ὓ
ΰ	ὺ	ῦ	ϋ	ὐ	ὔ	ὕ	ϋ	ὒ		
Ὑ	Ὑ	Ὗ	Ὑ	Ὑ	Ὕ	Ὕ	Ὗ	Ὗ	Ὓ	Ὓ

ώ	ὼ	ῶ	ὠ	ὡ	ὤ	ὥ	ὦ	ὧ	ὢ	ὣ	
ῴ	ῲ	ῷ	ᾠ	ᾡ	ᾤ	ᾥ	ᾦ	ᾧ	ᾢ	ᾣ	ῳ
Ὠ	Ὠ	Ὦ	Ὠ	Ὡ	Ὤ	Ὥ	Ὦ	Ὧ	Ὢ	Ὣ	

Bezeichnung der Akzente, Zeichen und Spiritus:

Akut	´	Gravis	`
Zirkumflex	ˆ	Spiritus lenis	᾿
Spiritus asper	῾	Spiritus lenis und Akut	″
Spiritus asper und Akut	῞	Spiritus lenis und Gravis	‶
Spiritus asper und Gravis	῝	Spiritus lenis und Zirkumflex	῀
Spiritus asper und Zirkumflex	῟	Iota subscriptum	ͅ

Lexikalischer Teil

A

>>> A–, a–, An–, an–, Am–, am ↗ Partikelliste

0001	Abakus, der gr>l	(↗ UTL 0003) 1. antikes (↗ UTL 0214) Rechen- o. Spielbrett {71/75/85}; 2. Säulendeckplatte beim Kapitell (↗ UTL 1627) {88}	ἄβαξ abax	Tischplatte, Rechen-, Spielbrett, obere Platte auf dem Säulenkapitell
0002	Abasie, die (gr;gr) >nlat	Gehunfähigkeit {12/14/70}	ἀ–, ἀν– a-, an- + βάσις basis	nicht, ohne Tritt, Gang; Grund
–	abatisch	1. die ↗ Abasie betreffend; 2. gehunfähig {12/14/70}	dto.	dto.
0003	Abaton, das	1. das Allerheiligste; 2. Altarraum in ↗ orthodoxen ↗ Kirchen (rel. t. t.) {51/58/77}	ἄβατον abaton	das Unbetretbare
0004	Abbé, der o. Abate, der aram>gr >kirchenl >it/frz	(↗ UTL 0005) (1. Form): Titel (↗ UTL 3586) eines Geistlichen in Frankreich; (2.Form): Titel der Weltgeistlichen in Italien o. Spanien {33/51/77}	aram. abba ἄββας abbas kirchenl. abbas Gen. abbatis it. abate frz. abbé	Vater dto. s. u. Abt Abt dto. dto.
0005	Abderit, der	einfältiger Mensch, „Schildbürger" {22/25/33}	Ἀβδηρίτης Abderites	Bewohner der gr. Stadt Abdera (s. Anhang „Namen")
–	abderitisch	einfältig, schildbürgerhaft {22/25/33}	dto.	dto.
0006	Abiogenese o. Abiogenesis, die gr;gr;gr	↗ Theorie des Entstehens von Lebewesen aus unbelebter Materie (↗ UTL 2163) {68/69/72}	ἀ–, ἀν– a-, an- + βίος bios + γένεσις genesis	nicht, ohne Leben Ursprung, Entstehung

0007	Abiose o. Abiosis, die gr;gr;gr	Unfähigkeit zu leben {15/70}	ἀ–, ἀν– a-, an- + βίος bios + –ωσις –osis	nicht, ohne Leben gr. Suffix s. Partikelliste
–	abiotisch	ohne Leben, leblos {15/70}	dto.	dto.
>>>	ABS ↗ Anti-Blockier-System, das			
0008	Absinth, der gr>l>frz	1. Branntwein mit Wermut {17}; 2. Pflanze {04}	ἀψίνθιον apsinthion	Wermut
–	Absinthismus, der gr>l>nlat	Krämpfe u. Lähmungen durch zu starken Genuß von Absinth {14/70}	dto. + –ισμός –ismos	dto. gr. Suffix s. Partikelliste
0009	Abt, der aram>gr >kirchenl >ahd>mhd	(↗ UTL 0037b) Stifts-, Klostervorsteher (rel. t. t.) {33/51/77}	ἄββας abbas kirchenl. abbas Gen. abbatis ahd. abbat mhd. ab(b)et, abt	Vater s. o. Abbe Abt dto. dto.
–	Abtei, die aram>gr >kirchenl >ahd>mhd	(↗ UTL 0037b) von einem Abt geleitetes Stift (rel. t. t.) {51/58/77}	dto. kirchenl. abbatia ahd. abbateia mhd. abbeteie	dto. Abtei einem Abt untsrstehendes Kloster (↗ UTL 1694) dto.
–	Äbtissin, die aram>gr >kirchenl >ahd	(↗ UTL 0037b) Vorsteherin eines Frauenstifts (rel. t. t.) {33/51/77}	dto. kirchenl. abbatissa ahd. abbatissa	dto. Äbtissin dto.
0010	Abulie, die (gr;gr) >nlat	krankhafte Willenlosigkeit; Entschlußlosigkeit (psych. t. t.) {28/70}	ἀ–, ἀν– a-, an- + βουλή boule	nicht, ohne Wille; Plan; Rat; Ratsversammlung
–	abulisch	1. die ↗ Abulie betreffend; 2. willenlos {28/70}	dto.	dto.
0011	Abyssal, das gr>mlat >nlat	↗ abyssische Gegend {58/63/64}	ἄβυσσος abyssos	grundlos tief, unermeßlich; Abgrund, Hölle

–	abyssal o. abyssisch	1. aus der Tiefe der Erde o. des Meeres stammend; 2. abgrundtief {58/63/64}	dto.	dto.
–	Abyssus, der gr>l>mlat >mhd	1. Abgrund, Tiefe der Erde o. des Meeres; Unterwelt {58/63/64}; 2. Vielfraß {06/17/25/69}	dto.	dto.
0012	Acetyl, das l;gr	(↗ UTL 0044) Säurerest der Essigsäure (chem. t. t.) {73}	l. *acetum* + ὕλη hyle	Weinessig Stoff, Material, Bau–, Brennholz
–	Acetylen, das	(↗ UTL 0044) gasförmiger brennbarer Kohlenwasserstoff {41/73}	dto.	dto.
0013	Achat, der gr>l>mhd	Halbedelstein mit verschiedenfarbigen Lagen {02/20/62}	Ἀχάτης Achates	Fluß in Sizilien, der dem Stein den Namen gab
			l. *achates*	dto.
			mhd. *achat(es)*	dto.
–	achaten	aus ↗ Achat bestehend {02/20/62}	dto.	dto.
0014	Ach(e)irie, die gr;gr	angeborenes Fehlen einer Hand o. beider Hände (med. t. t.) {11/14/70}	ἀ–, ἀν– a–, an– + χείρ cheir	nicht, ohne Hand
0015	Acheiropoieta, die (Pl.) gr;gr	Bezeichnung für einige ↗ byzantinische Bildnisse ↗ Christi u. der Heiligen, die nach der Legende (↗ UTL 2029) „nicht von Menschenhand gefertigt" sind {36/51/77}	dto. + ποιητός poietos	dto. gemacht, verfertigt
0016	Acheron, der	Fluß der Unterwelt in der gr. Sage {51/75}	Ἀχέρων Acheron	Acheron (s. Anhang „Namen")
–	acherontisch	1. den ↗ Acheron betreffend; 2. zur Unterwelt gehörend {51/75}	dto.	dto.
0017	Achillesferse, die gr;d	verwundbare, schwache Stelle bei einem Menschen {22/25/84}	Ἀχιλλεύς Achilleus + d. *Ferse*	Achill(eus) (s. Anhang „Namen")
–	Achillessehne, die gr;d	am Fersenbein ansetzende Sehne des Wadenmuskels {11/70}	dto. + d. *Sehne*	dto.
–	Achillodynie, die (gr;gr) >nlat	Schmerz an der ↗ Achillessehne (med. t. t.) {14/23/70}	dto. + ὀδύνη odyne	dto. Schmerz

0018	**Acryl** o. **Acryl-glas**, das l;gr	(↗ UTL 0046) (Kunstwort aus Acrolein + -yl) Kunststoff aus Polyacrylnitrit (chem. t. t.) {40/44/73}	l. acer + ὕλη hyle (+ d. Glas)	scharf, beißend Stoff, Material, Bau–, Brennholz
0019	**Actinium**, das	radioaktives (↗ UTL 2964) chem. Element (↗ UTL 0874) (Zeichen: Ac) {73}	ἀκτίς aktis	Strahl
0020	**Adaktylie**, die (gr;gr) >nlat	angeborenes Fehlen der Finger oder Zehen (med. t. t.) {14/70}	ἀ–, ἀν– a-, an- + δάκτυλος daktylos	nicht, ohne Finger; Zehe
0021	**Adelphie**, die gr>nlat	Verwachsung von Staubblättern zu Bündeln (bei Blütenpflanzen, bot. t. t.) {68}	ἀδελφός adelphos	Bruder
0022	**Adenitis**, die (gr;gr) >nlat	Drüsenentzündung, bes. der Lymphdrüse (med. t. t.) {14/70}	ἀδήν, Gen. ἀδένος aden, adenos + –ῖτις –itis	Drüse gr. Suffix s. Partikelliste
–	**Adenom(a)**, das gr;gr	(gutartige) Drüsengeschwulst (med. t. t.) {14/70}	dto. + –ωμα –oma	dto. gr. Suffix s. Partikelliste
0023	**Adespota**, die (Pl.) gr;gr	Schriften (bes. Kirchenlieder) von unbekannten Verfassern (rel. t. t.) {37/51/77}	ἀ–, ἀν– a-, an- + δεσπότης despotes	nicht, ohne (Haus)Herr; Herrscher; Eigentümer
0024	**Adiabate**, die (gr;gr) >nlat	Kurve (↗ UTL 1970) der Zustandsänderung von ↗ Gas, wenn Wärme weder zu– noch abgeführt wird (phys., meteor. t. t.) {65/70/72}	ἀ–, ἀν– a-, an- + διαβάτης diabates	nicht, ohne hindurchtretend
–	**adiabatisch**	ohne Wärmeaustausch (phys. t. t., meteor. t. t.) {54/65/72}	dto.	dto.
0025	**Adiaphon**, das gr;gr	1. Tasteninstrument, im Klang der Glasharmonika ähnlich; 2. Stimmgabelklavier {37}	ἀ–, ἀν– a-, an- + διάφωνος diaponos	nicht, ohne nicht zusammenstimmend
0026	**Adiaphora**, die (Pl.) gr;gr	1. Gleichgültiges {25/56}; 2. moralisch wertneutrale Dinge (philos. t. t.) {30/77}	ἀδιάφορος adiaphoros	nicht verschieden, gleichgültig
0027	**Adipsie**, die (gr;gr) >nlat	fehlendes Bedürfnis zu trinken {14/17/70}	ἀ–, ἀν– a-, an- + δίψιος dipsios	nicht, ohne durstig

0028	Adonis, 1.der 2. die	1. schöner junger Mann {15/18/26/33}; 2. Hahnenfuchsgewächs (Adonisröschen) {04/68}	Ἄδωνις Adonis	Adonis (s. Anhang „Namen")
–	adonisch	schön wie ↗ Adonis {55}	dto.	dto.
0028a	Adonius, der gr>l	antiker Vers, der aus einem ↗ Daktylus u. einem Spondeus besteht (↗ UTL 3791) {34/76}	ἀδώνιος adonius	Versmaß, das aus einem Daktylus u. einem Spondeus besteht
0029	Adynamie, die gr;gr	Kraftlosigkeit, Muskelschwäche (med. t. t.) {14/70}	ἀδυναμία adynamia	Unvermögen, Schwäche
–	adynamisch	kraftlos, schwach {14/55/70}	ἀδύναμος adynamos	schwach
0030	Adyton, das gr;gr	das Allerheiligste (in gr. u. röm. Tempeln) {51/58/75}	ἄδυτος adytos u. ἄδυτον adyton	nicht zu betreten das innerste Heiligtum des Tempels
0030a	Aegidius	männlicher Vorname (31)	Αἰγίδιος Aigidios	Schildhalter; Böckchen
>>>	Aero– ↗ Wortelementeliste			
0031	aerob (gr;gr) >nlat	Sauerstoff zum Leben brauchend (biol. t. t.) {68/69}	ἀήρ aer + βίος bios	Luft Leben
0032	Aerobat, der gr;gr	1. Seiltänzer {35/85}; 2. Träumer {24/25/33}	dto. + βατεῖν batein	dto. besteigen
–	Aerobatik, die gr;gr	Kunstflugvorführung {45/85}	dto.	dto.
0033	Aerobic, das (gr;l)>engl	↗ gymnastisch–tänzerisches Fitneßtraining {12/85}	dto. + l. biceps	dto. zwei–, doppelköpfig (↗ UTL 0407)
0034	Aerobiologie, die gr;gr;gr	Wissenschaftszweig von der Erforschung der lebenden ↗ Mikroorganismen in der ↗ Atmosphäre {68/69}	dto. + βίος bios + λόγος logos	dto. Leben Rede, Wort; Überlegung
0035	Aerodynamik, die gr;gr	Lehre von der Bewegung gasförmiger Stoffe, bes. der Luft {41/72}	dto. + δυναμικός dynamikos	dto. vermögend, wirksam s. u. Dynamik

–	aerodynamisch gr;gr	1. wenig Luftwiderstand bietend; {54/72} 2. den Luftwiderstand betreffend {41/72}	dto.	dto. s. u. dynamisch
0036	Aerogramm, das gr;gr	1. Luftpostleichtbrief {32/45}; 2. ↗ graphische Darstellung von Wärme- u. Feuchtigkeitsverhältnissen in der ↗ Atmosphäre (meteor. t. t.) {65/71}	dto. + γράμμα gramma	dto. Schrift, Buchstabe; Schriftwerk
–	Aerograph, der gr;gr	Spritzgerät zum Zerstäuben von Farbe {41}	dto. + γράφευς grapheus	dto. Maler, Schreiber

>>> Aeroklimatologie = ↗ Klimatologie

0037	Aeroklub, der gr;engl	Luftsportverein {45/85}	dto. + engl. club	dto. Verein
0038	Aerologie, die gr;gr	Wissenschaftszweig von der Erforschung der höheren Luftschichten (meteor. t. t.) {65}	dto. + λόγος logos	dto. Rede, Wort; Berechnunug
–	aerologisch gr;gr	die ↗ Aerologie betreffend (meteor. t. t.) {65}	dto. + λογικός logikos	dto. zum Reden gehörig, die Rede betreffend
0039	Aeromantie, die (gr;gr)>l	Wahrsagen aufgrund von Lufterscheinungen {51}	dto. + μαντεία manteia	dto. das Weissagen; die Weissagung
0040	Aeromechanik, die gr;gr	Wissenschaft vom Gleichgewicht u. den Bewegungen von ↗ Gasen, bes. der Luft {65/72}	dto. + μηχανική (τέχνη) mechanike (techne)	dto. Maschinenkunst
0041	Aeromedizin, die gr;l	Teilgebiet der Medizin (↗ UTL 2190), betreffend die ↗ physischen Einwirkungen der Luftfahrt auf den ↗ Organismus {70}	dto. + l. medicina	dto. Heilkunst; Arznei (↗ UTL 2190)
0042	Aerometer, das (gr;gr) >nlat	Gerät zur Bestimmung von Dichte u. Gewicht der Luft {72}	dto. + μέτρον metron	dto. Maß, Versmaß
0043	Aeronaut, der gr;gr	Luftfahrer (veraltet) {40/45/85}	dto. + ναύτης nautes	dto. Seemann, Matrose

–	Aero-nautik, die gr;gr	Luftfahrtkunde {45/63}	dto. + ναυτική (τέχνη) nautike (techne)	dto. (Kunst der) Schifffahrt
–	Aero-nautiker, der gr;gr	Fachmann für ↗ Aeronautik {40/45/63}	dto. + ναυτικός nautikos	dto. das Schiff, den Seefahrer betreffend
–	aero-nautisch gr;gr	die ↗ Aeronautik betreffend {45/63}	dto.	dto.
0044	Aero-nomie, die gr;gr	Wissenschaft von der obersten ↗ Atmosphäre (über 30 km Höhe) {63/65}	dto. + νόμος nomos	dto. Brauch; Gesetz; Herkommen
0045	Aero-phagie, die gr;gr	krankhaftes Luftschlucken (med. t. t.) {14/70}	dto. + φαγεῖν phagein	dto. essen
0046	Aerophon, das gr;gr	↗ Musikinstrument, dessen Töne durch Lufteinwirkung erzeugt werden (mus. t. t.) {37}	dto. + φωνή phone	dto. Laut, Stimme, Ton
0047	Aerophor, der gr;gr	Gerät zur Luftzuführung (mus. t. t.) {37}	dto. + φορός phoros	dto. tragend, bringend
0048	Aerophyt, der gr;gr	Pflanze, die auf einer anderen Pflanze lebt {68}	dto. + φυτόν phyton	dto. Gewächs, Pflanze
0049	Aeroplan, der (gr;gr)>frz	(↗ UTL 0090a) Flugzeug (veraltet) {45}	ἀερόπλανος aeroplanos frz. aéroplane	in der Luft umherziehend Flugzeug
0050	Aerosol, das gr;l	(↗ UTL 0090a) ein ↗ Gas (bes. Luft) mit feinverteilten festen oder flüssigen Stoffen {65/73}	dto. + l. sal	dto. Salz (↗ UTL 0090a)
0051	Aero-sonde, die gr;frz	von einem Ballon in die oberen Schichten der ↗ Atmosphäre getragenes Meßinstrument (meteor. t. t.) {63/65}	dto. + frz. sonde	dto. Lot, Senkblei
0052	Aero-statik, die (gr;gr) >nlat	Lehre von den Gleichgewichtszuständen von ↗ Gasen {72/73}	dto. + στατική (τέχνη) statike (techne)	dto. (die Kunst des) Wägens
–	aerosta-tisch (gr;gr) >nlat	die ↗ Aerostatik betreffend {54/72/73}	dto.	dto.

7

0053	Aerozin, das gr;nlat	Raketentreibstoff {45/66}	dto. + nlat. –(z)in	dto. Suffix zur Bezeichnung chem. Stoffe
0054	Aetosaurus, der gr;gr	eidechsenähnlicher, auf zwei Beinen gehender ↗ Saurier {69}	ἀητεῖσθαι aeteisthai + σαῦρος sauros	fliegen Eidechse s. u. Saurier
0055	Afrikanthropus, der l;gr	Menschentyp der Altsteinzeit, nach den Fundorten im östlichen Afrika benannt {69}	l. Africa + ἄνθρωπος anthropos	Afrika Mensch
0056	agam gr>nlat	ohne Befruchtung zeugend (biol. t. t.) {68/69}	ἄγαμος agamos	unverheiratet, ehelos
–	Agamet, der	Zelle (↗ UTL 3886) niederer Lebewesen für die geschlechtslose Fortpflanzung (biol. t. t.) {68/69}	ἀγάμητος agametos	unverheiratet, ehelos
–	Agamie, die	1. befruchtungslose Fortpflanzung (biol. t. t.) {68/69}; 2. Ehelosigkeit {31}	ἀγαμία agamia	Ehelosigkeit
–	agamisch	1. geschlechtslos (biol. t. t.) {68/69}; 2. ehelos {31}	ἄγαμος agamos	unverheiratet, ehelos
–	Agamist, der	Junggeselle (veraltet) {31}	dto.	dto.
0057	Agape, die gr>l	1. die sich in ↗ Christus offenbarende Gottesliebe; Nächstenliebe (rel. t. t.) {33/51/77}; 2. Mahl der frühchristlichen ↗ Kirche (rel. t. t.) {17/51/77}	ἀγάπη agape	Liebe
0058	Agathe o. Agatha	ein weiblicher Vorname {31}	ἀγαθή agathe	die Gute, Edle
0059	Agave, die gr>frz	↗ subtropische Pflanzengattung, ähnlich der ↗ Aloe {04/68}	ἀγαυή agaue frz. agave u. agavé	die Edle, Verehrungswürdige
0060	Ageratum, das gr>l>nlat	Leberbalsam (Gewächs der Korbblütler) {04/68}	ἀγήρατος ageratos	nicht alternd
0061	Ageusie, die (gr;gr) >nlat	Verlust der Geschmacksempfindung (med. t. t.) {14/23/70}	ἀ–, ἀν– a-, an- + γεῦσις geusis	nicht, ohne Geschmack
0062	Ägide, die gr>l	Obhut, Schutz, Schirmherrschaft (↗ Ägis) {33}	αἰγίς aigis	Ziegenfell, Schild aus Ziegenleder
0063	Ägineten, die (Pl.)	Giebelfiguren von der gr. Insel Ägina {36/88}	Αἰγινήτης Aiginetes	Bewohner der Insel Ägina

0064	Ägis, die	Schild des Zeus (s. Anhang „Namen") u. der Athene (s. Anhang „Namen") {51/75}	αἰγίς aigis	Ziegenfell, Schild aus Ziegenleder
0065	Agma, das	Bezeichnung für den gr. u. l. Nasallaut „gg" (= ng) {32/76}	ἄγμα agma	Bruchstück
0066	Agnatha, die (Pl.) gr;gr	fischähnliche Wirbeltiere, die keinen Kiefer haben {07/69}	ἀ–, ἀν– a-, an- + γνάθος gnathos	nicht, ohne Kinnbacken
0067	Agnes gr>l	weiblicher Vorname {31}	ἁγνή hagne Fem. von ἁγνός hagnos	„die Lautere" heilig; keusch, rein
0068	Agnosie, die gr>nlat	1. Unfähigkeit der sinnlichen Wahrnehmung (med. t. t.) {14/23/70}; 2. Nichtwissen (philos. t. t.) {22/25/77}	ἀγνωσία agnosia	Unkenntnis, Nichtwissen
–	Agnostiker, der gr>engl	Anhänger des ↗ Agnostizimus {33/77}	ἄγνωστος agnostos	unbekannt, nicht erkennbar
–	agnostisch	die Agnosie betreffend {14/23/70}	dto.	dto.
–	Agnostizismus, der (gr;gr) >engl	Lehre von der Unerkennbarkeit des Göttlichen o. Übersinnlichen (philos. t. t.) {77}	dto. + –ισμός –ismos	dto. gr. Suffix s. Partikelliste
–	agnozistisch	den Agnostizimus betreffend {77}	dto.	dto.
0069	Agogik, die	individuelle (↗ UTL 1354) Gestaltung des Tempos (↗ UTL 3548) beim ↗ musikalischen Vortrag {37/59}	ἀγωγή agoge	Leitung, Führung; Musiktempo
–	agogisch	die Agogik betreffend {37/59}	dto.	dto.
0070	Agon, der gr>l	1. altgr. sportlicher o. geistiger Wettkampf {25/85}; 2. Streitgespräch in der ↗ attischen ↗ Komödie {34/35/76}	ἀγών agon	Versammlung(splatz), Wettkampf, Anstrengung
–	agonal gr>nlat	den Agon betreffend {34/35/76}	dto.	dto.
–	Agonie, die gr>kirchenl>frz	1. Todeskampf; 2. Zustand vor dem ↗ klinischen Tod (med. t. t.) {15/70}	ἀγωνία agonia	(Wett)kampf, Anstrengung, Angst
–	Agonist, der gr>l	1. Wettkämpfer {85}; 2. ↗ Muskel mit entgegengesetzter Wirkung (med. t. t.) {11/70}	ἀγωνιστής agonistes	(Wett)kämpfer

Agonistik

–	**Agoni-stik,** die gr>l	Wettkampfkunde {75/85}	ἀγωνιστική (τέχνη) agonistike (techne)	(Kunst des) Kämpfens o. Streitens
0071	**Ägopho-nie,** die (gr;gr) >nlat	krankhafte Meckerstimme {14/32/70}	αἴξ, Gen. αἰγός aix, aigos + φωνή phone	Ziege Laut, Stimme, Ton
0072	**Agora,** die	1. rechteckiger Platz mit Säulen in der altgr. ↗ Polis {58/75}; 2. altgr. Volksversammlung {75}	ἀγορά agora	Markt(platz), (Volks)versammlung
–	**Agora-phobie,** die (gr;gr) >nlat	krankhafte Angst, allein über freie Plätze o. Straßen zu gehen; Platzangst (psych. t. t.) {70}	dto. + φόβος phobos	dto. Angst, Furcht
0073	**Agram-matis-mus,** der (gr;gr) >nlat	Unfähigkeit, beim Sprechen die einzelnen Wörter ↗ grammatisch richtig aneinanderzureihen (med. t. t.) {14/32/70}	ἀγράμματος agrammatos + –ισμός –ismos	ohne wissenschaftliche Bildung gr. Suffix s. Partikelliste
0074	**Agrapha,** die (Pl.)	Aussprüche ↗ Christi, die nicht in den ↗ Evangelien überliefert sind {32/51/77}	ἄγραφος agraphos	ungeschrieben, nicht aufgeschrieben
–	**Agraphie,** die gr>nlat	Unfähigkeit, einzelne Buchstaben o. Wörter richtig zu schreiben (med. t. t.) {14/32/70}	dto.	dto.
>>>	**Agrar–** ↗ Wortelementeliste			
0075	**agrarisch** gr(>l)	die Landwirtschaft betreffend {39}	ἀγρός agros l. *agrarius*	Acker, Feld zu den Äckern, Feldern gehörig (↗ UTL 0107)
>>>	**Agrarbiologie, –chemie** = ↗ Biologie, ↗ Chemie			
>>>	**Agro–** ↗ Wortelementeliste			
0076	**Agronom,** der (gr;gr) >nlat	↗ akademisch ausgebildeter Landwirt {31/39/40}	ἀγρονόμος agronomos	Beamter, der für die ländlichen Bezirke zuständig ist

–	Agro-nomie, die (gr;gr) >nlat	Ackerbaukunde {39}	ἀγρονομία agronomia	Amt eines Agronoms
–	agrono-misch (gr;gr) >nlat	die Agronomie betreffend {39}	dto.	dto.
0077	Agro-stadt, die gr;d	große, stadtähnliche Siedlung, deren Bewohner vorwiegend Landarbeiter sind (z. B. in China) {49/50/64}	dto. + d. *Stadt*	dto.
0078	Agrosto-logie, die (gr;gr;gr) >nlat	Gräserkunde {68}	dto. + στόλος stolos + λόγος logos	dto. Stiel, Stengel Rede, Wort; Überlegung
0079	Agrypnie, die gr>nlat	Schlaflosigkeit; = Asomnie (↗ UTL 0284) {14/16/70}	ἀγρυπνία agrypnia	Schlaflosigkeit
0080	Ägypto-loge, der gr;gr	Wissenschaftler der Kultur (↗ UTL 1947) u. Sprache des alten Ägyptens {75/81}	Αἴγυπτος Aigyptos + λόγος logos	Ägypten Rede, Wort; Berechnung
–	Ägypto-logie, die gr;gr	Wissenschaft der Kultur u. Sprache des alten Ägyptens {75/81}	dto.	dto.
–	ägypto-logisch gr;gr	die ↗ Ägyptologie betreffend {75/81}	dto. + λογικός logikos	dto. zum Reden gehörig, die Rede betreffend
0081	ahemi-tonisch gr;gr;gr	ohne Halbtöne (mus. t. t.) {37/55}	ἀ–, ἀν– a-, an- + ἥμισυς hemisys + τόνος tonos	nicht, ohne halb Spannung, Band, Ton
0082	ahisto-risch (gr;gr)>l	ohne Berücksichtigung der geschichtlichen Grundlage {75}	ἀ–, ἀν– a-, an- + ἱστορικός historikos	nicht, ohne wissenschaftlich; geschichtlich s. u. historisch
0084	Aidoi-manie, die (gr;gr) >nlat	krankhafter Sexualtrieb (psych. t. t.) {14/18/70}	αἰδοῖον aidoion + μανία mania	Schamglied, Scham Raserei, Wahnsinn, Verzückung

>>> Air– ↗ Wortelementeliste

0085	Air, das gr>l>afrz >frz	1. Hauch, Fluidum (↗ UTL 1117) {23/24}; 2. Aussehen, Haltung {23/25/84}; 3. liedartiges Instrumentalstück (mus. t. t.) {37}	ἀήρ aer l. *aer* afrz. *air* frz. *air*	Luft Luft, Hauch (↗ UTL 0110) Luft dto.; Atmosphäre; Melodie
–	**Airbag**, der gr;engl	Luftkissen, Luftsack (als Aufprallschutz in ↗ Autos) {45}	dto. + engl. *bag*	dto. Tasche, Sack
–	**Airbus**, der gr>l>frz;l	↗ europäisches Passagierflugzeug mit großer Sitzkapazität {45}	dto. + l. *omnibus* (Dativ von *omnes*)	dto. für alle alle (↗ UTL 0110)
–	**Aircondi- tioning**, das (gr>l;l) >engl	Klimatisierung, ↗ Klimaanlage {41/45/87}	dto. + l. *condicio*	dto. Stellung, Beschaffenheit, Bedingung; Zustand (↗ UTL 1777)
–	**Airport**, der (gr>l;l) >engl	Flughafen {45}	dto. + l. *portus*	dto. Hafen, Seeinfahrt (↗ UTL 0110)

>>> **Aitiologie**, die = ↗ **Ätiologie**
>>> **aitiologisch** = ↗ **ätiologisch**

0086	**Akademie**, die gr>l>frz	1. Platons (s. Anhang „Namen") Wirkunugsstätte in Athen {31/75/77}; 2. Vereinigung von Wissenschaftlern {40}; 3. Gebäude einer Akademie; (Kunst)fachschule {31/58/78}	Ἀκαδήμεια Akademeia l. *Academia* frz. *académie*	Akademie (s. Anhang „Namen") dto. dto.; Gruppe von Gelehrten
–	**Akademiker**, der gr>l>nlat >russ>frz	1. jmd. mit abgeschlossener Hochschulausbildung {31/33/40}; 2. Mitglied einer ↗ Akademie {33/40}	Ἀκαδημαϊκός Akademaikos	von, aus der Akademie
–	**akademisch** gr>l>nlat >ahd	1. die Hochschule betreffend {31/40}; 2. wissenschaftlich {25/31}; 3. weltfremd, trocken {25}	dto.	dto.

12

–	Akademismus, der (gr;gr) >nlat	starre, ↗ dogmatische Kunstauffassung {25/36}	dto. + –ισμός –ismos	dto. gr. Suffix s. Partikelliste
0087	Akanthus, der gr>l	1. Bärenklau (Staudengewächs) {04/68}; 2. Ornament (↗ UTL 2452) nach dem Vorbild der Pflanzenblätter {36}	ἄκανθος akanthos	Bärenklau
0088	Akarologie, die gr;gr	Teilgebiet der ↗ Zoologie, das Milben u. Zecken untersucht {69}	ἀκαρί akari + λόγος logos	Milbe Rede, Wort; Überlegung
0089	akatalektisch (gr;gr)>l	unverkürzt, vollständig; mit vollständigem letztem Versfuß {34/76}	ἀ–, ἀν– a–, an– + καταληκτικός katalektikos	nicht, ohne aufhörend
0090	Akataphasie, die	Unfähigkeit der richtigen Anwendung von ↗ grammatischen Regeln (↗ UTL 3024) {22/25/33}	ἀ–, ἀν– a–, an– + κατάφασις kataphasis	nicht, ohne Behauptung
0091	Akathistos, der gr;gr	stehend gesungener Marienhymnus in ↗ orthodoxen ↗ Kirchen {37/51/77}	ἀ–, ἀν– a–, an– + καθίζειν kathizein	nicht, ohne niedersetzen, sich setzen
0092	Akazie, die gr>l	Baum (o. Strauch), zu den Mimosengewächsen gehörig (Mimosaceae) {04/68}	ἀκακία akakia l. accacia	Akazie dto.
0093	akephal(isch) (gr;gr) >nlat	1. Vers (↗ UTL 3791), der um die erste ↗ Silbe verkürzt ist {34/76}; 2. ohne Anfang {55}	ἀκέφαλος akephalos aus: ἀ–, ἀν– a–, an– + κεφαλή kephale	kopflos; ohne Anfang; Hexameter mit verkürztem ersten Fuß nicht, ohne Kopf, Haupt
0094	Akinese o. Akinesie, die (gr;gr) >nlat	Schwierigkeit, die Glieder zu bewegen (med. t. t., psych. t. t.) {12/14/70}	ἀκινησία akinesia	Unbeweglichkeit
–	akinetisch (gr;gr) >nlat	unbeweglich (med., psych. t. t.) {12/70}	ἀκίνητος akinetos	unbewegt, unbeweglich

13

Akklimatisation 0095

0095	**Akklima-tisation**, die l;gr>l>nlat	Anpassung eines ↗ Organismus an veränderte Umwelt-, bes. Klimabedingungen {65/68/69/70}	l. *ad* + κλίμα klima	zu, nach, hin; bis zu; bei, auf; hinsichtlich (↗ UTL 0001) Neigung der Erde gegen die Pole zu; Himmelsgegend s. u. Klimatisation (↗ UTL 0113a)
–	**akklima-tisieren** l;gr>l>nlat	1. sich an ein anderes ↗ Klima gewöhnen {65/68/69/70}; 2. sich eingewöhnen, anderen Verhältnissen anpassen {22/33} (↗ UTL 0113a)	dto.	dto.
0096	**Akkord**, der (l;gr>l) >afrz>frz	Zusammenklang von mindestens drei verschiedenen Tönen (mus. t. t.) {37} – andere Bedeutungen sind lateinischen Ursprungs, vgl. ↗ UTL 0114	l. *ad* + χορδή chorde afrz. *acorder* frz. *accord*	zu, hin, bezüglich Darm; Darmsaite s. u. Chorda in Übereinstimmung bringen Zusammenklang, Übereinstimmung
–	**Akkordeon**, das (l;gr>l) >frz	Handharmonika {37} (↗ UTL 0114)	dto.	dto.
–	**Akkordeonist**, der (l;gr>l) >frz;gr	jmd., der berufsmäßig Akkordeon spielt {37/40}	dto. + –ιστής –istes	dto. gr. Suffix s. Partikelliste
0097	**Akme**, die	Höhepunkt (bes. bei einer Krankheit) {14/59/70}	ἀκμή akme	Spitze; höchste Blüte, Vollendung
0098	**Akne**, die gr>nlat	Hauterkrankung, bes. bei jungen Leuten {14/70}	dto.	dto.; Ausbruch auf der Gesichtshaut
0099	**Akoasma**, das gr>nlat	krankhafte Halluzination (↗ UTL 1234b) von Geräuschen (med. t. t.) {14/70}	ἀκουά-ζεσθαι akuazesthai	hören
0100	**Akoluth** o. **Akolyth**, der gr>mlat	↗ katholischer Geistlicher {33/40/51/77}	ἀκόλουθος akolouthos	folgend; Begleiter
–	**Akoluthie**, die	1. Folge der Stundengebete der ↗ orthodoxen ↗ Kirchen (rel. t. t.) {51/77}; 2. notwendige Folge der Dinge (↗ Stoa) (philos. t. t.) {25/77}	ἀκολουθία akoluthia	das Folgen, das Gefolge

0101	Akonit, das gr>l	Eisenhut (Giftpflanze mit großen blauen Blüten) {04/68}	ἀκόνιτον akoniton	Akonit
0102	Akorie, die	Unersättlichkeit, Gefräßigkeit {14/17/70}	ἀκορίη akorie	Unersättlichkeit
0103	Akosmismus, der (gr;gr;gr) >nlat	Lehre von der Nichtexistenz der Welt und von Gott als der einzig wahren Wirklichkeit (phil., rel. t. t.) {25/77}	ἀ–, ἀν– a-, an- + κόσμος kosmos + –ισμός –ismos	nicht, ohne Schmuck; Ordnung; Welt, Weltall s. u. Kosmos gr. Suffix s. Partikelliste
–	Akosmist, der (gr;gr;gr) >nlat	Vertreter des Akosmismus {25/77}	dto. + –ιστής –istes	dto. gr. Suffix s. Partikelliste
0104	akral	die ↗ Akren betreffend {11/70}	ἄκρος akros	spitz, äußerst, oberst
0105	Akranier, die (Pl.) (gr;gr) >nlat	Grupppe von Wirbeltieren ohne Schädel {07/69}	ἀ–, ἀν– a-, an- + κρανίον kranion	nicht, ohne Scheitel; Hirnschale s. u. Kranier
–	Akren, die (Pl.) gr>nlat	die äußersten (vorstehenden) Körperteile {11/70}	ἄκρος akros	spitz, äußerst, oberst
0106	Akribie, die gr>kirchenl	höchste Genauigkeit, Sorgfalt {25/28}	ἀκρίβεια akribeia	Genauigkeit, Sorgfalt
–	akribisch gr>kirchenl	sehr genau, sorgfältig {22/25/28}	ἀκριβής akribes	genau, sorgfältig
–	akribistisch gr>kirchenl	verstärkende Form (↗ UTL 1132) für akribisch {22/25/28}	dto.	dto.
>>>	Akro– ↗ Wortelementeliste			
0107	akroamatisch	1. ausschließlich Eingeweihten vorbehalten (von Lehren gr. ↗ Philosophen) {25/75/75}; 2. nur zum Anhören bestimmt {23/25}	ἀκροαματικός akroasmatikos	(nur) hörbar; (nur) mündlich vorgetragen
0108	Akrobat, der	jemand, der köperlich besonders gewandt u. beweglich ist {12/22/40/85}	ἀκροβατεῖν akrobatein	auf den Zehen gehen; in die Höhe steigen

–	Akroba-tik, die	1. Kunst eines Akrobaten {11/85}; 2. außergewöhnliche körperliche Geschicklichkeit {11/22/85}	dto.	dto.
–	akroba-tisch	die Akrobatik betreffend	dto.	dto.
0109	Akrolith, der (gr;gr)>l	gr. Statue (↗ UTL 3424), bei der die bekleideten Körperteile aus bemaltem o. vergoldetem Holz und die unbekleideten aus Marmor (↗ UTL 2154) bestehen {36}	ἀκρόλιθος akrolithos	mit steinernen Enden (bei Statuen: mit marmornem Kopf, Armen u. Beinen)
0110	Akrome-galie, die (gr;gr) >nlat	hormonbedingtes, übermäßiges Wachstum der ↗ Akren, (med. t. t.) {14/70}	ἄκρος akros + μεγαλεῖος megaleios	spitz, äußerst, oberst groß
0111	Akro-mikrie, die gr;gr	unnormale Kleinheit des ↗ Skeletts u. der ↗ Akren (med. t. t.) {14/55/70}	ἄκρος akros + μικρός mikros	spitz, äußerst, oberst klein
0112	Akronym, das gr;gr	aus den Anfangsbuchstaben mehrerer Wörter gebildetes Kurzwort (z. B.Parteinamen wie SPD) {33/76}	ἄκρος akros + ὄνυμα onyma = Nebenform zu: ὄνομα onoma	spitz, äußerst, oberst Name
0113	akropetal (gr;gr) >nlat	aufsteigende Verzweigungen von Pflanzen (bot. t. t.) {68}	ἄκρος akros + πέταλον petalon	spitz, äußerst, oberst Blatt
0114	Akro-phonie, die gr;gr	Benennung von Buchstaben nach etwas, das mit dem entsprechenden Laut beginnt {33/76}	ἄκρος akros + φωνή phone	spitz, äußerst, oberst Laut, Stimme, Ton
0115	Akro-polis, die gr;gr	auf einem Hügel gelegene altgr. Stadtburg (bes. Athen) {75/88}	ἀκρόπολις akropolis	„hohe Stadt", Zitadelle, Burg
0116	Akro-stichon, das gr;gr	Wort o. Satz, bestehend aus den Anfangsbuchstaben o. —wörtern von ↗ Strophen o. Versen (↗ UTL 3791) {34/76}	ἄκρος akros + στίχος stichos	spitz, äußerst, oberst Reihe, Zeile, Vers

0117	Akroter, der o. Akroterie, die bzw. Akrotion, o. –ium, das gr>l	Giebelverzierung gr. Tempel (↗ UTL 3545) {88}	ἀκρωτήριον akroterion	Spitze; Tempelgiebel, Bug, Vorgebirge
0118	Akrotismus, der gr;gr;gr	Verschwinden des Pulses (↗ UTL 2900) (med. t. t.) {14/70}	ἀ-, ἀν- a-, an- + κροτεῖν krotein + –ισμός –ismos	nicht, ohne klopfen, schlagen gr. Suffix s. Partikelliste
0119	Akrokephale o. Akrozephale, der gr;gr	Hoch-, Spitzkopf (med. t. t.) {11/70}	ἄκρος akros + κεφαλή kephale	spitz, äußerst, oberst Kopf, Haupt
–	Akrokephalie o. Akrozephalie, die gr;gr	wachstumsbedingte abnorm hohe u. spitze Schädelform (med. t. t.) {11/55/70}	dto.	dto.
0120	Aktinie, die	Seeanemone {04/68}	ἀκτίς, Gen. ἀκτῖνος aktis, aktinos	Strahl
–	aktinisch	durch Strahlen verursacht {72/87}	dto.	dto.
–	Aktinität, die gr>l	Wirkung von Lichtstrahlen auf ↗ fotografisches Material (↗ UTL 2163) {72/87}	dto.	dto.
>>>	Aktinium = ↗ Actinium			
>>>	Aktino– ↗ Wortelementeliste			
–	Aktinograph, der (gr;gr) >nlat	Gerät zum Aufzeichnen von Sonnenstrahlen (meteor. t. t.) {65}	dto. + γράφευς grapheus	dto. Schreiber, Maler
–	Aktinometer, das gr;gr	Gerät zum Messen von Sonnenstrahlen (meteor. t. t.) {65}	dto. + μέτρον metron	dto. Maß, Versmaß

0121	Akusma-tiker, der gr>nlat	Angehöriger einer Gruppe der ⌐ Pythagoreer (philos. t. t.) {33/75/77}	ἀκουσμα-τικός akousmatikos	Zuhörer
0122	Akustik, die	1. Lehre von Schall u. ⌐ Tönen; 2. Klangwirkung {72}	ἀκουστικός akoustikos	das Gehör betreffend
–	Akustiker, der	Fachman für ⌐ Akustik {40/72/87}	dto.	dto.
–	akustisch	die ⌐ Akustik betreffend {72/87}	dto.	dto.

>>> –al ⌐ Worteleменteliste

0123	Alabaster, der gr>l>mhd	marmorähnliche, durchscheinende Gipsart {02/36/73}	ἀλάβασ-τρον alabastron	Alabaster; Salbfläschchen aus Alabaster
–	alabastern	aus o. wie Alabaster {02/36/54/73}	dto.	dto.
–	Alabastron, das gr>l>got	kleines Salbölgefäß {44/75}	dto.	dto.
0124	Alalie, die (gr;gr) >nlat	Unfähigkeit, artikuliert (⌐ UTL 0281a) zu sprechen {14/32/70}	ἀ–, ἀν– a-, an- + λαλεῖν lalein	nicht, ohne reden, schwatzen
0124a	Alchemie, die gr>arab >span >mlat>afrz >mhd	mittelalterliche Nebenform der ⌐ Chemie; Quacksalberei; „Schwarze Kunst" {73/75}	χύμα chyma gemischt mit: χυμεία chymeia o. χημεία chemeia arab. (al-) kimija span. alquimia gemischt mit: mlat. alchimia afrz. alquemie u. alkimie mhd. alchimie	Flüssigkeit Metallverwandlung dto. dto. s. u. Chemie

–	Alche­mist, der gr>arab >span >mlat>afrz >mhd	Ausübender der Alchemie {40/73/75}		dto. span. *alquimista* mlat. *alchimista* mhd. *alchimiste*	dto.
–	alchemi­stisch	die Alchemie betreffend {73/75}		dto.	dto.
>>>	alcäisch = ↗ alkäisch				
>>>	alcyonisch = ↗ alkyonisch				
0125	Alex bzw. Alexis	männlicher Vorname (31)		Ἄλεξις Alexis	Kämpfer
0125a	Alex bzw. Alexander gr;gr	männlicher Vorname {31}		ἀλέξειν alexein + ἀνήρ, Gen. ἀνδρός aner, andros	abwehren Mann
–	Alexan­dra	weiblicher Vorname {31}		dto.	dto.
0126	Alexan­driner, der gr;gr	1. ↗ hellenistischer Gelehrter in Alexandria {25/75/77}; 2. Vers (↗ UTL 3791) in der frz. Klassik (↗ UTL 1689) {34/76}; 3. Forscher über Aristoteles (s. Anhang „Namen") in der Renaissance (↗ UTL 3075) {25/40/75/77}		Ἀλεξαν­δρινός Alexandrinos	aus Alexandria (s. Anhang „Na­men")
0126a	Alexie, die (gr;gr) >nlat	Unfähigkeit, Geschriebenes zu lesen u. zu verstehen (med. t. t.) {14/32/70}		ἀ–, ἀν– a-, an- + λέξις lexis	nicht, ohne Sprechen, Rede­weise
0127	Algesie, die gr>nlat	1. Schmerz; 2. Schmerzem­pfindlichkeit {14/23/70}		ἄλγησις algesis	Schmerz
>>>	Algo–, –algie ↗ Wortelementeliste				
0128	Algogene, die (Pl.) gr;gr	schmerzerzeugende Stoffe {70}		ἄλγος algos + –γενής –genes	Schmerz stammend von; hervorbringend, verursachend

Algolagnie 0128

–	**Algo-lagnie,** die (gr;gr) >nlat	sexuelle (↗ UTL 3303) Lustempfindung beim Erleiden o. Zufügen von Schmerzen (med. t. t.) {18/70}	ἄλγος algos + λαγνεία lagneia	Schmerz Samenausleerung, Wollust
0129	**Algologe,** der l;gr	Spezialist (↗ UTL 3394) für ↗ Algologie (↗ UTL 0138) {40/68/70}	l. *alga* + λόγος logos	Seegras, –tang: Seeküste Rede, Wort; Berechnung
–	**Algologie,** die l;gr	Algenkunde {68} (↗ UTL 0138)	dto.	dto.
–	**algologisch** l;gr	die Algologie betreffend {68} (↗ UTL 0138)	dto. + λογικός logikos	dto. zum Reden gehörig, die Rede betreffend
0130	**alkäisch** gr>l	1. den gr. Dichter Alkaios betreffend {34/75/76}; 2. -e ↗ Strophe: Gedicht aus vier alkäischen Versen (↗ UTL 3791); 3. -er Vers: altgr. Versmaß mit 8 bis 11 ↗ Silben {34/76}	Ἀλκαῖκος Alkaikos	Alkaios (s. Anhang „Namen")
0131	**Alkaloid,** das arab;gr	giftige Verbindung pflanzlicher Herkunft in Heil- u. Rauschmitteln {17/68/70/73}	arab. *al-qalaj* + -(ε)ιδής -(e)ides	salzhaltige Asche ähnlich aussehend s. Partikelliste
0132	**alkyonisch**	heiter, friedlich (Wintertage, in denen der Eisvogel sein Nest baut; ↗ Symbol tiefer Ruhe) {26}	ἀλκυόνειος alkyoneios	zum Eisvogel gehörig
0133	**Allegorese,** die (gr;gr) >nlat	Textinterpretation, die einen verborgenen Sinn hinter dem Wortlaut sucht {25/34/76}	ἀλληγορεῖν allegorein + -σις -sis	anders sprechen, als man meint; in Bildern sprechen gr. Suffix s. Partikelliste
–	**Allegorie,** die gr>l	bildliche Darstellung eines Begriffs {25/34/76}	ἀλληγορία allegoria	bildlicher Ausdruck o. Darstellungsweise
–	**Allegorik,** die	allegorische Darstellungsweise {25/34/76}	ἀλληγορικός allegorikos	bildlich
–	**allegorisch** gr >kirchenl	sinnbildlich, gleichnishaft {25/34/76}	dto.	dto.
–	**allegorisieren**	mit Hilfe einer Allegorie darstellen {25/33/34/76}	dto.	dto.

–	Allego-rismus, der gr;gr	Gebrauch einer Allegorie {25/34/76}	dto. + –ισμός –ismos	dto. gr. Suffix s. Partikelliste
0134	allel gr>nlat	sich entsprechend {54/55/68/69}	ἀλλήλων allelon	einander, gegenseitig
–	Allel, das	einander entsprechende Erbanlagen ⚹ homologer ⚹ Chromosomen (biol. t. t.) {68/69}	dto.	dto.
–	Allelo-pathie, die gr;gr	gegenseitige Wirkung von Pflanzen aufeinander (bot. t. t.) {68}	dto. + πάθος pathos	dto. Schmerz; Leiden(schaft)
0135	Allergen, das gr;gr;gr	Stoff, der eine Allergie auslöst {14/70}	ἄλλος allos + ἔργον ergon + –γενής –genes	ein anderer Werk, Tat stammend von; hervorbringend, verursachend
–	Allergie, die gr;gr	Überempfindlichkeit gegen bestimmte Stoffe (Ausdruck 1906 von dem österr. Mediziner (⚹ UTL 2190) v. Pirquet geprägt) 14/70}	ἄλλος allos + ἔργον ergon	ein anderer Werk, Tat
–	Allergi-ker, der gr;gr	auf Allergien empfindlich regierender (⚹ UTL 2990) Mensch {14/70}	dto.	dto.
–	allerg o. aller-gisch (gr;gr) >nlat	1. die Allergie betreffend; 2. überempfindlich gegen bestimmte Stoffe {14/70}	dto.	dto.
–	Allergo-loge, der gr;gr	Spezialist (⚹ UTL 3394) für Allergien {14/40/70}	dto. + λόγος logos	dto. Rede, Wort; Berechnung
–	Allergo-logie, die gr;gr	Lehre von den Allergien {14/70}	dto.	dto.
–	allergo-logisch gr;gr	die Allergologie betreffend {14/70}	dto. + λογικός logikos	dto. zum Reden gehörig, die Rede betreffend

>>> Allo– ⚹ Wortelementeliste

0136	Allochorie, die gr;gr	Verbreitung von Samen und Früchten durch Fremdeinwirkung wie Wind, Wasser u. Tiere {68}	ἄλλος allos + χώρα chora	ein anderer Raum, Platz, Gegend
0137	allochromatisch gr;gr	verfärbt {55}	dto. + χρῶμα chroma	dto. Haut, Farbe
0138	allochthon gr;gr	woanders entstanden, nicht heimisch (geol. t. t.) {62}	dto. + χθών chton	dto. Erde, Erdboden
0139	Allogamie, die (gr;gr) >nlat	Fremdbestäubung bei Blüten (bot. t. t.) {68}	dto. + γάμος gamos	dto. Hochzeit, Ehe
–	allogam (gr;gr) >nlat	fremdbestäubend, fremdbestäubt {68}	dto.	dto.
0140	Allokarpie, die gr;gr	Fruchtbildung durch Fremdbestäubung {68}	dto. + καρπός karpos	dto. Frucht
0141	Allolalie, die (gr;gr) >nlat	fehlerhaftes Sprechen von ↗ psychisch Kranken (med. t. t., psych. t. t.) {14/70}	dto. + λαλεῖν lalein	dto. reden, schwatzen
0142	Allometrie, die gr;gr	zu schnelles o. zu langsames Wachstum der Gliedmaßen {11/14/70}	dto. + μέτρον metron	dto. Maß, Versmaß
–	allometrisch gr;gr	die Allometrie betreffend {11/14/70}	dto.	dto.
0143	Allomorph, das gr;gr	Variante (↗ UTL 3756) eines ↗ Morphems {76}	dto. + μορφή morphe	dto. Form, Gestalt
0144	allonym (gr;gr) >nlat	den Namen eines anderen (als Decknamen) tragend {31}	dto. + ὄνυμα onyma = Nebenform zu ὄνομα onoma	dto. Name
–	Allonym, das (gr;gr) >nlat	↗ Pseudonym unter Verwendung des Namens berühmter Persönlichkeiten (↗ UTL 2612) {31}	dto.	dto.

0145	Allopath, der gr;gr	Anhänger der ↗ Allopathie {70}	dto.	dto.
			+ πάθος pathos	Schmerz; Leiden-(schaft)
–	Allopa-thie, die gr;gr	Heilverfahren mit entgegen-gesetzt wirkenden Mitteln {70}	dto.	dto.
–	allopa-thisch gr;gr	die Allopathie betreffend {70}	dto.	dto.
0146	Allophon, das gr;gr	Variante (↗ UTL 3756) eines ↗ Phonems {76}	dto. + φωνή phone	dto. Laut, Stimme, Ton
0147	Allotria, die (Pl.)	1. (urspr.) nicht zur Sache ge-hörig {25/56}; 2. (allg.) Unfug, Lärm, Dummheiten {25}	ἀλλότριος allotrios	fremd, fremdartig
0148	Allotro-pie, die o. Allotro-pismus, der gr;gr	Vorkommen eines chem. Stof-fes in unterschiedlichen Kri-stallformen (chem. t. t.) {73}	ἀλλο-τροπεῖν allotropein bzw. + –ισμός –ismos	sich verändern gr. Suffix s. Partikelliste
0149	Almosen, das gr>kir-chenl>ahd >mhd	milde Gabe, kleine Spende für einen Bedürftigen {33/42}	ἐλεημοσύνη eleemosyne kirchenl. eleemosyna ahd. alamuosa(n) mhd. almuose(n)	Mitleid, Erbar-men; mildtätige Unterstützung dto. milde, gönner-hafte Gabe dto.
–	Almose-nier, der	geistlicher Almosenverwalter (an ↗ Kirchen o. Fürstenhö-fen) {40/42/77}	dto.	dto.
0150	Aloe, die hebr>gr>l >ahd>mhd	Gattung der Liliengewächse {04/68}	hebr. ahalim ἀλόη aloe	Aloe dto.
0151	Alopezie, die gr>nlat	krankhafter Haarausfall {11/14/70}	ἀλωπεκία alopekia	Fuchsräude; Haarausfall
>>>	Alpha– ↗ Wortelementeliste			

0152	**Alpha,** das hebr>gr>l	1. erster Buchstabe des gr. ↗ Alphabets {32/76}; 2. – privativum: verneinende Vorsilbe in der gr. Sprache {32/76}	hebr. *aleph* α, A (ἄλφα) a, A (alpha) (bzw. (2.) + l. *privativus*)	Alpha negierend
–	**Alphabet,** das gr>kirchenl>mhd	festgelegte Reihenfolge der Schriftzeichen einer Sprache {32/76}	ἀλφάβητος alphabetos	Alphabet (aus den beiden ersten gr. Buchstaben Alpha + Beta)
–	**alphabetisch**	in der Reihenfolge des ↗ Alphabets {32/56/76}	dto.	dto.
–	**alphabetisieren**	1. nach der Reihenfolge des ↗ Alphabethes ordnen {32/56/76}; 2. einem ↗ Analphabeten Lesen u. Schreiben vermitteln {31/78}	dto.	dto.
0152a	**Alphamännchen,** das hebr>gr>l; d	männliches Leittier in einer Herde {69}	hebr. *aleph* α, A (ἄλφα) a, A (alpha) + d. *Männchen*	Alpha
0153	**alphanumerisch** gr;l	Dezimalziffern u. Buchstaben enthaltend {71}	hebr. *aleph* α, A (ἄλφα) a, A (alpha) + l. *numerus*	Alpha Zahl, Anzahl, Menge, Rang (↗ UTL 2388)
0154	**Alpharhythmus,** der gr;gr	↗ typische Wellenform im ↗ Elektroenzephalogramm {54/70}	dto. + ῥυθμός rhythmos	dto. Gleichmäßigkeit; Ebenmaß; Takt
0155	**Alphastrahlen,** die (Pl.) gr;d	radioaktive (↗ UTL 2964) Strahlen {72}	dto. + d. *Strahlen*	dto.
0156	**Alphateilchen,** die (Pl.) gr;d	Heliumkerne (Bestandteil der ↗ Alphastrahlen – kernphys. t. t.) {72}	dto. + d. *Teilchen*	dto.
0156a	**Alphatier,** das hebr>gr>l; d	Leittier einer Herde {69}	hebr. *aleph* α, A (ἄλφα) a, A (alpha) + d. *Tier*	Alpha

–	**Alpha-** **weibchen,** das hebr>gr>l; d	weibliches Leittier einer Herde {69}	hebr. *aleph* α, Α (ἄλφα) a, A (alpha) + d. *Weibchen*		Alpha
0157	**Althee,** die gr>l>nlat	1. Heilpflanze (Eibisch), der ↗ Malve ähnlich {04/68}; Heilmittel aus dieser Pflanze {70}	ἀλθαία althaia		wilde Malve
0158	**Altimeter,** der l;gr	Höhenmesser (meteor. t. t.) {65/72}	l. *altus* + μέτρον metron		hoch, tief (↗ UTL 0157b) Maß; Versmaß
>>>	**Am–, am–** ↗ Partikelliste				
>>>	**–äm(ie)** ↗ Wortelementeliste				
0159	**Amarant,** der gr>l	1. Fuchsschwanzgewächs {04/68}	ἀμάραντος amarantos		unverwelklich; nie welkende Blume
0160	**Amaryl,** der	künstlicher hellgrüner ↗ Saphir {20/41}	ἀμαρύσσειν amaryssein		funkeln, glänzen
0161	**Amaryllis,** die	Narzissengewächs {04/68}	Ἀμαρυλλίς Amaryllis		Amaryllis
0162	**Amazone,** die gr>l>mhd	1. Turnierreiterin {40/85}; 2. sehr männliche Frau ; 3. sportlich–knabenhaftes Mädchen {33/55}	Ἀμαζόνες (Pl.) Amazones aus: ἀ–, ἀν– a–, an– + μαζός mazos		Amazonen (s. Anhang „Namen") nicht, ohne Brust(warze)
–	**Amazonit,** der gr>l>mhd; gr	grüner Edelstein vom südamerikanischen Fluß Amazonas, wo es der Sage nach Amazonen gab {02/20/62}	dto. + –ιτής –ites		dto. gr. Suffix s. Partikelliste
0163	**ambipolar** l;gr	beide ↗ Polaritäten betreffend {54/72}	l. *ambo* + πόλος polos		beide (↗ UTL 0168) Achse, Drehpunkt, Pol
0164	**Amblyopie,** die gr;gr	Sehschwäche (med. t. t.) {14/70}	ἀμβλύς amblys + ὄψις opsis		stumpf, schwach das Sehen
0165	**Ambo(n),** der gr>l	erhöhtes Lesepult in frühchristlichen ↗ Kirchen, Vorläufer der Kanzel (↗ UTL 1615) {77/88}	ἀναβαίνειν o. ἀμβαίνειν anabainein o. ambainein		hinaufgehen

0166	Ambrosia, die gr>l	Speise der gr. Götter {17/51}	ἀμβροσία ambrosia	Unsterblichkeit; Götternahrung
–	ambrosisch	die Ambrosia betreffend {17/51}	ἀμβρόσιος ambrosios	unsterblich, göttlich
–	Ambrosius	männlicher Vorname {31}	dto.	dto.
0167	Amelie, die (gr;gr) >nlat	angeborenes Fehlen von Gliedern (med. t. t.) {14/70}	ἀ–, ἀν– a-, an- + μέλος melos	nicht, ohne Leibesglied
0168	Amen, das hebr>gr >kirchenl >ahd	Wort zum Ausdruck der Zustimmung der Gemeinde zum Gebet {25/32/51/77}	hebr. *amen* ἀμήν amen	so sei es dto.
0169	Amethyst, der gr>l>afrz >mhd	violetter (↗ UTL 3821) Halbedelstein, nach der Farbe verdünnten Rotweins benannt (angeblich vor Trunkenheit schützend) {02/20/62}	ἀμέθυστος amethystos	nicht trunken; dem Rausch widerstehend; violetter Halbedelstein
0170	Ametrie, die gr;gr	Ungleichmäßigkeit, Mißverhältnis {55/56}	ἀ–, ἀν– a-, an- + μέτρον metron	nicht, ohne Maß, Versmaß
–	ametrisch gr;gr	die Ametrie betreffend {55/56}	dto.	dto.
0171	Ametropie, die (gr;gr) >nlat	Abweichung von der normalen (↗ UTL 2374) Brechkraft der Augenlinse {14/54/70}	ἄμετρος ametros + ὤψ, Gen. ὠπός ops, Gen. opos	ungleichmäßig, unmäßig Auge, Gesicht

>>> –ämie ↗ Wortelementeliste

0172	Amimie, die (gr;gr) >nlat	Gesicht ohne Mienenspiel mit maskenhafter Starre (med. t. t.) {11/55/70}	ἀ–, ἀν– a-, an- + μιμεῖσθαι mimeisthai	nicht, ohne nachahmen

>>> –amin ↗ Wortelementeliste

0173	Amitose, die (gr;gr;gr) >nlat	direkte (↗ UTL 0758) Zellkernteilung (biol. t. t.) {68/69}	ἀ–, ἀν– a-, an- + μίτος mitos + –ωσις –osis	nicht, ohne Faden gr. Suffix s. Partikelliste

0174	Amixie, die gr;gr	Unmöglichkeit, Artgenossen zu paaren (biol. t. t.) {68/69}	ἀμιξία amixia	Ungeselligkeit; sexuelle Enthaltsamkeit
0175	Ammoniak, das	farbloses, stechend riechendes ↗ Gas {73}	ἀμμωνιακός ammoniakos	pflanzliches Gummiharz aus Libyen
0176	Amnesie, die (gr;gr) >nlat	Gedächtnisstörung, –verlust (vorübergehend) {14/24/70}	ἀμνησία amnesia aus: ἀ–, ἀν– a-, an- + μνῆσις mnesis	Vergeßlichkeit nicht, ohne Erinnern
0177	Amnestie, die gr>l	Straferlaß, Begnadigung von (meist ↗ politischen) Gefangenen (jur. t. t.) {82}	ἀμνηστία amnestia	Vergessen (bes. des erlittenen Unrechts), Straferlaß
–	amnestieren	begnadigen {82}	dto.	dto.
–	amnestisch	die Amnestie betreffend {82}	dto.	dto.
–	Amnesty International, die gr;(l;l) >engl	1961 gegründete ↗ Organisation zum Schutz der Menschenrechte {31/82}	ἀμνηστία amnestia + l. inter + l. natio	Vergessen (bes. des erlittenen Unrechts), Amnestie zwischen Volk, Nation
0178	Amnioskopie, die gr;gr	Fruchtwasseruntersuchung (med. t. t.) {70}	ἀμνός amnos + σκοπή skope	Lamm das Umschauen, Spähen
0179	Amöbe, die gr>nlat	Einzeller aus der Gruppe der Wurzelfüßer {08/69}	ἀμοιβή amoibe	Wechsel, Veränderung
–	Amöbiasis, die gr;gr	durch Amöben hervorgerufene Krankheit (med. t. t.) {14/70}	dto. + –ασις –asis	dto. gr. Suffix s. Partikelliste
–	amöboid gr;gr	amöbenartig {08/69}	dto. + –(ε)ιδής –(e)ides	dto. ähnlich aussehend s. Partikelliste
0180	Amoibaion, das o. Amöbäum, das	Wechselgesang in der gr. ↗ Tragödie {35/36/75}	ἀμοιβαῖος amoibaios	abwechselnd, wechselseitig; Wechselgesang

27

0181	Amöno-manie, die l;gr	krankhafte Heiterkeit (med. t. t.) {14/26/70}	l. *amoenus* + μανία mania	anmutig, lieblich, lachend Raserei, Wahnsinn, Verzückung
0182	amor-ph(isch) (gr;gr) >nlat	1. form-, gestaltlos {54/55}; 2. ohne Merkmal (von ↗ Genen – biol. t. t.) {68/69}	ἄμορφος amorphos	ohne Gestalt, formlos
–	Amor-phie, die	1. Formlosigkeit {54/55}; 2. Zwischenstufe zwischen festem u. flüssigem Aggregatzustand (↗ UTL 0100) (phys. t. t.) {54/72}	dto.	dto.
–	Amor-phismus, der gr;gr	1. Gestaltlosigkeit {54/55}; 2. Mißgestaltung {70}	dto. + –ισμός –ismos	dto. gr. Suffix s. Partikelliste
0183	Ampel, die gr>l>ahd >mhd	1. Lichtzeichengeber zur Verkehrsregelung {23/45}; 2. ewige ↗ Lampe {51/77}; 3. Beleuchtungskörper {87}	ἀμφορεύς amphoreus l. *amphora* u. *ampulla* ahd. *amp(ul)la* mhd. *ampulle, ampel*	zweihenkliges Gefäß dto. dto., kleine Flasche kleines Gefäß; ewig brennendes Öllämpchen in der Kirche dto.
0184	Ampelo-graphie, die (gr;gr) >nlat	Rebsortenkunde {40/68}	ἄμπελος ampelos + γραφή graphe	Weinstock Schrift; Zeichnung
>>>	Amphi– ↗ Partikelliste			
0185	Amphibie, die o. Amphi-bium, das gr>l	Tier, das im Wasser u. auf dem Land leben kann {07/69}	ἀμφίβιος amphibios	doppellebig; auf dem Land und im Wasser lebend
–	amphib o. amphi-bisch gr>l	1. im Wasser u. auf dem Land lebend {69}; 2. zu Lande u. zu Wasser operierend (↗ UTL 2434) (mil. t. t.) {86}	dto.	dto.

–	Amphi̱bienfa̱hrzeug, das gr>l;d	zu Wasser und zu Lande verwendbares Fahrzeug {45/86}	dto. + d. *Fahrzeug*	dto.
0186	Amphibo̱li̱e, die gr>l	Doppelsinn, Zweideutigkeit {25/32/76}	ἀμφιβολία amphibolia	Zweideutigkeit, Doppelsinn; zweifelhafte Lage
–	amphibo̱lisch	zweideutig, doppelsinnig {25/32/76}	dto.	dto.
0187	Amphibrachys, der gr;gr>l	Versfuß, der mit je einer Kürze beginnt u. endet (metr. t. t.) {34/76}	ἀμφίβραχυς amphibrachys	beidseitig kurzsilbiger Versfuß
0188	Amphigo̱ni̱e, die (gr;gr) >nlat	zweigeschlechtliche Fortpflanzung durch Ei u. Samenzellen (biol. t. t.) {18/69}	ἀμφί amphi + γονή gone	um ... herum, auf beiden Seiten Erzeugung, Geburt; Nachkomme
0189	amphika̱rp (gr;gr) >nlat	die Amphikarpie betreffend {68}	dto. + καρπός karpos	dto. Frucht
–	Amphikarpi̱e, die (gr;gr) >nlat	zwei Fruchtformen an einer Pflanze (biol. t. t.) {68}	dto.	dto.
0190	Amphikty̱o̱ne, der	Mitglied einer Amphiktyonie {50}	ἀμφικτύονες (Pl.) amphiktiones	Umwohner
–	Amphiktyo̱ni̱e, die	Verband von (Stadt)staaten {50}	dto.	dto.
–	amphikty̱onisch	die Amphiktyonie betreffend {50}	dto.	dto.
0191	Amphi̱ma̱cer (o. –zer), der gr;gr	Versfuß, der mit je einer Länge beginnt u. endet; vgl. ↗ Kretikus {34/76}	ἀμφίμακρος amphimakros	auf beiden Seiten lang; von zwei Längen eingegrenzter Versfuß
0192	Amphi̱mi̱xis, die gr;gr	Vermischung der Erbanlagen bei der Befruchtung (biol. t. t.) {68/69}	dto. + μῖξις mixis	dto. Mischung

0193	Amphiole, die gr;gr	↗ Ampulle mit spritzfertigem Arzneimittel (Kurzwort aus Ampulle und ↗ Phiole) {40/70}	ἀμφορεύς amphoreus + φιάλη phiale	zweihenkliges Gefäß s. u. Amphore (Trink)schale s. u. Phiole
0194	Amphiprostylos, der gr;gr	gr. Tempel (↗ UTL 3545) mit Säulenvorhallen an der Vorder- u. Rückfront {75/88}	ἀμφιπρόστυλος amphiprostylos	vorn und hinten mit Säulen versehen
0195	Amphitheater, das (gr;gr)>l	ovales (↗ UTL 2461) Freilufttheater mit ansteigenden Sitzreihen {58/88}	ἀμφιθέατρον amphitheatron	Amphitheater
–	amphitheatralisch (gr;gr)>l	wie ein Amphitheater {58/88}	dto.	dto.
0196	Ampholyt, der gr;gr	Stoff, der sich sowohl in Säuren als auch Laugen löst {73}	ἄμφω ampho + λυτικός lytikos	beide zum Lösen geeignet
0197	Amphore, die gr>l	zweihenkliges enghalsiges Gefäß (zur Aufbewahrung von ↗ Öl, Wein etc.) {44}	ἀμφορεύς amphoreus	zweihenkliges Gefäß
0198	amphoter gr>nlat	fähig, mit ↗ Basen und Laugen Salze zu bilden {73}	ἀμφότεροι amphoteroi	beide
0199	Ampulle, die gr>l	1. kleiner, keimfreier Glasbehälter für Injektionslösungen (med. t. t.) {58/70}; 2. kleine ↗ Kanne für den ↗ liturgischen Gebrauch {51/58/77}	ἀμφορεύς amphoreus l. *amphora* u. *ampulla*	zweihenkliges Gefäß dto. dto., kleine Flasche
0200	Amusie, die (gr;gr) >nlat	fehlendes ↗ musi(kali)sches Verständnis {22/25/37}	ἀ–, ἀν– a-, an- + μοῦσα mousa	nicht, ohne Muse s. u. Muse
–	amusisch (gr;gr) >nlat	ohne musi(kali)sches Empfinden {22/25/37}	ἄμουσος amousos	unmusikalisch
>>>	Amylo– ↗ Wortelementeliste			
0201	Amylum, das gr>l	pflanzliche Stärke {17/68/73}	ἄμυλον amylon	Kraftmehl, Stärke
>>>	An–, an– ↗ Partikelliste			
>>>	An(a)– ↗ Partikelliste			

0202	**Anabap-** **tismus,** der (gr;gr) >nlat	Lehre der Wiedertäufer {51/ 77}	ἀναβαπ- τίζειν anabaptizein + –ισμός –ismos	wiederholt unter- tauchen gr. Suffix s. Partikelliste
–	**Anabap-** **tist,** der (gr;gr) >nlat	Wiedertäufer {51/77}	dto. + –ιστής –istes	dto. gr. Suffix s. Partikelliste
0203	**anaba-** **tisch** gr>nlat	aufsteigend (von Winden; meteor. t. t.) {65}	ἀνάβασις anabasis	das Hinaufsteigen
0204	**Anabiose,** die gr>nlat	Fähigkeit, in Extremsituatio- nen in scheinbar leblosem Zustand zu überleben (biol. t. t.) {15/69}	ἀναβίωσις anabiosis	das Wiederauf- leben
0205	**anabol** gr>nlat	die Anabolie betreffend {70}	ἀναβολή anabole	Erdaufwurf, Auf- schub
–	**Anabolie,** die	1. Aufbaustoffwechsel {70}; 2. Erwerb neuer Merkmale in der Individualentwicklung (biol. t. t.) {68/69}	dto.	dto.
–	**Anabo-** **likum,** das	den Aufbaustoffwechsel för- dernder Wirkstoff {70/73/85}	ἀναβολικός anabolikos	mit Aufschub
0206	**Anabolis-** **mus,** der gr;gr	Aufbaustoffwechsel {70}	ἀναβολή anabole + –ισμός –ismos	Erdaufwurf, Aufschub gr. Suffix s. Partikelliste
0207	**Anacho-** **ret,** der gr>l	Einsiedler {33/44}	ἀναχωρητής anachoretes	zurückgezogen; Einsiedler
–	**anacho-** **retisch**	einsiedlerisch {33/44}	ἀναχωρη- τικός anachoretikos	zum Zurückzie- hen geneigt; ein- siedlerisch
0208	**Anachro-** **nismus,** der gr>nlat	1. ↗ chronologisch falsches Verschieben von ↗ Phänome- nen {25/59}; 2. überholte Er- scheinung {23/25/59}	ἀναχρο- νισμός anachro- nismos	Verwechslung der Zeiten
–	**anachro-** **nistisch**	nicht in den betreffenden Zeitabschnitt hineingehörend {25/59}	ἀναχρο- νίζειν anachronizein	in eine andere Zeit versetzen; die Zei- ten verwechseln

0209	Anadiplose o. Anadiplosis, die gr>l	Wiederholung des letzten Wortes o. Wortgruppe eines Verses (↗ UTL 3791) o. Satzes am Anfang des folgenden Verses o. Satzes (rhet. t. t.) {34/76}	ἀναδίπλοσις anadiplosis	Wiederverdopplung
0210	Anadyomene, die	„die aus dem Meer Auftauchende", Beiname der gr. Göttin Aphrodite (s. Anhang „Namen")	ἀναδυομένη anadyomene = PPrA Fem. von: ἀναδύεσθαι anadyesthai	die Auftauchende aus der Tiefe hervortauchen
0211	anaerob (gr;gr;gr) >nlat	ohne Sauerstoff lebend (biol. t. t.) {68/69}	ἀ–, ἀν– a-, an- + ἀήρ aer + βίος bios	nicht, ohne Luft Leben s. o. aerob
–	Anaerobier (o. Anaerobiont), der (gr;gr;gr) >nlat	Lebewesen, das ohne Sauerstoff leben kann {68/69}	ἀ–, ἀν– a-, an- + ἀήρ aer + βιῶν Gen. βιοῦντος bion, biountos	nicht, ohne Luft lebend
–	Anaerobiose, die (gr;gr;gr; gr)>nlat	sauerstoffunabhängige, das Leben betreffende Vorgänge {68/69}	ἀ–, ἀν– a-, an- + ἀήρ aer + βίος bios + –ωσις –osis	nicht, ohne Luft Leben gr. Suffix s. Partikelliste
0212	Anagenese, die (gr;gr) >nlat	Höherentwicklung innerhalb der Stammesgeschichte (biol. t. t.) {68/69}	ἀνά ana + γένεσις genesis	auf, hinauf; über ... hin, durch Ursprung, Entstehung
0213	Anaglyphen, die (Pl.) gr>l	in zwei Komplementärfarben übereinandergedruckte Bilder, die durch eine zweifarbige ↗ Brille räumlich wirken {23/36/55}	ἀνάγλυφος anaglyphos	halb erhaben gearbeitet, geschnitzt

	Anagly-phen-brille, die gr;sanskr >mind>gr >l>afrz >mhd	Brille mit dreidimensionalem Effekt (↗ UTL 0856) {85/87}	dto. + βήρυλλος beryllos	dto. Beryll s. u. Brille
0214	Anagno-risis, die	das Wiedererkennen als ↗ dramatisches Element (↗ UTL 0874) in der gr. ↗ Tragödie {35/75}	ἀναγνώ-ρισις anagnorisis	Wiedererkennen
0215	Anagnost, der	Vorleser im ↗ orthodoxen Gottesdienst (rel. t. t.) {32/51/77}	ἀναγνώστης anagnostes	der Vorleser
0216	Anagoge, die gr>l	1. „Hinaufführung" des Eingeweihten zur Schau der Gottheit (philos. t. t.) {77}; 2. Textinterpretation mittels eines verborgenen Sinnes (rhet. t. t.) {25/76}	ἀναγωγή anagoge	das Hinaufführen, die Erhebung
–	anago-gisch	die Anagoge betreffend {25/76/77}	dto.	dto.
0217	Ana-gramm, das gr>nlat	neuer Sinn von Buchstaben o. ↗ Silben durch Umstellung, z. B. Lampe – Palme {25/32/76}	ἀνάγραμμα anagramma	Umordnung der Buchstaben eines Wortes zu einem neuen
–	anagram-matisch	wie ein Anagramm {25/32/76}	dto.	dto.
0218	Anako-luth, das / der (auch: -thie, die)	unlogische Fortsetzung einer angefangenen Satzkonstruktion (stil. t. t.) {76}	ἀνακό-λουθος anakolouthos	ohne Zusammenhang, unpassend
–	anakolu-th(isch)	wie ein Anakoluth {76}	dto.	dto.
0219	Anakre-ontik, die	↗ Lyrik des 18.Jh.s im heiter tändelnden Stil (↗ UTL 3430) des Dichters Anakreon {34/75/76}	Ἀνακρέων Anakreon	Anakreon (s. Anhang „Namen")
–	Anakre-ontiker, der	Vertreter der Anakreontik {34/75/76}	dto.	dto.
–	anakre-ontisch	die Anakreontik betreffend {34/75/76}	dto.	dto.
0220	Anakru-sis, die	unbetonte ↗ Silbe am Versanfang {34/76}	ἀνάκρουσις anakrousis	das Zurückstoßen, der Anschlag

0221	Anakusis, die (gr;gr) >nlat	Taubheit (med. t. t.) {14/70}	ἀ–, ἀν– a-, an- + ἄκουσις akousis	nicht, ohne das Hören	
0222	Analekten, die (Pl.) gr>l	Sammlung von Auszügen und Zitaten (↗ UTL 3917) {34/76}	ἀνάλεκτος analektos	ausgewählt	
–	analektisch	1. die Analekten betreffend {34/76}; 2. auswählend {28}	dto.	dto.	
0223	Analeptikon (o. –kum), das	anregendes Mittel {70}	ἀναληπτικός analeptikos	erquickend, stärkend	
–	analeptisch	belebend, anregend {70}	dto.	dto.	
0224	Analg(es)ie, die	Schmerzlosigkeit {23/70}	ἀναλγησία analgesia	Unempfindlichkeit gegen den Schmerz	
0225	Analgetikum o. Analgen, das	schmerzstillendes Mittel (med. t. t.) {23/70}	ἀνάλγητος analgetos	schmerzlos, unempfindlich	
–	analgetisch	schmerzstillend {23/70}	dto.	dto.	
0226	anallaktisch gr>nlat	unveränderlich {61}; -er Punkt (↗ UTL 2903): vorderer Brennpunkt bei Fernrohren {87}	ἀνάλλακτος anallaktos	unveränderlich	
0227	analog gr>l>frz	entsprechend, sinngemäß {25/56}	ἀνάλογος analogos l. analogus frz. analogue	verhältnismäßig, übereinstimmend dto. dto.	
–	Analog–Digital–Konverter (kurz: AD–Wandler), der gr>l>frz; l;l,	↗ elektronische Schaltung zur Umwandlung analoger Eingangs- in digitale Ausgangssignale (HiFi– ↗ Technik) {87}	ἀναλογία analogia + l. digitalis + l. convertere	das richtige Verhältnis, Übereinstimmung zum Finger gehörig, fingerdick (↗ UTL 0742) umkehren, –drehen, –wandeln; hinwenden (↗ UTL 1876)	
–	Analogie, die gr>l	1. Verhältnisse, die in gewisser Hinsicht übereinstimmen {25/71}; 2. sinngemäße Anwendung, Übertragung {25/56}	ἀναλογία analogia	das richtige Verhältnis, Übereinstimmung	

–	Analogie-schluß, der gr>l;d	= Analogismus {25/56}	dto. + d. *Schluß*	dto.
–	analogisch gr>l>frz	wie eine Analogie {25/56}	ἀνάλογος analogos	verhältnismäßig, übereinstimmend
–	Analogismus, der gr>nlat	von Ähnlichkeiten auf andere Ähnlichkeiten schließen {25/56}	ἀναλογισμός analogismos	auf Überlegung beruhender Entschluß
–	Analogon, das	ähnlicher, gleichartiger Fall {25/56}	ἀνάλογος analogos	verhältnismäßig, übereinstimmend
0228	Analphabet, der gr;gr	1. des Lesens u. Schreibens Unkundiger; 2. jmd., der nicht Bescheid weiß {22/25/32}	ἀναλφάβητος analphabetos	das Alphabetes unkundig
–	analphabetisch gr;gr	des Lesens u. Schreibens unkundig {22/25/32}	dto.	dto.
–	Analphabetismus, der gr;gr	Unfähigkeit des Lesens u. Schreibens der eigenen Sprache {22/25/32}	dto. + –ισμός –ismos	dto. gr. Suffix s. Partikelliste
0229	Analysand, der gr>nlat	jmd., der sich einer ↗ psychotherapeutischen Behandlung unterzieht {14/70}	ἀνάλυσις analysis	Auflösung
–	Analysator, der	1. Vorrichtung zum Zerlegen einer Schwingung in ↗ harmonische Schwingungen {72}; 2. ↗ psychotherapeutisch Behandelnder {40/70}	dto.	dto.
–	Analyse, die gr>mlat	genaue, ↗ systematische Untersuchung {25}	dto.	dto.
–	analysieren	etwas (wissenschaftlich) zergliedern, untersuchen {25}	dto.	dto.
–	Analysis, die	1. Zweig der ↗ Mathematik (betr. Grenzwerte); 2. Gebiet, das die Infinitesimalrechnung benutzt {71}	dto.	dto.
–	Analyst, der gr>engl	Börsenfachmann {40/42/80}	dto.	dto.
–	Analytik, die gr>l	1. Verfahren der Analyse {25}; 2. zergliedernde, bes. rechnerische Verfahren bei math. ↗ Problemen (math. t. t.) {71}	ἀναλυτικός analytikos	zum Auflösen gehörig

–	Analyti-ker, der	analytischer Wissenschaftler {25/40/71}	dto.	dto.
–	analy-tisch	↗ logisch zergliedernd {25}	dto.	dto.
0230	Anämie, die (gr;gr) >nlat	Mangel an roten Blutkörperchen {14/57/70}	ἀναιμία anaimia	Blutlosigkeit
–	anämisch	die Anämie betreffend {14/57/70}	ἀναίματος anaimatos	blutlos
0231	Anam-nese, die gr>l	Vorgeschichte einer Krankheit nach Angaben des Kranken (med. t. t.) {14/32/59/70}	ἀνάμνησις anamnesis	Erinnerung
–	anamne-(s)tisch gr>nlat	die Anamnese betreffend {14/32/59/70}	dto.	dto.
–	Anamne-sis, die	Wiedererinnerung der Seele an die vor der Geburt geschaute Wahrheit (philos. t. t.) {24/77}	dto.	dto.
0232	Anamor-phot, der	↗ optische Vorrichtung zur Erzeugung eines Breitwandbildes {85/87}	ἀναμόρ-φωσις anamor-phosis	Umgestaltung, Verwandlung
–	anamor-photisch	verzerrt, verkehrt, umgestaltet {55}	dto.	dto.
0233	Anan-kasmus, der (gr;gr) >nlat	1. Zwangsneurose; krankhafter Zwang, bestimmte Handlungen auszuführen; 2. zwanghafte Handlung (med., psych. t. t.) {14/29/70}	ἀνάγκασμα anankasma + –ισμός –ismos	Zwangsmittel, Zwang gr. Suffix s. Partikelliste
–	Anankast, der	unter Zwangsvorstellungen Leidender (psych. t. t.) {14/25/70}	dto.	dto.
0234	Ananke, die	1. Verköperung der schicksalhaften Macht der Natur (↗ UTL 2343) (philos. t. t.) {77}; 2. Zwang, Schicksal, Verhängnis {15/51}	ἀνάγκη ananke	Zwang, Not, Notwendigkeit
0235	Anapäst, der gr>l	aus zwei Kürzen u. einer Länge bestehender Verfuß {34/76}	ἀνάπαιστος anapaistos	zurückgeschlagen, –prallend: anapästisches Versmaß
–	anapäs-tisch	wie ein Anapäst {34/76}	dto.	dto.

0236	**Anapher,** die gr>l	Wiederholung des Anfangswortes in aufeinanderfolgenden Sätzen, Satzteilen o. Versen (↗ UTL 3791) {32/34/76}	ἀναφέρειν anapherein	herauftragen; ertragen; berichten; wiederholen
0237	**Anaphora,** die gr>l	1. Hochgebet in der ↗ Eucharistiefeier der Ostkirchen; 2. die ↗ Eucharistie der ↗ orthodoxen Messe (↗ UTL 2219) {51/77}	ἀναφορά anaphora	das in die Höhe Heben; Zurückführen
–	**anaphorisch**	1. in der Art der Anapher {32/34/76}; 2. rückweisend (rhet. t. t.) {76}	dto.	dto.
0238	**Anaphrodisiakum,** das gr;gr	Mittel zur Verminderung des Sexualtriebs (med. t. t.) {18/70}	ἀ–, ἀν– a–, an– + ᾿Αφροδίτη Aphrodite	nicht, ohne Aphrodite (s. Anhang „Namen")
–	**Anaphrodisie,** die	sexuelle (↗ UTL 3303) Empfindungslosigkeit (med. t. t.) {14/18/26/70}	dto.	dto.
0239	**Anaphylaxie,** die gr;gr	schockartige ↗ allergische Reaktion (↗ UTL 2990) gegen artfremdes Eiweiß (med. t. t.) {14/70}	ἀνά ana + φύλαξις phylaxis	auf, hinauf; über ... hin, durch Bewachung, Beschützung
–	**anaphylaktisch** gr;gr	die Anaphylaxie betreffend {14/70}	dto. + φυλακτικός phylaktikos	dto. bewachend, beschützend
0240	**Anaptyxe,** die	Bildung eines Vokals (↗ UTL 3852) zwischen zwei Konsonanten (↗ UTL 1832) {32/76}	ἀνάπτυξις anaptyxis	Entfaltung, Entwickelung
0241	**anarch(isch)**	herrschafts–, gesetzlos; ohne feste Ordnung {50/81}	ἄναρχος anarchos	ohne Herr, ohne Anführer
–	**Anarchie,** die	Herrschafts-, Gesetzlosigkeit {50/81}	ἀναρχία anarchia	Herrenlosigkeit, Mangel an Befehlshabern
–	**Anarchismus,** der (gr;gr) >nlat	↗ politische Lehre, die jede staatliche Ordnung ablehnt {50/81}	dto. + –ισμός –ismos	dto. gr. Suffix s. Partikelliste
–	**Anarchist,** der (gr;gr)>frz	Umstürzler {25/50/81}	dto. + –ιστής –istes	dto. gr. Suffix s. Partikelliste
–	**anarchistisch**	den Anarchismus betreffend {50/81}	ἄναρχος anarchos	ohne Herr, ohne Anführer

–	**Anarcho**, der	(ugs.) jmd., der sich gegen die bestehende bürgerliche Gesellschaft mit Gewalt auflehnt {25/50/81}	dto.	dto.
0242	**Anäresis**, die	die Entkräftung einer gegnerischen Behauptung (rhet. t. t.) {25/76}	ἀναίρεσις anairesis	Aufhebung; Zerstörung; Widerlegung von Argumenten
0243	**Anastasis**, die gr>l	bildliche Darstellung der Auferstehung Jesu in der ↗ byzantinischen ↗ Kirche {51/77}	ἀνάστασις anastasis	das Aufstehen, Aufrichten
–	**Anastasia** bzw.–**ius**	weiblicher u. männlicher Vorname {31}	ἀνάστασις anastasis bzw. ’Ἀναστάσιος Anastasios	das Aufstehen, Aufrichten Auferstanden
–	**anastatisch** (gr;gr) >nlat	wiederauffrischend, neubildend {61}	ἀνά ana + στατικός statikos	auf, hinauf; über ... hin, durch stellend
0244	**Anästhesie**, die (gr;gr) >nlat	1. Unempfindlichkeit gegen Schmerzen {14/26}; 2. Betäubung von Schmerzen {70}	ἀναισθησία anaisthesia	Unempfindlichkeit; Gefühllosigkeit
–	**anästhe(ti)sieren** (gr;gr) >nlat	schmerzunempfindlich machen {26/70}	dto.	dto.
–	**Anästhesiologe**, der gr;gr	Spezialist (↗ UTL 3394) für Schmerzbetäubung {40/70}	dto. + λόγος logos	dto. Rede, Wort; Berechnung
–	**Anästhesiologie**, die gr;gr	Wissenschaft von der Schmerzbetäubung {70}	dto.	dto.
–	**Anästhesist**, der gr;gr	Narkosefacharzt {40/70}	dto. + –ιστής –istes	dto. gr. Suffix s. Partikelliste
–	**Anästhetikum**, das gr;gr	schmerzstillendes Mittel {26/70}	ἀναίσθητος anaistetos	unempfindlich; gefühllos
–	**anästhetisch**	Schmerz ausschaltend {22/26}	dto.	dto.

0245	**Anastig-mat**, der (gr;gr) >nlat	Objektiv (↗ UTL 2397), das fehlerfreie (unverzerrte) Abbildungen gibt {87}	ἀνά ana + στίγμα stigma	auf, hinauf; über ... hin, durch Stich, Punkt, Zeichen
–	**anastig-matisch** (gr;gr) >nlat	unverzerrt {55/87}	dto.	dto.
0246	**Ana-strophe**, die gr>l	Umkehrung der gewöhnlichen Wortstellung {34/76}	ἀναστροφή anastrophe	das Umkehren, Umlenken
0247	**Ana-them(a)**, das gr>l	Verfluchung, Kirchenbann {32/51/77}	ἀνάθεμα anathema	ein mit Fluch u. Kirchenbann beladener u. öffentlich zur Schau gestellter Mensch
–	**anathe-matisie-ren**	mit dem Kirchenbann belegen, verdammen (rel. t. t.) {32/51/77}	dto.	dto.
0247a	**Anatol**	männlicher Vorname	Ἀνατώλιος Anatolios	der aus dem Osten
0248	**Anatom**, der gr>l	Lehrer u. Wissenschaftler der Anatomie {40/69/70}	ἀνατομή anatome	das Zerschneiden, Zergliedern
–	**Anatomie**, die gr>l	1. Wissenschaft, Lehre vom Körperbau aller Lebewesen {69/70}; 2. das Gebäude, in dem Anatomie gelehrt wird {58}	dto.	dto.
–	**anato-mieren**	zergliedern (von Leichen), sezieren (↗ UTL 3305) {69/70}	dto.	dto.
–	**anato-misch**	zergliedernd {69/70}	ἀνατομικός anatomikos	zur Zergliederung gehörig
0249	**Anato-zismus**, der gr>l	Zinsenverzinsung {42/80}	ἀνατοκισμός anatokismos	Zins von Zins
0250	**anazyk-lisch** gr>nlat	vorwärts u. rückwärts gelesen den gleichen Wortlaut ergebend {32/76}	ἀνακυκλικός anakyklikos	was sich leicht umdrehen läßt; vorwärts u. rückwärts lesbar

>>> **Anchovis**, die = ↗ **Anschovis**
>>> **–ander** ↗ Wortelementeliste
>>> **Anders** ↗ **Andreas**

0251	Andra-goge, der (gr;gr) >nlat	Fachmann in Andragogik {31/40/78}		ἀνήρ, Gen. ἀνδρός aner, andros + ἀγωγός agogos	Mann, Mensch Führer
–	Andra-gogik, die (gr;gr) >nlat	Erwachsenenbildung (päd. t. t.) {31/78}		dto.	dto.
–	andra-gogisch (gr;gr) >nlat	die Andragogik betreffend {31/78}		dto.	dto.
0252	Andrea(s)	weiblicher bzw. männlicher Vorname {31}		ἀνδρ(ε)ία andr(e)ia bzw. Ἀνδρέας Andreas	Mannhaftigkeit, Tapferkeit der Kühne
>>>	Andro– ↗ Wortelementeliste				
0253	Andro-gamet, der gr;gr	männliche Keimzelle (biol. t. t.) {69/70}		ἀνήρ, Gen. ἀνδρός aner, andros + γαμέτης gametes	Mann, Mensch Gatte
0254	androgen gr;gr	das Androgen betreffend {69/70}		dto. + –γενής –genes	dto. stammend von; hervorbringend, verursachend
–	Androgen, das gr;gr	männliches Geschlechtshormon {69/70}		dto.	dto.
–	Andro-genese, die gr;gr	Entwicklung eines Lebewesens aus einer befruchteten Eizelle, bei der der weibliche Kern zugrundegegangen ist und nur die männlichen ↗ Chromosomen übrig sind (biol. t. t.) {69}		dto. + γένεσις genesis	dto. Ursprung, Entstehung
0255	andro-gyn(isch) (gr;gr)>l	Merkmale der Androgynie zeigend {68/69/70}		dto. + γυνή gyne	dto. Frau
–	Andro-gynie, die (gr;gr) >nlat	1. Zweigeschlechtigkeit mit weibl. Erscheinungsbild u. männl. Keimdrüsen {69/70}; 2. Zwitterbildung bei Pflanzen {68}		dto.	dto.

0256	Andro-id(e), der gr;gr	Maschine (↗ UTL 2156), die einem Menschen ähnelt; künstlicher Mensch, Roboter {41/66}	dto. + –(ε)ιδής –(e)ides	dto. ähnlich aussehend s. Partikelliste
0257	Andro-logie, die gr;gr	Lehre von den Männerkrankheiten {14/70}	dto. + λόγος logos	dto. Rede, Wort; Berechnung
–	Andro-loge, der gr;gr	Facharzt für Andrologie {40/70}	dto.	dto.
–	andro-logisch gr;gr	die Andrologie betreffend {14/70}	dto. + λογικός logikos	dto. zum Reden gehörig, die Rede betreffend
0258	Andro-manie, die gr;gr	krankhaft gesteigerter Geschlechtstrieb bei Frauen; ↗ Nymphomanie {14/18/70}	dto. + μανία mania	dto. Raserei, Wahnsinn, Verzückung
0259	androphil gr;gr	die Androphilie betreffend {18/70}	dto. + φίλος philos	dto. lieb, befreundet, Freund
–	Andro-philie, die (gr;gr) >nlat	Neigung zu reifen Männern {18/70}	dto. + φιλία philia	dto. Liebe, Freundschaft
0260	Andro-phobie, die (gr;gr) >nlat	Furcht vor Männern, Haß auf Männer {14/18/33/70}	dto. + φόβος phobos	dto. Furcht, Schrecken
–	andro-phob (gr;gr) >nlat	Männer fürchtend, hassend {14/18/33/70}	dto.	dto.
0261	Andro-steron, das gr;gr	männliches Keimdrüsenhormon, Abbauprodukt des ↗ Testosterons {70}	dto. + στερεός stereos	dto. fest, hart; kubisch
0262	Anekdote, die gr>frz	unbelegte, oft leicht anzügliche Schilderung einer Begebenheit {32/34/76}	ἀνέκδοτος anekdotos frz. anecdote	nicht herausgegeben, nicht bekannt gemacht
–	Anekdo-tik, die gr;frz	anekdotische Überlieferung {32/34/76}	dto.	dto.

–	**anekdo-tisch**	wie eine Anekdote {32/34/56/76}	dto.	dto.
>>>	**Anemo–** ↗ Wortelementeliste			
0263	**Anemo-choren** (Pl.), die (gr;gr) >nlat	Pflanzen, deren Samen o. Früchte durch den Wind verbreitet werden (bot. t. t.) {68}	ἄνεμος anemos + χώρα chora	Wind Raum, Platz, Gegend
–	**Anemo-chorie**, die (gr;gr) >nlat	Verbreitung von Samen, Früchten o. Pflanzen durch den Wind {68}	dto.	dto.
0264	**anemo-gam** gr;gr	durch Wind bestäubt (von Pflanzen; bot. t. t.) {68}	ἄνεμος anemos + γάμος gamos	Wind Hochzeit, Ehe
–	**Anemo-gamie**, die gr;gr	Windbestäubung {68}	dto.	dto.
0265	**Anemo-graph**, der gr;gr	Windschreiber, der die Geschwindigkeit u. Richtung des Windes aufzeichnet (meteor. t. t.) {65}	ἄνεμος anemos + γράφευς grapheus	Wind Schreiber, Maler
0266	**Anemo-logie**, die gr;gr	Wissenschaft von den Luftströmungen (meteor. t. t.) {65}	dto. + λόγος logos	dto. Rede, Wort; Berechnung
0267	**Anemo-meter**, der gr;gr	Windmeßgerät {56/65}	dto. + μέτρον metron	Maß, Versmaß
0268	**Anemone**, die gr>l	kleine Frühlingsblume mit sternförmigen, weißen Blüten {04/68}	ἀνεμώνη anemone	Anemone (eigtl. Windblume, da sie vom Wind leicht entblättert wird)
0269	**Anemo-tropo-graph**, der gr;gr;gr	Gerät, das den Wechsel der Windrichtung aufzeichnet (meteor. t. t.) {65}	ἄνεμος anemos + τροπή trope + γράφευς grapheus	Wind Wende, Kehre Schreiber, Maler

–	**Anemo-tropo-meter,** das gr;gr;gr	die Windrichtung anzeigendes Gerät (meteor. t. t.) {65}	ἄνεμος anemos + τροπή trope + μέτρον metron	Wind Wende, Kehre Maß, Versmaß
0270	**Anepi-grapha,** die (Pl.)	unbetitelte Schriften {34/76}	ἀνεπί-γραφος anepigraphos	ohne Aufschrift, ohne Name
0271	**An(en)er-gie,** die (gr;gr) >nlat	1. Unempfindlichkeit gegen Reize (med. t. t.) {70}; 2. ungenutzte ↗ Energie {40/72}	ἀ–, ἀν– a-, an- + ἐνέργεια energeia	nicht, ohne Tätigkeit, Wirksamkeit
–	**an(en)er-gisch**	1. energielos (med., psych. t. t.); 2. reizunempfindlich {70}	dto.	dto.
0272	**Anerosie,** die (gr;gr) >nlat	= ↗ Anaphrodisie: sexuelle (↗ UTL 3303) Empfindungslosigkeit (med. t. t.) {14/18/26/70}	ἀ–, ἀν– a-, an- + ἔρως, Gen. ἔρωτος eros, erotos	nicht, ohne Liebe, Verlangen
0273	**Anery-thropsie,** die (gr;gr;gr) >nlat	Rotblindheit (med. t. t.) {14/23/70}	dto. + ἐρυθρός erythros + ὄψις opsis	dto. rot das Sehen
0274	**Aneurie,** die (gr;gr) >nlat	Nervenschwäche (med. t. t.) {14/70}	ἀ–, ἀν– a-, an- + νεῦρον neuron	nicht, ohne Sehne, Faser; Nerv
–	**Aneurin,** das	Vitamin B1 (↗ UTL 3838) {70/73}	dto.	dto.
0275	**Aneurys-ma,** das	krankhafte Erweiterung einer Schlagader (med. t. t.) {14/70}	ἀνεύρυσμα aneurysma	Erweiterung; Schlagadergeschwulst
0276	**Angela** o. **Angela**	weiblicher Vorname {31}	ἄγγελος angelos	Bote, Engel
0277	**Angelika,** die	1. Engelwurz (Heilpflanze) {05/68}; 2. weiblicher Frauenname {31}	ἀγγελικός angelikos	den Boten betreffend; engelhaft
0278	**Angelo-latrie,** die (gr;gr) >nlat	Engelverehrung {51/77}	ἄγγελος angelos + λατρεία latreia	Bote, Engel (Lohn)dienst; Gottesdienst
–	**Angelo-logie,** die gr;gr	Lehre von den Engeln (theol. t. t.) {51/77}	dto. + λόγος logos	dto. Rede, Wort; Berechnung

–	**Angelus,** der gr>l	1. ↗ katholisches Gebet, das morgens, mittags u. abends beim Angelusläuten gebetet wird {51/77}; 2. Glockenzeichen für das Angelusgebet {32/51/77}	ἄγγελος angelos	Bote, Engel
0279	**Angiitis,** die (gr;gr) >nlat	Entzündung eines Blutgefäßes (med. t. t.) {14/70}	ἀγγεῖον angeion + –ῖτις –itis	Gefäß; Blutgefäß gr. Suffix s. Partikelliste
0280	**Angina,** die gr>l	1, Entzündung des Rachenraumes, der Mandeln (Gefühl der Halsenge) {14/70}; 2. – pectoris: Anfälle von heftigen Herzschmerzen infolge Erkrankung der Herzkranzgefäße (med. t. t.) {14/70}	ἀγχόνη anchone l. *angina* (= *angor*): (bzw. (2.) + l. *pectus* Gen. *pectoris*)	das Erwürgen, Erdrosseln (Hals)bräune; Beklemmung (↗ UTL 0188) Brust
–	**anginös** gr>l>nlat	auf Angina beruhend, anginaartig {14/70}	dto.	dto.
>>>	**Angio–** ↗ Wortelementeliste			
0281	**Angiogramm,** das (gr;gr) >nlat	Röntgenbild von Blutgefäßen (med. t. t.) {23/70}	ἀγγεῖον angeion + γράμμα gramma	Gefäß; Blutgefäß Buchstabe, Schrift(werk)
–	**Angiographie,** die gr;gr	↗ röntgenologische Darstellung von Gefäßen nach Injektion (↗ UTL 1389) eines Kontrastmittels {23/32/70}	dto. + γραφή graphe	dto. Schrift; Zeichnung
0282	**Angiologe,** der gr;gr	Spezialist (↗ UTL 3394) für Angiologie {40/70}	dto. + λόγος logos	dto. Rede, Wort; Berechnung
–	**Angiologie,** die gr;gr	Lehre von den Blutgefäßen u. ihren Erkrankungen {70}	dto.	dto.
–	**angiologisch** gr;gr	die Angiologie betreffend {70}	dto. + λογικός logikos	dto. zum Reden gehörig, die Rede betreffend
0283	**Angiom(a),** das gr;gr	Gefäßgeschwulst {14/70}	ἀγγεῖον angeion + –ωμα –oma	Gefäß; Blutgefäß gr. Suffix s. Partikelliste

0284	Angio-pathie, die gr;gr	Gefäßleiden {14/70}		dto. + πάθος pathos	dto. Schmerz; Leiden-(schaft)
0285	Angiose, die gr;gr	durch gestörten Stoffwechsel entstandene Gefäßerkran-kung {14/70}		ἀγγεῖον angeion + −ωσις −osis	Gefäß; Blutgefäß gr. Suffix s. Partikelliste
0286	Angio-spermen (Pl.), die gr;gr	Blütenpflanzen mit Frucht-knoten {68}		(ἐν)ἀγγειό-σπερμος (en)angeio-spermos	Samen in Gefäßen o. Kapseln enthal-tend
0287	Ango-phrasie, die l;gr	stoßweises Sprechen unter Einschub unartikulierter Laute (psych. t. t.) {32/70}		l. angor + φράσις phrasis	Beklemmumg das Reden, Spre-chen; Sprache
0288	Anhedo-nie, die (gr;gr) >nlat	sexuelle (↗ UTL 3303) Em-pfindungslosigkeit (med. t. t.) {18/70}		ἀ−, ἀν− a-, an- + ἡδονή hedone	nicht, ohne Freude, Lust
0289	Anheli-ose, die gr;gr;gr	Gesundheitsstörung, die durch Mangel an Sonnenlicht ausgelöst wird (med. t. t.) {14/70}		ἀ−, ἀν− a-, an- + ἥλιος helios + −ωσις −osis	nicht, ohne Sonne gr. Suffix s. Partikelliste
0290	An(h)i-drose o. −sis, die (gr;gr) >nlat	fehlende Schweißdrüsen o. fehlendes Schwitzen {14/70}		ἀ−, ἀν− a-, an- + ἴδρωσις hidrosis	nicht, ohne das Schwitzen
0291	anhy-dricus (gr;gr)>l	wasserfrei {54}		ἀ−, ἀν− a-, an- + ὕδωρ hydor	nicht, ohne Wasser
0292	Änigma, das gr>l	Rätsel {25/85}		αἴνιγμα ainigma	dunkle Rede, Rätsel
−	änigma-tisch	rätselhaft {25}		dto.	dto.
−	änigmati-sieren	in Rätseln sprechen {25/32}		αἰνιγμα-τίζεσθαι ainigma-tizesthai	in Rätseln sprechen

0293	Anion, das (gr;gr) >nlat	negativ (↗ UTL 2347) geladenes ↗ Ion {54/72}	ἀ–, ἀν– a-, an- + ἰόν ion	nicht, ohne das Gehende, Wandernde s. u. Ion
–	anionisch (gr;gr) >nlat	wie ein Anion {54}	dto.	dto.
0294	Anis, der gr>l>mhd	1. am östlichen Mittelmeer beheimatete Gewürz- u. Heilpflanze {05/68}; 2. die getrockneten Früchte des Anis {05/17}	ἄνισον anison l. *anisum* mhd. *anis*	Anis dto. dto.
–	Anisette, der gr>l>frz	mit Anis gewürzter Likör {17}	dto. frz. *anisette*	dto.
0295	Anisogamet, der gr;gr;gr	sich ungleich verhaltende o. ungleich gestaltete Keimzelle (biol. t. t.) {69/70}	ἀ–, ἀν– a-, an- + ἴσος isos + γαμέτης gametes	nicht, ohne gleich Gatte
–	Anisogamie, die gr;gr;gr	Befruchtungsvorgang mit ungleich gestalteten o. sich ungleich verhaltenden Keimzellen (biol. t. t.) {69/70}	ἀ–, ἀν– a-, an- + ἴσος isos + γάμος gamos	nicht, ohne gleich Hochzeit, Ehe
0296	Anisomorphismus, der gr;gr;gr;gr	ungenaue Entsprechung von Wörtern verschiedener Sprachen {32/76}	ἀ–, ἀν– a-, an- + ἴσος isos + μορφή morphe + –ισμός –ismos	nicht, ohne gleich Form, Gestalt gr. Suffix s. Partikelliste
0297	Anisotropie, die gr;gr	Abhängigkeit der ↗ physikalischen Eigenschaften eines Körpers (z. B. ↗ Kristall) von der Richtung {54/72}	ἀ–, ἀν– a-, an- + ἰσότροπος isotropos	nicht, ohne von gleichem Charakter
0298	Ankathete, die gr;gr	eine der beiden Seiten, die die Schenkel des rechten Winkels eines Dreiecks bilden (math. t. t.) {71}	ἀ–, ἀν– a-, an- + κάθετος kathetos	nicht, ohne herabgelassen; senkrecht
0299	Anker, der gr>l>ahd/mhd	Gerät zum Festlegen von Schiffen {45} (↗ UTL 0194)	ἄγκυρα ankyra l. *ancora* ahd./mhd. *anker*	Anker dto.; Klammer dto.

0300	Ankylose, die	Gelenkversteifung (med. t. t.) {14/70}	ἀγκύλωσις ankylosis	Krümmung; Steifsein der Gelenke
0301	Anode, die gr>engl	positiv (↗ UTL 2736) geladene ↗ Elektrode {54/72}; Bezeichnung 1834 von dem engl. ↗ Physiker Faraday gebildet	ἄνοδος anodos	Weg nach oben, Aufgang
–	anodisch	positiv geladen {54/72}	dto.	dto.
0302	Anoia	Unverstand, Stumpfheit {14/22/25/70}	ἄνοια anoia	Unverstand, Torheit
0303	anomal gr>l	nicht der Regel (↗ UTL 3024) entsprechend, regelwidrig, nicht normal (↗ UTL 2374) {25/55/56}	ἀνώμαλος anomalos	uneben, ungleich; von der Regel abweichend
–	Anomalie, die	1. Regelwidrigkeit, Abweichung von der Regel (↗ UTL 3024) {25/55/56}; 2. Mißbildung (biol. t. t.) {68/69/70}; 3. bestimmter Winkel bei einer Planetenkonstellation (astron. t. t.) {66}	ἀνωμαλία anomalia	Unebenheit, Ungleichheit; Abweichung von der Regel
–	anomalistisch gr>nlat	auf gleiche Anomalie (2.) bezogen {68/69/70}	dto.	dto.
–	Anomaloskop, das gr;gr	Gerät zur Prüfung des Farbensinnes (med. t. t.) {70/72}	dto. + σκοπός skopos	dto. jmd., der genau hinschaut; Aufseher; Späher
0304	Anomie, die gr>nlat	1. Fehlen von Gesetzen und ↗ Normen {33}; 2. fehlende Fähigkeit, sich in die Gesellschaftsordnung einzufügen {22/25/33/70/82}	ἀνομία anomia	Gesetzlosigkeit
–	anom(isch)	gesetzlos, gesetzwidrig {33/82}	ἄνομος anomos	gesetzlos, gesetzwidrig
0305	anonym gr;>l	ungenannt, ohne Angabe des Namens; namenlos {31/32/82}	ἀνώνυμος anonymos	ohne Namen
–	Anonyma, die (Pl.)	Schriften ohne Verfasserangabe {34}	dto.	dto.
–	anonymisieren gr>nlat	personenbezogene Angaben löschen {40/81}	dto.	dto.
–	Anonymität, die	Unbekanntheit des Namens, Namenlosigkeit {31/32/82}	dto.	dto.
–	Anonymus, der gr>l	jemand, der seinen Namen verschweigt, Ungenannter {31/32/82}	dto.	dto.

0306	**Anopheles**, die gr>nlat	Gattung der Stechmücken, die ↗ Malaria übertragen {08}	ἀνωφελής anopheles	nutzlos; schädlich
0307	**Anop(s)ie**, die gr;gr	das Nichtsehen, Untätigkeit des einen Auges, z. B. beim Schielen (med. t. t.) {14/70}	ἀ–, ἀν– a-, an- + ὄψις opsis	nicht, ohne das Sehen
0308	**anopisthographisch** gr;gr	nur auf einer Seite beschrieben o. bedruckt {34/40/55/75}	ἀ–, ἀν– a-, an- + ὀπισθόγραφος opisthographos	nicht, ohne auf der Rückseite beschrieben
0309	**Anorexie**, die gr;gr	krankhafte Appetitlosigkeit; (med. t. t.) {14/70}	dto. + ὄρεξις orexis	dto. Begierde, Appetit
0310	**Anorganiker**, der (gr;gr) >nlat	Wissenschaftler der anorganischen ↗ Chemie {40/73}	dto. + ὀργανικός organikos	dto. als Werkzeug dienend, organisch s. u. Organiker
–	**anorganisch** gr;gr	1. unbelebt; 2. nicht von Lebewesen stammend; 3. -e Chemie: Wissenschaft der Elemente (↗ UTL 0874) u. Verbindungen ohne Kohlenstoff {54/73}	dto.	dto.
0311	**Anorgasmie**, die gr;gr	Ausbleiben des ↗ Orgasmus (med. t. t.) {14/18/70}	ἀ–, ἀν– a-, an- + ὀργασμός orgasmos	nicht, ohne Erweichung s. u. Orgasmie
0312	**anormal** (gr>l;l) >mlat	nicht normal, von der Regel (↗ UTL 3024) abweichend, ungewöhnlich {25/56} (↗ UTL 0204)	ἀνώμαλος anomalos gemischt mit l. *normalis*	uneben, ungleich; von der Regel abweichend nach dem Winkelmaß gemacht; der Norm entsprechend (↗ UTL 2374)
0313	**anotherm** gr;gr	mit zunehmender Wassertemperatur in höheren Schichten {54/63/ 64}	ἄνω ano + θερμός thermos	hinauf, empor warm
–	**Anothermie**, die gr;gr	Zunahme der Wassertemperatur in den höheren Schichten {54/63/64}	dto. + θέρμη therme	dto. Wärme, Hitze

0314	Anox(y-h)ämie, die (gr;gr;gr) >nlat	Sauerstoffmangel im Blut (med. t. t.) {14/70}	ἀ–, ἀν– a-, an- + ὀξύς oxys + αἷμα haima		nicht, ohne scharf, spitz, sauer Blut
0315	Anschovis, die gr>rom >niederl >engl	(↗ Etymologie unsicher): in Salz o. Marinade eingelegte Sardelle o. Sardine {17}	ἀφύη aphye port. *anchova* span. *anchoa* frz. *anchois* niederl. *ansjovis* engl. *anchovy*		Sardelle dto.
>>>	Ant(i)– ↗ Partikelliste				
0316	Antagonismus, der gr>l	1. Gegensatz, Gegnerschaft, Widerstreit, Widerstand {33}; 2. einzelne gegensätzliche Erscheinung o. ä. {33/56}	ἀνταγώ-νισμα antagonisma		Widerstand
–	Antagonist, der gr>l	Gegner, Widersacher {33}	ἀνταγω-νιστής antagonistes		Gegner, Widersacher
–	antagonistisch gr>nlat	gegensätzlich, widerstreitend, gegnerisch {33}	ἀνταγω-νιστικός antago-nistikos		den Gegner betreffend
0317	Antalgikum, das (gr;gr) >nlat	schmerzstillendes Mittel {70}	ἀντί anti + ἄλγος algos		gegenüber; gegen; anstelle von Schmerz
0318	Antarktika, die gr>l	der Kontinent (↗ UTL 1853) der Antarktis {64}	ἀνταρκ-τικός antartikos		dem Norden gegenüber
0319	Antarktis, die gr>nlat	Land- u. Meeresgebiete um den Südpol {64}	dto.		dto.
–	antarktisch	1. die Antarktis betreffend; 2. zur Antarktis gehörig {64}	dto.		dto.
0320	Antarthritikum, das (gr;gr) >nlat	Heilmittel gegen Gelenkentzündung u. Gicht {70}	ἀντί anti + ἀρθριτι-κός arthritikos		gegenüber; gegen; anstelle von die Gelenke betreffend; von Gicht befallen

0321	antasthenisch (gr;gr) >nlat	gegen Schwächezustände wirksam, stärkend (med. t. t.) {70}	dto. + ἀσθενής asthenes	dto. kraftlos, schwach
0322	Antazidum, das gr;l	Magensäure bindendes Arzneimittel (med. t. t.) {70}	dto. + l. *acidus*	dto. scharf, giftig, sauer, unangenehm (↗ UTL 0045)
0323	Antemetikum, das gr;gr	Mittel gegen Erbrechen (med. t. t.) {70}	dto. + ἐμετικός emetikos	dto. Erbrechen erzeugend
0324	Antepirrhem, das gr;gr	Dialogverse des ↗ Chors in der ↗ attischen ↗ Komödie {35/74/75}	dto. + ἐπίρρημα epirrhema	dto. das Dazugesprochene
0325	Anthelium, das gr>l	leuchtender Fleck der Sonne gegenüber, Gegensonne (meteor. t. t.) {65}	dto. + ἥλιος helios	dto. Sonne
0326	Anthelminthikum, das (gr;gr) >nlat	Wurmmittel (med. t. t.) {70}	dto. + ἕλμις, Gen. ἕλμινθος	dto. Wurm
0327	Anthem, das gr>l>altengl>engl	motetten- o. kantatenartige engl. Kirchenkomposition, ↗ Hymne {37}	ἀντίφωνος antiphonos l. *antiphona* altengl. *antefn* engl. *anthem*	widertönend, dagegen tönend Wechselgesang Hymne dto.
0328	Anthemion, das	Schmuckfries in der gr. Baukunst mit stilisierten (↗ UTL 3430) Palmblättern u. Lotosblüten {75/88}	ἀνθέμιον anthemion	Blüte; blütenartiger Fries
0329	Anthemis, die gr>l	Hundskamille {04/68}	ἀνθεμίς anthemis	kamillenartige Pflanze
0330	Anthere, die	Staubbeutel der Blütenpflanzen {68}	ἀνθηρός antheros	blühend
0331	Anthologie, die	ausgewählte Sammlung von Gedichten o. Prosastücken {34/76}	ἀνθολογία anthologia	das Blumensammeln, die Blütenlese
–	Anthologion (o. –ium), das	↗ liturgisches Gebetbuch der ↗ orthodoxen ↗ Kirchen {51/77}	ἀνθολόγιον anthologion	Sammlung von Auszügen

–	antholo-gisch	ausgewählt {25/56}	ἀνθολόγος anthologos	Blumen sammelnd
0332	Antho-zoon, das (gr;gr) >nlat	Blumentier (z. B. ↗ Koralle) {08/69}	ἄνθος anthos + ζῷον zoon	Blume, Blüte Lebewesen, Tier
0333	Anthra-cen, das gr>nlat	aus Steinkohlenteer gewonnenes Ausgangsmaterial für viele Farbstoffe {73}	ἄνθραξ, Gen. ἄνθρακος anthrax, anthrakos	Kohle; dunkelroter Karfunkel
–	Anthrax, der	Milzbrand (med. t. t.) {14/70}	dto.	dto.; hier auch: Pustel, Geschwür
–	Anthra-zit, der gr>l>frz/engl	harte, glänzende Steinkohle {40/73}	dto. l. *anthacitis* frz./engl. *anthracite*	dto. dto. dto.
–	anthrazit gr>l>frz/engl	grauschwarz {55}	dto.	dto.

>>> **Anthropo–** ↗ Wortelementeliste
>>> **Anthropobiologie**, die ↗ Biologie

0334	Anthropo-chorie, die gr;gr	durch den Menschen verursachte Verbreitung von Tieren u. Pflanzen (biol. t. t.) {60/68/69}	ἄνθρωπος anthropos + χώρα chora	Mensch Raum, Platz, Gegend
0335	anthropo-gen gr;gr	durch den Menschen verursacht {60}	dto. + –γενής –genes	dto. stammend von; hervorbringend, verursachend
–	Anthropo-genese o. –genie, die gr;gr	Wissensschaft von der Entstehung und Abstammung des Menschen {69/70}	dto. + γένεσις genesis bzw. γενεά genea	dto. Ursprung, Entstehung Geburt, Herkunft

>>> **Anthropogenetik**, die ↗ Genetik
>>> **Anthropogeographie**, die ↗ Geographie

0336	Anthropo-graphie, die gr;gr	Wissenschaft von den menschlichen Rassemerkmalen {10/70}	dto. + γραφή graphe	dto. Schrift; Zeichnung

51

| 0337 | Anthro-poide, der gr;gr | Menschenaffe {69} | dto. + –(ε)ιδής –(e)ides | dto. ähnlich aussehend s. Partikelliste |

>>> Anthropoklimatologie, die ↗ Klimatologie

0338	Anthropo-latrie, die gr;gr	gottähnliche Verehrung eines Menschen {51/77}	dto. + λατρεία latreia	dto. (Lohn)dienst; Gottesdienst
0339	Anthropo-logie, die gr;gr	Wissenschaft vom Menschen u. seiner Entwicklung {69/70}	dto. + λόγος logos	dto. Rede, Wort; Berechnung
–	Anthropo-loge, der gr;gr	Wissenschaftler, der sich mit der Erforschung der Entwicklung des Menschen befaßt {40/69/70}	dto.	dto.
–	anthropo-logisch gr;gr	auf die Entwicklung des Menschen bezogen {69/70}	dto. + λογικός logikos	dto. zum Reden gehörig, die Rede betreffend
0340	anthropo-morph gr;gr	menschlich, von menschlicher Gestalt, menschenähnlich {55/69/70}	ἄνθρωπος anthropos + μορφή morphe	Mensch Form, Gestalt
–	Anthropo-morph(e), der gr;gr	Menschenaffe {69}	dto.	dto.
–	anthropo-mor-phisch gr;gr	in Menschengestalt {55/69}	dto.	dto.
–	anthropo-morphi-sieren gr;gr	vermenschlichen {25/27}	dto.	dto.
–	Anthropo-morphis-mus, der gr;gr;gr	Vermenschlichung {25}	dto. + –ισμός –ismos	dto. gr. Suffix s. Partikelliste

0341	Anthropo-nym, der gr;gr	Personenname {31/32}	ἄνθρωπος anthropos + ὄνυμα onyma = Nebenform zu: ὄνομα onoma	Mensch s. u. Anthropus Name
–	Anthropo-nymie o. –nymik, die gr;gr	Personennamenkunde {31/76}	dto.	dto.
0342	Anthropo-pathis-mus, der gr;gr;gr	die Vorstellung, daß Gott als menschlichesWesen empfin-det (philos. t. t.) {25/51/77}	ἄνθρωπος anthropos + πάθος pathos + –ισμός –ismos	Mensch s. u. Anthropus Schmerz; Leiden-(schaft) gr. Suffix s. Partikelliste
0343	Anthropo-phage, der gr;gr	Menschenfresser, Kannibale {17/33/75/81}	dto. + φαγεῖν phagein	dto. essen
–	Anthropo-phagie, die gr;gr	Kannibalismus {17/33/75/81}	dto.	dto.
0344	Anthropo-phobie, die (gr;gr) >nlat	Menschenscheu {26/27/70}	ἄνθρωπος anthropos + φόβος phobos	Mensch Angst, Furcht
0345	Anthropo-soph, der gr;gr	Anhänger der Anthroposo-phie {33/77}	dto. + σοφός sophos	dto. kundig; klug, weise
–	Anthropo-sophie, die gr;gr	von Rudolf Steiner 1913 be-gründete Weltanschauungs-lehre {25/77}	dto. + σοφία sophia	dto. das Wissen; Weis-heit
–	anthropo-sophisch	die Anthroposophie betref-fend, auf sie bezogen {25/77}	dto.	dto.
0346	anthropo-zentrisch gr;gr	den Menschen in den Mittel-punkt stellend {25/77}	dto. + κέντρον kentron	dto. Mittelpunkt eines Kreises; Stachel-(stab); ruhender Zirkelschenkel s. u. Zentrum

0347	Anthropo-tomie, die gr;gr	⌐ Anatomie (1.) des Menschen {69/70}	dto. + τομή tome	dto. das Schneiden; Schnitt; das Abgeschnittene
0348	Anthropo-zoonose, die gr;gr;gr	Infektionskrankheit, die vom Tier auf den Menschen übertragen werden kann {14/70}	dto. + ζῷον zoon + νόσος nosos	dto. Lebewesen, Tier Krankheit
0349	Anthro-pus, der	Mensch aus einer frühen Zeit der Entwicklungsgeschichte {69/70}	dto.	dto.
0350	Anthurie, die o. Anthu-rium, das (gr;gr) >nlat	Flamingoblume (Aronstab-gewächs) {04/68}	ἄνθος anthos + οὐρά oura	Blume, Blüte Schwanz, Schweif

>>> Anti- ⌐ Partikelliste

0351	Antialko-holiker, der gr;arab	Alkoholgegner {14/25/28/70}	ἀντί anti + arab. alkohol	gegenüber; gegen; anstelle von
0352	antiauto-ritär (gr;l)>frz	gegen o. ohne Strenge {25/33/77/78}	dto. + l. *auctoritas*	dto. Ermächtigung, Vollmacht; Ansehen, Einfluß; Beglaubigung (⌐ UTL 0335)

>>> antibakteriell ⌐ bakteriell

0353	Antibar-barus, der (gr;gr) >nlat	Titel (⌐ UTL 3586) von Büchern, die gegen Sprachverstöße kämpfen {34/76}	ἀντί anti + βάρβαρος barbaros	gegenüber; gegen; anstelle von unverständlich; ausländisch, fremd s. u. Barbar
0354	Anti-biont, der gr;gr	⌐ Mikroorganismus, von dem die Antibiose ausgeht {69/70}	dto. + βιῶν Gen. βιοῦντος bion, biountos	dto. lebend

0355	Antibiose, die gr;gr;gr	hemmende o. abtötende Wirkung eines Mikroorganismus auf einen anderen {69/70}	dto. + βίος bios + –ωσις –osis	dto. Leben gr. Suffix s. Partikelliste
–	Antibiotikum, das gr;gr	Stoff o. Arzneimittel, das Antibiose bewirkt, z. B. Penicillin (↗ UTL 2577) {70}	dto. + βιωτικός biotisch	dto. lebenswert
–	antibiotisch gr;gr	von wachstumshemmender o. abtötender Wirkung (med. t. t.) {70}	dto. + βιωτός biotos	dto. lebenswert
0356	Antiblockiersystem, das gr;d;gr	Bremssystem, das beim Bremsvorgang das Blockieren der Räder verhindert (Abk.: ABS) {45/72}	dto. + d. blockieren + σύστημα systema	dto. ein aus mehreren Teilen zusammengesetztes Ganzes s. u. System
0357	Antichrese, die gr>l	Überlassung der Pfandnutzung an den Gläubiger {42/80}	ἀντίχρησις antichresis	Gegengebrauch
–	antichretisch gr>l	die Pfandnutzung dem Gläubiger überlassend {42/80}	dto.	dto.
0358	Antichrist, der (gr;gr)>l	1. der Gegner von ↗ Christus; der Teufel; 2. Gegner des Christentums {51/77}	ἀντί anti + Χριστός Christos	gegenüber; gegen; anstelle von der Gesalbte s. u. Christ
–	antichristlich gr;gr	gegen das Christentum gerichtet {25/51/77}	dto.	dto.
0359	Antidiabetikum, das gr;gr	Arzneimittel, das den Blutzuckerspiegel senkt (med. t. t.) {70}	ἀντί anti + διαβήτης diabetes	gegenüber; gegen; anstelle von der weit ausschreitende; Harnruhr s. u. Diabetes
0360	Antidiarrhoikum, das (gr;gr) >nlat	Arzneimittel gegen Durchfall (med. t. t.) {70}	dto. + διαρροϊκός diarrhoïkos	dto. am Durchfall leidend s. u. Diarrhöe

0361	Antidot o. Antidoton, das gr>l	Gegengift {70}	ἀντίδοτος antidotos	dagegen gegeben; Gegenmittel
–	Antidotarium, das gr>mlat	1. Verzeichnis von Gegengiften; 2. Titel (↗ UTL 3586) alter Arzneibücher {34/70/75}	dto.	dto.
0362	Antiepileptika (Pl.), die gr;gr	Mittel gegen ↗ epileptische Anfälle (med. t. t.) {70}	ἀντί anti + ἐπιληπτικός epileptikos	gegenüber; gegen; anstelle von epileptisch s. u. epileptisch
0362a	Antifaschismus, der gr;l	gegen rechtsextreme und totalitäre (↗ UTL 3605) Herrschaftsformen gerichtete ↗ politische Einstellung {25/33/50/75}	ἀντί anti + l. fascis	gegenüber; gegen; anstelle von Bund, Bündel, Rutenbündel (↗ UTL 1045)
–	Antifaschist gr;l	Kämpfer gegen den ↗ Faschismus {25/33/50/75}	dto.	dto.
–	antifaschistisch gr;l	gegen den ↗ Faschismus gerichtet {25/33/50/75}	dto.	dto.
0363	Antifebrile, das gr;l	fiebersenkendes Mittel (med. t. t.) {70} (↗ UTL 0213)	ἀντί anti + l. febris	gegenüber; gegen; anstelle von Fieber (↗ UTL 1056)
0364	Antigen, das (gr;gr) >nlat	artfremder Eiweißstoff, der im Blut die Bildung von Antikörpern anregt (med. t. t.) {70}	ἀντί anti + –γενής –genes	gegenüber; gegen; anstelle von stammend von; hervorbringend, verursachend
0365	Antihistaminikum, das gr;gr;gr >nlat	Arzneimittel gegen allergische Reaktionen (med. t. t.) {70}	ἀντί anti + ἱστίον histion + ἀμμωνιακός ammoniakos	gegenüber; gegen; anstelle von Gewebe pflanzliches Gummiharz aus Libyen s. o. Ammoniak
0366	Antihypertonika, die (Pl.)	Mittel zur Blutdrucksenkung (med. t. t.) {70}	ἀντί anti + ὑπέρ hyper + τόνος tonos	gegenüber; gegen; anstelle von oberhalb; über ... hinaus Spannung, Band, Ton s. u. Hypertonik

0366a	antikle-rikal gr;gr >kirchenl	gegen die Kirche und den ↗ Klerus eingestellt {25/51/77}	ἀντί anti + κληρικός klerikos kirchenl. *clericalis*	gegenüber; gegen; anstelle von die Erbschaft be- treffend; zur Geistlichkeit gehö- rig priesterlich
–	Antikleri- kalismus, der gr;(gr;gr) >kirchenl >nlat	Haltung gegen das Bestreben, daß die Kirche ihren Einfluß auf Staat und Gesellschaft ausdehnt {25/51/77}	dto. + –ισμός –ismos	dto. gr. Suffix s. Partikelliste
0367	Anti- klimax, die gr;gr	schrittweises Absteigen vom stärkeren zum schwächeren Ausdruck {76}	dto. + κλῖμαξ klimax	dto. Leiter, Treppe; graduelle Steige- rung
0368	Antikon- zeption, die gr;l	Empfängnisverhütung (med. t. t.) {70}	dto. + l. *conceptio*	dto. Zusammen-, Ab- fassung; Em- pfängnis (↗ UTL 0215)
–	Antikon- zeptivum, das	empfängnisverhütendes Mit- tel {70}	dto.	dto.
0369	Anti- körper, der gr;l	im Blutserum gebildeter Ab- wehrstoff (med. t. t.) {70}	ἀντί anti + l. *corpus*	gegenüber; gegen; anstelle von Körper, Leib, Mas- se; Stand (↗ UTL 1903)
0370	Antilabe, der	Aufteilung eines Sprechver- ses auf verschiedene Perso- nen {34/76}	ἀντιλαβή antilabe	Griff zum Fest- halten; Teilung eines Verses zwi- schen zwei Spre- chern
0371	Antile- gomenon, das	antike (↗ UTL 0214) Schriften von umstrittener Echtheit {51/77}	ἀντιλέγειν antilegein	dagegen reden, widersprechen
0372	Antilogie, die	Rede u. Gegenrede über die Haltbarkeit eines Lehrsatzes {25/32/77}	ἀντιλογία antilogia	Gegenrede, Widerspruch

0373	Antilope, die (gr;gr) >mlat >engl>frz	(↗ Etymologie unsicher): gehörntes afrikanisches u. asiatisches Huftier {06/69}	ἄνθος anthos + ὄψ, Gen. ὀπός ops, opos mlat. ant(h)alopus engl. *antilope* frz. *antilope*	Blume, Blüte Auge Antilope dto. dto.
0374	Antimaterie, die gr;l	Art der Materie, deren ↗ Atome aus den Antiteilchen der Erdmaterie zusammengesetzt sind {72}	ἀντί anti + l. *materia*	gegenüber; gegen; anstelle von Stoff; Materie; Bauholz; Aufgabe (↗ UTL 2163)
0375	Antimetabole, die gr>l	Wiederholung von Wörtern eines Satzes in anderer Stellung (stilk. t. t.) {76}	ἀντιμεταβολή antimetabole	Umänderung, Verwandlung (als Stilmittel)
0376	Antimetathesis, die gr;gr	Wiederholung der Glieder einer ↗ Antithese in umgekehrter Folge {76}	ἀντιμετάθεσις antimetathesis	Vertauschung
0377	Antimetrie, die gr;gr	ein im Aufbau ↗ symmetrisches ↗ System, das unsymmetrisch belastet ist (Bautechnik) {40/41/88}	ἀντί anti + μέτρον metron	gegenüber; gegen; anstelle von Maß, Versmaß
–	antimetrisch	auf die Antimetrie bezogen {40/41/88}	dto.	dto.
0378	Antineuralgikum, das (gr;gr;gr) >nlat	schmerzlinderndes Arzneimittel, das auf das Zentralnervensystem einwirkt (med. t. t.) {70}	ἀντί anti + νεῦρον neuron + ἄλγος algos	gegenüber; gegen; anstelle von Sehne, Faser; Nerv Schmerz
0379	Antinomie, die gr>l	1. Widerspruch innerhalb eines Satzes; 2. Unvereinbarkeit zweier gültiger Sätze {25/32/56/77}	ἀντινομία antinomia	Widerspruch eines Gesetzes gegen sich selbst
–	antinomisch	widersprüchlich {25/56/77}	ἀντινομικός antinomikos	die Antinomie betreffend
–	Antinomismus, der (gr;gr) >nlat	Lehre, die die menschliche Glaubensfreiheit u. die göttliche Gnade betont {51/77}	ἀντινομία antinomia + –ισμός –ismos	Widerspruch eines Gesetzes gegen sich selbst gr. Suffix s. Partikelliste
–	Antinomist, der gr;gr	Anhänger des Antinomismus {51/77}	dto. + –ιστής –istes	dto. gr. Suffix s. Partikelliste

0380	Antioxidans o. Antioxydans, das gr;gr	Zusatz zu Lebensmitteln, der die ↗ Oxydation verhindert {17/73}	ἀντί anti + ὀξύς oxys	gegenüber; gegen; anstelle von scharf, spitz, sauer
0381	Antipassat, der gr;l>vulgl >span >niederl	dem Passat (↗ UTL 2534) entgegengerichteter Wind der Tropenzone {63/65}	dto. + l. *passus* vulgl. *passare** span. *passada* niederl. *passaat(wind)*	dto. (Doppel)schritt, Fuß(s)tapfe, Tritt (↗ UTL 2531) durchschreiten, durchgehen (↗ UTL 2532) Durch-, Übergang, Überfahrt (↗ UTL 2534)
0382	Antipathie, die	Abneigung, Widerwille {25/28}	ἀντιπάθεια antipatheia	entgegengesetzte Neigung o. Eigenschaft; Abneigung
–	antipathisch	mit Abneigung, Widerwillen erfüllt {25/28}	dto.	dto.
0383	Antiphlogistikum, das (gr;gr) >nlat	entzündungshemmendes Mittel (med. t. t.) {70}	ἀντί anti + φλογιστός phlogistos abgeleitet von: φλογίζειν phlogizein	gegenüber; gegen; anstelle von verbrannt in Brand setzen, entzünden
0384	Antiphon(e), die gr>l	↗ liturgischer Wechselgesang {37/51/77}	ἀντίφωνος antiphonos l. *antiphona*	widertönend, dagegen tönend Wechselgesang
–	antiphonal gr>l>nlat	im ↗ liturgischen Wechselgesang {37/51/77}	dto.	dto.
–	Antiphonale o. –phonar, das gr>l>mlat	↗ liturgisches Buch mit dem Text (↗ UTL 3566) der Antiphonen u. des Stundengebets {37/51/77}	dto.	dto.
–	antiphonisch	im Wechselgesang {37/51/61/77}	dto.	dto.
0385	Antiphrase, die	Stilmittel, bei dem das Entgegengesetzte von dem gesagt wird, was gemeint ist (z. B. „das ist ja heiter" für etwas Unangenehmes) {32/76}	ἀντίφρασις antiphrasis	Gebrauch von Wörtern im entgegengesetzten Sinne

0386	Antipode, der gr>l	1. auf der entgegengesetzten Seite der Erde lebender Mensch {64}; 2. Mensch, der den entgegengesetzten Standpunkt vertritt {25/56}; 3. Spitzname für die Australier u. Neuseeländer	ἀντίπους, Gen. ἀντίποδος antipous, antipodos	mit entgegengekehrten Füßen; (im Pl.) Gegenfüßler
0387	Antiptose, die gr>l	Setzung eines Falles für einen anderen {32/76}	ἀντίπτωσις antiptosis	Gegenfall; Setzung eines Falles anstelle eines anderen
0388	Antipyrese, die (gr;gr;gr) >nlat	Fieberbekämpfung (med. t. t.) {70}	ἀντί anti + πυρετός pyretos + -σις -sis	gegenüber; gegen; anstelle von glühende Hitze; Fieber gr. Suffix s. Partikelliste
–	Antipyretikum, das gr;gr	fiebersenkendes Mittel {70}	dto. + πυρετικός pyretikos	dto. fieberhaft, das Fieber betreffend
–	antipyretisch gr;gr	fiebersenkend {70}	dto.	dto.
–	Antipyrin, das gr;gr	Fiebermittel {70}	dto.	dto.
0389	antisem (gr;gr) >nlat	eine entgegengesetzte Bedeutung habend (vgl. ↗ antonym – sprachwiss. t. t.) {76}	ἀντί anti + σῆμα sema	gegenüber; gegen; anstelle von Zeichen, Merkmal; Grabmal
0390	Antisemit, der (gr;hebr) >gr>nlat	Judengegner, Judenfeind {25/ 33//75/81}	dto. + hebr. Sem	dto. der älteste Sohn Noahs im AT
–	antisemitisch (gr;hebr) >gr>nlat	judenfeindlich {25/33/75/81}	dto.	dto.
–	Antisemitismus, der (gr;hebr; gr)>gr >nlat	Abneigung o. Feindschaft gegenüber Juden {25/33/75/81}	dto. + -ισμός -ismos	dto. gr. Suffix s. Partikelliste

0391	Antisepsis, die (gr;gr) >nlat	Vernichtung von Krankheitskeimen mit ↗ chemischen Mitteln {70}	ἀντί anti + σῆψις sepsis	gegenüber; gegen; anstelle von Fäulnis, Gärung; Verdauung
–	Antiseptik, die gr;gr	= ↗ Antisepsis {70}	dto. + σηπτικός septikos	dto. Fäulnis bewirkend
–	Antiseptikum, das gr;gr	Mittel gegen ↗ Bakterien {70}	dto.	dto.
–	antiseptisch gr;gr	Wundinfektionen verhindernd {70}	dto.	dto.
0392	Antiserum, das gr;l	↗ Antikörper enthaltender Impfstoff {70}	ἀντί anti + l. serum	gegenüber; gegen; anstelle von Molke, Käsewasser; wässriger Teil von etwas (↗ UTL 3295)
0393	Antispasmodikum, das (gr;gr) >nlat	krampflösendes Mittel (med. t. t.) {70}	dto. + σπασμώδης spasmodes	dto. Krämpfe verursachend; krampfartig
0394	Antistatikmittel, das gr;gr;d	Mittel zur Verhinderung des ↗ elektrostatischen Aufladens von Kunststoffen u. Anziehens von Staub {41/72/87}	dto. + στατική (τέχνη) statike (techne) + d. Mittel	dto. (die Kunst des) Wägens s. u. Statik
–	antistatisch gr;gr	↗ elektrostatische Aufladung verhindernd (phys. t. t.) {41/72/87}	dto. + στατικός statike	dto. zum Stillstand bringend; wägend s. u. statisch
0395	Antistrophe, die (gr;gr)>l	1. die Gegenstrophe in der gr. ↗ Tragödie {37/75}; 2. der zweite Teil der Pindarischen (s. Anhang „Namen") ↗ Ode {34/37/75/76}	dto. + στροφή strophe	dto. das Drehen, Wenden; Strophe s. u. Strophe
0396	Antiteilchen, das gr;d	Elementarteilchen, dessen Eigenschaften komplementär (↗ UTL 1764) zu denen eines anderen sind (kernphys. t. t.) {72}	dto. + d. Teilchen	dto.

0397	Antithese, die gr>l	der These gegenübergestellte Behauptung, Gegenbehauptung {25/32/56/76}	ἀντίθεσις antithesis	Gegensatz; das Entgegensetzen	
–	Antithetik, die	Lehre von den Widersprüchen u. ihren Ursachen (philos. t. t.) {25/56/77}	ἀντίθετος antithetos	entgegengesetzt	
–	antithetisch	gegensätzlich {25/56/76}	dto.	dto.	
0398	Antitoxin, das gr;gr	im Blutserum enthaltener ⤴ Antikörper (med. t. t.) {70}	ἀντί anti + τοξικόν toxikon	gegenüber; gegen; anstelle von Gift s. u. Toxin	
0399	Antitranspirant, das gr;(l;l) >vulgl>frz	schweißhemmendes Deodorant (⤴ UTL 0668) {21}	dto. + l. trans + l. spirare vulgl. transpirare	dto. hindurch, -über blasen, wehen, hauchen, atmen durchhauchen, -atmen, ausduften (⤴ UTL 0218)	
0400	Antitrinitarier, der gr;l	Gegner der Lehre von der göttlichen Dreifaltigkeit {51/77}	dto. + l. trinitas	dto. Dreieinig-, -faltigkeit (⤴ UTL 0219)	
–	antitrinitarisch gr;l	gegen die Dreieinigkeitslehre gerichtet {51/77}	dto.	dto.	
0401	Antitussivum, das gr;l	Arzneimittel gegen Husten (med. t. t.) {70}	ἀντί anti + l. tussis	gegenüber; gegen; anstelle von Husten (⤴ UTL 3698b)	
0402	antizyklisch gr;gr	1. in unregelmäßiger Folge wiederkehrend {59/61}; 2. einem bestehenden Konjunkturzustand entgegenwirkend (wirtsch. t. t.) {42/80}	dto. + κυκλικός kyklikos	dto. kreisförmig, rund s. u. zyklisch	
–	antizyklonal gr;gr	sich auf der Nordhalbkugel im Uhrzeigersinn bewegend (von Luftströmungen in einem Hochdruckgebiet gesagt – meteor. t. t.) {63/65}	dto. + κύκλος kyklos	dto. Kreis, Kreislauf s. u. zyklonal	
–	Antizyklone, die gr;gr	Hochdruckgebiet (meteor. t. t.) {63/65}	dto.	dto.	
0403	Antode, die	zweiter Teil des Chorliedes in der gr. ⤴ Tragödie {37/75}	ἀντῳδός antodos	Gegengesang	

0404	Antöken, die (Pl.) gr>nlat	Menschen, die in Gebieten entgegengesetzter geogr. Breite, aber auf demselben Längengrad wohnen	ἄντοικος antoikos	gegenüberwohnend
0405	Antonomasie, die gr>l	1. Umschreibung eines Eigennamens; 2. Umschreibung eines Gattungsbegriffs durch einen Eigennamen {32/76}	ἀντονομασία antonomasia	andere Benennung
0406a	antonym (gr;gr) >nlat	(von Wörtern) eine entgegengesetzte Bedeutung habend {32/56/76}	dto. + ὄνυμα onyma = Nebenform zu: ὄνομα onoma	dto. Name
–	Antonym, das gr;gr	Wort von entgegengesetzter Bedeutung {32/56/76}	dto.	dto.
–	Antonymie, die gr;gr	Verhältnis des Wortsinns zwischen Antonymen {32/56/76}	dto.	dto.
0407	antörnen u. anturnen d;gr>l >engl	erregen; in einen Rauschzustand versetzen (ugs.) {26/70}	d. an- + τορνεύειν torneuein l. tornare engl. (to) turn	drehen, drechseln; runden dto. (um)drehen
0407a	Anurie, die (gr;gr) >nlat	Versagen der Harnausscheidung (med. t. t.) {14/70}	ἀ–, ἀν– a-, an- + οὐρεῖν ourein	nicht, ohne Harn lassen
0408	Aöde, der	gr. Dichter u. Sänger der homerischen Zeit {34/37/75/76}	ἀοιδός aoidos	Sänger, Dichter
0409	Äoline, die gr>l>nlat	↗ Musikinstrument (Vorläufer der Mundharmonika – mus. t. t.) {37}	Αἴολος Aiolos	Äolus (s. Anhang „Namen")
–	äolisch gr>l	1. durch Windeinwirkung entstanden (geol. t. t.) {62/65}; 2. die altgr. Landschaft Äolien betreffend {64/75}; 3. Kirchentonart {37}; 4. antikes (↗ UTL 0214) Versmaß {34/76}	dto.	dto.
–	Äolsharfe, die gr;d	Saiteninstrument, Windharfe {37/75}	dto. + d. Harfe	dto.
0410	Äon, der gr>l	1. unendlicher Zeitraum, Ewigkeit {59}; 2. Abschnitt der Weltgeschichte, Zeitalter {59/75}	αἰών aion	langer Zeitraum, Ewigkeit

0411	Aorist, der gr>l	↗ grammatisches Tempus (↗ UTL 3548), das eine einmalige, abgeschlossene Handlung bezeichnet {76}	ἀόριστος aoristos		unbegrenzt, unbestimmt
0412	Aorta, die	Hauptschlagader des menschlichen Körpers (↗ UTL 1903) {11/70}	ἀορτή aorte		große Schlagader, Aorta
–	Aortalgie, die (gr;gr) >nlat	an der Aorta auftretender Schmerz (med. t. t.) {14/23/70}	dto. + ἄλγος algos		dto. Schmerz
–	Aortitis, die gr;gr	Entzündung der Aorta (med. t. t.) {14/70}	dto. + –ῖτις –itis		dto. gr. Suffix s. Partikelliste

>>> Ap– ↗ Partikelliste

0413	Apagoge, der	Schluß aus einem gültigen Obersatz u. einem in seiner Gültigkeit nicht ganz sicheren, aber glaubwürdigen Untersatz (philos. t. t.) {25/75/77}	ἀπαγωγή apagoge		das Wegführen; Veränderung der Grundlage einer Argumentation
–	apagogisch	indirekt (↗ UTL 1348) beweisend {25/77}	ἀπαγωγός apagogos		wegführend
0414	Apathie, die gr>l	Teilnamslosigkeit, Gleichgültigkeit {26/70}	ἀπάθεια apatheia		Unempfindlichkeit; Leidenschaftslosigkeit
–	apathisch	teilnamslos, gleichgültig {26/70}	ἀπαθής apathes		ohne Leiden; leidenschaftslos
0415	Apatride, der gr;gr>l	Vaterlandslose(r), Staatenlose(r) {33/50}	ἀ–, ἀν– a–, an– + πατρίς Gen. πατρίδος patris, patridos		nicht, ohne Vaterland, Heimat
0416	Apeiron, das	das Unendliche, der ungeformte Urstoff (philos. t. t.) {01/52/75/77}	ἄπειρος apeiros		unbegrenzt, unendlich
0417	Apella, die	Volksversammlung in Sparta (hist. t. t.) {49/75}	ἀπελλάζειν		zur Gemeinde berufen

>>> Aph– ↗ Partikelliste

0418	Aphärese o. Aphäresis, die gr>l	Wegfall eines Anlautes o. einer anlautenden ↗ Silbe {32/76}	ἀφαίρεσις aphairesis	das Wegnehmen; Entfernen des Anfangsbuchstabens
0419	Aphasie, die gr>nlat	1. Verlust des Sprechvermögens infolge einer Störung im Gehirn (med. t. t.) {14/32/70}; 2. das sich des Urteils Enthalten (philos. t. t.) {25/77}	ἀφασία aphasia	Sprachlosigkeit
–	Aphasiker, der	an Aphasie leidender (med. t. t.) {14/32/70}	dto.	dto.
0420	Aphel(ium), das gr;gr	Punkt (↗ UTL 2903) der größten Entfernung eines ↗ Planeten von der Sonne (astron. t. t.)	ἀπό apo + ἥλιος helios	von, von…weg; seit; wegen; gemäß Sonne
0421	Aphonie, die gr>nlat	Stimmlosigkeit, tonloses Sprechen {32/70}	ἀφωνία aphonia	Sprachlosigkeit, Verstummen
0422	Aphorismus, der gr>l	in sich geschlossener, kurz u. treffend formulierter (↗ UTL 1133b) Gedanke, geistreicher Sinnspruch {25/32/76}	ἀφορισμός aphorismos	Abgrenzung, Bestimmung; Aphorismus
–	Aphoristik, die gr>nlat	die Kunst, Aphorismen zu schreiben {25/32/34/76}	ἀφοριστικός aphoristikos	zum Begrenzen gehörig; in kurzen Sätzen
–	Aphoristiker, der gr>nlat	Verfasser von Aphorismen {25/32/34/40/76}	dto.	dto.
–	aphoristisch gr>l	in der Art eines Aphorismus, kurz u. geistreich, treffend {25/32}	dto.	dto.
0423	aphotisch gr;gr	lichtlos, ohne Lichteinfall {54/58}	ἀ–, ἀν– a-, an- + φώς, Gen. φωτός phos, photos	nicht, ohne Licht
0424	Aphrasie, die (gr;gr) >nlat	(med. t. t.) 1. Stummheit; 2. Unvermögen, richtige Sätze zu bilden {32/70}	ἀ–, ἀν– a-, an- + φράσις phrasis	nicht, ohne das Reden, Sprechen; Sprache

0425	Aphrodisiakum, das gr>nlat	den Geschlechtstrieb anregendes Mittel {18/70}	ἀφροδισιακός aphrodisiakos abgeleitet von:	zum Liebesgenuß gehörig
			Ἀφροδίτη Aphrodite	Aphrodite (s. Anhang „Namen")
–	Aphrodisie, die	krankhaft gesteigerte geschlechtliche Erregbarkeit (med. t. t.) {14/18/70}	dto.	dto.
–	aphrodisisch o. –ditisch	1. Aphrodite betreffend {51/75}; 2. den Geschlechtstrieb steigernd (med. t. t.) {18/70}	dto.	dto.
0426	Aphthe, die	Bläschenausschlag im Mund {14/70}	ἄφθα aphta	Ausschlag im Mund
–	Aphthenseuche gr;d	Maul- und Klauenseuche (09)	dto. + d. Seuche	dto.
0427	Aphyllie, die gr;gr	Blattlosigkeit (bot. t. t.) {68}	ἀ–, ἀν– a-, an- + φύλλον phyllon	nicht, ohne Blatt
–	Aphylle, die gr;gr	blattlose Pflanze (bot. t. t.) {68}	dto.	dto.
–	aphyllisch gr;gr	blattlos (bot. t. t.) {68}	dto.	dto.
0428	Apirie, die	Unerfahrenheit {22/25/33}	ἀπειρία apeiria	Unerfahrenheit
0429	Apis (o. –stier), der	heiliger Stier, der im alten Ägypten verehrt wurde {51/75}	Ἆπις Apis	Apis (s. Anhang „Namen")
0430	Aplasie, die (gr;gr) >nlat	angeborenes Fehlen eines ↗ Organs (med. t. t.) {14/70}	ἀ–, ἀν– a-, an- + πλάσις plasis	nicht, ohne das Bilden, Formen
–	aplastisch gr;gr	das Fehlen eines ↗ Organes betreffend (med. t. t.) {14/70}	dto.	dto.
0431	Apnoe, die (gr;gr) >nlat	Atemstillstand, Atemlähmung (med. t. t.) {14/70}	ἄπνοια apnoia	Windstille; Atemlosigkeit

>>> Apo– ↗ Partikelliste

0432	**apod** gr>nlat	fußlos (zool. t. t.) {69}	ἄπους, Gen. ἄποδος apous, apodos	ohne Fuß
–	**Apoden,** die (Pl.) gr;gr	1. Bezeichnung für einige fußlose Tiergruppen; 2. zusammenfassende Bezeichnung für Aale u. ⟶ Muränen (zool. t. t.) {69}	dto.	dto.
0433	**Apodiktik,** die	die Lehre vom Beweis (philos. t. t.) {25/77}	ἀποδεικτικός apodeiktikos	zum Beweis gehörig, beweiskräftig
–	**apodiktisch**	1. unumstößlich, unwiderleglich (philos. t. t.); 2. keinen Widerspruch duldend, endgültig {25/77}	dto.	dto.
0434	**Apodosis,** die	Nachsatz, bes. der bedingte Hauptsatz eines Konditionalsatzes (sprachwiss. t. t.) {76}	ἀπόδοσις apodosis	das Wiedergeben; Zurückzahlen; Folgesatz
0435	**Apodyterion** o. **–rium,** das	Auskleidezimmer in den antiken (⟶ UTL 0214) ⟶ Thermen {58/75/88}	ἀποδυτήριον apodyterion abgeleitet von: ἀποδύεσθαι apodyesthai	Auskleidezimmer im Bad sich ausziehen
0436	**Apogalaktikum,** das (gr;gr) >nlat	vom ⟶ Zentrum des Milchstraßensystems entferntester Punkt (⟶ UTL 2903) auf der Bahn eines Sterns der Milchstraße (astron. t. t.) {66}	ἀπό apo + γάλα, Gen. γάλακτος gala, galaktos	von, von...weg; seit; wegen; gemäß Milch
0437	**apogam** (gr;gr) >nlat	sich ungeschlechtlich fortpflanzend (bot. t. t.) {68}	dto. + γάμος gamos	dto. Hochzeit, Ehe
–	**Apogamie,** die gr;gr	ungeschlechtliche Fortpflanzung (bot. t. t.) {68}	dto.	dto.
0438	**Apogäum,** das gr>nlat	Punkt (⟶ UTL 2903) der größten Entfernung eines Himmelskörpers von der Erde, Erdferne (astron. t. t.) {66}	ἀπόγαιον apogaion	die größte Entfernung eines Planeten von der Erde
0439	**Apograph** o. **Apographon,** das gr>l	Ab–, Nachschrift {32/34/76}	ἀπόγραφος apographos	abgeschrieben

Nr.	Stichwort	Bedeutung	Griechisch	Übersetzung
0440	Apokalypse, die gr>l	1. ↗ prophetische Schrift über das Weltende; die „Geheime Offenbarung" im NT {51/77}; 2. bildliche Darstellung des Weltuntergangs {36}	ἀποκάλυψις apokalypsis	Enthüllung, Offenbarung
–	Apokalyptik, die gr>nlat	1. Gesamtheit der Schriften über die Apokalypse; 2. Lehre vom Weltende {34/51/57/77}	ἀποκαλυπτικός apokalyptikos	aufdeckend, enthüllend
–	Apokalyptiker, der gr>nlat	Verfasser o. Ausleger einer Apokalypse {34/51/77}	dto.	dto.
–	apokalyptisch gr>nlat	1. in der Apokalypse (des Johannes) vorkommend; 2. auf das Weltende hinweisend {51/77}; 3. geheimnisvoll, dunkel, drohend {24/25/55}	dto.	dto.
0441	apokarp (gr;gr) >nlat	aus einzelnen getrennten Fruchtblättern bestehend (von Blüten – bot. t. t.) {68}	ἀπό apo + καρπός karpos	von, von...weg; seit; wegen; gemäß Frucht
0442	Apokarterese, die gr;gr	Selbstmord durch Nahrungsverweigerung {17/28/52/82}	ἀποκαρτέρησις apokarteresis	freiwilliger Hungertod
0443	Apökie, die	altgr. Art der Kolonisation (↗ UTL 1728) {50/75}	ἀποικία apoikia	Auswanderung; Ansiedlung
0444	Apokoinu, das gr;gr	gemeinsamer Bezug eines mittleren Wortes o. Satzteils auf die beiden ihn umgebenden Worte o. Satzteile {32/76}	ἀπὸ κοινοῦ apo koinou abgeleitet von: ἀπό apo + κοινός koinos	aus dem Zusammenhang von, von...weg; seit; wegen; gemäß gemeinsam
0445	Apokope, die gr>l	Wegfall eines Auslauts {32/76}	ἀποκοπή apokope	das Abschlagen, Abhauen; das Weglassen von Buchstaben
–	apokopieren gr>nlat	ein Wort am Ende durch Apokope verkürzen (sprachwiss. t. t.) {32/76}	dto.	dto.
0446	apokrin	Sekret (↗ UTL 3257) produzierend (↗ UTL 2384) u. ausscheidend (med. t. t.) {70}	ἀποκρίνειν apokrinein	absondern

0447	apokryph	1. zu den Apokryphen gehörend {34/51/77}; 2. unecht, später hinzugefügt {25/55/56/59}	ἀπόκρυφος apokryphos	verborgen, versteckt; unklar, schwer verständlich
–	Apokryph o. Apokryphon, das (Pl. Apokryphen o. Apokrypha)	nicht in den ↗ Kanon aufgenommenes, jedoch den anerkannten ↗ biblischen Schriften formal (↗ UTL 1132) u. inhaltlich sehr ähnliches Werk (rel. t. t.) {34/51/77}	dto.	dto.
>>>	apolitisch ↗ politisch			
0448	Apoll(o), der gr>l	1. schöner junger Mann {15/55}; 2. (= Apollofalter) ein Tagschmetterling {69}; 3. am. Raumfahrzeug {66}	Ἀπόλλων Apollon l. *Apollo* Gen. *Apollinis*	Apoll(on) (s. Anhang „Namen")
–	apollinisch gr>l	1. den Gott Apoll(o) betreffend {51/75}; 2. harmonisch, ausgeglichen, maßvoll (philos. t. t.) {26/77}	Ἀπολλώνιος Apollonios	Apollonios (s. Anhang „Namen")
0449	Apolog, der gr>l	Fabel (↗ UTL 1023) o. Erzählung {34/76}	ἀπόλογος apologos	ausführliche Erzählung; Fabel
–	apologisch	nach Art einer Fabel; erzählend {34/76}	dto.	dto.
0450	Apologet, der gr>nlat	Verteidiger eines Bekenntnisses, einer Anschauung o. Lehre (bes. des ↗ christlichen Glaubens) {51/77}	ἀπολογητικός apologetikos	verteidigend, entschuldigend
–	Apologetik, die gr>mlat	1. Verteidigung eines Bekenntnisses; 2. Rechtfertigungslehre {51/77}	dto.	dto.
–	Apologetiker, der	Vertreter der Apologetik {51/77}	dto.	dto.
–	apologetisch	verteidigend, rechtfertigend {25/32/51/77}	dto.	dto.
–	apologetisieren	verteidigen, rechtfertigen {25/32/51/77}	dto.	dto.
–	Apologie, die gr>l	Verteidigung(s-) o. Rechtfertigung(srede o. -schrift) {32/34/51/77}	ἀπολογία apologia	Verteidigung(srede)
–	apologisieren	verteidigen, rechtfertigen {25/32/51/77}	dto.	dto.

0451	apomik-tisch gr;gr	ohne Befruchtung fortpflanzend (bot. t. t.) {68}	ἀπό apo + μικτός miktos	von, von...weg; seit; wegen; gemäß gemischt
–	Apomixis, die gr;gr	Vermehrung ohne Befruchtung (bot. t. t.) {68}	dto. + μῖξις mixis	dto. Mischung
0452	Apopemp-tikon, das	Abschiedsgedicht eines Fortgehenden an die Zurückbleibenden {34/61}	ἀποπέμπτικός apopemptikos	Abschiedsrede, –gedicht
0453	apophan-tisch	aussagend, behauptend; nachdrücklich {25/32}	ἀποφαντικός apophantikos	behauptend
0454	Apophonie, die (gr;gr) >nlat	Ablaut (sprachwiss. t. t.) {32/76}	ἀπό apo + φωνή phone	von, von...weg; seit; wegen; gemäß Laut, Stimme, Ton
0455	Apoph-thegma, das	witziger, treffender Ausspruch; Sinnspruch {25/26/32}	ἀπόφθεγμα apophthegma	Ausspruch; Sentenz
–	apoph-thegma-tisch	ein Apophthegma betreffend {25/26/32}	dto.	dto.
0456	Apoplek-tiker, der gr>l	jmd., der zur Apoplexie neigt (med. t. t.) {14/70}	ἀπόπληκτος apoplektos	niedergeschlagen; betäubt; vom Schlag getroffen
–	apoplek-tisch	zu Apoplexie neigend (med. t. t.) {14/70}	dto.	dto.
–	Apople-xie, die	Schlaganfall (med. t. t.) {14/70}	ἀποπληξία apoplexia	Lähmung; Schlaganfall
0457	Aporem, das	⚹ logische Schwierigkeit, unlösbares ⚹ Problem {25/71/77}	ἀπόρημα aporema	Streitfrage
–	aporema-tisch	zweifelhaft, schwer zu entscheiden (philos. t. t.) {25/71/77}	ἀπορηματικός aporematikos	zweifelhaft, streitig
–	Aporetik, die	Auseinandersetzung mit schwierigen ⚹ philosophischen Fragen {25/77}	ἀπορητικός aporetikos	zum Zweifeln geneigt
–	Aporeti-ker, der	1. der die Kunst der Aporetik übende ⚹ Philosoph {25/40/77}; 2. Zweifler, ⚹ Skeptiker {25}	dto.	dto.
–	apore-tisch	1. die Aporetik betreffend; 2. in der Art der Aporetik; 3. zu Zweifeln geneigt {25/77}	dto.	dto.

–	**Aporie**, die	1. Ausweglosigkeit {25}; 2. Unmöglichkeit, eine ↗ philosophische Frage zu lösen {25/77}	ἀπορία aporia	Ratlosigkeit, Verlegenheit
0458	**Aposiopese**, die gr>l	bewußter Abbruch der Rede vor der entscheidenden Aussage (stilk. t. t.) {32/76}	ἀποσιώ- πησις aposiopesis	das Verstummen
0459	**Apostasie**, die gr>l	Abfall (vom Glauben) {51/77}	ἀποστασία apostasia	das Abfallen der Untertanen vom Herrscher
0460	**Apostat**, der	Abtrünniger, vom Glauben Abgefallener {51/77}	ἀποστάτης apostates	der Abtrünnige
0461	**Apostel**, der gr>l	1. Jünger Jesu {51/77}; 2. Verfechter einer neuen Lehre {25/77}	ἀπόστολος apostolos	abgesandt; Bote
–	**Apostolat**, das gr>l	1. Amt eines Apostels; 2. geistlicher Auftrag {51/77}	ἀποστολή apostole l. *apostolatus*	Absendung Apostelamt
–	**Apostoliker**, die (Pl.)	am Kirchenbild der apostolischen Zeit orientierte (↗ UTL 2449) ↗ christliche Gruppen {33/51/77}	ἀποστο- λικός apostolikos	zur Absendung gehörig
–	**Apostolikum**, das	das „Apostolische Glaubensbekenntnis" {51/77}	dto.	dto.
–	**apostolisch**	1. nach Art der Apostel; 2. ↗ päpstlich {51/77}	ἀπόστολος apostolos	abgesandt, Bote
–	**Apostolizität**, die	die Wesensgleichheit der gegenwärtigen ↗ Kirche in Lehre u. Sakramenten (↗ UTL 3191) mit der ↗ Kirche der Apostel {51/77}	ἀποστο- λικός apostolikos	zur Absendung gehörig
0462	**Apostroph**, der gr>l	Zeichen für einen ausgefallenen Vokal (↗ UTL 3852) {32/76}	ἀπόστροφος apostrophos	abgewandt; Ausfallzeichen
–	**Apostrophe**, die	feierliche Anrede an Abwesende {32}	dto.	dto.
–	**apostrophieren** gr>nlat	1. mit einem Apostroph versehen {32/76}; 2. mit einer Apostrophe feierlich anreden {32}; 3. jmdn als etwas bezeichnen {32/56}	dto.	dto.

0463	Apotheke, die gr>l>mlat >mhd	Verkaufs- u. Herstellungsstelle für Arzneimittel {40/42/70};	ἀποθήκη apotheke	Ort, wo man etwas niederlegt u. aufbewahrt; Speicher
			l. apotheca mlat.	dto.
			apotheca	Geschäft für Arzneimittel
			mhd. apoteke	dto.
–	Apotheker, der gr>l>mlat >mhd	jmd., der berechtigt ist, eine Apotheke zu leiten und mit Arzneimitteln zu handeln {40/70}	dto. l. apothecarius mhd. apoteker	dto. Lagerdiener Arzneimittelhändler
0464	Apotheose, die gr>l	1. Vergöttlichung {51/77}; 2. Verherrlichung {32/34/56}; 3 verherrlichendes Schlußbild (theaterwiss. t. t.) {35/74}	ἀποθέωσις apotheosis	Vergötterung
–	apotheotisch	1. zur Apotheose erhoben {51/77}; 2. eine Apotheose darstellend {35/74}	dto.	dto.
0465	Apotropaion o. -päum, das	Zaubermittel, das Unheil abwehren soll {24/51}	ἀποτρόπαιος apotropaios	(Unglück) abwendend
–	apotropäisch gr>nlat	Unheil abwehrend (von Zaubermitteln) {24/51}	dto.	dto.
0466	Appendektomie, die l;gr	Blinddarmoperation, -entfernung (med. t. t.) {52/70}	l. appendix + ἐκτομή ektome	Anhang, Anhängsel, Zugabe (↗ UTL 0234) das Herausschneiden s. u. Ektomie
0467	Apraxie, die	Unfähigkeit, sinnvolle u. zweckmäßige Bewegungen auszuführen (med. t. t.) {12/70}	ἀπραξία apraxia	Untätigkeit
0468	Aprosdokese, die (gr;gr) >nlat	Verwendung des Aprosdoketons (stilk. t. t.) {32/76}	ἀπροσδόκητος aprosdoketos + -σις -sis	unerwartet, unvermutet gr. Suffix s. Partikelliste
–	Aprosdoketon, das	unerwartet gebrauchtes, auffälliges Wort o. Redewendung (stilk. t. t.) {32/76}	dto.	dto.
–	aprosdoketisch	unerwartet gebraucht (stilk. t. t.) {32/76}	dto.	dto.

0469	Aprosexie, die gr>nlat	Konzentrationsschwäche (med. t. t.) {14/70}	ἀπροσεξία aprosexia	Unaufmerksamkeit
0470	Apside, die gr>l	1. = Apsis (1) {58/77/88}; 2. Punkt (↗ UTL 2903) der kleinsten o. größten Entfernung eines ↗ Planeten von dem Gestirn, das er umläuft (astron. t. t.) {66}	ἀψίς, Gen. ἀψῖδος hapsis, hapsidos l. *apsis*	Verbindung; Wölbung, Gewölbe
–	Apsis, die gr>l>mlat	halbrunde Altarnische als Abschluß eines Kirchenraumes {58/77/88}	dto.	dto.
–	apsidial gr>nlat	1. wie eine Apsis; 2. die Apsis betreffend {58/77/88}	dto.	dto.
0471	Apterie, die	Flügellosigkeit (bei Insekten (↗ UTL 1429)– zool. t. t.) {69}	ἀ–, ἀν– a-, an- + πτερόν pteron	nicht, ohne Feder, Flügel
0472	Apyrexie, die gr>nlat	fieberloser Zustand (med. t. t.) {14/59/70}	ἀπυρεξία apyrexia	Fieberlosigkeit
0473	Aquanaut, der l;gr>l	Forscher in einer Unterwasserstation {40/62/63/64/69} (↗ UTL 0248)	l. *aqua* + ναύτης nautes l. *nauta*	Wasser Seemann, Matrose
–	Aquanautik, die l;gr>l	Teilgebiet der Ozeanographie (u.a. Erkundung von Meeresbodenschätzen) {62/63/64}	dto. + ναυτική (τέχνη) nautike (techne)	dto. (Kunst der) Schifffahrt
–	Aquaplaning, das l;gr>engl	Wasserglätte; Rutschen der Autoreifen auf regennasser Straße {45/61/72}	l. *aqua* + πλανᾶν planan	Wasser (↗ UTL 0248) umherirren, unstet schwanken
0475	Arachnide o. Arachnoide das	Spinnentier {08/69}	ἀραχνοειδής arachnoeides	spinnenartig
–	arachnoid gr;gr	spinnenähnlich {08/55/69}	dto.	dto.
–	Arachnologie, die gr;gr	Wissenschaft von den Spinnentieren {69}	ἀράχνη arachne + λόγος logos	Spinne Rede, Wort; Berechnung

Arachnologe

–	**Arachno-loge,** der gr;gr	Spinnenforscher {40/69}	dto.	dto.
–	**arachno-logisch** gr;gr	auf die Spinnenforschung bezogen {69}	dto. + λογικός logikos	dto. zum Reden gehörig, die Rede betreffend
0476	**Arai,** die (Pl.)	Verwünschungsgedichte u. Schmähverse {34/75/76}	ἀρά ara	Gebet; Verwünschung, Fluch
>>>	**Arch(i)–** ↗ Wortelementeliste			
0477	**Archaik,** die	1. frühzeitliche Kulturepoche {59/75}; 2. altertümliche Art {36/59/75/88}	ἀρχαϊκός archaïkos	altertümlich
–	**Archai-ker,** der	in archaischem Stil (↗ UTL 3430) schaffender Künstler {36/40/88}	dto.	dto.
–	**Archai-kum** o. **Archäi-kum,** das gr>nlat	ältester Abschnitt der erdgeschichtlichen Frühzeit (geol. t. t.) {59/62/64/68/69}	dto.	dto.
–	**archaisch**	aus der Frühzeit einer Kunst stammend; frühzeitlich, altertümlich {34/35/36/37/59/88}	ἀρχαῖος archaios	alt
–	**archäisch**	das Archaikum betreffend {59/62/64/68/69}	dto.	dto.
–	**archaisie-ren**	altertümliche Sprach– u. Kunstformen verwenden, altertümeln {32/34/35/36/37/59/75/88}	ἀρχαΐζειν archaïzein	sich wie die Alten benehmen
–	**Archais-mus,** der	1. Altertümelei; 2. altertümliche Form (↗ UTL 1132) {32/59/75}	ἀρχαισμός archaismos	Nachahmung einer Altertümlichkeit
–	**Archaist,** der gr;gr	Vertreter des Archaismus {25/32/75}	ἀρχαῖος archaios + –ιστής –istes	alt gr. Suffix s. Partikelliste
–	**archais-tisch** gr;gr	den Archaismus betreffend {32/59/75}	dto.	dto.
0478	**Archan-thropi-nen,** die (Pl.) gr;gr	ältester Zweig der Frühmenschen (↗ Anthropus)	ἀρχαῖος archaios + ἄνθρωπος anthropos	alt s. o. archaisch Mensch

74

>>> Archä(o)– ↗ Wortelementeliste

0479	Archäo-logie, die gr;gr	Wissenschaft von den (besonders durch Ausgrabungen gewonnenen) Funden aus Altertum u. Frühgeschichte {75}	dto. + λόγος logos	dto. Rede, Wort; Berechnung
–	Archäo-loge, der gr;gr	Wissenschaftler der Archäologie {40/75}	dto.	dto.
–	archäo-logisch gr;gr	die Archäologie betreffend {75}	dto. + λογικός logikos	dto. zum Reden gehörig, die Rede betreffend
0480	Archäo-metrie, die gr;gr	Teilgebiet der Archäologie mit Benutzung natur– u. sozialwissenschaftlicher ↗ Meßmethoden (archäol. t. t.) {75/81}	dto. + μέτρον metron	dto. Maß, Versmaß
0481	Archäo-pteryx, der	ausgestorbener Urvogel mit Reptilienmerkmalen {69}	dto. + πτέρυξ pteryx	dto. Feder, Flügel
0482	Archäo-zoikum, das gr;gr	die erdgeschichtliche Frühzeit (geol. t. t.) {59/62/64/68/69}	ἀρχαῖος archaios + ζωϊκός zoïkos	alt die Lebewesen betreffend
0482a	Archety-p(us), der gr>l	1. Urform, Urbild {56}; 2. älteste erreichbare Vorlage einer Handschrift o. eines Druckes {59/75/76}; 3. Muster, Vorbild {56}	ἀρχέτυπος archetypos	Urbild, Original
–	archety-pisch	der Urform entsprechend {56}	dto.	dto.
0483	Archeus, der	↗ organische Lebenskraft, Weltgeist (bei Paracelsus u. in der ↗ Alchimie) {25/73/75}	ἀρχαῖος archaios	alt

>>> Archi–, –archie, –archist ↗ Wortelementeliste

0484	Archi-diakon, der gr;gr	höherer geistlicher Würdenträger {33/40/51/77}	ἀρχιδιά-κονος archidiakonos abgeleitet von: ἀρχι- archi- mlat. *arci*– ahd. *erzi*– mhd. *erz(e)*– + διάκονος diakonos	Archidiakon Ober-, Haupt- dto. dto. dto. Diener
–	Archi-diakonat, das gr;gr	1. Amt eines Archidiakons {40/51/77}; 2. Wohnung eines Archidiakons {58}	dto.	dto.
0485	Archi-genese o. –genesis, die gr;gr	Annahme, daß Lebewesen ursprünglich aus unbelebter Materie (↗ UTL 2163) entstanden sind {25/68/69}	ἀρχή arche + γένεσις genesis	Anfang, Herrschaft Ursprung, Entstehung
0486	Archi-lochius, der gr>l	Bezeichnung für verschiedene antike (↗ UTL 0214) Versformen {34/75/76}	Ἀρχίλοχος Archilochos	Archilochos (s. Anhang „Namen")
0487	Archi-mandrit, (gr;gr)>l	in den ↗ orthodoxen ↗ Kirchen Vorsteher mehrerer Klöster (↗ UTL 1694) {33/51/77}	ἀρχι- archi- mlat. *arci*– ahd. *erzi*– mhd. *erz(e)*– + μάνδρα mandra	Ober-, Haupt- dto. dto. dto. eingeschlossener Raum; Kloster
0488	archime-disch	1. von Archimedes entdeckt, erfunden {71/72}; 2. –e Schraube: Schneckenrad für die Landbewässerung {39}; 3. –es Prinzip: Gesetz vom Auftrieb eines Körpers in Gasen o. Flüssigkeiten {72}	Ἀρχιμήδης Archimedes bzw. (2.) + l. *scrofa* mlat. *scrofa* bzw. (3.) + l. *principium*	Archimedes (griech. Mathematiker aus Syrakus – s. Anhang „Namen") Mutterschwein, Sau Schraubenmutter (↗ UTL 3235N) Anfang, Ursprung; Grundlage, Grundstoff

0489	Archipel, der (gr;gr) >it	Kurzform von Archipelagos, Inselgruppe {64}	ἀρχι– archi– + πέλαγος pelagos it. arc(h)ipelago	Ober-, Haupt- Meer
0490	Archipresbyter, der (gr;gr)>l	„Erzpriester"; Dekan (↗ UTL 0626) auf dem Land {33/51/77}	ἀρχι– archi– mlat. arci- ahd. erzi- mhd. erz(e)- + πρεσβύτης presbytes	Ober-, Haupt- dto. dto. dto. der Alte
0491	Architekt, der gr>l	Baufachmann, der Bauwerke entwirft und ihre Fertigstellung überwacht {40/88}	ἀρχιτέκτων architekton	Baumeister
–	Architektonik, die	1. Wissenschaft von der Baukunst; 2. Aufbau eines Bau- o. Kunstwerkes {88}	ἀρχιτεκτονική (τέχνη) architektonike (techne)	Baukunst
–	architektonisch gr>l	die Architektonik betreffend {88}	ἀρχιτεκτονικός architektonikos	zum Baumeister gehörig
–	Architektur, die gr>l	1. Baukunst; 2. Baustil {88}	ἀρχιτέκτων architekton l. architectura	Baumeister Baukunst
0492	Architrav, der (gr;l)>frz >engl	die Säulen verbindender Tragbalken in der antiken (↗ UTL 0214) Baukunst {75/88}	ἀρχι– archi– + l. trab(e)s frz./engl. architrave	Ober–, Haupt– Balken
0493	Archiv, das gr>l	1. Sammlung von Urkunden o. Dokumenten (↗ UTL 0807) {75}; 2. Raum zum Aufbewahren einer Urkundensammlung {58}	ἀρχεῖον archeion l. archivum	Rathaus; Obrigkeit, Archiv dto.
–	archivisch gr>l	auf ein ↗ Archiv bezogen {58/75}	dto.	dto.
–	Archivale, das (Pl. Archivalien) gr>nlat	Aktenstück, Urkunde aus einem Archiv {32/75}	dto.	dto.

archivalisch 0493

–	archiva-lisch	urkundlich {32/75}	dto.	dto.
–	Archivar, der	Fachmann, der in einem Archiv arbeitet {40/75}	dto.	dto.
–	archiva-risch	das Archiv betreffend {58/75}	dto.	dto.
–	archi-vieren	Urkunden u. Dokumente in ein Archiv aufnehmen {29/75}	dto.	dto.
–	Archivi-stik, die	Archivwissenschaft {75}	dto.	dto.
0494	Archon(t), der gr>l	höchster Beamter in Athen {50/75}	ἄρχων, Gen. ἄρχοντος archon, archontos	Herrscher
–	Archon-tat, das gr>nlat	1. Amt eines Archonten {50/75}; 2. Amtszeit eines Archonten {50/59/75}	dto.	dto.
0495	Areopag, der	höchster Gerichtshof im alten Athen {50/75}	Ἄρειος πάγος Areios pagos	„Hügel des Ares"; Ort des athenischen Gerichtshof
0496	Areta-logie, die	Lobpreisung einer Gottheit o. eines Helden {34/75}	ἀρεταλογία aretalogia	Feiern göttlicher Tugenden
–	Arete, die	Tüchtigkeit, Vortrefflichkeit {25/30}	ἀρετή arete	Tugend, Tüchtigkeit
–	Areto-logie, die gr;gr	Tugendlehre {77}	dto. + λόγος logos	dto. Rede, Wort; Berechnung
0497	Argon o. Argon, das gr>nlat	chem. Grundstoff (Zeichen: Ar); ein Edelgas, das in Leuchtröhren u. Glühlampen verwendet wird {41/73/87}	ἀργός argos	hell schimmernd, glänzend
0498	Argonaut, der (gr;gr)>l	ein Mann der Besatzung des Schiffes Argo {34/75}	Ἀργώ Argo + ναύτης nautes	Argo (s. Anhang „Namen") Seemann, Matrose
0499	Argus, der	scharfer Wächter {23/33/75}	Ἄργος Argos	Argos (s. Anhang „Namen")
–	Argus-augen, die (Pl.) gr;d	scharfe, wachsame Augen {23/33}; mit –: etwas ↗ kritisch u. wachsam beobachtend {23/25}	dto. + d. Augen	dto.

0500	Ariadne-faden, der gr;d	etwas, was aus einer verworrenen Lage heraushilft {22/25/75}	Ἀριάδνη Ariadne + d. *Faden*	Ariadne (s. Anhang „Namen")
0501	Arianer, der	Anhänger des Arianismus {51/77}	Ἄρειος Areios	Arius von Alexandria (s. Anhang „Namen")
–	arianisch	dem ↗ Arianismus zugehörig {51/77}	dto.	dto.
–	Arianismus, der gr;gr	Lehre des Arius (s. Anhang „Namen") {51/77}	dto. + –ισμός –ismos	dto. gr. Suffix s. Partikelliste
0502	Arie, die gr>l>frz >it	Sologesangsstück (mus. t. t.) {37} (↗ UTL 0267b)	ἀήρ aer l. *aer* frz. *air* it. *arietta*	Luft Luft; Lied, Melodie kleines Lied
0503	Aristie, die	herausragende Tat eines Helden u. ihre literarische (↗ UTL 2075) Beschreibung, bes. der Kämpfer vor Troia (s. Anhang „Namen") {26/33/75}	ἀριστεία aristeia	Heldentat
>>>	Aristo– ↗ Wortelementeliste			
0504	Aristokrat, der gr>l	1. Angehöriger der Aristokratie, Adliger {33}; 2. Mensch von vornehmer Gesinnung {33/84}	ἀριστο-κρατικός aristokratikos	zur Aristokratie gehörig, ihr zugeneigt
–	Aristokratie, die gr>l	1. Adel {33}; 2. Adelsherrschaft {33/50}; 3. Oberschicht (Geld–, Geblüts–, Geistes-adel) {33}	ἀριστο-κρατία aristokratia	Herrschaft der Besten, Edelsten
–	aristokratisch	1. die Aristokratie betreffend, zu ihr gehörig {33}; 2. vornehm {33/84}	ἀριστο-κρατικός aristokratikos	zur Aristokratie gehörig, ihr zugeneigt
0505	Aristonym, das gr;gr	Deckname, der aus einem Adelsnamen besteht {31}	ἄριστος aristos + ὄνυμα onyma = Nebenform zu: ὄνομα onoma	der Beste, Tüchtigste, Vornehmste Name
0506	Aristophaneus, der gr>l	antikes (↗ UTL 0214) Versmaß {34/75}	Ἀριστο-φάνης Aristophanes	Aristophanes (s. Anhang „Namen")

–	aristo-phanisch	1. in der Art des Aristophanes {75}; 2. geistvoll, witzig, mit beißendem Spott {22/32}	dto.	dto.
0507	Aristote-liker, der	Anhänger der ↗ Philosophie des Aristoteles {25/33/75/77}	Ἀριστο-τέλης Aristoteles	Aristoteles (s. Anhang „Namen")
–	aristote-lisch	die Philosophie des Aristoteles betreffend o. vertretend {25/75/77}	dto.	dto.
–	Aristote-lismus, der gr;gr	die von Aristoteles ausgehende ↗ Philosophie {75/77}	dto. + –ισμός –ismos	dto. gr. Suffix s. Partikelliste
>>>	Arithm(o)– ↗ Worteleementeliste			
0508	Arith-metik, die	Lehre vom Rechnen mit Zahlen u. Buchstaben {71}	ἀριθμητική (τέχνη) arithmetike (techne)	Rechen(kunst)
–	Arithme-tiker, der	Fachmann auf dem Gebiet der Arithmetik {40/71}	ἀριθμητικός arithmetikos	zum Zählen bzw. Rechnen gehörig o. geschickt
–	arithme-tisch	die Arithmetik betreffend {71}	dto.	dto.
0509	Arithmo-griph, der (gr;gr) >nlat	Zahlenrätsel {25/71}	ἀριθμός arithmos + γρῖφος griphos	Zahl Fischernetz; Verflochtenes; Rätsel
0510	Arithmo-logie, die gr;gr	Lehre von den ↗ magischen Eigenschaften der Zahlen {51/71}	ἀριθμός arithmos + λόγος logos	Zahl Rede, Wort; Berechnung
0511	Arithmo-manie, die gr;gr	Zwangsvorstellung, Dinge zählen zu müssen (med. t. t.) {70/71}	ἀριθμός arithmos + μανία mania	Zahl Raserei, Wahnsinn, Verzückung
0512	Arithmo-mantie, die gr;gr	das Wahrsagen aus Zahlen {51/71}	ἀριθμός arithmos + μαντική (τέχνη) mantike (techne)	Zahl (Kunst des) Wahrsagens
0513	Arkadien, das	peloponnesische Provinz {64}	Ἀρκαδία Arkadia	Arkadien (s. Anhang „Namen")

–	Arkadier, der	1. Bewohner von Arkadien {33/64}; 2. Mitglied einer im 17. Jh. in Rom gegründeten literarischen (↗ UTL 2075) Gesellschaft {33/34}	Ἀρκάς, Gen. Ἀρκάδος Arkas, Arkados	Arkadier (Bewohner von Arkadien)
–	arkadisch	1. Arkadien betreffend, zu ihm gehörig {34/64}; 2. ländlich, idyllisch {55}	Ἀρκαδικός Arkadikos	arkadisch
0514	Arktis, die	Gebiet um den Nordpol {64}	ἄρκτος arktos	Bär; der Große Wagen (Gestirn über dem Nordpol); Norden
–	Arktiker, der	Bewohner der Arktis {33/64}	dto.	dto.
–	arktisch	zum Nordpolargebiet gehörend {64}	dto.	dto.
0515	Armbrust, die (l;gr>l)>l >mlat>ahd/mhd	mittelalterliche Schußwaffe (für Pfeile) {75/86} (↗ UTL 0272)	l. *arcus* + βάλλειν ballein l. *ballista* u. *arcuballista* mlat. *arbalista* volksetymologisch umgedeutet zu: ahd./mhd. *armbrust*	Bogen werfen Schleuder-, Wurfmaschine; Wurfgeschoß s. u. Ballistik mit einem Bogen versehene Wurfmaschine Bogenschleuder
0516	Arom(a), das gr>l	1. würziger Wohlgeruch o. Wohlgeschmack {17/55}; 2. künstlich hergestellter Geschmackstoff für Speisen {17/73}	ἄρωμα aroma	Gewürz
–	Aromagramm, das gr;gr	Feststellung der Merkmale einer Weinsorte {17/55}	dto. + γράμμα gramma	dto. Buchstabe, Schrift(werk)
–	aromatisch gr>l	voller Aroma, wohlriechend, wohlschmeckend {17/55}	ἀρωματικός aromatikos	duftig
–	aromatisieren gr>nlat	mit Aroma versehen {17/55}	ἀρωματίζειν aromatizein	würzen

0518	Aronsstab, der gr;d	Gewächs mit tütenförmigem grünem Hochblatt, violetten Blütenkolben u. Beerenfrüchten {04/68}	ἄρον aron + d. *Stab*	Natterwurz; eine Art Schilfrohr
0519	Arrhenogenie, die gr;gr	Erzeugung ausschließlich männlicher Nachkommen (med. t. t.) {18/69/70}	ἄρρην arren + γενεά genea	männlich Geburt, Abstammung
0520	arrhenoid gr;gr	männliche Merkmale aufweisend (von weiblichen Lebewesen – med. t. t.) {69/70}	ἄρρην arren + –(ε)ιδής –(e)ides	männlich ähnlich aussehend s. Partikelliste
–	Arrhenoidie, die gr;gr	Vermännlichung weiblicher Lebewesen (med., biol. t. t.) {69/70}	dto.	dto.
0521	Arrhenotokie, die (gr;gr) >nlat	Entwicklung von männlichen Tieren aus unbefruchteten Eiern (biol. t. t.) {69}	ἄρρην arren + τόκος tokos	männlich das Gebären; das Geborene, Nachkommenschaft
–	arrhenotokisch gr;gr	nur männliche Nachkommen habend (med. t. t.) {69}	dto.	dto.
0522	Arrhythmie, die (gr;gr)>l	1. Störung im ↗ Rhythmus {37/59}; 2. Unregelmäßigkeit des Herzschlages (med. t. t.) {14/70}	ἀρρυθμία arrhythmia aus: ἀ–, ἀν– a–, an– + ῥυθμός rhythmos	Mangel an Rhythmus o. Übereinstimmung nicht, ohne gleichmäßige Bewegung, Ebenmaß; Takt
–	arrhythmisch	unrythmisch, unregelmäßig {37/59/70}	ἄρρυθμος arrhythmos	ohne Rhythmus o. Ebenmaß
0523	Arsen, das gr>l	chem. Grundstoff, gefährliches Gift; Zeichen: As (chem. t. t.) {73/82}	ἀρσενικός arsenikos Volksetymologie zu: ἀρσενικόν arsenikon l. *arrhenicum* u. *arsenicum*	männlich Arsenik
–	Arsenid, das gr;gr	Verbindung aus Arsen u. einem ↗ Metall {73}	dto. + –(ε)ιδής –(e)ides	dto. ähnlich aussehend s. Partikelliste
–	Arsenik, das	Verbindung aus Arsen u. Sauerstoff {73}	ἀρσενικός arsenikos	männlich

Nr.	Wort	Bedeutung	Griechisch	Übersetzung
0524	Arsis, der	1. (urspr.) das Aufheben des Fußes beim Taktschlagen {12/37/61}; 2. unbetonter Teil des Versfußes {34/75/76}; 3. unbetonter, von einer Aufwärtsbewegung der Arme begleiteter Taktteil (mus. t. t.) {37}	ἄρσις arsis	das Heben, Hebung
0525	Arterie, die gr>l	Schlagader (vom Herzen zum Körper) {11/70} (↗ UTL 0280)	ἀρτηρία arteria	Schlag-, Pulsader
–	arteriell gr>nlat	die Arterien betreffend, zur Arterie gehörend {11/70}	dto.	dto.
–	Arteriitis, die (gr;gr) >nlat	Schlagaderentzündung {14/70}	dto. + –ῖτις –itis	dto. gr. Suffix s. Partikelliste
>>>	Arterio– ↗ Wortelementeliste			
0526	Arteriogramm, das gr;gr	Röntgenbild einer Schlagader {14/55/70}	dto. + γράμμα gramma	dto. Buchstabe, Schrift(werk)
–	Arteriographie, die gr;gr	↗ röntgenologische Darstellung einer Arterie bzw. des arteriellen Gefäßnetzes mit Hilfe eines Kontrastmittels {70}	ἀρτηρία arteria + γραφή graphe	Schlag–, Pulsader Schrift; Zeichnung
0527	Arteriole, die	sehr kleine, in Haargefäße (Kapillaren – ↗ UTL 1624) übergehende Schlagader {11/70}	ἀρτηρία arteria	Schlag–, Pulsader
0528	Arteriolosklerose, die gr;gr;gr	krankhafte Veränderung der Arteriolen {14/70}	dto. + σκληρός skleros + –ωσις –osis	dto. hart, trocken, fest, spröde gr. Suffix s. Partikelliste
–	Arteriosklerose, die gr;gr;gr	Arterienverkalkung {14/70}	dto.	dto.
–	arteriosklerotisch gr;gr;gr	von Arteriosklerose betroffen {14/70}	dto.	dto.

0529	Arteriotomie, die gr;gr	operatives (↗ UTL 2434) Öffnen einer Arterie zur Entfernung eines ↗ Embolus {70}	ἀρτηρία arteria + τομή tome	Schlag–, Pulsader das Schneiden; Schnitt; das Abgeschnittene
0530	Arthralgie, die (gr;gr) >nlat	Gelenkschmerz (med. t. t.) {14/23/70}	ἄρθρον arthron + ἄλγος algos	Glied, Gelenk Schmerz
0531	Arthritiker, der gr>l	Gichtkranker (med. t. t.) {14/70}	ἀρθριτικός arthritikos	die Gelenke betreffend; von Gicht befallen
–	Arthritis, die	Gelenkentzündung {14/70}	ἀρθρῖτις arthritis	Gelenkkrankheit
–	arthritisch	die Arthritis betreffend {14/70}	ἀρθριτικός arthritikos	die Gelenke betreffend; von Gicht befallen
–	Arthritismus, der (gr;gr) >nlat	erbliche Neigung zu Gicht {10/14/70}	ἀρθρῖτις arthritis + –ισμός –ismos	Gelenkkrankheit gr. Suffix s. Partikelliste
0532	Arthropathie, die gr;gr	Gelenkleiden (med. t. t.) {14/70}	ἄρθρον arthron + πάθος pathos	Glied, Gelenk Schmerz; Leiden(schaft)
0533	Arthropoden, die gr;gr	Gliederfüßer (zool. t. t.) {69}	ἄρθρον arthron + πούς, Gen. ποδός pous, podos	Glied, Gelenk Fuß
0534	Arthrose, die gr;gr	degenerative (↗ UTL 0617) Gelenkerkrankung (med. t. t.) {14/70}	ἄρθρον arthron + –ωσις –osis	Glied, Gelenk gr. Suffix s. Partikelliste
–	arthrotisch gr;gr	an Arthrose leidend (med. t. t.) {14/70}	dto.	dto.
0535	Artothek, die gr;gr	(Kunstwort) Galerie o. ↗ Museum, das Kunstwerke an Privatpersonen verleiht {36/49}	l. ars, Gen. artis + θήκη theke	Kunst Behältnis, Kasten
0536	Aryballos, das	kleines altgr. Salbgefäß {21/75/87}	ἀρύβαλος arybalos	Schöpfgefäß

0537	Arznei, die gr>spätl >ahd>mhd	medizinisches (↗ UTL 2190) Heilmittel {70}	ἀρχιατρός archiatros spätl. archiatrus, archiater ahd. *arzat*, *arzatie* mhd. *arzenie*	erster Leibarzt Oberarzt Arzt, Heilmittel dto.
–	Arzt, der gr>spätl >ahd>mhd	Mediziner {40/70}	ἀρχιατρός archiatros spätl. archiatrus, archiater ahd. *arzat* mhd. *arzat, arzet*	erster Leibarzt Oberarzt Arzt
0538	Asbest, das gr>l	faseriges grausilbernes Mineral (↗ UTL 2238) {41/73}	ἄσβεστος asbestos	unauslöschlich
–	Asbestose, die (gr;gr) >nlat	durch Einatmen von Asbeststaub hervorgerufene Staublungenerkrankung {14/70}	dto. + –ωσις –osis	dto. gr. Suffix s. Partikelliste
0539	Asebie, die	Frevel gegen die Götter; Gottlosigkeit (theol., jur. t. t.) {51/77/82}	ἀσέβεια asebeia	Gottlosigkeit, Frevel
0540	Asemie, die (gr;gr) >nlat	Unfähigkeit, sich der Umwelt durch Zeichen o. Gebärden verständlich zu machen (med. t. t.) {22/32/70}	ἀ–, ἀν– a-, an- + σῆμα sema	nicht, ohne Zeichen, Merkmal; Grabmal
0541	Asepsis, die (gr;gr) >nlat	Keimfreiheit (med. t. t.) {70}	ἀ–, ἀν– a-, an- + σῆψις sepsis	nicht, ohne Fäulnis, Gärung; Verdauung s. u. Sepsis
–	Aseptik, die gr;gr	keimfreie Wundbehandlung {70}	dto. + σηπτικός septikos	dto. Fäulnis bewirkend s. u. septisch
–	aseptisch	keimfrei (med. t. t.) {70}	dto.	dto.
>>>	Asexualität, asexual ↗ Sexualität, sexual (UTL 3303)			
0542	Asianismus, der (gr;gr) >nlat	aus Kleinasien stammende, schwülstige u. überladene Stilrichtung der ↗ Rhetorik; vgl. ↗ Attizismus {34/75/76}	Ἀσία Asia + –ισμός –ismos	Asien gr. Suffix s. Partikelliste
0543	Asiatika, die (Pl.)	Werke über Asien {34/64}	Ἀσιάτης Asiates	asiatisch

0544	Asiderose, die gr;gr	Eisenmangel (med. t. t.) {14/70}	ἀσίδηρος asideros + –ωσις –osis	ohne Eisen gr. Suffix s. Partikelliste
0545	Askaris, der	Spulwurm (zool. t. t.) {08/69}	ἀσκαρίς askaris	Eingeweidewurm
0546	Askese, die gr>nlat	1. streng enthaltsame Lebensweise {15/17/18/25/33}; 2. Bußübung {25/51/77}	ἄσκησις askesis	Übung; Lebensweise
–	Asket, der gr>mlat	enthaltsam lebender Mensch {15/17/18/25/33}	ἀσκητής asketes	jmd., der sich in etwas übt
–	Asketik, die	Lehre von der Enthaltsamkeit {15/17/18/25/33}	ἀσκητικός asketikos	übend
–	asketisch	1. die Askese betreffend; 2. enthaltsam {15/17/18/25/33/51/77}	dto.	dto.
0547	Asklepiadeus, der gr>l	Versform der altgr. ↗ Lyrik {34/75/76}	Ἀσκληπιάδης Asklepiades	Asklepiades (s. Anhang „Namen")
0548	Äskulapstab, der gr;d	mit einer Schlange umwundener Stab, Sinnbild der Heilkunst; heute noch Abzeichen der ↗ Ärzte {75}	Ἀσκληπιός Asklepios + d. Stab	Äskulap (s. Anhang „Namen")
>>>	–asmus ↗ Partikelliste			
0549	äsopisch	1. in der Art des ↗ Äsop {34/76}; 2. witzig {26}	Αἴσωπος Aiosopos	Äsop (s. Anhang „Namen")
0551	Asparagus, der gr>l	1. Spargel (Gemüsepflanze) {05/17/68}; 2. Zierspargel {04/36}	ἀσπάραγος asparagos	Spargel
0552	Aspermatismus, der gr;gr	fehlender Samenerguß trotz ↗ Orgasmus (med. t. t.) {14/18/70}	ἄσπερμος aspermos + –ισμός –ismos	ohne Samen gr. Suffix s. Partikelliste
–	Aspermie, die	völliges Fehlen von Samenzellen im Ejakulat (↗ UTL 0864c) (med. t. t.) {14/18/70}	dto.	dto.
0553	Asphalt (auch Asphalt), der gr>l>frz	Gemisch von Bitumen (↗ UTL 0406) u. Mineralstoffen (bes. als Straßenbelag verwendet) {45/73}	ἄσφαλτος asphaltos	Erdharz, Pech
–	asphaltieren gr>l>frz	eine Straße mit einer Asphaltschicht versehen {29/45}	dto.	dto.

–	asphal-tisch	mit Asphalt beschichtet {45/54/73}	dto.	dto.
0554	Asphyxie, die	Erstickung (infolge Sauerstoffverarmung des Blutes – med. t. t.) {14/52/70}	ἀσφυξία asphyxia	das Aufhören des Pulsschlages
0555	Aspiro-meter, das l;gr	Gerät zum Bestimmen der Luftfeuchtigkeit (meteor. t. t.) {65/72}	l. *aspirare* + μέτρον metron	einhauchen (↗ UTL 0288) Maß, Versmaß
0556	Aspis-viper, die gr;l	Giftschlange aus der Familie der Ottern {07/69}	ἀσπίς aspis + l. *vipera*	Schild Viper; Giftschlange (↗ UTL 3822)
0556a	Assyrio-loge, der (gr;gr) >nlat	Wissenschaftler auf dem Gebiet der Assyriologie {40/75/81}	Ἀσσυρία Assyria + λόγος logos	Assyrien Rede, Wort; Berechnung
–	Assyrio-logie, die (gr;gr) >nlat	Wissenschaft von Geschichte, Sprache u. Kultur (↗ UTL 1947) des alten Assyrien u. Babylonien {75/81}	dto.	dto.
–	assyrio-logisch (gr;gr) >nlat	auf die Assyriologie bezogen {75/81}	dto. + λογικός logikos	dto. zum Reden gehörig, die Rede betreffend
0557	Astat o. Astatin, das	radioaktiver (↗ UTL 2964), künstlich hergestellter chem. Grundstoff; Zeichen: At {73}	ἄστατος astatos	unstet, unbeständig
0558	Aster, die	Sternblume, Kornblütler {04/68}	ἀστήρ aster	Stern; Sternblume
–	asterisch gr>nlat	sternähnlich {54/55}	dto.	dto.
0559	Asteris-kus, der gr>l	Sternchen (Zeichen: *); 1. als Hinweis auf eine Fußnote {25/55}; 2. als Kennzeichen von erschlossenen, aber nicht belegten Formen (↗ UTL 1132) (sprachwiss. t. t.) {76}	ἀστερίσκος asteriskos	Sternchen; sternartiges Zeichen
>>>	Astero– ↗ Wortelementeliste			
0560	Asteroid, der gr;gr	kleiner ↗ Planet {66}	ἀστήρ aster + –(ε)ιδής –(e)ides	Stern ähnlich aussehend s. Partikelliste

0561	Asteronym, das gr;gr	Zeichen aus drei Sternchen (***) an Stelle des Verfassernamens (in Schriftwerken) {31/34}	dto. + ὄνυμα onyma = Nebenform zu: ὄνομα onoma	dto. Name
0562	Asthenie, die gr>nlat	allgemeine Körperschwäche, Kraftlosigkeit (med. t. t.) {14/70}	ἀσθένεια astheneia	Kraftlosigkeit, Schwäche
–	Astheniker, der	jmd., der an Asthenie leidet (med. t. t.) {14/70}	ἀσθενικός asthenikos	schwächlich
–	asthenisch	die Asthenie betreffend, auf ihr beruhend, an ihr leidend (med. t. t.) {14/70}	ἀσθενής asthenes	kraftlos, schwach
–	Asthenopie, die gr;gr	rasche Ermüdbarkeit der Augen (beim Nahsehen – med. t. t.) {14/70}	dto. + ὤψ, Gen. ὠπός ops, opos	dto. Auge, Gesicht

>>> –ästhesie ↗ Wortelementeliste

0563	Ästhesie, die gr>nlat	Empfindungsvermögen {22/23/26/70}	αἴσθησις aisthesis	Wahrnehmung, Empfindung
–	Ästhesiologie, die (gr;gr) >nlat	Lehre von den Sinnesorganen (med. t. t.) {11/23/70}	dto. + λόγος logos	dto. Rede, Wort; Berechnung
0564	Ästhet, der gr>frz >engl	jmd., der für Schönheit u. Kultur bzw. einen kultivierten Lebensstil (↗ UTL 1947) besonders empfänglich ist {22/25/33/79}	αἰσθητής aisthetes	jmd., der wahrnimmt
–	Ästhetik, die gr>l>nlat	1. Lehre von Ebenmäßigkeit u. ↗ Harmonie in Natur (↗ UTL 2343) u. Kunst {79}; 2. das stilvoll Schöne {55/79} (Ausdruck 1750 von dem ↗ Philosophen A. G. Baumgarten geprägt)	αἰσθητός aisthetos u. αἰσθητικός aisthetikos	wahrnehmend dto.; empfindend
–	Ästhetiker, der gr>nlat	Anhänger der Ästhetik {25/33/79}	dto.	dto.

–	ästhetisch	1. die Ästhetik betreffend {79}; 2. stilvoll schön, geschmackvoll, ansprechend {55/79}	dto.	dto.
–	ästhetisieren	nur nach den Gesetzen des Schönen urteilen o. gestalten {25/35/36/37/79/88}	dto.	dto.
–	Ästhetizismus, der (gr;gr) >nlat	Weltanschauung, die dem Ästhetischen Vorrang vor anderen Werten zugesteht {25/33/77/79}	+ –ισμός –ismos	dto. gr. Suffix s. Partikelliste
–	Ästhetizist, der (gr;gr) >nlat	Vertreter des Ästhetizismus {33/79}	dto. + –ιστής –istes	dto. gr. Suffix s. Partikelliste
–	ästhetizistisch (gr;gr) >nlat	den Ästhetizismus betreffend {25/77/79}	dto.	dto.
0565	Asthma, das gr>l	anfallsweise auftretende Atemnot {14/70}	ἄσθμα asthma	Kurzatmigkeit; Beklemmung,
–	Asthmatiker, der	jmd., der an Asthma leidet {14/70}	ἀσθματικός asthmatikos	kurzatmig, schweratmend
–	asthmatisch	durch Asthma bedingt, an Asthma leidend {14/70}	dto.	dto.
0566	astigmatisch (gr;gr) >nlat	Punkte (↗ UTL 2903) strichförmig verzerrend (von Linsen (↗ UTL 2071) bzw. vom Auge) {54/72}	ἀ–, ἀν– a–, an– + στίγμα stigma	nicht, ohne Stich, Punkt, Zeichen
–	Astigmatismus, der gr;gr;gr	1. Abbildungsfehler von Linsen (phys. t. t.) {54/72}; 2. Sehstörung infolge krankhafter Veränderung der Hornhautkrümmung (med. t. t.) {14/23/70}	dto. + –ισμός –ismos	dto. gr. Suffix s. Partikelliste
0567	Astragal, der gr>l	Rundprofil, bes. zwischen Schaft u. Kapitell (↗ UTL 1627) einer Säule {88}	ἀστράγαλος astragalos	Wirbelknochen; Halswirbel; Sprungbein; Würfel, Spielstein; Verzierung an Säulen

	Astra-galus, der	1. (veraltet) Sprungbein (anat. t. t.) {11/70}; 2. ein antiker (↗ UTL 0214) Spielstein (aus dem Sprungbein von Schafen) {75/85}	dto.	dto.
>>>	Astral- ↗ Worteelementeliste			
0568	astral gr>l	die Gestirne betreffend; Stern... {66}	ἀστήρ aster	Stern
	Astralleib, der gr;d	zweiter, ↗ ätherischer Leib des Menschen; Umhüllung der Seele {51/77}	dto. + d. Leib	dto.
0569	Astralmythologie, die gr;gr;gr	Lehre von den Gestirnen als göttlichen Mächten {51/77}	ἀστήρ aster + μυθολογία mythologia	Stern das Erzählen von Sagen u. Geschichten s. u. Mythologie
0570	Astralreligion, die gr;l	göttliche Verehrung der Gestirne {51/75/77}	dto. + l. religio	dto. religiöse Scheu, Gottesfurcht; Gewissenhaftigkeit; Gottesverehrung (↗ UTL 3066)
>>>	Astro- ↗ Worteelementeliste			
0572	Astrobiologie, die (gr;gr;gr)> nlat	Wissenschaft vom Leben auf anderen Himmelskörpern u. im Weltraum {66/69}	ἄστρον astron + βίος bios + λόγος logos	Stern(bild) Leben Rede, Wort, Berechnung s. u. Biologie
0573	Astrodynamik, die gr;gr	1. Teilgebiet der ↗ Astrophysik, die ↗ Dynamik von Sternsystemen betreffend; 2. Teilgebiet der Raumflugtechnik, die sich mit der Bewegung künstlicher Satelliten (↗ UTL 3214) befaßt {66/72}	ἄστρον astron + δυναμικός dynamikos	Stern(bild) vermögend, wirksam s. u. Dynamik
0574	Astrognosie, die (gr;gr) >nlat	1. Beschreibung der Sternbilder u. des Sternhimmels {66}; 2. Sicht des Sternenhimmels mit bloßem Auge {23/66}	ἄστρον astron + γνῶσις gnosis	Stern(bild) das Erkennen; Erkenntnis

0575	Astro-graph, der gr;gr	↗ photographisches ↗ System für die Beobachtung des Sternenhimmels mit mehreren Linsen (↗ UTL 2071) u. grossem Öffnungswinkel {66/87}	ἄστρον astron + γραφεύς grapheus	Stern(bild) Schreiber, Maler
–	Astro-graphie, die gr;gr	Sternbeschreibung {66}	ἄστρον astron + γραφή graphe	Stern(bild) Schrift; Zeichnung
–	astro-graphisch gr;gr	eine Sternenbeschreibung betreffend {66}	dto.	dto.
0576	Astro-labium, das gr>mlat	↗ astronomisches Instrument (↗ UTL 1448b) zur Sternmessung {66/75}	ἀστρολάβος astrolabos	Astrolabium
0577	Astro-latrie, die (gr;gr) >nlat	Sternverehrung {51/77}	ἄστρον astron + λατρεία latreia	Stern(bild) (Lohn)dienst; Gottesdienst
0578	Astrologe, der gr>l	1. jmd., der die Astrologie ausübt {51/77}; 2. (scherzh.) jmd., der die ↗ politischen Verhältnisse in einem Land kennt u. genaue Voraussagen über zu erwartende Vorgänge geben kann (z. B. „Kremlastrologe") {25/33/81}	ἀστρολόγος astrologos	Sternkundiger
–	Astro-logie, die gr>mhd	Lehre vom (angeblichen) Einfluß der Gestirne auf das menschliche Schicksal; Sterndeutung {51/77}	ἀστρολογία astrologia	Sternkunde
–	astrolo-gisch gr>l	die Astrologie betreffend {51/77}	ἀστρολογικός astrologikos	die Sternkunde betreffend
0579	Astro-meteorologie, die gr;gr	1. Wissenschaft von der ↗ Atmosphäre anderer Himmelskörper {63/66/72}; 2. Lehre vom Einfluß der Gestirne auf das Wetter {63/ 65}	ἄστρον astron + μετεωρολογία meteorologia	Stern(bild) Lehre von den Himmelserscheinungen s. u. Meteorologie
0580	Astro-meter, der gr;gr	Gerät zum Messen der Helligkeit von Sternen {66/87}	ἄστρον astron + μέτρον metron	Stern(bild) Maß, Versmaß

–	Astrometrie, die gr;gr	Zweig der Astronomie, der sich mit der Bestimmung der Stellung der Gestirne am Himmel beschäftigt {61/66}	dto.	dto.
–	astrometrisch gr;gr	auf die Astrometrie bezogen {61/66}	dto.	dto.
0581	Astronaut, der (gr>l;gr>l) >frz	Weltraumfahrer {40/66} (↗ UTL 0302)	ἄστρον astron + ναύτης nautes frz. astronaute	Stern(bild) Seemann, Matrose
–	Astronautik, die (gr>l;gr>l) >frz	Wissenschaft von der Raumfahrt {66}	dto. frz. astronautique	dto.
–	astronautisch (gr>l;gr>l) >frz	die Astronautik betreffend {66}	dto.	dto.
0582	Astronavigation, die gr;l	1. Navigation unter Verwendung von Meßdaten angepeilter Himmelskörper {45/61/66}; 2. Bestimmung von Ort u. Kurs (↗ UTL 1967) eines Raumschiffs nach den Sternen {61/66}	dto. l. navigatio	dto. Schiffahrt, Seereise (↗ UTL 2344)
0583	Astronom, der gr>l	jmd., der sich wissenschaftlich mit der Astronomie beschäftigt {40/66}	ἀστρονόμος astronomos	Sternenkundiger
–	Astronomie, die	Himmelskunde als exakte (↗ UTL 0951) Naturwissenschaft {66}	ἀστρονομία astronomia	Sternenkunde
–	astronomisch	1. die Astronomie betreffend, sternkundlich {66}; 2. (unvorstellbar) groß, riesig (in bezug auf Zahlenangaben o. Preise) {57}	ἀστρονομικός astronomikos	sternenkundig
0584	Astrophotometrie, die gr;gr;gr	Messung der Helligkeit von Gestirnen {54/55/66}	ἄστρον astron + φώς, Gen φωτός phos, photos + μέτρον metron	Stern(bild) Licht Maß, Versmaß s. u. Photometrie

0585	Astrophysik, die gr;gr	Wissenschaft von der ↗ physikalischen Beschaffenheit der Himmelskörper {66/72}	ἄστρον astron + φυσική (τέχνη) physike (techne)	Stern(bild) Erforschung der Natur s. u. Physik
–	astrophysikalisch gr;gr	die Astrophysik betreffend {66/72}	ἄστρον astron + φυσικός physikos	Stern(bild) natürlich, naturgemäß; Naturphilosoph s. u. physikalisch
–	Astrophysiker, der gr;gr	Wissenschaftler der Astrophysik {40/66/72}	dto.	dto.
0586	Astrospektroskopie, die gr;l;gr	Untersuchung des Spektrums (↗ UTL 3387) von Gestirnen {66/72}	ἄστρον astron + l. spectrum + σκοπή skope	Stern(bild) Erscheinung in der Vorstellung; Schemen; Gesicht (↗ UTL 3387) das Umschauen, Spähen s. u. Spektroskopie
0587	Asyl, das gr>l	1. Unterkunft, Heim (für Obdachlose) {44/58}; 2. Aufnahme u. Schutz (für Verfolgte) {33/50/81/82}; 3. Zufluchtsort {58/82}	ἄσυλον asylon abgeleitet von: ἄσυλος asylos	Zufluchtsort unverletzlich, sicher
–	Asylant, der	Asylbewerber {33/50/81/82}	dto.	dto.
–	Asylierung, die	Unterbringung in einem Asyl {33/44/50/81/82}	dto.	dto.
0588	Asymmetrie, die gr;gr	Mangel an ↗ Symmetrie, Ungleichmäßigkeit {54/55}	ἀσυμμετρία asymmetria	Mangel an Ebenmaß
–	asymmetrisch gr;gr	ungleichmäßig {54/55}	ἀσύμμετρος asymetros	ohne Ebenmaß
0589	Asymptote, die gr>nlat	Gerade, der sich eine Kurve (↗ UTL 1970) nähert, ohne sie (im Endlichen) zu erreichen {71}	ἀσύμπτωτος asymptotos	nicht zusammentreffend

–	**asympto-tisch**	sich annähernd; sich wie eine Asymptote verhaltend {58/71}	dto.	dto.
0590	**asyn-chron** gr;gr	nicht gleichzeitig {55/59}	ἀ–, ἀν– a-, an- + σύγχρονος synchronos	nicht, ohne gleichzeitig s. u. synchron
–	**Asyn-chron-motor, der** gr;gr;l	Elektromotor, der sich nicht im gleichen Takt (↗ UTL 3525) mit dem Drehfeld dreht {41/72/87}	dto. + l. *motor*	dto. Beweger (↗ UTL 2302)
0591	**asynde-tisch** gr>l	unverbunden (sprachwiss. t. t.) {32/76}	ἀσύνδετος asyndetos	unverbunden; ohne verbindende Wörter
–	**Asynde-ton, das**	unverbundenes Nebeneinanderstellen von Wörtern {32/76}	dto.	dto.
0592	**Asyner-gie, die** (gr;gr) >nlat	Störung im Zusammenwirken mehrerer Muskelgruppen (med. t. t.) {12/14/70}	ἀ–, ἀν– a-, an- + συνεργία synergia	nicht, ohne Hilfe bei der Arbeit

>>> **Aszese, die** = ↗ **Askese**
>>> **Aszetik, die** = ↗ **Asketik**
>>> **Aszetiker, der** = ↗ **Asketiker**

0594	**Aszites, die** gr;gr	Bauchwassersucht (med. t. t.) {14/70}	ἀσκός askos	lederner Schlauch zum Transport von Wein o. Wasser
			+ –ιτής –ites	gr. Suffix s. Partikelliste
0595	**ataktisch** gr>nlat	unregelmäßig, ungleichmäßig (med. t. t.) {70}	ἄτακτος ataktos	ungeordnet
0596	**Atarakti-kum, das**	Beruhigungsmittel (med. t. t.) {70}	ἀτάρακτος ataraktos	nicht verwirrt, nicht beunruhigt
–	**Ataraxie, die**	Unerschütterlichkeit, Gleichmut (philos. t. t.) {25/75/77}	ἀταραξία ataraxia	Leidenschaftslosigkeit, Gemütsruhe
0597	**Ataxie, die** gr>nlat	Störung bei der Koordination (↗ UTL 1893) von Muskelbewegungen (med. t. t.) {12/14/70}	ἀταξία ataxia	Unordnung; Verwirrung vgl. o. 0595
0598	**Atelie, die**	das Weiterbestehen kindlicher Merkmale beim Erwachsenen (med. t. t.) {14/15/70}	ἀτέλεια ateleia	Unvollkommenheit

0599	Äthan, das gr>nlat	gasförmiger Kohlenwasserstoff {73}	αἰθήρ aither		die obere, reine Luft
0600	Athanasie, die	Unsterblichkeit (rel. t. t.) {51/77}	ἀθανασία athanasia		Unsterblickeit
–	Athanatismus, der	Lehre von der Unsterblichkeit der Seele {51/77}	ἀθανατισμός athanatismos		Unsterblickeit
0601	Äthanol, das (gr;arab) >engl	Kurzwort aus ↗ Äthan und Alkohol: chem. Verbindung von Alkoholarten (wird z. T. als Treibstoff verwendet) {45/73}	αἰθήρ aither + arab. *alkohol* engl. *ethanol*		die obere, reine Luft
0602	Athaumasie, die	das Sich-nicht-wundern, notwendige Bedingung für die Seelenruhe (philos. t. t.) {25/75/77}	ἀθαυμασία athaumasia		Verwunderungslosigkeit
0603	Atheismus, der (gr;gr) >nlat	Ablehnung o. Verneinung der Existenz (↗ UTL 0966) Gottes {25/51/77}	ἄθεος atheos + –ισμός –ismos		ohne Gott; gottlos; frevelnd gr. Suffix s. Partikelliste
–	Atheist, der (gr;gr) >nlat	Vertreter des Atheismus {25/33/51/77}	dto. + –ιστής –istes		dto. gr. Suffix s. Partikelliste
–	atheistisch (gr;gr) >nlat	die Existenz Gottes verneinend {25/51/77}	dto.		dto.
0604	athematisch (gr;gr) >nlat	1. ohne ↗ Thema (mus. t. t.) {37}; 2. ohne Themavokal gebildet (sprachwiss. t. t.) {32/76}	ἀ–, ἀν– a-, an- + θεματικός thematikos		nicht, ohne zum Thema gehörig, einen aufgestellten Satz betreffend s. u. thematisch
0605	Athenäum, das	geweihter Ort der gr. Göttin Athene {51/58/75/88}	᾿Αθήναιον Athenaion		Athenäum (s. Anhang „Namen")
0606	Äther, der gr>l	1. Himmel, Himmelsluft {01/63}; 2. ↗ organische Verbindung (chem. t. t.) {73}; 3. seit Frobenius (1730) auch: Narkosemittel (med. t. t.) {70}	αἰθήρ aither		die obere, reine Luft

–	ätherisch	1. erdentrückt, vergeistigt {25/51}; 2. ätherartig, flüchtig {54}; 3. -e ⟋ Öle: pflanzliche wohlriechende Öle {21}	αἰθέριος aitherios	himmlisch
–	ätherisieren gr>nlat	Äther anwenden (med. t. t.) {70}	dto.	dto.
–	Ätherleib, der gr;d	das ⟋ ätherische Lebensprinzip im menschlichen Körper (⟋ UTL 1903); vgl. ⟋ Astralleib {77}	dto. + d. *Leib*	dto.
0607	Atherom, das (gr;gr)>l	Talgdrüsen–, Haarbalggeschwulst (med. t. t.) {14/70}	ἀθήρ, Gen. ἀθέρος ather, atheros bzw. ἀθάρη athare + –ωμα –oma	Ährenspitze, Spitze Weizenmehlbrei gr Suffix s. Partikelliste
0608	Athesie, die	Unbeständigkeit, Treulosigkeit {25/26/33}	ἀθεσία athesia	Bundbrüchigkeit
0609	Athesmie, die	Gesetz–, Zügellosigkeit {26/50/82}	ἀθεσμία athesmia	Gesetzlosigkeit
0610	Athetese, die	Verwerfung einer überlieferten Lesart (Textkritik – sprachwiss. t. t.) {76}	ἀθέτησις athetesis	das Verwerfen
0611	Athlet, der gr>l	1. Wettkämpfer {85}; 2. muskulös gebauter Mann {11/55}	ἀθλητής athletes	Wettkämpfer
–	Athletik, die	1. sportlicher Wettkampf im alten Griechenland {75/ 85}; 2. Wettkampflehre {78/85}; 3. körperliche Fitneß {11/14}	ἀθλητικός athletikos	den Wettkämpfer betreffend
–	Athletiker, der	starkknochiger, ⟋ muskulöser Konstitutionstyp {11/14}	dto.	dto.
–	athletisch	muskulös, sportlich durchtrainiert {11/14/55}	dto.	dto.
0612	Äthrioskop, das (gr;gr) >nlat	in einem Hohlspiegel stehendes ⟋ Thermometer für die Messung von Raumstrahlung (phys. t. t.) {72}	ἀθρεῖν athrein + σκοπός skopos	scharf beobachten jmd., der genau hinschaut; Aufseher; Späher
0612a	Äthyl, das (gr;gr) >nlat	einwertiges Kohlenwasserstoffradikal (chem. t. t.) {73}	αἰθήρ aither + ὕλη hyle	die obere, reine Luft Stoff, Material, Bau–, Brennholz

–	Äthyl- alkohol, der (gr;gr) >nlat;arab	der vom ↗ Äthan ableitbare Alkohol, Weingeist (↗ Äthanol) {45/73}	dto. + arab. *alkohol*	dto.
–	Äthylen, das (gr;gr) >nlat	ungesättigter Kohlenwasserstoff (chem. t. t.) {73}	dto.	dto.
0613	Athymie, die	Schwermut (med. t. t.) {14/26/70}	ἀθυμία athymia	Mutlosigkeit, Verzagtheit
0614	Ätiologie, die gr>l	Lehre von den Ursachen, bes. von Krankheiten {60/70}	αἰτιολογία aitiologia	Angabe des Grundes; Beweisführung
–	ätiologisch	die Ätiologie betreffend {60/70}	αἰτιολογικός aitiologikos	den Grund angebend; zur Beweisführung gehörig
0615	Atlant, der gr>l	Pfeiler in Männergestalt, der auf Haupt o. emporgehobenen Armen Gebäudeteile trägt {36/55}	Ἄτλας Atlas	Atlas (s. Anhang „Namen")
0616	Atlan- thropus, der (gr;gr) >nlat	Urmenschenform der sogenannten ↗ Pithekanthropus-Gruppe (zool. t. t.) {69}	dto. + ἄνθρωπος anthropos	dto. Mensch
0617	Atlantik, der gr>l	Atlantischer ↗ Ozean (zwischen ↗ Europa und Amerika liegend) {64}	Ἀτλαντικόν (πέλαγος) Atlantikon (pelagos)	(Meer des) Atlas (s. Anhang „Namen")
–	Atlan- tikum, das	Wärmeperiode der Nacheiszeit {59/62/64}	dto.	dto.
–	Atlantis, das	sagenhafte Insel (möglicherweise im Atlantischen Ozean gelegen) {64/75}	dto.	dto.
–	atlan- tisch	1. den Atlantischen Ozean betreffend {64/65}; 2. den Atlantikpakt (= die NATO) betreffend {50/86}; 3. –er Ozean: Meer zwischen Amerika und Europa {64}	Ἀτλαντικός Atlantikos bzw. (3.) Ἀτλαντικόν (πέλαγος) Atlantikon (pelagos) + Ὠκεανός Okeanos	atlantisch Meer des Atlas (s. Anhang „Namen") Okeanos (s. Anhang „Namen")

–	Atlanto-saurus, der (gr;gr) >nlat	Riesenreptil (bis 40m Länge) aus einem früheren Erdzeit-alter (zool. t. t.) {69}	Ἄτλας Atlas + σαῦρος sauros	Atlas (s. Anhang „Namen") Eidechse s. u. Saurier
–	Atlas, der	1. Sammlung von Landkarten in Buchform (seit Mercators Buch von 1595) {32/64}; 2. um-fangreiches Buch mit Abbil-dungen aus einem Wissens-gebiet {32}	Ἄτλας Atlas	Atlas (s. Anhang „Namen")
0618	Atm(id)o-meter, das gr;gr	Verdunstungsmesser (meteor. t. t.) {56/65/72}	ἀτμίς, Gen ἀτμίδος atmis, atmidos + μέτρον metron	Dampf, Dunst Maß, Versmaß
0619	Atmo-sphäre, die gr;gr	1. Gashülle eines Gestirns {01/66}; 2. Lufthülle der Erde {01/63}; 3. Einheit des Druk-kes {56/72}; 4. Ausstrahlung, Stimmung {26/33/55}	ἀτμός atmos + σφαῖρα sphaira	Dampf, Dunst Kugel, Ball s. u. Sphäre
–	Atmo-sphäri-lien, die (Pl.) gr;gr	die phys. u. chem. wirksa-men Bestandteile der Atmo-sphäre (z. B. Sauerstoff, Stickstoff) {01/73}	dto.	dto.
–	atmo-sphärisch gr;gr	1. die Atmosphäre betreffend {01/63/65}; 2. in der Atmo-sphäre {01/58/63/65}	dto. + σφαιρικός sphairikos	dto. kugelrund s. u. sphärisch
0620	Atmo-sphäro-graphie, die gr;gr;gr	wissenschaftliche Beschrei-bung der Atmosphäre {01/34/63/65}	ἀτμός atmos + σφαῖρα sphaira + γραφή graphe	Dampf, Dunst Kugel, Ball Schrift; Zeich-nung
0621	Atmo-sphäro-logie, die gr;gr;gr	Lehre von der Atmosphäre {63/65}	dto. + λόγος logos	dto. Rede, Wort; Be-rechnung
>>>	Atom– ↗ Worteelementeliste			
0622	Atom, das gr>l	1. kleinstes Teilchen eines chem. Elements (↗ UTL 0874) {72/73}; 2. winziges Teilchen, Winzigkeit {55/57}	ἄτομος atomos	unteilbar; der letzte unteilbare Stoff

–	atomar gr>nlat	1. ein Atom betreffend {72/73}; 2. die Kernenergie betreffend {72}; 3. Atomwaffen betreffend {72/86}	dto.	dto.
0623	Atombombe, die (gr;gr) >engl	Sprengkörper, bei dessen Explosion Atomkerne unter Freigabe größter Energiemengen zerfallen {72/86}	dto. + βόμβος bombos engl. *atomic bomb*	dto. Dröhnen, dumpfes Geräusch s. u. Bombe
–	Atombomber, der gr;gr	Kampfflugzeug mit Atomsprengkörpern {45/72/86}	dto.	dto.
0624	Atomenergie, die gr;gr	durch Kernspaltung gewonnene Energie {41/72}	ἄτομος atomos + ἐνέργεια energeia	unteilbar; der letzte unteilbare Stoff Tätigkeit, Wirksamkeit s. u. Energie
0625	Atomiseur, der gr>frz	Zerstäuber {21/44}	ἄτομος atomos frz. *atomiseur*	unteilbar; der letzte unteilbare Stoff
–	atomisieren	bewirken, daß etw. in kleinste Teile zerfällt; mit Atomen zerstören {29/54/57}	dto.	dto.
–	Atomismus, der o. Atomistik, die gr;gr	Lehre, daß die Welt u. alle Materie (↗ UTL 2163) aus Atomen besteht (philos. t. t.) {25/61/72/77}	dto. + –ισμός –ismos	dto. gr. Suffix s. Partikelliste
–	Atomist, der gr;gr	Vertreter der Lehre des Atomismus {25/72/77}	dto. + –ιστής –istes	dto. gr. Suffix s. Partikelliste
–	atomistisch gr;gr	1. die Atomistik betreffend {25/72/77}; 2. in kleine Einzelbestandteile auflösend {57}	dto.	dto.
–	Atomium, das	das auf der Brüsseler Weltausstellung 1958 errichtete Ausstellungsgebäude in Gestalt eines Atommodells {88}	dto.	dto.
0626	Atomkern, der gr;d	der aus Nukleonen bestehende, positiv (↗ UTL 2736) geladene innere Bestandteil des Atoms, der von der Elektronenhülle umgeben ist {72}	dto. + d. *Kern*	dto.

Atommüll

0627	Atom- müll, der gr;d	Sammelbezeichnung für radioaktive (↗ UTL 2964) Abfallstoffe {41/72/73}	dto. + d. *Müll*	dto.
0628	Atom- physik, die gr;gr	Lehre von den Atomen u. ihren Umwandlungen {72}	dto. + φυσική (τέχνη) physike (techne)	dto. Erforschung der Natur
0629	Atom- reaktor, der gr;l;l	Anlage zur Gewinnung von Atomenergie durch Kernspaltung {41/72}	dto. + l. *re* + l. *actor*	dto. zurück, entgegen, wieder Vollzieher; Treiber; Kläger (↗ UTL 2990)
0629a	Atom- stop(p), gr;gr>l >mlat >altengl >engl>mhd	Verbot von Atomtest {86}	dto. + στύππη l. *stuppa* mlat. *stuppare*	dto. Werg dto. mit Werg verstopfen
0630	Atomtest, der gr;l>afrz >engl	Probe eines Atombombenversuchs {86}	dto. + l. *testum* afrz. *test* engl. *test*	dto. irdenes Geschirr, Gefäß, Schüssel, Napf irdener Topf; Tiegel (für alchemistische Experimente)
>>>	Atomversuch, der ↗ Atomtest			
>>>	Atomwaffe, die ↗ Atombombe			
0630a	atonal gr>nlat	nicht tonal, nicht auf einen Grundton bezogen, gleichberechtigt (von den ↗ Tönen der Tonleiter) {37/56}	ἄτονος atonos	abgespannt, schlaff; tonlos
–	Atonalist, der gr;gr	Vertreter der atonalen ↗ Musik {37}	dto. + –ιστής –istes	dto. gr. Suffix s. Partikelliste
–	Atonali- tät die	Kompositionsweise der atonalen Musik {37}	dto.	dto.
0631	Atonie, die gr>mlat	Erschlaffung, Schlaffheit der ↗ Muskeln (med. t. t.) {14/70}	ἀτονία atonia	Abspannung, Mattigkeit
–	atonisch	auf Atonie beruhend {14/70}	ἄτονος atonos	abgespannt, schlaff; tonlos

0632	Atonon, das	unbetontes Wort (sprachwiss. t. t.) {32/76}	dto.	dto.
0633	Atopie, die gr>nlat	1. Überempfindlichkeit gegen bestimmte Stoffe (med. t. t.) {70}; 2. Abneigung gegenüber bestimmten Menschen, Gegenständen, Anschauungen (psych. t. t.) {25/70}	ἀτοπία atopia	das Ungewöhnliche; Wunderlichkeit
0634	atoxisch (gr;gr) >nlat	ungiftig {70}	ἀ–, ἀν– a-, an- + τοξικόν toxikon	nicht, ohne Gift
0635	Atrophie, die gr>l	Schwund von ↗ Organen u. Geweben infolge von Ernährungsstörungen (med. t. t.) {14/70}	ἀτροφία atrophia	Mangel an Nahrung; Auszehrung
–	atrophieren	schwinden, schrumpfen {14/57/70}	ἀτροφεῖν atrophein	keine Nahrung haben, hungern; abzehren
–	atrophisch	an Atrophie leidend (med. t. t.) {14/57/70}	ἄτροφος atrophos	nicht nahrhaft; nicht gut genährt
0636	Atropin, das	1. Arzneimittel; in der Tollkirsche enthaltenes starkes Gift {70}; 2. das in der Atropa (Tollkirsche) entdeckte ↗ Alkaloid {73}	ἄτροπος atropos	unabwendbar
0637	Attika, die	wandartiger Aufbau über dem Hauptgesims eines Gebäudes, oft mit Skulpturen (↗ UTL 3345) o. Inschriften verziert (archit. t. t.) {88}	Ἀττικός Attikos	attisch
–	attisch	1. auf die gr. Landschaft Attika (s. Anhang „Namen") bezogen {64/75}; 2. fein, elegant, witzig {25/32/55}	dto.	dto.
–	Attizismus, der	1. Sprechweise der Athener 32/75/76; 2. Gegenbewegung zum ↗ Asianismus, der die klassische (↗ UTL 1689) Sprache nicht als Vorbild ansah {75/76}	ἀττικισμός attikismos	Verbundenheit mit Athen; attischer Stil
	Attizist, der	Anhänger des ↗ Attizismus {32/75/76}	Ἀττικός Attikos + –ιστής –istes	attisch gr. Suffix s. Partikelliste
	attizistisch	dem ↗ Attizismus zuneigend, ihn betreffend {32/75/76}	dto.	dto.

0638	atypisch (gr;gr) >nlat	nicht ↗ charakteristisch, von der Regel (↗ UTL 3024) abweichend {25/56}	ἀ–, ἀν– a-, an- + τυπικός typikos	nicht, ohne nach einem Muster gemacht s. u. typisch
0639	Audimeter, der l;gr	Gerät, das an Rundfunk- u. Fernsehempfänger von Testpersonen angeschlossen wird zum Zwecke der Medienanalyse {40/85/87}	l. *audire* + μέτρον metron	hören, anhören; gehorchen (↗ UTL 0316) Maß, Versmaß
0640	Audiologie, die l;gr	Lehre vom Hören u. vom menschlichen Gehör {11/70}	dto. + λόγος logos	dto. Rede, Wort; Berechnung
0641	Audiometer, der l;gr	Gerät zum Messen der menschlichen Hörleistung {70}	dto. + μέτρον metron	dto. Maß, Versmaß
0642	Audiphon, das l;gr	Hörapparat für Schwerhörige {70}	dto. + φωνή phone	dto. Laut, Stimme, Ton
0643	Audio-Technik, die l;gr	↗ technische Verfahren für Aufnahme, Wiedergabe, Empfang und Übertragung von Tonsignalen {46/87} (↗ UTL 0316)	dto. + τεχνικός technikos	dto. die Kunst, das Handwerk betreffend s. u. Technik
0644	Augiasstall, der gr;d	1. verschmutzter Raum {25/55/58}; 2. unordentliche, vernachlässigte Arbeit {25/40/56}	Αὐγείας Augeias + d. *Stall*	Augias (s. Anhang „Namen")
0645	Aula, die gr>l	Festsaal in (Hoch)schulen {31/58} (↗ UTL 0319b)	αὐλή aule	Wohnung, Hof
0646	Auletik, die	das Spielen des ↗ Aulos ohne Begleitung {37/75}	αὐλητική (τέχνη) auletike (techne)	(Kunst des) Flötenspielens
0647	Aulodie, die	Aulosspiel mit Gesangsbegleitung {37/75}	αὐλῳδία aulodia	Gesang zur Flöte
0648	Aulos, der	altgr. ↗ Musikinstrument in der Art einer Schalmei {37/75}	αὐλός aulos	Flöte; Röhre

0649	Auster, die gr>l>afrz >niederl >niederd	eßbare Meeresmuschel {08/17}	ὄστρεον ostreon l. *ostrea, ostreum* afrz. *oistre* niederl. *oester* niederd. *uster*	Auster, Muschel dto. dto. dto. dto. dto.	
0650	australoid l;gr	den Australiden ähnliche Rassemerkmale zeigend {69/70}	l. *australis* + –(ε)ιδής –(e)ides	südlich (↗ UTL 0329) ähnlich aussehend s. Partikelliste	
0651	Australopithecus o. Australopithekos, der (l;gr)>nlat	Vormensch, Übergangsform zwischen Tier u. Mensch {59/69/70}	dto. + πίθηκος pithekos	dto. Affe	
0652	autark	vom Ausland wirtschaftlich unabhängig {42/50/80}	αὐτάρκης autarkes	sich selbst genügend	
–	Autarkie, die	wirtschaftliche Unabhängigkeit vom Ausland {42/50/80}	αὐτάρκεια autarkeia	Selbstgenügsamkeit	
–	autarkisch	die Autarkie betreffend {42/50/80}	αὐτάρκης autarkes	sich selbst genügend	
0653	authentifizieren gr>l;l	beglaubigen, die Echtheit bezeugen {25/82}	αὐθεντικός authentikos + l. *facere*	zuverlässig, verbürgt tun, machen (↗ UTL 0331)	
–	Authentik, die	im Mittelalter eine durch ein authentisches Siegel (↗ UTL 3311) beglaubigte Urkundenabschrift {32/56/75}	αὐθεντικός authentikos	zuverlässig, verbürgt	
–	authentisch gr>l	zuverlässig, verbürgt {25/32/56}	dto.	dto.	
–	authentisieren gr>mlat	glaubwürdig machen {25/32/56}	dto.	dto.	
–	Authentie o. Authentizität, die gr>nlat	Echtheit, Glaubwürdigkeit {25/32/56}	αὐθεντία authentia	Autorität	
0654	Autismus, der (gr;gr) >nlat	krankhaftes Sichabschließen ohne Kontakte (↗ UTL 1846) zur Umwelt mit Flucht in die eigene Phantasiewelt {14/70}	αὐτός autos + –ισμός –ismos	selbst gr. Suffix s. Partikelliste	

Nr.	Wort	Bedeutung	Griechisch	Übersetzung
–	**Autist,** der gr;gr	jmd., der an Autismus leidet {14/70}	dto. + –ιστής –istes	dto. gr. Suffix s. Partikelliste
–	**autistisch** gr;gr	an Autismus leidend {14/70}	dto.	dto.
>>>	**Auto–** ↗ Wortelementeliste			
0655	**Auto,** das	Kurzform von ↗ Automobil {45}	αὐτός autos	selbst
0656	**Autobiograph,** der gr;gr;gr	jmd., der eine Autobiographie schreibt {34/40/52}	dto. + βίος bios + γραφεύς grapheus	dto. Leben Schreiber, Maler s. u. Biograph
–	**Autobiographie,** die gr;gr;gr	Beschreibung des eigenen Lebens {34/52}	dto. + βίος bios + γραφή graphe	dto. Leben Schrift, Zeichnung s. u. Biographie
–	**autobiographisch** gr;gr;gr	1. die Autobiographie betreffend; 2. das eigene Leben beschreibend; 3. wie eine Autobiographie verfaßt {34/52}	dto. + γραφικός graphikos	dto. im Malen geschickt; malerisch; zum Malen o. Schreiben gehörig s. u. biographisch
0657	**Autobus,** der gr;l	Kurzwort aus Autombil u. Omnibus; großer Wagen zur Personenbeförderung {45}	αὐτός autos + l. *omnibus*	selbst für alle (↗ UTL 2430)
0658	**Autochorie,** die gr;gr	Verbreitung von Früchten u. Samen durch die Pflanze selbst {68}	dto. + χώρα chora	dto. Raum, Platz, Gegend
0659	**autochthon** gr>l	alteingesessen, bodenständig, eingeboren {33/64}	αὐτόχθων autochton	aus dem Land selbst, eingeboren
–	**Autochthone,** der / die	Ureinwohner(in), Eingeborene(r) {33/64}	dto.	dto.
0660	**Auto-Cross,** der gr;engl	Geschicklichkeits– u. Vielseitigkeitswettbewerb für Autofahrer im Gelände {45/85}	αὐτός autos + engl. *cross*	selbst quer (im Sinne von „querfeldein")

Nr.	Wort	Bedeutung	Herkunft	Übersetzung
–	**Autodeterminismus,** der gr;l;gr	Lehre von der Selbsbestimmung des Willens (philos. t. t.) {25/77}	dto. + –ισμός –ismos	dto. gr. Suffix s. Partikelliste
0662	**Autodidakt,** der gr;gr	jmd., der sich durch Selbstunterricht bildet {25/31/78}	αὐτοδίδακτος autodidaktos	selbst gelehrt
–	**autodidaktisch** gr;gr	sich im Selbstunterricht bildend {25/31/78}	dto.	dto.
0663	**Autodrom,** das gr;gr	Rennstrecke (Rundkurs) für Motorsportveranstaltungen; vgl. ↗ Motodrom {45/58}	αὐτός autos + δρόμος dromos	selbst Lauf, Wettlauf; Rennbahn
0664	**autodynamisch** gr;gr	selbstwirkend, selbsttätig {29/40/41}	dto. + δυναμικός dynamikos	dto. vermögend, wirksam s. u. dynamisch
0665	**Autoerotik,** die o. **Autoerotismus,** der gr;gr;gr	sexuelle (↗ UTL 3303) Befriedigung ohne Partner {18/70}	αὐτός autos + ἔρως, Gen. ἔρωτος eros, erotos (+ –ισμός –ismos	selbst Liebe, Verlangen s. u. erotisch gr. Suffix)
0666	**Autofokus,** der gr;l	Vorrichtung an ↗ Kameras u. Diaprojektoren für eine ↗ automatische Einstellung der Bildschärfe {87}	dto. + l. *focus*	dto. Feuerstätte, Herd; Besitztum (↗ UTL 1122)
0667	**autogam** gr;gr	sich selbst befruchtend (biol. t. t.) {68/69}	dto. + γάμος gamos	dto. Hochzeit, Ehe
–	**Autogamie,** die gr;gr	Selbsbefruchtung (biol. t. t.) {68/69}	dto.	dto.

0668	**autogen** gr;gr	1. ursprünglich, selbsttätig {25/29}; 2. –e Schweißung: unmittelbare Verschweißung zweier Werkstücke mit heißer Stichflamme ohne Zuhilfenahme artfremden Bindematerials {41} –es Training: allein auszuführende Entspannungsübungen (von dem deutschen Psychiater J. H. Schultz entwickelte Methode) {24/26/70}	αὐτός autos + –γενής –genes bzw. (2.) + d. *Schweißung* bzw. (3.) + l. *trahere* vulgl. *tragere** *traginare* frz. *traîner* engl. *(to) train*	selbst stammend von; hervorbringend, verursachend ziehen, schleppen, schleifen ziehen, schleppen (nach)ziehen, nachschleppen (auf–, er)ziehen, abrichten (↗ UTL 3611)
0669	**Autogiro**, das (gr;gr)	Drehflügelflugzeug, Hub-, Tragschrauber {45}	dto. + γυρός gyros	dto. rund
0670	**Autognosie**, die gr;gr	Selbsterkenntnis (philos. t. t.) {25/77}	dto. + γνῶσις gnosis	dto. das Erkennen; Erkenntnis
0671	**Autogramm**, das gr;gr	eigenhändig geschriebener Namenszug {31/32}	dto. + γράμμα gramma	dto. Buchstabe, Schrift(werk)
0672	**autograph(isch)** gr;gr	(veraltet) eigenhändig geschrieben {31/32}	αὐτόγραφος autographos	eigenhändig geschrieben
–	**Autograph**, der gr;gr	eigenhändig geschriebenes Schriftstück, Urschrift {31/32/56}	dto.	dto.
–	**autographieren** gr;gr	(veraltet) eigenhändig schreiben {31/32}	dto.	dto.
–	**Autographilie**, die gr;gr;gr	Liebhaberei für alte (Original)manuskripte {56/85}	dto. + γραφή graphe + φιλία philia	dto. Schrift; Zeichnung Liebe, Freundschaft

0673	Autohypnose, die gr;gr;gr	Selbsthypnose, ↗ Hypnose ohne fremde Hilfe {22/70}	αὐτός autos + ὕπνος hypnos + –ωσις –osis	selbst Schlaf s. u. Hypnose gr. Suffix s. Partikelliste
0674	Autokatalyse, die gr;gr	Beschleunigung einer Reaktion (↗ UTL 2990) durch einen Stoff, der während der Reaktion selbst entsteht (chem. t. t.) {61/73}	dto. + κατάλυσις katalysis	dto. Auflösung s. u. Katalyse
0675	autokephal gr;gr	mit eigenem Oberhaupt, unabhängig (von den ↗ orthodoxen Nationalkirchen – rel. t. t.) {33/51/77}	dto. + κεφαλή kephale	dto. Kopf, Haupt
–	Autokephalie, die gr;gr	↗ kirchliche Unabhängigkeit der ↗ orthodoxen Nationalkirchen (33/51/77)	dto.	dto.
0676	Autokinese, die gr;gr	scheinbare Eigenbewegung {24/61}	αὐτοκίνησις autokinesis	Selbstbewegung
0677	Autokino, das gr;gr	Freilichtkino, in dem man sich einen Film vom Auto aus ansieht {58/85}	dto. + κίνημα kinema	dto. das Bewegte; Bewegung s. u. Kino
0678	Autokorso, der gr;l>it	aus Autos bestehender Demonstrationszug {28/45}	dto. + l. cursus it. corso	dto. Lauf, Fahrt (zur See), Reise; Umlauf (↗ UTL 1917) (Um)lauf
0679	Autokrat, der	1. diktatorischer (↗ UTL 0746) Alleinherrscher {50}; 2. selbstherrlicher Mensch {22/33}	αὐτοκρατής autokrates	selbstherrschend, eigenmächtig
–	Autokratie, die	Selbst-, Alleinherrschaft {33/50}	αὐτοκράτεια autokrateia	Selbstherrschaft
–	autokratisch	die Autokratie betreffend {33/50}	αὐτοκρατής autokrates	selbstherrschend, eigenmächtig
0680	Automat, der gr>l	1. Apparat, (↗ UTL 0230) der nach Münzeinwurf selbsttätig Waren abgibt o. eine Dienstleistung erbringt {41/42}; 2. Werkzeugmaschine, die Arbeitsvorgänge selbsttätig ausführt {41}	αὐτόματος automatos	aus eigenem Antrieb; freiwillig

–	Automatik, die	1. Lehre von der Selbsttätigkeit {25/31/77}; 2. selbsttätig arbeitende Steuer– o. Kontrollvorrichtung {41/87}; 3. selbsttätig schaltendes Getriebe im Auto {45}	dto.	dto.
–	Automation, die gr>l>frz >engl	das Einführen automatischer Arbeitsgänge {41}	dto.	dto.
–	automatisch	1. mit Hilfe eines Automaten, selbsttätig {29/41}; 2. wie ein Automat, unwillkürlich {24/29/61/70}	dto.	dto.
–	automatisieren	auf Automaten umstellen {41}	dto.	dto.
–	Automatisierung o. Automatisation, die	Umstellung auf Automaten {41}	dto.	dto.
–	Automatismus, der	dem Bewußtsein entzogener Ablauf von Bewegungen u. Sinneseindrücken, z. B. in der ↗ Hypnose {24/61/70}	αὐτοματισμός automatismos	das freiwillige Tun
0681	Automobil, das gr;l	Kraftfahrzeug, -wagen {45}	αὐτός autos + l. mobilis	selbst beweglich, lenkbar, schnell (↗ UTL 0332)
–	automobil gr;l	das Auto betreffend {45}	dto.	dto.
–	Automobilismus, der (gr;l;gr) >nlat	Kraftfahrzeugwesen {45}	dto. + –ισμός –ismos	dto. gr. Suffix s. Partikelliste
0682	automorph (gr;gr) >nlat	1. von eigenen echten Kristallflächen begrenzt (↗ idiomorph {54/62/67}; 2. den Automorphismus betreffend {71}	αὐτός autos + μορφή morphe	selbst Form, Gestalt

–	Automor-phismus, der (gr;gr;gr) >nlat	spezielle (↗ UTL 3394) Zuordnung der Elemente (↗ UTL 0874) einer algebraischen Struktur (↗ UTL 3445) innerhalb derselben algebraischen Struktur (↗ Homomorphismus – math. t. t.) {71}	dto. + –ισμός –ismos	dto. gr. Suffix s. Partikelliste
0683	autonom gr>nlat	selbständig, unabhängig {33/50/81}	αὐτόνομος autonomos	nach eigenen Gesetzen, unabhängig lebend
–	Autonomer, der	↗ politisch Radikaler (↗ UTL 2963), der die staatliche Gewalt nicht anerkennt {33/50/81}	dto.	dto.
–	Autonomie, die	Selbständigkeit, staatliche Unabhängigkeit {50/81}	αὐτονομία autonomia	freie Verfassung
–	Autonomist, der gr;gr	jmd., der eine Autonomie anstrebt {28/33/50/81}	dto. + –ιστής –istes	dto. gr. Suffix s. Partikelliste
0684	autonym (gr;gr) >nlat	vom Verfasser unter seinem eigenen Namen herausgebracht {34/76}	αὐτός autos + ὄνυμα onyma = Nebenform zu: ὄνομα onoma	selbst Name
0685	Autophilie, die gr;gr	Selbstliebe (psych. t. t.) {70}	αὐτός autos + φιλία philia	selbst Liebe, Freundschaft
0686	Autopilot, der gr;gr	↗ automatische Steuerungsanlage, z. B. in Flugzeugen {41/45/61}	dto. + πηδόν pedon	dto. Steuerruder s. u. Pilot
0687	Autoplastik, die gr;gr	Verpflanzung von körpereigenem Gewebe (med. t. t.) {70}	dto. + πλαστική (τέχνη) plastike (techne)	dto. (die Kunst des) Bilden, Gestaltens s. u. Plastik
0688	Autoporträt, das gr;l	Selbstbildnis {36}	dto. + l. protrahere	dto. hervorziehen, ans Licht bringen, offenbaren (↗ UTL 2732)
0689	Autopsie, die gr;gr	1. Leichenöffnung {23/70}; 2. Selbstbeobachtung {23}	αὐτοψία autopsia	das Sehen mit eigenen Augen

0690	**Auto**-**ra**dio, das gr;l	Rundfunkempfänger im ↗ Auto {45/87}	dto. + l. *radius*	dto. Stab; Halbmesser, Kreisradius; Speiche (↗ UTL 2964)
0691	**Auto**-**ra**dio-gra**phie**, die gr;l;gr	↗ Methode zur Sichtbarmachung der räumlichen Anordnung radioaktiver (↗ UTL 2964) Stoffe (phys. t. t.) {23/72}	dto. + γραφή graphe	dto. Schrift, Zeichnung
0692	**Auto**re-**ver**se, die gr;l>engl	(Vorrichtung zur) Änderung der Bandlaufrichtung ohne Drehung des Tonträgers (bei Tonbandgeräten, Cassettenrecordern) {61/87}	dto. + l. *revertere* o. *reversare*	dto. wieder umkehren, zurückwenden, –kehren (↗ UTL 0334)
0693	**Auto**-rhyth**mie**, die gr;gr>l	Aussendung von ↗ rhythmisch unterbrochenen Impulsen (↗ UTL 1325) (med. t. t.) {61/70}	dto. + ῥυθμός rhythmos	dto. gleichmäßige Bewegung, Ebenmaß; Takt
0694	**Auto**sen-si**bi**li**sie**rung, die gr;l>nlat	Bildung von ↗ Antikörpern im ↗ Organismus auf Grund körpereigener Substanzen (↗ UTL 3466) (med. t. t.) {70}	dto. + l. *sensibilis*	dto. empfindbar, sinnlich; der Empfindung fähig (↗ UTL 3277)
0695	**Auto**s**ex**, der gr;l	1. am eigenen Körper (↗ UTL 1903) vorgenommene sexuelle (↗ UTL 3303) Handlung {18/7 0}; 2. Sex im ↗ Auto {18/45/70}	dto. + l. *sexus*	dto. männliches u. weibliches Geschlecht; Geschlecht(sglied) (↗ UTL 3301)
0696	**Auto**se-xua**lis**-mus, der gr;l;gr	auf den eigenen Körper gerichtetes sexuelles Verlangen (psych. t. t.) {18/70}	dto. + –ισμός –ismos	dto. gr. Suffix s. Partikelliste
–	**au**to-sexu**ell** gr;l	ein auf den eigenen Körper gerichtetes sexuelles Verlangen hegend {18/70}	dto. + l. *sexualis*	dto. zum Geschlecht gehörig
0697	**Auto**ste-reo**typ**, der gr;gr;gr	Urteil, das sich jmd. von sich selbst macht {25}	αὐτός autos + στερεός stereos + τύπος typos	selbst fest, hart; kubisch Schlag; Abdruck; Gepräge, Gestalt s. u. Stereotyp

0698	Autosug-gestion, die gr;l	Fähigkeit der Selbstbeeinflussung ohne äußeren Anlaß {22/24/25/70}	dto. + l. *suggestio*	dto. Hinzufügung, Erinnerung, Eingebung, Vorstellung (↗ UTL 0336)
–	autosuggestiv gr;l	sich selbst beeinflussend {22/24/25/70}	dto.	dto.
0699	Autotomie, die (gr;gr) >nlat	bei Tieren vorkommendes Abwerfen von meist später wieder nachwachsenden Körperteilen (biol. t. t.) {69}	αὐτός autos + τομή tome	selbst das Schneiden; Schnitt; das Abgeschnittene
0700	autotroph gr;gr	sich ausschließlich von ↗ anorganischen Stoffen ernährend (bot. t. t.) {68}	dto. + τροφή trophe	dto. das Ernähren; Nahrung
–	Autotrophie, die gr;gr	Fähigkeit der grünen Pflanzen, sich von ↗ anorganischen Stoffen zu ernähren (bot. t. t.) {68}	dto.	dto.
0701	Autotypie, die gr;gr	Rasterätzung für Buchdruck {40}	αὐτός autos + τύπος typos	selbst Schlag; Abdruck; Gepräge, Gestalt
–	autotypisch gr;gr	1. die Autotypie betreffend {40}; 2. –er Tiefdruck: Tiefdruckverfahren, bei dem kein Pigmentpapier verwendet wird (druckw. t. t.) {40}	dto. + τυπικός typikos bzw. (2.) + d. *Tiefdruck*	dto. nach einem Muster gemacht s. u. typisch
>>>	autozephal ↗ autokephal			
>>>	Autozephalie, die ↗ Autokephalie			
0702	Axiologie, die gr>nlat	Wertlehre (philos. t. t.) {25/77}	ἀξιόλογος axiologos	der Rede wert
–	axiologisch gr>nlat	die Axiologie betreffend {25/77}	dto.	dto.
0703	Axiom, das gr>l	grundlegender Lehrsatz, der ohne Beweis einleuchtet; 2. Annahme als Grundlage eines wissenschaftlichen ↗ Systems {25/71/72}	ἀξίωμα axioma	Würdigung; Würde, Ansehen; ohne Beweis als wahr akzeptierter Satz
–	Axiomatik, die gr>nlat	Lehre von den Axiomen {25/71/72}	ἀξιωματικός axiomatikos	zur Würde gehörig; ehrwürdig

–	axiomatisch gr>nlat	1. auf Axiomen beruhend {25/71/72}; 2. unanzweifelbar, gewiß {25/56}	dto.	dto.
–	axiomatisieren gr>nlat	zum Axiom erklären {25/71/72}	dto.	dto.
0704	Axiometer, das gr;gr	Richtungsweiser für das Steuerruder von Schiffen {45}	ἄξιος axios + μέτρον metron	wert, würdig; angemessen Maß, Versmaß
0705	Axonometrie, die gr;gr	↗ geometrisches Verfahren, räumliche Gebilde durch Parallelprojektion auf einer Ebene darzustellen (math. t. t.) {54/58/71}	ἄξων, Gen. ἄξονος axon, axonos + μέτρον metron	Achse Maß, Versmaß
–	axonometrisch gr;gr	auf dem Verfahren der Axonometrie beruhend (math. t. t.) {54/58/71}	dto.	dto.
0706	Azalee, o. Azalie, die	Gattung der Erikagewächse, mit dem ↗ Rhododendron verwandt {04/68}	ἀζαλέος azaleos	trocken, dürr (da die Pflanze trockenen Boden liebt)

>>> azephal ↗ akephal

0707	Azephale, die (gr;gr) >nlat	Mißgeburt ohne Kopf (med. t. t.) {11/14/70}	ἀ–, ἀν– a-, an- + κεφαλή kephale	nicht, ohne Kopf, Haupt
–	Azephalie, die gr;gr	das Fehlen des Kopfes (med. t. t.) {11/14/70}	dto.	dto.
0708	Azoikum, das (gr;gr) >nlat	ältestes Erdzeitalter ohne Lebewesen {59/62/64/69}	ἀ–, ἀν– a-, an- + ζωϊκός zoïkos	nicht, ohne die Lebewesen betreffend
–	azoisch gr;gr	(geol. t. t.) 1. zum Azoikum gehörend; 2. ohne Spuren von Lebewesen {59/62/64/69}	dto.	dto.
0709	Azot u. Azote, das / der (gr;gr)>frz	Stickstoff (chem. t. t.) {73}	ἀ–, ἀν– a-, an- + ζωή zoe frz. azote	nicht, ohne Leben

0710	Azyanop-sie, die (gr;gr;gr) >nlat	Farbenblindheit für blaue Farben (med. t. t.) {14/23/70}	ἀ–, ἀν– a-, an- + κύανος kyanos + ὄψις opsis	nicht, ohne dunkelblauer Stahl, Lasurstein; Kornblume; blaue Farbe das Sehen
0711	Azygie, die gr;gr	1. Ungepaartheit, das Nichtverschmelzen von ↗ Gameten (biol. t. t.) {69}; 2. einfaches Vorhandensein eines ↗ Organs (z. B. Leber, Milz - med. t. t.) {11/57/70}	ἀ–, ἀν– a-, an- + ζυγόν zygon bzw. + ζεῦγος zeugos	nicht, ohne Joch; Reih und Glied Joch; zweispänniger Wagen
0712	azyklisch (gr;gr) >nlat	1. nicht ↗ zyklisch, nicht kreisförmig {55/58}; 2. zeitlich unregelmäßig {59}	ἀ–, ἀν– a-, an- + κυκλικός kyklikos	nicht, ohne kreisförmig, rund s. u. zyklisch
0713	Azyma, die (Pl.) gr>l	1. ungesäuertes Brot {17}; 2. umschreibende Bezeichnung für das Passahfest {51/77}	ἄζυμος azymos	ungesäuert

B

0714	Babel, das gr>l>hebr	1.Ort des Sittenverfalls {26/30/33/58}; 2. Stadt mit verwirrender Sprachenvielfalt {25/32/58}	Βαβυλών Babylon	Babylon (s. Anhang „Namen")
–	Babylon, das gr>l>hebr	1. = Babel; 2. antike (↗ UTL 0214) Stadt {58/75}	dto.	dto.
–	babylonisch gr>l>hebr	1. Babylon betreffend {58/75}; 2. mit verwirrender Sprachenvielfalt {25/33}	Βαβυλώνιος Babylonios	babylonisch
0715	Bacchanal, das gr>l>frz	1. altröm. Fest zu Ehren des gr. – röm. Weingottes Bacchus {33/51/75}; 2. ausschweifendes Trinkgelage {17/33}	Βάκχος Bakchos l. Bacchanal, Gen. Bacchanalis	Bakchos (s. Anhang „Namen") (Ort der) Bacchusfeier; Weinfest
–	Bacchant, der gr>l	1. trunkener Schwärmer {33}; 2. fahrender Schüler im Mittelalter (hist. t. t.) {31/75}	dto. l. bacchari (PPA. bacchans)	dto. das Bacchusfest feiern; schwärmen, lärmen; umherschweifen

>>> Bacchantin, die = ↗ Mänade

–	bacchantisch gr>l>frz	ausgelassen, trunken, überschäumend {26/33}	dto.	dto.
–	Bacchius, der	dreisilbiger antiker (↗ UTL 0214) Versfuß (↗ UTL 3791) {32/76}	dto.	dto.
–	Bacchus, der	gr. – röm. Gott des Weins (s. Anhang „Namen") {51/75}	dto.	dto.

>>> Bakteri– ↗ Wortelementeliste

0716	Bakteriämie, die (gr>l;gr) >nlat	Existenz (↗ UTL 0966) von Bakterien im Blut {52/70}	βακτηρία bakteria + αἷμα haima	Stock, Stab Blut

0717	**Bakterie,** die gr>l	Einzeller, oft Krankheitserreger {08/70}	βακτηρία bakteria l. *bacterium*	Stock, Stab Stöck-, Stäbchen
–	**bakteriell** gr>l	1. Bakterien betreffend; 2. durch Bakterien ausgelöst {70}	dto.	dto.
0718	**Bakterioid,** das gr>l;gr	bakterienartiger ↗ Mikroorganismus {08/70}	dto. + –(ε)ιδής –(e)ides	dto. ähnlich ausehend s. Partikelliste
0719	**Bakteriologe,** der (gr>l;gr) >nlat	Wissenschaftler der Bakteriologie {40/70}	dto. + λόγος logos	dto. Rede, Wort; Berechnung
–	**Bakteriologie,** die (gr>l;gr) >nlat	Wissenschaft von den Bakterien {40/70}	dto.	dto.
–	**bakteriologisch** (gr>l;gr) >nlat	die Bakteriologie betreffend {70}	dto. + λογικός logikos	dto. zum Reden gehörig, die Rede betreffend
0720	**Bakteriolyse,** die gr>l;gr	Auflösung von Bakterien durch ↗ Antikörper {52/70}	βακτηρία bakteria l. *bacterium* + λύσις lysis	Stock, Stab Stöck–, Stäbchen (Auf)lösung
–	**bakteriolytisch** gr>l;gr	Bakterien zerstörend {52/70}	dto.	dto.
0721	**Bakteriophage,** der gr>l;gr	bakterienzerstörendes Virus (↗ UTL 3829) {08/70}	βακτηρία bakteria l. *bacterium* + φαγεῖν phagein	Stock, Stab Stöck–, Stäbchen essen
0722	**Bakteriostase,** die gr>l;gr	Hemmung des Wachstums und der Vermehrung von Bakterien {57/70}	dto. + στάσις stasis	dto. das Feststehen; Zustand, Lage; Aufstand
–	**bakteriostatisch** gr>l;gr	Wachstum u. Vermehrung von Bakterien hemmend {54/57/70}	dto. + στατικός statikos	dto. zum Stillstand bringend; wägend
0723	**Bakterium,** das gr>l	= ↗ Bakterie: Einzeller, oft Krankheitserreger {08/70}	βακτηρία bakteria l. *bacterium*	Stock, Stab Stöck–, Stäbchen

0724	Bakterizid, das gr>l;l	keimtötendes Mittel (med. t. t.) {52/70}	βακτηρία bakteria l. *bacterium* + l. *caedere*	Stock, Stab Stöck–, Stäbchen hauen, schlagen, töten
–	bakterizid gr>l;l	keimtötend (med. t. t.) {54/70}	dto.	dto.
0725	Balanitis, die (gr;gr) >nlat	Entzündung der Eichel (med. t. t.) {14/70}	βάλανος balanos + –ῖτις –itis	Eichel gr. Suffix s. Partikelliste
0726	Ball, der gr>spätl >afrz>afrz/ frz	Tanzfest {33/37}	βαλλίζειν ballizein spätl. *ballare* afrz. *baller* afrz./frz. *bal*	die Schenkel hin- u. herwerfen, tanzen tanzen dto. Tanzveranstaltung
–	Ballade, die gr>spätl >aprov>it >frz>engl	1. Tanzlied {37}; 2. Gedicht in Strophenform {34}	dto. aprov. *balada* it. *ballata* frz. *ballade* engl. *ballad*	dto. Tanzlied dto. dto. Erzählung in Liedform
–	balladesk gr>spät l>aprov>it >frz>engl	wie eine Ballade {34/37}	dto.	dto.
–	Ballerina o. Ballerine, die gr>spätl>it	(Solo)tänzerin im Ballett {37/40}	dto. it. *ballerina*	dto.
–	Ballerino, der gr>spätl>it	(Solo)tänzer im Ballett {37/40}	dto. it. *ballerino*	dto.
–	Ballett, das gr>spätl>it	1. Bühnentanz; 2. einzelnes Werk dieser Gattung {37}; 3. Tanzgruppe für Bühnentanz {37/40}	dto. it. *balletto*	dto. Tänzchen
–	Balletteuse, die gr>spätl>it >frz	Balletttänzerin {37/40}	dto.	dto.

–	**Ballett-korps,** das gr>spätl>it;l	Gruppe von Ballettänzern {37/40/57}	dto.	dto. + l. *corpus*	dto. Körper, Leib, Masse; Stand (↗ UTL 1906)
0727	**Ballismus,** der gr>nlat	plötzliche krankhafte Schleuderbewegungen der Arme (med. t. t.) {12/14/70}	βαλλισμός ballismos		das Tanzen
0728	**Balliste,** die gr>l	antikes (↗ UTL 0214) Wurfgeschütz (hist. t. t.) {75/86}	βάλλειν ballein l. *ballista*		werfen Schleuder-, Wurfmaschine; Wurfgeschoß
–	**Ballistik,** die gr>nlat	Lehre von der Bewegung geschleuderter Körper {61/72}	dto.		dto.
–	**Ballistiker,** der gr>nlat	Forscher der Ballistik {40/61/72}	dto.		dto.
–	**ballistisch** gr>nlat	die Ballistik betreffend {61/72}	dto.		dto.
0729	**Balneographie,** die (gr;gr)>nlat	Bäderbeschreibung {34/88}	βαλανεῖον balaneion + γραφή graphe		Bad Schrift; Zeichnung
0730	**Balneologie,** die (gr;gr)>nlat	Bäderkunde, Heilquellenkunde {14/70}	dto. + λόγος logos		dto. Rede, Wort; Berechnung
–	**balneologisch** (gr;gr)>nlat	die Balneologie betreffend {14/70}	dto. + λογικός logikos		dto. zum Reden gehörig, die Rede betreffend
0731	**Balneotherapie,** die gr;gr	Heilbehandlung durch Bäder {14/70}	dto. + θεραπεία therapeia		dto. Dienst, Behandlung s. u. Therapie
0732	**Balsam,** der hebr>gr>l>ahd>mhd	1. Creme (↗ UTL 0567b) aus Harzen u. ↗ ätherischen ↗ Ölen {21}; 2. Linderung, Labsal {14/26}	hebr. *basam* βάλσαμον balsamon		Balsamstrauch Balsamstaude, Harz
–	**balsamieren**	einsalben (↗ einbalsamieren) {15/21/51/52}	dto.		dto.

balsamisch   0732

–	balsa-misch hebr>gr>l	1. wohlriechend; 2. balsam-artig {21/55}		dto.	dto.
0733	Baluster, der gr>mlat>it >frz	kleine Säule als Geländer-stütze {88}	βαλαύστιον balaustion	Blüte des wilden Granatbaums (säulenähnliche Form)
			mlat. *balaustium*	dto.
			it. *balaustro*	dto.
			frz. *balustre*	Geländersäule
–	Balustra-de, die gr>mlat>it >frz>span	Brüstung, Geländer mit Balu-stern {88}	dto. it. *balaust(r)o*, *balaustrata* frz.	dto. dto.
			balustrade	dto.
			span. *balaustrada*	dto.
0734	Banause, der	1. Mensch ohne Kunstver-ständnis {25/33}; 2. (ugs.) (Klein)krimineller {33/82}	βάναυσος banausos	Handwerker
–	banau-sisch	(abwertend) ohne Kunstver-ständnis {25/33}	dto.	dto.
0735	Bandura, die gr>l>it >poln>russ	ukrainisches lautenartiges Instrument (↗ UTL 1448b) {37}; vgl. ↗ Mandola	πανδοῦρα pandoura	dreisaitiges Musik-instrument
			l. *pandura*	dto.
			it. *pandora*	dto.
			poln. *bandura*	dto.
			russ. *bandura*	dto.
–	Bandur-ria, die	mandolinenähnliches, span. Zupfinstrument mit 10 Saiten {37}	dto.	dto.
0736	Baptis-mus, der gr>l	Lehre ↗ christlicher Gemein-schaften, die nur Erwachsene taufen {33/51/77}	βαπτισμός baptismos	das Ein-, Unter-tauchen; Taufe
0737	Baptist, der gr>kir-chenl>frz	1. Anhänger des Baptismus {33/51/77}; 2. männlicher Vorname {31}	βαπτιστής baptistes	Täufer
–	bapti-stisch	den Baptisten o. Baptismus betreffend {33/51/77}	dto.	dto.
0738	Baptiste-rium, das	1. Taufkirche, -becken, -ka-pelle {51/58/88}; 2. antikes (↗ UTL 0214) Schwimmbad {21/58/75/88}	βαπτιστή-ριον baptisterion	Badstube; Tauf-zelle

>>> –bar ↗ Wortelementeliste

0739	Bar, das	Maßeinheit des Luftdrucks {57/63/65}	βάρος baros	die Schwere, Druck
0740	Barbar, der	1. nichtgriechischer Ausländer {32/33}; 2. roher, ungesitteter u. ungebildeter Mensch {25/33}	βάρβαρος barbaros	nicht griechisch, unverständlich, ungebildet
–	Barbara	weiblicher Vorname {31}	dto.	dto.
–	Barbarei, die	Roheit, Grausamkeit, Unzivilisiertheit {25/33}	dto.	dto.
–	barbarisch	1. unmenschlich; 2. völlig ungebildet, unkultiviert {25/33}	dto.	dto.
–	Barbarismus, der	1. Verstoß gegen die Sprachregeln; 2. sprachwidriger Ausdruck {32/76}	βαρβαρισμός barbarismos	Reden nach Art eines Fremden; Sprachfehler
0741	Bärbel	weiblicher Vorname (abgeleitet von Barbara) {31}	βάρβαρος barbaros	nicht griechisch, unverständlich, ungebildet
0742	Barbiton, das o. Barbitos, die gr>l	der altgr. ↗ Lyra ähnliches harfenähnliches ↗ Musikinstrument {37}	βάρβιτος barbitos	Instrument mit vielen Saiten
0743	barisch	den Luftdruck betreffend (↗ Bar) {54/63/65}	βαρύς barys	schwer
0744	Bariton, der gr>l>it	1. Männerstimme der mittleren Lage zwischen Baß u. Tenor {32/37/55}; 2. Sänger mit Baritonstimme {37/40}	βαρύτονος barytonos	straff gespannt; stark tönend
–	baritonal gr>nlat	baritonartig {37/55}	dto.	dto.
–	Baritonist, der gr;gr	Baritonsänger {37/40}	dto. + –ιστής –istes	dto. gr. Suffix s. Partikelliste
0745	Barium, das gr>nlat	chem. Grundstoff, ↗ Metall (Zeichen: Ba) {02/73}	βαρύς barys	schwer
0746	Bark(e), die kopt>gr>l >afrz>mfrz >niederl >mhd	1. kleines Segelschiff mit drei Masten {40/42/45/85}; 2. (Barke) mastloses Fischerboot, Nachen {40/45}	kopt. bari βᾶρις baris l. barca afrz. barge mfrz. barque niederl. barke mhd. barke	Nachen, Floß dto. Barke dto. dto. dto. dto.

Barkasse 0746

–	**Barkasse**, die kopt>gr>l >it>span >niederl	1. größtes Beiboot auf Kriegsschiffen {45/86} 2. größeres Motorboot {45/85}	dto. it. *barcaccia* span. *barcaza* niederl. *barkas*	dto. großes, flaches Boot dto. dto.

\>\>\>   Baro– ↗ Wortelementeliste

0747	**Barogramm**, das (gr;gr) >nlat	Luftdruckaufzeichnung eines Barographen {56/63/65}	βάρος baros + γράμμα gramma	die Schwere, Druck Buchstabe, Schrift(werk)
0748	**Barograph**, der (gr;gr) >nlat	selbstaufzeichnender Luftdruckmesser (meteor. t. t.) {56/63/65}	dto. + γράφευς grapheus	dto. Schreiber, Maler
0749	**Barometer**, das gr;gr	Luftdruckmesser (meteor. t. t.) {56/63/65}	dto. + μέτρον metron	dto. Maß, Versmaß
–	**Barometrie**, die gr;gr	Luftdruckmessung (meteor. t. t.) {56/63/65}	dto.	dto.
–	**barometrisch** gr;gr	die Luftdruckmessung betreffend {56/63/65}	dto.	dto.

\>\>\>   Bary– ↗ Wortelementeliste

0750	**Barymetrik**, die (gr;gr) >nlat	Errechnung von Viehgewichten aus dem Volumen (↗ UTL 3858) des Rumpfes (landwirtsch. t. t.) {39/56/71}	βαρύς barys + μέτρον metron	schwer Maß, Versmaß
0751	**Barysphäre**, die gr;gr	innerster Teil der Erde, Erdkern {02/62/63}	dto. + σφαῖρα sphaira	dto. Kugel, Ball s. u. Sphäre
0752	**Barythymie**, die gr;gr	↗ Melancholie (med. t. t.) {14/23/70}	dto. + θυμός thymos	dto. Lebenskraft, Mut, Zorn, Leidenschaft
0753	**Baryton**, das	tiefes Streichinstrument aus dem 18. Jh., ähnlich der Viola d'amore {37/75}	βαρύτονος barytonos	straff gespannt; stark tönend

–	**Bary**to-nese, die gr;gr	Verschiebung des Akzents (↗ UTL 0128) vom Wortende weg {32/76}	dto. + –σις –sis	dto. gr. Suffix s. Partikelliste
–	**Bary**-tonon, das gr>l	Wort mit unbetonter letzter ↗ Silbe (sprachwiss. t. t.) {32/76}	βαρύτονος barytonos	straff gespannt; stark tönend
0754	**Bary**zen-trum, das gr;gr	Schwerpunkt (phys. t. t.) {54/72}	βαρύς barys + κέντρον kentron	schwer Mittelpunkt eines Kreises; Stachel-(stab); ruhender Zirkelschenkel s. u. Zentrum
>>>	**Basal**– ↗ Wortelementeliste			
0755	**basal** gr>nlat	1. die ↗ Basis bildend; 2. auf, an der Basis {25/55/58/88}	βάσις basis	Tritt, Gang; Grund
–	**Basal**tem-peratur, die gr;l	Ausgangstemperatur, bes. bei der Beobachtung des weibli-chen ↗ Zyklus {14/54/70}	dto. + l. tempe-ratura	dto. gehörige Vermi-schung, Zuberei-tung, Beschaffen-heit (↗ UTL 3546)
0756	**Basalt,** der ägypt>gr>l	schwarzes Vulkangestein in ↗ charakteristischen säulenför-migen Absonderungen {02/62}	ägypt. bahan βασανίτης λίθος basanites lithos aus: βάσανος basanos l. basaltes (nach fehler-hafter Ab-schrift aus dem Griechi-schen)	Schieferart (als Prüfstein für Gold) Prüfstein dto. dto.
–	**basal**ten, **basal**tig, **basal**-tisch	aus Basalt bestehend {02/54/62}	dto.	dto.
0757	**Base,** die gr>l	Metallhydroxyd; Verbindung, die mit Säuren Salze bildet {54/73}	βάσις basis	Tritt, Gang; Grund

–	basieren gr>l>frz	beruhen, sich gründen, sich stützen auf {25/60}	dto.	dto.
>>>	basilar = ⚹ basal			
>>>	Basilie, die = ⚹ Basilikum, das			
0758	Basilika, die gr>l	1. altröm. Markt- u. Gerichtshalle {58/75}; 2. altchristliche Kirchenbauform {88}	βασιλική (στοά) basilike (stoa)	Säulenhalle in Athen
–	basilikal gr>l>nlat	in Form (⚹ UTL 1132) einer Basilika {55/58/75/88}	βασιλικός basilikos	königlich
–	Basilikum, das	Gewürz- u. Heilpflanze aus Südasien {05/17/68}	dto.	dto.
0759	Basilisk, der gr>l	1. Fabeltier mit tödlichem Blick {25/51}; 2. ⚹ tropische Eidechse mit weißem krönchenartigem Fleck auf dem Kopf {07/69}	βασιλίσκος basiliskos	kleiner König; Eidechsen-, Giftschlangenart; Zaunkönig
–	Basiliskenblick, der gr>l;d	böser, stechender Blick {32/55}	dto. + d. *Blick*	dto.
0760	basipetal (gr;gr) >nlat	absteigend (von den Verzweigungen einer Pflanze – bot. t. t.) {55/68}	βάσις basis + πέταλον petalon	Tritt, Gang; Grund Blatt
>>>	Basis– ⚹ Wortelementeliste			
0761	Basis, die gr>l	1. Grundlage, Ausgangspunkt; Unterlage, Stützpunkt {25/60}; 2. Grundzahl (math. t. t.) {71}; 3. Grundfläche (geometr. t. t.) {71}; 4. Grundlage, Unterbau (archit. t. t.) {58/88}; 5. im Materialismus (⚹ UTL 2163): die ⚹ ökonom. Struktur (⚹ UTL 3445) einer Gesellschaftsordnung im Gegensatz zum Überbau (hist. t. t.) {75/80/81}	βάσις basis	Tritt, Gang; Grund
–	basisch	basenartig (⚹ Base) {54/73}	dto.	dto.

0762	Basisdemokratie, die gr>l;(gr;gr) >mlat	↗ demokratisches ↗ System, bei dem die ↗ Basis selbst aktiv (↗ UTL 0122) ist u. entscheidet {33/81}	dto. + δημοκρατία demokratia	dto. Volksherrschaft s. u. Demokratie
–	basisdemokratisch gr>l;(gr;gr) >mlat	die Entscheidungen an der ↗ politischen Basis treffend {33/81}	dto.	dto.
0763	Basisfraktur, die gr;l	Bruch der Schädelbasis (med. t. t.) {14/70}	βάσις basis + l. fractura	Tritt, Gang; Grund das Zerbrechen; Bruch (↗ UTL 1140)
0764	Basisgruppe, die gr;d	↗ politisch progressiver (↗ UTL 2843) Arbeitskreis {25/33/81}	dto. + d. Gruppe	dto.
0765	Basiskurs, der gr;l >niederl	1. Tageskurs eines Wertpapiers an der ↗ Börse {42/80}; 2. Grundkurs in einem Ausbildungsgang {31/40}	dto. + l. cursus	dto. Lauf, Gang, Fahrt; Verlauf; Umlauf; Richtung (↗ UTL 1967)
0766	Basiswort, das gr;d	Wort, das einem abgeleiteten Wort zugrunde liegt {32/76}	dto. + d. Wort	dto.
0767	Basophobie, die gr;gr	krankhafte Angst zu gehen; Zwangsvorstellung, nicht gehen zu können (med. t. t.) {12/14/70}	βαίνειν baskein + φόβος phobos	gehen Angst, Furcht s. u. Phobie
0768	basta! gr>spätgr >vulgl>it	(ugs.) genug! Schluß! {27/28/32}	βαστάζειν bastazein spätgr. βαστᾶν bastan vulgl./it. bastare	heben; (er)tragen tragen (er)tragen; Genüge tun
0768a	Bastian	(Kurzform von Sebastian) männlicher Vorname {31}	σεβαστός sebastos bzw. Σεβαστιανός Sebastianos	verehrt; ehrwürdig; Kaisername (entspricht dem l. Augustus) der Erlauchte

>>> –bat ↗ Wortelementeliste

0769	Bathik, die	niedrige, vulgäre (↗ UTL 3864) Art des Schreibens o. Redens {32/76}	βαθύς bathys	tief	
–	bathisch	niedrig, vulgär schreibend o. redend {32/76}	dto.	dto.	

>>> Batho– ↗ Wortelementeliste

0770	Batho- meter, das gr;gr	Tiefenmesser {56/58/63/72/85}	βάθος bathos + μέτρον metron	Tiefe Maß, Versmaß	
0771	Batho- phobie, die gr;gr	Schwindelgefühl beim An- blick großer Tiefen o. Höhen {14/23/70}	dto. + φόβος phobos	dto. Angst, Furcht s. u. Phobie	

>>> Bathy– ↗ Wortelementeliste

0772	Bathyal, das gr;gr	lichtloser Bereich des Meeres zwischen 200 u. 800 m Tiefe {02/58/63}	βαθύς bathys + ἅλς hals	tief Salz; Meer	
0773	Bathy- graphie, die gr;gr	Tiefseeforschung {62/63/68/69}	dto. + γραφή graphe	dto. Schrift; Zeich- nung	
–	bathy- graphisch gr;gr	tiefseekundlich {62/63/68/69}	dto.	dto.	

>>> Bathymeter, das = ↗ Bathometer

0774	Bathy- scaphe, der / das (o. -skaph, der) gr;gr	(von A. Piccard entwickeltes) Tiefseetauchgerät {40/45/58/ 63}	dto. + σκάφος skaphos	dto. Graben; Schiff(s- bauch)	
0775	Bathy- sphäre, die (gr;gr) >nlat	tiefste Schicht des Weltmee- res {02/58/63}	dto. + σφαῖρα sphaira	dto. Kugel, Ball s. u. Sphäre	
0776	Batist, der	sehr feine, dichte Stoffart (an- geblich nach dem Erfinder dieses Stoffes, Baptiste aus Cambrai, benannt) {19/55}	βαπτιστής baptistes	Täufer	

0777	Becher, der gr>vulgl >mlat>ahd >mhd	Trinkgefäß {17/58}	βῖκος bikos vulgl. *bicarius** mlat. *bicarium* o. *–ius* ahd. *behkari* mhd. *becher*	Tongefäß, Krug dto. Becher, Trinkgefäß Becher, Kelch dto.
0777a	becircen d;gr	(ugs.) bezaubern, betören, verführen (s. ↗ Circe) {18/28/32}	Κίρκη Kirke	Kirke (s. Anhang „Namen")
0778	Becken, das gr>l	schalenförmig vertiefte Hüftknochen {11} (andere Bedeutungen sind lateinischen Ursprungs – ↗ UTL 0372)	πελλίς pellis l. *pelvis*	Becken, Schüssel dto.
0779	Bema, das	erhöhter Platz zum Vorlesen im Altarraum ↗ orthodoxer ↗ Kirchen {51/58}	βῆμα bema	Tritt; Rednerbühne
0780	Benthal, das (gr;gr) >nlat	Region (↗ UTL 3029) des Gewässergrundes o. Meeresbodens (biol. t. t.) {58/64/68/69}	βένθος benthos + ἅλς hals	Tiefe Salz; Meer
–	benthonisch gr>nlat	das Benthos betreffend {58/64/58/69}	βένθος benthos	Tiefe
–	Benthos, das	die Fauna (↗ UTL 1052a) und Flora (↗ UTL 1116b) des Meeresbodens {68/69}	dto.	dto.
0781	Berber, der	1. Volk in Nordafrika {10}; 2. geknüpfter Wollteppich {44}; 3. Obdachloser {33}	βάρβαρος barbaros	nicht griechisch; unverständlich; ungebildet
0782	Beryll, der sanskr >mind>gr >l>afrz >mhd	meergrüner glasklarer Halbedelstein {02/20/62}	sanskr. *vaidurya* mind. *veruliya* βήρυλλος beryllos l. *beryllus* afrz. *beril* mhd. *berille*	Beryll dto. dto. dto. dto. dto.
–	Beryllium, das sanskr >mind>gr >l	chem. Grundstoff, ↗ Metall; Zeichen: Be {02/73}	dto.	dto.

0783	**Beta**, das hebr>gr	zweiter Buchstabe des gr. ↗ Alphabets {32/76}	hebr. *beth* β, B (βῆτα) b, B (beta)	Beta
0784	**Beta(re-zeptoren)-blocker**, die (Pl.) hebr>gr;l;d	Arzneimittel zur Behandlung von Herzkrankheiten und Bluthochdruck (med. t. t.) {70}	dto. + l. *receptor* + d. *Blocker*	dto. Aufnehmer; Hehler; Befreier (↗ UTL 3148)
0785	**Beta-strahlen** (o. β-Strahlen), die (Pl.) hebr>gr;d	radioaktive (↗ UTL 2964) Strahlen, die aus ↗ Elektronen bestehen {72}	dto. + d. *Strahlen*	dto.
0786	**Betateilchen** (o. β-Teilchen), die (Pl.) hebr>gr;d	beim radioaktiven (↗ UTL 2964) Zerfall emittierte (↗ UTL 0889) ↗ Elektronen {72}	dto. + d. *Teilchen*	dto.
0787	**Betatron**, das hebr>gr;gr	Kurzwort aus ↗ Betastrahlen und ↗ Elektron; Gerät zur Beschleunigung von ↗ Elektronen {72}	dto. + ἤλεκτρον elektron	dto. Silbergold; Bernstein als Träger von Reibungselektrizität s. u. Elektron
0787a	**betonen**	hervorheben {25/32/56}	τόνος tonos	Spannung, Band, Ton s. u. Ton
0788	**Bezirk**, der gr>l >ahd/mhd	abgegrenztes Gebiet {48/58/64}	κίρκος kirkos l. *circus* ahd./mhd. *zirc*	Ring, Kreis Kreis(linie); Rennbahn; Arena (↗ UTL 0264) (Um)kreis, Gebiet
>>>	**bezirzen** = ↗ becircen			
0789	**Biarchie**, die l;gr	Doppelherrschaft {{50/75}	l. *bis* + ἀρχή arche	zweimal Anfang, Herrschaft
0790	**Biathlet**, der l;gr	jmd., der Biathlon betreibt {85}	dto. + ἀθλητής athletes	dto. Wettkämpfer s. o. Athlet
–	**Biathlon**, das l;gr	Kombination (↗ UTL 1734) aus Skilanglauf u. Scheibenschießen {85}	dto. + ἆθλον athlon	dto. (Wett)Kampf

0791	Bibel, die gr>mlat	die Heilige Schrift des Alten u. Neuen Testaments (↗ UTL 3567) {34/51}	βίβλος biblos		Bast der Papyrusstaude; Papier; Buch
>>>	Biblio– ↗ Wortelementeliste				
0792	Bibliograph, der	Verfasser von Bibliographien {34/40/76}	βιβλιόγραφος bibliographos		Bücher schreibend
–	Bibliographie, die	1. Bücherverzeichnis; 2. Zusammenstellung von Büchern u. Schriften zu einem bestimmten ↗ Thema {34/76}	βιβλιογραφία bibliographia		das Bücherschreiben
–	bibliographieren	den Titel (↗ UTL 3586) einer Schrift bibliographisch verzeichnen o. feststellen {25/34/40/76}	dto.		dto.
–	bibliographisch	die Bibliographie betreffend {34/76}	dto.		dto.
0793	Biblioklast, der (gr;gr) >nlat	Sammler, der durch das Herausreißen von Seiten Bücher zerstört {14/29/70}	βιβλίον biblion + κλασμός klasmos		Büchlein das Zerbrechen; Bruch
0794	Bibliolatrie, die gr;gr	1. übermäßige Verehrung heiliger Bücher, bes. der ↗ Bibel {24/25/51}; 2. Buchstabengläubigkeit {24/25}	dto. + λατρεία latreia		dto. (Lohn)dienst; Gottesdienst
0795	Bibliolithen, die (Pl.) gr;gr	antike (↗ UTL 0214) Handschriften, die bei Vulkanausbrüchen halb verkohlten u. wie Stein aussehen {75/76}	dto. + λίθος lithos		dto. Stein
0796	Bibliomane, der gr;gr	jmd., der wie besessen Bücher sammelt {26/70/85}	dto. + μανία mania		dto. Raserei, Wahnsinn, Verzückung
–	Bibliomanie, die	krankhafte Bücherliebe {26/70/85}	dto.		dto.
–	bibliomanisch	krankhaft Bücher liebend {26/70/85}	dto.		dto.
0797	Bibliomantie, die gr;gr	das Wahrsagen aus zufällig aufgeschlagenen Buchstellen, bes. aus der ↗ Bibel {24/51/59}	βιβλίον biblion + μαντεία manteia		Büchlein das Weissagen; die Weissagung
0798	Bibliophage, der gr;gr	leidenschaftlicher Bücherleser {26/32/85}	dto. + φαγεῖν phagein		dto. essen

0799	**biblio-phil** gr;gr	1. bücherliebend {26/32}; 2. besonders schöne u. kostbar (z. B. die Ausgabe eines Buches {34/55/76/79}	dto. + φίλος philos	dto. lieb, befreundet, Freund
–	**Bibliophile**, der / die gr;gr	jmd., der Bücher besonders liebt {26/32/76/85}	dto.	dto.
–	**Bibliophilie**, die gr;gr	Bücherliebhaberei {26/32/76/85}	βιβλίον biblion + φιλία philia	Büchlein . Liebe, Freundschaft
0800	**Bibliophobe**, der / die gr;gr	jmd., der eine Abneigung gegen Bücher hat {26/32/70}	dto. + φόβος phobos	dto. Angst, Furcht
–	**Bibliophobie**, die gr;gr	Abneigung gegen Bücher {26/32/70}	dto.	dto.
0801	**Bibliosophie**, die gr;gr	(veraltet) Lehre vom Zweck des Büchersammelns {32/75/76}	βιβλίον biblion + σοφία sophia	Büchlein das Wissen; Weisheit
0802	**Bibliotaph**, der gr;gr	jmd., der seine Bücher versteckt u. nicht verleiht {32/33}	dto. + τάφος taphos	dto. Grab
0803	**Bibliothek**, die gr>l	1. Aufbewahrungsort für eine ↗ systematisch geordnete Sammlung von Büchern {58/76}; 2. große Sammlung von Büchern {32/57/76}	βιβλιοθήκη bibliotheke	Bücherbehälter, Büchersammlung
–	**Bibliothekar**, der	Verwalter einer Bibliothek {32/40}	dto.	dto.
–	**bibliothekarisch**	den Beruf eines Bibliothekars betreffend {32/40}	dto.	dto.
–	**Bibliothekographie**, die (gr;gr) >nlat	Beschreibung einer Bibliothek {32/76}	dto. + γραφή graphe	dto. Schrift; Zeichnung

0804	Bibliotherapie, die gr;gr	1. Restauration (↗ UTL 3120) von alten o. beschädigten Büchern {40/55/76}; 2. Behandlung von ↗ psychisch Kranken mit Lektüre (↗ UTL 2036) {32/70}	βιβλίον biblion + θεραπεία therapeia	Büchlein Dienst, Behandlung
0805	biblisch gr>nlat	die ↗ Bibel betreffend, aus der Bibel stammend {51/59/77}	βίβλος biblos	Bast der Papyrusstaude; Papier; Buch
0806	Biblizismus, der gr;gr	konservatives (↗ UTL 1824), kompromißloses (↗ UTL1772) Bibelverständnis {25/51/77}	dto. + –ισμός –ismos	dto. gr. Suffix s. Partikelliste
–	Biblizist, der gr;gr	Anhänger des Biblizismus {25/33/51/77}	dto. + –ιστής –istes	dto. gr. Suffix s. Partikelliste
0807	Bigamie, die (l;gr) >kirchenl >mlat	Doppelehe {31/57}	1. bis + γάμος gamos kirchenl. bigamus mlat. bigamia	zweimal; auf zweierlei, doppelte Weise (↗ UTL 0388) Hochzeit, Ehe zweifach verheiratet
–	bigamisch l;gr	in einer Doppelehe lebend {31/57}	dto.	dto.
–	Bigamist, der l;gr;gr	jmd., der mit zwei Personen (↗ UTL 2612) verheiratet ist {31/57}	dto. + –ιστής –istes	dto. gr. Suffix s. Partikelliste
–	bigamistisch l;gr	die Bigamie betreffend {31/57}	dto.	dto.
0808	bimetallisch l;gr>l	1. zwei ↗ Metalle betreffend; 2. aus zwei ↗ Metallen bestehend {57/62/73}	1. bis + μέταλλον metallon	zweimal; auf zweierlei, doppelte Weise (↗ UTL 0388) Metall, Bergwerk s. u. metallisch
0809	Binärsystem, das l;gr	Zahlensystem, das mit nur zwei Ziffern arbeitet (= Dualsystem) {57/66/71}	1. binarius + σύστημα systema	zwei enthaltend ein aus mehreren Teilen zusammengesetztes Ganzes s. u. System

Binokularmikroskop 0810

0810	Binoku- larmikro- skop, das l;l;gr	für beide Augen eingerichte- tes ↗ Mikroskop {40/72}	l. *bini* + l. *ocularis* + μικρός mikros + σκοπός skopos	je zwei die Augen betref- fend (↗ UTL 0397) klein jmd., der genau hinschaut s. u. Mikroskop
0811	Bi<u>n</u>om, das l;gr	Summe (↗ UTL 3490) aus zwei Gliedern (math. t. t.) {57/71}	l. *bis* + νόμος nomos	zweimal; auf zwei- erlei, doppelte Weise (↗ UTL 0388) Brauch, Gesetz
–	bi<u>n</u>o- misch l;gr	zweigliedrig (math. t. t.) {57/71}	dto.	dto.

>>> Bio– ↗ Wortelementeliste

0812	B<u>i</u>obib- liogra- ph<u>i</u>e, die gr;gr	↗ Biographie mit Schriften- verzeichnis über die betref- fende Person (↗ UTL 2612) {32/76}	βίος bios + βιβλιο- γραφία bibliographia	Leben das Bücher- schreiben
0813	B<u>i</u>o- chem<u>i</u>e, die gr;gr>arab >frz	1. Wissenschaft von den Vor- gängen in Lebewesen (chem. t. t.) {70/73}; 2. Heilverfahren betreffend der Störungen des Mineralsalzhaushalts (med. t. t.) {70}	βίος bios + χύμα chyma gemischt mit: χυμεία chymeia o. χημεία chemeia	Leben Flüssigkeit Metallverwand- lung dto. s. u. Chemie
–	B<u>i</u>oche- miker, der gr;gr	Wissenschaftler der Bioche- mie {40/68/69/73}	dto.	dto.
–	b<u>i</u>oche- misch gr;gr	die Biochemie betreffend {68/ 69/73}	dto.	dto.
0814	B<u>i</u>odyna- mik, die gr;gr	Wissenschaft von der Wir- kung der Außeneinflüsse auf Lebewesen {68/69}	βίος bios + δύναμις dynamis	Leben Kraft, Vermögen, Macht s. u. Dynamik

–	biodynamisch gr;gr	1. die Biodynamik betreffend {68/69}; 2. nur mit ↗ organischen Düngemitteln gedüngt {64/68/69}	dto.	dto.
0815	Bioelektrizität, die gr;gr>l >nlat>frz	Gesamtheit der ↗ elektrischen Vorgänge in lebenden ↗ Organismen {68/69/72}	βίος bios + ἤλεκτρον elektron	Leben Silbergold; Bernstein als Träger von Reibungselektrizität s. u. Elektrizität
0816	Bio-Element, das gr;l	Mineralstoff, der von Lebewesen in nur sehr geringer Menge benötigt wird {02/57/68/69}	dto. + l. elementum	dto. Grund-, Urstoff; Element; Anfangsgründe (↗ UTL 0874)
0817	Bioenergetik, die gr;gr	1. ↗ Psychotherapie zur positiven (↗ UTL 2736) Nutzung von Aggressionen (↗ UTL 0101) {70}; 2. Anwendung der Energiegesetze auf Lebensvorgänge (philos. t. t.) {77}	dto. + ἐνεργητικός energetikos	dto. wirksam, kräftig s. u. Energetik
0818	Biogas, das gr;gr	als alternative (↗ UTL 0157a) Energiequelle nutzbares ↗ Gas, das sich aus ↗ organischen Stoffen, z. B. aus Kuhmist, bildet {41/69/73}	dto. + χάος chaos	dto. der leere, unendliche Raum; ungeordneter Urzustand (seit Paracelsus 1538 auch „Luft") s. u. Gas
0819	biogen (gr;gr) >nlat	von Lebewesen stammend {56/68/69}	dto. + –γενής –genes	dto. stammend von; hervorbringend, verursachend
0820	Biogenese, die gr;gr	1. Entstehung des Lebens; 2. Entstehungsgeschichte der Lebewesen {59/68/69}	dto. + γένεσις genesis	dto. Ursprung, Entstehung
–	biogenetisch gr;gr	die Biogenese betreffend {59/68/69}	dto.	dto.
0821	Biogenie, die gr;gr	Entwicklungsgeschichte der Lebewesen {59/68/69}	βίος bios + γενεά genea	Leben Geburt; Herkunft

0822	Biogeographie, die gr;gr;gr	Wissenschaft der ↗ geographischen Verbreitung von Tieren u. Pflanzen {64/68/69}	dto. + γεωγραφία geographia aus: γῆ ge + γραφή graphe	dto. Erdbeschreibung Erde Schrift; Zeichnung s. u. Geographie	
–	biogeographisch gr;gr;gr	die Biogeographie betreffend {64/68/69}	dto.	dto.	
0823	Biogeozönose, die (gr;gr;gr; gr)>nlat	↗ System der Wechselbeziehungen zwischen Planzen u. Tieren u. der unbelebten Umwelt {56/68/69}	βίος bios + γῆ ge + κοινός koinos + –ωσις –osis	Leben Erde gemeinsam gr. Suffix s. Partikelliste	
0824	Biogramm, das (gr;gr) >nlat	Aufzeichnung des Lebensablaufs von Individuen (↗ UTL 1354) einer Gruppe als Verhaltensforschung {32/59/69}	βίος bios + γράμμα gramma	Leben Buchstabe, Schrift(werk)	
0825	Biograph, der (gr;gr) >nlat	Verfasser einer Lebensbeschreibung {32/40/76}	dto. + γραφεύς grapheus	dto. Schreiber, Maler	
–	Biographie, die gr;gr	1. Lebensbeschreibung; 2. Lebensgeschichte eines Menschen {15/32/59}	dto. + γραφή graphe	dto. Schrift; Zeichnung	
–	biographisch gr;gr	die Biographie o. den Lebenslauf betreffend {15/32/59}	dto.	dto.	
0826	Biokatalysator, der gr;gr	Wirkstoff, der in kleinsten Mengen Stoffwechselvorgänge steuert {57/68/69/73}	βίος bios + κατάλυσις katalysis	Leben Auflösung s. u. Katalysator	
0827	Bioklimatologie, die gr;gr;gr	Wissenschaft von den Einwirkungen des ↗ Klimas auf das Leben {65/68/69/70}	dto. + κλίμα, Gen. κλίματος klima, klimatos + λόγος logos	dto. Neigung der Erde gegen die Pole zu; Himmelsgegend Rede, Wort; Berechnung s. u. Klimatologie	

–	bioklima- tisch gr;gr	die Bioklimatologie betreffend {65/68/69/70}	dto.		dto.
0828	Biokurve, die gr;l	individueller (↗ UTL 1354), in bestimmten Intervallen (↗ UTL 1501) verlaufender Lebensrhythmus {59/68/69/70}	βίος bios + l. *curvus*		Leben gebogen, gewölbt, gekrümmt, bauchig (↗ UTL 1970)
0829	Biokyber- netik, die (gr;gr) >nlat	Wissenschaft der Steuerungsvorgänge im ↗ biologischen ↗ System {61/68/69}	dto. + κυβερ- νητική (τέχνη) kybernetike (techne)		dto. (Kunst des) Steuerns o. Steuermannes s. u. Kybernetik
–	biokyber- netisch (gr;gr) >nlat	die Biokybernetik betreffend {61/68/69}	dto.		dto.
0830	Biolith, der (gr;gr) >nlat	aus toten Lebewesen gebildetes Sediment (↗ UTL 3248) (geol. t. t.) {62/68/69}	βίος bios + λίθος lithos		Leben Stein
0831	Biologe, der (gr;gr) >nlat	Wissenschaftler der Biologie {40/68/69}	dto. + λόγος logos		dto. Rede, Wort; Berechnung
–	Biologie, die (gr;gr) >nlat	Wissenschaft vom Leben u. von den Lebewesen {68/69}	dto.		dto.
–	biolo- gisch (gr;gr) >nlat	1. die Biologie betreffend {68/69}; 2. natürlich, ohne ↗ Chemie {39/73}	dto. + λογικός logikos		dto. zum Reden gehörig, die Rede betreffend
0832	Biologis- mus, der gr;gr	einseitige u. ausschließliche Anwendung biologischer Gesichtspunkte auf andere Wissensgebiete {25/68/69}	βίος bios + λογισμός logismos		Leben das Rechnen, Berechnung
0833	biologi- stisch gr;gr	den Biologismus betreffend {25/68/69}	dto. + λογιστι- κός logistikos		dto. zum (Be)rechnen gehörig
0834	Biolumi- neszenz, die (gr;l)>nlat	auf ↗ biochemischen Vorgängen beruhende Lichtausstrahlung vieler Lebewesen (↗ Bakterien, Tiefseefische u. a.) {54/55/69}	dto. + l. *luminare* (+ *–escere*)		dto. erleuchten, erhellen Wortbestandteil, das ein Wachsen ausdrückt (↗ UTL 2097)

0835	Biolyse, die (gr;gr) >nlat	Zersetzung ⟶ organischer Substanz (⟶ UTL 3466) durch lebende ⟶ Organismen (chem. t. t.) {54/61/69/73}	dto. + λύσις lysis	dto. (Auf)lösung
–	biolytisch (gr;gr) >nlat	die Biolyse betreffend {54/61/69/73}	dto.	dto.
0836	Biom, das (gr;gr) >nlat	Lebensgemeinschaft von Tieren u. Pflanzen in einem größeren ⟶ geographischen Raum {58/64/68/69}	βίος bios + –ωμα –oma	das Leben gr. Suffix s. Partikelliste
0837	Biomant, der (gr;gr) >nlat	jmd., der sich mit Biomantie befaßt {32/51/59}	dto. + μαντεία manteia	dto. das Weissagen; die Weissagung
–	Biomantie, die (gr;gr) >nlat	Voraussage des Lebensschicksals aus ⟶ biologischen Zeichen (z. B. Handlinien) {32/51/59}	dto.	dto.
0838	Biomasse, die gr;gr	die aus lebenden u. toten ⟶ Organismen bestehende ⟶ organische Substanz (⟶ UTL 3466) {57/68/69}	βίος bios + μᾶζα maza	Leben das Geknetete; Gerstenbrot; Klumpen s. u. Masse
0839	Biomechanik, die gr;gr	Teilgebiet der ⟶ Biophysik; Lehre der ⟶ mechanischen Vorgänge im ⟶ Organismus {68/69/72}	dto. + μηχανική (τέχνη) mechanike (techne)	dto. Maschinenkunst s. u. Mechanik
–	biomechanisch gr;gr	die Biomechanik betreffend {68/69/72}	dto.	dto.
0840	Biometeorologie, die gr;gr;gr	Wissenschaft vom Einfluß des Wetters auf Lebewesen (biol., med. t. t.) {65/70}	βίος bios + μετεωρολογία meteorologia	Leben Lehre von den Himmelserscheinungen s. u. Meteorologie
–	biometeorologisch gr;gr;gr	die Biometeorologie betreffend {65/70}	dto.	dto.

0841	Biometrie o. Biometrik, die (gr;gr) >nlat	Lehre von den Maß- u. Zahlenverhältnissen der Lebewesen {56/57/68/69}	βίος bios + μέτρον metron	Leben Maß, Versmaß
–	biometrisch (gr;gr) >nlat	die Biometrie betreffend {56/57/68/69}	dto.	dto.
0842	biomorph (gr;gr) >nlat	von den Kräften des natürlichen (↗ UTL 2343) Lebens geformt {54/55/60}	βίος bios + μορφή morphe	Leben Form, Gestalt
0843	Biomorphose, die gr;gr	durch die Lebensvorgänge bewirkte Veränderung eines Lebewesens (z. B. das Altern) {61/68/69}	dto. + μόρφωσις morphosis	dto. das Gestalten, Abbilden
0844	biomorphotisch gr;gr	die Biomorphose betreffend {61/68/69}	dto. + μορφωτικός morphotikos	dto. zum Gestalten gehörig
0845	Bionik, die gr;engl	Wissenschaftsgebiet zur Lösung ↗ technischer ↗ Probleme nach dem Vorbild der Funktion (↗ UTL 1164) von Körperorganen {41/66/69/72/87}	dto. + engl. electronics	dto.
–	bionisch gr;engl	die Bionik betreffend {41/66/69/72/87}	dto.	dto.
0846	Biophonetik, die (gr;gr) >nlat	Wissenschaft der ↗ biologischen Grundlagen für die Entstehung u. Aufnahme der Sprachlaute u. den dabei stattfindenden Vorgängen im Zentralnervensystem {32/69/70}	βίος bios + φωνητικός phonetikos	Leben zum Sprechen gehörig s. u. Phonetik
0847	Biophysik, die gr;gr	Wissenschaft von den phys. Vorgängen in Lebewesen {68/69/72}	dto. + φυσική (τέχνη) physike (techne)	dto. Erforschung der Natur s. u. Physik
–	biophysikalisch gr;gr	die Biophysik betreffend {68/69/72}	dto.	dto.

0848	Biopsie, die (gr;gr) >nlat	Untersuchung von Gewebe eines lebenden ⁊ Organismus {25/68/69}	βίος bios + ὄψις opsis	Leben das Sehen
0849	Biopsychismus, der (gr;gr;gr) >nlat	⁊ Philosophie, die jedem ⁊ organischen Geschehen einen ⁊ psychischen Prozeß (⁊ UTL 2891) zuordnet {70/77}	dto. + ψυχή psyche + -ισμός -ismos	dto. Seele gr. Suffix s. Partikelliste s. u. Psychismus
0850	bioptisch (gr;gr) >nlat	die Biopsie betreffend {25/68/69}	dto. + ὀπτικός optikos	dto. zum Sehen gehörig
0851	Bior(r)heuse, die (gr;gr) >nlat	Bezeichnung für den natürlichen (⁊ UTL 2343) Prozeß (⁊ UTL 2891) des Alterns {59/61/68/69/70}	dto. + ῥεῦσις rheusis	dto. das Fließen
0852	Biorhythmik, die gr;gr	Art des ⁊ Biorhythmus {59/61/68/69/70}	dto. + ῥυθμικός rhythmikos	dto. gleichmäßig, ebenmäßig s. u. Rhythmik
–	Biorhythmus, der gr;gr	der ⁊ rhythmische Ablauf des Lebens von ⁊ Organismen (z. B. weibl. ⁊ Zyklus) {59/68/69/70}	dto. + ῥυθμός rhythmos	dto. gleichmäßige Bewegung, Ebenmaß; Takt s. u. Rhythmus
0853	Bios, der	das Leben; die belebte Welt als Teil des ⁊ Kosmos {01/02}	βίος bios	das Leben
0853a	Biosphäre, die (gr;gr) >nlat	von Lebewesen besiedelter Teil der Erde {63/68/69}	dto. + σφαῖρα sphaira	dto. Kugel, Ball s. u. Sphäre
–	biosphärisch (gr;gr) >nlat	zur Biosphäre gehörend {63/68/69}	dto.	dto.

>>> Biostatistik, die = ⁊ Biometrie

0854	Biosynthese, die gr;gr	Aufbau ⁊ organischer Substanzen (⁊ UTL 3466) in der lebenden Zelle (⁊ UTL 3886) {68/69}	βίος bios + σύνθεσις synthesis	Leben Übereinkunft; Zusammenlegung, -setzung s. u. Synthese

0855	Biotech-nik, die gr;gr	↗ technische Nutzbarma-chung ↗ biologischer Vorgän-ge (z. B. der Hefegärung) {41/68/69}	dto. + τεχνικός technikos	dto. die Kunst, das Handwerk be-treffend s. u. Technik
–	biotech-nisch gr;gr	die Biotechnik betreffend {41/68/69}	dto.	dto.
0856	Biotech-nologie, die gr;gr;gr	Wissenschaft der ↗ Biotech-nik {41/68/69}	βίος bios + τεχνικός technikos + λόγος logos	Leben die Kunst, das Handwerk be-treffend Rede, Wort; Be-rechnung s. u. Technologie
0857	Biotele-metrie, die gr;gr;gr	Funkübermittlung von ↗ bio-logischen Meßwerten (Luft– u. Raumfahrt) {45/46/66}	dto. + τῆλε tele + μέτρον metron	dto. weit, fern Maß, Versmaß s. u. Telemetrie
0858	Biotin, das gr>nlat	Vitamin (↗ UTL 3838) H (in Leber u. Hefe auftretend, das Wachstum fördernd) {73}	βιοτή biote	das Leben
0859	biotisch	auf Lebewesen, auf das Le-ben bezüglich, Lebens... {15/68/69}	βιωτός biotos	lebenswert
0860	Biotonus, der (gr;gr) >nlat	Lebensspannkraft (psych. t. t.) {70}	βίος bios + τόνος tonos	Leben Spannung, Band, Ton
0861	Biotop, der / das (gr;gr) >nlat	1. Lebensraum für bestimmte Pflanzen- u. Tierarten; 2. Le-bensraum einer einzelnen Art {58/64/68/69}	dto. + τόπος topos	dto. Ort, Stelle, Ge-gend
0862	biotrop (gr;gr) >nlat	durch ↗ klimatische Reize auf den ↗ Organismus einwir-kend {65/68/69}	dto. + τρόπος tropos	dto. Wendung; Art und Weise
–	Biotropie, die (gr;gr) >nlat	Empfindlichkeit des Organis-mus gegenüber Wetter-schwankungen {65/68/69}	dto.	dto.
0863	Biotyp o.Bio-typus, der gr;gr	reiner Typ, reine Linie (↗ UTL 2069); Individuen (↗ UTL 1354) mit gleicher Erbanlage {10/68/69}	βίος bios + τύπος typos	Leben Schlag; Abdruck; Gepräge, Gestalt s. u. Typus

–	**b̲ioty̲-pisch** gr;gr	den Biotypus betreffend {10/68/69}	dto.	dto.
0864	**B̲iowis-senschaf-ten,** die (Pl.) gr;d	alle zur ↗ Biologie gehören-den Wissenschaftszweige {68/69}	βίος bios + d. Wissen-schaften	Leben
0865	**b̲iozen-trisch** gr;gr>l	Weltanschauung, die das Le-ben in den Mittelpunkt stellt {77}	dto. + κέντρον kentron	dto. Mittelpunkt eines Kreises; Stachel-(stab); ruhender Zirkelschenkel s. u. zentrisch
0866	**B̲iozöno-loge,** der (gr;gr;gr) >nlat	Erforscher von ↗ biologi-schen Lebensgemeinschaften {31/68/69}	dto. + κοινός koinos + λόγος logos	dto. gemeinsam Rede, Wort; Be-rechnung
–	**B̲iozöno-logie,** die (gr;gr;gr) >nlat	Wissenschaft der ↗ biologi-schen Lebensgemeinschaften {31/68/69}	dto.	dto.
0867	**B̲iozö-nose,** die gr;gr;gr	Lebensgemeinschaft verschie-dener Arten von Lebewesen, die ähnliche Umweltbedin-gungen verlangen {68/69}	βίος bios + κοινός koinos + –ωσις –osis	das Leben gemeinsam gr. Suffix s. Partikelliste
–	**b̲iozöno-tisch** gr;gr;gr	die Biozönose betreffend {68/69}	dto.	dto.
0868	**b̲ipolar** l;gr	zweipolig {54/57/72}	l. bis + πόλος polos	zweimal Achse, Dreh-punkt, Pol s. u. polar
–	**B̲ipolari-tät,** die l;gr	Zweipoligkeit {54/57/72}	dto.	dto.
0869	**B̲ischof,** der gr>kir-chenl>ahd >mhd	Würdenträger ↗ christlicher ↗ Kirchen {33/40/51/77}	ἐπίσκοπος episkopos l. episcopus ahd. biscof mhd. bischof	Aufseher, Beo-bachter Vorsteher, Bischof oberster geistli-cher Würdenträ-ger dto.

–	bischöf-lich gr>kirchenl>mhd	zum Amt eines Bischofs gehörig {40/51/77}	dto. kirchenl. *episcopalis* mhd. *bischoflich*	dto. den Bischof betreffend
0870	Bistum, das gr>ahd >mhd	Amtsbezirk eines Bischofs {48/51/77}	dto. + d. *-tum* ahd. *biscoftuom* mhd. *bischoftuom, bis(ch)tuom*	dto. Amtsbereich des Bischofs dto.
0871	bizonal l;gr	die Bizone betreffend {50/75}	1. *bis* + ζώνη *zone*	zweimal; auf zweierlei, doppelte Weise (↗ UTL 0388) Gurt, Gürtel; Zone
–	Bizone, die l;gr	Bezeichnung für den Zusammenschluß der am. u. brit. Besatzungszone in Deutschland nach 1947 {50/75}	dto.	dto.
0871a	Blaise gr>frz	frz. weiblicher Vorname {31}	βλαῖσος *blaisos* frz. *blaise*	auswärts gebogen (von Füßen); Krummfuß
0872	Blamage, die gr>kirchenl >vulgl>frz	(studentensprachliches Ulkwort): Peinlichkeit {26/30}	βλασφημεῖν *blasphemein* 1. *blas-phemare* vulgl. *blastemare* frz. *blâme*	schmähen, (Gott) lästern dto. dto. Tadel
–	blamabel gr>kirchenl >vulgl>frz	beschämend, peinlich {26/30}	dto. frz. *blâmable*	dto. tadelnswert
–	blamieren gr>kirchenl >vulgl>frz	bloßstellen, zum Gespött machen {26/30/33}	dto. frz. *blâmer*	dto. tadeln
0873	Blasius gr>frz	männlicher Vorname {31}	βλαῖσος *blaisos*	auswärts gebogen (von Füßen); Krummfuß
0874	Blasphemie, die gr>l	Gotteslästerung {32/51/77}	βλασφημία *blasphemia*	Schmähung, Verleumdung

–	blasphe-mieren	etwas Heiliges beschimpfen {32/51/77}	βλασφημεῖν blasphemein	schmähen, (Gott) lästern
–	blasphe-misch o. bla-sphemi-stisch	Heiliges lästernd {32/51/77}	βλάσφημος blasphemos	schmähend, ver-leumdend
–	Blasphe-mist, der (gr;gr) >nlat	Gotteslästerer {33/51/77}	dto. + –ιστής –istes	dto. gr. Suffix s. Partikelliste

>>> –blast ↗ Wortelementeliste

0875	Blastem, das	Gewebe aus noch nicht diffe-renzierten (↗ UTL 0737) Zel-len (↗ UTL 3886) {55/68/69/70}	βλάστημα blastema	Keim, Sproß

>>> Blasto– ↗ Wortelementeliste

0876	Blasto-genese, die gr;gr	ungeschlechtliche Vermeh-rung durch Sprossung u. Knospung {68/69/70}	βλαστός blastos + γένεσις genesis	Keim, Sproß Ursprung, Ent-stehung
0877	Blastom, das gr;gr	Geschwulst, krankhafte Ge-websneubildung (med. t. t.) {14/70}	βλαστός blastos + –ωμα –oma	Keim, Sproß gr. Suffix s. Partikelliste
0878	Blasto-mere, die gr;gr	durch Furchung entstandene Zelle (↗ UTL 3886) {68/69/70}	dto. + μέρος meros	dto. Teil
0879	Blasto-zyten, die (Pl.) gr;gr	noch undifferenzierte (↗ UTL 0737) ↗ embryonale Zellen (↗ UTL 3886) {55/68/69/70}	dto. + κύτος kytos	dto. Höhlung, Wöl-bung
0880	Blastula, die gr;l	↗ Embryo in einem frühen Entwicklungsstadium {59/68/69/70}	dto. + l. –ula	dto. verkleinernde Nachsilbe
0881	Blepha-ritis, die (gr;gr) >nlat	Augenlidentzündung (med. t. t.) {14/70}	βλέφαρον blepharon + –ῖτις –itis	Augenlid gr. Suffix s. Partikelliste

0882	**Bo̱dega,** die gr>l>span	1. span. Weinkeller {42/44/58}; 2. Warenlager in Seehäfen {42/58/80}	ἀποθήκη apotheke l. *apotheca* span. *bodega*	Ablage, Speicher dto. dto.; Lagerkeller, Schenke	

>>> –bol ↗ Wortelementeliste

0884	**Bo̱la,** die gr>l>span	südamerikanisches Wurf- und Fanggerät {38}	βόλος bolos l. *bolus* span. *bola*	Wurf der Wurf (des Netzes beim Fischen); der Fang; der Profit, Reibach Kugel
0885	**Bo̱letus,** der gr>l	Pilz (↗ UTL 2658) aus der Gattung der Dickröhrlinge (Schwammpilz, z. B. Steinpilz) {03/68}	βωλίτης bolites l. *boletus*	eßbarer Pilz Champignon
0886	**Boli̱d(e),** der gr>l	1. großer, sehr heller ↗ Meteor {55/66}; 2. Rennwagen {45/85}; 3. besonders wertvolles, aufwendiges (Referenz)gerät im HiFi-Bereich {46/85}	βολίς, Gen. βολίδος bolis, bolidos	Wurfgeschoß

>>> –bolie, –bolisch ↗ Wortelementeliste

0887	**Bo̱lle,** die gr>l	(berlin.) Zwiebel {05}	βολβός bolbos	Zwiebel
0888	**Bo̱l(us),** der gr>nlat	1. Bissen, Klumpen (med. t. t.); 2. große Pille (↗ UTL 2657) (vet. t. t.) {57/70}	βόλος bolos	Wurf
0889	**Bolo- me̱ter,** das (gr;gr) >nlat	Strahlungsmeßgerät {41/72}	dto. + μέτρον metron	dto. Maß, Versmaß
0890	**Bolustod,** der gr;d	Tod durch Ersticken an einem verschluckten Fremdkörper {14/15/70}	βόλος bolos + d. *Tod*	Wurf
0891	**Bomba̱r- de,** die gr>l>frz	1. Steinschleudergeschütz {86}; 2. Holzblasinstrument, der Schalmei ähnlich {37}	βόμβος bombos frz. *bombarde*	Dröhnen, dumpfes Geräusch Donnerbüchse
–	**Bombar- deme̱nt,** das	1. Beschießung mit schweren Waffen; 2. Angriff durch Bomben {29/86}	dto.	dto.

bombardieren 0891

–	bombar- dieren gr>l>frz	1. mit Bomben angreifen {29/ 86}; 2. (scherzhaft:) bewerfen {29}; 3. (fig.) bedrängen {29/ 32}	dto. frz. *bombarder*	dto. beschießen
–	Bombart, der	1. = Bombarde (2.); 2. Zun- genstimme der ↗ Orgel {37}	dto.	dto.
0892	Bombast, der gr>l>afrz >engl	(Rede)schwulst, (aufgeplu- sterter) Wortschwall {26/32}	βόμβυξ bombyx l. *bombyx* afrz. *bombace* engl. *bombast*	Seidenraupe, Seide dto. Baumwolle (mit Baumwolle aufgebauschte) Jacke
–	bomba- stisch	hochtrabend, schwülstig {25/26}	dto.	dto.
0893	Bombe, die gr>l>it>frz	1. Sprengkörper {86}; 2. (ugs.) wuchtiger Schuß o. Wurf {55/ 85}; 3. sensationelles (↗ UTL 3276) Ereignis {26/29/33}	βόμβος bombos l. *bombus* it. *bomba* frz. *bombe*	Dröhnen, dum- pfes Geräusch dto. schweres Geschoß dto.
–	bomben	= ↗ bombardieren {86}	dto.	dto.
–	Bomber, der	1. Bombenflugzeug {86}; 2. (ugs.) schußkräftiger Fußball- spieler {85}	dto.	dto.
–	bombie- ren	sich wölben (von Blech ge- sagt) {55}	dto.	dto.
–	Bombus, der	Ohrensausen (med. t. t.) {14/70}	dto.	dto.

>>> Bomhart/d = ↗ Bombart

0894	Bora, die gr>l>it	ein kalter Fallwind, bes. an der Nordostküste der Adria {54/55/65}	Βορέας Boreas	Nordwind (s. An- hang „Namen")
–	Boraccia, die	besonders heftige Bora {65}	dto.	dto.
–	boreal gr>l	nördlich, kalt-gemäßigt {54/ 55/64/65}	dto.	dto.
–	Boreal, das	Wärmeperiode der Nacheis- zeit {54/55/59/65}	dto.	dto.
–	Boreas, der	kalter Nordwind {54/55/65}	dto.	dto.

0895	Börse, die gr>l>mlat >ahd>mhd >niederl	1. Geldbeutel {43/44}; 2. Aktienmarkt {42/80}	βύρσα byrsa l. *byrsa* mlat. *bursa* ahd. *bursa* mhd. *burse* niederl. *borse, beurs*	abgezogene Haut eines Tieres; Leder Fell; Ledersack Lederbeutel, Geldsäckchen Geldtäschchen dto. Handelszusammenkunft
–	Börsianer, der gr>l>mlat >ahd>mhd >niederl	(ugs.) Börsenspekulant {42/40/80}	dto.	dto.
0896	Bosporus, der gr;gr	Meerenge zwischen Europa und Kleinasien (s. Anhang „Namen") {64}	βοῦς bous + πόρος poros	Rind Furt, Weg; Durchgang; Öffnung
0897	Botanik, die gr>nlat	Pflanzenforschung {68}	βοτανική botanike	Pflanzenkunde
–	Botaniker, der	Wissenschaftler auf dem Gebiet der Botanik {40/68}	βοτανικός botanikos	Kräuter betreffend
–	botanisch	die Botanik betreffend {68}	βοτάνη botane	Kraut, Pflanze
–	botanisieren	Pflanzen zu Studienzwecken sammeln {68}	dto.	dto.
>>>	Bottega, die = ↗ Bodega			
0898	Bottich, der gr>l>mlat bzw. l>mlat >ahd>mhd	größeres, wannenartiges Gefäß (aus Holz) {44}	ἀποθήκη apotheke l. *apotheca* mlat. *potecha* gemischt mit: l. *buttis* mlat. *butica* ahd. *botega* mhd. *botech(e)*	Ablage, Speicher dto. Abstellraum, Vorratslager Faß dto. großes Faß dto.
–	Böttcher, der	Handwerker, der Holzgefäße herstellt {40}	dto.	dto.
0899	Boutique, die gr>l>aprov >frz	kleines, schickes u. teures Modegeschäft {19/33/42}	dto. aprov. *botica* frz. *boutique*	dto. Kramladen

0900	Box, die gr>l>engl	1. abgeteilter Raum, Behälter {58}; 2. Rollfilmkamera in Kastenform {87}; 3. kastenförmiger Behälter o. Gegenstand {44/58}; 4. Pferdestand {58/85}	πυξίς pyxis l. *pyxis* u. *buxis* engl. *box*	Büchse aus Buchsbaumholz dto. Büchse, Kästchen
0901	brachial gr>l	1. zum Oberarm gehörend (med. t. t.) {11/70}; 2. mit roher Körperkraft {29/55}	βραχίων brachion l. *bracchium*	Arm
–	Brachialgewalt, die gr;d	rohe köperliche Gewalt als Mittel zur Durchsetzung von Zielen {28/29/55}	dto. + d. *Gewalt*	dto.
0902	Brachialgie, die gr>l;gr	Schmerzen im Oberarm (med. t. t.) {14/70}	dto. + ἄλγος algos	dto. Schmerz
0903	Bra(c)chiosaurus, der (gr>l;gr) >nlat	pflanzenfressender, sehr großer ↗ Dinosaurier mit langen Vorderbeinen {69}	dto. + σαῦρος sauros	dto. Eidechse s. u. Saurier

>>> Brachy- ↗ Wortelementeliste

0904	brachydaktyl gr;gr	kurzfingerig (med. t. t.) {14/70}	βραχύς brachys + δάκτυλος daktylos	kurz, klein Finger, Zehe; Längenmaß; Versfuß
–	Brachydaktylie, die gr;gr	angeborene Kurzfingerigkeit (med. t. t.) {14/70}	dto.	dto.
0905	Brachygraphie, die gr;gr	(veraltet) Kurzschrift, ↗ Stenographie {32/40/57}	βραχύς brachys + γραφή graphe	kurz, klein Schrift; Zeichnung
0906	brachykatalektisch gr;gr	am Versende um einen Versfuß bzw. um zwei ↗ Silben verkürzter antiker (↗ UTL 0214) Vers (↗ UTL 3791) {34/57/76}	dto. + καταληκτικός katalektikos	dto. aufhörend s. u. katalektisch
–	Brachykatalexe, die gr;gr	Verkürzung eines Verses (↗ UTL 3791) um den letzten Versfuß o. die letzten zwei ↗ Silben {34/57/76}	dto. + κατάληξις katalexis	dto. das Aufhören; Versschluß s. u. Katalexe

>>> brachykephal, Brachykephale, Brachykephalie = ↗ brachyzephal / ↗ Brachyzephale / ↗ Brachyzephalie

0907	Brachylalie, die (gr;gr) >nlat	Abkürzungen, die mit den einzelnen Buchstaben ausgesprochen werden (z. B. USA) {32/76}	βραχύς brachys + λαλεῖν lalein	kurz, klein reden, schwatzen
0908	Brachylogie, die gr;gr	knappe, prägnante (↗ UTL 2770) Ausdrucksweise (rhet., stilk. t. t.) {32/76}	dto. + λόγος logos	dto. Rede, Wort; Berechnung
0909	Brachypnoe, die gr;gr	(veraltet) Kurzatmigkeit (med. t. t.) ; vgl. ↗ Dyspnoe u. Tachypnoe {14/70}	dto. + πνοή pnoe	dto. das Wehen, Blasen; Wind
0910	Brachysyllabus, der (gr;gr)>l	antiker (↗ UTL 0214) Versfuß (↗ UTL 3791), der nur aus kurzen ↗ Silben besteht {34/76}	dto. + συλλαβή syllabe	dto. das Zusammenfassen; Silbe s. u. Syllabus
0911	brachyzephal (gr;gr) >nlat	kurzköpfig, rundschädelig (med. t. t.) {55/70}	dto. + κεφαλή kephale	dto. Kopf, Haupt
–	Brachyzephale, der / die (gr;gr) >nlat	Kurzköpfige(r) (med. t. t.) {55/70}	dto.	dto.
–	Brachyzephalie, die (gr;gr) >nlat	Kurzköpfigkeit (med. t. t.) {55/70}	dto.	dto.
0912	Bradykardie, die gr;gr	langsame Herztätigkeit (med. t. t.) {55/70}	βραδύς bradys + καρδία kardia	langsam Herz
0913	Bradyphrasie, die gr;gr	langsames Sprechen (med. t. t.) {32/55/70}	dto. + φράσις phrasis	dto. das Sprechen; Sprache
0914	Branchie, die gr>l	Kieme {69}	βράγχια branchia	Fischkieme
0915	Branchiosaurier o. -saurus, der (gr;gr) >nlat	urzeitlicher Panzerlurch {69}	dto. + σαῦρος sauros	dto. Eidechse s. u. Saurier

0916	Brasse-lett, das gr>l>frz	Armband {20}	βραχίων brachion l. *bracchium* frz. *brachelet*	Arm Arm, Unterarm, Schenkel „kleiner Arm"; Armband
–	Bratsche, die gr>l>it	Streichinstrument (eine Quinte (↗ UTL 2944) tiefer gestimmt als eine Violine) {37}	dto. it. *braccio*, *viola di braccio*	dto. Arm, Armgeige
–	Bratscher o. Bratschist, der	↗ Musiker, der Bratsche spielt {37/40}	dto.	dto.
0917	brav gr>l>vulgl >span>it >frz	wacker, tüchtig, ordentlich, artig {25/26/84}	βάρβαρος barbaros l. *barbarus* vulgl. **brabus* span. *bravo* it. *bravo* frz. *brave*	nicht griechisch, unverständlich, ungebildet dto.; ausländisch; grausam dto.; dto.; wild, unbändig dto.; wacker, tüchtig dto.
–	Bravade, die gr>l>vulgl >span>it >frz	(veraltet) 1. Prahlerei {26/32}; 2. Trotz {84}	dto.	dto.
–	bravissimo gr>l>vulgl >span>it	sehr gut! (Beifallskundgebung) {26/32/85}	dto. + it. *–issimo*	dto. Superlativkennzeichen
–	bravo! gr>l>vulgl >span>it	gut! vortrefflich! (Beifallskundgebung) {26/32/85}	dto.	dto.
–	Bravo, das gr>l>vulgl >span>it	Beifallsruf {26/32/85}	dto.	dto.
–	Bravour, die gr>l>vulgl >span>it >frz	gekonnte Art, etwas zu bewältigen {22/25}	dto. frz. *bravoure*	dto. Tüchtigkeit, Tapferkeit

–	Bravour-leistung, die gr>l>vulgl >span>it >frz;d	Meisterleistung {22/25}	dto. + d. *Leistung*	dto.
–	bravou-rös	mit Bravour {22/25}	dto.	dto.
–	Bravour-stück, das gr>l>vulgl >span>it >frz;d	Glanznummer {22/25/29}	dto. + d. *Stück*	dto.
0918	Brezel, die gr>l>mlat >it	(ineinander verschlungene) Gebäckform {17}	βραχίων brachion l. *bracchium*	Arm
0919	Brillant, der sanskr >mind>gr >l>frz	geschliffener ↗ Diamant {02/20}	sanskr. *vaidurya* mind. *veruliya* βήρυλλος beryllos l. *beryllus* frz. *brillant*	Beryll dto. dto. dto.
–	brillant sanskr >mind>gr >l>frz	ausgezeichnet, hervorragend {22/25}	dto.	dto.
–	Brillan-tine, die sanskr >mind>gr >l>frz	Haarpomade {21}	dto. frz. *brillantine*	dto.
–	Brillanz, die sanskr >mind>gr >l>frz	1. Virtuosität {22/25}; 2. Bild-schärfe (fot. t. t.) {87}; 3. Ton-schärfe (akust. t. t.) {72}	dto.	dto.
–	Brille, die sanskr >mind>gr >l>afrz >mhd	Gestell zur Sehhilfe (einst aus Beryll hergestellt) {44/70/87}	dto. afrz. *beril* mhd. *berille*	dto. dto. dto.

–	brillieren sanskr >mind>gr >l>it>frz	glänzen, sich auszeichnen {22/25}	dto. it. *brillare* frz. *briller*	dto. (wie ein Beryll) glänzen dto.
0920	Brom, das gr>l	rotbraune, die Schleimhaut reizende, Dämpfe entwickelnde Flüssigkeit; Zeichen: Br (chem. t. t.) {73}	βρῶμος bromos	Gestank
–	Bromid, das gr>l;gr	Salz des Bromwasserstoffs, Verbindung eines ↗ Metalls o. Nichtmetalls mit Brom {73}	dto. + –(ε)ιδής –(e)ides	dto. ähnlich aussehend s. Partikelliste
–	bromieren gr>l	Brom in eine ↗ organische Verbindung einführen {73}	dto.	dto.

>>> Bronche, die = ↗ Bronchie
>>> Bronchial– ↗ Wortelementeliste

0921	bronchial gr>l>nlat	die Bronchie betreffend {11/70}	βρόγχια bronchia	das Ende der Luftröhre
0922	Bronchialasthma, das gr>l>nlat; gr	↗ Asthma infolge krampfartiger Verengung der Bronchiolen (med. t. t.) {14/70}	dto. + ἄσθμα asthma	dto. Beklemmung, schweres Atmenholen s. o. Asthma
0923	Bronchialkatarrh, der gr>l>nlat; gr	= ↗ Bronchitis (med. t. t.) {14/70}	dto. + κατάρροος katarrhoos	dto. (vom Kopf) herabfließend (aus dem Hirn abfließender Schleim als Krankheitsursache) s. u. Katarrh
0924	Bronchie, die gr>l	Luftröhrenast {11/70}	βρόγχια bronchia	das Ende der Luftröhre
–	Bronchiole, die gr>l>nlat	feinere Verzweigung der Bronchien in den Lungenläppchen {11/70}	dto.	dto.
–	Bronchitis, die gr;gr	Entzündung der Bronchialschleimhäute (med. t. t.) {14/70}	dto. + –ῖτις –itis	dto. gr. Suffix s. Partikelliste

>>> Broncho– ↗ Wortelementeliste

0925	Broncho-gramm, das gr;gr	Röntgenbild der Luftröhrenäste (med. t. t.) {14/55/70}	βρόγχος bronchos + γράμμα gramma	Kehle, Luftröhre Buchstabe, Schrift(werk)
0926	Broncho-graphie, die gr;gr	Röntgenaufnahme der ↗ Bronchien (med. t. t.) {55/70}	dto. + γραφή graphe	dto. Schrift; Zeichnung
0927	Broncho-skop, das gr;gr	Gerät mit Spiegel zur Untersuchung der ↗ Bronchien (med. t. t.) {70}	dto. + σκοπός skopos	dto. jmd., der genau hinschaut
0928	Broncho-skopie, die gr;gr	Untersuchung der ↗ Bronchien mit dem Bronchoskop (med. t. t.) {70}	dto. + σκοπή skope	dto. das Umschauen, Spähen
0929	Broncho-tomie, die gr;gr	operative (↗ UTL 2434) Öffnung der ↗ Bronchien (med. t. t.) {70}	βρόγχος bronchos + τομή tome	Kehle, Luftröhre das Schneiden; Schnitt; das Abgeschnittene
0930	Bron-chus, der gr>l	1. Hauptast der Luftröhre; 2. = ↗ Bronchie (med. t. t.) {11/70}	βρόγχος bronchos	Kehle, Luftröhre
0931	Bronto-saurus o. -saurus, der (gr;gr) >nlat	pflanzenfressender, riesiger ↗ Dinosaurier der Kreidezeit {69}	βροντή bronte + σαῦρος sauros	Donner Eidechse s. u. Saurier
0932	Broto-philie, die gr;gr	sexueller (↗ UTL 3303) Kontakt (↗ UTL 1846), bei dem das Partneralter unwichtig ist {18/70}	βροτός brotos + φιλία philia	sterblich; Mensch Liebe, Freundschaft

>>> Brünelle = ↗ Prünelle

0933	Bruxis-mus, der gr;gr	nächtliches Zähneknirschen (med. t. t.) {14/70}	βρυχή bryche + -ισμός -ismos	Zähneklappern, -knirschen gr. Suffix s. Partikelliste
–	Bruxo-manie, die gr;gr	unnormales Zähneknirschen (med. t. t.) {14/70}	dto. + μανία mania	dto. Raserei, Wahnsinn, Verzückung s. u. Manie

0934	Bryolo-gie, die (gr;gr) >nlat	Wissenschaft von den Moosen {68}	βρύον bryon + λόγος logos	Moos Rede, Wort; Berechnung
0935	Bryophyt, der (gr;gr) >nlat	Moospflanze {04/68}	dto. + φυτόν phyton	dto. Gewächs, Pflanze
0936	Bryozoon, das (gr;gr) >nlat	Moostierchen {08/69}	dto. + ζῷον zoon	dto. Lebewesen, Tier
0936a	BSE, die gr>l>engl; gr;l;gr;gr	(= Bovine Spongiforme Enzephalopathie): schwammartige Hirnerkrankung bei Rindern, Rinderwahnsinn {09/17/69}	βοῦς bous l. bos, Gen. bovis engl. bovine + σπόγγος spongos + l. forma + ἐγκέφαλος enkephalos + πάθος pathos	Ochse, Rind, Kuh Rind Rinder... Schwamm Form, Gestalt, Umriß, Figur (↗ UTL 1132) Gehirn Schmerz; Leiden-(schaft)
0937	Bubonenpest, die gr;l	Anschwellen der Schamdrüsen (med. t. t.) {14/70}	βουβών boubon + l. pestis	Drüse in der Schamgegend Seuche, Pest, ansteckende Krankheit (↗ UTL 2620)
0938	Buchsbaum, der gr>l>ahd/mhd	immergrüne strauch- o. baumartige Zierpflanze {04/68}	πύξος pyxos l. buxus ahd./mhd. buhs, buhsboum	Buchsbaum, –holz dto. dto.
0939	Büchse, die gr>l>ahd >mhd	1. ↗ zylindrisches Gefäß zur Aufbewahrung {44/58}; 2. Handfeuerwaffe, Gewehr {38/86}	πυξίς pyxis l. pyxis u. buxis ahd. buhsa mhd. bühse	Büchse aus Buchsbaumholz dto. Salbenbüchse; Schußwaffe (nach dem Aussehen des Laufes) dto.

–	Buchse, die gr>l>ahd >mhd	Holzzylinder zur Aufnahme eines Zapfens; Steckdose {87}	dto.		dto.
0939a	Buddel, die gr>spätl >vulgl>frz	(↗ Etymologie unsicher): (niederd.) Flasche (z. B. mit Rum) {44/58}	βυτίνη bytine spätl. but(t)icula vulgl. buttis frz. bouteille		mit Zweigen o. Bast umflochtene Weinflasche Fäßchen Faß Flasche

>>> Budike und Budiker = ↗ Butike, Butiker

0940	Büffel, der gr>l>mlat >it>afrz >mhd	wildlebendes Rind {06}	βούβαλος boubalos l. bubalus u. bufalus mlat. buflus it. bufalo afrz. bufle mhd. büffel		Büffel dto.; afrikanische Gazelle Büffel dto. dto. dto.
–	büffeln	(ugs.) „wie ein Büffel" hart u. angestrengt lernen {31/40/78}	dto.		dto.
0941	Buiatrie o. Buia- trik, die (gr;gr) >nlat	Wissenschaft u. Lehre von den Rinderkrankheiten (vet. t. t.) {69/70}	βοῦς bous + ἰατρεία iatreia bzw. + ἰατρική (τέχνη) iatrike (techne)		Rind, Kuh Heilen, Heilung Heilkunst
0942	Bukolik, die gr>l	Hirtendichtung {34/76}	βουκολικός boukolikos		den Hirten betreffend
–	Bukoli- ker, der	Hirtendichter {34/76}	dto.		dto.
–	bukolisch	schäfer..., ländlich, ↗ idyl- lisch {26/40/55}	dto.		dto.
0943	Bukra- nion, das (gr;gr)>l	Fries (↗ UTL 1146) mit Nach- bildung der Schädel von Op- fertieren an gr. Altären (↗ UTL 0155), Grabmälern u. ↗ Metopen {75/88}	βοῦς bous + κρανίον kranion		Rind, Kuh Schädel, Kopf
0944	bulbös gr>l	zwiebelförmig, knollig (med. t. t.) {55/70}	βολβός bolbos		Zwiebel

–	Bulbus, der gr>l	1. Anschwellung, dickere Stelle {14/70}; 2. Augapfel {11/70}; 3. Zwiebel (bot. t. t.) {05/68}	dto.	dto.
0945	Bule, die	Ratsversammlung (wichtiges ⌐ Organ des gr. Staates) {50/75}	βουλή boule	Plan; Rat; Ratsversammlung
>>>	–bulie ⌐ Wortelementeliste			
0946	Bulimie, die	Heißhungeranfälle mit anschließend absichtlich herbeigeführtem Erbrechen bei Magersucht (med. t. t.) {14/70}	βουλιμία boulimia	Heißhunger
0947	Buphthalmie, die gr;gr	krankhafte Vergrößerung des Augapfels (med. t. t.) {14/70}	βοῦς bous + ὀφθαλμός ophthalmos	Rind, Kuh Auge
0948	Burnus, der kelt>l>gr >arab>frz	Kapuzenmantel der Beduinen {19}	l. *birrus* βίρρος birrhos arab. *burnus* frz. *burnous*	Umhang dto. Kapuzenmantel dto.
0949	Bürokrat, der l>vulgl >frz;gr	1. Verwaltungsbeamter {40/49}; 2. bürokratischer Mensch, ⌐ Pedant {25/33}	l. *burra* + κράτος kratos	zottiges Gewand, Wolle (⌐ UTL 0455) Kraft, Macht
–	Bürokratie, die l>vulgl >frz;gr	1. Beamtenherrschaft {33/40/49}; 2. die aus den Beamten bestehende Verwaltung {49}; 3. (fig.) engstirnige Beamtenwirtschaft {25/40}	dto.	dto.
–	bürokratisch l>vulgl >frz;gr	(abwertend) sich übergenau an die Vorschriften haltend {25/33}	dto.	dto.
–	bürokratisieren l>vulgl >frz;gr	den Ablauf, die Verwaltung einer ⌐ schematischen Ordnung unterwerfen {25/49/50}	dto.	dto.
–	Bürokratismus, der l>vulgl >frz;gr;gr	umständliche Wortklauberei bei Behörden, engstirnige Auslegung von Vorschriften {25/33/49}	dto. + –ισμός –ismos	dto. gr. Suffix s. Partikelliste

–	Bürokratius, der l>vulgl >frz;gr	fiktiver (↗ UTL 1090) „Heiliger", personifizierte (↗ UTL 2612) Kleinlichkeit von Behörden; „Amtsschimmel" {25/33/49}	dto.	dto.
0950	Bursa, die gr>l>spätl/ mlat	1. Gewebetasche, taschen- o. beutelförmiger Körperhohlraum (med. t. t.) {58/70} 2. Tasche an ↗ liturgischen Gewändern (rel. t. t.) {19/51/77}	βύρσα byrsa l. byrsa spätl./mlat. bursa	abgezogene Haut eines Tieres; Leder Fell, Ledersack Ledersack, Beutel; gemeinsame Kasse
–	Bursche, der gr>spätl/ mlat>mhd >frühnhd	1. Mitglied einer Vereinigung von Studenten (↗ UTL 3446) o. Handwerkern mit gemeinsamer Kasse {31/33}; 2. (ugs.) junger Mann; Kerl {15/33}	dto. mhd. burse frühnhd. bursch dto.	dto. Beutel, Kasse; Studentenheim dto. dto.
–	Burschenschaft, die gr>spätl/ mlat>mhd >frühnhd	Studentenschaftsvereinigung {31/33/75}		
–	burschikos gr>spätl/ mlat>mhd >frühnhd	1. burschenschaftlich {31/33/75}; 2. ungezwungen, formlos, flott {19/26/84}	dto.	dto.
–	Burse, die gr>spätl/ mlat>mhd	Studentenwohnheim {33/44/58}	dto.	dto.
–	Bursitis, die (gr;gr) >nlat	Schleimbeutelentzündung (med. t. t.) {14/70}	dto. + –ῖτις –itis	dto. gr. Suffix s. Partikelliste
0951	Bussole, die gr>l>it >frz	Winkelmeßinstrument {40/71}	πυξίς pyxis l. pyxis u. buxis it. bussola frz. boussole	Büchse aus Buchsbaumholz dto. Winkelmeßinstrument
0952	Bustrophedon, das gr>l	Schreibrichtung, bei der die Schrift zeilenweise abwechselnd nach rechts u. nach links läuft {32/55/76}	βουστροφηδόν boustrophedon	nach der Art, wie die Ochsen beim Pflügens sich wenden; Technik der älteren gr. Schrift

153

0953	Butan, das (gr;gr) >nlat	gesättigter gasförmiger Kohlenwasserstoff (in Erdgas u. Erdöl enthalten) {02/73}	βούτυρον boutyron aus: βοῦς bous + τυρός tyros	Kuhkäse, Butter Rind, Kuh Käse, Quark
0954	Butike, die gr>l>aprov >frz	1. kleiner Laden {42/58}; 2. kleine Kneipe {42/85}	ἀποθήκη apotheke l. *apotheca* aprov. *botica* frz. *boutique*	Ablage, Speicher dto. Kramladen Laden, Geschäft
–	Butiker, der	Laden-, Kneipenbesitzer {33/42/85}	dto.	dto.
0955	Bütt(e), die gr>mlat >vulgl>ahd >mhd	offenes Daubengefäß, Wanne (z. B. bei der Papierproduktion) {40/41/58}	πυτίνη pytine u. βυτίνη bytine mlat. *butina* vulgl. **budina* ahd. *butin(a)* mhd. *büt(t)e*	mit Zweigen o. Bast umflochtene Weinflasche Bottich dto. hölzerne Wanne, Kübel dto.
0956	Büttenpapier, das gr;gr	handgeschöpftes ↗ Papier mit ausgefranstem Rand {40}	dto. + πάπυρος papyros	dto. Papyrusstaude; Papier s. u. Papier
0957	Büttenredner, der gr;d	Karnevalsredner (↗ UTL 1647) in der Bütt {33/35}	dto. + d. *Redner*	dto.
0958	Butter, die (gr;gr)>l >vulgl>ahd >mhd	streichfähiges Milchprodukt {17}	βούτυρον boutyron aus: βοῦς bous + τυρός tyros l. *butyrum* vulgl. **butira* ahd. *butira* mhd. *buter*	Kuhkäse, Butter Rind, Kuh Käse, Quark Butter dto. dto. dto.
–	Buttercremetorte, die gr;gr;gr	großer runder Kuchen mit sahniger Füllung {17}	dto. + χρῖσμα chrisma + τὸ ἀρτίδιον to artidion	dto. Salbe, Salböl s. u. Creme das kleine Brot s. u. Torte

–	buttern (gr;gr)>l >vulgl>ahd >mhd	1. Butter herstellen; 2. mit Butter bestreichen {17/40}; 3. hinschleudern {29/61}	dto.		dto.
0959	Byssus, der gr>l	1. kostbares, zartes Leinen- o. Seidengewebe des Altertums {19/75}; 2. feines Baumwollgewebe für Leibwäsche {19}	βύσσος byssos		feiner gelblicher Flachs aus Indien u. daraus gefertigtes Leinen
0960	Byzantiner, der	1. Einwohner von Byzanz {64/75/81}; 2. Schmeichler, Kriecher {25/26/33}	Βυζάντιον Byzantion		Byzanz (s. Anhang „Namen")
–	byzantinisch	1. Byzanz betreffend {64/75/81}; 2. schmeichlerisch, unterwürfig {25/26/33}	dto.		dto.
–	Byzantinismus, der (gr;gr) >nlat	1. byzantinische Staatsform {50/75}; 2. kriecherische Unterwürfigkeit {25/26/33}	dto. + –ισμός –ismos		dto. gr. Suffix s. Partikelliste
–	Byzantinist, der (gr;gr) >nlat	Wissenschaftler der Byzantinistik {40/75/81}	dto. + –ιστής –istes		dto. gr. Suffix s. Partikelliste
–	Byzantinistik, die	Wissenschaft der byzantinischen Kultur (↗ UTL 1947) u. Geschichte {75/81}	dto.		dto.
–	Byzantinologie, die gr;gr	= ↗ Byzantinistik {75/81}	dto. + λόγος logos		dto. Rede, Wort; Berechnung
–	Byzantinologe, der gr;gr	Wissenschaftler, der sich mit der Byzantinistik befasst {40/75/81}	dto.		dto.
–	byzantinologisch gr;gr	die Byzantinologie betreffend {75/81}	dto. + λογικός logikos		dto. zum Reden gehörig, die Rede betreffend

C

>>> C... s. auch unter K...

>>> Ca. = Carcinoma = ↗ Karzinom
>>> Cactaceae, die (Pl.) = ↗ Kaktazeen
>>> Cadmium = ↗ Kadmium

0961	Calamus, der gr>l	1. antikes (↗ UTL 0214) Schreibgerät aus Schilfrohr {44/75}; 2. unterer, hohler Teil der Vogelfeder {69}	κάλαμος kalamos	Schilf-, Schreibrohr; Rohrflöte
0962	calando gr>l>it	abnehmend in Tempo (↗ UTL 3548) u. Lautstärke (mus. t. t.) {37/61}	καῦμα kauma	Hitze; (Meeres-)Stille
–	calmato gr>l>it	beruhigt (mus. t. t.) {37/55}	dto.	dto.

>>> Calme = ↗ Kalme

0963	Calyx, der gr>l	1. Blütenkelch (bot. t. t.) {68}; 2. Teil der Seelilien (zool. t. t.) {69}	κάλυξ kalyx	Blütenknospe
0964	Canasta, das gr>l>span	Kartenspiel (aus Uruguay stammend) {85}	κάναστρον kanastron l. canistrum spätl. canistellum span. canasta	aus Rohr geflochtener Korb Brot-, Frucht-, Blumenkorb Körbchen Korb

>>> cancerogen = ↗ kanzerogen
>>> Cancerologe = ↗ Kanzerologe; = ↗ Karzinologe

0965	Cannabis, der gr>l>engl	1. ↗ Hanf {05/68}; 2. Haschisch {17/73}	κάνναβις kannabis	Hanf

>>> Canon, der = ↗ Kanon

0966	Cañon o. Cañon, der gr>l>span >engl	(↗ Etymologie unsicher): enges, tief eingeschnittenes, steilwandiges Tal (bes. in Nordamerika) {02/64}	κάννα kanna l. *canna* span. *cañon* engl. *canyon*	Rohr; das Geflochtene Rohr, Schilf Schlucht dto.
0967	Carbonyl, das l;gr	jede ↗ anorganische Verbindung, die Kohlenoxyd u. ein ↗ Metall in chem. Bindung enthält (chem. t. t.) {73}	l. *carbo* Gen. *carbonis* + ὕλη hyle	Kohle Wald, Holz; Stoff, Materie
>>>	Carcino– = ↗ Karzino–			
0968	Carpus, der gr>nlat	Handwurzel (med. t. t.) {11/70}	καρπός karpos	Frucht, Handwurzel
0969	Cartoon, der / das gr>l>it >engl	gezeichnete, oft witzige Bildergeschichte {25/34/36}	χάρτης chartes	Papierblatt aus Papyrus; Buch, Schriftwerk
–	Cartoonist, der gr>l>it >engl;gr	jmd., der Cartoons zeichnet {34/36/40}	dto. + –ιστής –istes	dto. gr. Suffix s. Partikelliste
0970	Castorbehälter, der gr;d	Behältnis zur Beförderung von gefährlichem Atommüll {41/58/72}	κάστωρ kastor + d. *Behälter*	Biber s. unten Kastor
0971	Castoreum, das	Drüsenabsonderung des Bibers {69}	κάστωρ kastor	Biber s. u. Kastor
0972	Castortransport, der gr;l>frz	Beförderung von hochgiftigem strahlendem Atommüll in besonderen bruchsicheren Behältern {45/72}	dto. + l. *transportare* (PPP *transportatus*) bzw. *transportatio*	dto. (hin)überfahren, übersetzen Übersiedlung, Wanderung
>>>	Cataracta, die = ↗ Katarakta			
0973	Cathedra, die gr>l>afrz >engl	1. = ↗ Katheder {40/58/78}; 2. Ehrensitz, bes. eines ↗ Bischofs o. des ↗ Papstes {51/77}	καθέδρα kathedra l. *cathedra* afrz. *chaëre* engl. *chair*	Sitz, Sessel dto. dto. dto.
>>>	Causticum, das = ↗ Kaustikum			

157

0974	Ceilo-meter, der l>frz>engl; gr	Wolkenhöhenmesser (meteor. t. t.) {65}	l. *caelum* + μέτρον metron	Himmel, Wetter, Klima Maß, Versmaß
0975	Cello-phan(e), das (-e: die) l;gr	(Warenzeichen) durchsichtige, glasklare Folie (↗ UTL 1123) {41/44}	l. *cella* + φανός phanos	Kapelle, Kammer, Kabinett; Stübchen (↗ UTL 0492a) hell, leuchtend
–	cellopha-nieren	in Cellophan verpacken {41/44}	dto.	dto.
0976	Cemba-list, der gr>l>it	↗ Musiker, der Cembalo spielt {37/40}	κυμβα-λιστής kymbalistes	Zimbelspieler
–	cembali-stisch gr>l>it	1. das Cembalo betreffend; 2. cembaloartig {37}	κύμβαλον kymbalon	Zimbel, Becken
–	Cembalo, das gr>l>mlat >it	klavierähnliches Tasteninstrument im 14.–18. Jh., dessen Saiten nicht angeschlagen, sondern angerissen werden {37}	dto. l. *cymbalum* mlat. *clavi-cymbalum* it. *clavi-cembalo*	dto. Zimbel, Schallbecken vgl. *clavis* (↗ UTL 0522)
0977	Center, das gr>l>frz >engl>am	Ort, Mittelpunkt für bestimmte Tätigkeiten (z. B. Einkauf) {42/58}	κέντρον kentron l. *centrum*	Mittelpunkt eines Kreises; Stachel(stab); ruhender Zirkelschenkel Zirkelschenkel; Kreismittelpunkt, Kern (↗ UTL 3891) s. u. Zentrum
0978	Cento, der gr>l	Gedicht, das aus einzelnen Versen (↗ UTL 3791) bekannter Dichter patchworkartig zusammengesetzt ist {34}	κέντρων kentron l. *cento*	etwas, das aus Lappen u. Flicken zusammengestückelt ist; Gedichte solcher Art dto.
0979	Chäro-manie, die (gr;gr) >nlat	krankhafte Heiterkeit (med. t. t.) {14/70}	χαίρειν chairein + μανία mania	sich freuen Raserei, Wahnsinn, Verzückung

0980	Chair-man, der gr>l>afrz >engl	engl. o. am. Bezeichnung für den Vorsitzenden eines Gremiums (↗ UTL 1220) o. Ausschusses {33/48/50}	καθέδρα kathedra l. *cathedra* afrz. *chaëre* engl. *chair* + engl. *man*	Sitz, Sessel s. u. Katheder Mann
–	Chaise, die gr>l>frz	1. (veraltet) Stuhl, Sessel {44}; 2. (veraltet) halbverdeckter Wagen {45}; 3. (abwertend) altes, ausgedientes Fahrzeug {45/56}	καθέδρα kathedra l. *cathedra* frz. *chaise*	Sitz, Sessel Stuhl, Sessel Stuhl
–	Chaise-longue, die gr>l>frz; l>frz	gepolsterte Liege mit Kopf–, aber ohne Rückenlehne {44}	dto. + l. *longus*	dto. lang
0981	Chali-kose, die gr>nlat	Erkrankung der Lunge durch Kalkablagerungen (Kalkstaublunge) (med. t. t.) {70}	χάλιξ, Gen. χάλικος chalix, chalikos	Kies, (ungebrannter) Kalk
>>>	Chalko– ↗ Wortelementeliste			
0982	Chalko-graph, der gr;gr	Kupferstecher {36/40}	χαλκός chalkos + γράφευς grapheus	Erz, Kupfer, Bronze Schreiber, Maler
–	Chalko-graphie, die gr;gr	1. Kupferstechkunst; 2. Kupferstich (veraltet) {36}	dto. + γραφή graphe	dto. Schrift; Zeichnung
–	chalko-graphisch gr;gr	die Chalkographie betreffend {36}	dto. + γραφικός graphikos	dto. im Malen geschickt; malerisch; zum Malen o. Schreiben gehörig
0983	Chalko-lithikum, das gr;gr	↗ Periode der Jungsteinzeit, in der bereits ↗ Kupfer verwendet wurde {59/75}	χαλκός chalkos + λιθικός lithikos	Erz, Kupfer, Bronze die Steine betreffend
0984	Chalze-don, das	ein Mineral (↗ UTL 2238), Quarzabart {02/67}	Χαλκηδών Chalkedon	Kalchedon (s. Anhang „Namen")
0985	Chamä-leon, das (gr;gr)>l	1. Baumeidechse mit veränderlicher Hautfarbe {07/69}; 2. (ugs.) seine Überzeugung oft wechselnder Mensch {25/33}	χαμαί chamai + λέων leon	auf der Erde, am Boden Löwe

0986	Chaos, das gr>l	1. ↗ mythologischer ungeordneter Urstoff vor der Weltschöpfung {02/78}; 2. Durcheinander, Wirrwarr {55/56}	χάος chaos	der leere, unendliche Raum; ungeordneter Urzustand
–	Chaot, der	1. jmd., der ↗ politische Veränderungen gewaltsam durchsetzen will {25/81}; 2. Unruhe u. Verwirrung stiftender Mensch; 3. unordentlicher Mensch {25/84}	dto.	dto.
–	Chaotik, die	wirre, ungeordnete Art u. Weise {55/56}	dto.	dto.
–	chaotisch gr>nlat>frz	wirr, ungeordnet {55/56}	dto.	dto.
0987	Charakter, der gr>l>mhd >frz	1. Merkmal, Gepräge, Eigenart {55}; 2. Mensch von ausgeprägter Eigenart {33/84}; 3. (Pl.) Schriftzeichen {32}	χαρακτήρ charakter	Gepräge; Kennzeichen, Merkmal
0988	Charakterdrama, das gr;gr	↗ Drama mit Schwerpunkt auf der Darstellung der Charaktere {35}	dto. + δρᾶμα drama	dto. Handlung; Schauspiel s. u. Drama
0989	charakterisieren gr>l>frz	treffend, prägnant beschreiben {25/32}	χαρακτηρίζειν charakterizein	mit einem Gepräge versehen; schildern
0990	Charakteristik, die gr>nlat>frz	1. Kennzeichnung, treffende Schilderung {25/32}; 2. Kennziffer eines ↗ Logarithmus (math. t. t.) {71}	χαρακτηριστικός charakteristikos	bezeichnend, unterscheidend
–	Charakteristikum, das gr>nlat	bezeichnende, ↗ typische Eigenschaft {25/54/55}	dto.	dto.
–	charakteristisch	bezeichnend, eigentümlich {54/55}	dto.	dto.
0991	Charakterkomödie, die gr;gr	↗ Komödie, deren ↗ komische Wirkung auf der Darstellung eines komischen Charakters beruht {35}	χαρακτήρ charakter + κωμῳδία komodia	Gepräge; Kennzeichen, Merkmal Komödie s. u. Komödie
0992	charakterlich	den Charakter eines Menschen betreffend {22/84}	χαρακτήρ charakter	Gepräge; Kennzeichen, Merkmal
0993	Charakterologe, der gr;gr	jmd., der die Persönlichkeit erforscht {40/70/84}	dto. + λόγος logos	dto. Rede, Wort; Berechnung

–	Charakte-rologie, die gr;gr	Persönlichkeitsforschung {70/84}	dto.	dto.
–	charakte-rologisch gr;gr	die Charakterologie betreffend {70/84}	dto. + λογικός logikos	dto. zum Reden gehörig, die Rede betreffend
0994	Charakte-ropathie, die gr;gr	charakterliche Abnormität (↗ UTL 0019) (psych. t. t.) {70/84}	χαρακτήρ charakter + πάθος pathos	Gepräge; Kennzeichen, Merkmal Schmerz; Leiden(schaft)
0995	Charak-terrolle, die gr;d	Bühnenrolle mit bes. ausgeprägtem Charakter {35}	dto. + d. *Rolle*	dto.
–	Charak-terstück, das gr;d	romantisches (↗ UTL 3167) Musikstück mit erklärendem Titel (↗ UTL 3586) {37}	dto. + d. *Stück*	dto.
–	Charak-tertragö-die, die gr;gr	↗ Tragödie, die sich aus den besonderen Charaktereigenschaften des Helden entwickelt {35}	dto. + τραγῳδία tragodia	dto. Trauerspiel (eigtl. „Bocksgesang") s. u. Tragödie
0996	Charis, die (Pl. Cha-riten)	1. Anmut {18/54/79}; 2. Göttin der Anmut {51/75}	χάρις charis	Liebreiz, Gunst; Göttin(nen) der Anmut (s. Anhang „Namen")
0997	Charis-ma, das gr>l	1. Gnadengabe {22}; 2. besondere Ausstrahlungskraft {22/23/33/54}	χάρισμα charisma	Gunstbezeugung, Gefälligkeit
–	charisma-tisch	1. das Charisma betreffend; 2. Charisma besitzend {22/23/33/54}	dto.	dto.
>>>	Charitin, die = ↗ Charis (2)			
0998	Chari-vari, das gr>spätl >frz	Wirrwarr; Katzenmusik {37/56}	καρηβαρία karebaria spätl. *caribaria* frz. *charivari*	Kopfschmerz dto. Katzenmusik

0999	Charta, die (ägypt?)>gr >l>spätl >afz>engl	Verfassungsurkunde, Staatsgrundgesetz {32/50}	χάρτης chartes l. *charta* spätl. *charta* afrz. *chartre* engl. *charter*	Papierblatt aus Papyrus; Buch, Schriftwerk Papyrusblatt Urkunde Brief Frachtvertrag
–	Charte, die (ägypt?)>gr >l>spätl >afz>engl	wichtige Urkunde im Staats- u. Völkerrecht {32/50}	dto.	dto.
–	Charter, der (ägypt?)>gr >l>spätl >afrz>engl	1. Urkunde, Freibrief; Frachtvertrag {32/42/45}; 2. Abkürzung für Chartermaschine {45}	dto.	dto.
1000	Chartergesellschaft, die (ägypt?)>gr >l>spätl >afz>engl; d	private (↗ UTL 2824) Fluggesellschaft {42/45}	dto. + d. *Gesellschaft*	dto.
1001	Chartermaschine, die (ägypt?)>gr >l>spätl >afz>engl; gr	von einer privaten (↗ UTL 2824) Gesellschaft gemietetes Flugzeug, keine Linienmaschine {42/45}	dto. + μηχανή mechane	dto. Hilfsmittel, Werkzeug s. u. Maschine
1002	chartern (ägypt?)>gr >l>spätl >afrz>engl	ein Schiff o. Flugzeug mieten {42/45}	χάρτης chartes	Papierblatt aus Papyrus; Buch, Schriftwerk
1003	Charybdis, die gr>l	gefährlicher Meeresstrudel {61/64}	Χάρυβδις Charybdis	Charybdis (s. Anhang „Namen")
1004	Chasma, das gr>l o. Chasmus, der gr>nlat	Gähnkrampf (med. t. t.) {14/70}	χάσμα chasma	Kluft, Spalt; Rachen

1005	Cheilo-schisis, die gr;gr	Lippenspalte, Hasenscharte (med. t. t.) {14/70}	χεῖλος cheilos + σχίσις schisis	Lippe das Spalten, Trennen
>>>	Cheiro-, cheiro- = ↗ ggf. unter ↗ Chiro-, ↗ chiro-			
>>>	Cheiro- ↗ Wortelementeliste			
1006	Ch(e)iro-logie, die (gr;gr) >nlat	1. Lehre von der Deutung der Handlinien {24/51/75}; 2. Hand- u. Fingersprache der Taubstummen {32}	χείρ cheir + λόγος logos	Hand Rede, Wort, Berechnung
1007	Ch(e)iro-nomie, die gr;gr	1. Gebärdensprache mit den Händen {32}; 2. Chorleitung durch Handbewegungen (mus. t. t.) {32/37}	dto. + νόμος nomos	dto. Brauch, Gesetz
—	ch(e)iro-nomisch gr;gr	die Cheironomie betreffend {32/37}	dto.	dto.
1008	Ch(e)iro-skop, das gr;gr	Gerät zur Behandlung von Schielstörungen (med. t. t.) {14/70}	χείρ cheir + σκοπός skopos	Hand Aufseher; Späher
1009	Ch(e)iro-spasmus, der (gr;gr) >nlat	Schreibkrampf (med. t. t.) {14/70}	dto. + σπασμός spasmos	dto. Zuckung, Krampf
1010	Ch(e)iro-tonie, die gr;gr	1. Abstimmung durch Handhebung im altgr. Staat {50/75}; 2. Handauflegung (rel. t. t.) {51/77}	dto. + τόνος tonos	dto. Spannung, Band, Ton
1011	Chelonia, die	Suppenschildkröte {07/17/69}	χελώνη chelone	Schildkröte
>>>	Chemi(e)- ↗ Wortelementeliste			
1012	Chemie, die gr>arab >frz	1. Naturwissenschaft von den Eigenschaften, Zusammensetzungen u. Umwandlungen der Stoffe u. ihrer Verbindungen {73}; 2. Verhältnis, Beziehung zu den Mitmenschen {33}	χύμα chyma gemischt mit: χυμεία chymeia o. χημεία chemeia arab. (al-) kimija frz. chimie	Flüssigkeit Metallverwandlung dto. dto. Chemie

1013	Chemie- faser, die gr;d	auf chem. Weg hergestellter Faserstoff {41/73}	dto. + d. *Faser*	dto.
1014	Chemi- kal, das o. Chemi- kalie, die gr>arab >roman >nlat	auf chem. Weg hergestellter Stoff {73}	χύμα chyma gemischt mit: χυμεία chymeia o. χημεία chemeia arab. (*al-*) *kimija* frz. *chimie*	Flüssigkeit Metallverwand- lung dto. dto. Chemie
1015	Chemi- ker, der gr>arab >roman >nlat	auf dem Gebiet der Chemie arbeitender Wissenschaftler {40/73}	dto.	dto.
–	chemisch gr>arab >roman >nlat	die Chemie betreffend, mit Stoffumwandlung verbunden {61/73}	dto.	dto.
>>>	Chemo– ↗ Wortelementeliste			
1016	Chemo- synthese, die gr>arab >roman >nlat;gr	Fähigkeit mancher ↗ Bakterien, ohne Sonnenlicht körperfremde Stoffe in körpereigene umzuwandeln {70}	χύμα chyma gemischt mit: χυμεία chymeia o. χημεία chemeia arab. (*al-*) *kimija* frz. *chimie* + σύνθεσις synthesis	Flüssigkeit Metallverwand- lung dto. dto. Chemie Übereinkunft; Zu- sammenlegen, –setzung s. u. Synthese

1017	Chemo-technik, die gr>arab >roman >nlat;gr	↗ praktische Nutzung chem. Erkenntnisse {41/73}	χύμα chyma gemischt mit: χυμεία chymeia o. χημεία chemeia arab. (al-) kimija frz. chimie + τεχνικός technikos	Flüssigkeit Metallverwandlung dto. dto. Chemie die Kunst, das Handwerk betreffend s. u. Technik
–	Chemo-techniker, der gr>arab >roman >nlat;gr	Spezialist (↗ UTL 3394) in der chem. Industrie (↗ UTL 1360) {40/73}	dto.	dto.
1018	Chemo-therapeutikum, das gr>arab >roman >nlat;gr	Medikament (↗ UTL 2184), das aus chem. Stoffen hergestellt ist {70/73}	χύμα chyma gemischt mit: χυμεία chymeia o. χημεία chemeia arab. (al-) kimija frz. chimie + θεραπευτικός therapeutikos	Flüssigkeit Metallverwandlung dto. dto. Chemie dienend, pflegend s. u. Therapeutikum
–	chemo-therapeutisch gr>arab >roman >nlat;gr	die Chemotherapie betreffend {70/73}	dto.	dto.
–	Chemo-therapie, die gr>arab >roman >nlat;gr	med. Behandlung mit chem. Mitteln {70/73}	dto. + θεραπεία therapeia	das Dienen, Pflegen s. u. Therapie

1019	Cherub o. Cherubim, der hebr>gr>l >kirchenl	(↗ biblischer) ↗ Engel mit Flügeln u. Tierfüßen; himmlischer Wächter (rel. t. t.) {51}	hebr. *cherub* (Pl. *cherubim*) gr. χερουβίμ (Pl.) l. *cherub*	Engelgattung dto. dto.
1020	Chi, das	zweiundzwanzigster Buchstabe des gr. ↗ Alphabets {32/75}	χ, Χ (χῖ) ch, Ch (chi)	Chi
1021	Chiasma, das gr>l	Überkreuzung zweier Halbchromosomen während der Reduktionsteilung (biol. t. t.) {68/69}	χίασμα chiasma	das Zeichen, die Gestalt des Chi
1022	Chiasmus, der gr>nlat	Stilmittel in Form (↗ UTL 1132) des gr. Buchstaben ↗ Chi (X): kreuzweise Gegenüberstellung von Begriffen (stilk. t. t.) {34/76}	χιασμός chiasmos	das Überkreuzstellen
–	chiastisch gr>nlat	in der Form des Chiasmus {34/76}	χιαστός chiastos	über Kreuz gestellt
1023	Chicorée, der gr>l>mlat >it>frz	die hellen Blätter der ↗ Zichorie (für Gemüse u. Salate) {05/17}	κιχώρη kichore l. *cichoreum* mlat. *cichorea* frz. *chicorée*	Zichorienkraut Endivie Zichorie dto.
1024	Chiliade, die	(veraltet) Reihe, Zahl von Tausend {57}	χιλιάς chilias	Tausendschaft
1025	Chiliasmus, der gr>nlat	Glaube an ein Tausendjähriges Reich nach der Wiederkehr ↗ Christi {51/77}	χιλιασμός chiliasmos	(Lehre über) das tausendjährige Reich Christi
–	Chiliast, der gr>l	Anhänger des Chiliasmus {51/77}	χιλιασταί chiliastai	Anhänger der Lehre des Chiliasmus
–	chiliastisch	den Chiliasmus betreffend {51/77}	dto.	dto.
1026	Chimaira, die gr>l>frz	gr. Sagenungeheuer (s. Anhang „Namen") {51/75}	χίμαιρα chimaira	Ziege
>>>	Chimäre, die = ↗ Schimäre			
1027	Chionograph, der (gr;gr) >nlat	Gerät zur Aufzeichnung der Fallmenge von Niederschlägen in fester Form (↗ UTL 1132), bes. von Schnee {57/65}	χιών chion + γράφευς grapheus	Schnee Schreiber, Maler

>>>	chir(o)–, Chir(o)– = ↗ ggf. unter **Cheiro–**, ↗ cheiro–			
1028	**Chiragra**, das gr>l	Gicht in den Hand- u. Fingergelenken (med. t. t.) {14/70}	χειράγρα cheiragra	Handgicht
>>>	**Chiro–** ↗ Wortelementeliste			
1029	**Chirognomie**, die (gr;gr) >nlat	1. Lehre von der Deutung der Handlinien {24/51}; 2. die Hand- u. Fingersprache der Taubstummen {32}	χείρ cheir + γνώμη gnome	Hand Einsicht; Verstand, Sinn(spruch)
1030	**Chirogrammatomantie**, die gr;gr;gr	Handschriftendeutung {24/25}	dto. + γράμμα, Gen. γράμματος gramma, grammatos + μαντεία manteia	dto. Buchstabe, Schrift(werk) das Weissagen; die Weissagung
1031	**Chirograph**, der o. **Chirographum** das (gr;gr)>l	durch eigene Handschrift o. persönliche (↗ UTL 2612) Unterschrift beglaubigtes Dokument (↗ UTL 0807) {32}	dto. + γράφευς grapheus	dto. Schreiber, Maler
1032	**Chirologie**, die (gr;gr) >nlat	1. Lehre von der Deutung der Handlinien {24/51}; 2. die Hand- u. Fingersprache der Taubstummen {32}	dto. + λόγος logos	dto. Rede, Wort; Berechnung
1033	**Chiromant**, der gr;gr	Handliniendeuter {24/40/51}	dto. + μάντις mantis	dto. Wahrsager
–	**Chiromantie**, die gr;gr	Handlesekunst {24/51}	dto. + μαντεία manteia	dto. das Weissagen; die Weissagung
>>>	**Chironomie**, die = ↗ **Cheironomie**			
1034	**Chiropraktik**, die gr;gr	manuelles (↗ UTL 2143) Einrenken verschobener Wirbel u. Bandscheiben {70}	dto. + πρακτικός praktikos	dto. zum Handeln gehörig, tätig s. u. Praktik

–	Chiropraktiker, der gr;gr	Spezialist (↗ UTL 3394) für Chiropraktik {40/70}	dto.	dto.
1035	Chiroptera, die (Pl.) gr;gr	Fledermäuse {06/69}	χείρ cheir + πτερόν pteron	Hand Feder, Flügel
>>>	Chirospasmus, der = ↗ Cheirospasmus			
1036	Chirotherapie, die gr;gr	von einem Arzt ausgeführte ↗ Chiropraktik {70}	dto. + θεραπεία therapeia	dto. das Dienen, Pflegen s. u. Therapie
1037	Chirurg, der gr>l	Spezialist (↗ UTL 3394) auf dem Gebiet der Chirurgie (1.) {40/70}	χειρουργός cheirourgos	mit der Hand arbeitend; Chirurg
–	Chirurgie, die gr>l>nhd	1. Heilkunst durch operative (↗ UTL 2434) Eingriffe {70}; 2. Abteilung im Krankenhauses {58}	χειρουργία cheirourgia	das Arbeiten mit den Händen
–	chirurgisch gr>l	1. die Chirurgie betreffend; 2. operativ {70}	χειρουργικός cheirourgikos	zur Handarbeit gehörig, geschickt
1038	Chitarrone, die gr>l>it	Baßlaute; Generalbaßinstrument (mus. t. t.) {37}	κιθάρα kithara l. cithara it. chitarrone	Zither, Laute dto. Baßlaute
1039	Chitin, das phön>gr >nlat	stickstoffhaltiger Grundstoff des Panzers der Gliederfüßer {69}	phön. ktn χιτών chiton	leinernes Gewand (Unter)Kleid, Gewand
–	Chiton, der phön>gr	antikes (↗ UTL 0214) gr. Kleidungsstück; ärmelloses (Unter)Kleid, Gewand {19/75}	dto.	dto.
1040	Chläna o. Chlaina, die	antikes (↗ UTL 0214) gr. Kleidungsstück; ungenähter wollener Überwurf für Männer {19/75}	χλαῖνα chlaina	Oberkleid, Mantel
1041	Chlamys, die	antikes (↗ UTL 0214) gr. Kleidungsstück; knielanger, mantelartiger Überwurf für Reiter u. Krieger {19/75}	χλαμύς chlamys	Mantel

>>> –chlor ↗ Wortelementeliste

1042	Chlor, das gr>engl >frz	gelblichgrünes, stechend riechendes ↗ chemisches ↗ Gas; Zeichen: Cl {73}	χλωρός chloros engl. *chlorine* frz. *chlore*	grüngelb; blaß Chlor dto.
–	Chlorid, das (gr;gr) >engl>frz	chem. Verbindung des Chlors mit ↗ Metallen o. anderen Stoffen {73}	dto. + –(ε)ιδής –(e)ides	dto. ähnlich aussehend s. Partikelliste
–	chlor(ieren gr>engl >frz	1. chem. mit Chlor verbinden {73}; 2. mit Chlor keimfrei machen (z.B. Wasser) {70/73}	dto.	dto.
–	chlorig gr>engl >frz	chlorhaltig, chlorartig {54/73}	dto.	dto.
–	Chlorit, das (1) / der (2) gr>engl >frz	1. Salz der chlorigen Säure {73}; 2. grünes, schimmerndes Mineral (↗ UTL 2238) {02/67}	dto.	dto.
–	chloritisieren gr>engl >frz	in Salz der chlorigen Säure umwandeln {73}	dto.	dto.
>>>	Chlornatrium, das = ↗ Natriumchlorid			
>>>	Chloro– ↗ Wortelementeliste			
1043	Chloroform, das gr;l>nlat >frz	farbloses, süßlich riechendes Betäubungs- und Lösungsmittel {70/73}	χλωρός chloros + l. *formica* nlat. *acidum formicicum*	grüngelb, blaß Ameise Ameisensäure
–	chloroformieren gr;l	mit Chloroform betäuben {70}	dto.	dto.
1044	Chlorophyll, das (gr;gr)>frz	grüner Farbstoff der Pflanzen {68}	χλωρός chloros + φύλλον phyllon	grüngelb, blaß Blatt
1045	Chlorophytum, das gr;gr	Grünlilie, Zierpflanze aus Südafrika {04/68}	dto. + φυτόν phyton	dto. Gewächs, Pflanze
1046	Chloroplast, der gr;gr	↗ Organell der Pflanzenzelle, das ↗ Chlorophyll für die ↗ Photosynthese enthält {68}	dto. + πλάστης plastes	dto. Bildner, Gestalter

1047	Chlorop-sie, die gr;gr	das Grünsehen infolge bestimmter Vergiftungen (med. t. t.) {14/70}	dto. + ὄψις opsis	dto. das Sehen
1048	Chlorose, die gr;gr	1. mangelnde Ausbildung von Blattgrün bei Pflanzen {68}; 2. Bleichsucht bei Menschen durch Verminderung des Blutfarbstoffes (med. t. t.) {14/70}	χλωρός chloros + –ωσις –osis	grüngelb; blaß gr. Suffix s. Partikelliste
>>>	Chol–, –cholie ↗ Wortelementeliste			
1049	Cholago-gum, das gr;gr>l	galletreibendes Medikament (↗ UTL 2184) {70}	χολή chole + ἀγωγός agogos	Galle (herbei)führend
1050	Cholä-mie, die (gr;gr) >nlat	Übertritt von Galle ins Blut (med. t. t.) {14/70}	dto. + αἷμα haima	dto. Blut
1051	Cholan-gitis, die gr;gr;gr	Entzündung der Gallengänge (med. t. t.). {14/70}	dto. + ἀγγεῖον angeion + –ῖτις –itis	dto. Gefäß; Blutgefäß gr. Suffix s. Partikelliste
1052	Chole-lit(h), der (gr;gr) >nlat	Gallenstein (med. t. t.) {70}	dto. + λίθος lithos	dto. Stein
–	Choleli-thiasis, die (gr;gr) >nlat	Gallensteinleiden, Gallenkolik (med. t. t.) {14/70}	dto. + λιθίασις lithiasis	dto. Steinschmerzen
1053	Cholera, die gr>l>ahd >mhd>nhd	Infektionskrankheit mit heftigem Erbrechen u. starkem Durchfall {14/70}	χολέρα cholera	Dachrinne, durch die Regenwasser fließt; Krankheit mit starkem Flüssigkeitsverlust
1054	Choleri-ker, der gr>l>mlat	aufbrausender, jähzorniger Mensch (nach der Säfte- bzw. Temperamentslehre des Hippokrates (s. Anhang „Namen") {84}	χολή chole	Galle

–	chole-risch gr>l>mlat	jähzornig, aufbrausend {84}	dto.	dto.
1055	Cholesterin, das gr;gr	wichtigstes, in allen tierischen Geweben vorkommendes ⬈ Sterin; Hauptbestandteil der Gallensteine {70}	dto. + στέαρ stear bzw. + στερεός stereos	dto. Fett fest, hart; kubisch
1056	Choliambus, der gr>l	antiker (⬈ UTL 0214) Vers (⬈ UTL 3791) aus ⬈ Jamben, mit ⬈ Trochäus anstelle des letzten ⬈ Jambus {34/75/76}	χωλίαμβος choliambos	Hinkjambus (mit einem Trochäus statt des Jambus im letzten Fuß)
>>>	–cholie ⬈ Wortelementeliste			
1057	Cholin, das gr>nlat	Gallenwirkstoff in Medikamenten (⬈ UTL 2184) {70}	χολή chole	Galle
1058	Chondriosomen, die (Pl.) gr;gr	längliche ⬈ Protoplasmakörperchen in der Zelle (⬈ UTL 3886) (biol. t. t.) {68/69}	χόνδρος chondros + σῶμα soma	Korn; Knorpel Leib, Körper
1059	Chondritis, die gr;gr	Knorpelentzündung (med. t. t.) {14/70}	χόνδρος chondros + –ῖτις –itis	Korn; Knorpel gr. Suffix s. Partikelliste
1060	Chor, der gr>l>ahd >mhd	1. antiker (⬈ UTL 0214) Platz für Kultgesang u. –tanz {58/75}; 2. Kulttanzgruppe {37}; 3. Bestandteil der gr. ⬈ Tragödie {34/75}; 4. mehrstimmige Sängergruppe (mus. t. t.) {33/37/57}; 5. Gruppe gleicher o. verwandter ⬈ Musikinstrumente (mus. t. t.) {37/57}; 6. (erhöhter) Kirchenraum {51/58/88}	χορός choros	Tanz(platz); Chor
–	Choral, der gr>mlat	1. ⬈ kirchlicher Gemeindegesang; 2. Lied mit religiösem (⬈ UTL 3066) Inhalt {37/51/77}	dto.	dto.
–	Choralkantate, die gr;l	Kantate (⬈ UTL 1611), der ein ⬈ evangelisches Kirchenlied in mehreren Sätzen zugrunde liegt {37/51/77}	dto. + l. cantatus	dto. Gesang (⬈ UTL 1611)

—	Choral- notation, die gr;l	mittelalterliche Notenschrift, die ursprünglich nur die relativen (↗ UTL 3060) Tonhöhenunterschiede angibt {37/75}	dto. + l. *notatio*	dto. Bezeichnung; Bemerkung; Schilderung; Beobachtung (↗ UTL 2375)
—	Choral- passion, die gr;l	Passionsbericht im einstimmigen ↗ gregorianischen Choralgesang {37/51/75/77}	dto. + l. *passio*	dto. das Leiden, Erdulden; Krankheit (↗ UTL 2534)
1061	Chorda o. Chorde, die gr>l	1. Sehnen-, Knorpel- o. Nervenstrang (anat. t. t.) {11/70}; 2. knorpelähnlicher Achsenstab als Vorstufe der Wirbelsäule (biol. t. t.) {69}	χορδή chorde	Darm, Darmsaite
1062	Chorda- phon, das gr;gr	Gattungsbezeichnung für Instrumente (↗ UTL 1448b) mit Saiten als Tonerzeugern (mus. t. t.) {37}	dto. + φωνή phone	dto. Laut, Stimme, Ton
1063	Chorda- ten, die (Pl.) gr>nlat	Bezeichnung für Tiergattungen, die eine Chorda (2) besitzen (biol. t. t.) {69}	χορδή chorde	Darm, Darmsaite
—	Chordi- tis, die gr;gr	Entzündung der Stimmbänder (med. t. t.) {14/70}	dto. + -ῖτις -itis	dto. gr. Suffix s. Partikelliste
1064	Chorea, die gr>l	Veitstanz (med. t. t.) {14/70}	χορεία choreia	das Tanzen, Tanz
—	chorea- form o. chorei- form (gr;gr>l) >nlat	veitstanzartig (med. t. t.) {14/70}	dto. + l. *forma*	dto. Form, Gestalt (↗ UTL 1132)
1065	Chorege, der	Leiter des ↗ Chores im altgr. ↗ Theater {33/35/37/75}	χορηγός choregos	Chorführer
>>>	Choreo- ↗ Wortelementeliste			
1066	Choreo- graph, der (gr;gr) >nlat	jmd., der Ballettinszenierungen entwirft {37/40/61/79}	χορός choros + γράφευς grapheus	Tanz(platz); Chor Schreiber, Maler

–	Choreo-graphie, die (gr;gr) >nlat	1. Ausgestaltung der einzelnen Tanzschritte eines ⚹ Balletts {37/79}; 2. Zeichnung mit Tanzbewegungen {36/37/79}	dto. + γραφή graphe	dto. Schrift; Zeichnung
–	choreo-graphie-ren	ein ⚹ Ballett inszenieren {37/79}	dto.	dto.
–	choreo-graphisch (gr;gr) >nlat	die Choreographie betreffend {37/79}	dto. + γραφικός graphikos	dto. im Malen geschickt; malerisch; zum Malen o. Schreiben gehörig
1067	Chor(e)o-manie, die gr;gr	krankhaftes Verlangen, zu tanzen o. ⚹ rhythmische Bewegungen auszuführen (med. t. t.) {12/14/70}	χορός choros + μανία mania	Tanz(platz); Chor Raserei, Wahnsinn, Verzückung
1068	Choreus, der gr>l	antiker Versfuß (= ⚹ Trochäus) {34/75}	χορεῖος choreios	zum Chor, Tanz gehörig
1069	Choreut, der	1. Chorsänger {37/40}; 2. Chortänzer {35/40/79}	χορευτής choreutes	Chortänzer
–	Choreu-tik, die	Lehre vom altgr. Chorreigentanz {35/37/75/79}	χορευτικός choreutikos	zum Chor, Tanz gehörig
–	choreu-tisch	1. die Choreutik betreffend; 2. wie ein altgr. Chorreigentanz {35/37/75/79}	dto.	dto.
1070	Chorfrau, die gr;d	= ⚹ Kanonisse o. –in: Stiftsdame {33/51/77}	χορός choros + d. Frau	Tanz(platz); Chor
–	Chorherr, der gr;d	Mitglied eines Domkapitels (⚹ UTL 0818) {33/51/77}	dto. + d. Herr	dto.
1071	Choriam-bus, der gr>l	aus je einem ⚹ Choreus u. ⚹ Jambus bestehender Versfuß (⚹ UTL 3791) {34/75}	χορίαμβος choriambos	Choriambus
1072	chorisch gr>l	den Chor betreffend {33/37}	χορός choros	Tanz(platz); Chor
–	Chorist, der gr>l>mlat	Mitglied eines Chors {33/37}	dto.	dto.
–	Chor-kantate, die gr;l	Kantate (⚹ UTL 1611) mit Instrumentalbegleitung, die vom Chor gesungen wird {37}	dto. + l. cantatus	dto. Gesang (⚹ UTL 1611)

173

>>>	Choro– ⌐ Wortelementeliste				
1073	Choro-graphie, die (gr;gr)>l	Raum- o. Ortswissenschaft {64}	χῶρος choros + γραφή graphe	Raum, Gegend, Ort Schrift; Zeichnung	
–	chorographisch (gr;gr)>l	die Chorographie betreffend {64}	dto.	dto.	
1074	Chorologie, die (gr;gr) >nlat	= ⌐ Chorographie: Raum- o. Ortswissenschaft {64}	χῶρος choros + λόγος logos	Raum, Gegend, Ort Rede, Wort; Berechnung	
–	chorologisch (gr;gr) >nlat	die Chorologie betreffend {64}	dto. + λογικός logikos	dto. zum Reden gehörig, die Rede betreffend	
1075	Chorregent, der gr;l	(süddt.) Leiter eines ⌐ katholischen Kirchenchors {33/37/ 51/77}	χορός choros + l. regere (PPA. regens Gen. regentis)	Tanz(platz); Chor lenken, leiten, herrschen (⌐ UTL 3026)	
1076	Chorton, der gr;gr	Normalton für die Chor- u. Orgelstimmung {37}	dto. + τόνος tonos	dto. (An)Spannung; Seil; Ton s. u. Ton	
1077	Chorus, der gr>l	1. Sängerchor; 2. gemeinsames Lied; 3. Refrain {37}	χορός choros	Tanz(platz); Chor	
1078	Chrematistik, die	Erwerbswirtschaft mit dem Ziel der Bereicherung (hist. t. t.) {42/75}	χρηματιστική chrematistike	(Kunst,) Vermögen zu erwerben	
1079	Chrestomathie, die	Textauswahl aus bekannten Schriftstellern zu Unterrichtszwecken {31/34/75/78}	χρηστομάθεια chrestomatheia	das Erlernen von Nützlichem; Sammlung der besten Stellen aus Schriftstellern	
1080	Chrie, die gr>l	1. ⌐ praktische Lebensweisheit {25/30/77}; 2. Anweisung für Schulaufsätze (veraltet) {31/78}	χρεία chreia	Gebrauchen, Umgang, Sentenz	
1081	Chrisam, das / der gr>l o. Chrisma, das	geweihtes Salböl der ⌐ katholichen u. ⌐ orthodoxen ⌐ Kirche {51/77}	χρῖσμα chrisma	Salbe, Salböl	

>>> Christ(o)– ↗ Wortelementeliste

1082	Christ, der gr>l>ahd >mhd>nhd	1. Anhänger des ↗ Christentums; Getaufter; 2. = ↗ Christus {51/77}; 3. –e eleison: Christus, erbarme dich! (↗ Kyrie eleison) {51/77}	Χριστός Christos bzw. (3.) Χρῖστε ἐλεῖσον Christe eleison	der Gesalbte Christus, erbarme dich!
–	Christa	weiblicher Vorname {31}	dto.	dto.
1083	Christdemokrat, der gr;gr;gr	Anhänger einer ↗ christlich-↗ demokratischen Partei (↗ UTL 2519) {33/50}	dto. + δημοκρατία demokratia	dto. Volksherrschaft s. u. Demokratie
1084	Christentum, das	Religion (↗ UTL 3066), die auf Jesus ↗ Christus u. seine Lehre gegründet ist {51/77}	Χριστός Christos	der Gesalbte
–	Christi	Genitiv (↗ UTL 1179) von ↗ Christus (z. B. Christi Geburt) {51/77}	dto.	dto.
1085	Christian	männlicher Vorname {31}	Χριστιανός Christianos	Anhänger der christlichen Lehre
–	Christiane	weiblicher Vorname {31}	dto.	dto.
–	christianisieren	zum Christentum bekehren {31}	dto.	dto.
1086	Christine o. Christina	weiblicher Vorname {31}	Χριστῖνα Christina	Anhängerin der christlichen Lehre; Christin
1087	christlich gr>l>ahd >mhd; d	1. auf Christus u. seine Lehre zurückgehend; der Lehre Christi entsprechend; 2. im Christentum verwurzelt, begründet; 3. ↗ kirchlich {51/77}	Χριστός Christos	der Gesalbte
1088	Christmette, die gr;l	Mitternachtsgottesdienst in der Christnacht vom 24. auf den 25. Dezember (↗ UTL 0724) {51/77}	dto. + l. matutinus	dto. morgendlich (↗ UTL 2226)

>>> Christo– ↗ Wortelementeliste

1089	Christ(usmon)ogramm, das (gr;gr) >nlat	↗ Symbol für den Namen ↗ Christus aus den gr. Anfangsbuchstaben des Namens Christus X (= Chi) und P (= Rho) {32/51/77}; vgl. ↗ IHS	Χριστός Christos + γράμμα gramma	der Gesalbte Buchstabe, Schrift(werk)

1090	Christo-latrie, die gr;gr	Verehrung ↗ Christi als Gott {51/77}	dto. + λατρεία latreia	dto. (Lohn)dienst; Gottesdienst
1091	Christo-logie, die gr;gr	Lehre der ↗ christlichen ↗ Theologie von der Person (↗ UTL 2612) ↗ Christi {51/77}	dto. + λόγος logos	dto. Rede, Wort; Berechnung
–	christo-logisch gr;gr	die Christologie betreffend {51/77}	dto. + λογικός logikos	dto. zum Reden gehörig, die Rede betreffend
1092	Christo-ph(er) gr;gr	männlicher Vorname; Kurzform von Christophoros (s. Anhang „Namen") {31}	Χριστός Christos + φορός phoros bzw. Χριστοφόρος Christophoros	der Gesalbte tragend, bringend Christusträger
1093	Christo-phanie, die gr;gr	Erscheinung Jesu ↗ Christi, bes. des auferstandenen ↗ Christus; vgl. ↗ Epiphanie {24/51/77}	dto. + φανός phanos	dto. hell, leuchtend
1094	Christo-zentrik, die gr;gr	Lehre, die ↗ Christus als Mittelpunkt der ↗ christlichen Religion (↗ UTL 3066) sieht {51/77}	dto. + κέντρον kentron	dto. Mittelpunkt eines Kreises; Stachel(stab); ruhender Zirkelschenkel s. u. Zentrik
–	christo-zentrisch gr;gr	die Christozentrik betreffend {51/77}	dto.	dto.
1095	Christus, der gr>l>got >ahd>mhd >asächs	der Messias, Ehrenname Jesu {31/51/77}	Χριστός Christos	der Gesalbte
>>>	Chrom–, –chrom ↗ Wortelementeliste			
1096	Chrom, das gr>l>frz	chem. Grundstoff, ↗ Metall; Zeichen: Cr {73}	χρῶμα, Gen. χρώματος chroma, chromatos	Farbe, Haut

–	Chroma- tiden, die (Pl.) gr>nlat	Chromosomenspalthälften, aus denen bei der Zellteilung die Tochterchromosomen entstehen (biol. t. t.) {68/69}	dto.	dto.
1097	Chroma- tik, die gr>l	1. die Erhöhung o. Erniedri- gung der Stammtöne einer Tonleiter um einen halben ↗ Ton (mus. t. t.) {37}; 2. Far- benlehre (phys. t. t.) {72}	χρωματικός chromatikos	dem chromati- schen Tonge- schlecht zuge- hörig
1098	Chroma- tin, das gr>nlat	färbbarer Teil des Zellkerns, der das Erbgut der Zelle (↗ UTL 3886) enthält {68/69}	χρωμάτινος chromatinos	gefärbt
1099	chroma- tisch gr>l	1. in Halbtönen fortschreitend (mus. t. t.) {37}; 2. die Chro- matik (2) betreffend (phys. t. t.) {72}	χρωματικός chromatikos	dem chromati- schen Tonge- schlecht zuge- hörig
1100	Chroma- togra- phie, die gr;gr	Verfahren zur Trennung ↗ chemisch nahe verwandter Stoffe {73}	χρῶμα, Gen. χρώματος chroma, chromatos + γραφή graphe	Farbe, Haut Schrift; Zeich- nung
1101	Chrom- gelb, das gr;d	deckkräftige Malerfarbe, Bleichromat {40/55/73}	dto. + d. *gelb*	dto.
–	Chrom- grün, das gr;d	Mischfarbe aus Berliner Blau und ↗ Chromgelb {40/55/73}	dto. + d. *grün*	dto.

>>> –chromie ↗ Wortelementeliste

–	Chromit, der	Chromeisenerz, ein Mineral (↗ UTL 2238) {02/62/73}	χρῶμα chroma	Farbe, Haut
–	Chrom- leder, das gr>l>frz;d	mit Chromverbindungen ge- gerbtes Leder {41/44/73}	dto. + d. *Leder*	dto.

>>> Chromo– ↗ Wortelementeliste

1102	chromo- gen (gr;gr) >nlat	Farbstoff bildend {54}	χρῶμα chroma + –γενής –genes	Farbe, Haut stammend von; hervorbringend, verursachend

1103	Chromolith, der gr;gr	unglasierte Steine mit eingelegten farbigen Verzierungen {02/20}	dto. + λίθος lithos	dto. Stein
1104	Chromolithographie, die gr;gr;gr	Mehrfarbensteindruck {40/41}	dto. + λίθος lithos + γραφή graphe	dto. Stein Schrift; Zeichnung
1105	Chromopapier, das gr;gr	einseitig mit Kreide (↗ UTL 1926) gestrichenes ↗ Papier für Offset- u. Steindruck {40/41}	dto. + πάπυρος papyros	dto. Papyrosstaude; Papier s. u. Papier
1106	Chromophor, der gr;gr	Atomgruppe ↗ organischer Farbstoffe, die die Farbe des Stoffes bestimmt (chem. t. t.) {73}	dto. + φορός phoros	dto. tragend, bringend
1107	Chromosom, das gr;gr	fadenförmiges Gebilde in jedem Zellkern, das das Erbgut eines Lebewesens enthält (biol. t. t.) {68/69/70}	dto. + σῶμα soma	dto. Leib, Körper
–	chromosomal gr;gr	das Chromosom betreffend {68/69/70}	dto.	dto.
1108	Chromosomenaberration, die gr;gr;l	Veränderung in der Chromosomenstruktur {68/69/70}	dto. + l. aberratio	dto. Zerstreuung, Abirrung (↗ UTL 0011)
1109	Chromosomenanomalie, die gr;gr;gr>l	durch Chromosomenmutation entstandene Veränderung in der Zahl o. Struktur (↗ UTL 3445) der Chromosomen {68/69/70}	dto. + ἀνωμαλία anomalia l. anomalia	dto. Unebenheit, Ungleichheit; Abweichung von der Regel Abweichung von der Regel in der Form
1110	Chromosomenmutation, die gr;gr;l	Strukturänderung eines Chromosoms, die zu einer Änderung des Erbguts führt {61/68/69/70}	dto. + l. mutatio	dto. Veränderung, Wechsel, Vertauschung (↗ UTL 2332)
1111	Chromosomenreduktion, die gr;gr;l	Halbierung der Chromosomenzahl durch Reduktionsteilung {57/68/69/70}	dto. + l. reductio	dto. Zurückziehung, –führung, Wiedereinsetzung (↗ UTL 3008)

1112	Chromo-sphäre, die gr;gr	glühende Gasschicht um die Sonne {01/66}	χρῶμα chroma + σφαῖρα sphaira	Farbe, Haut Kugel, Ball s. u. Sphäre
1113	Chromo-typie, die gr;gr	Farbendruck {40/41}	dto. + τύπος typos	dto. Schlag; Abdruck; Gepräge, Gestalt
1114	Chronik, die gr>l>mhd	Bericht über ↗ hist. Vorgänge in zeitlicher Abfolge {32/34/59/75}	χρονικός chronikos	die Zeit betreffend
–	Chronika, die (Pl.)	= ↗ Chronik {32/34/59/75}	χρονικὰ βιβλία chronika biblia	Zeit- o. Ge-schichtsbücher
–	chronika-lisch gr>nlat	in Form (↗ UTL 1132) einer Chronik abgefaßt {32/34/59/75}	χρονικός chronikos	die Zeit betreffend
–	chronisch gr>l	1. langsam verlaufend (med. t. t.) {59/70}; 2. dauernd, an-haltend {59}	dto.	dto.
1115	Chronist, der (gr;gr) >nlat	Verfasser einer Chronik {32/34/40/59/75}	χρόνος chronos + –ιστής –istes	Zeit gr. Suffix s. Partikelliste
–	Chroni-stik, die (gr;gr) >nlat	Gattung der Geschichtsschrei-bung {32/34/59/75}	dto.	dto.
1116	Chronizi-tät, die	chronischer Verlauf einer Krankheit (med. t. t.) {59/70}	dto.	dto.
>>>	Chrono– ↗ Wortelementeliste			
1117	Chrono-biologie, die gr;gr;gr	Wissenschaft von den zeitli-chen Abläufen im Körper von Lebewesen {59/69}	χρόνος chronos + βίος bios + λόγος logos	Zeit das Leben Rede, Wort; Be-rechnung s. u. Biologie
1118	Chrono-distichon, das (gr;gr) >nlat	↗ Chronogramm in der Form (↗ UTL 1132) eines ↗ Disti-chons {34/76}	dto. + δίστιχον distichon	dto. zweizeiliger Vers s. u. Distichon (↗ UTL 3791)

1119	Chronogramm, das gr;gr	Text (↗ UTL 3576), oft in Versform, in dem die lateinischen Buchstaben mit Zahlenbedeutung zusammen eine Jahreszahl ergeben {34/76}	dto. + γράμμα gramma	dto. Buchstabe, Schrift(werk)
1120	Chronograph, der	1. Meßgerät zur Aufzeichnung der Zeitdauer eines Vorgangs {41/59/72/87}; 2. Uhr mit LCD (= Flüssigkeitskristall–) Anzeige {44/59}	χρονογράφος chronographos	die Zeit aufschreibend
–	Chronographie, die gr>l	Geschichtsschreibung nach der zeitlichen Abfolge {34/59/75}	χρονογραφία chronographia	Zeitbeschreibung
–	chronographisch gr>l	die Chronographie betreffend {34/59/75}	dto.	dto.
1121	Chronologe, der	Wissenschaftler auf dem Gebiet der Chronologie {40/59/75}	χρονολόγος chronologos	die Zeit berechnend, der Zeitrechnung kundig
–	Chronologie, die	1. Zeitkunde; 2. Zeitfolge, zeitlicher Ablauf {59}	χρονολογία chronologia	Zeitrechnung
–	chronologisch	1. zeitlich geordnet; 2. die Chronologie betreffend {59}	χρονολογικός chronologikos	zur Zeitrechnung gehörig
1122	Chronometer, das (gr;gr) >nlat	1. Zeitmesser, Taktmesser; 2. sehr genau gehende Uhr {44/59/87}	χρόνος chronos + μέτρον metron	Zeit Maß, Versmaß
–	Chronometrie, die (gr;gr) >nlat	Zeitmessung {59}	dto.	dto.
–	chronometrisch (gr;gr) >nlat	auf genauer Zeitmessung beruhend {59}	dto.	dto.
1123	Chronopathologie, die gr;gr;gr	Lehre vom gestörten zeitlichen Ablauf der Lebensvorgänge unter krankhaften Bedingungen {14/59/70}	χρόνος chronos + πάθος pathos + λόγος logos	Zeit Schmerz; Leiden(schaft) Rede, Wort; Berechnung s. u. Pathologie

1124	Chrono-photo-graphie, die gr;gr;gr	Vorstufe der ↗ Kinematographie, bei der die Bewegung ↗ fotografisch in Einzelbilder zerlegt wurde {46/75}	dto. + φώς, Gen. φωτός phos, photos + γραφή graphe	dto. Licht Schrift; Zeichnung s. u. Photographie
1125	Chrono-physio-logie, die gr;gr;gr	Lehre von zeitlichen Ablauf der normalen (↗ UTL 2374) Lebensvorgänge {59/68/69}	dto. + φύσις, Gen. φύσεως physis, physeos + λόγος logos	dto. Natur (↗UTL 2343) Rede, Wort; Berechnung s. u. Physiologie
1126	Chrono-skop, das gr;gr	Gerät zum Messen kleiner Zeitspannen {41/59}	dto. + σκοπός skopos	dto. Aufseher; Späher
1127	Chrono-stichon, das gr;gr	↗ Chronogramm in Versform {34/59/75}	dto. + στίχος stichos	dto. Reihe, Zeile, Vers (↗ UTL 3791)
>>>	Chrys(o)– ↗ Wortelementeliste			
1127a	Chry-sander gr;gr	Humanistenname für: Goldmann {31/75}	χρυσός chrysos + ἀνήρ, Gen. ἀνδρός aner, andros	Gold Mann
1128	Chrysan-theme, die o. Chrysan-themum, das gr;gr	Zierpflanze mit zartgelben, strahlenförmigen Blüten {04/68}	χρυσάν-θεμον chrysan-themon aus: χρυσός chrysos + ἄνθεμον anthemon	Goldblume; Pflanze mit goldgelber Blüte Gold Blume, Blüte
1129	chrysele-phantin (gr;gr) >nlat	in Goldelfenbeintechnik gearbeitete Figuren (↗ UTL 1089), bei denen die nackten Teile mit Elfenbein, die bekleideten Teile u. Haare mit Gold belegt sind {36}	χρυσός chrysos + ἐλεφάν-τινος elephantinos	Gold aus Elfenbein
>>>	Chryso– ↗ Wortelementeliste			

1130	Chryso-graphie, die	das Schreiben o. Malen mit Goldtinktur; das Verzieren mit Blattgold {34/40/55}	χρυσο-γραφία chryso-graphia	das Schreiben mit goldenen Buchstaben
1131	Chryso-pras, der (gr;gr)>l	grüner Halbedelstein {02/20}	χρυσός chrysos + πράσον prason	Gold Lauch
>>>	−chthon ⌕ Wortelementeliste			
1132	chtho-nisch	der Erde angehörend, (unter-)irdisch; einheimisch {02/64}	χθόνιος chthonios	(unter)irdisch; einheimisch
1133	Chylus, der gr>l	Inhalt der Darmlymphgefäße (med. t. t.) {70}	χυλός chylos	Saft
1134	Chymus, der gr>l	halbverdauter Speisebrei (med. t. t.) {17/70}	χυμός chymos	Saft, Flüssigkeit
>>>	Ciborium, das = ⌕ Ziborium			
1135	Cidre, der hebr>gr >kirchenl >frz	frz. Apfelwein aus der Normandie o. Bretagne {17}	hebr. shekhar σίκερα sikera kirchenl. sicera frz. cidre	berauschendes Getränk dto. dto. Zider, Apfelwein
>>>	Cimbal, das = ⌕ Zimbal			
>>>	Cine− ⌕ Wortelementeliste			
1136	Cineast, der gr>frz	1. Filmschaffender {35/40}; 2. Filmkenner, begeisterter Kinobesucher {85}	κίνημα kinema frz. cinéaste	das Bewegte; Bewegung dto.
−	Cinea-stik, die	Filmkunst {35/85}	dto.	dto.
−	cinea-stisch	die Cineastik betreffend {35/85}	dto.	dto.
−	Cinema, das gr>it /engl o. Cinéma, das gr>frz	Filmtheater, Kino {58/85}	dto.	dto.

–	Cinema-scope, das (gr;gr) >engl	besonderes Projektionsverfahren mit extrem breitem Bildbereich {41/85}	dto. + σκοπή skope	dto. das Umschauen, Spähen
>>>	Cinemathek, die = ↗ Kinemathek			
1137	Cinerama, das (gr;gr;gr) >frz>engl	besonderes Projektionsverfahren mit sehr breitem Bildbereich {41/85}	dto. + πᾶν pan + ὅραμα horama	dto. alles das Gesehene s. u. Panorama
1138	Cipollata, die gr>l>it	1. ein Gericht aus Bratwürstchen, Zwiebeln, Maronen, Karotten u. Speck; 2. kleines weißwurstähnliches Würstchen {17}	κάπια kapia (Pl.) l. c(a)epa it. cipolla	Zwiebeln Zwiebel dto.
1139	Circe, die	verführerische, betörende Frau, femme fatale; vgl. ↗ becircen {18/33}	Κίρκη Kirke	Kirke (s. Anhang „Namen")
>>>	circensisch = ↗ zirzensisch			
>>>	Cista, die = ↗ Zista			
>>>	Clavicembalo, das = ↗ Cembalo			
1139a	Clavis, die gr>l	1. Orgeltaste (mus. t. t.); 2. Notenschlüssel (mus. t. t.) {37}; 3. ↗ lexikographisches Werk zur Erklärung alter Schriften o. der ↗ Bibel (veraltet) {32/34/51}	κλειδίον kleidion u. κληίς kleis l. clavis	Schlüssel, Riegel dto. dto.
1140	Cochlea, die gr>l	1. Teil des Innenohrs {11/70}; 2. Gehäuse der Schnecke {69}	κοχλίας kochlias l. cochlea	Schnecke Schnecke(nhaus)
>>>	Codein, das = ↗ Kodein			
>>>	Coemeterium, das = ↗ Zömeterium			
>>>	Coenobit, der = ↗ Zönobit			
>>>	Colin ↗ Nikolaus			
>>>	Colon, das = ↗ Kolon			
1140a	Coma Berenices, die gr;gr	„Haar der Berenike": ein Sternbild {66}	κόμη kome + Βερενίκη Gen. Βερενίκης Berenikes	Haar Berenike der Berenike (s. Anhang „Namen")

1141	Comic, der gr>l >amerik	in Bildern erzählte Geschichte {36/85}	κωμικός komikos	komisch
–	Comicstrip, der gr>l>am; am	Comic mit Texten (↗ UTL 3576) {34/36/85}	dto. + am. *strip*	dto.
1142	Computertomographie, die l>engl;gr; gr	Röntgenuntersuchungstechnik, bei der einzelne Schichten eines Objektes (↗ UTL 2397) mit Computerhilfe untersucht werden {70}	l. *computator* engl. *computer* + τομή tome + γραφή graphe	Berechner (↗ UTL 0535) das Schneiden; Schnitt; das Abgeschnittene Schrift; Zeichnung s. u. Tomographie

>>> Concha, die = ↗ Koncha

1143	Condylus, der gr>l	Gelenkkopf, –fortsatz (med. t. t.) {11/70}	κόνδυλος kondylos	Knochengelenk; Geschwulst

>>> Cönobit, der = ↗ Zönobit
>>> Constructio apo koinu, die = ↗ Apokoinu
>>> Constructio kata synesin, die = ↗ Synesis

1144	Conus, der gr>l	1. Koniferenzapfen {04/68}; 2. kegelförmige Organschwellung (med. t. t.) {14/70}; 3. Gattung aus der Familie (↗ UTL 1037) der Kegelschnecken (zool. t. t.) {08/69}; 4. kegelförmige Anordnung von Lautsprechermembranen (techn. t. t.) {87}	κῶνος konos l. *conus*	Kegel; Pinienzapfen Kegel; Zypressenzapfen; Sonnenuhrart (↗ UTL 0553a)
1145	Cord, der gr>l>frz >engl	hochgeripptes, sehr haltbares (Baumwoll)gewebe {19}	χορδή chorde	Darm, Darmsaite
1146	Coroner, der gr>l>frz >engl	Untersuchungsrichter o. Beamter in England u. USA (zur Untersuchung verdächtiger Todesfälle) {40/50/82}	κορώνη korone l. *corona*	Krümmung, Ring, Kranz, Krone Kranz; Zuhörer; Versammlung

>>> Cosima ↗ Kosima

1147	Coup, der gr>l>vulgl >frz	1. überraschend durchgeführte, verwegen–erfolgreiche Unternehmung o. Verbrechen {29/82}; 2. – d'état: Staatsstreich {50/81/82}; 3. – de main: Handstreich {29/82}	κόλαφος kolaphos vulgl. *colpus* o. *colap(h)us* frz. *coup* bzw. (2.) + frz. *etat* bzw. (3.) + l. *manus* frz. *main*	Ohrfeige, Faustschlag dto. Schlag Staat; Zustand Hand dto.
1148	Coupé, das gr>l>gallorom>frz	1. zweisitziger Sportwagen {45}; 2. Eisenbahnabteil {45/58}; 3. geschlossene zweisitzige Kutsche (veraltet) {45/75}	κύπη kype l. *cup(p)a* gallorom. *cuppum** *cuppare** afrz. *coper* frz. *couper* *coupé*	Kufe, Höhlung Tonne, Küfe; Grabgewölbe Kopf die Spitze abschlagen abschneiden dto. dto.
–	Coupon, der gr>l>gallorom>frz	1. Abschnitt (auf Wertpapieren) {42/80}; 2. Stoffrest {19/57}	dto. frz. *coupon*	dto.

>>> Coxalgia, die = ↗ Koxalgie

1149	Cranium, das gr>mlat	der menschliche Schädel {11/70}	κρανίον kranion	Scheitel; Hirnschale
1150	Creme, die o. Crème gr>l>afrz >frz	1. Sahne; 2. schaumige Süßspeise {17}; 3. Salbe {21/70}; 4. gesellschaftliche Oberschicht {33} 5. – de la Crème: feinste Auslese {33/56}	χρῖσμα chrisma l. *chrisma* gemischt mit: l. *crama* o. *cramum* afrz. *cresme* o. *craime* frz. *crème*	Salbe, Salböl Salbe, Salbung, Ölung Sahne, Creme dto. Sahne; Elite

>>> Crocus, der = ↗ Krokus

1151	Culotte, die gr>l>frz	im 17. u. 18. Jh. von der frz. ↗ Aristokratie getragene Kniehose (hist. t. t.) {19/75}	κολεός koleos l. *culleus* frz. *culotte*	Schwert(scheide) lederner Sack; Schlauch kurze Hose

1151a	Cup, der gr>l>engl	1. ↗ Pokal, Ehrenpreis {56/85}; 2. Körbchen beim Büstenhalter {19}	κύπη kype	Höhlung
			l. *cupa*	Küpe, Kufe, Tonne (↗ UTL 3594)
			engl. *cup*	Becher; Pokal

>>> Cyan– ↗ Worteelementeliste

1152	Cyan, das gr>l	giftige Kohlenstoff-Stickstoff-Verbindung {73}	κύανος kyanos	dunkelblauer Stahl, Lasurstein; Kornblume; blaue Farbe
			l. *cyanos*	Kornblume; blauer Edelstein
–	Cyanat, das gr>l>nlat	Salz der Cyansäure {73}	dto.	dto.
–	Cyanid, das gr;gr	Salz der Blausäure {73}	dto. + –(ε)ιδής –(e)ides	dto. ähnlich aussehend s. Partikelliste
1153	Cyborg, der gr;gr	Kunstwort aus engl. cybernetic organism; ↗ technische Geräte als Ersatz o. Unterstützung für nicht leistungsfähige menschliche ↗ Organe {41/70}	κυβερνητικός kybernetikos + ὀργανικός organikos	zum Steuern gehörig von Werkzeugen, organisch s. u. Organ

>>> cyclisch = ↗ zyklisch
>>> Cyclops, der = ↗ Zyklop
>>> Cymbal, das = ↗ Zymbal, = ↗ Zimbel

D

| 1154 | Däda-leum, das gr>nlat | trommelförmiges Gerät, 1833 erfunden, welches durch Drehen filmartige bewegte Bilder hervorbringt {55/61/85} | Δαίδαλος Daidalos | Dädalus (s. Anhang „Namen") |
| — | dädalisch gr>l | 1. erfinderisch {22/25}; 2. Bezeichnung für die früharchaische gr. ↗ Plastik (7. Jh. v. Chr.) (kunsthist. t. t.) {36/79} | δαίδαλος daidaleos l. daedalus | künstlich gefertigt, kunstreich dto. |

>>> Daimonion, das = ↗ Dämonium
>>> Daktyl(i/o)– ↗ Wortelementeliste

1155	Daktylen, die (Pl.)	Plural (↗ UTL 2697) von ↗ Daktylos: Versfuß (↗ UTL 3791) mit drei ↗ Silben (einer langen betonten u. zwei kurzen unbetonten), entsprechend den drei Gliedern eines Fingers, bes. im ↗ Epos gebraucht {34/75/76}	δάκτυλος daktylos	Finger, Zehe; Längenmaß; Versfuß
—	daktylieren	in der Finger- u. Gebärdensprache reden {32}	dto.	dto.
1156	Daktyliomantie, die (gr;gr) >nlat	Wahrsagen mit Hilfe eines Pendels (↗ UTL 2574) {51/77}	δακτύλιος daktylios + μαντεία manteia	(Siegel)Ring das Weissagen; die Weissagung
1157	Daktyliothek, die (gr;gr)>l	Kästchen o. Sammlung für Ringe u. alle Arten geschnittener Steine {20/58}	δακτύλιος daktylios + θήκη theke	(Siegel)Ring Behältnis, Kasten
1158	daktylisch gr>l	aus ↗ Daktylen bestehend {34/75/76}	δακτυλικός daktylikos	auf die Finger (bzw. Daktylen) bezogen
1159	Daktylitis, die (gr;gr) >nlat	Fingerentzündung (med. t. t.) {14/70}	δάκτυλος daktylos + –ῖτις –itis	Finger, Zehe; Längenmaß; Versfuß gr. Suffix s. Partikelliste

1160	Daktylo-gramm, das (gr;gr) >nlat	Fingerabdruck {55/82}	δάκτυλος daktylos + γράμμα gramma	Finger, Zehe; Längenmaß; Versfuß Buchstabe, Schrift(werk)
1161	Daktylo-graph(in), der (die) (gr;gr)>frz	Maschinenschreiber(in) {32/40}	δάκτυλος daktylos + γραφεύς grapheus	Finger, Zehe; Längenmaß; Versfuß Schreiber, Maler
–	Daktylo-graphie, die gr;gr	das Maschinenschreiben {32/40}	δάκτυλος daktylos + γραφή graphe	Finger, Zehe; Längenmaß; Versfuß Schrift; Zeichnung
–	daktylo-graphie-ren gr>gr	maschineschreiben {29/32/40}	δάκτυλος daktylos + γράφειν graphein	Finger, Zehe; Längenmaß; Versfuß einritzen, schreiben, malen
1162	Daktylo-grypose, die gr;gr;gr	Verkrümmung der Finger o. Zehen (med. t. t.) {14/70}	δάκτυλος daktylos + γρυπός grypos + –ωσις –osis	Finger, Zehe; Längenmaß; Versfuß gekrümmt gr. Suffix s. Partikelliste
1163	Daktylo-logie, die gr;gr	Finger- u. Gebärdensprache der Taubstummen {14/32}	δάκτυλος daktylos + λόγος logos	Finger, Zehe, Längenmaß; Versfuß Rede, Wort; Berechnung
1164	Daktylo-megalie, die gr;gr	krankhafter Vergrößerung der Finger o. Zehen {14/57/70}	δάκτυλος daktylos + μεγαλεῖος megaleios	Finger, Zehe; Längenmaß; Versfuß groß, prächtig
1165	Daktylo-skop, der gr;gr	Fachmann für Daktyloskopie {40/82}	δάκτυλος daktylos + σκοπός skopos	Finger, Zehe; Längenmaß; Versfuß Aufseher; Späher
–	Daktylo-skopie, die gr;gr	Fingerabdruckverfahren {82}	δάκτυλος daktylos + σκοπή skope	Finger, Zehe; Längenmaß; Versfuß das Umschauen, Spähen
1166	Daktylos o. Dac-tylus, der gr>l	Versfuß (↗ UTL 3791) mit drei ↗ Silben (einer langen betonten u. zwei kurzen unbetonten), den drei Gliedern eines Fingers entsprechend, bes. im ↗ Epos gebraucht {34/75/76}	δάκτυλος daktylos	Finger, Zehe; Längenmaß; Versfuß

Nr.	Stichwort	Bedeutung	Griechisch	Übersetzung
1167	Damoklesschwert, das gr;d	die im Glück ständig drohende Gefahr {15/25}	Δαμοκλῆς Damokles + d. *Schwert*	Damokles (s. Anhang „Namen")
1168	Dämon, der gr>l	1. Teufel, böser Geist; 2. übersinnliches Wesen {51/77}	δαίμων daimon l. *daemon*	Gott(heit); Schicksal dto.
–	Dämonie, die gr>nlat	unheimliche, bedrohliche Macht {25/33/77}	δαιμόνιος daimonios	göttlich, unselig; außerordentlich
–	dämonisch gr>l	eine unheimliche Macht ausübend {25/33}	dto.	dto.
–	dämonisieren	zu einem Dämon machen {25/32/33}	δαιμονίζεσθαι daimonizesthai	von einem Dämon besessen sein
–	Dämonismus, der gr>l>nlat; gr	Glaube an Dämonen {25/51/77}	δαίμων daimon l. *daemon* + –ισμός –ismos	Gott(heit); Schicksal dto. gr. Suffix s. Partikelliste
–	Dämonium, das gr>l	die warnende innere Stimme der Gottheit des Sokrates (s. Anhang „Namen") {75/77}	δαιμόνιον daimonion	das Göttliche, die Wirkung der Gottheit
1169	Dämonologie, die (gr;gr) >nlat	Lehre von den Dämonen {51/77}	δαίμων daimon + λόγος logos	Gott(heit); Schicksal Rede, Wort; Berechnung
1170	Dämonomanie, die gr;gr	krankhafter Wahn, von einem Dämon besessen zu sein (med., psych. t. t.) {14/25/70}	δαίμων daimon + μανία mania	Gott(heit); Schicksal Raserei, Wahnsinn, Verzückung
1171	Dämonopathie, die gr;gr	= ↗ Dämonomanie {14/25/70}	δαίμων daimon + πάθος pathos	Gottheit; Schicksal Schmerz; Leiden(schaft)
1172	Danaergeschenk, das gr;d	Unglück bringendes Geschenk (↗ Trojanisches Pferd) {25/33}	Δαναοί Danaoi + d. *Geschenk*	Danaer (s. Anhang „Namen")
1173	Danaidenarbeit, die gr;d	mühsame, vergebliche Arbeit {25/40}	Δαναΐδες Danaïdes + d. *Arbeit*	Danaiden (s. Anhang „Namen")

1174	Daphne, die gr>l	1. Seidelbast {04/68}; 2. weiblicher Vorname {31}	δάφνη daphne bzw. Δάφνη Daphne	Lorbeerbaum Daphne (s. Anhang „Namen")
1175	Dattel, die gr>l>span >it>mhd	Frucht der Dattelpalme; (Volksetymologie wegen der Ähnlichkeit zwischen den ausgespreizten Fingern u. den Blättern des Baumes) {05/68}	δάκτυλος daktylos l. dactylus span. dátil it. dattilo mhd. datel	Finger, Zehe; Längenmaß; Versfuß Dattel dto. dto. dto.
1176	Daube, die gr>spätl >mlat>frz	1. gebogenes Seitenbrett eines Fasses {40/44}; 2. Holzwürfel beim Eisschießen {85}	δοχή doche spätl. doga mlat. doga o. duga frz. douve	Aufnahme, Gefäß Gefäß, Faß dto. Graben; Brett
1177	Dauphin, der gr>l>frz	Titel (↗ UTL 3586) des frz. Thronfolgers (hist. t. t.) {50/75}	δελφίς, Gen. δελφῖνος delphis, delphinos l. delphinus	Delphin dto.
1178	Dehydrase, die l;gr;gr	Wasserstoff abspaltetendes ↗ Enzym {73}	l. de + ὕδωρ hydor + –ασις –asis	ab..., weg... Wasser gr. Suffix s. Partikelliste
1179	Dehydratation, die l;gr	Entzug von Wasserstoff {57/73}	dto.	dto.
–	Dehydration, die l;gr	Entzug von Wasser (chem. t. t.) {57/73}	dto.	dto.
–	dehydratisieren l;gr	Wasserstoff entziehen {57/73}	dto.	dto.
–	dehydrieren l;gr	einer ↗ chem. Verbindung Wasser entziehen (chem. t. t.) {57/73}	dto.	dto.
>>>	Dehydrierung, die = ↗ Dehydration			
>>>	Dehydrogenase, die = ↗ Dehydrase			
1180	deiktisch	hinweisend, zeigend {32}	δεικτικός deiktikos	zeigend, hinweisend

–	**Deixis**, die	hinweisende Funktion von Wörtern in einem Kontext {32}	δεῖξις deixis		das Zeigen
>>>	**Deka–** ↗ Wortelementeliste				
1181	**Deka**, das	Kurzform von ↗ Dekagramm (österr.) {56}	δέκα deka		zehn
1182	**Dekade**, die gr>mlat >frz	1. Zeitraum von zehn Zeiteinheiten (meist Tagen o. Jahren) {57/59}; 2. Menge von zehn Stück {57}	δεκάς, Gen. δεκάδος dekas, dekados mlat. *decas, decadis* frz. *décade*		Zehnerschaft dto. dto.
–	**dekadisch** gr>mlat >frz	zehnteilig; auf die Zahl 10 bezogen {57}	dto.		dto.
1183	**Dekaeder**, das (gr;gr) >nlat	ein Körper, der von zehn Flächen begrenzt ist {57/58/71}	δέκα deka + ἕδρα hedra		zehn Sitz, Grundlage, Fläche
1184	**Dekagramm**, das gr;gr	zehn ↗ Gramm; Zeichen: Dg o. dkg (österr.) {56}	δέκα deka + γράμμα gramma		zehn Buchstabe, Schrift(werk); hier auch: Gewicht s. u. Gramm
1185	**Dekaliter**, der/das gr;gr	zehn ↗ Liter; Zeichen: Dl o. dkl {56}	δέκα deka + λίτρα litra		zehn Gewicht von 12 Unzen o. 1 Pfund s. u. Liter
1186	**Dekalog**, der (gr;gr)>l	die Zehn Gebote {51/77}	δέκα deka + λόγος logos		zehn Rede, Wort; Berechnung
1187	**Dekameron(e)**, das (gr;gr)>it	Boccaccios Sammlung von Novellen (↗ UTL 2379), die an zehn Tagen erzählt wurden {32/34/59/76}	δέκα deka + ἡμέρα hemera		zehn Tag
1188	**Dekameter**, das (gr;gr) >nlat	zehn ↗ Meter; Zeichen: dam o. dkm (veraltet) o. Dm {56}	δέκα deka + μέτρον metron		zehn Maß, Versmaß

1189	Dekapode, der (gr;gr) >nlat	Zehnfußkrebs {08/69}	δέκα deka + πούς, Gen. ποδός pous, podos	zehn Fuß
1190	Dekaster, der (gr;gr)>frz	zehn ↗ Kubikmeter {56}	δέκα deka + στερεός stereos frz. *décastère*	zehn fest, hart; kubisch zehn Kubikmeter
1191	Dekasyllabus, der (gr;gr)>l	zehnsilbiger Vers (↗ UTL 3791) aus ↗ Jamben {34/75/ 76}	δέκα deka + συλλαβή syllabe	zehn das Zusammenfassen; Band; Silbe s. u. Syllabus
1191a	delisches Problem, das gr;gr	die nicht lösbare Aufgabe, nur mit Hilfe von Zirkel (↗ UTL 3908) u. Lineal (↗ UTL 2067) die Kantenlänge eines Würfels zu bestimmen, der das doppelte Volumen (↗ UTL 3858) eines gegebenen Würfels haben soll {71}	Δῆλος Delos + πρόβλημα problema	Delos (s. Anhang „Namen") das Vorgelegte; gestellte Aufgabe s. u. Problem
1192	Delphin, der gr>l>mhd	1. Säugetier aus der Familie der Zahnwale {06/69}; 2. Schwimmstil {29/61/85}	δελφίς, Gen. δελφῖνος delphis, delphinos l. *delphinus* mhd. *delfin*	Delphin dto. dto.
–	Delphinarium, das gr>l>nlat	Aquarium (↗ UTL 0248) für Delphine {58/69}	dto.	dto.
1193	Delphinologe, der gr;gr	Fachmann für Delphine {40/ 69}	dto. + λόγος logos	dto. Rede, Wort; Berechnung
–	Delphinologie gr;gr	Wissenschaft, die sich mit dem Leben der Delphine befasst {69}	dto.	dto.
1194	delphisch gr>l	doppelsinnig, rätselhaft wie das delphische Orakel (↗ UTL 2444) {25/32}	Δελφοί Delphoi	Delphi (s. Anhang „Namen")
1195	Delta, das hebr>gr	1. vierter Buchstabe des gr. ↗ Alphabets {32}; 2. mehrarmige Flußmündung 64}	hebr. *daleth* Δ, δ (δέλτα) D, d (delta)	Tor Delta

192

1196	Deltametall, das hebr>gr;gr>l	sehr feste Messinglegierung, besonders im Maschinenbau verwendet {40/73}	dto. + μέταλλον metallon	dto. Bergwerk; Erz, Metall
1197	Deltastrahlen, die (Pl.) hebr>gr;d	↗ Elektronenstrahlen, die nicht direkt (↗ UTL 0758) von einer radioaktiven (↗ UTL 2964) Substanz (↗ UTL 3466) ausgesandt werden {72/73}	Δ, δ (δέλτα) D, d (delta) + d. *Strahlen*	Delta
>>>	Dem(o)– ↗ Wortelementeliste			
1198	Demagoge, der	jmd. der andere durch leidenschaftliche Reden ↗ politisch aufhetzt {25/28/32/49/50}	δημαγωγός demagogos	Volksführer, -leiter
–	Demagogie, die	Volksaufwiegelung, ↗ politische Hetze {25/28/32/49/50}	δημαγωγία demagogia	Leitung, Lenkung des Volkes
–	demagogisch	aufwiegelnd, hetzerisch {25/28/32/49/50}	δημαγωγικός demagogikos	nach Art u. Weise der Demagogen
1199	Demant, der gr>l>vulgl>frz/it>mhd	dichterische Form (↗ UTL 1132) für ↗ Diamant {20}	ἀδάμας, Gen ἀδάμαντος adamas, adamantos l. *adamas* vulgl. *adiamas* frz. *diamant* it. *diamante*	unbezwingbar; härtestes Eisen, Stahl dto.; Diamant dto. dto. dto.
–	demanten gr>l>vulgl>frz>mhd	= ↗ diamanten {20}	dto.	dto.
1200	Demarch, der	Vorsteher im altgr. ↗ Demos {49/50/75}	δήμαρχος demarchos	Vorsteher eines Bezirkes
>>>	Demen, die (Pl.) = Plural (↗ UTL 2697) von ↗ Demos			
1201	Demiurg, der gr>l	Weltbaumeister, Weltenschöpfer bei Platon (s. Anhang „Namen") u. in der ↗ Gnosis {51/77}	δημιουργός demiourgos	Handwerker, Künstler
>>>	Demo– ↗ Wortelementeliste			

1202	**Demograph**, der (gr;gr) >nlat	Fachmann für Demographie {40/81}	dto. + γράφευς grapheus	dto. Schreiber, Maler
–	**Demographie**, die gr;gr	Beschreibung von Struktur (↗ UTL 3445) u. Entwicklung der Bevölkerung; Bevölkerungswissenschaft {81}	δῆμος demos + γραφή graphe	Volk Schrift; Zeichnung
–	**demographisch** gr;gr	die Demographie betreffend {81}	dto. + γραφικός graphikos	dto. im Malen geschickt; malerisch; zum Malen o. Schreiben gehörig
1203	**Demökologie**, die (gr;gr;gr) >nlat	Teilgebiet der ↗ Ökologie, das sich mit den Wirkungen der Umweltfaktoren auf bestimmte Tier- u. Pflanzenarten befaßt {68/69}	δῆμος demos + οἶκος oikos + λόγος logos	Volk Haus Rede, Wort; Berechnung s. u. Ökologie
1204	**Demokrat**, der (gr;gr) >mlat>frz	Anhänger der Demokratie {25/50/81}	δημοκρατία demokratia mlat. *democratia* aus: δῆμος demos + κράτος kratos frz. *démocrate*	Volksherrschaft dto. Volk Kraft, Macht dto.
–	**Demokratie**, die (gr;gr) >mlat	Volksherrschaft {50/81}	dto.	dto.
–	**demokratisch**	nach den Grundsätzen der Demokratie {50/81}	δημοκρατικός demokratikos	zur Demokratie gehörig, demokratisch
–	**demokratisieren**	demokratische Prinzipien (↗ UTL 2821) einführen u. anwenden {25/50/81}	δημοκρατίζειν demokratizein	demokratisch gesinnt sein
–	**Demokratismus**, der (gr;gr) >nlat	übertriebene Anwendung demokratischer Prinzipien (↗ UTL 2821) {25/50/81}	dto. + –ισμός –ismos	dto. gr. Suffix s. Partikelliste

1205	demono-misch gr;gr	die soziale (↗ UTL 3373) ↗ Organisation in tierischen Gemeinschaften betreffend {33/69}	δῆμος demos + νόμος nomos	Volk Brauch, Gesetz; Herkommen
1206	Demos, der	1. Gebiet u. Volksgemeinde im altgr. Stadtstaat {49/75/81}; 2. kleinster staatlicher Verwaltungsbezirk im modernen (↗ UTL 2259) Griechenland {49}	δῆμος demos	Volk
1207	Demo-skop, der gr;gr	Meinungsforscher {25/40/81}	δῆμος demos + σκοπός skopos	Volk Aufseher; Späher
–	Demo-skopie, die gr;gr	Meinungsumfrage, -forschung {25/40/81}	δῆμος demos + σκοπή skope	Volk das Umschauen, Spähen
–	demo-skopisch gr;gr	die Demoskopie betreffend {25/40/81}	dto.	dto.
1208	Dendrit, der gr>nlat	1. moos-, strauch- o. baumförmige Ablagerungen aus Eisen u. ↗ Mangan auf Gesteinsflächen (geol. t. t.) {62}; 2. verästelter ↗ Protoplasma-Fortsatz einer Nervenzelle (med. t. t.) {70}	δενδρίτης dendrites	zum Baum gehörig
–	dendri-tisch	verzweigt, verästelt {55/62/70}	dto.	dto.
>>>	Dendro– ↗ Wortelementeliste			
1209	Dendro-bios, der gr;gr	auf Baumstämmen lebende ↗ Organismen {68/69}	δένδρον dendron + βίος bios	Baum Leben
1210	Dendro-chrono-logie, die gr;gr	↗ Methode der Altersbestimmung mit Hilfe der Jahresringen der Bäume {59/68/75}	δένδρον dendron + χρονο-λογία chronologia	Baum Zeitrechnung s. o. Chronologie
1211	Dendro-loge, der gr;gr	Wissenschaftler der Dendrologie {40/68}	δένδρον dendron + λόγος logos	Baum Rede, Wort; Berechnung

–	**Dendro- logie**, die gr;gr	Baum- u. Gehölzkunde {68}	dto.	dto.
–	**dendro- logisch** gr;gr	die Dendrologie betreffend {68}	dto. + λογικός logikos	dto. zum Reden gehö- rig, die Rede be- treffend
1212	**Dendro- meter**, das gr;gr	Gerät zur Messung der Höhe u. Dicke stehender Bäume {56/68}	δένδρον dendron + μέτρον metron	Baum Maß, Versmaß
1212a	**Dennis**	männlicher Vorname {31}	Διονύσιος Dionysios	zu Dionysos (s. Anhang „Namen") gehörig s. u. Dionys
1213	**Densi- meter**, das l;gr	Gerät zur Messung des spe- zifischen (↗ UTL 3396) Ge- wichts (vorwiegend von Flüs- sigkeiten) {56/73}	l. *densus* + μέτρον metron	dicht Maß, Versmaß
1214	**Densito- meter**, das l;gr	Schwärzungsmesser für ↗ fo- tografische Schichten {56/87}	l. *densitas* + μέτρον metron	Dichte Maß, Versmaß
–	**Dens(it)o- metrie**, die l;gr	Messung der Dichte von Stof- fen (phys. t. t.) {56/72}	dto.	dto.
1215	**Denso- graph**, der l;gr	= ↗ Densitometer {56/87}	l. *densus* + γράφευς grapheus	dicht Schreiber, Maler
1216	**Dental- gie**, die l;gr	Zahnschmerz (med. t. t.) {14/ 26/70}	l. *dens*, Gen. *dentis* + ἄλγος algos	Zahn Schmerz
1217	**dentogen** l;gr	von den Zähnen ausgehend (med. t. t.) {11/70}	l. *dens*, Gen. *dentis* + –γενής –genes	Zahn stammend von; hervorbringend, verursachend
1218	**Dento- logie**, die l;gr	Zahnheilkunde {70}	l. *dens*, Gen. *dentis* + λόγος logos	Zahn Rede, Wort; Be- rechnung

1219	Deonto-logie, die gr;gr	↗ Ethik als Pflichtlehre {77}	δέον, Gen. δέοντος deon, deontos	das Nötige, Pflicht, Schuldigkeit
			+ λόγος logos	Rede, Wort; Berechnung
1219a	deplaziert o. depla-ciert l;gr>l >vulgl >afrz>frz	fehl am Platz. unangebracht {25/26/33}	l. de	ab..., weg..., fort..., nieder..., (von) ... herab, ent... (↗ UTL 0586)
			+ πλατεῖα (ὁδος) plateia (hodos)	breite Straße
			l. platea	freier Platz; Gasse; Straße in der Stadt
			afrz. place	weiter offener Raum, Ort
			frz. place, placer	dto., stellen
1220	Depolari-sation, die (l;gr)>nlat	Vermeidung ↗ elektrischer ↗ Polarisation {72}	l. de	ab..., weg..., fort..., nieder..., (von) ... herab, ent... (↗ UTL 0586)
			πόλος polos	Achse, Drehpunkt, Pol
–	Depolari-sator, der l;gr	wasserstoffbindende ↗ Chemikalie zur Depolarisation {72/73}	dto.	dto.
–	depolari-sieren l;gr	eine Depolarisation vornehmen {72/73}	dto.	dto.
>>>	–derm(a) ↗ Wortelementeliste			
1221	Derma, das	Haut (med. t. t.) {11/70}	δέρμα, Gen. δέρματος derma, dermatos	Haut
–	dermal o. derma-tisch gr>nlat	die Haut betreffend (med. t. t.) {11/70}	dto.	dto.

1222	Dermalgie, die gr;gr	Hautnervenschmerz (med. t. t.) {14/26/70}	dto. + ἄλγος algos	dto. Schmerz
1223	Dermatikum, das	Hautmittel (med. t. t.) {70}	δερματικός dermatikos	haut-, lederartig
1224	Dermatitis, die gr;gr	Hautentzündung (med. t. t.) {14/70}	δέρμα, Gen. δέρματος derma, dermatos + –ῖτις –itis	Haut gr. Suffix s. Partikelliste
1225	Dermatologe, der gr;gr	Hautarzt {40/70}	δέρμα, Gen. δέρματος derma, dermatos + λόγος logos	Haut Rede, Wort; Berechnung
–	Dermatologie, die gr;gr	Lehre von den Hautkrankheiten {14/70}	dto.	dto.
1226	Dermatom, das gr;gr	1. Hautgeschwulst (med. t. t.) {14/70}; 2. Hautsegment (med. t. t.) {11/70}	δέρμα, Gen. δέρματος derma, dermatos + –ωμα –oma	Haut gr. Suffix s. Partikelliste
1227	Dermatomykose, die gr;gr;gr	Pilzflechte der Haut (med. t. t.) {14/70}	δέρμα, Gen. δέρματος derma, dermatos + μύκης mykes + –ωσις –osis	Haut Pilz gr. Suffix s. Partikelliste s. u. Mykose

1228	**Dermato-myom**, das gr;gr;gr	gutartige Hautgeschwulst (med. t. t.) {14/70}	δέρμα, Gen. δέρματος derma, dermatos	Haut
			+ μυών myon	Muskelknoten s. u. Myom
			+ –ωμα –oma	gr. Suffix s. Partikelliste
1229	**Dermato-phyten**, die (Pl.) gr;gr	Haut- u. Haarpilze (med. t. t.) {69/70}	δέρμα, Gen. δέρματος derma, dermatos	Haut
			+ φυτόν phyton	Gewächs, Pflanze
1230	**Dermato-plastik**, die gr;gr	Übertragung eines gesunden Stückes Haut auf eine verletzte Stelle (med. t. t.) {14/70}	δέρμα, Gen. δέρματος derma, dermatos	Haut
			+ πλαστική (τέχνη) plastike (techne)	(die Kunst des) Bilden, Gestaltens s. u. Plastik
1231	**Derma-topsie**, die gr;gr	Fähigkeit, mit der Haut Licht wahrzunehmen {54/68/69}	δέρμα, Gen. δέρματος derma, dermatos	Haut
			+ ὄψις opsis	das Sehen
1232	**Derma-tose**, die gr;gr	Hautkrankheit (med. t. t.) {14/70}	δέρμα, Gen. δέρματος derma, dermatos	Haut
			+ –ωσις –osis	gr. Suffix s. Partikelliste
>>>	–dermis ↗ Wortelementeliste			
1233	**Dermo-graph**, der gr;gr	Fettstift für Markierungen an der Haut (med. t. t.) {70}	δέρμα, Gen. δέρματος derma, dermatos	Haut
			+ γράφευς grapheus	Schreiber, Maler

–	**Dermographie**, die gr;gr o. **Dermographismus**, der gr;gr;gr	Streifen- o. Striemenbildung auf gereizten Hautstellen (med. t. t.) {55/70}	δέρμα, Gen. δέρματος derma, dermatos + γραφή graphe bzw. + –ισμός –ismos	Haut Schrift; Zeichnung gr. Suffix s. Partikelliste
1234	**Dermoplastik**, die gr;gr	1. = ↗ Dermatoplastik {70}; 2. Verfahren zum möglichst lebensgetreuen Präparieren (↗ UTL 2786) größerer Tiere {69}	δέρμα, Gen. δέρματος derma, dermatos + πλαστική (τέχνη) plastike (techne)	Haut (die Kunst des) Bilden, Gestaltens s. u. Plastik
1235	**dermotrop** gr;gr	die Haut beeinflussend (med. t. t.) {70}	δέρμα, Gen. δέρματος derma, dermatos + τρόπος tropos	Haut Wendung; Art und Weise
1236	**Derris**, die	Gewächs, aus dessen Wurzeln Mittel zur Schädlingsbekämpfung hergestellt werden {04/39/69}	δέρρις derrhis	Haut, lederne Decke
1237	**Desaster**, das (l;gr>l)>it >frz	(„Unstern") Mißgeschick, Unheil; Zusammenbruch {25/26/61}	l. dis + ἄστρον astron it. disastro frz. désastre	un-, nicht Stern Katastrophe, Unheil, Zusammenbruch dto.
1238	**Desmitis**, die gr;gr	Sehnen- o. Bänderentzündung (med. t. t.) {14/70}	δεσμός desmos + –ῖτις –itis	Band gr. Suffix s. Partikelliste
1239	**Desmodont**, das gr;gr	Wurzelhaut des Zahnes (med. t. t.) {11/70}	dto. + ὀδούς, Gen. ὀδόντος odous, odontos	dto. Zahn

1240	Desmologie, die gr;gr	Lehre von der Bedeutung der Antriebshemmung für die Entstehung ↗ neurotischen Fehlverhaltens (psychol. t. t.) {70}	δεσμός desmos + λόγος logos	Band Rede, Wort; Berechnung
1241	Desoxydation, die l;gr	Entzug von Sauerstoff aus einer ↗ chem. Verbindung {73}	l. de + ὀξύς oxys	ab..., weg... scharf, spitz; sauer s. u. Oxydation
–	desoxydieren l;gr	Sauerstoff entziehen {73}	dto.	dto. s. u. oxydieren
–	Desoxyribo(se)-nukleinsäure, die l;gr;d;l;d	Hauptbestandteil der ↗ Chromosomen (biochem. t. t. – Abk.: DNS) {68/69/70}	dto. + d. Ribose + l. nucleus + d. Säure	dto. Kunstwort aus Arabinose Kern, Fruchtkern, Nuß (UTL 2385)
1242	Despot, der	1. Gewaltherrscher {50/75/81}; 2. herrischer Mensch, ↗ Tyrann {33}	δεσπότης despotes	Hausherr, Herr, Herrscher
–	Despotie, die	Gewalt–, Willkürherrschaft {50/75/81}	dto.	dto.
–	despotisch	1. rücksichtslos, herrisch; 2. willkürlich, ↗ tyrannisch {33/50/75/81}	δεσποτικός despotikos	den Herrn betreffend, herrisch
–	despotisieren	gewalttätig behandeln, willkürlich vorgehen {28/29/81}	δεσπότης despotes	Hausherr, Herr, Herrscher
–	Despotismus, der (gr;gr) >nlat	↗ System der Gewaltherrschaft {50/75/81}	dto. + –ισμός –ismos	dto. gr. Suffix s. Partikelliste
1243	Deszendenztheorie, die l;gr	Abstammungstheorie, nach der die höheren Lebewesen aus niederen hervorgegangen sind {25/69}	l. descendere + θεωρία theoria	herabsteigen das Anschauen, Betrachten; (wissenschaftliche) Untersuchung s. u. Theorie
1244	detonieren (l;gr)>frz	1. unrein singen, spielen (mus. t. t.) {37}; 2. explodieren (↗ UTL 0988) {86}	l. de + τόνος tonos frz. détonner	ab..., weg... Spannung, Band, Ton unrein intonieren
1245	Deuteragonist, der gr;gr	der zweite Schauspieler im altgr. ↗ Theater {35/76}	δεύτερος deuteros + ἀγωνιστής agonistes	zweiter (Wett)kämpfer, Schauspieler

1246	Deuter(o)-anomalie, die gr;gr	Rotsichtigkeit, Grünschwäche (med. t. t.) {14/70}	δεύτερος deuteros + ἀνωμαλία anomalia	zweiter Unebenheit, Ungleichheit s. o. Anomalie	
1247	Deuter(o)-anopie, die (gr;gr;gr) >nlat	Rotgrünblindheit (med. t. t.) {14/70}	δεύτερος deuteros + ἀ–, ἀν– a-, an- + ὄψις opsis	zweiter nicht, ohne das Sehen s. o. Anopie	
1248	Deuterium, das	schweres ↗ Isotop des Wasserstoffs (Zei-chen: D – chem. t. t.) {72/73}	δευτέριος deuterios	zum zweiten gehörig	
1249	Deuteriumoxyd, das gr;gr	schweres Wasser {72/73}	δευτέριος deuterios + ὀξύς oxys	zum zweiten gehörig scharf, spitz; sauer s. u. Oxyd	
1250	Deuteron, das	Atomkern des ↗ Deuteriums, bestehend aus einem Neutron (↗ UTL 2352) u. einem ↗ Proton {72/73}	δεύτερος deuteros	zweiter	
1251	deuteronomisch (gr;gr)>l	zum 5. Buch Mose gehörend {51/77}	δεύτερος deuteros + νόμος nomos	zweiter Brauch, Gesetz	
–	Deuteronomist, der (gr;gr;gr)>l >nlat	Verfasser des Deuteronomiums u. Bearbeiter der alttestamentarischen Geschichtsbücher (rel. t. t.) {34/51/76/77}	dto. + –ιστής –istes	dto. gr. Suffix s. Partikelliste	
–	Deuteronomium, das>l gr>l	die „zweite Gesetzgebung"; das 5. Buch Mose {51/77}	dto.	dto.	
1252	Dexiographie, die (gr;gr) >nlat	das Schreiben von links nach rechts {32/55/76}	δεξιός dexios + γραφή graphe	rechts Schrift; Zeichnung	
–	dexiographisch (gr;gr) >nlat	von links nach rechts geschrieben {32/55/76}	dto.	dto.	
1253	Dextrokardie, die l;gr	Lage des Herzens in der rechten Brusthöhle (med. t. t.) {11/70}	l. *dexter* + καρδία kardia	rechts Herz	

1254	dezentral (l;gr>l) >nlat	vom Mittelpunkt entfernt {58}	l. *de*		ab..., weg..., fort..., nieder..., (von) ... hinab, ent... (↗ UTL 0586)
			+ κέντρον kentron		Mittelpunkt eines Kreises; Stachel-(stab); ruhender Zirkelschenkel
			l. *centrum*		Zirkelschenkel; Kreismittelpunkt; Kern
			l. *centralis*		in der Mitte befindlich (↗ UTL 3891) s. u. zentral
–	Dezentralisation o. Dezentralisierung, die (l;gr>l) >nlat	1. Verteilung von Funktionen (↗ UTL 1164) und Aufgaben auf verschiedene Stellen {33/50}; 2. Zustand, in dem sich etw. nach dem Dezentralisieren befindet {33/52/58}	dto.		dto.
–	dezentralisieren (l;gr>l) >nlat	eine Dezentralisation vornehmen {50/58/29}	dto.		dto.
1255	Dezimeter, der l;gr	zehnter Teil eines ↗ Meters; Zeichen: dm {56}	l. *decem* + μέτρον metron		zehn Maß, Versmaß
>>>	Di– ↗ Partikel– und Wortelementeliste				
>>>	Dia– ↗ Partikelliste				
1256	Dia, das	Kurzform von ↗ Diapositiv {87}	διά dia		durch..., hindurch; wegen
1257	Diabas, der gr>nlat	dunkelgrünes o. schwarzes Gestein, das sich durch verschiedene Schichten zieht {02/62}	διάβασις diabasis		das Übersetzen; Übergang
1258	Diabetes, der gr>l	Zuckerkrankheit, kenntlich an Durst und Harndrang (med. t. t.) {14/70}	διαβήτης diabetes		der weit ausschreitende; Harnruhr
–	Diabetiker, der	Zuckerkranker (med. t. t.) {14/70}	dto.		dto.
–	diabetisch	zuckerkrank (med. t. t.) {14/70}	dto.		dto.

1259	Diabeto-loge, der gr;gr	Wissenschaftler für die Erforschung der Zuckerkrankheit {40/70}	dto. + λόγος logos	dto. Rede, Wort; Berechnung
–	Diabeto-logie, die gr;gr	wissenschaftliche Erforschung der Zuckerkrankheit {14/70}	dto.	dto.
1260	Diabolie, die	teuflische Bosheit, abgründiges Bösesein {25/33/84}	διαβολία diabole	Verleumdung; übler Ruf
–	Diabolik, die gr>l	teuflisch-boshaftes Wesen {25/33/84}	διαβολικός diabolikos	verleumderisch
–	diabolisch	teuflisch {25/33/84}	dto.	dto.
–	Diabolo, das gr>l>it	ein Geschicklichkeitsspiel mit einem Doppelkreisel {85}	διάβολος diabolos	verleumdend; Teufel
–	Diabolus, der gr>l	Teufel {51/77}	dto.	dto.
1261	diachron o. dia-chronisch (gr;gr) >nlat	1. die ↗ Diachronie betreffend {76}; 2. geschichtlich, entwicklungsmäßig betrachtet {61/75}	διά dia + χρόνος chronos	durch ... hindurch; wegen Zeit
–	Diachro-nie, die	Darstellung der geschichtlichen Entwicklung einer Sprache {75/76}	dto.	dto.
1262	Diadem, das gr>l	Stirn- o. Kopfreif aus Edelmetall, meist mit Edelsteinen o. Perlen (↗ UTL 2597) besetzt {20}	διάδημα diadema l. diadema	(„das Umgebundene") Stirnbinde königliche Kopfbinde
1263	Diado-chen, die (Pl.)	um den Vorrang streitende Nachfolger einer bedeutenden Persönlichkeit (↗ UTL 2612) {33/50}	διάδοχος diadochos	ablösend; Nachfolger
1264	Diage-nese, die (gr;gr) >nlat	nachträgliche Veränderung eines Gesteins durch Druck u. Temperatur (↗ UTL 3546) (geol. t. t.) {61/62}	διά dia + γένεσις genesis	durch ... hindurch; wegen Ursprung, Entstehung
1265	Dia-glyphe, die gr>nlat	in eine Fläche vertieft geschnittene, gemeißelte o. gestochene Figur (↗ UTL 1089) {20/36}	διαγλύφειν diaglyphein	ausmeißeln, ausschnitzen
–	diagly-phisch	vertieft geschnitten, gemeißelt, gestochen {20/36/55}	dto.	dto.

1266	Diagnose, die gr>frz	1. gründliche Untersuchung u. Erkennung, z. B. einer Krankheit {25/70}; 2. ↗ systematische Bestimmung einer Tier– o. Pflanzenart nach ihren Merkmalen (zool., bot. t. t.) {25/68/69}	διάγνωσις diagnosis frz. *diagnose*	Unterscheidung; Beurteilung dto.
1267	Diagnosezentrum, das gr>frz;gr>l	↗ Klinik mit überwiegend diagnostischen Aufgaben {70}	dto. + κέντρον kentron	dto. Mittelpunkt eines Kreises; Stachel-(stab); ruhender Zirkelschenkel s. u. Zentrum
1268	Diagnostik, die	Fähigkeit u. Lehre des Erkennens von Krankheiten (med., psychol. t. t.) {22/25/70}	διαγνωστικός diagnostikos	zum Unterscheiden gehörig, geschickt
–	Diagnostiker, der	jmd., der eine Diagnose stellt {40/70}	dto.	dto.
–	Diagnostikon, o. Diagnostikum, das	Erkennungsmerkmal (bes. einer Krankheit) {14/55/70}	dto.	dto.
–	diagnostisch	1. durch Diagnose festgestellt; 2. die Diagnose betreffend {25/70}	dto.	dto.
–	diagnostizieren	eine Krankheit durch eingehende Untersuchung feststellen {14/70}	dto.	dto.
1269	diagonal (gr;gr)>l	schräg {58/71}	διά dia + γωνία gonia l. *diagonalis*	durch ... hindurch; wegen Winkel, Ecke von einem Winkel zum anderen gezogen
–	Diagonale, die (gr;gr)>l	1. Schräge {58/71}; 2. zwei nicht benachbarte Ecken eines Vielecks verbindende Gerade (math. t. t.) {71}	dto.	dto.
1270	Diagramm, das gr>l	1. zeichnerische Darstellung von Größenverhältnissen {32/40/56}; 2. ↗ schematische Darstellung von Blütengrundrissen (bot. t. t.) {68}	διάγραμμα diagramma l. *diagramma*	Umriß; geometrische Figur Tonleiter, Skala (↗ UTL 3336)

Diakon 1271

1271	Diakon, der gr>kir- chenl	1. niedriger ↗ katholischer Geistlicher; 2. Gemeindehelfer in der ↗ evangelischen ↗ Kirche {33/51/77}	διάκονος diakonos kirchenl. diaconus	Diener Kirchendiener
—	Diakonat, das gr>l	1. Amt eines Diakons {33/51/77}; 2. Pflegedienst (in Krankenhäusern) {40/70}	dto. l. diaconatus	dto. Amt des Diakons
—	Diakonie, die gr>l	berufsmäßiger Pflegedienst in der ↗ evangelischen ↗ Kirche {40/70/77}	διακονία diakonia	Dienst
—	Diakonikon, das gr>l	Sakristeiraum der ↗ orthodoxen ↗ Kirche {51/58/77}	διακονικός diakonikos l. diaconicus	zur Bedienung gehörig zum Diakonat o. Kirchendienst gehörig
—	diakonisch gr>mlat	die Diakonie betreffend {33/40/70/77}	dto.	dto.
—	Diakonisse o. –sin, die gr>l	Gemeindeschwester {33/40/70/77}	dto. l. diaconissa	dto. Kirchendienerin
1272	Diakrise o. –sis, die	1. Bestimmung einer Krankheit durch Abgrenzung von ähnlichen Krankheitsbildern {14/25770}; 2. entscheidende ↗ Krise einer Krankheit {14/59/70}	διάκρισις diakrisis	Absonderung; Unterscheidung; Beurteilung
—	diakritisch	1. unterscheidend {55/76}; 2. –es Zeichen: Kenntlichmachung der besonderen Aussprache eines Buchstabens (sprachwiss. t. t.) {32/76}	διακριτικός diakritikos bzw. (2.) + d. Zeichen	zum Unterscheiden geschickt
1273	Dialekt, der gr>l	Mundart, regionale (↗ UTL 3029) Variante (↗ UTL 3756) einer Sprache {32/76}	διάλεκτος dialektos l. dialectos o. –us	Gespräch; Redeweise, Mundart dto.
—	dialektal gr>l>nlat	den Dialekt betreffend, mundartlich {32/76}	dto.	dto.

206

1274	Dialekt-geographie, die gr;gr	Mundartforschung, die die geographische Verbreitung von Dialekten u. ihren Sprachformen untersucht {32/64/76}	dto. + γεω-γραφία geographia aus: γῆ ge + γραφή graphe	dto. Erdbeschreibung Erde Schrift; Zeichnung s. u. Geographie
1275	Dialektik, die gr>l	1. ↗ rhetorische Fähigkeit, mittels Rede u. Gegenrede zu überzeugen {25/32/77}; 2. ↗ Methode, durch Denken in Gegensätzen (↗ These u. ↗ Antithese) zur Einsicht u. zur Überwindung der Gegensätze (↗ Synthese) zu gelangen {25/77}	διαλεκτική (τέχνη) dialektike (techne) l. *dialectica*	(Kunst des) wissenschaftlichen Streitgespäches dto.
–	Dialektiker, der gr>l	1. jmd., der die Disputierkunst beherrscht; 2. Vertreter der Dialektik {25/32/77}	διαλεκτικός dialektikos l. *dialecticus*	zum Gespräch, zum Disputieren gehörig, geschickt dto.
–	dialektisch	1. mundartlich; 2. die Dialektik betreffend {25/32/77}	dto. bzw. διαλεκτός dialektos	dto. Gespräch, Redeweise, Mundart
–	Dialektismus, der gr;gr	↗ dialektale Variante (↗ UTL 3756) einer hochsprachlichen Form {32/76}	dto. + –ισμός –ismos	dto. gr. Suffix s. Partikelliste
1276	Dialektologe, der gr;gr	Mundartenforscher {32/40/76}	dto. + λόγος logos	dto. Rede, Wort; Berechnung
–	Dialektologie, die gr;gr	Mundartforschung {32/76}	dto.	dto.
–	dialektologisch gr;gr	die Dialektologie betreffend {32/76}	dto. + λογικός logikos	dto. zum Reden gehörig, die Rede betreffend
1277	Diallele, die	sich im Kreis bewegende Art des Denkens, Zirkelschluß {25/77}	διάλληλος diallelos	wechselseitig

1278	Dialog, der gr>l>frz	1. abwechselnd geführtes Gespräch zwischen zwei o. mehreren Personen (↗ UTL 2612) {32}; 2. Art der ↗ philosophischen Erörterung {32/77}; 3. Meinungsaustausch zwischen Interessengruppen {32/33}	διάλογος dialogos l. *dialogus* frz. *dialogue*	(wissenschaftliche) Unterredung, Gespräch dto. dto.
–	dialogisch	in Dialogform {32/77}	διαλογικός dialogikos	gesprächsweise
–	dialogisieren gr>frz	in Dialogform gestalten {32/77}	διαλογίζεσθαι dialogizesthai frz. *dialogiser*	überlegen; miteinander über philosophische Themen sprechen dto.
–	Dialogismus, der gr>l>nlat	↗ rhetorische Frage, die ein Redner gleichsam im Selbstgespräch an sich richtet u. auch selbst beantwortet (rhet. t. t.) {25/77}	διαλογισμός dialogismos l. *dialogismos*	Zusammenrechnung; Überlegung; Selbstreflexion eines Redners vor dem Publikum
–	Dialogist, der gr>l	Bearbeiter der Dialoge im Drehbuch {32/35/40/85}	διαλογιστικός dialogistikos l. *dialogista*	zur Überlegung geschickt geschickter Redner
1279	Dialysator, der	Gerät zur Durchführung der Dialyse (chem. t. t.) {70/73}	διάλυσις dialysis	Auflösung, Trennung
–	Dialyse, die	Blutreinigung mittels einer künstlichen Niere (med. t. t.) {70}; 2. Trennung von Flüssigkeiten mit Hilfe einer ↗ porösen Scheidewand (phys., chem. t. t.) {72/73}	dto.	dto.
–	Dialyseapparat, der gr;l	Gerät zur Reinigung des Blutes bei Nierenversagen {70}	dto. + l. *apparatus*	dto. Zubereitung; Einrichtung; Apparat, Gerät, Ausstattung (↗ UTL 0230)
–	Dialysezentrum, das gr;gr	Spezialklinik, in der eine Dialyse vorgenommen wird {70}	διάλυσις dialysis + κέντρον kentron	Auflösung, Trennung Mittelpunkt eines Kreises; Stachel(stab); ruhender Zirkelschenkel s. u. Zentrum

–	dialysieren	eine Dialyse durchführen (phys., chem. t. t.) {72/73}	διάλυσις dialysis	Auflösung, Trennung	
–	dialytisch	1. auf Dialyse beruhend {70/72/73}}; 2. auflösend; zerstörend {52/54}	διαλυτικός dialytikos	zum Auflösen geneigt	
1280	diamagnetisch (gr;gr) >mhd >nlat	den Diamagnetismus betreffend {72/73}	διά dia + Μαγνῆτις (λίθος) Magnetis (lithos)	durch ... hindurch; wegen (Stein) aus der gr. Landschaft Magnesia (s. Anhang „Namen") s. u. magnetisch	
1281	Diamagnetismus, der (gr;gr;gr) >mhd >nlat	1. Eigenschaft von Stoffen, die nicht ↗ magnetisch sind {54}; 2. Wissenschaft der diamagnetischen Stoffe {72/73}	dto. + –ισμός –ismos	dto. gr. Suffix s. Partikelliste	
1282	Diamant, der (1.) die (2.) gr>l>vulgl >frz>it	1. aus reinem Kohlenstoff bestehender wertvoller Edelstein von sehr großer Härte {02/20}; 2. kleinste Schrifttype {32/40/56}	ἀδάμας, Gen ἀδάμαντος adamas, adamantos l. adamas vulgl. adiamas frz. diamant it. diamante	unbezwingbar; härtestes Eisen, Stahl dto.; Diamant dto. dto. dto.	
–	diamanten	1. aus Diamant; 2. wie ein Diamant {20/55}			
1283	Diameter, der gr>l	Durchmesser eines Kreises o. einer Kugel {58/71}	διάμετρος diametros l. diametros	Durchmesser dto.	
	diametral gr>l>spätl	völlig entgegengesetzt {25/55/56}	dto. l. diametros spätl. diametralis	dto. durchmessend dto.	
–	diametrisch	dem Durchmesser entsprechend {58/71}	διαμετρικός diametrikos	diametrisch	
1284	Dianetik, die gr>engl >am	Annahme, daß alle Krankheiten mit ↗ psychotherapeutischen Mitteln geheilt werden können (von L. Ron Hubbard, dem Begründer der Sekte (↗ UTL 3260) Scientology (↗ UTL 3242) entwickelte ↗ Theorie) {25/70}	διανοητικός dianoetikos	denkend; den Verstand betreffend	

1285	Dianoe-tik, die	die Lehre vom Denken (philos. t. t.) {77}	dto.	dto.
–	dianoe-tisch	denkend, den Verstand betreffend (philos. t. t.) {77}	dto.	dto.
1286	Diapause, die	↗ Phase ausgeprägter Entwicklungsruhe mit herabgesetztem Stoffwechsel bei wirbellosen Tieren (biol. t. t.) {61/69}	διάπαυσις diapausis	das (dazwischen) Ausruhen
1287	diaphan	durchscheinend, durchsichtig (kunsthist. t. t.) {36/55/75}	διαφανής diaphanes	durchscheinend, durchsichtig
–	Diapha-nie, die	durchscheinendes Bild, Glasbild (kunsthist. t. t.) {36/55/75}	διαφάνεια diaphaneia	das Durchscheinen, Durchsichtigkeit
–	Diapha-nität, die gr>nlat	Durchlässigkeit in bezug auf Lichtstrahlen (meteor. t. t.) {65/72}	dto.	dto.
1288	Diapha-noskop, das gr;gr	Gerät zur Ausleuchtung von Körperhöhlen {70}	διαφανής diaphanes + σκοπός skopos	durchscheinend, durchsichtig Aufseher; Späher
–	Diapha-noskopie, die gr;gr	Ausleuchtung von Körperhöhlen {70}	διαφανής diaphanes + σκοπή skope	durchscheinend, durchsichtig das Umschauen, Spähen
1289	Dipho-nie, die gr>l	1. Mißklang, Dissonanz (↗ UTL 0784) in der altgr. ↗ Musik {37/55/75}; 2. Frühform der Mehrstimmigkeit {37/75}	διαφωνία diaphonia l. disphonia	Mißton, Verschiedenheit Disharmonie
1290	Diaphora, die	1. Betonung des Unterschieds zweier Dinge (rhet. t. t.) {25/76/77}; 2. Wortwiederholung mit unterschiedlicher Betonung u. Sinngebung {32/76}	διαφορά diaphora	Verschiedenheit
1291	Diapho-rese, die gr>l	Schweißabsonderung (med. t. t.) {70}	διαφόρησις diaphoresis l. diaphoresis	das Zerstreuen Ausschwitzung
–	Diapho-retikum, das gr>l	schweißtreibendes Mittel {70}	διαφορη-τικός diaphoretikos l. diaphoresis	zum Zerteilen geschickt Ausschwitzung
–	diapho-retisch gr>l	schweißtreibend {70}	dto. l. diapho-reticus	dto. schweißtreibend

1292	Diaphragma, das gr>l	1. Zwerchfell (anat. t. t.); 2. Scheidewand zwischen Körperhöhlen (anat. t. t.) {11/70}; 3. durchlässige Scheidewand als Filter {54}; 4. Spirale (⌐ UTL 3403), die zur Empfängnisverhütung in die Scheide eingesetzt wird {18/70}	διάφραγμα diaphragma l. *diaphragma*	Zwischen–, Scheidewand Zwerchfell
1293	Diapositiv, das gr;l	durchsichtiges Lichtbild auf Glas o. Film zum Projizieren (⌐ UTL 2845) auf eine weiße Fläche {87}	διά dia + l. *positivus*	durch ... hindurch; wegen gesetzt, gegeben (⌐ UTL 2736)
1294	Diärese o. Diäresis, die	1. getrennte Aussprache zweier nebeneinanderstehender Vokale (⌐ UTL 3852); 2. Einschnitt durch Zusammentreffen von Versfuß u. Wortende (metr. t. t.); 3. Aufgliederung eines Hauptbegriffes (rhet. t. t.) {76}; 4. Begriffszerlegung (philos. t. t.) {77}	διαίρεσις dihairesis	Trennung, Teilung
1295	Diarrhö(e), die gr>l	Durchfall {14/70}	διάρροια diarrhoia l. *diarrhoea*	Durchfluß Durchfall
–	diarrhöisch	mit Durchfall verbunden {14/70}	διαρροϊκός diarrhoïkos	am Durchfall leidend
1296	Diarthrose, die	Kugelgelenk (med. t. t.) {70}	διάρθρωσις diarthrosis	Gliederbildung
1297	Diaskeuast, der	Bearbeiter eines literarischen (⌐ UTL 2075) Werkes, bes. der Homerischen ⌐ Epen {34/75/76}	διασκευαστής diaskeuastes	kritischer Bearbeiter eines Werkes
1298	Diaskop, das	Diaprojektor {85/87}	διασκοπεῖν diaskopein	genau betrachten
–	Diaskopie, die	1. Röntgendurchleuchtung (med. t. t.); 2. medizinische (⌐ UTL 2190) ⌐ Methode zur Untersuchung der Haut {70}	dto.	dto.
1299	Diaspora, die	1. konfessionelle (⌐ UTL 1784) o. ⌐ ethnische Minderheit {10/56/77}; 2. Wohngebiet derselben {56/58/77}	διασπορά diaspora	das Zerstreuen, Zerstreuung
1300	Diastase, die	Auseinanderklaffen von Knochen o. Muskeln (med. t. t) {14/70}	διάστασις diastasis	das Auseinanderstehen, Spaltung

1301	Dia̱ste̱ma, das gr>l	angeborene Zahnlücke, bes. zwischen den oberen Schneidezähnen (med. t. t.) {70}	διάστημα diastema l. *diastema*	Zwischenraum, Abstand Abstand, Entfernung
1302	Diasto̱le, die gr>l	1. die auf die Kontraktion (↗ UTL 1861) folgende Erweiterung der Herzkammern (med. t. t.) {70}; 2. Dehnung kurzer Vokale (↗ UTL 3952) aus Verszwang {32/76}	διαστολή diastole l. *diastole*	das Auseinanderziehen; Trennung Trennung
–	diasto̱lisch	die Diastole betreffend {32/70/76}	dto.	dto.
1303	diastra̱t(isch) gr;l	die schichtenspezifischen Unterschiede einer Sprache betreffend {32/33/76}	διά dia + l. *stratum*	durch ... hindurch; wegen Decke, Ausgebreitetes
1304	Diasy̱stem, das gr;gr>l	↗ System, in dem verschiedene Systeme in Abhängigkeit voneinander funktionieren (↗ UTL 1164) {40}	διά dia + σύστημα systema	durch ... hindurch; wegen ein aus mehreren Teilen zusammengesetztes Ganzes s. u. System
1305	Diä̱t, die gr>l	Krankenkost, Schonkost {17}	δίαιτα diaita l. *diaeta*	Lebensweise; Lebensunterhalt Lebensweise
–	diä̱t gr>l	den Vorschriften einer Diät folgend {17}	dto.	dto.
–	Diä̱ten gr>l	1. Bezüge der Abgeordneten im Parlament {42/50}; 2. finanzielle Leistungen für die Teilnahme an Versammlungen im alten Athen {42/75}	dto.	dto.
>>>	Diätassiste̱ntin, die = Diä̱tistin			
1306	Diäte̱tik, die gr>l	Ernährungs-, Diätlehre (med. t. t.) {17/70}	διαιτητική (τέχνη) diaitetike (techne) l. *diatetice*	(lehre) der gesunden Lebensweise Lehre von der Diät
–	Diä̱tetikum, das	für eine Diät geeignetes Nahrungsmittel {17}	διαιτητικός diaitetikos	zur Diät gehörig
–	diäte̱tisch	der Diätetik gemäß {17}	dto.	dto.

1308	Diathek, die gr;(l);gr	Sammlung von ↗ Diapositiven {85/87}	διά dia (+ l. *positivus*) + θήκη theke	durch ... hindurch; wegen gesetzt, gegeben (↗ UTL 2736) s. o. Dia Behältnis, Kasten
1309	diatherman (gr;gr) >nlat	wärmedurchlässig (phys.; med. t. t.) {70/72}	διά dia + θέρμη therme	durch ... hindurch; wegen Wärme, Hitze
–	Diathermanität, die gr;gr o. Diathermansie, die gr>frz	Durchlässigkeit für Wärmestrahlen (meteor. t. t.) {54/65}	dto. bzw. διαθερμασία diathermasia frz. *diathermansie*	Durchwärmung, Erhitzung Wärmedurchlässigkeit
1310	Diathermie, die gr;gr	Wärmebehandlung mit Hochfrequenzströmen (med. t. t.) {70}	διά dia + θέρμη therme	durch...hindurch; wegen Wärme, Hitze
1311	Diathese, die	1. besondere Empfänglichkeit für eine Krankheit (med. t. t.) {14/70}; 2. Verhaltensrichtung eines Verbs (z. B. passiv) {32/76}	διάθεσις diathesis	Anordnung, Zustand
1312	diätisch gr>l>nlat	die Ernährung betreffend {17}	δίαιτα diaita l. *diaeta*	Lebensweise; Lebensunterhalt Lebensweise
–	Diätist(in), der / die	Fachkraft zur Beratung von Diätplänen {17/40/70}	dto.	dto.
1313	Diatomee, die gr>nlat	Kieselalge (einzelliger pflanzlicher ↗ Organismus), nach den zwei Hälften des Kieselpanzers benannt (biol. t. t.) {68}	διατομή diatome	Durchschnitt, Trennung
–	Diatomit, der gr;gr	↗ poröses, toniges Diatomeengestein, ↗ technisch zur Wärmeisolierung verwendet {40/54/62}	dto. + –ιτής –ites	dto. gr. Suffix s. Partikelliste

213

1314	Diatonik, die (gr;gr)>l >nlat	1. Tonfolge, die sich überwiegend in Ganztonschritten bewegt; 2. das ⚹ europäische Dur (⚹ UTL 0846)–Moll (⚹ UTL 2270a)–⚹ System (mus. t. t.) {37}	διατονικός diatonikos aus: διά dia + τόνος tonos l. *diatonicus*	diatonisch durch ... hindurch; wegen Spannung, Band, Ton durchtönend, ohne Zwischenraum
–	diatonisch gr>l	1. sich überwiegend in Ganztonschritten bewegend; 2. in der Tonfolge einer Dur– (⚹ UTL 0846) o. Moll–(⚹ UTL 2270a) Tonleiter (mus. t. t.) {37}	dto.	dto.
1315	diatopisch gr;gr	die landschaftlich bedingten Unterschiede sprachlicher Eigenheiten betreffend (sprachwiss. t. t.) {32/76}	διά dia + τόπος topos	durch...hindurch; wegen Ort, Stelle, Gegend
1316	Diatribe, die gr>l	1. satirische (⚹ UTL 3215) Moralpredigt mit fiktivem (⚹ UTL 1090) ⚹ Dialog; 2. gelehrte Streitschrift {25/34/76}	διατριβή diatribe l. *diatriba*	das Zerreiben; Verzögerung; Zeitvertreib; Studium gelehrte Unterhaltung; Schule
1317	Diavolo, der gr>l>it	it. Bezeichnung für: Teufel {51/77}	διάβολος diabolos l. *diabolus* it. *diavolo*	verleumderisch; Teufel Teufel dto.

>>> Dicho– ⚹ Wortelementeliste

1318	Dichogamie, die (gr;gr) >nlat	zeitlich getrennte Reife der weiblichen u. männlichen Geschlechtsorgane, wodurch die Selbstbestäubung bei Zwitterblüten verhindert wird (bot. t. t.) {68}	δίχα dicha + γάμος gamos	zweifach, zweigeteilt Hochzeit, Ehe
1319	Dichoreus, der gr>l	doppelter ⚹ Trochäus (metr. t. t.) {34/76}	διχόρειος (πούς) dichoreios (pous) l. *dichoreus*	Doppeltrochäus dto.
1320	dichotom(isch) gr>l	1. gegabelt (von Pflanzensprossen) {54/68}; 2. in Begriffspaare eingeteilt {25/32/56}	διχότομος dichotomos l. *dichotomus*	halbiert, geteilt halbgeteilt

–	Dichoto-mie, die	1. gabelartige Verzweigung (bot. t. t.) {68}; 2. Zweiteilung, Gliederung nach zwei Gesichtspunkten (philos., sprachwiss. t. t.) {76/77}	διχοτομία dichotomia	das Halbieren, Zerschneiden	
1321	Dichroismus, der (gr;gr) >nlat	Eigenschaft vieler ↗ Kristalle, Licht nach verschiedenen Richtungen in zwei Farben zu zerlegen (phys. t. t.) {54/72}	δίχροος dichroos + –ισμός –ismos	zweifarbig gr. Suffix s. Partikelliste	
–	dichroitisch (gr;gr) >nlat	in verschiedenen Richtungen zwei Farben zeigend {54/72}	dto.	dto.	
1322	Dichromasie, die gr;gr	Farbenblindheit, bei der nur zwei der drei Grundfarben erkannt werden (med. t. t.) {14/23/70}	δίς dis + χρῶμα chroma	zweimal Farbe, Haut	
–	dichromatisch gr;gr	zweifarbig {54}	δίς dis + χρωματικός chromatikos	zweimal gefärbt	
1323	Dichromatopsie, die gr;gr;gr	= ↗ Dichromasie: Farbenblindheit, bei der nur zwei der drei Grundfarben erkannt werden (med. t. t.) {14/23/70}	δίς dis + χρῶμα chroma + ὄψις opsis	zweimal Farbe, Haut das Sehen	
1324	Dichromie, die	verschiedene Färbung von zwei Tieren der gleichen Art {54/69}	δίχρωμος dichromos	zweifarbig	
1325	Didaktik, die gr>nlat	↗ Theorie des Unterrichtens, Unterrichtslehre {31/78}	διδακτικός didaktikos	unterrichtend, belehrend	
–	Didaktiker, der	1. jmd., der in der Didaktik erfahren ist; 2. jmd., der sich wissenschaftlich mit Didaktik beschäftigt {31/40/78}	dto.	dto.	
–	didaktisch	1. die Didaktik betreffend; 2. belehrend {31/78}	dto.	dto.	
–	didaktisieren	einen Lehrstoff didaktisch aufbereiten {31/78}	dto.	dto.	
1326	Didaskalien, die (Pl.)	1. Regieanweisungen altgr. ↗ Dramatiker für die Aufführungen ihrer Werke; 2. antike (↗ UTL 0214) Verzeichnisse über aufgeführte ↗ Dramen mit Detailangaben {35/75/76}	διδασκαλία didaskalia	Lehre, Unterricht; das Einstudieren eines Stückes	

1327	Didaxe, die	Lehre, Lehrhaftigkeit {31/78}	δίδαξις didaxis		das Lehren, Unterricht
1328	Diegese, die	weitläufige Erzählung, Ausführung (veraltet) {34/76}	διήγησις diegesis		das Erzählen, Erzählung
–	diegetisch	erzählend, erörternd (veraltet) {32/76}	διηγητικός diegetikos		gern erzählend
1329	Dielektrikum, das (gr;gr) >nlat	luftleerer Raum o. isolierende (↗ UTL 1556) Substanz (↗ UTL 3466), in der ein ↗ elektrisches Feld ohne Ladungszufuhr erhalten bleibt {72/87}	διά dia + ἤλεκτρον elektron		durch ... hindurch; wegen Silbergold; Bernstein als Träger von Reibungselektrizität s. u. elektrisch
–	dielektrisch (gr;gr) >nlat	↗ elektrisch nicht leitend {54}	dto.		dto.
1330	Digamma, das (gr;gr) >nlat	Buchstabe im ältesten gr. ↗ Alphabet: Doppelgamma (Ϝ); gesprochen: w {76}	δίς dis + γ, Γ (γάμμα) g, G (gamma)		zweimal Gamma s. u. Gamma
1331	digen (gr;gr) >nlat	durch Verschmelzung zweier Zellen (↗ UTL 3886) gezeugt (biol. t. t.) {68/69}	δίς dis + –γενής –genes		zweimal stammend von; hervorbringend, verursachend
1332	Digital-Analog-Konverter, der l;gr;l	↗ elektronische Schaltung, die digitale (↗ UTL 0742) Eingangssignale in ↗ analoge Ausgangssignale umsetzt {40/87}	l. digitalis ἀναλογία + l. convertere		zum Finger gehörig (↗ UTL 0742) die Proportion, Gleichmäßigkeit, –förmigkeit s. o. Analog umkehren, –drehen, –wandeln ↗ UTL 1876)
1333	Digitaltechnik, die l;gr	Umsetzung von Zeigerausschlägen in Ziffern {40/72/87}	l. digitalis + τεχνικός technikos		zum Finger gehörig (↗ UTL 0742) die Kunst, das Handwerk betreffend s. u. Technik
1334	Diglossie, die	Zweisprachigkeit in einer Region (↗ UTL 3029) {32/76}	δίγλωσσος diglossos		zweizüngig; zweier Sprachen kundig
1335	Diglyph, der	Platte mit zwei Schlitzen als Verzierung am Fries (↗ UTL 1146) {88}	δίγλυφος diglyphos		mit doppeltem Einschnitt

1336	**Digramm**, das gr;gr	Verbindung von zwei Buchstaben zu einem Laut {32/76}	δίς dis + γράμμα gramma	zweimal Buchstabe, Schrift(werk)
–	**Digraph**, das / der gr;gr	= ↗ Digramm: Verbindung von zwei Buchstaben zu einem Laut {32/76}	δίς dis + γραφεύς grapheus	zweimal Schreiber, Maler
1338	**Dijambus**, der (gr;gr)>l	doppelter ↗ Jambus; antiker (↗ UTL 0214) Vers (↗ UTL 3791) {34/76}	δίς dis + ἴαμβος iambos	zweimal der Jambus s. u. Jambus
1339	**Dikasterium**, das gr>nlat	altgr. Gerichtshof {75}	δικαστήριον dikasterion	Gericht(shof)
1340	**diklin** (gr;gr) >nlat	zweikeimblättrig (von Pflanzen; bot. t. t.) {68}	δίς dis + κλίνη kline	zweimal Lager, Bett
1341	**Dikotyle**, die o. **Dikotyledone**, die (gr;gr) >nlat	zweikeimblättrige Pflanze {68}	δίς dis + κοτυληδών kotyledon	zweimal hohles Knöpfchen, Keimblatt
1342	**Diktaphon**, das l;gr	Diktiergerät, Tonbandgerät zum Diktieren (↗ UTL 0746) {40/87}	l. *dictare* + φωνή phone	diktieren Laut, Stimme, Ton
1343	**Dilemma**, das (gr;gr)>l	Wahl zwischen zwei gleich unangenehmen Dingen; Zwangslage (log. t. t.) {25/77}	δίς dis + λῆμμα lemma	zweimal Annahme(satz)
–	**dilemmatisch** (gr;gr)>l	zwei sich einander ausschließende Lösungen enthaltend {25/77}	dto.	dto.
1344	**dimer** gr;gr	zweiteilig, zweigliedrig (chem., med. t. t.) {56/70/73}	δίς dis + μέρος meros	zweimal Teil
–	**Dimerisation**, die (gr;gr) >nlat	Vereinigung zweier gleicher Teilchen (chem. t. t.) {73}	dto.	dto.

1345	Dimeter, der (gr;gr)>l	aus zwei gleichen ↗ Metren bestehender Vers (↗ UTL 3791) {34/76}	δίς dis + μέτρον metron	zweimal Maß, Versmaß
1346	dimorph	1. zweigestaltig (biol. t. t.) {68/69}; 2. in zwei Kristallsystemen auftretend (chem. t. t.) {73}	δίμορφος dimorphos	doppelgestaltig
–	Dimorphie, die o. Dimorphismus, der gr>nlat	1. das Auftreten eines ↗ Kristalls in zwei Modifikationen (↗ UTL 2261) {73}; 2. Zweigestaltigkeit; Nebeneinanderbestehen zweier verschiedener Formen (↗ UTL 1132) der gleichen Tier- o. Pflanzenart {68/69}	dto.	dto.
1347	Dinosaurier o. Dinosaurus, der (gr;gr) >nlat	ausgestorbene Riesenechse (Ausdruck 1841 von R. Owen geprägt) {59/69}	δεινός deinos + σαῦρος sauros	furchtbar, gewaltig Eidechse s. u. Saurier
1348	Diode, die (gr;gr) >nlat	Zweipolröhre, Gleichrichterröhre (elektrotechn. t. t.) {40/87}	δίς dis + ὁδός hodos	zweimal Weg
1349	Dionys	männlicher Vorname {31}	Διονύσιος Dionysios	zu Dionysos (s. Anhang „Namen") gehörig s. o. Dennis
–	Dionysien, die (Pl.) gr>l	altgr. Fest zu Ehren des Wein- u. Fruchtbarkeitsgottes Dionysos (s. Anhang „Namen") {75}	Διονυσία Dionysia	Dionysien (Fest des Dionysos – s. Anhang „Namen")
–	dionysisch	1. Dionysos betreffend {51}; 2. rauschaft, wild, ↗ ekstatisch {26}	Διονύσιος Dionysios	zu Dionysos (s. Anhang „Namen") gehörig
1350	diophantisch	diophantische Gleichung: Gleichung mit mehreren Unbekannten, für die ganzzahlige Lösungen zu finden sind (math. t. t.) {71}	Διόφαντος Diophantos	Diophantos (s. Anhang „Namen")
1351	Diopter, das gr>l	1. Zielgerät (bestehend aus Lochblende u. Zielmarke); 2. Sucher an ↗ Fotoapparaten {87}	διόπτρα dioptra l. dioptra	alles, durch das man hindurchsieht; optisches Instrument zur Höhenmessung dto.

–	Dioptrie, die gr>l>nlat	Einheit des Brechungswertes ↗ optischer ↗ Systeme (phys. t. t.) {70/87}		dto.	dto.
–	Dioptrik, die	Lehre von der Brechung des Lichts (veraltet) {72}		διοπτρική dioptrike	Dioptrik
–	dioptrisch	1. zur Dioptrie gehörend, lichtbrechend; 2. nur lichtbrechende ↗ Elemente enthaltend {72}		dto.	dto.
–	Dioptrometer, das gr;gr	Gerät für die Bestimmung der Dioptrien {70/72}		δίοπτρον dioptron + μέτρον metron	alles, wo man hindurchsieht; optisches Instrument zum Höhemessen Maß, Versmaß
1352	Diorama, das gr;gr	1. ↗ plastische Darstellung mit gemaltem Hintergrund; 2. Bild auf durchscheinendem Stoff, mit Lichteffekten zur Schaustellung benutzt {36}		διά dia + ὅραμα horama	durch ... hindurch; wegen das Gesehene, der Anblick
1353	Diorismus, der gr>nlat	Begriffsbestimmung {25/77}		διορισμός diorismos	das Abgrenzen, Bestimmung
1354	Dioskuren, die (Pl.) gr;gr	1. Zwillingspaar u. Söhne des Zeus, Kastor u. Pollux (s. Anhang „Namen") {51/75}; 2. (fig.) unzertrennliche Freunde {33}		Ζεύς, Gen. Διός Zeus, Dios + κοῦροι kuroi (Pl.)	Zeus (s. Anhang „Namen") Jünglinge, Söhne
1355	Dioxan, das (gr;gr;l) >nlat	farblose, ätherähnlich riechende Flüssigkeit, oft als Lösungsmittel verwendet {40/73}		δίς dis + ὀξύς oxys + l. -anus	zweimal scharf, spitz, sauer s. u. Oxyd (l. Suffix) was vom Stammwort ausgeht, mit ihm in Verbindung steht, zu ihm gehört
>>>	Dioxid, das = ↗ Dioxyd				
–	Dioxin, das (gr;gr;nlat) >nlat	giftige Verbindung aus ↗ Chlor u. Kohlenwasserstoff (chem. t. t.) {73}		δίς dis + ὀξύς oxys + nlat. -in	zweimal scharf, spitz, sauer s. u. Oxyd Suffix zur Bezeichnung chem. Stoffe

–	Dioxyd, das (gr;gr) >nlat	↗ Oxyd mit zwei Sauerstoffatomen (chem. t. t.) {73}	δίς dis + ὀξύς oxys	zweimal scharf, spitz, sauer s. u. Oxyd
1356	diözesan gr>l	zu einer Diözese gehörend, die Diözese betreffend {51/77}	διοίκησις dioikesis l. dioecesanus	Verwaltung; Provinz (↗ UTL 2886) zur Diözese gehörend
–	Diözesan, der gr>l	Angehöriger einer Diözese {51/77}	dto.	dto.
–	Diözese, die gr>l	1. Amtsgebiet eines ↗ katholischen ↗ Bischofs; 2. ↗ evangelischer Kirchenkreis {51/77}	dto. l. dioecesis	dto. Distrikt
1357	Diözie, die (gr;gr) >nlat	Zweihäusigkeit bei Pflanzen {68}	δίς dis + οἶκος oikos	zweimal Haus
–	diözisch (gr;gr) >nlat	zweihäusig (von Pflanzen) {68}	dto.	dto.
1358	Diphtherie, die gr>nlat>frz	infektiöse (↗ UTL 1368) Hals- u. Rachenerkrankung (nach dem lederartigen Belag auf den Mandeln) {14/70}	διφθέρα diphtera frz. diphtérie	Tierhaut, Leder Entzündung des Halses u. Rachens
–	diphtherisch gr>nlat>frz	durch Diphtherie hervorgerufen {14/70}	dto.	dto.
–	diphtheroid gr>nlat >frz;gr	1. diphtherieähnlich; 2. die Diphtherie betreffend {14/70}	dto. + –(ε)ιδής –(e)ides	dto. ähnlich aussehend s. Partikelliste
1359	Diphthong, der gr>l	aus zwei Vokalen (↗ UTL 3852) gebildeter Laut, Doppellaut (sprachwiss. t. t.) {32/76}	δίφθογγος diphthongos l. diphthongus	doppellautend Doppellaut
–	diphthongieren gr>l	vom einfachen Vokal (↗ UTL 3852) zum Dipthong werden (sprachwiss. t. t.) {32/76}	dto.	dto.
–	diphthongisch gr>l	1. einen Diphthong enthaltend; 2. als Diphthong lautend (sprachwiss. t. t.) {32/76}	dto.	dto.
1360	diphyodont gr;gr	einen Zahnwechsel durchmachend (med. t. t.) {70}	διφυής diphyes + ὀδούς, Gen. ὀδόντος odous, odontos	von doppelter Natur; doppelt Zahn

1361	Diplodokus, der (gr;gr) >nlat	ausgestorbene Riesenechse {59/69}	διπλόος diploos + δοκός dokos	zweifach, doppelt Balken
1362	diploid (gr;gr) >nlat	einen doppelten (d. h. vollständigen) Chromosomensatz aufweisend {68/69}	διπλόος diploos + –(ε)ιδής –(e)ides	zweifach, doppelt ähnlich aussehend s. Partikelliste
–	Diploidie, die (gr;gr) >nlat	das Vorhandensein des vollständigen Chromosomensatzes im Zellkern (biol. t. t.) {68/69}	dto.	dto.
1363	Diplom, das gr>l	1. Urkunde über eine Auszeichnung o. abgelegte Prüfung; 2. ↗ akademischer Grad {31/40/78}	δίπλωμα, Gen. διπλώματος diploma, diplomatos l. diploma	etwas Doppeltes; gefalteter Brief doppelt gefalteter Brief
–	Diplomand, der gr>l>nlat	jmd., der sich auf eine Diplomprüfung vorbereitet {31/40/78}	dto.	dto.
–	Diplomat, der gr>l>nlat >frz	1. höherer Beamter des auswärtigen Dienstes {40/50}; 2. geschickt u. vorsichtig verhandelnder Mensch {25/32/33}	dto.	dto.
–	Diplomatie, die	1. Regelung zwischenstaatlicher Beziehungen {50}; 2. Gesamtheit der Diplomaten {40/50}; 3. vorsichtiges Verhandeln {25/32/33}	dto.	dto.
–	Diplomatik, die	Urkundenlehre {32/40/75}	dto.	dto.
–	Diplomatiker, der	Urkundenforscher u. –kenner {32/40/75}	dto.	dto.
–	diplomatisch	1. die Diplomatik betreffend, urkundlich {32/75}; 2. die Diplomatie betreffend {50}; 3. geschickt u. vorsichtig {25/33}	dto.	dto.
–	diplomieren gr>l>nlat	jmdm. auf Grund einer Prüfung ein Diplom erteilen {31/40/78}	dto.	dto.

1364	Diplont, der (gr;gr) >nlat	↗ Organismus, dessen Körperzellen zwei Chromosomensätze aufweisen (biol. t. t.) {68/69}	διπλόος diploos + ὄν, Gen. ὄντος on, ontos	zweifach, doppelt seiend
1365	Diplopie, die gr;gr	gleichzeitiges Sehen zweier Bilder von einem einzigen Gegenstand (med. t. t.) {14/23/70}	διπλόος diploos + ὄψις opsis	zweifach, doppelt das Sehen
1366	Dipnoi, die (Pl.) gr>nlat	kiemen– u. lungenatmende Knochenfische {07/69}	δίπνοος dipnoos	mit zwei Luftlöchern
1367	Dipodie, die gr>l	Einheit aus zwei gleichen Versfüßen, bes. ↗ Jamben o. ↗ Trochäen {34/76}	διποδία dipodia	das Zweifüßigsein; Verbindung zweier Versfüsse
–	dipodisch	abwechselnd Haupt- u. Nebenton aufweisend (bes. von ↗ Jamben o. ↗ Trochäen) {32/76}	δίποδος dipodos	zwei Fuß groß
1368	Dipol, der (gr;gr) >nlat	zwei gleich große, einander entgegengesetzte ↗ elektrische o. ↗ magnetische Ladungen {46/72}	δίς dis + πόλος polos	zweimal Achse, Drehpunkt, Pol
–	Dipolantenne, die gr;l	für UKW-Rundfunk, Fernsehen u. Radar verwendete, aus einem Dipol bestehende Antenne {46}	dto. + l. antemna	dto. Segelstange, Rahe (↗ UTL 0207)
>>>	Dipso– ↗ Wortelementeliste			
1369	Dipsomane, der (gr;gr) >nlat	jmd., der von ↗ periodischer Trunksucht befallen ist {14/59/70}	δίψα dipsa + μανία mania	Durst Raserei, Wahnsinn, Verzückung
–	Dipsomanie, die (gr;gr) >nlat	↗ periodische Trunksucht {14/59/70}	dto.	dto.
1370	Dipteros, der gr>l	gr. Tempel (↗ UTL 3545), der von einer doppelten Säulenreihe umgeben ist {75/88}	δίπτερος dipteros	mit zwei Flügeln
1371	Diptychon, das gr>l	1. (im Altertum) zusammenklappbare Schreibtafel {32/75/76}; 2. (im Mittelalter) zweiflügeliges Altarbild {51/75/77}	δίπτυχος diptychos	doppelt zusammengefaltet

1372	Dipylon, das	Doppeltor {88}	δίπυλος dipylos	mit zwei Toren	
–	Dipylonkultur, die gr;l	eisenzeitliche Kultur (↗ UTL 1947) in Griechenland {75}	δίπυλος dipylos + l. *cultura*	mit zwei Toren Pflege; Bearbeitung; Kultur; Anbetung (↗ UTL 1947)	
–	Dipylonstil, der gr;l	↗ geometrischer Stil (↗ UTL 3430) der frühgr. Vasenmalerei {36/75}	δίπυλος dipylos + l. *stilus*	mit zwei Toren Stiel, Stengel; Schreibart; Schreibgriffel (↗ UTL 3430)	
–	Dipylonvasen, die (Pl.) gr;l	Tongefäße der gr. Vasenmalerei in der späteren ↗ archaischen Zeit {36/75}	δίπυλος dipylos + l. *vas*	mit zwei Toren Gefäß, Geschirr, Gerät (↗ UTL 3758)	
>>>	Dis– ↗ Wortelementeliste				
1373	Disco, die	= ↗ Disko: Kurzform für Diskothek {37/58/85}	δίσκος diskos	(Wurf)Scheibe; Teller, Schüssel	
1374	Disharmonie, die l;gr	1. Mißklang (mus. t. t.) {37}; 2. Uneinigkeit, Unstimmigkeit, Mißton {33}	l. *dis-* + ἁρμονία harmonia	auseinander… Fügung, Verbindung; die richtige Proportion s. u. Harmonie	
–	disharmonieren l;gr	nicht zusammenstimmen, uneinig sein {25/28/33}	dto.	dto.	
–	disharmonisch l;gr	1. einen Mißklang bildend (mus. t. t.) {37}; 2. uneinig {25}; 3. unterschiedlich verformt (von Gesteinen; geol. t. t.) {55/62}	dto.	dto.	
1375	Diskette, die gr>l>frz	beidseitig beschichtete, als Datenspeicher dienende Magnetplatte {46/87}	δίσκος diskos l. *discus* + frz. *-ette*	(Wurf)Scheibe; Teller, Schüssel dto. frz. Verkleinerungsform	
1375a	Diskjockey, der (gr>l;engl) >engl	(Abk.: DJ) jmd., der in der ↗ Diskothek die Platten auflegt {40/85}	δίσκος diskos l. *discus* + engl. *jockey*	(Wurf)Scheibe; Teller, Schüssel dto. Reiter	
1376	Disko, die	Kurzform für Diskothek {37/58/85}	δίσκος diskos	(Wurf)Scheibe; Teller, Schüssel	

1377	**Disko-graphie**, die (gr;gr) >nlat>frz	Schallplattenverzeichnis {32/37/85}	dto. + γραφή graphe frz. *discographie*	dto. Schrift; Zeichnung Schallplattenkatalog
1378	**Disko-pathie**, die (gr;gr) >nlat	Bandscheibenleiden, degenerative (↗ UTL 0617) Veränderung an der Zwischenwirbelscheibe (med. t. t.) {14/70}	δίσκος diskos + πάθος pathos	(Wurf)Scheibe; Teller, Schüssel Schmerz; Leiden(schaft)
1379	**Disko-queen**, die (gr>l;engl) >engl	1. erfogreiche Interpretin (↗ UTL 1491) von Liedern im Diskosound {37/40}; 2. junge Frau, die in einer Diskothek durch ihre schicke Kleidung u. durch ihr Tanzen auffält {19/33/37}	δίσκος diskos + engl. *queen*	(Wurf)Scheibe; Teller, Schüssel Königin
1380	**Disko-thek**, die (gr;gr) >nlat>frz	1. Schallplattenarchiv {37}; 2. Tanzlokal mit ↗ Musik von Schallpllatten {33/37/58/85}	δίσκος diskos + θήκη theke frz. *discothèque*	(Wurf)Scheibe; Teller, Schüssel Behältnis, Kasten Tanzlokal mit Schallplattenmusik
–	**Disko-thekar**, der (gr;gr) >nlat>frz	Verwalter einer Diskothek {37/40/85}	dto.	dto.
1381	**Diskus**, der gr>l	1. Wurfgerät in der leichtathletik {85}; 2. Diskuswerfen {61/85}; 3. wulstförmige Verdickung des Blütenbodens (bot. t. t.) {68}; 4. Opferteller für das geweihte Brot (orth. t. t.) {44/77}	δίσκος diskos l. *discus*	(Wurf)Scheibe; Teller, Schüssel dto.
1382	**Diskus-hernie**, die gr;l	Bandscheibenvorfall (med. t. t.) {14/70}	dto. + l. *hernia*	dto. Bruch
1383	**Disper-mie**, die (gr;gr) >nlat	das Eindringen zweier ↗ Spermatozoen in dieselbe Eizelle (med. t. t.) {70}	δίς dis + σπέρμα sperma	zweimal Same
1384	**Dispon-deus**, der gr>l	doppelter ↗ Spondeus {34/76}	δισπόνδειος dispondeios l. *dispondeus*	aus zwei Spondeen bestehend Doppelspondeus

224

1385	Dissipationssphäre, die l;gr	äußerste Schicht der ⌐ Atmosphäre in über 800km Höhe {63}	l. *dissipatio* + σφαῖρα sphaira	Zerstreuung; Zerstörung Kugel, Ball s. u. Sphäre
1386	distich gr>l	in zwei einander gegenüberstehenden Reihen angeordnet (von Blättern; bot. t. t.) {68}	δίστιχος distichos l. *distichus*	von zwei Zeilen aus zwei Reihen bestehend
–	distichisch o. distichistisch	1. das Distichon betreffend; 2. aus ⌐ metrisch ungleichen Versparen bestehend {34/76}	dto.	dto.
–	Distichomythie, die gr;gr	aus jeweils zwei Zeilen bestehende Dialogform im ⌐ Drama {34/35}	dto. + μῦθος mythos	dto. Rede, Wort, Erzählung
1387	Distichon, das gr>l	Zweizeiler, meist aus einem ⌐ Hexamter u. einem ⌐ Pentameter {34/76}	δίστιχον distichon	zweizeiliger Vers
1388	Dithyrambe o. -bos, der gr>l	1. kultisches (⌐ UTL 1947) Weihelied auf Dionysos {37/51/75}; 2. Loblied, begeisternde Würdigung {26/33/37}	διθύραμβος dithyrambos	Lied zu Ehren des Dionysos (s. Anhang „Namen")
–	dithyrambisch	1. wie eine Dithyrambe {37/51/75}; 2. begeistert {26}	dto.	dto.
1389	Ditrocháus, der (gr;gr)>l	doppelter ⌐ Trochäus {34/76}	δίς dis + τροχαῖος trochaios	zweimal laufend; Versfuß aus einer langen u. kurzen Silbe s. u. Trochäus
1390	Dittographie, die (gr;gr) >nlat	1. fehlerhafte Wiederholung von Buchstaben o. Wörtern in Texten (⌐ UTL 3575) {32/34}; 2. doppelte Lesart einzelner Stellen in antiken (⌐ UTL 0214) Texten {34/75}	διττός dittos + γραφή graphe	zweifach, doppelt Schrift; Zeichnung
1391	Dittologie, die gr;gr	fehlerhaftes, doppeltes Aussprechen eines o. mehrerer Laute, bes. beim Stottern {32}	διττός dittos + λόγος logos	zweifach, doppelt Rede, Wort; Berechnung
1392	Diurese, die (gr;gr) >nlat	Harnausscheidung (med. t. t.) {70}	διουρεῖν diourein + –σις –sis	Harn ausscheiden gr. Suffix s. Partikelliste

–	Diuretikum, das gr>l	harntreibendes Mittel (med. t. t.) {70}	διουρητικός diouretikos	den Urin befördernd
–	Diuretin, das gr>nlat	ein wichtiges harntreibendes Arzneimittel (med. t. t.) {70}	dto.	dto.
–	diuretisch gr>l	harntreibend (med. t. t.) {70}	dto.	dto.
1393	dizygot gr;gr	zweieiig; aus zwei befruchteten Eizellen stammend (von Zwillingen) {69/70}	δίς dis + ζυγωτός zygotos	zweimal verbunden

>>> DJ, der ⌐ Diskjockey
>>> DNS, die = ⌐ Desoxyribo(se)nukleinsäure

1394	dochmisch gr>l	den Dochmius betreffend {34/76}	δόχμιος dochmios	schief, schräg
–	Dochmius, der gr>l	altgr. Versfuß in vielen Varianten (⌐ UTL 3756) {34/76}	dto.	dto.
1395	Dodekadik, die gr>nlat	Zahlensystem, bei dem die Einheiten nach 12er Potenzen (⌐ UTL 2749) fortschreiten (math. t. t.); Duodezimalsystem (⌐ UTL 0844) {71}	δώδεκα dodeka	zwölf
–	dodekadisch	auf die Dodekadik bezogen; duodezimal (⌐ UTL 0844) {71}	dto.	dto.
1396	Dodekaeder, das	1. ein von 12 Flächen begrenzter Körper; 2. kurz für ⌐ Pentagondodekaeder {58/71}	δωδεκάεδρος dodekaedros	zwölfsitzig, mit zwölf Flächen
1397	Dodekalog, der (gr;gr) >nlat	das Zwölfgebot (5. Mose 27, 15–26) {51/77}	δώδεκα dodeka + λόγος logos	zwölf Rede, Wort; Berechnung
1398	Dodekaphonie, die gr;gr	Zwölftonmusik {37}	δώδεκα dodeka + φωνή phone	zwölf Laut, Stimme, Ton
–	dodekaphonisch gr;gr	die Dodekaphonie betreffend {37}	dto.	dto.

–	**Dodekaphonist,** der gr;gr;gr	Komponist (↗ UTL 1770) o. Anhänger der Zwölftonmusik {37/40}	dto. + –ιστής –istes	dto. gr. Suffix s. Partikelliste
1399	**Dogma,** das gr>l	1. festgelegte Meinung, die nicht angezweifelt wird {25/77}; 2. von einer Glaubensgemeinschaft proklamierte (↗ UTL 2846) Grundlage eines Bekenntnisses {25/51/77}	δόγμα dogma l. *dogma*	Meinung; Beschluß Grundsatz, philosophischer Lehrsatz
–	**Dogmatik,** die gr>l>nlat	1. wissenschaftliche Darstellung der Glaubenslehre {51/77}; 2. starre Gesinnung {25}	δογματικός dogmatikos l. *dogmaticus*	Lehrsätze aufstellend einem Lehrsatz angehörig
–	**Dogmatiker,** der gr>nlat	1. Lehrer der Dogmatik {51/77}; 2. starrer Verfechter bestimmter Dogmen {25}	dto.	dto.
–	**dogmatisch** gr>l	1. ein Dogma betreffend {51/77}; 2. starr an eine ↗ Ideologie o. Lehrmeinung gebunden {25}	dto.	dto.
–	**dogmatisieren** gr>l	zum Dogma erheben {25}	δογματίζειν dogmatizein l. *dogmatizare*	beschließen, bestimmen Lehrsätze vortragen
–	**Dogmatismus,** der (gr;gr) >nlat	starres Festhalten an Anschauungen o. Lehrmeinungen {25}	dto. + –ισμός –ismos	dto. gr. Suffix s. Partikelliste
–	**dogmatistisch**	unkritisch denkend {25}	dto.	dto.
1400	**Doket,** der gr>nlat	Anhänger des Doketismus {51/77}	δοκεῖν dokein	meinen; scheinen
–	**doketisch**	auf dem Anschein beruhend {25/51/77}	dto.	dto.
–	**Doketismus,** der gr;gr	frühchristliche Sektenlehre, die ↗ Christus nur einen Scheinleib zuschreibt u. seinen Kreuzestod leugnet {51/77}	dto. + –ισμός –ismos	dto. gr. Suffix s. Partikelliste
1401	**Dokimasie,** die	1. in alten Griechenland Prüfung aller Personen (↗ UTL 2612), die im Staatsdienst tätig sein wollten {50/75}; 2. = Dokimastik {62}	δοκιμασία dokimasia	Prüfung, Untersuchung

1402	Dokima-siologie, die (gr;gr) >nlat	= ↗ Dokimastik {62}	dto. + λόγος logos	dto. Rede, Wort; Berechnung
1403	Doki-mastik, die	Prüfung des Gehaltes an Edelmetall in Erzen {62}	δοκι-μαστικός dokimastikos	zum Prüfen gehörig
–	dokima-stisch	die Dokimastik betreffend {62}	dto.	dto.
1404	Dolch, der gr>l	(↗ Etymologie unsicher) kurze Stichwaffe, Stilett (↗ UTL 3430) {86}	δόλων dolon l. dolo(n)	kleiner Dolch dto.
1405	Dora	weiblicher Vorname {31}	δῶρον doron	Geschenk, Gabe
1406	dorisch	1. die (Kunst der) Dorer (s. Anhang „Namen") betreffend; 2. aus der Landschaft Doris stammend {36/81/88}	Δωρικός Dorikos	dorisch
–	Dorische, das	1. altgr. Tonart; 2. Kirchentonart (mus. t. t.) {37}	dto.	dto.
1407	Doro-manie, die gr;gr	krankhafte Sucht, Dinge zu verschenken (psychol. t. t.) {14/70}	δῶρον doron + μανία mania	Geschenk, Gabe Raserei, Wahnsinn, Verzückung
1408	Dorothea gr;gr	weiblicher Vorname {31}	δῶρον doron + θεά thea	Geschenk Göttin
1409	Dory-phoros, der	berühmte Statue (↗ UTL 3424) des gr. Bildhauers Polyklet (s. Anhang „Namen") {36}	δορυφόρος doryphoros	„Speerträger"; speertragend
1410	dosieren gr>mlat >frz	zumessen, zuteilen {29/57}	δόσις dosis mlat. dosis frz. doser	das Geben; Gabe; Portion dto. zumessen
1411	Dosi-meter, das (gr;gr) >nlat	Gerät zur Messung der vom Menschen aufgenommenen Menge an radioaktiven (↗ UTL 2964) Strahlen {70/72}	dto. + μέτρον metron	dto. Maß, Versmaß
–	Dosi-metrie, die (gr;gr) >nlat	Messung der Energiemenge von Strahlen {70/72}	dto.	dto.
1412	Dosis, die gr>mlat	zugemessene Menge {57}	δόσις dosis mlat. dosis	das Geben; Gabe; Portion dto.

1413	Dotalsystem, das l;gr	das eheliche Güterrecht im röm. Recht, nach dem das Vermögen der Frau nach der Hochzeit in das des Mannes übergeht (hist. t. t.) {31/75/82}	l. *dotare* + σύστημα systema	aussteuern, ausstatten ein aus mehreren Teilen zusammengesetztes Ganzes s. u. System
1414	Doxa, die	die überweltliche Majestät Gottes; die göttliche Wirklichkeit (rel. t. t.) {51/77}	δόξα doxa	Meinung, Ruf, Ruhm
>>>	–doxie ⚐ Wortelementeliste			
1415	Doxograph, der (gr;gr) >nlat	gr. Gelehrter, der die Lehren der ⚐ Philosophen nach ⚐ Problemen geordnet sammelt {75/77}	dto. + γράφευς grapheus	dto. Schreiber, Maler
1416	Doxologie, die gr>mlat	Lobpreisung, Verherrlichung Gottes o. der Dreifaltigkeit {51/77}	δοξολογία doxologia	das Rühmen
1417	Drache(n), der gr>l	1. feuerspeiendes, schlangenartiges Fabeltier {51}; 2. bespanntes Fluggerät mit langer Schnur {85}; 3. zänkische Frau (ugs.) {31/33}	δράκων drakon l. *draco*	Schlange, Drache dto.
1418	Drachme, die gr>l	1. gr. Währungseinheit {42/80}; 2. altes Apothekergewicht (= 3,75g) {57/70}	δραχμή drachme l. *drachma*	Gewichtseinheit; Silbermünze dto.
1419	Dragée o. Dragee, das gr>l>frz	1. mit Zuckermasse überzogene Süßigkeit {17}; 2. Arzneipille in wohlschmeckender Umhüllung {55/70}	τράγημα tragema l. *tragemata* frz. *dragée*	Knusperwerk, Zuckergebäck Nachtisch, Naschwerk überzuckerte Mandel; Pille
–	Drageur o. Dragist, der gr>l>frz	jmd., der Dragees herstellt {17/40/70}	dto.	dto.
–	dragieren gr>l>frz	Dragees herstellen {17/40/70}	dto.	dto.
1420	Dragonade, die gr>l>frz	1. Gewaltmaßnahme Ludwigs XIV. gegen die Hugenotten durch Einquartierung von Dragonern {50/75}; 2. gewaltsame Maßregel {33}	δράκων drakon l. *draco* frz. *dragonade*	Schlange, Drache dto. Einsatz von Dragonern
1421	Dragoner, der gr>l>frz	1. leichter Kavallerist (⚐ UTL 1676) {86}; 2. ⚐ energische Frau (ugs.) {33}	dto. frz. *dragon*	dto. Drache

1422	drako-nisch	sehr streng, hart {33/82}	Δράκων Drakon	Drakon (s. Anhang „Namen")	
1423	Drama, das gr>l	1. literarische (↗ UTL 2075) Gattung des Sprechtheaters {34/35/74}; 2. ernstes Schauspiel mit spannungsreicher Handlung {35/74}; 3. erschütterndes Ereignis {26}	δρᾶμα, Gen. δράματος drama, dramatos	Handlung; Schauspiel	
1424	Dramatik, die	1. dramatische Dichtkunst {34/74}; 2. Spannung, Lebendigkeit, bewegter Ablauf {26/85}	δραματικός dramatikos	zum Drama gehörig	
–	Dramatiker, der	Verfasser eines Dramas {34/35/40}	dto.	dto.	
–	dramatisch gr>l	1. das Drama betreffend {34/35/74}; 2. aufregend, spannend {26}	dto. l. dramaticus	dto. dramatisch	
1425	dramatisieren gr>nlat	1. einen literarischen (↗ UTL 2075) Stoff als Drama bearbeiten {34/35/74}; 2. etwas lebhafter darstellen, als es in Wirklichkeit ist {25/26/32}	δραματίζειν dramatizein	dramatisch bearbeiten	
1426	Dramaturg, der	literarischer Berater und Bearbeiter für Schauspiele im ↗ Theater u. Fernsehen {35/40/74}	δραματουργός dramatourgos	Erfinder, Urheber; Schauspieldichter	
–	Dramaturgie, die	1. Lehre von der inneren u. äußeren Struktur (↗ UTL 3445) des Dramas; 2. Bearbeitung eines Schauspiels {34/35/74}; 3. Abteilung für die Dramaturgen {34/35/40/74}	δραματουργία dramaturgia	Verfertigung eines Dramas	
–	dramaturgisch	die Dramaturgie betreffend {34/35/74}	δραματουργός dramatourgos	Erfinder, Urheber; Schauspieldichter	
1427	Dramolett, das gr>l;frz	kurzes, dramenartiges Theaterstück {35/74}	δρᾶμα drama + frz. –ette	Handlung; Schauspiel frz. Verkleinerungsform (Diminutiv)	
1428	Drastik, die	derbe Anschaulichkeit u. Direktheit (↗ UTL 0758) {25}	δραστικός drastikos	tatkräftig, unternehmend; wirksam	
–	Drastikum, das gr>nlat	starkes Abführmittel {70}	dto.	dto.	

–	drastisch
gr>nlat	1. stark wirkend, einschneidend {61}; 2. derb anschaulich, deutlich {25/55}	dto.	dto.
>>>	–drom ↗ Wortelementeliste			
1429	Dromedar,
das
gr>l>afrz
>mhd | einhöckeriges ↗ Kamel in Nordafrika u. Arabien {06/69} | δρομάς
dromas
l. dromas u. dromedarius
<camelus>
afrz.
dromedaire
mhd.
dromedar | laufend, umherschweifend
Dromedar u. Rennkamel, Renner

dto.

dto. |
| 1430 | Drosera,
die
gr>nlat | Sonnentau (fleischfressende Pflanze), benannt nach der Ähnlichkeit der Tautropfen mit dem klebrigen Sekret (↗ UTL 3257) an den Pflanzenblättern {04/68} | δροσερός
droseros | tauig, betaut |
| 1431 | Drosograph,
der
gr;gr | ↗ automatisches Taumeßgerät (meteor. t. t.) {65} | δρόσος
drosos
+ γράφευς
grapheus | Tau

Schreiber, Maler |
| 1431a | Drosometer,
das
gr;gr | Taumeßgerät (meteor. t. t.) {65} | δρόσος
drosos
+ μέτρον
metron | Tau

Maß, Versmaß |
| 1432 | Drosophila,
die
gr;gr | Taufliege; beliebtes Versuchstier für die Vererbungsforschung {08/69} | δρόσος
drosos
+ φίλος
philos | Tau

lieb, befreundet, Freund |
| 1433 | Dryade,
die
gr>l | weiblicher Baumgeist, gr. Baumnymphe {51/75} | Δρυάς,
Gen.
Δρυάδος
Dryas,
Dryados | Dryade (s. Anhang „Namen") |
| 1434 | Dryopithekus,
der
(gr;gr)
>nlat | ausgestorbener Menschenaffe des Tertiärs (↗ UTL 3565) {59/69} | δρῦς
drys
+ πίθηκος
pithekos | Baum, Eiche

Affe |

Nr.	Wort	Bedeutung	Etymologie	Übersetzung
1435	Dualsystem, das l;gr	auf der ↗ Basis zwei aufbauendes Zahlensystem, das nur die Ziffern 1 u. 0 zur Darstellung von Zahlen benutzt (z. B. digitale (↗ UTL 0742) Datensicherungssysteme) {46/71/87}	l. *dualis* + σύστημα systema	von zweien, zwei enthaltend ein aus mehreren Teilen zusammengesetztes Ganzes s. u. System
1436	Duodiode, die l;gr;gr	zwei vereinigte ↗ Dioden {46/72/87}	l. *duo* + δίς dis + ὁδός hodos	zwei zweimal Weg s. o. Diode
1437	Duodrama, das l;gr	↗ Drama, in dem nur zwei Personen (↗ UTL 2612) auftreten {34/35/74}	l. *duo* + δρᾶμα drama	zwei Handlung; Schauspiel s. o. Drama
1438	Duroplast, der / das l;gr	in Hitze härtbarer, aber nicht schmelzbarer Kunststoff {40/73}	l. *durus* + πλάστης plastes	hart Bildner, Gestalter
1439	Dyade, die gr>l	1. Zusammenfassung von zwei Einheiten (math. t. t.) {57/71}; 2. Paarverhältnis (soziol. t. t.) {81}	δυάς, Gen. δυάδος dyas, dyados l. *dyas*, Gen. *dyadis*	Zweiheit Zweizahl
–	Dyadik, die	= ↗ Dualsystem {46/71/87}	δυαδικός dyadikos	zur Zweizahl gehörig
–	dyadisch	dem Zweiersystem zugehörend {57/71}	dto.	dto.
1440	Dyarchie, die gr;gr	von zwei verschiedenen Gewalten bestimmte Staatsform {50/57}	δύο dyo + ἀρχή arche	zwei Anfang, Herrschaft
1441	Dyn, das	(Kurzform für Dynamis) Maßeinheit für Kräfte {56/72}	δύναμις dynamis	Kraft, Macht, Fähigkeit
1442	Dynameter, das (gr;gr) >nlat	Instrument (↗ UTL 1448b) zur Bestimmung der Vergrößerungsleistung von Fernrohren {72/87}	dto. + μέτρον metron	dto. Maß, Versmaß

>>> –dynamie, –dynamik ↗ Wortelementeliste

1443	Dynamik, die gr>nlat	1. Lehre von der Bewegung von Körpern unter dem Einfluß von Kräften (phys. t. t.) {72}; 2. Schwung, Triebkraft, Lebendigkeit {29/55/84}; 3. Abstufung der Tonstärke (mus. t. t.) {37}	δυναμικός dynamikos	vermögend, wirksam
–	Dynamis, die	Kraft, Vermögen, Fähigkeit (philos. t. t.) {77}	δύναμις dynamis	Kraft, Macht, Fähigkeit
>>>	–dynamisch ↗ Wortelementeliste			
–	dynamisch	1. die Dynamik betreffend {72}; 2. lebhaft, schwungvoll {55}	δυναμικός dynamikos	vermögend, wirksam
–	dynamisieren	1. etwas vorantreiben {29}; 2. bestimmte Leistungen an die Veränderungen anpassen {33/61}	dto.	dto.
–	Dynamismus, der (gr;gr) >nlat	1. Lehre, daß alle Erscheinungen auf der Wirkung von Kräften beruhen (philos. t. t.) {77}; 2. (bei Naturvölkern) der Glaube, daß manchen Menschen u. Dingen übernatürliche Kräfte innewohnen {51/77/81}	dto. + –ισμός –ismos	dto. gr. Suffix s. Partikelliste
–	dynamistisch (gr;gr) >nlat	dem Dynamismus betreffend {51/77/81}	dto.	dto.
1444	Dynamit, das	aus ↗ Nitroglyzerin hergestellter Sprengstoff {40/73}	dto.	dto.
1445	Dynamo-(maschine), die gr;gr	↗ Maschine zur Erzeugung ↗ elektrischen Stroms {40/72}	δύναμις dynamis + μηχανή mechane	Kraft, Macht, Fähigkeit Hilfsmittel, Werkzeug s. u. Maschine
1446	dynamometamorph gr;gr;gr	durch Druck umgeformt (geol. t. t.) {62}	δύναμις dynamis + μετά meta + μορφή morphe	Kraft, Macht, Fähigkeit inmitten; mittels; mit; danach, dahinter; um Form, Gestalt s. u. Metamorph

–	**Dynamo-metamor-phismus,** der gr;gr;gr;gr	= ⚹ Dynamometamorphose: durch Druck verursachte Umformung von Mineralien (⚹ UTL 2238) u. Gesteinen (geol. t. t.) {62}	dto. + –ισμός –ismos	dto. gr. Suffix s. Partikelliste
1447	**Dynamo-metamor-phose,** die gr;gr	durch Druck verursachte Umformung von Mineralien u. Gesteinen (geol. t. t.) {62}	δύναμις dynamis + μεταμόρ-φωσις metamor-phosis	Kraft, Macht, Fä-higkeit Verwandlung in eine andere Ge-stalt s. u. Metamor-phose
1448	**Dynamo-meter,** das gr;gr	1. Vorrichtung zum Messen von Kräften u. ⚹ mechani-scher Arbeit; 2. Meßgerät für Ströme hoher Frequenzen (⚹ UTL 1144) (phys. t. t.) {56/72}	δύναμις dynamis + μέτρον metron	Kraft, Macht, Fä-higkeit Maß, Versmaß
1449	**Dynast,** der gr>l	Herrscher, Fürst {50}	δυνάστης dynastes	Machthaber, Herr-scher
–	**Dynastie,** die	Herrschergeschlecht, –haus {10/50}	δυναστεία dynasteia	Herrschaft, Macht
–	**dyna-stisch**	die Dynastie betreffend {10/50}	δυναστικός dynastikos	machthaberisch

>>> **–dynie** ⚹ Wortelementeliste

1450	**Dynode,** die gr;gr	Elektronenröhre mit mehre-ren zusätzlichen ⚹ Elektro-den zur besseren Steuerung u. Verstärkung des zugeführ-ten Stromes (elektrotechn. t. t.) {72}	δύναμις dynamis + ὁδός hodos	Kraft, Macht, Fä-higkeit Weg
1451	**Dyophy-sit,** der (gr;gr) >nlat	Vertreter des Dyophysitismus {51/77}	δύο dyo + φύσις physis	zwei Natur
–	**dyophy-sitisch** (gr;gr) >nlat	den Dyophysitismus betref-fend {51/77}	dto.	dto.
–	**Dyophysi-tismus,** der (gr;gr;gr) >nlat	Lehre von den zwei Naturen (⚹ UTL 2343) Christi, nach der Christus wahrer Gott u. Mensch zugleich ist {51/77}	dto. + –ισμός –ismos	dto. gr. Suffix s. Partikelliste

>>> **Dys–** ⚹ Partikelliste

1452	Dysaku-sis, die (gr;gr) >nlat	1. krankhafte Überempfindlichkeit des Gehörs (med. t. t.); 2. Schwerhörigkeit {14/70}	δυσ– dys– + ἄκουσις akousis	un–, miß– das Hören
1453	Dysarthrie, die (gr;gr) >nlat	mühsames Sprechen; Stammeln, Stottern (med. t. t.) {14/32/70}	δυσ– dys– + ἀρθροῦν arthroun	un–, miß– gliedern, artikulieren
1454	Dysarthrose, die gr;gr;gr	krankhafte Verformung o. Veränderung eines Gelenks (med. t. t.) {14/70}	δυσ– dys– + ἄρθρον arthron + –ωσις –osis	un–, miß– Glied, Gelenk gr. Suffix s. Partikelliste
1455	Dysästhesie, die	1. unwirkliche Sinneswahrnehmung (physiol. t. t.); 2. das unangenehme Empfinden aller äußeren Eindrücke (psych. t. t.) {23/70}	δυσαισθησία dysaisthesia	Unempfindlichkeit
1456	Dysbulie, die (gr;gr) >nlat	Willensschwäche (psych. t. t.) {25/28/70}	δυσ– dys– + βουλή boule	un–, miß– Wille; Plan; Rat; Ratsversammlung
1457	Dyschromie, die (gr;gr) >nlat	Hautverfärbung (med. t. t.) {55/70}	δυσ– dys– + χρῶμα chroma	un–, miß– Farbe, Haut
1458	Dysenterie, die gr>l	Durchfall, Ruhr (med. t. t.) {14/70}	δυσεντερία dysenteria	Durchfall, Ruhr
–	dysenterisch	ruhrartig (med. t. t.) {14/70}	δυσεντερικός dysenterikos	an der Ruhr leidend
1459	Dysergie, die gr>nlat	verminderte Widerstandskraft des ↗ Organismus gegenüber Infekten (↗ UTL 1368) (med. t. t.) {14/70}	δυσεργία dysergia	Schwierigkeit beim Handeln
1460	Dysfunktion, die gr;l	gestörte Tätigkeit eines ↗ Organs (med. t. t.) {14/70}	δυσ– dys– + l. functio	un–, miß– Verrichtung; Geltung (↗ UTL 1164)

1461	Dyskinese, die gr>nlat	Fehlfunktion bei Bewegungsvorgängen (med. t. t.) {12/14/70}	δυσκίνησις dyskinesis	Bewegungsschwierigkeit
1462	Dyskolie, die	Unzufriedenheit; Schwermut (psych. t. t.) {26/70}	δυσκολία dyskolia	Unzufriedenheit, Verdrießlichkeit
1463	Dyslalie, die (gr;gr) >nlat	Stammeln (med. t. t.) {14/32/70}	δυσ– dys– + λαλεῖν lalein	un–, miß– reden, schwatzen
1464	Dyslexie, die (gr;gr) >nlat	↗ organisch o. seelisch bedingte Lesestörung (med., psych. t. t.) {14/32/70}	δυσ– dys– + λέξις lexis	un–, miß– Sprechen, Redeweise
1465	Dysmenorrhö(e), die (gr;gr;gr) >nlat	gestörte, schmerzhafte Monatsblutung (med. t. t.) {14/70}	δυσ– dys– + μήν men + ῥοή rhoe	un–, miß– Monat das Fließen; Fluß s. u. Menorrhöe
1466	Dyspareunie, die gr>nlat	1. Nichtzusammenpassen von Geschlechtspartnern {18/33}; 2. sexuelle (↗ UTL 3303) Störung der Frau (med. t. t.) {14/18/70}	δυσ– πάρευνον dyspareunon	unglücklich nebeneinander gebettet
1467	Dyspepsie, die gr>l	Verdauungsstörung (med. t. t.) {14/70}	δυσπεψία dyspepsia	Unverdaulichkeit
–	dyspeptisch gr>l	1. schwer verdaulich {17}; 2. schwer verdauend {70}	dto.	dto.
1468	Dysphasie, die (gr;gr) >nlat	Störung des Sprechens (med. t. t.) {14/32/70}	δυσ– dys– + φάσις phasis	un–, miß– Sprache, Rede
1469	Dysphonie, die gr;gr	Stimmstörung (med. t. t.) {14/32/70}	δυσ– dys– + φωνή phone	un–, miß– Laut, Stimme, Ton
1470	Dysphorie, die	krankhafte Verstimmung, Übellaunigkeit, Gereiztheit (med., psych. t. t.) {14/26/70}	δυσφορία dysphoria	das Schwerertragen, Unbehaglichkeit
–	dysphorisch	bedrückt, gereizt u. leicht reizbar {26/70}	dto.	dto.

1471	Dysphrasie, die (gr;gr) >nlat	Sprachhemmung (psych. t. t.) {14/32/70}	δυσ– dys- + φράσις phrasis	un–, miß– das Sprechen; Sprache	
1472	Dyspnoe, die gr>l	Atemnot, Kurzatmigkeit (med. t. t.) {14/70}	δύσπνοια dyspnoia	schwerer Atem	
1473	Dystokie, die	schwere Geburt (med. t. t.) {52/70}	δυστοκία dystokia	das schwere Gebären, schwere Geburt	
1474	Dystonie, die (gr;gr) >nlat	Störung des normalen Spannungszustandes der ↗ Muskeln u. Gefäße {14/70}	δυσ– dys- + τόνος tonos	un–, miß– Spannung, Band, Ton	
1475	dystroph gr>nlat	die Ernährung störend (med. t. t.) {14/17/70}	δύστροφος dystrophos	schwer zu ernähren	
–	Dystrophie, die	1. Ernährungsstörung (14/17/70}; 2. mangelhafte Versorgung eines ↗ Organs mit Nährstoffen (med. t. t.) {14/70}	dto.	dto.	
–	Dystrophiker, der	jmd., der an Dystrophie leidet (med. t. t.) {14/17/70}	dto.	dto.	
1476	Dysurie, die gr>l	schmerzhafte Störung der Harnentleerung (med. t. t.) {14/70}	δυσουρία dysuria l. *dysuria*	Harnzwang dto.	

E

1477	Ebenholz, das ägypt >hebr>gr >l>ahd	sehr hartes, schwarzes o. tiefdunkles Edelholz {04/38/40/55}	ägypt. *hbnj* hebr. *eben* ἔβενος ebenos l. *ebenus* ahd. *ebenus*	Ebenholz Stein Ebenbaum, –holz dto. dto.
–	Ebonit, das ägypt >hebr>gr >l>afrz >engl;gr	Hartgummi aus Naturkautschuk {40}	dto. afrz. *ebaine* engl. *ebonite* + –ιτής –ites	dto. dto. dto. gr. Suffix s. Partikelliste
>>>	Ecclesia, die = ↗ Ekklesia			
>>>	Echino– ↗ Wortelementeliste			
1478	Echinokaktus, der gr;gr	Igelkaktus (bot. t. t.) {04/68}	ἐχῖνος echinos + κάκτος kaktos	Igel stachlige Pflanze, Kaktus s. u. Kaktus
–	Echinokokkus, der gr;gr	Hundebandwurm {08/09}	ἐχῖνος echinos + κόκκος kokkos	Igel Kern; Scharlachbeere
–	Echinus, der gr>l	1. Seeigel (zool. t. t.) {08}; 2. Wulst am Kapitell (↗ UTL 1627) einer ↗ dorischen Säule {75/88}	ἐχῖνος echinos	Igel
1479	Echo, das gr>l	1. Widerhall {23/55/72}; 2. Resonanz (↗ UTL 3110), Reaktion (↗ UTL 2990) {25/29}; 3. Wiederholung eines kurzen ↗ Themas in geringerer Tonstärke (mus. t. t.) {37/55}	ἠχώ echo	Schall, Laut; Widerhall; Echo (s. Anhang „Namen")
–	echoen	1. widerhallen {23/54/72}; 2. wiederholen {25/37}	dto.	dto.

1480	Echographie, die gr;gr	⟶ elektroakustische Prüfung u. Aufzeichnung der Dichte eines Gewebes mittels Schallwellen (med. t. t.) {70/72}	dto. + γραφή graphe	dto. Schrift; Zeichnung
1481	Echokinesie, die (gr;gr) >nlat	krankhafter Trieb, gesehene Bewegungen ⟶ mechanisch nachzuahmen (med. t. t.) {12/70}	ἠχώ echo + κίνησις kinesis	Schall, Laut; Widerhall; Echo (s. Anhang „Namen") Bewegung
1482	Echolalie, die gr;gr	1. sinnlos– ⟶ mechanisches Nachsprechen von Wörtern o. Sätzen bei Geisteskranken (med. t. t.) {32/70}; 2. Wiederholung von Wörtern o. Wortteilen bei Babies {15/32}	ἠχώ echo + λαλεῖν lalein	Schall, Laut; Widerhall; Echo (s. Anhang „Namen") reden, schwatzen
1483	Echolot, das gr>l;d	Gerät zur Messung von Höhen u. Tiefen mit Hilfe von Schallwellen {45/72}	ἠχώ echo + d. Lot	Schall, Laut; Widerhall; Echo (s. Anhang „Namen")
1484	Echomimie, die gr;gr	nachahmendes Gebärdenspiel {35/37}	ἠχώ echo + μιμεῖσθαι mimeisthai	Schall, Laut; Widerhall; Echo (s. Anhang „Namen") nachahmen
1485	Echophrasie, die gr;gr	= ⟶ Echolalie: 1. sinnlos– ⟶ mechanisches Nachsprechen von Wörtern o. Sätzen bei Geisteskranken (med. t. t.) {32/70}; 2. Wiederholung von Wörtern o. Wortteilen bei Babies {15/32}	ἠχώ echo + φράσις phrasis	Schall, Laut; Widerhall; Echo (s. Anhang „Namen") das Sprechen; Sprache
1486	Echopraxie, die gr;gr	= ⟶ Echokinesie: krankhafter Trieb, gesehene Bewegungen ⟶ mechanisch nachzuahmen (med. t. t.) {12/70}	ἠχώ echo + πρᾶξις, Gen. πράξεως praxis, praxeos	Schall, Laut; Widerhall; Echo (s. Anhang „Namen") Tat, Handlung
1487	Echothymie, die gr;gr	Fähigkeit, die Gefühle u. Affekte (⟶ UTL 0091) anderer Menschen mitzuempfinden (psych.t. t.) {22/23/70}	ἠχώ echo + θυμός thymos	Schall, Laut; Widerhall; Echo (s. Anhang „Namen") Lebenskraft, Mut, Zorn, Leidenschaft

1488	Economyklasse, die gr>engl;l	billigste Tarifklasse im Flugverkehr {42/45}	οἰκονομία oikonomia + l. *classis*	Verwaltung des Hauses s. u. Ökonomie versammelte Menge; Abteilung; Landheer; Flotte (↗ UTL 1689)
>>>	—eder ↗ Wortelementeliste			
1489	Effektivdosis, die l;gr	in Versuchen festgestellte wirksame Menge einer Substanz (↗ UTL 3466) {57/70}	l. *effectivus* + δόσις dosis	schaffend, bewirkend, ausübend (↗ UTL 0856) das Geben; Gabe; Portion s. o. Dosis
1490	E(f)fendi, der gr>ngr >türk	frühere Anrede u. Titel (↗ UTL 3586) für höhere türkische Beamte {50/75}	αὐθέντης authentes ngr. *aphentes* türk. *efendi*	unumschränkter Herr
1490a	Egidius bzw. Egidy	männlicher Vorname	Αἰγίδιος Aigidios	Schildhalter; Böckchen
1491	Egomane, der gr>l;gr	jmd., der an krankhafter Selbstbezogenheit leidet {25/70/84}	ἐγώ ego + μανία mania	ich Raserei, Wahnsinn, Verzückung s. u. Manie
–	Egomanie, die gr>l;gr	krankhafte Selbstbezogenheit {25/70/84}	dto.	dto.
1492	Egozentrik, die o. Egozentrizität, die (gr>l;gr>l) >nlat	die eigene Person (↗ UTL 2612) in den Mittelpunkt allen Geschehens stellen {25/33/84}	ἐγώ ego + κέντρον kentron	ich Mittelpunkt eines Kreises; Stachel(stab); ruhender Zirkelschenkel s. u. Zentrum
–	Egozentriker, der (gr>l;gr>l) >nlat	jmd., der egozentrisch ist {25/33/84}	dto.	dto.
–	egozentrisch	ichbezogen; sich selbst in den Mittelpunkt stellend {25/33/84}	dto.	dto.

1492a	Eibisch, der l>spätl>gr >ahd>mhd	Malvengewächs	l. *(h)ibiscum* o. *ebiscum* spätl. *(h)ibiscus* ἰβίσκος ibiskos ahd. *ibisca* mhd. *ibesche*	Eibisch dto. dto. dto. dto.
>>>	Eid(o)- ↗ Wortelementeliste			
1493	Eidetik, die gr>nlat	1. Fähigkeit, sich etwas so anschaulich vorzustellen, als ob es wirklich wäre (psych. t. t.) {22/23/70}; 2. = ↗ Eidologie {25/77}	εἶδος eidos	Aussehen, Gestalt
–	Eidetiker, der	jmd., der die Fähigkeit der Eidetik besitzt {22/23/70}	dto.	dto.
–	eidetisch	1. die Eidetik betreffend {22/23/70}; 2. anschaulich bildhaft {23/55}	dto.	dto.
1494	Eidologie, die gr;gr	Versuch, das Wesen eines Dinges durch die Beschreibung seiner Gestalt zu ergründen (philos. t. t.) {25/32/77}	εἶδος eidos + λόγος logos	Aussehen, Gestalt Rede, Wort; Berechnung
1495	Eidolon, das	Abbild, Trugbild (philos. t. t.) {25/77}	εἴδωλον eidolon	Abbild, Schattenbild
1496	Eidophor, das (gr;gr) >nlat	Gerät, das Fernsehbilder vergrößert auf eine Leinwand wirft {87}	εἶδος eidos + φορός phoros	Aussehen, Gestalt tragend, bringend
1497	Eidos, das	1. Gestalt, Form (↗ UTL 1132), Aussehen {53}; 2. ↗ Idee (bei Plato (s. Anhang „Namen") {75/77}; 3. Gegensatz zur Materie (↗ UTL 2163) (bei Aristoteles – s. Anhang „Namen") {75/77}	εἶδος eidos	Aussehen, Gestalt
1498	Eimer, der gr>l>ahd >mhd	Holz-, Plastik- o. Metallkübel mit einem Henkel {40/44}	ἀμφορεύς amphoreus l. *amphora* ahd. *ambar*; volksetym. *ein + beran* ahd. *einber(i)*, *eimber(i)* mhd. *eim(b)er*	zweihenkliges Gefäß dto. dto. ein + tragen einhenkliges Tragegefäß dto.

1499	einbalsa- mieren d;hebr>gr >l	einen Leichnam zum Schutz vor Verwesung mit konser- vierenden (↗ UTL 1824) Mit- teln behandeln {14/21/70}	βάλσαμον balsamon	Balsamstaude, Harz s. o. Balsam
>>>	–eion ↗ Partikelliste			
1500	Eisbein, das gr>l >niederl	(aus: „zum Eislaufen geeigne- ter Knochen" – da früher aus den Knochen Schlittschuhe hergestellt wurden) gepökel- tes und gekochtes Schweine- fleisch {17}	ἰσχίον ischion l. *ischium* niederl. *ischbeen*	Hüfte dto. dto.
>>>	Ek–, ek– ↗ Partikelliste			
1501	ekde- misch	auswärts befindlich, abwe- send {55/58}	ἔκδημος ekdemos	außer Landes, ab- wesend
>>>	EKG, das = ↗ Elektrokardiogramm			
1502	Ekklesia, die gr>l	↗ Kirche, Gemeinde {51/77}	ἐκκλησία ekklesia l. *ecclesia*	(Volks)versamm- lung dto.; christliche Gemeinschaft, Kirche
1503	Ekklesi- astes, der	gr. Bezeichnung für das Buch „Prediger Salomo" im Alten Testament {51/77}	ἐκκλησι- αστής ekklesiastes	einer Volksver- sammlung bei- wohnend; Redner in einer Volksver- sammlung
>>>	Ekklesiastik, die = ↗ Ekklesiologie, die			
–	Ekklesi- astikus, der	Bezeichnung des alttestamen- tarischen Buches „Jesus Si- rach" in der Vulgata (↗ UTL 3864) {51/77}	ἐκκλησι- αστικός ekklesi- astikos	zur Volksver- sammlung gehö- rig
1504	ekklesio- gen gr;gr	durch den Einfluß von ↗ Kir- chen u. Religion (↗ UTL 3066) entstanden {51/77}	ἐκκλησία ekklesia + –γενής –genes	(Volks)versamm- lung stammend von; hervorbringend, verursachend
1505	Ekklesio- logie, die (gr;gr) >nlat	↗ theologische Lehre von der ↗ christlichen ↗ Kirche {51/77}	ἐκκλησία ekklesia + λόγος logos	(Volks)versamm- lung Rede, Wort; Be- rechnung

1506	Ekkykle-ma, das	kleine fahrbare Bühne im altgr. ⤴ Theater für ⤴ Szenen innerhalb des Hauses {35/74/75}	ἐκκύκλημα ekkyklema	(eigtl. „das Herausgedrehte") Drehmaschine, die den Hintergrund der Bühne öffnet
1507	Eklampsie, die gr>nlat	plötzlich auftretende, lebensbedrohende Krämpfe während der Schwangerschaft, Geburt o. im Wochenbett (med. t. t.) {14/70}	ἔκλαμψις eklampsis	das Hervorleuchten; plötzliche Entwicklung
–	Eklampsismus der	Anfälligkeit des Körpers für eine Eklampsie (med. t. t.) {14/70}	dto.	dto.
–	eklamptisch	die Eklampsie betreffend (med. t. t.) {14/70}	ἐκλάμπειν eklampein	hervorleuchten; ausbrechen
1508	Eklektiker, der	1. Denker, der aus Teilen verschiedener anderer Lehren eine scheinbar eigene ⤴ Philosophie konstruiert (⤴ UTL 1840) {25/77}; 2. jemand, der nur mit fremden ⤴ Ideen arbeitet, ohne eigene zu entwickeln {25/36}	ἐκλεκτικός eklektikos	auswählend, auslesend
–	eklektisch	unschöpferisch, nicht eigenständig, übernehmend {25/36}	dto.	dto.
–	Eklektizismus, der (gr;gr) >nlat	1. das Zusammenstellen fremder Gedanken zu etwas scheinbar Neuem {25}; 2. uneigenständiges Nachahmen der Stilmittel früherer Künstler {25/36}	dto. + –ισμός –ismos	dto. gr. Suffix s. Partikelliste
–	eklektizistisch	den Eklektizismus betreffend {25/36}	dto.	dto.
1509	Eklipse, die	Sonnen- o. Mondfinsternis (astron. t. t.) {66}	ἔκλειψις ekleipsis	das Verlassen, Ausbleiben; Sonnen o. Mondfinsternis
–	Ekliptik, die gr>nlat	Weg, den die Sonne scheinbar am Himmel während eines Jahres beschreitet {66}	ἐκλειπτικός ekleiptikos	zum Verlassen gehörig
–	ekliptikal	auf die Ekliptik bezogen {66}	dto.	dto.
–	ekliptisch gr>l	auf die Eklipse bezogen {66}	dto.	dto.
1510	Ekloge, die gr>l	1. altröm. Hirtenlied {24/76}; 2. kleineres, ausgewähltes Gedicht {34}	ἐκλογή ekloge	(Aus)wahl

1511	Ekmnesie, die (gr;gr) >nlat	krankhafte Vorstellung, in einen früheren Lebensabschnitt zurückversetzt zu sein (med. t. t.) {15/24/70}	ἐκ ek + μνῆσις mnesis	aus, von ... her; seit das Erinnern
1512	Eknoia, die	krankhaft gesteigerte Erregbarkeit im Pubertätsalter (med. t. t.) {15/23/70}	ἔκνοια eknoia	Sinnlosigkeit
1513	Ekpyrosis, die gr>l	↗ philos. Lehre der Wiederauflösung der Welt in Feuer; Weltbrand {25/52/77}	ἐκπύρωσις ekpyrosis	das Ausbrennen; Vernichten durch Feuer
1514	Ekstase, die gr>l	1. Außersichsein, Verzückung, Entrückung, tranceartiger Zustand {18/23}; 2. übermäßige Begeisterung {23/25}	ἔκστασις ekstasis	Entfernen von der Stelle; Wahnsinn; Begeisterung
–	Ekstatik, die	Ausdruck der Ekstase {18/23/25}	ἐκστατικός ekstasitikos	von der Stelle bewegt; verzückt, begeistert
–	Ekstatiker, der	jmd., der in Ekstase geraten ist; verzückter, rauschhafter Schwärmer {18/23/25}	dto.	dto.
–	ekstatisch	in Ekstase, außer sich {18/23/25}	dto.	dto.
1515	Ektase, die o. Ektasis, die gr>l	Dehnung eines Vokals (↗ UTL 3852) in der antiken (↗ UTL 0214) ↗ Metrik {32/34/76}	ἔκτασις ektasis	Ausdehnung; Dehnung eines kurzen Vokals
1516	Ektenie, die	Wechselgebet im Gottesdienst der ↗ orthodoxen ↗ Kirchen {51/61/77}	ἐκτένεια ekteneia	das Ausstrecken, Anstrengung
1517	Ekthlipsis, die gr>l	Ausstoßung eines Vokals (↗ UTL 3852), Elision (↗ UTL 0876) {32/76}	ἔκθλιψις ekthlipsis	das Herausdrükken; Ausstoßen eines Buchstabens
>>>	Ekto– ↗ Partikelliste			
1518	Ektoderm, das (gr;gr) >nlat	die äußere Hautschicht des Keimes während der Bildung der ↗ Gastrula (biol., med. t. t.) {69/70}	ἐκτός ektos + δέρμα derma	außerhalb, außen Haut
>>>	–ektomie ↗ Wortelementeliste			
1519	Ektomie, die gr>nlat	operative (↗ UTL 2434) Entfernung eines ↗ Organs o. Organteils {70}	ἐκτομή ektome	das Herausschneiden

1520	Ektoparasit, der (gr;gr) >nlat	pflanzlicher o. tierischer Schmarotzer, der auf der Körperoberfläche lebt, z.B. blutsaugende Insekten (↗ UTL 1429) (biol., med. t. t.) {69/70}	ἐκτός ektos + παράσιτος parasitos	außerhalb, außen neben, bei einem anderen essend; Schmarotzer s. u. Parasit
1521	Ektoplasma, das (gr;gr) >nlat	äußere Schicht des ↗ Protoplasmas bei Einzellern (biol. t. t.) {69}	ἐκτός ektos + πλάσμα plasma	außerhalb, außen das Gebildete, Geformte
1522	Ektosit, das (gr;gr) >nlat	= ↗ Ektoparasit {69/70}	ἐκτός ektos + σῖτος sitos	außerhalb, außen Getreide; Brot; Nahrung
1523	Ektoskelett, das gr;gr	Außenskelett bei Wirbellosen u. Wirbeltieren, z.B. der Chitinpanzer der Insekten (↗ UTL 1429) {69}	ἐκτός ektos + σκελετός skeletos	außerhalb, außen ausgetrocknet, dürr s. u. Skelett
1524	Ektoskopie, die (gr;gr) >nlat	Erkennen von Krankheiten mit bloßem Auge (med. t. t.) {23/55/70}	ἐκτός ektos + σκοπή skope	außerhalb, außen das Umschauen, Spähen
1525	Ektrodaktylie, die (gr;gr) >nlat	angeborene Mißbildung der Hände u. Füße, die durch Fehlen von Fingern o. Zehen gekennzeichnet ist (med. t. t.) {70}	ἔκτροπος ektropos + δάκτυλος daktylos	abweichend Finger; Zehe
1526	Ektropion o. –ium, das	Auswärtskehrung, Umstülpung einer Schleimhaut (med. t. t.) {70}	ἐκτρόπιον ektropion	Fehler des Augenlides, das sich nach außen stülpt
1527	Ektypus, der	Nachbildung, Abbild {55/56}	ἔκτυπος ektypos	reliefartig ausgedrückt
1528	Ekzem, das	nicht ansteckender, meist auf ↗ Allergie beruhender juckender Hautausschlag (med. t. t.) {14/70}	ἔκζειμα Gen. ἐκζείματος ekzeima, ekzeimatos	das „Herausgekochte"; durch Hitze herausgetriebener Ausschlag
–	Ekzematiker, der gr>nlat	jmd., der an einem Ekzem leidet (med. t. t.) {14/70}	dto.	dto.
–	Ekzematoid, das gr;gr	ekzemartige Hauterkrankung (med. t. t.) {14/70}	dto. + –(ε)ιδής –(e)ides	dto. ähnlich aussehend s. Partikelliste

	ekzema- tös	von einem Ekzem befallen o. hervorgerufen (med. t. t.) {14/70}	ἔκζειμα Gen. ἐκζείματος ekzeima, ekzeimatos	das „Herausge- kochte"; durch Hitze herausge- triebener Aus- schlag
>>>	El– ⟋ Partikelliste			
1529	Elain, das	in tierischen u. nicht trock- nenden pflanzlichen Fetten u. ⟋ Ölen vorkommende ⟋ chem. Verbindung (chem. t. t.) {73}	ἔλαιον elaion	Oliven-, (Baum)öl
–	Elain- säure, die gr;d	Ölsäure (chem t. t.) {73}	dto. + d. *Säure*	dto.
1530	Elast, der gr>nlat	Kunststoff von gummiartiger Elastizität {40/73}	ἐλα(σ)τός ela(s)tos	geschmeidig, ge- trieben
–	Elastik, das gr>nlat	ein dehnbares Gewebe {19/40/ 44}	dto. nlat. *elasticus*	dto. dto.
–	elastisch gr>nlat>frz	dehnbar, biegsam {54/55}	dto.	dto.
–	Elastizi- tät, die	1. Dehnbarkeit, Biegsamkeit {54/55}; 2. (übertr.) Spann- kraft, Schwung {26}	dto.	dto.
–	Elastizi- tätsmo- dul, das (gr>l)>nlat >frz;l	Meßgröße der Elastizität {56/ 72}	dto. + l. *modulus*	dto. Rhythmus, Takt, Melodie; Maß- (stab) (⟋ UTL 2263)
1531	Elasto- mere, das gr;gr	⟋ synthetischer Kautschuk u. gummiähnlicher Kunststoff (chem. t. t.) {40/73}	ἐλα(σ)τός ela(s)tos + μέρος meros	geschmeidig, getrieben Teil
1532	Eleate, der gr>l	Angehöriger der Philosophen- schule von Elea (Unterita- lien) {31/75/77}	Ἐλεάτης Eleates	Einwohner der unteritalischen Stadt Elea
–	eleatisch	die Eleaten betreffend {31/75/ 77}	dto.	dto.
–	Eleatis- mus, der (gr;gr)>l >nlat	⟋ philos. Lehre, die von ei- nem nur durch Denken zu erfassenden Sein ausgeht u. ihm das Werden u. die sicht- bare Welt als Schein entge- gensetzt {25/77}	dto. + –ισμός –ismos	dto. gr. Suffix s. Partikelliste

1533	Elefant, der ägypt>kopt >gr>l>ahd >mhd	größtes landlebendes Säugetier {06/69}	ägypt. *ab(u)* kopt. *eb(o)u* ἐλέφας, Gen. ἐλέφαντος elephas, elephantos l. *elephantus* ahd. *elpfant, elafant* mhd. *elefant*	Elfenbein, Elefant dto. Elefant dto. dto. dto.
–	Elefantiasis, die ägypt>kopt >gr>l;gr	durch Lymphstauungen verursachte Verdickung des Haut– und Unterhautzellgewebes mit Bindegewebswucherung (med. t. t.) {14/70}	dto. + –ασις –asis	dto. gr. Suffix s. Partikelliste
–	elefantös ägypt>kopt >gr>l	(ugs., scherzh.) außergewöhnlich, großartig {25/56}	dto.	dto.
1534	Elegeion, das	elegisches Versmaß, d. h. Verbindung von ↗ Hexameter u. ↗ Pentameter {34/76}	ἐλεγεῖον elegeion	Distichon; Gedicht aus Distichen
1535	Elegie, die gr>l	im Elegeion abgefaßtes Gedicht; 2. wehmütiges Gedicht, Klagelied {34/76}	ἐλεγεία elegeia	Elegie
–	Elegiker, der	1. Elegiendichter {34/76}; 2. jmd., der zu schwermütigen Stimmungen neigt {26/70/84}	ἐλεγειακός elegeiakos	elegisch
–	elegisch	1. in Elegieform gedichtet {34/76}; 2. voll Schwermut; wehmütig {26/70}	ἐλεγεῖος elegeios	elegisch, zur Elegie gehörig
1536	Eleison, das	Bittruf im Gottesdienst (vgl. ↗ Kyrie eleison u. ↗ Christe eleison) {51/77}	ἐλεῖσον eleison	Erbarme dich!
1537	Elektrakomplex, der gr;l	bei weiblichen Personen (↗ UTL 2612) auftretende unnatürlich starke Bindung an den Vater (von C. G. Jung geprägt als Pendant (↗ UTL 2574) zum ↗ Ödipuskomplex – psych. t. t.) {70}	Ἠλέκτρα Elektra + l. *complexus*	Elektra (s. Anhang „Namen") das Umfassen, Umschließen; Zusammenfassung, Verbindung (↗ UTL 1765)
>>>	Elektr(o)– ↗ Wortelementeliste			

1538	**Elektret**, der / das (gr;gr) >engl	elektrischer ↗ Isolator mit entgegengesetzten ↗ elektrischen Ladungen an zwei gegenüberliegenden Flächen {72}	ἤλεκτρον elektron + Μαγνῆτις (λίθος) Magnetis (lithos) engl. *electret*	Silbergold; Bernstein als Träger von Reibungselektrizität (Stein) aus der gr. Landschaft Magnesia (s. Anhang „Namen") s. u. Magnet
1539	**Elektrifikation**, die (gr>l)>nlat	= ↗ Elektrifizierung {45}	ἤλεκτρον elektron + l. *facere*	Silbergold; Bernstein als Träger von Reibungselektrizität tun, machen, handeln
1540	**elektrifizieren**	auf ↗ elektrischen Betrieb umstellen (bei Eisenbahnen) {45}	dto.	dto.
1541	**Elektrik**, die	1. Gesamtheit einer ↗ elektrischen Anlage o. Einrichtung {40/44}; 2. (ugs.) Elektrizitätslehre {72}	ἤλεκτρον elektron	Silbergold; Bernstein als Träger von Reibungselektrizität
–	**Elektriker**, der	Handwerker im Bereich der ↗ Elektrotechnik {40/72}	dto.	dto.
–	**elektrisch** gr>l>nlat	1. auf der Anziehungs– bzw. Abstoßungskraft geladener Elementarteilchen beruhend; 2. die ↗ Elektrizität betreffend; 3. durch ↗ elektrischen Strom angetrieben {40/44/45/72}	dto. l. *electrum* nlat. *electricus*	dto. Bernstein (durch elektrische Ladung) magnetisch
–	**Elektrische**, die	(ugs. veraltet) Straßenbahn {45}	dto.	dto.
–	**elektrisieren** gr>l>nlat >frz	1. ↗ elektrische Ladungen erzeugen {72}; 2. den ↗ Organismus mit Stromstößen behandeln {70}; 3. emotional (↗ UTL 0809) in Spannung versetzen {26}	dto. frz. *électriser*	dto.
–	**Elektrizität**, die gr>l>nlat >frz	1. auf der Anziehung bzw. Abstoßung ↗ elektrisch geladener Teilchen beruhendes Grundphänomen der Natur (↗ UTL 2343); 2. elektrische ↗ Energie {72}	dto. frz. *électricité*	dto.

>>>	Elektro- ↗ Wortelementeliste				
1542	Elektroakustik, die gr;gr	Wissenschaft, die sich mit der Umwandlung der Schallschwingungen in ↗ elektrische Spannungsschwankungen befaßt {72}	dto. + ἀκουστικός akoustikos	dto. das Gehör betreffend s. o. Akustik	
–	elektroakustisch gr;gr	die Elektroakustik betreffend {72}	dto.	dto.	
1543	Elektroanalyse, die gr;gr	↗ chem. Untersuchungsmethode mit Hilfe der ↗ Elektrolyse {72/73}	ἤλεκτρον elektron + ἀνάλυσις analysis	Silbergold; Bernstein als Träger von Reibungselektrizität Auflösung s. o. Analyse	
1544	Elektroautomobil, das gr;gr;l	↗ Auto, das nicht mit Benzin oder Dieselöl, sondern mit einer Batterie (↗ UTL 0367) angetrieben wird {45}	ἤλεκτρον elektron + αὐτός autos + l. mobilis	Silbergold; Bernstein als Träger von Reibungselektrizität selbst beweglich, lenkbar, schnell s. o. Automobil (↗ UTL 0332)	
1545	Elektrochemie, die gr;gr	die Wissenschaft von den Zusammenhängen zwischen ↗ elektrischen Vorgängen u. ↗ chem. Reaktionen (↗ UTL 2990) {72/73}	ἤλεκτρον elektron + χύμα chyma gemischt mit: χυμεία chymeia o. χημεία chemeia	Silbergold; Bernstein als Träger von Reibungselektrizität Flüssigkeit Metallverwandlung dto. s. o. Chemie	
–	elektrochemisch	die Elektrochemie betreffend	dto.	dto.	
1546	Elektrochirurgie, die gr;gr	Sammelbezeichnung für die verschiedenen Formen (↗ UTL 1132) der Anwendung elektrischer ↗ Energie zu ↗ chirurgischen Zwecken {70/72}	ἤλεκτρον elektron + χειρουργία cheirourgia	Silbergold; Bernstein als Träger von Reibungselektrizität das Arbeiten mit den Händen s. o. Chirurgie	

1547	Elektrode, die (gr;gr) >nlat	Ein- o. Austrittsstelle des ⌐ elektrischen Stromes in Flüssigkeiten o. ⌐ Gasen o. im Vakuum (⌐ UTL 3747) {72/73}	ἤλεκτρον elektron	Silbergold; Bernstein als Träger von Reibungselektrizität
			+ ὁδός hodos	Weg
1548	Elektrodialyse, die gr;gr	Verfahren zur Entsalzung wässriger Lösungen, z. B. Wasser, nach dem Prinzip (⌐ UTL 2821) der ⌐ Dialyse {72/73}	ἤλεκτρον elektron	Silbergold; Bernstein als Träger von Reibungselektrizität
			+ διάλυσις dialysis	Auflösung, Trennung s. o. Dialyse
1549	Elektrodynamik, die gr;gr	Lehre von der bewegten, strömenden ⌐ Elektrizität {72}	ἤλεκτρον elektron	Silbergold; Bernstein als Träger von Reibungselektrizität
			+ δυναμικός dynamikos	vermögend, wirksam s. o. Dynamik
–	elektrodynamisch gr;gr	die Elekrodynamik betreffend {72}	dto.	dto.
1550	Elektroenzephalogramm, das gr;gr;gr	Aufzeichnung des Verlaufs der Hirnaktionsströme (med. t. t.) {70}	ἤλεκτρον elektron	Silbergold; Bernstein als Träger von Reibungselektrizität
			+ ἐγκέφαλος enkephalos	Gehirn
			+ γράμμα gramma	Buchstabe, Schrift(werk) s. u. Enzephalogramm
–	Elektroenzephalograph, der gr;gr;gr	Gerät zur Aufzeichnung eines Elektroenzephalogramms (med. t. t.) {70/72}	dto.	dto.
			+ ἐγκέφαλος enkephalos	Gehirn
			+ γραφεύς grapheus	Schreiber, Maler s. u. Enzephalograph
–	Elektroenzephalographie, die gr;gr;gr	Verfahren, die Aktionsströme des Gehirns ⌐ graphisch darzustellen (med. t. t.) {70/72}	dto.	dto.
			+ ἐγκέφαλος enkephalos	Gehirn
			+ γραφή graphe	Schrift; Zeichnung s. u. Enzephalographie

1551	Elektro- inge- nieur, der gr;l	auf dem Gebiet der ↗ Elektronik ausgebildeter Ingenieur (↗ UTL 1382) {40}	ἤλεκτρον elektron + l. *ingenium*	Silbergold; Bernstein als Träger von Reibungselektrizität angeborene Beschaffenheit, Charakter; Verstand, Begabung; Erfindungsgeist (↗ UTL 1382)
1552	Elektro- kardio- gramm, das (gr;gr;gr) >nlat	Aufzeichnung des Verlaufs der Aktionsströme des Herzens; Abk.: EKG (med. t. t.) {70}	ἤλεκτρον elektron + καρδία kardia + γράμμα gramma	Silbergold; Bernstein als Träger von Reibungselektrizität Herz Buchstabe, Schrift(werk) s. u. Kardiogramm
–	Elektro- kardio- graph, der (gr;gr;gr) >nlat	Gerät zur Aufzeichnung eines Elektrokardiogramms {70/72}	dto. + καρδία kardia + γραφεύς grapheus	dto. Herz Schreiber, Maler s. u. Kardiograph
–	Elektro- kardio- graphie, die (gr;gr;gr) >nlat	Verfahren, die Aktionsströme des Herzens zu ↗ diagnostischen Zwecken ↗ graphisch darzustellen {70/72}	dto. + καρδία kardia + γραφή graphe	dto. Herz Schrift; Zeichnung s. u. Kardiographie
1553	Elektro- kaustik, die gr;gr	Operationsmethode mit Hilfe des Elektrokauters {70}	ἤλεκτρον elektron + καυστικός kaustikos	Silbergold; Bernstein als Träger von Reibungselektrizität brennend s. u. Kaustik
–	Elektro- kauter, der gr;gr	↗ chirurgisches Instrument (↗ UTL 1448b) zur ↗ elektrischen Verschorfung kranken Gewebes {70/72}	dto. + καυτήρ kauter	dto. der Verbrenner s. u. Kauter

1554	Elektro-lumines-zenz, die gr;l;l	Leuchterscheinung unter der Einwirkung ⤴ elektrischer Entladung {54/55/72}	ἤλεκτρον elektron	Silbergold; Bernstein als Träger von Reibungselektrizität
			+ l. *luminare*	erleuchten, erhellen
			+ l. *–escere*	Suffix, das ein Wachsen ausdrückt (⤴ UTL 2097)
1555	Elektro-lyse, die (gr;gr) >engl	durch ⤴ elektrischen Strom bewirkte ⤴ chem. Zersetzung von Salzen, Säuren o. Laugen (phys., chem. t. t.) {72/73}	ἤλεκτρον elektron	Silbergold; Bernstein als Träger von Reibungselektrizität
			+ λύσις lysis engl. *electrolysis*	(Auf)lösung
–	elektro-lysieren	eine ⤴ chem. Verbindung durch ⤴ elektrischen Strom aufspalten (phys., chem. t. t.) {72/73}	dto.	dto.
1556	Elektro-lyt, der (gr;gr) >nlat>engl	1. den ⤴ elektrischen Strom leitende u. sich durch ihn zersetzende Lösung (phys., chem. t. t.) {72/73}; 2. notwendiger Bestandteil der Nahrung {17}	ἤλεκτρον elektron	Silbergold; Bernstein als Träger von Reibungselektrizität
			+ λυτικός lytikos engl. *electrolyte*	zum Lösen geeignet
–	elektro-lytisch	den ⤴ elektrischen Strom leitend u. sich durch ihn zersetzend (phys., chem. t. t.) {72/73}	dto.	dto.
1557	Elektro-magnet, der gr;gr	Spule mit einem Kern aus Weicheisen, durch die ⤴ elektrischer Strom geschickt u. ein Magnetfeld erzeugt wird {72}	ἤλεκτρον elektron	Silbergold; Bernstein als Träger von Reibungselektrizität
			+ Μαγνῆτις (λίθος) Magnetis (lithos)	(Stein) aus der gr. Landschaft Magnesia (s. Anhang „Namen") s. u. Magnet
–	elektro-magne-tisch gr;gr	den Elektromagnetismus betreffend {72}	dto.	dto.

–	Elektromagnetismus, der gr;gr	durch ⌐ Elektrizität erzeugter ⌐ Magnetismus {72}		dto.	dto.
1558	Elektromechanik, die gr;gr	Teilgebiet der ⌐ Elektrotechnik, das sich mit der Umsetzung von ⌐ elektrischen Vorgängen in ⌐ mechanische befaßt {72}	ἤλεκτρον elektron + μηχανική (τέχνη) mechanike (techne)	Silbergold; Bernstein als Träger von Reibungselektrizität Maschinenkunst s. u. Mechanik
–	Elektromechaniker, der gr;gr	jemand, der aus Einzelteilen ⌐ elektromechanische Anlagen u. Geräte montiert (⌐ UTL 2283) {40/72}	dto. + μηχανικός mechanikos	dto. geschickt, kunstfertig
–	elektromechanisch gr;gr	die durch ⌐ Elektrizität erzeugte ⌐ mechanische ⌐ Energie betreffend {72}	dto.	dto.
1559	Elektrometall, das gr;gr	durch ⌐ Elektrolyse gewonnenes ⌐ Metall {40/72}	ἤλεκτρον elektron + μέταλλον metallon	Silbergold; Bernstein als Träger von Reibungselektrizität Bergwerk; Erz, Metall s. u. Metall
1560	Elektrometallurgie, die gr;gr	Anwendung der ⌐ Elektrolyse bei der Metallgewinnung {40/72}	ἤλεκτρον elektron + μεταλλουργεῖν metallourgein	Silbergold; Bernstein als Träger von Reibungselektrizität Metalle verarbeiten s. u. Matallurgie
1561	Elektrometer, das gr;gr	Gerät zum Messen ⌐ elektrischer Ladungen u. Spannungen {56/72}	ἤλεκτρον elektron + μέτρον metron	Silbergold; Bernstein als Träger von Reibungselektrizität Maß, Versmaß s. u. Meter

1562	Elektro-mobil, das gr;l	Kurzform für ↗ Elektroautomobil: elektrisch angetriebenes Fahrzeug {45}	ἤλεκτρον elektron + l. mobilis	Silbergold; Bernstein als Träger von Reibungselektrizität beweglich, leicht zu bewegen, biegsam, veränderlich (↗ UTL 2255)
1563	Elektromotor, der gr;l	Motor, der elektrische ↗ Energie in ↗ mechanische ↗ Energie umwandelt {40/45/72}	ἤλεκτρον elektron + l. motor	Silbergold; Bernstein als Träger von Reibungselektrizität Beweger; Fortrücker der Grenzsteine (↗ UTL 2302)
–	elektromotorisch gr;l	den Elektromotor betreffend {40/45/72}	dto.	dto.
1564	Elektron (1.) o. Elektron (2.), das	1. negativ (↗ UTL 2347) ↗ elektrisches Elementarteilchen (phys. t. t.) {72}; 2. Gold-Silber-Legierung {20/40/72}	ἤλεκτρον elektron	Silbergold; Bernstein als Träger von Reibungselektrizität
1565	Elektronarkose, die (gr;gr) >nlat	↗ Narkose durch ↗ elektrischen Strom (med. t. t.) {70}	ἤλεκτρον elektron + νάρκωσις narkosis	Silbergold; Bernstein als Träger von Reibungselektrizität Erstarrung, Betäubung s. u. Narkose
1566	Elektronenmikroskop, das gr;gr;gr	↗ Mikroskop, das nicht mit Lichtstrahlen, sondern mit ↗ Elektronen arbeitet {72}	ἤλεκτρον elektron + μικρός mikros + σκοπός skopos	Silbergold; Bernstein als Träger von Reibungselektrizität kurz, klein jmd., der genau hinschaut s. u. Mikroskop
–	Elektronenmikroskopie, die gr;gr;gr	Verfahren der Anwendung des Elektronenmikroskops {68/69/70/72}	dto. + μικρός mikros + σκοπή skope	dto. kurz, klein das Umschauen, Spähen s. u. Mikroskopie

–	elektronenmikroskopisch gr;gr;gr	1. mittels eines Elektronenmikroskops durchgeführt (von Vergrößerungen); 2. die Elektronenmikroskopie betreffend {68/69/70/72}	dto.	dto.
1567	Elektronenoptik, die gr;gr	Gebiet der ⏵ Elektronik, das sich mit den der ⏵ Optik ähnlichen Eigenschaften der Elektronenstrahlen befasst {72}	ἤλεκτρον elektron + ὀπτική (τέχνη) optike (techne)	Silbergold; Bernstein als Träger von Reibungselektrizität die Lehre vom Sehen s. u. Optik
1568	Elektronenröhre, die gr;d	luftleeres Gefäß mit Elektrodenanordnung zur Verstärkung u. Erzeugung von ⏵ elektromagnetischen Schwingungen {40/46/72/87}	ἤλεκτρον elektron + d. Röhre	Silbergold; Bernstein als Träger von Reibungselektrizität
1569	Elektronenstrahl, der gr;d	Strahl von ⏵ Elektronen, die sich in eine bestimmte Richtung bewegen (z. B. in den Bildröhren von Fernsehgeräten – phys. t. t.) {72/87}	ἤλεκτρον elektron + d. Strahl	Silbergold; Bernstein als Träger von Reibungselektrizität
1570	Elektronentheorie, die gr;gr	Lehre von Wesen u. Wirkung des ⏵ Elektrons {72}	ἤλεκτρον elektron + θεωρία theoria	Silbergold; Bernstein als Träger von Reibungselektrizität das Anschauen, Betrachten, Untersuchen s. u. Theorie
1571	Elektronik, die gr>nlat	Zweig der ⏵ Elektrotechnik, der sich mit der Entwicklung u. Verwendung von zugehörigen Geräten befasst {72}	ἤλεκτρον elektron	Silbergold; Bernstein als Träger von Reibungselektrizität
–	Elektroniker, der	⏵ Techniker der Elektronik {40/72}	dto.	dto.
–	elektronisch	die Elektronik betreffend {40/72/87}	dto.	dto.
1572	Elektronvolt o. Elektronenvolt, das gr;it	Energieeinheit der Kernphysik {56/72}	ἤλεκτρον elektron + it. volt	Silbergold; Bernstein als Träger von Reibungselektrizität nach dem ital. Physiker A. Graf Volta (1745-1827)

1573	**Elektrophon**, das gr;gr	ein ↗ elektrisches ↗ Musikinstrument {37}	ἤλεκτρον elektron	Silbergold; Bernstein als Träger von Reibungselektrizität
			+ φωνή phone	Laut, Stimme, Ton
1574	**Elektrophorese**, die (gr;gr) >nlat	Bewegung ↗ elektrisch geladener Teilchen in nichtleitender Flüssigkeit unter dem Einfluß ↗ elektrischer Spannung {61/72}	ἤλεκτρον elektron	Silbergold; Bernstein als Träger von Reibungselektrizität
			+ φόρησις phoresis	das Tragen
–	**elektrophoretisch** (gr;gr) >nlat	die Elektrophorese betreffend {61/72}	dto.	dto.
			+ φορητός phoretos	getragen; tragbar
1575	**Elektropunktur**, die gr;l	Ausführung der Akupunktur (↗ UTL 0125) mit einer nadelförmigen ↗ Elektrode {70}	ἤλεκτρον elektron	Silbergold; Bernstein als Träger von Reibungselektrizität
			+ l. *punctio*	das Stechen; Stich (↗ UTL 2903)
1576	**Elektroschock**, der gr;frz>engl	durch ↗ elektrische Stromstöße erzeugter künstlicher Schock (med. t. t.) {26/70}	ἤλεκτρον elektron	Silbergold; Bernstein als Träger von Reibungselektrizität
			+ frz. *choc* engl. *shock*	Stoß, Schlag dto.; nervliche Erschütterung
1577	**Elektrostatik**, die gr;gr	Wissenschaft von den unbewegten ↗ elektrischen Ladungen (phys. t. t.) {72}	ἤλεκτρον elektron	Silbergold; Bernstein als Träger von Reibungselektrizität
			+ στατική (τέχνη) statike (techne)	die Kunst des Wägens s. u. Statik
–	**elektrostatisch** gr;gr	die Elektrostatik betreffend {72}	dto.	dto.
			+ στατικός statikos	zum Stillstehen bringend; wägend s. u. statisch

1578	Elektro-technik, die gr;gr	Lehre von der Erzeugung u. Anwendung von ↗ Elektrizität {72}	ἤλεκτρον elektron + τεχνικός technikos	Silbergold; Bernstein als Träger von Reibungselektrizität die Kunst, das Handwerk betreffend s. u. Technik	
–	Elektro-techniker, der gr;gr	1. ↗ Elektroingenieur; 2. Facharbeiter auf dem Gebiet der Elektrotechnik {40/72}	dto.	dto.	
–	elektro-technisch gr;gr	die Elektrotechnik betreffend {72}	dto.	dto.	
1579	Elektro-therapie, die gr;gr	Heilbehandlung mit ↗ elektrischen Strömen {70}	ἤλεκτρον elektron + θεραπεία therapeia	Silbergold; Bernstein als Träger von Reibungselektrizität das Dienen, Pflegen s. u. Therapie	
1580	Elektro-thermie, die gr;gr	1. Erwärmung mit Hilfe der ↗ Elektrizität; 2. die Wissenschaft derselben {72}	ἤλεκτρον elektron + θέρμη therme	Silbergold; Bernstein als Träger von Reibungselektrizität Wärme, Hitze	
–	elektro-thermisch gr;gr	die Elektrothermie betreffend {72}	dto.	dto.	
1581	Elektro-tomie, die gr;gr	Ausschneidung von Gewebswucherungen mittels einer ↗ elektrischen Schlinge {70}	ἤλεκτρον elektron + τομή tome	Silbergold; Bernstein als Träger von Reibungselektrizität das Schneiden; Schnitt; das Abgeschnittene	

\>\>\>   Elektrum, das = ↗ Elektron

1582	Elementarmagnet, der l;gr	↗ hypothetisch angenommener kleiner Magnet mit konstantem (↗ UTL 1836) ↗ magnetischem Moment (↗ UTL 2273) als Baustein magnetischer Stoffe (phys. t. t.) {72}	l. *elementarius* + Μαγνῆτις (λίθος) Magnetis (lithos)	zu den Anfangsgründen gehörig (↗ UTL 0874) (Stein) aus der gr. Landschaft Magnesia (s. Anhang „Namen") s. u. Magnet
1583	Elenchus, der gr>l	Gegenbeweis, Widerlegung (philos. t. t.) {25/77}	ἔλεγχος elenchos	Beweis(mittel); Widerlegung; Untersuchung
–	Elenktik, die	Kunst des Beweisens, Widerlegens (philos. t. t.) {25/77}	ἐλεγκτικός elengtikos	zum Widerlegen geschickt
>>>	Elephant, der = ↗ Elefant			
1584	Eleusinien, die (Pl.) gr>l	altgr. Fest mit Prozession (↗ UTL 2891) zu Ehren der gr. Fruchtbarkeitsgöttin Demeter (s. Anhang „Namen") {51/75/77}	τὰ Ἐλευσίνια (Pl.) ta Eleusinia	die Feste in Eleusis (s. Anhang „Namen")
–	eleusinisch	aus Eleusis stammend {51/64/77}	Ἐλευσίνιος Eleusinios	eleusinisch
1585	Eleutheronomie, die (gr;gr) >nlat	Immanuel Kants Freiheitsprinzip der inneren Gesetzgebung (philos. t. t.) {25/77}	ἐλεύθερος eleutheros + νόμος nomos	frei Brauch, Gesetz
1586	Elfenbein, das (gr;d)>ahd >mhd	Stoßzähne des Elefanten {06/40/69}	ἐλέφας, Gen. ἐλέφαντος elephas, elephantos + d. *Bein*; (volksetym. gemischt mit *helfen*) ahd. *helfantbein* mhd. *helfenbein*	Elefant s. o. Elefant Elefantenknochen dto.
1587	Elixier, das gr>arab >mlat	Heiltrank; Zaubertrank; Lebenselixier {17/51/70}	ξήριον xerion arab. *al-iksir* mlat. *elixirium*	trockenes Heilmittel, Streupulver trockene Substanz mit magischen Eigenschaften; Stein der Weisen dto.

1588	Ellipse, die gr>l	1. ↗ zentrisch– ↗ symmetrische, geschlossene Kurve (↗ UTL 1970), bei der für jeden Punkt (↗ UTL 2903) die Summe der Entfernung von zwei Festpunkten konstant (↗ UTL 1836) ist (math. t. t.) {71}; 2. das Auslassen von Wörtern o. Satzteilen (sprachwiss. t. t.) {32/76}	ἔλλειψις elleipsis l. *ellipsis*	Mangel; das Auslassen
–	ellipsoid (gr;gr) >nlat	ellipsenähnlich {71}	dto. + –(ε)ιδής –(e)ides	dto. ähnlich aussehend s. Partikelliste
–	Ellipsoid, das (gr;gr) >nlat	zentrisch–symmetrisch krumme Fläche mit einem Mittelpunkt, durch den drei aufeinander senkrechte Achsen gehen {71}	dto.	dto.
–	elliptisch gr>nlat	in der Form (↗ UTL 1132) einer Ellipse (math. t. t.) {71}	ἐλλειπτικός elleiptikos	mangelhaft, auslassend
–	Elliptizität, die gr>nlat	Unterschied zwischen dem Äquatordurchmesser u. dem Poldurchmesser eines ↗ Planeten {66/71}	dto.	dto.
1589	Eloge, die gr>l>frz	überschwengliches Lob, Lobrede {25/32}	ἐλεγεῖον elegeion l. *elogium* frz. *éloge*	Versmaß; poetische Inschrift Grabschrift Lobpreisung
–	Elogium, das gr>l	1. Inschrift auf Grabsteinen o. in der röm. Antike (↗ UTL 0214) {15/75/76}; 2. Lobrede {32/33}	dto.	dto.
>>>	elysäisch = ↗ elysisch			
1590	Elysee, der gr>l>frz	Kurzform von Elysee–Palast (↗ UTL 2475) {44/47/50}	Ἠλύσιον (πεδίον) Elysion (pedion)	das elysische Gefilde; Elysium (s. Anhang „Namen")
–	Elysee-Palast, der gr;l	Sitz des Präsidenten (↗ UTL 2795) der frz. Republik (↗ UTL 3097) {44/47/50}	dto. + l. *Palatium*	dto. der palatinische Berg; Palast, kaiserlicher Hof (↗ UTL 2475)
–	elysisch gr>l	zum Elysium gehörend; ↗ paradiesisch, himmlisch {51/77}	dto.	dto.

	Elysium, das gr>l	in der gr. Sage das Land der Seligen in der Unterwelt {51/75/77}	dto.	dto.
>>>	Em– ↗ Partikelliste			
1591	Emblem, das gr>l>frz	1. Kennzeichen {33/55}; 2. Sinnbild {23/25/36/55}	ἔμβλημα emblema	das Ein–, Aufgesetzte
–	Emblematik, die	1. Forschungsrichtung, die sich mit der Herkunft u. Bedeutung von Emblemen befasst {33/55/75}; 2. sinnbildliche Darstellung von etwas {23/25/36/55}	dto.	dto.
–	emblematisch	1. die Emblematik betreffend {33/55/75}; 2. sinnbildlich {23/25/36/55}	dto.	dto.
>>>	Emboli, die (Pl.) = Plural (↗ UTL 2697) von ↗ Embolus			
1592	Embolie, die gr>nlat	Verstopfung eines Blutgefäßes (med. t. t.) {14/70}	ἐμβολή embole	das Hineinwerfen, Eindringen
–	emboliform gr;l	pfropfenförmig, –artig {14/54/70}	dto. + l. *forma*	dto. Form, Gestalt, Umriß, Figur (↗ UTL 1132)
–	Embolus, der	in der Blutbahn befindlicher Fremdkörper (z.B. Blutgerinnsel – med. t. t.) {14/70}	ἔμβολος embolos	das Hineingeschobene, Pflock, Pfropf
>>>	Embryo– ↗ Worteelementeliste			
1593	Embryo, der gr>l	1. Keim im Anfangsstadium der Entwicklung (zool. t. t.) {69}; 2. menschlicher Fötus (↗ UTL 1078) von der vierten Woche bis zum Ende des vierten Monats der Schwangerschaft (med. t. t.) {70}; 3. Teil des Samens der Samenpflanzen (bot. t. t.) {68}	ἔμβρυον embryon	ungeborene Frucht im Mutterleib
1594	Embryogenese, die (gr;gr) >nlat	Entstehung u. Entwicklung des Embryos (med. t. t.) {70}	dto. + γένεσις genesis	dto. Ursprung, Entstehung

1595	Embryologie, die gr;gr	Lehre u. Wissenschaft von der vorgeburtlichen Entwicklung der Lebewesen (med. t. t.) {70}	ἔμβρυον embryon + λόγος logos	ungeborene Frucht im Mutterleib Rede, Wort; Berechnung
1596	embryonal o. embryonisch	1. zum Embryo gehörend; 2. unreif; 3. ungeboren {70}	ἔμβρυον embryon	ungeborene Frucht im Mutterleib
1597	Embryopathie, die gr;gr	durch Erkrankung der Mutter in den ersten Schwangerschaftsmonaten eingetretene Schädigung des Embryos {14/70}	ἔμβρυον embryon + πάθος pathos	ungeborene Frucht im Mutterleib Schmerz; Leiden(schaft)
1598	Embryotomie, die	operative (↗ UTL 2434) Zerstückelung des Kindes während der Geburt bei unüberwindlichen Geburtshindernissen (med. t. t.) {70}	ἐμβρυοτομία embryotomia	das Zerschneiden des Kindes im Mutterleib
1599	Emesis, die	Erbrechen (med. t. t.) {14/70}	ἔμεσις emesis	das (Er)brechen
–	Emetikum, das gr>l	Brechmittel {70}	ἐμετικός emetikos	Brechen erregend
–	emetisch	Brechreiz erregend {70}	dto.	dto.
1600	Emissionstheorie, die l;gr	Lehre, nach der das Licht nicht eine Wellenbewegung ist, sondern aus ausgesandten Teilchen besteht {72}	l. emissio + θεωρία theoria	das Ausströmenlassen, Entsenden, Entlasen (↗ UTL 0889) das Anschauen, Betrachten, Untersuchen s. u. Theorie
1601	Empathie, die gr>engl	Bereitschaft u. Fähigkeit, sich in die Einstellung anderer Menschen einzufühlen (psych. t. t.) {22/26/70}	ἐμπάθεια empatheia	heftige Leidenschaft
–	empathisch	fähig, sich in die Einstellung anderer Menschen einzufühlen {22/26/70}	ἐμπαθής empathes	leidenschaftlich
1602	Emphase, die gr>l>frz	Nachdruck, Eindringlichkeit {25/26/32/76}	ἔμφασις emphasis	Spiegelung; Andeutung; Nachdruck in der Rede darstellend; nachdrücklich
–	emphatisch gr>frz	mit Nachdruck, eindringlich (rhet. t. t., sprachwiss. t. t.) {25/26/32/76}	ἐμφατικός emphatikos	

1603	Emphysem, das	Luftansammlung im Gewebe, Aufblähung von ↗ Organen o. Körperteilen (med. t. t.) {14/58/70}	ἐμφύσημα emphysema	das Eingeblasene; eine Luft enthaltende Geschwulst
–	emphysematisch	durch eingedrungene Luft aufgebläht {14/58/70}	dto.	dto.
1604	Empirem, das gr>nlat	Erfahrungstatsache {25}	ἐμπειρεῖν empeirein	erfahren, kundig sein
1605	Empirie, die	(wissenschaftliche) Erfahrung im Unterschied zur ↗ Theorie; Erfahrungswissen {22/25}	ἐμπειρία empeiria	Erfahrung, Kenntnis
–	Empiriker, der gr>l	jmd., der Erkenntnis durch Erfahrungen u. Beobachtungen gewinnt {22/23/25}	ἐμπειρικός empeirikos	erfahren
–	empirisch gr>l	erfahrungsgemäß; aus der Erfahrung, Beobachtung {22/23/25}	dto.	dto.
–	Empirismus, der (gr;gr) >nlat	↗ philos. Lehre, die als einzige Erkenntnisquelle die Sinneserfahrung o. das Experiment (↗ UTL 0985) gelten lässt {23/77}	dto. + –ισμός –ismos	dto. gr. Suffix s. Partikelliste
–	Empirist, der (gr;gr) >nlat	Vertreter des Empirismus {77}	dto. + –ιστής –istes	dto. gr. Suffix s. Partikelliste
–	empiristisch	den Grundsätzen des Empirismus entsprechend {77}	dto.	dto.
1606	Emporium, das	↗ zentraler Handels- o. Marktplatz in der Antike (↗ UTL 0214) {42/75}	ἐμπόριον emporion	Handelsplatz
1607	empyreisch gr>nlat	zum Empyreum gehörend; lichtstrahlend, himmlisch {51/55/77}	ἔμπυρος empyros	im Feuer, feurig, brennend
–	Empyreum, das	im Weltbild der antiken (↗ UTL 0214) ↗ Philosophie der oberste Himmel, der sich über der Erde wölbt, der Bereich des Feuers o. des Lichts {51/58/75/77}	dto.	dto.

>>> En– ↗ Partikelliste

1608	Enallage, die	Verschiebung eines Adjektivs (↗ UTL 0065) zu einem anderen als dem ↗ logisch zugehörigen Substantiv (↗ UTL 3466) (z. B. „in baldiger Erwartung Ihrer Antwort" statt „in Erwartung einer baldigen Antwort" – rhet. t. t.) {76}	ἐναλλαγή enallage	Verwechselung, Vertauschung
>>>	Encephalitis, die = ↗ Enzephalitis			
1609	Encephalon, das gr>nlat	Gehirn; Cerebrum (↗ UTL 0495) {11/70}	ἐγκέφαλος enkephalos	was im Kopf ist, Gehirn
1610	Encheirese, die	Handgriff; Operation (↗ UTL 2434) (med. t. t.) {70}	ἐγχείρησις encheiresis	das Angreifen einer Sache, Unternehmen
1611	Enchiridion, das gr>l	(veraltet) kurzgefaßtes Handbuch {34/76}	ἐγχειρίδιον encheiridion	Handmesser; Handbuch
1612	Endemie, die gr>nlat	örtlich begrenztes Auftreten einer Infektionskrankheit (med. t. t.) {14/58/70}	ἔνδημος endemos	im Volke, einheimisch
–	endemisch	1. (ein)heimisch {64}; 2. örtlich begrenzt auftretend, bes. von Infektionskrankheiten (med. t. t.) {14/58/70}; 3. nur in einem bestimmten Gebiet verbreitet (biol. t. t.) {64/68/69}	dto.	dto.
–	Endemismus, der gr;gr	Vorkommen von Tieren u. Pflanzen in einem bestimmten begrenzten Bezirk (biol. t. t.) {64/68/69}	dto. + –ισμός –ismos	dto. gr. Suffix s. Partikelliste
–	Endemiten, die (Pl.)	Pflanzen– o. Tiergruppe, die in einem begrenzten Lebensraum vorkommt (biol. t. t.) {64/68/69}	dto.	dto.
1613	Endivie, die ägypt>gr>l >vulgl>it >frz	Salatpflanze {05}	ägypt. *tybi* ἔντυβον entybon l. *intubus* vulgl. *intiba* it. *endivia* frz. *endive*	Januar „im Januar wachsende Pflanze", Endivie dto. dto. dto. dto.

Endobiont 1614

>>> **Endo-** ↗ Wortelementeliste

1614	**Endobiont**, der gr;gr	Lebewesen, das in einem anderen lebt (biol. t. t.) {68/69}	ἔνδον endon + βιῶν, Gen. βιοῦντος bion, biountos	innen, drinnen lebend
–	**Endobiose**, die gr;gr	Gemeinschaft meist verschiedenartiger Lebewesen, von denen eines der beiden im anderen lebt (biol. t. t.) {68/69}	dto. + βίος bios	dto. Leben
1615	**Endogamie**, die (gr;gr) >nlat	Heiratsordnung, nach der nur innerhalb eines bestimmten sozialen (↗ UTL 3373) Verbandes geheiratet werden darf {31/81}	ἔνδον endon + γάμος gamos	innen, drinnen Hochzeit, Ehe
1616	**endogen**	1. im Körperinnern entstehend (med. t. t.) {58/70}; 2. anlagebedingt (psych. t. t.) {70}; 3. im Innern entstehend (bot. t. t.) {68}; 4. im Erdinnern erzeugt (geol. t. t.) {62}	ἐνδογενής endogenes	innen, im Hause geboren
1617	**Endokannibalismus**, der gr;karib/span;gr	Verzehren von Angehörigen des eigenen Stammes {17/33/51/81}	ἔνδον endon + karibisch / span. canib + -ισμός -ismos	innen, drinnen karibischer Stammesname gr. Suffix s. Partikelliste
1618	**Endokard**, das (gr;gr) >nlat	Herzinnenhaut (med. t. t.) {11/70}	ἔνδον endon + καρδία kardia	innen, drinnen Herz
–	**Endokarditis**, die (gr;gr;gr) >nlat	Herzinnenhautentzündung, bes. an den Herzklappen (med. t. t.) {14/70}	dto. + -ῖτις -itis	dto. gr. Suffix s. Partikelliste
1619	**Endokarp**, das (gr;gr) >nlat	bei Früchten die innerste Schicht der Fruchtwand (bot. t. t.) {68}	ἔνδον endon + καρπός karpos	innen, drinnen Frucht
1620	**endokrin** (gr;gr) >nlat	1. mit innerer Sekretion (↗ UTL 3258b) (von Drüsen – med. t. t.); 2. die Endokrinie betreffend {70}	ἔνδον endon + κρίνειν krinein	innen, drinnen scheiden, trennen, sondern; entscheiden, beurteilen

–	Endokrinie, die (gr;gr) >nlat	durch Störung der inneren Sekretion (↗ UTL 3258b) verursachter Krankheitszustand (med. t. t.) {14/70}	dto.	dto.
–	Endokrinologe, der gr;gr;gr	Wissenschaftler auf dem Gebiet der Endokrinologie {40/70}	dto. + λόγος logos	dto. Rede, Wort; Berechnung
–	Endokrinologie, die gr;gr;gr	Lehre von den endokrinen Drüsen (med. t. t.) {70}	dto.	dto.
1621	Endometrium, das gr;gr	Gebärmutterschleimhaut (med. t. t.) {11/70}	ἔνδον endon + μήτρα metra	innen, drinnen Gebärmutter
1622	Endophyt, der (gr;gr) >nlat	in anderen Pflanzen o. Tieren wachsende Schmarotzerpflanze {04/68}	ἔνδον endon + φυτόν phyton	innen, drinnen Gewächs, Pflanze
–	endophytisch (gr;gr) >nlat	nach innen wachsend (med. t. t.) {70}	dto.	dto.
1623	Endoplasma, das (gr;gr) >nlat	innere Schicht des ↗ Protoplasmas bei Einzellern (biol. t. t.) {68/69}	ἔνδον endon + πλάσμα plasma	innen, drinnen das Gebildete, Geformte
–	endoplasmatisch (gr;gr) >nlat	innerhalb des Zellplasmas gelegen (biol. t. t.) {68/69}	dto.	dto.
1624	Endorphin, das (gr;gr) >nlat	körpereigenes ↗ Hormon, das schmerzstillend wirkt {70}	ἔνδον endon + Μορφεύς Morpheus	innen, drinnen Morpheus (s. Anhang „Namen") s. u. Morphium
1625	Endoskelett, das gr;gr	Innenskelett der Wirbeltiere (biol. t. t.) {11/69/70}	ἔνδον endon + σκελετός skeletos	innen, drinnen ausgetrocknet, dürr s. u. Skelett
1626	Endoskop, das (gr;gr) >nlat	↗ optisches Instrument (↗ UTL 1448b) mit Lichtquelle u. Spiegel zur Untersuchung von Körperhöhlen (med. t. t.) {70}	ἔνδον endon + σκοπός skopos	innen, drinnen jmd., der genau hinschaut; Aufseher; Späher

–	Endo-skopie, die (gr;gr) >nlat	Untersuchung von Körperhöhlen mit dem Endoskop (med. t. t.) {70}	ἔνδον endon + σκοπή skope	innen, drinnen das Umschauen, Spähen
–	endo-skopisch gr;gr	1. das Endoskop betreffend; 2. die Endoskopie betreffend {70}	dto.	dto.
1627	endoso-matisch (gr;gr) >nlat	innerhalb des Körpers (med. t. t.) {70}	ἔνδον endon + σῶμα soma	innen, drinnen Leib, Körper
1628	endo-therm (gr;gr) >nlat	Wärme bindend, aufnehmend {54}	ἔνδον endon + θερμός thermos	innen, drinnen warm
1629	Energeia, die	Tatkraft, Bereitschaft zum Handeln in der aristotelischen (s. Anhang „Namen") ⁊ Philosophie {28/29/75/77}	ἐνέργεια energeia	Tätigkeit, Wirksamkeit
1630	Ener-getik, die	1. Lehre, daß ⁊ Energie die Grundlage u. das Wesen allen Seins sei (philos. t. t.) {77}; 2. Lehre von der Umwandlung u. Nutzung der Energie (phys. t. t.) {72}	ἐνεργητικός energetikos	wirksam, kräftig
–	Energe-tiker, der	Vertreter der Energetik {40/72/77}	dto.	dto.
–	energe-tisch	die Energetik betreffend {72/77}	dto.	dto.
1631	energico gr>it	energisch, entschlossen (mus. t. t.) {37}	ἐνεργός energos	arbeitend, handelnd, wirksam
1632	Energie, die gr>l>frz	1. Fähigkeit, Arbeit zu leisten (phys., chem. t. t.) {72/73}; 2. Tatkraft, Kraft, Schwung {28/29}	ἐνέργεια energeia	Tätigkeit, Wirksamkeit
1633	Energie-krise, die gr;gr	Notstand in der Energieversorgung {41/57}	dto. + κρίσις krisis	dto. Streit, Entscheidung, Urteil s. u. Krise
1634	Energie-prinzip, das gr;l	Prinzip (⁊ UTL 2821) von der Erhaltung der Energie (phys. t. t.) {72}	ἐνέργεια energeia + l. *principium*	Tätigkeit, Wirksamkeit Anfang, Ursprung; Grundlage; Grundstoff (⁊ UTL 2821)

1635	Energieversorgung, die gr;d	Einrichtungen u. Vorgänge zur Erzeugung u. Verteilung von Energie {41}	ἐνέργεια energeia + d. Versorgung	Tätigkeit, Wirksamkeit	
1636	energisch gr>frz	1. voller Energie, tatkräftig; 2. entschlossen {28/29}	ἐνεργός energos	arbeitend, handelnd, wirksam	
1637	Engel, der hebr>gr >ahd>mhd	Bote Gottes {51/77}	hebr. al ak Lehnübersetzung: ἄγγελος angelos adh. engil mhd. engel	Bote (Gottes) Verkünder, Bote dto. dto.	
1638	Engramm, das (gr;gr) >nlat	bleibende Spur eines geistigen Eindruckes, eines Erinnerungsbildes im ↗ zentralen Nervensystem (psych., med. t. t.) {24/70}	ἐν en + γράμμα gramma	darin; in, an, auf Buchstabe, Schrift(werk)	
1639	Enharmonik, die gr>nlat	verschiedene Notierung u. Benennung von Tönen u. Akkorden (↗ UTL 0114) bei gleichem Klang (mus. t. t.) {37}	ἐναρμονικός enarmonikos	übereinstimmend	
–	enharmonisch	bei unterschiedlicher Benennung den gleichen Klang habend {37}	dto.	dto.	
>>>	Enigma, das = ↗ Änigma				
>>>	enigmatisch = ↗ änigmatisch				
1640	enkaustieren gr>nlat	die Enkaustik anwenden {36}	ἐγκαυστής enkaustes	der Einbrenner	
–	Enkaustik, die	Malverfahren, bei dem die Farben durch Wachs gebunden sind {36}	ἐγκαυστική (τέχνη) enkaustike (techne)	(Kunst), eingebrannte Gemälde zu verfertigen	
–	enkaustisch	die Enkaustik betreffend {36}	dto.	dto.	
1641	Enklise o. Enklisis, die	Verschmelzung eines unbetonten Wortes mit einem vorangehenden betonten, z. B. „denkste" aus: denkst du (sprachwiss. t. t.) {32/76}	ἔγκλισις enklisis	das Hinneigen, Beugen	
–	Enklitikon, das	unbetontes Wort, das sich an das vorhergehende betonte anlehnt (sprachwiss. t. t.) {32/76}	ἐγκλιτικός enklitikos	sich neigend	

–	enkli-tisch gr>l	sich an ein vorhergehendes betontes Wort anlehnend (sprachwiss. t. t.) {32/76}	dto.	dto.
1642	Enkomi-ast, der	Lobredner {32/33/34/40}	ἐγκωμι-αστής enkomiastes	Lobredner
–	Enkomi-astik, die	die Kunst des Lobpreisens {32/33/34/76}	ἐγκωμι-αστικός enkomi-astikos	zur Lobrede gehö-rig
–	Enko-mion o. En-komium, das gr>l	Lobrede, –gedicht {32/33/34}	ἐγκώμιον enkomion	Lobgesang, Lob-rede
1643	Entase o. Entasis, die	Verdickung des Säulenschaf-tes {88}	ἔντασις entasis	das Anspannen; Wölbung des Säu-lenschaftes
1644	Entele-chie, die gr>l	1. nach Aristoteles (s. Anhang „Namen") Fähigkeit, sich nach der ursprünglich angelegten Form (↗ UTL 1132) zu ent-wickeln; 2. zielstrebige Kraft eines ↗ Organismus, die seine Entwicklung lenkt (philos. t. t.) {77}	ἐντελέχεια entelecheia	Vollendung, Voll-kommenheit, volle Wirklichkeit
–	entele-chisch gr>nlat	die Entelechie betreffend {77}	dto.	dto.
1645	enteral gr>nlat	auf den Darm bezogen (med. t. t.) {70}	ἔντερον enteron	Darm
–	Enteritis, die (gr;gr) >nlat	Entzündung des Dünndarms (med. t. t.) {14/70}	dto. + –ῖτις –itis	dto. gr. Suffix s. Partikelliste
>>>	Entero– ↗ Wortelementeliste			
1646	enterogen gr;gr	im Darm entstanden, von ihm ausgehend (med. t. t.) {70}	dto. + –γενής –genes	dto. stammend von; hervorbringend, verursachend
1647	Entero-kokken, die (Pl.) gr;gr	zur normalen (↗ UTL 2374) Darmflora des Menschen ge-hörende Darmbakterien (med. t. t.) {70}	ἔντερον enteron + κόκκος kokkos	Darm Kern von Baum-früchten

1648	Enteron, das	Darm, bes. Dünndarm (med. t. t.) {11/70}	ἔντερον enteron	Darm
1649	Entero-skop, das gr;gr	Instrument (↗ UTL 1448b) mit ↗ elektrischer Lichtquelle u. Spiegel zur Untersuchung des Dickdarms (med. t. t.) {70}	ἔντερον enteron + σκοπός skopos	Darm jmd., der genau hinschaut; Aufseher; Späher
–	Entero-skopie, die gr;gr	Untersuchung mit dem Enteroskop (med. t. t.) {70}	ἔντερον enteron + σκοπή skope	Darm das Umschauen, Spähen
1650	Entero-stomie, die gr;gr	Anlegung eines künstlichen Darmausganges (med. t. t.) {70}	ἔντερον enteron + στόμα stoma	Darm Mund, Mündung
1651	Enthal-pie, die gr>nlat	1. bei konstantem (↗ UTL 1836) Druck vorhandene Wärme (phys. t. t.) {72}; 2. die gesamte in der feuchten Luft vorhandene Wärmeenergie (meteor. t. t.) {65}	ἐνθάλπειν enthalpein	darin erwärmen
1652	enthusi-asmieren gr>frz	begeistern, in Begeisterung versetzen, entzücken {26/29}	ἐνθουσιασ-μός enthousiasmos frz. enthousiasmer	Begeisterung, Verzückung begeistern
–	Enthusi-asmus, der gr>nlat	leidenschaftliche Begeisterung, Schwärmerei {26}	dto.	dto.
–	Enthu-siast, der	begeisterter, leidenschaftlicher Bewunderer {26/33}	ἐνθουσι-αστής enthousiastes	Begeisterter, Schwärmer
–	enthusi-astisch	begeistert, schwärmerisch {26}	ἐνθουσι-αστικός enthousiastikos	begeistert, schwärmerisch
1653	Enthy-mem, das gr>l	Wahrscheinlichkeitsschluß, bei dem eine Prämisse (↗ UTL 2780) fehlt, aber in Gedanken zu ergänzen ist (philos. t. t.) {25/77}	ἐνθύμημα enthymema	das Erwogene, Überlegte; Gedanke; rhetorischer Schluß

>>> Ento- ↗ Partikelliste

1654	Entoblast, das gr;gr	= ↗ Entoderm {70}		ἐντός entos + βλαστός blastos	innen, innerhalb Keim, Sproß
1655	Entoderm, das (gr;gr) >nlat	das innere Keimblatt (med. t. t.) {70}		dto. + δέρμα derma	dto. Haut
1656	Entomogamie, die gr;gr	Beschaffenheit von Blüten, die auf Übertragung des Pollens (↗ UTL 2711) durch Insekten (↗ UTL 1429) eingerichtet sind (bot. t. t.) {68}		ἔντομος entomos + γάμος gamos	eingeschnitten; Insekt Hochzeit, Ehe
1657	Entomologe, der gr;gr	Insektenforscher {40/69}		ἔντομος entomos + λόγος logos	eingeschnitten; Insekt Rede, Wort; Berechnung
–	Entomologie, die gr;gr	Insektenkunde {69}		dto.	dto.
–	entomologisch gr;gr	die Entomologie betreffend {69}		dto. + λογικός logikos	dto. zum Reden gehörig, die Rede betreffend
1658	entopisch	einheimisch, örtlich {58/64/81}		ἔντοπος entopos	an Ort u. Stelle, einheimisch
1659	Entropie, die gr>nlat	1. ↗ phys. Größe, die die Verlaufsrichtung eines Wärmeprozesses kennzeichnet; 2. Maß für den Grad der Ungewißheit über den Ausgang eines Versuchs {72}		ἐντροπή entrope	Hinwendung
1660	Enurese, die (gr;gr) >nlat	unwillkürliches Harnlassen, bes. bei Kindern (med. t. t.) {14/70}		ἐνουρεῖν enourein + –σις –sis	hineinpissen gr. Suffix s. Partikelliste
>>>	Enzepha(lo)– ↗ Wortelementeliste				
1661	Enzephalitis, die (gr;gr) >nlat	Gehirnentzündung (med. t. t.) {14/70}		ἐγκέφαλος enkephalos + –ῖτις –itis	Gehirn gr. Suffix s. Partikelliste

1662	Enzephalogramm, das gr;gr	Röntgenbild der Gehirnkammern (med. t. t.) {70}	dto. + γράμμα gramma	dto. Buchstabe, Schrift(werk)
–	Enzephalographie, die gr;gr	= ↗ Elektroenzephalographie (med. t. t.): Röntgenaufnahme des Gehirns {70}	ἐγκέφαλος enkephalos + γραφή graphe	Gehirn Schrift; Zeichnung
1663	Enzephalomalazie, die gr;gr	Gehirnerweichung (med. t. t.) {14/70}	ἐγκέφαλος enkephalos + μαλακία malakia	Gehirn Weichheit
1664	Enzephalorrhagie, die gr;gr	Hirnblutung (med. t. t.) {14/70}	ἐγκέφαλος enkephalos + ῥαγή rhage	Gehirn Riß, Bruch
1665	Enzian, der gr>l>ahd	Gebirgspflanze (auch als Gewürz für Schnaps verwendet) {04/17}	γεντιανή gentiane l. *gentiana* ahd. *gencian, encian*	Enzian dto. dto.
1666	Enzyklika, die gr>nlat	Rundschreiben des ↗ Papstes {51/77}	ἐγκύκλιος enkyklios	kreisförmig, rund
–	enzyklisch	1. einen Kreis durchlaufend {58}; 2. – e Bildung: die auf den Sieben Freien Künsten beruhende Bildung {31/78}	dto. bzw. (2.) + d. *Bildung*	dto.
1667	Enzyklopädie, die (gr;gr) >mlat>frz	1. Gesamtheit des Wissens {25}; 2. Nachschlagewerk über alle Wissensgebiete in ↗ lexikalischer Form (↗ UTL 1132) {25/34}	dto. + παιδεία paideia	dto. Erziehung, Bildung
–	Enzyklopädiker, der	Verfasser einer Enzyklopädie {25/34/40}	dto.	dto.
–	enzyklopädisch	die Enzyklopädie betreffend {25/34}	dto.	dto.
–	Enzyklopädist, der (gr;gr;gr) >frz	Herausgeber u. Mitarbeiter der großen frz. „Encyclopédie", die unter Diderot u. d' Alembert 1751–1780 erschienen ist {34/40/75}	dto. + –ιστής –istes	dto. gr. Suffix s. Partikelliste

1668	Enzym, das (gr;gr) >nlat	in der lebenden Zelle (↗ UTL 3886) gebildete ↗ organische Verbindung, die den Stoffwechsel des ↗ Organismus steuert (med. t. t.) {68/69/70}	ἐν en + ζύμη zym	darin; in, an, auf Sauerteig
–	enzymatisch	von Enzymen bewirkt {68/69/70}	dto.	dto.
–	Enzymologie, die gr;gr	Wissenschaft von den Enzymen {68/69/70}	dto. + λόγος logos	dto. Rede, Wort; Berechnung
>>>	Eo– ↗ Wortelementeliste			
1669	Eobiont, der gr;gr	Urzelle als erstes Lebewesen mit Zellstruktur (biol. t. t.) {68/69}	ἠώς eos + βιῶν, Gen. βιοῦντος bion, biountos	Morgenröte; Eos (s. Anhang „Namen") lebend
1670	Eolith, der (gr;gr) >nlat	Feuerstein, der an ein Steinwerkzeug erinnert {02/62}	ἠώς eos + λίθος lithos	Morgenröte; Eos (s. Anhang „Namen") Stein
–	Eolithikum, das (gr;gr) >nlat	vermeintlich früheste, durch Eolithenfunde erschlossene ↗ Periode der Kulturgeschichte {59/75}	ἠώς eos + λιθικός lithikos	Morgenröte; Eos (s. Anhang „Namen") Steine betreffend
1671	Eosin, das	roter Farbstoff {54/55}	ἠώς eos	Morgenröte; Eos (s. Anhang „Namen")
–	eosinieren	mit Eosin rot färben {29/55}	dto.	dto.
–	eosinophil gr;gr	mit Eosin färbbar {54}	dto. + φίλος philos	dto. lieb, befreundet, Freund
1672	Eozän, das gr;gr	zweitälteste Stufe des Tertiärs (↗ UTL 3565) (geol. t. t.) {59/62}	ἠώς eos + καινός kainos	Morgenröte; Eos (s. Anhang „Namen") neu

1673	Eozoikum, das gr;gr	= ↗ Archäozoikum: die erdgeschichtliche Frühzeit (geol. t. t.) {59/62/64/68/69}	ἠώς eos + ζωϊκός zoïkos	Morgenröte; Eos (s. Anhang „Namen") die Lebewesen betreffend
>>>	Ep– ↗ Partikelliste			
1674	Epagoge, der	Denkvorgang vom Einzelnen zum Allgemeinen (log. t. t.) {25/71}	ἐπαγωγή epagoge	das Herbeiführen; Induktion
–	epagogisch	zum Allgemeinen führend (log. t. t.) {25/71}	ἐπαγωγός epagogos	herbeiführend
1675	Epakme, die	in der Stammesgeschichte der Anfang der Entwicklung einer Organismengruppe, z. B. der ↗ Saurier (zool. t. t.) {59/69}	ἔπακμος epakmos	der Blüte nah
1676	Epanalepse o. –sis, die gr>l	1. Wiederholung des gleichen Wortes o. Wortgruppe; 2. Wiederholung des letzten Wortes o. Wortgruppe (rhet. t. t.) {32/34/76}	ἐπανάληψις epanalepsis	Wiederholung
1677	Epanaphora, die	= ↗ Anapher: Wiederholung des Anfangswortes in aufeinanderfolgenden Sätzen, Satzteilen o. Versen (↗ UTL 3791) {32/34/76}	ἐπαναφορά epanaphora	Wiederholung eines Wortes am Anfang der Satzglieder
1678	Epanodos, die	Wiederholung eines Satzes in umgekehrter Wortfolge, z. B. „ich preise den Herrn, den Herrn preise ich" (rhet. t. t.) {32/34/76}	ἐπάνοδος epanodos	das Hinaufgehen; Rückweg
1679	Eparch, der	Statthalter einer Provinz (↗ UTL 2886) im ↗ Byzantinischen Reich (hist. t. t.) {50/75}	ἔπαρχος eparchos	Befehlshaber; Statthalter
–	Eparchie, die	1. ↗ byzantinische Provinz (↗ UTL 2886) (hist. t. t.) {75}; 2. ↗ Diözese der Ostkirche {51/77}	ἐπαρχία eparchia	das Gebiet eines Statthalters
>>>	Epen, die = Plural (↗ UTL 2697) von ↗ Epos			
1680	Epexegese, die gr>l	in der Art einer Apposition (↗ UTL 0240) hinzugefügte Erklärung, z. B. „drunten im Unterland" (rhet. t. t.) {32/34/76}	ἐπεξήγησις epexegesis	hinzugefügte Erklärung
–	epexegetisch	wie eine Epexegese {32/34/76}	dto.	dto.

Ephebe 1681

>>> Eph–↗ Partikelliste

1681	Ephebe, der gr>l	wehrfähiger junger Mann im alten Griechenland (hist. t. t.) {75/86}	ἔφηβος ephebos	junger Mann
–	Ephebie, die	Pubertät (↗ UTL 2894) bei jungen Männern {15/70}	ἐφηβεία ephebeia	Jünglingsalter
–	ephebisch	wie ein Ephebe {15/70}	ἐφηβικός ephebikos	den Jüngling betreffend
1682	ephebophil gr;gr	eine ↗ homosexuelle Neigung zu jungen Männern empfindend (med., psych. t. t.) {18/70}	ἔφηβος ephebos + φίλος philos	junger Mann lieb, befreundet, Freund
–	Ephebophilie, die gr;gr	↗ homosexuelle Neigung zu jungen Männern {18/70}	dto. + φιλία philia	dto. Liebe, Freundschaft
1683	Epheliden, die (Pl.) gr>l	Sommersprossen (med. t. t.) {11/70}	ἔφηλις, Gen. ἐφηλίδος ephelis, ephelidos	Sommersprossen
1684	ephemer gr>l	1. nur einen Tag lang lebend (bot., zool. t. t.) {59/68/69}; 2. nur kurze Zeit bestehend, flüchtig. rasch vorübergehend {59}	ἐφήμερος ephemeros	einen Tag dauernd
–	Ephemera, die (Pl.)	Eintagsfieber (med. t. t.) {14/59/70}	dto.	dto.
1685	Ephemeride, die gr>l	1. Tafel (↗ UTL 3523), in der die täglich wechselnden Stellungen von Sonne, Mond u. ↗ Planeten vorausberechnet sind (astron., astrol. t. t.) {51/66}; 2. Tagebücher {34/59}	ἐφημερίς, Gen. ἐφημερίδος ephemeris, epheremidos	Tagebuch
1686	Ephor, der gr>l	einer der fünf jährlich gewählten höchsten Beamten im antiken (↗ UTL 0214) Sparta (hist. t. t.) {50/75}	ἔφορος ephoros	Aufseher, Vorgesetzter
–	Ephorat, das gr>nlat	1. Amt eines Ephoren (hist. t. t.) {50/75}; 2. Amt eines Ephorus {51/77}	dto.	dto.
–	Ephorie, die	(↗ kirchlicher) Aufsichtsbezirk, Amtsbezirk {51/58/77}	ἐφορεία ephoreia	Amt des Ephors

–	Ephorus, der gr>l	1. Dekan (↗ UTL 0626) in der reformierten (↗ UTL 3018) ↗ Kirche; 2. Leiter eines ↗ evangelischen Predigerseminars {51/77}	ἔφορος ephoros	Aufseher, Vorgesetzter
>>>	Epi- ↗ Partikelliste			
1687	Epibiont, der gr;gr	Lebewesen, das auf einem anderen lebt {68/69}	ἐπί epi + βιῶν, Gen. βιοῦντος bion, biountos	auf, während, bei, wegen, nach, gegen lebend
–	Epibiose, die gr;gr;gr	Gemeinschaft meist verschiedenartiger Lebewesen, von denen ein Partner auf dem anderen lebt (biol. t. t.) {68/69}	dto. + –ωσις –osis	dto. gr. Suffix s. Partikelliste
1688	Epideiktik, die	bei Fest- u. Gelegenheitsreden üblicher Redestil (rhet. t. t.) {32/33/76}	ἐπιδεικτική (τέχνη) epideiktike (techne)	(Kunst der) Prunkredegattung
–	epideiktisch	die Epideiktik betreffend, prahlend, prunkend {32/33/76}	dto.	dto.
1689	Epidemie, die gr>mlat	ansteckende, sich rasch u. weit verbreitende Massenerkrankung {14/58/59/70}	ἐπιδημία epidemia mlat. epidemia	Aufenthalt an einem Ort; die Verbreitung in einem Volke verbreitete ansteckende Krankheit
1690	Epidemiologe, der (gr;gr) >nlat	Wissenschaftler auf dem Gebiet der Epidemiologie {40/70}	ἐπιδήμιος epidemios + λόγος logos	im Volke, durchs ganze Volk verbreitet Rede, Wort; Berechnung
–	Epidemiologie, die (gr;gr) >nlat	Lehre von den Epidemien {70}	dto.	dto.
–	epidemiologisch (gr;gr) >nlat	die Epidemiologie betreffend {70}	dto. + λογικός logikos	dto. zum Reden gehörig, die Rede betreffend

1691	epidemisch gr>mlat	wie eine Epidemie auftretend {14/58/59/70}	ἐπιδήμιος epidemios	im Volke, durchs ganze Volk verbreitet
1692	epidermal gr>nlat	zur Oberhaut gehörend (med. t. t.) {11/70}	ἐπιδερμίς epidermis	Oberhaut
–	Epidermis, die gr>l	Oberhaut, äußere Schicht der Haut (med. t. t.) {11/70}	dto.	dto.
1693	Epidermophyt, der gr;gr	krankheitserregender Hautpilz (med. t. t.) {14/70}	dto. + φυτόν phyton	dto. Gewächs, Pflanze
1694	Epidiaskop, das (gr;gr) >nlat	Projektor (↗ UTL 2845) zum Abbilden durchsichtiger (↗ Diaskop) u. undurchsichtiger (↗ Episkop) Bilder {40/87}	ἐπί epi + διασκοπεῖν diaskopein	auf, während, bei, wegen, nach, gegen genau betrachten s. o. Diaskop
1695	Epididymis, die	Nebenhoden (med. t. t.) {11/70}	ἐπιδιδυμίς epididymis	die Haut, die die Hoden umschließt
1696	Epiglottis, die	Kehldeckel {11/70}	ἐπιγλωττίς epiglottis	Kehldeckel (als Anhang der Zunge)
1697	epigonal gr>nlat	epigonenhaft, nachgemacht {34/35/36/56}	ἐπίγονος epigonos	danach geboren, später geboren
–	Epigone, der gr>l	unschöpferischer u. unbedeutender Nachfolger; Nachahmer ohne eigene ↗ Ideen, bes. in Literatur (↗ UTL 2075) u. Kunst {34/35/36/56}	dto.	dto.
–	epigonenhaft	in der Art eines Epigonen, nachahmend {34/35/36/56}	dto.	dto.
–	Epigonentum, das	epigonenhafte Art u. Weise {34/35/36/56}	dto.	dto.
1698	Epigramm, das gr>l	1. altgr. Inschrift {34/75/76}; 2. kurzes, meist zweizweiliges Sinn- o. Spottgedicht {34/76}	ἐπίγραμμα epigramma	das darauf Geschriebene, In-, Aufschrift
–	Epigrammatik, die gr>nlat	Kunst des Verfassens von Epigrammen {34/76}	dto.	dto.
–	Epigrammatiker, der	Verfasser von Epigrammen {34/40/76}	dto.	dto.

–	epigrammatisch gr>l	1. das Epigramm betreffend {34/76}; 2. kurz, treffend, geistreich {25/56}	dto. l. *epigrammaticus*	dto. epigrammatisch
–	Epigrammatist, der	veraltet für Epigrammatiker {34/40/76}	dto.	dto.
1699	Epigraph, das	antike (↗ UTL 0214) Inschrift {34/75/76}	ἐπιγραφή epigraphe	Aufschrift, Inschrift
–	Epigraphik, die gr>nlat	Inschriftenkunde {75/76}	dto.	dto.
–	Epigraphiker, der	Inschriftenforscher {40/75/76}	dto.	dto.
1700	Epik, die gr>l	Gattung der erzählenden Versdichtung {34/76}	ἐπικός epikos	episch, heroisch
1701	Epikedeion, das	Trauer- u. Trostgedicht {34/76}	ἐπικήδειος epkedeios u. ἐπικήδειον epikedeion	zur Totenbestattung gehörig Trauergedicht
1702	Epiker, der gr>l	Dichter der ↗ Epik {34/40/76}	ἐπικός epikos	episch, heroisch
1703	Epiklese, die	Anrufung des Heiligen Geistes in der ↗ Liturgie der ↗ orthodoxen ↗ Kirche {51/77}	ἐπίκλησις epiklesis	Beiname; Benennung; Anrufung
1704	epikontinental gr;l>nlat	in der kontinentalen (↗ UTL 1853) Randzone liegen (geol. t. t.) {62}	ἐπί epi + l. *continens*	auf, während, bei, wegen, nach, gegen zusammenhängend, ununterbrochen, angrenzend (↗ UTL 1853)
1705	Epikrise, die	abschließendes ärztliches Urteil über einen Krankheitsverlauf (med. t. t.) {25/70}	ἐπίκρισις epikrisis	Beurteilung, Entscheidung
1706	Epikureer, der gr>l	1. Anhänger der Lehre des griech. ↗ Philosophen Epikur {75/77}; 2. (übertr.) Genußmensch {17/25/28/33}	Ἐπικούρειος Epikoureios	epikureisch (s. Anhang „Namen")
–	epikureisch o. epikurisch	1. die Lehre des Epikur betreffend {75/77}; 2. (übertr.) genießerisch, wohllebend {17/25/28/33}	dto.	dto.

Epikureismus 1706

–	Epikureismus, der (gr;gr) >nlat	1. Lehre des Epikur {75/77}; 2. (übertr.) Lebensauffassung, die den Genuß an erste Stelle setzt {17/25/28/33}	dto. + –ισμός –ismos	dto. gr. Suffix s. Partikelliste
1707	Epilepsie, die gr>l>frz	zeitweilig auftretende Krämpfe am ganzen Körper mit Bewußtlosigkeit (med. t. t.) {14/70}	ἐπιληψία epilepsia	Angreifen, Anfall (bes. bei Fallsucht)
–	epileptiform gr;l	einem epileptischen Anfall vergleichbar (med. t. t.) {14/70}	ἐπιληπτικός epileptikos + l. *forma*	epileptisch Form, Gestalt, Umriß, Figur (↗ UTL 1132)
–	Epileptiker, der gr>l	jmd., der an Epilepsie leidet {14/70}	ἐπιληπτικός epileptikos	epileptisch
–	epileptisch gr>l	die Epilepsie betreffend {14/70}	dto.	dto.
–	epileptoid (gr;gr) >nlat	= ↗ epileptiform {14/70}	dto. + –(ε)ιδής –(e)ides	dto. ähnlich aussehend s. Partikelliste
1708	Epilimnion o. –ium, das (gr;gr) >nlat	Oberflächenschicht eines Gewässers u. seine Organismenwelt {64/68/69}	ἐπί epi + λίμνη limne	auf, während, bei, wegen, nach, gegen See, Teich
1709	Epilog, der gr>l	1. Nachwort, Schlußwort (eines Buches) {34}; 2. Nachspiel (eines Theaterstückes); 3. Schlußworte eines Schauspielers an das Publikum (↗ UTL 2895) {35/59}	ἐπίλογος epilogos	Überlegung; Schluß der Rede
1710	epimetheisch	1. erst später mit dem Denken einsetzend; 2. erst handelnd, dann denkend; unbedacht {25/29}	Ἐπιμηθεύς Epimetheus von: ἐπιμηθεύεσθαι epimetheuesthai	Epimetheus; „Nachbedacht" (s. Anhang „Namen") nach der Tat überlegen
1711	Epinephritis, die (gr;gr) >nlat	Entzündung der Nierenfettkapsel (med. t. t.) {14/70}	ἐπί epi + νεφρῖτις nephritis	auf, während, bei, wegen, nach, gegen Nierenkrankheit

Nr.	Stichwort	Bedeutung	Griechisch	Übersetzung
1712	Epinikion, das	altgr. Siegeslied zu Ehren eines Wettkampfsiegers {37/75}	ἐπινίκιος epinikios	zum Sieg gehörig
>>>	Epiphania, die = ↗ Epiphanie			
1713	Epiphanias(fest), das gr;l	Fest der „Erscheinung des Herrn" am 6. Januar; Dreikönigsfest {51/77}	ἐπιφάνεια epiphaneia (+ l. *festum*)	das Erscheinen, Erscheinung Fest(tag), Festlichkeit, Festmahl (↗ UTL 1074)
–	Epiphanie, die gr>l	Erscheinung einer Gottheit (bes. Christi) unter den Menschen (rel. t. t.) {51/77}	dto.	dto.
1714	Epiphänomen, das (gr;gr) >nlat	Begleiterscheinung (philos. t. t.) {77}	ἐπί epi + φαινόμενον phainomenon	auf, während, bei, wegen, nach, gegen das Erscheinende s. u. Phänomen
1715	Epipher, die o. (Pl.) Epiphora, die gr>l	1. Tränenfluß (med. t. t.) {70}; 2. Wiederholung eines o. mehrerer Wörter am Ende aufeinanderfolgender Sätze o. Satzteile (rhet. t. t.) {34/76}	ἐπιφορά epiphora	das Dazubringen, Zulage; Tränenfluß; (Abfolge von) Wiederholung(en)
1716	Epiphyllum, das (gr;gr) >nlat	Blätterkaktus aus Brasilien {04/68}	ἐπί epi + φύλλον phyllon	auf, während, bei, wegen, nach, gegen Blatt
1717	Epiphyse, die	1. Zirbeldrüse der Wirbeltiere (med., biol. t. t.) {69/70}; 2. Gelenkstück der Röhrenknochen von Wirbeltieren u. Menschen {11/69/70}	ἐπίφυσις epiphysis	Zuwachs
1718	Epiphyt, der (gr;gr) >nlat	Pflanze, die auf anderen Pflanzen wächst, sich aber selbständig ernährt (bot. t. t.) {68}	ἐπί epi + φυτόν phyton	auf, während, bei, wegen, nach, gegen Gewächs, Pflanze
1719	Epirrhem, o. Epirrhema, das	Dialogverse des ↗ Chors in der ↗ attischen ↗ Komödie {35/75/76}	ἐπίρρημα epirrhema	das Dazugesprochene
1720	episch gr>l	1. die ↗ Epik betreffend; 2. erzählerisch, erzählend {34/76}; 3. sehr ausführlich {32/56}	ἐπικός epikos	episch, heroisch

1721	Episit, der gr>nlat	Raubtier {69}	ἐπισίτιος episitios	allein für Nahrung arbeitend
1722	Episkop, das gr>nlat	Bildwerfer für nichtdurchsichtige Bilder (z.B. aus Büchern) {87}	ἐπισκοπεῖν episkopein	ansehen
1723	episkopal gr>l	bischöflich {51/77}	ἐπίσκοπος episkopos l. episcopalis	Aufseher, Beobachter bischöflich
–	Episkopale, der gr>l	Anhänger einer der protestantischen (↗ UTL 2880) Kirchengemeinschaften mit ↗ bischöflicher Verfassung in England o. Amerika {51/77}	dto.	dto.
–	Episkopalismus, der (gr>l;gr) >nlat	kirchenrechtliche Auffassung, nach der das Konzil (↗ UTL 1888) der ↗ Bischöfe über dem ↗ Papst steht {51/77}	dto. + –ισμός –ismos	dto. gr. Suffix s. Partikelliste
–	Episkopalist, der (gr>l;gr) >nlat	Verfechter des Episkopalismus {51/77}	dto. + –ιστής –istes	dto. gr. Suffix s. Partikelliste
–	Episkopalkirche, die gr>l;gr	↗ Kirche mit ↗ bischöflicher Leitung, bes. die anglikanischen Kirche {51/77}	dto. + κυριακόν kyriakon	dto. Gotteshaus s. u. Kirche
–	Episkopat, der / das gr>l	1. Bischofsamt; 2. Gesamtheit der ↗ Bischöfe {51/77}	ἐπίσκοπος episkopos l. episcopatus	Aufseher, Beobachter Bischofswürde

>>> episkopisch = ↗ episkopal

–	Episkopus, der gr>l	↗ Bischof {51/77}	ἐπίσκοπος episkopos l. episcopus	Aufseher, Beobachter dto.; Bischof
1724	Episode, die gr>frz	1. Handlung zwischen den Chorgesängen im altgr. ↗ Drama {35/37/75/76}; 2. Nebenhandlung {35}; 3. (allg.) nebensächliches Ereignis, Zwischenspiel {25/56/59}	ἐπεισόδιος epeisodios	noch dazu hineinkommend
–	episodisch	kurz, nebensächlich {25/56/59}	dto.	dto.

1725	Epispastikum, das	1. Hautreizmittel; 2. Mittel, um Eiter o. Gewebeflüssigkeit nach außen abzuleiten (med. t. t.) {70}	ἐπισπαστικός epispastikos	anziehend
1726	Epistase, die	das Zurückbleiben in der Entwicklung bestimmter Merkmale bei einer Art gegenüber verwandten Formen (↗ UTL 1132) (biol. t. t.) {68/69}	ἐπίστασις epistasis	das Anhalten; Stillstehen; Herantreten
–	Epistasis, die o. Epistasie, die	Überdeckung der Wirkung eines ↗ Gens durch anderes aus einem anderen Erbanlagenpaar (med. t. t.) {70}	dto.	dto.
–	epistatisch	die Wirkung eines ↗ Gens durch ein anderes überdeckend (med. t. t.) {70}	dto.	dto.
1727	Epistaxis, die	Nasenbluten (med. t. t.) {14/70}	ἐπίσταξις epistaxis	das Darauftröpfeln, wiederholtes Tröpfeln; Nasenbluten
1728	Epistel, die gr>l	1. Apostelbrief im NT (rel. t. t.); 2. vorgeschriebene gottesdienstliche Lesung {32/51} ; 3. kunstvoller längerer Brief (ugs.) {32/34}; 4. Strafpredigt {30/32}	ἐπιστολή epistole l. epistula	Brief; Nachricht; Auftrag
1729	Epistemologie, die (gr;gr) >nlat	Erkenntnistheorie, Lehre vom Wissen (philos. t. t.) {77}	ἐπιστήμη episteme + λόγος logos	das Verstehen, Einsicht; Wissenschaft Rede, Wort; Berechnung
–	epistemisch gr>engl o. epistemologisch (gr;gr) >nlat	die Epistemologie betreffend {77}	dto. bzw. + λογικός logikos	dto. zum Reden gehörig, die Rede betreffend
1730	Epistolar, das gr>l o. Epistolarium, das	1. Handbuch mit den ↗ Episteln für die Lesung im Gottesdienst {32/51/77}; 2. Briefsammlung {32/34}	ἐπιστολή epistole	Brief; Nachricht; Auftrag

1731	Epistolographie, die (gr,gr) >nlat	Kunst des Briefschreibens {32/34}	dto. + γραφή graphe	dto. Schrift; Zeichnung
1732	Epistyl, o. Epistylion, das (gr;gr)>l	= ↗ Architrav: die Säulen verbindender Tragbalken in der antiken (↗ UTL 0262b) Baukunst {75/88}	ἐπί epi + στῦλος stylos	auf, während, bei, wegen, nach, gegen Säule
1733	Epitaph, das o. Epitaphium, das	1. Grabschrift; 2. Gedenktafel mit Inschrift für einen Verstorbenen {15/32}; 3. das am Karfreitag aufgestellte Christusbild {51/77}	ἐπιτάφιος epitaphios	zum Begräbnis gehörig
1734	Epitasis, die	der ↗ Protasis folgende Steigerung der Handlung zur ↗ dramatischen Verwicklung {34/35}	ἐπίτασις epitasis	Anspannung
1735	Epithalamion o. -ium, das gr>l	antikes (↗ UTL 0214) Hochzeitslied, –gedicht {31/32/34}	ἐπιθαλάμιος epithalamios	zur Hochzeit gehörig; Hochzeitslied
1736	Epithel, das (gr;gr) >nlat	oberste Zellschicht des (Schleim)Hautgewebes (biol. t. t.) {69/70}	ἐπί epi + θηλή thele	auf, während, bei, wegen, nach, gegen Mutterbrust, Brustwarze
1737	Epithese, die	Anfügung eines Lautes an ein Wort, meist aus Gründen der Sprecherleichterung (sprachwiss. t. t.) {32/76}	ἐπίθεσις epithesis	das Darauflegen
1738	Epitheton, das gr>l	1. als Attribut (↗ UTL 0313) gebrauchtes Adjektiv (↗ UTL 0065) o. Partizip (↗ UTL 2525) (sprachwiss. t. t.) {32/76}; 2. – ornans (Pl. Epitheta ornantia): nur schmückendes, formelhaftes, immer wiederkehrendes Beiwort (rhet. t. t.) {32/76}	ἐπίθετος epithetos u. ἐπιθετόν epitheton bzw. (2.) + l. ornare (PPA. ornans)	zugesetzt, hinzugefügt Beiwort schmücken
1739	Epitomator, der gr>mlat	Verfasser einer Epitome {34/76}	ἐπιτομή epitome	das Einschneiden; Auszug
–	Epitome, die gr>l	Auszug aus einem Schriftwerk; wissenschaftlicher o. geschichtlicher Abriß {34/76}	dto.	dto.

1740	Epitra-chelion, das gr>mgr	stolaartiges Band, das Priester u. ⌐ Bischöfe der Ostkirche beim Gottesdienst um den Hals tragen {19/51/77}	ἐπιτραχή-λιος epitrachelios	am Hals, Halsschmuck
1741	Epitrit, der gr>l	Versfuß, dessen Teile das Verhältnis 3:4 haben {34/76}	ἐπίτριτος epitritos	ein Ganzes und ein Drittel enthaltend
1742	Epitrope, die	1. Vollmacht {82}; 2. scheinbares Zugeben (rhet. t. t.) {76}	ἐπιτροπή epitrope	das Überlassen; Erlaubnis, Vollmacht
–	epitropisch	1. die Vormundschaft, Erlaubnis betreffend {82}; 2. scheinbar zugestehend (rhet. t. t.) {76}	dto.	dto.
1743	Epizentrum, das gr>nlat	senkrecht über einem Erdbebenherd liegendes Gebiet der Erdoberfläche (geol. t. t.) {62}	ἐπίκεντρος epikentros	über dem Mittelpunkt
1744	Epizoon, das (gr;gr) >nlat	auf der Körperoberfläche lebender Schmarotzer (biol., med. t. t.) {69/70}	ἐπί epi + ζῷον zoon	auf, während, bei, wegen, nach, gegen Lebewesen, Tier
1745	Epizykel, der	Kreis, dessen Mittelpunkt sich auf einem anderen Kreis bewegt {71}	ἐπίκυκλος epikyklos	Nebenkreis
1746	Epizykloide, die (gr;gr) >nlat	Kurve (⌐ UTL 1970), die von einem Punkt (⌐ UTL 2903) auf dem Umfang eines auf einem festen Kreis rollenden Kreises beschrieben wird {71}	dto. + -(ε)ιδής -(e)ides	dto. ähnlich aussehend s. Partikelliste
1747	epochal gr>mlat >nlat	1. über den Augenblick hinaus bedeutsam {25/56/59}; 2. (ugs.) aufsehenerregend; bedeutend {25/56}	ἐποχή epoche	das Anhalten, Zurückhalten
–	Epoche, die gr>mlat	1. größerer Zeitabschnitt {59}; 2. Zeitpunkt des Standortes eines Gestirns (astron. t. t.) {66}	dto.	dto.
1748	Epode, die gr>l	1. Gedichtform, bei der auf einen längeren Vers (⌐ UTL 3791) ein kürzerer folgt {34/76}; 2. in antiken (⌐ UTL 0214) Gedichten u. Chorliedern auf ⌐ Strophe u. ⌐ Antistrophe folgender dritter Kompositionsteil; Abgesang {34/37/75/76}	ἐπῳδή epode	das dazu Gesungene

–	epodisch	die Epode betreffend {34/37/75/76}	dto.	dto.
1749	Eponym, das	Gattungsbezeichnung, die auf einen Personennamen zurückgeht (z. B. Zeppelin für Luftschiff) {31/32/76}	ἐπώνυμος eponymos	nach etwas benannt; seinen Namen einem anderen gebend
1750	Epopöe, die	(veraltet) ↗ Epos {34/76}	ἐποποιία epopoiia	Verfertigung eines epischen Gedichts; episches Gedicht
1751	Epopt, der gr>l	höchster Grad der Eingeweihten in den ↗ Eleusinischen ↗ Mysterien {51/77}	ἐπόπτης epoptes	Zuschauer; der den höchsten Grad der Mysterien Schauende
1752	Epos, das gr>l	erzählende Versdichtung; Heldengedicht {34/76}	ἔπος epos	Wort, Erzählung
1753	Epsilon, das	fünfter Buchstabe des gr. ↗ Alphabets (kurzes e) {32/76}	ε, E (ἒ ψιλόν) e, E (e psilon) abgeleitet von: ψιλός psilos	Epsilon nackt, kahl; bloß
1753a	Erasmus	männlicher Vorname {31}	ἐράσμιος erasmios	geliebt, liebenswürdig; willkommen, ersehnt
1754	Erebos o. –bus, der gr>l	Unterwelt; Reich der Toten in der gr. Sage {51/75/77}	Ἔρεβος Erebos	das Dunkel der Unterwelt, der Erebos (s. Anhang „Namen")
1755	Erektometer, das l;gr	Gerät zur Messung der Erektion (↗ UTL 0915) des männlichen Gliedes (med. t. t.) {18/56/70}	l. erectio + μέτρον metron	Aufrichtung, Aufstellung Maß, Versmaß
1756	Eremit, der gr>l	von der Welt abgeschieden lebender Mensch; Einsiedler {33}	ἐρημίτης eremites	Einsiedler
–	Eremitage, die gr>l>frz	1. Einsiedelei {33}; 2. Nachahmung einer Einsiedelei in Parkanlagen des 18. Jh.s; intimes (↗ UTL 1508) Lustschlösschen {33/44/88}	dto. frz. ermitage	dto. Einsiedelei
1757	erethisch gr>nlat	reizbar, leicht erregbar (med., psych. t. t.) {22/26/70}	ἐρεθιστικός erethistikos	anreizend
–	Erethismus, der	Gereiztheit, krankhaft gesteigerte Erregbarkeit (med. t. t.) {22/26/70}	ἐρεθισμός erethismos	das Reizen; die Aufreizung

1758	Erg, das	veraltete ↗ physikalische Einheit der ↗ Energie (Zeichen: erg.); ersetzt durch Joule (Zeichen: J) {72}	ἔργον ergon	Werk, Tat
1759	Ergativ, das	Kasus (↗ UTL 1667), der bei zielenden Verben (↗ UTL 3782) den Handelnden bezeichnet (bes. in den kaukasischen Sprachen) {32/76}	ἐργάτης ergates	Arbeiter
>>>	Ergo– ↗ Wortelementeliste			
1760	Ergologie, die gr;gr	1. Arbeits– u. Gerätekunde {40/41}; 2. Erforschung volkstümlicher Arbeitsbräuche u. -geräte {81}	ἔργον ergon + λόγος logos	Werk, Tat Rede, Wort; Berechnung
–	ergologisch gr;gr	die Ergologie betreffend {40/41/81}	dto. + λογικός logikos	dto. zum Reden gehörig, die Rede betreffend
1761	Ergometer, das gr;gr	Apparat (↗ UTL 0230) zur Messung der Arbeitsleistung von ↗ Muskeln (med. t. t.) {56/70}	ἔργον ergon + μέτρον metron	Werk, Tat Maß, Versmaß
–	Ergometrie, die gr;gr	Messung der körperlichen Leistungsfähigkeit eines Menschen (med. t. t.) {56/70}	dto.	dto.
–	ergometrisch gr;gr	1. die Ergometrie betreffend; 2. zum Ergometer gehörend {56/70}	dto.	dto.
1762	Ergonom, der gr;gr	jmd., der sich wissenschaftlich mit Ergonomie befaßt {40/41}	ἔργον ergon + νόμος nomos	Werk, Tat Brauch, Gesetz
–	Ergonomie, die o. Ergonomik, die (gr;gr) >nlat>engl	Wissenschaft von den Leistungsmöglichkeiten des arbeitenden Menschen {40/41}	dto.	dto.
–	ergonomisch	die Ergonomie betreffend, die Leistungsmöglichkeiten fördernd (z. B. ergonomische Tastaturen) {40/41/72}	dto.	dto.

1763	Ergotherapeut, der gr;gr	jmd., der eine Ergotherapie vornimmt {40/70/81}	ἔργον ergon + θερα- πευτής therapeutes	Werk, Tat Diener s. u. Therapeut
–	Ergotherapie, die gr;gr	um Arbeitstherapie erweiterte Beschäftigungstherapie (soziol., med. t. t.) {70/81}	ἔργον ergon + θεραπεία therapeia	Werk, Tat Dienst, Behandlung s. u. Therapie
1764	ergotrop (gr;gr) >nlat	leistungssteigernd (med. t. t.) {70}	ἔργον ergon + τρόπος tropos	Werk, Tat Wendung; Art und Weise
1765	Erika, die gr>l	1. Heidekraut {04}; 2. weiblicher Vorname {31}	ἐρείκη ereike l. erice	Heidekraut dto.
1766	Erinnye o. Erinnys, die	gr. Rachegöttin {51/75/77}	Ἐρι(ν)νύς Erin(n)ys	Erin(n)ye (s. Anhang „Namen")
1767	Erisapfel, der gr;d	Zankapfel, Gegenstand des Streites {33}	ἔρις eris + d. Apfel	Streit, Zank; Eris (s. Anhang „Namen")
1768	Eristik, die	Kunst des wissenschaftlichen Streitgesprächs {32/76}	ἐριστική (τέχνη) eristike (techne)	(Kunst des) Disputierens
–	Eristiker, der	jemand, der die Kunst des Disputierens (↗ UTL 0778) beherrscht {32/76}	ἐριστικός eristikos	zum Streit neigend
–	eristisch	die Eristik betreffend {32/76}	dto.	dto.

>>> Ermitage, die = ↗ Eremitage

1769	erogen (gr;gr) >nlat	1. geschlechtliche Erregung auslösend {18/26}; 2. geschlechtlich leicht erregbar {18/22/26}	ἔρως, Gen. ἔρωτος eros, erotos + –γενής –genes	Liebe, Verlangen stammend von; hervorbringend, verursachend
–	Erogenität, die (gr;gr) >nlat	Eigenschaft, erogen zu sein {18/22/26}	dto.	dto.
1770	eroico gr>l>it	heldenmäßig (mus. t. t.) {37}	ἡρωϊκός heroikos	heroisch

1771	Eros, der gr>l	1. sinnliches Liebesverlangen {18/27}; 2. Trieb nach Erkenntnis u. geistiger Tätigkeit (philos. t. t.) {77}	ἔρως, Gen. ἔρωτος eros, erotos	Liebe, Verlangen
–	Eros-Center, das gr;gr>l>frz >engl	Bordell; Örtlichkeit für die Ausübung der Prostitution (↗ UTL 2878) {18/33/40}	dto. + κέντρον kentron	dto. Mittelpunkt eines Kreises; Stachel-(stab); ruhender Zirkelschenkel s. o. Center
>>>	Erot(o)– ↗ Wortelementeliste			
1772	Erotema, das	Frage, Fragesatz (philos. t. t.) {77}	ἐρώτημα erotema	das Gefragte; Frage
–	Erotematik, die	1. Kunst der richtigen Fragestellung {77}; 2. Unterrichtsform mit Fragen u. Antworten (päd. t. t.) {78}	ἐρωτηματικός erotematikos	zur Frage gehörig
–	erotematisch	hauptsächlich auf Fragen des Lehrers beruhend (päd. t. t.) {78}	dto.	dto.
1773	Eroten, die (Pl.)	kleine dekorative (↗ UTL 0638) Erosfiguren {18/36}	Ἔρως Gen. Ἔρωτος Eros, Erotos	Eros (s. Anhang „Namen")
–	Erotik, die gr>frz	1. Liebeskunst; Sinnlichkeit; 2. das (vergeistigte) Liebes– u. Geschlechtsleben {18/33}	ἐρωτικός erotikos	zur Liebe gehörig, auf die Erotik bezogen
>>>	–erotik ↗ Wortelementeliste			
>>>	Erotika, die (Pl.) = Plural (↗ UTL 2697) von ↗ Erotikon			
–	Erotiker, der	1. Verfasser von erotischen Schriften {18/34/76}; 2. sinnlicher Mensch {18/22/26/33}	dto.	dto.
–	Erotikon, das	1. Werk mit erotischem Inhalt {18/34/76}; 2. erotischer Gegenstand {18}	dto.	dto.
–	erotisch gr>frz	1. die Liebeskunst betreffend; 2. sinnlich, sexuell (↗ UTL 3303) {18/26}	dto.	dto.
–	erotisieren gr>nlat	durch ↗ ästhetisch–sinnliche Reize Verlangen anregen {18/26}	dto.	dto.
>>>	Eroto– ↗ Wortelementeliste			

Erotologie 1774

1774	Erotologie, die gr;gr	1. wissenschaftliche Beschäftigung mit der Erotik {18/70}; 2. Liebeslehre {18}	Ἔρως Gen. Ἔρωτος Eros, Erotos + λόγος logos	Eros (s. Anhang „Namen") Rede, Wort; Berechnung
1775	Erotomane, der	ein Mann, der an Erotomanie leidet (med., psych. t. t.) {14/18/70}	ἐρωτομανής erotomanes	rasend vor Liebe
–	Erotomanie, die	krankhaft übersteigertes sexuelles (↗ UTL 3303) Verlangen (med., psych. t. t.) {14/18/70}	ἐρωτομανία erotomania	rasende Liebe
–	Erotomanin, die	eine Frau, die an Erotomanie leidet {14/18/70}	ἐρωτομανής erotomanes	rasend vor Liebe
1775a	ertönen d;gr	erklingen {37/55}	d. er– + τόνος tonos	d. Präfix Spannung, Band, Ton
>>>	Erythr(o)– ↗ Wortelementeliste			
1776	Erythrismus, der gr;gr	1. Rotfärbung bei Tieren {55/69}; 2. Rothaarigkeit beim Menschen (med. t. t.) {55/70}	ἐρυθρός erythros + –ισμός –ismos	rot gr. Suffix s. Partikelliste
1777	Erythrolyse, die gr;gr	Auflösung der roten Blutkörperchen (med. t. t.) {14/70}	ἐρυθρός erythros + λύσις lysis	rot (Auf)lösung
1778	Erythrophobie, die gr;gr	1. krankhafte Angst zu erröten (psych. t. t.) {14/25/26/55}; 2. krankhafte Angst vor roten Gegenständen (med. t. t.) {14/70}	dto. + φόβος phobos	dto. Angst, Furcht
1779	Erythrozyt, das gr;gr	rotes Blutkörperchen (med. t. t.) {11/70}	ἐρυθρός erythros + κύτος kytos	rot Höhlung, Wölbung
–	Erythrozytolyse, die gr;gr;gr	= ↗ Erythrolyse {14/70}	dto. + λύσις lysis	dto. (Auf)lösung
–	Erythrozytose, die gr;gr;gr	krankhafte Vermehrung der roten Blutkörperchen (med. t. t.) {14/70}	ἐρυθρός erythros + κύτος kytos + –ωσις –osis	rot Höhlung, Wölbung gr. Suffix s. Partikelliste

>>> Erz– ↗ Wortelementeliste

1780	Erzbischof, der gr>kirchenl>ahd >mhd	1. oberster ↗ katholischer ↗ Bischof einer Kirchenprovinz; 2. Ehrentitel {33/51/77}	ἀρχιεπίσκοπος archiepiskopos kirchenl. *archiepiscopus* ahd. *erzibiscof* mhd. *erzebischof*	Erzbischof dto. dto. dto.
1781	Erzengel, der gr>kirchenl>mhd	einer der vier ranghöchsten Engel in der ↗ Bibel {51/77}	ἀρχάγγελος archangelos kirchenl. *archangelus* mhd. *erzengel*	Erzengel dto. dto.
1782	Eschatologie, die (gr;gr) >nlat	Lehre von den letzten Dingen, vom Weltende u. Anbruch einer neuen Welt (theol. t. t.) {59/77}	ἔσχατος eschatos + λόγος logos	der äußerste, letzte Rede, Wort; Berechnung
–	eschatologisch (gr;gr) >nlat	die Eschatologie betreffend (theol. t. t.) {59/77}	dto. + λογικός logikos	dto. zum Reden gehörig, die Rede betreffend
1783	Esoterik, die	1. nur Eingeweihten zugängliche Lehre, Geheimlehre; 2. Lehre des Übersinnlichen {51/77}	ἐσωτερικός esoterikos	innerlich
–	Esoteriker, der	jemand, der sich mit Esoterik beschäftigt {51/77}	dto.	dto.
–	esoterisch	1. die Esoterik betreffend; 2. übersinnlich {51/77}	dto.	dto.
1784	Espadrille, die gr>l>span >pyreneisch>frz	Leinenschuh mit Bändern u. einer Sohle aus Espartogras {19}	σπάρτον sparton l. *spartum* span. *esparto, espartena* pyreneisch *espardillo* frz. *espardille, espadrille*	eine Art Ginster; Seil, Schnur Pfriemengras Ginster Spartoschuh dto. Stoffschuh mit Schnüren

1785	Esperantologe, der l;gr	Wissenschaftler, der sich mit der Kunstsprache Esperanto (↗ UTL 0927) beschäftigt {32/40/76}	l. *sperare* + λόγος logos	hoffen (↗ UTL 0927) Rede, Wort; Berechnung
–	Esperantologie, die l>span;gr	Wissenschaft des Esperanto {32/76}	dto.	dto.
1786	Essäer, der o. Essener, der hebr>gr	Mitglied einer altjüdischen Sekte (↗ UTL 3260) {51/75/77}	hebr. *hosen* ἐσσήν essen	Bezeichnung eines jüdischen Priestergewandes dto.
1787	Essigäther, der l;gr	↗ organische Verbindung (Äthylacetat – chem t. t.) {73}	l. *acetum* + αἰθήρ aither	Essig (↗ UTL 0934) die obere, reine Luft s. o. Äther
–	Ester, der	Verkürzung von ↗ Essigäther; ↗ organische Verbindung aus Säuren u. Alkoholen (chem. t. t.) {73}	dto.	dto.
1788	Estrich, der gr>vulgl >mlat>ahd >mhd	(Stein)fußboden {44/88}	ὄστρακον ostrakon vulgl. *astracum, astricum** mlat. *astracus* o. *astricus* ahd. *astrih, estrih* mhd. *est(e)rich*	Scherbe; tönernes Täfelchen Pflaster dto. Steinfußboden dto.
1789	Eta, das hebr>gr	siebenter Buchstabe des gr. ↗ Alphabets (langes E) {32/76}	hebr. *hêt* η, H (ἦτα) e, E (eta)	Zaun, Schranke (nach der Ähnlichkeit des Buchstabens mit einer Schranke) Eta
–	Etazismus, der	Aussprache des gr. η, H (Eta) wie langes e {32/76}	dto.	dto.
1790	Etesien, die (Pl.) gr>l	alljährliche Winde; Nord(west)winde von Mai (↗ UTL 2117) bis Oktober (↗ UTL 2420) im östlichen Mittelmeergebiet {65}	ἐτήσιος etesios	ein Jahr dauernd; jährlich, jedes Jahr wiederkehrend

–	Etesien-klima, das gr;gr	⌐ Klima mit trockenen Sommern u. niederschlagsreichen Wintern {65}	dto. + κλίμα klima	dto. Abhang; Neigung der Erde gegen die Pole; Witterung s. u. Klima
1791	Ethano-graph, der (gr;arab >nlat;gr) >engl	Gerät zum Messen des Alkoholspiegels im Blut {56/70/73/82}	αἰθήρ aither + arab. *alkohol* + γράφευς grapheus	die obere, reine Luft s. o. Äther Schreiber, Maler
>>>	Ether, der = ⌐ Äther			
1792	Ethik, die gr>l	Sittenlehre, Moralphilosophie {30/77}	ἠθικός ethikos	sittlich, den Charakter betreffend
–	Ethiker, der	jemand, der sich mit Ethik befasst {30/40/77}	dto.	dto.
–	ethisch gr>l	1. die Ethik betreffend; 2. sittlich gut {30/77}	dto.	dto.
1793	Ethnarch, der	1. subalterner (⌐ UTL 3452) Fürst in röm. Zeit (hist. t. t.) {50/75}; 2. Führer der gr. Volksgruppe auf Zypern {50/81}	ἐθνάρχης ethnarches	Herrscher eines Volkes o. Stammes
1794	Ethnie, die gr>nlat	Menschengruppe mit einheitlicher Kultur (⌐ UTL 1947) {81}	ἔθνος ethnos	Volk
1795	Ethnikon, das	Völkername, Personengruppenname (sprachwiss. t. t.) {76/81}	ἐθνικός ethnikos	zum Volk gehörig
–	ethnisch gr>l	1. einem Volke angehörend; 2. die Kultur- u. Lebensgemeinschaft eines Volkes betreffend {81}	dto.	dto.
>>>	Ethno- ⌐ Wortelementeliste			
1796	Ethno-graph, der (gr;gr) >nlat	= ⌐ Ethnologe: Völkerkundler {40/81}	ἔθνος ethnos + γραφεύς grapheus	Volk Schreiber, Maler

–	Ethno-graphie, die (gr;gr) >nlat	beschreibende Völkerkunde {81}	ἔθνος ethnos + γραφή graphe	Volk Schrift; Zeichnung
–	ethno-graphisch (gr;gr) >nlat	die Ethnographie betreffend {81}	ἔθνος ethnos + γραφικός graphikos	Volk das Schreiben betreffend; im Malen erfahren
1797	Ethno-loge, der gr;gr	Fachmann auf dem Gebiet der Ethnologie; Völkerkundler {40/81}	ἔθνος ethnos + λόγος logos	Volk Rede, Wort; Berechnung
–	Ethno-logie, die gr;gr	vergleichende Völkerkunde {81}	dto.	dto.
–	ethno-logisch gr;gr	die Ethnologie betreffend; völkerkundlich {81}	dto. + λογικός logikos	dto. zum Reden gehörig, die Rede betreffend
1798	Ethnozen-trismus, der gr;gr;gr	ausgeprägter Nationalismus (↗ UTL 2341), der das eigene Volk als alleinigen Mittelpunkt sieht {25/33/81}	ἔθνος ethnos + κέντρον kentron + –ισμός –ismos	Volk Mittelpunkt eines Kreises; Stachel-(stab); ruhender Zirkelschenkel s. u. Zentrum gr. Suffix s. Partikelliste
1799	Ethologe, der	Verhaltensforscher; Wissenschaftler der Ethologie {40/69}	ἠθολόγος ethologos	Sitten o. Charaktere schildernd
–	Etholo-gie, die gr>l	Wissenschaft vom Verhalten der Tiere; Verhaltensforschung {69}	ἠθολογία ethologia	Sitten– o. Charakterschilderung
–	etholo-gisch	die Ethologie betreffend {69}	ἠθολόγος ethologos	Sitten o. Charaktere schildernd
1800	Ethos, das gr>l	auf den Normen (↗ UTL 2374) der ↗ Ethik beruhendes Verhalten der Menschen {30/77}	ἦθος ethos	Wohnsitz; Gewohnheit, Sitte; Charakter
>>>	Ethyl, das = ↗ Äthyl			
1801	etymisch	das ↗ Etymon, die wahre, eigentliche Bedeutung betreffend {32/76}	ἔτυμος etymos	echt, wahr, wirklich

1802	Etymo-loge, der gr>l	Wissenschaftler der Etymologie {40/76}	ἐτυμολόγος etymologos	jemand, der Etymologie betreibt
–	Etymologie, die gr>l	1. Wissenschaft von der Herkunft, Geschichte u. Grundbedeutung der Wörter; 2. Herkunft, Geschichte u. Grundbedeutung eines Wortes (sprachwiss. t. t.) {76}	ἐτυμολογία etymologia	Ableitung eines Wortes aus seiner Wurzel u. Nachweis seiner eigentlichen Bedeutung
–	etymologisch gr>l	die Etymologie betreffend {76}	ἐτυμολογικός etymologikos	zur Etymologie gehörig
–	etymologisieren gr>l>mlat	nach Herkunft u. Wortgeschichte untersuchen {76}	dto. mlat. *etymologicare*	dto. die Etymologie untersuchen
1803	Etymon, das	die sogenannte ursprüngliche Form (↗ UTL 1132) u. Bedeutung eines Wortes; Wurzelwort (sprachwiss. t. t.) {32/76}	ἔτυμον etymon	die wahre Bedeutung eines Wortes
>>>	Eu– ↗ Partikelliste			
1804	Eubiotik, die (gr;gr) >nlat	Lehre vom gesunden Leben {14/70}	εὖ eu + βιωτική (τέχνη) biotike (techne)	gut (die Kunst des) Lebens
1805	Eubulie, die	Vernunft, Einsicht {25/77}	εὐβουλία euboulia	der gute Rat; Klugheit
1806	Eucharistie, die gr>l	1. Dankgebet vor dem Abendmahl; 2. Gegenwart von Jesus ↗ Christus in den Gestalten von Brot u. Wein bei der Kommunion (↗ UTL 1750) in der ↗ katholischen ↗ Kirche; 3. Abendmahl in der ↗ evangelischen ↗ Kirche {51/77}	εὐχαριστία eucharistia	Dankbarkeit; Abendmahl
–	Eucharistiefeier, die gr>l;d	die ↗ katholische Feier der Messe (↗ UTL 2219) {51/77}	dto.	dto.
–	eucharistisch gr>nlat	das Abendmahl, die Eucharistie betreffend {51/77}	εὐχάριστος eucharistos	anmutig, angenehm; dankbar

1807	Eudämonie, die	Glückseligkeit, seeliches Wohlbefinden (philos. t. t.) {77}	εὐδαιμονία eudaimonia	Glück; Wohlstand
1808	Eudämonismus, der gr>nlat	↗ philos. Lehre, daß die Glückseligkeit Ziel allen Handelns u. nur durch sittliches Verhalten zu erreichen sei {30/77}	εὐδαιμονισμός eudaimonismos	das Glücklichpreisen
–	Eudämonist, der	Vertreter des Eudämonismus {30/77}	dto.	dto.
–	eudämonistisch	den Eudämonismus betreffend {30/77}	dto.	dto.
1809	Eudiometrie, die (gr;gr)>nlat	Messung des Sauerstoffgehaltes der Luft (chem. t. t.) {73}	εὐδία eudia + μέτρον metron	stilles, heiteres Wetter Maß, Versmaß
1810	Eudoxie, die	1. guter Ruf {33}; 2. richtiges Urteil {25}	εὐδοξία eudoxia	guter Ruf, Ansehen; richtige Meinung
1811	Euergie, die gr>nlat	unverminderte Leistungsfähigkeit u. Widerstandskraft des gesunden Körpers (med. t. t.) {70}	εὐεργός euergos	gut handelnd; gut bearbeitet
1812	Eugen	männlicher Vorname {31}	εὐγένιος eugenios	von edler Abkunft
–	Eugenie	weiblicher Vorname {31}	Εὐγένεια Eugeneia	die Adlige, Wohlgeborene
1813	Eugenetik, die gr>nlat	= ↗ Eugenik: Erbforschung, die Erbschädigungen u. -krankheiten zu verhüten sucht {70}	εὐγενέτης eugenetes	dto.
–	eugenetisch	= eugenisch: Die Eugenetik betreffend {70}	dto.	dto.
1814	Eugenie	weiblicher Vorname {31}	εὐγένιος eugenios	von edler Abkunft
1815	Eugenik, die	Erbforschung, die Erbschädigungen u. -krankheiten zu verhüten sucht {70}	εὐγενής eugenes	von edler Abkunft
–	eugenisch	die Eugenik betreffend {70}	dto.	dto.
1816	Euhemerismus, der gr>nlat	Deutung von Göttern als herausragende Menschen (philos. t. t.) {51/77}	Εὐήμερος Euhemeros	Euhemeros (s. Anhang „Namen")
–	euhemeristisch	Religionen (↗ UTL 3066) u. Götterverehrung im Sinne des Euhemerismus deutend {51/77}	dto.	dto.

1817	Eukalyptus, der (gr;gr) >nlat	in Australien wachsender immergrüner Baum aus der Gattung der Myrtengewächse, nach der Form (↗ UTL 1132) seiner Blütenkelche benannt, mit Blättern mit Pfefferminzgeschmack {04/17}	εὖ eu + καλυπτός kalyptos	gut verhüllt, verdeckt
1818	Eukinetik, die (gr;gr) >nlat	Lehre von der schönen u. ↗ harmonischen Bewegung {12/79}	εὖ eu + κινητικός kinetikos	gut zur Bewegung gehörig s. u. Kinetik
1819	Eukolie, die	heitere, zufriedene Gemütsverfassung (psych. t. t.) {26/70}	εὐκολία eukolia	Freundlichkeit; Zufriedenheit
1820	Eukrasie, die	1. normale (↗ UTL 2374) Zusammensetzung der Körpersäfte (med. t. t.) {70}; 2. glückliches Temperament (↗ UTL 3546) (psych. t. t.) {26/70}	εὐκρασία eukrasia	gute Mischung
1821	Eulalia o. Eulalie gr;gr	weiblicher Vorname {31}	εὖ eu + λαλεῖν lalein o. Εὐλαλία Eulalia	gut reden, schwatzen gute Sprecherin
1822	Eulogie, die gr>l	1. Segensspruch, Weihegebet in der ↗ christlichen ↗ Kirche {51/77}	εὐλογία eulogia	das Loben; Ruhm; das Segnen, Segen
1823	Eumeniden, die (Pl.)	(beschönigender Name für): ↗ Erinnyen = altgr. Rachegöttinnen {51/75}	Εὐμενιδες (Pl.) Eumenides	„die Wohlwollenden" (s. Anhang „Namen")
1824	Eunuch, der gr>l	1. durch Kastration (↗ UTL 1666) zeugungsunfähig gemachter Mann {18/70}; 2. Haremswächter {33/40/75}	εὐνοῦχος eunouchos	„Betthalter, –hüter"; Entmannter
–	Eunuchismus, der gr;gr	alle Veränderungen im Erscheinungsbild eines Mannes nach der Kastration (↗ UTL 1666) {55/70}	dto. + –ισμός –ismos	dto. gr. Suffix s. Partikelliste
1825	Euphemismus, der gr>nlat	mildernde o. beschönigende Umschreibung für etwas Unangenehmes {25/32/76}	εὐφημισμός euphemismos	mildernde Bezeichnung für eine unangenehme Sache
–	euphemistisch	beschönigend, verhüllend {25/32/76}	dto.	dto.
1826	Euphonie, die gr>l	sprachlicher Wohlklang, Wohllaut (sprachwiss., mus. t. t.) {32/37/76}	εὐφωνία euphonia	schöne Stimme; Wohlklang

–	**euphonisch**	1. wohllautend, wohlklingend; 2. des Wohlklangs wegen eingeschoben (sprachwiss., mus. t. t.) {32/37/76}	εὔφωνος euphonos	wohltönend
1827	**Euphorbia,** o. **Euphorbie,** die gr>l	Zierstaude aus der Gattung der Wolfsmilchgewächse (bot. t. t.) {04/68}	εὐφόρβιον euphorbion	Wolfsmilch
1828	**Euphorie,** die	rauschartiger Glückszustand {26}	εὐφορία euphoria	Wohlgefühl
–	**Euphorikum,** das	Rauschmittel mit euphorisierender Wirkung {70}	dto.	dto.
–	**euphorisch**	1. in Hochstimmung; 2. die Euphorie betreffend {26}	dto.	dto.
–	**euphorisieren**	ein inneres Glücks– o. Hochgefühl erzeugen {26}	dto.	dto.
1828a	**euphotisch** (gr;gr) >nlat	lichtreich (in Bezug auf die obersten Gewässerschichten) {54/68/69}	εὖ + φώς, Gen. φωτός phos, photos	gut, recht, tüchtig Licht
1829	**Eupraxie,** die	das sittlich richtige Handeln (philos. t. t.) {30/77}	εὐπραξία eupraxia	das gute richtige Handeln
1830	**eurasiatisch** gr;gr	über das Gesamtgebiet ↗ Europas u. Asiens verbreitet {64}	Εὐρώπη Europe + ᾿Ασία Asia	Europa (s. Anhang „Namen") Asien
–	**Eurasien** gr;gr	Festland von ↗ Europa u. Asien; größte zusammenhängende Landmasse der Erde {64}	dto.	dto.
–	**Eurasier,** der gr;gr	1. Bewohner Eurasiens; 2. ↗ europäisch–asiatischer Mischling {10/81}	dto.	dto.
–	**eurasisch** gr;gr	1. Eurasien betreffend {64}; 2. die Eurasier betreffend {10/81}	dto.	dto.
1831	**Euratom,** die gr;gr	Abkürzung für: ↗ Europäische Atom(energie)gemeinschaft; ↗ Organisation der Europäischen Union (↗ UTL 3723) zur friedlichen Nutzung der ↗ Atomenergie {50/72}	Εὐρώπη Europe + ἄτομος atomos	Europa (s. Anhang „Namen") unteilbar s. o. Atom

1832	Eurhyth-mie o. Eurhyth-mik die gr>l	1. Gleichmäßigkeit der Bewegungen {12/79}; 2. Regelmäßigkeit des Pulses (↗ UTL 2900) (med. t. t.) {59/70}	εὐρυθμία eurythmia	richtige Verhältnis, Ebenmaß
1833	Euro, der	neue europäische Währungseinheit {42/80}	Εὐρώπη Europe	Europa (s. Anhang „Namen")
1834	Euro-cheque, der gr;engl	bargeldloses Zahlungsmittel, in fast ganz ↗ Europa akzeptiert (↗ UTL 0129) {42/80}	Εὐρώπη Europe + engl. cheque	Europa (s. Anhang „Namen") Scheck
1835	Euro-control, die gr;(l;l) >afrz>frz >engl	↗ Organisation zur Sicherung des ↗ europäischen Luftverkehrs {45/50}	Εὐρώπη Europe + l. contra + l. rotula afrz. rol(l)e frz. rôle contre-rôle contrôle engl. control	Europa (s. Anhang „Namen") gegenüber, entgegen, dagegen Rädchen Rolle, Liste, Register Gegenrolle, -register; Zweitregister Kontrolle (↗ UTL 1868)
1836	Euro-dollars, die (Pl.) gr;am	Dollarguthaben bei nichtamerikanischen Banken, die ausgeliehen werden (wirtsch. t. t.) {42/80}	Εὐρώπη Europe + am. Dollar	Europa (s. Anhang „Namen") amerikanische Währung
1837	Europa gr>l	1. einer der fünf Kontinente (↗ UTL 1853) {64}; 2. einer der Jupitermonde {66}	Εὐρώπη Europe	Europa (s. Anhang „Namen")
1838	Europa-cup, der gr;gr>l >engl	1. Wettbewerb im Sport für Mannschaften aus ↗ europäischen Ländern; 2. die ↗ Siegestrophäe dieses Wettbewerbs {85}	Εὐρώπη Europe + κύπη kype	Europa (s. Anhang „Namen") Höhlung s. o. Cup
1839	Europäer, der	Einwohner ↗ Europas {10/64/81}	Εὐρώπη Europe	Europa (s. Anhang „Namen")
1840	europäid (gr;gr) >nlat	den Europäern ähnlich {10/64/81}	Εὐρώπη Europe + –(ε)ιδής –(e)ides	Europa (s. Anhang „Namen") ähnlich aussehend s. Partikelliste
–	Europä-ide, der	jemand, der einem ↗ Europäer ähnlich ist {10/55/64/81}	dto.	dto.
1841	europä-isch	1. ↗ Europa betreffend; 2. zu ↗ Europa gehörig {64}	Εὐρώπη Europe	Europa (s. Anhang „Namen")

europäisieren | | | | 1841

–	europäisieren	nach ↗ europäischem Vorbild umgestalten {61/64}	dto.	dto.
1842	europid (gr;gr) >nlat	zum Kreis der ↗ europäischen (u. der ihnen verwandten) Rassen gehörend {10/81}	Εὐρώπη Europe + –(ε)ιδής –(e)ides	Europa (s. Anhang „Namen") ähnlich aussehend s. Partikelliste
–	Europide, der (gr;gr) >nlat	Angehöriger des europiden Rassenkreises {10/81}	dto.	dto.
1843	Europol, das gr;gr	Kurzwort aus ↗ Europa u. ↗ Polizei; europaweites Kriminalamt {49/82}	Εὐρώπη Europe + πολιτεία politeia	Europa (s. Anhang „Namen") Staatsverwaltung, –verfassung; Staat s. u. Polizei
>>>	Euroscheck, der = ↗ Eurocheque			
1844	Eurovision, die gr;l	Zusammenschluß ↗ europäischer Rundfunk– u. Fernsehorganisationen zum Austausch von Fernsehprogrammen {50/85}	Εὐρώπη Europe + l. visio	Europa (s. Anhang „Namen") Anblick; Erscheinung; geistige Vorstellung (↗ UTL 3834)
1845	Eurythmie, die gr>l	in der ↗ Anthroposophie gepflegte Bewegungskunst, bei der Sprache und Gesang in Ausdrucksbewegung umgesetzt werden {77/79}	εὐρυθμία eurythmia	richtiges Verhältnis, Ebenmaß
1846	eurytop (gr;gr) >nlat	weit verbreitet (von Pflanzen u. Tieren) {68/69}	εὐρύς eurys + τόπος topos	breit, weit Ort, Stelle, Gegend
1847	Eusebie, die	Gottesfurcht, Frömmigkeit {25/51/77}	εὐσέβεια eusebeia	Frömmigkeit, Gottesfurcht
–	Eusebia	weiblicher Vorname {31}	dto.	dto.
1848	Eustachius	männlicher Vorname {31}	εὔσταχυς eustachys	ährenreich; blühend
1849	Euthanasie, die	juristisch (↗ UTL 1578) umstrittene Sterbehilfe durch Medikamente (↗ UTL 2184) {15/70/82}	εὐθανασία euthanasia	leichter, schöner Tod
1850	Euthymie, die	Heiterkeit, Frohsinn {26}	εὐθυμία euthymia	Frohsinn, Freude
1851	Eutokie, die	leichte Geburt (med. t. t.) {70}	εὐτοκία eutokia	das leichte Gebären

1852	Eutonie, die	normaler (↗ UTL 2374) Spannungszustand der ↗ Muskeln u. Gefäße (med. t. t.) {70}	εὐτονία eutonia	Kraft, Stärke
1853	eutroph	1. an nährstoffreichen Boden gebunden; 2. zuviel Nährstoffe enthaltend, überdüngt (z. B. bei Gewässern) {68/69}	εὐτρόφος eutrophos	gut nährend; nahrhaft
–	Eutrophie, die	1. guter Ernährungszustand des Körpers; 2. regelmäßige Versorgung eines ↗ Organs mit Nährstoffen {70}	εὐτροφία eutrophia	gute, reichliche Nahrung, Ernährung
–	eutrophieren	eutroph machen {68/69}	dto.	dto.
–	Eutrophierung, die	Nährstoffanreicherung eines Gewässers gefolgt von vermehrtem Pflanzenwuchs {68/69}	dto.	dto.
1854	Evangele, der gr>mlat	(ugs. abwertend) = Protestant (↗ UTL 2880) {51/77}	εὐαγγελικός euangelikos	zur frohen Botschaft gehörig
1855	Evangeliar(ium), das gr;l	Buch mit dem vollständigen Text (↗ UTL 3576) der vier ↗ Evangelien {51/77}	εὐαγγέλιον euangelion l. –arium	gute Botschaft Suffix der Zugehörigkeit
1856	Evangelienharmonie, die gr;gr	Darstellung des Lebens Jesu; aus den vier ↗ Evangelien zusammengestellt {51/77}	dto. + ἁρμονία harmonia	dto. Fügung, Verbindung; die richtige Proportion s. u. Harmonie
1857	evangelikal gr>kirchenl>engl	1. dem ↗ Evangelium gemäß; 2. die unbedingte Autorität (↗ UTL 0335) des NT vertretend (theol. t. t.) {51/77}	εὐαγγελικός euangelikos kirchenl. euangelicus engl. evangelical	zur frohen Botschaft gehörig dto. dto.
–	Evangelikale, der gr>kirchenl>engl	jmd., der der evangelikalen Richtung folgt {51/77}	dto.	dto.
1858	Evangelisation, die	das Bekehren zum ↗ Evangelium {51/77}	εὐαγγελίζεσθαι euangelizesthai	gute Botschaft bringen

1859	evangelisch gr>kirchenl>ahd >mhd	1. das Evangelium betreffend, auf dem Evangelium fußend; 2. = protestantisch (↗ UTL 2880) {51/77}	εὐαγγελικός euangelikos kirchenl.		zur frohen Botschaft gehörig
			euangelicus ahd.		dto.
			euangelisc mhd.		dto.
			ewangelisch		dto.
1860	evangelisieren	jmdn. zum Evangelium bekehren {51/77}	εὐαγγελίζεσθαι euangelizesthai		gute Botschaft bringen
1861	Evangelist, der gr>kirchenl>mhd	1. Verfasser eines der vier ↗ Evangelien {32/51/77}; 2. Wanderprediger {40/51/61//77}	εὐαγγελιστής euangelistes kirchenl.		Verkünder einer frohen Botschaft
			euangelista mhd.		dto.
			ewangeliste, evangeliste		dto.
–	Evangelistar(ium), das (gr;l)>mlat	Buch mit Abschnitten aus den vier ↗ Evangelien für Lesungen im Gottesdienst {51/77}	dto. l. –arium		dto. Suffix der Zugehörigkeit
			mlat. evangelistarium		dto.
1862	Evangelistensymbole, die (Pl.) gr;gr	die den Darstellungen der vier ↗ Evangelisten beigegebenen Sinnbilder {51/77}	εὐαγγελιστής euangelistes + σύμβολον symbolon		Verkünder einer frohen Botschaft (das „Zusammengefügte") (Kenn)-Zeichen
1863	Evangelium, das gr >kirchenl >ahd>mhd	1. von einem der vier ↗ Evangelisten verfaßter Bericht über das Leben u. Wirken Jesu {34/51/77}; 2. die Botschaft Jesu {51/77}	εὐαγγέλιον euangelion kirchenl.		gute Botschaft
			euangelium ahd.		dto.
			euangelijo mhd.		dto.
			ewangelje		dto.
>>>	Ex– ↗ Partikelliste (Ek–)				
1864	Exanthem, das gr>l	ausgedehnter, meist entzündlicher Hautausschlag (med. t. t.) {14/70}	ἐξάνθημα exanthema		das Aufgeblühte; Hautausschlag

1865	Exanthro-pie, die gr>nlat	Menschenscheu {26/33}	ἐξάνθρωπος exanthropos	entmenscht, unmenschlich
1866	Exarch, der gr>l	1. byz. Statthalter {50/75}; 2. Obermetropolit in der ↗ orthodoxen ↗ Kirche {51/77}	ἔξαρχος exarchos	den Anfang machend; Anführer; Vorsteher
–	Exarchat, das gr>mlat	Amt u. Verwaltungsgebiet eines Exarchen {48/51/77}	dto.	dto.
1867	Exedra, die gr>l	halbrunde o. rechteckige Nische am Ende eines Saales o. Säulenganges; ↗ Apsis in ↗ Kirchen (archit. t. t.) {88}	ἐξέδρα exedra	mit Sitzen ausgestattete Halle o. Säulengang; Bank
1868	Exegese, die	Wissenschaft der Erklärung u. Auslegung eines Textes (↗ UTL 3576), bes. der ↗ Bibel {25/32/51/77}	ἐξήγησις exegesis	das Erzählen; Erklären
–	Exeget, der	Fachmann für Bibelauslegung {25/32/40/51/77}	ἐξηγητής exegetes	Erklärer, Ausleger
–	Exegetik, die gr>l	Wissenschaft der Bibelauslegung {25/32/51/77}	ἐξηγητικός exegetikos	erklärend, auslegend
–	exegetisch	die ↗ Bibel erklärend {25/32/51/77}	dto.	dto.
–	exegieren	(veraltet) die Bibel erklären {25/32/51/77}	ἐξηγεῖσθαι exegeisthai	ausführen, erklären
1869	Exergie, die (gr;gr)>nlat	Anteil der ↗ Energie, der in die gewünschte, wirtschaftlich verwertbare Form (↗ UTL 1132) umgewandelt wird (phys. t. t.) {72}	ἐκ, ἐξ ek, ex + ἔργον ergon	aus, von … her; seit Werk, Tat

\>\>\> Exo– ↗ Partikelliste

1870	Exobiologe, der gr;gr;gr	Wissenschaftler auf dem Gebiet der Exobiologie {40/68/69}	ἔξω exo + βίος bios + λόγος logos	hinaus, außerhalb Leben Rede, Wort; Berechnung s. o. Biologe
–	Exobiologie, die gr;gr;gr	Wissenschaft vom außerirdischen Leben {68/69}	dto.	dto.
1871	Exodos, der	1. Auszugslied des ↗ Chores im gr. ↗ Drama; 2. Schlußteil im gr. ↗ Dramas {35/74/75}	ἔξοδος exodos	Ausgang, Auszug

–	**Exodus**, der gr>l	1. Auszug der Juden aus Ägypten im zweiten Buch Mosis {51/75/77}; 2. das Weggehen; das Verlassen eines Ortes {61}	dto.	dto.
1872	**Exogamie**, die (gr;gr) >nlat	Heirat ausschließlich außerhalb des Stammes {31/81}	ἔξω exo + γάμος gamos	hinaus, außerhalb Hochzeit, Ehe
1873	**exogen** (gr;gr) >nlat	1. außen entstehend, von außen eindringend (med., bot. t. t.) {68/70}; 2. umweltbedingt (psych. t. t.) {70}	ἔξω exo + –γενής –genes	hinaus, außerhalb stammend von; hervorbringend, verursachend
1874	**Exokannibalismus**, der gr;karib/ span;gr	das Verzehren von Angehörigen eines fremden Stammes {17/81}	ἔξω exo + karibisch / span. *anib* + –ισμός –ismos	hinaus, außerhalb karibischer Stammesname gr. Suffix s. Partikelliste
1875	**exokrin** (gr;gr) >nlat	nach außen absondernd (von Drüsen; med. t. t.) {70}	ἔξω exo + κρίνειν krinein	hinaus, außerhalb scheiden, trennen, sondern; entscheiden, beurteilen
1876	**Exonym**, das o. **Exonymon**, das (gr;gr) >nlat	von dem amtlichen Namen abweichende, aber in anderen Ländern gebrauchte Ortsnamenform (z. B. deutsch Florenz für it. Firenze – sprachwiss. t. t.) {32/76}	ἔξω exo + ὄνυμα onyma = Nebenform zu: ὄνομα onoma	hinaus, außerhalb Name
1877	**exophthalmisch**	aus der Augenhöhle heraustretend (med. t. t.) {14/70}	ἐξόφθαλμος exophthalmos	mit hervorstehenden Augen
–	**Exophthalmus**, der gr>nlat	krankhaftes Hervortreten des Augapfels aus der Augenhöhle (med. t. t.) {14/70}	dto.	dto.
1878	**exorzieren** o. **exorzisieren** gr>l	↗ Dämonen u. Geister durch Beschwörung austreiben {51/77}	ἐξορκίζειν exorkizein	beschwören
–	**Exorzismus**, der	Beschwörung von ↗ Dämonen u. Geistern {51/77}	ἐξορκισμός exorkismos	Beschwörung

–	Exorzist, der	1. Geisterbeschwörer; 2. jmd., der den dritten Grad (↗ UTL 1207) der ↗ katholischen Priesterweihen besitzt {51/77}	ἐξορκιστής exorkistes	Beschwörer
1879	Exosphäre, die (gr;gr) >nlat	oberste Schicht der ↗ Atmosphäre {63/65}	ἔξω exo + σφαῖρα sphaira	hinaus, außerhalb Kugel, Ball s. u. Sphäre
1880	Exot(e), der gr>l	1. Mench, Tier o. Pflanze aus einem fernen Land {68/69}; 2. (Pl.) überseeische Wertpapiere {42/80}	ἐξωτικός exotikos	ausländisch, fremd
–	Exotarium, das (gr;l)>nlat	Anlage, in der ↗ exotische Tiere zur Schau gestellt werden {58/69/85}	dto. + l. –arium	dto. Suffix der Zugehörigkeit
1881	Exoteriker, der gr>l	Außenstehender, Nichteingeweihter {33}	ἐξωτερικός exoterikos	auswärtig, ausländisch; allgemein verständlich
–	exoterisch gr>l	für Außenstehende bestimmt; allgemein verständlich {25/32}	dto.	dto.
1882	exotherm (gr;gr) >nlat	Wärme abgebend, unter Wärme ablaufend (von ↗ chem. Vorgängen) (phys., chem. t. t.) {72/73}	ἔξω exo + θερμός thermos	hinaus, außerhalb warm
1883	Exotik, die gr>l	1. das Fremdartige {26/33/56/81}; 2. der Reiz des Fremdartigen {26/33/56}	ἐξωτικός exotikos	ausländisch, fremd
–	Exotika, die (Pl.)	aus fernen Ländern stammende Kunstwerke {36/64/81}	dto.	dto.
–	exotisch	1. fremd, fremdartig {26/33/56/81}; 2. einen fremdartigen Zauber ausstrahlend {26/33}; 3. ↗ tropisch {64}	dto.	dto.
–	Exotismus, der (gr;gr)>l >nlat	fremdsprachiges Wort {32/76}	dto. + –ισμός –ismos	dto. gr. Suffix s. Partikelliste
1884	Explosionskrater, der l;gr	durch explosionsartige Vulkanausbrüche entstandener ↗ Krater {62/63/64}	l. *explosio* + κρατήρ krater	das Auspochen, Auszischen, Auspfeifen (↗ UTL 0990) Mischgefäß s. u. Krater

1885	extraga- laktisch l;gr	außerhalb der Milchstraße liegend {66}	l. *extra* + γαλακ- τικός galaktikos	außerhalb, äußer- lich; außer(dem); darüber ... hinaus; ausgenommen, ohne, frei von (↗ UTL 1007) milchweiß s. u. galaktisch
1886	Exzenter, der (gr;gr) >nlat	Scheibe, deren Drehpunkt außerhalb des Mittelpunkts liegt (techn. t. t.) {40/41/72}	ἐκ, ἐξ ek, ex + κέντρον kentron	aus, von ... her; seit Mittelpunkt eines Kreises; Stachel- (stab); ruhender Zirkelschenkel s. u. Zentrum
–	Exzen- trik, die (gr;gr;gr) >nlat	1. unüblichliches überspann- tes Verhalten {25/33/84}; 2. mit übertriebener ↗ Komik dargebotene Artistik (↗ UTL 0282) {79/85}	dto. + –ική –ike	dto. gr. Suffix s. Partikelliste
–	Exzen- triker, der (gr;gr) >nlat	überspannter, verschrobener Mensch {25/33/84}; 2. Artist (↗ UTL 0282) in der Rolle eines Clowns (↗ UTL 0523) {85}	dto.	dto.
–	exzen- trisch gr>spätl >nlat	1. außerhalb liegend {58/71/72}; 2. überspannt, verschro- ben {25/33/84}	dto. spätl. *eccentrus* nlat. *excentricus*	dto. außerhalb des Mit- telpunktes befind- lich dto.
–	Exzentri- zität, die	1. Überspanntheit {25/33/84}; 2. das Abweichen vom Mittel- punkt {59/71/72}	dto.	dto.

F

>>> F = ↗ ggf. unter Ph

1887	Fanal, das gr>it>frz	1. Feuerzeichen {32}; 2. (fig.) Zeichen für den Beginn grosser Ereignisse {25/26/59}	φανός phanos it. *fanale* frz. *fanal*	Leuchte, Fackel Laterne, Leuchtturm Leuchtfeuer
1887a	Fanny gr>engl	(engl. Kurzform von Stefanie) weiblicher Vorname {31}	στέφανος stefanos	Umkränzung; Kranz
1888	Fantasia, die gr>l>it	1. arab. Reiterkampfspiel {81/85}; 2. = Fantasie (1.) (mus. t. t.) {37}	φαντασία phantasia	Erscheinung, Aussehen, Vorstellung(skraft)

>>> Fantasie = ↗ Phantasie

–	fantastisch	1. erfunden {24/25/34}; 2. großartig {25/56}	φανταστικός phantastikos	die Einbildungskraft betreffend
–	Fantasy, die gr>l>it>engl	Gattung von Romanen (↗ UTL 3167) u. Filmen über märchenhafte Traumwelten {25/34/35}	φαντασία phantasia	Erscheinung, Aussehen, Vorstellung(skraft)

>>> Faro = ↗ Pharus

1889	Fasan, der gr>l>afrz >mhd	Hühnervogel {07/69}	Φασιανός (ὄρνις) Phasianos (ornis) l. *phasianus (avis)* afrz. *faisan* mhd. *fasan(t)*	(der Vogel) aus der Gegend des Flusses Phasis (s. Anhang „Namen") dto. dto. Fasan dto.
–	Fasanerie, die gr>l>afrz >mhd	Gartenanlage zur Aufzucht von Fasanen {39/40}	dto.	dto.

1889a	faschi-stoid l;gr	dem Faschismus (↗ UTL 1045) ähnliche Züge zeigend {50/81}	l. *fascis* + –(ε)ιδής –(e)ides	Bund, Bündel; Rutenbund ähnlich aussehend s. Partikelliste
1890	Fell, das gr>l>ahd	Pelz, (behaarte) Haut {11/19/69}	πέλλα pella l. *pellis* ahd. *fel*	Haut, Leder, Fell, Pelz Fell, Pelz, Haut dto.
1890a	ferromag-netisch l;gr	↗ magnetisch wie Eisen {54}	l. *ferrum* + Μαγνῆτις (λίθος) Magnetis (lithos)	Eisen (Stein) aus der gr. Landschaft Magnesia (s. Anhang „Namen" s. u. magnetisch
1891	Fiale, die gr>l>it	schlankes, gotisches Türmchen über Strebepfeilern {88}	φιάλη phiale l. *phiala* it. *fiala*	Schale dto. kleine Glasvase mit langem Hals
1892	Fibel, die gr>l	1. bebildertes Lesebuch für Schulanfänger; 2. einführendes Lehrbuch {31/32} (vgl. aber UTL 1080)	βίβλος biblos	Bast der Papyrusstaude; Papier
1893	Fibrino-gen, das l>nlat;gr	im Blut enthaltener, löslicher Eiweißstoff {11/70}	l. *fibra* + –γενής –genes	Faser, Eingeweide (↗ UTL 1081) stammend von; hervorbringend, verursachend
1894	Filzo-kratie, die d;gr	verfilzte, korrupte (↗ UTL 1915) Machtverhältnisse {33/50}	d. *Filz* + κράτος kratos	 Kraft, Macht
1895	Finanz-politik, die l>mlat>frz;gr	staatliche (↗ UTL 3416) Maßnahmen in der Finanzwirtschaft {42/50}	l. *finire* mlat. *finare* *finantia* + πολιτική (τέχνη) politike (techne)	einschließen, enden zum Ende kommen etw., das zu Termin steht (↗ UTL 1097) (Kunst der) Staatsverwaltung s. u. Politik

1896	Firnis, der (gr;gr)>gr >mlat>it >afrz>mhd	Schutzanstrich für Holz und Metall {40}	↗ Φερενίκη Pherenike maked. Βερενίκη Berenike aus: φέρειν pherein + νίκη nike mlat. *veronice* it. *vernice* afrz. *verniz* mhd. *virnis, firnis*	„Siegbringerin" Berenike (s. Anhang „Namen") bringen Sieg zur Herstellung von Lack verwandtes Harz Lack dto. dto.
1897	Fisole, die gr>l >mhd	(österr.) Bohne {05/68}	φάσηλος phaselos l. *phaselus* mhd. *phasol, visol*	Bohnenpflanze Schwertbohne dto.
1898	Fitneßcenter, das engl;gr>l >engl	Trainingsstudio {58/85}	engl. *fitness* + κέντρον kentron	Tauglichkeit Mittelpunkt eines Kreises; Stachel(stab); ruhender Zirkelschenkel s. u. Zentrum
1899	Flagellomanie, die l;gr	geschlechtliche Befriedigung durch Austeilen o. Erdulden von Schlägen {18/70}	l. *flagellare* + μανία mania	peitschen, schlagen Raserei, Wahnsinn, Verzückung s. u. Manie
1900	fluorogen l;gr	ähnlich wie Fluoreszenz (↗ UTL 1119) {54/55}	l. *fluor* + –γενής –genes	das Fließen, Flüssigkeit; Naß (↗ UTL 1119) stammend von; hervorbringend, verursachend
1901	Follikelhormon, das l;gr	weibliches Geschlechtshormon {11/17/70}	l. *folliculus* + ὁρμᾶν horman	kleiner lederner Sack; Hülle, Haut (↗ UTL 1124) in Bewegung setzen s. u. Hormon

1902	Folter, die gr>l>mlat	(↗ Etymologie unsicher): gewaltsame gerichtliche Untersuchungsmethode, seelische und körperliche Qual {26/29/30/33/82}	πῶλος pholos l. *pullus* mlat. *poledrus*	Fohlen, Füllen das Junge, junges Tier dto.; Foltergerät in Pferdchenform
–	foltern	absichtlich grausam quälen {26/29/30/33/82}	dto.	dto.
>>>	Foto– ↗ Wortelementeliste			
>>>	Foto– = ↗ Photo–			
1903	Frankomane, der germ >mlat;gr	jmd., der wie besessen alles Französische liebt {25/26/81}	mlat. *Francus* + μανία mania	Franke Raserei, Wahnsinn, Verzückung s. u. Manie
–	Frankomanie, die germ >mlat;gr	übertriebene Bewunderung für Frankreich u. alles Französische {25/26/81}	dto.	dto.
1904	frankophil germ >mlat;gr	eine Vorliebe für alles Französische zeigend {25/26/81}	mlat. *Francus* + φίλος philos	Franke lieb, befreundet, Freund
–	Frankophilie, die germ >mlat;gr	Vorliebe für Frankreich, seine Bewohner u. Kultur {25/26/81}	dto. + φιλία philia	dto. Liebe, Freundschaft
1905	frankophob germ;gr	allem Französischen abgeneigt {25/26/81}	dto. + φόβος phobos	dto. Furcht, Schrecken
–	Frankophobie, die germ >mlat;gr	Abneigung gegen Frankreich, seine Bewohner u. Kultur {25/26/81}	dto.	dto.
1906	frankophon germ >mlat;gr	französischsprachig {32/76}	mlat. *Francus* + φωνή phone	Franke Laut, Stimme, Ton
–	Frankophone, der germ >mlat;gr	jmd., der Französisch als Muttersprache spricht {32/76}	dto.	dto.

–	Frankophonie, die germ >mlat;gr	Französischsprachigkeit {32/76}	dto.	dto.
1907	Fregatte, die gr>l>it>frz	(↗ Etymologie unsicher): schwerbewaffnetes, urspr. dreimastiges Kriegsschiff, heute hauptsächlich zum Geleitschutz eingesetzt {86}	ἄφρακτος aphraktos l. *aphractus* it. *fregata* frz. *frégate*	nicht eingezäunt, ungeschützt; ohne Verdeck (Schiffe) offenes Schiff dreimastiges Handelsschiff dto.
1908	frenetisch gr>l>frz	stürmisch, rasend, tobend (bes. von Beifall gesagt) {26/55}	φρενητικός phrenetikos frz. *frénétique*	wahnsinnig; vom Fieber erhitzt
1909	Fundamentalontologie, die l;gr;gr	grundlegende Sicht des menschlichen Daseins {77}	l. *fundamentalis* + ὄν, Gen. ὀντός on, ontos + λόγος logos	zum Grund gehörig, Grund... (↗ UTL 1159) das Seiende Rede, Wort; Berechnung s. u. Ontologie
1910	Fundamentalphilosophie, die l;gr	↗ Philosophie als Prinzipienlehre {77}	dto. + φιλοσοφία philosophia	dto. Liebe zur Weisheit, zu den Wissenschaften s. u. Philosophie
1911	Fungistatikum, das l;gr	Mittel zur Hemmung von Wachstum u. Vermehrung von krankheitserregenden Pilzen (med. t. t.) {70}	l. *fungus* + στατικός statikos	Pilz (↗ UTL 1163) zum Stillstand bringend; wägend
1912	Funktionentheorie, die l;gr	allgemeine ↗ Theorie der Funktionen (math. t. t.) {71}	l. *functio* + θεωρία theoria	Verrichtung, Amtsobliegenheit, Geltung (↗ UTL 1164) das Anschauen, Betrachten; (wissenschaftliche) Untersuchung s. u. Theorie
1913	Funktionspsychologie, die l;gr;gr	Wissenschaft von den Erscheinungen u. Funktionen der seelischen Erlebnisse {70}	dto. + ψυχή psyche + λόγος logos	dto. Seele Rede, Wort; Berechnung s. u. Psychologie

1914	Futuro- loge, der l;gr	Wissenschaftler der Futuro- logie {59/75}	l. *futurus* + λόγος logos	zukünftig Rede, Wort; Be- rechnung
–	Futuro- logie, die l;gr	↗ systematische u. ↗ kritische Behandlung von Fragen, die sich aus der voraussichtlichen Entwicklung der Menschheit ergeben {59/75}	dto.	dto.
–	futuro- logisch l;gr	die Futurologie betreffend {59/75}	dto. + λογικός logikos	dto. zum Reden gehö- rig, die Rede be- treffend

G

1915	Gagat, der gr>l>mhd	als Schmuckstein verwendete Pechkohle {02/20}	γαγάτης gagates		schwarzes Bergpech; benannt nach der lykischen Stadt Gagai
1916	galaktisch gr>l	zum ↗ System der ↗ Galaxis gehörend {01/66}	γαλακτικός galaktikos		milchweiß
1917	Galaktologie, die (gr;gr) >nlat	Wissenschaft von der Zusammensetzung u. Beschaffenheit der Milch {17/70/73}	γάλα, Gen. γάλακτος gala, galaktos + λόγος logos		Milch Rede, Wort; Berechnung
1918	Galaktorrhö(e), die gr;gr	Milchabsonderung nach dem Stillen o. bei Erkrankung der ↗ Hypophyse (med. t. t.) {70}	γάλα, Gen. γάλακτος gala, galaktos + ῥοή rhoe		Milch Fluß, Strom
1919	Galaktose, die	Bestandteil des Milchzuckers {70/73}	γαλάκτωσις galaktosis		Verwandeln in Milch
1920	Galaktostase, die gr;gr	Stauung des Milchflusses (med. t. t.) {70}	γάλα, Gen. γάλακτος gala, galaktos + στάσις stasis		Milch das Feststehen; Zustand, Lage; Aufstand
1921	Galaxie, die gr>l>mlat >frz	1. großes Sternensystem ausserhalb der Milchstraße; 2. Spiralnebel (astron. t. t.) {01/66}	γαλαξίας galaxias abgeleitet von: γάλα, Gen. γάλακτος gala, galaktos		Milchstraße (s. Anhang „Namen") Milch

–	Galaxis, die gr>l>mlat >nlat	1. die Milchstaße; 2. = Galaxie (astron. t. t.) {01/66}	dto.	dto.
1922	Galeasse, die gr>mgr >mlat>it >frz	1. Küstenfrachtsegler mit kleinem Besan- (↗ UTL 0384) u. Großmast; 2. größere Galeere {45}	γαλέη galee mgr. γαλέα mlat. galea it. galeazza frz. galéace, galéasse	Wiesel; Meerfisch Kriegsschiff Ruderschiff großes Kriegsschiff dto.
–	Galeere, die gr>mgr >mlat >roman >afrz>mhd >nhd daneben: mfrz>frz	mittelalterlicher Zweimaster im Mittelmeer, meist von Sklaven o. Sträflingen gerudert {45/75}	dto. mgr. γαλέα mlat. galea roman. gale(r)a afrz. galee, galie mhd. gal(i)e nhd. galee daneben: mfrz. galère frz. galère	dto. Kriegsschiff Ruderschiff dto. kleines Kriegsschiff dto. großes Ruderschiff dto.
1923	Galenik, die	Lehre von den natürlichen (pflanzlichen) Arzneimitteln {70/73}	Γαληνός Galenos	Galen (s. Anhang „Namen")
1924	Galeone, die gr>mgr >mlat>afrz >span>it >niederl	großes span. u. port. Kriegs- u. Handelssegelschiff des 15. bis 18. Jh.s mit 3–4 Decks {45/75}	γαλέη galee mgr. γαλέα mlat. galea afrz. galion, galeon span. galeón it. galeone	Wiesel; Meerfisch Kriegsschiff Ruderschiff kleines Ruderschiff großes Schiff dto.
–	Galeot, der gr>mgr >mlat>afrz >it	Galeerensklave {33/40/45}	γαλέη galee mgr. γαλέα mlat. galeotus, galiotus afrz. galiot it. galeotto	Wiesel; Meerfisch Kriegsschiff Ruderer dto. dto.

–	Galeote, die mlat>afrz >span>it	kleines, einmastiges Küstensegelschiff {45}	γαλέη galee mlat. *galea* afrz. *galiote* span. *galeot* it. *galeotta*		Wiesel; Meerfisch Ruderschiff kleines Ruderschiff dto. dto.
–	Ga(l)lion, das gr>mgr >mlat>afrz >it>span >frz >niederl	Vorbau am Bug älterer Schiffe {45}	γαλέη galee mgr. γαλέα mlat. *galea* afrz. *galion*, *galeon* it. *galeone* span. *galeón* frz. *galion* niederl. *galjoen*		Wiesel; Meerfisch Kriegsschiff Ruderschiff kleines Ruderschiff dto. großes Schiff kleines Schiff kunstvoller Vorbau am Schiffsbug
>>>	Galione, die = ↗ Galeone				
–	Ga(l)lionsfigur, die gr>mgr >mlat>afrz >it>span >frz >niederl;gr	aus Holz geschnitzte Verzierung des Schiffsbugs (meist eine Frauengestalt) {45/75/77}	dto. + l. *figura*		dto. Bild, Gestalt (↗ UTL 1089)
>>>	Galiote, die = ↗ Galeote				
–	Galjaß, die gr>mgr >mlat>it >frz >niederl	= ↗ Galeasse {45}	γαλέη galee mgr. γαλέα mlat. *galea* it. *galeazza* frz. *galéace*, *galéasse*		Wiesel; Meerfisch Kriegsschiff Ruderschiff großes Kriegsschiff dto.
1925	Galimathias, der o. das (l;gr)>nlat >frz	sinnloses Geschwätz {25/32}	l. *gallus*, Gen. *galli* + –μαθία mathia nlat. *gallimathias* frz. *galimathias*		Hahn; Disputant der Pariser Universität (↗ UTL 3727) –wissen „Wissen eines Doktoranden" verworrenes Gerede

1926	Gall-jambus, der (l;gr)>1	antiker (↗ UTL 0214) Vers (↗ UTL 3789) aus ↗ katalektischen ↗ ionischen ↗ Tetrametern {34/76}	l. *Galli* + ἴαμβος iambos	Kybelepriester Jambus s. u. Jambus	
1927	Gallo-mane, der l;gr	= ↗ Frankomane: Liebhaber der französischen Kultur (↗ UTL 1947) und Sprache {26/32/79}	l. *Gallus* + μανία mania	Gallier Raserei, Wahnsinn, Verzückung	

>>> Gallomanie, die (l;gr) = ↗ Frankomanie

1928	gallophil l;gr	= ↗ frankophil: die französische Sprache und Kultur (↗ UTL 1947) liebend {26/32/79}	l. *Gallus* + φίλος philos	Gallier lieb, befreundet, Freund	
–	Gallo-philie, die l;gr	= ↗ Frankophilie: Liebhabertum der französichen Sprache und Kultur {26/32/79}	dto. + φιλία philia	dto. Liebe, Freundschaft	
1929	gallophob l;gr	= ↗ frankophob: Furcht empfindend gegenüber allem Französischen {26/32}	dto. + φόβος phobos	dto. Furcht, Schrecken	
–	Gallo-phobie, die l;gr	= ↗ Frankophobie: Furchtsamkeit gegenüber allem Französischen {26/32}	dto.	dto.	
1930	Galvano-graphie, die it;gr	Verfahren zur Herstellung von Kupferdruckplatten {40/41}	it. *Galvani* + γραφή graphe	it. Naturforscher des 18. Jh. Schrift; Zeichnung	
1931	Galvano-kaustik, die it;gr	Ausbrennen kranken Gewebes mit dem Galvanometer (durch ↗ elektrischen Strom erhitzt) (med. t. t.) {70}	it. *Galvani* + καυστικός kaustikos	it. Naturforscher des 18. Jh. brennend	
–	Galvano-kauter, der it;gr	↗ chirurgisches Instrument (↗ UTL 1448b) für die Galvanokaustik {40/70}	it. *Galvani* + καυτήρ kauter	it. Naturforscher des 18. Jh. Verbrenner	
1932	Galvano-meter, das it;gr	↗ elektronisches Meßinstrument für ↗ elektrischen Strom {40/72}	it. *Galvani* + μέτρον metron	it. Naturforscher des 18. Jh. Maß, Versmaß	
–	galvano-metrisch it;gr	mit Hilfe des ↗ Galvanometers {40/72}	dto.	dto.	

1933	Galvano-plastik, die it;gr	galvanische Nachbildung von Druckstöcken {40}	it. *Galvani* + πλαστική (τέχνη) plastike (techne)	it. Naturforscher des 18. Jh. (die Kunst des) Bilden, Gestaltens s. u. Plastik
–	Galvano-plastiker, der it;gr	jmd., der galvanoplastische Arbeiten ausführt {40}	it. *Galvani* + πλαστικός plastikos	it. Naturforscher des 18. Jh. zum Bilden gehörig s. u. plastisch
–	galvano-plastisch it;gr	die Galvanoplastik betreffend {40}	dto.	dto.
1934	Galvano-skop, das it;gr	↗ elektrisches Meßgerät {72}	it. *Galvani* + σκοπός skopos	it. Naturforscher des 18. Jh. Aufseher; Späher
1935	Galvano-taxis, die it;gr	durch ↗ elektrische Reize ausgelöste Bewegung von ↗ Organismen {69/72}	it. *Galvani* + τάξις taxis	it. Naturforscher des 18. Jh. Aufstellung, (An)-ordnung
1936	Galvano-technik, die it;gr	das Überziehen mit ↗ Metall mittels ↗ Elektrolyse bei der Herstellung einer Legierung {40/72}	it. *Galvani* + τεχνικός technikos	it. Naturforscher des 18. Jh. die Kunst, das Handwerk betreffend s. u. Technik
1936a	Gambe, die gr>l>it	Knie–, Beingeige (mus. t. t.) {37}	καμπή kambe l. *gamba* it. *gamba; viola da gamba*	Biegung, Krümmung; Gelenk Fesselgelenk beim Pferd Bein, Schenkel
>>>	–gam, –gamet ↗ Wortelementeliste			
1937	Gamet, der gr>nlat	Geschlechtszelle bei der Fortpflanzung von Lebewesen {68/69}	γαμέτης gametes	Gatte
>>>	Gameto– ↗ Wortelementeliste			
1938	Gameto-gamie, die gr;gr	Vereinigung von zwei Zellen (↗ UTL 3886) unterschiedlichen Geschlechts {68/69}	γαμέτης gametes + γάμος gamos	Gatte Hochzeit, Ehe

1939	**Gametogenese,** die gr;gr	Entstehung u. Entwicklung der Gameten (biol. t. t.) {68/69}	γαμέτης gametes + γένεσις genesis	Gatte Ursprung, Entstehung
1940	**Gametopathie,** die gr;gr	Keimschäden im Reifeprozeß der Gameten (med. t. t.) {70}	γαμέτης gametes + πάθος pathos	Gatte Schmerz; Leiden(schaft)
1941	**Gametophyt,** der gr;gr	Pflanzengeneration, die sich geschlechtlich fortpflanzt {68}	γαμέτης gametes + φυτόν phyton	Gatte Gewächs, Pflanze
1942	**Gametozyt,** der gr;gr	noch undifferenzierte Zelle (↗ UTL 3886), aus der sich die Gameten herausbilden {68/69}	γαμέτης gametes + κύτος kytos	Gatte Höhlung, Wölbung

>>> –gamie ↗ Wortelementeliste
>>> Gamma– ↗ Wortelementeliste

1943	**Gamma,** das semit>gr>l	dritter Buchstabe des gr. ↗ Alphabets; eigentlich „Kamel" (nach der Ähnlichkeit des hebr.–phönik. Buchstabens „gimel" mit einem Kamelhals) {32/76}	γ, Γ (γάμμα) g, G (gamma)	Gamma
1944	**Gammaastronomie,** die semit>gr >l;gr	Teilgebiet der ↗ Astronomie, das sich mit den von Gestirnen ausgehenden Strahlen beschäftigt {01/66}	γ, Γ (γάμμα) g, G (gamma) + ἀστρονομία astronomia	Gamma Sternenkunde s. o. Astronomie
1945	**Gammaglobulin,** das semit>gr >l;l	Eiweißbestandteil im ↗ Plasma des Blutes (med. t. t.) {70}	γ, Γ (γάμμα) g, G (gamma) + l. *globulus*	Gamma Kügelchen
1946	**Gammaquant,** das semit>gr >l;l	den Gammastrahlen zugeordnetes Elementarteilchen {72}	γ, Γ (γάμμα) g, G (gamma) + l. *quantus*	Gamma wie groß, wie viel
1947	**Gammastrahlen,** die (Pl.) semit>gr >l;d	vom Ehepaar Curie entdeckte radioaktive (↗ UTL 2964), kurzwellige Röntgenstrahlung (phys. t. t.) {72}	γ, Γ (γάμμα) g, G (gamma) + d. *Strahlen*	Gamma

1948	**Gamma-zismus,** der semit>gr>l >nlat;gr	falsche Aussprache von g u. k als j, d o. t; oft Kindersprache o. ↗ Dialekt {32/70}	γ, Γ (γάμμα) g, G (gamma) + –ισμός –ismos	Gamma gr. Suffix s. Partikelliste
1949	**Gamme,** die gr>l>it>frz	Tonleiter, Skala (↗ UTL 3336) {37}	γ, Γ (γάμμα) g, G (gamma) it.*gamma* frz. *gamme*	Gamma Tonleiter dto.
1950	**gamophob** gr;gr	ehescheu {31/33}	+ γάμος gamos + φόβος phobos	Hochzeit, Ehe Furcht, Schrecken
1951	**Ganglien,** die (Pl.)	Plural (↗ UTL 2697) von Ganglion {69/70}	γαγγλίον ganglion	Geschwulst
–	**Ganglien-zelle,** die gr;l	Nervenzelle {69/70}	dto. + l. *cella*	dto. (Vorrats)kammer, Kabinett; Gefängnis, Bienenstockzelle (↗ UTL 3886)
–	**Ganglion,** das gr>l	1. Nervenknoten (Anhäufung von Nervenzellen) {70}; 2. Überbein (med. t. t.) {14/70}	γαγγλίον ganglion l. *ganglion*	Geschwulst dto.
1952	**Gangrän-n(e),** die o. das gr>l	(bes. feuchter) Brand, Absterben des Gewebes (med. t. t.) {14/70}	γάγγραινα gangraina	um sich fressendes, krebsartiges Geschwür
1953	**Ganoiden,** die (Pl.) gr;gr	Schmelzschupper; Sammelbegriff für Störe, Hechte, Kaimanfische {07/69}	γάνος ganos + –(ε)ιδής –(e)ides	Glanz, Zierde ähnlich aussehend s. Partikelliste
–	**Ganoid-schuppe,** die gr>nlat;d	↗ rhombische Schuppen der Ganoiden {69}	dto. + d. *Schuppe*	dto. dto.
1954	**Ganosis,** die	Imprägnierung (↗ UTL 1321a) von Bildwerken aus ↗ Gips o. ↗ Marmor {36}	γάνωσις ganosis	Schmücken, Glanz
1955	**Ganymed,** der	gut aussehender, junger Kellner, Diener {33/40}	Γανυμήδης Ganymedes	Ganymed (s. Anhang „Namen")
1956	**gargari-sieren** gr>l>frz	gurgeln (med. t. t.) {70}	γαργαρίζειν gargarizein	gurgeln
–	**Garga-risma,** das gr>l>frz	Gurgelmittel (med. t. t.) {70}	γαργα-ρισμός gargarismos	das Gurgeln

1957	Gas, das gr>niederl	luftartiger unsichtbarer Stoff (das Wort wurde Mitte des 17. Jhs. von dem Brüsseler ↗ Chemiker van Helmont erfunden, wobei gr. „ch" und niederl. anlautendes „g" ähnlich klingen) {02/73}	χάος chaos	der leere, unendliche Raum; ungeordneter Urzustand (seit Paracelus 1538 auch „Luft")
1958	Gasometer, der (gr >niederl; gr)>frz	Behälter für Leuchtgas (das Wort wurde von dem frz. ↗ Chemiker Lavoisier 1789 gebildet) {41/58}	dto. + μέτρον metron frz. *gazomètre*	dto. Maß, Versmaß
>>>	Gastr(o)–	↗ Wortelementeliste		
1959	gastral	zum Magen gehörend, den Magen betreffend (med. t. t.) {11/70}	γαστήρ, Gen. γαστ(ε)ρός gaster, gast(e)ros	Bauch, Magen
1960	Gastralgie, die gr;gr	Magenkrampf (med. t .t.) {14/70}	dto. + ἄλγος algos	dto. Schmerz
1961	Gastrektomie, die gr;gr	operative (↗ UTL 2434) Entfernung des Magens (med. t. t.) {14/70}	γαστήρ, Gen. γαστ(ε)ρός gaster, gast(e)ros + ἐκτομή ektome	Bauch, Magen das Ausschneiden; Ausschnitt
1962	gastrisch	zum Magen gehörend, vom Magen ausgehend (med. t. t.) {11/70}	γαστήρ, Gen. γαστ(ε)ρός gaster, gast(e)ros	Bauch, Magen
1963	Gastritis, die gr;gr	Magenschleimhautentzündung (med. t. t.) {14/70}	dto. + –ῖτις –itis	dto. gr. Suffix s. Partikelliste
1964	Gastrizismus, der gr;gr	Magenverstimmung (med. t. t.) {14/70}	dto. + –ισμός –ismos	dto. gr. Suffix s. Partikelliste
>>>	Gastro–	↗ Wortelementeliste		

1965	Gastroduodenitis, die gr;l;gr	Entzündung der Schleimhaut von Magen u. Zwölffingerdarm (med. t. t.) {14/70}	γαστήρ, Gen. γαστ(ε)ρός gaster, gast(e)ros + l. duodeni + -ῖτις -itis	Bauch, Magen je zwölf gr. Suffix s. Partikelliste
1966	gastroenterisch gr;gr	Magen u. Darm betreffend (med. t. t.) {11/70}	γαστήρ, Gen. γαστ(ε)ρός gaster, gast(e)ros + ἔντερον enteron	Bauch, Magen das Innere; Darm
–	Gastroenteritis, die gr;gr;gr	Magen–Darm–Entzündung (med. t. t.) {14/70}	dto. + -ῖτις -itis	dto. gr. Suffix s. Partikelliste
1966a	Gastroenterologe, der gr;gr;gr	Spezialist (↗ UTL 3394) für Magen– u. Darmkrankheiten (med. t. t.) {40/70}	dto. + λόγος logos	dto. Rede, Wort; Berechnung
–	Gastroenterologie, die gr;gr;gr	Wissenschaft von den Krankheiten des Magens u. Darmes (med. t. t.) {14/70}	dto.	dto.
1967	gastrogen gr;gr	vom Magen ausgehend (med. t. t.) {70}	γαστήρ, Gen. γαστ(ε)ρός gaster, gast(e)ros + -γενής -genes	Bauch, Magen stammend von; hervorbringend, verursachend
1968	Gastrolith, der (gr;gr) >nlat	Magenstein (med. t. t.) {14/70}	γαστήρ, Gen. γαστ(ε)ρός gaster, gast(e)ros + λίθος lithos	Bauch, Magen Stein
1969	Gastrologie, die gr;gr	Teilgebiet der ↗ Gastroenterologie (med. t. t.) {70}	γαστήρ, Gen. γαστ(ε)ρός gaster, gast(e)ros + λόγος logos	Bauch, Magen Rede, Wort; Berechnung

1970	Gastro-nom, der (gr;gr)>frz	1. Kochkünstler; 2.Gastwirt eines Spezialitätenrestaurants {17/40}	dto. + νόμος nomos	dto. Brauch, Gesetz
–	Gastro-nomie, die (gr;gr)>frz	1. feine Kochkunst; 2. Gaststättenbetrieb {17/40}	dto.	dto.
–	gastrono-misch (gr;gr)>frz	die Gastronomie betreffend {17/40}	dto.	dto.
1971	Gastro-pathie, die gr;gr	Magenleiden (med. t. t.) {14/70}	γαστήρ, Gen. γαστ(ε)ρός gaster, gast(e)ros + πάθος pathos	Bauch, Magen Schmerz; Leiden-(schaft)
1972	Gastro-pode, der gr;gr	Schnecke; Gattungsbezeichnung für Weichtiere o. Mollusken (↗ UTL 2271 – zool. t. t.) {69}	γαστήρ, Gen. γαστ(ε)ρός gaster, gast(e)ros + πούς, Gen. ποδός pous, podos	Bauch, Magen Fuß
1973	Gastro-skop, das gr;gr	mit einem Spiegel versehenes, durch die Speiseröhre eingeführtes Metallrohr zur Untersuchung des Mageninneren (med. t. t.) {40/70}	γαστήρ, Gen. γαστ(ε)ρός gaster, gast(e)ros + σκοπός skopos	Bauch, Magen Aufseher; Späher
–	Gastro-skopie, die gr;gr	Magenspiegelung (med. t. t.) {70}	γαστήρ, Gen. γαστ(ε)ρός gaster, gast(e)ros + σκοπή skope	Bauch, Magen das Umschauen, Spähen
1974	Gastro-soph, der gr;gr	Anhänger der Gastrosophie {17/33}	γαστήρ, Gen. γαστ(ε)ρός gaster, gast(e)ros + σοφός sophos	Bauch, Magen kundig; klug, weise

–	**Gastro-sophie**, die gr;gr	die Kunst, Tafelfreuden (weise) zu genießen {17/33}	γαστήρ, Gen. γαστ(ε)ρός gaster, gast(e)ros + σοφία sophia	Bauch, Magen das Wissen; Weisheit
–	**gastro-sophisch** gr;gr	Tafelfreuden (weise) genießend {17/33}	dto.	dto.
1975	**Gastro-spasmus**, der gr;gr	Magenkrampf, Zusammenziehen der Magenmuskeln (med. t. t.) {14/70}	γαστήρ, Gen. γαστ(ε)ρός gaster, gast(e)ros + σπασμός spasmos	Bauch, Magen Zuckung, Krampf
1976	**Gastro-tomie**, die gr;gr	operative (↗ UTL 2434) Öffnung des Magens (med. t. t.) {70}	γαστήρ, Gen. γαστ(ε)ρός gaster, gast(e)ros + τομή tome	Bauch, Magen das Schneiden; Schnitt
1977	**Gastrula**, die (gr;l)>nlat	zweischichtiger Becherkeim; ↗ embryonales Entwicklungsstadium vielzelliger Tiere (zool. t. t.) {69}	γαστήρ, Gen. γαστ(ε)ρός gaster, gast(e)ros + l. –ula	Bauch, Magen diminutives Affix
–	**Gastru-lation**, die (gr;l)>nlat	Entstehung der Gastrula aus der ↗ Blastula im Laufe der Entwicklung mehrzelliger Tiere (zool. t. t.) {69}	dto.	dto.
1978	**Geison**, das	Kranzgesims an antiken (↗ UTL 0214) Tempeln (↗ UTL 3545) {75/88}	γεῖσ(σ)ον geis(s)on	Gesims
1979	**Gelasma**, das	Lachkrampf (med. t. t.) {14/70}	γέλασμα gelasma	Lachen
>>>	**Gelo-** ↗ Wortelementeliste			
1980	**Gelo-lepsie**, die (gr;gr)>nlat	mit Bewußtlosigkeit verbundenes, plötzliches Hinstürzen bei Affekterregungen (z.B. Lachkrampf; med. t. t.) {14/61/70}	γέλως gelos + λῆψις lepsis	das Lachen, Gelächter das Annehmen, Empfangen; (med.) Anfall

1981	Gelo-plegie, die gr;gr	= ↗ Gelolepsie {14/61/70}	γέλως gelos + πληγή plege	das Lachen, Gelächter Schlag, Hieb
1982	Gemmoglyptik, die l;gr	Steinschneidekunst; das Schneiden der Gemmen (= ↗ Glyptik) {20/29/40}	l. gemma + γλυπτικός glyptikos	Knospe, Juwel (↗ UTL 1177a) schnitzend, meißelnd
1983	Gemmologe, der l;gr	Edelsteinprüfer {17/40}	l. gemma + λόγος logos	Knospe, Juwel (↗ UTL 1177a) Rede, Wort; Berechnung
–	Gemmologie, die l;gr	Edelsteinkunde {17/40}	dto.	dto.
–	gemmologisch l;gr	die Edelsteinkunde betreffend {17/40}	dto. + λογικός logikos	dto. zum Reden gehörig, die Rede betreffend

>>> –gen ↗ Partikelliste

1984	Gen, das	in den ↗ Chromosomen vorkommender Erbfaktor {68/69/70}	γένος genos	Geschlecht, Art
1985	Genchirurgie, die gr;gr	künstliche Veränderung der Erbsubstanz (= ↗ Genmanipulation) {70}	dto. + χειρουργία cheirourgia	dto. das Arbeiten mit den Händen s. o. Chirurgie
1986	Genealoge, der gr;gr	Forscher auf dem Gebiet der Genealogie {10/40}	γενεά genea + λόγος logos	Geburt, Abstammung Rede, Wort; Berechnung
–	Genealogie, die gr;gr	Forschung vom Ursprung u. Abfolge der Generationen (↗ UTL 1179); Ahnenforschung {10/40}	dto.	dto.
–	genealogisch gr;gr	die Genealogie betreffend {10}	dto. + λογικός logikos	dto. zum Reden gehörig, die Rede betreffend
1987	Generalsynode, die l;gr	1. oberste Körperschaft der ↗ evangelischen ↗ Kirche; 2. (veraltet) allgemeine Versammlung der römisch–↗ katholischen ↗ Kirche {51/77}	l. generalis + σύνοδος synodos	allgemein (↗ UTL 1178) Zusammenkunft, Versammlung s. u. Synode

>>> –genese, –genesis ↗ Wortelementeliste

1988	Genese, die gr>l>frz	Entstehung, Entwicklung {61/68/69}	γένεσις genesis	Ursprung, Entstehung
–	Genesis, die gr>l	1. Ursprung, Entstehung {61/68/69}; 2. Schöpfungsgeschichte (1. Buch Mosis) {51/77}	dto.	dto.
1989	Genethliakon, das	antikes (↗ UTL 0214) Geburtstagsgedicht {34/75/76}	γενεθλιακός genethliakos	zum Geburtstag gehörig
1990	Genetik, die gr>nlat	Vererbungslehre {68/69}	γένεσις genesis	Ursprung, Entstehung
–	Genetiker, der	Wissenschaftler auf dem Gebiet der Genetik {40/68/69}	dto.	dto.
–	genetisch	1. entwicklungsgeschichtlich; 2. zur Genetik gehörend {68/69/70}	γενητός genetos	geworden, entstanden
>>>	–genie ↗ Wortelementeliste			
1991	Genmanipulation, die gr;l>frz	Neukombination von ↗ Genen durch direkten (↗ UTL 0758) Eingriff in die Erbsubstanz mit ↗ biochemischen Verfahren {68/69/70}	γένος genos + l. manipulus frz. manipulation	Geschlecht, Art Handvoll; Bündel; Manipel, Kompanie (↗ UTL 2137) bestimmtes Heilverfahren
1992	Genmutation, die gr;l	erbliche Veränderung eines ↗ Gens {68/69/70}	γένος genos + l. mutatio	Geschlecht, Art Veränderung (↗ UTL 2332)
1993	Genökologie, die gr;gr;gr	die Lehre von den Beziehungen zwischen ↗ Genetik u. ↗ Ökologie {68/69/70}	γένος genos + οἶκος oikos + λόγος logos	Geschlecht, Art Haus Rede, Wort; Berechnung s. u. Ökologie
1994	Genom, das gr>nlat	↗ Chromosomen, die die Erbmasse einer Zelle (↗ UTL 3886) enthalten {68/69/70}	γένος genos	Geschlecht, Art
–	Genommutation, die gr>nlat;l	erbliche Veränderung eines ↗ Genoms {68/69/70}	dto. + l. mutatio	dto. Veränderung (↗ UTL 2332)

1995	genospe-zifisch gr;(l;l) >spätl	↗ charakteristisch für das Erbgut {54/68/69/70}	γένος genos + spätl. specificus aus: l. species + l. facere	Geschlecht, Art von besonderer Art, eigentümlich Anblick, Gestalt; Art; das einzelne Stück tun, machen (↗ UTL 3396)
1996	Geno-typ(us), der gr;gr	alle Erbfaktoren eines Lebewesens {68/69/70}	γένος genos + τύπος typos	Geschlecht, Art Schlag; Abdruck; Gepräge, Gestalt s. u. Typus
–	genoty-pisch	den Genotyp betreffend {68/69/70}	dto.	dto.
1997	Genozid, der / das gr>l;l	Mord an nationalen (↗ UTL 2341), rassischen o. religiösen (↗ UTL 3066) Gruppen {10/15/75/82}	γένος genos l. genus + l. caedes	Geschlecht, Art Art, Gattung, Abstammung, Rasse (↗ UTL 1184) Morden, Blutvergießen
1997a	Gentech-nologie, die gr;gr;gr	Teilgebiet der ↗ Molekularbiologie, das sich mit der Erforschung u. Veränderung von ↗ Genen befaßt {68/69/70}	γένος genos + τέχνη techne + λόγος logos	Geschlecht, Art das fachliche Können; Handwerk; Kunst Rede, Wort; Berechnung s. u. Technologie
1998	Genre, das gr>l>frz	Gattung, Wesen, Art {25/26}	γένος genos l. genus frz. genre	Geschlecht, Art Art, Gattung, Abstammung, Rasse (↗ UTL 1185)
–	genrehaft gr>l>frz;d	Bild im Stil der Genremalerei {36}	dto. + d. -haft	dto. d. Affix
–	Genre-malerei, die gr>l>frz;d	Malerei, die Zustände aus dem täglichen Leben einer Berufsgruppe o. sozialen (↗ UTL 3373) Klasse (↗ UTL 1689) darstellt {36/33}	dto. + d. Malerei	dto. dto.
1998a	Genus, das gr>l	1. Art, Gattung {56/10}; 2. ↗ grammatisches Geschlecht (sprachwiss. t. t.) {76}	dto.	dto.

>>> Geo– ↗ Wortelementeliste

1999	Geobiologie, die gr;gr;gr	Wissenschaft von der ↗ geographischen Verbreitung von Pflanzen u. Tieren {64/68/69}	γῆ ge + βίος bios + λόγος logos	Erde Leben Rede, Wort; Berechnung s. o. Biologie
–	geobiologisch gr;gr;gr	die Geobiologie betreffend {64/68/69}	dto. + λογικός logikos	dto. zum Reden gehörig, die Rede betreffend
2000	Geobiont, der gr;gr	Lebewesen im Erdboden {68/69}	γῆ ge + βιῶν, Gen. βιόντος bion, biontos	Erde lebend
2001	Geobotanik, die gr;gr	Lehre von der Verteilung der Pflanzen auf der Erde {64/68}	γῆ ge + βοτανική botanike	Erde Pflanzenkunde s. o. Botanik
–	geobotanisch gr;gr	die Geobotanik betreffend {64/68}	γῆ ge + βοτανικός botanikos	Erde die Pflanzen betreffend
2002	Geochemie, die gr;gr	Wissenschaft von der ↗ chemischen Zusammensetzung der Erde {02/73}	γῆ ge + χύμα chyma gemischt mit: χυμεία chymeia o. χημεία chemeia	Erde Flüssigkeit Metallverwandlung dto. s. o. Chemie
–	geochemisch gr;gr	die ↗ Geochemie betreffend {02/73}	dto.	dto.
2003	Geochronologie, die gr;gr	Lehre von der Bestimmung ↗ geologischer Datierungen (↗ UTL 0584) {59/62}	γῆ ge + χρονολογία chronologia	Erde Zeitrechnung s. o. Chronologie
2004	Geodäsie, die	Erdmessung u. Vermessungskunde {56/64}	γεωδαισία geodaisia	Landverteilung
–	Geodät, der gr>nlat	Landvermesser {40/64}	γεωδαίτης geodaites	Landvermesser

–	geodä-tisch gr>nlat	die Geodäsie betreffend {40/64}	dto.	dto.
2005	Geo-dreieck, das gr;l	Kunstwort aus ↗ Geometrie und Dreieck; ↗ mathematisches Hilfsmittel: transparentes (↗ UTL 3641) Dreieck zum Ausmessen u. Zeichnen von Winkeln u. ↗ Parallelen {31/40/71}	γεωμετρία geometria + d. Dreieck	Feldmeßkunst
2006	Geodynamik, die gr;gr	die inneren (↗ endogenen) und äußeren (↗ exogenen) Kräfte der Erde {02/63}	γῆ ge + δυναμικός dynamikos	Erde vermögend, wirksam s. o. Dynamik
2007	Geogenese, die gr;gr	Wissenschaft von der Entstehung der Erde {02/63}	γῆ ge + γένεσις genesis	Erde Ursprung, Entstehung s. o. Genese
2008	Geogenie, die (gr;gr) >nlat	= ↗ Geogenese {02/63}	γῆ ge + γενεά genea	Erde Geburt, Herkunfz
2009	Geognosie, die (gr;gr) >nlat	(veraltet) = ↗ Geologie {64}	γῆ ge + γνῶσις gnosis	Erde das Erkennen; Erkenntnis
2010	Geogonie, die (gr;gr) >nlat	= ↗ Geogenie bzw. Geogenese {02/63}	dto. + γονεία goneia	dto. Zeugung
2011	Geograph, der gr>l	Wissenschaftler auf dem Gebiet der Geographie {40/64}	γεωγράφος geographos abgeleitet von: γῆ ge + γραφεύς grapheus	die Erde beschreibend Erde Schreiber, Maler
–	Geographie, die	Erdkunde, Erdbeschreibung {64}	γεωγραφία geographia abegeleitet von: γῆ ge + γραφή graphe	Erdbeschreibung Erde Schrift; Zeichnung

–	**geographisch**	1. die Geographie betreffend; 2. die Lage o. das ⟶ Klima eines Gebietes betreffend {64/65}	γεωγραφικός geographikos	zur Erdbeschreibung gehörig
2012	**geokarp** (gr;gr) >nlat	unter der Erde reifend (von Pflanzenfrüchten) {68}	γῆ ge + καρπός karpos	Erde Frucht
–	**Geokarpie,** die gr;gr	das unterirdische Reifen von Pflanzenfrüchten {68}	dto.	dto.
2013	**Geologe,** der (gr;gr) >nlat	Wissenschaftler auf dem Gebiet der ⟶ Geologie {40/62}	γῆ ge + λόγος logos	Erde Rede, Wort; Berechnung
–	**Geologie,** die (gr;gr) >mlat>nlat	Wissenschaft von Entwicklung u. Beschaffenheit der Erde {62}	dto.	dto.
–	**geologisch** (gr;gr) >nlat	die Geologie betreffend {62}	dto. + λογικός logikos	dto. zum Reden gehörig, die Rede betreffend
2014	**Geomantie,** die (gr;gr)>l	das Wahrsagen anhand von Linien u. Figuren (⟶ UTL 1089) im Sand (bes. bei den Chinesen u. Arabern) {51/75}	γῆ ge + μαντεία manteia	Erde das Weissagen; die Weissagung
–	**Geomantik,** die (gr;gr) >nlat	= ⟶ Geomantie {51/75}	γῆ ge + μαντική (τέχνη) mantike (techne)	Erde (Kunst des) Wahrsagens
2015	**Geomedizin,** die gr;l	Wissenschaft von den Krankheiten auf der Erde sowie deren ⟶ geographische u. ⟶ klimatische Bedingungen {64/65/70}	γῆ ge + l. *medicina*	Erde Heilkunst; Arznei, Heilmittel (⟶ UTL 2190)
–	**geomedizinisch** gr;l	die Geomedizin betreffend (64/65/70)	dto.	dto.
2016	**Geometer,** der gr>l>mhd >nhd	1. Landvermesser (= ⟶ Geodät) {40/64}; 2. Wissenschaftler auf dem Gebiet der Geometrie {40/71}	γεωμέτρης geometres aus: γῆ ge + μέτρον metron	Landmesser Erde Maß, Versmaß

2017	Geometrie, die gr>l>afrz >mhd>nhd	Zweig der ↗ Mathematik, der sich mit den Gebilden der Ebene u. des Raumes befaßt {71}	γεωμετρία geometria	Feldmeßkunst
–	geometrisch gr>l	die Geometrie betreffend {71}	dto.	dto.
2018	Geomorphologe, der gr;gr;gr	Wissenschaftler auf dem Gebiet der Geomorphologie {40/62}	γῆ ge + μορφή morphe + λόγος logos	Erde Form, Gestalt Rede, Wort; Berechnung s. u. Morphologe
–	Geomorphologie, die gr;gr;gr	Wissenschaft von den Formen (↗ UTL 1132) u. Veränderungen der Erdoberfläche (geol. t. t.) {62}	dto.	dto.
–	geomorphologisch gr;gr;gr	die Geomorphologie betreffend {62}	dto. + λογικός logikos	dto. zum Reden gehörig, die Rede betreffend
2019	Geonym, das (gr;gr) >nlat	↗ Pseudonym mit einem ↗ geographischen Namen o. Hinweis (z. B. Stendhal) {32}	γῆ ge + ὄνυμα onyma = Nebenform zu: ὄνομα onoma	Erde Name
2020	geopathisch gr;gr	Krankheiten verursachend durch ↗ geographische, ↗ klimatische o. ↗ meteorologische Umstände {14/64/65/70}	γῆ ge + πάθος pathos	Erde Schmerz; Leiden(schaft)
2021	Geophage, der (gr;gr) >nlat	1. jmd., der Erde ißt; 2. jmd., der an Geophagie leidet {17/70/81}	γῆ ge + φαγεῖν phagein	Erde essen
–	Geophagie, die (gr;gr) >nlat	1. das Essen toniger o. fetter Erde (Naturvölker) {17/81}; 2. krankhafter Trieb, Erde zu essen {17/70}	dto.	dto.
2022	Geophon, das (gr;gr) >nlat	Instrument (↗ UTL 1448b) für ↗ geophysikalische Untersuchungen {40/63}	γῆ ge + φωνή phone	Erde Laut, Stimme, Ton

2023	Geophysik, die gr;gr	Lehre von den natürlichen ↗ physikalischen Vorgängen, die unsere Erde betreffen {63}	γῆ ge + φυσική (τέχνη) physike (techne)	Erde Erforschung der Natur s. u. Physik
–	geophysikalisch gr;gr	die Geophysik betreffend {63}	dto. + φυσικός physikos	dto. natürlich, naturgemäß; Naturphilosoph s. u. physikalisch
–	Geophysiker, der gr;gr	Wissenschaftler auf dem Gebiet der Geophysik {40/63}	dto.	dto.
2024	Geophyt, der (gr;gr) >nlat	Erdpflanze, die Trocken- u. Kältezeiten mit unterirdischen Knospen überdauert (bot. t. t.) {68}	γῆ ge + φυτόν phyton	Erde Gewächs, Pflanze
2025	Geoplastik, die gr;gr	dreidimensionale Darstellung von Teilen der Erdoberfläche {55/64}	γῆ ge + πλαστική (τέχνη) plastike (techne)	Erde (die Kunst des) Bilden, Gestaltens s. u. Plastik
2026	Geopolitik, die gr;gr	Wissenschaft, die den Einfluß ↗ geographischer Umstände auf ↗ politisches Geschehen untersucht {33/64/81}	γῆ ge + πολιτική (τέχνη) politike (techne)	Erde (Kunst der) Staatsverwaltung s. u. Politik
–	geopolitisch gr;gr	die Geopolitik betreffend {33/64/81}	dto. + πολιτικός politikos	dto. den Bürger betreffend, (staats)bürgerlich s. u. politisch
2027	Geopsychologie, die gr;gr;gr	Wissenschaft vom Einfluß ↗ geographischer Faktoren (↗ UTL 1033) auf die ↗ Psyche {64/70}	γῆ ge + ψυχή psyche + λόγος logos	Erde Seele Rede, Wort; Berechnung s. u. Psychologie
–	geopsychologisch gr;gr;gr	die Geopsychologie betreffend {64/70}	dto. + λογικός logikos	dto. zum Reden gehörig, die Rede betreffend
2028	Georg	männlicher Vorname {31}	γεωργός georgos	Bauer

2029	Georgika, die (Pl.)	Dichtung über Landleben {34/76}	γεωργικός georgikos	zum Ackerbau gehörig
2030	Geosphäre, die gr;gr	Raum, in dem die Gesteinskruste der Erde, die Wasser- u. Lufthülle aneinandergrenzen {02/58/64}	γῆ ge + σφαῖρα sphaira	Erde Kugel, Ball s. u. Sphäre
2031	Geostatik, die gr;gr	Erdgleichgewichtslehre {63}	γῆ ge + στατική (τέχνη) statike (techne)	Erde die Kunst des Wägens s. u. Statik
–	geostatisch gr;gr	die Geostatik betreffend {63}	dto. + στατικός statikos	dto. zum Stillstand bringend; wägend
2032	geostationär gr;l	immer über dem gleichen Punkt (↗ UTL 2903) des Erdäquators stehend u. dabei mit der Erdrotation mitlaufend {61/63/66}	γῆ ge + l. *stationarius*	Erde stillstehend, zum Standort gehörig (↗ UTL 3422)
2032a	geostrophischer Wind, der gr>nlat;d	Wind in hohen Luftschichten b. geradlinigen ↗ Isobaren (meteor. t. t.) {65}	γῆ ge + στροφή strophe	Erde das Drehen, Wenden; Strophe
2033	Geotaxis, die gr;gr	durch Schwerkraft gesteuerte Orientierungsbewegung einzelner Pflanzen u. Tiere {61/63/68/69}	γῆ ge + τάξις taxis	Erde Aufstellung, (An)ordnung
2034	Geotechnik, die gr;gr	Ingenieurgeologie (↗ UTL 1382 – ↗ Geologie) {40/62}	γῆ ge + τεχνικός technikos	Erde die Kunst, das Handwerk betreffend s. u. Technik
2035	Geotektonik, die gr;gr	Lehre von den allgemeinen Gesetzmäßigkeiten in der Entwicklung der Erdkruste {62/63}	γῆ ge + τεκτονική (τέχνη) tektonike (techne)	Erde Baukunst s. u. Tektonik
–	geotektonisch gr;gr	die Geotektonik betreffend (geol. t. t.) {62/63}	dto. + τεκτονικός tektonikos	dto. im Bauen geschickt s. u. tektonisch

Nr.	Wort	Bedeutung	Griechisch	Übersetzung
2036	Geothe-rapie, die gr;gr	↗ klimatische Heilbehandlung (med. t. t.) {65/70}	γῆ ge + θεραπεία therapeia	Erde das Dienen, Pflegen s. u. Therapie
2037	geother-mal gr;gr	die Erdwärme betreffend {54/63/65}	γῆ ge + θερμός thermos o. θέρμη therme	Erde warm Wärme, Hitze s. u. thermal
–	Geother-mik, die gr;gr	Wissenschaft, die sich mit den verschiedenen Wärmegraden der Erde beschäftigt {63/65}	dto.	dto.
–	geother-misch gr;gr	die Erdwärme betreffend {54/63/65}	dto.	dto.
2038	Geother-mometer, das gr;gr;gr	Meßgerät für die Temperatur (↗ UTL 3546) der verschiedenen Erdschichten {40/63/65}	γῆ ge + θερμός thermos o. θέρμη therme + μέτρον metron	Erde warm Wärme, Hitze Maß, Versmaß s. u. Thermometer
2039	geotro-p(isch) (gr;gr) >nlat	auf die Schwerkraft ansprechend (von Pflanzen) {63/68}	γῆ ge + τροπή trope	Erde Wende, Kehre
–	Geotro-pismus, der gr;gr;gr	Erdwendigkeit; Vermögen der Pflanzen, sich in Richtung der Schwerkraft zu orientieren (↗ UTL 2449) {61/63/68}	dto. + –ισμός –ismos	dto. gr. Suffix s. Partikelliste
2040	Geowis-senschaf-ten, die (Pl.) gr;d	alle sich mit der Erforschung der Erde befassenden Wissenschaften {62/63/64/65/66/67}	γῆ ge + d. Wissenschaften	Erde
2041	Geo-zentrik, die (gr;gr) >nlat	Weltsystem, das die Erde als Mittelpunkt betrachtet {63/77}	γῆ ge + κέντρον kentron	Erde Mittelpunkt eines Kreises; Stachel-(stab); ruhender Zirkelschenkel s. u. Zentrum

–	geozentrisch (gr;gr) >nlat	1. auf die Erde als Mittelpunkt der Welt bezogen; 2. auf den Erdmittelpunkt bezogen {58/63/77}		dto.	dto.
2042	Geozoologie, die gr;gr;gr	Wissenschaft von der ↗ geographischen Verbreitung der Tiere {58/64/69}	γῆ ge + ζῷον zoon + λόγος logos		Erde Lebewesen; Tier Rede, Wort; Berechnung s. u. Zoologie
–	geozoologisch gr;gr;gr	die Geozoologie betreffend {64/69}	dto. + λογικός logikos		dto. zum Reden gehörig, die Rede betreffend
2043	geozyklisch gr;gr	den Umlauf der Erde um die Sonne betreffend {66}	γῆ ge + κυκλικός kyklikos		Erde kreisförmig, rund s. u. zyklisch
2044	Geragoge, der gr;gr	Spezialist (↗ UTL 3394) auf dem Gebiet der ↗ Geragogik {31/33/40/78}	γεραιός geraios + ἀγωγός agogos		alt Führer
–	Geragogik, die (gr;gr) >nlat	Teilgebiet der ↗ Pädagogik betreffend Bildungsfragen u. –hilfen für ältere Menschen {31/33/78}	dto.		dto.
2045	Geranie, die gr>l	Storchschnabelgewächs; Zierstaude mit zahlreichen Arten (mit „kranichschnabelförmigen" Blüten) {04/68}	γέρανος geranos abgeleitet von: γεράνιον geranion		Kranich Storchschnabel
2046	Geraniumöl, das gr;gr	↗ ätherisches ↗ Öl mit feinem Rosenduft (aus Pelargonienblättern) {21}	dto. + ἔλαιον elaion		dto. Oliven-, (Baum)öl s. u. Öl
2047	Geriater, der (gr;gr) >nlat	Spezialist (↗ UTL 3394) auf dem Gebiet der Geriatrie {40/70}	γέρων geron + ἰατρός iatros		alt Arzt
–	Geriatrie, die (gr;gr) >nlat	Altersheilkunde {70}	dto.		dto.

–	Geriatrikum, das gr;gr	Mittel zur Behandlung von Alterserscheinungen {70}	dto. + ἰατρικός iatrikos	dto. den Arzt betreffend; heilend
–	geriatrisch gr;gr	die Geriatrie betreffend {70}	dto.	dto.
2048	germanophil l;gr	deutschfreundlich {25/26/33/81}	1. *Germanus* + φίλος philos	Germane lieb, befreundet, Freund
–	Germanophilie, die l;gr	Deutschfreundlichkeit {25/26/33/81}	dto. + φιλία philia	dto. Liebe, Freundschaft
2049	germanophob l;gr	Deutsches fürchtend; deutschfeindlich {25/26/33/81}	dto. + φόβος phobos	dto. Furcht, Schrecken
–	Germanophobie, die l;gr	Deutschenfurcht; Deutschfeindlichkeit {25/26/33/81}	dto.	dto.
2050	Geroderma, das (gr;gr) >nlat	schlaffe, welke, runzlige Haut (med. t. t.) {11/14/70}	γέρων geron + δέρμα derma	Greis Haut
2051	Gerohygiene, die gr;gr	Gesundheitspflege im Alter (med. t. t.) {21/59/70}	γέρων, geron + ὑγιεινός hygieinos Fem. ὑγιεινή hygieine	Greis der Gesundheit zuträglich; gesund s. u. Hygiene
2052	Geront, der	Mitglied des Ältestenrates (der ↗ Gerusia) {50/75/81}	γέρων, Gen. γέροντος geron, gerontos	Greis
>>>	Geronto– ↗ Wortelementeliste			
2053	Gerontokratie, die (gr;gr) >nlat	Herrschaft des Rates der Alten (hist. t. t.) {50/75/81}	dto. + κράτος kratos	dto. Kraft, Macht

2054	Geronto-loge, der gr;gr	Spezialist (↗ UTL 3394) auf dem Gebiet der Gerontologie {40/70}	γέρων, Gen. γέροντος geron, gerontos + λόγος logos	Greis Rede, Wort; Berechnung
–	Geronto-logie, die gr;gr	1. Lehre von den Alterungsvorgängen; 2. Lehre von dem unterschiedlichen Krankheitsverlauf in den einzelnen Lebensaltern {59/70}	dto.	dto.
–	geronto-logisch gr;gr	die Gerontologie betreffend {59/70}	dto. + λογικός logikos	dto. zum Reden gehörig, die Rede betreffend
2055	Gerusia, o. Gerusie, die	Rat der Alten (in Sparta; hist. t. t.) {50/75/81}	γερουσία gerousia	Ratsversammlung der Alten
2056	Gervais o. Gervasius	männlicher Vorname {31}	γερούσιος gerousios	Greis
2057	Gestagen, das l;gr	weibliches Keimdrüsenhormon {11/70}	l. gestatio + –γενής –genes	das Tragen (↗ UTL 1192b) stammend von; hervorbringend, verursachend
>>>	Giga– ↗ Wortelementeliste			
2058	Gigabyte, das gr;engl	eine Milliarde Byte (Speichereinheit bei Computern – phys. t. t.) {57/72}	Γίγας, Gen. Γίγαντος Gigas, Gigantos + engl. byte	Riese (s. Anhang „Namen") Zusammenfassung von acht Binärstellen
2059	Giga-hertz, das gr;d	Frequenz, die eine Milliarde (↗ UTL 2237) Schwingungen pro Sekunde ausführt (Zeichen: GHz – phys. t. t.) {46/57/72}	Γίγας, Gen. Γίγαντος Gigas, Gigantos + d. Hertz	Riese (s. Anhang „Namen") deutscher Physiker des 19. Jh.

2060	**Gigant**, der gr>l>ahd >mhd	jmd., der riesig u. außergewöhnlich stark ist {53/55/56}	Γίγας, Gen. Γίγαντος Gigas, Gigantos	Riese (s. Anhang „Namen")
–	**gigantesk**	ins Riesenhafte übersteigert; übertrieben groß {53/55/56}	γιγαντικός gigantikos	riesenhaft
2061	**Giganthropus**, der (gr;gr) >nlat	Urmenschenform mit übergroßen Körpermaßen {06/53/69}	Γίγας, Gen. Γίγαντος Gigas, Gigantos + ἄνθρωπος anthropos	Riese (s. Anhang „Namen") Mensch
2062	**gigantisch** gr>l	1. riesenhaft, gewaltig {53/55/56}; 2. außerordentlich {56}	Γίγας, Gen. Γίγαντος Gigas, Gigantos	Riese (s. Anhang „Namen")
2063	**Gigantismus**, der (gr;gr) >nlat	1. krankhafter Riesenwuchs (med. t. t.) {14/53/56/70}; 2. alle Erscheinungsformen der ↗ Gigantomanie {25/53/56/70}	dto. + –ισμός –ismos	dto. gr. Suffix s. Partikelliste
2064	**Gigantographie**, die gr;gr	Verfahren zur Vergrößerung von Bildern für Plakate durch Rasterübertragung mit ungewöhnlichen Weiten {32/46/53}	dto. + γραφή graphe	dto. Schrift; Zeichnung
2065	**Gigantomachie**, die gr>l	Kampf der ↗ Giganten gegen Zeus (s. Anhang „Namen") {51/75}	Γιγαντομαχία Gigantomachia	Kampf der Giganten (s. Anhang „Namen")
2066	**Gigantomanie**, die gr;gr	Sucht, alles ins Riesenhafte zu übersteigern {14/25/53}	Γίγας, Gen. Γίγαντος Gigas, Gigantos + μανία mania	Riese (s. Anhang „Namen") Raserei, Wahnsinn, Verzückung
–	**gigantomanisch** gr;gr	die Gigantomanie betreffend {14/25/53}	dto.	dto.

2067	Ginger-ale, das altind>gr >l>vulgl >afrz>engl; engl	alkoholfreies Erfrischungsgetränk mit Ingwergeschmack {17}	altind. *srngavera* ζιγγίβερις *ziggiberis* l. *zingiber* vulgl. *gingiber* afrz. *gingembre* o. *gingibre* ahd. *(g)ingiber(o)* mhd. *ing(e)ber* o. *ing(e)wer* + engl. *ale*	hornförmig Ingwer dto. dto. dto. dto. dto. Bier
2068	Gips, der semit>gr>l >ahd>mhd	weißes Mineral (↗ UTL 2238), Kalk {02/40/44//67}	γύψος *gypsos*	Gips, Kreide
2069	Giralgeld, das gr>l>it;d	(Buch)geld für bargeldlosen Zahlungsverkehr {42/80}	γυρός *gyros* + d. *Geld*	rund
2070	Girandola, die gr;l>it	1. Feuergarbe b. Feuerwerk {55/85}; 2. mehrarmiger Leuchter {44}; 3. mit Edelsteinen besetztes Ohrgehänge {20}	γυρός *gyros* + l. *–ulus*	rund verkleinernde Nachsilbe
2071	Girant, der gr>l>it	jmd., der einen Wechsel o. ähnliches auf einen anderen überträgt (wirtsch. t. t.) {42/80}	dto.	dto.
–	Girat o. Giratar, der gr>l>it	jmd., auf den ein Wechsel o. ähnliches erteilt wurde (wirtsch. t. t.) {42/80}	dto.	dto.
–	girieren gr>l>it	übertragen; in Umlauf setzen {28/29/42/80}	dto.	dto.
–	Giro, das gr>l>it	1. Überweisung im bargeldlosen Verkehr; 2. Wechselübertragung {42/80}; 3. – d' Italia: Radrennen von Berufsfahrern in mehreren Etappen durch Italien {85}	dto. l. *gyrus* it. *giro* bzw. (3.) + it. *d' Italia*	dto. Kreis Umlauf von Italien
–	Girobank, die gr>l>it;it	Bank, die den Giroverkehr betreibt {42/80}	γυρός *gyros* + it. *banca*	rund Bank
>>>	Girokasse, die = ↗ Girobank			

–	Giro-konto, das gr>l>it;l>it	Konto (↗ UTL 1856) für den bargeldlosen Zahlungsverkehr {42/80}	γυρός gyros + l. *computus* it. *conto*	rund Berechnung Rechnung
–	Giro d'Italia, der gr>l>it;it	Radrennen von Berufsfahrern in mehreren Etappen durch Italien {85}	γυρός gyros + it. *d'Italia*	rund von Italien
–	Giro-scheck, der gr>l>it;d	Scheck zum bargeldlosen Zahlungsverkehr zwischen Girokontoinhabern {42/80}	γυρός gyros + d. *Scheck*	rund
2072	Gitarre, die gr>arab >span>it	sechssaitiges Zupfinstrument mit achtförmigem Körper {37}; vgl. ↗ Zither	κιθάρα kithara arab. *qitara* span. *guitarra* it. *chitarra*	Leier dto. Gitarre dto.
–	Gitarrist, der gr>l>span >it	↗ Musiker, der Gitarre spielt {37/40}	κιθαριστής kitharistes l. *citharista* span. *guitarrista* it. *chitarrista*	Leierspieler dto. Gitarrenspieler dto.
2073	Glaukom, das	grüner Star (Augenkrankheit; med. t. t.) {14/70}	γλαύκωμα glaukoma hergeleitet abgeleitet von: γλαυκός glaukos + –ωμα –oma	bläuliche Haut über dem Augenstern graublau gr. Suffix s. Partikelliste
2074	Glazio-loge, der l;gr	Wissenschaftler auf dem Gebiet der Glaziologie {62/65}	l. *glacies* + λόγος logos	Eis Rede, Wort; Berechnung
–	Glazio-logie, die l;gr	Wissenschaft von der Entstehung und Wirkung des Eises und der Gletscher (↗ UTL 1201) {62/65}	dto.	dto.
–	glaziolo-gisch l;gr	die Glaziologie betreffend {62/65}	dto. + λογικός logikos	dto. zum Reden gehörig, die Rede betreffend
2075	Gliom, das	Geschwulst im Gehirn, Rückenmark o. Auge (med. t. t.) {14/70}	γλία glia	Leim

>>> Gloss(o)– ↗ Wortelementeliste

2076	Glossa, die gr>l	Zunge (med. t. t.) {11/70}	γλῶσσα glossa	Zunge, Sprache, eigentümliche Ausdrucksweise
2077	Glossalgie, die gr;gr	brennender, stechender Zungenschmerz {14/70}	dto. + ἄλγος algos	dto. Schmerz
2078	Glossar o. –rium, das gr>l>mlat >mhd	1. Sammlung von ↗ Glossen; 2. Wörterverzeichnis mit Erklärungen {31/32}	γλωσσάριον glossarion abgeleitet von: γλῶσσα glossa l. *glossarium*	Verkleinerungsform von: Zunge, Sprache, eigentümliche Ausdrucksweise Wörterverzeichnis
2079	Glossator, der gr>mlat >nlat	Verfasser von ↗ Glossen {32/40}	γλῶσσα glossa	Zunge, Sprache, eigentümliche Ausdrucksweise
–	glossatorisch gr>mlat >nlat	die ↗ Glossen betreffend {32/34/76}	dto.	dto.
2080	Glosse, die gr>l>spätl >mlat >mhd	1. Erklärung mittels Randbemerkung am Text {25/32/34/76}; 2. spöttischer o. erklärender Kommentar {25/32/34}	dto.	dto.

>>> –glossie ↗ Wortelementeliste

–	glossieren gr>l>mlat >mhd	1. mit ↗ Glossen versehen u. erklären (einen Text) {25/32/34/76}; 2. spöttische Bemerkungen machen {25/32}	dto.	dto.

>>> Glosso– ↗ Wortelementeliste

2081	Glossodynie, die (gr;gr) >nlat	= ↗ Glossalgie: brennender o. stechender Zungenschmerz {14/70}	dto. + ὀδύνη odyne	dto. Schmerz

2082	Glosso-graph, der gr;gr	antiker (↗ UTL 0214) o. mittelalterlicher Verfasser von ↗ Glossen {34/40/75/76}	γλῶσσα glossa + γραφεύς grapheus	Zunge, Sprache, eigentümliche Ausdrucksweise Schreiber, Maler
–	Glosso-graphie, die gr;gr	Erläuterung durch ↗ Glossen in Antike (↗ UTL 0214) u. im Mittelalter {32/34/75/76}	γλῶσσα glossa + γραφή graphe	Zunge, Sprache, eigentümliche Ausdrucksweise Schrift; Zeichnung
2083	Glosso-lale, der / die (gr;gr) >nlat	Zungenredner(in) {22/32}; ekstatische(r), unverständliche(r) Redner(in) {26/32}	γλῶσσα glossa + λαλεῖν lalein	Zunge, Sprache, eigentümliche Ausdrucksweise reden, schwatzen
–	Glosso-lalie, die gr;gr	↗ ekstatisches, unverständliches Reden {26/32}	dto. + λαλία lalia	dto. Gerede, Geschwätz
2084	Glosso-plegie, die gr;gr	Zungenlähmung (med. t. t.) {14/70}	γλῶσσα glossa + πληγή plege	Zunge, Sprache, eigentümliche Ausdrucksweise Schlag, Hieb
2085	Glosso-ptose, die (gr;gr) >nlat	Zurücksinken der Zunge bei tiefer Bewustlosigkeit (med. t. t.) {14/70}	γλῶσσα glossa + πτῶσις ptosis	Zunge, Sprache, eigentümliche Ausdrucksweise das Fallen
2086	Glosso-zele, die gr;gr	das Hervortreten der Zunge aus dem Mund bei krankhafter Zungenvergrößerung (med. t. t.) {14/70}	γλῶσσα glossa + ζῆλος zelos	Zunge, Sprache, eigentümliche Ausdrucksweise Eifer, Streben
>>>	Glott(o)–, –glott ↗ Wortelementeliste			
2087	glottal	durch die Stimmritze im Kehlkopf erzeugt (von Lauten) {32/76}	γλῶττα glotta (attisch)	Zunge, Sprache, eigentümliche Ausdrucksweise
–	Glottal, der	Kehlkopf-, Stimmritzenlaut {32/76}	dto.	dto.
2088	Glottis, die	1. das aus den beiden Stimmbändern bestehende Stimmorgan im Kehlkopf; 2. die Stimmritze zwischen den beiden Stimmbändern im Kehlkopf {11/70}	γλωττίς glottis	Stimmritzenkörper des Kehlkopfs

–	Glottis-schlag, der gr;d	beim Gesang als hart und unschön empfundener Knacklaut vor Vokalen (↗ UTL 3852) {32/37}	dto.	dto.
2089	Glotto-chrono-logie, die gr;gr	Wissenschaft, Teilgebiet der ↗ diachronischen ↗ Linguistik (↗ UTL 2068), die das Tempo (↗ UTL 3548) sprachlicher Veränderungen miteinander verwandter Sprachen erforscht (sprachwiss. t. t.) {32/61/76}	γλῶττα glotta (attisch) + χρονο-λογία chronologia	Zunge, Sprache, eigentümliche Ausdrucksweise Zeitrechnung s. o. Chronologir
2090	Glotto-gonie, die gr;gr	(veraltet) wissenschaftliche Erforschung der Erstehung einer Sprache {32/76}	γλῶττα glotta (attisch) + γονή gone	Zunge, Sprache, eigentümliche Ausdrucksweise Erzeugung, Geburt; Nachkomme
–	glotto-gon(isch) (gr;gr) >nlat	1. die Glottogonie betreffend; 2. den Ursprung einer Sprache betreffend {32/76}	dto.	dto.

>>> Glottolale, der / die = ↗ Glossolale
>>> Glottolalie, die = ↗ Glossolalie
>>> Gluco–, Gluko– ↗ Wortelementeliste

2091	Glucose, die gr;gr	Traubenzucker {17/73}	γλυκύς glykys + –ωσις –osis	süß gr. Suffix s. Partikelliste
–	Glucosi-den, die (Pl.) gr;gr;gr	↗ organische Verbindungen von Zuckerarten mit zuckerfremden Bestandteilen (chem. t. t.) {73}	dto. + –ωσις –osis + –(ε)ιδής –(e)ides	dto. gr. Suffix s. Partikelliste ähnlich aussehend s. Partikelliste
–	Glycerid, das (gr;gr) >nlat	Ester des ↗ Glyzerins (chem. t. t.) {73}	γλυκύς glykys + –(ε)ιδής –(e)ides	süß ähnlich aussehend s. Partikelliste

>>> Glycerin, das = ↗ Glyzerin
>>> Glyk(o)– ↗ Wortelementeliste

2092	Glykämie, die (gr;gr) >nlat	normaler (↗ UTL 2374) Zuckergehalt des Blutes {70}	γλυκύς glykys + αἷμα haima	süß Blut

2093	Glyko-cholie, die gr;gr	Auftreten von Zucker in der Gallenflüssigkeit {14/70}	γλυκύς glykys + χολή chole	süß Galle
2094	Glykogen, das gr;gr	tierische Stärke; ⁊ Kohlehydrat zum Verbinden von Traubenzuckermolekülen (med. t. t., biol. t. t.) {68/69/70/73}	γλυκύς glykys + –γενής –genes	süß stammend von; hervorbringend, verursachend
2095	Glykol, das gr;arab	zweiwertiger giftiger Alkohol von süßem Geschmack; wird als Äthylenglykol (Frostschutzmittel) verwendet {45/73}	γλυκύς glykys + arab. alkohol	süß
2096	Glyko-lyse, die (gr;gr) >nlat	Aufspaltung des Traubenzukkers in Milchsäure {73}	γλυκύς glykys + λύσις lysis	süß (Auf)lösung
2097	Glyko-neus, der gr>l	achtsilbiges antikes (⁊ UTL 0214) Versmaß {34/76}	Γλύκων Glykon	Glykon (s. Anhang „Namen")
>>>	Glykose, die = ⁊ Glucose			
>>>	Glyphe, die = ⁊ Glypte			
>>>	Glyphik, die (veraltet) = ⁊ Glyptik			
>>>	Glyphographie, die = ⁊ Glyptographie			
2098	Glypte, die	geschnittener Stein; Skulptur (⁊ UTL 3345) {20/36}	γλυπτός glyptos	in Stein, Erz, Holz geschnitzt
–	Glyptik, die	Steinschneidekunst; das Schneiden der Gemmen (⁊ UTL 1177a) {20/36/40}	γλυπτικός glyptikos	schnitzend, meißelnd
2099	Glypto-graphie, die (gr;gr) >nlat	Beschreibung der ⁊ Glypten, Gemmenkunde {20/32/36}	γλυπτός glyptos + γραφή graphe	in Stein, Erz, Holz geschnitzt Schrift; Zeichnung
2100	Glypto-thek, die gr;gr	Sammlung von ⁊ Glypten {20/36}	γλυπτός glyptos + θήκη theke	in Stein, Erz, Holz geschnitzt Behältnis, Kasten
>>>	Glyzerid, das = ⁊ Glycerid			

2101	Glyzerin, das gr>frz	dreiwertiger, farbloser sirupartiger Alkohol; Bezeichnung 1823 von dem frz. ⟶ Chemiker Chevreul gebildet (chem. t. t.) {73}	γλυκερός glykeros frz. *glycérine*	süß Glyzerin
2102	Gnathologie, die (gr;gr) >nlat	Teilgebiet der Zahnmedizin; Lehre von der Kaufunktion, bes. von ihrer Wiederherstellung {70}	γνάθος gnathos + λόγος logos	Kinnbacken, Kiefer Rede, Wort; Berechnung
2103	Gnathoschisis, die (gr;gr) >nlat	angeborene (Ober)kiefernspalte (med. t. t.) {14/70}	γνάθος gnathos + σχίσις schisis	Kinnbacken, Kiefer das Spalten, Trennen
2104	Gnathostomen, die (Pl.) gr;gr	alle Wirbeltiere mit Kiefern {06/07/69}	γνάθος gnathos + στόμα stoma	Kinnbacken, Kiefer Mund, Mündung
2105	Gnom, der gr>nlat	(Etymologie unsicher; vielleicht Parallelbildung zu Erdgeist, Kobold – um 1530 von Paracelsus geprägt): Erd- oder Meeresbewohner	unsicher: γηνόμος genomos oder: θαλασσονόμος thalassonomos	Erdbewohner Meeresbewohner
2106	Gnome, die gr>l	(= ⟶ Sentenz): lehrhafter Sinn–, Denkspruch in Versform o. in Prosa (⟶ UTL 2869); {25/31/32}	γνώμη gnome	Verstand, Einsicht; Ansicht; Sinnspruch
>>>		–gnomie, –gnomisch ⟶ Wortelementeliste		
–	Gnomiker, der	Verfasser von Gnomen {25/32/40}	γνωμικός gnomikos	nach Art einer Sentenz
–	gnomisch	wie eine Gnome {25/32}	dto.	dto.
2107	Gnomologie, die gr;gr	Sammlung von Weisheitssprüchen u. ⟶ Anekdoten {34/76}	γνωμολογία gnomologia abgeleitet von: = γνώμη gnome + λόγος logos	das Reden in Denksprüchen Verstand, Einsicht; Ansicht; Sinnspruch Rede, Wort; Berechnung

–	**gnomo-logisch** gr;gr	die ↗ Gnomologie betreffend {34/76}	dto. + λογικός logikos	dto. zum Reden gehö-rig, die Rede be-treffend	
2108	**Gnomon,** der gr>l	senkrecht stehender Stab, dessen Schattenlänge zur Be-stimmung der Sonnenhöhe gemessen wird (für Sonnen-uhren) {66/75}	γνώμων gnomon	1. (Zeiger an der) Sonnenuhr; 2. Richtschnur; 3. Kenner, Beur-teiler	
–	**gnomo-nisch**	1. Zentral–, auf das ↗ Zen-trum bezogen {58}; 2. –e Projektion: Zentralpro-jektion {58/64}	dto. bzw. (2.) + l. *proiectio*	dto. das Hervorwerfen; Vorbau, Erker (↗ UTL 2845)	
2109	**Gnoseo-logie,** die (gr;gr) >nlat	Erkenntnislehre {25/77}	γνῶσις, Gen. γνόσεος gnosis, gnoseos + λόγος logos	das Erkennen, Er-kenntnis Rede, Wort; Be-rechnung	
–	**gnoseo-logisch** (gr;gr) >nlat	die Gnoseologie betreffend {25/77}	dto. + λογικός logikos	dto. zum Reden gehö-rig, die Rede be-treffend	
2110	**Gnosis,** die	(Gottes)erkenntnis; die in der Schau Gottes erfahrene Welt des Übersinnlichen {25/51/77}	γνῶσις, Gen. γνόσεος gnosis, gnoseos	das Erkennen, Er-kenntnis	
2111	**Gnostik,** die gr>l	(veraltet) die Lehre der Gno-sis {25/51/77}	γνωστικός gnostikos	das Erkennen be-treffend	
–	**Gnosti-ker,** der	Vertreter der Gnosis o. des ↗ Gnostizismus {25/51/77}	dto.	dto.	
–	**gnostisch**	die Gnosis o. den Gnostizis-mus betreffend {25/51/77}	dto.	dto.	
–	**Gnosti-zismus,** der (gr;gr) >nlat	1. religiöse (↗ UTL 3066) Richtungen, die die Erlösung durch (↗ philosophische) Er-kenntnis Gottes u. der Welt suchen; 2. ↗ synkretistische religiöse (↗ UTL 3066) Strö-mungen in der Spätantike {25/51/77}	dto. + –ισμός –ismos	dto. gr. Suffix s. Partikelliste	

2112	Golf, der gr>vlat>it >frz>engl >niederl	größere Meeresbucht {02/64}	κόλπος kolpos vlat. *colphus* it. *golfo* frz. *golfe* engl. *gulf* niederl. *golf*	Busen; Meerbusen, Bucht dto. dto. dto. dto. dto.
>>>	Gomorrha, das ↗ Sodom			
2113	Gon, das	der hunderste Teil eines rechten Winkels (math. t. t.) {57/71}	γωνία gonia	Winkel, Ecke
2114	Gonade, die gr>nlat	Geschlechts-, Keimdrüse (med. t. t., biol. t. t.) {11/69/70}	γονή gone	Erzeugung, Geburt; Nachkomme
2115	Gonagra, das (gr;gr) >nlat	Kniegicht {14/70}	γόνυ gony + ἄγρα agra	Knie Jagd; Fang; Beute
2116	Gonarthritis, die gr;gr	Kniegelenkentzündung (med. t. t.) {14/70}	dto. + ἀρθρῖτις arthritis	dto. Gelenkkrankheit s. o. Arthritis
>>>	–gonie ↗ Wortelementeliste			
2117	Goniometer, das gr;gr	1. Gerät zum Messen der Winkel zwischen (↗ Kristall)Flächen durch Anlegen zweier Schenkel {71}; 2. Winkelmesser für Schädel u. Knochen {69/70}	γωνία gonia + μέτρον metron	Winkel, Ecke Maß, Versmaß
–	Goniometrie, die gr;gr	Winkelmessung; Teilgebiet der ↗ Trigonometrie, das sich mit den Winkelfunktionen befaßt (math. t. t.) {71}	dto.	dto.
–	goniometrisch gr;gr	das Messen mit dem Goniometer (math. t. t.) {29/71}	dto.	dto.
>>>	Gonitis, die = ↗ Gonarthritis			
>>>	Gono– ↗ Wortelementeliste			
2118	Gonochorismus, der gr;gr	Getrenntgeschlechtlichkeit {18/68/69/70}	γονή gone + χωρισμός chorimos	Erzeugung, Geburt; Nachkomme Trennung

–	Gonochoristen, die (Pl.) gr;gr	getrenntgeschlechtliche Tiere {69}	γονή gone + χωριστός choristos	Erzeugung, Geburt; Nachkomme abgesondert; getrennt
2119	Gonokokkus, der (gr;gr) >nlat	Tripererreger (Bakterienart) {14/70}	γονή gone + κόκκος kokkos nlat. gonorrhoeae coccus	Erzeugung, Geburt; Nachkomme Kern Bakterie, die Gonorrhöe hervorruft
2120	Gonorrhö(e), die gr;gr	Tripper (Geschlechtskrankheit) {14/70}	γονή gone + ῥοή rhoe	Erzeugung, Geburt; Nachkomme Fließen, Fluß
–	gonorrhoisch gr;gr	1. den Tripper betreffend; 2. auf Tripper beruhend {14/70}	dto.	dto.
2120a	gordischer Knoten, der gr;d	schwieriges ↗ Problem {25/77}	Γόρδιον Gordion + d. Knoten	Gordion (s. Anhang „Namen")
2121	Gorgonenhaupt, das gr;d	unheilabwehrendes weibliches Schreckensgesicht, bes. auf Waffen {51/75/86}	Γοργώ Gorgo + d. Haupt	Gorgo (s. Anhang „Namen")
2122	Gorilla, der westafrik >gr>engl	1. größter Menschenaffe (1847 von dem am. Naturwissenschaftler Sauvage auf die Affenart übertragen nach Hannos Reisebericht von 460 v. Chr.) {69} 2. (ugs.) kräftig-robuster Leibwächter {33/40/55/82}	Γόριλλαι Gorillai engl. gorilla	behaartes weibliches Zwergvolk in Afrika Gorilla
2123	Gouvernante, die gr>l>frz	(veraltet) Erzieherin, Hauslehrerin {31/40/78}	κυβερνᾶν kybernan l. gubernare (PPA: gubernans, gubernantis)	lenken, steuern, leiten dto.
–	Gouvernement, das gr>l>frz	1. Regierung {50}; 2. Verwaltungsbezirk {48}	dto. frz. gouvernement	dto. Verwaltung

–	Gouverneur, der gr>l>frz	Statthalter; höchster Exekutivbeamter; oberster Befehlshaber {50/86} (↗ UTL 1206)	κυβερνᾶν kybernan l. *gubernare* u. *gubernator* frz. *gouverneur*	lenken, steuern, leiten dto. Steuermann; Lenker, Leiter dto.
2124	Graecum, das gr>l	Prüfung über das Wissen im Altgriechischen {31/78}	Γραικός Graikos	griechisch

>>> –graf, –grafie, –grafieren, –grafisch ↗ Wortelementeliste

2125	Graf, der gr>mlat >ahd>mhd	1. Adelstitel {33}; 2. königlicher Amtsträger {50/75}	γραφεύς grapheus mlat. *graphio* ahd. *gravo, grafio* mhd. *grave* nhd. *graf*	Schreiber, Maler; später: byzantin. Hoftitel Steuerbeamter dto. Vorsteher Graf (Adelsstand)
2126	Gräkomane, der (gr;gr) >nlat	jmd., der wie besessen alles Griechische liebt, bewundert u. nachahmt {26/32/79}	Γραικός Graikos + μανία mania	griechisch Raserei, Wahnsinn, Verzückung
–	Gräkomanie, die (gr;gr) >nlat	Nachahmung alles Griechischen mit einer Art von Besessenheit {26/32/79}	dto.	dto.

>>> Gräkum, das = ↗ Graecum
>>> –gramm ↗ Wortelementeliste

2127	Gramm, das gr>l>frz	↗ physikalische Bezeichnung einer bestimmten ↗ Masse: tausendster Teil eines ↗ Kilogramms {56}	γράμμα gramma	Buchstabe, Schrift(werk); hier auch: Gewicht
2128	Grammatik, die gr>l>ahd >mhd>nhd	1. Beschreibung der Struktur (↗ UTL 3445) einer Sprache als Teil der Sprachwissenschaft; 2. Sprachlehre {32/34/76}	γραμματική (τέχνη) grammatike (techne)	(Kunst des) richtigen Lesens u. Schreibens
–	grammatikalisch gr>l>ahd >mhd>nhd	1. die Grammatik betreffend; 2. sprachkundlich {32/76}	γραμματικός grammatikos	die Buchstaben betreffend

–	**Gramma-tikalität,** die gr>l>ahd >mhd>nhd	↗ grammatikalische Korrektheit (↗ UTL 1908); Stimmigkeit der Satzteile {32/76}	dto.	dto.
–	**Gramma-tiker,** der gr>l>ahd >mhd	Wissenschaftler auf dem Gebiet der Grammatik {32/40/76}	dto.	dto.
–	**gramma-tisch** gr>l>ahd >mhd	1. die Grammatik betreffend 2. der Grammatik gemäß; sprachrichtig {32/76}	dto.	dto.
–	**Gramma-tizität,** die gr>l>ahd >mhd	das ↗ Grammatische in der Sprache {32/76}	dto.	dto.
2129	**Grammol,** das u. **Gramm-molekül,** das gr;l	so viele ↗ Gramm einer ↗ chem. Verbindung, wie deren Molekulargewicht angibt {56/73}	γράμμα gramma + l. *moles*	Buchstabe, Schrift(werk) Schwere, Masse; Klumpen, Damm (↗ UTL 2268)
2130	**Grammo-phon,** das (gr;gr) >nlat	Schallplattenapparat {87}	γράμμα gramma + φωνή phone	Buchstabe, Schrift(werk) Laut, Stimme, Ton
2131	**Grammy,** der gr>am	am. Schallplattenpreis {37/85}	dto.	dto.
>>>	–**graph, –graphie, –graphieren, –graphisch** ↗ Wortelementeliste			
2132	**Graph,** 1. der; 2. das	1. ↗ graphische Darstellung {32/71}; 2. Schriftzeichen {32}	γραφή graphe	Schrift; Zeichnung
2133	**Graphem,** das	kleinstes bedeutungsunterscheidendes ↗ graphisches ↗ Symbol, das ein o. mehrere ↗ Phoneme wiedergibt (sprachwiss. t. t.) {76}	γράφημα graphema	Schrift
–	**graphe-matisch**	die ↗ Graphematik betreffend {76}	dto.	dto.

Graphemik

–	**Graphe-mik** o. **Graphe-matik,** die	Wissenschaft der Unterscheidungsmerkmale der ↗ Grapheme u. ihrer Stellung im ↗ Alphabet (sprachwiss. t. t.) {76}	dto.	dto.
–	**graphe-misch**	die ↗ Graphemik betreffend {76}	dto.	dto.
2134	**Grapheo-logie,** die gr;gr	1. Wissenschaft von der Verschriftung von Sprache u. von den Schreibsystemen; 2. = ↗ Graphemik {76}	γραφεύς, Gen. γραφέως grapheus, grapheos + λόγος logos	Schrift; Zeichnung Rede, Wort; Berechnung
–	**grapheo-logisch** gr;gr	die ↗ Grapheologie betreffend {76}	dto. + λογικός logikos	dto. zum Reden gehörig, die Rede betreffend

>>> –graphie, –graphieren, –graphisch ↗ Wortelementeliste

2135	**Graphie,** die	Schreibung, Schreibweise {32/76}	γραφή graphe	Schrift; Zeichnung
2136	**Graphik,** die gr>l	1. Kunst u. Technik des Holzschnitts, Kupferstichs, Radierung (↗ UTL 2962), ↗ Lithographie, Handzeichnung; 2. einzelner Holzschnitt, Kupferstich, einzelne Radierung (↗ UTL 2962), ↗ Lithographie, Handzeichnung {36}; 3. bildliche Darstellung von Fakten in Form einer Tabelle oder Übersicht {32/55}	γραφική (τέχνη) graphike (techne)	Zeichenkunst
–	**Graphi-ker,** der	Künstler u. ↗ Techniker auf dem Gebiet der Graphik {36/40}	γραφικός graphikos	das Schreiben betreffend; im Malen erfahren
–	**graphisch** gr>frz	1. die Graphik betreffend; 2. durch Graphik dargestellt {32/36}	dto.	dto.
2137	**Graphit,** der (gr;gr) >nlat>frz	weiches schwarzgraues Mineral (↗ UTL 2238), oft zum Schreiben verwendet (Begriff 1789 von dem d. ↗ Geologen Werner geprägt) {02/32/62/67}	γράφειν graphein + –ιτής –ites	einritzen, schreiben, malen gr. Suffix s. Partikelliste
–	**graphi-tieren**	mit Graphit überziehen {40}	dto.	dto.
–	**graphi-tisch**	aus Graphit bestehend {02/62/67}	dto.	dto.

348

>>> Grapho– ⤤ Wortelementeliste

2138	Graphologe, der gr;gr	Wissenschaftler auf dem Gebiet der Graphologie {32/40/84}	γραφή graphe + λόγος logos	Schrift; Zeichnung Rede, Wort; Berechnung
–	Graphologie, die gr;gr	Wissenschaft von der Deutung der Handschrift als Ausdruck des ⤤ Charakters {25/84}	dto.	dto.
–	graphologisch	die Graphologie betreffend {25/84}	dto. + λογικός logikos	dto. zum Reden gehörig, die Rede betreffend
2139	Graphomanie, die gr;gr	Schreibwut {25/26/84}	γραφή graphe + μανία mania	Schrift; Zeichnung Raserei, Wahnsinn, Verzückung
2140	Graphospasmus, der gr;gr	Schreibkrampf (med. t. t.) {14/70}	γραφή graphe + σπασμός spasmos	Schrift; Zeichnung Zuckung, Krampf
2141	Graphothek, die gr;gr	Kabinett, das ⤤ graphische Orginalblätter moderner (⤤ UTL 2259) Kunst ausleiht {36/49}	γραφή graphe + θήκη theke	Schrift; Zeichnung Behältnis, Kasten
2142	Graphotherapie, die gr;gr	Befreiung von Erlebnissen o. Träumen durch Aufschreiben (psych. t. t.) {24/70}	γραφή graphe + θεραπεία therapeia	Schrift; Zeichnung das Dienen, Pflegen s. u. Therapie
2143	Gravisphäre, die l;gr	Bereich des Weltraums, in dem die Schwerkraft eines Körpers die Schwerkraft anderer überwiegt (phys., astron. t. t.) {66/72}	l. gravis + σφαῖρα sphaira	schwer (⤤ UTL 1218) Kugel, Ball s. u. Sphäre
2144	gräzisieren gr>l	in altgr. Sprachform bringen {32/76}	γραικίζειν graikizein	Griechisch sprechen
2145	Gräzismus, der (gr;gr) >nlat	altgr. Spracheigentümlichkeit in einer nichtgr. Sprache {32/76}	dto. + –ισμός –ismos	dto. gr. Suffix s. Partikelliste
–	Gräzist, der (gr;gr) >nlat	jmd., der sich wissenschaftlich mit dem Altgriechischen befaßt {40/76}	dto. + –ιστής –istes	dto. gr. Suffix s. Partikelliste

Gräzistik

–	Gräzistik, die (gr;gr) >nlat	Wissenschaft von der altgr. Sprache u. Literatur (↗ UTL 2075) {76}	dto.	dto.
–	gräzistisch (gr;gr) >nlat	die Gräzistik betreffend {76}	dto.	dto.
–	Gräzität, die gr>l	Wesen der altgr. Sprache u. Sitte {76}	dto.	dto.
2146	Gregor	männlicher Vorname {31}	γρηγορεῖν gregorein bzw.	wecken; wach, erweckt sein
			Γρηγόριος Gregorios	der Erweckte
–	Gregorianik, die	1. gregorianischer Gesang; 2. Forschung über den gregorianischen Gesang {37/51/77}	dto.	dto.
–	gregorianisch	1. einstimmiger Gesang a capella in der ↗ katholischen ↗ Kirche, der nach ↗ Papst Gregor I. benannt ist (mus. t. t.) {37/51/77}; 2. der Kalender (↗ UTL 1597), den ↗ Papst Gregor XIII einführte {51/59/77}	dto.	dto.
2147	Greif, der semit>gr>l >mlat>ahd >mhd	1. geflügeltes Fabeltier mit dem Kopf und Krallen eines Adlers und dem Körper eines Löwen {51/75}; 2. Sammelbegriff für Raubvögel {69}	γρύψ, Gen. γρυπός gryps, grypos aus:	Fabelvogel, Greif
			γρυπός grypos	gekrümmt
			l. *gryps*	dto.
			mlat. *griphus*	dto.
			ahd. *grif(a/o)*	dto.
			mhd. *grif(e)*	dto.
2148	Greta u. Grete	(Kurzform von ↗ Margarete) weiblicher Vorname {31}	μαργαρίτης margarites	Perle
–	Gretchen	weiblicher Vorname (Kurzform bzw. Verniedlichung von ↗ Margarete) {31}	dto.	dto.
2149	griechisch	Griechenland o. die Griechen betreffend {64/81}	Γραικός Graikos	griechisch
–	griechisch-katholisch gr;gr	einer mit Rom unierten (↗ UTL 3719) ↗ orthodoxen Nationalkirche angehörend {51/77}	dto.	dto.
			+ καθολικός katholikos	das Ganze betreffend
				s. u. katholisch

–	grie-chisch-orthodox gr;gr	der von Rom (seit 1054) getrennten morgenländischen Ostkirche angehörend {51/77}	dto. + ὀρθόδοξος orthodoxos	dto. die richtige Meinung habend s. u. orthodox
2150	Griffel, der gr>l>ahd >mhd	1. spitzes Schreibgerät für Schiefertafeln {32/44}; 2. die Narbe tragender Teil des Fruchtknotens (bot. t. t.) {68}	γραφεῖον grapheion l. graphium ahd. griffil mhd. griffel	Schreibgerät, Griffel; Pinsel Schreibgriffel Schreibstift dto.; Pfropfreis
2151	Gringo, der gr>l>span	(abwertend) Bezeichnung des Nichtromanen im spanischen Südamerika {10/31/32}	Γραικός Graikos span. griego u. gringo	griechisch dto.; hier „unverständlich"
2152	grotesk gr>l>vulgl >it>frz	1. wunderlich, verzerrt, seltsam; 2. absurd, lächerlich {25/26}	κρύπτη krypte l. crypta vulgl. crupta* it. grotta it. grotesco frz. grotesque	bedeckter Gang, Gewölbe Kreuzgang, Gruft, Grotte, unterirdisches Gewölbe dto. dto. seltsam, phantastisch (von den Malereien in antiken Gewölben) dto.
–	Grotesk, die gr>l>vulgl >it>frz	gleichmäßig starke Antiquaschrift {32}	dto.	dto.
–	Groteske, die gr>l>vulgl >it>frz	1. ↗ phantastisch geformtes Tier- und Pflanzenornament der Antike (↗ UTL 0214) und Renaissance {36/88}; 2. derbkomische, überspannte Kunstform {32/34}; 3. ins Verzerrte gesteigerter Ausdruckstanz {12/37}	dto.	dto.
2153	Grotesk-film, der gr>l>vulgl >it>frz;d	Lustspiel mit oft sinnloser Situationskomik {35}	dto. + d. Film	dto.
2154	Grotesk-tanz, der gr>l>vulgl >it>frz;d	karikierender (↗ UTL 1645) Tanz mit ↗ drastischer Übertreibung u. verzerrenden Bewegungen {12/37}	dto. + d. Tanz	dto.

2155	Grotte, die gr>l>vulgl >mlat>it >nhd	malerische, oft künstlich angelegte Felsenhöhle (oft in Renaissance– u. Barockgärten) {58/62/88}	κρύπτη krypte l. *crypta*	bedeckter Gang, Gewölbe Kreuzgang, Gruft, Grotte, unterirdisches Gewölbe
			vulgl. *crupta**	dto.
			mlat. *grupta*	dto.
			it. *grotta*	dto.
			nhd. *grotte*	dto.
2156	Gruft, die gr>l>vulgl >mlat>it >ahd>nhd	unterirdischer Raum, Grabkammer {15/58/88}	dto. vermischt mit:	dto.
			ahd. *girophti*	Graben
–	Grufti, der gr>l>vulgl >mlat>it >ahd>nhd	(ugs.) 1. im Teenager-Jargon Personen (↗ UTL 2612) über 25 Jahre (die dem Grab näher sind als sie selbst) {32/15/33}; 2. Anhänger von pseudo–religiösen modernen (↗ UTL 2259) Satanskulten {33/51}	dto.	dto.
>>>	Guitarre, die = ↗ Gitarre			
2157	Gummi, das (1-3) / der (4) ägypt>gr >l>mhd	1. Pflanzensaft {68}; 2. aus schmelzbaren Harzen gewonnener Klebstoff {40}; 3. (ugs.) Kondom {18}; 4. Radiergummi {31/44}	κόμμι kommi ägypt. *kmj-t*, *kemai,kemå* l. *cummi, gummi*	Gummi dto. dto.
			mhd. *gummi*	dto.
2158	Gummibaum, der ägypt>gr >l>mhd;d	Maulbeergewächs Ostindiens {04/68}	dto. + d. *Baum*	dto.
2159	gummieren ägypt>gr >l>mhd	mit Gummi bestreichen {29/40}	κόμμι kommi ägypt. *kmj-t*, *kemai,kemå* l. *cummi, gummi*	Gummi dto. dto.
			mhd. *gummi*	dto.
2160	Gummilinse, die ägypt>gr >l>mhd;d	↗ fotografisches Objektiv (↗ UTL 2397) mit veränderbarer Brennweite {87}	dto. + d. *Linse*	dto.

2161	**Gummi-para-graph**, der ägypt>gr>l >mhd;gr>l >mhd	Gesetzesvorschrift, die so allgemein ist, daß sie die verschiedensten Auslegungen zuläßt {25/82}	κόμμι kommi ägypt. *kmj-t, kemai, kemå* l. *cummi, gummi* mhd. *gummi* + παρά-γραφος (γραμμή) paragraphos (gramme) l. *paragraphus* mhd. *paragraf*	Gummi dto. dto. dto. danebengeschriebene (Linie) Zeichen zur Texteinteilung (Zeichen für einen) Abschnitt s. u. Paragraph
2162	**Gusto-meter**, das l; gr	Gerät zur Prüfung des Geschmackssinnes (med. t. t.) {70}	l. *gustus* + μέτρον metron	das Kosten, Geschmack; Probe, Vorspeise (↗ UTL 1229) Maß, Versmaß
–	**Gusto-metrie**, die l;gr	Prüfung des Geschmackssinnes {70}	dto.	dto.
>>>	**Gymn(o)–** ↗ Wortelementeliste			
2163	**Gymnae-strada**, die gr;span	internationales (↗ UTL 1485) Turnfest {85}	γυμνάσιον gymnasion + span. *estrada*	Sportplatz Straße
2164	**gymna-sial** gr>nlat	das Gymnasium betreffend {31/78}	γυμνάσιον gymnasion	Sportplatz
2165	**Gymna-siarch**, der gr>l	Leiter eines Gymnasiums {31/40/78}	γυμνασί-αρχος gymansi-archos	Leiter eines Gymnasions
2166	**Gymna-siast**, der gr>nlat	Schüler eines Gymnasiums {31/78}	γυμνάσιον gymnasion nlat. *gymnasiasta*	Sportplatz; später Versammlungsplatz für Philosophen

–	Gymnasium, das gr>l	1. Raum für „nackte" körperliche Ertüchtigung im Altertum {58/75/85}; 2. zur Hochschulreife führende höhere Schule {31/78}; 3. Schulgebäude {31/58/78}; 4. (veraltet) höhere Schule mit Latein– u. Griechischunterricht {31/78}	dto.		dto.
2167	Gymnast, der	Trainer der ↗ Athleten in der Gymnastik im Altertum {40/75/85}	γυμναστής gymnastes		Lehrer im Gymnasion
–	Gymnastik, die gr>l>nlat	↗ rhythmische Bewegungsübung zu sportlichen o. Heilungszwecken {61/70/85}	γυμναστική gymnastike		Turnkunst
–	Gymnastiker, der	jmd., der körperliche Bewegungsübungen ausführt {12/61/85}	γυμναστικός gymnastikos		die Leibesübungen betreffend
–	Gymnastin, die	Lehrerin der Heilgymnastik {12/40/70/85}	γυμναστής gymnastes		Lehrer im Gymnasion
–	gymnastisch gr>l	die Gymnastik betreffend {12/61/70/85}	γυμναστικός gymnastikos		die Leibesübungen betreffend
>>>	Gymno– ↗ Wortelementeliste				
2168	Gymnologie, die gr;gr	Wissenschaft der Leibeserziehung, des Sports u. der Bewegung {40/61/85}	γυμνός gymnos + λόγος logos		nackt, leicht bekleidet Rede, Wort; Berechnung
2169	Gymnosophist, der gr>l	gr. Bezeichnung eines indischen ↗ Asketen {75/77}	γυμνοσοφιστής gymnosophistes aus: γυμνός gymnos + σοφιστής sophistes		nackt lebender indischer Weiser nackt, leicht bekleidet Verständiger, Weisheitslehrer s. u. Sophist
2170	Gymnosperme, die (gr;gr) >nlat	nacktsamige Pflanze {68}	γυμνός gymnos + σπέρμα sperma		nackt, leicht bekleidet Same

>>> –gyn(isch) ↗ Wortelementeliste
>>> Gynaeceum, das = ↗ Gynäzeum u. ↗ Gynäkeion

2171	Gynä-keion, das	Frauengemach des altgr. Hauses {44/58/75/88}	γυναικεῖον gynaikeion	Frauenwohnung
>>>	Gynäko– ↗ Wortelementeliste			
2172	Gynäko-kratie, die gr;gr	Frauenherrschaft; vgl. ↗ Matriarchat {33/50/81}	γυνή, Gen. γυναικός gyne, gynaikos + κράτος kratos	Frau Kraft, Stärke
2173	Gynäko-loge, der (gr;gr) >nlat	Fauenarzt; Wissenschaftler auf dem Gebiet der Frauenheilkunde (med. t. t.) {40/70}	γυνή, Gen. γυναικός gyne, gynaikos + λόγος logos	Frau Rede, Wort; Berechnung
–	Gynäko-logie, die (gr;gr) >nlat	Frauenheilkunde (med. t. t.) {70}	dto.	dto.
–	gynäko-logisch (gr;gr) >nlat	die Frauenheilkunde betreffend {70}	dto. + λογικός logikos	dto. zum Reden gehörig, die Rede betreffend
2174	Gynäko-phobie, die gr;gr	Abneigung gegen alles Weibliche (psych. t. t.) {25/26/70}	γυνή, Gen. γυναικός gyne, gynaikos + φόβος phobos	Frau Furcht, Schrecken
2175	Gynan-drie, die	1. Verwachsung der männlichen u. weiblichen Blütenorgane (bot. t. t.) {68}; 2. Scheinzwittrigkeit bei Tieren (zool. t. t.) {69}; 3. Ausbildung von weiblichen Körpermerkmalen bei männlichen Personen (↗ UTL 2612) {69/70}	γύνανδρος gynandros aus: γυνή, Gen. γυναικός gyne, gynaikos + ἀνήρ, Gen. ἀνδρός aner, andros	zwitterartig Frau Mann
–	gynan-drisch	scheinzwittartig (von Tieren) {69}	dto.	dto.

Gynandrismus

–	Gynan-drismus, der gr;gr	(selten) = ↗ Gyandrie {68/69/70}	dto. + –ισμός –ismos	dto. gr. Suffix s. Partikelliste
2176	Gynan-thropos, der gr;gr	(veraltet) menschlicher Zwitter {70}	γυνή, Gen. γυναικός gyne, gynaikos + ἄνθρωπος anthropos	Frau Mensch
2177	Gynä-zeum, das 1. gr>l 2. gr>nlat	1. = ↗ Gynäkeion {44/58/75/88}; 2. Gesamtheit der weiblichen Blütenorgane einer Pflanze {68}	γυναικεῖον gynaikeion	Frauenwohnung
2178	Gyno-gamet, der (gr;gr) >nlat	Eizelle, weibliche Geschlechtszelle {69/70}	γυνή, Gen. γυναικός gyne, gynaikos + γαμέτης gametes	Frau Gatte
>>>	Gyro– ↗ Wortelementeliste			
2179	Gyros, das gr>ngr	gr. Fleischgericht; meist an einem senkrechten rotierenden Spieß geröstet (gastron. t. t.) {17}	γυρός gyros	rund
2180	Gyrus, der gr>l	Gehirnwindung (med. t. t.) {11/70}	γῦρος gyros l. *gyrus*	Krümmung Kreis

H

2181	**Hades**, der	1. Unterwelt, Totenreich {51/77}; 2. jenseits des ⌐ Pluto vermuteter ⌐ Planet {01/66}	"Αιδης Hades	Hades (s. Anhang „Namen")
2182	**Hadrom**, das gr>nlat	das leitende u. speichernde Element (⌐ UTL 0874) des ⌐ Xylems bei Pflanzen {68}	ἁδρός hadros	voll, ausgewachsen; reif
2183	**Hagiasmos**, der	Wasserweihe der ⌐ orthodoxen ⌐ Kirche {51/77}	ἁγιασμός hagiasmos	Heiligung
>>>	**Hagio–** ⌐ Wortelementeliste			
2184	**Hagiograph**, der (gr;gr) >mlat	Verfasser von Heiligenleben {34/51/76/77}	ἅγιος hagios + γραφεύς grapheus	heilig Schreiber, Maler
–	**Hagiographa**, die (Pl.) u. **Hagiographen**, die (Pl.)	gr. Bezeichnung des dritten Teils des Alten Testaments {51/77}	ἁγιόγραφα (Pl.) hagiographa	heilige Schriften
–	**Hagiographie**, die (gr;gr) >mlat	Lebensbeschreibung von Heiligen {34/51/76/77}	ἅγιος hagios + γραφή graphe	heilig Schrift; Zeichnung
–	**hagiographisch** (gr;gr) >mlat	die Hagiographie betreffend {34/51/76/77}	dto. + γραφικός graphikos	dto. im Malen geschickt; malerisch; zum Malen o. Schreiben gehörig
2185	**Hagiolatrie**, die gr;gr	Verehrung der Heiligen {51/77}	ἅγιος hagios + λατρεία latreia	heilig (Lohn)dienst; Gottesdienst

Nr.	Wort	Bedeutung	Griechisch	Übersetzung
2186	Hagiologie, die gr;gr	Lehre von den Heiligen {51/77}	ἅγιος hagios + λόγος logos	heilig Rede, Wort; Berechnung
–	Hagiologion, das (gr;gr) >mgr	⌐ liturgisches Buch mit Lebensbeschreibungen der Heiligen in der ⌐ orthodoxen ⌐ Kirche {34/51/77}	ἅγιος hagios + λόγιον logion	dto. Spruch
–	hagiologisch (gr;gr) >mgr	= ⌐ hagiographisch {34/51/76/77}	dto. + λογικός logikos	dto. zum Reden gehörig, die Rede betreffend
2187	Hagionym, das (gr;gr) >nlat	Beiname, aus dem Namen eines Heiligen o. einer ⌐ kirchlichen Persönlichkeit (⌐ UTL 2612) bestehend {31/77}	ἅγιος hagios + ὄνυμα onyma = Nebenform zu: ὄνομα onoma	heilig Name
>>>	Hal(o)– ⌐ Wortelementeliste			
2188	Halali, das	(⌐ Etymologie unsicher): Jagdruf am Ende einer Treibjagd {32/38}	ἀλαλά alala	Kriegsruf
>>>	halkyonisch = ⌐ alkyonisch			
2189	Hallore, der	Salzwerkarbeiter (nach Halle = „Salzstadt" an der Saale benannt) {40}	ἅλς, Gen. ἁλός hals, halos	Salz
2190	Halluzination, die gr;l	Sinnestäuschung, Trugwahrnehmung {24}	ἀλύειν alyein + l. (h)alucinatio	verwirrt sein, verwirrt umherirren gedankenloses Reden, Faselei, Träumerei
–	halluzinieren gr;l	1. einer Sinnestäuschung unterliegen {24}; 2. Nichtexistierendes sich als existierend vorstellen {24/25}	ἀλύειν alyein + l. (h)alucinari	verwirrt sein, verwirrt umherirren gedankenlos reden, handeln; faseln, träumen
–	halluzinogen (gr;l);gr	Halluzinationen hervorrufend (med. t. t.) {24/70}	ἀλύειν alyein + –γενής –genes	verwirrt sein, verwirrt umherirren stammend von; hervorbringend, verursachend

—	**Halluzi-nogen,** das (gr;l);gr	Medikament (↗ UTL 2184) o. Droge, die halluzinationsartige Erscheinungen hervorruft (med. t. t.) {24/70}	dto.	dto.
2191	**Halma,** das	ein Brettspiel für 2 bis 4 Personen (↗ UTL 2612) {85}	ἅλμα halma	das Springen; Sprung
>>>	**Halo–** ↗ Wortelementeliste			
2192	**Halo,** der gr>l	1. Hof um eine Lichtquelle (durch Reflexion (↗ UTL 3016), Beugung o. Brechung) {65/72}; 2. Ring um die Augen (med. t. t.); 3. Warzenhof {70}	ἅλως halos	Tenne, Rundung; Strahlenkreis; Hof um Sonne u. Mond
—	**Halo-effekt,** der (gr;l)>nlat >engl	Einfluß bereits vorhandener Kentnisse auf den ersten Gesamteindruck eines Menschen (psych. t. t.) {70}	dto. + l. *effectus*	dto. Durchführung; Wirkung, Erfolg (↗ UTL 0856)
2193	**halogen** gr;gr	salzbildend (chem. t. t.) {54/73}	ἅλς, Gen. ἁλός hals, halos + –γενής –genes	Salz stammend von; hervorbringend, verursachend
—	**Halogen,** das gr;gr	↗ chem. Grundstoff, der mit ↗ Metallen Salz bildet (chem. t. t.) {73}	dto.	dto.
—	**Halo-genid,** das gr;gr;gr	Salz, das aus einem Halogen u. einem anderen Element (↗ UTL 0874) entstanden ist (chem. t. t.) {73}	dto. + –(ε)ιδής –(e)ides	dto. ähnlich aussehend s. Partikelliste
—	**haloge-nieren** gr;gr	ein Halogen in ↗ organische Verbindungen einführen (chem. t. t.) {73}	ἅλς, Gen. ἁλός hals, halos + –γενής –genes	Salz stammend von; hervorbringend, verursachend
—	**Halogen-lampe,** die gr;gr;d	sehr helle Glühlampe mit Füllung aus Edelgas u. Halogen {40/87}	dto. + d. *Lampe*	dto.
—	**Halogen-wasser-stoffe,** die (Pl.) gr;gr;d;d	Kohlenwasserstoffe, bei denen die Wasserstoffatome ganz o. teilweise durch Halogene ersetzt sind (chem. t. t.) {73}	dto. + d. *Wasser* + d. *Stoff*	dto.
2194	**haloniert** gr>l>nlat	von einem Hof umgeben, umrändert (med. t. t.) {70}	ἅλως halos	Tenne, Rundung; Strahlenkreis; Hof um Sonne u. Mond

2195	Halotherme, die gr;gr	warme Salzquelle {63/64}	ἅλς, Gen. ἁλός + θέρμη therme	Salz Wärme, Hitze
2196	Halteren, die (Pl.) gr>l	hantelartige Stein- u. Metallgewichte im alten Griechenland {56/75}	ἁλτῆρες (Pl.) halteres	Hanteln
2197	Hamadryade, die gr>l	= ↗ Dryade: weiblicher Baumgeist, gr. Baumnymphe {51/75}	ἁμαδρυάδες (Pl.) hamadryades	Baumnymphen
2198	Hamartie, die	1. Irrtum o. Fehlverhalten als Ursache für Verwicklungen in der ↗ Tragödie (ohne Pl.) {35}; 2. örtlicher Gewebsdefekt (med. t. t.) {14/70}	ἁμαρτία hamartia	Fehler, Sünde

>>> Häm(o)- ↗ Wortelementeliste

2199	Häm, das	der Farbstoffanteil im ↗ Hämoglobin (med., biol. t. t.) {70}	αἷμα, Gen αἵματος haima, haimatos	Blut
2200	Hämagglutination, die gr;l	Verklumpung von roten Blutkörperchen (med. t. t.) {14/70}	αἷμα, Gen αἵματος haima, haimatos + l. *agglutinatio*	Blut das Ankleben; Anhänglichkeit, Ergebenheit (↗ UTL 0099)
2201	Hämatin, das	eisenhaltiger Bestandteil des roten Blutfarbstoffs (med. t. t.) {70}	αἱμάτινος haimatinos	blutig
2201a	Hämatit, der gr>l	Eisenerz; nach seiner rötlichen Farbe benannt (geol. t. t.) {62}	αἱματίτης (λίθος) haimatites (lithos)	blutiger (Stein)

>>> Hämato- ↗ Wortelementeliste

2202	hämatogen gr;gr	(med. t. t.) 1. aus dem Blut stammend; 2. blutbildend {70}	αἷμα, Gen αἵματος haima, haimatos + –γενής –genes	Blut stammend von; hervorbringend, verursachend

2203	Hämatogramm, das gr;gr	Blutbild (med. t. t.) {70}	αἷμα, Gen αἵματος haima, haimatos + γράμμα gramma	Blut Buchstabe, Schrift(werk)
2204	Hämatologe, der gr;gr	Spezialist für Blutkrankheiten (med. t. t.) {14/40/70}	αἷμα, Gen αἵματος haima, haimatos + λόγος logos	Blut Rede, Wort; Berechnung
–	Hämatologie, die gr;gr	Lehre von Blut u. Blutkrankheiten (med. t. t.) {14/70}	dto.	dto.
–	hämatologisch gr;gr	die Hämatologie betreffend (med. t. t.) {14/70}	dto. + λογικός logikos	dto. zum Reden gehörig, die Rede betreffend
2205	Hämatom, das gr;gr	Blutbeule, Bluterguß (med. t. t.) {14/70}	αἷμα, Gen αἵματος haima, haimatos + –ωμα –oma	Blut gr. Suffix s. Partikelliste
2206	Hämatophobie, die gr;gr	krankhafte Angst vor Blut (psych. t. t.) {70}	αἷμα, Gen αἵματος haima, haimatos + φόβος phobos	Blut Furcht, Schrecken
2207	Hämatopoese, die gr;gr o. Hämatose, die gr;gr	Blutbildung, bes. Bildung der roten Blutkörperchen (med. t. t.) {70}	αἷμα, Gen αἵματος haima, haimatos + ποίησις poiesis bzw. + –ωσις –osis	Blut das Handeln; Tätigkeit; Herstellung gr. Suffix s. Partikelliste
–	hämatopoetisch gr;gr	blutbildend (med. t. t.) {70}	αἱματοποιητικος haimatopoietikos	in Blut verwandelnd

Hämatorrhoe 2208

2208	Hämato-rrhoe o. -rrhö, die gr;gr	Blutsturz (med. t. t.) {14/70}	αἷμα, Gen αἵματος haima, haimatos + ῥοή rhoe	Blut das Fließen; Fluß
>>>	Hämatose, die = ↗ Hämatopoese			
2209	Hämato-skopie, die gr;gr	Blutuntersuchung (med. t. t.) {70}	αἷμα, Gen αἵματος haima, haimatos + σκοπή skope	Blut das Umschauen, Spähen
>>>	Hämo– ↗ Wortelementeliste			
2210	Hämo-chroma-tose, die gr;gr;gr	bräunliche Verfärbung von Haut u. Gewebe durch eisenhaltige Pigmente (↗ UTL 2652) infolge der Zerstörung roter Blutkörperchen (med. t. t.)	αἷμα, Gen αἵματος haima, haimatos + χρῶμα, Gen χρώματος chroma, chromatos + –ωσις –osis	Blut Farbe, Haut gr. Suffix s. Partikelliste
2211	Hämo-dialyse, die gr;gr	Reinigung des Blutes von Schadstoffen; Blutwäsche (med. t. t.) {70}	αἷμα, Gen αἵματος haima, haimatos + διάλυσις dialysis	Blut Auflösung, Trennung s. o. Dialyse
2212	Hämo-globin, das gr;l	Farbstoff der roten Blutkörperchen; Zeichen: Hb (med. t. t.) {70}	αἷμα, Gen αἵματος haima, haimatos + l. globus	Blut Kugel, Ball(en), Klumpen (↗ UTL 1202)
–	hämoglo-binogen gr;l;gr	Hämoglobin bildend, aus Hämoglobin entstanden (med. t. t.) {70}	dto. + –γενής –genes	dto. stammend von; hervorbringend, verursachend
>>>	Hämoglobinometer, das = ↗ Hämometer			

–	Hämoglo-binurie, die gr;l;gr	Ausscheidung von rotem Blutfarbstoff im Harn (med. t. t.) {14/70}	αἷμα, Gen αἵματος haima, haimatos	Blut
			+ l. *globus*	Kugel, Ball(en), Klumpen (↗ UTL 1202)
			+ οὐρεῖν ourein	harnen
2213	Hämo-gramm, das (gr;gr) >nlat	tabellarische (↗ UTL 3517) Zusammenfassung der wichtigsten Befunde für die Beurteilung eines Blutbildes (med. t. t.) {70}	αἷμα, Gen αἵματος haima, haimatos	Blut
			+ γράμμα gramma	Buchstabe, Schrift(werk)
2214	Hämo-lyse, die gr;gr	Auflösung der roten Blutkörperchen durch Austritt des roten Blutfarbstoffs (med. t. t.) {14/70}	αἷμα, Gen αἵματος haima, haimatos	Blut
			+ λύσις lysis	(Auf)lösung
2215	Hämo-meter, das gr;gr	Gerät zur Bestimmung des Hämoglobingehaltes im Blut (med. t. t.) {70}	αἷμα, Gen αἵματος haima, haimatos	Blut
			+ μέτρον metron	Maß; Versmaß
2216	Hämo-pathie, die gr;gr	Blutkrankheit (med. t. t.) {14/70}	αἷμα, Gen αἵματος haima, haimatos	Blut
			+ πάθος pathos	Schmerz; Leiden(schaft)
2217	Hämo-philie, die gr;gr	Bluterkrankheit (med. t. t.) {14/70}	αἷμα, Gen αἵματος haima, haimatos	Blut
			+ φιλία philia	Liebe, Freundschaft
2218	Hämo-ptyse o. -ptysis, die gr;gr	Bluthusten, Blutspucken infolge von Lungenblutung (med. t. t.) {14/70}	αἷμα, Gen αἵματος haima, haimatos	Blut
			+ πτύσις ptysis	das Spucken
2219	Hämo-rrhagie, die	Blutung (med. t. t.) {14/70}	αἱμορραγία haimorragia	Blutfluß, -sturz

–	hämo-rrhagisch	zu Blutungen führend, mit ihnen zusammenhängend (med. t. t.) {14/70}	αἱμορρα-γικός haimoragikos	an Blutfluß leidend
2220	hämo-rrhoidal	die Hämorrhoiden betreffend (med. t. t.) {14/70}	αἱμόρροια haimorroia	Blutfluß, –sturz
–	Hämo-rrhoide, die gr>l	(meist Pl.): Mastdarmkrampfadern (med. t. t.) {14/70}	dto.	dto.
2222	Hämo-spasie, die gr;gr	Schröpfen (med. t. t.) {70}	αἷμα, Gen αἵματος haima, haimatos + σπάσις spasis	Blut das Ziehen
2223	Hämo-stase, die gr;gr	1. Blutstockung; 2. Blutstillung (med. t. t.) {70}	αἷμα, Gen αἵματος haima, haimatos + στάσις stasis	Blut das Feststehen; Zustand, Lage; Aufstand
2224	Hämo-statikum, das gr;gr	= ↗ Hämostyptikum: blutstillendes Mittel (med. t. t.) {70}	αἷμα, Gen αἵματος haima, haimatos + στατικός statikos	Blut zum Stillstand bringend; wägend
–	hämo-statisch gr;gr	= ↗ hämostyptisch: blutstillend (med. t. t.) {70}	dto.	dto.
2225	Hämo-stypti-kum, das gr;gr	blutstillendes Mittel (med. t. t.) {70}	αἷμα, Gen αἵματος haima, haimatos + στυπτ-τικός styptikos	Blut zusammenziehend, verdichtend
–	hämo-styptisch gr;gr	blutstillend (med. t. t.) {70}	dto.	dto.
2226	Hämo-therapie, die gr;gr	Reizkörpertherapie, bei der körpereigenes Blut injiziert (↗ UTL 1389) wird (med. t. t.) {70}	αἷμα, Gen αἵματος haima, haimatos + θεραπεία therapeia	Blut Dienst, Behandlung s. u. Therapie

2227	Hämotoxin, das gr;gr	Blutgift, das die roten Blutkörperchen schädigt (med. t. t.) {14/70}	αἷμα, Gen αἵματος haima, haimatos + τοξικόν toxikon	Blut Gift s. u. Toxin
2228	Hämozyt, der gr;gr	Blutkörperchen (med. t. t.) {11/70}	αἷμα, Gen αἵματος haima, haimatos + κύτος kytos	Blut Höhlung, Wölbung
2229	Hapaxlegomenon, das	nur einmal belegtes Wort in einer Sprache, einer Gattung, bei einem Autoren o. einem Werk {32/76}	ἅπαξ λεγόμενον hapax legomenon	einmal gesagt
2230	Haplographie, die gr;gr	fehlerhafte Einfachschreibung eines doppelten Buchstabens {32}	ἁπλοῦς haplous + γραφή graphe	einfach Schrift; Zeichnung
2231	haploid	nur einen einfachen Chromosomensatz enthaltend (biol. t. t.) {68/69/70}	ἁπλοειδής haploeides	einfach
2232	Haplologie, die (gr;gr) >nlat	Verschmelzung zweier gleicher Silben (sprachwiss. t. t.) {32/76}	ἁπλοῦς haplous + λόγος logos	einfach Rede, Wort; Berechnung
2233	Haplont, der gr;gr	Lebewesen, dessen Zellen (↗ UTL 3886) einen einfachen Chromosomensatz aufweisen (biol. t. t.) {68/69}	ἁπλοῦς haplous + ὄν, Gen. ὄντος on, ontos	einfach seiend
2234	Haptik, die – haptisch	Lehre vom Tastsinn (psych. t. t.) {23/70} den Tastsinn betreffend {23/70}	ἁπτικός haptikos dto.	zum Berühren geschickt dto.
2235	Häresiarch, der gr>l	Begründer u. geistliches Oberhaupt einer Häresie {33/51/77}	αἱρεσιάρχης hairesiarches	Sektenhaupt
2236	Häresie, die gr>nlat	1. Lehre, die von der offiziellen (↗ UTL 2414) Lehre der ↗ katholischen ↗ Kirche abweicht {51/77}; 2. (allg.) Irrlehre, Ketzerei {25/77}	αἵρεσις hairesis	das Nehmen; Wahl; Partei, Sekte

	Häretiker, der gr>l	1. Abweichler von der ↗ katholischen Lehrmeinung {51/77}; 2. (allg.) Ketzer {25/77}	αἱρετικός hairetikos	auswählend; ketzerisch
–	häretisch	1. vom ↗ kirchlichen ↗ Dogma abweichend {51/77}; 2. (allg.) ketzerisch {25/77}	dto.	dto.
2237	Harmonie, die gr>l>mlat >mhd	1. Eintracht {33/56}; 2. angenehme Übereinstimmung der Teile eines Ganzen (künstl. t. t.) {36}; 3. Zusammenklang mehrerer Töne o. Akkorde (↗ UTL 0114) (mus. t. t.) {37}	ἁρμονία harmonia	Fügung, Verbindung; die richtige Proportion (↗ UTL 2863)
2238	Harmonielehre, die gr;d	Lehre von den harmonischen Verbindungen von Tönen u. Akkorden (↗ UTL 0114) (mus. t. t.) {37}	dto. + d. *Lehre*	dto.
2239	Harmoniemusik, die gr;gr	1. nur durch Blasinstrumente ausgeführte Musik; 2. aus Blasinstrumenten bestehendes ↗ Orchester {37}	ἁρμονία harmonia + μουσική (τέχνη) mousike (techne)	Fügung, Verbindung; die richtige Proportion (↗ UTL 2863) Musenkunst, Tonkunst s. u. Musik
2240	Harmonieorchester, das gr;gr	Blasorchester {37}	ἁρμονία harmonia + ὀρχήστρα orchestra	Fügung, Verbindung; die richtige Proportion Tanzplatz (im athenischen Theater) s. u. Orchester
2241	harmonieren	gut zusammenstimmen, zueinander passen {33/56}	ἁρμονία harmonia	Fügung, Verbindung; die richtige Proportion
2241	Harmonik, die	Kunst der musikalischen Klanggestaltung (mus. t. t.) {37}	ἁρμονική (τέχνη) harmonike (techne)	Theorie der Tonkunst
2242	Harmonika, die gr>l>engl	Musikinstrument, bei dem ein Luftstrom Metallzungen in Schwingungen versetzt (Ausdruck 1762 geprägt von B. Franklin) {37}	ἁρμονικός harmonikos engl. *harmonica*	die Harmonie betreffend
–	harmonikal	den Gesetzen der Harmonie entsprechend {36/37/56}	dto.	dto.

–	Harmonikatür, die gr;d	Falttür (die wie eine Ziehharmonika zusammengeschoben werden kann) {44}	ἁρμονικός harmonikos + d. *Tür*	die Harmonie betreffend
–	Harmoniker, der gr>l	Musiktheoretiker im alten Griechenland (mus. t. t.) {37/75}	dto.	dto.

>>> –harmonisch ⟋ Wortelementeliste

–	harmonisch gr>l	1. angenehm übereinstimmend {33/56}; 2. den Harmoniegesetzen entsprechend (mus. t. t.) {37}	ἁρμονικός harmonikos	die Harmonie betreffend
–	Harmonische, die	Schwingung, deren Frequenz (⟋ UTL 1144) ein ganzzahliges Vielfaches einer Grundschwingung ist (phys. t. t.) {72/87}	dto.	dto.
–	harmonisieren gr>l>frz >nlat	1. verschiedene Dinge aufeinander abstimmen {33/56}; 2. eine ⟋ Melodie mit passenden Akkorden (⟋ UTL 0114) begleiten (mus.t. t.) {37}	dto.	dto.
–	harmonistisch	die Harmonisierung betreffend {33/56}	dto.	dto.
2243	Harmonium, das gr>frz	Tasteninstrument mit Zungenstimmen u. fußbedientem Blasebalg (Ausdruck 1840 geprägt von dem frz. Orgelbauer A. F. Debain) {37}	ἁρμόνιος harmonios	passend, übereinstimmend
2244	Harmonogramm, das gr;gr	⟋ graphische Darstellung von mehreren voneinander abhängigen Arbeitsabläufen (wirtsch.t. t.) {40/80}	dto. + γράμμα gramma	dto. Buchstabe, Schrift(werk)
2245	Harpyie, die gr>l	1. geflügeltes weibliches Ungeheuer in der gr. ⟋ Mythologie {51/75}; 2. großer süd- u. mittelamerikanischer Raubvogel {07/69}	Ἅρπυια Harpyia	Harpyie (s. Anhang „Namen")
2246	Heautognomie, die (gr;gr) >nlat	Selbsterkenntnis (philos. t. t.) {25/77}	ἑαυτόν heauton + γνώμη gnome	sich selbst Einsicht; Verstand, Sinn(spruch)

Heautonomie

2247	Heauto-nomie, die gr;gr	Selbstgesetzgebung (philos. t. t.) {49/50/77/81}	ἑαυτόν heauton + νόμος nomos	sich selbst Brauch; Gesetz
2248	Heauto-skopie, die gr;gr	Doppelgängerwahn (psych. t. t., med. t. t.) {14/70}	ἑαυτόν heauton + σκοπή skope	sich selbst das Umschauen, Spähen
2249	Hebdo-madar o. Hebdoma-darius, der gr>mlat	↗ katholischer Geistlicher, der im Kloster (↗ UTL 1694) den Wochendienst hat {33/51/77}	ἑβδομάς Gen. ἑβδομάδος hebdomas, hebdomados	Siebenzahl, bes. sieben Tage
2250	Hebe-phrenie, die (gr;gr) >nlat	↗ Schizophrenie, die in der Jugend auftritt (med. t. t., psych. t. t.) {70}	ἥβη hebe + φρήν phren	Jugend Zwerchfell; Geist, Verstand
2251	Hebra-icum, das gr>l	Prüfung im Hebräischen für Theologiestudenten {32/78}	Ἑβραϊκός Hebraikos	Hebräisch
–	Hebraika, die (Pl.) gr>l	Werke über die hebräische Geschichte u. Kultur (↗ UTL 1947) {34/81}	dto.	dto.
–	hebräisch	jüdisch {32/81}	Ἑβραῖος Hebraios	hebräisch
2252	Hedonik, die o. Hedo-nismus, der (gr;gr) >nlat	philos. Lehre, nach der Lust u. Genuß das höchste Gut des Lebens sind {25/77}	ἡδονικός hedonikos bzw. ἡδονή hedone + -ισμός -ismos	zum Vergnügen gehörig Freude, Lust gr. Suffix s. Partikelliste
–	Hedoni-ker o. Hedo-nist, der gr;gr	Vertreter der Lehre des He-donismus {25/33/77}	dto. bzw. + -ιστής -istes	dto. gr. Suffix s. Partikelliste
–	hedoni-stisch gr;gr	das Lustprinzip befolgend {25/33/77}	dto.	dto.
2253	Hegemon, der	Fürst, der über andere Für-sten herrscht {33/50/81}	ἡγεμών hegemon	Führer
–	hegemo-nial gr>nlat	die Vormachtstellung habend o. erstrebend {33/50/81}	ἡγεμονία hegemonia	Führung, Ober-befehl

–	**Hegemo-nie,** die	Vormachtstellung, Vorherrschaft {33/50/81}	dto.	dto.
–	**Hegemo-nikon,** das gr>l	der herrschende Teil: 1. der Seele = Vernunft {25/77}; 2. des Alls = Gott (⌐ stoische Lehre – philos. t. t.) {51/77}	ἡγεμονικός hegemonikos	den Führer betreffend
–	**hegemo-nisch**	die Hegemonie besitzend {33/50/81}	dto.	dto.
2254	**Hegume-nos,** der	Vorsteher eines ⌐ orthodoxen Klosters (⌐ UTL 1694) {33/51/77}	ἡγεῖσθαι hegeisthai PPrM: ἡγούμενος hegoumenos	anführen anführend
2255	**Heilan-ästhesie,** die d;(gr;gr) >nlat	örtliche Betäubung zur Linderung ⌐ rheumatischer u. ⌐ neuralgischer Schmerzen (med. t. t.) {70}	d. *Heil* + ἀ–, ἀν– a-, an- + αἴσθησις aisthesis	nicht, ohne Sinneswahrnehmung s. o. Ästhesie
2256	**Heimar-mene,** die	das unausweichliche Schicksal (philos. t. t.) {15/77}	Εἱμαρμένη heimarmene	Schicksal
>>>	**Hekato–** ⌐ Wortelementeliste			
2257	**Heka-tombe,** die gr>l	1. kultisches (⌐ UTL 1947) Opfer von hundert Stieren {51/77}; 2. große Anzahl von Menschen, die einem Unglück zum Opfer fällt {15/57}	ἑκατόμβη hekatombe aus: ἑκατόν hekaton + βοῦς bous	Opfer von hundert Rindern; großes Opfer hundert Stier
2258	**Hektar,** der gr>frz	Flächenmaß: 100 Ar {56}	ἑκατόν hekaton frz. *hectare*	hundert 100 Ar
2259	**Hektik,** die gr>mlat	1. fieberhafte Erregung {26}; 2. Abmagerung mit fortschreitendem Kräfteverfall (med. t. t.) {14/70}	ἑκτικός hektikos mlat. *hecticus*	von einer Haltung geprägt; aufzehrend (von Fieber) schwindsüchtig
–	**Hektiker,** der	1. fieberhaft erregter Mensch {26/33}; 2. Tuberkulosekranker (med. t. t.) {14/70}	dto.	dto.
–	**hektisch**	1. fieberhaft erregt {26}; 2. mit Lungentuberkulose verbunden (med. t. t.) {14/70}	dto.	dto.
>>>	**Hek(a)to–** ⌐ Wortelementeliste			

2260	Hekto-gramm, das (gr;gr)>frz	100 ⚹ Gramm; Zeichen: hg {56}	ἑκατόν hekaton + γράμμα gramma	hundert Buchstabe, Schrift(werk)
–	Hekto-graph, der (gr;gr) >nlat	Vervielfältigungsapparat {40/87}	dto. + γραφεύς grapheus	dto. Schreiber, Maler
–	Hekto-graphie, die (gr;gr) >nlat	Vervielfältigung mittels eines Hektographen {40/56/87}	dto. + γραφή graphe	dto. Schrift; Zeichnung
–	hektogra-phieren	vervielfältigen {40/56/87}	dto.	dto.
2261	Hekto-liter, der (gr;gr)>frz	100 Liter; Zeichen: hl {56}	ἑκατόν hekaton + λίτρα litra	hundert Gewicht von 12 Unzen o. 1 Pfund s. u. Liter
2262	Hekto-meter, der gr;gr	100 Meter; Zeichen: hm {56}	ἑκατόν hekaton + μέτρον metron	hundert Maß; Versmaß
2263	Hekto-pascal, das gr;frz	Luftdruckeinheit, 100 Pascal; Zeichen: hPa {56/65}	ἑκατόν hekaton + frz. Pascal	hundert frz. Mathematiker (1623-62)
2264	Hekto-watt, das gr;engl	⚹ elektrische Einheit, 100 Watt {56/72}	ἑκατόν hekaton + engl. Watt	hundert engl. Ingenieur (1736-1819)
2265	Hekuba, die gr>l	1. lateinische Form (⚹ UTL 1132) für Hekabe; Frauengestalt in der gr. ⚹ Mythologie {51/75/77}; 2. gleichgültig {25/33/56}	Ἑκάβη Hekabe	Hekabe (s. Anhang „Namen")
2266	Helen, Helena o. Helene	weiblicher Vorname {31}	Ἑλένη Helene	Helena (s. Anhang „Namen")
>>>	Heli(o)– ⚹ Wortelementeliste			
2267	helia-kisch gr>l	zur Sonne gehörig {01/66}	ἡλιακός heliakos	zur Sonne gehörig

2268	Helian-themum, das gr;gr>l	Sonnenröschen (bot. t. t.) {04/68}	ἥλιος helios + ἄνθεμον anthemon l. *anthemum*	Sonne Blume, Blüte eine Pflanze
–	Helian-thus, der gr>l>nlat	Sonnenblume (bot. t. t.) {05/68}	ἡλιανθές helianthes aus: ἥλιος helios + ἄνθος anthos l. *helianthes* nlat. *helianthus*	myrtenähnliche Pflanze Sonne Blume, Blüte Sonnenblume dto.
2269	Helikes, die (Pl.) gr>l	Volutenranken am korinthischen Kapitell (↗ UTL 1627) (kunstwiss. t. t.) {88}	ἕλιξ, Gen. ἕλικος helix, helikos	Windung, Spirale
–	Helikon, das gr>nlat	Blasinstrument: Kontrabaßtuba {37}	dto.	dto.
2270	Heli-kopter, der (gr;gr)>nlat>frz>engl	Hubschrauber {45}	dto. + πτερόν pteron	dto. Flügel
>>>	Heli(o)– ↗ Wortelementeliste			
2271	Heliobio-logie, die gr;gr;gr	Teilbereich der ↗ Biologie, bei dem man sich mit dem Sonneneinfluß auf die ↗ Biosphäre befaßt {68/69/70}	ἥλιος helios + βίος bios + λόγος logos	Sonne Leben Rede, Wort; Berechnung s. o. Biologie
–	heliobio-logisch gr;gr;gr	die Heliobiologie betreffend {68/69/70}	dto. + λογικός logikos	dto. zum Reden gehörig, die Rede betreffend
2272	Heliodor, der (gr;gr)>nlat	aus Südwestafrika stammender ↗ Beryll (Edelstein) von goldgelber Farbe {20/62}	ἥλιος helios + δῶρον doron	Sonne Gabe, Geschenk

2273	Heliograph, der gr;gr	1. ↗ astronomisches Fernrohr mit Kamera (↗ UTL 1603a) für Aufnahmen von der Sonne {66/87}; 2. Gerät, das Signale (↗ UTL 3315) mit Hilfe des Sonnenlichtes übermittelt {46}	ἥλιος helios + γραφεύς grapheus	Sonne Schreiber, Maler
–	Heliographie, die gr;gr	1. Druckverfahren auf ↗ photomechanischem Wege {40}; 2. Zeichengeben mit dem Heliographen (2.) {32/46}	dto. + γραφή graphe	dto. Schrift; Zeichnung
–	heliographisch gr;gr	den Heliographen betreffend {46/66/87}	dto. + γραφικός graphikos	dto. im Malen geschickt; malerisch; zum Malen o. Schreiben
2274	Heliogravüre, die gr;frz	1. Tiefdruckverfahren auf ↗ photomechanischem Wege; 2. Produkt (↗ UTL 2834) dieses Druckvorganges {40}	ἥλιος helios + frz. gravure	Sonne (Kupfer)Stichkunst
2275	heliophil gr;gr	sonnenliebend (biol. t. t.) {68/69}	ἥλιος helios + φίλος philos	Sonne lieb, befreundet, Freund
2276	heliophob gr;gr	den Sonnenschein meidend (biol. t. t.) {68/69}	ἥλιος helios + φόβος phobos	Sonne Furcht, Schrecken
2277	Heliosis, die	1. Sonnenstich; 2. Hitzschlag (med. t. t.) {14/70}	ἡλίωσις heliosis	das Sonnen
2278	Helioskop, das gr;gr	Gerät zur direkten Sonnenbeobachtung (astron. t. t.) {66/87}	ἥλιος helios + σκοπός skopos	Sonne jmd., der genau hinschaut; Aufseher; Späher
2279	Heliostat, der gr;gr	Gerät mit Spiegeln, das dem Sonnenlicht für Beobachtungszwecke stets die gleiche Richtung gibt (astron. t. t.) {66/87}	ἥλιος helios + στατικός statikos	Sonne zum Stillstand bringend; wägend
2280	Heliotherapie, die gr;gr	Heilbehandlung mit Sonnenlicht u. –wärme (med. t. t.) {70}	ἥλιος helios + θεραπεία therapeia	Sonne Dienst, Behandlung s. u. Therapie

2281	Helio-trop, 1. das 2. der	1. blauviolette Zimmerpflanze (Sonnenwende) {05/68}; 2. die Farbe Blauviolett {55}; 3. Sonnenspiegel zur Sichtbarmachung von Geländepunkten {64/87}; 4. dunkelgrünes Quarzmineral mit blutroten Jaspiseinspengseln (nach der alten Vorstellung, daß der Stein das Sonnenlicht blutrot reflektiert) (↗ UTL 3016) {67}	ἡλιοτρόπιον heliotropion	die Pflanze Sonnenwende; Sonnenuhr; Edelstein
–	heliotrop	von der Farbe des Heliotrops {55}	dto.	dto.
2282	heliozentrisch gr;gr	die Sonne als Weltmittelpunkt betrachtend (astron. t. t.) {25/66}	ἥλιος helios + κέντρον kentron	Sonne Mittelpunkt eines Kreises; Stachel-(stab); ruhender Zirkelschenkel s. u. zentrisch
2283	Heliport, der gr;l	Kurzwort aus ↗ Helikopter u. Airport (↗ UTL 0110): Landeplatz für Hubschrauber {45}	ἕλιξ, Gen. ἕλικος helix, helikos + l. portus	Windung, Spirale Hafen, Seeinfahrt
>>>	helisch = ↗ heliakisch			
2284	Helium, das	Edelgas; Zeichen: He (Ausdruck 1868 geprägt von dem engl. ↗ Astrophysiker Lockyer u. dem engl. ↗ Chemiker ↗ Frankland) {73}	ἥλιος helios	Sonne
2285	Helix, die	1. äußerer Rand der menschlichen Ohrmuschel (med. t. t.) {11/70}; 2. Weinbergschnecke (zool. t. t.) {08/69}; 3. spiralige Molekülstruktur (chem. t. t.) {54/73}	ἕλιξ, Gen. ἕλικος helix, helikos	Windung, Spirale
2286	Helkologie, die gr;gr	Lehre von den Geschwüren (med. t. t.) {14/70}	ἕλκος helkos + λόγος logos	Wunde; Geschwür Rede, Wort; Berechnung
2287	Helkoma, das	Geschwür, Eiterung (med. t. t.) {14/70}	ἕλκωμα helkoma	Geschwür
2288	Helladikum, das gr>l	bronzezeitliche Kultur (↗ UTL 1947) auf dem gr. Festland {75/81}	Ἑλλάς, Gen. Ἑλλάδος Hellas, Hellados	Griechenland

–	helladisch	das Helladikum betreffend {75/81}	dto.	dto.
2289	hellenisch	das antike (↗ UTL 0214) u. moderne (↗ UTL 2259) Griechenland betreffend {75/81}	Ἕλλην, Gen. Ἕλληνος Hellen, Hellenos	Grieche
–	hellenisieren gr>nlat	nach gr. Vorbild gestalten {81}	ἑλληνίζειν hellenizein	sich wie ein Grieche zeigen; etwas griechisch machen
–	Hellenismus, der	1. Griechentum {64/81}; 2. die nachklassische Epoche von Alexander d. Großen bis zum römischen Kaiser Augustus {59/75}	ἑλληνισμός hellenismos	die Eigentümlichkeit der gr. Sprache
–	Hellenist, der	Spezialist (↗ UTL 3394) für das nachklassische Griechenland {40/75}	ἑλληνιστής hellenistes	Nachahmer des Griechischen
–	Hellenistik, die	Wissenschaft der hellenischen Sprache u. Kultur (↗ UTL 1947) {76/81}	ἑλληνίζειν hellenizein	sich wie ein Grieche zeigen; etwas griechisch machen
–	hellenistisch	den Hellenismus betreffend {59/75/81}	dto.	dto.
2290	Hellenophilie, die gr;gr	Vorliebe für die hellenistische Kultur (↗ UTL 1947) {25/75}	Ἕλλην, Gen. Ἕλληνος Hellen, Hellenos + φιλία philia	Grieche Liebe, Freundschaft
2291	Helminthiasis, die	Wurmkrankheit (med. t. t.) {09/14/70}	ἑλμινθιᾶν helminthian	an Würmern leiden
2292	Helophyt, der gr;gr	Sumpfpflanze (bot. t. t.) {68}	ἕλος helos + φυτόν phyton	Sumpf Gewächs, Pflanze
2293	Helot o. Helote, der	Staatssklave im alten Sparta {33/75}	εἵλως, Gen. εἵλωτος heilos, heilotos	Helot
–	Helotismus, der (gr;gr) >nlat	Ernährungssymbiose, aus der ein Partner mehr Nutzen hat als andere (biol. t. t.) {68/69}	dto. + –ισμός –ismos	dto. gr. Suffix s. Partikelliste

2294	Hemeralopie, die gr>nlat	Tagblindheit, aber auch als „Nachtblindheit" benutzt (med. t. t.) {14/23/70}	ἡμεράλωψ Gen. ἡμεράλωπος hemeralops, hemeralopos		tagblind
2295	Hemerocallis, die	Gattung der Taglilien {04/68}	ἡμεροκαλλίς hemerokallis		gelb blühende Lilienart
2296	hemerophil gr;gr	kulturliebend {25/33}	ἥμερος hemeros + φίλος philos		gezähmt, zahm; kultiviert lieb, befreundet, Freund
2297	hemerophob gr;gr	kulturmeidend {25733}	ἥμερος hemeros + φόβος phobos		gezähmt, zahm; kultiviert Furcht, Schrecken
2298	Hemerophyt, der gr;gr	Pflanze, die nur im menschlichen Kulturbereich richtig gedeiht (bot. t. t.) {68}	ἥμερος hemeros + φυτόν phyton		gezähmt, zahm; kultiviert Gewächs, Pflanze
>>>	Hemi– ⚹ Wortelementeliste				
2299	Hemialgie, die (gr;gr) >nlat	Schmerzen in einer Kopfhälfte (med. t. t.) {14/70}	ἥμισυς hemisys + ἄλγος algos		halb Schmerz
2300	Hemi-(an)opie, die o. Hemi(an)opsie, die gr;gr;gr	Sehstörung, bei der eine Hälfte des Gesichtsfeldes ausfällt (med. t. t.) {14/70}	ἥμισυς hemisys + ἀ–, ἀν– a-, an- + ὄψις opsis		halb nicht, ohne das Sehen
2301	Hemiataxie, die gr;gr	Bewegungsstörung einer Körperhälfte (med. t. t.) {12/14/70}	ἥμισυς hemisys + ἀταξία ataxia		halb Unordnung, Verwirrung
2302	Hemiepes, der	halber ⚹ Hexameter {34/76}	ἡμιεπές hemiepes		halber Hexameter
2303	Hemikranie, die	= ⚹ Hemialgie: Schmerzen in einer Kopfhälfte (med. t. t.) {14/70}	ἡμικρανία hemikrania		Kopfschmerz auf der einen Seite

2304	Hemiole, die	1. schwarze Noten (↗ UTL 2375) in der Mensuralnotation im Gegensatz zu weißen zur Bezeichnung des Verhältnisses 2:3; 2. Wechsel des Taktes (↗ UTL 3525) von 2x3 zu 3x2 {37}	ἡμιόλιος hemiolios	anderthalb
2305	Hemiplegie, die	Halbseitenlähmung (med. t. t.) {14/70}	ἡμιπληγία hemiplegia aus: ἥμισυς hemisys + πληγή plege	halbseitige Lähmumg halb Schlag
–	Hemiplegiker, der o. Hemiplegische, der	halbseitig Gelähmte(r) (med. t. t.) {12/14/70}	dto.	dto.
2306	Hemipteren, die (Pl.) gr;gr	Halbflügler (zool. t. t.) {69}	ἥμισυς hemisys + πτερόν pteron	halb Flügel
2307	Hemispasmus, der gr;gr	halbseitiger Krampf (med. t. t.) {14/70}	ἥμισυς hemisys + σπασμός spasmos	halb Zuckung, Krampf s. u. Spasmus
2308	Hemisphäre, die gr>l	1. Halbkugel, Erdhälfte {64}; 2. die jeweilige Hälfte des Groß- u. Kleinhirns (med. t. t.) {11/70}	ἡμισφαίριον hemisphairion	Halbkugel
2309	Hemistichion, das o. Hemistichium, das gr>l	Halbvers in der altgr. ↗ Metrik {34/76}	ἡμιστίχιον hemistichion	Halbvers
–	Hemistichomythie, die (gr;gr) >nlat	aus Hemistichien bestehender ↗ Dialog {34/76}	dto. + μῦθος mythos	dto. Rede, Wort, Erzählung s. u. Mythos
2310	hemitonisch gr;gr	mit Halbtönen versehen (mus. t. t.) {37}	ἥμισυς hemisys + τόνος tonos	halb Spannung, Band, Ton

2311	Hemizellulose, die gr;l	Kohlenhydrat {73}	ἥμισυς hemisys + l. *cellula*	halb kleine Zelle, Kämmerchen (↗ UTL 3886)
>>>	Hen(o)– ↗ Wortelementeliste			
2312	Henade, die	Einheit im Gegensatz zur Vielheit (philos. t. t.) {56/77}	ἑνάς, Gen. ἑνάδος henas, henados	Eins, Einheit
2313	Hendekagon, das (gr;gr) >nlat	Elfeck {71}	ἕνδεκα hendeka + γωνία gonia	elf Winkel, Ecke
2314	Hendekasyllabus, der gr>l	elfsilbiger Vers {34/76}	ἑνδεκασύλλαβος hendekasyllabos	elfsilbig
2315	Hendiadyoin, das (gr;gr;gr) >mlat	Stilfigur, bei der zwei ↗ Synonyme als Verstärkung miteinander verbunden werden {34/76}	ἕν διὰ δυοῖν hen dia dyoin	eins durch zwei
2316	Henismus, der (gr;gr) >nlat	Weltdeutung von einem Urprinzip aus (philos. t. t.) {77}	ἕν, Gen. ἑνός hen, henos + –ισμός –ismos	eins gr. Suffix s. Partikelliste
>>>	Heno– ↗ Wortelementeliste			
2317	Henotheismus, der (gr;gr;gr) >nlat	besondere Verehrung eines bevorzugten Gottes neben anderen Göttern {51/77}	dto. + θεός theos + –ισμός –ismos	dto. Gott gr. Suffix s. Partikelliste
–	henotheistisch	den Henotheismus betreffend {51/77}	dto.	dto.
2318	Heortologie, die (gr;gr) >nlat	Lehre von den ↗ kirchlichen Feiertagen {51/77}	ἑορτή heorte + λόγος logos	Fest, Festtag Rede, Wort; Berechnung
–	Heortologium, das	↗ kirchlicher Festkalender {51/59/77}	ἑορτολόγιον heortologion	Festkalendar

Hepar 2319

>>> **Hepa–** ↗ Wortelementeliste

2319	Hepar, das gr>l	Leber (med. t. t.) {11/70}	ἧπαρ, Gen. ἥπατος hepar, hepatos	Leber
–	Heparin, das	aus der Leber gewonnene gerinnungshemmende Substanz (↗ UTL 3466) (med. t. t.) {70}	dto.	dto.
2320	Hepatalgie, die gr;gr	Leberkolik (med. t. t.) {14/70}	dto. + ἄλγος algos	dto. Schmerz
–	hepatalgisch gr;gr	die Hepatalgie betreffend (med. t. t.) {14/70}	dto.	dto.
2321	hepatisch gr>nlat	zur Leber gehörend (med. t. t.) {11/70}	ἧπαρ, Gen. ἥπατος hepar, hepatos	Leber
–	Hepatitis, die (gr;gr) >nlat	Leberentzündung (med. t. t.) {14/70}	dto. + –ῖτις –itis	dto. gr. Suffix s. Partikelliste

>>> **Hepato–** ↗ Wortelementeliste

2322	hepatogen (gr;gr) >nlat	in der Leber gebildet, von ihr ausgehend (med. t. t.) {70}	dto. + –γενής –genes	dto. stammend von; hervorbringend, verursachend
2323	Hepatographie, die gr;gr	röntgenologische Darstellung der Leber nach Injektion (↗ UTL 1389) von Kontrastmitteln (med. t. t.) {70}	ἧπαρ, Gen. ἥπατος hepar, hepatos + γραφή graphe	Leber Schrift; Zeichnung
2324	Hepatolith, der gr;gr	Leberstein (med. t. t.) {14/70}	ἧπαρ, Gen. ἥπατος hepar, hepatos + λίθος lithos	Leber Stein

2325	Hepato- loge, der gr;gr	Spezialist (↗ UTL 3394) für Leberkrankheiten (med. t. t.) {70}	ἧπαρ, Gen. ἥπατος hepar, hepatos + λόγος logos	Leber Rede, Wort; Berechnung
–	Hepato- logie, die gr;gr	Lehre von der Leber (med. t. t.) {70}	dto.	dto.
–	hepato- logisch gr;gr	die Hepatologie betreffend {70}	dto. + λογικός logikos	dto. zum Reden gehörig, die Rede betreffend
2326	Hepato- megalie, die gr;gr	Lebervergrößerung (med. t. t.) {14/70}	ἧπαρ, Gen. ἥπατος hepar, hepatos + μέγας, Gen. μεγάλου megas, megalou	Leber groß
2327	Hepato- pathie, die gr;gr	Leberleiden (med. t. t.) {14/70}	ἧπαρ, Gen. ἥπατος hepar, hepatos + πάθος pathos	Leber Schmerz; Leiden(schaft)
2328	Hephthe- mimeres, die	Verseinschnitt nach der ersten Hälfte des vierten Fußes, d. h. nach dem siebten Halbfuß im ↗ Hexameter (metr. t. t.) {34/76}	ἐφθημιμερής hepthemime- res	von sieben Halben
>>>	Hept(a)- ↗ Wortelementeliste			
2329	Hept- achord, der / das gr>l	Aufeinanderfolge von sieben ↗ Tönen der ↗ diatonischen Tonleiter (mus. t. t.) {37}	ἑπτάχορδος heptachordos	siebensaitig
2330	Heptagon, das	Siebeneck {71}	ἑπτάγωνος heptagonos	siebeneckig
2331	Hepta- meron, das (gr;gr)>frz	1. Novellensammlung der Margarete von Navarra nach dem Vorbild des ↗ Dekameron {34/76}; 2. Schöpfungswoche im Alten Testament (theol. t. t.) {51/59/77}	ἑπτά hepta + ἡμέρα hemera	sieben Tag

2332	**Heptameter**, der (gr;gr) >nlat	siebenfüßiger Vers (↗ UTL 3791) {34/76}	ἑπτά hepta + μέτρον metron	sieben Maß; Versmaß
2333	**Heptan**, das	Kohlenwasserstoff mit sieben Kohlenstoffatomen (chem. t. t.) {73}	ἑπτά hepta	sieben
2334	**Heptarchie**, die gr;gr	Staatenbund der sieben angelsächsischen Kleinkönigreiche (hist. t. t.) {75}	ἑπτά hepta + ἀρχή arche	sieben Anfang, Herrschaft
2335	**Heptateuch**, der gr>mlat	die ersten sieben Bücher des Alten Testaments {51/77}	ἑπτάτευχος (βίβλος) heptateuchos (biblos)	siebenbändiges Buch
2336	**Heptatonik**, die gr>nlat	↗ System der Siebentönigkeit (mus. t. t.) {37}	ἑπτάτονος heptatonos	siebentönig
2337	**Heraion**, das o. **Heräon**, das	Heiligtum der gr. Göttin Hera (s. Anhang „Namen") {51/75}	Ἥραιον Heraion	Heraion
2338	**Heraklide**, der gr>l	Nachkomme des Herakles {51/75}	Ἡρακλείδης Herakleides	Nachkomme des Herakles (s. Anhang „Namen")
2339	**Herkules**, der	lateinischer Name für Herakles; sehr großer u. starker Mensch {11/15/53}	Ἡρακλῆς Herakles	Herakles (s. Anhang „Namen")
–	**Herkulesarbeit**, die gr;d	Arbeit, die übermenschliche Anstrengung erfordert {40/56}	dto. + d. *Arbeit*	dto.
–	**herkulisch**	riesenstark {11/15/53/55}	Ἡρακλῆς Herakles	Herakles (s. Anhang „Namen")
2340	**Hermäon**, das	(veraltet) Glücksfall {15/26}	ἕρμαιον hermaion	„Gabe des Hermes"; unerhoffter Gewinn
2341	**Hermaphrodit**, der gr>l	Zwitter; Individuum (↗ UTL 1354) mit männlichen u. weiblichen Geschlechtsmerkmalen (biol., med. t. t.) {68/69/70}	Ἑρμαφρόδιτος Hermaphroditos u. ἑρμαφρόδιτος hermaphroditos	Sohn des Hermes u. der Aphrodite (s. Anhang „Namen") Zwitter

–	hermaph-roditisch	zwitterhaft (biol., med. t. t.) {68/69/70}	dto.	dto.
–	Hermaph-rodismus, der o. Hermaph-roditis-mus, der gr>l>nlat	Zwittrigkeit (biol., med. t. t.) {68/69/70}	dto.	dto.
2342	Herme, die gr>l	Pfeiler, der oben eine Büste trägt, ursprünglich des Gottes Hermes {88}	Ἑρμῆς Hermes	Hermes (s. An-hang „Namen")
2343	Herme-neutik, die	Kunst der Auslegung von Schriften u. Kunstwerken {25/76}	ἑρμηνευτική (τέχνη) hermeneuti-ke (techne)	(die Kunst des) Auslegens
–	herme-neutisch	einen Text (↗ UTL 3576) o. Kunstwerk auslegend {25}	dto.	dto.
2344	Hermetik, die gr>nlat >engl	1. (veraltet) ↗ Alchemie {73/75}; 2. luftdichte Apparatur (↗ UTL 0230) {40/58/72}	Ἑρμῆς Τρισμέγισ-τος Hermes Trismegistos	Hermes Trisme-gistos (s. Anhang „Namen")
–	Herme-tiker, der gr>nlat	1. Anhänger des Hermes Trismegistos (s. Anhang „Na-men") {51/75}; 2. Schriftsteller mit vieldeutiger dunkler Aus-drucksweise {25/34/76}	dto.	dto.
–	herme-tisch gr>nlat	1. (luft- u. wasser)dicht ver-schlossen {40//5872}; 2. viel-deutig, obskur (↗ UTL 2404) {25/34/76}	dto. nlat. hermetice	dto. nach Art des Her-mes Trismegistos (s. Anhang „Na-men")
–	hermeti-sieren	dicht verschließen {40/58/72}	dto.	dto.
–	Herme-tismus, der 1. gr>it 2. gr>frz	1. Richtung der modernen ita-lienischen ↗ Lyrik (von dem it. Literaturwissenschaftler F. Floral geprägt – literaturwiss. t. t.) {34/76}; 2. Vieldeutigkeit der Aussage als Wesenszug der modernen (↗ UTL 2259) ↗ Poesie {25/34/76}	dto. 1. it. ermetismo 2. frz. hermétisme	dto.

>>> Heroa, die (Pl.) = Plural (↗ UTL 2697) von ↗ Heroon
>>> Heroe, der = ↗ Heros
>>> Heroen, die (Pl.) = Plural (↗ UTL 2697) von ↗ Heros

2345	Heroenkult, der gr;l	Heldenverehrung {25/33/51}	ἥρως heros + l. cultus		Heros; Halbgott Pflege; Kultur; Bildung; Verehrung einer Gottheit (↗ UTL 1947)
2346	Heroide, die gr>l	fiktiver (↗ UTL 1090) Heldenbrief; (Pl.) Name einer Sammlung solcher Briefe des röm. Dichters Ovid {34/75/76}	ἡρωΐς, Gen. ἡρωΐδος herois, heroidos		Heldin
–	Heroik, die	Heldenhaftigkeit {25/33/51}	ἡρωϊκός heroikos		heroisch, einem Heros eigen
–	Heroin, die gr>l	Heldin {25/33/51}	ἡρωίνη heroine		Heldin
2347	Heroin, das gr;nlat	starkes, süchtig machendes Rauschgift (Ausdruck 1898 geprägt von H. Dreser) {17/70}	ἥρως heros + nlat. –(z)in		Heros; Halbgott Suffix zur Bezeichnung chem. Stoffe
2348	Heroine, die gr>l	Darstellerin einer Heldinnenrolle {35/74}	ἡρωίνη heroine		Heldin
–	Heroinismus, der gr;gr	Heroinsucht {14/70}	ἡρωϊκός heroikos + –ισμός –ismos		heroisch, einem Heros eigen gr. Suffix s. Partikelliste
–	heroisch gr>l	heldenhaft, von erhabener Wirkung {25/26/33}	ἡρωϊκός heroikos		heroisch, einem Heros eigen
–	heroisieren gr>l>nlat	zum Helden erheben {33/51}	ἡρωΐζειν heroizein		ein Heldengedicht schreiben
–	Heroismus, der gr>frz	Heldentum, Heldenmut {25/26/33}	dto.		dto.
2349	Heronsball, der gr;d	Pumpenart, in der Wasser mit Hilfe des Druckes zusammengepreßter Luft transportiert (↗ UTL 3646) wird {40/72}	"Ηρων Heron + d. Ball		Heron (s. Anhang „Namen") s. oben
2350	Heroon, das	Grabmal eines Heros {15/51}	ἡρῷον heroion		Heiligtum, Tempel eines Heros
–	Heros, der gr>l	1. Held {25/26/33}; 2. Halbgott (51)	ἥρως heros		Heros; Halbgott
2351	Herostrat, der	Verbrecher aus Ruhmsucht {75/82}	Ἡρόστρατος Herostratos		Herostrat (s. Anhang „Namen")

–	Herostra-tentum, das	durch Ruhmsucht motiviertes Verbrechertum {75/82}	dto.	dto.
–	herostratisch	aus Ruhmsucht verbrecherisch {82}	dto.	dto.
2352	Herpangina, die (gr;gr) >nlat	Vireninfektion der Mundhöhle mit Bläschenbildung (med. t. t.) {14/70}	ἕρπης herpes + ἀγχόνη anchone	schleichender Schaden, Hautgeschwür das Erwürgen, Erdrosseln s. o. Angina
–	Herpes, der gr>l	1. Bläschenausschlag (med. t. t.) {14/70}; 2. – zoster: Gürtelrose (med. t. t.) {14/70}	ἕρπης herpes bzw. (2.) + ζωστήρ zoster	schleichender Schaden, Hautgeschwür Gürtel
–	herpetiform gr;l	herpesartig (med. t. t.) {14/70}	ἕρπης herpes + l. forma	schleichender Schaden, Hautgeschwür Form, Gestalt, Umriß, Figur (↗ UTL 1132)
–	herpetisch	den Herpes betreffend (med. t. t.) {14/70}	ἑρπητικός herpetikos	von der Art des Herpes
2353	Herpetologie, die (gr;gr) >nlat	Kriechtierkunde; Wissenschaft von den ↗ Amphibien u. Reptilien (↗ UTL 3096) (biol. t. t.) {69}	ἑρπετόν herpeton + λόγος logos	kriechendes Tier Rede, Wort; Berechnung
2354	Hesperiden, die (Pl.)	1. altgr. weibliche Sagengestalten {51/75}; 2. Dickkopffalter (biol.t. t.) {08/69}	Ἑσπερίδες Hesperides (Pl.)	Hesperiden (s. Anhang „Namen")
2355	Hesperien, die (Pl.) gr>l	Land gegen Abend o. Westen {64/75}	ἑσπέριος hesperios	abendlich; westlich
–	Hesperos o. –rus, der	Abendstern in der gr. ↗ Mythologie {51/75}	Ἕσπερος Hesperos	Hesperus (s. Anhang „Namen")
2355a	Hesychasmus, der gr>nlat	↗ mystische Konzentration (↗ UTL 1883) bei den ↗ Mönchen der Ostkirche {51/77}	ἡσυχάζειν hesychazein	beruhigen; ruhen
–	Hesychast, der	Anhänger des Hesychasmus {51/77}	ἡσυχαστής hesychastes	der still lebende Mönch; Einsiedler

2356	Hetäre, die	1. (meist gebildete) Geliebte eines bedeutenden Mannes in der Antike (↗ UTL 0214) {33/75}; 2. Prostituierte (↗ UTL 2878) {18/33/40}	ἑταίρα hetaira	Freundin, Geliebte
2357	Hetärie, die gr>l	gr. polit. Gemeinschaft {33/50}	ἑταιρία hetairia	Freundschaft; Genossenschaft
>>>	hetero = ↗ heterosexuell			
>>>	Hetero– ↗ Wortelementeliste			
2358	Hetero, der	heterosexueller Mensch {18}	ἕτερος heteros	der andere (von zweien)
2359	Heterochromie, die	verschiedene Färbung von normalerweise gleichfarbigen Teilen (z. B. die ↗ Iris der Augen) {55}	ἑτερόχρωμος heterochromos aus: ἕτερος heteros + χρῶμα chroma	verschiedenfarbig der andere (von zweien) Farbe, Haut
2360	Heterochromosom, das gr;gr;gr	geschlechtsbestimmendes ↗ Chromosom {69/70}	ἕτερος heteros + χρῶμα chroma + σῶμα soma	der andere (von zweien) Farbe, Haut Leib, Körper s. o. Chromosom
2361	heterodont gr;gr	mit verschiedenartigen Zähnen (biol. t. t.) {69/70}	ἕτερος heteros + ὀδούς, Gen. ὀδόντος odous, odontos	der andere (von zweien) Zahn
–	Heterodontie, die gr;gr	Ausgestattetsein mit verschiedenartigen Zähnen (biol., med. t. t.) {69/70}	dto.	dto.
2362	heterodox gr>mlat	andersgläubig, irrgläubig {25/51/77}	ἑτερόδοξος heterodoxos	von anderer, irriger Meinung
–	Heterodoxie, die	Irrglaube, Irrlehre {25/51/77}	ἑτεροδοξία heterodoxia	andere, irrige Meinung
2363	heterogametisch (gr;gr) >nlat	verschiedengeschlechtige ↗ Gameten bildend (biol. t. t.) {69/70}	ἕτερος heteros + γαμέτης gametes	der andere (von zweien) Gatte

–	Hetero-gamie, die gr;gr	Ungleichartigkeit der Gatten bei der Partnerwahl (soziol. t. t.) {69/70/81}	ἕτερος heteros + γάμος gamos	der andere (von zweien) Hochzeit, Ehe
2364	heterogen gr>mlat	1. ungleichartig; 2. nicht gleichartig zusammengesetzt {56}	ἑτερογενής heterogenes	von einem anderen Geschlecht; verschiedenartig
–	Hetero-genität, die	Verschiedenartigkeit {56}	dto.	dto.
2365	Hetero-gonie, die	1. Entstehung aus Andersartigem (philos. t. t.) ; 2. Entstehen von nichtbeabsichtigten Wirkungen (philos. t. t.) {77}; 3. Art des Generationswechsels bei Tieren (biol. t. t.) {69}	ἑτερόγονος heterogonos aus: ἕτερος heteros + γονή gone	von verschiedenem Geschlecht der eine (von zweien) Erzeugung, Geburt; Nachkomme
2366	Hetero-gramm, das gr;gr	mit andersartigen Schriftzeichen Geschriebenes {32/76}	ἕτερος heteros + γράμμα gramma	der andere (von zweien) Buchstabe, Schrift(werk)
–	hetero-graph gr;gr	verschiedene Schreibweisen für gleichklingende Wörter verwendend (sprachwiss. t. t.) {32/76}	ἕτερος heteros + γραφεύς grapheus	der andere (von zweien) Schreiber, Maler
2367	Hetero-klisie, die gr;gr	Deklination (↗ UTL 0630) eines Nomens (↗ UTL 2366) mit wechselnden Stämmen (sprachwiss. t. t.) {32/76}	ἕτερος heteros + κλίσις klisis	der andere (von zweien) Biegung, Neigung; Deklination (↗ UTL 0630), Konjugation (↗ UTL 1805)
–	hetero-klitisch	nach Art der Heteroklisie (sprachwiss. t. t.) {32/76}	ἑτερόκλιτος heteroklitos	von verschiedener Deklination o. Konjugation
–	Hetero-kliton, das gr>l	Nomen (↗ UTL 2366), dessen einzelne Kasus (↗ UTL 1667) nach verschiedenen Stämmen dekliniert (↗ UTL 0630) werden (sprachwiss. t. t.) {32/76}	dto.	dto.
2368	heterolog gr;gr	abweichend, nicht übereinstimmend (med. t. t.) {70}	ἕτερος heteros + λόγος logos	der andere (von zweien) Rede, Wort; Berechnung
2369	hetero-mer gr;gr	verschieden gegliedert (bot. t. t.) {68}	ἕτερος heteros + μέρος meros	der andere (von zweien) Teil

2370	heteromorph	verschiedengestaltig; auf verschiedene Weise gebildet (chem., phys., biol. t. t.) {68/69/72/73}	ἑτερόμορφος heteromorphos	von verschiedener Gestalt
	Heteromorphie, die o. Heteromorphismus, der (gr;gr) >nlat	1. Eigenschaft mancher Stoffe, verschiedene Kristallformen zu bilden (chem. t. t.) {73}; 2. das Auftreten verschiedener Lebewesen innerhalb einer Art {68/69}	dto. bzw. + –ισμός –ismos	dto. gr. Suffix s. Partikelliste
2371	Heteromorphopsie, die gr;gr	Wahrnehmungsstörung, bei der ein Gegenstand von jedem Auge anders wahrgenommen wird (med. t. t.) {14/23/70}	dto. + ὄψις opsis	dto. das Sehen
2372	heteronom gr;gr	1. fremdgesetzlich (philos. t. t.) {77}; 2. ungleichwertig (zool. t. t.) {69}	ἕτερος heteros + νόμος nomos	der andere (von zweien) Brauch, Gesetz
–	Heteronomie, die gr;gr	1. Abhängigkeit von fremden Gesetzen (philos. t. t.) {77}; 2. Ungleichwertigkeit (zool. t. t.) {69}	dto.	dto.
2373	heteronym	die ↗ Heteronymie betreffend (sprachwiss. t. t.) {32/76}	ἑτερώνυμος heteronymos	mit einem anderen Namen
–	Heteronym, das	1. Wort, das von einem anderen Stamm o. Wurzel gebildet ist als das, mit dem es inhaltlich eng zusammengehört; 2. Wort, das in einer anderen Sprache o. Mundart dieselbe Bedeutung besitzt (sprachwiss. t. t.) {32/76}	dto.	dto.
–	Heteronymie, die	1. Bildung sachlich zusammengehörender Wörter von verschiedenen Stämmen o. Wurzeln; 2. das Vorhandensein von verschiedensprachlichen Wörtern bei gleicher Bedeutung (sprachwiss. t. t.) {32/76}	ἑτερωνυμία heteronymia	verschiedene Benennung

2374	hetero-phag gr;gr	1. (von Tieren) pflanzliche u. tierische Nahrung fressend {69}; 2. (von ↗ Parasiten) auf verschiedenen Tieren o. Pflanzen schmarotzend (biol. t. t.) {68/69}	ἕτερος heteros + φαγεῖν phagein	der andere (von zweien) essen
2375	Hetero-phemie, die gr;gr	= ↗ Paraphasie: Sprechstörung; Vertauschung von Wörtern u. Lauten (med. t. t.) {70}	ἕτερος heteros + φήμη pheme	der andere (von zweien) Stimme, (Ge-)Rede
2376	Hetero-phobie, die gr;gr	Angst vor dem anderen Geschlecht {18/26/70}	ἕτερος heteros + φόβος phobos	der andere (von zweien) Furcht, Schrecken
2377	hetero-phon	1. nach Art der Heterophonie (mus. t. t.) {37}; 2. bei gleicher Schreibweise verschieden lautend (sprachwiss. t. t.) {32/76}	ἑτερόφωνος heterophonos	von anderer Stimme
–	Hetero-phonie, die	improvisierte (↗ UTL 1324) Mehrstimmigkeit durch Abweichen der neuen Stimme(n) auf gemeinsamer Themengrundlage (mus. t. t.) {37}	ἑτεροφωνία heterophonia	Verschiedenheit des Tones o. der Stimme
2378	hetero-polar gr;gr	entgegengesetzt ↗ elektrisch geladen (phys. t. t.) {54/72}	ἕτερος heteros + πόλος polos	der andere (von zweien) Achse, Drehpunkt, Pol s. u. polar
2379	Hetero-sexuali-tät, die gr;l	Empfinden für das andere Geschlecht (med. t. t.) {18/70}	ἕτερος heteros + l. sexualis	der andere (von zweien) zum Geschlecht gehörig (↗ UTL 3303)
–	hetero-sexuell gr>l	für das andere Geschlecht empfindend (med. t. t.) {18/70}	dto.	dto.
2380	Heterosis, die	Erscheinen einer neuen Generation (↗ UTL 1179), die im Vergleich zur Elterngeneration leistungsstärker ist (biol. t. t.) {68/69}	ἑτέρωσις heterosis	Veränderung
2381	Hetero-som, das (gr;gr) >nlat	= ↗ Heterochromosom {68/69}	ἕτερος heteros + σῶμα soma	der andere (von zweien) Leib, Körper

2382	Hetero-sphäre, die gr;gr	der obere Bereich der ↗ Atmosphäre {63}	ἕτερος heteros + σφαῖρα sphaira	der andere (von zweien) Kugel, Ball s. u. Sphäre
2383	Hetero-stereotyp, das (gr;gr;gr) >engl	Vorurteil, das Mitglieder einer Gruppe über andere Gruppen besitzen {24/25/33}	ἕτερος heteros + στερεός stereos + τύπος typos	der andere (von zweien) fest, hart; kubisch Schlag; Abdruck; Gepräge, Gestalt
2384	Hetero-telie, die o. Hetero-teleo-logie, die gr;gr;(gr)	Unterordnung unter fremde Zwecke (philos. t. t.) {77}	ἕτερος heteros + τέλος telos (+ λόγος logos)	der andere (von zweien) Ende, Ziel Rede, Wort; Berechnung
2385	hetero-therm gr;gr	wechselwarm (zool. t. t.) {69}	ἕτερος heteros + θερμός thermos	der andere (von zweien) warm
2386	Hetero-tonie, die gr;gr	ständiges Schwanken des Blutdrucks zwischen normalen (↗ UTL 2374) u. erhöhten Werten (med. t. t.) {61/70}	ἕτερος heteros + τόνος tonos	der andere (von zweien) Spannung, Band, Ton
2387	hetero-troph gr;gr	auf ↗ organische Nahrung angewiesen (biol. t. t.) {68/69}	ἕτερος heteros + τροφή trophe	der andere (von zweien) das Ernähren; Nahrung
–	Hetero-trophie, die	Ernährung durch ↗ organische Stoffe (biol. t. t.) {68/69}	dto.	dto.
2388	Hetero-zetesis, die gr;gr	1. falsche Beweisführung {25/82}; 2. verfängliche Frage {25/32}	ἕτερος heteros + ζήτησις zetesis	der andere (von zweien) das Suchen; Untersuchung
2389	heterö-zisch gr;gr	zweihäusig (männliche u. weibliche Blüten befinden sich in verschiedenen Pflanzen) (biol. t. t.) {68}	ἕτερος heteros + οἶκος oikos	der andere (von zweien) Haus
2390	hetero-zygot gr;gr	gemischterbig, ungleicherbig; durch Artkreuzung entstanden (biol. t. t.) {68/69}	ἕτερος heteros + ζυγωτή (Fem. zu ζυγωτός) zygote (Fem. zu zygotos)	der andere (von zweien) zusammengejocht s. u. zygot

–	Hetero-zygotie, die gr;gr	Mischerbigkeit eines Individuums (↗ UTL 1354), das durch Artkreuzung entstanden ist (biol. t. t.) {68/69}	dto.	dto.
2391	Heuri-stik, die gr>nlat	↗ Methode zur Findung neuer Kenntnisse {25/77}	εὑρίσκειν heuriskein	finden
–	heuri-stisch	die Heuristik betreffend {25/77}	dto.	dto.
>>>	Hexa– ↗ Wortelementeliste			
2392	Hexa-chord, der / das gr>l	Aufeinanderfolge von sechs ↗ Tönen der ↗ diatonischen Tonleiter (mus. t. t.) {37}	ἑξάχορδος hexachordos	sechssaitig
2393	hexa-daktyl	sechs Finger o. Zehen an einer Hand o. Fuß aufweisend (med. t. t.) {14/70}	ἑξαδάκ-τυλος hexadaktylos	sechsfingerig
–	Hexadak-tylie, die gr>nlat	Mißbildung der Hand o. des Fusses mit sechs Fingern o. Zehen (med. t. t.) {14/70}	dto.	dto.
2394	Hexadezi-malsy-stem, das gr;l;gr	auf der Zahl 16 beruhendes Zahlensystem, bes. bei Computern (↗ UTL 0535) verwandt (math. t. t.) {71}	ἕξ hex + l. decimus + σύστημα systema	sechs der zehnte (↗ UTL 0731) ein aus mehreren Teilen zusamengesetztes Ganzes s. u. System
2395	hexadisch	auf der Zahl 6 als Grundzahl aufbauend (math. t. t.) {71}	ἑξάς, Gen. ἑξάδος hexas, hexados	die Zahl Sechs
2396	Hexaeder, das gr>nlat	Sechsflächner, Würfel {71}	ἑξάεδρος hexaeder	mit sechs Flächen
–	hexae-drisch	sechsflächig {71}	dto.	dto.
2397	Hexaeme-ron, das gr>l	Sechstagewerk der Schöpfung (rel. t. t.) {51/77}	ἑξαήμερος hexaemeros	in sechs Tagen; die sechs Tage der Schöpfung
2398	Hexagon, das	Sechseck {71}	ἑξάγωνος hexagonos	sechseckig

hexagonal

–	hexago- nal gr>nlat	sechseckig {55/71}	dto.	dto.
2399	Hexa- gramm, das gr;gr	Stern mit sechs Zacken; Da- vidsstern {51/81}	ἕξ hex + γράμμα gramma	sechs Buchstabe, Schrift(werk)
2400	hexamer	sechsteilig (bot. t. t.) {68}	ἑξαμερής hexameres	sechsteilig
2401	Hexa- meron, das	Sammlung von Novellen (↗ UTL 2379), die an sechs Tagen erzählt werden {32/34/76}	ἑξαήμερος hexaemeros	in sechs Tagen
2402	Hexa- meter, der gr>l	Vers mit sechs Versfüßen, meist ↗ Daktylen {34/76}	ἑξάμετρος hexametros	aus sechs Maßen o. Versfüßen be- stehend
–	hexame- trisch gr>l	in Hexametern verfaßt {34/76}	dto.	dto.
2403	Hexapla, die	sechsspaltige Ausgabe des Alten Testaments mit hebr. Text (↗ UTL 3576), gr. Um- schrift und vier Übersetzun- gen {32/34/51/76/77}	ἑξαπλάσιος hexaplasios	sechsfach
2404	Hexapode, der	(meist Pl.) Sechsfüßer, Insekt (↗ UTL 1429) {08/69}	ἑξάπους Gen. ἑξάποδος hexapous, hexapodos	sechsfüßig
2405	Hexa- stylos, der	Tempel (↗ UTL 3545) mit sechs Säulen an der Vorder- front (archit. t. t.) {88}	ἑξάστυλος hexastylos	mit sechs Säulen
2406	Hexa- teuch, der (gr;gr) >nlat	die ersten sechs Bücher des Alten Testaments (rel. t. t.) {34/51/77}	ἕξ hex + τεῦχος teuchos	sechs Zeug, Gerät; Buch
2407	Hexis, die	das Haben, Beschaffenheit, Zustand (philos. t. t.) {77}	ἕξις hexis	das Haben; Be- schaffenheit
2407a	Hibiscus, der l>gr	(↗ Etymologie unsicher): Gat- tung der Malvengewächse {04/68}	l. *hibiscus* ἰβίσκος ibiskos	Eibisch dto.
2408	Hidrose o. Hidro- sis, die	1. Schweißausscheidung {11/ 70}; 2. Erkrankung der Haut infolge Schweißabsonderung {14/70}	ἵδρωσις hidrosis	das Schwitzen
–	Hidro- tikum, das	schweißtreibendes Mittel (med. t. t.) {70}	ἱδρωτικός hidrotikos	Schweiß treibend

–	**hidro- tisch**	schweißtreibend (med. t. t.) {70}		dto.	dto.
>>>	**Hier(o)–** ↗ Wortelementeliste				
2409	**Hierarch,** der	oberster ↗ Priester im alten Griechenland {51/75}	ἱεράρχης hierarches		oberster Priester
–	**Hierar- chie,** die gr>mlat	Stufenfolge, Rangordnung {33/81}	ἱεραρχία hierarchia		Amt des obersten Priesters
–	**hierar- chisch** gr>mlat	in der Art einer Hierarchie streng gegliedert {33/81}	ἱεραρχικός hierarchikos		den obersten Prie- ster betreffend
–	**hierar- chisieren** gr>nlat	Rangordnungen entwickeln (soziol. t. t.) {33/81}		dto.	dto.
2410	**hiera- tisch** gr>l	↗ priesterlich; heilige Ge- bräuche betreffend {51/77}	ἱερατικός hieratikos		den Priester be- treffend
2411	**Hiero- dule,** der u. die	Tempelsklave {33/51/75/77}	ἱερόδουλος hierodoulos abgeleitet von: ἱερός hieros + δούλη doule		zum Tempeldienst bestimmter Skla- ve heilig, geweiht Sklave, Sklavin vgl. u. 2703
2412	**Hiero- glyphe,** die gr>spätl >frz	1. Zeichen der altägypt. Bil- derschrift {32/75}; 2. (im ↗ ironischen Sinne) schwer lesbare Schrift {23/25/32}	ἱερογλυ- φικά (γράμματα) hieroglyphika (grammata)		heilige Schrift- zeichen
–	**Hiero- glyphik,** die gr>l	Wissenschaft von den Hiero- glyphen {32/75/76}		dto.	dto.
–	**hierogly- phisch**	wie Hieroglyphen {32/55/75/ 76}		dto.	dto.
2413	**Hiero- gramm,** das (gr;gr) >nlat	„heilige Schrift"; Zeichen ei- ner geheimen altägypt. Prie- sterschrift {32/75/77}	ἱερός hieros + γράμμα gramma		heilig, geweiht Buchstabe, Schrift(werk)
2414	**Hiero- kratie,** die gr;gr	Priesterherrschaft {50/51/77}	ἱερός hieros + κράτος kratos		heilig, geweiht Kraft, Macht

2415	Hieromant, der gr;gr	jmd., der Hieromantie betreibt {51}	ἱερός hieros + μάντις mantis	heilig, geweiht Wahrsager
–	Hieromantie, die gr;gr	Wahrsagerei aus Opfern {51}	dto.	dto.
2416	Hieronym, das gr>nlat	heiliger Beiname beim Eintritt in eine Glaubensgemeinschaft {31/51/77}	ἱερώνυμος hieronymos	mit heiligem Namen
–	Hieronymie, die gr;gr	Namenswechsel beim Eintritt in eine Glaubensgemeinschaft {31/51/77}	dto.	dto.
–	Hieronymus	männlicher Vorname {31}	ἱερώνυμος hieronymos	mit heiligem Namen
2417	Hierophant, der gr>l	Oberpriester der heiligen Bräuche, bes. der ⌐ Eleusinischen ⌐ Mysterien {51/75/77}	ἱεροφάντης hierophantes	den heiligen Opferdienst zeigend; in die Mysterien einführend
2418	Hieroskopie, die gr;gr	= ⌐ Hieromantie: Wahrsagen aus Opfern {51}	ἱερός hieros + σκοπή skope	heilig, geweiht das Umschauen, Spähen
2419	Himation, das	mantelartiger Überwurf {19}	ἱμάτιον himation	Oberkleid, Mantel
2420	Hinkjambus, der d;gr>l	= ⌐ Choliambus: antikes Versmaß {34/75/76}	d. *hinken* + ἴαμβος iambos	der Jambus
>>>	Hipp(o)– ⌐ Wortelementeliste			
2421	Hippiatrie o. Hippiatrik, die gr;gr	Pferdeheilkunde {09/69}	ἵππος hippos + ἰατρεία iatreia bzw. + ἰατρική (τέχνη) iatrike (techne)	Pferd Heilen, Heilung Heilkunst
2422	Hippocampus, der gr>l	1. Teil des Großhirns bei Säugetieren u. Menschen (anat., zool. t. t.) {69/70}; 2. Seepferdchen {69}	ἱππόκαμπος hippokampos	Meeresfabeltier; Pferd mit Fischschwanz

2423	Hippodrom, der / das	1. Pferde- u. Wagenrennbahn (hist. t. t.) {75/85} 2. Reitbahn {85}	ἱππόδρομος hippodromos		Pferderennbahn
2424	Hippogryph, der (gr;gr)>it >frz	Fabeltier: geflügeltes Roß mit Greifenkopf (Ausdruck geprägt von den it. Renaissancedichtern L. Ariosto u. M. M. Boiardo) {34/51}	ἵππος hippos + γρύψ gryps it. *ippogrifo* frz. *hippogrife*		Pferd Greif
2425	Hippokamp, der gr>l	sagenhaftes fischschwänziges Seepferd {51}	ἱππόκαμπος hippokampos		Meeresfabeltier; Pferd mit Fischschwanz
2426	Hippokratiker, der	Anhänger des Hippokrates u. seiner Schule {75/77}	Ἱπποκράτης Hippokrates		Hippokrates (s. Anhang „Namen")
–	hippokratisch	Hippokrates betreffend, auf seiner Lehre beruhend {70/75/77}	dto.		dto.
–	Hippokratismus, der gr>nlat	Lehre des altgr. ↗ Arztes Hippokrates {70/75/77}	dto.		dto.
2427	Hippokrene, die (gr;gr)>l	„Roßquelle": zum Dichten anregende Quelle der Musen am Helikon, durch einen Hufschlag des Pegasus (s. Anhang „Namen") entstanden {51/81}	ἵππος hippos + κρήνη krene		Pferd Quelle
2428	Hippologe, der (gr;gr) >nlat	jmd., der sich mit der Hippologie befaßt {69}	ἵππος hippos + λόγος logos		Pferd Rede, Wort; Berechnung
–	Hippologie, die gr;gr	Pferdekunde {69}	dto.		dto.
–	hippologisch gr;gr	die Pferdekunde betreffend {69}	dto. + λογικός logikos		dto. zum Reden gehörig, die Rede betreffend
2428a	Hippolyt	männlicher Vorname {31}	Ἱππόλιτος Hippolytos		Pferdeausspanner
2429	Hipponakteus, der gr>l	antikes (↗ UTL 0214) Versmaß; Sonderform des ↗ Glykoneus {34/75/76}	Ἱππῶναξ Hipponax		Hipponax (s. Anhang „Namen")

2430	Hippo-potamus, der	Flußpferd (biol. t. t.) {06/69}	ἱπποπότα-μος hippopotamos	Flußpferd
2431	Hippo-therapie, die gr;gr	Behandlung gesundheitlicher ↗ Probleme durch Reiten {70}	ἵππος hippos + θεραπεία therapeia	Pferd das Dienen, Pflegen s. u. Therapie
2432	Histamin, das	Kunstw. aus Histidin und Amin (Kurzwort aus ↗ Ammoniak): Gewebehormon (med. t. t.) {70}	ἱστίον histion + ἀμμωνιακός ammoniakos	Gewebe pflanzliches Gummiharz aus Libyen s. o. Ammoniak

>>> Histo– ↗ Wortelementeliste

2433	Histo-chemie, die gr;gr	Wissenschaft vom ↗ chem. Aufbau des Gewebes {70/73}	ἱστός histos + χύμα chyma gemischt mit: χυμεία chymeia o. χημεία chemeia	Gewebe Flüssigkeit Metallverwandlung dto. s. o. Chemie
–	histoche-misch gr;gr	die Histochemie betreffend {70/73}	dto.	dto.
2434	Histo-gramm, das gr;gr	↗ graphische Darstellung von Meßwerten in Form (↗ UTL 1132) von Säulen {70/71/72}	ἱστός histos + γράμμα gramma	Gewebe Buchstabe, Schrift(werk)
2435	Histo-loge, der (gr;gr) >nlat	Forscher auf dem Gebiet der Histologie (med. t. t.) {40/70}	ἱστός histos + λόγος logos	Gewebe Rede, Wort; Berechnung
–	Histo-logie, die gr;gr	Wissenschaft von den Körpergeweben (med. t. t.) {70}	dto.	dto.
–	histolo-gisch gr;gr	die Histologie betreffend (med. t. t.) {70}	dto. + λογικός logikos	dto. zum Reden gehörig, die Rede betreffend

Nr.	Stichwort	Bedeutung	Griechisch	Übersetzung
2436	Histolyse, die gr;gr	Auflösung des Gewebes unter Einwirkung von ↗ Enzymen (med. t. t.) {70}	ἱστός histos + λύσις lysis	Gewebe (Auf)lösung
2437	Historie, die gr>l>mhd	1. (Welt)geschichte; 2. Geschichtswissenschaft {75}; 3. (erdichtete) Erzählung, Bericht {34}	ἱστορία historia	Forschung; (Geschichts-)Wissenschaft, Bericht
2438	Historienbibel, die gr;gr	im Mittelalter volkstümlich bebilderte Darstellung der ↗ biblischen Erzählungen {34/ 51/75/77}	dto. + βίβλος biblos	dto. Bast der Papyrusstaude; Papier; Buch
2439	Historik, die gr>l	1. Geschichtswissenschaft; 2. Lehre von der historischen ↗ Methode der Geschichtswissenschaft {75}	ἱστορικός historikos	wissenschaftlich; geschichtskundlich
—	Historiker, der	Geschichtsforscher, –kenner, –wissenschaftler {40/75}	dto.	dto.; Geschichtsschreiber
2440	Historiograph, der	Geschichtsschreiber {40/75}	ἱστοριογράφος historiographos	Geschichtsschreiber
—	Historiographie, die	Geschichtsschreibung {75}	ἱστοριογραφία historiographia	Geschichtsschreibung
2441	Historiologie, die (gr;gr) >nlat	Studium der Geschichte {31/ 75}	ἱστορία historia + λόγος logos	Forschung; (Geschichts-)Wissenschaft, Bericht Rede, Wort; Berechnung
2442	historisch gr>l	1. geschichtlich, überliefert {59/75}; 2. der Vergangenheit angehörend {59}	ἱστορικός historikos	wissenschaftlich; geschichtlich
—	historisieren gr>l>nlat	in geschichtlicher Weise darstellen, ein historisches Ansehen geben {32/75}	dto.	dto.
—	Historismus o. Historizismus, der (gr;gr)>l >nlat	1. Erklärung von Vorgängen nur aus ihren geschichtlichen Gegebenheiten; 2. Überbewertung des Geschichtlichen {25/56/75}; 3. = ↗ Eklektizismus (kunsthist. t. t.) {36/75/ 88}	dto. + –ισμός –ismos	dto. gr. Suffix s. Partikelliste
—	Historist, der	Anhänger des Historismus {33/36/75/88}	ἱστορικός historikos	wissenschaftlich; geschichtlich
—	historistisch	den Historismus betreffend {36/75/88}	dto.	dto.

Historizität

–	Historizität, die gr>l>nlat	Geschichtlichkeit, Geschichtsbewußtsein {25/75}	dto.	dto.
2443	Hodegesis o. Hodegetik, die	Anleitung zum Studium (↗ UTL 3446) eines Wissensgebietes (veraltet) {25/31/78}	ὁδηγησία hodegesia bzw. ὁδηγητικός hodegetikos	das Wegweisen, Anleiten anleitend
2444	Hodograph, der (gr;gr) >nlat	↗ graphische Darstellung der Geschwindigkeitsvektoren bei einem Bewegungsablauf {71/72}	ὁδός holos + γραφεύς grapheus	Weg Schreiber, Maler
2445	Hodometer, das	Schrittzähler, Wegmesser {56/61}	ὁδόμετρον hodometron	Wegmesser
2446	Holarktis, die (gr;gr) >nlat	pflanzen- u. tiergeographisches Gebiet der gemäßigten u. kalten ↗ Zone bis zum nördlichen Wendekreis (geogr. t. t.) {64}	ὅλος holos + ἄρκτος arktos	ganz Bär; der Wagen (Gestirn über dem Nordpol) s. o. Arktis
–	holarktisch (gr;gr) >nlat	die Holarktis betreffend {64}	dto.	dto.
2447	Holismus, der (gr;gr) >nlat	Lehre, die alle Erscheinungen des Lebens aus einem ganzheitlichen Prinzip ableitet (philos. t. t.) {15/77}	ὅλος holos + -ισμός -ismos	ganz gr. Suffix s. Partikelliste
–	holistisch (gr;gr) >nlat	das Ganze betreffend {56/77}	dto.	dto.
>>>	Holo- ↗ Wortelementeliste			
>>>	holoarktisch = ↗ holarktisch			
2448	Holocaust, der gr>l>engl	Massenmord durch Verbrennung, bes. die Judenvernichtung während des Nationalsozialismus (↗ UTL 2341) {10/75/82}	ὁλόκαυ(σ)τος holokau(s)tos	als Ganzopfer verbrannt
2449	Hologramm, das gr;gr	Ergebnis der Holographie; dreidimensionales Bild {55/87}	ὅλος holos + γράμμα gramma	ganz Buchstabe, Schrift(werk)

–	Holographie, die gr;gr	↗ photographisches Verfahren zum Erzeugen dreidimensionaler Bilder mittels Laserstrahlen {87}	ὅλος holos + γραφή graphe	ganz Schrift; Zeichnung
–	Holographiegenerator, der gr;gr;l	Generator (↗ UTL 1179), der ↗ stereophon aufgenommene ↗ Musik dreidimensional wiedergibt {37/55/87}	dto. + l. generator	dto. Erzeuger, Erschaffer (↗ UTL 1179)
–	holographieren gr;gr	gänzlich eigenhändig schreiben {29/32/56}	ὅλος holos + γράφειν graphein	ganz einritzen, schreiben, malen
–	holographisch gr;gr	eigenhändig geschrieben {29/32/56}	dto. + γραφικός graphikos	dto. im Malen geschickt; malerisch; zum Malen o. Schreiben gehörig
2450	holophrastisch (gr;gr)>l >engl	aus einem Wort bestehend (von Sätzen – sprachwiss. t. t.) {57/76}	ὅλος holos + φραστικός phrastikos	ganz zum Reden gehörend
2451	holozän gr;gr	zum ↗ Holozän gehörend {59/62/64}	ὅλος holos + καινός kainos	ganz neu
–	Holozän, das (gr;gr)>frz	die ↗ geologische Gegenwart seit dem Abklingen der ↗ pleistozänen Eiszeit (Ausdruck geprägt von dem frz. ↗ Paläontologen P. Gervais (1816 -1879) – geol. t. t.) {59/62/64}	dto. frz. holocène	dto.
2452	Homeride, der gr>l	1. Nachfolger des Homer; 2. ↗ Rhapsode, der die Homerischen Gedichte vortrug {34/75/76}	Ὁμηρίδης Homerides u. Ὁμηρίδαι (Pl.) Homeridai	Nachahmer Homers (s. Anhang „Namen") Sänger der homerischen Gedichte
–	homerisch	↗ charakteristisch für Homer {34/76}	Ὁμηρικός Homerikos	homerisch
–	Homerisch	von Homer stammend {34/76}	dto.	dto.
–	Homerismus, der gr;gr	homerisches Stilement im Werk eines anderen Dichters {34/76}	dto. + –ισμός –ismos	dto. gr. Suffix s. Partikelliste

Homilet 2453

2453	Homilet, der gr>mlat	1. Kenner der Homiletik; 2. Prediger (↗ UTL 2806) {40/51/77}	ὁμιλητής homiletes mlat. homileta	Gesellschafter; Zuhörer Prediger
–	Homiletik, die	Geschichte u. ↗ Theorie der ↗ christlichen Predigt (↗ UTL 2806) {51/77}	ὁμιλητική (τέχνη) homiletike (techne)	(Kunst des) Umganges, der Unterredung
–	homiletisch gr>l	die Gestaltung der Predigt (↗ UTL 2806) betreffend {51/77}	ὁμιλιτικός homilitikos	gesellig, umgänglich
–	Homiliar o. Homiliarium, das gr>l>mlat	mittelalterliche Predigtsammlung {51/77}	ὁμιλία homilia	Gemeinschaft, Umgang; Unterredung
–	Homilie, die gr>kirchenl	Bibelauslegung mittels einer Predigt (↗ UTL 2806) {51/77}	dto. kirchenl. homilia	dto. Rede zum Volk; Predigt
2454	Homilopathie, die gr;gr	krankhafte Angst im Umgang mit anderen Menschen (med. t. t., psych. t. t.) {70}	ὅμιλος homilos + πάθος pathos	Menge, Schar Schmerz; Leiden(schaft)
2455	Homilophobie, die (gr;gr) >nlat	= ↗ Homilopathie {70}	ὅμιλος homilos + φόβος phobos	Menge, Schar Angst, Furcht
>>>	Homo, der = ↗ homosexueller Mensch			
>>>	homo = Kurzform von ↗ homosexuell			
>>>	Homo– ↗ Wortelementeliste			
2456	homodont gr;gr	mit gleichartigen Zähnen versehen (biol. t. t.) {69}	ὁμός homos + ὀδούς, Gen ὀδόντος odous, odontos	gleich, ähnlich Zahn
2457	Homoerotik, die gr;gr	auf das eigene Geschlecht gerichtetes sexuelles (↗ UTL 3303) Empfinden {18/70}	ὁμός homos + ἐρωτικός erotikos	gleich, ähnlich zur Liebe gehörig s. o. Erotik
–	Homoerot(iker), der gr;gr	jemand, der homoerotisch empfindet {18/70}	dto.	dto.

–	homo-erotisch gr;gr	sich zum gleichen Geschlecht hingezogen fühlend {18/70}	dto.	dto.
–	Homo-erotis-mus, der gr;gr	unbewußtes homoerotisches Empfinden {18/70}	dto. + –ισμός –ismos	dto. gr. Suffix s. Partikelliste
2458	Homo-gamie, die gr;gr	1. gleichzeitige Reife der männlichen u. weiblichen Blütenorgane (bot. t. t.) {68}; 2. Gleichartigkeit der Gatten bei der Partnerwahl (soziol. t. t.) {81}	ὁμός homos + γάμος gamos	gleich, ähnlich Hochzeit, Ehe
2459	homogen gr>mlat	gleichartig, gleichmäßig zusammengesetzt {56/73}	ὁμογενής homogenes	vom gleichen Geschlecht
–	homoge-nisieren	1. gleichmäßig verteilen {56}; 2. nicht mischbare Flüssigkeiten mischen (chem. t. t.) {73}; 3. ↗ Organe zerkleinern (physiol. t. t.) {70}	dto.	dto.
–	Homoge-nisie-rung, die	Vermischung von grundsätzlich verschiedenen ↗ Elementen {56/73}	dto.	dto.
–	Homoge-nität, die	Gleichartigkeit, gleichmäßige Zusammensetzung {56/73}	dto.	dto.
2460	Homo-gonie, die gr;gr	Entstehung aus Gleichartigem (philos. t. t.) {81}	ὁμός homos + γονή gone	gleich, ähnlich Erzeugung, Geburt; Nachkomme
>>>	Homoio– ↗ Wortelementeliste			
>>>	Homoionym, das = ↗ Homöonym			
>>>	homoiotherm = ↗ homöotherm			
2461	homolog gr;gr	übereinstimmend, entsprechend {56/73}	ὁμός homos + λόγος logos	gleich, ähnlich Rede, Wort; Berechnung
–	Homolog, das gr;gr	chem. Verbindung einer homologen Reihe {73}	dto.	dto.
–	Homo-logie, die gr;gr	Übereinstimmung von Handeln u. Vernunft bzw. Natur (↗ UTL 2343) in der ↗ Stoa (philos. t. t.) {75/77}	dto.	dto.

2462	Homologumenon, das	Schrift, die unbestritten zum ⟋ Kanon (2) des Neuen Testaments gehört {51/77}	ὁμολογεῖν homologein PPrP ὁμολογούμενος homologumenos	übereinstimmen, einig sein
2463	homomorph (gr;gr) >nlat	Homomorphismus aufweisend (math. t. t.) {71}	ὁμός homos + μορφή morphe	gleich, ähnlich Form, Gestalt
–	Homomorphismus, der gr;gr	Abbildungsverfahren für algebraische Strukturen (⟋ UTL 3445) (math. t. t.) {71}	dto.	dto.
2464	homonom	gleichwertig (zool. t. t.) {56/69}	ὁμόνομος homonomos	mit gleichen Gesetzen
–	Homonomie, die	gleichartige Gliederung eines Tierkörpers mit gleichwertigen Segmenten (⟋ UTL 3251) (zool. t. t.) {56/69}	dto.	dto.
2465	homonym gr>l	gleichlautend, aber mit verschiedener Bedeutung (sprachwiss. t. t.) {32/76}	ὁμώνυμος homonymos	gleichnamig
–	Homonym, das gr>l	gleichlautendes Wort mit anderer Herkunft u. Bedeutung (sprachwiss. t. t.) {32/76}	dto.	dto. (vgl. unten Homöonym)
–	Homonymie, die	die Beziehung zwischen Homonymen (sprachwiss. t. t.) {32/76}	ὁμωνυμία homonymia	Gleichnamigkeit
–	homonymisch	auf die Homonymie bezogen {32/76}	ὁμωνύμιος homonymios	gleichnamig

>>> Homöo– ⟋ Wortelementeliste

2466	Homöonym, das gr;gr	1. ähnlich lautendes Wort; 2. anderes Wort für dieselbe Sache (sprachwiss. t. t.) {32/76}	ὁμοῖος homoios + ὄνυμα onyma = Nebenform zu: ὄνομα onoma	gleich, ähnlich Name
2467	Homöopath, der gr;gr	jmd., der die Homöopathie anwendet {40/70}	ὁμοῖος homoios + πάθος pathos	gleich, ähnlich Schmerz; Leiden(schaft)

–	Homöo-pathie, die gr;gr	Heilung von Gleichem durch Gleiches; Heilbehandlung durch Verabreichung stark verdünnter, den Krankheitserregern ähnlicher Mittel {70}	dto.	dto.
–	homöo-pathisch gr;gr	1. die Homöopathie anwendend {70}; 2. sehr gering, unbedeutend {57}	dto.	dto.
2468	homöo-polar gr;gr	gleichartig ↗ elektrisch geladen (phys. t. t.) {72}	ὁμοῖος homoios + πόλος polos	gleich, ähnlich Achse, Drehpunkt, Pol
2469	Homöo-prophoron, das	Redefigur, bei der aufeinanderfolgende Wörter ähnlich klingende Laute haben (rhet. t. t.) {32/76}	ὁμοιοπρό-φορος homoiopro-phoros	ähnlich in der Aussprache
2470	Homö-optoton, das	Redefigur, bei der ein Wort mit den nachfolgenden in der Kasusendung übereinstimmt (rhet. t. t.) {32/76}	ὁμοιόπτω-τος homioptotos	in dem gleichen Fall
2471	Homöo-stase o. -stasis o. -stasie, die gr;gr	Gleichgewicht der ↗ physiologischen Körperfunktionen {70}	ὁμοῖος homoios + στάσις stasis	gleich, ähnlich Zustand, Lage
2472	Homöo-teleuton o. Homoi-oteleuton, das gr>l	Redefigur, bei der aufeinanderfolgende Wörter gleich klingen (rhet. t. t.) {32/76}	ὁμοιοτέλευ-τος homoioteleu-tos	mit gleicher Endung
2473	homöo-therm gr>nlat	warmblütig, gleichbleibend warm (zool. t. t.) {69}	ὁμοιόθερμος homoiother-mos	von ähnlicher Wärme
–	Homöo-thermie, die	Warmblütigkeit (zool. t. t.) {69}	dto.	dto.
2474	homo-phag gr;gr	1. nur pflanzliche o. tierische Nahrung fressend; 2. auf nur einem einzigen ↗ Organismus schmarotzend (von ↗ Parasiten) (biol. t. t.) {68/69}	ὁμός homos + φαγεῖν phagein	gleich, ähnlich essen
2475	homophil gr;gr	= ↗ homosexuell {18/70}	ὁμός homos + φίλος philos	gleich, ähnlich lieb, befreundet, Freund

–	Homo-philie, die gr;gr	= ↗ Homosexualität {18/70}	ὁμός homos + φιλία philia	gleich, ähnlich Liebe, Freundschaft
2476	homo-phob gr;gr	die Homophobie betreffend {18/25/70}	ὁμός homos + φόβος phobos	gleich, ähnlich Furcht, Schrecken
–	Homo-phobie, die	Abneigung gegen ↗ Homosexualität {18/25/70}	dto.	dto.
2477	homo-phon	1. in der Art der Homophonie (mus. t. t.) {37}; 2. gleichlautend (von Wörtern – sprachwiss. t. t.) {32/76}	ὁμόφωνος homophonos	gleich an Klang o. Sprache
–	Homo-phon, das	Wörter mit gleichlautendem Klang, aber unterschiedlicher Schreibung (fiel - viel) {32/76}	dto.	dto.
–	Homo-phonie, die	Satztechnik, bei der alle Stimmen unselbständig die Melodiestimme begleiten (mus. t. t.) {37}	ὁμοφωνία homophonia	Gleichheit des Klanges o. der Sprache
–	homo-phonisch	auf die Homophonie bezogen {37}	ὁμόφωνος homophonos	gleich an Klang o. Sprache
2478	homosem gr;gr	= ↗ Synonym {32/76}	ὁμός homos + σῆμα sema	gleich, ähnlich Zeichen
2479	Homose-xualität, die (gr;l)>nlat	gleichgeschlechtliche Liebe {18/70}	ὁμός homos + l. sexualis	gleich, ähnlich zum Geschlecht gehörig (↗ UTL 3303)
–	homose-xuell gr;l	gleichgeschlechtlich empfindend {18/70}	dto.	dto.
–	Homose-xueller, der gr;l	gleichgeschlechtlich empfindender Mensch {18/70}	dto.	dto.
2480	Homo-sphäre, die gr;gr	Erdatmosphäre, die der Zusammensetzung der Luft ähnlich ist (meteor. t. t.) {65}	ὁμός homos + σφαῖρα sphaira	gleich, ähnlich Kugel, Ball s. u. Sphäre

2481	Homotropie, die (gr;gr) >nlat	das ↗ homosexuelle Hingewendetsein zum eigenen Geschlecht (med. t. t.) {18/70}	ὁμός homos + τρόπος tropos	gleich, ähnlich Wendung; Art und Weise
2482	Homousianer, der	Anhänger der Homousie {51/77}	ὁμοουσία homoousia	Gleichheit des Wesens
2483	Homöusianer, der	Anhänger der Homöusie {51/77}	ὁμοιοούσιος homoiousios	von ähnlichem Wesen
2484	Homousie, die	Wesensgleichheit von Gottvater u. Gottsohn {51/77}	ὁμοουσία homoousia	Gleichheit des Wesens
2485	Homöusie, die	Wesensähnlichkeit zwischen Gottvater u. Gottsohn {51/77}	ὁμοιοούσιος homoiousios	von ähnlichem Wesen
2486	homozygot gr;gr	mit gleichartigen Erbanlagen (biol. t. t.) {68/69}	ὁμός homos + ζυγωτός zygotos	gleich, ähnlich zusammengejocht
–	Homozygotie, die gr;gr	Erbgleichheit von ↗ Organismen (biol. t. t.) {68/69}	dto	dto.
2487	Hoplit, der gr>l	schwerbewaffneter Fußsoldat im alten Griechenland {75/86}	ὁπλίτης hoplites	Schwerbewaffneter; Hoplit
2488	Horen, die (Pl.)	gr. Göttinnen der Jahreszeiten {51/75}	῟Ωραι Horai (Pl.) u. ὥρα hora	die Horen (s. Anhang „Namen") (Jahres)zeit; Stunde
2489	Horizont, der gr>l	1. Trennungslinie zwischen Himmel u. Erde {64}; 2. Gesichtskreis {55/58}	ὁρίζων, Gen. ὁρίζοντος horizon, horizontos	begrenzend
–	horizontal gr>l>nlat	waagerecht, liegend {55/58/71}	dto.	dto.
–	Horizontale, die	waagerechte Gerade o. Lage {55/58/71}	dto.	dto.
2490	hormisch gr>engl	triebhaft zielgerichtet, zweckgeleitet (psych. t. t.) {70}	ὁρμᾶν horman	in Bewegung setzen
>>>	Hormon– ↗ Wortelementeliste			

–	Hormon, das gr>nlat >engl	körpereigener Wirkstoff, der eine bestimmte Körperfunktion steuert (Ausdruck 1905 geprägt von dem engl. ↗ Physiologen Starling – med. t. t.) {11/70}	ὁρμᾶν horman	in Bewegung setzen
–	hormonal o. –nell	aus Hormonen bestehend (med. t. t.) {70}	dto.	dto.
2490a	Hormonimplantation, die gr;l;l	Einpflanzung kleiner Hormontabletten unter die Haut (med. t. t.) {70}	dto. + l. *in* + l. *plantatio*	dto. in, hinein das (Ver)pflanzen (↗ UTL 1311)
2491	Hormonpräparat, das gr;l	Medikament (↗ UTL 2184) aus künstlich gewonnenem Hormon (med. t. t.) {70}	ὁρμᾶν horman + l. *praeparatus*	in Bewegung setzen Vorbereitung (↗ UTL 2786)
2491a	Hormontherapie, die gr;gr	Behandlung mit Hormonpräparaten zum Ausgleich eigener Hormone (med. t. t.) {70}	ὁρμᾶν horman + θεραπεία therapeia	in Bewegung setzen Dienst, Behandlung s. u. Therapie
2492	Horolog, das gr>l	Stundenanzeiger, Uhr {59/75}	ὡρολόγιον horologion	Stundenzeiger, Uhr
–	Horologion o. –gium, das	1. = ↗ Horolog {59}; 2. ↗ liturgisches Buch mit Texten (↗ UTL 3576) für Stundengebete {51/77}	dto.	dto.
2492a	Horoskop, das gr>l	Aufzeichnung der Gestirnkonstellation als Grundlage zur Deutung des Schicksals u. der Zukunft (astrol. t. t.) {51/66}	ὡροσκοπεῖον horoskopeion	Instrument zur Ermittlung der Planetenkonstellation bei der Geburt eines Menschen
–	horoskopieren	ein Horoskop stellen {51/66}	dto.	dto.
–	horoskopisch	das Horoskop betreffend {51/66}	dto.	dto.
2493	Humanökologe, der l;gr;gr	Wissenschaftler der Humanökologie {40/69/70}	l. *humanus* + οἶκος oikos + λόγος logos	menschlich; freundlich; gebildet (↗ UTL 1260) Rede, Wort; Berechnung s. u. Ökologe

–	Human-ökologie, die l;gr;gr	Wissenschaft, die sich mit den Wechselbeziehungen des Menschen zur Umwelt befaßt {69/70}	dto.	dto.
–	human-ökolo-gisch l;gr;gr	die Humanökologie betreffend {69/70}	dto. + λογικός logikos	dto. zum Reden gehörig, die Rede betreffend
2493a	Human-psycho-loge, der l;gr;gr	Wissenschaftler auf dem Gebiet der Humanpsychologie {70}	l. *humanus* + ψυχή psyche + λόγος logos	menschlich; freundlich, gebildet (↗ UTL 1260) Seele Rede, Wort; Berechnung s. u. Psychologe
–	Human-psycho-logie, die l;gr;gr	Wissenschaft, die sich mit der ↗ Psyche des Menschen befaßt {70}	dto.	dto.
–	human-psycho-logisch l;gr;gr	die Humanpsychologie betreffend {70}	dto. + λογικός logikos	dto. zum Reden gehörig, die Rede betreffend
2494	Hyaden, die (Pl.)	1. Gruppe von ↗ Nymphen in der gr. ↗ Mythologie {51/75}; 2. Sternengruppe im Sternbild Stier (astron. t. t.) {66}	Ὑάδες Hyades (Pl.)	Hyaden (s. Anhang „Namen")
2494a	Hyalo-graphie, die gr;gr	Glasradierung {36}	ὕαλος hyalos + γραφή graphe	Glas Schrift; Zeichnung
2495	Hyäne, die gr>l>ahd >mhd	hundeähnliches Raubtier, nachtaktiver Aasfresser {06/69}	ὕαινα hyaina	Hyäne
2495a	Hyazinth, der 1. gr>l 2. gr	1. zirkonartiger Halbedelstein {20}; 2. schöner Jüngling {15/33/55}	Ὑάκινθος Hyakinthos u. ὑάκινθος hyakinthos	Hyakinthos (s. Anhang „Namen") Hyazinthe
–	Hyazin-the, die gr>l	Liliengewächs mit stark duftenden farbenprächtigen Blüten {04/68}	dto.	dto.
2496	hybrid	überheblich {25/33/84} (andere Bedeutungen sind lateinischen Ursprungs)	ὕβρις hybris	Übermut; Frevel

–	Hybris, die	Übermut, frevelhafte Selbstüberhebung {25/33/84}	dto.	dto.
>>>	Hydr(o)– ↗ Wortelementeliste			
2496a	Hydra, die gr>l	1. neunköpfiges Seeungeheuer {51}; 2. Süßwasserpolyp {08/69}	"Υδρα Hydra u. ὕδρα hydra	Hydra (s. Anhang „Namen") Wasserschlange
2497	hydragogisch	stark abführend (von Arzneimitteln – med. t. t.) {70}	ὑδραγωγός hydragogos	Wasser führend, leitend
–	Hydragogum, das gr>nlat	Arzneimittel, das dem Körper Wasser entzieht (med. t. t.) {70}	dto.	dto.
2497a	Hydrant, der gr>engl/am	Wasserzapfstelle auf der Straße für die Feuerwehr {40/45/49}	ὕδωρ, Gen. ὕδατος hydor, hydatos	Wasser
2498	Hydrargyrum, das gr>l	Quecksilber; Zeichen: Hg. {73}	ὑδράργυρος hydrargyros	das (flüssige) Quecksilber
2498a	Hydrat, das	Verbindung, die Wasser chem. gebunden enthält (chem. t. t.) {73}	ὕδωρ, Gen. ὕδατος hydor, hydatos	Wasser
–	Hydra-(ta)tion, die	1. Bildung von Hydraten (chem. t. t.) {73}; 2. die durch Eindringen von Wasser bewirkte Sprengung von Gestein (geol. t. t.) {62}	dto.	dto.
–	hydratisieren	Hydrate bilden (chem. t. t.) {73}	dto.	dto.
2499	Hydraulik, die	1. Wissenschaft von den Strömungen der Flüssigkeiten {72}; 2. mit Flüssigkeitsdruck betriebener Antrieb {40/41}	ὑδραυλικός hydraulikos	zur Wasserorgel gehörend
–	hydraulisch gr>l	mit Flüssigkeits- o. Wasserdruck arbeitend {40/41}	dto.	dto.

2499a	Hydrazin, das gr;(gr;gr) >frz;nlat	chem. Verbindung aus Wasserstoff u. Stickstoff {73}	ὕδωρ, Gen. ὕδατος hydor, hydatos + ἀ–, ἀν– a-, an- + ζωή zoe frz. *azote* + nlat. –(z)in	Wasser nicht, ohne Leben Stickstoff Suffix zur Bezeichnung chem. Stoffe
2500	Hydria, die gr>l	gr. Wasserkrug {75/87}	ὑδρία hydria	Wassereimer
2501	Hydrid, das	chem. Verbindung aus Wasserstoff mit einem anderen ↗ Element (chem. t. t.) {73}	ὕδωρ, Gen. ὕδατος hydor, hydatos	Wasser
–	hydrieren	Wasserstoff an ungesättigte Verbindungen anlagern (chem. t. t.) {73}	dto.	dto.
>>>	Hydro– ↗ Wortelementeliste			
2502	Hydrobiologe, der gr;gr;gr	Wissenschaftler, der sich mit im Wasser lebenden ↗ Organismen befaßt {40/68/69}	ὕδωρ, Gen. ὕδατος hydor, hydatos + βίος bios + λόγος logos	dto. Leben Rede, Wort; Berechnung
–	Hydrobiologie, die gr;gr;gr	Lehre von den im Wasser lebenden Pflanzen u. Tieren {68/69}	dto.	dto.
2503	Hydrodynamik, die gr;gr	Wissenschaft von den Bewegungsgesetzen der Flüssigkeiten, Strömungslehre (phys. t. t.) {72}	ὕδωρ, Gen. ὕδατος hydor, hydatos + δυναμικός dynamikos	Wasser vermögend, wirksam s. o. Dynamik
–	hydrodynamisch gr;gr	auf ↗ Hydrodynamik beruhend {72}	dto.	dto.

407

2504	hydro- elektrisch gr;gr	↗ elektrische ↗ Energie mit Wasserkraft erzeugend {41/72}	ὕδωρ, Gen. ὕδατος hydor, hydatos + ἤλεκτρον elektron	Wasser Silbergold; Bernstein als Träger von Reibungselektrizität s. o. elektrisch
–	Hydro- elektro- station, die gr;gr;l	Station (↗ UTL 3422), in der ↗ elektrische ↗ Energie durch Wasserkraft erzeugt wird {41/72}	dto. + l. *statio*	dto. Standort, Aufenthalt; Wachposten; Poststation (↗ UTL 3422)
2505	hydro- energe- tisch gr;gr	vom Wasser angetrieben {61/72}	ὕδωρ, Gen. ὕδατος hydor, hydatos + ἐνεργη- τικός energetikos	Wasser wirksam, kräftig s. o. energetisch
2506	hydrogam gr;gr	wasserblütig (bot. t. t.) {68}	ὕδωρ, Gen. ὕδατος hydor, hydatos + γάμος gamos	Wasser Hochzeit, Ehe
–	Hydro- gamie, die gr;gr	Wasserblütigkeit; Bestäubung von Blüten (bot. t. t.) {68}	dto.	dto.
2507	Hydro- gen(ium), das (gr;gr) >nlat	Wasserstoff; Zeichen: H {73}	ὕδωρ, Gen. ὕδατος hydor, hydatos + –γενής –genes	Wasser stammend von; hervorbringend, verursachend
–	Hydro- gen- bombe, die gr;gr;gr	Wasserstoffbombe {72/86}	dto. + βόμβος bombos	dto. Dröhnen, dumpfes Geräusch s. o. Bombe

–	Hydrogenkarbonat, das gr;gr;l	doppeltkohlensaures Salz mit Säurewasserstoffrest (chem. t. t.) {73}	ὕδωρ, Gen. ὕδατος hydor, hydatos	Wasser
			+ –γενής –genes	stammend von; hervorbringend, verursachend
			+ l. carbo	Kohle; böses Geschwür (↗ UTL 1637)
2508	Hydrogeologe, der gr;gr;gr	Wissenschaftler auf dem Gebiet der Hydrogeologie {40/62}	ὕδωρ, Gen. ὕδατος hydor, hydatos	Wasser
			+ γῆ ge	Erde
			+ λόγος logos	Rede, Wort; Berechnung s. o. Geologe
–	Hydrogeologie, die gr;gr;gr	Grundwasserkunde (geol. t. t.) {62}	dto.	dto.
–	hydrogeologisch gr;gr;gr	die Hydrogeologie betreffend {62}	dto. + λογικός logikos	dto. zum Reden gehörig, die Rede betreffend
2509	Hydrograph, der gr;gr	Wissenschaftler auf dem Gebiet der Hydrographie {40/64/65}	ὕδωρ, Gen. ὕδατος hydor, hydatos	Wasser
			+ γραφεύς grapheus	Schreiber, Maler
–	Hydrographie, die gr;gr	Teil der Hydrologie, das sich mit dem Wasserkreislauf zwischen Niederschlag u. Rückfluß ins Meer befaßt {64/65}	ὕδωρ, Gen. ὕδατος hydor, hydatos	Wasser
			+ γραφή graphe	Schrift; Zeichnung
–	hydrographisch gr;gr	die Hydrographie betreffend {64/65}	dto. + γραφικός graphikos	dto. im Malen geschickt; malerisch; zum Malen o. Schreiben gehörig

2510	Hydro-kineter, der gr;gr	Dampfstrahlapparat, der Kesselwasser durch Einführen von Dampf aus einem anderen Kessel erwärmt {41}	ὕδωρ, Gen. ὕδατος hydor, hydatos + κινητήρ kineter	Wasser der in Bewegung setzt
2511	Hydro-kultur, die gr;l	Kultivierung von Pflanzen in Nährlösung statt auf natürlichem Boden {68}	ὕδωρ, Gen. ὕδατος hydor, hydatos + l. cultura	Wasser Pflege; Bearbeitung; Kultur; Anbetung (↗ UTL 1947)
2512	Hydro-loge, der gr;gr	Wissenschaftler auf dem Gebiet der Hydrologie {40/64/72}	ὕδωρ, Gen. ὕδατος hydor, hydatos + λόγος logos	Wasser Rede, Wort; Berechnung
–	Hydro-logie, die gr;gr	Lehre vom Wasser in all seinen Aspekten (↗ UTL 0286) {64/72}	dto.	dto.
–	hydro-logisch gr;gr	die Hydrologie betreffend {64/72}	dto. + λογικός logikos	dto. zum Reden gehörig, die Rede betreffend
2513	Hydro-logium, das	Wasseruhr {41/44/57}	ὑδρολόγιον hydrologion	Wasseruhr
2514	Hydro-lyse, die gr;gr	Spaltungen ↗ chemischer Verbindungen durch Wasser {73}	ὕδωρ, Gen. ὕδατος hydor, hydatos + λύσις lysis	Wasser (Auf)lösung
–	hydro-lytisch gr;gr	die Hydrolyse betreffend {73}	ὕδωρ, Gen. ὕδατος hydor, hydatos + λυτικός lytikos	Wasser zum Lösen geeignet
2515	Hydro-manie, die gr;gr	1. krankhafter Durst; 2. krankhafter Trieb, sich zu ertränken (med. t. t.) {70}	ὕδωρ, Gen. ὕδατος hydor, hydatos + μανία mania	Wasser Raserei, Wahnsinn, Verzückung

2516	Hydromantie, die gr>l	Zukunftsdeutung aus Wassererscheinungen {51}	ὑδρομαντεία hydromanteia	Wahrsagekunst mittels Wasser
2517	Hydromechanik, die gr;gr	Lehre der bewegten u. unbewegten Flüssigkeiten {72}	ὕδωρ, Gen. ὕδατος hydor, hydatos	Wasser
			+ μηχανική (τέχνη) mechanike (techne)	Maschinenkunst s. u. Mechanik
–	hydromechanisch gr;gr	die Hydromechanik betreffend {72}	dto.	dto.
2518	Hydrometeorologie, die gr;gr	Lehre vom Verhalten des Wasserdampfs in der ↗ Atmosphäre (meteor. t. t.) {65}	ὕδωρ, Gen. ὕδατος hydor, hydatos	Wasser
			+ μετεωρολογία meteorologia	Lehre von den Himmelerscheinungen s. u. Meteorologie
2519	Hydrometer, das gr;gr	Instrument (↗ UTL 1448b), das die Geschwindigkeit fließenden Wassers mißt {56/72}	ὕδωρ, Gen. ὕδατος hydor, hydatos	Wasser
			+ μέτρον metron	Maß, Versmaß
–	Hydrometrie, die gr;gr	Wassermessung {56/72}	dto.	dto.
–	hydrometrisch gr;gr	die Hydrometrie betreffend {56/72}	dto.	dto.
2520	Hydronaut, der gr;gr	Forscher in einer Unterwasserstation; Aquanaut (↗ UTL 0248) {40/62/63/64/69}	ὕδωρ, Gen. ὕδατος hydor, hydatos	Wasser
			+ ναύτης nautes	Schiffer, Seefahrer
2521	Hydropath, der (gr;gr) >nlat	Wasserheilkundiger {70}	ὕδωρ, Gen. ὕδατος hydor, hydatos	Wasser
			+ πάθος pathos	Schmerz; Leiden(schaft)

–	**Hydropathie**, die gr;gr	Wasserheilkunde {70}	dto.	dto.
–	**hydropathisch** gr;gr	auf die Hydropathie bezogen {70}	dto.	dto.
2522	**hydrophil** gr;gr	1. wasserliebend (bot., zool. t. t.) {68/69}; 2. wasseraufnehmend, –anziehend (chem. t. t.) {73}	ὕδωρ, Gen. ὕδατος hydor, hydatos + φίλος philos	Wasser lieb, befreundet, Freund
–	**Hydrophilie**, die gr;gr	Bestreben, Wasser anzuziehen u. aufzunehmen (chem. t. t., techn. t. t.) {72/73}	ὕδωρ, Gen. ὕδατος hydor, hydatos + φιλία philia	Wasser Liebe, Freundschaft
2523	**hydrophob** gr>l	1. wassermeidend (bot., zool. t. t.) {68/69}; 2. wasserabstoßend (chem. t. t.) {54/73}	ὑδροφόβος hydrophobos	wasserscheu
–	**Hydrophobie**, die	1. Wasserscheu (med. t. t.) {70}; 2. Meiden des Wassers (biol. t. t.) {68/69}	ὑδροφοβία hydrophobia	Wasserscheu (als Folge der Tollwut)
–	**hydrophobieren** gr>l>nlat	Textilien wasserabweisend machen {19/41}	dto.	dto.
2524	**Hydrophor**, der gr>nlat	Wasserzuführung bei Feuerlöschgeräten {41/44}	ὑδροφόρος hydrophoros	wassertragend; Wasserträger
–	**Hydrophoren**, die (Pl.)	Wasserträger u. –innen; häufiges Motiv (↗ UTL 2301) der gr. Kunst {36/75}	dto.	dto.
2525	**Hydrophyt**, der gr;gr	Wasserpflanze (bot. t. t.) {68}	ὕδωρ, Gen. ὕδατος hydor, hydatos + φυτόν phyton	Wasser Gewächs, Pflanze
2526	**hydropisch**	wassersüchtig (med. t. t.) {14/70}	ὕδρωψ, Gen ὕδρωπος hydrops, hydropos	Wassersucht

2527	Hydroplan, der (gr;gr) >nlat	1. Wasserflugzeug; 2. Gleitboot {45}	ὕδωρ, Gen. ὕδατος hydor, hydatos + πλανᾶν planan	Wasser umherschweifen
2527a	Hydroponik, die gr;gr	Gartenbau, Hydrokultur {39/40}	ὕδωρ, Gen. ὕδατος hydor, hydatos + πόνος ponos	Wasser Arbeit
–	hydroponisch gr;gr	die ↗ Hydrokultur betreffend, auf ihr beruhend {68}	dto.	dto.
2528	hydropneumatisch gr;gr	gleichzeitig durch Flüssigkeit u. Luft angetrieben (techn. t. t.) {45/61/72}	ὕδωρ, Gen. ὕδατος hydor, hydatos + πνευματικός pneumatikos	Wasser zum Hauch gehörig
2529	Hydrops, der gr>l o. Hydropsie, die gr>nlat	Wassersucht (med. t. t.) {14/70}	ὕδρωψ, Gen ὕδρωπος hydrops, hydropos	Wassersucht
2530	Hydrosphäre, die (gr;gr) >nlat	Wasserhülle der Erde (geol. t. t.) {62/63}	ὕδωρ, Gen. ὕδατος hydor, hydatos + σφαῖρα sphaira	Wasser Kugel, Ball s. u. Sphäre
2531	Hydrostatik, die gr;gr	Wissenschaft vom Gleichgewicht ruhender Flüssigkeiten (phys. t. t.) {72}	ὕδωρ, Gen. ὕδατος hydor, hydatos + στατική (τέχνη) statike (techne)	Wasser die Kunst des Wägens s. u. Statik
–	hydrostatisch gr;gr	auf Hydrostatik beruhend {72}	ὕδωρ, Gen. ὕδατος hydor, hydatos + στατικός statikos	Wasser zum Stillstand bringend; wägend

2532	Hydro-technik, die gr;gr	↗ Technik des Wasserbaues {39/41/72}	ὕδωρ, Gen. ὕδατος hydor, hydatos + τεχνικός technikos	Wasser die Kunst, das Handwerk betreffend s. u. Technik
–	hydro-technisch gr;gr	die Hydrotechnik betreffend {39/41/72}	dto.	dto.
2533	hydrothe-rapeu-tisch gr;gr	zur Wasserbehandlung gehörend (med. t. t.) {70}	ὕδωρ, Gen. ὕδατος hydor, hydatos + θεραπευ-τικός therapeutikos	Wasser dienend, pflegend s. u. therapeutisch
–	Hydrothe-rapie, die gr;gr	Wasserheilverfahren (med. t. t.) {70}	ὕδωρ, Gen. ὕδατος hydor, hydatos + θεραπεία therapeia	Wasser das Dienen, Pflegen s. u. Therapie
2534	hydro-thermal gr;gr	aus verdünnten Lösungen ausgeschieden {73}	ὕδωρ, Gen. ὕδατος hydor, hydatos + θερμός thermos	Wasser warm
2535	Hydroxid, o. Hy-droxyd, das gr;gr	eine Hydroxydionen enthaltende ↗ anorganische Verbindung (chem. t. t.) {73}	ὕδωρ, Gen. ὕδατος hydor, hydatos + ὀξύς oxys	Wasser scharf, spitz, sauer
–	hydroxy-disch gr;gr	Hydroxyde enthaltend (chem. t. t.) {54/73}	dto.	dto.
2536	Hydro-zephale, der gr>nlat o. Hydro-zephalus, der	Wasserkopf (med. t. t.) {14/70}	ὑδρο-κέφαλος hydro-kephalos	Wasserkopf

2537	**Hydrozoen,** die (Pl.) gr;gr	Klasse der Hohltiere {08/69}	ὕδωρ, Gen. ὕδατος hydor, hydatos + ζῷον zoon	Wasser Lebewesen, Tier
2538	**Hyetograph,** der (gr;gr) >nlat	(veraltet) Regenmesser (meteor. t. t.) {56/65}	ὑετός hyetos + γραφεύς grapheus	Regen Schreiber, Maler
–	**Hyetographie,** die gr;gr	1. Niederschlagsmessung {56/65}; 2. Beschreibung der Niederschlagsverteilung (meteor. t. t.) {32/56/65}	ὑετός hyetos + γραφή graphe	Regen Schrift; Zeichnung
–	**hyetographisch** gr;gr	die Niederschlagsverhältnisse auf der Erde betreffend (meteor. t. t.) {65}	dto. + γραφικός graphikos	dto. im Malen geschickt; malerisch; zum Malen o. Schreiben gehörig
2539	**Hyetometer,** das gr;gr	(veraltet) Regenmesser (meteor. t. t.) {56/65}	ὑετός hyetos + μέτρον metron	Regen Maß, Versmaß
2540	**Hygiene,** die gr>nlat >mfrz>frz	1. Gesundheitslehre; 2. Gesundheitspflege {21}; 3. Maßnahmen zur Sauberhaltung (med. t. t.) {21/70}	ὑγιεινός hygieinos Fem. ὑγιεινή hygieine mfrz./frz. *hygiène*	der Gesundheit zuträglich; gesund
–	**Hygieniker,** der	Fachmann der Hygiene {21/40/70}	dto.	dto.
–	**hygienisch**	1. die Hygiene betreffend; 2. hinsichtlich der Sauberkeit einwandfrei {21/70}	dto.	dto.
–	**hygienisieren**	sich säubern, waschen {21/70}	dto.	dto.
>>>	**Hygro–** ↗ Wortelementeliste			
2541	**Hygrogramm,** das gr;gr	Aufzeichnung eines Hygrometers (meteor. t. t.) {32/56/65}	ὑγρός hygros + γράμμα gramma	naß, feucht Buchstabe, Schrift(werk)

Hygrograph 2541

–	Hygrograph, der gr;gr	Luftfeuchtigkeitsmesser (meteor. t. t.) {56/65}	ὑγρός hygros + γραφεύς grapheus	naß, feucht Schreiber, Maler
2542	Hygrometer, das (gr;gr)>frz	Luftfeuchtigkeitsmesser (meteor. t. t.) {56/65}	ὑγρός hygros + μέτρον metron frz. hygromètre	naß, feucht Maß, Versmaß
–	Hygrometrie, die gr;gr	Luftfeuchtigkeitsmessung (meteor. t. t.) {56/65}	dto.	dto.
–	hygrometrisch gr;gr	1. die Hygrometrik betreffend; 2. mit Hilfe eines Hygrometers {56/65}	dto.	dto.
2543	hygrophil gr;gr	feuchte Standorte liebend (bot. t. t.) {68}	ὑγρός hygros + φίλος philos	naß, feucht lieb, befreundet, Freund
–	Hygrophilie, die gr;gr	Vorliebe für feuchte Standorte (bot. t. t.) {68}	ὑγρός hygros + φιλία philia	naß, feucht Liebe, Freundschaft
2544	Hygrophyt, der gr;gr	Feuchtigkeit liebende Landpflanze (bot. t. t.) {68}	ὑγρός hygros + φυτόν phyton	naß, feucht Gewächs, Pflanze
2545	Hygroskop, das gr;gr	Gerät zur Bestimmung der Luftfeuchtigkeit (meteor. t. t.) {65}	ὑγρός hygros + σκοπός skopos	naß, feucht jmd., der genau hinschaut; Aufseher; Späher
–	hygroskopisch gr;gr	1. wasseranziehend (chem. t. t.) {54/73}; 2. sich auf Grund von Quellung bewegend (bot. t. t.) {68}	dto.	dto.
–	Hygroskopizität, die gr;gr	Fähigkeit, Wasser an sich zu ziehen u. zu binden (chem. t. t.) {54/73}	dto.	dto.
2546	Hygrostat, der gr;gr	Einrichtung zur Aufrechterhaltung einer bestimmten Luftfeuchtigkeit {41/44}	ὑγρός hygros + στατός statos	naß, feucht gestellt, stehend

Nr.	Wort	Bedeutung	Griechisch	Übersetzung
2547	Hygrotaxis, die gr;gr	Fähigkeit mancher Tiere, Wasser zu finden (biol. t. t.) {69}	ὑγρός hygros + τάξις taxis	naß, feucht Aufstellung, (An)ordnung
2548	Hyläa, die gr>nlat	Regenwaldgebiet am Amazonas (Ausdruck geprägt von dem d. Naturforscher A. v. Humboldt (1769-1859) {64}	ὑλαῖος hylaios	waldig

>>> –hyl(o)– ↗ Wortelementeliste

Nr.	Wort	Bedeutung	Griechisch	Übersetzung
2549	Hyle, die gr>l	Materie (↗ UTL 2163), der formbare Urstoff (bes. bei den ↗ ionischen Naturphilosophen) {77}	ὕλη hyle	Wald, Holz; Stoff, Materie
2550	Hylemorphismus, der (gr;gr;gr) >nlat	Lehre, nach der alle körperlichen Substanzen (↗ UTL 3466) aus Stoff u. Form (↗ UTL 1132) bestehen (philos. t. t.) {77}	dto. + μορφή morphe + –ισμός –ismos	dto. Form, Gestalt s. u. Morph gr. Suffix s. Partikelliste
2551	Hyliker, der	(in der ↗ Gnosis) Angehöriger der niedersten, stoffgebundenen Menschenklasse {33/77}	ὑλικός hylikos	materiell, stofflich
2552	hylisch	materiell (↗ UTL 2163), körperlich (philos. t. t.) {77}	ὕλη hyle	Wald, Holz; Stoff, Materie
–	Hylismus, der (gr;gr) >nlat	Lehre, nach der die Materie (↗ UTL 2163) die einzige Substanz (↗ UTL 3466) der Welt ist (philos. t. t.) {77}	dto. + –ισμός –ismos	dto. gr. Suffix s. Partikelliste

>>> Hylo– ↗ Wortelementeliste

Nr.	Wort	Bedeutung	Griechisch	Übersetzung
2553	hylotrop gr;gr	bei gleicher chem. Zusammensetzung in andere Formen (↗ UTL 1132) überführbar (chem. t. t.) {54/73}	dto. + τρόπος tropos	dto. Wendung; Art und Weise
–	Hylotropie, die gr;gr	Überführbarkeit eines Stoffes in einen anderen bei der gleichen chem. Zusammensetzung {54/73}	dto.	dto.
2554	Hylozoismus, der gr;gr;gr	Lehre von der Belebtheit aller Materie (↗ UTL 2163) {77}	ὕλη hyle + ζωή zoe + –ισμός –ismos	Wald, Holz; Stoff, Materie Leben gr. Suffix s. Partikelliste

–	hylozoistisch gr;gr;gr	den Hylozoismus betreffend {77}	dto.	dto.
2555	Hymen, das gr>l	1. Jungfernhäutchen (med. t. t.) {11/70}; 2. altgr. Hochzeitslied {34/75/76}	ὑμήν hymen	Haut, Häutchen; Hochzeitsgesang
–	Hymenäus o. Hymenaios, der gr>l	= ↗ Hymen (2.) {34/75/76}	ὑμέναιος hymenaios	Hochzeitsgesang, Brautlied
–	hymenal gr>l>nlat	zum Hymen (1) gehörend (med. t. t.) {11/70}	dto.	dto.
–	Hymenium, das gr>nlat	Fruchtschicht der Ständerpilze (bot. t. t.) {68}	dto.	dto.
2556	Hymenopteren, die (Pl.) gr;gr	Hautflügler {08/69}	dto. + πτερόν pteron	dto. Flügel
2557	Hymnar o. (–rium), das gr>l>mlat	Sammlung von Hymnen {34/76}	ὕμνος hymnos l. hymnarium	Gesang, Lied Hymnensammlung
–	Hymne, die gr>l>frz bzw. Hymnos o. Hymnus	1. feierlicher Gesang; Lobgesang {37}; 2. Nationalhymne (↗ UTL 2341) {37/50}	dto. frz. hymne	dto.
–	Hymnik, die gr>nlat	künstlerische Gestaltung einer Hymne {34/37}	ὑμνικός hymnikos	in einem Lobgesang bestehend
–	Hymniker, der	Hymnendichter {34/37/40}	dto.	dto.
–	hymnisch	1. in der Art einer Hymne {37}; 2. überschwenglich {26}	dto.	dto.
2558	Hymnode, der	altgr. Verfasser von Hymnen; Hymnensänger {34/37/40/75}	ὑμνῳδός hymnodes	Hymnen singend
–	Hymnodie, die	Hymnendichtung {34/37}	ὑμνῳδία hymnodia	Hymnengesang
2559	Hymnograph, der	altgr. Hymnenschreiber {34/37/40/75}	ὑμνογράφος hymnographos	Verfasser von Hymnen

2560	Hymno-loge, der (gr;gr) >nlat	Wissenschaftler auf dem Gebiet der Hymnologie {37/40}	ὕμνος hymnos + λόγος logos	Gesang, Lied Rede, Wort; Berechnung
–	Hymno-logie, die gr;gr	Hymnenkunde {37}	dto.	dto.
–	hymno-logisch gr;gr	die Hymnologie betreffend {37}	dto. + λογικός logikos	dto. zum Reden gehörig, die Rede betreffend
2561	Hypal-lage, die gr>spätl	1. = ↗ Enallage: Verschiebung eines Adjektivs (↗ UTL 0065) zu einem anderen als dem ↗ logisch zugehörigen Substantiv (↗ UTL 3466) (z. B. „in baldiger Erwartung Ihrer Antwort" statt „in Erwartung einer baldigen Antwort – rhet. t. t.); 2. = ↗ Metonymie: übertragener Gebrauch eines inhaltlich verwandten Begriffes; 3. Ersetzen des Genitivs (↗ UTL 1179) durch ein Adjektiv (↗ UTL 0065) (rhet. t. t.) {76}	ὑπαλλαγή hypallage	Verwechslung
2562	hypäthral	unter freiem Himmel {58/88}	ὑπαίθριος hypaithrios	unter freiem Himmel
–	Hypä-thral-tempel, der gr;gr	antiker (↗ UTL 0214) Tempel (↗ UTL 3545) mit nicht überdachtem Innenraum {88}	dto. + l. templum	dto. Tempel; Anhöhe; Kapelle; weiter Raum (↗ UTL 3545)
>>>	Hyper– ↗ Partikelliste			
2563	Hyper-akusie, die (gr;gr) >nlat	krankhaft verfeinertes Gehör infolge hoher Erregbarkeit des Hörnervs (med. t. t.) {14/70}	ὑπέρ hyper + ἄκουσις akousis	oberhalb; über ... hinaus das Hören
2564	Hyper-algesie, die (gr;gr) >nlat	gesteigerte Schmerzempfindlichkeit (med. t. t.) {14/70}	ὑπέρ hyper + ἄλγησις algesis	oberhalb; über ... hinaus Schmerz

Nr.	Stichwort	Bedeutung	Griechisch	Übersetzung
–	hyperalgetisch gr;gr	schmerzüberempfindlich (med. t. t.) {14/70}	dto.	dto.
2565	Hyperämie, die (gr;gr) >nlat	Blutüberfüllung in einem Körperbereich (med. t. t.) {14/70}	ὑπέρ hyper + αἷμα haima	oberhalb; über ... hinaus Blut
–	hyperämisch gr;gr	vermehrt durchblutet (med. t. t.) {14/70}	dto.	dto.
–	hyperämisieren gr;gr	erhöhte Durchblutung bewirken (med. t. t.) {70}	dto.	dto.
2566	Hyperästhesie, die (gr;gr) >nlat	Überempfindlichkeit für Berührungsreize (med. t. t.) {14/70}	ὑπέρ hyper + αἴσθησις aisthesis	oberhalb; über ... hinaus Wahrnehmung, Empfindung
–	hyperästhetisch gr;gr	überempfindlich (med. t. t.) {14/70}	ὑπέρ hyper + αἰσθητικός aisthetikos	oberhalb; über ... hinaus wahrnehmend, empfindend
2567	Hyperbaton, das gr>l	Sperrstellung; ↗ syntaktische Trennung zusammengehörender Wörter (sprachwiss., rhet. t. t.) {76}	ὑπερβατόν hyperbaton abgeleitet von: ὑπερβατός hyperbatos	Versetzung von Wörtern o. Satzteilen überschritten, verstellt
2568	Hyperbel, die gr>l	1. Übertreibung (sprachwiss., rhet. t. t.) {32/76}; 2. Kegelschnitt (math. t. t.) {71}	ὑπερβολή hyperbole	Übergang; Übertreibung
–	Hyperboliker, der gr>spätl	jmd., der zu Übertreibungen neigt {32/76}	ὑπερβολικός hyperbolikos	übertrieben, übermäßig
–	hyperbolisch gr>l	1. hyperbelartig (math. t. t.) {71}; 2. übertreibend (rhet. t. t.) {32/76}	dto.	dto.
2569	Hyperboloid, das (gr;gr) >nlat	Körper, der durch Drehung einer Hyperbel um ihre Achse entsteht (math. t. t.) {71}	ὑπερβολή hyperbole + –(ε)ιδής –(e)ides	Übergang; Übertreibung ähnlich aussehend s. Partikelliste
2570	Hyperboreer, die (Pl.) gr>l	ein sagenhaftes Volk in Thrakien {75/81}	Ὑπερβόρειοι Hyperboreioi (Pl.)	Hyperboreer (s. Anhang „Namen")

–	hyperboreisch	im hohen Norden gelegen o. wohnend {64/81}	ὑπερβόρεος hyperboreos	über den Boreas hinaus; im äußersten Norden
2571	Hyperbulie, die (gr;gr) >nlat	krankhafter Betätigungsdrang (psych. t. t.) {14/70}	ὑπέρ hyper + βουλή boule	oberhalb; über...hinaus Wille; Rat; Ratsversammlung
2572	Hypercharakterisierung, die gr;gr	Überkennzeichnung (sprachwiss. t. t.) {76}	ὑπέρ hyper + χαρακτηρίζειν charakterizein	oberhalb; über ... hinaus mit einem Gepräge versehen; schildern s. o. charakterisieren
2573	Hypercholie, die (gr;gr) >nlat	krankhaft gesteigerte Gallensaftbildung (med. t. t.) {14/70}	ὑπέρ hyper + χολή chole	oberhalb; über ... hinaus Galle
2574	hyperchrom (gr;gr) >nlat	zuviel Blutfarbstoff besitzend (med. t. t.) {14/70}	ὑπέρ hyper + χρῶμα chroma	oberhalb; über ... hinaus Farbe, Haut
2575	Hypererosie, die (gr;gr) >nlat	krankhafte Steigerung des Geschlechtstriebes (med. t. t.) {14/18/70}	ὑπέρ hyper + ἔρως, Gen. ἔρωτος eros, erotos	oberhalb; über ... hinaus Liebe, Verlangen
2576	Hypergamie, die gr;gr	Heirat einer Frau aus einer niederen Schicht mit einem Mann aus einer höheren (soziol. t. t.) {31/33/81}	ὑπέρ hyper + γάμος gamos	oberhalb; über ... hinaus Hochzeit, Ehe
2577	Hyperglykämie, die (gr;gr;gr) >nlat	vermehrter Blutzuckergehalt (med. t. t.) {14/70}	ὑπέρ hyper + γλυκύς glykys + αἷμα haima	oberhalb; über ... hinaus süß Blut s. o. Glykämie
2578	Hyperhedonie, die (gr;gr) >nlat	krankhaft übersteigertes Lustgefühl (med., psych. t. t.) {14/18/70}	ὑπέρ hyper + ἡδονή hedone	oberhalb; über ... hinaus Freude, Lust s. o. Hedonie
2579	Hyperkinese, die (gr;gr) >nlat	übermäßige Aktivität (↗ UTL 0122); motorischer (↗ UTL 2302) Reizzustand des Körpers mit Muskelzuckung (med. t. t.) {14/61/70}	ὑπέρ hyper + κίνησις kinesis	oberhalb; über ... hinaus Bewegung

–	hyperki-netisch gr;gr	die Hyperkinese betreffend {14/61/70}	ὑπέρ hyper + κινητικός kinetikos	oberhalb; über ... hinaus zum Bewegen gehörig; beweglich
2580	hyper-korrekt gr;l	übertrieben genau (sprachwiss. t. t.) {32/76}	ὑπέρ hyper + l. *correctus*	oberhalb; über ... hinaus ge-, verbessert (↗ UTL 1909)
2581	hyper-kritisch gr;gr	übertrieben kritisch, tadelsüchtig {25/84}	ὑπέρ hyper + κριτικός kritikos	oberhalb; über ... hinaus zum Entscheiden gehörig s. u. kritisch
2582	Hyper-meter, der o. Hyper-metron, das	Vers (↗ UTL 3791), dessen letzte ↗ Silbe mit der Anfangssilbe des nächsten Verses durch Elision (↗ UTL 0876) verbunden wird (metr. t. t.) {34/76}	ὑπέρμετρος hypermetros	über alle Maßen; über das Versende hinaus
–	Hyper-metrie, die gr>nlat	Bewegungsübermaß {61/70}	ὑπερμετρία hypermetria	Übermaß; das Überschreiten des Versendes
–	hyper-metrisch gr;gr	in Hypermetern verfaßt, den Hypermeter betreffend {34/76}	ὑπέρ hyper + μετρικός metrikos	oberhalb; über ... hinaus das (Silben-)Maß betreffend
2583	Hyper-metropie, die (gr;gr;gr) >nlat	Weitsichtigkeit (med. t. t.) {14/23/70}	dto. + ὤψ, Gen. ὠπός ops, opos	dto. Auge, Gesicht
–	hyperme-tropisch (gr;gr;gr) >nlat	weitsichtig (med. t. t.) {14/23/70}	dto.	dto.
2584	Hyper-mnesie, die (gr;gr) >nlat	unnormal gesteigerte Gedächtnisleistung (med. t. t.) {25/70}	ὑπέρ hyper + μνῆσις mnesis	oberhalb; über ... hinaus Erinnern
2585	hyper-modern gr;l>frz	übertrieben aktuell (↗ UTL 0123), neuzeitlich {19/56/59}	ὑπέρ hyper + l. *modernus*	oberhalb; über ... hinaus neu, neuer (↗ UTL 2239)

2586	Hyper-onym, das (gr;gr) >nlat	übergeordneter Begriff zu einer Gruppe ähnlicher Wörter (sprachwiss. t. t.) {76}	ὑπέρ hyper + ὄνυμα onyma = Nebenform zu: ὄνομα onoma	oberhalb; über ... hinaus Name
–	Hyper-onymie, die gr;gr	Übergeordnetheit im ↗ semantischen Verhältnis {76}	dto.	dto.
2587	Hyper-orexie, die (gr;gr) >nlat	Heißhunger (med. t. t.) {14/17/70}	ὑπέρ hyper + ὄρεξις orexis	oberhalb; über ... hinaus Streben, Begierde; Appetit
2588	Hyper-physik, die (gr;gr) >nlat	Erklärung von Naturerscheinungen durch Übersinnlichkeit {51/72/77}	ὑπέρ hyper + φυσική (τέχνη) physike (techne)	oberhalb; über ... hinaus Erforschung der Natur s. u. Physik
–	hyper-physisch (gr;gr) >nlat	übernatürlich {51/72/77}	ὑπέρ hyper + φυσικός physikos	oberhalb; über ... hinaus natürlich, naturgemäß s. u. physisch
2589	Hyper-plasie, die gr;gr	Größenzunahme von ↗ Organen durch unnormale Zellvermehrung (biol., med. t. t.) {14/70}	ὑπέρ hyper + πλάσις plasis	oberhalb; über ... hinaus das Bilden
–	hyper-plastisch gr;gr	Hyperplasie aufweisend {14/70}	ὑπέρ hyper + πλαστική (τέχνη) plastike (techne)	oberhalb; über ... hinaus (die Kunst des) Bilden, Gestaltens s. u. plastisch
2590	hyper-pyretisch (gr;gr) >nlat	übermäßig hohes Fieber habend (med. t. t.) {14/70}	ὑπέρ hyper + πυρετός pyretos	oberhalb; über ... hinaus glühende Hitze; Fieberhitze
–	Hyper-pyrexie, die gr;gr	übermäßig hohes Fieber (med. t. t.) {14/70}	ὑπέρ hyper + πύρεξις pyrexis	oberhalb; über ... hinaus das Fiebern

2591	hyper-sensibel gr;l	überaus empfindsam {26}	ὑπέρ hyper + l. sensibilis	oberhalb; über ... hinaus empfindbar, sinnlich; der Empfindung fähig (⌐ UTL 3277)
–	hypersensibilisieren gr;l	1. die Empfindlichkeit erhöhen (z. B. bei der Allergiebekämpfung) {709; 2. die Empfindlichkeit von ⌐ fotografischem Material (⌐ UTL 2163) erhöhen (fot. t. t.) {87}	dto.	dto.
2592	Hypersomie, die (gr;gr) >nlat	⌐ Gigantismus, Riesenwuchs (med. t. t.) {11/53/70}	ὑπέρ hyper + σῶμα soma	oberhalb; über ... hinaus Leib, Körper
2593	Hypersomnie, die (gr;l)>nlat	krankhaft gesteigertes Schlafbedürfnis (med. t. t.) {14/16/70}	ὑπέρ hyper + l. somnus	oberhalb; über ... hinaus Schlaf
2594	hypersonisch (gr;l)>engl	die Überschallgeschwindigkeit betreffend (phys. t. t.) {72}	ὑπέρ hyper + l. sonus engl. hypersonic	oberhalb; über ... hinaus Ton
2595	Hyperthermie, die (gr;gr) >nlat	1. Wärmestauung im Körper; 2. sehr hohes Fieber; 3. künstliche Überwärmung des Körpers (med. t. t.) {70}	ὑπέρ hyper + θέρμη therme	oberhalb; über ... hinaus Wärme, Hitze
2596	Hyperthymie, die (gr;gr) >nlat	erhöhte Betriebsamkeit (psych. t. t.) {29/70}	ὑπέρ hyper + θυμός thymos	oberhalb; über ... hinaus Lebenskraft, Mut, Zorn, Leidenschaft
2597	Hyperthyreoidismus, der (gr;gr;gr) >nlat	= Hyperthyreose {14/70}	ὑπέρ hyper + θυρεοειδής thyreoeides + –ισμός –ismos	oberhalb; über ... hinaus schildförmig gr. Suffix s. Partikelliste
–	Hyperthyreose, die gr;gr;gr	Überfunktion der Schilddrüse (med. t. t.) {14/70}	ὑπέρ hyper + θυρεός thyreos + –ωσις –osis	oberhalb; über ... hinaus Schild gr. Suffix s. Partikelliste

2598	Hypertonie, die (gr;gr) >nlat	1. erhöhter Blutdruck (med. t. t.) {14/70}; 2. gesteigerte Muskelspannung (med. t. t.) {70}	ὑπέρ hyper + τόνος tonos	oberhalb; über ... hinaus Spannung, Band, Ton
–	Hypertoniker, der gr;gr	jmd., der an erhöhtem Blutdruck leidet (med. t. t.) {14/70}	dto.	dto.
–	hypertonisch gr;gr	die Hypertonie betreffend (med. t. t.) {14/70}	dto.	dto.
2599	hypertroph o. hypertrophiert o. hypertrophisch (gr;gr) >nlat	1. übermäßig vergrößert (med. t. t.) {53/70}; 2. übersteigert {55/56}	ὑπέρ hyper + τροφή trophe	oberhalb; über ... hinaus das Ernähren; Nahrung
–	Hypertrophie, die gr;gr	1. übermäßige Vergrößerung von ↗ Organen u. Geweben durch Zellvergrößerung o. –vermehrung (biol., med. t. t.) {53/69/70}; 2. Übersteigertheit {55/56}	dto.	dto.
2600	Hyperventilation, die gr;l	zu starke Atmung der Lunge (med. t. t.) {14/70}	ὑπέρ hyper + l. ventilatio	oberhalb; über ... hinaus das Lüften (Weintrauben, Getreide) (↗ UTL 3778)
–	hyperventilieren gr;l	zu stark atmen (med. t. t.) {14/70}	dto.	dto.
2601	Hyphärese, die	Auslassung eines kurzen Vokals (↗ UTL 3852) vor einem anderen Vokal (sprachwiss. t. t.) {76}	ὑφαίρησις hyphairesis	das heimliche Wegnehmen
2602	Hyphen, das gr>l	Bindestrich zwischen beiden Teilen eines Kompositums (↗ UTL 1770) in der antiken (↗ UTL 0214) ↗ Grammatik {75/76}	ὑφέν hyphen aus: ὑφ' ἕν hyph' hen	Bindestrich „in eins zusammen"
2603	hypnagog(isch) (gr;gr) >nlat	1. einschläfernd {16/26}; 2. den Schlaf betreffend {16}	ὕπνος hypnos + ἀγωγός agogos	Schlaf Führer; auch: führend

Hypnagogum 2603

–	Hypna-gogum, das gr;gr	Schlafmittel (med. t. t.) {16/70}	dto.	dto.

>>> Hypno- ↗ Wortelementeliste

2604	Hypno-analyse, die (gr;gr) >nlat	↗ Psychoanalyse mit Hilfe von ↗ Hypnose (psych. t. t.) {70}	ὕπνος hypnos + ἀνάλυσις analysis	Schlaf Auflösung s. o. Analyse
2605	hypnoid gr;gr	dem Schlaf ähnlich (von Bewußtheitszuständen) {16/70}	ὕπνος hypnos + –(ε)ιδής –(e)ides	Schlaf ähnlich aussehend s. Partikelliste
2606	Hypno-narkose, die gr;gr	durch ↗ Hypnose eingeleitete ↗ Narkose (med. t. t.) {16/70}	ὕπνος hypnos + νάρκωσις narkosis	Schlaf Erstarrung, Betäubung s. u. Narkose
2607	Hypnose, die	durch Suggestion herbeigeführter schlafähnlicher Bewußtseinszustand (med., psych. t. t.) {16/70}	ὕπνος hypnos	Schlaf
–	Hypnosie, die	1. Schlafkrankheit; 2. krankhafte Schläfrigkeit (med. t. t.) {14/16/70}	dto.	dto.
2608	Hypno-thera-peut, der gr;gr	jmd., der Hypnotherapie anwendet {16/40/70}	dto. + θερα-πευτής therapeutes	dto. Diener s. u. Therapeut
–	Hypno-therapie, die gr;gr	↗ Psychotherapie mit Hilfe von ↗ Hypnose {16/70}	dto. + θεραπεία therapeia	dto. Dienen, Pflegen s. u. Therapie
2609	Hypnotik, die	Lehre von der Hypnose {16/70}	ὑπνωτικός hypnotikos	schläfrig, einschläfernd
–	Hypno-tikum, das gr>l	= ↗ Hypnagogum: Schlafmittel (med. t. t.) {16/70}	dto.	dto.
–	hypno-tisch gr>spätl	1. zur Hypnose führend o. gehörend {16/70}; 2. den Willen lähmend {25/26/28}	dto. spätl. hypnoticus	dto. Schlaf bringend

426

–	Hypno-tiseur, der gr>l>frz	jmd., der einen anderen in Hypnose versetzt {16/40/70}	dto. frz. *hypno-tiseur*	dto.
–	hypnoti-sieren gr>spätl >engl>frz	in Hypnose versetzen {16/70}	dto. spätl. *hypno-ticus* engl. *hypnotize* frz. *hypnotiser*	dto. Schlaf bringend
–	Hypno-tismus, der gr>nlat >engl>frz	1. Lehre von der Hypnose {16/70}; 2. Beeinflussung {25/28}	dto. engl. *hypnotism* frz. *hypnotisme*	dto.
>>>	Hypo– ↗ Partikelliste			
2610	Hypoäo-lische, das gr;gr	Kirchentonart (mus. t. t.) {37/51/77}	ὑπό hypo + Αἰολικός Aiolikos	unter; von Äolien (s. Anhang „Namen") betref-fend s. o. Äolische
2611	Hypo-bulie, die (gr;gr) >nlat	Willensschwäche (psych. t. t.) {28/70}	ὑπό hypo + βουλή boule	unter; von Wille; Rat; Rats-versammlung
2612	Hypo-chonder, der gr>l>frz	1. jmd., der an Hypochondrie leidet {14/25/70}; 2. schwer-mütiger Mensch {84}	ὑποχόν-δριος hypochon-drios frz. *hypochondre*	unter dem Brust-knorpel (= ver-standen als Sitz der Gemütskrank-heiten)
–	Hypo-chondrie, die gr>l	eingebildetes Krankheitsge-fühl {14/25/70}	dto.	dto.
–	hypo-chon-drisch gr>l	an Hypochondrie leidend, schwermütig {14/25/70/84}	dto.	dto.
2613	Hypo-derm, das (gr;gr) >nlat	Unterhautfettgewebe (biol. t. t.) {11/69/70}	ὑπό hypo + δέρμα derma	unter; von Haut

2614	Hypo-doch-mius, der (gr;gr) >nlat	altgr. Versfuß, ⌐ Dochmius in Umkehrung {34/76}	ὑπό hypo + δόχμιος dochmios	unter; von schief, schräg s. o. Dochmius
2615	Hypodo-rische, das gr;gr	1. altgr. Tonart {37/75}; 2. Kirchentonart (mus. t. t.) {37/51/77}	ὑπό hypo + Δωρικός Dorikos	unter; von dorisch s. o. Dorische
2616	hypo-gäisch	unterirdisch (von Keimblättern – bot. t. t.) {68}	ὑπόγειος u. ὑπόγαιος hypogeios u. hypogaios	unterirdisch
2617	Hypo-gamie, die (gr;gr) >nlat	Heirat einer Frau aus einer höheren Schicht mit einem Mann aus einer niederen (soziol. t. t.) {31/33/81}	ὑπό hypo + γάμος gamos	unter; von Hochzeit, Ehe
2618	Hypo-gäum, das gr>l	unterirdisches Gewölbe o. Kultraum {51/58/75/77}	ὑπόγειον u. ὑπόγαιον hypogeion u. hypogaion	unterirdisches Zimmer
2619	Hypoio-nische, das gr;gr	Kirchentonart (mus. t. t.) {37/51/77}	ὑπό hypo + Ἰωνικός Ionikos	unter; von ionisch s. u. Ionische
2620	hypo-kaustisch gr>l	mittels Bodenheizung gewärmt {44/75/87/88}	ὑπόκαυστος hypokaustos	durch Bodenheizung gewärmt
–	Hypo-kaustum, das gr>l	römische Fußbodenheizung (hist., archit. t. t.) {44/75/87/88}	ὑπόκαυστον hypokauston	unterirdischer Heißluftraum in einem antiken Bad
2621	Hypokei-menon, das	das Zugrundeliegende, die Substanz (⌐ UTL 3466) (philos. t. t.) {77}	ὑποκείμενον hypokeimenon	das Zugrundegelegte
2622	Hypo-kinese, die (gr;gr) >nlat	verminderte Bewegungsfähigkeit (med. t. t.) {12/14/70}	ὑπό hypo + κίνησις kinesis	unter; von Bewegung
–	hypo-kinetisch gr;gr	die Hypokinese betreffend {12/14/70}	ὑπό hypo + κινητικός kinetikos	unter; von zum Bewegen gehörig; beweglich

2623	Hypokorismus, der gr>nlat	Veränderung eines Namens in eine Kurz- o. Koseform (sprachwiss. t. t.) {31/32/76}	ὑποκορισμός hypokorismos		Kosewort
–	Hypokoristikum, das	Kosename o. vertraute Kurzform einens Namens (sprachwiss. t. t.) {31/32/76}	ὑποκοριστικός hypokoristikos		liebkosend
–	hypokoristisch	den Hypokorismus betreffend (sprachwiss. t. t.) {31/32/76}	dto.		dto.
2624	Hypokrisie, die gr>l>frz	Verstellung, Heuchelei {25/33}	ὑπόκρισις hypokrisis		die (Verstellungs-) Kunst des Schauspielers
–	Hypokrit, der gr>l>frz	Heuchler {25/33}	ὑποκριτής hypokrites		Schauspieler
–	hypokritisch	heuchlerisch, scheinheilig {25/33}	ὑποκριτικός hypokritikos		schauspielerisch
2625	hypoleptisch	etwas dünn, fein {55}	ὑπόλεπτος hypoleptos		etwas dünn, zart
2626	Hypolimnion, das (gr;gr) >nlat	Tiefenschicht eines Sees (biol., geogr. t. t.) {64/68/69}	ὑπό hypo + λιμνίον limnion		unter; von kleiner Teich
2627	hypologisch gr;gr	unterhalb des ↗ Logischen liegend (philos., psych. t. t.) {25/70/77}	ὑπό hypo + λογικός logikos		unter; von zum Reden gehörig, die Rede betreffend
2628	Hypolydische, das gr;gr	1. altgr. Tonart {37/75}; 2. Kirchentonart (mus. t. t.) {37/51/77}	ὑπό hypo + Λυδός u. Λύδιος Lydos, Lydios		unter; von lydisch s. u. Lydische
2629	Hypomanie, die (gr;gr) >nlat	leichte Gemütskrankeit mit starken Stimmungsschwankungen (med. t. t.) {14/70}	ὑπό hypo + μανία mania		unter; von Raserei, Wahnsinn, Verzückung s. u. Manie
–	Hypomaniker, der gr;gr	jemand, der an Hypomanie leidet (med. t. t.) {14/70}	ὑπό hypo + μανικός manikos		unter; von zur Raserei gehörig
–	hypomanisch gr;gr	an Hypomanie leidend (med. t. t.) {14/70}	dto.		dto.

2630	Hypomixolydische, das gr;gr;gr	Kirchentonart {37/51/77}	ὑπό hypo + μῖξις mixis + Λυδός u. Λύδιος Lydos, Lydios	unter; von Mischung lydisch s. u. mixolydisch u. Lydische
2631	Hypomnema, das gr>l	Zusatz, Bericht, Kommentar; Nachtrag (↗ UTL 1741) {32/56}	ὑπόμνημα hypomnema	Erinnerung; Notizbuch; Kommentar
2632	Hypomnesie, die gr>nlat	mangelhaftes Gedächtnis (med. t. t.) {14/70}	ὑπόμνησις hypomnesis	Erinnerung
2633	Hyponym, das (gr;gr)>l	Wort, das einem ähnlichen Oberbegriff untergeordnet, aber inhaltlich differenzierter (↗ UTL 0737) ist (sprachwiss. t. t.) {32/76}	ὑπό hypo + ὄνυμα onyma = Nebenform zu: ὄνομα onoma	unter; von Name
–	Hyponymie, die gr;gr	Untergeordnetheit im ↗ semantischen Verhältnis (sprachwiss. t. t.) {32/76}	dto.	dto.
2634	Hypophrygische, das gr;gr	1. altgr. Tonart {37/75}; 2. Kirchentonart {37/51/77}	ὑπό hypo + Φρύγιος Phrygios	unter; von phrygisch s. u. Phrygische
2635	Hypophyse, die	Hirnanhangdrüse (med. t. t.) {11/70}; 2. Keimanschluß (bot. t. t.) {68}	ὑπόφυσις hypophysis	Nachwuchs, Sprößling
2636	Hyporchem u. Hyporchema, das	altgr. Tanz- u. Chorlied {37/75}	ὑπόρχημα hyporchema	Chorgesang
2637	hyposom (gr;gr) >nlat	zwergwüchsig (med. t. t.) {14/70}	ὑπό hypo + σῶμα soma	unter; von Leib, Körper
–	Hyposomie, die gr;gr	Kleinwuchs (med. t. t.) {14/70}	dto.	dto.

2638	Hypostase o. Hypostasis, o. Hypostasie, die gr>l	1. Grundlage, Unterlage {25/56}; 2. Gegenstand eines Textes (↗ UTL 3576) {32}; 3. Erscheinungsform, Wesenheit (philos. t. t.) {77}; 4. Blutstauung (med. t. t.) {70}	ὑπόστασις hypostasis	Unterlage, Grundlage; Stoff, Wesen, Substanz
–	hypostasieren gr>nlat	vergegenständlichen; verselbständigen; personifizieren (↗ UTL 2612) {25/32}	dto.	dto.
–	Hypostasierung, die	= ↗ Hypostase; Spezialfall des Wortartwechsels (sprachwiss. t. t.) {32/76}	dto.	dto.
–	hypostatisch	1. gegenständlich; 2. durch Hypostase hervorgerufen {25/32/70/77}	ὑποστατικός hypostatikos	zur Substanz gehörend, substantiell; die Existenz hervorrufend
2639	Hypostylon, das o. Hypostylos, der	gedeckter Säulengang {88}	ὑπόστυλον hypostylon abgeleitet von: ὑπόστυλος hypostylos	bedeckter Säulengang ruhend auf unterlegten Säulen
2640	hypotaktisch	untergeordnet (sprachwiss. t. t.) {32/76}	ὑποτακτικός hypotaktikos	unterordnend
–	Hypotaxe, die o. Hypotaxis, die	Unterordnung im Satzgefüge (sprachwiss. t. t.) {32/76}; 2. mittlerer Stärkegrad der ↗ Hypnose (med. t. t.) {16/70}	ὑπόταξις hypotaxis	Unterwerfung
2641	Hypotenuse, die gr>spätl	die dem rechten Winkel gegenüberliegende Seite eines Dreiecks {71}	ὑποτείνουσαι (πλευραί) hypoteinousai (pleurai) (Pl.) abgeleitet von: ὑποτείνειν hypoteinein	die unter den Winkeln sich erstreckende (Seite) darunterspannen; sich darunter hinerstrecken
2642	Hypothalamus, der gr;gr>l	unter dem ↗ Thalamus liegender Teil des Zwischenhirns {11/70}	ὑπό hypo + θάλαμος thalamos	unter; von Kammer, Zimmer
2643	Hypothek, die gr>l	1. Grundstücksanrecht als Kreditsicherung {42/80}; 2. Belastung, Bürde {25/56}	ὑποθήκη hypotheke	Unterlage; Unterpfand

Hypothekar 2643

–	Hypo- thekar, der	Hypothekengläubiger {42/80}	dto.	dto.
–	hypothe- karisch gr>l	die Hypothek betreffend {42/80}	dto.	dto.
2644	Hypo- thermie, die (gr;gr) >nlat	Unterkühlung, unter den Normalwert gesunkene Körpertemperatur (med. t. t.) {14/70}	ὑπό hypo + θέρμη therme	unter; von Wärme, Hitze
2645	Hypo- these, die gr>l	(noch) unbewiesene Annahme, Vermutung, bes. als Ausgangspunkt für eine wissenschaftliche Untersuchung {24/25/77}	ὑπόθεσις hypothesis	Unter–, Grundlage; Grundsatz, aufgestellte Bedingung
–	hypothe- tisch gr>l	auf einer Hypothese beruhend {24/25/77}	ὑποθετικός hypothetikos	darunter legend; angenommen
2646	Hypothy- reoidis- mus, der (gr;gr;gr) >nlat	= Hypothyreose: Unterfunktion der Schilddrüse (med. t. t.) {14/70}	ὑπό hypo + θυροειδής thyroeides + -ισμός –ismos	unter; von schildförmig gr. Suffix s. Partikelliste
–	Hypothy- reose, die gr;gr;gr	Unterfunktion der Schilddrüse (med. t. t.) {14/70}	ὑπό hypo + θυρεός thyreos + -ωσις –osis	unter; von Schild gr. Suffix s. Partikelliste
2647	Hypoto- nie, die (gr;gr) >nlat	1. verminderter Blutdruck; 2. herabgesetzte Muskelspannung (med. t. t.) {14/70}	ὑπό hypo + τόνος tonos	unter; von Spannung, Band, Ton
–	Hypoto- niker, der gr;gr	jmd., der an zu niedrigem Blutdruck leidet (med. t. t.) {14/70}	dto.	dto.
–	hypoto- nisch gr;gr	die Hypotonie betreffend {14/70}	dto.	dto.
2648	Hypo- trophie, die (gr;gr) >nlat	1. Unterentwicklung eines ↗ Organs; 2. Unterernährung (med. t. t.) {14/70}	ὑπό hypo + τροφή trophe	unter; von das Ernähren; Nahrung

2649	Hypo-zentrum, das gr;gr	Erdbebenherd im Innern der Erde (geol. t. t.) {62}	ὑπό hypo + κέντρον kentron	unter; von Mittelpunkt eines Kreises; Stachel-(stab); ruhender Zirkelschenkel s. u. Zentrum
2650	Hypsi-phobie, die (gr;gr) >nlat	Höhenangst (med. t. t.) {14/70}	ὕψι hypsi + φόβος phobos	hoch Furcht, Schrecken s. u. Phobie
>>>	Hypso– ⇗ Worteleumentliste			
2651	Hypso-meter, das gr;gr	Luftdruckmeßgerät für Höhenmessung (techn., meteor. t. t.) {65/72}	ὕψος hypsos + μέτρον metron	Höhe Maß, Versmaß
–	Hypso-metrie, die gr;gr	Höhenmessung {65/72}	dto.	dto.
–	hypso-metrisch gr;gr	die Höhenmessung betreffend {65/72}	dto.	dto.
2652	Hyster-algie, die (gr;gr) >nlat	Gebärmutterschmerz (med. t. t.) {14/70}	ὑστέρα hystera + ἄλγος algos	Gebärmutter Schmerz
2653	Hyster-ektomie, die gr;gr	operative (⇗ UTL 2434) Entfernung der Gebärmutter (med. t. t) {70}	ὑστέρα hystera + ἐκτομή ektome	Gebärmutter das Herausschneiden
2654	Hyste-rese o. –sis, die	1. Abhängigkeit eines Zustandes von früheren Zuständen {25/56}; 2. Zurückstehen hinter der einwirkenden Kraft (phys. t. t.) {72}	ὑστέρησις hysteresis abgeleitet von: ὕστερος hysteros	das Nachstehen, Zurückstehen späterer, zweiter
2655	Hysterie, die gr>nlat	seelischer u. körperlicher Zustand der Übererregung (med. t. t.) {14/26/70}	ὑστέρα hystera	Gebärmutter
–	Hysteri-ker, der gr>l	jmd., der an ⇗ Hysterie leidet (med. t. t.) {14/26/70/84}	ὑστερικός hysterikos	die Gebärmutter betreffend, an ihr leidend

hysterisch 2655

	hyste-risch gr>l	1. auf Hysterie beruhend; 2. an Hysterie leidend (med. t. t.) {14/26/70}	dto.	dto.
–	hysteri-sieren	hysterisch machen {26/70}	ὑστέρα hystera	Gebärmutter (als Ursache für über-mäßige Emotion
2656	hystero-gen (gr;gr) >nlat	1. auf hysterischen Ursachen beruhend; 2. eine Hysterie auslösend (med. t. t.) {14/26/70}	dto. + –γενής –genes	dto. stammend von; hervorbringend, verursachend
2657	hysteroid gr;gr	hysterieähnlich (med. t. t.) {14/26/70}	ὑστέρα hystera + –(ε)ιδής –(e)ides	Gebärmutter ähnlich aussehend s. Partikelliste
2658	Hystero-manie, die gr;gr	= ↗ Nyphomanie: krankhaft gesteigerter Geschlechtstrieb bei Frauen, Mannstollheit {14/18/70}	ὑστέρα hystera + μανία mania	Gebärmutter Raserei, Wahn-sinn, Verzückung
2658a	Hysteron-Proteron, das	1. Redefigur, bei der ↗ logisch spätere Gedanke zuerst steht (rhet., log. t. t.) {71/76}; 2. Scheinbeweis durch eine Be-hauptung (philos. t. t.) {77}	ὕστερον πρότερον hysteron proteron	das Spätere (ist) das Frühere

I

>>> —ia ↗ Partikelliste
>>> Iambe, die = ↗ Jambe u. ↗ Jambus
>>> —iatrie, —iatrik ↗ Wortelementeliste

2659	Iatrik, die	Heilkunst (med. t. t.) {70}	ἰατρική (τέχνη) iatrike (techne)	Heilkunst
—	iatrisch	zur Heilkunst gehörend (med. t. t.) {70}	ἰατρικός iatrikos	die Heilkunst betreffend

>>> Iatro— ↗ Wortelementeliste

2660	Iatrochemie, die gr;gr>arab >frz	auf der ↗ Chemie ↗ basierende Heilkunst (von Paracelsus begründet) {70/73}	ἰατρός iatros + χύμα chyma gemischt mit: χυμεία chymeia o. χημεία chemeia arab. (al-) kimija frz. chimie	Arzt Flüssigkeit Metallverwandlung dto. dto. Chemie s. o. Chemie
2661	iatrogen (gr;gr) >nlat	durch ärztliche Handlungen hervorgerufen (med. t. t.) {70}	ἰατρός iatros + —γενής —genes	Arzt stammend von; hervorbringend, verursachend
2662	Iatrologie, die gr;gr	Lehre von der ärztlichen Heilkunst (med. t. t.) {70}	ἰατρός iatros + λόγος logos	Arzt Rede, Wort; Berechnung
—	iatrologisch gr;gr	die Iatrologie betreffend {70}	dto. + λογικός logikos	dto. zum Reden gehörig, die Rede betreffend

435

2663	Ibis, der ägypt>gr>l	kleinerer, im alten Ägypten für heilig gehaltener Vogel; auch selbst als Gott verehrt {07/51/69}	ἶβις ibis ägypt. hbj	Ibis Nilreiher	
2664	Ichneumon, der o. das	von Ratten lebende Schleichkatze Nordafrikas, im alten Ägypten heilig {06/69}	ἰχνεύμων ichneumon	der Spürer; ägypt. Wieselart, die Krokodileiern nachspürt	
2665	Ichneumoniden, die (Pl.) (gr;gr) >nlat	Schlupfwespen (zool. t. t.) {08/69}	dto. + –(ε)ιδής –(e)ides	dto; Wespe, die Spinnen nachspürt ähnlich aussehend s. Partikelliste	
2666	Ichnogramm, das gr;gr	Fußabdruck {55}	ἴχνος ichnos + γράμμα gramma	Fußspur, Fährte Buchstabe, Schrift(werk)	

>>> Ichthyo– ↗ Wortelementeliste

2667	Ichthyolith, der (gr;gr) >nlat	versteinerter Fischrest {62/69}	ἰχθύς ichthys + λίθος lithos	Fisch Stein	
2668	Ichthyologe, der gr;gr	Wissenschaftler auf dem Gebiet der Ichthyologie {40/69}	ἰχθύς ichthys + λόγος logos	Fisch Rede, Wort; Berechnung	
–	Ichthyologie, die gr;gr	Fischkunde {69}	dto.	dto.	
–	ichthyologisch gr;gr	die Fischkunde betreffend {69}	dto. + λογικός logikos	dto. zum Reden gehörig, die Rede betreffend	
2669	Ichthyophage, der (gr;gr)>l	sich von Fischen ernährend {17}	ἰχθύς ichthys + φαγεῖν phagein	Fisch essen	
2670	Ichthyosaurier o. –saurus, der gr;gr	ausgestorbene Fischechse aus der Kreidezeit {59/69}	ἰχθύς ichthys + σαῦρος sauros	Fisch Eidechse s. u. Saurier	

2671	Ichthy-ose o. Ich-thyosis, die gr;gr	Fischschuppenkrankheit; unnormales Verhornen u. Abschuppen der Haut (med. t. t.) {14/70}	ἰχθύς ichthys + –ωσις –osis	Fisch gr. Suffix s. Partikelliste
2672	Ichthyo-toxin, das gr;gr	im Blutserum des Aales enthaltendes Gift {69/70}	ἰχθύς ichthys + τοξικόν toxikon	Fisch Gift
>>>	Icterus, der = ↗ Ikterus			
>>>	–id ↗ Partikelliste			
2673	Id, das	Abkürzung für u. kleinster Bestandteil des ↗ Idioplasma (biol. t. t.) {69}	ἴδιος idios	eigen; eigentümlich
2674	ideagen (gr;gr) >nlat	auf Grund von Wahnvorstellungen (psych. t. t.) {24/70}	ἰδέα idea + –γενής –genes	Gestalt, Wesen, Urbild; Idee stammend von; hervorbringend, verursachend
2675	ideal gr>l	1. mustergültig, vorbildlich, vollkommen {25/56}; 2. nur in der Vorstellung existierend {24/25}	ἰδέα idea l. idealis	Gestalt, Wesen, Urbild; Idee dem Urbild entsprechend, ideal (↗ UTL 1269a)
–	Ideal, das gr>l	Sinnbild der Vollkommenheit, Leitbild, Wunschbild {25/27/56}	dto.	dto.
–	idealisch	einem Ideal angenähert {25/56}	dto.	dto.
–	idealisieren gr>l>frz	die Wirklichkeit verklären, etw. zum Ideal erheben {24/25/32}	dto. frz. idéaliser	dto. verklären
–	Idealismus, der (gr;gr)>l >nlat	1. nach Idealen ausgerichtete Lebensführung {25/30/33}; 2. Ansicht, daß die Wirklichkeit nur rein geistiges Sein u. die Materie (↗ UTL 2163) nur seine Erscheinungsform ist (philos. t. t.) {77}	dto. + –ισμός –ismos	dto. gr. Suffix s. Partikelliste
–	Idealist, der (gr;gr)>l >nlat	1. Vertreter des Idealismus {77}; 2. jmd., der sein Leben nach Idealen ausrichtet {25/30/33}	dto. + –ιστής –istes	dto. gr. Suffix s. Partikelliste

–	idealistisch (gr;gr)>l >nlat	den Idealismus betreffend; selbstlos {25/30/33}	dto.	dto.
–	Idealität, die	1. das Sein als Idee o. Vorstellung {25/77}; 2. Seinsweise des ↗ Mathematischen {71}	dto.	dto.
–	idealiter gr;l	idealerweise {56}	dto. + l. *-iter*	dto. (Adverbendung im Lateinischen)
2676	Idealtyp, der gr;gr	Individuum mit allen ↗ charakteristischen Merkmalen einer bestimmten Gruppe {22/33/69}	dto. + τύπος typos	dto. Schlag; Abdruck; Gepräge, Gestalt s. u. Typ
2677	Idee, die gr>l>frz	1. reiner abstrakter (↗ UTL 0033) Begriff der Dinge in der platonischen ↗ Philosophie {75/77}; 2. leitender Gedanke; 3. schöpferischer Gedanke {25}; 4. Idée fixe: a. leitmotivischer Grundgedanke eines ganzen Werkes (mus. t. t.) {37}; b. Zwangsvorstellung {25/70}	ἰδέα idea l. *idea* frz. *idée* bzw. (4.) l. *fixus* frz. *fixe*	Gestalt, Wesen; Urbild; Idee dto. dto. fest, bleibend (↗ UTL 1105) fest(stehend)
–	ideell	die Idee betreffend, auf ihr beruhend {25/77}	dto.	dto.
2678	Ideendrama, das	Drama, dessen Handlung von einer allgemeingültigen Idee bestimmt wird {35}	dto. + δρᾶμα drama	dto. Handlung; Schauspiel s. o. Drama

\>\>\> Ideo– ↗ Wortelementeliste
\>\>\> ideogen = ↗ ideagen

2679	Ideogramm, das (gr;gr) >nlat	Schriftzeichen, das einen ganzen Begriff ausdrückt {32/76}	ἰδέα idea + γράμμα gramma	Gestalt, Wesen, Urbild; Idee Buchstabe, Schrift(werk)
–	Ideographie, die (gr;gr) >nlat	Darstellung von Begriffen durch Bild o. Wortzeichen; aus Ideogrammen gebildete Schrift, Begriffsschrift {32/76}	ἰδέα idea + γραφή graphe	Gestalt, Wesen, Urbild; Idee Schrift; Zeichnung

–	ideographisch (gr;gr) >nlat	die Ideographie betreffend {32/76}	dto. + γραφικός graphikos	dto. im Malen geschickt; malerisch; zum Malen o. Schreiben gehörig
2680	Ideokratismus, der gr;gr;gr	Herrschaft der Vernunftbegriffe u. vernünftiger Verhältnisse {25/30/77}	ἰδέα idea + κράτος kratos + –ισμός –ismos	Gestalt, Wesen, Urbild; Idee Kraft, Macht gr. Suffix s. Partikelliste
2681	Ideologe, der (gr;gr)>frz	1. Vertreter einer Ideologie {25/33}; 2. weltfremder ↗ Theoretiker, Träumer {24/25/77}	ἰδέα idea + λόγος logos frz. idéologue	Gestalt, Wesen, Urbild; Idee Rede, Wort; Berechnung jmd., der sich mit Ideologie befasst
–	Ideologem, das gr;gr	Vorstellungswert, Gedankengebilde {25/77}	dto.	dto.
–	Ideologie, die (gr;gr)>frz	Lehre von den Ideen; an eine soziale (↗ UTL 3373) Gruppe gebundene Weltanschauung (1796 von dem frz. ↗ Philosophen Destutt de Tracy geprägt) {25/33/77}	dto. frz. idéologie	dto. Ideenlehre
–	Ideologiekritik, die gr;gr;gr	Aufzeigen der materiellen (↗ UTL 2163) Bedingtheit einer Ideologie (soziol. t. t.) {81}	dto. + κριτική (τέχνη) kritike (techne)	dto. (die Kunst des) Beurteilens s. u. Kritik
–	ideologisch gr;gr	1. die Ideologie betreffend; 2. weltfremd {25/33/77}	ἰδέα idea + λογικός logikos	Gestalt, Wesen, Urbild; Idee zum Reden gehörig, die Rede betreffend
–	ideologisieren gr;gr	1. im Sinne einer bestimmten Ideologie erklären; 2. zu einer Ideologie machen {25/33/77}	dto.	dto.
>>>	Idio– ↗ Wortelementeliste			
2682	Idioblast, der (gr;gr) >nlat	Einzelzelle mit besonderer Funktion (↗ UTL 1164) innerhalb einer anders gebauten Zellgruppe (biol. t. t.) {69}	ἴδιος idios + βλαστός blastos	eigen; eigentümlich Keim, Sproß

Nr.	Stichwort	Bedeutung	Griechisch	Übersetzung
2683	idiographisch	1. das Eigentümliche beschreibend (hist. t. t.) {32/75}; 2. eigenhändig {32/56}	ἰδιόγραφος idiographos abgeleitet von: ἴδιος idios + γραφικός graphikos	eigenhändig geschrieben eigen; eigentümlich im Malen geschickt; malerisch; zum Malen o. Schreiben gehörig
2684	Idiokrasie, die	= ↗ Idiosynkrasie: 1. angeborene Überempfindlichkeit gegen bestimmte Stoffe (med. t. t.) {70}; 2. heftige Abneigung, Widerwille (psych. t. t.) {28/70}	ἰδιοκρασία ideokrasia	eigentümliche Mischung
2685	Idiolatrie, die gr;gr	Selbstvergötterung {25/33}	ἴδιος idios + λατρεία latreia	eigen; eigentümlich (Lohn)dienst; Gottesdienst
2686	Idiolekt, der gr;gr	Wortschatz u. besondere Ausdrucksweise eines einzelnen Menschen (linguist. t. t.) {22/32/76}	ἴδιος idios + λέξις lexis	eigen; eigentümlich Sprechen, Redeweise
–	idiolektal gr;gr	den Idiolekt betreffend (linguist. t. t.) {22/32/76}	dto.	dto.
2687	Idiom, das gr>l>frz	1. Eigentümlichkeit einer Mundart o. Sprache; 2. feststehende Redensart (linguist. t. t.) {32/76}	ἰδίωμα idioma l. idioma frz. idiome	(sprachliche) Eigentümlichkeit dto. dto.
–	Idiomatik, die gr>nlat	1. alle Idiome einer Sprache; 2. Idiomforschung (linguist. t. t.) {32/76}	ἰδιωματικός idiomatikos	eigentümlich
–	idiomatisch	die Idiomatik betreffend {32/76}	dto.	dto.
–	idiomatisieren	sich –: zu einem Idiom werden (linguist. t. t.) {32/76}	dto.	dto.
–	Idiomatisierung, die	Verlust der ↗ semantisch– ↗ morphologischen Durchsichtigkeit eines Wortes (linguist. t. t.) {32/76}	dto.	dto.
2688	idiopathisch gr;gr	selbständig, ohne erkennbare Ursache (med. t. t.) {70}	ἴδιος idios + πάθος pathos	eigen; eigentümlich Schmerz; Leiden(schaft)

Nr.	Wort	Bedeutung	Griechisch	Übersetzung
2689	Idiophon, das gr;gr	selbstklingendes Musikinstrument {37}	ἴδιος idios + φωνή phone	eigen; eigentümlich Laut, Stimme, Ton
2690	Idioplasma, das gr;gr	Keimplasma; Träger des Erbgutes im Zellplasma {68/69/70}	ἴδιος idios + πλάσμα plasma	eigen; eigentümlich das Gebildete, Geformte s. u. Plasma
2691	Idiorrhythmie, die	freiere Form des ↗ orthodoxen Mönchstums {51/77}	ἰδιορρυθμία idiorrhythmia abgeleitet von: ἴδιος idios + ῥυθμός rhythmos	eigentümliche Lebensweise eigen, eigentümlich gleichmäßige Bewegung, Ebenmaß; Takt
–	idiorrhythmisch	nach eigenem Lebensmaß {25/33/51/77}	ἰδιόρρυθμος idiorrhythmos	von eigentümlicher Lebensweise
2692	Idiosynkrasie, die	1. angeborene Überempfindlichkeit gegen bestimmte Stoffe (med. t. t.) {70}; 2. heftige Abneigung, Widerwille (psych. t. t.) {28/70}	ἰδιοσυγκρασία idiosynkrasia abgeleitet von: ἴδιος idios + σύγκρασις synkrasis	eigentümliche Mischung der (Körper)Säfte u. daraus hervorgehende Beschaffenheit des Lebens eigen; eigentümlich Vermischung
–	idiosynkratisch gr;gr	1. überempfindlich (med. t. t.) {70}; 2. von unüberwindlicher Abneigung erfüllt (psych. t. t.) {28/70}	ἴδιος idios + σύγκρατος synkratos	eigen; eigentümlich zusammengemischt
2693	Idiot, der gr>l	1. (selten) ein an Idiotie Leidender, Blöder (med. t. t.) {14/70}; 2. Dummkopf {22/25/33}	ἰδιώτης idiotes l. idiota	Privatmann; Laie Idiot, Ignorant
–	Idiotie, die	1. schwerste Form angeborenen Schwachsinns (med. t. t.) {14/70}; 2. Dummheit, Einfältigkeit {22/25/33}	ἰδιωτεία idioteia	das Leben eines Privatmannes; Unwissenheit
–	Idiotikon, das gr>nlat	Mundartwörterbuch {32/34/76}	ἰδιωτικός idiotikos	den Privatmann betreffend; unwissend

441

–	idiotisch gr>l	1. schwachsinnig (med. t. t.) {14/70}; 2. dumm, einfältig {22/25/33}	dto. l. *idioticus*	dto. ungebildet
–	Idiotismus, der gr>l	1. = Idiotie (med. t. t.) {14/70}; 2. Eigentümlichkeit der Sprache o. Mundart (linguist. t. t.) {32/76}	ἰδιωτισμός idiotismos l. *idiotismus*	das Leben, die Sprechweise des gemeinen Mannes gewöhnliche Ausdrucksweise
2694	idiotypisch gr;gr	durch die Gesamtheit des Erbgutes festgelegt (biol. t. t.) {68/69/70}	ἴδιος idios + τύπος typos	eigen; eigentümlich Schlag; Abdruck; Gepräge, Gestalt
–	Idiotypus, der gr;gr	Gesamtheit des Erbgutes (biol. t. t.) {68/69/70}	dto.	dto.
2695	Idol, das gr>l>frz	1. Gegenstand inbrünstiger Verehrung, Abgott {23/25/33}; 2. Götzenbild {51/77}	εἴδωλον eidolon l. *idolon* o. *idolum* frz. *idole*	Abbild; Trugbild dto. dto.; Abgott
2696	Idol(ol)atrie, die gr;gr / gr>l	Verehrung von Götzenbildern {51/77}	εἴδωλολατρεία eidololatreia l. *idololatria* abgeleitet von: εἴδωλον eidolon + λατρεία latreia	Götzendienst Abbild; Trugbild (Lohn)dienst; Gottesdienst
2697	idolisieren gr>l>nlat	zum Idol machen {23/25/33}	εἴδωλον eidolon	Abbild; Trugbild
2698	Idyll, das gr>l	Darstellung friedlichen u. einfachen Lebens in meist ländlicher Abgeschiedenheit (nach den gleichnamigen Gedichten des Theokrit benannt) {15/33/34/39}	εἰδύλλιον eidyllion l. *idyllium*	Bildchen (mit Szenen aus dem Landleben); kleines (Hirten)Gedicht dto.
–	Idylle, die gr>l>frz	1. Schilderung eines Idylls in Literatur u. bildender Kunst {34/36}; 2. = Idyll {15/33/34/39}	dto. frz. *idylle*	dto. Idyll
–	Idyllik, die	idyllischer ↗ Kunstcharakter {25/55/39}	dto.	dto.
–	Idylliker, der	jmd., der einen Hang zum idyllischen Leben hat {15/26/33}	dto.	dto.

–	i̯dyllisch	1. das Idyll, die Idylle betreffend {15/33/34/36/39}; 2. beschaulich–friedlich {33/55}	dto.	dto.
2700	Igua̯nodon, das indian/span;gr	pflanzenfressender ⤴ Dinosaurier der Jura– u. Kreidezeit {59/69}	indian.-span. *iguana* + ὀδούς, Gen. ὀδόντος odous, odontos	Leguanart Zahn
2700a	IHS	Abkürzung für : Jes(us) (Iota + Eta + Sigma) {51/77}	’Ιησ(οῦς) Ies(ous)	Jesus
>>>	–ik(e) ⤴ Partikelliste			
2701	Ika̯rier, der gr>l	Artist (⤴ UTL 0282), der Luftsprünge vorführt {12/85}	῎Ικαρος Ikaros	Ikarus (s. Anhang „Namen")
>>>	Ikon(o)– ⤴ Wortelementeliste			
2702	Iko̯n, das	stilisierte Abbildung eines Gegenstandes {36}	εἰκών eikon	Bild; Ebenbild; Gleichnis
–	Iko̯ne, die gr>mgr >russ	1. Heiligenbild der Ostkirche {36/51/77}; 2. (Pop–Ikone): Star in der Unterhaltungsmusik {33/37}	dto.	dto.
–	iko̯nisch gr>l	in der Art der Ikonen {36/51/77}	εἰκονικός eikonikos	abbildend
–	Ikoni̯smus, der	anschauliches Bild {36/55}	εἰκονισμός eikonismos	das Nachbilden, die Abbildung
>>>	Ikono– ⤴ Wortelementeliste			
2703	Iko̯nodu̯le, der (gr;gr) >nlat	Verehrer von Bildern (26/33/36}	εἰκών eikon + δούλη doule	Bild; Ebenbild; Gleichnis Sklave, Sklavin
–	Iko̯nodu̯lie, die gr;gr	Verehrung von Bildern {26/33/36}	εἰκών eikon + δουλεία douleia	Bild; Ebenbild; Gleichnis Knechtschaft, Sklaverei

2704	**Ikono-graph,** der	1. Forscher der Ikonographie {36/40}; 2. Instrument (↗ UTL 1448b) zur Bildabzeichnung für ↗ Lithographen {40}	εἰκονο-γράφος eikono-graphos abgeleitet von: εἰκών eikon + γραφεύς grapheus	Bilder- u. Porträt-maler Bild; Ebenbild; Gleichnis Schreiber, Maler
–	**Ikono-graphie,** die gr>l	1. Beschreibung von alten Bildern {32/36}; 2. wissen-schaftliche Bestimmung von antiken (↗ UTL 0214) Bildnis-sen {36/40}; 3. = ↗ Ikonologie {25/36}	εἰκονο-γραφία eikono-graphia abgeleitet von: εἰκών eikon + γραφή graphe	Abbildung, Darstellung Bild; Ebenbild; Gleichnis Schrift; Zeichnung
–	**ikono-graphisch** gr;gr	die Ikonographie betreffend {32/36/40}	εἰκών eikon + γραφικός graphikos	Bild; Ebenbild; Gleichnis im Malen ge-schickt; male-risch; zum Malen o. Schreiben gehörig
2705	**Ikono-klasmus,** der (gr;gr) >nlat	Bildersturm; Abschaffung und Vernichtung von Heili-genbildern {36/51/52/77}	εἰκών eikon + κλασμός klasmos	Bild; Ebenbild; Gleichnis das Zerbrechen; Bruch
–	**Ikono-klast,** der (gr;gr) >mgr	Teilnehmer am Ikonoklasmus {33/36/51/52/77}	dto.	dto.
–	**ikono-klastisch** gr;gr	den Ikonoklasmus betreffend {33/36/51/52/77}	dto.	dto.
2706	**Ikono-latrie,** die (gr;gr) >nlat	= ↗ Ikonodulie: Verehrung von Bildern {26/33/36}	εἰκών eikon + λατρεία latreia	Bild; Ebenbild; Gleichnis (Lohn)dienst; Got-tesdienst

2707	Ikonologie, die	Lehre vom Sinngehalt alter Bildwerke {25/36}	εἰκονολογία eikonologia aus:		das Sprechen in Bildern
			εἰκών eikon		Bild; Ebenbild; Gleichnis
			+ λόγος logos		Rede, Wort; Berechnung
2708	Ikonostas, der (gr;gr) >mgr>russ o. Ikonostase o. Ikonostasis, die	Bilderwand zwischen Gemeinde– u. Altarraum mit drei Türen in ↗ orthodoxen ↗ Kirchen {36/51/58/88}	εἰκών eikon		Bild; Ebenbild; Gleichnis
			+ στάσις stasis		das (Feststehen), Standort; Aufstand
			mgr. εἰκονοστάσιον		Altarwand
2709	Ikosaeder, das gr>nlat	Körper, der von zwanzig gleichseitigen Dreiecken begrenzt wird, Zwanzigflächner (math. t. t.) {71}	εἰκοσάεδρος eikosaedros abgeleitet von:		ein Zwanzigflächner
			εἴκοσι eikosi		zwanzig
			+ ἕδρα hedra		Sitz, Grundlage
2710	ikterisch gr>l	die Gelbsucht betreffend; gelbsüchtig (med. t. t.) {14/70}	ἰκτερικός ikterikos		gelbsüchtig
–	Ikterus, der gr>l	Gelbsucht (med. t. t.) {14/70}	ἴκτερος ikteros		Gelbsucht
2711	Ileus, der gr>l	Darmverschluß (med. t. t.) {14/70}	εἰλεός eileos		Darmverschlingung
			l. ile		Gedärme
2712	Immunologe, der l;gr	Wissenschaftler auf dem Gebiet der Immunologie (med. t. t.) {40/70}	l. immunis		abgaben–, dienstfrei; unberührt; frei (↗ UTL 1297)
			+ λόγος logos		Rede, Wort; Berechnung
–	Immunologie, die l;gr	Lehre von der Immunität (↗ UTL 1297) u. den ↗ biologischen Reaktionen (↗ UTL 2990) des ↗ Organismus (med. t. t.) {70}	dto.		dto.
–	immunologisch l;gr	die Immunologie betreffend {70}	dto. + λογικός logikos		dto. zum Reden gehörig, die Rede betreffend

445

2713	Immun-system, das l;gr	Abwehrsystem des Körpers, das für die Immunität gegen Krankheiten (↗ UTL 1297) verantwortlich ist {70}	l. *immunis* + σύστημα systema	abgaben–, dienstfrei; unberührt; frei (↗ UTL 1297) ein aus mehreren Teilen zusammengesetztes Ganzes s. u. System
2714	impfen gr>l>vulgl >ahd>mhd	1. ein Pfropfreis einsetzen, veredeln {39/68}; 2. Krankheitserreger in abgeschwächter Form zur Immunisierung (↗ UTL 1297) in den Körper übertragen (med. t. t.) {70}; 3. eine Wolke mit Silberjodid zum Abregnen bringen (meteor. t. t.) {65}	ἐμφυτεύειν emphyteuein l. *in* + *putare* vulgl. **imputare* o. **imp(od)are* ahd. *impiton, impfon* mhd. *impfen*	einpflanzen, einpfropfen in; hinein beschneiden; reinigen; meinen, glauben dto. dto. dto.
–	Impfstoff, der	zum Impfen gebrauchtes Mittel {39/65/68/70}	dto. + d. *Stoff*	dto.
2715	impraktikabel l;gr>mlat	(selten) 1. unausführ–, unanwendbar; 2. unzweckmäßig {25/56}	l. *in* + πρακτικός praktikos	Verneinungswort: un... zum Tun gehörig
2716	indanthren gr;gr	Kurzwort aus Indigo u. ↗ Anthracen; licht- u. farbecht (in bezug auf gefärbte Textilien) {19/54/55/73}	Ἰνδικόν Indikon + ἄνθραξ, Gen. ἄνθρακος anthrax, anthrakos	das Indische Kohle s. o. Anthrazit
–	Indanthren, das gr;gr	licht- u. waschechter Farbstoff (chem. t. t.) {19/54/55/73}	dto.	dto.
2716a	Indien, das aind>iran >ion>l	Land und Subkontinent (↗ UTL 3455) im südlichen Asien {64}	aind. *Sindhu-* iran. *Hindu* Ἰνδός Indos l. *Indus* bzw. *India*	Fluß, Strom; Indus indisch
2717	Indigo, der o. das gr>l>mhd >span	ältester blauer, lichtechter Küpenfarbstoff (chem. t. t.) {19/54/55/73}	Ἰνδικόν Indikon l. *indicum* mhd. *indich* span. *indigo*	das Indische indisch; das Indigo dto. dto.

2718	Indigolith, der gr;gr	Halbedelstein; blauer Turmalin {20}	dto. + λίθος lithos	dto. Stein
2719	Indoeuropäer, die (Pl.) gr;gr	übliche internationale (↗ UTL 1485) Bezeichnung für eine Sprachfamilie zwischen Indien u. ↗ Atlantik {32/64/81}	'Ινδός Indos + Εὐρώπη Europe	indisch Europa
–	indoeuropäisch gr;gr	die Indoeuropäer betreffend {32/64/81}	dto.	dto.
–	Indoeuropäist, der gr;gr	Wissenschaftler der Indoeuropäistik {40/64/81}	dto.	dto.
–	Indoeuropäistik, die gr;gr	Wissenschaft von den indoeuropäischen Sprachen u. Kulturen (↗ UTL 1947) {32/64/81}	dto.	dto.
2720	Indogermanen, die (Pl.) gr;gr>l	in Deutschland übliche Bezeichnung für ↗ Indoeuropäer {32/64/81}	'Ινδός Indos + Γερμανοί Germanoi (Pl.) l. Germani	indisch die Germanen
–	indogermanisch gr;gr>l	↗ indoeuropäisch (vom d. Orientalisten (↗ UTL 2449) H.J. Klapproth 1823 geprägter Ausdruck) {32/64/81}	dto.	dto.
–	Indogermanist, der gr;gr>l;gr	= ↗ Indoeuropäist {40/64/81}	dto. + –ιστής –istes	dto. gr. Suffix s. Partikelliste
–	Indogermanistik, die gr;gr>l;gr	= ↗ Indoeuropäistik {32/64/81}	dto.	dto.
2721	Indologe, der (gr;gr) >nlat	Wissenschaftler auf dem Gebiet der Indologie {32/40/64/81}	'Ινδός Indos + λόγος logos	indisch Rede, Wort; Berechnung
–	Indologie, die	Wissenschaft von den indischen Sprachen u. Kulturen (↗ UTL 1947) {32/64/81}	dto.	dto.
2722	indopazifisch gr;l	um den Pazifischen (↗ UTL 2556) u. Indischen ↗ Ozean gelegen {64}	'Ινδός Indos + l. pacificus	indisch Frieden stiftend (↗ UTL 2556)

2723	Infothek, die l;gr	Speicheranlage für (Verkehrs-)Informationen {45/72}	l. *informatio* + θήκη theke	Bildung, Unterricht, Erläuterung, Darlegung (↗ UTL 1379) Behältnis, Kasten
2724	Ingwer, der altind>gr >l>vulgl >afrz>ahd >mhd	(nach ihren hornförmigen Wurzeln benannte) in den ↗ Tropen verbreitete Gewürzpflanze {04/05/17/68}	altind. *srngavera* ζιγγίβερις ziggiberis l. *zingiber* vulgl. *gingiber* afrz. *gingembre* o. *gingibre* ahd. *(g)ingiber(o)* mhd. *ing(e)ber* o. *ing(e)wer*	hornförmig Ingwer dto. dto. dto. dto. dto.
2725	inhomogen l;gr;gr	nicht gleichartig (= ↗ heterogen) {54/55}	l. *in* + ὁμός homos + –γενής –genes	Verneinungswort: un... gleich, ähnlich stammend von; hervorbringend, verursachend s. u. homogen
–	Inhomogenität, die l;gr;gr	Ungleichartigkeit (= ↗ Heterogenität) {54/55}	dto.	dto.
2726	Injektomane, der l;gr	jmd., der eine krankhafte Sucht nach Injektionen hat (psych.t. t.) {14/70}	l. *iniectio* + μανία mania	das Hineinwerfen; Einspritzung, Einflößung (↗ UTL 1389) Raserei, Wahnsinn, Verzückung
–	Injektomanie, die l;gr	krankhafte Sucht nach Injektionen (psych. t. t.) {14/70}	dto.	dto.
2727	Inosit, der gr>nlat	Wuchsstoff der Hefe; Teil der Vitamin-B-Gruppe (chem. t. t.) {73}	ἴς, Gen. ἰνός is, inos	Muskel, Sehne; Körperkraft

2728	inoxy-dieren l;gr	durch Überziehen mit einer widerstandsfähigen Metallschicht vor Rost schützen {40/73}	l. *in* + ὀξύς oxys	hinein, ein... scharf, spitz, sauer s. u. oxydieren
2728a	in praxi d;gr	in Wirklichkeit {25/52}	d. *in* + πρᾶξις praxis	Tat, Handlung s. u. Praxis
2729	Insze-nator, der l;gr>l>frz	Leiter einer Bühnenaufführung {35/40/74}	l. *in* + σκηνή skene	in Zelt; Bühne s. u. Szene
–	inszena-torisch l;gr>l>frz	die Inszenierung betreffend {35/74}	dto.	dto.
–	inszenie-ren l;gr>l>frz	1. ein Stück (beim Film, ↗ Theater) künstlerisch gestalten; Regie (↗ UTL 3028) führen {35/40/74}; 2. ↗ organisieren, vorbereiten, einfädeln (abwertend) {25/29/56/82}	dto.	dto.
–	Inszenie-rung, die l;gr>l>frz	1. = das Inszenieren; 2. das inszenierte Stück; Theateraufführung {35/74}	dto.	dto.
2730	Intensi-meter, das l;gr	Meßgerät, bes. für Röntgenstrahlen {72}	l. *intensio* + μέτρον metron	Spannung (↗ UTL 1459) Maß; Versmaß
2731	interga-laktisch l;gr>l	zwischen den verschiedenen Milchstraßensystemen gelegen (astron. t. t.) {01/66}	l. *inter* + γαλακ-τικός galaktikos	zwischen, unter milchweiß s. o. galaktisch
2732	Inter-linear-glosse, die l;l;gr	zwischen die Textzeilen geschriebene Bemerkung {34/76}	l. *inter* + l. *linearis* + γλῶσσα glossa	zwischen, unter zu den Linien gehörend (↗ UTL 1478) Zunge, Sprache, eigentümliche Ausdrucksweise s. o. Glosse

2733	interparlamentarisch l;gr>l >vulgl>frz >engl	die ↗ Parlamente der einzelnen Staaten umfassend {50/81}	l. *inter* + παραβολή parabole l. *parabole* o. *parabola* vulgl. *parabolare* frz. *parler* *parlement* engl. *parliament*	zwischen, unter das Nebeneinanderstellen; Gleichnis s. u. parlamentarisch Gleichnis, Parabel; Wort sprechen dto. Versammlung	
2734	interplanetar(isch) l;gr>l	zwischen den Planeten befindlich {01/66}	l. *inter* + πλανήτης planetes l. *planetae* (Pl.) o. *planetes* (Pl.)	zwischen, unter herumirrend, —schweifend s. u. planetar Planeten; Wandelsterne	
2735	Interpol, die (l;gr>l >mlat) >nlat	internationale (↗ UTL 1485) kriminalpolizeiliche ↗ Organisation mit Sitz in Paris {50/82}	l. *inter* + πολιτεία politeia l. *politia*	(Präp.) (da)zwischen, unter; während, einander der (↗ UTL 1461) Staat; Staatsverfassung Staat, Staatsverwaltung, —verfassung	
2736	interzonal l;gr>l	zwischen zwei Bereichen, Gebieten (z. B. Vereinbarungen) {33/49/75/81}	l. *inter* + ζώνη zone	zwischen, unter Gurt, Gürtel; Zone s. u. zonal	
2737	Inthronisation, die l;gr>l>mlat	Thronerhebung eines ↗ Monarchen; feierliche Einsetzung eines ↗ Abtes, ↗ Bischofs o. ↗ Papstes {47/50/51}	l. *in* + θρόνος thronos	hinein, ein... Sitz, Sessel, Thron	
—	inthronisieren	feierlich einsetzen {47/50/51}	dto.	dto.	

2738	Intimhygiene, die l;gr>nlat >mfrz>frz	Körperpflege im Bereich der Geschlechtsteile {21}	l. *intimus*	der (die, das) Innerste, Tiefste, Vertrauteste, Engste (↗ UTL 1508)
			+ ὑγιεινός hygieinos Fem. ὑγιεινή hygieine mfrz/frz. *hygiène*	der Gesundheit zuträglich; gesund s. o. Hygiene
2739	Intimsphäre, die l;gr	innerster persönlicher (↗ UTL 2612) Bereich, Geschlechtsleben {15/18/33}	l. *intimus*	der (die, das) Innerste, Tiefste, Vertrauteste, Engste (↗ UTL 1508)
			+ σφαῖρα sphaira	Kugel, Ball s. u. Sphäre
2740	Intoxikation, die (l;gr)>mlat	Vergiftung (med. t. t.) {14/70}	l. *in* + τοξικόν toxikon	hinein, ein... Gift s. u. Toxikation
2741	intrakutan (l;gr>l) >nlat	in der Haut gelegen; in die Haut hinein (injiziert (↗ UTL 1389) med. t. t.) {70}	l. *intra*	innerhalb; innen, innerlich; binnen (↗ UTL 1512)
			+ κύτος kytos l. *cutis*	Höhlung, Wölbung Haut, Hülle (↗ UTL 1975)
2742	intrathorakal l;gr	innerhalb der Brusthöhle gelegen (med. t. t.) {70}	l. *intra*	innerhalb; innen, innerlich; binnen
			+ θώραξ, Gen. θώρακος thorax, thorakos	Brustpanzer; Brustkorb s. u. thorakal

451

2742a	Intrauterinpessar, das l;l>nlat;gr >l>mlat	in die Gebärmutter eingelegter Kunststoffkörper zur Empfängnisverhütung (med. t. t.) {18/70}	l. *intra* + l. *uterinus* + πεσσάριον pessarion Diminutiv von: πεσσός pessos spätl. *pessarium*	innerhalb, innen, innerlich; binnen leiblich, von einer Mutter Pessar ovaler Spielstein; Watte– o. Stoffteil zum Einführen in die Scheide dto. s. u. Pessar
>>>	Iod, das = ↗ Jod			
>>>	–ion ↗ Partikelliste			
2743	Ion, das gr>engl	↗ elektrisch geladenes ↗ Atom (Ausdruck 1834 vom engl. ↗ Physiker Faraday geprägt – phys. t. t.) {72}	ἰόν ion	das Gehende, Wandernde
2744	Ionenhydra(ta)tion, die gr;gr	Anlagerung von Wassermolekülen an Ionen (chem. t. t.) {72/73}	dto. + ὕδωρ, Gen. ὕδατος hydor, hydatos	dto. Wasser s. o. Hydra(ta)tion
2745	Ionenreaktion, die gr;l;l	↗ chem. Reaktion (↗ UTL 2990) aufgrund von Ionen {73}	ἰόν ion + l. *re* + l. *actio*	das Gehende, Wandernde zurück, entgegen, wieder Handlung, Tätigkeit; Rede; Bewegung (↗ UTL 2990)
2746	Ionenstrahlen, die (Pl.) gr;d	aus beschleunigten Ionen bestehender Teilchenstrahl {72}	ἰόν ion + d. *Strahlen*	das Gehende, Wandernde
2747	Ionentherapie, die gr;gr	Heilbehandlung zur Beeinflussung des Ionenhaushalts des menschlichen Körpers (med. t. t.) {70}	ἰόν ion + θεραπεία therapeia	das Gehende, Wandernde das Dienen, Pflegen s. u. Therapie
2748	Ionicus o. Ioniker, der gr>l	antiker (↗ UTL 0214) Versfuß, meist bestehend aus zwei Längen u. zwei Kürzen oder umgekehrt {34/76}	Ἰωνικός Ionikos	ionisch

2749	Ionisa-tion, die gr>nlat	Erzeugung von ↗ Ionen durch Anlagern o. Abspalten von ↗ Elektronen {72}	ἰόν ion	das Gehende, Wandernde
–	Ionisator, der	Gerät zur Ionisation {40/72}	dto.	dto.
2750	ionisch	den ↗ Dialekt u. die Kunst der altgr. Ionier betreffend {32/35/36/75/76}	Ἰωνικός Ionikos	Ionisch
–	Ionisch(e), das	eine Kirchentonart {37}	dto.	dto.
2751	ionisie-ren gr>nlat >engl	eine ↗ Ionisation bewirken {72}	ἰόν ion	das Gehende, Wandernde
–	Ionium, das	radioaktives (↗ UTL 2964) Zerfallsprodukt des ↗ Urans; Zeichen: Io {73}	dto.	dto.
2752	Iono-meter, das gr;gr	Meßgerät zur Bestimmung der Ionisation eines ↗ Gases (phys., chem. t. t.) {72/73}	ἰόν ion + μέτρον metron	das Gehende, Wandernde Maß; Versmaß
2753	Iono-sphäre, die gr;gr	die ionisierten oberen Schichten der ↗ Atmosphäre {63}	ἰόν ion + σφαῖρα sphaira	das Gehende, Wandernde Kugel, Ball s. u. Sphäre
>>>	Iota, das = ↗ Jota			
2754	Irene	weiblicher Vorname {31}	εἰρήνη eirene	Frieden
–	Irenik, die	Streben nach Verständigung innerhalb der verschiedenen ↗ christlichen Konfessionen (↗ UTL 1784) {51/77}	εἰρηνικός eirenikos	den Frieden betreffend
–	irenisch	friedfertig, friedliebend {33/50}	dto.	dto.
2755	Iridek-tomie, die (gr;gr) >nlat	operative (↗ UTL 2434) Entfernung der Regenbogenhaut des Auges bei Staroperation {70}	ἶρις, Gen. ἴριδος iris, iridos + ἐκτομή ektome	Regenbogen das Heraus-schneiden s. o. Ektomie

2756	Iridium, das gr>engl	silberglänzendes, sehr hartes Platinmetal (chem. t. t.); Zeichen: Ir (nach seiner schillernden Farbe 1803 vom engl. ↗ Chemiker S. Tennant benannt) {73}	ἶρις, Gen. ἴριδος iris, iridos	Regenbogen
2757	Iridologe, der gr;gr	Augendiagnostiker {40/70}	dto. + λόγος logos	dto. Rede, Wort; Berechnung
–	Iridologie, die gr,gr	Augendiagnostik {70}	dto.	dto.
2758	Iris, die gr>l	1. Regenbogen (meteor. t. t.) {65}; 2. Regenbogenhaut des Auges (med. t. t.) {11/70}; 3. Schwertlilie (bot. t. t.) {04/68}	ἶρις, Gen. ἴριδος iris, iridos	Regenbogen; Regenbogenhaut
–	Irisblende, die gr;d	Blende, deren Öffnung stufenlos verstellbar ist (fot. t. t.) {87}	dto. + d. Blende	dto.
–	irisieren gr>l>nlat >frz	in Regenbogenfarben schillern {54/55}	ἶρις, Gen. ἴριδος iris, iridos frz. iriser	dto. irisieren
2759	Ironie, die gr>l	1. feiner verdeckter Spott {25/ 26/32}; 2. ↗ paradoxale Konstellation (↗ UTL 1837) {56/ 71}	εἰρωνεία eironeia l. ironia	Verstellung, Heuchelei feiner Spott; Ironie
–	Ironiker, der	ironischer Mensch {25/32/33/ 84}	εἰρωνικός eironikos	ironisch
--	ironisch gr>l	voller Ironie; spöttisch {25/32/ 84}	dto.	dto.
–	ironisieren gr>l>frz	mit Ironie behandeln, versteckt lächerlich machen {25/ 32/33}	dto.	dto.
2760	Ironym, das (gr;gr) >nlat	ironische Wendung als Deckname {25/31}	εἰρωνεία eironeia + ὄνυμα onyma = Nebenform zu: ὄνομα onoma	Verstellung Name
2761	Isagoge, die gr>l	antike (↗ UTL 0214) Einführung in eine Wissenschaft {25/32/75}	εἰσαγωγή eisagoge	Einführung

–	Isagogik, die	1. Kunst der Einführung in eine Wissenschaft {25/32}; 2. Lehre von der Entstehung der ↗ biblischen Bücher {51/77}	εἰσαγωγικός eisagogikos	zur Einführung gehörig	
2762	Isallobare, die (gr;gr;gr) >nlat	= ↗ Isobare: Verbindungslinie zwischen Orten gleichen Luftdrucks (meteor. t. t.) {65}	ἴσος isos + ἄλλος allos + βαρύς barys	gleich ein anderer schwer	
2763	Isallotherme, die gr;gr;gr	= ↗ Isotherme: Verbindungslinie zwischen Orten mit gleicher Lufttemperatur (meteor. t. t.) {65}	ἴσος isos + ἄλλος allos + θερμός thermos	gleich ein anderer warm	
2764	Ischämie, die (gr;gr) >nlat	Blutleere bzw. Blutmangel in einzelnen Körperteilen (med. t. t.) {14/70}	ἴσχειν ischein + αἷμα haima	hemmen Blut	
–	ischämisch	örtlich blutleer (med. t. t.) {14/70}	dto.	dto.	
2765	Ischiadikus, der gr>l	Ischias–, Hüftnerv {11/70}	ἰσχιαδικός ischiadikos	an Hüftschmerz leidend	
–	ischiadisch	den Ischiasnerv betreffend {11/70}	dto.	dto.	
	Ischias, der o. das gr>l o. Ischialgie, die (gr;gr) >nlat	Hüftschmerzen (med. t. t.) {14/70}	ἰσχιάς ischias + ἄλγος algos	die Hüften betreffend; Hüftschmerz, Lendengicht Schmerz	
–	Ischium, das	Hüfte, Gesäß (med. t. t.) {11/70}	ἰσχίον ischion	Hüftknochen	
2766	Isidor gr;gr	männlicher Vorname {31}	Ἶσις Isis + δῶρον doron	Isis (s. Anhang „Namen") Gabe, Geschenk	

>>> –iskus ↗ Partikelliste
>>> –ismus ↗ Partikelliste
>>> Iso– ↗ Wortelementeliste

2767	isobar gr>nlat	1. gleichen Druck habend {65/72}; 2. die gleiche Nukleonenzahl besitzend (phys. t. t.) {72}	ἰσοβαρής isobares abgeleitet von: ἴσος isos + βάρος baros	gleich schwer gleich Schwere, Druck
–	Isobar, das	Atomkern mit isobaren Eigenschaften (phys. t. t.) {72}	dto.	dto.
–	Isobare, die	Verbindungslinie zwischen Orten gleichen Luftdrucks (meteor. t. t.) {65}	dto.	dto.
2768	Isobathe, die gr>nlat	Verbindungslinie auf Landkarten zwischen Stellen gleicher Wassertiefe {64}	ἰσοβαθής isobathes abgeleitet von: ἴσος isos + βάθος bathos	gleich tief gleich Tiefe
2769	Isobronte, die (gr;gr) >nlat	Linie (↗ UTL 2069) gleicher Uhrzeit des ersten Donners eines Gewitters (meteor. t. t.) {65}	ἴσος isos + βροντή bronte	gleich Donner
2770	Isochasme, die (gr;gr) >nlat	Verbindungslinie auf der Landkarte zwischen Orten, wo das Polarlicht gleich häufig auftritt (meteor. t. t.) {64/65}	ἴσος isos + χάσμα chasma	gleich Spalt, Kluft
2771	isochor (gr;gr) >nlat	konstantes (↗ UTL 1836) Volumen (↗ UTL 3858) habend {58/72}	ἴσος isos + χῶρος choros u. χώρα chora	gleich Raum, Platz, Gegend dto.
–	Isochore, die (gr;gr) >nlat	Verbindunglinie zwischen Punkten (↗ UTL 2903) gleichen Volumens (↗ UTL 3858) in ↗ graphischen Darstellungen {72}	dto.	dto.
2772	isochrom (gr;gr) >nlat	= ↗ isochromatisch: für alle Farben gleich empfindlich, farbtonrichtig (fot. t. t.) {54/87}	ἴσος isos + χρῶμα, Gen. χρώματος chroma, chromatos	gleich Farbe; Haut

456

–	Isochro-masie, die gr;gr;gr	gleiche Farbempfindlichkeit, Farbtonrichtigkeit (fot. t. t.) {87}	dto. + –ασις –asis	dto. gr. Suffix s. Partikelliste
–	Isochro-maten, die (Pl.) gr;gr	Kurven (↗ UTL 1970) glei-chen Gangunterschiedes bei Doppelbrechung nichtkubi-scher ↗ Kristalle {72/87}	dto.	dto.
–	isochro-matisch gr;gr	für alle Farben gleich emp-findlich, farbtonrichtig (fot. t. t.) {54/87}	ἴσος isos + χρωμα-τικός chromatikos	gleich gefärbt
2773	isochron (gr;gr) >nlat	von gleicher Dauer (phys. t. t.) {59/72}	ἰσόχρονος isochronos aus: ἴσος isos + χρόνος chronos	gleich an Zeit, gleich alt gleich Zeit
–	Isochro-ne, die (gr;gr) >nlat	Verbindungslinie zwischen Orten, an denen ein Ereignis zur gleichen Zeit eintritt (z. B. Erdbeben) {59/64}	dto.	dto.
–	Isochro-nismus, der gr;gr	gleichzeitiges Ablaufen von Uhren {59}	ἴσος isos + χρονισμός chronismos	gleich das lange Bleiben; Zögern; Verweilen
2774	Isoga-meten, die (Pl.) (gr;gr >nlat)>nlat	Geschlechtszellen, die keine ↗ morphologischen Unter-schiede aufweisen (biol. t. t.) {68/69}	ἴσος isos + γαμέτης gametes	gleich Gatte
–	Isogamie, die gr;gr	Vereinigung von gleichge-schlechtlichen ↗ Gameten (biol. t. t.) {68/69}	ἴσος isos + γάμος gamos	gleich Hochzeit, Ehe
2775	Iso-gamme, die (gr;gr>l>it >frz)>nlat	Verbindungslinie auf Land-karten zwischen Orten glei-cher Abweichung vom Nor-malfeld der Schwerkraft {63/64}	ἴσος isos + γ, Γ (γάμμα) g, G (gamma) it. gamma frz. gamme	gleich Gamma Tonleiter dto. s. o. Gamme

2776	isogen gr>nlat	↗ genetisch identisch (↗ UTL 1271) {68/69/70}	ἰσογενής isogenes abgeleitet von: ἴσος isos + –γενής –genes	an Geburt, Geschlecht gleich gleich stammend von; hervorbringend, verursachend
2777	Isogeotherme, die (gr;gr;gr) >nlat	Verbindungslinie zwischen Orten mit gleicher Erdbodentemperatur (meteor. t. t.) {65}	ἴσος isos + γῆ ge + θερμός thermos	gleich Erde warm
2778	Isoglosse, die (gr;gr) >nlat	Abgrenzungslinie auf Sprachkarten zwischen Orten mit gleichen sprachlichen Erscheinungen (linguist. t. t.) {64/76/81}	ἴσος isos + γλῶσσα glossa	gleich Zunge, Sprache
2779	Isogon, das gr>nlat	regelmäßiges Vieleck {71}	ἰσογώνιος isogonios abgeleitet von: ἴσος isos + γωνία gonia	gleichwinklig gleich Winkel, Ecke
–	isogonal gr>nlat	winkelgetreu, gleichwinklig {71}	dto.	dto.
–	Isogonalität, die gr>nlat	Winkeltreue, bes. bei Landkarten {64/71}	dto.	dto.
–	Isogone, die gr>nlat	Linie (↗ UTL 2069), die Orte gleicher Deklination (↗ UTL 0630) o. gleichen Windes verbindet (meteor. t. t.) {65}	dto.	dto.
2780	Isohyete, die (gr;gr) >nlat	Linie (↗ UTL 2069) zwischen Orten mit gleicher Niederschlagsmenge (meteor. t. t.) {65}	ἴσος isos + ὑετός hyetos	gleich Regen
2781	Isokephalie, die (gr;gr) >nlat	gleiche Kopfhöhe aller Gestalten eines Reliefs (↗ UTL 3065) {36}	ἴσος isos + κεφαλή kephale	gleich Kopf, Haupt

2782	Isokolon, das (gr;gr) >nlat	gleichlange Satzglieder {32/76}	ἰσόκωλον isokolon		gleichlang
2783	Isokryme, die (gr;gr) >nlat	Verbindungslinie zwischen Orten mit gleichzeitiger Eisbildung o. gleicher Minimaltemperatur (meteor. t. t.) {65}	ἴσος isos + κρυμός krymos		gleich Eiskälte, Frost
2784	Isolinie, die gr;l	Verbindungslinie zwischen Punkten (↗ UTL 2903) gleicher Erscheinungen, bes. auf ↗ geographischen u. ↗ meteorologischen Karten (↗ UTL 1653a) {64/65}	ἴσος isos + l. *linea*		gleich Strich, Linie (↗ UTL 2069)
2785	isomer	1. Isomerie aufweisend (bot. t. t.) {68}; 2. das Isomere betreffend {72/73}	ἰσομερής isomeres abgeleitet von: ἴσος isos + μέρος meros		von gleichen Teilen gleich Teil
–	Isomer(e), das	1. ↗ chem. Verbindung aus gleichen ↗ Elementen {73}; 2. Gruppe von Atomkernen {72}	dto.		dto.
–	Isomerie, die gr>nlat	1. gleiche Gliederung der Blattkreise einer Blüte (bot. t. t.) {68}; 2. die Verhaltensweise der Isomeren {72/73}	dto.		dto.
–	Isomerisation, die o. Isomerisierung, die	Umwandlung einer ↗ chem. Verbindung in eine andere mit gleicher Summenformel u. Molekülgröße {73}	dto.		dto.
2786	Isometrie, die	1. gleichmäßiges Wachstum von ↗ Organen (biol. t. t.) {68/69/70}; 2. Längengleichheit, bes. bei Landkarten {64}	ἰσομετρία isometria abgeleitet von: ἴσος isos + μέτρον metron		gleiches Maß gleich Maß; Versmaß
–	isometrisch	die gleiche Längenausdehnung beibehaltend {58/64}	ἰσόμετρος isometros		gleich an Maß

2787	isometrop (gr;gr) >nlat	gleichsichtig auf beiden Augen (med. t. t.) {70}	ἰσόμετρος isometros + ὄψ, Gen. ὀπός ops, opos	gleich an Maß Auge
–	Isometropie, die (gr;gr) >nlat	gleiche Sehkraft auf beiden Augen (med. t. t.) {70}	dto.	dto.
2788	isomorph (gr;gr) >nlat	1. von gleicher Gestalt, bes. ↗ Kristalle (phys., chem. t. t.) {72/73}; 2. einen Isomorphismus enthaltend (math. t. t.) {71}; 3. die gleiche sprachliche Struktur (↗ UTL 3445) habend (linguist. t. t.) {32/76}	ἴσος isos + μορφή morphe	gleich Form, Gestalt
–	Isomorphie, die (gr;gr) >nlat	isomorpher Zustand {71/72/73}	dto.	dto.
–	Isomorphismus, der (gr;gr;gr) >nlat	1. umkehrbar eindeutige Zuordnung zwischen den Elementen (↗ UTL 0874) zweier Mengen (math. t. t.) {71}; 2. Eigenschaft ↗ chem. Stoffe, gemeinsam Mischkristalle zu bilden {72/73}	dto. + –ισμός –ismos	dto. gr. Suffix s. Partikelliste
2789	Isonomie, die	↗ politische Gleichberechtigung {33/50/81}	ἰσονομία isonomia abgeleitet von: ἴσος isos + νόμος nomos	Gleichheit der bürgerlichen Rechte gleich Brauch, Gesetz
2790	Isoombre, die (gr;gr) >nlat	Linie (↗ UTL 2069), die Orte mit gleicher Wasserverdunstung verbindet (meteor. t. t.) {65}	ἴσος isos + ὄμβρος ombros	gleich Regen
2791	Isopathie, die (gr;gr) >nlat	Behandlung mit denselben Stoffen, die im Körper durch die Krankheit gebildet werden (med. t. t.) {70}	ἴσος isos + πάθος pathos	gleich Schmerz; Leiden(schaft)

2792	isoperimetrisch (gr;gr;gr) >nlat	von gleichem Ausmaß, bes. bei Körpern u. Flächen (math. t. t.) {71}	ἴσος isos + περί peri + μέτρον metron	gleich ringsum, um ... herum; über Maß; Versmaß s. u. perimetrisch
2793	Isophane, die (gr;gr) >nlat	Verbindungslinie zwischen Orten mit gleichem Vegetationsbeginn (meteor. t. t.) {65/68}	ἴσος isos + φανός phanos	gleich hell, leuchtend
2794	Isophone, die (gr;gr) >nlat	Begrenzungslinie auf Sprachkarten zwischen Gebieten gleicher Laute {32/64/76/81}	ἴσος isos + φωνή phone	gleich Laut, Stimme, Ton
2795	Isopode, der (gr;gr) >nlat	Assel, kleines Krebstier {08/69}	ἴσος isos + πούς, Gen. ποδός pous, podos	gleich Fuß
2796	Isoquante, die gr;l	↗ graphische Darstellung des Verhältnisses der notwendigen Produktionsfaktoren {32/41}	ἴσος isos + l. *quantus*	gleich wie groß
2797	Isorhythmie, die gr;gr	mittelalterliches Kompositionsprinzip (mus. t. t.) {37/75}	ἴσος isos + ῥυθμός rhythmos	gleich gleichmäßige Bewegung, Ebenmaß; Takt
–	isorhythmisch gr;gr	1. rhythmisch sich wiederholend; 2. rhythmisch gleich in allen Stimmen (mus. t. t.) {37}	dto.	dto.
2798	Isoseiste, die (gr;gr) >nlat	Linie (↗ UTL 2069), die Orte gleicher Erdbebenstärke verbindet {62/64}	ἴσος isos + σειστός seistos	gleich geschüttelt, erschüttert
2799	Isoskop, das (gr;gr) >nlat	Bildaufnahmevorrichtung beim Fernsehen {85/87}	ἴσος isos + σκοπή skope	gleich das Umschauen, Spähen
2800	Isothere, die (gr;gr) >nlat	Verbindunslinie zwischen Orten mit gleich starker Sommersonnenbestrahlung (meteor. t. t.) {65}	ἴσος isos + θερεία thereia	gleich Sommer
2801	isotherm (gr;gr) >nlat>frz	die gleiche Temperatur (↗ UTL 3546) habend {65}	ἴσος isos + θερμός thermos	gleich warm

–	Isother-me, die gr;gr	Verbindungslinie zwischen Orten mit gleicher Lufttemperatur (meteor. t. t.) {65}	ἴσος isos + θέρμη therme	gleich Wärme
–	Isother-mie, die gr;gr	1. Stabilität (⌐ UTL 3417) der normalen (⌐ UTL 2374) Körpertemperatur (med. t. t.) {70}; 2. konstante (⌐ UTL 1836) Lufttemperatur (meteor. t. t.) {65}	dto.	dto.
2802	Isoton, das (gr;gr) >nlat	Atomkerne mit gleicher Neutronen- (⌐ UTL 2352), aber unterschiedlicher Protonenzahl (phys. t. t.) {72}	ἴσος isos + τόνος tonos	gleich Spannung, Band, Ton
–	isoto-nisch (gr;gr) >nlat	den gleichen ⌐ osmotischen Druck habend (chem. t. t.) {73}	dto.	dto.
2803	isotop (gr;gr) >nlat	bei gleicher Kernladungszahl u. ⌐ chem. Eigenschaften verschiedene Masse (⌐ UTL 2158b) besitzend {72/73}	ἴσος isos + τόπος topos	gleich Ort, Stelle, Gegend
–	Isotop, das (gr;gr) >engl	Atomkern, der sich von einem anderen nur durch die Zahl seiner Neutronen (⌐ UTL 2352) unterscheidet (1913 vom engl. ⌐ Chemiker Charles F. Soddy geprägt) {72/73}	dto.	dto.
2804	Isotopen-diagno-stik, die gr;gr;gr	Verwendung von radioaktiven (⌐ UTL 2964) Isotopen zu medizinisch – diagnostischen Zwecken (med. t. t.) {70}	dto. + διαγνωσ-τικός diagnostikos	dto. zum Unterscheiden gehörig; geschickt s. o. Diagnostik
2805	Isotopen-therapie, die gr;gr;gr	Verwendung von radioaktiven (⌐ UTL 2964) Isotopen zu Heilungszwecken (med. t. t.) {70/72}	ἴσος isos + τόπος topos + θεραπεία therapeia	gleich Ort, Stelle, Gegend Dienst, Behandlung s. u. Therapie
2806	Isotopie, die gr;gr	1. isotoper Zustand {72/73}; 2. Einheitlichkeit von Rede u. Realitätsebene (linguist. t. t.) {32/76}	ἴσος isos + τόπος topos	gleich Ort, Stelle, Gegend
2807	isotrop	nach allen Richtungen gleiche ⌐ physikalische Eigenschaften habend (phys. t. t.) {54/72}	ἰσότροπος isotropos	von gleichem Charakter

–	Isotropie, die	Richtungsunabhängigkeit der ↗ phys. u. ↗ chem. Eigenschaften {72/73}	dto.	dto.
>>>	–ist ↗ Partikelliste			
2808	Isthmien, die (Pl.) gr>l	antike (↗ UTL 0214) ↗ panhellinistische Spiele auf dem Isthmus von Korinth (s. Anhang „Namen") {75/85}	῎Ισθμια Isthmia (Pl.)	Isthmische Spiele
–	Isthmus, der gr>l	1. Landenge {64}; 2. (Pl.) = Isthmen: schmale Verbindung (anat. t. t.) {70}	ἰσθμός isthmos	schmaler Zugang; Landenge
>>>	Itazismus, der = ↗ Jotazismus			
2809	Ithyphallicus, der gr>l	dreifüßiger ↗ trochäischer Kurzvers der Antike (↗ UTL 0214) {32/76}	ἰθύφαλλος ithyphallos	aufgerichtetes männliches Glied (des Priapos – s. Anhang „Namen")
–	ithyphallisch	mit aufgerecktem männlichem Glied als Sinnbild der Fruchtbarkeit {18/36}	ἰθυφαλλικός ithyphallikos	mit aufgerichtetem Glied
>>>	–itis ↗ Partikelliste			
2810	ixothym (gr;gr) >nlat	schwerfällig; zäh u. beharrlich (psych. t. t.) {70/84}	ἰξός ixos + θυμός thymos	das Festhaltende Lebenskraft; Mut; Leidenschaft
–	Ixothymie, die (gr;gr) >nlat	schwerfälliges, beharrliches Temperament (psych. t. t.) {70/84}	dto.	dto.

J

2811	**Jalou-sette**, die gr>l>vulgl >afrz>frz; frz	frz. Verkleinerungsform zu Jalousie; Fenstervorhang aus Lamellen (↗ UTL 1995) {44}	ζῆλος zelos l. *zelus* vulgl. *zelosus** afrz. *gelosia* frz. *jalousie* + frz. *-ette*	Eifer; Neid; Eifersucht Eifersucht dto. Eifersucht dto.; netzartiges Gitter frz. Suffix für Diminutiv
–	**Jalousie**, die gr>l>vulgl >afrz>frz	Rolladen, durch den man von innen nach außen sehen kann, aber nicht umgekehrt (daher die gedankliche Verbindung der beiden Bedeutungen) {44}	ζῆλος zelos l. *zelus* vulgl. *zelosus** afrz. *gelosia* frz. *jalousie*	Eifer; Neid; Eifersucht Eifersucht dto. Eifersucht dto.; netzartiges Gitter
2812	**Jamb-elegus**, der gr>l	antikes (↗ UTL 0214) Versmaß, das aus einem Jambus u. einem ↗ Hemiepes besteht {34/76}	ἰαμβέλεγος iambelegos	aus elegischem u. iambischem Versfuß gemischtes Metrum
2813	**Jamben**, die (Pl.)	Plural (↗ UTL 2697) von Jambus {34/76}	ἴαμβος iambos	der Jambus
–	**Jambiker**, der	Dichter, der vorwiegend in Jamben schreibt {34/40/76}	ἰαμβικός iambikos	iambisch
–	**jambisch** gr>l	den Jambus betreffend, nach Art des Jambus (sprachwiss. t. t.) {34/76}	dto.	dto.
2814	**Jambograph**, der	Vertreter der Jambendichtung {34/76}	ἰαμβ(ει)ο-γράφος iamb(ei)o-graphos	Jambenschreiber; Verfasser eines Schmähgedichts
2815	**Jambus**, der gr>l	Versfuß aus einer unbetonten (kurzen) u. einer folgenden betonten (langen) ↗ Silbe (sprachwiss. t. t.) {34/76}	ἴαμβος iambos	der Jambus

2816	Jaspis, der hebr>gr>l >mhd	rotbraun–grauer Halbedelstein {20}	hebr. *iaschepheh* ἴασπις iaspis l. *iaspis* mhd. *jaspis*	Jaspis dto. dto. dto.	
>>>	Jatrochemie, die = ↗ Iatrochemie				
2817	Jazzgymnastik, die am;gr	tänzerische Turnübungen zu Jazzmusik {37/61}	am. *Jazz* + γυμναστική gymnastike	eine bestimmte Musikrichtung Turnkunst s. o. Gymnastik	
2817a	Jerome gr>frz	frz. männlicher Vorname {31}	ἱερώνυμος hieronymos	mit heiligem Namen	
>>>	Jod(o)– ↗ Wortelementeliste				
2818	Jod, das gr>frz	Bezeichnung für die veilchenfarbenen Dämpfe, die beim Erhitzen dieser ↗ kristallinen Substanz (↗ UTL 3466) entstehen; chem. Zeichen: J (von dem frz. ↗ Physiker u. ↗ Chemiker L. J. Gay-Lussac 1812 geprägte Bezeichnung) {73}	ἰοειδής o. ἰώδης ioeides o. iodes frz. *iode*	veilchenfarben Jod	
–	Jodat, das gr>frz	Salz der Jodsäure {73}	dto.	dto.	
–	Jodid, das	Salz der Jodwasserstoffsäure {73}	dto.	dto.	
–	jodieren	1. Jod zusetzen {73}; 2. mit Jod bestreichen (med. t. t.) {70}	dto.	dto.	
–	Jodismus, der	nach längerem Gebrauch von Jod auftretende Vergiftung (med. t. t.) {14/70}	dto.	dto.	
–	Jodit, das	ein Mineral (↗ UTL 2238); Jodsilber {02/67}	dto.	dto.	
>>>	Jodo– ↗ Wortelementeliste				
2819	Jodoform, das gr;(gr);l	Kunstwort aus Jod u. ↗ Chloroform; früher zur Desinfektion (↗ UTL 0690) verwendetes Mittel (med. t. t.) {70/73}	dto. (+ χλωρός chloros) + nlat. *acidum formicicum*	dto. (gelblichgrün) Ameisensäure	

2821	**Johannes** hebr>gr	männlicher Vorname {31}	Ἰωάννης Iohannes	Johannes
–	**Johannis**, das hebr>gr	Johannistag (24. Juni) nach Johannes dem Täufer {51/59}	dto.	dto.
2822	**Johannisbeere**, die hebr>gr;d	kleine säuerliche Traubenbeere, die um den Johannistag reift {05/17}	dto. + d. *Beere*	dto.
2823	**Johannisbrot**, das hebr>gr;d	getrocknete Schotenfrucht des Johannisbrotbaumes, von deren Mark sich Johannes der Täufer sich in der Wüste ernährt haben soll (Marcus 1,6) {04/68/77}	dto. + d. *Brot*	dto.
2824	**Johannistrieb**, der hebr>gr;d	1. der zweite Trieb vieler Holzgewächse {68}; 2. erneutes sexuelles (↗ UTL 3303) Bedürfnis bei älteren Männern (ugs.) {15/18}	dto. + d. *Trieb*	dto.
2825	**Johanniter**, der hebr>gr	Angehöriger des Johanniterordens {33/51/77}	dto.	dto.
2826	**Johanniterkreuz**, das hebr>gr;l	achtspitziges weißes Ordens-Kreuz der Johanniter {51/77}	dto. + l. *crux*	dto. Kreuz
2827	**Johanniterorden**, der hebr>gr;l	um 1100 in Jerusalem gegründeter geistlicher Ritterorden {51/75/77}	dto. + l. *ordo*	dto. Ordnung; Rang, Stellung; Reihenfolge (↗ UTL 2448)
2828	**Jolanthe** (gr;gr)>byz	weiblicher Vorname {31}	Ἰολάνθη Iolanthe aus: ἴον ion + ἄνθος anthos	Veilchenblume Veilchen Blume
>>>	jonisch = ↗ ionisch			
2829	**Jonny** hebr>gr	männlicher Vorname; Koseform oder Abkürzung von ↗ Johannes {31}	Ἰωάννης Iohannes	Johannes
2829a	**Jörg**	männlicher Vorname; Abkürzung von ↗ Georg {31}	γεωργός georgos	Bauer

2830	Jot, das semit>gr>l	der 10. Buchstabe des deutschen ↗ Alphabeths {32}	semit. *yôd* ἰῶτα iota l. *iota*	J, j dto. dto.	
–	Jota, das semit>gr>l	1. neunter Buchstabe des gr. ↗ Alphabeths {32/76}; 2. Teil, bißchen (ugs.) {56}	semit. *yôd* I, ι (ἰῶτα) I, i (iota)	J, j Jota dto.	
–	Jotazismus, der (semit>gr>l;gr)>nlat	Aussprache des gr. H, η (eta) als langes i {32/76}	dto. + –ισμός –ismos	dto. gr. Suffix s. Partikelliste	
2831	Judaika, die (Pl.) hebr>gr>l>nlat	Bücher über das Judentum {34/51/77/81}	ἰουδαικός ioudaikos l. *judaicus*	jüdisch dto.	
–	judaisieren hebr>gr>l>nlat	jüdisch machen {51/77}	ἰουδαίζειν ioudaizein	für die Juden Partei ergreifen	
–	Judaismus, der gr>nlat	jüdische Religion (↗ UTL 3066) nach den Lehren des Talmud {51/77/81}	Ἰουδαισμός Iudaismos l. *Judaismus*	das Judentum dto.	
–	Judaistik, die gr>nlat	Wissenschaft von der jüdischen Geschichte u. Kultur (↗ UTL 1947) {81}	dto.	dto.	
–	judaistisch gr>nlat	die Judaistik betreffend {81}	dto.	dto.	
2832	Jürgen	männlicher Vorname {31}	γεωργός georgos	Bauer	
2833	Jujube, die gr>l>frz	1.Gattung der Kreuzdorngewächse, Judendorn {04/68}; 2. Frucht derselben {68}	ζίζυφον ziziphon l. *zizyphus / zizyphum* frz. *jujube*	Brustbeerenbaum, Brustbeere dto. dto.	

K

2834	Kabarett, das gr>l>mniederl>frz	1. zeit- u. sozialkritische Kleinkunst(bühne) {33/35/74/85}; 2. drehbare, mit kleinen Fächern versehene Speiseplatte {44}	καμάρα kamara l. *camera* mniederl. *cambret* o. *cabret* frz. *cabaret*	Gewölbe, gewölbte Decke, Zimmer dto. Kämmerchen Kleinkunstbühne; Schenke; Satz Gläser mit Flasche
–	Kabarettist, der gr>l>mniederl>frz;gr	Kabarettkünstler {35/40/74/85}	dto. + –ιστής –istes	dto. gr. Suffix s. Partikelliste
2835	Kachektiker, der gr>l	ein hinfälliger Kranker (med. t. t.) {14/70}	καχεκτικός kachektikos	von schlechtem (körperlichem) Zustand
–	kachektisch	an ↗ Kachexie leidend, hinfällig (med. t. t.) {14/70}	dto.	dto.
2836	Kachel, die gr>l>vulgl>ahd>mhd	glasierte, meist quadratische (↗ UTL 2918) Tonplatte {44/88}	κάκ(κ)αβος bzw. κακ(κ)άβη kak(k)abos u. kak(k)abe l. *cac(c)abus* u. *cac(c)abulus* vulgl. **cac(c)alus* o. **cac(c)ulus* ahd. *kahhala* o. *chachala* mhd. *kachel(e)*	dreibeiniger Tiegel Kochtopf kleiner Kochtopf dto. Topf, Gefäß der Öllampe irdenes Gefäß, Geschirr

468

2837	Kachexie, die	völliger Kräfteverfall, schlechter Zustand (med. t. t.) {14/70}	καχεξία kachexia	schlechter (Gesundheits-) Zustand
2838	kadmieren gr>l>nlat	mit einer Schicht Kadmium überziehen {41/73}	καδμ(ε)ία kadm(e)ia	Zink(erz), Galmei
–	Kadmium, das gr>l	silberweißes ⚹ Metall, chem. Grundstoff; Zeichen: Cd (chem. t. t.) {73}	dto.	dto.
2839	kairophob gr;gr	Situationsangst empfindend (med., psych. t. t.) {14/26/70}	καιρός kairos + φόβος phobos	günstiger Zeitpunkt, Gelegenheit Angst, Furcht
–	Kairophobie, die gr;gr	Situationsangst (med., psych. t. t.) {14/26/70}	dto.	dto.
2840	Kairos, der	entscheidender Augenblick (philos., rel. t. t.) {25/59/77}	καιρός kairos	günstiger Zeitpunkt, Gelegenheit
2840a	Kaiser, der bzw. Kaiserin, die l>gr>got >ahd>mhd	(Ober)Herrscher (ältestes lateinisches Lehnwort im Germanischen) {50/75}	l. *(Gaius Iulius) Caesar* Καῖσαρ Kaisar got. *kaisar* ahd. *keisur* mhd. *keiser*	Cäsar gr. Umschrift für l. Caesar (s. Anhang „Namen") Herrscher höchster Monarchentitel dto.
>>>	Kako– ⚹ Wortelementeliste			
2841	Kakogeusie, die (gr;gr) >nlat	übler Geschmack im Mund (med. t. t.) {23/70}	κακός kakos + γεῦσις geusis	schlecht, häßlich Geschmack
2842	Kakophonie, die	1. Mißklang, Dissonanz (⚹ UTL 0784) (mus. t. t.) {37}; 2. schlecht klingende Folge von Lauten (sprachwiss. t. t.) {32/76}	κακοφωνία kakophonia	üble Stimme, Mißklang
–	Kakophoniker, der	ein Komponist (⚹ UTL 1770), der häufig die Kakophonie anwendet {37/40}	κακόφωνος kakophonos	mit unangenehmer Stimme, mißtönend

469

–	kakopho-nisch	mißtönend, wie eine Kakophonie {32/37/76}	dto.	dto.
2843	Kakosmie, die	das Empfinden eines nicht vorhandenen üblen Geruchs (med. t. t.) {23/70}	κακοσμία kakosmia	schlechter Geruch
2844	Kakostomie, die (gr;gr) >nlat	übler Mundgeruch (med. t. t.) {14/55/70}	κακός kakos + στόμα stoma	schlecht, häßlich Mund
2845	Kaktazeen, die (Pl.) gr>l>nlat	Kaktusgewächse (bot. t. t.) {04/68}	κάκτος kaktos	stachelige Pflanze
–	Kaktus, der o. Kaktee, die gr>l	Wüstenpflanze mit säulen- o. kreisförmigem Stamm u. Blattdornen {04/68}	dto.	dto.
2846	Kalathos, der	1. antiker (↗ UTL 0214) kelchartiger Weidenkorb {44/75}; 2. weiblicher Kopfschmuck {20}; 3. Kernstück des ↗ korinthischen Kapitells (↗ UTL 1627) (kunsthist. t. t.) {75/88}	κάλαθος kalathos	geflochtener Handkorb; ein Teil des korinthischen Säulenkapitells
2847	Kaleidoskop, das (gr;gr;gr) >nlat>engl	1. Guckkasten mit bunten Glasstückchen, die sich beim Bewegen zu immer neuen Muster ordnen {36/85/87}; 2. lebendig-bunte Bilderfolge {26/36}	καλός kalos + εἶδος eidos + σκοπός skopos engl. kaleidoscope	schön, gut Aussehen, Gestalt jmd., der genau hinschaut; Aufseher; Späher
–	kaleidoskopisch gr;gr;gr	1. das Kaleidoskop betreffend {36/85/87}; 2. in bunter Folge {56}	dto.	dto.
2848	Kaliber, das gr>arab >mlat>it >frz	1. innerer Durchmesser von Rohren u. Bohrungen {40/58/72}; 2. äußerer Durchmesser eines Geschosses {82}; 3. (ugs.) Art, Sorte, Schlag {55/56/57}	καλοπόδιον kalopodion arab. qalib mlat. calibrum it. calibro frz. calibre	Holzfüßchen; Schusterleisten dto. Halseisen Meßgerät für Kanonenkugeln Durchmesser der Geschützmündung o. des Geschosses

–	Kalibration, die gr>arab >mlat>it >frz	1. Messung des Kalibers {40/56/72}; 2. das Eichen von Meßinstrumenten {40/72}; 3. Ausrichten von Werkstücken auf ein genaues Maß {40/41/56}	dto.	dto.
–	kalibrieren gr>arab >mlat>it >frz	1. das Kaliber messen; 2. eichen, auf ein genaues Maß bringen {40/56}	dto.	dto.
2849	Kaliumzyanid, das nlat;gr	= ↗ Zyankali {70/73}	nlat. *Kalium* + κύανος kyanos	Alkalimetall dunkelblauer Stahl, Lasurstein; Kornblume; blaue Farbe s. u. Zyanid
2850	Kalligraph, der	Schönschreiber {32/40}	καλλιγράφος kalligraphos	schön schreibend, malend
–	Kalligraphie, die	Schönschreibkunst {32/40}	καλλιγραφία kalligraphia	das Schönschreiben, Malen
–	kalligraphisch	die ↗ Kalligraphie betreffend {32/40}	καλλιγράφος kalligraphos	schön schreibend, malend
2851	Kalmar, der gr>l>mlat >frz	zehnarmiger Tintenfisch {08/69}	κάλαμος kalamos l. *calamarius* mlat. *calamaris* u. *calamare* frz. *calmar*	Schilf-, Schreibrohr; Rohrflöte das Schreibrohr betreffend Tintenfisch dto.
2852	Kalme, die gr>spätl>it >frz	völlige Windstille (meteor. t. t.) {65}	καῦμα kauma spätl. *cauma* it. *calma* frz. *calme*	Sommerhitze Hitze Windstille (Wind)Stille
2853	Kalmengürtel, der gr>spätl>it >frz;d	Gebiet mit häufigen Windstillen (meteor. t. t.) {64/65}	dto. + d. *Gürtel*	dto.
2854	Kalmenzone, die gr>spätl>it >frz;gr	Gebiet völliger Windstille in der Nähe des Äquators (↗ UTL 0249) (meteor. t. t.) {64/65}	dto. + ζώνη zone	dto. Gurt, Gürtel; Zone s. u. Zone

2855	kalmie-ren gr>spätl>it >frz	beruhigen, besänftigen {26/33}	καῦμα kauma spätl. *cauma* it. *calmare* frz. *calmer*	Sommerhitze Hitze beruhigen dto.
2856	Kalmus, der gr>l>mhd	ein Aaronstabgewächs; schilfartige Pflanze {04/68}	κάλαμος kalamos mhd. *kalmuß*	Schilf-, Schreibrohr; Rohrflöte schilfähnliche Pflanze
2857	Kalobiotik, die gr;gr	die Kunst, ein der menschlichen Natur (↗ UTL 2343) entsprechendes ↗ harmonisches Leben zu führen {15/77}	καλός kalos + βιωτική (τέχνη) biotike (techne)	schön, gut (die Kunst des) Lebens
2858	Kaloikagathoi, die (Pl.)	Angehörige der Oberschicht im antiken (↗ UTL 0214) Griechenland {33/75}	καλός κἀγαθός kalos kagathos	„ein Schöner u. Guter"; gebildet; perfekter Gentleman
–	Kalokagathie, die	körperliche u. geistige Vollkommenheit als altgr. Bildungsideal {75/77}	καλο-κἀγαθία kalokagathia	„die Schöngutheit"; vollkommene Bildung
2859	Kalorimeter, das l;gr	Gerät zum Messen von Wärmemengen (phys. t. t.) {41/72}	l. *calor* + μέτρον metron	Wärme Maß; Versmaß
–	Kalorimetrie, die l;gr	Lehre von der Messung von Wärmemengen (phys. t. t.) {72}	dto.	dto.
–	kalorimetrisch l;gr	die ↗ Kalorimetrie betreffend {41/72}	dto.	dto.
2860	Kalumet, das gr>l>spätl>afrz>frz>norman	Friedenspfeife der Indianer {17/33}	κάλαμος kalamos l. *calamus* spätl. *calamellus* afrz. *chalemel* frz. *chalumeau* norman. *calumet*	Schilf-, Schreibrohr; Rohrflöte Stab, Halm, Rohr Röhrchen Rohr, Röhre dto. Friedenspfeife

2861	**Kamel**, das hebr>gr >byz>l >mhd	einhöckriges o. zweihöckriges Säugetier, in Wüstengebieten beheimatet {06/69}	hebr. *gamal* κάμηλος *kamelos* byz. *kamil* l. *camelus* mhd. *kemel, kemmel, kembel, kamel*	Höckertier Kamel dto. dto. dto. dto.
2862	**Kamarilla**, die gr>l>span	einen unkontrollierten Einfluß ausübende Hofpartei; Clique in unmittelbarer Umgebung eines Herrschers {33/47/50}	καμάρα *kamara* l. *camera* span. *camarilla*	Gewölbe, gewölbte Decke, Zimmer dto. königlicher geheimer Staatsrat
2863	**Kamera**, die gr>l>nlat >engl	1. Aufnahmegerät für Filme u. TV–Übertragungen; 2. ↗ Fotoapparat {46/87}	dto. nlat. *camera obscura* engl. *camera*	dto. dunkle Kammer ↗ Photoapparat
2864	**Kamerad**, der gr>l>span >it>frz	Genosse, Gefährte {33/86}	dto. span. *camarada* it. *camerata* frz. *camerade*	dto. Stubengenossenschaft; Genosse, Gefährte dto. dto.
–	**Kameraderie**, die gr>l>it>frz	überbetonte Kameradschaft, Cliquengeist {33/86}	dto. frz. *cameraderie*	dto. dto.
2865	**Kameralien**, die (Pl.) gr>l>mlat >nlat	Staatswissenschaft; Volkswirtschaftslehre {42/50/80}	καμάρα *kamara* l. *camera* mlat. *cameralius* nlat. *cameralia*	Gewölbe, gewölbte Decke, Zimmer dto. Kämmerer Staatswissenschaft
–	**Kameralismus**, der (gr;gr)>l >nlat	Lehre von der ertragreichsten Gestaltungen der Staatseinkünfte (hist. t. t.) {50/75/80}	dto. + –ισμός –ismos	dto. gr. Suffix s. Partikelliste
–	**Kameralist**, der (gr;gr)>l >nlat	(hist. t. t.) 1. Fachmann für Kameralistik {50/75/80}; 2. Beamter einer fürstlichen Kammer {40/47/50/75}	dto. + –ιστής –istes	dto. gr. Suffix s. Partikelliste

Kameralistik

–	**Kameralistik,** die (gr;gr)>l >nlat	1. Finanzwissenschaft (veraltet) {75/80}; 2. auf den Nachweis von Einnahmen und Ausgaben gerichtete Rechnungsführung {42/80}	dto.	dto.
–	**kameralistisch** (gr;gr)>l >nlat	staatswirtschaftlich, staatswissenschaftlich {42/50/80}	dto.	dto.

>>> **Kameralwissenschaft,** die = ↗ **Kameralismus**

2866	**Kamille,** die gr>l>mlat >ahd>mhd	Korbblütler, Heilpflanze (nach ihrem apfelartigen Duft benannt) {04/68}	χαμαίμηλον chamaimelon aus:	„Erdapfel"; Kamille
			χαμαί chamai	am Boden
			+ μῆλον melon	Apfel
			l. *chamaemelon*	dto.
			mlat. *camomilla*	dto.
			ahd. *kamilla*	dto.
			mhd. *gamille* u. *kamille*	dto.
2867	**Kamin,** der gr>l>ahd >mhd	1. offene Feuerstelle mit Rauchabzug in Wohnräumen; 2. Schornstein {44}; 3. schmaler, steiler Felsspalt {55/62/85}	κάμινος kaminos	Schmelz- o. Brennofen
			l. *caminus*	dto.; Feuerstätte, Esse, Zimmerheizung
			ahd. *kemin*	dto.
			mhd. *kemi(n)* u. *kamin*	dto.
–	**kaminieren** gr>l>ahd >mhd	sich im ↗ Kamin (3), im Felsüberhang hocharbeiten {29/62/85}	dto.	dto.
2868	**Kammer,** die gr>l>ahd >mhd	1. Schlafgemach {16/44}; 2. Vorratsraum {44/58}; 3. öffentliche Kasse (↗ UTL 1662a), Schatzkammer {42/43/50}	καμάρα kamara	Gewölbe, gewölbte Decke, Zimmer
			l. *camera*	dto.
			ahd. *chamara*	Schlafgemach; Schatz-, Vorratskammer; Kasse
			mhd. *kamer(e)*	fürstliche Wohnung; Gerichtsstube

2869	Kämmerer, der gr>l>mlat >ahd>mhd	1. fürstlicher Aufseher für Finanzen im Mittelalter (hist. t. t.) {42/47/50/75}; 2. Leiter der Finanzverwaltung einer Stadt oder Gemeinde {40/42/49}	καμάρα kamara l. *camera* mlat. *cameralius* ahd. *chamarari* mhd. *kameraere* u. *kamerer*	Gewölbe, gewölbte Decke, Zimmer dto. Kämmerer Aufseher über die fürstliche Vorrats– u. Schatzkammer dto.
2870	Kanal, der sumer >babyl>gr >l>it	1. künstlich angelegte Wasserstraße {45}; 2. unterirdischer Abwassergraben {44/58/88}; 3. röhrenförmiger Durchgang (med. t. t.) {70}; 4. bestimmter Frequenzbereich eines Senders (techn. t. t.) {46/87}	sumer. *gin* babyl. *qanu* κάννα kanna l. *canna* u.*canalis* it. *canale*	Rohr dto. Rohr(geflecht) kleines Rohr, Schilf, Röhre; Röhre, Rinne; (Wasser)kanal Leitungsröhre, Kanal
–	Kanalisation, die sumer >babyl>gr >l>it	1. unterirdisches Abwasserrohrleitungssystem (bzw. dessen Bau) {40/44/58/88}; 2. Ausbau von Flüssen zu schiffbaren Kanälen {45}	dto.	dto.
–	kanalisieren sumer >babyl>gr >l>it	1. eine Örtlichkeit mit einer Kanalisation (1) versehen {40/44/58/88}; 2. einen Fluß schiffbar machen {45}; 3. etw. gezielt in eine bestimmte Richtung leiten (von ⤴ politischen Bewegungen) {28/50/33}		
2871	Kanapee, das gr>l>mlat >frz	1. Sofa {44}; 2. garniertes Weißbrothäppchen {17}	κωνωπεῖον konopeion l. *conopeum* mlat. *canapeum* frz. *canapé*	mit Mückennetzen geschütztes ägypt. Bett; Mückennetz dto. dto. langes Sofa; belegte Weißbrotscheibe

>>> Kanaster, der = ⤴ Knaster

2872	Kaneel, der sumer >babyl>gr >l>mlat >frz>mhd	qualitativ hochwertige Zimtsorte; nach der Form (↗ UTL 1132) der Zimtstange benannt {05/17}	κάννα kanna l. *canna* mlat. *canella* frz. *cannelle* mhd. *kanel*	Rohr(geflecht) s. o. Kanal kleines Rohr, Schilf, Röhre Röhrchen Zimt dto.
2873	Kanephore, die gr>l	Jungfrau, die bei Festen Opfergeräte in einem Korb auf dem Kopf herbeitrug {33/51/75}	κανηφόρος kanephoros	Korbträger(in)
2874	Kanister, der sumer >babyl>gr >l>it>engl	tragbarer Behälter für Flüssigkeiten {44/45}	κάναστρον u. κάνιστρον kanastron u. kanistron abgeleitet von: κάννα kanna l. *canistrum* it. *canestro* engl. *canister*	aus Rohr geflochtener Korb Rohr(geflecht) s. o. Kanal dto. (metallenes) Gefäß dto.
2875	Kanne, die sumer >babyl>gr >l>ahd >mhd	(bauchiges) Gefäß {44}	κάννα kanna l. *canna* ahd. *channa* u. *kanna* mhd. *kanne*	Rohr(geflecht) s. o. Kanal kleines Rohr, Schilf, Röhre krugartiges Gefäß dto.
2876	kannelieren sumer >babyl>gr >l>frz	eine Säule mit senkrechten Rillen versehen {88}	κάννα kanna l. *canna* frz. *canneler*	Rohr(geflecht) s. o. Kanal kleines Rohr, Schilf, Röhre mit Rillen versehen
–	Kannelierung, die sumer >babyl>gr >l>frz	1. das Kannelieren von Säulen {88}; 2. Furchenbildung auf der Oberfläche von Kalksteinen (geol. t. t.) {62}	dto.	dto.

–	Kannelüre, die sumer >babyl>gr >l>mlat >frz	senkrechte Rille am Säulenschaft {88}	dto. mlat. *canella* frz. *cannelure*	dto. Röhrchen Rille
2877	Kanon, der sumer >babyl>gr >l>kirchenl>ahd	1. Regel, Maßstab, Richtschnur {25/77/78}; 2. Sammlung der als inspiriert (↗ UTL 1441) u. maßstäblich geltenden ↗ biblischen Bücher (theol. t. t.); 3. Verzeichnis der Heiligen der ↗ katholischen ↗ Kirche; 4. ↗ kirchlicher Rechtssatz {51/77}; 5. Rundgesang (mus. t. t.) {37}	κανών kanon l. *canon* kirchenl. *canon* ahd. *canon*	Richtschnur, Meßstab dto. dto.; Glaubensregel; Disziplinargesetz dto.
2878	Kanonade, die sumer >babyl>gr >l>it>frz	anhaltendes Geschützfeuer {59/86}	κάννα kanna l. *canna* it. *cannonata* frz. *cannonade*	Rohr(geflecht) s. o. Kanal kleines Rohr, Schilf, Röhre Kanonenschuß Trommelfeuer
–	Kanone, die sumer >babyl>gr >l>it>frz	1. Geschütz {86}; 2. (ugs.) Könner, fähiger Mensch {22/33}; 3. „unter aller Kanone": fälschlich abgeleitet von Kanone; richtige Ableitung von Kanon (1): unterhalb des zulässigen Niveaus (↗ UTL 2359) {56/78}	dto. it. *canna* u. *cannone* frz. *canon*	Rohr großes Rohr großes Geschütz
2879	Kanonenboot, das sumer >babyl>gr >l>it>frz;d	mit Geschützen bewaffnetes kleines Kriegsschiff {45/86}	dto. + d. *Boot*	dto.
2880	Kanonenfutter, das sumer >babyl>gr >l>it>frz;d	Truppen, die sinnlos geopfert werden {86}	dto. + d. *Futter*	dto.
>>>	Kanones, die (Pl.) = Plural (↗ UTL 2697) von ↗ Kanon			

2881	Kanonier, der sumer>babyl>gr >l>it>frz	Soldat, der ein Geschütz bedient {86}	dto. frz. *canonier*	dto. Artillerist
–	kanonieren sumer>babyl>gr >l>it>frz	mit Kanonen (be)schießen (veraltet) {86}	dto. frz. *cannoner*	dto. mit Kanonen kämpfen
2882	Kanonik, die gr>l	1. ↗ Logik bei Epikur (s. Anhang „Namen") (philos. t. t.) {75/77}; 2. das ↗ mathematische Verhältnis der ↗ Töne zueinander (mus. t. t.) {37/56/71}	1. κανονικός kanonikos 2. κανονική (τέχνη) kanonike (techne)	nach der Regel gemacht (Lehre von den) Maßen in der Musik
–	Kanonikat, das gr>l>nlat	Würde eines Kanonikus {33/51/77}	dto.	dto.
–	Kanoniker o. –kus, der gr>l>kirchenl	Mitglied eines ↗ Kapitels, Chorherr {33/51/77}	dto. kirchenl. *canonicus*	dto. Domherr
2883	Kanonisation, die	1. Aufnahme in den Kanon; 2. Heiligsprechung {51/77}	κανονίζειν kanonizein	nach der Regel machen
2884	Kanonisationskongregation, die gr;l	Kurienkongregation für die Seligsprechungsprozesse {51/77}	dto. + l. *congregatio*	dto. Gesellichkeit; Zusammenstellung, Vereinigung (↗ UTL 1800)
2885	kanonisch gr>l	1. als Richtschnur dienend {25/77/78}; 2. einem ↗ Kanon entsprechend {37}	κανονικός kanonikos l. *canonicus*	nach der Regel gemacht regelmäßig
2886	kanonisieren gr>mlat >mhd	in den Kanon aufnehmen, heiligsprechen {51/77}	κανονίζειν kanonizein mlat. *canonicare* mhd. *canonizieren*	nach der Regel machen kanonisieren dto.

2887	Kanonisse o. -sin, die gr>l>mlat	Stiftsdame {33/51/77}		dto. mlat. *canonissa*	dto. Stiftsdame
2888	Kanonist, der gr>l>nlat	Lehrer des kanonischen Rechts {40/51/77/82}		κανονιστής kanonistes	einer, der eine Regel aufstellt
—	Kanonistik, die gr>l>nlat	Lehre vom kanonischen Recht {51/77/82}		dto.	dto.
2889	Kanontafeln, die (Pl.) gr;l	1. Tafeln in Evangelienbüchern des Mittelalters; 2. auf dem Altar (↗ UTL 0155) aufgestellte Tafeln mit Texten (↗ UTL 3576) der Messe (↗ UTL 2219) (rel. t. t.) {32/51/77}		κανών kanon + l. *tabula*	Richtschnur, Meßstab Brett, Tafel, Register, Verzeichnis (↗ UTL 3523)
2890	Känozoikum, das (gr;gr)>nlat	jüngstes Zeitalter der Erdgeschichte, das vor 60 Millionen (↗ UTL 2237) Jahren begann (geol. t. t.) {59/62}		καινός kainos + ζωϊκός zoïkos	neu die Lebewesen betreffend
2891	Kante, die gr>l>afrz >mniederl >mnd	Rand, Ecke {58}		κανθός kanthos l. *cant(h)us* afrz. *c(h)ant* mniederl. *cant(e)* mnd. *kant(e)*	Augenwinkel; eiserner Radreifen eiserner Reif ums Rad, Radschiene; Radfelge; Augenwinkel Ecke (Kreis, Rand) dto. dto.
2892	Kantharide, der gr>l	Weichkäfer (z. B. spanische Fliege) {08/69}		κανθαρίς kantharis	eine Käferart
2893	Kantharos, der gr>l	altgr. weitbauchiger, doppelhenkliger Becher {44/75}		κάνθαρος kantharos	Becher

2894	Kanton, der gr>l>it>frz	1. Bundesland der Schweiz; 2. Bezirk, Kreis in Frankreich u. Belgien {48}; 3. Wehrverwaltungsbezirk in Preußen (hist. t. t.) {48/75/86}	κανθός kanthos l. *canthus*	Augenwinkel; eiserner Radreifen eiserner Reif ums Rad, Radschiene; Radfelge; Augenwinkel
			it. *cantone*	Bezirk
			frz. *canton*	Ecke, Winkel; Bezirk, Landstrich
–	Kantonist, der	1. ausgehobener Rekrut {86}; 2. (ugs.) „unsicherer Kantonist": unzuverlässiger Zeitgenosse {33}	dto.	dto.
2895	Kantonsystem, das gr;gr	Rekrutierungssystem eines Heeres (mil. t. t.) {86}	dto. + σύστημα systema	dto. ein aus mehreren Teilen zusammengesetztes Ganzes s. u. System
2896	Kanüle, die sumer >babyl>gr >l>spätl >frz	1. Hohlnadel in einer Injektionsspritze {70}; 2. Röhrchen zum Einführen o. Ableiten von Luft o. Flüssigkeiten {41/72}	sumer. *gin* babyl. *qanu* κάννα kanna l. *canna* spätl. *cannula* frz. *canule*	Rohr dto. Rohr(geflecht) kleines Rohr, Schilf, Röhre kleines (Schilf)- Rohr Röhrchen
2897	kanzerogen l;gr	krebserregend, –erzeugend (med. t. t.) {14/70}	l. *cancer* + –γενής –genes	Gitter; Krebs; Krebskrankheit stammend von; hervorbringend, verursachend
2898	Kanzerologe, der l;gr	Facharzt für Krebserkrankungen (= ↗ Karzinologe – med. t. t.) {14/40/70}	l. *cancer* + λόγος logos	Krebs Rede, Wort; Berechnung
–	Kanzerologie, die l;gr	Lehre von der Erkennung u. Behandlung bösartiger Tumoren (↗ UTL 3689) (med. t. t.) {14/70}	dto.	dto.
2899	Kanzerophobie, die l;gr	Furcht vor einer Krebserkrankung (med., psych. t. t.) {14/25/26/70}	l. *cancer* + φόβος phobos	Krebs Angst, Furcht

2900	Kaper, die gr>l>it>frz	in Essig eingelegte Blütenknospe des Kapernstrauches als Gewürz {17}	κάππαρις kapparis l. *capparis* it. *cappero* frz. *câpre*	Kapernstrauch; Frucht des Kapernstrauches dto. dto. Kaper
2901	Kappa, das	zehnter Buchstabe des gr. ↗ Alphabets {32}	κ, Κ (κάππα) k, K (kappa)	Kappa
2902	karamel gr>l>mlat >span/port >frz	bräunlichgelb {55}	κάλαμος kalamos l. *calamus* spätl. *calamellus* mlat. *cannamella* gemischt mit: span/port. *caramelo* frz. *caramel*	Schilf–, Schreibrohr; Rohrflöte Stab, Halm, Rohr Röhrchen Zuckerrohr geschmolzener Zucker; Zuckerbonbon dto.
–	Karamel, der gr>l>mlat >span/port >frz	gebrannter Zucker {17}	dto.	dto.
2903	Karamelbonbon, der / das gr>l>mlat >span/port >frz;l>frz	aus Karamel u. Milch o. Sahne hergestellte Süßigkeit {17}	dto. + l. *bonus* frz. *bon*	dto. gut, schön, tüchtig; gesund, nützlich (↗ UTL 0417)
2904	karamelieren gr>l>mlat >span/port >frz	zu Karamel werden {17}	dto.	dto.
–	karamelisieren gr>l>mlat >span/port >frz	1. Zucker durch Erhitzen bräunen; 2. Speisen mit Karamel überziehen {17}	dto.	dto.
>>>	Karamelle, die = ↗ Karamelbonbon			

				κεράτιον keration	Hörnchen; Same des Johannisbrotbaums (früher zum Goldwiegen benutzt); kleines Gewicht
2905	Ka**ra**t, das gr>arab >mlat>it >frz	1. getrocknete Samen des Johannisbrotbaumes {17}; 2. Gewichtsmaß für Edelsteine; 3. Maß der Feinheit einer Goldlegierung {20/56}		arab. *qirat*	kleines Gewicht
				mlat. *carratus*	dto.
				it. *carato*	Maß für Edelstein u. Gold
				frz. *carat*	dto.
2906	Kara**vel**le, die gr>l>port >frz	1. mittelalterliches Segelschiff {45/75}; 2. frz. Flugzeugtyp {45}		κάραβος karabos	Krabbe, Krebs; Schiffsart
				l. *carabus*	Krebs; kleiner Kahn aus Flechtwerk
				port. *caravela*	geflochtener Kahn
				frz. *caravelle*	großes Schiff

>>> Kard–, –kard ⚹ Wortelementeliste

2907	Karda**mom**, der/das gr>l	aus den Samen afrikanischer Ingwergewächse gewonnenes Gewürz {17}	καρδάμωμον kardamomon	eine Art Kresse mit bitterem Kraut
2908	Kar**deel**, das gr>l>afrz >niederl	Strang eines starken Taus o. Trosse in der Seemannssprache {45}	χορδή chorde	Darm, Darmsaite
			l. *chorda*	dto.
			afrz. *cordel*	kleine Saite
			niederl. *kardeel*	dto.

>>> Kardi(o)– ⚹ Wortelementeliste

2909	Kar**di**a, die	1. Herz; 2. Magenmund (med. t. t.) {11/70}	καρδία kardia	Herz
2910	Kar**di**akum, das gr>mlat	herzstärkendes Arzneimittel (med. t. t.) {70}	καρδιακός kardiakos	das Herz betreffend
2911	kar**di**al gr>mlat	das Herz betreffend (med. t. t.) {70}	καρδία kardia	Herz
			mlat. *cardialis*	das Herz betreffend
2912	Kardial**gie**, die	1. Schmerzen im Bereich des Herzens; 2.= ⚹ Kardiospasmus (med. t. t.) {14/70}	καρδιαλγία kardialgia	Herzschmerzen

>>> Kardio– ⚹ Wortelementeliste

2913	Kardiogramm, das (gr;gr) >nlat	1. = ↗ Elektrokardiogramm; 2. ↗ graphische Darstellung der Herzbewegungen (med. t. t.) {70}	καρδία kardia + γράμμα gramma	Herz Buchstabe, Schrift(werk)
–	Kardiograph, der gr;gr	1. = ↗ Elektrokardiograph; 2. Gerät zur Aufzeichnung von Kardiogrammen (med. t. t.) {70}	καρδία kardia + γραφεύς grapheus	Herz Schreiber, Maler
2914	Kardiologe, der gr;gr	Facharzt auf dem Gebiet der Kardiologie (med. t. t.) {40/70}	καρδία kardia + λόγος logos	Herz Rede, Wort; Berechnung
–	Kardiologie, die gr;gr	Lehre vom Herzen u. seinen Krankheiten (med. t. t.) {70}	dto.	dto.
–	kardiologisch gr;gr	die Kardiologie betreffend, auf das Herz bezogen {11/70}	dto. + λογικός logikos	dto. zum Reden gehörig, die Rede betreffend
2915	Kardiopathie, die gr;gr	Herzerkrankung (med. t. t.) {14/70}	καρδία kardia + πάθος pathos	Herz Schmerz; Leiden(schaft)
2916	Kardiospasmus, der gr;gr	Krampf des Mageneingangs (med. t. t.) {14/70}	καρδία kardia + σπασμός spasmos	Herz Zuckung, Krampf
2917	Kardiotokograph, der gr;gr;gr	Gerät zum Registrieren kindlicher Herztöne u. Wehen während der Geburt (med. t. t.) {70}	καρδία kardia + τόκος tokos + γραφεύς grapheus	Herz das Gebären Schreiber, Maler
2918	kardiovaskulär gr;l>nlat	Herz u. Gefäße betreffend (med. t. t.) {70}	καρδία kardia + l. vasculum	Herz kleines Gefäß
2919	Karditis, die gr;gr	Herzentzündung (med. t. t.) {14/70}	καρδία kardia + –ῖτις –itis	Herz gr. Suffix s. Partikelliste

2920	Karfiol, der (gr>l>it;l >it)>it	Blumenkohl (süddt., österr.) {05/17}	καυλός kaulis l. *caulis* it. *cavolo* + l. *flos* Gen. *floris* it. *fiore* it. *cavolfiore*	Stengel, Stiel, Schaft Stengel, Strunk, Kohl (↗ UTL 1712) Kohl Blume dto. Kohlblume
2921	Karkasse, die gr>it>frz	1. Unterbau (eines Gummireifens) {45}; 2. Rumpf von Geflügel (gastron. t. t.) {17}	καρχήσιον karchesion it. *carcassa* frz. *carcasse*	Mastkorb (Tier-)Gerippe dto.
2922	Karotin, das gr>l>nlat	pflanzlicher Farbstoff als Vorstufe des Vitamins (↗ UTL 3838) (chem. t. t.) {17/73}	καρωτόν karoton l. *carota*	Karotte dto.
2923	Karotinoid, das (gr;gr)>l >nlat	in ↗ organischen Fetten vorkommender gelbroter Farbstoff (chem. t. t.) {73}	dto. + –(ε)ιδής –(e)ides	dto. ähnlich aussehend s. Partikelliste
2924	Karotis, die o. Karotide, die	Hals–, Kopfschlagader (med. t. t.) {11/70}	καρωτίδες (Pl.) karotides (Pl.)	Hauptschlagadern
2925	Karotte, die gr>l>frz >niederl	früh reifende, gelbe bis rote, kurze Mohrrübe {05/17}	καρωτόν karoton l. *carota* frz. *carotte* niederl. *karote*	Karotte dto. dto. dto.

\>>> –karp(ie), Karpo– ↗ Wortelementeliste

2926	Karpolith, der gr;gr	Versteinerung von Früchten u. Samen {62/68}	καρπός karpos + λίθος lithos	Frucht Stein
2927	Karpologie, die gr;gr	Lehre von den Pflanzenfrüchten (bot. t. t.) {68}	καρπός karpos + λόγος logos	Frucht Rede, Wort; Berechnung
2927a	Karsten	(Nebenform von Christian) männlicher Vorname {31}	Χριστιανός Christianos	zur christlichen Lehre gehörig

2928	Kartät- sche, die (ägypt?)>gr >l>it>frz >engl	mit Bleikugeln gefülltes Ar- tilleriegeschoß (hist. t. t.) {75/86}	χάρτης chartes l. *charta* it. *cartoccio* u. *cartuccia* frz. *cartouche* engl. *cartridge*	Papierblatt aus Papyrus; Buch, Schriftwerk Papyrusblatt; Brief gerolltes Papier; Tüte für Schieß- pulver Patrone Papphülse für Pulver; Kartusche Patrone; Geschoß- hülse
–	kartät- schen (ägypt?)>gr >l>it>frz >engl	mit Kartätschen schießen (hist. t. t.) {75/86}	dto.	dto.
2929	Karte, die (ägypt?)>gr >l>it>frz >mhd	1. kleines, meist quadrati- sches (↗ UTL 2918) Stück steifes ↗ Papier {85}; 2. Land- karte {64}	χάρτης chartes l. *charta* it. *carta* frz. *carte* mhd. *karte*	Papierblatt aus Papyrus; Buch, Schriftwerk Papyrusblatt; Brief Papier, (Spiel)- Karte dto. dto.
–	Kartei, die (ägypt?)>gr >l>it>frz >mhd	Zettelkasten {32/40/58}	dto.	dto.
2930	Kartell, das (ägypt?)>gr >l>it>frz	1. Zusammenschluß von Wirt- schaftsunternehmen (wirtsch. t. t.) {42/80}; 2. Freundschafts- bund zwischen Studentenver- bindungen {33/78}	dto. it. *cartello* frz. *cartel*	dto. Absprache Vereinbarung
2931	kartieren (ägypt?)>gr >l>frz	1. ein vermessenes Gebiet auf einer Karte darstellen (geogr. t. t.) {64}; 2. in eine Kartei ein- ordnen {29/32/40}	dto.	dto.
>>>	Karto- ↗ Wortelementeliste			

2932	Kartogramm, das (ägypt?)>gr >l>frz;gr	Darstellung statistischer (↗ UTL 3423) Daten (↗ UTL 0584) auf Landkarten (geogr. t. t.) {64}	dto. + γράμμα gramma	dto. Buchstabe, Schrift(werk)
–	Kartograph, der (ägypt?)>gr >l>frz;gr	Zeichner einer Landkarte {40/64}	dto. + γραφεύς grapheus	dto. Schreiber, Maler
–	Kartographie, die (ägypt?)>gr >l>frz;gr	Lehre von der Herstellung von Land- u. Seekarten {64}	dto. + γραφή graphe	dto. Schrift; Zeichnung
–	kartographieren (ägypt?)>gr >l>frz;gr	auf Karten aufnehmen {64}	dto. + γράφειν graphein	dto. einritzen, schreiben, malen
–	kartographisch (ägypt?)>gr >l>frz;gr	die Kartographie betreffend {64}	dto. + γραφικός graphikos	dto. im Malen geschickt; malerisch; zum Malen o. Schreiben gehörig
2933	Kartomantie, die (ägypt?)>gr >l>frz;gr	die Kunst des Kartenlegens {51}	χάρτης chartes + μαντική (τέχνη) mantike (techne)	Papierblatt aus Papyrus; Buch, Schriftwerk (Kunst des) Wahrsagens
2934	Kartometrie, die (ägypt?)>gr >l>frz;gr	das Übertragen ↗ geometrischer Größen auf Karten {64}	χάρτης chartes + μέτρον metron	Papierblatt aus Papyrus; Buch, Schriftwerk Maß, Versmaß
–	kartometrisch (ägypt?)>gr >l>frz;gr	die Kartometrie betreffend {64}	dto.	dto.

2935	Karton, der (ägypt?)>gr >l>it>frz	1. (leichte) Pappe, Steifpapier {40/44}; 2. Schachtel aus leichter Pappe {40/44/58}; 3. Vorzeichnung zu einem Wandgemälde {36}; 4. Ersatzblatt in einem Buch {32/56}	χάρτης chartes l. *charta* it. *cartone* frz. *carton*	Papierblatt aus Papyrus; Buch, Schriftwerk Papyrusblatt; Brief Pappe; Pappschachtel dto.
–	Kartonage, die (ägypt?)>gr >l>it>frz	1. Pappverpackung {40/42/44}; 2. Bucheinband in starkem Karton {32/40}	dto. frz. *cartonage*	dto. Pappeinband
–	kartonieren (ägypt?)>gr >l>it>frz	ein Buch in Pappe steif heften, einbinden {32/40}	dto. frz. *cartonner*	dto. in Pappe einbinden
–	kartoniert (ägypt?)>gr >l>frz;gr	in Karton geheftet {32/40}	dto.	dto.
2936	Kartothek, die (ägypt?)>gr >l>frz;gr>l	Zettelkasten, Kartei {32/40}	dto. + θήκη theke	dto. Behältnis, Kasten
2937	Kartusche, die (ägypt?)>gr >l>it>frz	1. schildartiges Ornament (↗ UTL 2452) mit Rahmen aus Voluten (↗ UTL 3860 N) (kunstwiss. t. t.) {36/88}; 2. Metallhülse für Pulver {86}; 3. ovale (↗ UTL 2461) Umfassung für ↗ Hieroglyphen {32/75/76}	χάρτης chartes l. *charta* it. *cartoccio* u. *cartuccia* frz. *cartouche*	Papierblatt aus Papyrus; Buch, Schriftwerk Papyrusblatt; Brief gerolltes Papier; Tüte für Schießpulver Patrone Kartusche
2938	Karyatide, die gr>l	weibliche Statue (↗ UTL 3424), die als Säule das Gebälk eines Bauwerks trägt (archit. t. t.) {88}	Καρυάτιδες (Pl.) Karyatides	weibliche Trägerfiguren
>>>	Karyo– ↗ Wortelementeliste			
2939	Karyogamie, die (gr;gr) >nlat	Verschmelzung von zwei Zellkernen (biol. t. t.) {68/69}	κάρυον karyon + γάμος gamos	Nuß, Kern Hochzeit, Ehe

2940	Karyo- logie, die gr;gr	Wissenschaft vom Zellkern (biol. t. t.) {68/69}	κάρυον karyon + λόγος logos	Nuß, Kern Rede, Wort; Berechnung
2941	Karyo- lyse, die gr;gr	1. scheinbares Verschwinden des Zellkerns bei der Zellteilung; 2. Kernauflösung nach dem Zelltod (biol. t. t.) {68/69}	κάρυον karyon + λύσις lysis	Nuß, Kern (Auf)lösung
>>>	Karzino- ↗ Wortelementeliste			
2942	karzino- gen (gr;gr) >nlat	= ↗ kanzerogen: krebserregend {14/70}	καρκίνος karkinos + –γενής –genes	Krebs stammend von; hervorbringend, verursachend
–	Karzino- gen, das (gr;gr) >nlat	Strahlung o. Stoff mit krebserzeugender Wirkung (med. t. t.) {70}	dto.	dto.
2943	Karzi- noid, das	1. Schleimhautgeschwulst im Magen–Darm–Bereich; 2. langsam wachsender Hautkrebs (med. t. t.) {14/70}	καρκινο- ειδής karkinoeides	krebsartig
2944	Karzino- loge, der gr;gr	Spezialist für Krebskrankheiten (med. t. t.) {14/40/70}	καρκίνος karkinos + λόγος logos	Krebs Rede, Wort; Berechnung
–	Karzino- logie, die gr;gr	1. Wissenschaft von den Krebserkrankungen (med. t. t.) {14/70}; 2. Lehre von den Krebsen (zool. t. t.) {69}	dto.	dto.
–	karzino- logisch gr;gr	die Karzinologie betreffend (med. t. t.) {14/70}	dto. + λογικός logikos	dto. zum Reden gehörig, die Rede betreffend
2945	Karzi- nom, das gr>l	Krebsgeschwulst (med. t. t.) {14/70}	καρκίνωμα karkinoma	Krebsgeschwür
2946	karzino- matös gr>l>nlat;l	von Krebs befallen (med. t. t.) {14/70}	dto. + l. –osus	dto. l. Suffix: reich an, voll von
2947	Karzino- phobie, die gr;gr	krankhafte Angst, an Krebs zu erkranken {14/26/70}	καρκίνος karkinos + φόβος phobos	Krebs Angst, Furcht

2948	Karzinose, die gr>nlat	Bildung von ↗ Metastasen am ganzen Körper (med. t. t.) {14/70}	καρκίνωσις karkinosis	Bildung einer Krebsgeschwulst
2949	Kasematte, die gr>it>frz	1. schußsicherer Raum in Festungen (mil. t. t.) {58/86}; 2. gepanzerter Geschützraum auf Kriegsschiffen {45/58/86}	χάσματα chasmata Pl. zu: χάσμα chasma it. *casamatta* frz. *casemate*	Klüfte, Spalten Kluft, Spalt; Rachen Wall-, Festungsgewölbe dto.; Bunker
–	kasematt**ie**ren gr>it>frz	etwas mit Kasematten ausrüsten {45/58/86}	dto.	dto.
2950	Kassandra, die	1. Mensch, der pessimistisch (↗ UTL 2619) vor der Zukunft warnt {24/26/51}; 2. weibl. Vorname {31}	Κασσάνδρα Kassandra	Kassandra (s. Anhang „Namen")
–	Kassandraruf, der gr;d	unheilvolle Warnung {24/26/51}	dto. + d. *Ruf*	dto.
2951	Kassiopeia, die gr>l	Name eines Sternbildes {66}	Κασσιόπη Kassiope	Kassiopeia (s. Anhang „Namen")
2952	Kastanie, die gr>lahd	1. Laubbaumart {04/68}; 2. die Frucht dieses Laubbaums {17/68}	κάστανα kastana o. καστανέα kastanea l. *castanea* ahd. *kastanie*	Kastanie
–	Kastagnette, die gr>l>span	span. Rythmusinstrument, bei dem zwei miteinander verbundene Hartholzschälchen mit den Fingern gegeneinander geschlagen werden (benannt nach der Ähnlichkeit mit einer Kastanie) {37}	dto. span. *castaña* u. *castañeta*	dto. dto. kleine Kastanie
2952a	Kastalische Quelle, die gr;d	Sinnbild für dichterische Begeisterung {26/34/76}	Κασταλία Kastalia + d. *Quelle*	Kastalia (s. Anhang „Namen")
2953	Kastanie, die gr>l>spät >mhd	1. Laubbaumart {04/68}; 2. Frucht der Edel- o. Roßkastanie {17}	καστανέα kastanea l. *castanea* spätmhd. *kastanie*	Kastanie dto. dto.

2953a	Kastor, der gr>l	1. weiches, langhaariges, aus hochwertiger Wolle gewebtes Tuch (benannt nach der Ähnlichkeit zwischen weicher Wolle u. dem Biberfell) {19}; 2. Behälter für den Transport (↗ UTL 3646) von stark radioaktivem (↗ UTL 2964) Material (↗ UTL 2163) {58/72}; 3. – und Pollux: zwei einander nahestehende jüngere Männer {33}	κάστωρ kastor l. *castor* bzw. (3.) Κάστορ Kastor + Πολυδεύκης Polydeukes	Biber dto. Castor (s. Anhang „Namen") Pollux (s. Anhang „Namen")
2954	Kastoröl, das (gr>l;gr) >engl	Rizinusöl; benannt nach dem stark duftenden Sekret (↗ UTL 3257) des Bibers {17/70}	dto. + ἔλαιον elaion engl. *castor oil*	dto. Oliven–, (Baum)-Öl s. u. Öl Rizinusöl
>>> >>>	Kat, der = Kurzform von ↗ Katalysator o. ↗ Katalysatorauto Kat(a)– ↗ Partikelliste			
2955	katabatisch	absteigend (von Winden – meteor. t. t.) {65}	καταβατικός katabatikos	zum Hinabsteigen geeignet
2956 –	katabol gr>nlat Katabolie, die gr>nlat o. Katabolismus, der (gr;gr) >nlat	die ↗ Katabolie betreffend (biol. t. t., med. t. t.) {69/70} Abbau der Stoffe im Körper durch Stoffwechsel {69/70}	καταβολή katabole dto. bzw. + –ισμός –ismos	das Niederlegen dto. gr. Suffix s. Partikelliste
2957	Katachrese, die o. Katachresis, die	Vermengung von nicht zusammenpassenden ↗ Metaphern (rhet. t. t..) {32/76}	κατάχρησις katachresis	Mißbrauch, übermäßiger Gebrauch
–	katachrestisch	wie eine Katachrese {32/76}	καταχρηστικός katachrestikos	mißbraucht

2958	Katafalk, der (gr>l;l) >vulgl>it >frz	(↗ Etymologie unsicher): schwarz verhängtes Gestell für den Sarg während der Trauerfeierlichkeiten {15/51}	κατάστασις katastasis l. catasta + l. fala vulgl. catafalicum* it. catafalco frz. catafalque	das Aufstellen; Zustand, Lage Schaugerüst hohes Gerüst, hölzerner Turm Gerüst, erhöhte Plattform Sarggerüst dto.
2959	Katakaustik, die gr>nlat	Brennfläche, die durch Lichtstrahlen auf einem Hohlspiegel entsteht (opt. t. t.) {72/87}	κατάκαυσις katakausis	das Verbrennen
–	katakaustisch gr>nlat	einbrennend (opt. t. t.) {72/87}	dto.	dto.
2960	Kataklysmus, der gr>l	erdgeschichtliche Katastrophe (geol. t. t.) {59/62}	κατακλυσμός kataklysmos	Überschwemmung; Vernichtung
–	kataklystisch	den ↗ Kataklysmus betreffend {59/62}	dto.	dto.
2961	Katakombe, die gr>spätl >kirchenl >it	(↗ Etymologie unsicher): unterirdische Anlage zur Beisetzung von Toten (in frühchristlicher Zeit) {15/51/58/88}	κατὰ κύμβας kata kymbas abgeleitet von: κατά kata + κύμβη kymbe o. κατὰ τύμβας kata tymbas aus: κατά kata + τύμβος tymbos spätl. catacumbae (Pl.) kirchenl. catacumba it. catacomba	bei den Niederungen

von ... herab, nieder; gegen, gemäß Gefäß, Höhlung bei den Gräbern

von ... herab, nieder; gegen, gemäß Grab(hügel) Grabgewölbe

dto. dto. |
| 2962 | Katakustik, die gr>nlat | Lehre vom ↗ Echo {72} | κατακουστής katakoustes | der Hörer |

2963	Katalekten, die (Pl.)	Bruchstücke alter Werke {34/57/75/76}	καταληκτικός katalektikos		aufhörend
–	katalektisch gr>l	mit einem unvollständigen Versfuß endend {34/76}	dto.		dto.
2964	Katalepsie, die gr>l	Starrkrampf der ↗ Muskeln (med. t. t.) {12/14/70}	κατάληψις katalepsis		das Fassen, Ergreifen; Krankheitsanfall
–	kataleptisch gr>l	von Muskelstarre befallen (med. t. t.) {12/14/70}	καταληπτικός kataleptikos		zum Erfassen geschickt
2965	Katalexe o. –xis, die gr>l	Unvollständigkeit des letzten Versfußes (metr. t. t.) {34/76}	κατάληξις katalexis		das Aufhören; Versschluß
2966	Katalog, der gr>l	Verzeichnis von Büchern o. Gegenständen {32/34/57}	κατάλογος katalogos		Aufzählung, Liste, Verzeichnis
–	katalogisieren gr>l>nlat	in einem Katalog zusammenfassen, in einen Katalog aufnehmen {32/34/57}	καταλογίζεσθαι katalogizesthai		aufzählen
2967	Katalysator, der gr>nlat	1. Stoff, der einen chem. Vorgang beeinflußt, selbst aber unverändert bleibt (chem. t. t.) {73}; 2. Vorrichtung in Autos, die das Abgas von umweltschädlichen Stoffen reinigt {45/73}	κατάλυσις katalysis		Auflösung
–	Katalysatorauto, das gr;gr	mit einem Katalysator ausgestattetes Fahrzeug {45/73}	dto. + αὐτός autos		dto. selbst s. o. Automobil
2968	Katalyse, die gr>l>engl	Beeinflußung einer chem. Reaktion (↗ UTL 2990) durch einen Katalysator (Ausdruck 1836 von dem engl. Chemiker Berzelius eingeführt – chem. t. t.) {73}	κατάλυσις katalysis		Auflösung
–	katalysieren gr>nlat	eine chem. Reaktion (↗ UTL 2990) durch einen Katalysator beeinflußen {73}	dto.		dto.
–	katalytisch gr>nlat	mit Hilfe einer Katalyse o. eines Katalysators {73}	καταλυτικός katalytikos		zum Auflösen geeignet

2969	Katamenien, die (Pl.)	= Menstruation (↗ UTL 2206) {11/70}	καταμήνια (Pl.) katamenia abgeleitet von: καταμήνιος katamenios	Monatsblutung monatlich
2970	Katamnese, die (gr;gr) >nlat	abschließender Krankenbericht des ↗ Arztes über einen Patienten (↗ UTL 2546) (med. t. t.) {32/70}	κατά kata + μνῆσις mnesis	von ... herab, nieder; gegen, gemäß das Erinnern
2971	kataphorisch	vorausweisend (rhet. t. t.) {76}	καταφορικός kataphorikos	herabfahrend; heftig
2972	Kataphrakt, der gr>l	gepanzerter Reiter auf gepanzertem Pferd in den Reiterheeren der Spätantike (↗ UTL 0214) {75/86}	κατάφρακτος kataphraktos	gepanzert
2973	kataplektisch	vor Schreck gelähmt (med. t. t.) {26/70}	καταπληκτικός kataplektikos	niederschlagend, erschütternd
–	Kataplexie, die	plötzliche Lähmung der ↗ Muskeln infolge Erschreckens (med. t. t.) {12/70}	κατάπληξις kataplexis	Niedergeschlagenheit, Bestürzung
2974	Katapult, das / der gr>l	1. Wurf-, Schleudermaschine im Altertum {75/86}; 2. gabelförmige Gummiband–, Steinschleuder {86}; 3. Startschleuder für Flugzeuge {45/86}	καταπέλτης katapeltes l. catapulta	Wurfmaschine Wurfmaschine, –geschoß; Katapult
–	Katapultflugzeug, das gr>l;d	für den Katapultstart geeignetes Flugzeug {45}	dto. + d. Flugzeug	dto.
–	katapultieren gr>l>nlat	mit einem Katapult wegschleudern {29/61}	dto.	dto.
2975	Katarakt(a), 1. der 2. die gr>l	1. Stromschnelle, Wasserfall {64}; 2. Augenlinsentrübung, grauer Star (med. t. t.) {14/70}	καταρράκτης katarrhaktes	der Herabstürzende; Wasserfall, –strudel

>>> –katarrh ↗ Wortelementeliste

2976	**Katarrh**, der gr>l	Schleimhautentzündung mit Flüssigkeitsabsonderungen (med. t. t.) {14/70}	κατάρροος katarrhoos	(vom Kopf) herabfließend (aus dem Hirn abfließender Schleim als Krankheitsursache)
–	**katarrhalisch** gr>l>nlat	zum ↗ Katarrh gehörig {14/70}	dto.	dto.
2977	**Katastase** o. **Katastasis**, die	Anhalten der Handlung vor der ↗ Katastrophe im antiken (↗ UTL 0214) ↗ Drama {35/74/75}	κατάστασις katastasis	das Hinstellen; Anhalten
2978	**Katasterismus**, der gr>nlat	Glaube, daß Lebewesen nach dem Tode in Sterne o. Sternbilder verwandelt werden können {51/77}	καταστερισμός katasterismos	das unter die Sterne Versetzen
2979	**katastrophal** gr>l>nlat	verhängnisvoll, wie eine Katastrophe {25/26/56}	καταστροφή katastrophe	das Umwenden, Zerstören; Wendung, Wendepunkt (der Handlung)
–	**Katastrophe**, die gr>l	1. verheerendes Unglück {25/26/45/56}; 2. die entscheidende Wendung der Handung zum Schlimmen im antiken (↗ UTL 0214) ↗ Drama {35/74/75}	dto.	dto.
–	**Katastrophenmedizin**, die gr>l;l	Einsatz von Ärzten u. Geräten im Falle einer Katastrophe {25/26/45/70}	dto. + l. *medicina*	dto. Heilkunst; Arznei, Heilmittel (↗ UTL 2190)
–	**katastrophisch** gr>l	unheilvoll, verhängnisvoll {25/26/45/56}	dto.	dto.
2980	**Katasyllogismus**, der gr>nlat	Gegenbeweis (log. t. t.) {15/71/77}	κατασυλλογίζεσθαι katasyllogizesthai	eine Schlussfolgerung gegen jmd. ziehen
2981	**katathym** (gr;gr) >nlat	affektbedingt, durch Wahnvorstellungen entstanden (psych., med. t. t.) {14/23/70}	κατά kata + θυμός thymos	von ... herab, nieder; gegen, gemäß Lebenskraft, Mut, Zorn, Leidenschaft

2982	Katatonie, die	↗ Schizophrenie mit Verkrampfung der ↗ Muskulatur u. Wahnideen (med. t. t.) {14/70}	κατάτονος katatonos		heruntergespannt
–	Katatoniker, der	ein an Katatonie Leidender (med. t. t.) {14/70}	dto.		dto.
–	katatonisch	die Katatonie betreffend (med. t. t.) {14/70}	dto.		dto.
2982a	Käte	(Kurzform von Katharina) weiblicher Vorname {31}	καθαρός katharos		rein
2983	Katechese, die gr>l	Religionsunterricht, meist in Frage u. Antwort {31/51/77/78}	κατήχησις katechesis		mündlicher (Religions)Unterricht
–	Katechet, der gr>nlat	Religionslehrer {31/51/77/78}	κατηχητής katechetes		(christliches Lehrgut) unterrichtender Lehrer
–	Katechetik, die	Lehre der Katechese {31/51/77/78}	κατηχητικός katechetikos		den Unterricht betreffend
–	katechetisch	die Katechese betreffend {31/51/77/78}	dto.		dto.
>>>	Katechisation, die = ↗ Katechese				
–	katechisieren	Religionsunterricht erteilen {31/51/77/78}	κατηχίζειν katechizein		unterrichten
–	Katechismus, der gr>kirchenl	Lehrbuch für den ↗ christlichen Religionsunterricht {31/51/77/78}	κατηχισμός katechismos kirchenl. catechismus		Unterricht Lehrbuch mit den christlichen Grundlehren
–	Katechist, der gr>kirchenl	eingeborener Laienhelfer in der ↗ katholischen Mission (↗ UTL 2251a) {33/51/77}	κατηχιστής katechistes		unterrichender Lehrer
2984	Katechumenat, der	Vorbereitungsunterricht für die Taufe {31/51/77/78}	PPrP κατηχούμενος katechoumenos abgeleitet von:		einer, der (im christlichen Glauben) unterrichtet wird
			κατηχεῖν katechein		„entgegentönen"; unterrichten
–	Katechumene, der	1. Schüler des Katecheten; 2. Konfirmand (↗ UTL 1787) {31/51/77/78}	dto.		dto.

2985	kategorial gr>nlat	Kategorien betreffend {25/56/77}	κατηγορία kategoria	Vorwurf; Aussage; Kategorie
–	Kategorie, die gr>l	1. Klasse, Gattung {25/56}; 2. Aussage über einen Gegenstand (philos. t. t.) {77}	dto.	dto.

>>> kategoriell = ⟋ kategorisch, ⟋ kategorial

	kategorisch gr>spätl >nlat	1. einfach aussagend, behauptend; 2. unbedingt gültig; 3. keinen Widerspruch duldend {25/77}; 4. –er Imperativ: Postulat (⟋ UTL 2747) in der ⟋ Philosophie Immanuel Kants: „Handle so, daß die Maxime (⟋ UTL 2179) deines Willens jederzeit zugleich als Prinzip (⟋ UTL 2821) einer allgemeinen Gesetzgebung gelten könnte."	κατηγορικός kategorikos spätl. categoricus nlat. categorice (Adverb) bzw. (4.) + l. imperativus	zur Aussage gehörig dto. unbedingt befehlend, anbefohlen (⟋ UTL 1301)
–	kategorisieren gr>nlat	etwas nach Kategorien ordnen {25/56/77}	dto.	dto.
–	Kategorisierung, die gr>nlat	1. Einordnung nach Kategorien {25/56/77}; 2. Schlagwortbildung {25/32}	dto.	dto.
2986	Kater, der	⟋ volksetym. Angleichung von ⟋ Katarrh; Unwohlsein nach Ausschweifung {14/70}	κατάρροος katarrhoos	(vom Kopf) herabfließend (aus dem Hirn abfließender Schleim als Krankheitsursache)
2987	katexochen	im eigentlichen Sinne, schlechthin {25/56}	κατ' ἐξοχήν kat' exochen aus: κατά kata + ἐξοχή exoche	vorzugsweise von ... herab, nieder; gegen, gemäß das Hervorragen

>>> Kath– ⟋ Partikelliste

| 2988 | Katharer, der gr>l>mlat | Angehöriger verschiedener mittelalterlicher strenger Sekten (⟋ UTL 3260) {33/51/75/77} | καθαρός katharos | rein |

–	Katharina	weiblicher Vorname {31}	dto.	dto.
2989	katharob (gr;gr) >nlat	nicht durch Abfallprodukte verunreinigt (biol. t. t.) {68/69}	καθαρός katharos + βίος bios	rein Leben
–	Katharobie, die (gr;gr) >nlat	in sauberem Wasser lebender ↗ Organismus {68/69}	dto.	dto.
2990	Katharobiont, der gr;gr	= ↗ Katharobie {68/69}	καθαρός katharos + βιῶν, Gen. βιοῦντος bion, biountos	rein lebend
2991	Katharsis, die	1. Befreiung der Seelen der Zuschauer von negativen (↗ UTL 2347) Gefühlen als Wirkung des gr. ↗ Dramas (litwiss. t. t.) {35/74/75}; 2. seelische Reinigung durch emotionale (↗ UTL 0890) Abreaktion (psych. t. t.) {70}	κάθαρσις katharsis	Reinigung
–	kathartisch	die ↗ Katharsis betreffend {35/70/74/75}	καθαρτικός kathartikos	reinigend
2992	Katheder, das / der gr>l>mlat	1. Lehrerpult {31/44/78}; 2. Lehrstuhl {31/40/78}	καθέδρα kathedra l. cathedra mlat. cathedra	Sitz, Sessel dto.; Lehrstuhl Lehrstuhl, Bischofssitz
2993	Kathedrale, die gr>spätl >mlat	1. Hauptkirche eines ↗ (Erz-) ↗ Bischofs {51/77}; 2. Dom (↗ UTL 0811) {51/77/88}	καθέδρα kathedra spätl. cathedralis mlat. cathedralis	Sitz, Sessel den Lehrstuhl betreffend auf den Bischofsstuhl bezogen
–	Kathedral-entscheidung, die gr>spätl >mlat;d	eine Unfehlbarkeit beanspruchende Lehrentscheidung des ↗ Papstes {51/77}	dto. + d. Entscheidung	dto.

2994	Kathete, die gr>l	eine der beiden Seiten, die die Schenkel des rechten Winkels eines Dreiecks bilden (math. t. t.) {71}	κάθετος kathetos	hinuntergelassen; senkrechte Linie
2995	Katheter, das gr>l	Röhrchen zur Einführung in Körperhöhlen, bes. in die Harnblase (med. t. t.) {70}	καθετήρ katheter	etwas, das man einführt; Instrument zur Blasenleerung
–	katheterisieren o.kathetern gr>nlat	1. einen Katheter einführen; 2. mit demselben Flüssigkeit abführen (med. t. t.) {70}	καθετηρίζειν katheterizein	mit einem Katheter behandeln
2996	Kat(h)ode, die gr>engl	negative (↗ UTL 2347) ↗ Elektrode (Ausdruck 1834 geprägt von dem engl. ↗ Physiker Faraday) {72}	κάθοδος kathodos engl. cathode	der Weg hinab Elektrode mit negativem Pol
–	Kat(h)odenstrahl, der gr>engl;d	Elektronenstrahl, der von der Kathode ausgeht {72/87}	dto. + d. Strahl	dto.
–	kat(h)odisch gr>engl	die ↗ Kathode betreffend {72}	dto.	dto.
2997	Kathole, der gr>nlat	= (ugs. abwertend) ↗ Katholik {32/33/51/77}	καθολικός katholikos	das Ganze betreffend, allgemein
–	Katholik, der gr>mlat	Angehöriger der katholischen ↗ Kirche {33/51/77}	dto.	dto.
–	Katholikos, der gr>mgr	↗ Patriarch einer unabhängigen östlichen (↗ UTL 2449) Nationalkirche {33/51/77}	dto.	dto.
–	katholisch gr>kirchenl	1. zur katholischen Kirche gehörend; 2. allgemein, die Erde umfassend (von der ↗ christlichen ↗ Kirche) {51/77}	dto.	dto.
–	katholisieren gr>mlat>nlat	katholisch machen, zum Katholizismus bekehren {51/77}	dto.	dto.
–	Katholizismus, der (gr;gr) >mlat>nlat	Lehre der katholischen ↗ Kirche {51/77}	dto. + –ισμός –ismos	dto. gr. Suffix s. Partikelliste

–	Katholi-zität, die	Rechtgläubigkeit im Sinne der katholischen ↗ Kirche {51/77}		dto.	dto.
2997a	Kati bzw. Katja	(Kurzform von Katharina) weiblicher Vorname {31}	καθαρός katharos		rein
2998	Kation, das (gr;gr) >nlat	positives (↗ UTL 2736) ↗ Ion {72}	κατά kata + ἰόν ion		von ... herab, nieder; gegen, gemäß das Gehende, Wandernde s. o. Ion
2999	katogen (gr;gr) >nlat	von oben nach unten entstanden (geol. t. t.) {62}	κάτω kato + –γενής –genes		hinab stammend von; hervorbringend, verursachend
3000	kato-therm (gr;gr) >nlat	mit zunehmender Wassertiefe wärmer werdend (geogr. t. t.) {54/55/64}	κάτω kato + θερμός thermos		hinab warm
–	Kato-thermie, die (gr;gr) >nlat	Zunahme der Wassertemperatur in den Tiefenzonen {64}	κάτω kato + θέρμη therme		hinab Wärme, Hitze
3001	Kauma-zit, der gr>nlat	Braunkohlenkoks {44/73}	καῦμα kauma		Brand, Sommerhitze

>>> –kaustik ↗ Wortelementeliste

3002	Kaustik, die gr>nlat	1. Brennfläche einer Linse (↗ UTL 2071) (opt. t. t.) {72/87}; 2. = ↗ Kauterisation {70}	καυστικός kaustikos		brennend
–	Kausti-kum, das gr>l	Ätzmittel zum Verschorfen schlecht heilender Wunden (chem., med. t. t.) {70/73}		dto.	dto.
–	kaustisch gr>nlat	1. ätzend, scharf (chem. t. t.) {73}; 2. ↗ sarkastisch, spöttisch {25/26/32}		dto.	dto.
3003	Kauter, der gr>l	↗ chirurgisches Instrument (↗ UTL 1448b) zum Ausbrennen von Gewebeteilen (med. t. t.) {70}	καυτήρ kauter		der Verbrenner

–	**Kauterisation**, die gr>nlat	Gewebezerstörung durch Ätzmittel (med. t. t.) {70/73}	dto.	dto.
–	**kauterisieren**	durch Ätzmittel o. Hitze zerstören (med. t. t.) {70/73}	dto.	dto.
–	**Kauterium**, das gr>l	1. Ätzmittel (chem. t. t.) {73}; 2. Brenneisen (med. t. t.) {70}	καυτήριον kauterion	Brenneisen
3004	**Kelch**, der 1. gr>l>ahd >mhd 2. gr>l	1. Trinkgefäß {44}; 2. Blütenkelch {68}	1. κύλιξ kylix l. calix ahd. keli(c)h mhd. kelch 2. κάλυξ kalyx l. calyx	tiefe Schale, Becher, Pokal dto. kostbares Trinkgefäß mit Fuß dto. Hülle, Blütenknospe dto.
3005	**Kemenate**, die gr>l>mlat >ahd>mhd	Wohnraum einer Burg, Frauengemach (hist. t. t.) {44/47/ 58/75}	κάμινος kaminos l. caminata = PPP von: caminare mlat. caminada o. caminata ahd. keminata mhd. kamenade u. kemenata	Schmelz– o. Brennofen mit einem Kamin versehen in Form eines Kamins aufbauen, aufsetzen Raum mit Kamin, heizbares Zimmer dto. dto.
3006	**Kenem**, das gr;frz>d	kleinste Einheit auf der Ebene der Form (↗ UTL 1132) des Ausdrucks (sprachwiss. t. t.) {32/76}	κενός kenos + frz. –ème d. –em	leer Suffix zur Kennzeichnung systematischer Einheiten (linguist. t. t.)
3007	**Kenosis**, die gr>mlat	Auffassung, daß ↗ Christus bei der Menschwerdung auf die Ausübung seiner göttlichen Eigenschaften verzichtet habe (theol. t. t.) {51/77}	κένωσις kenosis	das Ausleeren

3008	Kenotaph, das gr>l	leeres Grabmal zur Erinnerung an einen Toten, der an anderer Stelle begraben ist {15/24/25}	κενοτάφιον kenotaphion	leeres Grab für einen in der Fremde Gestorbenen	
3009	Kenotiker, der	Vertreter der Lehre von der ↗ Kenosis (theol. t. t.) {51/77}	κενωτικός kenotikos	ausleerend	
>>>	Kentaur, der = ↗ Zentaur				
>>>	-kephal, Kephal(o)- ↗ Wortelementeliste				
3010	Kephalalgie, die	Kopfschmerz (med. t. t.) {14/70}	κεφαλγία kephalgia abgeleitet von: κεφαλή kephale + ἄλγος algos	Kopfschmerz Kopf, Haupt Schmerz	
3011	Kephalograph, der (gr;gr) >nlat	Gerät zur Aufzeichnung der Schädelform {70/72}	κεφαλή kephale + γραφεύς grapheus	Kopf, Haupt Schreiber, Maler	
3012	Kephalometrie, die gr;gr	Schädelmessung {70}	κεφαλή kephale + μέτρον metron	Kopf, Haupt Maß, Versmaß	
3013	Kephalopode, der gr;gr	Kopffüßer; Tintenfisch (zool. t. t.) {08/69}	κεφαλή kephale + πούς, Gen. ποδός pous, podos	Kopf, Haupt Fuß	
3014	Keralogie, die gr;gr	Bekämpfung von Haar- u. Kopfhautschäden {21/70}	κέρας keras + λόγος logos	Kopf, Haupt Rede, Wort; Berechnung	
3015	Keramik, die gr>frz	1. Fähigkeit zum Töpfern von Gegenständen aus gebranntem Ton {22/40}; 2. ein aus gebranntem Ton getöpferter Gegenstand {44}	κεραμική (τέχνη) keramike (techne) abgeleitet von: κέραμος keramos frz. céramique	(Kunst des) Töpferns Töpferton, −erde Keramik	

–	Keramiker, der	jmd., der Gegenstände aus gebranntem Ton herstellt {40/44}	dto.	dto.
–	keramisch	zur Keramik gehörend, sie betreffend {44}	dto.	dto.
3016	Keratin, das (gr;nlat) >nlat	Protein in Haut, Haar u. Nägeln, Hornsubstanz (chem., biol. t. t.) {69/70/73}	κέρας, Gen. κέρατος keras, keratos + nlat. –(z)in	Horn Suffix zur Bezeichnung chem. Stoffe
–	Keratom, das gr;gr	Horngeschwulst der Haut (med. t. t.) {14/70}	dto. + –ωμα –oma	dto. gr. Suffix s. Partikelliste
–	Keratose, die gr;gr	Verhornung, bes. der Haut (med. t. t.) {70}	dto. + –ωσις –osis	dto. gr. Suffix s. Partikelliste
3017	Kerbel, der gr>l>ahd >mhd	Doldengewächs; als Gewürz verwendet {04/17}	χαιρέφυλλον chairephyllon l. *caerefolium* ahd. *kervola* mhd. *kervel(e)*	Kerbel dto. dto. dto.
3018	Keren, die (Pl.)	Todesgöttinen {51/75}	Κήρ, Gen. Κηρός Ker, Keros	Kere (s. Anhang „Namen")
3019	Kerosin, das gr>engl	= Petroleum (↗ UTL 2622): bes. als Treibstoff für Flugzeuge u. Raketen {45/73}	κηρός keros engl. *kerosine* u. *kerosene*	Wachs Kerosin
3020	Kerygma, das	Verkündigung, bes. des ↗ Evangeliums (rel. t. t.) {51/77}	κήρυγμα kerygma	das durch den Herold Ausgerufene
–	kerygmatisch	zur Verkündigung gehörend (rel. t. t.) {51/77}	dto.	dto.
3021	Kerykeion, das	Heroldsstab {47/75}	κηρύκειον kerykeion	Heroldsstab
3022	Kerze, die gr>l>ahd >mhd	(Etymologie unsicher – vgl. ↗ UTL 1682c): Talg–, Wachslicht {44}	χάρτης chartes l. *charta* ahd. *karz* u. *kerza* mhd. *kirze* u. *kerze*	Papierblatt aus Papyrus; Buch, Schriftwerk, Papyrusblatt, Papier Talg–, Wachslicht (oft aus Birkenrinde) Zunder, Docht, Licht

3023	Ketzer, der gr>mlat >altit>mhd	Abweichler von der Lehre der ⟶ katholischen ⟶ Kirche; ⟶ Häretiker {25/51/77}	καθαρός katharos mlat. *Cathari* (Pl.)	rein manichäische (s. Anhang „Namen") Sekte (⟶ UTL 3260)
			altit. *gazari* (Pl.)	Ketzer
			mhd. *kether* u. *ketzer*	dto.
–	Ketzerei, die gr>mlat >mhd	das Abweichen von der Lehre der katholischen Kirche; ⟶ Häresie {25/51/77}	dto. mhd. *ketherie* u. *ketzerie*	dto.
–	ketzerisch gr>mlat >mhd >spätmhd	von der Lehre der ⟶ katholischen ⟶ Kirche abweichend; ⟶ häretisch {25/51/77}	dto. mhd. *ketzerlich* spätmhd. *ketzerisch*	dto.
>>>	Kilo- ⟶ Wortelementeliste			
3024	Kilo, das gr>frz	Gewichtseinheit: Kurzform von ⟶ Kilogramm {56/57}	χίλιοι chilioi	tausend
3025	Kilobit, das gr;(l;l) >engl	Einheit von 1024 Bit (EDV); Zeichen: kBit {72}	χίλιοι chilioi + l. *binarius* + l. *digitus* engl. *bit*	tausend zwei enthaltend Finger (⟶ UTL 0742) Abk. für *binary digit* (binäre Ziffer)
–	Kilobyte, das gr;(l;l) >engl	Einheit von 1024 Byte (EDV); Zeichen: kByte {72}	dto.	dto.
3026	Kilogramm, das gr;gr	= 1000 Gramm; Maßeinheit für Masse, Gewicht u. Kraft; Abk.: kg {56/57}	χίλιοι chilioi + γράμμα gramma	tausend Buchstabe, Schrift(werk); hier auch: Gewicht s. o. Gramm
3027	Kilogrammkalorie, die gr;gr;l	= (veraltet) Kilokalorie {57/72}	dto. + l. *calor*	dto. Wärme, Hitze, Glut (⟶ UTL 1601)

3028	**Kilo-graph,** der gr;gr	ein veraltetes Vervielfältigungsgerät {40/57}	χίλιοι chilioi + γραφεύς grapheus	tausend Schreiber, Maler
3029	**Kilohertz,** das gr;d	= 1000 Hertz; Maßeinheit für die Frequenz (↗ UTL 1144); Zeichen: kHz {46/56}	χίλιοι chilioi + Hertz	tausend d. ↗ Physiker (1857-1894)
3030	**Kilojoule,** das gr;engl	= 1000 ↗ Joule; Maßeinheit für ↗ Energie; Zeichen: J (phys. t. t.) {56/72}	χίλιοι chilioi + Joule	tausend engl. ↗ Physiker
3031	**Kilokalorie,** die gr;l	= 1000 Kalorien; (veraltete) Maßeinheit für Wärme; Zeichen: kcal {56/72}	χίλιοι chilioi + l. calor	tausend Wärme, Hitze, Glut (↗ UTL 1601)
3032	**Kilometer,** der gr;gr	= 1000 Meter; Zeichen: km {56}	χίλιοι chilioi + μέτρον metron	tausend Maß, Versmaß
3033	**Kilovolt,** das gr;it	= 1000 Volt; Zeichen: kV (phys. t. t.) {56/72}	χίλιοι chilioi + Volta	tausend it. ↗ Physiker (1745-1827)
3034	**Kilowatt,** das gr;engl	= 1000 Watt; Zeichen: kW (phys., techn. t. t.) {46/56/72}	χίλιοι chilioi + Watt	tausend engl. Ingenieur (↗ UTL 1382) (1736-1819)
–	**Kilowattstunde,** die gr;engl;d	Leistung an ↗ elektrischer ↗ Energie von einem Kilowatt während einer Stunde {44/72}	dto. + d. Stunde	dto.
3035	**Kinäde,** der gr>l	= ↗ Päderast: Mann mit homosexuellen Beziehungen zu Jugendlichen {18/33}	κίναιδος kinaidos	Wollüstling
3036	**Kinästhesie,** die (gr;gr) >nlat	Bewegungsgefühl, Muskelempfindung (med., zool. t. t.) {12/26/69/70}	κινεῖν kinein + αἴσθησις aisthesis	bewegen Wahrnehmung, Empfindung
–	**Kinästhetik,** die gr;gr	Lehre von den Bewegungsempfindungen (med., zool. t. t.) {12/26/69/70}	κινεῖν kinein + αἰσθητικός aisthetikos	bewegen wahrnehmend, empfindend
–	**kinästhetisch** gr;gr	bewegungsempfindlich (med., zool. t. t.) {12/26/69/70}	dto.	dto.

3037	Kinema-thek, die gr;gr	1. Sammlung von Filmen {57/85}; 2. Aufbewahrungsort für eine Filmsammlung {58/85}	κίνημα, Gen. κινήματος kinema, kinematos + θήκη theke	das Bewegte; Bewegung Behältnis, Kasten
3038	Kinema-tik, die	Teil der ↗ Mechanik; Bewegungslehre (phys. t. t.) {72}	κίνημα, Gen. κινήματος kinema, kinematos	das Bewegte; Bewegung
–	Kinema-tiker, der	Fachmann auf dem Gebiet der Kinematik (phys. t. t.) {40/72}	dto.	dto.
–	kinema-tisch	die Kinematik betreffend, sich aus der Bewegung ergebend (phys. t. t.) {72}	dto.	dto.
3039	Kinema-tograph, der (gr;gr)>frz	Apparat (↗ UTL 0230) zur Aufnahme u. Wiedergabe bewegter Bilder {85/87}	κίνημα, Gen. κινήματος kinema, kinematos + γραφεύς grapheus frz. *cinémato-graphe*	das Bewegte; Bewegung Schreiber, Maler Kinematograph
–	Kinema-togra-phie, die (gr;gr)>frz	1. das Aufnehmen u. Abspielen von bewegten Bildern (hist. t. t.) {75/85/87}; 2. Filmwissenschaft u. –technik {74/87}	dto. + γραφή graphe	dto. Schrift; Zeichnung
–	kinemato-graphisch (gr;gr)>frz	die Kinematographie betreffend {74/75/85/87}	dto. + γραφικός graphikos	dto. im Malen geschickt; malerisch; zum Malen o. Schreiben gehörig

>>> –kinese, –kinesis, –kinetisch ↗ Wortelementeliste

3040	Kinesia-trik, die gr;gr	= ↗ Kinesiotherapie: Bewegungstherapie, Heilgymnastik (med. t. t.) {12/70}	κίνησις kinesis + ἰατρική (τέχνη) iatrike (techne)	Bewegung Heilkunst

3041	Kinesik, die	Wissenschaft der nonverbalen (↗ UTL 2373) Kommunikation (↗ UTL 1749a) {32/76}	κίνησις kinesis	Bewegung
3042	Kinesiotherapie, die (gr;gr) >nlat	Bewegungstherapie, Heilgymnastik (med. t. t.) {12/70}	dto. + θεραπεία therapeia	dto. das Dienen, Pflegen s. u. Therapie
3043	Kinetik, die	1. Lehre von der Bewegung durch Kräfte (phys. t. t.) {72}; 2. Kunstform, die mit beweglichen Gegenständen u. Lichtspiegelungen Bilder erzeugt (künstl. t. t.) {36}	κινητικός kinetikos	zur Bewegung gehörig
>>>	–kinetisch ↗ Wortelementeliste			
–	kinetisch	bewegend, die Bewegung betreffend {72}	κινητικός kinetikos	zur Bewegung gehörig
3044	Kinetographie, die gr;gr	Schrift, die die tänzerischen Bewegungen mit besonderen Zeichen festhält {32/76}	κινητός kinetos + γραφή graphe	bewegt Schrift; Zeichnung
3045	Kinetophon, das gr;gr	Apparat (↗ UTL 0230) zur gleichzeitigen Wiedergabe von Bild u. ↗ Ton {85/87}	κινητός kinetos + φωνή phone	bewegt Laut, Stimme, Ton
3046	Kinetose, die gr;gr	durch Reizung des Gleichgewichtsorgans erregte Bewegungskrankheit bei Reisen (med. t. t.) {12/14/45/70}	κινητός kinetos + –ωσις –osis	bewegt gr. Suffix s. Partikelliste
3047	Kinin, das	aus Aminosäuren zusammengesetzte Substanz (↗ UTL 3466) (biol., chem. t. t.) {69/73}	κινεῖν kinein	bewegen
3048	Kino, das	Kurzwort für Kinematograph: 1. Lichtspielhaus, Filmtheater {58/85}; 2. Filmvorführung {85}	κίνημα kinema	das Bewegte; Bewegung
–	Kintopp, der / das	(ugs) = ↗ Kino {85}	dto.	dto.
3049	Kirche, die gr>spätgr >ahd>mhd	Haus Gottes; ↗ christliche Gemeinschaft {51/58/77}	κυριακόν kyriakon spätgr. κυρικόν ahd. kiricha mhd. kirche	das zum Herren gehörige Haus; Gotteshaus dto. dto. dto.

–	kirchlich gr>ahd >mhd	die Kirche betreffend {51/77}	κυριακός kyriakos ahd. kir(i)hlih mhd. kirchlich	den Herren betreffend dto. dto.
>>>	Kirke = ↗ Circe			
3050	Kirmes, die (gr>spätgr >ahd >mhd; l>mlat) >mhd	(aus Kirchmeß) 1. die zur Einweihung einer ↗ Kirche gelesene Messe (↗ UTL 2219); feierliche Einweihung einer ↗ Kirche {51/77}; 2. Jahrmarkt, Rummel {85}	κυριακόν kyriakon ahd. kiricha mhd. kirche + l. mittere kirchenl. / mlat. missa mhd. kirmesse	Gotteshaus dto. dto. schicken, senden, melden liturgische Opferfeier, Messe (↗ UTL 1686aN u. 2219) Kirchweihfest
3051	Kirsche, die gr>l>vulgl >ahd>mhd	1. Steinfruchtart {05/17}; 2. (ugs.) erzieltes Tor bei einem Fußballspiel {85}	κέρασος kerasos o. κεράσιον kerasion l. cerasus o. cerasum vulgl. ceresia* o. cerasia* ahd. chirsa o. kirsa mhd. kerse o. kirse	Kirschbaum Kirsche Kirschbaum, Kirsche Kirsche dto. dto. dto.
3051a	Kirsten	(Nebenform von Christiane) weiblicher Vorname {31}	Χριστιανός Christianos	zur christlichen Lehre gehörig
3052	Kiste, die gr>l>ahd >mhd	größerer rechteckiger Behälter, meist aus Holz {44/59}	κίστη kiste l. cista ahd. kista mhd. kiste	Kiste, Kasten dto. dto. dto.
3053	Kithara, die gr>l	altgr. Zupfinstrument (s. a. Gitarre u. Zither – mus. t. t.) {37/75}	κιθάρα kithara	Leier
–	Kitharistik, die	Lehre des Kitharaspiels (mus. t. t.) {37/75}	κιθαριστική (τέχνη) kitharistike (techne)	(Kunst des) Leierspielens

3054	Kitharöde, der	Kitharaspieler u. –sänger (mus. t. t.) {37/40/75}	κιθαρῳδός kitharodos	jemand, der auf der Leier spielt u. dazu singt
–	Kitharodie, die	Kitharaspiel als Gesangsbegleitung (mus. t. t.) {37/75}	κιθαρῳδία kitharodia	das Spielen auf der Leier
3054a	Klaus	(Kurzform von Nikolaus) männlicher Vorname {31}	Νικόλαος Nikolaos	Nikolaos: „der Völkerbesieger" (s. Anhang „Namen")
3055	Klaustrophilie, die l;gr	1. Vorliebe für den Aufenthalt in geschlossenen Räumen {14/58/70}; 2.Hang zur Einsamkeit (psych. t. t.) {70}	l. *claustrum* + φιλία philia	Schloß, Verschluß Liebe, Freundschaft
3056	klaustrophob l;gr	an der Angst vor geschlossenen Räumen leidend (psych. t. t.) {14/70}	l. *claustrum* + φόβος phobos	Schloß, Verschluß Angst, Furcht
–	Klaustrophobie, die l;gr	krankhafte Angst vor Aufenthalt in (kleinen) geschlossenen Räumen (psych. t. t.) {14/26/70}	dto.	dto.
3057	Klavichord, das (l>mlat;gr >l)>mlat	Tasteninstrument, Vorläufer des Klaviers {37}	l. *clavis* mlat. *clavis* + χορδή chorde mlat. *clavic(h)ordium*	Schlüssel, Riegel Taste (↗ UTL 1691) Darm, Darmsaite s. o. Chorda Klavichord
3058	Klavizimbel, das (l>mlat;gr >l)>mlat>it	= ↗ Cembalo {37}	l. *clavis* mlat. *clavis* + κύμβαλον kymbalon	Schlüssel, Riegel Taste (↗ UTL 1691) Zimbel, Schallbecken s. u. Zimbel
3059	kleistogam (gr;gr) >nlat	sich geschlossen selbst bestäubend (bot. t. t.) {68}	κλειστός kleistos + γάμος gamos	verschlossen Hochzeit, Ehe
–	Kleistogamie, die gr;gr	Selbstbestäubung geschlossener Blüten (bot. t. t.) {68}	dto.	dto.
3060	Klematis, die gr>l	Kletterpflanze mit stark duftenden Blüten {04/68}	κληματίς klematis l. *clematis*	kleiner Zweig, Ranke(ngewächs) dto.
3061	Klephte, der gr>ngr	gr. Freischärler im Kampf gegen die Türken {75/86}	κλέπτης klephtes	Dieb

3062	Klepsy-dra, die gr>l	Wasseruhr {44/59}		κλεψύδρα klepsydra	(„die Wasser Stehlende"); Wasseruhr
>>>	Klepto– ↗ Wortelementeliste				
3063	Klepto-mane, der o. –nin, die (gr;gr) >nlat	ein an Kleptomanie Leidender {14/70/82}		κλέπτειν kleptein + μανία mania	stehlen Raserei, Wahnsinn, Verzückung s. u. Manie
–	Klepto-manie, die (gr;gr) >nlat	krankhafter Trieb zum Stehlen ohne Bereicherungsabsicht (med., psych. t. t.) {14/70/82}		dto.	dto.
–	klepto-manisch (gr;gr) >nlat	die Kleptomanie betreffend {14/70/82}		dto. + μανικός manikos	dto. zur Raserei gehörig
3064	Klepto-phobie, die gr;gr	krankhafte Furcht, zu stehlen o. bestohlen zu werden (med., psych. t. t.) {14/24/70}		κλέπτειν kleptein + φόβος phobos	stehlen Angst, Furcht
3065	klerikal gr>kirchenl	1. die ↗ Kirche, die Geistlichen betreffend; 2. Ansprüche des ↗ Klerus fördernd {51/77}		κληρικός klerikos kirchenl. clericalis	die Erbschaft betreffend; zur Geistlichkeit gehörig priesterlich
–	Klerikale, der gr>kirchenl	ein der ↗ katholischen Geistlichkeit Angehörender {33/51/77}		dto.	dto.
–	Klerika-lismus, der (gr;gr) >kirchenl >nlat	das Bestreben der ↗ Kirche, ihren Einflußbereich auf Staat u. Gesellschaft auszudehnen {29/33/51/77}		dto. + –ισμός –ismos	dto. gr. Suffix s. Partikelliste
–	klerika-listisch	klerikale Ansichten vertretend {25/51/77}		dto.	dto.

–	Kleriker, der gr >kirchenl >ahd>mhd	Angehöriger des Klerus {33/51/77}		κληρικός klerikos kirchenl. *clericus* ahd. *klirih* mhd. *cleric, klerke*	die Erbschaft betreffend; zur Geistlichkeit gehörig Priester dto. dto.
–	Klerus, der gr>kirchenl	↗ katholische Geistlichkeit, Priesterschaft {33/51/77}		κλῆρος kleros l. *clerus*	Los; Land; Erbgut; Klerus Priesterorden
>>>	Klima– ↗ Wortelementeliste				
3066	Klima, das gr>l	1. die für ein Gebiet ↗ charakteristische durchschnittliche Wetterlage (meteor. t. t.) {65}; 2. (übertr.) ↗ Atmosphäre, Stimmung {26/33}		κλίμα, Gen. κλίματος klima, klimatos	Neigung der Erde gegen die Pole zu; Himmelsgegend
3067	Klimaanlage, die gr;d	Einrichtung zur Regulierung (↗ UTL 3034) von ↗ Temperatur u. Luftfeuchtigkeit in geschlossenen Räumen {44}		dto. + d. *Anlage*	dto.
3068	Klimaelemente, die (Pl.) gr;l	klimabestimmende Witterungsbedingungen {65}		dto. l. *elementum*	dto. Grund-, Urstoff, Element; Anfangsgründe (↗ UTL 0874)
3069	Klimafaktor, der gr;l	Eigenschaft, welche die klimatische Beschaffenheit eines Ortes hervorruft (z. B. Höhenlage) {64/65}		κλίμα, Gen. κλίματος klima, klimatos + l. *factor*	Neigung der Erde gegen die Pole zu; Himmelsgegend Verfertiger, Urheber (↗ UTL 1033)

3070	Klima-geographie, die gr;gr	Wissenschaft von den ↗ klimatischen Erscheinungen unter ↗ geographischen Gesichtspunkten {64/65}	κλίμα, Gen. κλίματος klima, klimatos	Neigung der Erde gegen die Pole zu; Himmelsgegend
			+ γεωγραφία geographia abgeleitet von:	Erdbeschreibung
			γῆ ge	Erde
			+ γραφή graphe	Schrift; Zeichnung s. o. Geographie
3071	klimakterisch gr>l	durch die Wechseljahre bedingt (med. t. t.) {15/70}	κλιμακτηρικός klimakterikos	zur Stufe o. Lebensabschnitt gehörig
–	Klimakterium, das gr>nlat	Wechseljahre des Menschen (med. t. t.) {15/70}	κλιμακτήρ klimakter	Stufe einer Treppe; kritischer Moment im Leben eines Menschen
>>>	Klimate, die (Pl.) = Plural (↗ UTL 2697) von ↗ Klima			
3072	Klima-(to)therapie, die gr;gr	Kur (↗ UTL 1957), bei der die Krankheit durch klimatische Verhältnisse behandelt wird (med. t. t.) {65/70}	κλίμα, Gen. κλίματος klima, klimatos	Neigung der Erde gegen die Pole zu; Himmelsgegend
			+ θεραπεία therapeia	Dienst, Behandlung s. u. Therapie
3073	klimatisch gr>l>nlat	das Klima betreffend {64/65}	κλίμα, Gen. κλίματος klima, klimatos	Neigung der Erde gegen die Pole zu; Himmelsgegend
–	klimatisieren	1. in einen Raum eine Klimaanlage einbauen {44}; 2. die Temperatur (↗ UTL 3546) in einem Raum regeln {44/65}	dto.	dto.
3074	Klimatographie, die (gr;gr) >nlat	Beschreibung der klimatischen Verhältnisse auf der Erde {64/65}	dto. + γραφή graphe	dto. Schrift; Zeichnung

3075	Klimato-loge, der gr;gr	Wissenschaftler, der sich mit der vergleichenden Klimawissenschaft befasst {40/65}	κλίμα, Gen. κλίματος klima, klimatos + λόγος logos	Neigung der Erde gegen die Pole zu; Himmelsgegend Rede, Wort; Berechnung
–	Klimatologie, die gr;gr	vergleichende Wissenschaft der klimatischen Verhältnisse auf der Erde {64/65}	dto.	dto.
–	klimatologisch gr;gr	auf die Klimatologie bezogen {65}	dto. + λογικός logikos	dto. zum Reden gehörig, die Rede betreffend
3076	Klimax, die gr>l	1. Steigerung des Ausdrucks (rhet. t. t.) {32/76}; 2. (sexueller (⌐ UTL 3303)) Höhepunkt {18}; 3. = ⌐ Klimakterium {15/70}; 4. Höhepunkt, Endzustand der Boden- u. Vegetationsentwicklung (bot. t. t.) {68}	κλῖμαξ klimax	Leiter, Treppe; rhetorische Steigerung
3077	Klinik, die gr>l>frz	1. Krankenhaus {58/70}; 2. ⌐ praktischer Unterricht im Krankenhaus (med. t. t.) {70/78}	κλινική (τέχνη) klinike (techne)	(Heilkunst) für bettlägerige Kranke
–	Kliniker, der	1. in der Klinik tätiger ⌐ Arzt {40/70}; 2. in der klinischen Ausbildung stehender Medizinstudent {40/70/78}	κλινικός klinikos	bettlägerig; einer, der seine Kranken besucht
–	Klinikum, das gr>nlat	1. Ausbildung von Medizinstudenten im Krankenhaus {40/70/78}; 2. Zusammenschluß von Kliniken {70}	dto.	dto.
–	klinisch	1. die Klinik betreffend; 2. durch ärztliche Untersuchung festgestellt {70}	dto	dto.
3078	Klinometer, das gr;gr	1. Neigungsmesser für Schiffe u. Flugzeuge {45/72}; 2. Gefällemesser (geol. t. t.) {62/72}	κλίνειν klinein + μέτρον metron	sich neigen Maß; Versmaß

3079	Klino- mobil, das gr;l	Kurzwort aus ↗ Klinik u. ↗ Automobil: Fahrzeug mit klinischer Ausrüstung {45/70}	κλινική (τέχνη) klinike (techne) + l. mobilis	(Heilkunst) für bettlägerige Kranke beweglich, leicht zu bewegen; biegsam, veränderlich (↗ UTL 2256)
3080	Klistier, das gr>l>mhd	Darmeinlauf, -spülung {70}	κλυστήριον klysterion Diminutiv zu: κλυστήρ klyster l. clyster(ium) mhd. klister, kli(e)stier	Klistier(spritze) dto. dto. dto.
–	klistieren gr>l>mhd	eine Darmspülung machen {70}	dto.	dto.
3081	klitoral gr>nlat	die Klitoris betreffend (med. t. t.) {11/70}	κλειτορίς kleitoris nlat. clitoris	„kleiner Hügel"; Kitzler Kitzler
–	Klitoris, die gr>nlat	schwellfähiges weibliches Geschlechtsorgan; Kitzler (med. t. t.) {11/70}	dto.	dto.
–	Klitorismus, der gr>nlat	übermäßige Entwicklung der Klitoris (med. t. t.) {14/70}	dto.	dto.
3082	Klon, der gr>engl	aus ungeschlechtlicher Fortpflanzung entstandenes Lebewesen (biol. t. t.) {68/69}	κλών klon engl. clone	Sprößling, Zweig Klon
–	klonen o. klonieren gr>engl	mittels ungeschlechtlicher Fortpflanzung ein ↗ genetisch identisches (↗ UTL 1271) Lebewesen schaffen (biol. t. t.) {68/69}	dto.	dto.
3083	klonisch gr>nlat	krampfhaft zuckend (med. t. t.) {12/70}	κλόνος klonos	heftige, verworrene Bewegung
–	Klonus, der	krampfartige Zuckungen infolge rasch aufeinanderfolgender Muskelzusammenziehungen (med. t. t.) {12/70}	dto.	dto.
3084	Klysma, das gr>l	= ↗ Klistier {70}	κλύσμα klysma	Wasser zum Reinigen einer Wunde

3085	Klystron, das (gr;gr) >nlat	↗ Elektronenröhre zur Erzeugung u. Verstärkung von ↗ Mikrowellen {72}	κλύζειν klyzein + –τρον –tron		bespülen; abspülen, reinigen gr. Suffix zur Bezeichnung eines Werkzeugs
3086	Knaster, der gr>span >niederl	Kurzfrom zu: Canastertobac u. Knastertabak: 1. (veraltet) edler Tabak; 2. (ugs.) schlechter Tabak {17}	κάναστρον kanastron span. canast(r)o o. canasta niederl. k(a)naster		Korb aus Rohrgeflecht (urspr. wurde Tabak in Rohrkörben gehandelt) sich oben verengender Korb o. Korb zum Warenversand Kiste für den Tabakversand
3087	Kobalt, das	↗ Metall, Zeichen: Co; ursprünglich minderwertiges, zum Blaufärben benutztes Erz (nach altem Aberglauben von einem Kobold für wertvolleres untergeschoben) {73}	κόβαλος kobalos		Possenreißer
–	Kobold, der gr>mhd	Späßemacher; Wichtel, Bergmännchen {51}	dto. mhd. kobolt		dto. Haus-, Berggeist
–	Kobolz, der	(berlin.) übermütiger Purzelbaum {12/61}	dto.		dto.
3088	Kodein, das (gr;nlat) >nlat	aus ↗ Opium gewonnenes, hustenstillendes Mittel (pharmaz. t. t.) {70}	κώδεια kodeia + nlat. –(z)in		Kopf der Mohnpflanze Suffix zur Bezeichnung chem. Stoffe
>>>	Koemeterion, das = ↗ Zömeterium				
3089	Koffer, der gr>l>afrz >mniederl >mhd	trag– u. aufklappbarer Behälter für Reisegepäck {44/45/85}	κόφινος kophinos l. cophinus afrz. cofre mniederl. cof(e)re u. coffer mhd. kuffer u. koffer		Korb dto. Truhe dto.; Kiste, Geldkasten dto.
3090	Kogge, die gr>ahd >mhd	(↗ Etymologie unsicher): bauchiges Segelschiff {45}	κόγχη konche ahd. kocho mhd. concha		Muschel Kauffahrteischiff Schiff der Hanse

3091	Kohl, der gr>l>ahd >mhd	Gemüsesorte {05/17}	καυλός kaulos l. caulis u. colis ahd. kol mhd. kol	Stengel, Stiel, Schaft Stengel, Strunk, Kohl (↗ UTL 1712) dto. dto.
3092	Kohle(n)-hydrat, das d;gr>nlat	aus Kohlen-, Sauer- u. Wasserstoff zusammengesetzte ↗ organische Verbindung (chem. t. t.) {17/73}	d. Kohle + ὕδωρ, Gen. ὕδατος hydor, hydatos	Wasser s. o. Hydrat
3093	Koimesis, die	1. Mariä Tod u. Himmelsaufnahme in der ↗ orthodoxen ↗ Kirche {51/77}; 2. Darstellung des Marientodes in der bildenden Kunst {36}	κοίμησις koimesis	das Schlafen; Todesschlaf
3094	Koine, die	1. gr. Umgangssprache im ↗ Hellenismus {32/75/76}; 2. eine gemeinsame Sprache inmitten von verschiedenen ↗ Dialekten (sprachwiss. t. t.) {32/76}	κοινή koine Fem. zu κοινός koinos	gemeinsam
3095	Koinon, das	1. Zweckbündnis im alten Griechenland (hist. t. t.) {50/75/86}; 2. Bundesstaat in ↗ hellenistischer Zeit (hist. t. t.) {50/75}	κοινόν koinon	das Gemeinsame, Allgemeine; Allgemeinheit; Staat
3096	Kokke, die o. Kokkus, der	Kugelbakterie (med. t. t.) {70}	κόκκος kokkos	Kern, Scharlachbeere
3097	Kokosnuß, die gr>l>span/port;d	tropische hartschalige Baumfrucht {04/17}	dto. u. κοῦκι kuki l. coccum u. coccus span. coco + d. Nuß	dto. Kokospalme Kern; Beere; runder Auswuchs Kokosnuß; Butzemann (weil man in die Schale leicht Gesichter schneiden kann)
–	Kokospalme, die gr;l	↗ tropischer Palmenbaum {04/68}	κοῦκι kuki + l. palma	Kokospalme flache Hand, Palme, Palmblatt (↗ UTL 2483)
3098	Kokzidie, die gr>nlat	↗ parasitisches Sporentierchen {69}	κόκκος kokkos nlat. coccidia	Kern, Scharlachbeere

–	Kokzidiose, die gr>nlat;gr	durch Kokzidien bes. bei Haustieren hervorgerufene Krankheit {09}	dto. + –ωσις –osis	dto. gr. Suffix s. Partikelliste
>>>	Kola, die = Pl. von ↗ Kolon			
3099	Koleoptere, die gr>nlat	Käfer (zool. t. t.) {08/69}	κολεόπτερος koleopteros	mit Flügeldecken versehen
3100	Koleopterologe, der gr;gr	Wissenschaftler auf dem Gebiet der Käferkunde {40/69}	dto. + λόγος logos	dto. Rede, Wort; Berechnung
–	Koleopterologie, die gr;gr	Teilgebiet der Zoologie, das sich mit Käfern befaßt {69}	dto.	dto.
–	koleopterologisch gr;gr	die Käferkunde betreffend {69}	dto. + λογικός logikos	dto. zum Reden gehörig, die Rede betreffend
3101	Kolibakterie, die gr;gr	Darmbakterie; Krankheitserreger, wenn außerhalb des Darms (med. t. t.) {14/70}	κῶλον kolon + βακτηρία bakteria	Körper– o. Satzglied; Darm Stock, Stab s. o. Bakterie
3102	Kolik, die gr>l>mlat	krampfartige Leibschmerzen (med. t. t.) {14/70}	κωλικός kolikos l. colicus mlat. colica	den Darm betreffend ein an Kolik Leidender Kolik
3103	Kolitis, die gr;gr	Entzündung des Dickdarms (med. t. t.) {14/70}	κῶλον kolon + –ῖτις –itis	Körper– o. Satzglied; Darm gr. Suffix s. Partikelliste
3104	Kolla, die	Leim (chem., med. t. t.) {70/73}	κόλλα kolla	Leim
3105	kollagen (gr;gr) >nlat	leimgebend (biol., med. t. t.) {70/73}	dto. + –γενής –genes	dto. stammend von; hervorbringend, verursachend
–	Kollagen, das (gr;gr) >nlat	leimartiger Eiweißkörper in Gewebe u. Knochen (biol., med. t. t.) {69/70}	dto.	dto.

3106	Koller, der gr>l>mlat >ahd>mhd >nhd	Wutausbruch {26}	χολέρα cholera	Dachrinne, durch die Regenwasser fließt; Krankheit mit starkem Flüssigkeitsverlust s. o. Cholera
			l. *cholera*	Gallenerguß mit Brechdurchfall
			mlat. *cholera*	galliges Temperament, Zornesausbruch, Wut
			ahd. *kolero*	dto.; Gallenbrechruhr
			mhd. *colera* o. *kolre* nhd. *coler*	Heißblütigkeit, Wut
3107	kolloid gr;gr	fein zerteilt (von Stoffen) {54/73}	κόλλα kolla + –(ε)ιδής –(e)ides	Leim ähnlich aussehend s. Partikelliste
–	Kolloid, das gr;gr	Stoff, der sich in feinster Verteilung in einer Flüssigkeit befindet (Ausdruck wahrscheinlich geprägt von dem engl. ↗ Chemiker Th. Graham (1805-1869 – chem. t. t.) {73}	dto.	dto.
–	Kolloidchemie, die gr;gr;gr	↗ physikalische ↗ Chemie, die sich mit den besonderen Eigenschaften der Kolliode befaßt {72/73}	dto. + χύμα chyma gemischt mit: χυμεία chymeia o. χημεία chemeia	dto. Flüssigkeit Metallverwandlung dto. s. o. Chemie
3108	Kollumkarzinom, das l;gr	Krebs des Gebärmutterhalses (med. t. t.) {14/70}	l. *collum* + καρκίνωμα karkinoma	Hals Krebsgeschwür
3109	Kolobom, das	angeborene Spaltung der Augenlider o. des Gaumens (med. t. t.) {14/70}	κολόβωμα koloboma	das Verstümmelte
3110	Kolometrie, die gr;gr	Zerlegung fortlaufend geschriebener Gedichte o. Texte (↗ UTL 3576) in ↗ Kola (2.) {34/76}	κῶλον kolon + μέτρον metron	Körper- o. Satzglied; Darm Maß; Versmaß

3111	Kolon, das (Pl. Kola) gr>l	1. Doppelpunkt {32}; 2. durch Atempause begrenzte ↗ rhythmische Sprecheinheit (rhet. t. t.) {32/76}; 3. Hauptteil des Dickdarms (med. t. t.) {11/70}	κῶλον kolon	Körper– o. Satzglied; Darm
3112	Kolophon, das	1. (veraltet) Schlußstein {88}; 2. Schlußvermerk in Handschriften des Mittelalters über Verfasser, Schreiber u. Datum {34/75/76}	κολοφών kolophon	Gipfel, Spitze; Schluß
–	Kolophonium, das	Balsamharz, das beim Destillieren von Kiefernharz entsteht (bes. zum Bestreichen von Geigenbögen verwendet) {73}	Κολοφών Kolophon	Kolophon (s. Anhang „Namen")
3113	Koloß, der gr>l	1. Riesenstandbild (hist. t. t.) {36/75}; 2. Mensch mit außergewöhnlich großen Körpermaßen {15/26/55}	κολοσσός kolossos	Riesenstandbild
–	kolossal gr>l>frz o. kolossalisch	1. riesig, gewaltig {26/55}; 2. (ugs.) sehr, ungeheuer {56}	dto. l. colossus frz. colossal	dto. dto. riesig, gewaltig
–	Kolossalität, die gr>l>frz	das Kolossale einer Person (↗ UTL 2612) o. Sache {55/56}	dto.	dto.
–	Kolossalordnung, die gr>l>frz;d	mehrere Geschosse einer Fassade (↗ UTL 1047) übergreifende Säulenordnung (archit. t. t.) {88}	dto. + d. Ordnung	dto.
–	Kolosseum, das gr>l	riesiges ↗ Amphitheater in Rom aus dem 1. Jh. v. Chr. (auch Amphitheatrum Flavium genannt) {75/88}	dto.	dto.
3114	Kolpitis, die (gr;gr) >nlat	Entzündung der weiblichen Scheide (med. t. t.) {14/70}	κόλπος kolpos + –ῖτις –itis	Busen, Faltenbausch, Vertiefung gr. Suffix s. Partikelliste
3115	Kolpos, der	über dem Gürtel des ↗ Chitons entstehender Faltenbausch {19/75}	dto.	dto.

3116	Koma, 1. das gr>mlat >nlat 2. die gr>l	1. tiefste Bewustlosigkeit (med. t. t.) {14/70}; 2a. Nebelhülle um den Kern eines ⌐ Kometen (astron. t. t.) {66}; 2b. Linsenfehler, der einen Punkt (⌐ UTL 2903) wie einen Kometenschweif aussehen lässt (opt. t. t.) {87}	1. κῶμα koma 2. κόμη kome	tiefer Schlaf Haar
–	komatös gr>l	in tiefster Bewustlosigkeit (med. t. t.) {14/70}	dto.	dto.
3117	Komet, der gr>l>mhd	Schweifstern mit ⌐ elliptischer o. ⌐ parabolischer Bahn im Sonnensystem (astron. t. t.) {66}	κομήτης kometes l. cometes o. cometa mhd. komete	langes Haar tragend; Komet Komet dto.
–	kometar	von einem Kometen stammend {66}	dto.	dto.
>>>	Kömeterion, das = ⌐ Zömeterium			
3118	Komik, die gr>l>frz	der einer Sache innewohnende Witz u. seine belustigende Wirkung {25/26}	κωμικός komikos l. comicus frz. comique	die komische Dichtkunst betreffend; witzig; Schauspieler der Komödie dto. dto.
–	Komiker, die gr>l>frz	1. Darsteller komischer Rollen; 2. Unterhaltungskünstler mit lustigen Darbietungen {35/40/85}	dto.	dto.
–	komisch gr>l>frz	1. zum Lachen reizend, belustigend {25/26/85}; 2. eigenartig, sonderbar {25/56}	dto.	dto.
3119	Komma, das gr>l	1. Satzzeichen, das den Satz in Sinnabschnitte teilt (gramm. t. t.) {32/76}; 2. Zeichen, das ganze Zahlen von den Ziffern der Dezimalbrüche trennt (math. t. t.) {71}	κόμμα komma	Schlag; Einschnitt, Abschnitt; Satzglied
3120	Kommos, der (Pl. Kommoi)	1. im Wechselgesang vorgetragenes Klagelied in der ⌐ Tragödie {35/37}; 2. Wechselrede zwischen Chor u. Schauspieler in der ⌐ Tragödie {35/74}	κομμός kommos	das Schlagen; Weh–, Totenklage; Klagegesang in der Tragödie

3121	**Komö-diant**, der gr>l>it >engl	1. Schauspieler {35/40}; 2. Heuchler; jmd, der anderen etw. vorzumachen sucht (ugs., abwertend) {24/26/32/33}	κωμῳδία komoidia l. *comoedia* it. *commediante* engl. *comediant*	Komödie Lustspiel Schauspieler; Komödiant dto.
–	**komödi-antisch** gr>l>it >engl	zum Wesen des Komödianten gehörend; witzig–schauspielerisch {25/26/35}	dto.	dto.
–	**Komödie**, die gr>l	1. Bühnenstück, Lustspiel {35/74/85}; 2. kleines Theater, in dem nur Komödien gespielt werden {35/58}; 3. unechtes, theatralisches Gebaren, Heuchelei, Verstellung {24/26/32/33}	dto.	dto.
3122	**Koncha**, die gr>l	1. muschelähnlicher Teil eines ⁊ Organs (med. t. t.) {70}; 2. = ⁊ Apsis {88}	κόγχη konche	Muschel
–	**Konche**, die	1. = ⁊ Koncha {70/88}; 2. Muschelform für Schokolade {17}	dto.	dto.
–	**konchi-form** gr;l	muschelförmig (Kunstwort) {55}	dto. + l. *forma*	dto. Form, Gestalt, Umriß, Figur (⁊ UTL 1132)
3123	**Konchy-lie**, die gr>l	Schale der Weichtiere (zool. t. t.) {69}	κογχύλιον konchylion	(Muschel)Schale
3124	**Konchy-liologe**, der (gr;gr) >nlat	Wissenschaftler auf dem Gebiet der Konchyliologie {40/69}	dto. + λόγος logos	dto. Rede, Wort; Berechnung
–	**Konchy-liologie**, die (gr;gr) >nlat	Teilgebiet der ⁊ Malakologie, das sich mit Weichtierschalen befaßt {69}	dto.	dto.
–	**konchy-liolo-gisch** (gr;gr) >nlat	die Konchyliologie betreffend {69}	dto. + λογικός logikos	dto. zum Reden gehörig, die Rede betreffend
>>>	**Konen**, die (Pl.) = Plural (⁊ UTL 2697) von ⁊ **Konus**			

3125	Konimeter, das gr;gr>l>frz	Apparat zur Bestimmung des Staubgehalts in der Luft {65}	κονία konia + μέτρον metron	Staub Maß; Versmaß s. u. Meter
3126	konisch gr>nlat	kegelförmig {55/71}	κωνικός konikos	kegelförmig
–	Konizität, die	Kegelförmigkeit (math. t. t.) {55/71}	κῶνος konos	Kegel; Pinienzapfen
–	Konoid, das gr>nlat	kegelähnlicher Körper (math. t. t.) {71}	κωνοειδής konoeides	kegelförmig
3127	Konopeum, das gr>l	Vorhang zur Verhüllung des Altartabernakels {51/77}	κωνωπεῖον konopeion l. conopeum	mit Mückennetzen geschütztes ägypt. Bett; Mückennetz dto.
3128	Kontur, die (l;gr>l) >vulgl >afrz>it >mfrz>frz	Umrißlinie, Umriß; andeutende Linienführung {53/55}	l. con = cum + τορνεύειν torneuein l. tornare vulgl. contornare* afrz. contor it. contorno mfrz. contour frz. contour	zusammen, mit (↗ UTL 1697) drechseln, drehen drehen, wenden, zurückdrehen umgeben, einfassen, Konturen ziehen Umfang, –kreis, –gebung, Windung Umriß dto. dto.
–	konturieren (l;gr>l) >vulgl >afrz>it >mfrz>frz	umreißen, andeuten {25/32}	dto. afrz. contorner it. contornare mfrz. contourer frz. contourer	dto. gelegen sein, sich wenden, drehen Umrißlinien zeichnen dto. dto.
3129	Konus, der gr>l	kegelförmiger Körper (math., techn. t. t.) {71}	κῶνος konos	Kegel; Pinienzapfen
3129a	Konversationslexikon, das l>frz;gr	Nachschlagewerk für alle Wissensgebiete {32}	l. conversatio + λεξικόν (βιβλίον) lexikon (biblion)	das Sich–Aufhalten, Verkehren; Umgang, Aufenthalt (↗ UTL 1875) Wörterbuch s. u. Lexikon

3130	**Konzentrat,** das (l;gr>l)>frz	1. angereicherter Stoff, hochprozentige Lösung (chem. t. t.) {73}; 2. hochprozentiger Pflanzen-, Fruchtauszug {17/73}; Zusammenfassung {32/57}	l. con = *cum* + κέντρον kentron l. *centrum* frz. *concentrer*	zusammen, mit (↗ UTL 1697) Mittelpunkt eines Kreises; Stachel(stab); ruhender Zirkelschenkel s. u. Zentrum Schenkel des Zirkels; Zentrum, Kreismittelpunkt (↗ UTL 3891) kondensieren
–	**Konzentration,** die (l;gr>l)>frz	1. höchste Aufmerksamkeit, geistige Anspannung {25}; 2. Zusammenballung wirtsch. o. militärischer (↗ UTL 2236) Kräfte) {57/80/86}; 3. gezielte Lenkung auf etw. hin {23/25/28}; Gehalt einer Lösung an gelöstem Stoff (chem t. t.) {54/56/73}	dto. frz. *concentration*	dto. Konzentration
–	**Konzentrationslager,** das (l;gr>l) >frz;d	Lehnübersetzung von engl. *concentration camp*: Internierungs- (↗ UTL 1486) u. Vernichtungslager für ↗ politisch, rassisch o. religiös (↗ UTL 3066) Verfolgte (während der Nazi-Diktatur (↗ UTL 0746) – hist. t. t.) {58/75/82}	dto.	dto.
–	**konzentrativ**	die Konzentration (1.) betreffend {25}	dto.	dto.
–	**konzentrieren** (l;gr>l)>frz	1. wirtschaftliche, militärische (↗ UTL 2236) Kräfte zusammenziehen {56/57/80}; 2. etw. verstärkt auf etw., jmdn. ausrichten {24/25}; 3. sich –: sich geistig sammeln, anspannen {25}; 4. anreichern, gehaltreich machen (chem. t. t.) {17/73}	dto.	dto.
–	**konzentriert** (l;gr>l)>frz	1. gesammelt, aufmerksam {24/25}; 2. einen gelösten Stoff in großer Menge enthaltend, angereichert (chem. t. t.) {17/73}	dto.	dto.

–	konzen-trisch (l;gr>l) >mlat	1. einen gemeinsamen Mittelpunkt habend, um ihn herum angeordnet (von Kreisen – math. t. t.) {71}; 2. umfassend {56/57}	dto. mlat. *concentricus*	dto. auf einen Punkt gerichtet
3131	Kopepode, der (gr;gr) >nlat	schalenloses Krebstier; Ruderfußkrebs (zool. t. t.) {08/69}	κώπη kope + πούς, Gen. ποδός pous, podos	Griff, Ruder Fuß
3132	Kopf, der gr>l>gallo-rom>ahd >mhd	oberster Teil des Körpers {11}	κύπη kype l. *cupa* gallorom. *cuppa* ahd. *koph* mhd. *koph* u. *kopf*	Höhlung Küpe, Kufe, Tonne Becher dto.; Hinterhaupt dto.; Hirnschale, Haupt (vielleicht nach dem Vergleich zwischen Trink- u. Hirnschale)
–	köpfen gr>l>gallo-rom	enthaupten {15/82}	dto.	dto.
3133	Kophosis, die	völlige Taubheit (med. t. t.) {14/70}	κώφωσις kophosis	Taubheit
3134	Kopilot, der (l;gr)>engl	1. zweiter ↗ Pilot in einem Flugzeug; 2. zweiter Fahrer in einem Rennwagen {45/56}	l. *con* = *cum* + πηδόν pedon engl. *copilot*	zusammen, mit (↗ UTL 1697) Steuerruder s. u. Pilot Kopilot
3135	Koppa, das hebr / phö-nik>gr>l	Buchstabe im ältesten gr. ↗ Alphabet zwischen ↗ Pi u. ↗ Rho, als Zahlenzeichen = 90 {32/76}	hebr. / phönik. *koph* ꟼ, Ϙ (κόππα) q, Q (koppa)	Koppa
>>>	Kopro– ↗ Wortelementeliste			
3136	koprogen gr>nlat	von Kot stammend, durch Kot verursacht (med. t. t.) {70}	κοπρογενής koprogenes	im Mist erzeugt
3137	Koprolalie, die gr;gr	krankhafte Neigung zum Aussprechen unanständiger, obszöner Wörter {14/32/70}	κόπρος kopros + λαλεῖν lalein	Mist, Dünger; Kot reden, schwatzen
3138	Koprolith, der gr;gr	1. versteinerter Kot fossiler (↗ UTL 1137a) Tiere (geol. t. t.) {62/69}; 2. verhärteter Kot (med. t. t.) {70}	κόπρος kopros + λίθος lithos	Mist, Dünger; Kot Stein

3139	koprophag	1. sich von Mist ernährend (biol. t. t.) {68/69}; 2. aus krankhafter Neigung heraus Kot essend (psych. t. t.) {14/17/70}	κοπροφάγος koprophagos	Mist fressend
–	Koprophage, der	1. Tier, das sich von Exkrementen (↗ UTL 0972) ernährt (biol. t. t.) {69}; 2. jmd., der aus einer krankhaften Neigung heraus Kot ißt (med., psych. t. t.) {14/17/70}	dto.	dto.
–	Koprophagie, die	das Essen von Kot als Triebanomalie (med. t. t.) {14/17/70}	κοπροφαγεῖν koprophagein	Mist fressen
3140	Koprophilie, die gr;gr	starke Vorliebe für Exkremente (↗ UTL 0972) (med., psych. t. t.) {14/70}	κόπρος kopros + φιλία philia	Mist, Dünger; Kot Liebe, Freundschaft
3141	Koprophobie, die gr;gr	krankhafte Angst vor der Berührung von Fäkalien (↗ UTL 1030) (med., psych. t. t.) {14/70}	κόπρος kopros + φόβος phobos	Mist, Dünger; Kot Angst, Furcht
3142	Koprostase, die gr;gr	Verstopfung, Kotstauung (med. t. t.) {14/70}	κόπρος kopros + στάσις stasis	Mist, Dünger; Kot das Feststehen; Zustand, Lage; Aufstand
3143	Kopte, der gr>arab	↗ christlicher Nachkomme der alten Ägypter {51/77/81}	Αἰγύπτιος Aigyptios arab. *qubtiy* u. *qibtiy*	Ägypter dto.
–	Koptisch(e), das gr>arab	Sprache der Kopten {32/81}	dto.	dto.
–	koptisch gr>arab	die Kopten betreffend {51/81}	dto.	dto.
3144	Koptologe, der gr>arab;gr	Wissenschaftler der Koptologie {40/81}	dto. + λόγος logos	dto. Rede, Wort; Berechnung
–	Koptologie, die gr>arab;gr	Wissenschaft von der koptischen Sprache u. Literatur (↗ UTL 2075) {34/76/81}	dto.	dto.

3145	Koralle, die gr>l>afrz >mhd	1. in Kolonien (↗ UTL 1728) lebendes Hohltier der ↗ tropischen Meere {08/69}; 2. das als Schmuck verwendete Kalkskelett der Koralle {20}	κοράλ(λ)ιον koral(l)ion l. *coralium* u. *corallum* afrz. *coral* mhd. *koral(le)*	Koralle dto. dto. dto.
–	korallen gr>l>afrz >mhd	1. aus Korallen bestehend {20/69}; 2. korallenrot {55}	dto.	dto.
–	Korallin, das gr>l>frz >nlat	roter Farbstoff {55/73}	dto. frz. *corallin*	dto. Korallrot
3146	korallogen gr>l>frz;gr	aus Ablagerungen von Korallen gebildet (geol. t. t.) {62}	dto. + –γενής –genes	dto. stammend von; hervorbringend, verursachend
3147	Kordax, der gr>l	grotesk-ausgelassener Verkleidungstanz des Männerchores in der ↗ Komödie {35/37/74/75}	κόρδαξ kordax	komischer Tanz in der alten Komödie mit unanständigen Bewegungen
>>>	Kord, der = ↗ Cord			
3148	Korde, die gr>l>afrz >mhd	schnurartiger Besatz {19}	χορδή chorde l. *chorda* afrz. *cordel* mhd. *korde*	Darm, Darmsaite s. o. Chorda dto. kleine Saite Seil, Schnur
–	Kordel, die gr>l>afrz >frz>mhd	Schnur, die aus mehreren Fäden zusammengedreht ist {44}	dto. frz. *cordelle* mhd. *kordel*	dto. kleines Seil, Schnur dto.
–	kordieren gr>l>frz	1. Griffe von Werkzeugen aufrauhen {40}; 2. schnurartige Verzierungen einritzen {36/40}	dto. frz. *corder*	dto. schnüren
–	Kordit, der gr>l>frz >engl	rauchschwaches, fadenförmiges Schießpulver (chem. t. t.) {73/86}	dto. frz. *corde* engl. *cordite*	dto. Schnur Kordit
–	Kordon, der gr>l>frz	1. Schnur {44}; 2. Absperrung {58}; 3. Ordensband {19}; 4. Spalierbaum {58}	dto. frz. *cordon*	dto. Schnur, Band; Spalierbaum; Postenkette
3149	Kore, die	bekleidete Mädchenfigur in der gr. Kunst {36/75}	κόρη kore	Mädchen, Jungfrau

3150	Koriander, der gr>l	Gewürzpflanze u. Gewürz des Mittelmeerraums {04/17}	κορίαν(ν)ον korian(n)on abgeleitet von: κόρις koris l. *coriandrum*	Koriander, Wanzenkraut Wanze (nach der Ähnlichkeit des Geruches) Koriander	
3151	Korinthe, die korinthisch	kleine schwarze Rosine (↗ UTL 3170) {17} Korinth und seine Kunst betreffend {36/64/88}	Κόρινθος Korinthos Κορίνθιος Korinthios	Korinth (s. Anhang „Namen") Korinth betreffend	
3152	Koroi, die (Pl.)	Plural (↗ UTL 2697) von ↗ Koros {36/75}	κόροι koroi (Pl.)	junge Männer	
3153	Korolla o. Korolle, die gr>l	zusammenfassende Bezeichnung für alle Blütenblätter (bot. t. t.) {68}	κορώνη korone l. *corolla*	Krähe (nach dem gekrümmten Schnabel); alles Gebogene; Ring, Kranz Kränzchen	
–	Korollar, das o. Korollarium, das	Satz, der selbstverständlich aus einem bewiesenen Satz folgt (log. t. t.) {25/71}	dto. l. *corollarium*	dto. Kranzgeld, Ehrengeschenk; Folgesatz, Zusatz	
3154	Korona, die gr>l	1. Heiligenschein an einer Figur (↗ UTL 1089) {23/24/51/77}}; 2. sichtbarer Strahlenkranz der Sonne (astron. t. t.) {66}; 3. fröhliche Runde, Zuhörerkreis (ugs.) {32/33}; 4. Horde (ugs., abwertend) {33/57}	κορώνη korone l. *corona*	Krähe (nach dem gekrümmten Schnabel); alles Gebogene; Ring, Kranz Kranz, Krone; Versammlung, Zuhörer	
>>>	Koronar– ↗ Wortelementeliste				
–	koronar gr>l	zu den Herzkranzgefäßen gehörend (med. t. t.) {70}	dto.	dto.	
3155	Koronarangiographie, die gr;gr;gr	↗ Angiographie der Herzkranzgefäße {70}	dto. + ἀγγεῖον angeion + γραφή graphe	dto. Gefäß; Blutgefäß Schrift; Zeichnung s. o. Angiographie	

3156	**Koronar-gefäß,** das gr>l;d	Blutgefäß des Herzens (med. t. t.) {11/70}	κορώνη korone + d. *Gefäß*	Ring, Kranz
3157	**Koronar-insuffi-zienz,** die gr>l;l	mangelhafte Sauerstoffversorgung des Herzmuskels durch die Herzkranzgefäße (med. t. t.) {14/70}	dto. + l. *insufficientia*	dto. Unzulänglichkeit (↗ UTL 1450)
3158	**Koronar-sklerose,** die gr;gr	Verkalkung der Herzkranzadern (med. t. t.) {14/70}	κορώνη korone + σκλή-ρωσις sklerosis	Ring, Kranz Verhärtung s. u. Sklerose
3159	**Koronis,** die gr>l	Zeichen für die ↗ Krasis {32/76}	κορωνίς koronis l. *coronis*	gekrümmt; Häkchen, Kranz; Krasiszeichen Schnörkel am Ende eines Textabschnittes
3160	**Koros,** der	gr. Jünglingsplastik {36/75}	κόρος koros	Jüngling, Knabe
3161	**Kortiko-steron,** das l;gr	Hormon der Nebennierenrinde (med. t. t.) {70}	l. *cortex* Gen. *corticis* + στερεός stereos	Rinde, Schale, Hülle (↗ UTL 1918a) fest, hart; kubisch
3162	**Korybant,** der gr>l	Priester der Muttergöttin Kybele (hist. t. t.) {51/75/77}	Κορύβας Gen. Κορύβαντος Korybas, Korybantos	Korybas (s. Anhang „Namen")
–	**koryban-tisch**	wild, ausgelassen, außer sich {26}	dto.	dto.
3163	**Koryphäe,** 1. die 2. der gr>l>frz	1. herausragender Fachmann in seinem Gebiet {22/40}; 2. Chorführer im antiken (↗ UTL 0214) ↗ Drama {35/37/74/75}	κορυφαῖος koryphaios l. *coryphaeus* frz. *coryphée*	an der Spitze stehend; Chorführer Oberhaupt dto.; Geistesgröße
3164	**Koryza,** die	Schnupfen, Entzündung der Nasenschleimhaut (med. t. t.) {14/70}	κόρυζα koryza	Schnupfen
>>>	–kos ↗ Partikelliste			

3165	Kosima	Frauenname {31}	κόσμια kosmia = Fem. zu: κόσμιος kosmios	die Ordentliche ordentlich; geordnet	
3166	Kosmetik, die gr>frz	1. Schönheitspflege {20}; 2. oberflächliche Verbesserung u. Verschönerung {24/56}	κοσμητική (τέχνη) kosmetike (techne) frz. cosmétique	(Kunst des) Schmückens Schönheitspräparat	
–	Kosmetiker, der	Chemielaborant für kosmetische Erzeugnisse {20/40/73}	κοσμητικός kosmetikos	zum Schmücken gehörig	
–	Kosmetikerin, die	berufsmäßige Schönheitspflegerin {20/40}	dto.	dto.	
–	Kosmetikum, das gr>nlat	Mittel zur Schönheitspflege {20}	dto.	dto.	
–	kosmetisch gr>frz	1. die Kosmetik betreffend; 2. der Verschönerung dienend {20}; 3. vordergründig {25/56}	dto. frz. cosmétique	dto. verschönernd	
3167	Kosmetologe, der (gr;gr) >nlat	Fachmann auf dem Gebiet der Kosmetologie {20/40}	dto. + λόγος logos	dto. Rede, Wort; Berechnung	
–	Kosmetologie, die (gr;gr) >nlat	Wissenschaft von der Schönheitspflege u. Entwicklung kosmetischer Präparate (↗ UTL 2786) {20/40}	dto.	dto.	
3168	kosmisch gr>l	1. das Weltall betreffend, aus ihm stammend {01/66}; 2. weltumfassend {25/56}	κοσμικός kosmikos	zur Welt, zum Weltall gehörig	

>>> Kosmo-, -kosmisch ↗ Wortelementeliste

3169	Kosmobiologe, der gr;gr;gr	Wissenschaftler auf dem Gebiet der Kosmobiologie {40/66/68/69}	κόσμος kosmos + βίος bios + λόγος logos	Schmuck; Ordnung; Welt, Weltall Leben Rede, Wort; Berechnung s. o. Biologe	

–	Kosmo-biologie, die gr;gr;gr	Wissenschaft von den Lebensbedingungen im Weltraum u. von den kosmischen Einflüssen auf das irdische Leben {66/68/69}	dto.	dto.
–	kosmobiologisch gr;gr;gr	die Kosmobiologie betreffend {66/68/69}	dto. + λογικός logikos	dto. zum Reden gehörig, die Rede betreffend
3170	Kosmo-chemie, die gr;gr	Wissenschaft der ↗ chemischen Elemente (↗ UTL 0874) im Weltraum {66/73}	κόσμος kosmos + χύμα chyma gemischt mit: χυμεία chymeia o. χημεία chemeia	Schmuck; Ordnung; Welt, Weltall Flüssigkeit Metallverwandlung dto. s. o. Chemie
3171	Kosmo-drom, das (gr;gr) >russ	Startgelände für Raumfahrzeuge (in der ehemaligen UdSSR) {45/66}	κόσμος kosmos + δρόμος dromos russ. *kosmodrom*	Schmuck; Ordnung; Welt, Weltall Lauf, Wettlauf; Rennbahn Weltraumbahnhof
3172	Kosmo-gonie, die	Lehre von der Entstehung der Welt {51/75/77}	κοσμογονία kosmogonia	Weltentstehung, Weltschöpfung
–	kosmo-gonisch	die ↗ Kosmogonie betreffend {51/75/77}	dto.	dto.
3173	Kosmo-gramm, das gr;gr	= ↗ Horoskop {51/59}	κόσμος kosmos + γράμμα gramma	Schmuck; Ordnung; Welt, Weltall Buchstabe, Schrift(werk)
–	Kosmo-graph, der	Verfasser einer Kosmographie {34/51/64/76}	κοσμο-γράφος kosmographos	die Welt beschreibend
–	Kosmo-graphie, die	1. Beschreibung der Welt u. ihrer Entstehung {34/51/77}; 2. mittelalterliche Bezeichnung für ↗ Geographie {64/75}	κοσμο-γραφία kosmographia	Weltbeschreibung

kosmographisch 3173

–	kosmo-graphisch gr;gr	die Kosmographie betreffend {34/51/64/75/77}		κόσμος kosmos	Schmuck; Ordnung; Welt, Weltall
				+ γραφικός graphikos	im Malen geschickt; malerisch; zum Malen o. Schreiben gehörig
3174	Kosmokrator, der	bildliche Darstellung ⤴ Christi als Weltherrscher, auf einer Weltkugel thronend {36/51/77}		κοσμοκράτωρ kosmokrator	Weltbeherrscher
3175	Kosmologie, die	Lehre von der Entstehung u. Entwicklung des Weltalls {01/51/66/77}		κοσμολογία kosmologia	Lehre von der Welt
–	kosmologisch	die Kosmologie betreffend {01/51/66/77}		κοσμολογικός kosmologikos	die Lehre von der Welt betreffend
3176	Kosmonaut, der (gr;gr) >russ	Weltraumfahrer; vgl. ⤴ Astronaut {40/45/66}		κόσμος kosmos	Schmuck; Ordnung; Welt, Weltall
				+ ναύτης nautes	Seemann, –fahrer, Matrose
				russ. kosmonavt	Weltraumfahrer
–	Kosmonautik, die gr;gr	= ⤴ Astronautik {66}		κόσμος kosmos	Schmuck; Ordnung; Welt, Weltall
				+ ναυτική (τέχνη) nautike (techne)	(Kunst der) Schiffahrt s. u. Nautik
–	kosmonautisch gr;gr	die (russische) Weltraumfahrt betreffend; vgl. ⤴ astronautisch {45/66}		dto.	dto.
3177	Kosmopolit, der	1. Weltbürger {33}; 2. Tier– u. Pflanzenart, die auf der ganzen Welt zu finden ist {68/69}		κοσμοπολίτης kosmopolites	Weltbürger
	kosmopolitisch gr;gr	die Anschauung des Kosmopolitismus vertretend {25/33}		κόσμος kosmos	Schmuck; Ordnung; Welt, Weltall
				+ πολιτικός politikos	staatsbürgerlich
–	Kosmopolitismus, der (gr;gr;gr) >nlat	Weltbürgertum {33}		dto. + –ισμός –ismos	dto. gr. Suffix s. Partikelliste

530

3178	Kosmos, der	1. Weltall, Weltraum {01/66}; 2. die Welt als geordnetes Ganzes {25/77}	κόσμος kosmos	Schmuck; Ordnung; Welt, Weltall
>>>	–kosmos ↗ Wortelementeliste			
3179	Kosmosophie, die (gr;gr) >nlat	Weltweisheit, ↗ mystische Lehre von der Welt {25/51/77}	dto. + σοφία sophia	dto. das Wissen; Weisheit
3180	Kosmotheismus, der gr;gr;gr	Lehre, nach der Gott u. die Welt eins sind (philos. t. t.) {25/51/77}	κόσμος kosmos + θεός theos + –ισμός –ismos	Schmuck; Ordnung; Welt, Weltall Gott gr. Suffix s. Partikelliste
3181	Kosmotron, das gr;gr	Teilchenbeschleuniger (phys. t. t.) {72}	κόσμος kosmos + –τρον –tron	Schmuck; Ordnung; Welt, Weltall gr. Suffix zur Bezeichnung eines Werkzeugs
3182	Kothurn, der gr>l	1. hochsohliger Bühnenschuh für die Schauspieler im antiken (↗ UTL 0214) ↗ Theater {19/35/74/75}; 2. „auf Kothurnen schreiten": ↗ pathetisch reden {25/32}	κόθορνος kothornos	Jagdstiefel; erhöhter Bühnenschuh
3183	Koxalgie, die l;gr	Hüftgelenkschmerz (med. t. t.) {14/70}	l. coxa + ἄλγος algos	Hüfte Schmerz
3184	Kran, der gr>ahd >mhd	Hebevorrichtung für schwere Lasten (benannt nach der Ähnlichkeit mit dem Kranich) {40/41}	γέρανος geranos ahd. kranuh mhd. kran(e)ch(e) u. krane	Kranich dto. dto.
3185	kranial gr>nlat	zum Kopf gehörend, kopfwärts gelegen (med. t. t.) {70}	κράνιον kranion	Scheitel; Hirnschale
3186	Kranich, der gr>ahd >mhd	(Etymologie unsicher): Sumpfvogel {07/69}	γέρανος geranos ahd. kranuh mhd. kran(e)ch(e) u. krane	Kranich dto. dto.
>>>	Kranio– ↗ Wortelementeliste			

3187	Kranioklast, der gr;gr	zangenartiges Instrument (↗ UTL 1448b) zur Schädelzertrümmerung bei der ↗ Embryotomie (med. t. t.) {70}	κρανίον kranion + κλαστός klastos	Scheitel; Hirnschale zerbrochen
3188	Kraniologie, die gr;gr	Schädellehre (med. t. t.) {70}	κρανίον kranion + λόγος logos	Scheitel; Hirnschale Rede, Wort; Berechnung
–	kraniologisch gr;gr	zur Kraniologie gehörend (med. t. t.) {70}	dto. + λογικός logikos	dto. zum Reden gehörig, die Rede betreffend
3189	Kraniometer, das gr;gr	Instrument (↗ UTL 1448b) zur Schädelmessung (med. t. t.) {56/70}	κρανίον kranion + μέτρον metron	Scheitel; Hirnschale Maß; Versmaß
–	Kraniometrie, die gr;gr	Schädelmessung (med. t. t.) {56/70}	dto.	dto.
–	kraniometrisch gr;gr	die Kraniometrie betreffend (med. t. t.) {56/70}	dto.	dto.
3190	Kranioten, die (Pl.) gr>nlat	zusammenfassende Bezeichnung für alle Wirbeltiere mit Schädel {06/07/69}	κρανίον kranion	Scheitel; Hirnschale
3191	Kraniotomie, die gr;gr	1. operative (↗ UTL 2434) Öffnung des Schädels; 2. operatives Zerkleinern des Schädels eines toten Kindes im Mutterleib (med. t. t.) {70}	dto. + τομή tome	dto. das Schneiden; Schnitt; das Abgeschnittene

>>> Kranium, das = ↗ Cranium

3192	Krase, die gr>l o. Krasis, die	Zusammenziehung des auslautenden Vokals (↗ UTL 3852) eines Wortes mit dem anlautenden Vokal des folgenden Wortes {32/76}	κρᾶσις krasis	das Mischen

>>> –krat ↗ Wortelementeliste

3193	Krater, der (1.) bzw. Krater, der (2.) (Pl. Kratere) gr>l	1. trichterförmige Öffnung eines Vulkans (↗ UTL 3865) {62/64}; 2. altgr. zweihenkliger Krug zum Mischen von Wein u. Wasser {44/75}	κρατήρ krater	Mischgefäß
>>>	–kratie, –kratisch ↗ Wortelementeliste			
3194	Kratogen, gr;gr o. Kraton, das gr>nlat	versteinerter Festlandssockel, der sich nicht mehr falten, sondern nur noch brechen läßt (geol. t. t.) {62}	κράτος kratos + –γενής –genes	Kraft, Macht stammend von; hervorbringend, verursachend
3195	Krepidoma, das	Stufenunterbau des gr. Tempels (↗ UTL 3545) {75/88}	κρηπίδωμα krepidoma	Fundament eines Hauses
3196	Krepis, die	= ↗ Krepidoma {75/88}	κρηπίς krepis	dto.; Säulenbasis; Halbstiefel
3197	Kretikus, der gr>l	drei– o. fünffüßiger antiker (↗ UTL 0214) Versfuß; ↗ Amphimacer {32/34/76}	Κρητικός Kretikos	Kretisch
3198	Kretin, der gr>l>afrz >walis>frz	Schwachsinniger durch Fehlen o. Fehlfunktion der Schilddrüse (med. t. t.) {14/70}	Χριστιανός Christianos l. Christianus afrz. crestien walis. cretin frz. crétin	Anhänger der christlichen Lehre s. o. Christus dto.; christlich dto. Schwachsinniger dto.; Dummkopf
–	Kretinismus, der (gr>l>afrz >walis>frz; gr)>nlat	angeborener Schwachsinn, verbunden mit körperlicher Mißbildung (med. t. t.) {14/70}	dto. + –ισμός –ismos frz. crétinisme	dto. gr. Suffix s. Partikelliste Schwachsinn
3199	kretinoid gr>l>afrz >walis>frz; gr	wie ein Schwachsinniger (med. t. t.) {14/70}	dto. + –(ε)ιδής –(e)ides	dto. ähnlich aussehend s. Partikelliste

3200	**Kriminal-polizei,** die l>nlat;gr>l >mlat	Polizeiabteilung zur Verhütung, Aufklärung und Bekämpfung von Verbrechen {49/82}	l. *criminalis* bzw. *crimen* + πολιτεία politeia l. *politia* mlat. *politia* / *policia*	ein Verbrechen betreffend, kriminell, Kriminal... Beschuldigung, Anklage, Verbrechen (↗ UTL 1934) Staatsverwaltung, -verfassung, Staat dto. dto. s. u. Polizei
3201	**Kriminologe,** der l;gr	Fachmann auf dem Gebiet der Kriminologie {40/82}	dto. + λόγος logos	dto. Rede, Wort; Berechnung
—	**Kriminologie,** die l;gr	Wissenschaft über Ursachen u. Erscheinungsformen von Verbrechen {82}	dto.	dto.
—	**kriminologisch** l;gr	die Kriminologie u. ihre ↗ Methoden betreffend {82}	dto. + λογικός logikos	dto. zum Reden gehörig, die Rede betreffend
3202	**Krinoide,** die (l;gr) >nlat	stacheliges Meerestier; Seelilie (zool. t. t.) {69}	l. *crinis* + -(ε)ιδής -(e)ides	Haar ähnlich aussehend s. Partikelliste
>>>	**Kripo,** die = Abkürzung für ↗ **Kriminalpolizei**			
3203	**Krise,** die u. **Krisis,** die gr>l>frz	1. Höhepunkt der Krankheit, der die Wendung bringt (med. t. t.) {14/70}; 2. angespannte Wirtschaftslage {80}; 3. Entscheidungssituation, Wendepunkt {25/33}	κρίσις krisis l. *crisis* frz. *crise*	Streit, Entscheidung, Urteil; Wendepunkt im Krankheitverlauf dto. Krise
—	**kriseln**	drohend bevorstehen; unsicher sein {25/59/80}	dto.	dto.
3203a	**Kristall,** der / das gr>l>mlat >ahd>mhd	1. regelmäßig geformter Körper {20/62/67}; 2. geschliffenes Glas {20}	κρύσταλλος krystallos l. *crystallum* mlat. *crystallum* ahd. *cristalla* u. *kristallo* mhd. *cristalle* u. *kristal(le)*	Eis; Bergkristall dto; Kristallgefäß dto. dto. dto.

–	kristallen gr>l>ahd >mhd	aus Kristall; kristallklar {20/55/62/67}	κρυστάλλινος krystallinos l. *crystallinus* ahd. *kristallin* mhd. *kristallin* u. *kristallen*	aus Kristall; durchsichtig kristallen dto. dto.
–	kristallin o. kristallinisch o. kristallisch gr>l	aus Kristallen bestehend {62/67}	dto.	dto.
–	Kristallisation, die gr>l>frz	Kristallbildung (chem. t. t.) {67/73}	dto. frz. *cristallisation*	dto. Kristallbildung
–	kristallisieren gr>l>frz	Kristalle bilden; sich zu Kristallen umformen {67/73}	dto. frz. *cristalliser*	dto. Kristalle bilden
>>>	Kristallo– ⁊ Wortelementeliste			
3204	Kristallographie, die gr;gr	Wissenschaft von den ⁊ chem. u. ⁊ phys. Eigenschaften der Kristallen {67/72/73}	κρύσταλλος krystallos + γραφή graphe	Eis; Bergkristall Schrift; Zeichnung
–	kristallographisch gr;gr	die Kristallographie betreffend {67/72/73}	dto. + γραφικός graphikos	dto. im Malen geschickt; malerisch; zum Malen o. Schreiben gehörig
3205	Kristallomantie, die gr;gr	Wahrsagen mit Hilfe einer Kristallkugel o. glänzenden Gegenständen {51/59}	κρύσταλλος krystallos + μαντική (τέχνη) mantike (techne)	Eis; Bergkristall (Kunst des) Wahrsagens
3206	Kriterium, das gr>nlat	entscheidendes Merkmal, Prüfstein {25}	κριτήριον kriterion	entscheidendes Kennzeichen; Gericht(splatz)
3207	Kritik, die gr>l>frz	1. Tadel {25/32/33}; 2. Beurteilung, Bewertung, Besprechung {25/32/34}; 3. Urteilsvermögen {22/25}	κριτική (τέχνη) kritike (techne)	(die Kunst des) Beurteilens

kritikabel

–	kritikabel	der Kritik unterworfen, zu unterwerfen {25/32/33/34}	dto.	dto.
–	Kriti-kaster, der (gr;gr)>l >nlat; roman	Nörgler, kleinlicher Kritiker {25/26/84}	dto. + roman. –*aster*	dto. herabsetzendes roman. Suffix
–	Kritiker, der gr>l	1. Beurteiler, Besprecher {25/34/40/74}; 2. Tadler {25/26/32/33}	κριτικός kritikos	der Beurteiler; zum Entscheiden gehörig
–	Kritikus, der	(abwertend) Kritiker {25/34/74}	dto.	dto.
–	kritisch gr>l>frz	1. prüfend, abwägend {25/26}; 2. wissenschaftlich erläuternd {25/40}; 3. entscheidend {25/56}	dto.	dto.
–	kritisie-ren gr>l>frz	1. tadeln {25/26/32}; 2. beurteilen {25/26/32/34/74}	dto.	dto.
–	Kritizis-mus, der (gr;gr)>l >nlat	1. Neigung zur Kritik {25/84}; 2. ↗ philosophisches Verfahren, die Grenzen menschlicher Erkenntnis festzustellen {25/77}	dto. + –ισμός –ismos	dto. gr. Suffix s. Partikelliste
3208	Krokodil, das gr>l	wasserbewohnende Panzerechse, Kriechtier {07/69}	κροκό-δειλος krokodeilos l. *croco-dil(l)us*	Krokodil; Eidechse Krokodil
3209	Krokus, der gr>l	Schwertliliengewächs {04/68}	κρόκος krokos	Safran
3210	Krone, die gr>l>ahd >mhd	1. Herrscherkennzeichen, –symbol {33/47}; 2. Zahnkrone {70}; 3. Baumkrone, –wipfel {03}; 4. nordeuropäische (u. tschechische) Währungseinheit {42/80}	κορώνη korone l. *corona* ahd. *corona* mhd. *kron(e)*	Krähe (nach dem gekrümmten Schnabel); alles Gebogene; Ring, Kranz Kranz, Krone; Einfassung dto. dto.
–	krönen gr>l>ahd >mhd	1. die Krone aufs Haupt setzen {12/33/47}; 2. glanzvoll abschließen {25/33/59}	dto. ahd. *koronon* mhd. *kroe-nen, krönen*	dto. mit einem Kranz schmücken

3211	Kronide, der	1. Nachkomme des Kronos (s. Anhang „Namen") {10/51/75}; 2. Beiname des Zeus (s. Anhang „Namen") {51/75}	Κρονίδης Kronides		Kronide
3212	Krösus, der gr>l	sehr reicher Mann {33/42/80}	Κροῖσος Kroisos		Kroisos (s. Anhang „Namen")
3213	Kroton, der	ostasiatisches Wolfsmilchgewächs {04/68}	κρότων kroton		Baumart
–	Krotonöl, das gr;gr	aus dem Samen des Krotons gewonnenes Abführmittel {70}	dto. + ἔλαιον elaion		dto. Oliven-, (Baum)öl s. u. Öl
>>>	Kryo- ↗ Wortelementeliste				
3214	Kryobiologie, die gr;gr;gr	Teilgebiet der ↗ Biologie, das sich mit der Einwirkung sehr tiefer Temperaturen (↗ UTL 3546) auf ↗ Organismen befaßt {68/69/70}	κρύος kryos + βίος bios + λόγος logos		Eis(kälte), Frost Leben Rede, Wort; Berechnung s. o. Biologie
3215	Kryometer, das gr;gr	↗ Thermometer für tiefe Temperaturen (↗ UTL 3546) (phys. t. t.) {65/72}	κρύος kryos + μέτρον metron		Eis(kälte), Frost Maß; Versmaß
3216	Kryoskopie, die gr;gr	Bestimmung des Molekulargewichts durch Messung der Gefrierpunktserniedrigung {72}	κρύος kryos + σκοπή skope		Eis(kälte), Frost das Umschauen, Spähen
>>>	Krypt(o)- ↗ Wortelementeliste				
3217	Krypta, die gr>l	Gruft unter dem Altarraum alter romanischer (↗ UTL 3167) o. gotischer ↗ Kirchen {58/88}	κρύπτη krypte l. crypta		bedeckter Gang, Gewölbe dto.
3218	Kryptästhesie, die (gr;gr) >nlat	hochgradig verfeinerte Wahrnehmung („Wahrnehmung von Verborgenem") {23}	κρυπτός kryptos + αἴσθησις aisthesis		verborgen, versteckt Wahrnehmung, Empfindung
3219	kryptisch gr>spätl	unklar u. unverständlich ausgedrückt {25/32}	κρυπτός kryptos spätl. crypticus		verborgen, versteckt dto.
>>>	Krypto- ↗ Wortelementeliste				

3220	**Kryptogame,** die (gr;gr) >nlat	blütenlose Pflanze, Sporenpflanze (bot. t. t.) {68}	dto. + γάμος gamos	dto. Hochzeit, Ehe
3221	**kryptogen** o. **kryptogenetisch** gr;gr	von unbekanntem Ursprung (med. t. t.) {70}	κρυπτός kryptos + –γενής –genes bzw. + γένεσις genesis	verborgen, versteckt stammend von; hervorbringend, verursachend Ursprung, Entstehung
3222	**Kryptogramm,** das gr;gr	1. Text (↗ UTL 3576), aus dessen Wörtern einzelne Buchstaben zu einem neuen Text zusammengefunden werden müssen {32/76}; 2. (veraltet) Geheimtext {25/32/82}	κρυπτός kryptos + γράμμα gramma	verborgen, versteckt Buchstabe, Schrift(werk)
–	**Kryptograph,** der gr;gr	(veraltet) Gerät zur Herstellung von Geheimschriften {32/40/82}	κρυπτός kryptos + γραφεύς grapheus	verborgen, versteckt Schreiber, Maler
–	**Kryptographie,** die gr;gr	1. (veraltet) Geheimschrift {25/32/82}; 2. unbewußt bei einer Beschäftigung entstandene Kritzelei (psych. t. t.) {32/70}	κρυπτός kryptos + γραφή graphe	verborgen, versteckt Schrift; Zeichnung
–	**kryptographieren** gr;gr	eine Geheimschrift benutzen {25/32/82}	κρυπτός kryptos + γράφειν graphein	verborgen, versteckt einritzen, schreiben, malen
3223	**Kryptomerie,** die (gr;gr) >nlat	das Verborgenbleiben einer Erbanlage (biol. t. t.) {68/69}	κρυπτός kryptos + μέρος meros	verborgen, versteckt Teil
3224	**Krypton,** das gr>engl	↗ chemisches ↗ Element, Edelgas; Zeichen: Kr (Ausdruck 1897 geprägt von dem engl. ↗ Chemiker W. Ramsey) {73}	κρυπτός kryptos	verborgen, versteckt
–	**Kryptonlampe,** die gr;d	mit Krypton gefüllte Glühlampe mit starker Leuchtkraft {44}	dto. + d. *Lampe*	dto.

3225	Krypto-nym, das gr;gr	im Text (↗ UTL 3576) verborgener, nur mit den Anfangsbuchstaben o. –silben angedeuteter Autorenname {32/34/76}	κρυπτός kryptos + ὄνυμα onyma = Nebenform zu: ὄνομα onoma	verborgen, versteckt Name
3226	kryptorch gr;gr	an Kryptorchismus leidend (med. t. t.) {14/70}	κρυπτός kryptos + ὄρχις orchis	verborgen, versteckt Hoden
–	Kryptorchismus, der gr;gr	das Verbleiben eines o. beider Hoden in der Bauchhöhle o. im Leistenkanal (med. t. t.) {14/70}	dto.	dto.
3227	Kryptoportikus, der gr>l	verdeckter Gang (archit. t. t.) {58/88}	κρυπτός kryptos l. porticus	verborgen, versteckt Säulengang, –halle, Galerie (↗ UTL 2729)
3228	Kryptoskop, das gr;gr	tragbarer Röntgenapparat (med. t. t.) {70}	κρυπτός kryptos + σκοπός skopos	verborgen, versteckt jmd., der genau hinschaut; Aufseher; Späher
–	Kryptoskopie, die gr;gr	Wahrnehmung in der Nähe befindlicher verborgener Gegenstände („Sehen von Verborgenem") {23}	κρυπτός kryptos + σκοπή skope	verborgen, versteckt das Umschauen, Spähen
3229	Ktenophore, die (gr;gr) >nlat	Rippenqualle (zool. t. t.) {08/69}	κτείς, Gen. κτενός kteis, ktenos + φορός phoros	gezahnte / gezackte Gegenstände; Rippe tragend, bringend
3230	Kubatur, die gr>l>nlat	1. Erhebung zur dritten Potenz (↗ UTL 2749); 2. Berechnung des Körperinhaltes dreidimensionaler Gebilde (math. t. t.) {71}	κύβος kybos	Würfel; kubischer Körper; Kubikzahl
3231	Kübel, der gr>l>mlat	Gefäß {44}	κύπη kype l. cupa mlat. cupellus	Höhlung Küpe, Kufe, Tonne kleines Trinkgefäß

>>> Kuben, die (Pl.) = Plural (↗ UTL 2697) von ↗ Kubus

3232	kubieren gr>l>nlat	1. die Festmeter eines Baumstammes aus Länge u. Durchmesser ermitteln (forstwirt. t. t.) {38/71}; 2. eine Zahl in dritte Potenz (↗ UTL 2749) erheben (math. t. t.) {71}	κύβος kybos	Würfel; kubischer Körper; Kubikzahl
>>>	Kubik, der = ↗ Kubikzentimeter			
>>>	Kubik– ↗ Wortelementeliste			
3233	Kubikmeter, der gr;gr	Raummaß von je einem ↗ Meter Länge, Breite u. Höhe; Zeichen: m³ (math. t. t.) {56/71}	κύβος kybos + μέτρον metron	Würfel; kubischer Körper; Kubikzahl Maß; Versmaß
3234	Kubikmillimeter, der gr;l;gr	Raummaß von je einem Millimeter Länge, Breite u. Höhe; Zeichen: mm³ (math. t. t.) {56/71}	dto. + l. *mille* + μέτρον metron	dto. tausend (↗ UTL 2237) Maß; Versmaß s. u. Millimeter
3235	Kubikwurzel, die gr;d	dritte Wurzel aus einer Zahl (math. t. t.) {71}	dto. + d. *Wurzel*	dto.
3236	Kubikzahl, die gr;d	jede Zahl in der dritten Potenz (↗ UTL 2749) (math. t. t.) {71}	dto. + d. *Zahl*	dto.
3237	Kubikzentimeter, der gr;l;gr	Raummaß von je einem Zentimeter Länge, Breite u. Höhe; Zeichen: cm³ (math. t. t.) {56/71}	dto. + l. *centum* + μέτρον metron	dto. hundert Maß; Versmaß
3238	kubisch gr>l	1. würfelförmig {54/58/71}; 2. in der dritten Potenz (↗ UTL 2749) befindlich (math. t. t.) {71}	κυβικός kybikos l. *cybicus* u. *cubicus*	kubisch dto.
–	Kubismus, der (gr;gr)>l >nlat	Kunstrichtung des Expressionismus (↗ UTL 0994), bei der Landschaften u. Figuren (↗ UTL 1089) in ↗ geometrische Formen (↗ UTL 1132) aufgelöst werden (kunsthist. t. t.) {36/75/79}	κύβος kybos + –ισμός –ismos	Würfel; kubischer Körper; Kubikzahl gr. Suffix s. Partikelliste
–	Kubist, der (gr;gr)>l >nlat	Vertreter des Kubismus (kunsthist. t. t.) {36/75/79}	dto. + –ιστής –istes	dto. gr. Suffix s. Partikelliste

—	kubistisch (gr;gr)>l >nlat	im Stil des Kubismus, den Kubismus betreffend (kunsthist. t. t.) {36/75/79}	dto.	dto.
3239	Kubus, der gr>l	1. Würfel {58/71}; 2. dritte Potenz (↗ UTL 2749) (math. t. t.) {71}	κύβος kybos	Würfel; kubischer Körper; Kubikzahl
			l. *cubus*	Würfel; Kubikzahl
3240	Kufe, die gr>l>mlat >ahd>mhd	Bottich, Bütte; Gefäß {44}	κύπη kype	Höhlung
			l. *cupa*	Küpe, Kufe, Tonne (↗ UTL 1943)
			mlat. *copa*	Tonne; größeres Holzgefäß
			ahd. *kuofa*	Bottich
			mhd. *kuofe*	dto.
—	Küfer, der gr>l>mlat >ahd>mhd	1. Böttcher, Weinfaßhersteller {40}; 2. (Wein)kellermeister {17/40}	dto.	dto.
			l. *cupa*	Küpe, Kufe, Tonne (↗ UTL 1943)
			u. *cuparius*	Faßbinder
			mlat. *copa*	Tonne; größeres Holzgefäß
			ahd. *kuofa*	Bottich
			mhd. *küefer*	Böttcher, Kellermeister
3241	Kümmel, der assyr/arab/ hebr>gr>l >ahd>mhd	1. Gewürz(pflanze) {04/17}; 2. Kümmelschnaps {17}	assyr. *kamunu*	Mäusekraut
			arab. *kammun*	dto.
			hebr. *kammon*	dto.
			κύμινον kyminon	Kümmel
			l. *cuminum*	dto.
			ahd. *kumi(n)* u. *kumil*	dto.
			mhd. *kumin* u. *kümel*	dto.
3242	Küpe, die gr>l>mlat >mniederl	1. Färbebad, Färbekessel (landsch.) {40}; Lösung eines Küpenfarbstoffes {40/73}	κύπη kype	Höhlung
			l. *cupa*	Küpe, Kufe, Tonne (↗ UTL 1943)
			mlat. *copa*	Tonne; größeres Holzgefäß
			mniederl. *kupe*	Bottich

3243	**Kupfer**, das gr>l>spätl >ahd>mhd	rötliches ⌐ Metall {02/73}	κύπριος kyprios	aus Zypern (als Hauptlieferant für Kupfer im Altertum); kupfern
			l. *aes cyprum*	zyprisches Erz (⌐ UTL 1953)
			spätl. *cuprum*	
			ahd. *kuphar* u. *kupfar*	Kupfer dto.
			mhd. *kupfer*	dto.
3244	**Kuppe**, die gr>l>spätl >mhd	1. Bergspitze, Gipfel {58/64}; 2. äußerste Spitze {64}	κύπη kype	Höhlung
			l. *cupa*	Küpe, Kufe, Tonne (⌐ UTL 1943)
			spätl. *cuppa*	Becher; schalenförmiger Gegenstand; Haube; Gipfel
			mhd. *kuppe*	(Berg)spitze
–	**Kuppel**, die gr>l>it	halbkugelförmig gewölbtes Dach {88}	dto.	
			l. *cupula*	Tönnchen, kleine Kufe; Grabgewölbe
			it. *cupola*	Kuppel
>>>	**Kuros**, der = ⌐ **Koros**			
3245	**Kurvimeter**, das l;gr	1. Meßgerät für die Bogenlänge einer Kurve (math. t. t.) {71}; 2. Gerät zur Entfernungsmessung auf Landkarten (geogr. t. t.) {64}	l. *curvus*	gekrümmt, gebogen, gewölbt, bauchig (⌐ UTL 1970)
			+ μέτρον metron	Maß; Versmaß
–	**Kurvimetrie**, die l;gr	Kurvenmessung, Entfernungsmessung (math., geogr. t. t.) {64/71}	dto.	dto.
–	**kurvimetrisch** l;gr	auf die Kurvimetrie bezogen (math., geogr. t. t.) {64/71}	dto.	dto.
3246	**kutan** gr>l	zur Haut gehörend, sie betreffend (med. t. t.) {11/70}	κύτος kytos	Höhlung, Wölbung
			l. *cutis*	Haut, Hülle

–	Kutanreaktion, die gr>l;(l;l) >nlat>frz	durch einen künstlichen Reiz ausgelöste Rötung der Haut (med. t. t.) {11/70}	dto. + l. *re* + l. *actio*	dto. zurück, entgegen, wieder Handlung; Tätigkeit; Rede; Bewegung (↗ UTL 2990)
3247	Kyathos, der	gr. Schöpfgefäß mit hochgezogenem Henkel zum Schöpfen des Weines aus dem Mischkrug in den Becher {44/75}	κύαθος kyathos	Becher

>>> –kybernetik, –kybernetisch ↗ Wortelementeliste

3248	Kybernetik, die gr>frz >engl/am	1. Wissenschaft von den Steuerungs- u. Regelungsvorgängen im Lebewesen, im Zusammenleben u. in der ↗ Technik {33/41/72}; 2. Lehre von der Kirchen- u. Gemeindeleitung (rel. t. t.) (Ausdruck 1947 geprägt von dem amerik. ↗ Mathematiker N. Wiener nach der frz. Bezeichnung von 1834 des frz. ↗ Physikers A.M. Ampère) {33/51/77}	κυβερνητική (τέχνη) kybernetike (techne) frz. *cybernétique* engl./am. *cybernetics*	(Kunst des) Steuerns o. Steuermannes Kunst des Regierens Wissenschaft der Kontrolle u. Verarbeitung von Informationen bei Maschinen u. Lebewesen
–	Kybernetiker, der gr>frz >engl/am	Wissenschaftler der Kybernetik {40/72}	κυβερνητικός kybernetikos	zum Steuern gehörig
–	kybernetisch gr>frz >engl/am	die Kybernetik betreffend {33/72}	dto.	dto.

>>> –kybernetisch ↗ Wortelementeliste

3248a	Kykladen, die (Pl.)	gr. Inselgruppe in der südlichen Ägäis {64}	κύκλος kyklos	Kreis, Kreislauf

>>> Kykliker, der = ↗ Zykliker
>>> Kyklop, der = ↗ Zyklop

3249	Kyma, das u. Kyma- tion, das gr>l	Zierleiste mit stilisierten (↗ UTL 3430) Eiformen, bes. am Gesims gr. Tempel (↗ UTL 3545) {75/88}	κυμάτιον kymation	kleine Welle; Hohlleiste als Ver- zierung (archit. t. t.)
>>>	Kymo– ↗ Worteleml̦enteliste			
3250	Kymo- gramm, das (gr;gr) >nlat	Röntgenbild von sich bewe- genden ↗ Organen (med. t. t.) {12/70}	κῦμα kyma + γράμμα gramma	Woge, Welle Buchstabe, Schrift(werk)
–	Kymo- graph, der gr;gr	Aufzeichnungsgerät von ↗ rhythmischen Bewegungen (med. t. t.) {12/70}	κῦμα kyma + γραφεύς grapheus	Woge, Welle Schreiber, Maler
–	Kymo- graphie, die gr;gr	Röntgenverfahren zur Dar- stellung von Organbewegun- gen (med. t. t.) {12/70}	κῦμα kyma + γραφή graphe	Woge, Welle Schrift; Zeich- nung
–	kymogra- phieren gr;gr	eine Kymographie durchfüh- ren (med. t. t.) {12/70}	dto.	dto.
3251	Kymo- skop, das gr;gr	Gerät zur Sichtbarmachung wellenförmig fortschreiten- der Organbewegungen (med. t. t.) {12/70}	κῦμα kyma + σκοπός skopos	Woge, Welle jmd., der genau hinschaut; Aufse- her; Späher
3252	Kyniker, der	Anhänger der Schule des An- tisthenes (s. Anhang „Na- men") {25/75/77}	κυνικός kynikos	hündisch; kyni- scher Philosoph
–	kynisch	die Lehre der Kyniker betref- fend {25/75/77}	dto.	dto.
3253	Kynologe, der gr;gr	Hundekenner, Hundezüchter {40/69}	κύων, Gen. κυνός kyon, kynos + λόγος logos	Hund Rede, Wort; Be- rechnung
–	Kyno- logie, die gr;gr	Hundeforschung, Hunde- zucht {40/69}	dto.	dto.
3254	Kyno- rexia, die gr;gr	Heißhunger (med. t. t.) {14/17/ 70}	κύων, Gen. κυνός kyon, kynos + ὄρεξις orexis	Hund Begierde; Appetit

3255	Kyphose, die	Wirbelsäulenverkrümmung nach hinten (med. t. t.) {14/70}	κύφωσις kyphosis	Krümmung, bes. des Rückgrats
3256	Kyre-naiker, der	Angehöriger der von Aristipp (s. Anhang „Namen") von Kyrene gegründeten Philosophenschule {25/75/77}	Κυρηναϊκός Kyrenaikos	Einwohner von Kyrene (s. Anhang „Namen")
3257	Kyrie, das	Kurzform für Kyrie eleison {51/77}	κύριε kyrie	Herr!
–	Kyrieleis! bzw. Kyrie eleison!	Bittruf im ↗ christlichen Gottesdienst; vgl. ↗ Christe eleison {27/51/77}	κύριε ἐλεῖσον kyrie eleison	Herr, erbarme dich!
–	Kyrie eleison, das	Bittruf als Teil der komponierten (↗ UTL 1170) Messe (↗ UTL 2219) {27/37/51/77}	dto.	dto.

L

3258	**Laby-rinth,** das lyd>gr>l	„Haus der Doppelaxt": 1. Irrgarten, Irrgang; 2. undurchdringbares Durcheinander {23/25/56}; 3. Innenohr (med. t. t.) {11/70}	lyd. **λάβρυς** labrus **λαβύρινθος** labyrinthos l. *labyrinthus*	Beil; Doppelaxt (als Königsinsignie) Gebäude mit Irrgängen dto.
–	**labyrinthisch** lyd>gr>l	wie in einem Labyrinth {23/25/56}	dto.	dto.
–	**Labyrinthitis,** die (lyd>gr>l; gr)>nlat	Entzündung des Innenohrs (med. t. t.) {14/70}	dto. + **–ῖτις** –itis	dto. gr. Suffix s. Partikelliste
3259	**Labyrinthodon,** das lyd>gr>l;gr	ausgestorbenes gepanzertes Kriechtier {69}	lyd. **λάβρυς** labrus **λαβύρινθος** labyrinthos l. *labyrinthus* + **ὀδούς,** Gen **ὀδόντος** odous, odontos	Beil; Doppelaxt (als Königsinsignie) Gebäude mit Irrgängen dto. Zahn
3260	**Lackmuspapier,** das niederl;gr	mit Lackmus getränkter Papierstreifen als Indikator (↗ UTL 1347) für Säuren o. ↗ Basen (chem. t. t.) {73}	niederl. *lakmoes* + **πάπυρος** papyros	blauer Farbstoff Papyrusstaude; Papier s. u. Papier
3261	**Laie,** der gr>kirchenl>ahd >mhd>nhd >mnd	1. Nichtfachmann {33/40}; 2. Nichtgeistlicher {51/77}	**λαϊκός** laikos kirchenl. *laicus* ahd. *leigo* mhd. *lei(g)e* nhd. *ley(e), lay* mnd. *leie*	zum Volk gehörig, aus dem Volk; der Uneingeweihte dto. Nichtgeistlicher dto.; Ungelehrter dto. dto.

3262	Laienapostolat, das gr>kirchenl>ahd >mhd>nhd >mnd;gr	Teilnahme von Laien an den Aufgaben der (↗ katholischen) ↗ Kirche {51/77}	dto. + ἀποστολή apostole	dto. Absendung; Apostelamt s. o. Apostolat
3263	laienhaft gr>kirchenl>ahd >mhd>nhd >mnd;d	in der Art eines Laien, nicht fachmännisch {33/40}	dto. + d. –haft	dto.
3264	Laienkelch, der gr>kirchenl>ahd >mhd>nhd >mnd;gr	Austeilung des Abendmahlweines an Nichtkleriker {51/77}	dto. + κύλιξ kylix	dto. tiefe Schale, Becher, Pokal s. o. Kelch
3265	Laienpriester, der gr>kirchenl>ahd >mhd>nhd >mnd;d	Weltpriester (im Gegensatz zum Ordenspriester) {51/77}	dto. + πρεσβύτερος presbyteros	dto. der Ältere s. u. Priester
3266	laikal gr>kirchenl>ahd >mhd>nhd >mnd	zum Laien gehörig {51/77}	dto.	dto.
3267	laisieren gr>l	einen Geistlichen in den Stand eines Laien zurückversetzen {33/51/77}	λαΐζειν laizein	ein Laie sein
–	Laizismus, der (gr;gr)>l	Weltanschauung, daß ↗ Kirche u. Staat radikal (↗ UTL 2963) getrennt werden sollen {25/50/77}	dto. + –ισμός –ismos	dto. gr. Suffix s. Partikelliste
–	Laizist, der (gr;gr)>l	Vertreter des Laizismus {25/50/77}	dto. + –ιστής –istes	dto. gr. Suffix s. Partikelliste
–	laizistisch	den Laizismus betreffend {25/50/77}	dto.	dto.
3268	Lakonik, die gr>l	Kürze u. Treffsicherheit der Ausdrucksweise {32}	Λακωνικός Lakonikos	spartanisch (s. Anhang „Namen")
–	lakonisch	kurz u. bündig im Ausdruck {32}	dto.	dto.

547

–	Lakonis-mus, der (gr;gr) >nlat	Kürze u. Prägnanz (↗ UTL 2770) des Ausdrucks {32/76}	dto. + –ισμός –ismos	dto. gr. Suffix s. Partikelliste
3269	Lakrit-z(e), die gr>l>mlat >mhd	schwarze eingedickte Masse aus dem Saft des Süßholzes {17}	γλυκύρριζα glykyrriza l. *glycyrrhiza* mlat. *liquiricia* mhd. *lekerize* u. *lakerize*	Süßwurzel, Süßholz dto. dto. Süßholz, Lakritze
3270	Lakto-(densi)-meter, das l;l;gr	Gerät zur Bestimmung des Fettgehaltes der Milch {70/73}	l. *lac* Gen. *lactis* + l. *densus* + μέτρον metron	Milch; das Weiße dicht Maß; Versmaß
3271	Lalem, das gr>nlat	durch die Artikulation (↗ UTL 0281a) bestimmte Sprecheinheit in der Lautlehre {32/76}	λάλημα lalema	Geschwätz
–	Laletik, die	Wissenschaft von den Lalemen {32/76}	λαλητικός laletikos	schwatzhaft

>>> –lalie, Lalo– ↗ Wortelementeliste

3272	Lalo-pathie, die gr;gr	Sprachstörung (med. t. t.) {14/32/70}	λαλεῖν lalein + πάθος pathos	viel reden, schwatzen Schmerz; Leiden(schaft)
3273	Lalo-phobie, die gr;gr	Furcht vor dem Sprechen {14/26/32/70}	λαλεῖν lalein + φόβος phobos	viel reden, schwatzen Angst, Furcht
3274	Lambda, das	elfter Buchstabe des gr. ↗ Alphabets {32}	λ, Λ (λάμβδα) l, L (lambda)	Lambda
–	Lambda-zismus, der gr>l	Sprachfehler mit fehlerhafter Aussprache des r als l (med., sprachwiss. t. t.) {32/70/76}	λαμβδακισ-μός lambdakismos	zu häufiger Gebrauch des Lambda
3275	Lamia, die gr>l	kinderraubendes Gespenst in der gr. ↗ Mythologie (s. Anhang „Namen") {51}	λαμία lamia	großer, gefräßiger Meerfisch; Gespenst, das Kinder erschreckt

3276	Lampa-darius, der gr>l	1. mehrarmige ↗ Lampe {44}; 2. Sklave, der mit einer Fackel voranleuchtet {33/44/75}	λαμπάς, Gen λαμπάδος lampas, lampados l. *lampadarius*	Fackel; Fackellauf Fackelträger
–	Lampe, die gr>l>vulgl >(a)frz >mhd	Beleuchtungskörper {44}	dto. l. *lampas* Gen. *lampadis* vulgl. *lampada* (a)frz. *lampe* mhd. *lampe*	dto. Fackel, Kerze, Leuchte dto. Lichtquelle, Leuchte dto.
–	Lampion, der gr>l>vulgl >it>frz	Papierlaterne {44}	dto. it. *lampa* u. *lampione* frz. *lampion*	dto. große Laterne kleine Laterne aus buntem Papier
3277	Laparo-skop, das (gr;gr) >nlat	↗ Endoskop zur Untersuchung der Bauchhöhle (med. t. t.) {70}	λαπάρα lapara + σκοπός skopos	Leib zwischen den Rippen u. Hüften jmd., der genau hinschaut; Aufseher; Späher
–	Laparo-skopie, die gr;gr	Untersuchung der Bauchhöhle mit dem Laparoskop (med. t. t.) {70}	λαπάρα lapara + σκοπή skope	Leib zwischen den Rippen u. Hüften das Umschauen, Spähen
3278	Laparo-tomie, die gr;gr	Bauchschnitt (med. t. t.) {70}	λαπάρα lapara + τομή tome	Leib zwischen den Rippen u. Hüften das Schneiden; Schnitt; das Abgeschnittene
3279	Larnax, die	kleinerer ↗ Sarkophag, Urne (↗ UTL 3733) (archäol. t. t.) {75}	λάρναξ larnax	Kasten, Kiste; Urne
>>>	Laryng(o)–	↗ Wortelementeliste		
3280	Laryn-gal(is), der gr>nlat	Kehlkopflaut (sprachwiss. t. t.) {32/76}	λάρυγξ, Gen. λάρυγγος larynx, laryngos	Kehle, Schlund

3281	Laryngal-theorie, die gr;gr	Versuch des Nachweises von Laryngalen im ↗ Indogermanischen (sprachwiss. t. t.) {32/76}	dto. + θεωρία theoria	dto. das Anschauen, Betrachten; (wissenschaftliche) Untersuchung s. u. Theorie
3282	laryngeal	den ↗ Larynx betreffend (med. t. t.) {11/70}	λάρυγξ, Gen. λάρυγγος larynx, laryngos	Kehle, Schlund
3283	Laryngitis, die gr;gr	Kehlkopfentzündung (med. t. t.) {14/70}	dto. + –ῖτις –itis	dto. gr. Suffix s. Partikelliste
3284	Laryngologe, der gr;gr	Facharzt für Kehlkopfleiden {14/40/70}	λάρυγξ, Gen. λάρυγγος larynx, laryngos + λόγος logos	Kehle, Schlund Rede, Wort; Berechnung
–	Laryngologie, die gr;gr	Wissenschaft von den Kehlkopfkrankheiten (med. t. t.) {14/70}	dto.	dto.
3285	Laryngoskop, das gr;gr	Kehlkopfspiegel (med. t. t.) {70}	λάρυγξ, Gen. λάρυγγος larynx, laryngos + σκοπός skopos	Kehle, Schlund jmd., der genau hinschaut; Aufseher; Späher
–	Laryngoskopie, die gr;gr	Untersuchung des Kehlkopfs mit dem Laryngoskop (med. t. t.) {70}	dto. + σκοπή skope	dto. das Umschauen, Spähen
–	laryngoskopisch	die Laryngoskopie betreffend (med. t. t.) {70}	dto.	dto.
3286	Laryngotomie, die (gr;gr)>1	Kehlkopfschnitt (med. t. t.) {70}	λάρυγξ, Gen. λάρυγγος larynx, laryngos + τομή tome	Kehle, Schlund das Schneiden; Schnitt; das Abgeschnittene

3287	Larynx, der	Kehlkopf (med. t. t.) {11/70}	λάρυγξ, Gen. λάρυγγος larynx, laryngos		Kehle, Schlund
3288	Larynx-karzinom, das gr;gr>l	Kehlkopfkrebs (med. t. t.) {14/70}	dto. + καρκίνωμα karkinoma		dto. Krebsgeschwür s. o. Karzinom
3289	Lasagne, die (Pl.) gr>l>vulgl >it	it. Gericht, bei dem Bandnudeln schichtweise mit Hackfleisch gefüllt u. mit Käse überbacken werden (gastron. t. t.) {17}	λάσανον lasanon l. lasanum vulgl. lasania* it. lasagne = Pl. von lasagna		Kochgeschirr dto. dto. dto.; Bandnudel
3290	Laterna magica, die gr>l>mhd; gr	„Zauberlaterne": Projektionsapparat {87}	λαμπτήρ lampter + μαγικός magikos		Leuchte, Fackel vgl. o. Lampe den Magier betreffend s. u. Magie
–	Laterne, die gr>l>mhd	1. wetterfeste, durch ein Gehäuse geschützte Lampe {44/45}; 2. auf die Scheitelöffnung einer ↗ Kuppel gesetztes, durchbrochenes Türmchen (archit. t. t.) {88}	λαμπτήρ lampter l. lanterna u. laterna mhd. la(n)terne		Leuchte, Fackel Laterne, Lampe dto.
3291	Latex, der gr>l	Milchsaft tropischer Pflanzen, aus dem Kautschuk, Klebstoff u. a. hergestellt wird {03/40/41/73}	λάταξ latax l. latex Gen. laticis		Tropfen, Neige Flüssigkeit, Naß
–	latexieren gr>l	mit einer aus Latex hergestellten Substanz (↗ UTL 3466) beschichten {03/40/41/73}	dto.		dto.
3292	Latrie, die gr>l	Verehrung von Gott u. ↗ Christus; Anbetung (rel. t. t.) {51/77}	λατρεία latreia		(Lohn)dienst; Gottesdienst

>>> –latrie ↗ Wortelementeliste

3293	Lauda-num, das asyr>gr>l >mlat>nhd	schmerzstillendes Mittel aus ↗ Opium {70}	assyr. *ladanu* λήδανον ledanon o. λάδανον ladanon l. *ladanum*	harzähnlicher Stoff
				Baumharz der kretischen Zistrose
			mlat. *labdanum* u. *laudanum*	dto.
			nhd. *laudanum*	dto.

>>> Lecithin, das = ↗ Lezithin

3294	legasthen l;gr	die Legasthenie betreffend {14/32/70}	l. *legere* + ἀσθενής asthenes	lesen kraftlos, schwach
–	Legasthenie, die l;gr	„Leseschwäche": Schwierigkeit beim Lesen u. Schreiben trotz durchschnittlicher Intelligenz (↗ UTL 1458) (med., psych. t. t.) {14/32/70}	dto. + ἀσθένεια astheneia	dto. Kraftlosigkeit, Schwäche s. o. Asthenie
–	Legastheniker, der l;gr	an Legasthenie Leidender (med., psych. t. t.) {14/32/70}	dto. + ἀσθενικός asthenikos	schwächlich
–	legasthenisch l;gr	an Legasthenie leidend (med., psych. t. t.) {14/32/70}	dto. + ἀσθενής asthenes	kraftlos, schwach
3295	Legislaturperiode, die l>frz;gr	Gesetzgebungs–, Wahlperiode; Amtsdauer einer Volksvertretung {50/59}	l. *legislatio* frz. *législature* + περίοδος periodos	Gesetzgebung (↗ UTL 2033) Umgang, Umlauf s. u. Periode
3296	Leichtathlet, der d;gr	Sportler, der Leichtathletik betreibt {85}	d. *leicht* + ἀθλητής athletes	Wettkämpfer s. o. Athlet
–	Leichtathletik, die d;gr	Sammelbegriff für Lauf–, Wurf– u. Sprungsportarten {85}	d. *leicht* + ἀθλητικός athletikos	den Wettkämpfer betreffend s. o. Athletik

3297	Leier, die gr>l>ahd >mhd	1. Saiteninstrument; vgl. ↗ Kithara; 2. Kurzform für Drehorgel {37}; 3. ständig wiederholte, lästige Klage {26/32/33}	λύρα lyra l. *lyra* ahd. *lira* mhd. *lire*	Leier dto. dto. dto.
–	Leierkasten, der gr>l>ahd >mhd;d	Drehorgel (ugs., bes. berlin.) {37}	dto. + d. *Kasten*	dto.
–	leiern gr>l>ahd >mhd	1. kurbeln {30/61}; 2. etwas ↗ monoton u. ausdruckslos vortragen; herunterleiern {26/32}	dto. mhd. *liren*	dto. die Leier spielen; eintönig singen o. sprechen
3298	leipogrammatisch gr;gr	einen bestimmten Buchstaben nicht aufweisend {32/76}	λείπειν leipein + γράμμα gramma	verlassen, zurücklassen Buchstabe, Schrift(werk)
3299	Lekythos, die gr>l	altgr. Ölgefäß, oft als Grabbeigabe gebraucht (archäol. t. t.) {44/75}	λήκυθος lekythos	Ölflasche
3300	Lemma, das gr>l	1. Stichwort in einem Nachschlagewerk {32/76}; 2. Annahme, Hilfssatz (math., log. t. t.) {71}; 3. als Motto (↗ UTL 2303) ausgedrückter Inhalt eines Werkes, Überschrift {34/76}	λῆμμα lemma	Gewinn; Inhalt
–	lemmatisieren gr>l>nlat	1. zum Stichwort machen; 2. mit Stichwörtern versehen {32/76}	dto.	dto.
3301	Lemniskate, die gr>l	algebraische Kurve (↗ UTL 1970) in Form (↗ UTL 1132) einer liegenden Acht (math. t. t.) {71}	λημνίσκος lemmiskos l. *lemniscus* u. *lemniscatus*	Band, Schleife dto. mit Bändern geschmückt
3302	Lenäen, die (Pl.)	altathenisches Fest zu Ehren des Gottes Dionysos (s. Anhang „Namen")	Λήναια Lenaia (Pl.) abgeleitet von: ληναῖος lenaios	„das Kelterfest": die Lenäen zum Kelter gehörig
3303	Leo gr>l	männlicher Vorname {31}	λέων, Gen. λέοντος leon, leontos l. *leo*, Gen. *leonis*	Löwe s. u. Löwe Löwe

–	Leoniden, die (Pl.) (gr;gr)>l >nlat	regelmäßiger Sternschnuppenschwarm im November (↗ UTL 2380) {01/66}	dto. + –(ε)ιδής –(e)ides	dto. ähnlich aussehend s. Partikelliste
3304	Leopard, der gr>spätl >ahd >spätmhd	afrikanische u. asiatische gefleckte Raubkatze {06/69}	λεόπαρδος leopardos u. λεοντόπαρδος leontopardos abgeleitet von: λέων, Gen. λέοντος leon, leontos + πάρδαλις pardalis u. πάρδος pardos spätl. *leopardus* ahd. *leopardo* spätmhd. *leopard*	"Löwenpanther": Leopard Löwe s. u. Löwe Panther s. u. Panther dto. dto. dto.
3304a	Leopold gr;?	männlicher Vorname {31}	λέων, Gen. λέοντος leon, leontos	Löwe s. u. Löwe
3305	Lepidopteren, die (Pl.) gr;gr	Sammelbezeichnung für Schmetterlingsarten (biol. t. t.) {08/69}	λεπίς, Gen. λεπίδος lepis, lepidos + πτερόν pteron	Schuppe, Schale Feder, Flügel
–	Lepidopterologe, der gr;gr;gr	Wissenschaftler auf dem Gebiet der Lepidopterologie {40/69}	dto. + λόγος logos	dto. Rede, Wort; Berechnung
–	Lepidopterologie, die gr;gr;gr	Schmetterlingskunde (zool. t. t.) {69}	dto.	dto.
3306	Lepra, die gr>l	Aussatz (med. t. t.) {14/70}	λέπρα lepra abgeleitet von: λεπρός lepros	schuppiger Aussatz rauh, schuppig; uneben

–	**Leprom**, das (gr;gr) >nlat	Knotenbildung bei Lepra (med. t. t.) {14/70}	dto. + –ωμα –oma	dto. gr. Suffix s. Partikelliste
–	**lepros** gr>spätl u. **leprös**	aussätzig (med. t. t.) {14/70}	λεπρός lepros spätl. *leprosus*	rauh, schuppig; uneben aussätzig
–	**Leprosorium**, das gr>vulgl	Leprakrankenhaus (med. t. t.) {14/49/58/70}	dto.	dto.
>>>	**–lepsie** ⁊ Wortelementeliste			
>>>	**Lepta**, die (Pl.) = Plural (⁊ UTL 2697) von ⁊ **Lepton**			
3307	**leptomorph** gr;gr	= ⁊ leptosom: schlankwüchsig {11/70}	λεπτός leptos + μορφή morphe	dünn, zart, fein Form, Gestalt
3308	**Lepton**, das	1. altgr. Gewicht {42/56/75}; 2. neugr. Münze {42/56}; 3. Elementarteilchen, das leichter als ein ⁊ Proton ist (phys. t. t.) {72}	λεπτόν lepton abgeleitet von: λεπτός leptos	kleine Münze dünn, zart, fein
3309	**leptosom**	schlankwüchsig (med. t. t.) {11/70}	λεπτόσωμος leptosomos	mit dünnem Leibe
–	**Leptosome**, der	Mensch von schmalem Körperbau (med. t. t.) {11/70}	dto.	dto.
3310	**Lesbe**, die	Lesbierin (ugs.): Frau, die gleichgeschlechtliche Liebe empfindet {18/33/70}	Λέσβος Lesbos	Lesbos (s. Anhang „Namen")
–	**Lesbianismus**, der gr>engl	⁊ Homosexualität bei Frauen {18/33/70}	Λέσβιος Lesbios engl. *lesbianism*	aus Lesbos, lesbisch weibliche Homosexualität
–	**Lesbierin**, die	lesbische Frau {18/33/70}	dto.	dto.
–	**lesbisch**	gleichgeschlechtlich empfindend (bei Frauen) {18/33/70}	dto.	dto.
3311	**Lethargie**, die gr>l	1. krankheitsbedingte Schlafsucht (med. t. t.) {14/70}; 2. Trägheit, Teilnahmslosigkeit {26}	ληθαργία lethargia	Schlafsucht

–	**lethar-gisch** gr>l	1. schlafsüchtig {14/70}; 2. leidenschaftslos, teilnahmslos {26}	ληθαργικός lethargikos	schlafsüchtig	
3312	**Lethe,** die	1. das Vergessen {24/25}; 2. Fluß in der Unterwelt {51/75}	Λήθη Lethe	Lethe (s. Anhang „Namen")	
3313	**Leu,** der gr>l >rumän	1. rumänische Währungseinheit {42/56}; 2. Löwe (veraltet) {06/69}	λέων, Gen. λέοντος leon, leontos	Löwe s. u. Löwe	
3314	**Leukämie,** die (gr;gr) >nlat	„Weißblütigkeit": krankhafte Vermehrung der weißen Blutkörperchen, Blutkrebs (med. t. t.) {14/70}	λευκός leukos + αἷμα haima	hell, weiß Blut	
–	**leukämisch** gr;gr	die Leukämie betreffend, an ihr leidend (med. t. t.) {14/70}	dto.	dto.	

>>> **leuko-** ↗ Wortelementeliste

3315	**Leukoblast,** der gr;gr	Vorstufe des ↗ Leukozyten (med. t. t.) {70}	λευκός leukos + βλαστός blastos	hell, weiß Keim, Sproß	
3316	**leukoderm** gr;gr	pigmentarm, hellhäutig (med. t. t.) {11/70}	λευκός leukos + δέρμα derma	hell, weiß Haut	
–	**Leukoderma,** das gr;gr	weiße Flecke, die auf der Haut entstandenen sind (med. t. t.) {11/70}	dto.	dto.	
3317	**Leuko(zyto)lyse,** die gr;(gr);gr	Auflösung der weißen Blutkörperchen (med. t. t.) {14/70}	λευκός leukos (+ κύτος kytos) + λύσις lysis	hell, weiß (Höhlung, Wölbung) (Auf)lösung	
3318	**Leukopenie,** die gr;gr	krankhafte Verminderung der weißen Blutkörperchen (med. t. t.) {14/70}	λευκός leukos + πενία penia	hell, weiß Armut, Mangel	
3319	**Leukoplast,** 1. der 2. das (gr;gr) >nlat	1. farbloser Bestandteil der pflanzlichen Zelle (↗ UTL 3886) (bot. t. t.) {68}; 2. Heftpflaster ohne Mullauflage (Ausdruck 1901 von dem d. ↗ Apotheker Troplowitz gebildet) {70}	λευκός leukos 1. + πλαστός plastos 2. + ἔμπλαστρον emplastron	hell, weiß gebildet, geformt Pflaster, aufgetragene Salbe	

3320	Leukopoese, die (gr;gr) >nlat	Bildung weißer Blutkörperchen (med. t. t.) {70}	λευκός leukos + ποίησις poiesis	hell, weiß das Machen, Verfertigen; Dichten
–	leukopoetisch (gr;gr) >nlat	die Leukopoese betreffend, weiße Blutkörperchen bildend (med. t. t.) {70}	λευκός leukos + ποιητικός poietikos	hell, weiß schaffend; dichterisch
3321	Leukose, die gr;gr	Überbegriff für die Leukämiearten (med. t. t.) {14/70}	λευκός leukos + –ωσις –osis	hell, weiß gr. Suffix s. Partikelliste
3322	Leukotomie, die gr;gr	operativer (↗ UTL 2434) Eingriff in die weiße Gehirnsubstanz bei ↗ chronischen Geisteskrankheiten (med. t. t.) {70}	λευκός leukos + τομή tome	hell, weiß das Schneiden; Schnitt; das Abgeschnittene
3323	Leukotrichie o. -trichose, die gr;(gr)	das Weißwerden der Haare (med. t. t.) {70}	λευκόθριξ, Gen. λευκότριχος leukotrix, leukotrichos bzw. + –ωσις –osis	weißhaarig gr. Suffix s. Partikelliste
3324	Leukozyt, der gr;gr	weißes Blutkörperchen (med. t. t.) {11/70}	λευκός leukos + κύτος kytos	hell, weiß Höhlung, Wölbung
3325	Leukozytose, die gr;gr;gr	krankhafte Vermehrung der weißen Blutkörperchen (med. t. t.) {14/70}	dto. + –ωσις –osis	dto. gr. Suffix s. Partikelliste
3326	Leuzismus, der (gr;gr) >nlat	Weißfärbung des Haarkleides bei normalerweise dunkelgefärbten Tieren ohne Veränderung der Augenfarbe (anders im Albinismus (↗ UTL 0135a) {55/69}	λευκός leukos + –ισμός –ismos	hell, weiß gr. Suffix s. Partikelliste
3327	Levkoje o. Levkoje, die gr>l>ngr	Zierpflanze; Gattung der Kreuzblütler {04/68}	λευκόϊον leukoion	weißes Veilchen (in ngr. Aussprache)
3328	Lew, der gr>l >bulgar/ russ	1. bulgarische Währungseinheit {42/56}; 2. russ. Vorname {31}	λέων, Gen. λέοντος leon, leontos	Löwe s. u. Löwe

3329	**Lexem,** das gr>russ	1. lexikalische Einheit; 2. Wortschatzeinheit als Träger der begrifflichen Bedeutung (sprachwiss. t. t.) {32/76}	λέξις lexis russ. *leksema*	Sprechen, Redeweise
–	**Lexematik,** die gr>russ	Lehre von den Lexemen {32/76}	dto.	dto.
–	**lexematisch** gr>russ	die Lexematik betreffend {32/76}	dto.	dto.
>>>	–lexie ⚹ Wortelementeliste			
3330	**Lexik,** die	Wortschatz einer Sprache (sprachwiss. t. t.) {32/76}	λεξικός lexikos	ein Wort betreffend
>>>	**Lexika,** die (Pl.) = Plural (⚹ UTL 2697) von ⚹ **Lexikon**			
3331	**lexikal** o. **lexikalisch**	1. das Wörterbuch betreffend; 2. in der Art eines ⚹ Lexikons {32/76}	dto.	dto.
–	**lexikalisieren**	als ein neues ⚹ Lexem festlegen; zum festen Bestandteil der Sprache machen (sprachwiss. t. t.) {32/76}	dto.	dto.
>>>	**Lexiken,** die (Pl.) = Plural (⚹ UTL 2697) von ⚹ **Lexikon**			
>>>	**Lexiko–** ⚹ Wortelementeliste			
3332	**Lexikograph,** der	Verfasser eines Wörterbuches {32/40/76}	λεξικογράφος lexikographos	Wörterbuchschreiber
–	**Lexikographie,** die gr;gr	Wissenschaft vom Verfassen von Wörterbüchern {32/76}	λεξικός lexikos + γραφή graphe	ein Wort betreffend Schrift; Zeichnung
–	**lexi(ko)-graphisch** (gr;gr) >nlat	die Lexikographie betreffend {32/76}	λεξικός lexikos + γραφικός graphikos	ein Wort betreffend im Malen geschickt; malerisch; zum Malen o. Schreiben gehörig

3333	Lexikologe, der (gr;gr) >nlat	Wissenschaftler auf dem Gebiet der Lexikologie {32/40/76}	λεξικός lexikos + λόγος logos	ein Wort betreffend Rede, Wort; Berechnung
–	Lexikologie, die (gr;gr) >nlat	Lehre von der Erfassung des Wortschatzes (linguist. t. t.) {32/76}	dto.	dto.
–	lexikologisch (gr;gr) >nlat	die Lexikologie betreffend {32/76}	dto. + λογικός logikos	dto. zum Reden gehörig, die Rede betreffend
3334	Lexikon, das	1. ↗ alphabetisch geordnetes Nachschlagewerk; 2. Wörterbuch; 3. Wortschatz einer Sprache (sprachwiss. t. t.) {32/76}	λεξικόν (βιβλίον) lexikon (biblion)	Wörterbuch
3335	Lexikothek, die gr;gr	Sammlungen von verschiedenen ↗ Lexika {32/76}	dto. + θήκη theke	dto. Behältnis, Kasten
3336	lexisch	die Lexik betreffend (sprachwiss. t. t.) {32/76}	λεξικός lexikos	ein Wort betreffend
3337	Lexothek, die gr;gr	↗ maschinelles Wörterbuch {32/76}	dto. + θήκη theke	dto. Behältnis, Kasten
3338	Lezithin, das gr>nlat	in allen Zellen (↗ UTL 3886) enthaltenes ↗ Lipoid; Nervenstärkungsmittel (chem., biol. t. t.) {69/70/73}	λέκιθος lekithos	Eigelb, Eidotter
3339	Lichenologe, der gr>l;gr	Spezialist (↗ UTL 3394) der Lichenologie (bot. t. t.) {40/68}	λειχήν leichen l. *lichen* + λόγος logos	Flechte dto. Rede, Wort; Berechnung
–	Lichenologie, die gr>l;gr	Flechtenkunde (bot. t. t.) {68}	dto.	dto.
3340	Lilie, die gr>l>ahd >mhd	stark duftende Gartenpflanze {04/68}	λείριον leirion l. *lilium* ahd. *lilia* mhd. *lilje*	Lilie dto.

>>>	Limn(o)– ↗ Wortelementeliste	

3341	limnikol gr;l>nlat	im Süßwasser lebend (von ↗ Organismen) (biol. t. t.) {68/69}	λίμνη limne l. colere	See, Teich einen bestimmten Ort bewohnen
3342	limnisch	im Süßwasser lebend, entstanden (biol. t. t.) {68/69}; 2. im Süßwasser abgelagert (geol. t. t.) {62}	λίμνη limne	See, Teich
3343	Limnologe, der gr;gr	Wissenschaftler auf dem Gebiet der Limnologie {40/68/69}	dto. + λόγος logos	dto. Rede, Wort; Berechnung
–	Limnologie, die gr;gr	Wissenschaft von den Binnengewässern u. ihren ↗ Organismen; Süßwasserkunde {68/69}	dto.	dto.
–	limnologisch gr;gr	auf Binnengewässer bezogen; die Limnologie betreffend {68/69}	dto. + λογικός logikos	dto. zum Reden gehörig, die Rede betreffend

>>> –lin ↗ Worteelementeliste

3344	Linienmaschine, die l;gr>l	Flugzeug, das im fahrplanmäßigen Verkehr eingesetzt wird {45}	l. linea + μηχανή mechane	Leine, Strich, Linie; Richtschnur (↗ UTL 2069) Hilfsmittel, Werkzeug s. u. Maschine
3345	Lioderma, die (gr;gr) >nlat	angeborene dünne, glänzende, trockene Haut mit Schwund des Unterhautgewebes (med. t. t.) {14/70}	λεῖος leios + δέρμα derma	glatt Haut
3346	Lipämie, die (gr;gr) >nlat	Vermehrung des Fettgehaltes im Blut (med. t. t.) {14/70}	λίπος lipos + αἷμα haima	Fett Blut
–	lipämisch gr;gr	die Lipämie betreffend, fettblütig (med. t. t.) {14/70}	dto.	dto.
3347	Lipid, das (gr;gr) >nlat	1. Fett o. fettähnliche Substanz (↗ UTL 3466) (chem. t. t.) {73}; 2. Sammelbezeichnung für alle Fette u. ↗ Lipoide {69/70/73}	λίπος lipos + –(ε)ιδής –(e)ides	Fett ähnlich aussehend s. Partikelliste
–	Lipidose, die gr;gr	angeborene Störung des Fettstoffwechsels (med. t. t.) {14/70}	dto. + –ωσις –osis	dto. gr. Suffix s. Partikelliste

>>> Lipo– ↗ Worteelementeliste

3348	Lipo-chrom, das (gr;gr) >nlat	⚹ organischer gelber u. roter Fettfarbstoff {69/73}	dto. + χρῶμα chroma	dto. Farbe, Haut	
>>>	lipogrammatisch = ⚹ leipogrammatisch				
3349	lipoid (gr;gr) >nlat	fettähnlich {68/69/70/73}	λίπος lipos + –(ε)ιδής –(e)ides	Fett ähnlich aussehend s. Partikelliste	
–	Lipoid, das (gr;gr) >nlat	fettähnliche Substanz (⚹ UTL 3466), die in jeder Zelle (⚹ UTL 3886) enthalten ist (chem., biol. t. t.) {68/69/70/73}	dto.	dto.	
3350	Lipom o. Lipoma, das gr;gr	Fettgeschwulst (med. t. t.)	λίπος lipos + –ωμα –oma	Fett gr Suffix s Partikelliste	
3351	lipophil gr;gr	1. in Fett löslich (chem. t. t.) {73}; 2. zu übermäßigem Fettansatz neigend (med. t. t.) {14/70}	dto. + φίλος philos	dto. lieb, befreundet, Freund	
–	Lipo-philie, die gr;gr	Neigung zu übermäßigem Fettansatz (med. t. t.) {14/70}	λίπος lipos + φιλία philia	Fett Liebe, Freundschaft	
3352	lipophob gr;gr	in Fett unauflöslich (chem. t. t.) {73}	λίπος lipos + φόβος phobos	Fett Furcht, Schrecken	
3353	Liposom, das gr;gr	Fettbestandteile in Hautcreme o. anderen ⚹ Kosmetika {21/73}	λίπος lipos + σῶμα soma	Fett Leib, Körper	
3354	Lira, die gr>l>it	einsaitige Geige des Mittelalters {37/75}	λύρα lyra l. *lyra* it. *lira*	Leier Laute einsaitige Geige	
3355	lirico gr>l>it	lyrisch (mus. t. t.) {37}	dto.	dto.	
3356	Litanei, die gr>kirchenl>mhd	1. Bittgebet in Wechselrede zwischen ⚹ Priester u. Gemeinde {32/51/77}; 2. eintöniges Gerede {26/32}	λιτανεία litaneia kirchenl. *litania* mhd. letanie	das Bitten, Flehen Bittgesang dto.	

3357	Liter, der gr>mlat >mfrz>frz	Hohlmaß; ein Kubikdezimeter (1 dm³) {56/57}	λίτρα litra mlat. *litra* mfrz. *litron* frz. *litre*		Gewicht von 12 Unzen o. 1 Pfund dto.Hohlmaß dto. Liter
3358	Lithiasis, die	Neigung zu Steinbildung, bes. in den inneren ↗ Organen (med. t. t.) {14/70}	λιθίασις lithiasis		Steinschmerzen
3359	Lithium, das	silberweißes Alkalimetall; Zeichen: Li (dieses Element wurde zuerst in Mineralien festgestellt – chem. t. t.) {73}	λίθος lithos		Stein
>>>	Litho = ↗ Lithographie				
>>>	Litho–, –lith ↗ Wortelementeliste				
3360	lithogen (gr;gr) >nlat	1. aus Gesteinen entstanden (geol. t. t.) {62}; 2. steinbildend (med. t. t.) {14/70}	dto. + –γενής –genes		dto. stammend von; hervorbringend, verursachend
–	Lithogenese, die gr;gr	das Entstehung von Sedimentgesteinen (geol. t. t.) {62}	λίθος lithos + γένεσις genesis		Stein Ursprung, Entstehung
3361	Lithoglyphik o. Lithoglyptik, die gr;gr	Steinschneidekunst {40}	λίθος lithos + γλυπτικός glyptikos		Stein schnitzend, meißelnd s. o. Glyptik
3362	Lithograf o. Lithograph, der gr;gr	1. Drucker, der mit Lithographie arbeitet {40}; 2. Künstler, der Lithographien herstellt {36/40}	λίθος lithos + γραφεύς grapheus		Stein Schreiber, Maler
–	Lithografie o. Lithographie, die gr;gr	1. Flachdruckverfahren, urspr. mit Steinen {40}; 2. ↗ graphisches Kunstblatt in Steindruck {36/40}	dto. + γραφή graphe		dto. Schrift; Zeichnung
–	lithografieren o. lithographieren gr;gr	1. in Steindruck wiedergeben {40}; 2. Lithographien herstellen {36/40}	dto. + γράφειν graphein		dto. einritzen, schreiben, malen

–	lithogra-fisch o. lithographisch gr;gr	1. die Lithographie betreffend {36/40}; 2. im Steindruckverfahren hergestellt {40}	dto. + γραφικός graphikos	dto. im Malen geschickt; malerisch; zum Malen o. Schreiben gehörig	
3363	Litho-klast, der gr;gr	Instrument (↗ UTL 1448b) zur Zertrümmerung von Blasensteinen (med. t. t.) {70}	λίθος lithos + κλαστός klastos	Stein zerbrochen	
3364	Litho-loge, der gr;gr	Wissenschaftler der Lithologie {40/62}	λίθος lithos + λόγος logos	Stein Rede, Wort; Berechnung	
–	Litho-logie, die gr;gr	Gesteinskunde {62}	dto.	dto.	
–	litho-logisch gr;gr	die Lithologie betreffend {62}	dto. + λογικός logikos	dto. zum Reden gehörig, die Rede betreffend	
3365	Litholyse, die gr;gr	Auflösung von Nieren– o. Gallensteinen durch Arzneimittel (med. t. t.) {14/70}	λίθος lithos + λύσις lysis	Stein (Auf)lösung	
3366	lithophag gr;gr	sich in Gesteine hineinfressend (von Tieren) (zool. t. t.) {69}	λίθος lithos + φαγεῖν phagein	Stein essen	
3367	Litho-phanie, die gr;gr	reliefartige bildliche Darstellung auf dünnem durchscheinenden Porzellan (↗ UTL 2733) {36}	λίθος lithos + φανός phanos	Stein hell, leuchtend	
3368	lithophil gr;gr	1. Gestein als Untergrund bevorzugend (von Tieren) (zool. t. t.) {69}; 2. die Erdkruste bildend {62}	λίθος lithos + φίλος philos	Stein lieb, befreundet, Freund	
3369	Litho-pone, die gr;gr	weiße Anstrichfarbe {40/55}	λίθος lithos + πόνος ponos	Stein Arbeit, Mühe	
3370	Litho-sphäre, die gr;gr	äußere Gesteinshülle der Erde (geol. t. t.) {62}	λίθος lithos + σφαῖρα sphaira	Stein Kugel, Ball s. u. Sphäre	

3371	**Litho-tomie,** die gr;gr	operative (↗ UTL 2434) Entfernung von Steinen (med. t. t.) {70}	λίθος lithos + τομή tome	Stein das Schneiden; Schnitt; das Abgeschnittene
3372	**Lithurgik,** die	Lehre von Gebrauch u. Verarbeitung von Gesteinen u. Mineralen (↗ UTL 2238) {40/62}	λιθουργική (τέχνη) lithourgike (techne)	(die Kunst des) Meißelns u. Bearbeitens von Steinen
3372a	**Litotes,** die	↗ ironische ↗ Periphrase, bei der der Sachverhalt durch die Negierung des Gegenteils ausgedrückt wird (z. B. nicht schlecht = recht gut) {32/76}	λιτότης litotes	Einfachheit, Schlichtheit; (rhetorische) Unterbietung
3373	**Liturg,** der gr>spätl >mlat o. **Liturge,** der	Geistlicher, der die Liturgie hält {51/77}	λειτουργός leitourgos spätl. *liturgus*	dem Volk dienend; Diener Gottes Staatsdiener
–	**Liturgie,** die gr>kirchenl	1. festgelegte Form (↗ UTL 1132) des Gottesdienstes {51/77}; 2. Wechselgesang mit der Gemeinde {37/51/77}	λειτουργία leitourgia	dem Volk geleisteter Dienst; Kirchendienst
–	**Liturgik,** die gr>kirchenl	Lehre von der Liturgie {51/77}	λειτουργικός leitourgikos	dienend
–	**liturgisch** gr>kirchenl	den Gottesdienst, die Liturgie betreffend {51/77}	dto.	dto.
3374	**lobär** gr>nlat	einen Organlappen, z. B. der Lunge, betreffend (med. t. t.) {11/70}	λοβός lobos	Ohrläppchen; Leberlappen
3375	**Lobotomie,** die (gr;gr) >nlat	= ↗ Leukotomie: operativer (↗ UTL 2434) Eingriff in die weiße Gehirnsubstanz bei ↗ chronischen Geisteskrankheiten (med. t. t.) {70}	dto. + τομή tome	dto. das Schneiden; Schnitt; das Abgeschnittene
–	**Lobus,** der gr>l	1. Organlappen (med. t. t.) {11/70}; 2. zungenartige Ausbuchtung des Randes von Eismassen (geol. t. t.) {62}	dto.	dto.

3376	Lochien, die (Pl.)	Gebärmutterausfluß der Wöchnerin (med. t. t.) {70}	τὰ λοχεῖα (Pl.) ta locheia (Pl.) abgeleitet von: λοχεία locheia		die Reinigung der Gebärenden nach der Geburt das Gebären, Geburt
>>>	-log, -loge, -logie, -logisch, -logismus, -logistisch ⁊ Wortelementeliste				
3377	Logarithmand, der (gr;gr) >nlat	eine Zahl, die logarithmiert werden soll (math. t. t.) {71}	λόγος logos + ἀριθμός arithmos		Rede, Wort; Berechnung Zahl
–	Logarithmentafel, die gr;gr;l	Zusammenstellung von Logarithmen in Tabellenform (math. t. t.) {71}	dto. + l. *tabula*		dto. Brett, Tafel, Register, Verzeichnis (⁊ UTL 3519)
–	logarithmieren (gr;gr) >nlat	1. in Logarithmen rechnen; 2. den Logarithmus berechnen (math. t. t.) {71}	λόγος logos + ἀριθμός arithmos		Rede, Wort; Berechnung Zahl
–	logarithmisch gr;gr	den Logarithmus betreffend (math. t. t.) {71}	dto.		dto.
–	Logarithmus, der (gr;gr) >nlat	Zahl, mit der man eine andere Zahl, die ⁊ Basis (2.), potenzieren (⁊ UTL 2749) muß, um eine vorgegebene Zahl, den Numerus (⁊ UTL 2388), zu erhalten (Ausdruck 1614 geprägt von dem schottischen ⁊ Mathematiker J. Napier – math. t. t.) {71}	dto. nlat. *logarithmus*		dto. Verhältniszahl
3378	Logasthenie, die (gr;gr) >nlat	Gedächtnisstörung, verbunden mit Sprachstörungen u. dem Vergessen von Wörtern (med. t. t.) {14/24/32/70}	λόγος logos + ἀσθένεια astheneia		Rede, Wort; Berechnung Kraftlosigkeit, Schwäche s. o. Asthenie
>>>	-loge, -logie ⁊ Wortelementeliste				

3379	Logik, die gr>l	1. Lehre von der Struktur (↗ UTL 3455), den Formen (↗ UTL 1132) u. Gesetzen des Denkens (philos. t. t.) u. vom folgerichtigen Denken {25/71/77}; 2. Fähigkeit, schlüssig zu denken {22/25}; 3. Zwangsläufigkeit {25/60}	λογική (τέχνη) logike (techne) l. logice	die Kunst des Redens o. Denkens; Dialektik Logik
–	Logiker, der	1. Wissenschaftler der Logik {25/40/71/77}; 2. klarer Denker {22/25}	λογικός logikos	zur Rede gehörig; zur Vernunft gehörig
3380	Logion, das	überlieferter Ausspruch ↗ Christi (theol. t. t.) {32/51/77}	λόγιον logion	(Aus)spruch
>>>		–logisch ↗ Wortelementeliste		
3381	logisch gr>l	1. die Logik betreffend {25/71/77}; 2. folgerichtig {25/60}; 3. (ugs.) selbstverständlich {25/56}	λογικός logikos	zur Rede gehörig; zur Vernunft gehörig
–	logisieren gr>l>nlat	der Erkenntnis, Vernunft zugänglich machen {25/77}	λογίζεσθαι logizesthai	(be)rechnen; erwägen, überlegen
>>>		–logismus ↗ Wortelementeliste		
–	Logismus, der	1. Vernunftschluß; 2. Lehre von der logischen Ordnung der Welt (philos. t. t.) {25/77}	λογισμός logismos	Rechnen, Berechnung; Überlegung, Erwägung
3382	Logistik, die gr>l(>frz)	1. ↗ mathematische Logik {25/71}; 2. militärische Planung {25/86} [andere Bedeutungen sind nicht griech. Ursprungs!]	1. λογιστική (τέχνη) 2. λογιστικός logistikos l. logisticus frz. logistique	(Kunst des) Rechnens zum Rechnen gehörig; Mathematiker die Finanzverwaltung betreffend
–	Logistiker, der gr>l(>frz)	Vertreter der ↗ Logistik {25/40/71}	λογιστικός logistikos l. logisticus frz. logistique	zum Rechnen gehörig; Mathematiker die Finanzverwaltung betreffend
>>>		–logistisch ↗ Wortelementeliste		
–	logistisch gr>l	die Logistik betreffend, auf ihr beruhend {25/71}	dto.	dto.

3383	Logizis-mus, der gr;gr	1. Vorliebe für die rationale (↗ UTL 2986) Argumentation (↗ UTL 0266) gegenüber der irrationalen (↗ UTL 1548) {25/77}; 2. Rückführung der ↗ mathematischen Begriffe u. ↗ Methoden auf eine alllgemeine Logik {71}; 3. Überbewertung der Logik {25/56}	λογίζεσθαι logizesthai + -ισμός -ismos	(be)rechnen; erwägen, überlegen gr. Suffix s. Partikelliste
–	Logizistik, die	(abwertend) Logizismus {25/56}	dto.	dto.
–	logizistisch	1. den Logizismus betreffend {71}; 2. (abwertend) überspitzt logisch {25/56}	dto.	dto.
–	Logizität, die	das Logische, Folgerichtige {25/77}	dto.	dto.
>>>	Logo– ↗ Wortelementeliste			
3384	logo	= logisch: (ugs, bes. Jugendsprache) {25/60}	λογικός logikos	zur Rede gehörig; zur Vernunft gehörig
3385	Logo, das (gr>l;gr) >engl	Kurzwort für engl. logo(type); Firmen–, Markenzeichen {40/41}	λόγος logos + τύπος typos engl. logo(type)	Rede, Wort; Berechnung Schlag; Abdruck; Gepräge, Gestalt Firmenzeichen
3386	Logogramm, das (gr>l;gr) >engl;gr	Schriftzeichen für eine wichtige Worteinheit {32/76}	dto. + γράμμα gramma	dto. Buchstabe, Schrift(werk)
–	Logograph, der	frühgriechischer Geschichtsschreiber {75}	λογογράφος logographos	Prosaschreiber; Geschichtsschreiber
–	Logographie, die gr>l;gr	aus Logogrammen gebildete Schrift {32/76}	λόγος logos + γραφή graphe	Rede, Wort; Berechnung Schrift; Zeichnung
–	logographisch gr>l;gr	die ↗ Logographie betreffend {32/76}	dto. + γραφικός graphikos	dto. im Malen geschickt; malerisch; zum Malen o. Schreiben gehörig

3387	Logo-griph, der (gr>l;gr) >nlat	Wort- o. Buchstabenrätsel, bei dem durch Wegnehmen, Hinzufügen o. Ändern eines Buchstabens jeweils ein neues Wort entsteht {32/76/85}	λόγος logos + γρῖφος griphos	Rede, Wort; Berechnung Fischernetz; Rätsel
>>>	Logoi, die (Pl.) = Plural (↗ UTL 2697) von ↗ Logos			
3388	Logo-klonie, die gr>l;gr	krankhaftes Wiederholen von Wort- u. Satzenden (med., psych. t. t.) {14/32/70}	λόγος logos + κλονεῖν klonein	Rede, Wort; Berechnung in heftige Bewegung setzen
3389	Logo-kratie, die gr>l;gr	Herrschaft der Vernunft in der Gesellschaft {25/33/77/81}	λόγος logos + κράτος kratos	Rede, Wort; Berechnung Kraft, Macht
3390	Logo-machie, die	Haarspalterei, Wortstreit (philos. t. t.) {25/32/76/77}	λογομαχία logomachia	das Streiten mit Worten
3391	Logo-neurose, die (gr>l;gr;gr) >nlat	neurotisch bedingte Sprachstörung (med. t. t.) {14/32/70}	λόγος logos + νεῦρον neuron + -ωσις -osis	Rede, Wort; Berechnung Sehne, Faser; Nerv s. u. Neurose gr. Suffix s. Partikelliste
3392	Logopäde, der gr>l;gr	↗ Therapeut bei Sprachstörungen (med., psych. t. t.) {14/32/40/70}	λόγος logos + παιδεία paideia	Rede, Wort; Berechnung Erziehung, Bildung
–	Logo-pädie, die gr>l;gr	Sprachheilkunde, Spracherziehung von Sprachgestörten (med., psych. t. t.) {14/32/70}	dto.	dto.
–	logo-pädisch gr>l;gr	die Logopädie betreffend (med., psych. t. t.) {14/32/70}	dto.	dto.
3393	Logo-pathie, die gr>l;gr	Sprachstörung (med. t. t.) {14/32/70}	λόγος logos + πάθος pathos	Rede, Wort; Berechnung Schmerz; Leiden(schaft)
3394	Logo-rrhö(e), die gr>l;gr	krankhafte Geschwätzigkeit (med. t. t.) {14/32/70}	λόγος logos + ῥοή rhoe	Rede, Wort; Berechnung das Fließen; Fluß

3395	Logos, der gr>l	1. Wort (philos. t. t.); 2. Begriff (philos. t. t.); 3. menschliche u. göttliche Vernunft, Ratio (↗ UTL 2986) (philos. t. t.) {77}; 4. Gott als Weltschöpfungskraft (theol. t. t.); 4. menschgewordenes Wort Gottes in der Person (↗ UTL 2612) Jesu (theol. t. t.) {51/77}	λόγος logos	Rede, Wort; Berechnung
3396	logothe- rapeu- tisch gr>l;gr	die Logotherapie betreffend {70}	dto. + θεραπευ- τικός therapeutikos	dto. dienend, pflegend s. u. therapeutisch
–	Logo- therapie, die gr>l;gr	↗ psychotherapeutische Behandlung von ↗ Neurosen durch Existenzanalyse (psych. t. t.) {70}	λόγος logos + θεραπεία therapeia	Rede, Wort; Berechnung Dienst, Behandlung s. u. Therapie
3397	Logotype, die gr>l;gr	Drucktype mit häufig vorkommender Buchstabenverbindung {40}	λόγος logos + τύπος typos	Rede, Wort; Berechnung Schlag; Abdruck; Gepräge, Gestalt
3398	logo- zentrisch gr>l;gr	die ordnende Weltvernunft anstelle des Leben in den Mittelpunkt stellen {25/77}	λόγος logos + κέντρον kentron	Rede, Wort; Berechnung Mittelpunkt eines Kreises; Stachel-(stab); ruhender Zirkelschenkel s. u. Zentrum
3399	Lokalan- ästhesie, die l;gr	örtliche Betäubung (med. t. t.) {70}	l. *localis* + ἀναισθη- σία anaisthesia	örtlich (↗ UTL 2083) Unempfindlichkeit, Gefühllosigkeit s. o. Ästhesie
3400	Lotos, der gr>l o. Lotus- blume, die gr>l;d	Wasserrose mit schildförmigen grünen Blättern u. großen Blüten {04/68}	λωτός lotos (+ d. *Blume*)	Name für verschiedene Lotospflanzen
–	Lotossitz, der gr>l;d	Schneidersitz, bei dem die Füße auf den Oberschenkeln liegen {12/61}	dto. + d. *Sitz*	dto.
–	Lotus, der gr>l	1. = Lotos; 2. Hornklee {04/68}	dto.	dto.

3401	Löwe, der gr>l>ahd >mhd	Raubkatze {06/69}	λέων, Gen. λέοντος leon, leontos l. *leo*, Gen. *leonis* ahd. *le(w)o* mhd. *le(o)w(e)* u. *leu*	Löwe dto. dto. dto.
3401a	Luchs, der gr>l>ahd >mhd	(↗ Etymologie umstritten) kleine Raubkatze {06/69}	λύγξ lynx l. *lynx* ahd. *luhs* mhd. *luhs*	Luchs dto. dto. dto.
3402	Luminophor, der l;gr	Masse, die durch Bestrahlen mit Licht lange Zeit im Dunkeln leuchtet (phys. t. t.) {72}	l. *lumen* + φορός phoros	Licht; Augenlicht; Einsicht, Klarsicht (↗ UTL 2097) tragend, bringend
3403	Luxmeter, das l;gr	Meßgerät für den Lichtstrom {72}	l. *lux* + μέτρον metron	Licht Maß; Versmaß
3404	Lydia	weiblicher Vorname {31}	Fem. zu Λυδός u. Λύδιος Lydos, Lydios	lydisch
–	lydisch	die Landschaft Lydien in Kleinasien betreffend {64}	dto.	dto.
–	Lydische, das	1. altgr. Tonart {37/75}; 2. Kirchentonart (mus. t. t.) {37}	dto.	dto.
3405	Lykanthropie, die	Wolfskrankheit; Geisteskrankheit, bei der der Kranke ein Wolf zu sein glaubt (med. t. t.) {14/70}	λυκανθρωπία lykanthropia	Krankheit, bei der sich der Kranke wie ein Wolf verhält
3406	Lykomanie, die (gr;gr) >nlat	= ↗ Lykanthropie {14/70}	λύκος lykos + μανία mania	Wolf Raserei, Wahnsinn, Verzückung
3407	Lykorexie, die gr;gr	„Wolfshunger"; krankhaft gesteigerter Appetit (med. t. t.) {14/17/70}	λύκος lykos + ὄρεξις orexis	Wolf Streben, Begierde; Appetit
>>>	Lymph- ↗ Wortelementeliste			

3408	Lymph-adenie, die (gr;gr)>l	Lymphknotenwucherung (med. t. t.) {14/70}	νύμφη nymphe	Braut; (Berg- o. Quell-)Nymphe (s. Anhang „Namen") s. u. Nymphe	
			+ ἀδήν, Gen. ἀδένος aden, adenos	Drüse s. o. Adenie	
–	Lymph-adenitis, die (gr;gr)>l;gr	Entzündung der Lymphknoten (med. t. t.) {14/70}	dto. + -ῖτις -itis	dto. gr. Suffix s. Partikelliste	
–	Lymph-adenom, das (gr;gr)>l;gr o. Lymphom u. Lymphoma, das gr>l;gr	gutartige Geschwulst des Lymphknotens (med. t. t.) {14/70}	νύμφη nymphe (+ ἀδήν, Gen. ἀδένος aden, adenos) bzw. + -ωμα -oma	Braut; (Berg- o. Quell-)Nymphe (s. Anhang „Namen") s. u. Nymphe Drüse s. o. Adenom gr. Suffix s. Partikelliste	
–	Lymph-adenose, die (gr;gr)>l;gr	= ↗ Lymphadenie {14/70}	νύμφη nymphe (+ ἀδήν, Gen. ἀδένος aden, adenos) + -ωσις -osis	Braut; (Berg- o. Quell-)Nymphe (s. Anhang „Namen") s. u. Nymphe Drüse s. o. Adenom gr. Suffix s. Partikelliste	
3409	lympha-tisch gr>l	die Lymphdrüsen betreffend (med. t. t.) {11/70}	νύμφη nymphe l. lymphaticus dto.	Braut; (Berg- o. Quell-)Nymphe (s. Anhang „Namen") s. u. Nymphe wahnsinnig dto.	
–	Lymphe, die gr>l	(med. t. t.) 1. hellgelbe, eiweißhaltige Körperflüssigkeit in eigenem Gefäßsystem {11/70}; 2. Impfstoff gegen Pocken {70}	l. lympha o. limpha (Dissimilation von νύμφη nymphe)	klares Wasser, Flüssigkeit (↗ UTL 2108)	

3410	lympho-gen gr>l;gr	lymphatischen Ursprungs {70}	dto. + –γενής –genes	dto. stammend von; hervorbringend, verursachend
3411	lymphoid (gr>l;gr) >nlat	lymphartig (med. t. t.) {70}	νύμφη nymphe + –(ε)ιδής –(e)ides	Braut; (Berg– o. Quell–)Nymphe (s. Anhang „Namen") s. u. Nymphe ähnlich aussehend s. Partikelliste
3412	Lympho-stase, die gr>l;gr	Lymphstauung (med. t. t.) {14/70}	νύμφη nymphe + στάσις stasis	Braut; (Berg– o. Quell–)Nymphe (s. Anhang „Namen") s. u. Nymphe das Feststehen; Zustand, Lage; Aufstand
3413	Lympho-zyt, der gr>l;gr	im Lymphgewebe entstehendes weißes Blutkörperchen (med. t. t.) {11/70}	νύμφη nymphe + κύτος kytos	Braut; (Berg– o. Quell–)Nymphe (s. Anhang „Namen") s. u. Nymphe Höhlung, Wölbung
–	Lympho-zytose, die gr>l;gr;gr	Vermehrung der Lymphozyten im Blut (med. t. t.) {70}	dto. + –ωσις –osis	dto. gr. Suffix s. Partikelliste
3414	lyophil (gr;gr) >nlat	leicht löslich, Lösungsmittel leicht aufnehmend (chem. t. t.) {73}	λύειν lyein + φίλος philos	(auf)lösen lieb, befreundet, Freund
–	Lyophili-sation, die gr;gr	Gefriertrocknung (techn. t. t.) {40/72}	dto.	dto.
3415	lyophob gr;gr	schwer löslich, Lösungsmittel abweisend (chem. t. t.) {73}	λύειν lyein + φόβος phobos	(auf)lösen Furcht, Schrecken
3416	Lyra, die gr>l	1. altgr. Saiteninstrument {37/75}; 2. Streichinstrument; 3. Drehleier; 4. Glockenspiel der Militärkapellen (mus. t. t.) {37}	λύρα lyra l. *lyra*	Leier Laute

3417	Lyrik, die gr>l>frz	Versdichtung, die Gefühle, Eindrücke, Empfindungen ausdrückt {26/34/76}	λυρικός lyrikos l. *lyricus* frz. *(poésie) lyrique*	zum Lyraspiel gehörig; lyrischer Dichter dto. lyrische (Dichtung)
–	Lyriker, der gr>l>frz	Dichter, der Lyrik verfaßt {26/34/40/76}	dto.	dto.
–	lyrisch gr>l>frz	1. die Lyrik betreffend {26/34/76}; 2. gefühlvoll, weichgestimmt (mus. t. t.) {26/37}	dto.	dto.
–	lyrisieren gr>nlat	lyrisch, gefühlsbetont ausdrücken (mus. t. t.) {26/37}	dto.	dto.
–	Lyrismus, der gr>l>frz;gr	gefühlsbetonte Darstellung {26/32/37}	dto. + –ισμός –ismos	dto. gr. Suffix s. Partikelliste
>>>	–lyse ↗ Wortelementeliste			
3418	Lysimeter, das gr;gr	Gerät zum Messen von Niederschlagsmengen u. Verdunstungsrate (landw. t. t.) {39/65}	λύσις lysis + μέτρον metron	(Auf)lösung Maß; Versmaß
3419	Lysis, die u. Lyse, die	1. allmählicher Fieberabfall (med. t. t.) {14/59/70}; 2. Auflösung von Zellen (↗ UTL 3886) (med. t. t.); 3. Zerstörung, Zerfall der Persönlichkeit (↗ UTL 2612) (psych. t. t.) {70}	dto.	dto.
3420	Lyssa, die gr>l	Tollwut, Rabies (↗ UTL 2957) (med. t. t.) {14/70}	λύσσα lyssa	Wut, Raserei; Tollwut
>>>	–lyt, –lytikum, –lytisch ↗ Wortelementeliste			
3421	lyzeal gr>l>nlat	das Lyzeum betreffend {31/78}	Λύκειον Lykeion l. *Lyceum*	Lykeion (s. Anhang „Namen") dto.
–	Lyzeum, das gr>l	(veraltet) höhere Mädchenschule {31/78}	dto.	dto.

M

>>>   –ma ↗ Partikelliste

3422	Mäander, der gr>l	1. Windungen von Flußläufen {53/64}; 2. spiralenförmig geschwungenes Zierband, bes. auf ↗ Keramiken {36/75}	Μαίανδρος Maiandros	Maiander (s. Anhang „Namen")
–	mäandern o. mäandrieren gr>l	1. in Schlangenlinien verlaufen (von Flüssen – geogr. t. t.) {53/64}; 2. mit Mäandern verzieren (kunsthist. t. t.) {36/75}	dto.	dto.
–	mäandrisch	wie ein Mäander {36/53/64/75}	dto.	dto.
3423	Machetik, die	Fechtkunst (sport. t. t.) {85}	μαχητική (τέχνη) machetike (techne)	(Kunst des) Kämpfens
3424	Mäeutik, die	↗ pädagogische ↗ Methode des Sokrates (s. Anhang „Namen"), aus dem Gegenüber die Antworten durch geschickte Fragen hervorzubringen {75/77/78}	μαιευτική (τέχνη) maieutike (techne)	Hebammenkunst
–	mäeutisch	die Mäeutik betreffend {75/77/78}	μαιευτικός maieutikos	zum Entbinden gehörig
3425	Magie, die gr>l	1. Beherrschung geheimer Kräfte, Zauberkunst {51}; 2. Trickkunst des Zauberers im Varieté (↗ UTL 3756) {85}	μαγεία mageia l. *magia*	Lehre der Magier; Zauberei dto.
–	Magier, der apers>gr>l	1. Zauberpriester {51/77}; 2. Zauberer, Zauberkünstler {40/85}	apers. *Magus*	medischer Volksstamm mit priesterlichen Aufgaben
			μάγος magos l. *magi* = Pl.von *magus*	persischer Priester; Zauberer dto.

–	Magiker, der apers>gr>l	= ↗ Magier {40/51/77/85}	μαγικός magikos		den Magier betreffend
–	magisch gr>l	1. die Magie betreffend {51/85}; 2. geheimnisvoll, rätselhaft {24/25/26}	dto. l. *magicus*		dto. die Magie betreffend
3426	Magma, das gr>l	die glutflüssige Masse des Erdinneren (geol. t. t.) {62}; 2. knetbare ↗ Masse, Brei (med. t. t.) {70}	μάγμα, Gen. μάγματος magma, Gen. magmatos l. *magma*		geknetete Masse Bodensatz der Salbe
–	magmatisch gr>l>nlat	1. aus dem Magma kommend; 2. aus Magma bestehend {62/70}	dto.		dto.
–	Magmatismus, der (gr>l;gr) >nlat	Bezeichnung für alle das Magma betreffenden Vorgänge (geol. t. t.) {62}	dto. + –ισμός –ismos		dto. gr. Suffix s. Partikelliste
–	Magmatit, der gr>l;gr	aus Magma erstarrtes Gestein {62}	μάγμα, Gen. μάγματος magma, Gen. magmatos l. *magma* + –ιτής –ites		geknetete Masse Bodensatz der Salbe gr. Suffix s. Partikelliste
3427	Magnesia, die gr>mlat	Magnesiumoxyd; weißes Pulver (↗ UTL 2902) als Mittel gegen Magenübersäurung u. zum Trockenhalten der Hände beim Geräteturnen {73/85}	Μαγνησία Magnesia		Magnesia (s. Anhang „Namen")
–	Magnesium, das	silberweißes Leichtmetall; chem. Zeichen: Mg (chem. t. t.) {73}	dto.		dto.
–	Magnesiumchlorid, das gr;gr;gr	farbloses Salz im Meerwasser (chem. t. t.) {73}	dto. + χλωρός chloros + –(ε)ιδής –(e)ides		dto. grüngelb; blaß s. o. Chlorid ähnlich aussehend s. Partikelliste

3428	**Magnet**, der gr>l>mhd	1. Eisen, das andere ⚹ ferromagnetische Stoffe anzieht {40/72}; 2. Anziehungspunkt {42}; 3. anziehender Mensch {26/33}	Μαγνῆτις (λίθος) Magnetis (lithos) l. *magnes*, Gen. *magnetis* mhd. *magnet(e)*	(Stein) aus der gr. Landschaft Magnesia dto. dto.
3429	**Magnetaufzeichnung**, die gr>l>mhd; d	magnetische Aufnahme von Rundfunk– o. Fernsehsendungen (Abk. Maz) {46/85}	dto. + d. *Aufzeichnung*	dto.
3430	**Magnetband**, das gr>l>mhd; d	Band mit einer magnetisierbaren Schicht für Magnetaufzeichnungen (46/87)	dto. + d. *Band*	dto.
3431	**Magnetik**, die	Wissenschaft vom Verhalten der Materie (⚹ UTL 2163) im magnetischen Feld (phys. t. t.) {72}	Μαγνῆτις (λίθος) Magnetis (lithos)	(Stein) aus der gr. Landschaft Magnesia
–	**magnetisch**	1. mit den Eigenschaften eines Magneten; 2. auf der Wirkung eines Magneten beruhend {72}; 3. unwiderstehlich {26/33}	dto.	dto.
–	**Magnetiseur**, der gr>l>mhd >frz	= ⚹ Magnetopath: mit Magnetismus Behandelnder {40/70}	dto.	dto.
–	**magnetisieren** gr>l>mhd	magnetisch machen {72}	dto.	dto.
–	**Magnetismus**, der (gr;gr)>l >nlat	1. die Eigenschaft, ⚹ Metalle anzuziehen; 2. Wissenschaft von den magnetischen Erscheinungen {72}	dto. + –ισμός –ismos	dto. gr. Suffix s. Partikelliste
–	**Magnetit**, der gr>l>mhd; gr	schwarzes Mineral (⚹ UTL 2238); Eisenerz {67/73}	Μαγνῆτις (λίθος) Magnetis (lithos) + –ιτής –ites	(Stein) aus der gr. Landschaft Magnesia gr. Suffix s. Partikelliste

>>>	Magneto– ↗ Worthelementeliste				
–	**Magnetograph**, der gr;gr	Gerät zur Aufzeichnung erdmagnetischer Schwankungen {63/72}	Μαγνῆτις (λίθος) Magnetis (lithos) + γραφεύς grapheus	(Stein) aus der gr. Landschaft Magnesia Schreiber, Maler	
–	**Magnetometer**, das gr;gr	Instrument (↗ UTL 1448b) zur Messung magnetischer Feldstärke u. des Erdmagnetismus {63/72}	dto. + μέτρον metron	dto. Maß s. u. Meter	
–	**Magneton**, das gr>frz	Einheit des magnetischen Moments (↗ UTL 2273) (Ausdruck geprägt von dem frz. ↗ Physiker P. Weiss – kernphys. t. t.) {72}	dto. frz. magnétone	dto.	
3432	**Magnetooptik**, die gr;gr	Wissenschaft von den Einwirkungen magnetischer Felder auf Lichtstrahlen {72}	dto. + ὀπτική (τέχνη) optike (techne)	dto. die Lehre vom Sehen s. u. Optik	
3433	**Magnetopath**, der gr;gr	mit Magnetismus Behandelnder {51/70}	dto. + πάθος pathos	dto. Schmerz; Leiden(schaft)	
–	**Magnetopathie**, die gr;gr	Heilwirkung durch magnetische Kräfte {51/70}	dto.	dto.	
3434	**Magnetophon**, das gr;gr	Tonbandgerät {87}	dto. + φωνή phone	dto. Laut, Stimme, Ton	
3435	**Magnetosphäre**, die gr;gr	Teil der ↗ Atmosphäre, in dem die ↗ Elektronen u. ↗ Ionen durch das Magnetfeld der Erde beeinflußt werden {63}	dto. + σφαῖρα sphaira	dto. Kugel, Ball s. u. Sphäre	
3436	**Majoran**, der gr>l>mlat >ahd>mhd	Gewürz- u. Heilpflanze (bzw. deren Blätter) {04/17}	ἀμάρακος amarakos l. amaracum mlat. majorana ahd. maiolan mhd. maioran	ein Zwiebelgewächs, Majoran dto. dto. dto. dto.	

3437	Makarismus, der gr>nlat	Seligpreisung (rhet. t. t.) {76/77}	μακαρισμός makarismos		das Glücklichpreisen
	Makro– ⌐ Wortelementeliste				
3438	Makroanalyse, die gr;gr	chem. ⌐ Analyse, bei der Substanzmengen im Grammbereich verwendet werden (chem. t. t.) {56/57/73}	μακρός makros + ἀνάλυσις analysis		groß, lang Auflösung s. o. Analyse
3439	Makroästhesie, die gr;gr	Empfindungsstörung, bei der Gegenstände größer empfunden werden, als sie sind {14/23/24/70}	μακρός makros + αἴσθησις aisthesis		groß, lang Wahrnehmung, Empfindung s. o. Ästhesie
3440	Makrobiotik, die gr;gr	1. Kunst, das Leben zu verlängern (med. t. t.) {15/59/70}; 2. gesunde Ernährung durch Körner u. Gemüse {17}	μακρός makros + βιωτική (τέχνη) biotike (techne)		groß, lang (Kunst) des Lebens
–	makrobiotisch gr;gr	die Makrobiotik betreffend {15/17/59/70}	dto. + βιωτός biotos		dto. lebenswert s. o. biotisch
3441	Makrofauna, die gr;l	mit bloßem Auge sichtbare Tiere {69}	μακρός makros + l. Fauna		groß, lang röm. Fruchtbarkeitsgöttin (UTL 1052a)
3442	Makrofotografie, die gr;gr;gr	Nahaufnahme mit Vergrößerung bis zur Originalgröße (fot. t. t.) {87}	μακρός makros + φώς, Gen. φωτός phos, photos + γραφή graphe		groß, lang Licht Schrift; Zeichnung s. u. Photographie
3443	Makrogamet, der gr;gr	größere u. unbewegliche weibliche Geschlechtszelle bei niederen Lebewesen (biol. t. t.) {69}	μακρός makros + γαμέτης gametes		groß, lang Gatte s. u. Gamet
3444	Makrogametozyt, der gr;gr;gr	= ⌐ Makrogamet {69}	dto. + κύτος kytos		dto. Höhlung, Wölbung
>>>	Makrokephalie, die = ⌐ Makrozephalie				

Nr.	Stichwort	Bedeutung	Griechisch/Etymologie	Übersetzung
3445	Makroklima, das gr;gr	Großklima {65}	μακρός makros + κλίμα, Gen. κλίματος klima, klimatos	groß, lang Neigung der Erde gegen die Pole zu; Himmelsgegend s. o. Klima
3446	makrokosmisch gr;gr	den Makrokosmos betreffend {01/66}	μακρός makros + κοσμικός kosmikos	groß, lang zur Welt, zum Weltall gehörig s. o. kosmisch
–	Makrokosmos o. –us, der gr;gr	das Weltall {01/66}	μακρός makros + κόσμος kosmos	groß, lang Ordnung; Schmuck; Welt s. o. kosmos
3447	Makrolinguistik, die gr;l>nlat	Gesamtbereich der Wissenschaft von der Sprache {32/76}	μακρός makros + l. lingua	groß, lang Zunge, Sprache, Rede (↗ UTL 2068)
3448	Makromelie, die gr;gr	Riesenwuchs (med. t. t.) {11/53/70}	μακρός makros + μέλος melos	groß, lang Leibesglied
3449	Makromolekül, das gr;l>frz	ein aus tausend u. mehr ↗ Atomen aufgebautes Molekül {72/73}	μακρός makros + l. moles frz. molécule	groß, lang Schweres, Masse; Klumpen, Damm (↗ UTL 2268)
–	makromolekular gr;l>frz	aus Makromolekülen bestehend {54/72/73}	dto.	dto.
3450	Makroökonomie, die (gr;gr) >nlat	Betrachtung wirtschaftlicher Größen, die sich auf die Volkswirtschaft als Ganzes beziehen (wirtsch. t. t.) {80}	μακρός makros + οἰκονομία oikonomia	groß, lang Verwaltung des Hauses s. u. Ökonomie
–	makroökonomisch (gr;gr) >nlat	die Makroökonomie betreffend (wirtsch. t. t.) {80}	μακρός makros + οἰκονομικός oikonomikos	groß, lang die Verwaltung des Hauses betreffend s. u. ökonomisch
3451	Makrophage, der gr;gr	großer ↗ Phagozyt, Freßzelle des körpereigenen Immunsystems (med. t. t.) {70}	μακρός makros + φαγεῖν phagein	groß, lang essen

3452	Makro-phyt, der gr;gr	ein mit dem blosen Auge sichtbarer pflanzlicher ↗ Organismus (biol. t. t.) {68}	μακρός makros + φυτόν phyton	groß, lang Gewächs, Pflanze
3453	Ma-kropsie, die gr;gr	Sehstörung, bei der die Dinge größer wirken als in Wirklichkeit (med. t. t.) {14/23/24/70}	μακρός makros + ὄψις opsis	groß, lang das Sehen
3454	Makro-seismik, die gr;gr	Lehre von den Erdbeben, die ohne Instrumente (↗ UTL 1448b) wahrnehmbar sind {55/62/63}	μακρός makros + σεισμός seismos	groß, lang Erdbeben
–	makro-seismisch gr;gr	ohne Instrumente (↗ UTL 1448b)wahrnehmbar (bei Erdbeben) {55/62/63}	dto.	dto.
3455	makro-skopisch gr;gr	mit bloßem Auge erkennbar {23/55/70}	μακρός makros + σκοπός skopos	groß, lang jmd., der genau hinschaut; Aufseher; Späher
3456	Makro-somie, die gr;gr	Riesenwuchs (med. t. t.) {11/53/70}	μακρός makros + σῶμα soma	groß, lang Leib, Körper
3457	Makro-struktur, die gr;l	mit bloßem Auge erkennbare Struktur (↗ UTL 3445) {23/55}	μακρός makros + l. structura	groß, lang ordentliche Zusammenfügung, Ordnung, Bauwerk (↗ UTL 3445)
3458	Makro-theorie, die gr;gr	Teilbereich der wirtschaftswissenschaftlichen ↗ Theorie, der sich mit der gesamten Volkswirtschaft beschäftigt (wirtsch. t. t.) {80}	μακρός makros + θεωρία theoria	groß, lang das Anschauen, Betrachten; (wissenschaftliche) Untersuchung s. u. Theorie
3459	Makro-zephalie, die gr;gr	unnormale Vergrößerung des Kopfes (med. t. t.) {14/70}	μακρός makros + κεφαλή kephale	groß, lang Kopf, Haupt
3460	Malakie, die	Erweichung der Struktur (↗ UTL 3445) eines Gewebes o. ↗ Organs (med. t. t.) {14/70}	μαλακία malakia	Weichheit
>>>	Malako- ↗ Wortelementeliste			

3461	Malako-loge, der (gr;gr) >nlat	Wissenschaftler der Malakologie {40/69}	μαλακός malakos + λόγος logos	weich, sanft Rede, Wort; Berechnung
–	Malako-(zoo)-logie, die gr;(gr);gr	Lehre von den Weichtieren (zool. t. t.) {69}	μαλακός malakos (+ ζῷον zoon) + λόγος logos	weich, sanft Lebewesen, Tier Rede, Wort; Berechnung
–	malako-logisch gr;gr	die Weichtierkunde betreffend {69}	dto. + λογικός logikos	dto. zum Reden gehörig, die Rede betreffend
3462	Malako-phile, die gr;gr	Pflanze, deren Blüten durch Schnecken bestäubt werden {68}	μαλακός malakos + φιλία philia	weich, sanft Freundschaft
3463	Malako-zoon, das gr;gr	Weichtier (veraltet) {08/69}	μαλακός malakos + ζῷον zoon	weich, sanft Lebewesen, Tier
3464	Malaria, die (l;gr>l)>l >it	Sumpf–, Wechselfieber (med. t. t.) {14/70}	l. malus + ἀήρ aer l. aer aer mala it. mala aria, malaria	schlecht, böse; ungünstig, schlimm Luft Atmosphäre, Luft; Witterung schlechte Luft dto., Sumpfluft
3465	Malaria-logie, die (l;gr>l)>l >it;gr	Erforschung der Malaria {70}	dto. + λόγος logos	dto. Rede, Wort; Berechnung
>>>	Malazie, die = ↗ Malakie			
3466	Malve, die gr>l>it	krautige Heil- u. Zierpflanze {04/68}	μαλάχη malache l. malva it. malva	Malve dto. dto.
3467	Mama! gr>l	Kinderlallwort {32}	μάμμα mamma l. mamma	Mama; Mutterbrust dto.

–	**Mamma**, die gr>l	1. weibliche Brust, Brustdrüse (med. t. t.) {11/70}; 2. Euter, Zitze (biol. t. t.) {69}	dto.	dto.
3468	**Mammaloge**, der gr>l;gr	Wissenschaftler auf dem Gebiet der Mammalogie {40/69}	dto. + λόγος logos	dto. Rede, Wort; Berechnung
–	**Mammalogie**, die gr>l;gr	Lehre von den Säugetieren (zool. t. t.) {69}	dto.	dto.
3469	**Mammographie**, die gr>l;gr	röntgendiagnostische Untersuchung der weiblichen Brust (med. t. t.) {70}	dto. + γραφή graphe	dto. Schrift; Zeichnung

>>> **Mammologie**, die = **Mammalogie**

3470	**Mänade**, die gr>l	Rasende aus dem Gefolge des Dionysos (s. Anhang „Namen"); sich wild gebärdende Frau {33/51/84}	μαινάς, Gen. μαινάδος mainas, mainados	die Rasende, Verzückte
3471	**Mandel**, die gr>l>spätl /vulgl>ahd >mhd	1. Nußfrucht des Mandelbaumes {05/17}; 2. ↗ Organ im Nasen–Rachenraum {11/70}	ἀμυγδάλη amygdale l. *amygdala* spätl. *amandula* vulgl. *amiddula* ahd. *mandala* mhd. *mandel*	Mandel dto. dto. dto. dto. dto.
3472	**Mandola**, die gr>l>mlat >mfrz>it	ein eine Oktave (↗ UTL 2420) tiefer als die Mandoline klingendes Zupfinstrument {37}	πανδοῦρα pandoura l. *pandura* mlat. *mandura* mfrz. *mandore* it. *mandola*	dreisaitiges Musikinstrument dto. größeres lautenähnliches Instrument, Mandola dto. dto.
–	**Mandoline**, die gr>l>mlat >mfrz>it >frz	kleines, bauchiges Zupfinstrument {37}	dto. it. *mandolino* = Diminutiv zu: *mandola* frz. *mandoline*	dto.

3473	**Mandra-gora,** die gr>l	stengelloses Nachtschattengewächs {04/68}	μανδρα-γόρας mandragoras	Alraun
3474	**Mangan,** das gr>mlat>it >frz	silbergraues, sprödes ↗ Metall; Zeichen: Mn {73}	Μαγνησία Magnesia mlat. *magnesia* it. *manganese* (= Nebenform zu *magnesia*) frz. *manganèse*	Magnesia (s. Anhang „Namen") aus Magnesia Mangan dto.
3475	**maniakalisch** gr>nlat	= ↗ manisch (veraltet) {26/70}	μανικός manikos	zur Raserei gehörig; rasend

>>> –manie ↗ Wortelementeliste

3476	**Manie,** die gr>l	1. Besessenheit; Sucht; krankhafte Leidenschaft {23/26/70}; 2. ↗ Phase des manisch–depressiven (↗ UTL 0679) Zustandes (psych. t. t.) {14/70}	μανία mania	Raserei, Wahnsinn, Verzückung
–	**manisch** gr>l	1. krankhaft erregt (psych. t. t.) {14/70}; 2. krankhaft übersteigert {23/26/26}	μανικός manikos	zur Raserei gehörig; rasend
–	**manisch–depressiv** gr>l;l	abwechselnd krankhaft heiter o. schwermütig (psych. t. t.) {14/26/70}	dto. + l. *depressus*	dto. gesenkt, niedrig; gedrückt, gedämpft (↗ UTL 0679)
3477	**Manometer,** das (gr;gr)>frz	1. Druckmesser für ↗ Gase u. Flüssigkeiten (phys. t .t.) {72}; 2. Ausruf des Erstaunens {26/32}	μανός manos + μέτρον metron frz. *manomètre*	dünn, locker Maß; Versmaß s. u. Meter dto.
–	**Manometrie,** die (gr;gr)>frz	Druckmeßtechnik {72}	dto.	dto.
–	**manometrisch** (gr;gr)>frz	mit dem Manometer gemessen {72}	dto.	dto.

3478	Manostat, der gr;gr	Druckregler {40/72}	μανός manos + στατός statos	dünn, locker gestellt, stehend	
3479	Manöverkritik, die (l;l)>vulgl >frz;gr	↗ kritische Besprechungen der Erfahrungen u. Ergebnisse nach einem militärischen Manöver oder einer anderen Tätigkeit (↗ UTL 2139) {32/40/86}	l. manus + l. operari vulgl. manuopera frz. manœvre + κριτική (τέχνη) kritike (techne)	Hand; Hangemenge; Abteilung tätig werden, arbeiten, wirken Handhabung; Handarbeit Handarbeit, Bewegung militärischer Verbände (die Kunst des) Beurteilens s. o. Kritik	
3480	Mantik, die gr>l	Seher–, Wahrsagekunst {51}	μαντική (τέχνη) mantike (techne)	(Kunst des) Wahrsagens	
–	Mantis, die	Fangheuschrecke; „Gottesanbeterin" {08/69}	μάντις mantis	Wahrsager, Prophet; Heuschreckenart	
–	mantisch	die Mantik betreffend {51}	μαντικός mantikos	zum Wahrsager gehörig	
3481	marantisch o. marastisch	abgezehrt, verfallen, schwindend (med. t. t.) {14/70}	μαραντικός marantikos	schwach (machend)	
–	Marasmus, der gr>nlat	geistig–körperlicher Kräfteverfall (med. t. t.) {14/70}	μαρασμός marasmos	das Schwachwerden	
3482	Marathon, der	1. = Marathonlauf {85}; 2. etwas, das außergewöhnlich lang u. anstrengend ist (ugs.) {26/59}	Μαραθών Marathon	Marathon (s. Anhang „Namen")	
–	Marathonlauf, der gr;d	↗ olympische Disziplin (↗ UTL 0792); Langstreckenlauf über 42,2km {85}	dto. + d. Lauf	dto.	

3483	**Marga** u. **Margarete** mpers>gr >l>spätl >frz	weiblicher Vorname {31}	mpers. *marvarit* μαργαρίτης *margarites* l. *margarita* spätl. *margarita* frz. *Margarete*	Perle dto. dto. dto. Frauenname dto.	
–	**Margarine,** die (gr>l;l)>frz	streichfähiges, butterähnliches Speisefett (frz. Adjektiv (↗ UTL 0065) 1813 geprägt von dem ↗ Chemiker Chevreul) {17}	μάργαρον *margaron* = Nebenform zu: μαργαρίτης *margarites* l. *margarita* + l. *acidus* frz. (*acide*) *margarique* *margarine*	Perle dto. dto. dto. sauer; widerlich, lästig (↗ UTL 2148 N) perlenfarbene (Säure) Margarine	
–	**Margerite,** die mpers>gr >l>afrz>frz	Wiesenblume mit sternförmigen (perlen)weißen Blüten (bot. t. t.) {04/68}	mpers. *marvarit* μαργαρίτης *margarites* l. *margarita* afrz. *margarite* frz. *marguerite*	Perle dto. dto. dto. Maßliebchen; Margerite; Gänseblümchen	
3484	**Marginalanalyse,** die l>mlat;gr	Untersuchung der Auswirkung geringfügiger Veränderungen auf ↗ ökonomische Größen mittels Differentialrechnung {71/80}	l. *marginare* mlat. *marginalis* + ἀνάλυσις *analysis* dto.	mit einem Rand versehen, einrahmen den Rand betreffend (↗ UTL 2149) Auflösung s. o. Analyse dto.	
3485	**Marginalglosse,** die l>mlat;gr	an den Rand der Seite geschriebene Zusatzbemerkungen (bei mittelalterlichen Handschriften) {32/75}	+ γλῶσσα *glossa*	Zunge, Sprache, eigentümliche Ausdrucksweise s. o. Glosse	

3486	**Margit** bzw. **Margot** mpers>gr >l>spätl >frz	= ↗ Marga, Margarete: weiblicher Vorname {31}	mpers. *marvarit* μαργαρίτης *margarites* l. *margarita* spätl. *margarita* frz. *Margarete*	Perle dto. Frauenname dto.
3487	**marianisch** hebr>gr>l >mlat	auf die Gottesmutter Maria bezüglich {51/77}	hebr. *Mirjam* Μαρία Maria l. *Maria* mlat. *Marianus*	Maria dto. zu Maria gehörig
3488	**Mariolatrie,** die hebr>gr>l >mlat;gr	Marienverehrung {51/77}	dto. + λατρεία *latreia*	dto. (Lohn)dienst; Gottesdienst
3489	**Mariologe,** der hebr>gr>l >mlat;gr	Vertreter der Mariologie {51/77}	dto. + λόγος *logos*	dto. Rede, Wort; Berechnung
–	**Mariologie,** die hebr>gr>l >mlat;gr	↗ katholische ↗ theologische Lehre von der Gottesmutter {51/77}	dto.	dto.
–	**mariologisch** hebr>gr>l >mlat;gr	die Mariologie betreffend {51/77}	dto. + λογικός *logikos*	dto. zum Reden gehörig, die Rede betreffend
3490	**Marionette,** die hebr>gr>l >mfrz/frz	1. an Fäden o. Drähten hängende bewegliche Gliederpuppe {35/85}; 2. willenloses Geschöpf (ugs.) {26/28/84}	hebr. *Mirjam* Μαρία Maria l. *Maria* mfrz./frz. *Marion* = Diminutiv zu: *Maria / Marie* mfrz. *marionnette* frz. *marionnette*	Maria dto. kleine Maria; Mariechen kleines Bild der Jungfrau Maria Gliederpuppe

3491	Marmelade, die (gr;gr)>gr >l>port	1. mit Zucker eingekochte reife Früchte; 2. süßer Brotaufstrich aus Zitrusfrüchten (EU-Phraseologie) {17}	μελίμηλον melimelon aus: μέλι meli + μῆλον melon l. *melimelum* port. *marmelo, marmelada*	Honigapfel Honig Apfel Honig-, süßer Mostapfel; Granatapfelwein Honigapfel, Quitte, Quittenmus
3492	Marmor, der gr>l	⚼ kristallin–körniger, polier- u. schleiffähiger Kalkstein {02/20/36/88}	μάρμαρος marmaros l. *marmor*	(schimmernder) Felsblock Marmor(stein)
–	marmorieren gr>l	marmorartig bemalen, ädern {20/36/88}	dto. l. *marmorare*	dto. mit Marmor überziehen
–	marmorn gr>l	aus Marmor {02/20/36/88}	dto. l. *marmoreus*	dto. marmorn
3493	Marotte, die gr>l>afrz >frz	Schrulle, wunderliche Neigung, merkwürdige ⚼ Idee {25/84/85}	Μαρία Maria l. *Maria* afrz. *mariole* mfrz. / frz. *marionnette* frz. *marotte*	Maria dto. kleines Marienbild dto; Gliederpuppe Narrenszepter mit Puppenkopf; Narrenkappe; närrischer Einfall, Narretei
3494	Marsupialier, die (Pl.) gr>l>nlat	Beuteltiere (zool. t. t.) {06/69}	μάρσυπος marsypos l. *marsupium*	Beutel dto.
3495	Marter, die gr>kirchenl>ahd >mhd	⚼ Folter, Qual {26/51/77/82}	μαρτύριον martyrion kirchenl. *martyrium* ahd. *martira, martara* mhd. *marter(e)*	(Blut)Zeugnis dto dto. dto.

	Marterl, das gr>kirchenl>ahd >mhd	diminutive (↗ UTL 0754) Ableitung zu Marter; Tafel (↗ UTL 3523) mit Bild u. Inschrift; Holz- o. Steinpfeiler mit Kruzifix (↗ UTL 1939) o. Heiligenbild {51/77}	μάρτυρ martyr	(Blut)Zeuge
—	martern gr>kirchenl>ahd >mhd	↗ foltern, quälen {29/82}	dto. kirchenl. martyr ahd. martiron, mart(a)ron mhd. martern, marteren	dto. dto. zum Märtyrer machen; foltern dto.
—	Martyrer, der u. Märtyrer, der gr>kirchenl	1. jmd., der wegen seiner Überzeugung leiden u. / o. sterben muß {25/33/77/82}; 2. Blutzeuge des ↗ christlichen Glaubens {51/77}	dto. kirchenl. martyr	dto. dto.
—	Martyrium, das gr>kirchenl	1. Opfertod, Blutzeugenschaft {15/77/82}; 2. Grabkirche eines ↗ christlichen Märtyrers {51/77/88}	μαρτύριον martyrion kirchenl. martyrium	(Blut)Zeugnis dto.
3496	Martyrologium, das (gr>kirchenl;gr) >mlat	Verzeichnis der Märtyrer u. Heiligen {51/77}	μάρτυρ martyr + λόγος logos mlat. martyrologium	Blutzeuge Rede, Wort; Berechnung
3497	Maschine, die gr>l>mfr/ frz	1. Gerät, das Arbeitsgänge selbständig verrichtet {40/41/ 72/87}; 2. Motorrad; Rennwagen {45/87}; 3. Flugzeug {45}; 4. Schreibmaschine {40/44/32}; 5. beleibte weibliche Person (↗ UTL 2612) (ugs., scherzhaft) {25/26}	μηχανή mechane (dor. μαχανά) l. machina mfrz. / frz. machine	(Hilfs)Mittel, Werkzeug; List Erfindung Maschine; List; Bühnengerüst militärisches Werkzeug, technischer Apparat vgl. u. Mechanik
—	maschinell gr>l>mfr/ frz	maschinenmäßig; mit einer Maschine (hergestellt) {40/41}	dto. frz. machinal	dto. maschinenmäßig

3498	**Maschi-nenrevi-sion,** die gr>l>mfr/ frz;l>mlat	Überprüfung der letzten Korrektur (↗ UTL 1909) auf den Druckbögen (druckw. t. t.) {40}	dto. + l. *revisio* mlat. *revisio*	dto. das Wiedersehen prüfende Wiederdurchsicht (↗ UTL 3140)
3499	**Maschi-nentele-graph,** der gr>l>mfr/ frz;gr;gr	Signalapparat zur Befehlsübermittlung von der Kommandostelle zum Maschinenraum {46}	dto. + τῆλε tele + γραφεύς grapheus	dto. weit, fern Schreiber, Maler s. u. Telegraph
3500	**Maschi-nentheo-rie,** die gr>l>mfr/ frz;gr	von Descartes begründete Lehre der Lebewesen als seelenlose ↗ Automaten (philos. t. t.) {77}	dto. + θεωρία theoria	dto. das Anschauen, Betrachten; (wissenschaftliche) Untersuchung s. u. Theorie
3501	**Maschi-nerie,** die (gr>l>mfr/ frz)>l	1. maschinelle Einrichtung; Getriebe {40/41/72}; 2. ↗ System ↗ automatisch ablaufender Vorgänge, in die kein Eingriff möglich ist {41/25/72}	dto.	dto.
–	**maschi-nieren** gr>l>mfr/ frz	bei der Pelzveredelung die zarten Grannen des Fells abscheren {40}	dto.	dto.
–	**Maschi-nismus,** der gr>l>mfr/ frz;gr	auf der ↗ Maschinentheorie beruhender, alle Lebewesen als Maschine auffassender Materialismus (↗ UTL 2163) (philos. t. t.) {77}	dto. + –ισμός –ismos	dto. gr. Suffix s. Partikelliste
–	**Maschi-nist,** der (gr>l>mfr/ frz;gr)>frz	1. jmd., der die Maschinen bedient u. überwacht {40/41}; 2. Spezialist (↗ UTL 3394) auf Schiffen für Inbetriebsetzung, Instandhaltung und Reparatur (↗ UTL 3085) der Antriebsmaschine {40/45}	dto. + –ιστής –istes frz. *machiniste*	dto. gr. Suffix s. Partikelliste Maschinenwärter

3502	Masse, die gr>l>ahd/ mhd u. frz	ungestalteter Stoff; (Metall)- klumpen; Haufen {57}	μᾶζα maza	das Geknetete; Gerstenbrot; Klumpen
			l. *massa* ahd./mhd. *massa*	Masse, Klumpen; Landgut ungestalteter Stoff, Klumpen; Teig
			daneben: frz. *masse(s)*	Menschenmasse(n)
3503	Massenpsychologie, die gr>l>ahd/ mhd u. frz; gr;gr	Teilgebiet der ↗ Psychologie, das sich mit den Reaktionen (↗ UTL 2990) des einzelnen auf die Masse u. den Verhaltensweisen der Masse beschäftigt (psych. t. t.) {70/81}	dto. + ψυχή psyche + λόγος logos	dto. Seele Rede, Wort; Berechnung s. u. Psychologie
3504	massieren gr>l>frz	1. Truppen zusammenziehen {57/86}; 2. verstärken {57}	dto. frz. *masser*	dto. anhäufen, zusammenballen
–	massig	schwer, gedrungen, mächtig {54/55}	dto.	dto.
–	massiv gr>l>frz	1. schwer, fest, wuchtig {54/55}; 2. ganz aus gleichem Material (↗ UTL 2163), nicht hohl {53/54}; 3. stark, heftig, ausfallend; in bedrohlicher Weise erfolgend {26/56}	dto. frz. *massif*	dto.
–	Massiv, das gr>l>frz	1. Gebirgsstock, geschlossene Gebirgseinheit {64}; 2. freigelegte Masse alter Gesteine (geol. t. t.) {62}	dto.	dto.
–	Massivbau, der gr>l>frz;d	Art des Bauens mit Natursteinen o. Vollbetonwänden {40/88}	dto. + d. *Bau*	dto.
–	Massivität, die gr>l>frz	Wucht, Nachdruck; Derbheit {26/28}	dto.	dto.
3505	Mastigophoren, die (Pl.) gr>nlat	Geißeltierchen {08/69}	μαστιγοφόρος mastigophoros	eine Peitsche tragend
3506	Mastikator, der gr>l>nlat	Knetmaschine {40}	μαστιχᾶν masticahn l. *masticare*	mit den Zähnen knirschen kauen

Nr.	Stichwort	Bedeutung	Griechisch	Übersetzung
–	mastika-torisch	auf den Kauakt bezüglich (med. t. t.) {70}	dto.	dto.
3507	Mastitis, die (gr;gr) >nlat	Brustdrüsenentzündung (med. t. t.) {14/70}	μαστός mastos + –ῖτις –itis	(Mutter)brust gr. Suffix s. Partikelliste
3508	Mastix, der	1. Harz des Mastixstrauches {68}; 2. Straßenbelag aus Steinen u. ↗ Asphalt {45}	μαστίχη mastiche	Harz des Mastix-strauches
3509	Masto-don, das (gr;gr) >nlat	ausgestorbene Elefantenart des Tertiärs (↗ UTL 3565) (benannt nach den brustwar-zenartigen Höckern an den Backenzähnen) {69}	μαστός mastos + ὀδούς, Gen. ὀδόντος odous, odontos	(Mutter)brust Zahn
3510	Masto-dynie, die gr;gr	schmerzhafte Spannung in der weiblichen Brust vor der Regel (med. t. t.) {14/70}	μαστός mastos + ὀδύνη odyne	(Mutter)brust Schmerz
3511	mastoid gr;gr	brustwarzenförmig, -ähnlich (med. t. t.) {54/70}	μαστός mastos + –(ε)ιδής –(e)ides	(Mutter)brust ähnlich aussehend s. Partikelliste
3512	Masto-pathie, die gr;gr	Knötchen- u. Zystenbildung in den Brüsten (med. t. t.) {14/70}	μαστός mastos + πάθος pathos	(Mutter)brust Schmerz; Leiden-(schaft)
3513	Masto-ptose, die gr;gr	Hängebrust (med. t. t.) {70}	μαστός mastos + πτῶσις ptosis	(Mutter)brust Fall
3514	Mathe-matik, die gr>l	Wissenschaft von den Zahlen- u. Raumgrößen {71}	μαθηματική (τέχνη) mathematike (techne)	(Kunst der) Ma-thematik
–	Mathema-tiker, der	Wissenschaftler der Mathe-matik {40/71}	μαθημα-τικός mathema-tikos	zum Lernen gehö-rig, lernbegierig; in der Mathematik kundig
–	mathema-tisch	die Mathematik betreffend {71}	dto.	dto.
–	mathema-tisieren	mit mathematischen ↗ Me-thoden untersuchen; mathe-matische Methoden in einer wiss. Untersuchung anwen-den {71}	dto.	dto.

	Mathema-	↗ Methode, möglichst viel in	dto.	dto.
–	tizismus, der (gr;gr) >nlat	mathematischen Formeln (↗ UTL 1132) auszudrücken {71}	+ –ισμός –ismos	gr. Suffix s. Partikelliste
3515	matriar- chal u. matri- archa- lisch gr>l;gr	das Matriarchat betreffend {33}	μήτηρ, Gen. μητρός meter, metros l. mater + ἀρχή arche	Mutter dto. Anfang, Herr- schaft
–	Matriar- chat, das (gr>l;gr) >nlat	Gesellschaftsordnung, in der die Frau die bevorzugte Stellung in Staat u. Familie (↗ UTL 1037) innehat {33}	dto.	dto.
>>>	Matronymikon, das = ↗ Metronymikon			
3516	Maul- beere, die gr>l>ahd >mhd	brombeerähnliche Frucht des Maulbeerbaums {04}	μόρον moron l. *morum* ahd. *morberi, murberi, mulberi* mhd. *mulber*	schwarze Maul- beere Maulbeere; Brom- beere dto. dto.
3517	Maulesel, der bzw. Maultier, das gr>l;d	(↗ Etymologie unsicher): Kreuzung aus Pferd u. Esel (Maulesel: Mutter = Eselin; Maultier: Mutter = Stute) {06/69}	μυχλός mychlos l. *mulus*	Zuchtesel Maulesel; Maul- tier
3518	Mauso- leum, das gr>l	1. monumentales (↗ UTL 2284a) Grabmal (des Königs Mausolos), eines der sieben Weltwunder {75/88}; 2. monu- mentales, prächtiges Grab- mal {88}	Μαυσώ- λειον Mausoleion l. *Mausoleum*	Grabmal des Mau- solos (s. Anhang „Namen")
3519	Maxi- mum- Mini- mum- Thermo- meter, das l;l;gr;gr	↗ Thermometer, das die tief- ste u. die höchste gemessene Temperatur (↗ UTL 3546) festhält {65}	l. *maximus* + l. *mini- mum* + θερμός thermos + μέτρον metron	am größten, höch- sten, bedeutend- sten (↗ UTL 2179) das Kleinste, Ge- ringste, Wenigste (↗ UTL 2240) warm Maß s. u. Thermometer

3520	Mechanik, die gr>l	1. Lehre vom Gleichgewicht u. der Bewegung der Körper (phys. t. t.) {72}; 2. Triebwerk, Getriebe {40/45}; 3. ⌐ automatisch ablaufender, selbsttätiger Prozeß (⌐ UTL 2891) {40/41}	μηχανική (τέχνη) mechanike (techne)	Maschinenkunst
–	Mechaniker, der	1. Facharbeiter für ⌐ Maschinen; 2. Feinschlosser {40/41}	μηχανικός mechanikos	geschickt, kunstfertig
–	Mechanisator, der	⌐ technische Fachkraft in der sozialistischen (⌐ UTL 3373) Land– u. Forstwirtschaft (DDR) {38/39/40/75}	dto.	dto.
–	mechanisch	1. die Mechanik betreffend {72}; 2. maschinenmäßig {40/45}; 3. gewohnheitsmäßig, zwangsläufig {29/59}; 4. unbewußt {25/29}	dto.	dto.
–	mechanisieren gr>l>frz	auf mechanischen Ablauf umstellen {40/41}	dto. frz. *mécaniser*	dto.
–	Mechanismus, der (gr>l;gr)>frz	1. Triebwerk {40/45}; 2. zwangsläufiger Ablauf {59}; 3. Naturphilosophie, die Natur (⌐ UTL 2343) u. Leben rein mechanisch erklärt (philos. t. t.) {77}	dto. + –ισμός –ismos frz. *mécanisme*	dto. gr. Suffix s. Partikelliste
–	Mechanist, der (gr>l;gr)>frz	Vertreter des Mechanismus {77}	dto. + –ιστής –istes	dto. gr. Suffix s. Partikelliste
–	mechanistisch (gr>l;gr)>frz	1. den ⌐ Mechanismus betreffend {40/45}; 2. alles Geschehen als Folge von Masse (⌐ UTL 2158b) u. Bewegung auffassend {77}	dto.	dto.

>>> Mechanizismus, der = Mechanismus
>>> Mechanizist, der = Mechanist
>>> mechanizistisch = mechanistisch

3521	Medaille, die gr>l>vulgl >it>frz	Gedenk-, Schaumünze ohne Geldwert; Siegerpreis {36/56/85}	μέταλλον metallon l. *metallum*	Mine, Erzader; Mineral, Metall Metall, Grube, Bergwerk
			vulgl. *metalia* moneta* it. *medaglia* frz. *médaille*	Münze aus Metall
–	Medailleur, der gr>l>vulgl >it>frz	Stempelschneider {40}	dto.	dto.
–	medaillieren gr>l>vulgl >it>frz	mit einer Medaille auszeichnen (selten) {85}	dto.	dto.
–	Medaillon, das gr>l>vulgl >it>frz	1. große Schaumünze; Bildkapsel, Rundbildchen; 2. ovales (↗ UTL 2461) o. rundes (gerahmtes) Relief (↗ UTL 3065) o. Bild(nis) (kunstwiss. t. t.) {36}; 3. kreisrunde o. ovale Fleischscheibe (meist vom Filet (↗ UTL 1091) – gastron. t. t.) {17}	dto. it. *medaglione* frz. *médaillon*	dto.
3522	Mediaanalyse, die l;gr	Untersuchung von Werbeträgern in bezug auf deren gezielte Anwendung {40/42/80}	l. *medium*	Mitte, Mittelpunkt; mittlere Zeit; Vermittler (↗ UTL 2189)
			+ ἀνάλυσις analysis	Auflösung s. o. Analyse
3523	Medienpädagoge, der l;gr	Wissenschaftler der Medienpädagogik {31/31/78/81}	dto. + παιδαγωγός paidagogos	dto. Kinder führend, geleitend
–	Medienpädagogik, die l;gr	Wissenschaft vom ↗ pädagogischen Einfluß der Massenmedien {31/32/78/81}	dto. + παιδαγωγική paidagogike	dto. Erziehungskunst
3524	Mediothek, die l;gr	um andere Medien (z. B. Folien (↗ UTL 1123), Tonträger) erweiterte ↗ Bibliothek {32/78}	dto. + θήκη theke	Behältnis, Kasten
3525	Meduse, die gr>l	1. Qualle (zool. t. t.) {08/69}; 2. schreckliche Frauengestalt der griech. Mythologie {51/75}	Μέδουσα Medousa	Medusa (s. Anhang „Namen")

–	**Medusen-blick**, der gr>l;d	schrecklicher, (versteinernder) Blick {23/24/26}	dto. + d. *Blick*	dto.
–	**Medusen-haupt**, das	Krampfadergeflecht um den Nabel herum (med. t. t.) {14/70}	dto. + d. *Haupt*	dto.
–	**medusisch**	medusenähnlich, schrecklich {25/51}	dto.	dto.
>>>	**Mega–, Megal(o)–** ⤴ Wortelementeliste			
3526	**Megabit**, das gr;(l;l) >engl	= 1 Million (⤴ UTL 2237) Bit (binäre (⤴ UTL 0396) Ziffer); Zeichen: MBit {71}	μέγας + engl. *bit*	groß Abk. für *binary digit*: Binärstelle
3527	**Megabyte**, das	= 1 Million (⤴ UTL 2237) Byte; Zeichen: Mbyte {71}	μέγας megas + engl. *byte*	groß Zusammenfassung von acht Binärstellen
3528	**Megahertz**, das gr;d	= 1 Million (⤴ UTL 2237) Hertz (= Schwingungen pro Sekunde); Zeichen: MHz {46/72/87}	μέγας megas + *Hertz*	groß d. Physiker (1857-1894)
>>>	**Megal(o)–** ⤴ Wortelementeliste			
3529	**Megalith**, der gr;gr	vorgeschichtlicher Riesensteinblock {62}	μέγας megas + λίθος lithos	groß Stein
–	**Megalithgrab**, das gr:gr:d	vorgeschichtliches Großsteingrab; Hünengrab {75}	dto. + d. *Grab*	dto.
–	**Megalithiker**, der gr;gr	Träger der Megalithkultur {75}	μέγας megas + λιθικός lithikos	groß die Steine betreffend
–	**megalithisch** gr;gr	aus großen Steinen bestehend {62/75}	dto.	dto.

Megalithkultur 3529

–	Megalith-kultur, die gr;gr;l	jungsteinzeitliche Kultur mit Großsteingräbern u. Schnurkeramik {75}	μέγας megas	groß	
			+ λίθος lithos	Stein	
			+ l. cultura	Pflege; Bearbeitung; Kultur; Anbetung (↗ UTL 1947)	
3530	megalo-man u. megalo-manisch gr;gr	größenwahnsinnig (psych. t. t.) {14/25/70}	μέγας megas u. Fem. μεγάλη megale	groß	
			+ μανία mania	Raserei, Wahnsinn, Verzückung	
–	Megalo-manie, die gr;gr	Größenwahn (psych. t. t.) {14/25/70}	dto.	dto.	
3531	Megalo-pole u. Megalo-polis, die gr;gr	Städtezusammenballung; aus verschiedenen nebeneinander liegenden Städten bestehende Riesenstadt {64}	μέγας megas u. Fem. μεγάλη megale	groß	
			+ πόλις polis	Stadt(staat)	
3532	Megan-thropus, der gr;gr	Lebewesen aus dem Übergangsbereich zwischen Tier u. Mensch {69/70}	μέγας megas	groß	
			+ ἄνθρωπος anthropos	Mensch	
3533	megaout gr;engl	(ugs.) völlig aus der Mode (↗ UTL 2257) {25/59}	μέγας megas	groß	
			+ engl. *out*	aus, heraus; weg	
3534	Mega-phon, das gr;gr	↗ elektrisches Sprachrohr zur Lautverstärkung {40/72}	μέγας megas	groß	
			+ φωνή phone	Laut, Stimme, Ton	
3535	Megäre, die gr>l	wütende, böse Frau {26/33}	Μέγαιρα Megaira	„die Mißgönnende"; Megaira (s. Anhang „Namen")	
3536	Megari-ker, der	Angehöriger der von dem Sokratesschüler Eukleides von Megara (450–380 v. Chr.) gegründeten Philosophenschule (hist. t. t.) {75/77}	Μεγαρικός Megarikos	aus Megara (s. Anhang „Namen")	

3537	**Megaron**, das	1. Hauptraum des antiken (↗ UTL 0214) Hauses o. Tempels (↗ UTL 3545); 2. aus einem Raum mit Vorhalle bestehendes antikes Haus (archäol., archit. t. t.) {58/75/88}	μέγαρον megaron	Gemach, Saal; Hauptzimmer des Hauses; das Allerheiligste; unterirdische altgr. Wohnungen
3538	**Megastar**, der gr;engl	überall gefeierter Künstler {33/35/37/85}	μέγας megas + engl. *star*	groß Stern
3539	**Megatherium**, das (gr;gr) >nlat	ausgestorbenes Riesenfaultier (zool. t. t.) {69}	μέγας megas + θηρίον therion	groß Tier
3540	**megatherm** gr;gr	warme Standorte bevorzugend (von Pflanzen) (bot. t. t.) {68}	μέγας megas + θερμός thermos	groß warm
3541	**Megatonne**, die gr;mlat	= Gewicht von 1 Million Tonnen; Zeichen: Mt {56}	μέγας megas + mlat. *tunna*	groß Faß
3542	**Megavolt**, das gr;it	= Spannung von 1 Million ↗ Volt; Zeichen: MV {72}	μέγας megas + *Volta*	groß ital. Physiker (1745-1827)
3543	**Megawatt**, das gr;engl	= Leistung von 1 Million Watt; Zeichen: MW {72}	μέγας megas + *Watt*	groß engl. Ingenieur (1736-1819)
3544	**Meiose**, die	Zellteilungsvorgang (biol. t. t.) {68/69}	μείωσις meiosis	das Verringern, Verkleinern
–	**Meiosis**, die	= ↗ Litotes: Redefigur, die durch doppelte Verneinung die Hervorhebung des Gesagten bewirkt {32/76}	dto.	dto.
3545	**Meiuros**, o. **Meiurus**, der gr>nlat	↗ Hexameter mit gekürzter vorletzter ↗ Silbe {32/76}	μείουρος meiouros	kurzschwänzig; verkürzter Hexameter
>>>	**Mel** ↗ **Melanie**			
>>>	**Melan(o)–** ↗ Wortelementeliste			

3546	Melan- ämie, die gr;gr	Ablagerung dunkler Pigmente (↗ UTL 2652) in Milz, Leber, Knochenmark u. Hirnrinde (med. t. t.) {70}	μέλας, Gen. μέλανος melas, melanos + αἷμα haima	schwarz, dunkel Blut
3547	Melan- cholie, die	Schwermut, Trübsinn (nach der Säfte- bzw. Temperamentslehre des Hippokrates (s. Anhang „Namen") {25/26/70/84}	μελαγχολία melancholia	Schwarzgalligkeit, Trübsinn (der durch die ins Blut fließende schwarze Galle entsteht)
–	Melan- choliker, der	pessimistischer, schwermütiger Mensch {25/26/84}	μελαγχο- λικός melancho- likos	zu schwarzer Galle gehörig; zur Schwermut neigend
–	melan- cholisch	schwermütig, trübsinnig {25/26/84}	dto.	dto.
3548	Melanch- thon gr;gr	Humanistenname für den d. Protestanten Philipp Schwarzerd {1497-1560}	μέλας, Gen. μέλανος melas, melanos + χθών chton	schwarz, dunkel Erde
3548a	Melane- sien, das gr;gr	Inselgruppe im Pazifik (↗ UTL 2556) {64}	μέλας, Gen. μέλανος melas, melanos + νῆσος nesos	schwarz, dunkel Insel s. u. Mikronesien, Polynesien
3549	Melanie	weiblicher Vorname {31}	μελανία melania	die Schwärze; die Schwarzhaarige
3550	Melanin, das gr>nlat	dunkler Farbstoff in Haaren, Haut u. Federn (biol. t. t.) {69}	μέλας, Gen. μέλανος melas, melanos	schwarz, dunkel
3551	Melanis- mus, der gr;gr	dunkle Färbung der Körperoberfläche {11/70}	dto. + -ισμός -ismos	dto. gr. Suffix s. Partikelliste
3552	Melano, der gr>nlat	Tier mit stark ausgebildeter schwärzlicher Pigmentierung (zool. t. t.); Analogiebildung zu Albino (↗ UTL 0135a) {69}	dto.	dto.

3553	melanoderm gr;gr	dunkelhäutig, dunkle Flecken bildend (med. t. t.) {70}	dto. + δέρμα derma	dto. Haut
–	Melanodermie, die	Dunkelfärbung der Haut durch Überpigmentierung (med. t. t.) {70}	dto.	dto.
3554	Melanom, das	bösartige braune bis schwärzliche Geschwulst (med. t. t.) {14/70}	μελάνωμα melanoma	das Geschwärzte
3555	Melanose, die	Bildung dunkler Flecken (med. t. t .) {70}	μελάνωσις melanosis	das Schwärzen
3556	Melasma, das	Hautkrankheit mit Bildung schwärzlicher Flecken (med. t. t.) {14/70}	μέλασμα melasma	das Geschwärzte
3557	Melasse, die gr>l>spätl >span>frz	Rückstand bei der Zuckergewinnung (als Futtermittel o. zur Branntweinherstellung verwendet) {17/39/41}	μέλι meli l. mel spätl. mellacium span. miel, melaza frz. mélasse	Honig dto. eingedickter Honigsaft; Most Honig; Melasse Zuckersirup
3558	Melatonin, das (gr;gr) >nlat	↗ Hormon der Zirbeldrüse, das bei ↗ Amphibien eine Aufhellung der Haut bewirkt {69}	μέλας, Gen. μέλανος melas, melanos + τόνος tonos	schwarz, dunkel Spannung, Band, Ton
3559	Melik, die	gesungene Lyrik, Lieddichtung {34/37}	μελικός melikos	zum Gesang gehörig
3560	Melis, der gr>nlat	unvollständig gereinigter, gelblicher Zucker {17}	μέλι meli	Honig
3561	melisch	liedhaft (mus. t. t.) {37}	μελικός melikos	zum Gesang gehörig
3562	Melisma, das	↗ melodische Verzierung, Koloratur (↗ UTL 1730) (mus. t. t.) {37}	μέλισμα melisma	Gesang, Lied
–	Melismatik, die	↗ melodischer Verzierungsstil (mus. t. t.) {37}	dto.	dto.
–	melismatisch	verziert, ausgeschmückt (mus. t. t.) {37}	dto.	dto.
–	melismisch	= ↗ melodisch (mus. t. t.) {37}	dto.	dto.

3563	Melissa	weiblicher Vorname {31}	μέλιττα melitta = attisch für: μέλισσα melissa	Biene
3564	Melisse, die gr>l>mlat	Heil– u. Gewürzpflanze des Mittelmeergebietes {04/17}	μελισσό- φυλλον melisso- phyllon abgeleitet von: μέλισσα melissa + φύλλον phyllon l. melis- phyllum mlat. melissa	Bienenblatt Biene Blatt Honigblatt Melisse
3565	Melitta	weiblicher Vorname {31}	μέλιττα melitta = attisch für: μέλισσα melissa	Biene
3566	Melodie, die gr>spätl >mhd	in sich geschlossene, singbare Tonfolge {37}	μελῳδία melodia spätl. melodia mhd. melodie	Singen, Singweise; Lied dto. dto.
–	Melodik, die gr>nlat	1. Lehre von der ↗ Melodie; 2. melodische Eigenheit eines Musikstücks {37}	μελῳδικός melodikos	die Melodie betreffend
–	Melodiker, der	Komponist (↗ UTL 1770) melodischer Tonfolgen {37/40}	dto.	dto.
–	Melodion, das	Tasteninstrument mit harmonikaartigem ↗ Ton {37}	μελῳδία melodia	Singweise, Gesang
–	melodiös gr>l>frz	wohlklingend {37/54}	dto. frz. mélodieux	dto.
–	melodisch gr>l	1. wohlklingend {37/54}; 2. die Melodie betreffend {37}	μελῳδικός melodikos	die Melodie betreffend
–	Melodist, der (gr;gr) >nlat	Verfasser von Melodien für Kirchenlieder {37/40/51/77}	μελῳδός melodos + –ιστής –istes	ein Lied singend gr. Suffix s. Partikelliste

3567	Melo-dram o. Melo-drama, das (gr;gr)>frz	1. Schauspiel mit untermalender ↗ Musik (mus., hist. t. t.) {35/37/74}; 2. Rührstück, leidenschaftliche Auseinandersetzung {26/33}	μέλος melos + δρᾶμα drama frz. mélodrame	Lied Handlung, Schauspiel s. o. Drama
–	Melodramatik, die (gr;gr)>frz	das ↗ Theatralische o. übertrieben ↗ Pathetische {26/33}	μέλος melos + δραματικός dramatikos	Lied zum Drama gehörig s. o. Dramatik
–	melodramatisch (gr;gr)>frz	das Melodram(a) betreffend {26/33/34/37}	dto.	dto.
3568	Melomane, der (gr;gr)>nlat	Musikbesessener {26/37/84}	μέλος melos + μανία mania	Lied Raserei, Wahnsinn, Verzückung
–	Melomanie, die (gr;gr)>nlat	Musikbesessenheit {26/37/84}	dto.	dto.
3569	Melomimik, die gr;gr	Interpretation (↗ UTL 1491) eines Musikstücks durch Ausdruck o. Tanz {37}	μέλος melos + μιμικός mimikos	Lied die Schauspieler betreffend s. u. Mimik
3570	Melone, die gr>l>it>frz	Kürbisgewächs {05/17}; 2. runder, steifer Hut (ugs., scherzh.) {19}	μηλοπέπων melopepon l. melo(pepo) it. mellone frz. melon	apfelförmige Melone dto. dto. dto.
3571	Melopöie, die	1. antike (↗ UTL 0214) Kompositionstechnik für ↗ Melodien {37/75}; 2. Lehre vom Bau der ↗ Melodien (mus. t. t.) {37}	μελοποιΐα melopoiia	das Verfertigen von Liedern
3572	Melos, das gr>l	1. ↗ Melodie, Gesang; 2. die melodischen Eigenschaften der menschlichen Stimme {37}	μέλος melos	Lied
3573	Melotypie, die (gr;gr)>nlat	Notendruck in Buchdrucklettern {37/40}	dto. + τύπος typos	dto. Schlag; Abdruck; Gepräge, Gestalt

3574	Membra-nophon, das l;gr	↗ Musikinstrument, das durch Schwingungen einer Membrane erklingt {37}	1. *membrana* + φωνή phone	Haut, Häutchen, Pergament (↗ UTL 2200) Laut, Stimme, Ton
3575	Menar-che, die (gr;gr) >nlat	Zeitpunkt der ersten Regelblutung (med. t. t.) {11/59/70}	μήν men + ἀρχή arche	Monat Anfang, Herrschaft
3576	Menäum, das gr>nlat	↗ liturgisches Monatsbuch der ↗ orthodoxen ↗ Kirche {51/77}	μηνιαῖος meniaios	einen Monat lang
3577	Menin-gismus, der gr;gr	der Meningitis ähnliche Entzündung der Hirnhaut (med. t. t.) {14/70}	μῆνιγξ, Gen. μήνιγγος meninx, meningos + –ισμός –ismos	(Hirn)haut gr. Suffix s. Partikelliste
–	Menin-gitis, die gr;gr	Gehirnhautentzündung (med. t. t.) {14/70}	dto. + –ῖτις –itis	dto. gr. Suffix s. Partikelliste
–	Meningo-enzepha-litis, die gr;gr;gr	Form der Meningitis, die die Gehirnsubstanz in Mitleidenschaft zieht (med. t. t.) {14/70}	dto. + ἐγκέφαλος enkephalos + –ῖτις –itis	dto. Gehirn s. o. Enzephalitis gr. Suffix s. Partikelliste
–	Meninx, die	Hirn– bzw. Rückenmarkshaut (med. t. t.) {11/70}	μῆνιγξ, Gen. μήνιγγος meninx, meningos	(Hirn)haut
3578	Menis-kenglas, das gr;d	sichelförmig geschliffenes Brillenglas {87}	μηνίσκος meniskos = Diminutiv zu: μήνη mene + d. *Glas*	mondförmiger Körper Mond
3579	Meniskus, der gr>nlat	1. halbmondförmiger Zwischenknorpel im Kniegelenk (med. t. t.) {11/70}; 2. gewölbte Oberfläche einer Flüssigkeit (phys. t. t.) {72}; 3. gekrümmte Linse (↗ UTL 2071) als Brillenglas (opt. t. t., phys. t. t.) {72/87}	dto.	dto.

>>> Meno– ↗ Wortelementeliste

3580	**Menologion,** das (gr;gr) >mgr	↗ liturgisches Monatsbuch der ↗ orthodoxen ↗ Kirche {51/77}	μήν men + λόγιον logion	Monat (Aus)spruch
3581	**Menopause,** die gr;gr	Aufhören der Monatblutung der Frau in den Wechseljahren (med. t. t.) {11/59/70}	μήν men + παύειν pauein	Monat beendigen s. u. Pause
3582	**Menorrhagie,** die (gr;gr) >nlat	abnorm starke u. lang anhaltende Monatsblutung (med. t. t.) {14/70}	μήν men + ῥαγή rhage	Monat Riß, Spalt
3583	**Menorrhö(e),** die gr;gr	Monatsblutung (med. t. t.) {11/70}	μήν men + ῥοή rhoe	Monat das Fließen; Fluß
–	**menorrhöisch** gr;gr	die Monatsblutung betreffend (med. t. t.) {11/70}	dto.	dto.
3584	**Menostase,** die gr;gr	das Ausbleiben der Monatsblutung (med. t. t.) {14/70}	μήν men + στάσις stasis	Monat das Feststehen; Zustand, Lage; Aufstand
3585	**Mensuralmusik,** die l;gr	die in Mensuralnotation (↗ UTL 2207) aufgezeichnete Musik des 13. bis 16. Jh.s (mus. t. t.) {37/75}	l. *mensuralis* + μουσική (τέχνη) mousike (techne)	zum Messen gehörig, – dienlich Musenkunst, Tonkunst s. u. Musik
3586	**Menthol,** das (gr>l;gr>l >vulgl) >nlat	Hauptbestandteil des Pfefferminzöls {17/70/73}	μίνθη minthe l. *ment(h)a* + ἔλαιον elaion l. *oleum* vulgl. *olium**	Minze dto. s. u. Minze Oliven-, (Baum)öl dto. dto. s. u. Öl
3587	**Mentor,** der	Berater, Helfer, Betreuer, Erzieher, Förderer {31/33/78}	Μέντωρ Mentor	Mentor (s. Anhang „Namen")

3588	Merito-kratie, die l;gr	Verdienstadel {33/47}	l. *meritum* + κράτος kratos	Verdienst, Lohn; Wohltat (↗ UTL 2214b) Kraft, Macht
–	merito-kratisch l;gr	die Meritokratie betreffend {33/47}	dto.	dto.
>>>	Meso– ↗ Wortelementeliste			
3589	Mesokarp, o. Meso-karpium, das gr;gr	Mittelschicht der Fruchtwand bei Pflanzen (bot. t. t.) {68}	μέσος mesos + καρπός karpos	in der Mitte; der mittlere Frucht
3590	Meso-klima, das gr;gr	↗ Klima eines Landschafts-teils {64/65}	μέσος mesos + κλίμα, Gen. κλίματος klima, klimatos	in der Mitte; der mittlere Neigung der Erde gegen die Pole zu; Himmelsgegend s. o. Klima
3591	Mesoli-thikum, das gr;gr	die mittlere Steinzeit {59/62/75}	μέσος mesos + λιθικός lithikos	in der Mitte; der mittlere Steine betreffend
–	mesoli-thisch gr;gr	die mittlere Steinzeit betref-fend {59/62/75}	dto.	dto.
3592	meso-morph gr;gr	die Mesomorphie betreffend {11/70}	μέσος mesos + μορφή morphe	in der Mitte; der mittlere Form, Gestalt
–	Meso-morphie, die (gr;gr) >nlat	dem ↗ Athletiker ähnliche körperliche Konstitution (↗ UTL 1839) {11/70}	dto.	dto.
3593	Meson, das	unstabiles ↗ Elementarteil-chen, dessen ↗ Masse gerin-ger ist als die eines ↗ Protons, jedoch größer als die eines ↗ Leptons (phys. t. t.) {72}	μέσον meson = Neutrum zu: μέσος mesos	das in der Mitte befindliche der mittlere der mittlere
3594	Meso-nyktikon, das	Mitternachtsgottesdienst in der Ostkirche {51/77}	μεσονύκτιος mesonyktios	mitternächtlich, mitten in der Nacht

3595	Mesopause, die gr;gr	obere Grenze der ⬈ Mesosphäre {63/65}	μέσος mesos + παύειν pauein	in der Mitte; der mittlere beendigen s. u. Pause
3596	Mesopotamien, das	das Gebiet zwischen den Flüssen Euphrat u. Tigris {64}	Μεσοποταμία Mesopotamia	„Zwischenstromland"; Mesopotamien
3597	Mesosiderit, der (gr;gr) >nlat	Meteor aus Silikaten (⬈ UTL 3321) u. Nickeleisen {01/62/ 66}	μέσος mesos + σιδηρίτης siderites	in der Mitte; der mittlere aus Eisen s. u. Siderit
3598	Mesosphäre, die gr;gr	Schicht der Erdatmosphäre in 50–80km Höhe (meteor. t. t.) {63/65}	μέσος mesos + σφαῖρα sphaira	in der Mitte; der mittlere Kugel, Ball s. u. Sphäre
3599	Mesostichon, das gr;gr	Gedicht, bei dem die Buchstaben in der Versmitte von oben bis unten ein Wort o. Satz ergeben {34/76}	μέσος mesos + στίχος stichos	der mittlere Reihe, Zeile, Vers
3600	Mesotes, die	Mitte zwischen zwei Extremen (philos. t. t.) {25/77}	μεσότης mesotes	Mitte; Mittelmaß zwischen zwei Extremen
3601	Mesozoikum, das gr;gr	das erdgeschichtliche Mittelalter (geol. t. t.) {59/62}	μέσος mesos + ζωϊκός zoïkos	in der Mitte; der mittlere die Lebewesen betreffend
–	mesozoisch gr;gr	das erdgeschichtliche Mittelalter betreffend {59/62}	dto.	dto.
3602	Messidor, der (l;gr)>frz	Erntemonat, zehnter Monat im frz. Revolutionskalender (hist. t. t.) {59/75}	l. metere + δῶρον doron frz. messidor	abmähen, ernten Geschenk
3603	Messing, das gr>mhd	(Etymologie unsicher): ⬈ Kupfer-Zink-Legierung (⬈ UTL 2031) {40/41/41/73}	Μοσσυνικός (χαλκός) mossynikos (chalkos) mhd. messinc	mossynisches (s. Anhang „Namen") (Erz)
>>>	Meta– ⬈ Partikelliste			
3604	Metabasis, die gr>l>nlat	Gedankensprung; auf ein anderes Gebiet übergreifende Beweisführung (log. t. t.) {25/ 71}	μετάβασις metabasis	das Übergehen (von einem Gegenstand zum anderen)

3605	metabol o. metabolisch	1. veränderlich (biol. t. t.) {61/68/69}; 2. im Stoffwechselprozeß entstanden (med., biol. t. t.) {68/69/70}	μεταβολικός metabolikos	zur Veränderung gehörig
–	Metabolie, die	1. Formveränderung bei Einzellern; 2. Gestaltveränderung bei Insekten (↗ UTL 1429); 3. Veränderung im Stoffwechsel eines ↗ Organismus (med., biol. t. t.) {69/70}	μεταβολή metabole	das Umwerfen; Veränderung
–	Metabolismus, der (gr;gr) >nlat	1. Veränderung; 2. Stoffwechsel (med., biol. t. t.) {68/69/70}	μεταβολή metabole + –ισμός –ismos	das Umwerfen; Veränderung gr. Suffix s. Partikelliste
–	Metabolit, der gr;gr	für den Stoffwechsel notwendige Substanz (↗ UTL 3466) (biol., med. t. t.) {68/69/70}	dto.	dto.
3606	Metachronismus, der (gr;gr;gr) >nlat	irrtümliche Einordnung in eine zu späte Zeit {25/59}	μετά meta + χρόνος chronos + –ισμός –ismos	inmitten; mittels; mit; danach, dahinter; um Zeit gr. Suffix s. Partikelliste
3607	metagam (gr;gr) >nlat	nach der Befruchtung erfolgend (med., biol. t. t.) {69/70}	μετά meta + γάμος gamos	inmitten; mittels; mit; danach, dahinter; um Hochzeit, Ehe
3608	Metagnom, der (gr;gr) >nlat	Mittler bei übersinnlichen ↗ Phänomenen (parapsych. t. t.) {51/70}	μετά meta + γνώμη gnome	inmitten; mittels; mit; danach, dahinter; um Einsicht; Verstand, Sinn(spruch)
–	Metagnomie, die (gr;gr) >nlat	Wahrnehmung von übersinnlichen ↗ Phänomenen (parapsych. t. t.) {51/70}	dto.	dto.
3609	Metakommunikation, die (gr;l)>nlat	1. Verständigung, die über das Verbale hinausgeht; 2. Kommunikation über Kommunikation {32/76}	μετά meta + l. communicatio	inmitten; mittels; mit; danach, dahinter; um Mitteilung (↗ UTL 1749a)

3610	**Meta-kritik**, die gr;gr	↗ Kritik der ↗ Kritik {25/77}	μετά meta + κριτική (τέχνη) kritike (techne)	inmitten; mittels; mit; danach, dahinter; um (die Kunst des) Beurteilens s. o. Kritik
3611	**Metalinguistik**, die (gr;l)>nlat	↗ Theorie von den Beziehungen zwischen der inhaltlichen Seite von Sprachen zu außersprachlichen ↗ Phänomenen {32/76}	μετά meta + l. *lingua*	inmitten; mittels; mit; danach, dahinter; um Zunge, Sprache, Rede (↗ UTL 2068)
3612	**Metall**, das gr>l>mhd	Sammelbezeichnung für eine best. Gruppe ↗ chem. Grundstoffe von hoher Festigkeit {02/73}	μέταλλον metallon l. *metallum* mhd. *metalle*	Bergwerk; Erz, Metall dto. (↗ UTL 2223) dto.
–	**metallen** gr>l>spät mhd	aus Metall {02/73}	dto. spätmhd. *metaeln*	dto.
–	**Metaller**, der	„Metallarbeiter"; Gewerkschaftsangehöriger (ugs.) {33/40/41}	dto.	dto.
–	**metallic** gr>l>engl	metallisch schimmernd {54/55}	μεταλλικός metallikos l. *metallicus* engl. *metallic*	die Bergwerke betreffend; metallisch zum Metall gehörig metallfarben
–	**Metallisation**, die gr>l>nlat	1. Vererzung (geol. t. t.) {62}; 2. = Metallisierung {40/41}	dto.	dto.
–	**Metallisator**, der	Spritzpistole zum Metallüberziehen {40/41}	dto.	dto.
–	**metallisch** gr>l	1. aus Metall {54}; 2. hart klingend {37}	dto.	dto.
–	**metallisieren** gr>l>frz	mit Metall überziehen (tech. t. t.) {40/41}	dto. frz. *métalliser*	dto.
3613	**Metallismus**, der gr;gr	Erklärung des Geldwertes aus dem Metall- o. Stoffwert des Geldes {42/56/80}	μέταλλον metallon + –ισμός –ismos	Bergwerk; Erz, Metall gr. Suffix s. Partikelliste

607

Nr.	Stichwort	Bedeutung	Griechisch	Übersetzung
3614	Metallo-chromie, die (gr;gr) >nlat	Färbung von Metallen mit Hilfe der ⌐ Elektrolyse {40/41/73}	μέταλλον metallon + χρῶμα chroma	Bergwerk; Erz, Metall Farbe; Haut
3615	Metal-loge, der gr;gr	Wissenschaftler der Metallogie {40/73}	μέταλλον metallon + λόγος logos	Bergwerk; Erz, Metall Rede, Wort; Berechnung
–	Metallo-gie, die gr;gr	Wissenschaft von den Eigenschaften, der Struktur (⌐ UTL 3455) u. Verarbeitung der Metalle {40/73}	dto.	dto.
–	Metallo-graph, der gr;gr	Spezialist (⌐ UTL 3394) der Metallographie {40/73}	μέταλλον metallon + γραφεύς grapheus	Bergwerk; Erz, Metall Schreiber, Maler
–	Metallo-graphie, die gr;gr	1. Metallkunde; 2. ⌐ mikroskopische Untersuchung von Metallen {40/73}	μέταλλον metallon + γραφή graphe	Bergwerk; Erz, Metall Schrift; Zeichnung
3616	Metall-oxyd o. –oxid, das gr;gr	Verbindung eines Metalls mit Sauerstoff {73}	μέταλλον metallon + ὀξύς oxys	Bergwerk; Erz, Metall scharf, spitz, sauer s. u. Oxyd
3617	Metall-urg o. Metall-urge, der	Fachwissenschaftler der Metallurgie {40/41/73}	μεταλλουρ-γός metallourgos	Metalle verarbeitend
–	Metall-urgie, die	Lehre von der Gewinnung u. Verarbeitung der Metalle; Hüttenkunde {40/41/73}	μεταλλουρ-γεῖν metallourgein	Metalle verarbeiten
–	metall-urgisch	die Metallurgie, die Hüttenkunde betreffend {40/41/73}	dto.	dto.
3618	metamer (gr;gr) >nlat	in hintereinanderliegende, gleichartige Abschnitte gegliedert; die Metamerie betreffend (biol. t. t.) {69}	μετά meta + μέρος meros	inmitten; mittels; mit; danach, dahinter; um (An)teil
3619	Meta-meren, die (Pl.) (gr;gr) >nlat	gleichartige Körperabschnitte in der Längsachse des Tierkörpers {69}	dto.	dto.

3620	Metamerie, die (gr;gr) >nlat	1. Gliederung des Tierkörpers in gleichartige, hintereinanderliegende Abschnitte {69}; 2. Farbreize, die spektral (↗ UTL 3387) unterschiedlich sind, aber die gleiche Farbempfindung hervorrufen {23/55}	dto.	dto.
3621	Metametasprache, die gr;gr;d	↗ Kritik an der ↗ Metasprache {32/76}	μετά meta + d. *Sprache*	inmitten; mittels; mit; danach, dahinter; um
3622	metamorph o. metamorphisch (gr;gr) >nlat	die Gestalt wandelnd {53/61}	dto. + μορφή morphe	dto. Form, Gestalt
3623	Metamorphismus, der gr;gr;gr	= Metamorphose: Verwandlung {53/61/69}	dto. + –ισμός –ismos	dto. gr. Suffix s. Partikelliste
3624	Metamorphopsie, die gr;gr;gr	Sehstörung, bei der die Gegenstände verzerrt gesehen werden (med. t. t.) {14/23/70}	dto. + ὄψις opsis	dto. das Sehen
3625	Metamorphose, die gr>l	Verwandlung {53/61/69}	μεταμόρφωσις metamorphosis	Verwandlung in eine andere Gestalt
–	metamorphosieren gr>l>nlat	verwandeln, die Gestalt ändern {53/61/69}	dto.	dto.
3626	Metanoia, die	1. innere Umkehr, Buße (rel. t. t.) {51/77}; 2. Gesinnungswandel, Änderung der Weltsicht (philos. t. t.) {25/77}	μετάνοια metanoia	Sinnesänderung
3627	metaökonomisch (gr;gr) >nlat	außerwirtschaftlich {42/80}	μετά meta + οἰκονομικός oikonomikos	inmitten; mittels; mit; danach, dahinter; um die Verwaltung des Hauses betreffend s. u. ökonomisch

3628	Metaorganismus, der (gr;gr;gr) >nlat	Verkörperung von Seelenkräften (parapsych. t. t.) {51/70}	μετά meta + ὄργανον organon + -ισμός -ismos	inmitten; mittels; mit; danach, dahinter; um Werkzeug gr. Suffix s. Partikelliste s. u. Organismus
3629	Metaphase, die (gr;gr) >nlat	bestimmtes ↗ Stadium der Kernteilung einer Zelle (↗ UTL 3886) (biol. t. t.) {68/69}	μετά meta + φάσις phasis	inmitten; mittels; mit; danach, dahinter; um Erscheinung (der Gestirne) s. u. Phase
3630	Metapher, die gr>l	bildhafte Beschreibung o. Vergleich {32/34/76}	μεταφορά metaphora	das Hinübertragen; Übertragung
–	Metaphorik, die	der Gebrauch von Metaphern {32/34/76}	μεταφορικός metaphorikos	übertragen
–	metaphorisch gr>l>frz	1. die Metapher betreffend; 2. bildlich, übertragen {32/34/76}	dto. frz. métaphorique	dto.
3631	Metaphrase, die gr>l	1. wortgetreue Übertragung eines Gedichts in Prosa (↗ UTL 2869) (lit.wiss. t. t.); 2. erläuternde Wiederholung eines Wortes durch ein ↗ Synonym (stilk. t. t.) {32/34/76}	μετάφρασις metaphrasis	Übertragung, Übersetzung, Umschreibung
–	Metaphrast, der	Verfasser einer Metaphrase {32/34/76}	μεταφράστης metaphrastes	jemand, der überträgt; Übersetzer
–	metaphrastisch	1. die Metaphrase betreffend; 2. umschreibend {32/34/76}	μεταφραστικός metaphrastikos	umschreibend
3632	Metaphylaxe, die (gr;gr) >nlat	Nachbehandlung eines Kranken (med. t. t.) {14/70}	μετά meta + φύλαξις phylaxis	inmitten; mittels; mit; danach, dahinter; um Bewachung, Beschützung

3633	Meta-physik, die (gr;gr) >mlat	↗ philosophische Lehre des Übersinnlichen (philos. t. t.) {51/77}	τὰ μετὰ τὰ φυσικά ta meta ta physika (Pl.) abgeleitet von:		"die (Dinge) nach / jenseits der Naturlehre"
			μετά meta		inmitten; mittels; mit; danach, dahinter; um
			+ φυσική (τέχνη) physike (techne) mlat.		Erforschung der Natur s. u. Physik
			metaphysica		Lehre vom Übernatürlichen
–	Metaphysiker, der gr;gr	Vetreter der Metaphysik {51/77}	μετά meta		inmitten; mittels; mit; danach, dahinter; um
			+ φυσικός physikos		natürlich, naturgemäß; Naturphilosoph s. u. Physiker
–	metaphysisch gr;gr	1. übersinnlich; 2. zur Metaphysik gehörend {51/77}	dto.		dto.
3634	Metapsychik, die (gr;gr) >nlat	= ↗ Parapsychologie {51/70/77}	μετά meta		dinmitten; mittels; mit; danach, dahinter; um
			+ ψυχικός psychikos		zur Seele gehörig s. u. psychisch
–	metapsychisch (gr;gr) >nlat	die Metapsychik betreffend {51/70/77}	dto.		dto.
–	Metapsychologie, die gr;gr;gr	1. psychologische Lehre in ihrer ausschließlich theoretischen Dimension {25/70}; 2. = ↗ Parapsychologie {51/70/77}	μετά meta		inmitten; mittels; mit; danach, dahinter; um
			+ ψυχή psyche		Seele
			+ λόγος logos		Rede, Wort; Berechnung s. u. Psychologie
3635	Metasprache, die gr;d	1. wissenschaftliche Beschreibung der natürlichen (↗ UTL 2343) Sprache (sprachwiss. t. t.) {32/76}	μετά meta		inmitten; mittels; mit; danach, dahinter; um
			+ d. *Sprache*		

3636	Metastase, die	Tochtergeschwulst (med. t. t.) {14/70}	μετάστασις metastasis	das Umstellen, Verändern; das Herumwandern
–	metastasieren gr>nlat	Tochtergeschwülste bilden (med. t. t.) {14/70}	dto.	dto.
–	metastatisch	in der Art einer Metastase (med. t. t.) {14/70}	μεταστατικός metastatikos	zum Umsetzen gehörig
3637	Metatheorie, die gr;gr	wissenschaftliche ⤴ Theorie über eine ⤴ Theorie {25/77}	μετά meta + θεωρία theoria	inmitten; mittels; mit; danach, dahinter; um das Anschauen, Betrachten; (wissenschaftliche) Untersuchung s. u. Theorie
3638	Metathese o. Metathesis, die gr>l	Umstellung von Lauten {32/76}	μετάθεσις metathesis	das Umsetzen, Umstellen; Buchstabenversetzung
3639	Metatonie, die (gr;gr) >nlat	Wechsel der Intonation (⤴ UTL 1510) {32/37/76}	μετά meta + τόνος tonos	inmitten; mittels; mit; danach, dahinter; um Spannung, Band, Ton
3640	Metatropismus, der gr;gr	Rollentausch von Mann u. Frau (psych. t. t.) {10/70}	μετατροπή metatrope + –ισμός –ismos	Wendung, Veränderung gr. Suffix s. Partikelliste
3641	Metaxa, der	milder, aromatischer Branntwein aus Griechenland {17}	μέταξα metaxa	rohe Seide
3642	metazentrisch gr;gr	das Metazentrums betreffend {45/72}	μετά meta + κέντρον kentron	inmitten; mittels; mit; danach, dahinter; um Stachel; Zirkelspitze, Mittelpunkt s. u. zentrisch
–	Metazentrum, das gr;gr	Schnittpunkt, den die Auftriebsrichtung eines Schiffskörpers bei geneigter Lage mit der Auftriebsrichtung für die aufrechte Lage bildet {45/72}	dto.	dto.

3643	Metem- psychose, die gr>l	Seelenwanderung {51/77}	μετεμψύ- χωσις metempsy- chosis	Wanderung der Seele aus einem Leib in einen an- deren
>>>	Meteor(o)– ↗ Wortelementeliste			
3644	Meteor, der gr>mlat >nlat	Sternschnuppe; Lichterer- scheinung (Feuerkugel); Ge- steinsmasse aus dem Weltall {01/66}	μετέωρος meteoros	in die Höhe geho- ben, in der Luft schwebend
–	meteo- risch gr>mlat >nlat	die Lufterscheinungen u. Luftverhältnisse betreffend (meteor. t. t.) {65}	dto.	dto.
3645	Meteo- rismus, der gr>nlat	Darmblähungen (med. t. t.) {14/70}	μετεωρισ- μός meteorismos	Schwellung
3646	Meteorit, der	in die Erdatmosphäre eindrin- gender ↗ kosmischer Körper {01/66}	μετέωρος meteoros	in die Höhe geho- ben, in der Luft schwebend
–	meteori- tisch	von einem Meteor o. Meteo- riten stammend {01/66}	dto.	dto.
–	Meteor- krater, der gr;gr	durch Einschlag eines Meteo- riten entstandenes Loch {66}	dto. + κρατήρ krater	dto. Mischgefäß s. o. Krater
3647	Meteoro- gramm, das gr;gr	Meßergebnis eines Mereoro- graphen {65}	dto. + γράμμα gramma	dto. Buchstabe, Schrift(werk)
3648	Meteoro- graph, der gr;gr	Gerät zur gleichzeitigen Mes- sung von Luftdruck, –feuch- tigkeit u. –temperatur (meteor. t. t.) {65}	dto. + γραφεύς grapheus	dto. Schreiber, Maler
3649	Meteoro- loge, der	Wissenschaftler der Erfor- schung des Wetters u. ↗ Kli- mas {40/65}	μετεωρο- λόγος meteorologos	über Himmeler- scheinungen re- dend
–	Meteoro- logie, die	Wetterkunde; Wissenschaft vom Wettergeschehen u. ↗ Klima {65}	μετεωρο- λογία meteorologia	Lehre von den Himmelserschei- nungen
–	meteoro- logisch	die Meteorologie betreffend; wetterkundlich {65}	μετεωρο- λογικός meteoro- logikos	zur Rede über die Himmelserschei- nungen gehörig

3650	Meteoro- path, der gr;gr	jmd., dessen Gesundheits- zustand ungewöhnlich stark von Witterungseinflüssen beeinflußt wird {14/65/70}	μετέωρος meteoros + πάθος pathos	in die Höhe geho- ben, in der Luft schwebend Schmerz; Leiden- (schaft)
3651	Meteoro- patho- logie, die gr;gr;gr	Lehre vom Einfluß des Wet- ters auf den kranken ↗ Or- ganismus (med. t. t.) {65/70}	dto. + λόγος logos	dto. Rede, Wort; Be- rechnung
3652	Meteoro- physio- logie, die gr;gr;gr	Wissenschaft der Einflüsse des Wettergeschehens auf den ↗ Organismus {65/70}	μετέωρος meteoros + φύσις, Gen. φύσεως physis, physeos + λόγος logos	in die Höhe geho- ben, in der Luft schwebend Natur Rede, Wort; Be- rechnung
3653	meteoro- trop (gr;gr) >nlat	wetter–, klimabedingt {65}	μετέωρος meteoros + τρόπος tropos	in die Höhe geho- ben Wendung; Art und Weise
–	Meteoro- tropis- mus, der gr;gr;gr	durch Wetterfühligkeit be- dingter Krankheitszustand (med. t. t.) {14/65/70}	dto. + –ισμός –ismos	dto. gr. Suffix s. Partikelliste

>>> –meter ↗ Wortelementeliste

3654	Meter, der gr>l>frz	Längenmaß; Zeichen: m {56}	μέτρον metron l. metrum frz. mètre	Maß; Versmaß dto. dto.

>>> Meth– ↗ Partikelliste

3655	Methan, das (gr;gr)>frz >nlat;l	farb– u. geruchloses ↗ Gas {73}	μέθυ methy + ὕλη hyle frz. méthylène + l. –anus	Wein Stoff, Material, Bau–, Brennholz Methylen (l. Suffix) was vom Stammwort aus- geht, mit ihm in Verbindung steht, zu ihm gehört

3656	Methanol, das (gr;gr)>frz >nlat;l; arab	= ↗ Methylalkohol: sehr giftiger Alkohol, als Motorbrennstoff verwendet {45/73}	dto. + arab. *alkohol*	dto.
3657	Methexis, die	Verhältnis der sinnlich erfaßbaren Dinge (Abbild) zu den ↗ Ideen (Urbild) (philos. t. t.) {25/77}	μέθεξις methexis	Teilnahme; Teilhabe an den Ideen
>>>	–methode ↗ Wortelementeliste			
3658	Methode, die gr>l	↗ systematisches Verfahren zur Erreichung eines Zieles {25/28}	μέθοδος methodos	das Nachgehen, Verfolgen; Verfahren
–	Methodik, die	1. Lehre von den wissenschaftlichen Verfahren {25/77}; 2. Unterrichtsweise {78}; 3. festgelegte Vorgehensweise {25/77}	μεθοδική (τέχνη) methodike (techne)	systematische Vorgehensweise
–	Methodiker, der	1. jemand, der planmäßig vorgeht {25/28}; 2. Begründer einer Forschungsrichtung {33/40/77}	μεθοδικός methodikos	planmäßig untersuchend
–	methodisch gr>l	1. die Methode betreffend; 2. planmäßig, durchdacht {25/28}	dto.	dto.
–	methodisieren	methodisch gestalten {25/28/29}	dto.	dto.
3659	Methodismus, der (gr>l;gr) >engl	aus dem Anglikanismus im 18.Jh. entstandene Glaubensrichtung {51/77}	μέθοδος methodos + –ισμός –ismos engl. *methodism*	das Nachgehen, Verfolgen; Verfahren gr. Suffix s. Partikelliste
–	Methodist, der (gr>l;gr) >engl	Mitglied einer Methodistenkirche {33/51/77}	dto. + –ιστής –istes + engl. *methodist*	dto. gr. Suffix s. Partikelliste
–	methodistisch (gr>l;gr) >engl	den Methodismus betreffend {51/77}	dto.	dto.

3660	Methodologie, die (gr;gr) >nlat	Methodenlehre; ↗ Theorie der wissenschaftlichen Verfahren {25/77/78}	μέθοδος methodos	das Nachgehen, Verfolgen; Verfahren
			+ λόγος logos	Rede, Wort; Berechnung
–	methodologisch (gr;gr) >nlat	zur Methodenlehre gehörend {25/77/78}	dto.	dto.
			+ λογικός logikos	zum Reden gehörig, die Rede betreffend
3661	Methomanie, die gr>nlat	Säuferwahnsinn (med. t. t.) {14/70}	μέθυ methy	Wein
			+ μανία mania	Raserei, Wahnsinn, Verzückung
3662	Methyl, das (gr;gr) >nlat	einwertiger Methanrest in zahlreichen ↗ organisch– ↗ chemischen Verbindungen {73}	μέθυ methy	Wein
			+ ὕλη hyle	Stoff, Material, Bau–, Brennholz
–	Methylalkohol, der gr;arab	sehr giftiger Alkohol {73}	dto.	dto.
			+ arab. alkohol	
3663	Metöke, der gr>l	ortsansässiger Fremder ohne Bürgerrechte in der Antike (↗ UTL 0214) {33/75}	μέτοικος metoikos	woandershin ziehend; fremder Mitbewohner
3664	Metonomasie, die	Übersetzung eines Eigennamens in eine andere Sprache {31/32/76}	μετονομασία metonomasia	Umbenennung; Namensänderung
3665	Metonymie, die gr>spätl	übertragener Gebrauch eines inhaltlich verwandten Begriffes {25/32/76}	μετωνυμία metonymia	Namensvertauschung
–	metonymisch	nach der Art der Metonymie {25/32/76}	μετωνυμικός metonymikos	zur Namensvertauschung gehörig
3666	Metope, die gr>l	mit Reliefs (↗ UTL 3065) verzierte Platte am ↗ Architrav von ↗ dorischen Tempeln (↗ UTL 3545) (archit. t. t.) {88}	μετόπη metope	Zwischenraum

>>> Metra, die u. Metren, die = Plural (↗ UTL 2697) von ↗ Metrum
>>> –metrie ↗ Wortelementeliste

3367	Metrik, die gr>l	1. Lehre vom Versbau u. –maßen {34/76}; 2. Lehre von Takt u. Betonung (mus. t. t.) {37}	μετρική (τέχνη) metrike (techne)	(die Kunst des Silben–)Messens
–	Metriker, der	Kenner der Metrik {34/76}	μετρικός metrikos	das (Silben–)Maß betreffend

Nr.	Wort	Bedeutung	Griechisch	Übersetzung
–	**metrisch** gr>l	1. die Metrik betreffend {34/76}; 2. auf den ↗ Meter als Maßeinheit bezogen {56}	dto.	dto.
3668	**Metro**, die gr>l>frz	Untergrundbahn {45}	μητρόπολις metropolis Kurzwort für frz. *chemain de fer métropolitain*	Mutterstadt s. u. Metropole Eisenbahn der Großstadt
3669	**Metrologie**, die gr;gr	Lehre von den Maßen u. Gewichten {56/72}	μέτρον metron + λόγος logos	Maß; Versmaß Rede, Wort; Berechnung
3670	**Metromanie**, die (gr;gr) >nlat	= ↗ Nymphomanie: (ins krankhafte) gesteigerter Geschlechtstrieb bei Frauen, Mannstollheit (med., psych. t. t.) {14/18/70}	μήτηρ, Gen. μητρός meter, metros + μανία mania	Mutter Raserei, Wahnsinn, Verzückung
3671	**metromorph** (gr;gr) >nlat	von ausgeglichener Körperkonstitution {11/70}	μέτρον metron + μορφή morphe	Maß; Versmaß Form, Gestalt
3672	**Metronom**, der gr;gr	Taktmesser; ↗ mechanischer Taktschläger (mus. t. t.) {37}	μέτρον metron + νόμος nomos	Maß; Versmaß Brauch, Gesetz
3673	**Metronymikon**, das	vom Namen der Mutter abgeleiteter Name {31}	μητρωνυμικός metronymikos	nach der Mutter benannt
–	**metronymisch**	nach der Mutter benannt {31}	dto.	dto.
3674	**Metropole** o. **Metropolis** die gr>l	1. Großstadt, Weltstadt; 2. Stadt, die als ↗ Zentrum für etwas gilt {33/64}	μητρόπολις metropolis l. *metropolis*	Mutterstadt dto.; Hauptstadt
3675	**Metropolit**, der gr>spätl	↗ Erzbischof, leitender Geistlicher {33/51/77}	μητροπολίτης metropolites spätl. *metropolita*	Bürger der Mutterstadt Bischof einer Hauptstadt
–	**metropolitan** gr>spätl	dem Metropoliten zustehend {33/51/77}	dto.	dto.

–	Metropolitankirche, die gr>spätl; gr>spätgr >ahd>mhd	Hauptkirche eines Metropoliten {51/77}	dto. + κυριακόν kyriakon	dto. das zum Herren gehörige Haus; Gotteshaus s. o. Kirche
3676	Metrum, das gr>l	1. Versmaß, ⚹ metrisches ⚹ Schema {34/76}; 2. Zeitmaß, Tempo (⚹ UTL 3548) (mus. t. t.) {37/59}; 3. Taktart (mus. t. t.) {37}	μέτρον metron l. metrum	Maß; Ebenmaß; Versmaß Vers, Versmaß, Silbenmaß
3677	metzeln hebr>gr>l >mlat >spätmhd	niedermetzeln; hinrichten, schlachten {29/50/82}	hebr. mikla μάκελλον makellon l. macellum mlat. macellare spätmhd. metzel(e)n	Hürde, Umzäunung Gehege, Gitter; Lebensmittelmarktplatz Fleisch(markt) schlachten dto.
3678	Metzger, der gr>l>mlat >mhd	Fleischer, Schlächter {17/40}	ματτύη mattye Nebenform ματτέη* mattee* l. mattea mlat. matiarius mhd. metzjære o. metzære, metzjer	leckeres Fleischgericht mit Kräutern Leckerbissen; Wurst, Darm Wursthändler dto.
3679	Miasma, das	1. Bodenausdünstung {39/62}; 2. veraltet für „krankheitserregender Stoff" {70}	μίασμα miasma	Besudelung, Befleckung
3680	miasmatisch	giftig, ansteckend (med. t. t.) {70}	dto.	dto.
>>>	Microfiche, das / der = ⚹ Mikrofiche			
3681	Midasohren, die (Pl.) gr;d	Eselsohren {55}	Μίδας Midas d. Ohr	Midas (s. Anhang „Namen")

3682	Migräne, die gr>spätl >afrz>frz	meist einseitige heftige Kopfschmerzanfälle (med. t. t.) {14/70}	ἡμικρανία hemikrania l. *hemicrania* afz. *migraigne* frz. *migraine*	halbseitiger Kopfschmerz dto. dto. dto.
>>>	mikro– ↗ Wortelementeliste			
3683	Mikro, 1. das 2. die	1. Kurzform für Mikrophon {46/87}; 2. genormter kleinster Schriftgrad für Schreibmaschinen {32/40/44}	μικρός mikros	klein
3684	Mikroanalyse, die gr;gr	↗ chemische ↗ Analyse mit kleinsten Stoffmengen {73}	dto. + ἀνάλυσις analysis	dto. Auflösung s. o. Analyse
3685	Mikroaufnahme, die gr;d	= ↗ Mikrofotografie {87}	dto. + d. *Aufnahme*	dto.
3686	Mikrobe, die o. Mikrobion, das (gr;gr)>frz	Kleinstlebewesen (Ausdruck 1878 vom dem frz. ↗ Chemiker Sedillot geprägt) {69}	μικρός mikros + βίος bios frz. *microbe*	klein Leben
–	mikrobiell (gr;gr) >nlat	1. die Mikrobe betreffend; 2. durch Mikroben hervorgerufen {09/69}	dto.	dto.
3687	Mikrobiologe, der gr;gr;gr	Wissenschaftler der Mikrobiologie {40/68/69}	μικρός mikros + βίος bios + λόγος logos	klein Leben Rede, Wort; Berechnung s. o. Biologe
–	Mikrobiologie, die gr;gr;gr	Wissenschaft von den ↗ mikroskopisch kleinen Lebewesen {69}	dto.	dto.
–	mikrobiologisch gr;gr;gr	auf die Kleinstlebewesen bezogen {69}	dto. + λογικός logikos	dto. zum Reden gehörig, die Rede betreffend

Mikrochemie

3688	Mikro-chemie, die gr;gr	Forschungsrichtung, die mit den ⇗ Methoden der ⇗ Mikroanalyse arbeitet {73}	μικρός mikros + χύμα chyma gemischt mit: χυμεία chymeia o. χημεία chemeia	klein Flüssigkeit Metallverwandlung dto. s. o. Chemie
3689	Mikro-chip, der gr;engl	kleines Plättchen als Träger eines integrierten (⇗ UTL 1456) Schaltkreises (elektrotechn. t. t.) {41/44/72/87}	μικρός mikros + engl. chip	klein Schnipsel
3690	Mikro-chirurgie, die gr;gr	Operationstechnik mit Hilfe eines ⇗ Mikroskopes {70}	μικρός mikros + χειρουργία cheirourgia	klein das Arbeiten mit den Händen s. o. Chirurgie
3691	Mikro-computer, der gr;l	Miniaturcomputer {41/44/72/87}	μικρός mikros + l. *computare* bzw. *computator*	klein zusammen–, ausrechnen Berechner (⇗ UTL 0535)
3692	Mikro-elek-tronik, die gr;gr	Zweig der Elektronik, der den Entwurf u. die Herstellung von integrierten elektronischen Schaltungen mit sehr kleinen Bauelemente zum Gegenstand hat {40/41/72}	μικρός mikros + ἤλεκτρον elektron	klein Silbergold; Bernstein als Träger von Reibungselektrizität s. o. Elektronik
3693	Mikro-farad, das	= ein millionstel (⇗ UTL 2237) Farad; Zeichen: μF; ⇗ phys. Maßeinheit für Kapazität (⇗ UTL 1620) (nach dem engl. ⇗ Physiker M. Faraday benannt – phys. t. t.) {56/72}	μικρός mikros + engl. *Faraday*	klein engl. Physiker (1791-1867)
3694	Mikro-fauna, die gr;l	Kleintierwelt (biol. t. t.) {69}	μικρός mikros + l. *Fauna*	klein röm. Fruchtbarkeitsgöttin (⇗ UTL 1052a)
3695	Mikro-fiche, der / das gr;frz	Mikrofilm in Postkartenformat mit reihenweise angeordneten ⇗ Mikrokopien {34/53}	μικρός mikos + frz. *fiche*	klein Blatt, Karteikarte

3696	**Mikrofilm**, der gr;d	Film mit ↗ Mikrokopien {34/ 53}	μικρός mikros + d. *Film*	klein
>>>	**Mikrofon**, das = ↗ **Mikrophon**			
3697	**Mikrofotografie**, die gr;gr;gr	1. Fotografieren mit Hilfe eines ↗ Mikroskops; 2. mit Hilfe von Mikrofotografie erstelltes Bild {87}	μικρός mikros + φώς, Gen. φωτός phos, photos + γραφή graphe	klein Licht Schrift; Zeichnung s. u. Photographie
>>>	**Mikrofotokopie**, die = ↗ **Mikrokopie**			
3698	**Mikrogamet**, der gr;gr	kleinere u. beweglichere männliche Geschlechtszelle bei niederen Lebewesen (biol. t. t.) {69}	μικρός mikros + γαμέτης gametes	klein Gatte s. o. Gamet
3699	**Mikroklima**, das gr;gr	1. Kleinklima; 2. ↗ Klima der bodennahen Luftschicht {65}	μικρός mikos + κλίμα, Gen. κλίματος klima, klimatos	klein Neigung der Erde gegen die Pole zu; Himmelsgegend s. o. Klima
–	**Mikroklimatologie**, die gr;gr;gr	Wissenschaft des Mikroklimas {65}	dto. + λόγος logos	dto. Rede, Wort; Berechnung; s. o. Klimatologie
3700	**Mikrokopie**, die gr;l	↗ photographische, stark verkleinerte Aufnahme von Dokumenten (↗ UTL 0807) {53/ 87}	μικρός mikros + l. *copia* mlat. *copia*	klein Fülle, Menge, Vorrat (den Bestand an Exemplaren vermehrende) Abschrift (↗ UTL 1894c)
–	**mikrokopieren** gr;l	eine Mikrokopie anfertigen {29/53/87}	dto.	dto.

3701	mikro-kosmisch gr;gr	zum Mikrokosmos gehörend {53/72}	μικρός mikros + κοσμικός kosmikos	klein zur Welt, zum Weltall gehörig s. o. kosmisch
–	Mikrokosmos o. –us, der (gr;gr) >mlat	1. die Welt der Kleinlebewesen (biol. t. t.) {69}; 2. der Mensch als verkleinertes Abbild des Universums (↗ UTL 3727) {25/77}; 3. ↗ mikrophysikalischer Bereich (phys. t. t.) {53/72}	μικρός mikros + κόσμος kosmos	klein Ordnung; Schmuck; Welt s. o. Kosmos
3702	Mikrolinguistik, die gr;l	Beschreibung gruppenspezifischer Sprachkonventionen {32/33/76}	μικρός mikros + l. lingua	klein Zunge, Sprache, Rede (↗ UTL 2068)
3703	Mikrologe, der	Kleinigkeitskrämer (veraltet) {25/33/84}	μικρολόγος mikrologos	jemand, der Kleinigkeiten sammelt, auf Kleinigkeiten achtet
–	Mikrologie, die	(veraltet) Kleinigkeitskrämerei {25/33}	μικρολογία mikrologia	Kleinigkeitskrämerei
–	mikrologisch gr;gr	kleinlich denkend {25/33/84}	μικρός mikros + λογικός logikos	klein zum Reden gehörig, die Rede betreffend
3704	Mikromanie, die gr;gr	übertriebenes Minderwertigkeitsgefühl (med., psych. t. t.) {24/70/84}	μικρός mikros + μανία mania	klein Raserei, Wahnsinn, Verzückung
3705	Mikrometer, der gr;gr	1. ein millionstel ↗ Meter; Zeichen: μm {56}; 2. Feinmeßgerät {40/41}	μικρός mikros + μέτρον metron	klein Maß; Versmaß
–	Mikron, das	= Mikrometer (veraltet) {56}	dto.	dto.
3705a	Mikronesien, das gr;gr	Inselgruppe im Pazifik (↗ UTL 2556) {64}	μικρός mikros + νῆσος nesos	klein Insel s. o. Melanesien s. u. Polynesien
3706	Mikroökonomie, die gr;gr	wirtschaftstheoretisches Konzept, das die einzelnen wirtschaftlichen Erscheinungen untersucht (wirtsch. t. t.) {42/80}	dto. + οἰκονομία oikonomia	dto. Verwaltung des Hauses s. u. Ökonomie

–	mikro-ökonomisch gr;gr	die Mikroökonomie betreffend {42/80}	dto. + οἰκονομικός oikonomikos	dto. die Verwaltung des Hauses betreffend s. u. ökonomisch
3707	Mikroorganismus, der gr;gr;gr	= ⁊ Mikrobe: Kleinstlebewesen (biol. t. t.) {69}	μικρός mikros + ὄργανον organon + –ισμός –ismos	klein Werkzeug gr. Suffix s. Partikelliste s. u. Organismus
3708	Mikrophage, der gr;gr	= ⁊ Mikrozyt: ungewöhnlich kleines rotes Blutkörperchen (med. t. t.) {14/70}	μικρός mikros + φαγεῖν phagein	klein essen
3709	Mikrophon, das (gr;gr) >nlat	Gerät zur Umwandlung natürlicher Schallwellen in ⁊ elektrische Schwingungen {46/87}	μικρός mikros + φωνή phone	klein Laut, Stimme, Ton
–	mikrophonisch (gr;gr) >nlat	das Mikrophon betreffend {46/87}	dto.	dto.

>>> Mikrophotographie, die = ⁊ Mikrofotografie

3710	Mikrophysik, die gr;gr	⁊ Physik der Moleküle (⁊ UTL 2268) u. ⁊ Atome {72}	μικρός mikros + φυσική (τέχνη) physike (techne)	klein Erforschung der Natur s. u. Physik
–	mikrophysikalisch gr;gr	die Mikrophysik betreffend {72}	dto.	dto.
3711	Mikrophyt, der gr;gr	pflanzlicher ⁊ Mikroorganismus (biol., med. t. t.) {53/68/70}	μικρός mikros + φυτόν phyton	klein Gewächs, Pflanze
3712	Mikroprozessor, der (gr;l)>nlat	standarisierter Chip–Baustein eines Kleincomputers mit Steuerfunktionen (EDV–t. t.) {41/71/87}	μικρός mikros + l. processus	klein das Vorrücken, Fortschreiten, (guter) Fortgang (⁊ UTL 2233)

3713	Mikrop-sie, die gr;gr	Sehstörung, bei der die Dinge kleiner wirken als in Wirklichkeit (med. t. t.) {14/23/70}	μικρός mikros + ὄψις opsis	klein das Sehen
3714	mikro-seismisch gr;gr	nur mit Instrumenten (↗ UTL 1448b) wahrnehmbar (von Erdbeben) {62/63}	μικρός mikros + σεισμός seismos	klein Erdbeben
3715	Mikro-skop, das (gr;gr) >nlat >engl/frz	Instrument (↗ UTL 1448b) zum Vergrößern kleinster Gegenstände {41/44/87}	μικρός mikros + σκοπός skopos nlat. microscopium engl./frz. microscope	klein jmd., der genau hinschaut
–	Mikro-skopie, die gr;gr	wissenschaftliche Untersuchung mit Hilfe des Mikroskops {41/69/70/87}	μικρός mikros + σκοπή skope	klein das Umschauen, Spähen
–	mikro-skopieren gr;gr	mit dem Mikroskop untersuchen {41/69/70/87}	dto.	dto.
–	mikro-skopisch gr;gr	1. nur unter dem Mikroskop sichtbar {55}; 2. verschwindend klein {53}; 3. die Mikroskopie betreffend {41/69/70/87}	dto.	dto.
3716	Mikro-somie, die gr;gr	Kleinwüchsigkeit, Zwergwuchs (med. t. t.) {11/14/53/70}	μικρός mikros + σῶμα soma	klein Leib, Körper
3717	Mikrota-simeter, das gr;gr;gr	Gerät zur Registrierung (↗ UTL 3031) von Druck– u. Längenänderungen u. der damit bewirkten Änderung des ↗ elektrischen Widerstandes (elektrotechn., phys. t. t.) {72}	μικρός mikros + τάσις tasis + μέτρον metron	klein (An)Spannung Maß; Versmaß s. u. Tasimeter
3718	Mikro-theorie, die gr;gr	Teibereich der wirtschaftswissenschaftlichen Theorie, dessen Erkenntnisobjekt die Einzelgebiete der Volkswirtschaft o. einzelne Wirtschaftseinheiten sind {42/80}	μικρός mikros + θεωρία theoria	klein das Anschauen, Betrachten; (wissenschaftliche) Untersuchung s. u. Theorie

3719	Mikro-wellen, die (Pl.) gr;d	elektromagnetische Wellen mit Wellenlängen zwischen 10 cm u. 1 mm; Zeichen: μW {46/87}	μικρός mikros + d. *Welle*	klein
–	Mikro-wellen-herd, der gr;d;d	Gerät zum schnellen Erwärmen von Speisen {17/44}	dto. + d. *Herd*	dto.
3720	Mikro-zensus, der gr;l	statistische (⇗ UTL 3423) Repräsentativerhebung der Bevölkerung u. des Erwerbslebens {33/40/50/71/81}	μικρός mikros + l. *census*	klein Abschätzung, Kontrollierung; Vermögen, Besitz (⇗ UTL 2233)
3721	Mikro-zephalie, die gr;gr	abnorme (⇗ UTL 0019) Kleinheit des Kopfes (med. t. t.) {14/53/70}	μικρός mikros + κεφαλή kephale	klein Kopf, Haupt
3722	Mikrozyt, der gr;gr	ungewöhnlich kleines rotes Blutkörperchen (med. t. t.) {14/53/70}	μικρός mikros + κύτος kytos	klein Höhlung, Wölbung
3723	Milieu-theorie, die (l;l)>frz;gr	Lehre von der Bedeutung der Umwelt für die Entwicklung des Menschen (psych. t. t.) {70}	l. *medius* + l. *locus* frz. *mi* + *lieu* + θεωρία theoria	mittel; in der Mitte befindlich, halb Ort, Platz, Stelle mitten, mittlerer Ort, Stelle; Lage; Umstand (⇗ UTL 2235) das Anschauen, Betrachten; (wissenschaftliche) Untersuchung s. u. Theorie
3724	Millibar, das l;gr	Maßeinheit für den Luftdruck; Zeichen: mbar {56/65}	l. *mille* + βάρος baros	tausend (⇗ UTL 2237) die Schwere, Druck s. o. Bar
–	Milli-gramm, das l;gr	ein tausendstel ⇗ Gramm; Zeichen: mg {56/72}	dto. + γράμμα gramma	dto. Buchstabe, Schrift(werk) s. o. Gramm
–	Milli-liter, der l;gr	ein tausendstel ⇗ Liter; Zeichen: ml {56/72}	dto. + λίτρα litra	dto. Gewicht von 12 Unzen o. 1 Pfund s. o. Liter

–	Milli-meter, der l;gr	ein tausendstel ↗ Meter; Zeichen: mm {56/72}	dto. + μέτρον metron	dto. Maß s. o. Meter
3725	Mime, der gr>l	Schauspieler {35/4074}	μῖμος mimos	der Nachahmer, Schauspieler
–	mimen	darstellen, nachahmen; vortäuschen {29/55}	dto.	dto.

>>> Mimen, die (Pl.) = Plural (↗ UTL 2697) von ↗ Mime u. ↗ Mimus

3726	Mimeo-graph, der gr;gr	Vervielfältigungsapparat {40}	μιμέομαι mimeomai abgeleitet von: μιμεῖσθαι mimeisthai + γραφεύς grapheus	ich ahme nach nachahmen Schreiber, Maler
3727	Mimese o. Mime-sis, die (1. u. 2.)	1. darstellende Nachahmung der Natur (↗ UTL 2343) in der Kunst {36}; 2. spöttische Imitation (UTL 1286) {25/56}; 3. (schützende) Ähnlichkeit (Gestalt, Farbe) mit der Umgebung bei Tieren {69}	μίμησις mimesis	das Nachahmen
–	Mimesie, die gr>nlat	Nachahmung einer höheren ↗ Symmetrie (bei Kristallzwillingen) {67}	dto.	dto.
–	mime-tisch gr>l	die Mimese betreffend {25/36/56/69}	μιμητικός mimetikos	zur Nachahmung gehörig
3728	Mimiam-ben, die (Pl.)	in ↗ Choliamben geschriebene ↗ Mimen {34/76}	μιμίαμβοι mimaimboi (Pl.)	in Iamben geschriebene Mimen
3729	Mimik, die gr>l	Mienen- u. Gebärdenspiel {26/35/55/74}	μιμικός mimikos l. (ars) mimica	die Schauspieler betreffend (Kunst des) Schauspielens

>>> Mimiker, der = ↗ Mimus

–	Mimikry, die gr>l>engl	1. Fähigkeit von Tieren u. Pflanzen, sich ihrer Umgebung täuschend ähnlich anzupassen; 2. Anpassungsfähigkeit als Tarnung {68/69}	dto. engl. mimicry	dto.

–	mimisch gr>l	die Mimik betreffend, schauspielerisch {26/35/55/74}	dto.		dto.
3730	Mimodram o. Mimodrama, das (gr;gr) >nlat	1. nur mit ↗ Mimik aufgeführtes Schauspiel (theat. wiss. t. t.) {35/74}; 2. Schaustellung von Kunstreitern (veraltet) {85}	μῖμος mimos + δρᾶμα drama		der Nachahmer, Schauspieler Handlung; Schauspiel s. o. Drama
3731	Mimose, die gr>l>nlat	(↗ Etymologie unsicher): 1. Silberakazie; 2. Hülsenfrüchtler, dessen Blätter bei der geringsten Berührung zusammenklappen {04/69}; 3. Sinnbild eines überempfindlichen Menschen {26/84}	μῖμος mimos l. mimus nlat. mimosus		der Nachahmer, Schauspieler dto.; Farce, Posse schauspielerhaft, empfindlich
–	mimosenhaft gr>l>nlat;d	überempfindlich, zartbesaitet {26/84}	dto.		dto.
3732	Mimus, der gr>l	1. Mimendarsteller {35/40/74}; 2. Farce (↗ UTL 1041), Posse {35/74}	μῖμος mimos		der Nachahmer, Schauspieler
3733	Mine, die gr>l	altgr. Münz- u. Gewichtseinheit {56/75}	μνᾶ mna l. mina		Mine Metallader (↗ UTL 2238)
3734	Mineraloge, der gr;gr	Fachmann der Mineralien (↗ UTL 2238) u. Gesteine {40/62/67}	mlat. minera + λόγος logos		Erzgrube; Grubenerz (↗ UTL 2238) Rede, Wort; Berechnung
–	Mineralogie, die gr;gr	Wissenschaft von den Mineralien u. Gesteinen {62/67}	dto.		dto.
–	mineralogisch gr;gr	die Mineralogie betreffend {67}	dto. + λογικός logikos		dto. zum Reden gehörig, die Rede betreffend
3735	Minimumthermometer, das l;gr;gr	↗ Thermometer, mit dem der niedrigste Wert zwischen zwei Messungen festgestellt wird {65}	+ l. minimum + θερμός thermos + μέτρον metron		das Kleinste, Geringste, Wenigste (↗ UTL 2240) warm Maß s. u. Thermometer

3736	minoisch	die altkretische Kultur betreffend (nach dem sagenhaften König Minos benannt) {75}	Μινώιος Minoios (ionisch zu Μινῶος Minoos)	von Minos (s. Anhang „Namen")
3737	Minze, die gr>l>ahd >mhd	Pflanzengattung der Lippenblütler {04/17}	μίνθη minthe l. ment(h)a ahd. minza mhd. minz(e)	Minze dto. dto. dto.
3738	Miosis, die gr>nlat	Verengung der Pupille (med. t. t.) {70}	μείωσις meiosis	das Verringern, Verkleinern
–	Miotikum, das	pupillenverengendes Mittel (med. t. t.) {70}	μειωτικός meiotikos	verkleinernd
–	miotisch	pupillenverengend (med. t. t.) {70}	dto.	dto.
3739	miozän (gr;gr) >nlat	das Miozän betreffend {59/62}	μεῖον meion + καινός kainos	kleiner neu
–	Miozän, das (gr;gr) >nlat	zweitjüngste Stufe des Tertiärs (⟶ UTL 3565) (= Erdzeitalter – geol. t. t.) {59/62}	dto.	dto.
3740	Mirabelle, die gr>it>frz	(⟶ Etymologie unsicher): kleine gelbe Pflaume(art) {17}	μυροβάλανος myrobalanos it. mirabolano u. mirabella frz. mirabelle	Gewürzeichel Kirschpflaume kleine gelbe Pflaume; Pflaumenschnaps

>>> Mis(o)– ⟶ Wortelementeliste

| 3741 | Misandrie, die | krankhafter Haß gegen Männer (psych., med. t. t.) {14/18/26/70/84} | μισανδρία misandria abgeleitet von: μῖσος misos + ἀνήρ, Gen. ἀνδρός aner, andros | Männerhaß Haß, Feindschaft Mann |

3742	Misan- throp, der	Menschenhasser {14/26/70/84}	μισάνθρω- πος misanthropos abgeleitet von: μῖσος misos + ἄνθρωπος anthropos	Menschenfeind Haß, Feindschaft Mensch
–	Misan- thropie, die	Menschenhaß, –scheu {26/70/84}	μισανθρω- πία misanthropia	Menschenhaß, –scheu
–	misan- thropisch	menschenfeindlich, menschenscheu 26/70/84}	dto.	dto.
>>>	Miso– ↗ Wortelementeliste			
3743	Misogam, der gr;gr	Ehefeind {26/31/33}	μῖσος misos + γάμος gamos	Haß, Feindschaft Hochzeit, Ehe
–	Miso- gamie, die gr;gr	Ehescheu (psych., med. t. t.) {26/31/70}	dto.	dto.
3744	Misogyn, der	Frauenfeind (psych., med. t. t.) {18/26/33/70}	μισογύνης misogynes abgeleitet von: μῖσος misos + γυνή gyne	Weiberfeind Haß, Feindschaft Frau
–	Miso- gynie, die	krankhafter Haß o. Verachtung gegenüber Frauen (psych., med. t. t.) {18/26/33/70}	μισογύνεια misogyneia	Weiberhaß
3745	Miso- logie, die	Abneigung gegen den ↗ Logos u. sachliche Debatten (↗ UTL 0588) (philos. t. t.) {25/77}	μισολογία misologia	Haß gegen die Wissenschaften u. wissenschaftliche Untersuchungen
3746	Miso- pädie, die gr;gr	krankhafter Haß gegen Kinder (psych., med. t. t.) {14/26/70}	μῖσος misos + παῖς, Gen. παιδός pais, paidos	Haß, Feindschaft Kind

3747	Mispel, die gr>l>ahd >mhd	1. Rosenstrauchgewächs mit schmalen Blättern u. kleinen, birnenförmigen Früchten {04/68}; 2. Frucht der Mispel {17}	μέσπιλον mespilon l. *mespilus* ahd. *mespila* mhd. *mispel*	Mispelbaum, –frucht dto. dto. dto.
3748	Mitella, die gr>l	um den Nacken geschlungenes Dreieckstuch, zum Stützen eines verletzten Armes {70}	μίτρα mitra l. *mitella* = Diminutiv zu: *mithra*	Leibbinde, Stirnbinde Kopf-, Armbinde Kopfbinde
3749	Mithräum, das pers>gr >nlat	unterirdischer Kultraum des altpersischen Gottes Mithras {51/58/75}	Μίθρας Mithras	Mithras (s. Anhang „Namen")
3750	Mithridatismus, der gr;gr	durch Gewöhnung erworbene Immunität gegen Gifte (med. t. t.) {70}	Μιθριδάτης Mithridates o. Μιθραδάτης Mithradates + –ισμός –ismos	Mithridates (s. Anhang „Namen") gr. Suffix s. Partikelliste
3751	Mitochondrium, das (gr;gr) >nlat	fadenförmiges Gewebe für die Atmung u. Stoffwechsel von ⚶ Zellen (biol. t. t.) {68/69}	μίτος mitos + χονδρίον chondrion = Diminutiv von: χόνδρος chondros	Faden Knötchen Korn; Knorpel
3752	Mitose, die (gr;gr) >nlat	indirekte (⚶ UTL 1348) Zellkernteilung (biol. t. t.) {68/69}	μίτος mitos + –ωσις –osis	Faden gr. Suffix s. Partikelliste
–	mitotisch (gr;gr) >nlat	die Zellkernteilung betreffend (biol. t. t.) {68/69}	dto.	dto.
3753	Mitra, die gr>l	1. Kopfbedeckung ⚶ katholischer Geistlicher u. altorientalischer Herrscher {19/51}; 2. antike (⚶ UTL 0214) Stirnbinde {19/75}; 3. ⚶ metallener Leibgurt von Soldaten {19/86}	μίτρα mitra	Leibbinde, Stirnbinde
–	mitral gr>l>nlat	1. die Mitralklappe betreffend (med. t. t.) {11/70}; 2. haubenförmig {19/55}	dto.	dto.

–	Mitralklappe, die gr;d	zweizipfelige Herzklappe (med. t. t.) {11/70}	dto.	dto. + d. *Klappe*
3754	Mixolydische, das gr;gr	1. altgr. Tonart {37/75}; 2. Kirchentonart (mus. t. t.) {37}	μῖξις mixis + Λυδός o. Λύδιος Lydos, Lydios	Mischung lydisch s. o. Lydische
3755	Mixoskopie, die gr;gr	eigene sexuelle (↗ UTL 3303) Befriedigung durch Betrachten des Koitus (↗ UTL 1716) von anderen {18}	μῖξις mixis + σκοπή skope	Mischung das Umschauen, Spähen
3756	Mneme, die	Gedächtnis, Erinnerung (psych., med. t. t.) {24/70}	μνήμη mneme	Gedächtnis, Erinnerung; Denkmal
–	Mnemismus, der (gr;gr) >nlat	Lehre, daß alle lebenden Substanzen (↗ UTL 3466) eine Mneme haben {24/51/77}	dto. + –ισμός –ismos	dto. gr. Suffix s. Partikelliste
3757	Mnemonik, die gr>spätl o. Mnemotechnik, die gr;gr	Kunst, das Gedächtnis zu trainieren (↗ UTL 3611) u. die Merkfähigkeit zu steigern {24/25/70}	μνημονικός mnemonikos bzw. μνήμη mneme + τεχνικός technikos	ein gutes Gedächtnis habend Gedächtnis, Erinnerung; Denkmal die Kunst, das Handwerk betreffend s. u. Technik
–	Mnemoniker o. Mnemotechniker, der gr;gr	jmd., der die Mnemotechnik beherrscht {22/24/25/70}	dto.	dto.
–	mnemonisch o. mnemotechnisch gr;gr	die Mnemotechnik betreffend {24/25/70}	dto.	dto.
3758	mnestisch	die Mneme betreffend {24/70}	μνῆστις mnestis	das Gedenken an etwas
3759	Modultechnik, die l;gr	↗ Methode der Miniaturisierung (↗ UTL 2239) ↗ elektronischer Geräte mit Hilfe von Modulen (↗ UTL 2263) (elektrotechn. t. t.) {41/53/72}	l. *modulus* + τεχνικός technikos	Rhythmus, Takt, Melodie; Maß(stab) (↗ UTL 2263) die Kunst, das Handwerk betreffend s. u. Technik

3760	Mohr, der gr>l>ahd >mhd	dunkelhäutiger Mensch, Neger (↗ UTL 2349a) (veraltet) {10}	μαῦρος mauros		dunkel
			l. *Maurus*		der Mauretanier, Afrikaner mit dunkler Hautfarbe
			ahd. *mor*		dto.
			mhd. *mor(e)*		dto.
–	Mohrenkopf, der gr>l>ahd >mhd;gr>d	runde Gebäckart mit Schokoladenüberzug {17}	dto. + κύπη kype d. *Kopf*		Höhlung s. o. Kopf
3761	Moira, die	das nach gr. Vorstellung den Göttern u. Menschen zugeteilte Schicksal {51/52/75}	Μοῖρα Moira bzw. μοῖρα moira		gr. Göttin des Schicksals (s. Anhang „Namen") (An)teil; Schicksal; Verhängnis

>>> Moiren, die (Pl.) = Plural von ↗ Moira

3762	Molekularbiologie, die l>frz;gr;gr	Zweig der ↗ Biologie, der sich mit den ↗ chem. u. ↗ phys. Strukturen (↗ UTL 3445) u. Vorgängen im lebenden ↗ Organismus befaßt (biol. t. t.) {68/69/72/73}	l. *moles* frz. *molecule* + βίος bios + λόγος logos		Schwere, Masse; Klumpen, Damm (↗ UTL 2268) Leben Rede, Wort; Berechnung s. o. Biologie
3763	Molekulargenetik, die l>frz;gr	Erforschung der ↗ chem. Natur (↗ UTL 2343) der ↗ Gene u. ihrer Funktion (↗ UTL 1164) {68/69/73}	dto. + γένεσις genesis		dto. Ursprung, Entstehung s. o. Genetik
3764	Molosser, der gr>l	antike (↗ UTL 0214) wolfshundartige Hunderasse {06/75}	Μολοσσός Molossos		aus Molossia (s. Anhang „Namen"); große Hunderasse; Versmaß
–	Molossus, der gr>l	antiker (↗ UTL 0214) Versfuß (↗ UTL 3791) mit drei Längen {34/76}	dto.		dto.
3765	Molybdän, das gr>l>nlat	chem. Grundstoff, silberweißes ↗ Metall; Zeichen: Mo {73}	μολύβδαινα molybdaina		Blei(kugel)

>>> Mon(o)– ↗ Wortelementeliste

3766	Monade, die gr>l	1. das Unteilbare (philos. t. t.); 2. unauflösbare Ureinheit, aus der die Weltsubstanz besteht (philos. t. t.) {25/77}	μονάς, Gen. μονάδος monas, monados		Einheit; das Unteilbare
3767	Monadismus, der (gr>l;gr) >nlat o. Monadologie, die (gr;gr) >nlat	Lehre, nach der jedes Element (↗ UTL 0874) eine Monade u. als solche ein Spiegel des Universums ist (Leibniz) (philos. t. t.) {25/77}	dto. + –ισμός –ismos bzw. + λόγος logos		gr. Suffix s. Partikelliste Rede, Wort; Berechnung
–	monadologisch (gr;gr) >nlat	die Monadologie betreffend {25/77}	dto. + λογικός logikos		dto. zum Reden gehörig, die Rede betreffend
3768	Monarch, der gr>mlat	legitimer Alleinherrscher {33/47/50/81}	μόναρχος monarchos mlat. monarcha		alleinherrschend Fürst
–	Monarchie, die gr>spätl >afrz>mhd	Alleinherrschaft {33/50/81}	μοναρχία monarchia spätl. monarchia afrz. monarchie		Alleinherrschaft dto. dto.
–	monarchisch gr>mlat	den Monarchen o. die Monarchie betreffend {33/50/81}	μοναρχικός monarchikos		zur Alleinherrschaft gehörig
–	Monarchismus, der (gr;gr) >nlat	ideologische Auffassung der Monarchie {25/33/50/81}	μόναρχος monarchos + –ισμός –ismos		alleinherrschend gr. Suffix s. Partikelliste
–	Monarchist, der (gr;gr)>frz/ engl	Anhänger des Monarchismus o. der Monarchie {25/33/50/81}	dto. + –ιστής –istes frz. monarchiste engl. monarchist		dto. gr. Suffix s. Partikelliste
–	monarchistisch (gr;gr)>frz/ engl	den Monarchismus betreffend {25/33/50/81}	dto.		dto.

3769	Mona- sterium, das gr>l	Kloster (↗ UTL 1694), ↗ Münster {51/77/88}		μοναστή- ριον monaterion	Kloster, Einsiedelei
–	mona- stisch	mönchisch, klösterlich {51/77}		μοναστικός monastikos	mönchisch
3770	monaural gr;l	1. ein Ohr betreffend {11}; 2. einkanalig {46/87}		μόνος monos + l. *auris*	allein Ohr (↗ UTL 0321)
3771	Mönch, der gr>kir- chenl >vulgl>ahd >mhd	im Kloster (↗ UTL 1694) lebender Angehöriger eines religiösen (↗ UTL 3066) Ordens (↗ UTL 2448) {33/51/77}		μοναχός monachos kirchenl. *monachus* vulgl. *monicus** ahd. *munich* mhd. *mün(i)ch*	allein lebend; Mönch dto. dto. dto. dto.
3772	Monem, das gr>frz	kleinste bedeutungstragende Spracheinheit (Ausdruck geprägt von dem frz. Sprachwissenschaftler A. Martinet – sprachwiss. t. t.) {32/76}		μόνος monos frz. *monème*	allein
3773	monepi- graphisch gr;gr	nur Schrift aufweisend (von Münzen) {32/42}		μόνος monos + ἐπιγραφή epigraphe	allein Aufschrift, Inschrift
3774	Monis- mus, der (gr;gr) >nlat	Lehre, die alles aus einem Prinzip (↗ UTL 2821) heraus erklärt (philos. t. t.) {25/77}		μόνος monos + –ισμός –ismos	allein gr. Suffix s. Partikelliste
–	Monist, der gr;gr	Vertreter, Anhänger des Monismus {25/77}		dto. + –ιστής –istes	dto. gr. Suffix s. Partikelliste
–	moni- stisch gr;gr	den Monismus betreffend {25/77}		dto.	dto.

>>> Mono– ↗ Wortelementeliste
>>> mono = Kurzform von ↗ monophon
>>> Mono, das = Kurzform von ↗ Monophonie

3775	Mono-chord, das gr>spätl>mlat>mhd	einsaitiges Meßwerkzeug zur Bestimmung von Tonintervallen (mus. t. t.) {37}	μονόχορδος monochordos abgeleitet von: μόνος monos + χορδή chorde	Monochord allein Darm, Darmsaite
3776	monochrom gr>nlat	einfarbig (fot., künstl. t. t.) {36/55/87}	μονόχρωμος monochromos abgeleitet von: μόνος monos + χρῶμα, Gen. χρώματος chroma, chromatos	einfarbig allein Farbe, Haut
–	Monochrom, das gr>nlat	einfarbiges Gemälde (künstl. t. t.) {36/55}	dto.	dto.
–	Monochromasie, die	das Einfarbigsehen; völlige Farbenblindheit (med. t. t.) {14/70}	dto.	dto.
–	Monochromat, 1. das / der 2. der	1. Objektiv (↗ UTL 2397), das nur mit Licht einer bestimmten Wellenlänge verwendet werden kann (phys. t. t.) {72}; 2. jemand, der völlig farbblind ist {14/23/70}	dto.	dto.
–	monochromatisch (gr;gr) >nlat	einfarbig (phys. t. t.) {55}	μόνος monos + χρωματικός chromatikos	allein gefärbt

Monochromator

–	Mono-chroma-tor, der gr;l	Gerät zur Gewinnung einfarbigen Lichtes (phys. t. t.) {72}		μονόχρωμος monochromos abgeleitet von:	einfarbig
				μόνος monos	allein
				+ χρῶμα, Gen. χρώματος chroma, chromatos	Farbe, Haut
				+ l. –ator	l. Suffix
–	Mono-chromie, die gr>mlat	Einfarbigkeit (fot., künstl. t. t.) {36/55/87}		dto. mlat. monochroma	dto. einfarbiges Bild
3777	Monodie, die gr>spätl	1. unbegleiteter, einstimmiger Gesang (mus. t. t.); 2. vom Generalbaß begleiteter, einstimmiger Gesang (mus. t. t.) {37}		μονῳδία monodia	Einzelgesang
–	Monodik, die	einstimmiger Kompositionsstil (mus. t. t.) {37}		μονῳδός monodos	allein singend
–	monodisch	wie eine ↗ Monodie {37}		dto.	dto.
3778	Monodistichon, das (gr;gr) >nlat	aus einem einzigen ↗ Distichon bestehendes Gedicht {34/76}		μόνος monos	allein
				+ δίστιχον distichon	zweizeiliger Vers s. o. Distichon
3779	Monodrama, das gr;gr	Einpersonendrama {35/74}		μόνος monos	allein
				+ δρᾶμα drama	Handlung; Schauspiel s. o. Drama
3780	monogam gr>nlat	1. mit nur einem Partner zusammenlebend; 2. zur Einehe neigend {31/33}		μονόγαμος monogamos abgeleitet von:	jemand, der nur eine Frau hat
				μόνος monos	allein
				+ γάμος gamos	Hochzeit, Ehe
–	Monogamie, die	1. Einehe {31/33}; 2. geschlechtlicher Verkehr mit nur einem Partner {18/31}		μονογαμία monogamia	das Heiraten einer Frau
–	monogamisch	1. die Monogamie betreffend {18/31/33}; 2. = monogam {31/33}		dto.	dto.

3781	monogen gr;gr	1. durch nur ein einzelnes ↗ Gen bestimmt {69/70}; 2. durch ein einziges Ereignis entstanden {52}	μόνος monos + –γενής –genes	allein stammend von; hervorbringend, verursachend
–	Monogenese o. Monogenesis, die gr;gr	1. ↗ Theorie von einer gemeinsamen Urform jeder Gruppe von Lebewesen; 2. ungeschlechtliche Fortpflanzung (biol. t. t.) {68/69}	μόνος monos + γένεσις genesis	allein Ursprung, Entstehung
–	Monogenismus, der gr;gr;gr	1. = Monogenese {68/69}; 2. ↗ katholische Lehre, daß alle Menschen von einem einzigen Stammvater abstammen {51/77}	dto. + –ισμός –ismos	dto. gr. Suffix s. Partikelliste
3782	monoglott	nur eine Sprache sprechend {32}	μονόγλωττος monoglottos (attisch für μονόγλωσσος monoglossos)	nur eine Sprache redend
3783	Monogramm, das (gr;gr) >spätl	Namenszeichen aus den Anfangsbuchstaben des Vor– u. Zunamens {31}	μόνος monos + γράμμα gramma spätl. monogramma	allein Buchstabe, Schrift(werk) Namenszeichen
–	monogrammieren gr;gr	als Signatur (↗ UTL 3316) nur mit einem Monogramm versehen {31/32}	dto.	dto.
–	Monogrammist, der (gr;gr;gr) >nlat	Künstler, von dem man nur das Monogramm u. nicht der volle Name bekannt ist {31/36}	dto. + –ιστής –istes	dto. gr. Suffix s. Partikelliste
3784	Monographie, die gr;gr	Buch, das ein einzelnes ↗ Thema behandelt {34/76}	μόνος monos + γραφή graphe	allein Schrift; Zeichnung
–	monographisch gr;gr	wie eine Monographie; als Einzeldarstellung {34/76}	dto. + γραφικός graphikos	dto. im Malen geschickt; malerisch; zum Malen o. Schreiben gehörig

3785	Monoide-ismus, der (gr;gr;gr) >nlat	1. Beherrschtsein von einem einzigen Gedankenkomplex (psych. t. t.) {25/70}; 2. halluzinatorische (↗ UTL 1234b) Einengung des Bewußtseins in der ↗ Hypnose (psych. t. t.) {24/70}	μόνος monos + ἰδέα idea + -ισμός -ismos	allein Gestalt, Wesen; Urbild; Idee s. o. Idee gr. Suffix s. Partikelliste
3786	monokausal gr;l	sich nur auf eine Grundlage stützend {25/57/60}	μόνος monos + l. causalis	allein zur Ursache gehörig (↗ UTL 2278)
3787	Monokel, das (gr;l)>spätl >frz	Einglas, Korrekturlinse für ein Auge {44/70/87}	μόνος monos + l. oculus spätl. monoculus frz. monocle	allein Auge einäugig Einglas
3788	Monokini, der gr;polyn	weibliche Badebekleidung, aus einem Slip bestehend („oben ohne"); Analogbildung zu Bikini, dessen „Bi" mit dem l. Präfix (↗ UTL 2768) „bi = zweifach" (↗ UTL 0388) verwechselt wurde {19}	μόνος monos + polyn. Bikini	allein Atoll im Pazifik; zweiteilige Badebekleidung
3789	Monokratie, die gr;gr	Alleinherrschaft {33/50}	μόνος monos + κράτος kratos	allein Kraft, Macht
–	monokratisch gr;gr	die Monokratie betreffend {33/50}	dto.	dto.
3790	monokular (gr;l)>nlat	mit einem Auge, für ein Auge (med. t. t.) {14/23/70}	μόνος monos + l. ocularis	allein zu den Augen gehörig, Augen... (↗ UTL 2278)
–	Monokular, das (gr;l)>nlat	Fernglas für ein Auge {23/38/87}	dto.	dto.
3791	Monokultur, die gr;l	landwirtschaftliche Bodennutzung mit nur einer Nutzpflanze {39/57}	μόνος monos + l. cultura	allein Pflege, Bebauung; Landwirtschaft (↗ UTL 2278)

3792	Monolatrie, die (gr;gr) >nlat	Verehrung nur eines Gottes {51/77}	μόνος monos + λατρεία latreia	allein (Lohn)dienst; Gottesdienst
3793	Monolith, der	1. Denkmal aus nur einem Steinblock {36}; 2. fester Machtblock {33/50}	μονόλιθος monolithos	aus einem Stein; nur aus Stein
–	monolith o. monolithisch	1. aus nur einem Stein bestehend {62}; 2. eine feste Einheit bildend {33}	dto.	dto.
3794	Monolog, der (gr;gr) >frz	Selbstgespräch {32}	μόνος monos + λόγος logos frz. *monologue*	allein Rede, Wort; Berechnung
–	monologisch (gr;gr) >frz	wie ein Monolog {32/35/74}	dto. + λογικός logikos	zum Reden gehörig, die Rede betreffend
–	monologisieren (gr;gr) >frz	innerhalb eines Gesprächs für längere Zeit allein reden {32/59}	μόνος monos + λόγος logos	allein Rede, Wort; Berechnung
–	Monologist, der (gr;gr)>frz >nlat	1.. Monologsprecher (theat. t. t.) {34/74}; 2. jemand, der gern monologisiert (scherzh.) {32}	dto. + –ιστής –istes	dto. gr. Suffix s. Partikelliste
>>>	Monom, das = Kurzform für ↗ Mononom			
3795	monoman o. monomanisch gr;gr	von einer einzigen ↗ Idee besessen (psych. t. t.) {25/70}	μόνος monos + μανία mania	allein Raserei, Wahnsinn, Verzückung
–	Monomanie, die gr;gr	krankhafte Besessenheit von einer einzigen bestimmten Vorstellung {25/70}	dto.	dto.
3796	monomer	aus einzelnen Molekülen (↗ UTL 2268) bestehend (chem. t. t.) {57/73}	μονομερής monomeres	aus einem Teil o. Stück bestehend
–	Monomer, o. Monomere, das	Stoff, dessen Moleküle monomer sind (chem. t. t.) {57/73}	dto.	dto.

monomorph 3797

>>> monomisch = Kurzform für ↗ mononomisch

3797	mono-morph gr;gr	gleichartig, gleichgestaltet (bot. t. t.) {68}	dto.	+ μορφή morphe	dto. Form, Gestalt
3798	Mono-nom, das gr;gr	eingliedrige Zahlengröße (math. t. t.) {71}	μόνος monos + νόμος nomos		allein Brauch; Gesetz
–	mono-nomisch gr;gr	eingliedrig (math. t. t.) {71}	dto.	dto.	
3799	mono-phag gr;gr	sich von nur einer Pflanzen- o. Tierart ernährend {69}	μόνος monos + φαγεῖν phagein		allein essen
–	Mono-phage, der gr;gr	ein Tier, das sich monophag ernährt {69}	dto.	dto.	
–	Mono-phagie, die gr;gr	monophage Ernährung {69}	dto.	dto.	
3800	Mono-pharma-kon, das gr;gr	aus einem einzigen Wirkstoff hergestelltes Arzneimittel (med. t. t.) {57/70}	μόνος monos + φάρμακον pharmakon		allein Heilmittel; Zaubermittel; Gift s. u. Pharmazie
3801	Mono-phasie, die gr;gr	Sprachstörung mit Beschränkung des Wortschatzes auf einen Satz o. Wort (med. t. t.) {32/70}	μόνος monos + φάσις phasis		allein Sprache, Rede
3802	Mono-phobie, die gr;gr	Angst vor dem Alleinsein, der Einsamkeit (psych. t. t.) {26/33/70}	μόνος monos + φόβος phobos		allein Angst, Furcht
3803	mono-phon gr;gr	einkanalig (bei Schallübertragung) {46/87}	μόνος monos + φωνή phone		allein Laut, Stimme, Ton
–	Mono-phonie, die gr;gr	einkanalige Schallübertragung {46/87}	dto.	dto.	
3804	Mono-phthong, der	einfacher Vokal (↗ UTL 3852) (sprachwiss. t. t.) {32/76}	μονό-φθογγος mono-phthongos		eintönig; einfacher Vokal

–	monophthongieren o. monophthongisieren gr>nlat	einen ↗ Diphthong in einen Monophthong umwandeln {32/76}	dto.	dto.
–	monophthongisch	aus einem einzelnen Vokal bestehend {32/76}	dto.	dto.
3805	Monophysit, der gr;gr	Anhänger des Monophysitismus {51/77}	μόνος monos + φύσις, Gen. φύσεως physis, physeos	allein Natur
–	monophysitisch gr;gr	den Monophysitismus betreffend {51/77}	dto.	dto.
–	Monophysitismus, der gr;gr;gr	frühchristliche Lehre, nach der ↗ Christus eine einzige gottmenschliche Natur (↗ UTL 2343) besitzt (rel. t. t.) {51/77}	dto. + –ισμός –ismos	dto. gr. Suffix s. Partikelliste
3806	Monoplan, der gr;gr	Eindecker, ↗ Aeroplan mit einfachen Tragflächen {45}	μόνος monos + πλανᾶν planan	allein umherschweifen
3807	Monopodie, die	Einheit aus einem einzigen Versfuß (↗ UTL 3791) {34/76}	μονοποδία monopodia	aus nur einem Versfuß bestehendes Metrum
–	monopodisch gr>l	aus nur einem Versfuß bestehend {34/76}	dto.	dto.
3808	Monopol, das gr>l	1. Vorrecht, alleiniger Anspruch {33/80/82}; 2. marktbeherrschendes Unternehmen {42/80}	μονοπώλιον monopolion	Recht auf Alleinhandel
–	monopolisieren gr>l>nlat	ein Monopol aufbauen {42/80}	dto.	dto.
–	Monopolismus, der gr>l;gr	Streben nach Monopolbildung, nach der Beherrschung des Marktes {42/80}	dto. + –ισμός –ismos	dto. gr. Suffix s. Partikelliste
–	Monopolist, der gr;gr	= Monopolkapitalist: Unternehmer, der Angebot oder Nachfrage auf einem Markt in sich vereinigt {42/80}	μονοπώλιον monopolion + –ιστής –istes	Recht auf Alleinhandel gr. Suffix s. Partikelliste

–	monopo-listisch gr;gr	auf Marktbeherrschung zielend {42/80}	dto.	dto.
3809	Monopolkapital, das gr>l;l>it	Gesamtheit monopolistischer Unternehmungen {42/80}	μονοπώλιον monopolion + l. *caput* it. *capitale*	Recht auf Alleinhandel Kopf, Spitze, Hauptsache Hauptsumme, Reichtum (↗ UTL 1625)
–	Monopolkapitalismus, der gr>l;l>it;gr	↗ Epoche des Kapitalismus (↗ UTL 1625), in der durch Zusammenschlüsse von Unternehmen wirtschaftliche u. ↗ politische Macht gewonnen wird {42/75/80}	dto. + –ισμός –ismos	dto. gr. Suffix s. Partikelliste
–	Monopolkapitalist, der gr>l;l>it;gr	Unternehmer, der Angebot oder Nachfrage auf einem Markt in sich vereinigt {42/80}	dto. + –ιστής –istes	dto. gr. Suffix s. Partikelliste
–	monopolkapitalistisch gr>l;l>it;gr	den Monopolkapitalismus betreffend {42/80}	dto.	dto.
3810	Monopoloid, das (gr;gr) >nlat	ähnlich wie ein Monopol {42/80}	μονοπώλιον monopolion + –(ε)ιδής –(e)ides	Recht auf Alleinhandel ähnlich aussehend s. Partikelliste
3811	Monopoly, das gr>engl	Gesellschaftsspiel über Grundstücksspekulationen {85}	μονοπώλιον monopolion	Recht auf Alleinhandel
3812	Monopsychismus, der (gr;gr;gr) >nlat	Ein–Seelenlehre des ↗ Philosophen Averroes, nach der es nur ein Seelisches gibt (philos. t. t.) {25/77}	μόνος monos + ψυχή psyche + –ισμός –ismos	allein Seele gr. Suffix s. Partikelliste s. u. Psychismus
3813	Monopteros, der gr>l	1. antiker (↗ UTL 0214) Säulentempel ohne Cella (↗ UTL 0492a) {75/88}; 2. Gartentempel {88}	μονόπτερος monopteros abgeleitet von: μόνος monos + πτερόν pteron	einflüglig; mit einer Säulenreihe allein Feder, Flügel

3814	Monosa(c)charid, das gr;gr;gr	einfach gebauter Zucker {73}	μόνος monos + σάκχαρ sakchar + –(ε)ιδής –(e)ides	allein Zucker ähnlich aussehend s. Partikelliste s. u. Saccharid	
3815	monosem o. monosemantisch gr;gr	nur eine Bedeutung habend (sprachwiss. t. t.) {32/76}	μόνος monos + σῆμα sema	allein Zeichen, Merkmal; Grabmal	
–	Monosemantikon, das gr;gr	Wort für eine nur einmal vorkommende Sache (sprachwiss. t. t.) {32/76}	μόνος monos + σημαντικός semantikos	allein zum Zeichen gehörig	
–	Monosemie, die gr;gr	das Vorhandensein nur einer Bedeutung für ein Wort {32/76}	μόνος monos + σημεία semeia	allein (Feld)Zeichen	
3816	Monospermie, die gr;gr	Befruchtung der Eizelle durch eine einzige Samenzelle {69/70}	μόνος monos + σπέρμα sperma	allein Same	
>>>	Monosticha, die = Plural (↗ UTL 2697) von ↗ Monostichon				
3817	monostichisch o. monostichitisch	das Monostichon betreffend {34/76}	μονόστιχος monostichos	aus nur einer Reihe, einem Vers bestehend	
–	Monostichon, das gr>l	ein einzelner Vers (↗ UTL 3791), Einzelvers {34/76}	dto. l. monostichum	dto. ein aus nur einem Vers bestehendes Gedicht	
3818	monosyllabisch gr>l	einsilbig (von Wörtern) {32/76}	μονοσύλλαβος monosyllabos	einsilbig	
–	Monosyllabum, das gr>nlat	einsilbiges Wort (sprachwiss. t. t.) {32/76}	dto.	dto.	
3819	monosyndetisch gr;gr	wie ein Monosyndeton (sprachwiss.t .t .) {32/76}	μόνος monos + σύνδετος syndetos	allein zusammengebunden	

–	Monosyndeton, das gr;gr	Reihe von Sätzen o. Wörtern, vor deren letztem eine Konjunktion (↗ UTL 1806) steht (sprachwiss. t. t.) {32/76}	dto.	dto.
3820	Monotheismus, der gr;gr;gr	Glaube an einen einzigen Gott {51/77}	μόνος monos + θεός theos + –ισμός –ismos	allein Gott gr. Suffix s. Partikelliste
–	Monotheist, der gr;gr;gr	Anhänger des Monotheismus (rel. t. t.) {51/77}	dto. + –ιστής –istes	dto. gr. Suffix s. Partikelliste
–	monotheistisch gr;gr;gr	an einen einzigen Gott glaubend {51/77}	dto.	dto.
3821	Monothelet, der (gr;gr) >mlat	Vertreter des Monotheletismus {51/77}	μόνος monos + θελητής theletes	allein der Wollende
–	Monotheletismus, der (gr;gr;gr) >nlat	altchristliche Sektenlehre, die in ↗ Christus zwei unvereinigte Naturen (↗ UTL 2343), aber nur einen gottmenschlichen Willen anerkannte {51/77}	dto. + –ισμός –ismos	dto. gr. Suffix s. Partikelliste
3822	monoton gr>frz	eintönig, langweilig {25/26/59}	μονότονος monotonos frz. monotone	eintönig dto.
–	Monotonie, die	Gleichförmigkeit, Eintönigkeit {25/26/59}	μονοτονία monotonia	Eintönigkeit
–	Monotonometer, das (gr;gr) >nlat	Gerät zum Messen der Auswirkung eintöniger Arbeit (psych. t. t.) {56/70}	dto. + μέτρον metron	dto. Maß; Versmaß s. o. Meter
3823	monotrop	beschränkt anpassungsfähig (biol. t. t.) {68/69}	μονότροπος monotropos	von einerlei Art; allein lebend
3824	Monoxid, o. Monoxyd, das gr;gr	↗ Oxyd, das ein Sauerstoffatom enthält (chem. t. t.) {73}	μόνος monos + ὀξύς oxys	allein scharf, spitz, sauer s. u. Oxyd

3825	Monözie, die (gr;gr) >nlat	gleichzeitige Existenz (↗ UTL 0966) von männlichen u. weiblichen Blüten an derselben Pflanze (bot. t. t.) {68}	μόνος monos + οἰκία oikia	allein Haus
–	monözisch (gr;gr) >nlat	einhäusig (bot. t. t.) {68}	dto.	dto.
3826	monozygot gr;gr	eineiig {69/70}	μόνος monos + ζυγωτή (Fem. zu ζυγωτός) zygote (Fem. zu zygotos)	allein zusammengejocht s. u. zygot
3827	Monozyt, der gr;gr	großer ↗ Leukozyt (med. t. t.) {53/70}	μόνος monos + κύτος kytos	allein Höhlung, Wölbung
3828	morbiphor l;gr	Krankheiten übertragend; ansteckend (med. t. t.) {14/70}	l. morbus + φορός phoros	Krankheit, Verdruß (↗ UTL 2288) tragend, bringend
3829	Moria, die	krankhafte Geschwätzigkeit u. Albernheit (med. t. t.) {14/ 26/32/70}	μωρία moria	Torheit
>>>	–morph(o) ↗ Worteleementeliste			
3830	Morph, das	kleinstes bedeutungstragendes Element (↗ UTL 0874) in der Rede (sprachwiss. t. t.) {32/76}	μορφή morphe	Form, Gestalt
–	Morphe, die	Gestalt, Form (↗ UTL 1132), Aussehen {53}	dto.	dto.
–	Morphem, das gr>frz	kleinste bedeutungstragende Spracheinheit (sprachwiss. t. t.) {32/76}	dto. frz. morphème	dto.
–	Morphematik o. Morphemik, die	Wissenschaft von den Morphemen (linguist. t. t.) {32/76}	dto.	dto.
–	morphematisch	das Morphem betreffend {32/ 76}		
3831	Morpheus gr>l	gr. Gott des Schlafes {16/51/ 75}	Μορφεύς Morpheus	Morpheus (s. Anhang „Namen")

645

Morphin 3831

–	Morphin, das gr>nlat	= Morphium {70/73}	dto.	dto.
–	Morphinismus, der gr>nlat;gr	Morphinsucht {14/70}	dto. + –ισμός –ismos	dto. gr. Suffix s. Partikelliste
–	Morphinist, der gr>nlat;gr	Morphinsüchtiger {14/70}	dto. + –ιστής –istes	dto. gr. Suffix s. Partikelliste
–	Morphium, das	aus ↗ Opium gewonnenes Betäubungsmittel u. Rauschgift (1804 von dem d. Apotheker F. Sertürner entdeckt – chem. t. t.) {70/73}	dto.	dto.
>>>	Morpho– ↗ Wortelementeliste			
3832	Morphogenese o. Morphogenesis, die gr;gr	Entwicklung von ↗ Organen o. Geweben (biol. t. t.) {69/70}	μορφή morphe + γένεσις genesis	Form, Gestalt Ursprung, Entstehung s. o. Genese
3833	Morphologe, der gr;gr	1. Wissenschaftler der Morphologie {40/62/68/69/70}; 2. = ↗ Geomorphologe {62/64}	μορφή morphe + λόγος logos	Form (↗ UTL 1132), Gestalt Rede, Wort; Berechnung
–	Morphologie, die gr;gr	1. Lehre von der Gestalt- u. Formenbildung (med., biol., geol. t. t.) {53/62/69/70}; 2. Lehre von der Bildung der Wortstämme u. von der Beugung der Wörter mittels ↗ Morpheme (Ausdruck 1796 von Johann Wolfgang von Goethe geprägt – sprachwiss. t. t.) {32/76}	dto.	dto.
–	morphologisch gr;gr	1. die Morphologie betreffend {53/62/69/70}; 2. die äußere Gestalt betreffend {53}	dto. + λογικός logikos	dto. zum Reden gehörig, die Rede betreffend

3834	Morphonem o. Morphophonem gr;gr	Variation (↗ UTL 3756) eines ↗ Phonems, das im gleichen ↗ Morphem bei unterschiedlicher Umgebung auftaucht (sprachwiss. t. t.) {32/76}	μορφή morphe + φώνεμα phonema	Form, Gestalt Laut, Stimme s. u. Phonem
3835	Mortadella, die gr>l>it	ital. Zervelatwurst; Brühwurst aus Schweine- u. Kalbfleisch, Speckwürfeln u. Zunge {17}	μυρσίνη myrsine l. murta murtatum (sc. farcimen) it. mortadella	Myrte(nzweig) Myrtenbeere mit Myrte(nbeeren) gewürzt(e Wurst)
3836	Morula, die gr>l>nlat	maulbeerähnlicher, kugeliger Zellhaufen der befruchteten Eizelle; Zellwachstumsstufe (biol. t. t.) {69/70}	μόρον moron l. morum	schwarze Maulbeere Maulbeere, Brombeere
3837	Mosaik, das gr>l>mlat >it>frz	1. flaches Bildwerk aus verschiedenfarbigen Steinen o. Glassplittern {36}; 2. aus vielen Teilen zusammengesetzte Einheit, bunte Vielfalt {56}	μουσεῖος mouseios l. musivum (sc. opus) mlat. musaicum it. mosaico frz. mosaïque	den Musen geweiht Mosaik(arbeit) dto. dto. dto.
3838	Moschus, der sanskr >pers>gr >l/mlat	stark duftendes Sekret (↗ UTL 3257) der männlichen Moschustiere {21/69}	sanskr. muskah pers. musk μόσχος moschos l./mlat. muscus	Hoden (wegen der Ähnlichkeit mit der Moschusdrüse) Moschus Sprößling (bei Menschen, Tieren, Pflanzen); Moschus Moos; Moschus
3839	Möse, die	Vagina (↗ UTL 3745), Scheide (ugs. - nach der Ähnlichkeit mit der Muschelform) {11/70}	μῦς mys l. musculus vulgl. muscula* ahd. muscula mhd. muschel	Maus; Walfischart; Muskel Mäuschen; Muskel; Bartenwalfisch; Miesmuschel dto. Schalentier dto. s. u. Muschel

3840	Motodrom, das l;gr	Rennstrecke, Rundkurs für Motorsportveranstaltungen {45/58/85}	l. *motor*		Beweger; Fortrücker der Grenzsteine (↗ UTL 2302)
			+ δρόμος dromos		Lauf, Wettlauf; Rennbahn
3841	Motologe, der l;gr	Fachmann der Motologie (med. t. t.) {12/40/70}	l. *motor*		Beweger; Fortrücker der Grenzsteine (↗ UTL 2302)
			+ λόγος logos		Rede, Wort; Berechnung
–	Motologie, die l;gr	Lehre von der menschlichen Motorik (↗ UTL 2302) u. deren Anwendung (med. t. t.) {12/70}	dto.		dto.
3842	Mühle, die	1. Anlage zum Zermahlen, bes. von Getreide; 2. Gebäude, in dem die Mühle steht {39/40/58}; 3. Brettspiel {85}; 4. altes Fahr– od. Flugzeug (ugs.) {45}	μύλη myle		Mühle
3842a	mukopurulent (gr>l;l) >nlat	schleimig–eitrig (med. t. t.) {14/70}	μῦκος mykos l. *mucus* + l. *purulentus*		Schleim dto. eiternd, eitrig
3843	Mukosa, die	Schleimhaut (med. t. t.) {70}	μῦκος mykos		Schleim
–	Mukoviszidose, die (gr;l;gr) >nlat	Erbkrankheit mit Funktionsstörungen der Schleimdrüsen (med. t. t.) {14/70}	dto. + l. *viscosus* + –ωσις –osis		dto. klebrig, zäh (↗ UTL 3836) gr. Suffix s. Partikelliste
3844	Mulatte, der gr>l>span	Nachkomme eines weißen u. eines farbigen Elternteils {10}	μυχλός mychlos l. *mulus* span. *mulo* *mulato*		Zuchtesel Maulesel; Maultier dto. Mischling

>>> Muli, das / der = ↗ Maulesel

3845	**Mü̱nster,** das gr>l>vulgl >ahd>mhd	Stiftskirche; Hauptkirche; Dom (↗ UTL 0811) {51/36}	μοναστή-ριον monasterion l. *monasterium* vulgl. *monisterium** ahd. *munistiuri* mhd. *münster*	Kloster, Einsiedelei dto. dto. Klosteranlage Klostergemeinschaft, –kirche
3846	**Murä̱ne,** die gr>l	aalartiger Knochenfisch {07/69}	μύραινα myraina l. *murena*	Muräne dto. (beliebter Seefisch)
3847	**Mu̱rmel,** die gr>l>ahd >nordd	(↗ marmorne) Kinderspielkugel {85}	μάρμαρος marmaros l. *marmor* ahd. *marmul, murmul* nordd. *murmel*	(schimmernder) Felsblock Marmor(stein) dto. Marmorkugel
3848	**Mu̱saget,** der gr>l	1. Beiname des Apoll (s. Anhang „Namen") {51/75}; 2. Freund der Künste {33/34/35/36/37}	μουσαγέτης mousagetes	Musenführer
3849	**Mu̱schel,** die gr>l>vulgl >ahd>mhd	Meeresschalentier {08/69}	μῦς mys l. *musculus* vulgl. *muscula** ahd. *muscula* mhd. *muschel*	Maus; Walfischart; Muskel Mäuschen; Muskel; Bartenwalfisch; Miesmuschel dto. Schalentier dto.
3850	**Mu̱se,** die gr>l	1. eine der neun gr. Göttinen der Künste {51/75}; 2. inspirierende (↗ UTL 1441) Person (↗ UTL 2612) {26/33}	μοῦσα mousa	Muse
–	**muse̱al** gr>l>nlat	1. zum, ins Museum gehörig; Museums... {33/40/58/85}; 2. veraltet, verstaubt, unzeitgemäß (ugs.) {25/33/59}	μούσειος mouseios l. *museus*	von den Musen den Musen angehörig
>>>	**Muse̱en,** die (Pl.) = Plural (↗ UTL 2697) von **Muse̱um**			
–	**Musenal-mana̱ch,** der gr;arab	im 18. u. 19 Jh. jährlich erschienene Sammlung ungedruckter Gedichte {34/75/76}	dto. + arab. *almanah*	dto. Kalendar

–	Musen-kuß, der gr;d	Inspiration (↗ UTL 1441) {23/24/26}		dto. + d. *Kuß*	dto.
–	Museum, das gr>l	Ausstellungsgebäude für Kunstgegenstände u. wissenschaftliche Sammlungen {33/40/58/85}		μουσεῖον mouseion l. *museum*	Musentempel Museum; Musensitz; Bibliothek; Akademie
3851	Musica, die gr>l	↗ Musik, Tonkunst {37}		μουσική (τέχνη) mousike (techne) l. *(ars) musica*	Musenkunst, Tonkunst dto.
–	Musical, das gr>l>am	in Amerika entstandene Form (↗ UTL 1132) des mit ↗ Musik durchsetzten Schauspiels {35/37}		dto. am. *musical (comedy)*	dto.
>>>	Musicbox, die = ↗ Musikbox				
–	Musique concrète, die (gr;l)>frz	↗ elektronische Musik aus Tonbandaufnahmen konkreter (↗ UTL 1812) Geräusche des Alltags, ihrer Verfremdung u. Montage (↗ UTL 2281)		μουσική (τέχνη) mousike (techne) + l. *concrescere* (PPP. *concretus*)	Musenkunst, Tonkunst sich verdichten, entstehen, sich bilden (↗ UTL 1812)
>>>	Musik– ↗ Wortelementeliste				
–	Musik, die gr>l>frz	1. Tonkunst; 2. Kunstwerk, bei dem ↗ Töne u. ↗ Rhythmus eine Einheit bilden; 3. Unterhaltungsorchester (ugs.) {37}		μουσική (τέχνη) mousike (techne) l. *(ars) musica* frz. *musique*	Musenkunst, Tonkunst dto.
3852	Musikakademie, die gr;gr	Musikhochschule {37/78}		dto. + Ἀκαδήμεια Akademeia	dto. Akademie (s. Anhang „Namen") s. o. Akademie
3853	Musikalien, die (Pl.) gr>l>mlat	Notenbücher u. –hefte {37}		μουσικός mousikos l. *musicus* mlat. *musicalis*	die Musen betreffend die Musik betreffend dto.

–	musikalisch gr>l>mlat	1. die Musik betreffend, tonkünstlerisch {37}; 2. musikbegabt, musikliebend {22/26/37}; 3. klangvoll, wohltönend {37}	dto.	dto.
–	Musikalität, die gr>l>mlat	1. musikalisches Empfinden; 2. Musikbegabung {22/37}; 3. Wirkung wie Musik (2.) {26/37}	dto.	dto.
–	Musikant, der gr>l>mlat	Musiker, der zum Tanz, zu Umzügen o. ä. aufspielt {37/40}	dto. mlat. *musicans* Gen. *musicantis* = PPA zu *musicare*	dto. musikalisch, melodisch einrichten
–	musikantisch gr>l>mlat	musizierfreudig {26/37}	dto.	dto.
3854	Musikautomat, der gr;gr	1. ↗ mechanisches Musikabspielgerät; 2. = Musikbox {37/87}	μουσική (τέχνη) mousike (techne) + αὐτόματος automatos	Musenkunst, Tonkunst s. o. Musik aus eigenem Antrieb; freiwillig s. o. Automat
3855	Musikbox, die gr;gr>l >engl	moderner (↗ UTL 2259) Musikautomat, der nach Einwurf von Münzen ↗ Melodien spielt {37/87}	dto. + πυξίς pyxis l. *pyxis* u. *buxis* engl. *box*	dto. Büchse aus Buchsbaumholz dto. Büchse, Kästchen s. o. Box
3856	Musikdrama, das gr;gr	musikalisches Bühnenwerk mit besonderer Betonung des ↗ Dramatischen (bes. die Opern (↗ UTL 2433) Richard Wagners) {35/37}	μουσικός mousikos + δρᾶμα drama	die Musen betreffend Handlung; Schauspiel s. o. Drama
3857	Musiker, der gr>l	1. jmd., der beruflich Musik macht; 2. Mitglied eines Orchesters, Orchestermusiker {37/40}	μουσικός mousikos	die Musen betreffend
3858	Musikinstrument, das gr;l	Gerät zum Hervorbringen von ↗ Tönen u. Klängen (mus. t. t.) {37}	μουσική (τέχνη) mousike (techne) + l. *instrumentum*	Musenkunst, Tonkunst s. o. Musik Gerätschaft, Werkzeug, Hilfsmittel (↗ UTL 1448b)

3859	Musikkassette, die gr;l	↗ Magnetband, auf der Musik aufgenommen ist {37/46/87}	dto. + l. *capsa*	dto. Kasten, Kapsel, Behältnis (↗ UTL 1662b)
3860	Musikkorps, das gr;l	Blasorchester als militärische (↗ UTL 2236) Einheit {37/57/86}	dto. + l. *corpus*	dto. Körper, Leib, Masse, Stand (UTL 1903)
3861	Musikologe, der gr;gr	Musikwissenschaftler {37/40}	dto. + λόγος logos	dto. Rede, Wort; Berechnung
–	Musikologie, die gr;gr	Musikwissenschaft {37}	dto.	dto.
–	musikologisch gr;gr	musikwissenschaftlich {37}	dto. + λογικός logikos	dto. zum Reden gehörig, die Rede betreffend
3862	Musikomane, der gr;gr	Musikbesessene(r) {26/37}	μουσικός mousikos + μανία mania	die Musen betreffend Raserei, Wahnsinn, Verzückung
3863	Musikpädagoge, der gr;gr	1. Musiklehrer; 2. Wissenschaftler der Musikpädagogik {37/78}	μουσική (τέχνη) mousike (techne) + παιδαγωγός paidagogos	Musenkunst, Tonkunst s. o. Musik Kinder führend; Lehrer s. u. Pädagoge
–	Musikpädagogik, die gr;gr	Wissenschaft von der Musikerziehung {37/78}	dto. + παιδαγωγική paidagogike	dto. Erziehungskunst s. u. Pädagogik
3864	Musiktheorie, die gr;gr	↗ systematische Darstellung musikalischer Sachverhalte {25/32/37}	dto. + θεωρία theoria	dto. das Anschauen, Betrachten; (wissenschaftliche) Untersuchung s. u. Theorie
3865	Musiktherapie, die gr;gr	Heilung von Kranken mit Hilfe der Musik {14/37/70}	dto. + θεραπεία therapeia	dto. das Dienen, Pflegen s. u. Therapie
3866	Musikus, der gr>l	Musiker (veraltet, scherzhaft) {37/40}	μουσικός mousikos l. *musicus*	die Musen betreffend die Musik betreffend

–	musisch gr>l	1. die schönen Künste betreffend {37}; 2. künstlerisch (begabt), kunstempfänglich {22/26/34/35/36/37}	μουσικός mousikos l. musicus	die Musen betreffend die Musik betreffend
3867	Musivarbeit, die gr>l;d	= Mosaik {36}	μουσεῖος mouseios l. musivum (sc. opus) + d. Arbeit	den Musen geweiht Mosaik(arbeit) dto.
–	musivisch gr>l	eingelegt (von Glassplittern o. Steinen) {36}	dto.	dto.
3868	musizieren gr>l>mlat	(gemeinsam) Musik machen {37}	μουσικός mousikos l. musicus mlat. musicare	die Musen betreffend die Musik betreffend musikalisch, melodisch einrichten
3869	Muskat, der sanskr >pers>gr >l>mlat >aprov >afrz>mhd	als Gewürz verwendeter Same des Muskatnußbaumes {04/17}	sanskr. muskah pers. musk μόσχος moschos l. muscus mlat. muscatus nux muscata aprov. notz muscada afrz. noiz muscade mhd. muscat(nuz)	Hoden (wegen der Ähnlichkeit mit der Moschusdrüse) Moschus Sprößling (bei Menschen, Tieren, Pflanzen); Moschus s. o. Moschus Moos; Moschus nach Moschus duftend Muskatnuß dto. dto. dto.
–	Muskateller, der sanskr >pers>gr >l>mlat>it	1. Traubensorte mit Muskatgeschmack; 2. (süßer) Wein aus der Muskatellertraube {05/17}	dto. mlat. muscatellum it. moscatello	dto. nach Muskat schmeckender Wein
3870	Muskel, der gr>l	fleischiger Teil des Körpers, der durch Kontraktion (↗ UTL 1861) und Erschlaffung Bewegungen bewirkt {11/70}	μῦς mys l. musculus	Maus; Walfischart; Muskel Mäuschen; Muskel; Bartenwalfisch; Miesmuschel

muskulär 3870

–	muskulär gr>l>nlat	zu den Muskeln gehörend, die Muskulatur betreffend {11/70}	dto.	dto.
–	Muskulatur, die gr>l>frz >nlat	Muskelgefüge, Gesamtheit der Muskeln eines Körpers o. ↗ Organs {11/57/70}	dto. frz. *musculature*	dto.
–	muskulös gr>l>frz	mit starken Muskeln versehen; äußerst kräftig {11/53/55/70}	dto. l. *musculosus* frz. *musculeux*	dto. fleischig, muskulös
3871	Myalgie, die (gr;gr) >nlat	Muskelschmerz (med. t. t.) {14/70}	μῦς mys + ἄλγος algos	Maus; Walfischart; Muskel s. o. Muschel Schmerz
3872	Myasthenie, die gr;gr	krankhafte Muskelschwäche (med. t. t.) {14/70}	μῦς mys + ἀσθένεια astheneia	Maus; Walfischart; Muskel Kraftlosigkeit, Schwäche s. o. Asthenie
3873	Myatonie, die gr;gr;gr	Muskelerschlaffung (med. t. t.) {14/70}	μῦς mys + ἀ–, ἀν– a-, an- + τόνος tonos	Maus; Walfischart; Muskel nicht, ohne Spannung, Band, Ton
3874	Mydriase, die	Pupillenerweiterung (med. t. t.) {70}	μυδρίασις mydriasis	Krankheit an der Pupille der Augen
–	Mydriatikum, das gr>nlat	pupillenerweiterndes Mittel (med. t. t.) {70}	dto.	dto.
3875	Myelitis, die gr;gr	Rückenmarksentzündung (med. t. t.) {14/70}	μυελός myelos + –ῖτις –itis	Mark gr. Suffix s. Partikelliste
–	myeloid gr;gr o. myeloisch	das Knochenmark betreffend, von ihm ausgehend (med. t. t.) {11/70}	μυελός myelos + –(ε)ιδής –(e)ides bzw. μυελόεις myeloeis	Mark ähnlich aussehend s. Partikelliste voll Mark
3876	Myiase, die (gr;gr) >nlat	durch Fliegenmaden verursachte Krankheit (med. t. t.) {14/70}	μυῖα myia + –ασις –asis	Fliege gr. Suffix s. Partikelliste

3877	mykenisch	Mykene (s. Anhang „Namen") betreffend {64/75}	Μυκηναῖος Mykenaios	aus Mykene
3878	Myketismus, der (gr;gr) >nlat	Pilzvergiftung (med. t. t.) {14/ 17/70}	μύκης, Gen. μύκητος mykes, myketos + –ισμός –ismos	Erdschwamm, Pilz (↗ UTL 2658) gr. Suffix s. Partikelliste
3879	Mykologe, der gr;gr	Wissenschaftler der Mykologie {40/70}	μύκης mykes + λόγος logos	Erdschwamm, Pilz Rede, Wort; Berechnung
–	Mykologie, die gr;gr	1. Lehre von den Pilzen (biol. t. t.) {68}; 2. Wissenschaft von den ↗ Mykosen (med. t. t.) {14/70}	dto.	dto.
–	mykologisch gr;gr	die Mykologie betreffend {14/ 68/70}	dto. + λογικός logikos	dto. zum Reden gehörig, die Rede betreffend
3880	Mykorrhiza, die gr;gr	Lebensgemeinschaft zwischen den Wurzeln von Blütenpflanzen u. Pilzen (bot. t. t.) {68}	μύκης mykes + ῥίζα rhiza	Erdschwamm, Pilz Wurzel
3881	Mykose, die gr;gr	durch Pilze hervorgerufene Krankheit (med. t. t.) {14/70}	μύκης mykes + –ωσις –osis	Erdschwamm, Pilz gr. Suffix s. Partikelliste
3882	Myodynie, die gr;gr	Muskelschmerz (med. t. t.) {14/70}	μῦς, Gen. μυός mys, myos + ὀδύνη odyne	Maus; Walfischart; Muskel s. o. Muschel Schmerz, Leid
3883	myogen (gr;gr) >nlat	vom Muskel ausgehend (med. t. t.) {70}	dto. + –γενής –genes	dto. stammend von; hervorbringend, verursachend
3884	Myogramm, das gr;gr	mit Hilfe eines Myographen aufgezeichnetes Kurvenbild der Muskelzuckungen {32/70}	dto. + γράμμα gramma	dto. Buchstabe, Schrift(werk)
3885	Myograph, der gr;gr	Gerät, das die Zuckungen eines ↗ Muskels in Kurvenform aufzeichnet {70/72}	dto. + γραφεύς grapheus	dto. Schreiber, Maler

3886	Myokard, das (gr;gr) >nlat	Herzmuskel (med. t. t.) {11/70}	dto. + καρδία kardia	dto. Herz
–	Myokardie die gr;gr o. Myokardose, die gr;gr;gr	Kreislaufstörungen mit Beteiligung des Herzmuskels (med. t. t.) {11/70}	dto. bzw. + –ωσις –osis	dto. gr. Suffix s. Partikelliste
–	Myokarditis, die gr;gr;gr	Herzmuskelentzündung (med. t. t.) {14/70}	dto. + –ῖτις –itis	dto. gr. Suffix s. Partikelliste
3887	Myoklonie, die gr;gr	Schüttelkrampf (med. t. t.) {14/70}	dto. + κλόνος klonos	dto. heftige, verworrene Bewegung
3888	Myologie, die gr;gr	Wissenschaft von den Muskeln (med. t. t.) {70}	dto. + λόγος logos	dto. Rede, Wort; Berechnung
3889	Myom, das	gutartige Geschwulst des Muskelgewebes (med. t. t.) {70}	μυῶν myon	Muskelknoten
3890	myop o. myopisch gr>l	kurzsichtig (med. t. t.) {14/23/70}	μύωψ myops	die Augen schließend, blinzelnd; kurzsichtig
3891	Myoparalyse, die (gr;gr) >nlat	Muskellähmung (med. t. t.) {12/14/70}	μῦς, Gen. μυός mys, myos + παράλυσις paralysis	Maus; Walfischart; Muskel s. o. Muschel (Auf)lösung s. u. Paralyse
3892	Myopathie, die gr;gr	Muskelerkrankung (med. t. t.) {14/70}	dto. + πάθος pathos	dto. Schmerz; Leiden(schaft)
–	myopathisch gr;gr	auf Myopathie beruhend {14/70}	dto.	dto.
3893	Myope, der / die	Kurzsichtige(r) {14/23/70}	μύωψ myops	die Augen schließend, blinzelnd; kurzsichtig s. o. myop
–	Myopie, die	Kurzsichtigkeit (med. t. t.) {14/23/70}	μυωπία myopia	Kurzsichtigkeit

3894	Myo-spasmus, der gr;gr	Muskelkrampf (med. t. t.) {14/70}	μῦς, Gen. μυός mys, myos + σπασμός spasmos	Maus; Walfischart; Muskel Krampf
3895	Myotonie, die gr;gr	langdauernde Muskelspannung (med. t. t.) {59/70}	dto. + τόνος tonos	dto. Spannung, Band, Ton
3896	Myriade, die gr>engl	1. Einheit von zehntausend; 2. unzählig große Menge {57}	μυριάς, Gen. μυριάδος myrias, myriados engl. *myriad*	Anzahl von zehntausend; unzählbare Menge
3897	Myria-pode o. Myrio-pode, der	Tausendfüßler (zool. t. t.) {69}	μυριόπους Gen. μυριόποδος myriopous, myriopodos abgeleitet von: μύριοι myrioi + πούς, Gen. ποδός pous, podos	zehntausendfüßig, mit unzähligen Füßen zehntausend Fuß
3898	Myrio-phyllum, das gr>l>nlat	Tausendblatt (bot. t. t.) {68}	μυριό-φυλλον myriophyllon abgeleitet von: μύριοι myrioi + φύλλον phyllon l. *myriophyllon*	Wasserpflanze zehntausend Blatt Tausendblatt, Schafgarbe
3899	Myrme-kologe, der gr;gr	Wissenschaftler der Myrmekologie {40/69}	μύρμηξ, Gen. μύρμηκος myrmex, myrmekos + λόγος logos	Ameise Rede, Wort; Berechnung
–	Myrme-kologie, die gr;gr	Teilgebiet der Zoologie, das sich mit Ameisen befaßt (zool. t. t.) {69}	dto.	dto.

–	myrmeko-logisch gr;gr	ameisenkundlich {69}	dto. + λογικός logikos	dto. zum Reden gehörig, die Rede betreffend
3900	Myrrhe, die aram/arab >gr>l>ahd >mhd	duftendes Harz {04/21}	aram. *mura* arab. *murr* μύρρα myrra l. *myrrha* ahd. *mirra, myrra* mhd. *mirre*	Myrrhe dto. (Saft vom) Myrrhenbaum dto. dto. dto.
–	Myrrhen-öl, das aram/arab >gr>l>ahd >mhd;gr	aus Myrrhe gewonnenes ↗ aromatisches ↗ Öl {04/21}	dto. + ἔλαιον elaion	dto. Oliven-, (Baum)öl s. u. Öl
–	Myrrhen-tinktur, die aram/arab >gr>l>ahd >mhd;l	alkoholischer Auszug aus Myrrhe zur Zahnfleischbehandlung {70}	μύρρα myrra + l. *tinctura*	Myrrhe das Färben; farbig ausgezogene Flüssigkeit (↗ UTL 3582)
3901	Myrte, die semit(?) >gr>l	(vorgr. ↗ Etymologie unsicher): immergrüner Strauch mit weißen Blüten {04/68}	μύρτος myrtos l. *myrtus*	Myrtenbaum dto.
3902	Mystagog o. Mystagoge, der gr>l	antiker (↗ UTL 0214) ↗ Priester, der in die ↗ Mysterien einführte {51/75}	μυσταγωγός mystagogos	in die Mysterien einführend
3903	Myste, der	Eingeweihter eines Mysterienkults {33/51/75}	μύστης mystes	Eingeweihter in die Mysterien
–	Mysterien, die (Pl.) gr>l	1. geheime religiöse (↗ UTL 3066) Kulte (↗ UTL 1947) in der gr. u. röm. Antike (↗ UTL 0214) {33/51/75}; 2. Plural (↗ UTL 2697) von ↗ Mysterium {25/26/51}	μυστήρια mysteria Plural von: μυστήριον myterion l. *mysteria* (Pl.)	Mysterienfeiern Geheimnis Geheimkulte, Geheimlehren
–	Mysterienspiel, das gr>l;d	mittelalterliches geistliches ↗ Drama {35/51/75}	dto. + d. *Spiel*	dto.
–	mysteriös gr>l>frz	dunkel, geheimnisvoll, rätselhaft {25/26}	dto. frz. *mystérieux*	dto.

–	Mysterium, das gr>l	1. Geheimnis, Geheimlehre {33/51/77}; 2. = Mysterienspiel {35/51/75}	dto.	dto.
3904	Mystifikation, die (gr>l;l) >nlat	Täuschung, Vorspiegelung {24/25/28}	μυστικός mystikos l. *mysticus* + l. *facere*	geheimnisvoll dto., mystisch, zum Geheimkult gehörig tun, machen, handeln
–	mystifizieren (gr>l;l) >nlat	vorspiegeln, täuschen {24/25/28/29}	dto.	dto.
3905	Mystik, die gr>l>mlat	Erfahrung des Göttlichen {25/51/77}	μυστικός mystikos	geheimnisvoll
–	Mystiker, der gr>l>mlat	jmd., der die Einheit mit Gott sucht u. erlebt {25/51/77}	dto.	dto.
–	mystisch gr>l>mlat	1. geheimnisvoll, dunkel {24/25/26}; 2. zur Mystik gehörend {25/51/77}	dto.	dto.
–	Mystizismus, der (gr;gr) >l>nlat	Schwärmerei, Neigung zum Mystischen {24/25/26}	dto. + –ισμός –ismos	dto. gr. Suffix s. Partikelliste
–	mystizistisch (gr;gr) >l>nlat	schwärmerisch, wundergläubig {24/25/26}	dto.	dto.
>>>	Mythe, die = ↗ Mythos			
3906	mythisch gr>l	sagenhaft, urzeitlich {51/56/59/75}	μυθικός mythikos	zur Sage o. Mythologie gehörig
3907	Mythograph, der	jmd., der Mythen aufschreibt u. sammelt {34/75/76}	μυθογράφος mythographos	Geschichten schreibend
3908	Mythologem, das gr;gr	abgrenzbare, in sich abgeschlossene mythologische Aussage {51/77}	μῦθος mythos + λόγος logos	Wort, Rede, Erzählung Rede, Wort; Berechnung

3909	**Mytho-logie,** die	1. zusammenhängende Darstellung aller Mythen eines Volkes {34/51/81}; 2. wissenschaftliche Untersuchung von Mythen {51/81}	μυθολογία mythologia	das Erzählen von Sagen u. Geschichten
–	**mytho-logisch**	1. die Mythen betreffend; 2. die Mythologie betreffend {51/81}	μυθολογικός mythologikos	im Erzählen geschickt
–	**mytholo-gisieren** gr>nlat	etwas in mythischer Form darstellen o. erklären {32/51}	dto.	dto.
3910	**Mytho-manie,** die gr;gr	krankhafte Lügensucht (med. t. t.) {14/70}	μῦθος mythos + μανία mania	Wort, Rede, Erzählung Raserei, Wahnsinn, Verzückung
3911	**Mythos** o. –us, der gr>l	1. sagenhafte Erzählung aus der Vor– u. Frühzeit {34/51}; 2. die Mythen eines Volkes als Spiegel seiner Religion (↗ UTL 3066) u. seiner Weltanschauung {51/77/81}; 3. etwas, das zur Legende (↗ UTL 2029) gemacht wird {33/51}; 4. falsche Vorstellung {25/51}; 5. bildhafte Darstellung im Gegensatz zur Rationalen (↗ UTL 2986) des ↗ Logos (philos. t. t.) {25/77}	μῦθος mythos	Wort, Rede, Erzählung
3912	**Mytilus,** die gr>l	Miesmuschel {08/69}	μυτίλος mytilos	eine eßbare Muschel
3913	**Myxödem,** das gr;gr	Anschwellen des Körpergewebes infolge Schwund der Schilddrüse (med. t. t.) {14/70}	μύξα myxa + οἴδημα oidema	Schleim das Aufgeschwollene, Geschwulst s. u. Ödem
–	**myxöde-matös** gr;gr	das Myxödem betreffend (med. t. t.) {14/70}	μύξα myxa + οἰδηματόεις oidematoeis	Schleim geschwollen s. u. ödematos
–	**Myxo-matose,** die gr;gr;gr	seuchenartige tödliche Viruskrankheit bei Hasen u. Kaninchen {09/69}	μύξα myxa + –ωμα –oma + –ωσις –osis	Schleim gr. Suffix s. Partikelliste gr. Suffix s. Partikelliste

3914	**Myzel** o. **Myze-lium**, das gr>nlat	Gesamtheit der Pilzfäden eines höheren Pilzes (↗ UTL 2658) {68}	μύκης mykes	Erdschwamm, Pilz
>>>	Myzetismus, der = ↗ Myketismus			

N

3915	Najade, die gr>l	1. in Quellen u. Flüssen lebende ↗ Nymphe {51/75}; 2. Flußmuschel (zool. t. t.) {08/69}	ναιάς, Gen. ναιάδος naias, naiados	Wassernymphe
3916	Nanismus, der (gr;gr)>l >nlat	Zwergwuchs (med., biol. t. t.) {68/69/70}	νάννος nannos + –ισμός –ismos	Zwerg gr. Suffix s. Partikelliste

>>> Nano– ↗ Wortelementeliste

3917	Nano	1. ein Milliardstel (↗ UTL 2237) einer ↗ phys. Einheit {56/72}; 2. Zwerg... {54/57}	νάννος nannos	Zwerg
–	Nanofarad, das gr;engl	ein milliardstel Farad; Zeichen: nF {57/72}	dto. + engl. Farad	dto. phys. Maßeinheit für Kapazität (nach dem engl. Physiker M. Faraday)
3918	Naos, der	Hauptraum 1. im altgr. Tempel (↗ UTL 3545) für das Kultbild {58/75/88}; 2. in der ↗ orthodoxen ↗ Kirche {51/58/77}	ναός naos	Tempel; innerer Tempelraum
3919	Naphtha, das / die pers>gr>l >russ	1. Roherdöl; 2. Schwerbenzin (techn. t. t.) {41/73}	pers. naft νάφθα naphtha l. nap(h)tha russ. nafta	Erdharz, –öl freies, leicht entzündliches Bergöl dto. Erdöl
–	Naphthalin, das (pers>gr>l >russ; gr) > nlat	fester Kohlenwasserstoff aus Steinkohlenteer, auch als Desinfektionsmittel gebraucht {41/44/73}	dto. + ἔλαιον elaion	dto. Oliven-, (Baum)öl s. u. Öl

>>> Napoli = ↗ Neapel

>>>	Narcotin, das = ↗ Narkotin			
3920	Narde, die altind >hebr/ aram>gr>l >ahd>mhd	1. wohlriechendes Baldriangewächs {04/68}; 2. Öl o. Salbe aus demselben {20}	altind. *nalada* hebr. *nerd* aram. *nirda* νάρδος nardos l. *nardus* ahd. *narda* mhd. *narde*	indische Narde dto. dto. Nardenpflanze; Nardenöl dto. dto. dto.
3921	Narkoanalyse, die (gr;gr) >nlat	unter Narkose des Patienten (↗ UTL 2546) durchgeführte ↗ Psychoanalyse (med, psych. t. t.) {70}	νάρκωσις narkosis + ἀνάλυσις analysis	Erstarrung, Betäubung Auflösung s. o. Analyse
3922	Narkologie, die gr;gr	Lehre von der Schmerzbetäubung (med. t. t.) {70}	νάρκωσις narkosis + λόγος logos	Erstarrung, Betäubung Rede, Wort; Berechnung
3923	Narkomane, der gr;gr	jmd., der an Narkomanie leidet (med. t. t.) {14/70}	νάρκωσις narkosis + μανία mania	Erstarrung, Betäubung Raserei, Wahnsinn, Verzückung s. o. Manie
–	Narkomanie, die gr;gr	Sucht nach Betäubungsmitteln (med. t. t.) {70}	dto.	dto.
3924	Narkose, die	schlafähnliche Betäubung mit Schmerzausschaltung (med. t. t.) {16/70}	νάρκωσις narkosis	Erstarrung, Betäubung
3925	Narkotikum, das gr>nlat	Betäubungsmittel (med. t. t.) {70}	ναρκωτικός narkotikos	erstarren machend, betäubend
–	Narkotin, das	↗ Alkaloid des ↗ Opiums, das die Wirkung des ↗ Morphins verstärkt {70/73}	dto.	dto.
–	narkotisch gr>mlat	betäubend, berauschend (med. t. t.) {16/70}	dto.	dto.
–	Narkotiseur, der gr>frz	Narkosearzt (med. t. t.) {16/40/70}	dto.	dto.
–	narkotisieren gr>nlat	betäuben, unter Narkose setzen (med. t. t.) {16/70}	dto.	dto.

–	Narko-tismus, der gr;gr	Sucht nach Narkosemitteln (med. t. t.) {16/70}	dto. + –ισμός –ismos	dto. gr. Suffix s. Partikelliste
3926	Narthex, der	Vorhalle in der ↗ Kirche {51/58/77/88}	νάρθηξ narthex	Narthexpflanze; Kasten; Vorhof der Kirche
3927	Narziß, der gr>l	in sein Spiegelbild verliebter Jüngling; übertragen: in sich selbst Verliebter {26/33}	νάρκισσος narkissos abgeleitet von: Νάρκισσος Narkissos	Narzisse Narkissos (s. Anhang „Namen")
–	Narzisse, die gr>l	stark duftende Zwiebelpflanze {04/68}	dto.	dto.
–	Narzismus, der	Selbstverliebtheit {26/33}	dto.	dto.
–	Narzißt, der	jmd., dessen Verhalten vom Narzismus geprägt ist {26/33}	dto.	dto.
–	narzißtisch	1. den Narzismus betreffend; 2. eigensüchtig {26/33}	dto.	dto.
3928	Nasobem, das l;gr	Fabeltier, das auf seinen Nasen schreitet (erfunden von Christian Morgenstern in seinen „Galgenliedern") {34/51}	l. nasus + βῆμα bema	Nase Tritt, Schritt; erhöhter Ort
3929	Nationalhymne, die l;gr>l>frz	(bei feierlichen Anlässen gespieltes) Lied, dessen Text (↗ UTL 3576) Ausdruck des National– u. Staatsgefühls eines Volkes ist (37/50/33)	l. natio + ὕμνος hymnos	Geschlecht; geburt; Volk(sstamm); Nation (↗ UTL 2341) Gesang, Lied s. o. Hymne
3930	Natriumchlorid, das ägypt>gr >l;gr	Kochsalz (chem. t. t.) {73}	ägypt. ntr(j) + χλωρός chloros	Natron s. u. Natron grüngelb; blaß s. o. Chlorid
3931	Natriumkarbonat, das ägypt>gr >l;l	Soda (chem. t. t.) {73}	ägypt. ntr(j) νίτρον nitron + l. carbo Gen. carbonis	Natron dto; Laugensalz, Soda Kohle; böses Geschwür (↗ UTL 1637)

3932	Natron, das ägypt>gr>l daneben: ägypt >hebr >arab>frz	weißes, ↗ kristallines Natriumsalz der Kohlensäure {73}	ägypt. ntr(j) νίτρον nitron l. nitrum daneben: ägypt. ntr(j) hebr. net(e)r arab. natrun span. natron frz. natron	Natron dto; Laugensalz, Soda dto. Natron dto. dto. dto. dto.
3933	Nauarch, der gr>l	Flottenführer im alten Griechenland {75/86}	ναύαρχος nauarchos	Schiffsbefehlhaber; Flottenführer
3934	Naumachie, die	Seeschlacht {75/86}	ναυμαχία naumachia	Schiffs–, Seeschlacht
3935	Nauplius, der gr>l	Larve der Krebstiere (zool. t. t.) {69}	ναύπλιος nauplios	Krebsart
3936	Nausea, die gr>l	Übelkeit, Brechreiz; Seekrankheit (med. t. t.) {14/70}	ναυσία nausia	Seekrankheit; Übelkeit mit Erbrechen
>>>	–naut, –nautik ↗ Wortelementeliste			
3937	Nautik, die gr>l	Schiffahrtskunde, Steuermannskunst {45}	ναυτική (τέχνη) nautike (techne)	(Kunst der) Schifffahrt
–	Nautiker, der	Seemann mit Erfahrung in der Nautik {40/45}	ναυτικός nautikos	das Schiff, den Seefahrer betreffend
3938	Nautilus, der	Tintenfisch mit schneckenähnlichem Gehäuse {08/69}	ναυτίλος nautilos	Schiffer, Seefahrer; Polypenart
–	Nautilusbecher, der gr;d	Becher aus Nautilusmuscheln in Gold- o. Silberfassung {20/44}	dto. + d. Becher	dto.
3939	Nautiluspokal, der gr;gr	= ↗ Nautilusbecher {20/44}	dto. + βαύκαλις baukalis	dto. Gefäß zum Abkühlen von Wasser u. Wein s. u. .Pokal
3940	nautisch	die Nautik betreffend {45}	ναυτικός nautikos	das Schiff, den Seefahrer betreffend

3940a	**Neander** gr;gr	Humanistenname für: Neumann {31}	νέος neos + ἀνήρ, Gen. ἀνδρός aner, andros	neu, jung Mann
3941	**Neapel**	Hafenstadt in Süditalien {64}	Νεάπολις Neapolis	„neue Stadt": Neapel
3942	**Nearktis,** die (gr;gr) >nlat	↗ biogeographisches Gebiet, das den nordamerikanischen Kontinent (↗ UTL 1852) u. Mexiko umfaßt {64/68/69}	νέος neos + ἄρκτος arktos	neu, jung Bär; der Große Wagen (Gestirn über dem Nordpol); Norden s. o. Arktis
–	**nearktisch** (gr;gr) >nlat	die Nearktis betreffend {64/68/69}	dto.	dto.
3943	**negroid** l>span/ port;gr	negerähnlich {10/81}	l. *niger* span./port. *negro* + –(ε)ιδής –(e)ides	schwarz, dunkelfarbig; dunkelhäutig (↗ UTL 2349a) dto. ähnlich aussehend s. Partikelliste
–	**Negroide,** der l>span/ port;gr	Angehöriger einer den Negriden (↗ UTL 2349a) ähnlichen Rasse {10/81}	dto.	dto.
>>>	**Nekro–** ↗ Wortelementeliste			
3944	**Nekrokaustie,** die gr;gr	Leichenverbrennung {15/52/81}	νεκρός nekros + καυστός kaustos	tot; Leichnam verbrannt
3945	**Nekrolog,** der (gr;gr) >mlat>frz	1. Nachruf auf einen Toten {15/32/52}; 2. = Nekrologium {15/51/52/77}	νεκρός nekros + λόγος logos mlat. *necrologium* frz. *necrologe*	tot; Leichnam Rede, Wort; Berechnung Totenregister dto.
–	**Nekrologie,** die gr;gr	Wissenschaft von den Sterblichkeitsursachen; Todesstatistik {15/70}	dto.	dto.

–	**Nekro-logium,** das (gr;gr) >mlat>frz	Verzeichnis der Toten einer ↗ kirchlichen Gemeinde im Mittelalter {15/51/52/77}	νεκρός nekros + λόγιον logion mlat. *necrologium* frz. *necrologe*	tot; Leichnam (Aus)spruch Totenregister dto.
3946	**Nekro-manie,** die gr;gr	= ↗ Nekrophilie {18/70}	νεκρός nekros + μανία mania	tot; Leichnam Raserei, Wahnsinn, Verzückung
3947	**Nekro-mant,** der gr>l	Totenbeschwörer {32/51}	νεκρόμαντις nekromantis	Totenbeschwörer
–	**Nekro-mantie,** die gr>l	Weissagung durch Beschwörung von Toten {32/51/59}	νεκρομαντεία nekromanteia	Totenbeschwörung
3948	**Nekro-philie,** die gr;gr	Neigung, sexuelle (↗ UTL 3303) Handlungen an Toten vorzunehmen (psych., med. t. t.) {18/70}	νεκρός nekros + φιλία philia	tot; Leichnam Liebe, Freundschaft
3949	**Nekro-phobie,** die gr;gr	krankhafte Angst vor dem Tod o. vor Toten (med., psych. t. t.) {14/26/70}	νεκρός nekros + φόβος phobos	tot; Leichnam Furcht, Schrecken
>>>	**Nekropie,** die = ↗ **Nekropsie**			
3949a	nekrös	absterbend {14/70}	νεκρός nekros	tot; Leichnam
3950	**Nekro-pole** o. **Nekro-polis,** die gr;gr	„Totenstadt": Gräberstadt, antike (↗ UTL 0214) Begräbnisstätte {15/75}	νεκρός nekros + πόλις polis	tot; Leichnam Stadt(staat) s. u. Polis
3951	**Ne-kropsie,** die (gr;gr) >nlat	Leichenöffnung {70}	νεκρός nekros + ὄψις opsis	tot; Leichnam das Sehen
3952	**Nekrose,** die gr>l	Brand, Absterben des Gewebes (med. t. t.) {70}	νέκρωσις nekrosis	das Töten; das Absterben einzelner Glieder

3953	Nekroskopie, die gr;gr	= ⌐ Nekropsie {70}	νεκρός nekros + σκοπή skope	tot; Leichnam das Umschauen, Spähen
3954	Nekrospermie, die gr;gr	Zeugungsunfähigkeit infolge von Unbeweglichkeit der ⌐ Spermien (med. t. t.) {14/70}	νεκρός nekros + σπέρμα Gen. σπέρματος sperma, spermatos	tot; Leichnam Same
3955	nekrotisch	abgestorben, brandig {14/70}	νεκρός nekros	tot; Leichnam
3956	Nektar, der gr>l	1. Unsterblichkeit verleihender Trank der gr. Götter {17/51/75}; 2. Zuckersaft der Blüten (biol. t. t.) {69}; 3. Saftgemisch aus Fruchtfleisch, Wasser und Zucker {17}	νέκταρ nektar	Göttertrank
>>>	Nektarien, die (Pl.) = Plural (⌐ UTL 2697) von Nektarium			
–	Nektarine, die gr>l>nlat	Pfirsichart {05/17}	νέκταρ nektar	Göttertrank
–	nektarisch gr>l	süß wie ⌐ Nektar; göttlich {17/55}	νεκτάρεος nektareos	wie Nektar; göttlich
–	Nektarium, das gr>l>nlat	Honigdrüse bei Pflanzen (bot. t. t.) {68}	νέκταριον nektarion	eine Pflanze
–	nektarn gr>l	= nektarisch {17/55}	νέκταρ nektar	Göttertrank
3957	Nekton, das	Gesamtheit der sich selbständig fortbewegenden Wassertiere (biol. t. t.) {57/69}	τὸ νηκτόν to nekton	die Schwimmkraft, das Schwimmen
–	nektonisch	das Nekton betreffend, zu ihm gehörend (biol. t. t.) {57/69}	dto.	dto.
3958	Nekyia, die	1. Totenbeschwörung, Totenopfer {15/51/75}; 2. Name des 11. Gesangs von Homers „Odyssee" {34/76}	νεκυία o. νέκυια nekyia	Totenopfer
–	Nekymantie, die (gr;gr)>l	= ⌐ Nekromantie {32/51/59}	dto. + μαντεία manteia	dto. das Weissagen; die Weissagung

3959	Nemati-zid o. Nema-tozid, das gr;l	Bekämpfungsmittel für Fadenwürmer {69}	νῆμα, Gen. νήματος nema, nematos + l. *caedere*	Faden, Spinnengewebe schlagen, fällen, töten
–	Nema-toden, die (Pl.)	Fadenwürmer (zool. t. t.) {08/69}	νηματώδης nematodes	wie Gespinst
3960	Nemesis, die gr>l	(Göttin der) ausgleichende(n), vergeltende(n), Gerechtigkeit {51/82}	νέμεσις nemesis abgeleitet von: Νέμεσις Nemesis	„das Zuteilen des Gebührenden": Unwille, Zorn; Unrecht gr. Göttin der Vergeltung (s. Anhang „Namen")
>>>	Neo– ⚹ Worteleme	nteliste		
3961	Neodar-winis-mus, der gr;engl;gr	1. Abstammungslehre, die der darwinistischen ⚹ Theorie ähnelt; 2. moderne (⚹ UTL 2259) Abstammungslehre, die das Auftreten neuer Arten durch Mutationen (⚹ UTL 2332) in Verbindung mit natürlicher (⚹ UTL 2343) Auslese zu erklären versucht (biol. t. t.) {25/68/69/70}	νέος neos + *Darwin* + –ισμός –ismos	neu, jung engl. Naturforscher (1809–1882) gr. Suffix s. Partikelliste
3962	Neodym, das (gr;gr) >nlat	chem. Grundstoff, silberiges ⚹ Metall; Zeichen: Nd (chem. t. t.) {73}	νέος neos + δίδυμος didymos	neu, jung doppelt
3963	Neofa-schismus, der gr;l;gr	rechtsradikale Strömung, die den Faschismus wiederzubeleben versucht {50}	νέος neos + l. *fascis* + –ισμός –ismos	neu, jung Bund, Bündel; Rutenbündel (⚹ UTL 1045) gr. Suffix s. Partikelliste
–	Neofa-schist, der gr;l;gr	Verfechter des Faschismus {33/50}	dto. + –ιστής –istes	dto. gr. Suffix s. Partikelliste
–	neofa-schi-stisch gr;l;gr	den Neofaschismus betreffend {50}	dto.	dto.

3964	Neoklassizismus, der gr;l;gr	an den Klassizismus (↗ UTL 1689) anknüpfende Kunstrichtung des 20. Jhs. {36/88}	νέος neos		neu, jung
			+ l. *classicus*		die Bürgerklassen –, das Heer betreffend; Bürger der ersten Klasse (↗ UTL 1689)
			+ –ισμός –ismos		gr. Suffix s. Partikelliste
–	neoklassizistisch gr;l;gr	den ↗ Neoklassizismus betreffend {36/88}	dto.		dto.
3965	Neokolonialismus, der gr;l;gr	↗ Politik einiger Industrienationen, ehemalige Kolonien (↗ UTL 1728) im wirtschaftlichen u. ↗ politischen Abhängigkeitsverhältnis zu halten {50/80}	νέος neos		neu, jung
			+ l. *colonia*		Bauern-, Pachtgut; Ansiedlung; Kolonie (↗ UTL 1728)
			+ –ισμός –ismos		gr. Suffix s. Partikelliste
3966	Neolithiker, der gr;gr	Mensch des Neolithikums {69/70/75}	νέος neos		neu, jung
			+ λιθικός lithikos		die Steine betreffend
–	Neolithikum, das gr;gr	Jungsteinzeit {59/62/64}	dto.		dto.
–	neolithisch gr;gr	das Neolithikum betreffend, zu ihm gehörend {59/62/64}	dto.		dto.
3967	Neologe, der gr;gr	Spracherneuerer {32/76}	νέος neos		neu, jung
			+ λόγος logos		Rede, Wort; Berechnung
–	Neologie, die gr;gr	Neuerung, bes. Neubildung von Wörtern (linguist. t. t.) {32/76}	dto.		dto.
–	neologisch gr;gr	1. Neuerungen betreffend {56/59}; 2. neuerungssüchtig {25/26/56/59}	dto. + λογικός logikos		dto. zum Reden gehörig, die Rede betreffend
–	Neologismus, der (gr;gr)>frz	Wortneubildung {32/76}	νέος neos		neu, jung
			+ λογισμός logismos		das Rechnen, Berechnung; Erwägung, Überlegung
			frz. *néologisme*		Wortneuschöpfung

3968	Neomar- xismus, der gr;d;gr	die erneute Auseinander- setzung mit der Lehre des Mar- xismus {50/77}	νέος neos d. Marx	neu, jung d. Philosoph; Be- gründer des Sozia- lismus
			+ –ισμός –ismos	gr. Suffix s. Partikelliste
3969	Neon, das	Edelgas, bes. für Leuchtröh- ren verwendet; Zeichen: Ne (Ausdruck 1898 von dem engl. ↗ Chemiker Ramsay für das von ihm entdeckte chem. Ele- ment (↗ UTL 0874)) {41/44/73}	νέον neon = Neutr. von: νέος neos	das Neue neu, jung
>>>	Neonazi, der = Abkürzung für ↗ Neonazist			
3970	Neonazis- mus, der gr;l;l;gr	rechtsradikale Bewegung zur Wiederbelebung des Natio- nalsozialismus (↗ UTL 2341) {50/75/81}	νέος neos + l. natio	neu, jung Geschlecht; Ge- burt; Volk(s- stamm); Nation
			+ l. socialis	die Gesellschaft betreffend, gesell- schaftlich (↗ UTL 2341)
			+ –ισμός –ismos	gr. Suffix s. Partikelliste
–	Neo- nazist, der gr;l;l;gr	Anhänger des Neonazismus {33/50/75/81}	dto. + –ιστής –istes	dto. gr. Suffix s. Partikelliste
–	neona- zistisch	den ↗ Neonazismus betref- fend {50/75/81}	dto.	dto.
3971	Neon- fisch, der gr;d	winziger Fisch mit schillern- den Streifen (zool. t. t.) {07/69}	νέον neon + d. Fisch	das Neue s. o. Neon
3972	Neon- röhre, die gr;d	mit Neon gefüllte Leuchtröh- re {41/44}	dto. + d. Röhre	dto.
3973	Neophyt, der gr>l	1. jemand, durch die Taufe neu in die ↗ christliche Ge- meinschaft aufgenommen wurde {33/51/77}; 2. inzwi- schen eingebürgerte Pflan- zenart aus ↗ historischer Zeit (bot. t. t.) {68}	νεόφυτος neophytos	neu bepflanzt; neu zum Christen- tum bekehrt

–	Neophytikum, das (gr;gr) >nlat	= ↗ Känozoikum: jüngstes Zeitalter der Erdgeschichte, das vor 60 Millionen (↗ UTL 2237) Jahren begann (geol. t. t.) {59/62}	νέος neos + φυτικός phytikos	neu, jung pflanzenartig
3974	Neoplatonismus, der gr;gr;gr	philos. Richtung des 3. Jh. n. Chr, deren Vertreter sich vorwiegend als Interpreten (↗ UTL 1491) der klassischen (↗ UTL 1689) gr. ↗ Philosophen verstehen {25/75/77}	νέος neos + Πλάτων Platon + –ισμός –ismos	neu, jung gr. Philosoph (s. Anhang „Namen") gr. Suffix s. Partikelliste s. u. Platonismus
3975	Neoteriker, die (Pl.) gr>l	Dichterkreis im alten Rom, der einen neuen Stil (↗ UTL 3430) in Anlehnung an die ↗ hellenistische Literatur (↗ UTL 2075) vertrat {34/75/76}	νεωτερικός neoterikos	jugendlich; stilistisch modern
–	neoterisch	1. neuartig {56/59}; 2. neuerungssüchtig {25/26/56/59}	dto.	dto.
3976	Neotropis, die (gr;gr) >nlat	tier– u. pflanzengeographisches Gebiet in Zentral– u. Südamerika {64/68/69}	νέος neos + τροπαί tropai (Pl.)	neu, jung Sonnenwende
–	neotropisch (gr;gr) >nlat	die Neotropis betreffend {64/68/69}	dto.	dto.
3977	Neozoikum, das gr;gr	= ↗ Känozoikum, ↗ Neophytikum: jüngstes Zeitalter der Erdgeschichte, das vor 60 Millionen (↗ UTL 2237) Jahren begann (geol. t. t.) {59/62}	νέος neos + ζωϊκός zoïkos	neu, jung die Lebewesen betreffend
–	neozoisch gr;gr	das Neozoikum betreffend {59/62}	dto.	dto.
>>>	Neph(o)– ↗ Wortelementeliste			
>>>	Nephelo– ↗ Wortelementeliste			
3978	Nephelometer, das gr;gr	Gerät zur Messung der Trübung von Flüssigkeiten u. ↗ Gasen (chem. t. t.) {72/73}	νεφέλη nephele + μέτρον metron	Nebel, Wolke Maß; Versmaß
–	Nephelometrie, die gr;gr	Messung der Trübung von Flüssigkeiten o. ↗ Gasen (chem. t. t.) {72/73}	dto.	dto.

3979	Nephel-opsie, die gr;gr	Sehstörung mit verschwommenen Bildern; Nebelsehen (med. t. t.) {14/23/70}	νεφέλη nephele + ὄψις opsis	Nebel, Wolke das Sehen
3980	nephisch	Wolken betreffend (meteor. t. t.) {65}	νέφος nephos	Wolke, Gewölk

>>> Nepho- ↗ Wortelementeliste

3981	Nepho-graph, der gr;gr	Gerät zur Aufzeichnung der Arten u. Dichte der Bewölkung (meteor. t. t.) {65}	dto. + γραφεύς grapheus	dto. Schreiber, Maler
3982	Nepho-meter, das gr;gr	Gerät zum Messen der Wolkendichte u. -geschwindigkeit (meteor. t. t.) {65}	νέφος nephos + μέτρον metron	Wolke, Gewölk Maß; Versmaß
3983	Nepho-skop, das gr;gr	Gerät zum Messen der Richtung u. Geschwindigkeit von Wolken (meteor. t. t.) {65}	νέφος nephos + σκοπός skopos	Wolke, Gewölk jmd., der genau hinschaut; Aufseher; Späher

>>> Nephr(o)- ↗ Wortelementeliste

3984	Nephral-gie, die (gr;gr) >nlat	Nierenschmerz (med. t. t.) {14/70}	νεφρός nephros + ἄλγος algos	Niere Schmerz
3985	Nephrek-tomie, die gr;gr	operative (↗ UTL 2434) Entfernung einer Niere (med. t. t.) {70}	νεφρός nephros + ἐκτομή ektome	Niere das Ausschneiden; Ausschnitt
3986	Nephritis, die gr>l	Nierenentzündung (med. t. t.) {14/70}	νεφρῖτις nephritis	Nierenkrankheit
3987	nephro-gen (gr;gr) >nlat	von den Nieren ausgehend (med. t. t.) {70}	dto. + -γενής -genes	dto. stammend von; hervorbringend, verursachend
3988	Nephro-lith, der gr;gr	Nierenstein (med. t. t.) {14/70}	νεφρός nephros + λίθος lithos	Niere Stein

–	Nephrolithiase o. Nephrolithiasis, die gr;gr	Bildung von Nierensteinen (med. t. t.) {14/70}		νεφρός nephros + λιθίασις lithiasis	Niere Steinschmerzen
–	Nephrolithotomie, die gr;gr;gr	operative (↗ UTL 2434) Entfernung von Nierensteinen (med. t. t.) {70}		νεφρός nephros + λίθος lithos + τομή tome	Niere Stein das Schneiden; Schnitt; das Abgeschnittene
3989	Nephrologe, der gr;gr	Facharzt für Nierenkrankheiten (med. t. t.) {14/40/70}		νεφρός nephros + λόγος logos	Niere Rede, Wort; Berechnung
–	Nephrologie, die gr;gr	Wissenschaft von den Nierenkrankheiten (med. t. t.) {14/70}		dto.	dto.
–	nephrologisch gr;gr	die Nierenkrankheiten betreffend (med. t. t.) {14/70}		dto. + λογικός logikos	dto. zum Reden gehörig, die Rede betreffend
3990	Nephropathie, die gr;gr	Nierenleiden (med. t. t.) {14/70}		νεφρός nephros + πάθος pathos	Niere Schmerz; Leiden(schaft)
3991	Nephrose, die gr;gr	nichtentzündliche Nierenerkrankung mit Gewebeschädigung (med. t. t.) {14/70}		νεφρός nephros + –ωσις –osis	Niere gr. Suffix s. Partikelliste
3992	Nereide, die gr>l	1. Tochter des gr. Meergottes Nereus {51/75}; 2. Vertreter der Familie der vielborstigen Würmer (zool. t. t.) {08/69}		Νηρεΐς, Gen. Νηρείδος Nereis, Nereidos	Nereide (s. Anhang „Namen")
3993	Neritide, die gr>nlat	Schwimmschnecke (zool. t. t.) {08/69}		νηρίτης nerites	Meeresschnecke

3994	Nerv, der gr>l>engl	1. Blattader o. –rippe {03/68}; 2. rippenartige Versteifung, Insektenflügelader {69}; 3. Reizleitung zwischen Gehirn, Rückenmark u. Körperorgan (med. t. t.) {11/70}; 4. nervliche (↗ UTL 2350b) Konstitution (↗ UTL 1839), ↗ psychische Verfassung {70}; 5. Kernpunkt; ↗ kritische Stelle {25/56}	νεῦρον neuron l. *nervus*	Sehne; Faser; Nerv Sehne, Flechse; Muskel; Nerv; Saite; Spannkraft, Lebenskraft
–	nerval gr>l>engl	die Nerventätigkeit betreffend; nervlich (med. t. t.) {70}	dto. l. *nervalis*	dto. zu den Nerven gehörig, Nerven...
–	nerven gr>l>nlat	1. jmdm. auf die Nerven gehen (ugs.); 2. nervlich strapazieren, anstrengen {26}; 3. hartnäckig bedrängen, zermürben {25/28/33}	dto.	dto.
–	nervig gr>l>nlat	1. sehnig, kraftvoll {11}; 2. auf die Nerven gehend, störend (ugs.) {26}	dto.	dto.
–	nervlich gr>l>nlat	das Nervensystem betreffend {11}	dto.	dto.
–	nervös gr>l>frz/engl	1. nervlich {25/26}; 2. unruhig, leicht reizbar, aufgeregt {84}; fahrig, zerfahren {26}	dto. l. *nervosus* frz. *nerveux* engl. *nervous*	dto. sehnig, muskulös, nervig; kraftvoll
–	Nervosität, die gr>l>frz/engl	1. nervöser Zustand, nervöse Art {25/26/84}; 2. einzelne nervöse Handlung {26/29}; 3. Unrast, Reizbarkeit, Erregtheit {26}	dto. l. *nervositas* frz. *nervosité*	dto. Stärke einer Faser, eines Fadens
3995	Nestor, der gr>l	1. herausragender Vertreter eines Faches {25/33/40}; 2. Ältester einer Gemeinschaft {33}; 3. alter, weiser Berater {25/33}	Νέστωρ Nestor	Nestor (s. Anhang „Namen")
3996	Neume, die gr>mlat	Notenzeichen, das nur die relative (↗ UTL 3060) Tonhöhe angibt (mus. t. t.) {37}	νεῦμα neuma	Wink, Zeichen
–	neumieren gr>mlat >nlat	in Neumen komponieren (↗ UTL 1770) (mus. t. t.) {37}	dto.	dto.

>>> Neur(o) – ↗ Wortelementeliste

3997	neural gr>nlat	die ⟋ Nerven betreffend; vom Nervensystem ausgehend (med. t. t.) {11/70}	νεῦρον neuron	Sehne; Faser; Nerv s. u. Nerv
3998	Neuralgie, die (gr;gr) >nlat	anfallsweise auftretende Schmerzattaken der ⟋ Nerven (med. t. t.) {14/70}	dto. + ἄλγος algos	dto. Schmerz
–	Neuralgiker, der gr;gr	an ⟋ Neuralgie Leidender (med. t. t.) {14/70}	dto.	dto.
–	neuralgisch gr;gr	1. die Neuralgie betreffend (med. t. t.) {14/70}; 2. wichtig, bedeutend, entscheidend {25/56}	dto.	dto.
3999	Neuraltherapeut, der gr>nlat;gr	jmd., der Neuraltherapie anwendet (med. t. t.) {14/40/70}	νεῦρον neuron + θεραπευτής therapeutes	Sehne; Faser; Nerv Diener s. u. Therapeut
–	Neuraltherapie, die gr>nlat;gr	Behandlungsmethode durch Einwirken auf das örtliche Nervensystem (med. t. t.) {70}	dto. + θεραπεία therapeia	dto. Dienst, Behandlung s. u. Therapie
4000	Neurasthenie, die gr;gr	Nervenschwäche, nervöse (⟋ UTL 2350b) Übererregbarkeit (med. t. t.) {14/70}	νεῦρον neuron + ἀσθένεια astheneia	Sehne; Faser; Nerv Kraftlosigkeit, Schwäche s. o. Asthenie
–	Neurastheniker, der gr;gr	an Neurasthenie Leidender (med. t. t.) {14/70}	dto. + ἀσθενικός asthenikos	dto. schwächlich s. o. Astheniker
–	neurasthenisch gr;gr	1. die Neurasthenie betreffend; 2. nervenschwach (med. t. t.) {14/70}	dto. + ἀσθενής asthenes	dto. kraftlos, schwach s. o. asthenisch
4001	Neurilemm, das u. Neurilemma, das gr;gr	aus Bindegewebe bestehende Hülle der Nervenfasern (med., biol. t. t.) {11/69/70}	νεῦρον neuron + λέμμα lemma	Sehne; Faser; Nerv das Abgeschälte; Schale, Hülle

4002	Neuritis, die gr;gr	Nervenentzündung (med. t. t.) {14/70}	νεῦρον neuron + –ῖτις –itis	Sehne, Faser; Nerv gr. Suffix s. Partikelliste
–	neuritisch gr;gr	auf einer Neuritis beruhend (med. t. t.) {14/70}	dto.	dto.

>>> Neuro– ↗ Wortelementeliste

4003	Neurobiologie, die gr;gr;gr	Forschungsrichtung zur Aufklärung von Struktur (↗ UTL 3445) u. Funktion (↗ UTL 1164) des Nervensystems (med. t. t.) {70}	νεῦρον neuron + βίος bios + λόγος logos	Sehne, Faser; Nerv Leben Rede, Wort; Berechnung s. o. Biologie
4004	Neurochemie, die gr;gr	Zweig der ↗ Chemie zur Untersuchung der Vorgänge in Nervenzellen (chem. t. t.) {70/73}	νεῦρον neuron + χύμα chyma gemischt mit: χυμεία chymeia o. χημεία chemeia	Sehne, Faser; Nerv Flüssigkeit Metallverwandlung dto. s. o. Chemie
4005	Neurochirurg, der gr;gr	Facharzt auf dem Gebiet der Neurochirurgie (med. t. t.) {40/70}	νεῦρον neuron + χειρουργός cheirourgos	Sehne, Faser; Nerv mit der Hand arbeitend; Chirurg s. o. Chirurg
–	Neurochirurgie, die gr;gr	Teilgebiet der ↗ Chirurgie für operative (↗ UTL 2434) Eingriffe ins ↗ zentrale Nervensystem (med. t. t.) {70}	dto. + χειρουργία cheirourgia	dto. das Arbeiten mit den Händen s. o. Chirurgie
–	neurochirurgisch gr;gr	mit den Mitteln der Neurochirurgie {70}	dto. + χειρουργικός cheirourgikos	dto. zur Handarbeit gehörig, geschickt s. o. chirurgisch

>>> Neurocranium, das = ↗ Neurokranium

4006	Neuro-dermitis, die gr;gr;gr	juckende u. schuppende Hauterkrankung mit Bläschenbildung (med. t. t.) {14/70}	νεῦρον neuron + δέρμα, Gen. δέρματος derma, dermatos + -ῖτις -itis	Sehne, Faser; Nerv Haut gr. Suffix s. Partikelliste
4007	neurogen gr;gr	von den ↗ Nerven ausgehend (med. t. t.) {11/70}	νεῦρον neuron + -γενής -genes	Sehne, Faser; Nerv stammend von; hervorbringend, verursachend
4008	Neurohormon, das gr;gr	Wirkstoff, der bei der Nervenerregung freigesetzt wird (med. t. t.) {70}	νεῦρον neuron + ὁρμᾶν horman	Sehne, Faser; Nerv in Bewegung setzen s. o. Hormon
4009	Neurokranium, das gr;gr	Teil des Schädels, der das Gehirn umschließt (med., biol. t. t.) {11/69/70}	νεῦρον neuron + κρανίον kranion	Sehne, Faser; Nerv Scheitel; Hirnschale s. o. Kranium
4010	Neuroleptikum, das gr;gr	Arzneimittel zur Behandlung von ↗ Psychosen, das die motorische (↗ UTL 2302) Aktivität (↗ UTL 0122) hemmt u. Erregung dämpft (med., pharmaz. t. t.) {70}	νεῦρον neuron + ληπτικός leptikos	Sehne, Faser; Nerv zum Nehmen gehörig
4011	Neurolinguistik, die gr;l	Wissenschaft von den Wechselbeziehungen zwischen der ↗ klinisch-↗ anatomischen u. der linguistischen ↗ Typologie der ↗ Aphasie (linguist. t. t.) {32/70/76}	νεῦρον neuron + l. lingua	Sehne, Faser; Nerv Zunge, Sprache, Rede (↗ UTL 2068)
4012	Neurologe, der gr;gr	Nervenarzt (med. t. t.) {40/70}	νεῦρον neuron + λόγος logos	Sehne, Faser; Nerv Rede, Wort; Berechnung
–	Neurologie, die gr;gr	Nervenheilkunde (med. t. t.) {70}	dto.	dto.
–	neurologisch gr;gr	die Neurologie (med. t. t.) {70}	dto. + λογικός logikos	dto. zum Reden gehörig, die Rede betreffend

4013	**Neuron,** das	Nervenzelle mit Fortsätzen (med., biol. t. t.) {69/70}	νεῦρον neuron	Sehne, Faser; Nerv	
4014	**Neuropädiatrie,** die gr;gr;gr	Teilgebiet der ↗ Pädiatrie, das sich mit nervalen (↗ UTL 2350b) Vorgängen u. Nervenkrankheiten befaßt {14/70}	dto. + παῖς, Gen. παιδός pais, paidos + ἰατρική (τέχνη) iatrike (techne)	dto. Kind (Kunst des) Heilens s. u. Pädiatrie	
4015	**Neuropathie,** die gr;gr	Nervenleiden (med. t. t.) {14/70}	νεῦρον neuron + πάθος pathos	Sehne, Faser; Nerv Schmerz; Leiden(schaft)	
4016	**Neuropathologe,** der gr;gr;gr	Spezialist (↗ UTL 3394) der Neuropathologie {40/70}	dto. + λόγος logos	dto. Rede, Wort; Berechnung s. u. Pathologe	
–	**Neuropathologie,** die gr;gr;gr	Lehre von den Nervenkrankheiten (med. t. t.) {14/70}	dto.	dto.	
–	**neuropathologisch** gr;gr;gr	die Neuropathologie betreffend {14/70}	dto. + λογικός logikos	dto. zum Reden gehörig, die Rede betreffend	
4017	**Neurophysiologe,** der gr;gr;gr	Wissenschaftler der Neurophysiologie {40/70}	νεῦρον neuron + φύσις, Gen. φύσεως physis, physeos + λόγος logos	Sehne, Faser; Nerv Natur Rede, Wort; Berechnung s. u. Physiologe	
–	**Neurophysiologie,** die gr;gr;gr	Teilgebiet der ↗ Physiologie, das sich mit der Tätigkeit des Nervensystems befaßt (med. t. t.) {70}	dto.	dto.	
–	**neurophysiologisch** gr;gr;gr	die Neurophysiologie betreffend {70}	dto. + λογικός logikos	dto. zum Reden gehörig, die Rede betreffend	

4018	Neuro-plegikum, das gr;gr	(veraltet) = ↗ Neuroleptikum: Arzneimittel zur Behandlung von ↗ Psychosen, das die motorische (↗ UTL 2302) Aktivität (↗ UTL 0122) hemmt u. Erregung dämpft (med., pharmaz. t. t.) {70}	νεῦρον neuron + πληγή plege	Sehne, Faser; Nerv Schlag, Hieb, Stoß
4019	neuro-psychisch gr;gr	den Zusammenhang zwischen nervalen (↗ UTL 2350b) u. ↗ psychischen Vorgängen (psych. t. t.) {70}	νεῦρον neuron + ψυχικός psychikos	Sehne, Faser; Nerv zur Seele gehörig s. u. psychich
–	Neuropsy-chologe, der gr;gr;gr	Wissenschaftler der ↗ Neuropsychologie {40/70}	νεῦρον neuron + ψυχή psyche + λόγος logos	Sehne, Faser; Nerv Seele Rede, Wort; Berechnung s. u. Psychologe
–	Neuropsy-chologie, die gr;gr;gr	Teilgebiet der ↗ Psychologie von den Zusammenhängen von Nervensystem u. ↗ psychischen Vorgängen (med., psych. t. t.) {70}	dto.	dto.
4020	Neuro-retinitis, die gr;l>mlat; gr	Entzündung der Sehnerven u. der Netzhaut des Auges (med. t. t.) {14/70}	νεῦρον neuron + l. rete mlat. retina + –ῖτις –itis	Sehne, Faser; Nerv Netz; Garn Netzhaut (↗ UTL 3126) gr. Suffix s. Partikelliste
4021	Neurose, die (gr;gr) >nlat	Neigung, seelische Erlebnisse unnormal u. krankhaft zu verarbeiten (med. t. t.) {14/70}	νεῦρον neuron + –ωσις –osis	Sehne, Faser; Nerv gr. Suffix s. Partikelliste
–	Neuro-tiker, der (gr;gr) >nlat	jmd., der an einer Neurose leidet (med. t. t.) {14/70}	dto.	dto.
–	neuro-tisch (gr;gr) >nlat	an einer Neurose leidend, auf ihr beruhend (med. t. t.) {14/70}	dto.	dto.
–	neuroti-sieren (gr;gr) >nlat	eine Neurose hervorrufen (med. t. t.) {14/70}	dto.	dto.

4022	Neuro-tomie, die gr;gr	Nervendurchtrennung (med. t. t.) {14/70}	dto. + τομή tome	dto. das Schneiden; Schnitt; das Abgeschnittene
4023	Neuro-toxikose, die gr;gr;gr	auf Gifteinwirkung beruhende Schädigung des Nervensystems (med. t. t.) {14/70}	νεῦρον neuron + τοξικόν toxikon + –ωσις –osis	Sehne, Faser; Nerv Gift gr. Suffix s. Partikelliste
–	Neuro-toxin, das gr;gr;nlat	Stoff, der das Nervensystem schädigt (med. t. t.) {14/70}	dto. + nlat. –(z)in	dto. Suffix zur Bezeichnung chem. Stoffe
–	neuro-toxisch gr;gr	das Nervensystem schädigend (med. t. t.) {14/70}	dto.	dto.
4024	Neutro-nen-bombe, die l;gr	Kernwaffe mit mit starker Neutronenstrahlung {72/86}	l. neutrum + βόμβος bombos	keine(r/s) von beiden (↗ UTL 2352) Dröhnen, dumpfes Geräusch s. o. Bombe
4025	Nickel, das gr>d	silberweiß glänzendes Schwermetall; Zeichen: Ni (nach altem Aberglauben von einem Nickel für wertvolleres Kupfererz untergeschoben) {73}	Νικόλαος Nikolaos d. Nickel	Nikolaos: „der Völkerbesieger" (s. Anhang „Namen") bösartiger, kleiner Junge; Wichtel, Bergmännchen
4026	Nicki, der	1. Kurzform von ↗ Nicola, ↗ Nicole, ↗ Nikolaus {31}; 2. leichter Pullover {19}	Νικόλαος Nikolaos	Nikolaos: „der Völkerbesieger" (s. Anhang „Namen")
–	Nicola o. Nicole gr>frz	weiblicher Vorname {31}	Fem. zu Νικόλαος Nikolaos	Nikolaos: „der Völkerbesieger" (s. Anhang „Namen")
4027	Nigro-mant, der l;gr	Zauberer, ↗ Magier {40/51}	l. niger + μάντις mantis	schwarz; dunkelfarbig, –häutig Wahrsager
–	Nigro-mantie, die l;gr	Schwarze Kunst, ↗ Magie, Zauberei {51}	l. niger + μαντεία manteia	schwarz das Weissagen; die Weissagung
4028	Niklas	Kurzform von Nikolaus {31}	Νικόλαος Nikolaos	Nikolaos: „der Völkerbesieger" (s. Anhang „Namen")

–	Nikolaus, der	1. männlicher Vorname {31}; 2. als heiliger Nikolaus verkleideter Mann {51/85}; 3. Nikolaustag {59}; 4. Geschenk zum Nikolaustag {33}	dto.	dto.
–	Nikolo, der gr>it	= ↗ (österr.) Nikolaus (1.) {31}	dto. it. *Niccolo*	dto. Nikolaus
–	Nils	Kurzform von Nikolaus (1.): männlicher Vorname {31}	dto.	dto.
4029	Niphablepsie, die gr;gr	Schneeblindheit (med. t. t.) {14/23/70}	νιφάς niphas + βλέψις blepsis	Schnee(flocke) das Sehen
>>>	Nitr(o)– ↗ Wortelementeliste			
4030	Nitrat, das ägypt>gr >l>nlat	Salz der Salpetersäure (chem. t. t.) {73}	ägypt. *ntr(j)* νίτρον nitron l. *nitrum*	Natron dto; Laugensalz, Soda dto.
–	Nitrid, das (ägypt>gr >l;gr)>nlat	↗ Metall–Stickstoff–Verbindung {73}	dto. + –(ε)ιδής –(e)ides	dto. ähnlich aussehend s. Partikelliste
–	nitrieren ägypt>gr >l>nlat	mit Salpetersäure behandeln (chem. t. t.) {73}	dto.	dto.
4031	Nitrifikation, die ägypt>gr >l>nlat;l	Salpeterbildung durch Bodenbakterien {73}	dto. + l. *facere*	tun, machen, handeln
–	nitrifizieren ägypt>gr >l>nlat;l	durch Bodenbakterien Salpeter bilden {73}	dto.	dto.
4032	Nitrit, das ägypt>gr >l>nlat	Salz der salpetrigen Säure {73}	ägypt. *ntr(j)* νίτρον nitron l. *nitrum*	Natron dto; Laugensalz, Soda dto.
>>>	Nitro– ↗ Wortelementeliste			
4033	Nitrobakterie, die ägypt>gr>l >nlat;gr	↗ Bakterie, die das ↗ Ammoniak des Ackerbodens in ↗ Nitrit verwandelt (chem., landw. t. t.) {39/73}	dto. + βακτηρία bakteria	dto. Stock, Stab s. o. Bakterie

4034	Nitro-gelatine, die ägypt>gr>l >nlat;l	Sprenggelatine, Sprengstoff {40/41}	ägypt. *ntr(j)* νίτρον nitron l. *nitrum* + l. *gelare* (PPP *gelatus*)	Natron dto; Laugensalz, Soda dto. gefrieren machen, verdichten, eindicken gefroren, erstarrt (↗ UTL 1175)
4035	Nitrogen, o. Nitrogenium, das ägypt>gr >l>nlat;gr	Stickstoff; Zeichen: N {73}	ägypt. *ntr(j)* νίτρον nitron l. *nitrum* + –γενής –genes	Natron dto; Laugensalz, Soda dto. stammend von; hervorbringend, verursachend
4036	Nitroglyzerin, das ägypt>gr >l>nlat;gr; nlat	1. Sprengstoff {40/41}; 2. gefäßerweiterndes Arzneimittel {70}	ägypt. *ntr(j)* νίτρον nitron l. *nitrum* + γλυκερός glykeros + nlat. *–(z)in*	Natron dto; Laugensalz, Soda dto. süß s. o. Glyzerin Suffix zur Bezeichnung chem. Stoffe
4037	nitrophil ägypt>gr>l >nlat;gr	↗ Nitrate speichernd u. auf nitratreichem Boden besonders gut wachsend (bot. t. t.) {39/68}	ägypt. *ntr(j)* νίτρον nitron l. *nitrum* + φίλος philos	Natron dto; Laugensalz, Soda dto. lieb, befreundet, Freund
4038	Noem, das	Bedeutung eines ↗ Glossems (linguist. t. t.) {32/76}	νόημα noema	das Gedachte, Gedanke; Sinn, Verstand
–	Noema, das	das geistig Wahrgenommene; Inhalt des Gedachten im Gegensatz zum Denkakt {23/25}	dto.	dto.
4039	Noematik, die gr>nlat	Lehre von den Gedankeninhalten {25/77}	νοηματικός noematikos	den Gedanken betreffend
4040	Noesis, die	Denkakt mit Sinngehalten, Wesenheiten {25}	νόησις noesis	das Wahrnehmen, Begreifen, Denken
–	Noetik, die gr>nlat	Denk- u. Erkenntnislehre {25/77}	νοητικός noetikos	zum Denken geschickt; geistig
–	noetisch	die Noetik o. Noesis betreffend {25/77}	dto.	dto.

>>> –nom ↗ Wortelementeliste

4041	Nomade, der gr>l>frz	1. Angehöriger eines Wandervolkes {64/81}; 2. (ugs.) wenig seßhafter Mensch {33/44}	νομάς, Gen. νομάδος nomas, nomados	Viehherden weidend und mit ihnen umherziehend
–	nomadisch gr>l>frz	1. nicht seßhaft {33/44}; 2. die Nomaden betreffend {64/81}; 3. (ugs.) ruhelos {26}	dto.	dto.
–	nomadisieren gr>l>nlat	1. wandern; 2. (ugs.) unstet umherschweifen {61/81}	dto.	dto.
–	Nomadismus, der gr>l>frz;gr	1. das Wandern auf der Suche nach neuem Weideland; 2. das Nomadentum als Kulturstufe {64/81}	dto. + –ισμός –ismos	dto. gr. Suffix s. Partikelliste
>>>	–nomie ↗ Wortelementeliste			
4042	Nomismus, der (gr;gr) >nlat	Bindung an Gesetze; Gesetzlichkeit {82}	νόμος nomos + –ισμός –ismos	Brauch, Gesetz gr. Suffix s. Partikelliste
>>>	Nomo– ↗ Wortelementeliste			
4043	Nomogramm, das (gr;gr) >nlat	Schaubild zum ↗ graphischen Rechnen (math.t. t.) {71}	dto. + γράμμα gramma	dto. Buchstabe, Schrift(werk)
–	Nomographie, die gr;gr	das Herstellen von Schaubildern zum ↗ graphischen Rechnen (math. t. t.) {71}	νόμος nomos + γραφή graphe	Brauch, Gesetz Schrift; Zeichnung
–	nomographisch gr;gr	die ↗ Nomographie betreffend {71}	dto. + γραφικός graphikos	dto. im Malen geschickt; malerisch; zum Malen o. Schreiben gehörig
4044	Nomokratie, die gr;gr	Ausübung der Herrschaft nach Gesetzen {50/82}	νόμος nomos + κράτος kratos	Brauch, Gesetz Kraft, Macht
4045	Nomologie, die gr;gr	1. Gesetzgebungslehre {82}; 2. Lehre von den Denkgesetzen (philos. t. t.) {77}	νόμος nomos + λόγος logos	Brauch, Gesetz Rede, Wort; Berechnung

4046	**Nomos,** der	1. Gesetz, Rechtsordnung (philos. t. t.) {77/82}; 2. bestimmte Singweise in der altgr. ↗ Musik (mus. t. t.); 3. kunstvoll komponiertes (↗ UTL 1770) Stück im Mittelalter (mus. t. t.) {37/75}	νόμος nomos	Brauch, Gesetz
4047	**Nonagon,** das l;gr	Neuneck (math. t. t.) {71}	l. *nonus* + γωνία gonia	der neunte Winkel, Ecke
–	**nonagonal** l;gr	wie ein Nonagon {71}	dto.	dto.
4048	**Nonne,** die gr>spätl	Klosterfrau {33/51/77}	Fem. zu νόννος nonnos spätl. *nonnus* *nonna*	Vater Erzieher, Mönch Amme, Nonne
4049	**Noologie,** die (gr;gr) >nlat	Lehre vom Eigenleben des Geistes (philos. t. t.) {77}	νοῦς nous + λόγος logos	Sinn, Verstan Rede, Wort; Berechnung
–	**noologisch** gr;gr	die Noologie betreffend (philos. t. t.) {77}	dto. + λογικός logikos	dto. zum Reden gehörig, die Rede betreffend
–	**Noologist,** der gr;gr;gr	↗ Philosoph, der die Vernunft als Quelle der Vernunfterkenntnis annimmt (philos. t. t.) {77}	dto. + –ιστής –istes	dto. gr. Suffix s. Partikelliste
4050	**Noopsyche,** die gr;gr	intellektuelle (↗ UTL 1457) Seite des Seelenlebens (psych. t. t.) {70/77}	νοῦς nous + ψυχή psyche	Sinn, Verstand Seele

>>> **–norm** ↗ Wortelementeliste

4051	Norm, die gr>etr?>l >mhd	1. allgemein anerkannte Regel; Richtschnur, Maßstab {33/56}; 2. Durchschnitt, gewöhnlicher Zustand {56}; 3. vorgeschriebene Arbeitsleistung {40/57}; 4. sittliches Gebot als Grundlage des Rechtsordnung (jur. t. t.); {30/77/82}; 5. Größenanweisung für die ↗ Technik (z. B. DIN) {40/41/44/58}; 6. absoluter (↗ UTL 0026) Betrag einer komplexen Zahl im Quadrat (↗ UTL 2918) (math. t. t.) {71}; 7. am Fuß der ersten Seite jedes Bogens stehende Kurzfassung von Buchtitel u. Bogennummer (druckw. t. t.) {32/40}	γνώμων gnomon Akk. γνώμονα gnomona l. *norma* mhd. *norme*	Kenner; Maßstab, Richtschnur Winkelmaß; Richtschnur, Maßstab, Regel, Vorschrift Regel, Vorbild
–	normal gr>etr?>l	1. der Norm entsprechend, vorschriftsmäßig; 2. so wie üblich; wie man es gewöhnt ist {25/33/56}; 3. geistig u. körperlich gesund {70}	dto. l. *normalis*	dto. nach dem Winkelmaß gemacht; der Norm entsprechend
–	Normal, das gr>etr?>l	1. ein mit besonderer Genauigkeit hergestellter Kontroll-Maßstab {40/41/56/58}; 2. = Normalbenzin (mit niedriger Oktanzahl) {45/73}	dto.	dto.
–	Normalien, die (Pl.) gr>etr?>l	Regeln, Vorschriften, Grundformen {33/50/82}	dto.	dto.
–	normalisieren gr>etr?>l >frz	1. normal gestalten, auf ein normales Maß zurückführen; 2. sich –: wieder normal (2.) werden {56}; 3. eine Normallösung herstellen (chem. t. t.) {73}	dto. frz. *normaliser*	dto.
–	Normalität, die gr>etr?>l >frz	normale Beschaffenheit, normaler Zustand; Vorschriftsmäßigkeit {33/50/56/82}	dto. frz. *normalité*	dto.
4052	Normalnull, das gr>etr?>l;l	festgelegte Bezugshöhenangabe {63/64}	γνώμων gnomon + l. *nullus* o. *nullum*	Kenner; Maßstab, Richtschnur kein(r/s) nichts

4053	Normal-ton, der gr>etr?>l; gr	Kammerton (mus. t. t) {37}	γνώμων gnomon + τόνος tonos	Kenner; Maßstab, Richtschnur Spannung, Band, Ton s. u. Ton
4054	normativ gr>etr?>l	1. als Norm (1.) geltend, als Richtschnur dienend {33/56}; 2. Normen (1.) setzend (gramm., sprachwiss. t. t.) {76}	γνώμων gnomon	Kenner; Maßstab, Richtschnur
–	Normativ, das gr>etr?>l	besonderen Erfordernissen entsprechende Regel; Anweisung, Vorschrift (DDR) {28/33/40/56/75}	dto.	dto.
–	Norma-tive, die	Grundbestimmung, grundlegende Festsetzung {25/33/50/82}	dto.	dto.
4055	Norm-blatt, das gr>etr?>l;d	Verzeichnis mit ↗ normativen Festlegungen {40/41/56}	γνώμων gnomon + d. Blatt	Kenner; Maßstab, Richtschnur
4056	normen gr>etr?>l >frz	einheitlich festsetzen, gestalten; zur Vereinheitlichung für etw. eine Norm aufstellen {28/40/41/56}	γνώμων gnomon frz. normer	Kenner; Maßstab, Richtschnur
–	normie-ren gr>etr?>l >frz	1. vereinheitlichen, in einer bestimmten Weise festlegen, regeln; 2. normen {28/33/40/41/56}	dto.	dto.
>>>	normig = ↗ normativ			
–	Normung, die gr>etr?>l	einheitliche Gestaltung, Festsetzung als Norm (1.); Größenreglung {40/41/56/57}	dto.	dto.
>>>	–nose ↗ Wortelementeliste			
>>>	Noso– ↗ Wortelementeliste			
4057	Noso-graphie, die (gr;gr) >nlat	Krankheitsbeschreibung (med. t. t.) {14/32/70}	νόσος nosos + γραφή graphe	Krankheit Schrift; Zeichnung
4058	Nosolo-gie, die gr;gr	↗ systematische Einordnung u. Beschreibung von Krankheiten {14/32/70}	νόσος nosos + λόγος logos	Krankheit Rede, Wort; Berechnung

–	nosolo- gisch gr;gr	die Nosologie betreffend (med. t. t.) {14/32/70}	dto. + λογικός logikos	dto. zum Reden gehörig, die Rede betreffend
4059	Nosomanie, die gr;gr	wahnhafte Einbildung, an einer Krankheit zu leiden (med., psych. t. t.) {14/24/70}	νόσος nosos + μανία mania	Krankheit Raserei, Wahnsinn, Verzückung
4060	Nosophobie, die gr;gr	↗ panische Angst, krank zu sein o. zu werden (med., psych. t. t.) {14/26/70}	νόσος nosos + φόβος phobos	Krankheit Furcht, Schrecken
4061	nostalgico (gr;gr)>it	sehnsüchtig (mus. t. t.) {26/37}	νόστος nostos + ἄλγος algos it. nostalgico	Heimkehr Schmerz melancholisch
–	Nostalgie, die (gr;gr) >nlat>frz	„Heimweh": Sehnsucht nach Vergangenem {25/26/59/75}	dto. frz. nostalgie	dto.
–	Nostalgiker, der	jmd., der nostalgisch gestimmt ist {25/26/33/59/75}	dto.	dto.
–	nostalgisch	die ↗ Nostalgie betreffend; wehmütig–sehnsüchtig {25/26/33/59/75}	dto.	dto.
4062	Notalgie, die (gr;gr) >nlat	Rückenschmerz (med. t. t) {70}	νῶτος notos + ἄλγος algos	Rücken Schmerz
4063	Nothosaurier o. Nothosaurus, der (gr;gr) >nlat	ausgestorbenes Meeresreptil der ↗ Trias {59/62/69}	νόθος notos + σαῦρος sauros	Bastard; unecht Eidechse
4064	Notogäa o. Notogäis, die (gr;gr) >nlat	Tierwelt Australiens {64/69}	νῶτος notos + γαῖα gaia	Rücken Erde
4065	Noumenon, das	„das Gedachte": 1. das mit dem Geist zu Erkennende; 2. das nur Gedachte ohne Bezug zur Wirklichkeit (philos. t. t.) {25/77}	νοεῖν noein PPrP νούμενον noumenon	wahrnehmen, erkennen; denken das Gedachte

4066	Nous, der	= ↗ Nus: 1. Vermögen der geistigen Wahrnehmung {23/25}; 2. der weltordnende Geist, Gott, ↗ Demiurg {77}	νοῦς nous	Sinn, Verstand
4067	Nulldiät, die l;gr>l	Fasten, bei dem man nur Wasser, Mineralstoffe u. Vitamine (↗ UTL 3838) zu sich nimmt {17/14}	l. nullus + δίαιτα diaita	kein(er/e/es); unbedeutend, gering (↗ UTL 2386) Lebensweise; Lebensunterhalt s. o. Diät
4068	Numerologie, die l;gr	(meist ↗ mystische) Zahlenlehre {51/71}	l. numerus + λόγος logos	Zahl, Anzahl, Menge, Rang (↗ UTL 2388) Rede, Wort; Berechnung
4069	Numismatik, die gr>l>nlat	Münzkunde {42/75/80/85}	νομισματικός nomismatikos	die Münze betreffend
–	Numismatiker, der gr>l>nlat	Münzenforscher, Münzensammler {42/75/80/85}	dto.	dto.
–	numismatisch gr>l>nlat	die Numismatik betreffend; münzkundlich {42/75/80/85}	dto.	dto.
4070	Nus, der gr>l	1. Vermögen der geistigen Wahrnehmung {23/25}; 2. der weltordnende Geist, Gott, ↗ Demiurg {77}	νοῦς nous	Sinn, Verstand
>>>	Nykt(o)– ↗ Wortelementeliste			
4071	Nyktalgie, die (gr;gr) >nlat	in der Nacht auftretender Schmerz (med. t. t.) {14/59/70}	νύξ, Gen. νυκτός nyx, nyktos + ἄλγος algos	Nacht Schmerz
4072	Nyktalopie, die	Nachtblindheit, aber auch als „Tagblindheit" gebraucht (med. t. t.) {14/23/70}	νυκτάλωψ Gen. νυκτάλωπος nyktalops, nyktalopos	bei Nacht nicht sehen könnend
4073	Nyktinastie, die gr;gr	Schlafbewegung der Pflanzen (bot. t. t.) {16/68}	νύξ, Gen. νυκτός nyx, nyktos + ναστός nastos	Nacht fest, geknetet

4074	Nykto-meter, das gr;gr	Instrument (↗ UTL 1448b) zur Erkennung der Nachtblindheit (med. t. t.) {14/70/72}	νύξ, Gen. νυκτός nyx, nyktos + μέτρον metron	Nacht Maß; Versmaß
4075	Nyktophobie, die gr;gr	krankhafte Angst vor der Dunkelheit (med. t. t.) {14/26/70}	νύξ, Gen. νυκτός nyx, nyktos + φόβος phobos	Nacht Furcht, Schrecken
4076	Nykturie, die gr;gr	vermehrte nächtliche Harnabsonderung (med. t. t.) {14/70}	νύξ, Gen. νυκτός nyx, nyktos + οὐρεῖν ourein	Nacht harnen

>>> —nym ↗ Wortelementeliste
>>> Nymph(o)— ↗ Wortelementeliste
>>> Nympha, die = Nymphe (3.)

4077	Nymphäa, o. Nymphäe, die	See— o. Wasserrose {04/69}	νυμφαία nymphaia	Wasserpflanze
4078	Nymphäum, das	Quellgrotte {58/64}	νύμφαιον nymphaion	Tempel der Nymphen
4079	Nymphchen, das	sehr junges u. unschuldig-verführerisches Mädchen {18/33}	νύμφη nymphe	Braut; (Berg— o. Quell—)Nymphe (s. Anhang „Namen") s. u. Nymphe
—	Nymphe, die	1. weibliche Naturgottheit der gr. Sage {51/75}; 2. Libellenlarve (zool. t. t.) {69}; 3. kleine Schamlippe (med. t. t.) {11/70}	dto.	dto.
4080	nymphoman o. nymphomanisch gr;gr	an Nymphomanie leidend, mannstoll {14/18/33/70}	dto. + μανικός manikos	dto. zur Raserei gehörig
—	Nymphomanie, die gr;gr	Mannstollheit; krankhaftes sexuelles (↗ UTL 3303) Bedürfnis der Frau (med. t. t.) {14/18/33/70}	νύμφη nymphe + μανία mania	Braut; (Berg— o. Quell—)Nymphe (s. Anhang „Namen") s. u. Nymphe Raserei, Wahnsinn, Verzückung

| - | **Nympho-manin**, die gr;gr | an Nymphomanie Leidende (med. t. t.) {14/18/33/70} | dto. | dto. |

O

4081	Oase, die ägypt>kopt >gr>l	1. Wasserstelle in der Wüste {64}; 2. Ort der Erholung {45/85}	ägypt. *wh'-t* kopt. *ouahe* ῎Οασις Oasis l. *Oasis*	Kessel, Niederung bewohnter Ort, Oase Oase dto.	
4082	Obelisk, der gr>l	rechteckige, in einer Spitze endende Säule, meist ein ↗ Monolith {36/88}	ὀβελίσκος obeliskos l. *obeliscus*	kleiner Spieß, Bratspieß dto; Spitzsäule	
4083	Obole, die o. Obolus, der gr>l	1. kleine Münze im alten Griechenland {42/75}; 2. kleine Geldspende {28/42}	ὀβολός obolos	gr. Münzeinheit	
4084	Ochlokratie, die	zur Herrschaft der ↗ Massen entartete ↗ Demokratie {50/75}	ὀχλοκρατία ochlokratia abgeleitet von: ὄχλος ochlos + κράτος kratos	Herrschaft des Pöbels Menschenmasse Kraft, Macht	
–	ochlokratisch	die Ochlokratie betreffend {50/75}	dto.	dto.	
4085	ocker gr>l>ahd >mhd	ockerfarben, gelbbraun {55}	ὤχρα ochra l. *ochra* ahd. *ockar* mhd. *ocker*	gelbliche Erdfarbe, Ocker dto. dto. dto.	
–	Ocker, der / das gr>l>ahd >mhd	gelbbraune Tonerde o. Farbe {36}	dto.	dto.	

4086	Ode, die gr>l	1. Chorgesang der gr. ↗ Tragödie {35/37}; 2. ↗ lyrische Dichtung {34}; 3. Odenkomposition im ↗ Rhythmus antiker (↗ UTL 0214) Versmaße in der Humanistenzeit (mus. t. t.) {37/75}	ᾠδή ode	Gesang, Gedicht, Lied
>>>	Odeion, das = ↗ Odeum			
4087	Ödem, das	Schwellung des Gewebes durch Ansammlung von Wasser o. Flüssigkeit (med. t. t.) {14/70}	οἴδημα oidema	das Aufgeschwollene, Geschwulst
4088	Ode(i)on, das gr>l>frz o. Odeum, das gr>l	Sangeshalle, Konzersaal {37/58}	ᾠδεῖον odeion l. odeum frz. odéon	Ort zum Singen; Gebäude für musikalische Aufführungen dto. dto.
4089	ödipal gr>nlat	von Ödipuskomplex bestimmt {14/26/70}	Οἰδίπους Oidipus	Oidipus (s. Anhang „Namen") dto.
–	Ödipuskomplex, der gr;l	frühkindliche übersteigerte Bindung des Sohnes an die Mutter, verbunden mit Haßgefühlen auf den Vater (psych. t. t.) {14/26/70}	dto. + l. complexus	dto. das Umfassen, Umschließen; Zusammenfassung, Verbindung (↗ UTL 1765)
>>>	Odont(o)– ↗ Wortelementeliste			
4090	Odontalgie, die gr;gr	Zahnschmerz (med. t. t.) {14/70}	ὀδούς, Gen. ὀδόντος odous, odontos + ἄλγος algos	Zahn Schmerz
4091	odontogen gr;gr	von den Zähnen ausgehend (med. t. t.) {70}	dto. + –γενής –genes	dto. stammend von; hervorbringend, verursachend
4092	Odontologe, der gr;gr	Wissenschaftler der Zahnheilkunde (med. t. t.) {40/70}	dto. + λόγος logos	dto. Rede, Wort; Berechnung

–	Odonto- logie, die gr;gr	Zahnheilkunde (med. t. t.) {70}	dto.	dto.
–	odonto- logisch gr;gr	die Zahnheilkunde betreffend {70}	ὀδούς, Gen. ὀδόντος odous, odontos + λογικός logikos	Zahn zum Reden gehö- rig, die Rede be- treffend
4093	Odonto- meter, der gr;gr	Hilfsmittel zur Ausmessung der Zähnung von Briefmar- ken {56/42/85}	ὀδούς, Gen. ὀδόντος odous, odontos + μέτρον metron	Zahn Maß; Versmaß s. o. Meter
–	Odonto- metrie, die gr;gr	Identifizierung (↗ UTL 1271) (unbekannter) Toter durch das Abnehmen eines Kiefer- abdrucks {70/82}	dto.	dto.

\>\>\>   –odynie ↗ Wortelementeliste

4094	Odyssee, die gr>l>frz	Irrfahrt; lange, beschwerliche Reise {26/45}	Ὀδύσσεια Odysseia l. *Odyssea* frz. *odyssée*	die Odyssee (s. An- hang „Namen") dto. dto.; abenteurliche Reise
4095	Oeno- thera, die gr>l	Nachtkerze (wildwachsende Pflanze) {04/68}	οἰνοθήρας oinoteras l. *oenothera*	Strauch, dessen Wurzel nach Wein riecht Pflanze, deren Saft einschläfert
4096	ogygisch gr>l	(veraltet) uralt {31/59}	ὠγύγιος ogygios	von Ogyges (s. An- hang „Namen"); uralt, aus frühe- ster Zeit
4097	Ohm, das gr>l>ahd >mhd	Hohlmaß von etwa andert- halb Hektoliter {56} (andere Bedeutungen sind nicht griech. Ursprungs!)	ἄμη ame l. *hama* ahd. *ama* mhd. *ame, ome*	Schaufel, Hacke; Wassereimer (Wasser)Eimer ein Weinmaß dto.

\>\>\>   –oid ↗ Partikelliste

4098	oikoty-pisch (gr;gr) >nlat	dem Bautyp gemäß, im Bau entsprechend (sprachwiss. t. t.) {32/76}	οἶκος oikos + τυπικός typikos	Haus nach einem Muster gemacht s. u. typisch
4099	Oinochoe, die	altgr. Weinkanne mit Henkel {44/75}	οἰνοχόη oinochoe	Gefäß zum Einschenken des Weines
4100	Okeanide, die gr>l	Meernymphe {51/75/77}	Ὠκεανίς, Gen. Ὠκεανίδος Okeanis, Okeanidos	Tochter des Okeanos (s. Anhang „Namen")
4101	Okkulto-loge, der l;gr	Wissenschaftler des Okkultismus (↗ UTL 2418) {40/51/77}	l. occultus + λόγος logos	verborgen, versteckt, geheim (↗ UTL 2418) Rede, Wort; Berechnung
4102	oknophil gr;gr	jmdn. mit seiner Liebe erdrückend aus Angst, verlassen zu werden (psych. t. t.) {18/26/70}	ὄκνος oknos + φίλος philos	Zaudern, Zögern lieb, befreundet, Freund

>>> –ök, Öko– ↗ Wortelementeliste

4103	Ökologe, der (gr;gr) >nlat	Wissenschaftler der Okologie {40/68/69}	οἶκος oikos + λόγος logos	Haus Rede, Wort; Berechnung
–	Ökologie, die (gr;gr) >nlat	1. Lehre von den Umweltbeziehungen der Pflanzen u. Tiere; 2. ungestörter Haushalt der Natur (↗ UTL 2343) {68/69}	dto.	dto.
–	ökologisch (gr;gr) >nlat	1. die Ökologie betreffend; 2. die Wechselbeziehungen zwischen den Lebewesen u. ihrer Umwelt betreffend {68/69}	dto. + λογικός logikos	dto. zum Reden gehörig, die Rede betreffend
4104	Ökonom, der gr>l	1. (veraltend) Landwirt {39/40}; 2. Wirtschaftswissenschaftler {40/80}	οἰκονόμος oikonomos	das Haus verwaltend; Hausverwalter
4105	Ökonometrie, die (gr;gr) >nlat	Teilgebiet der Wirtschaftswissenschaft zur Prüfung wirtschaftstheoretischer Modelle (↗ UTL 2257) {80}	οἰκονομία oikonomia + μέτρον metron	Verwaltung des Hauses Maß; Versmaß s. o. Meter

Ökonometriker 4105

–	Ökono-metriker, der (gr;gr) >nlat	Wissenschaftler der Ökonometrie {40/80}	dto.	dto.
–	ökono-metrisch (gr;gr) >nlat	die Ökonometrie betreffend {80}	dto.	dto.

>>> –ökonomie, –ökonomisch ↗ Wortelementeliste

4106	Ökono-mie, die gr>l	1. Wirtschaftswissenschaft {80}; 2. Wirtschaft {42/80}; 3. Wirtschaftlichkeit, Sparsamkeit {40/41/42/80}	οἰκονομία oikonomia	Verwaltung des Hauses
–	Ökono-mik, die	1. Wirtschaft {42/80}; 2. Wirtschaftswissenschaft {80}; 3. wirtschaftliche Verhältnisse {42/80}	οἰκονομική (τέχνη) oikonomike (techne)	(die Kunst des) Haushaltens u. Wirtschaftens
–	ökono-misch	1. die Wirtschaft betreffend; 2. wirtschaftlich; 3. sparsam {40/41/42/80}	οἰκονομικός oikonomikos	die Verwaltung des Hauses betreffend
–	ökonomi-sieren	ökonomisch gestalten {42/80}	dto.	dto.
4107	Ökono-mismus, der (gr;gr) >nlat	Betrachtung der Gesellschaft unter ökonomischen Gesichtspunkten {80/81}	οἰκονομία oikonomia + –ισμός –ismos	Verwaltung des Hauses gr. Suffix s. Partikelliste
–	Ökono-mist, der (gr;gr) >nlat	(veraltet) Wirtschaftssexperte {40/80/81}	dto.	dto.
–	ökono-mistisch (gr;gr) >nlat	den Ökonomismus betreffend {80/81}	dto.	dto.
4108	Öko-skopie, die gr;gr	↗ Methode der Marktforschung zur Erfassung objektiver (↗ UTL 2397) Marktgrößen {42/80}	οἶκος oikos + σκοπή skope	Haus das Umschauen, Spähen
4109	Öko-system, das gr;gr	aus ↗ Organismen und unbelebter Umwelt bestehende Einheit {68/69}	οἶκος oikos + σύστημα systema	Haus ein aus mehreren Teilen zusammengesetztes Ganzes s. u. System

4110	Ökotop, das gr;gr	gemeinsamer intakter (↗ UTL 1454) Lebensraum in der Natur (↗ UTL 2343) {68/69}	οἶκος oikos + τόπος topos	Haus Ort, Stelle, Gegend
4111	Ökotrophologe, der gr;gr;gr	Wissenschaftler der Ökotrophologie {40/44/80}	οἶκος oikos + τροφή trophe + λόγος logos	Haus das Ernähren, Nahrung Rede, Wort; Berechnung s. u. .Trophologe
–	Ökotrophologie, die gr;gr;gr	Hauswirtschafts- u. Ernährungswissenschaft {44/80}	dto.	dto.
>>>	Okta– ↗ Wortelementeliste			
4112	Oktachord, das gr>l	achtsaitiges ↗ Musikinstrument (mus. t. t.) {37}	ὀκτάχορδος oktachordos aus: ὀκτώ okto + χορδή chorde	achtsaitig acht Darm, Darmsaite s. o. Chorda
4113	Oktaeder, das	Körper, der von acht gleichseitigen Dreiecken begrenzt wird {71}	ὀκτάεδρος oktaedros	achteckig
–	oktaedrisch	in der Form (↗ UTL 1132) eines Oktaeders {71}	dto.	dto.
4114	Oktagon, das	1. Achteck {71}; 2. Gebäude mit achteckigem Grundriß {88}	ὀκτάγωνον oktagonon	Achteck
>>>	Okto– ↗ Wortelementeliste			
4115	Oktogon, das (gr;gr) >nlat	= Oktagon {71/88}	ὀκτώ okto + γωνία gonia	acht Winkel, Ecke
–	oktogonal (gr;gr) >nlat	achteckig {71/88}	dto.	dto.
4116	Oktopode o. Oktopus, der	achtarmiger Tintenfisch {08/69}	ὀκτώπους oktopous	achtfüßig

4117	Ökumene, die gr>mlat	1. die bewohnte Erde als menschlicher Lebens- u. Siedlungsraum (geogr. t. t.) {64}; 2. Gesamtheit der ↗ Christen u. ↗ christlichen ↗ Kirchen (theol. t. t.) {57/77}	οἰκουμένη (γῆ) oikoumene (ge) mlat. *oecumenicus*	die bewohnte (Erde) zur Kirche als Ganzem gehörend
–	ökumenisch gr>mlat	1. die ganze bewohnte Erde betreffend {64}; 2. die Gesamtheit der ↗ Christen betreffend {57/77}	dto.	dto.
–	Ökumenismus, der (gr>mlat; gr)>nlat	Bestrebung der ↗ katholischen ↗ Kirche zur Einigung aller ↗ christlichen Konfessionen (↗ UTL 1784) {77}	dto. + –ισμός –ismos	dto. gr. Suffix s. Partikelliste
4118	Öl, das gr>l>vulgl >ahd>mhd	flüssiges Fett (Speise-, Salb-, Haut-. Motorenöl etc.) {17/21/ 41/45}	ἔλαιον elaion l. *oleum* vulgl. *olium** ahd. *oli* mhd. *ol(e), öl(e)*	Oliven–, (Baum)öl dto. dto. dto. dto.
–	Ölbaum gr>l>vulgl >ahd>mhd; d	Olivenbaum {05/68}	dto. + d. *Baum*	dto.
–	ölen gr>l>vulgl >ahd>mhd	mit flüssigem Fett versehen {17/21/41/45}	dto.	dto.
–	ölig gr>l>vulgl >ahd>mhd	mit flüssigem Fett überzogen {17/21/41/45}	dto.	dto.
–	Ölung, die gr>l>vulgl >ahd>mhd	1. Salbung mit Öl {51/77}; 2. Ölzufuhr {41/45}	dto.	dto.
4119	Oleander, der [l;(l;gr) >mlat]>it	Rosenlorbeer (ein immergrüner Strauch) {04/68}	l. *olea* it. *oleandro* + l. *laurus* + ῥοδοδένδρον rhododendron mlat. *lorandum*	Olivenbaum Lorbeer(baum) Rosenbaum, Oleander s. u. Rhododendron Oleander
4120	Oleaster, der gr>l	Wildform des Ölbaums {04/68}	ἐλαία elaia l. *olea* bzw. *oliva* *oleaster*	Olivenbaum, Olive dto. (wilder) Ölbaum

4121	Oleat, das gr>l>nlat	Salz der Ölsäure (chem. t. t.) {73}	ἔλαιον elaion l. *oleatus*	Oliven–, (Baum)öl mit Öl getränkt, angemacht
–	Olein, das	ungereinigte Ölsäure (chem. t. t.) {73}	ἔλαιον elaion l. *oleum*	Oliven–, (Baum)öl dto.
–	Oleum, das gr>l	1. Öl {17/41/45}; 2. rauchende Schwefelsäure (chem. t. t.) {73}	dto.	dto.
4122	Olfaktometer, das l;gr	Gerät zur Prüfung des Geruchssinns (med. t. t.) {70}	l. *olefactus* + μέτρον metron	das Riechen, Geruch; Geruchssinn Maß; Versmaß s. o. Meter
–	Olfaktometrie, die l;gr	Messung der Geruchsempfindlichkeit (med. t. t.) {56/70}	dto.	dto.
4123	Olifant, der gr>l >afrz/frz	1. Name des elfenbeinernen Signalhorns Rolands in der Karlssage {51}; 2. aus dem Zahn eines ↗ Elefanten geschnitztes, reich verziertes mittelalterliches Jagd– o. Signalhorn {38/75}	ἐλέφας, Gen. ἐλέφαντος elephas, elephantos l. *elephantus* afrz. / frz. *oliphant, olifant*	Elephant s. o. Elefant dto. dto.; Elfenbein, Horn aus Elfenbein
>>>	Olig(o)– ↗ Wortelementeliste			
4124	Oligarch, der	1. Anhänger der Oligarchie {33/50/81}; 2. jmd., der mit wenigen anderen zusammen die Herrschaft ausübt {50/57/81}	ὀλιγάρχης oligarches	Oligarch
–	Oligarchie, die	Herrschaft einer kleinen Gruppe {50/57/81}	ὀλιγαρχία oligarchia	Staatsverfassung, bei der nur wenige herrschen
–	oligarchisch	die Oligarchie betreffend {50/57/81}	ὀλιγαρχικός oligarchikos	die Oligarchie betreffend; oligarchisch gesinnt
4125	Oligochäten, die (Pl.) (gr;gr) >nlat	„Wenigborster": Ringelwürmer (Gattung der Borstenwürmer – zool. t. t.) {08/69}	ὀλίγος oligos + χαίτη chaite	wenig, klein, gering wallendes Haar

4126	Oligo-cholie, die gr;gr	Mangel an Gallensaft (med. t. t.) {14/70}	ὀλίγος oligos + χολή chole	wenig, klein, gering Galle
4127	oligophag gr;gr	in der Ernährung auf einzelne Pflanzen o. Beutetiere spezialisiert (↗ UTL 3394) (zool. t. t.) {69}	ὀλίγος oligos + φαγεῖν phagein	wenig, klein, gering essen
–	Oligo-phagie, die gr;gr	Ernährungsweise oligophager Tiere (zool. t. t.) {69}	dto.	dto.
4128	Oligopol, das gr;gr	Art des ↗ Monopols, bei der einige wenige Großunternehmen den Markt beherrschen {42/80}	ὀλίγος oligos + πωλεῖν polein	wenig, klein, gering Handel treiben
–	Oligo-polist, der gr;gr	Mitglied eines Oligopols {33/42/80}	dto.	dto.
–	oligopo-listisch gr;gr	das Oligopol betreffend {42/80}	dto.	dto.
4129	Olig-opson, das gr;gr	geringe Nachfrage auf einem Markt (wirtsch. t. t.) {42/80}	ὀλίγος oligos + ὀψωνία opsonia	wenig, klein, gering das Einkaufen (von Zukost)
4130	oligo-troph	nährstoffarm (biol., landw. t. t.) {39/64/68/73}	ὀλιγό-τροφος oligotrophos	wenig nährend; wenig essend
–	Oligo-trophie, die	Nährstoffmangel {39/64/68/73}	ὀλιγο-τροφία oligotrophia	wenig Nahrung
4131	oliv gr>l	olivenfarbig {55}	ἐλαία elaia l. olea bzw. oliva	Olivenbaum, Olive dto.
–	Olive, die gr>l	1. Frucht des Ölbaumes, aus der Olivenöl gewonnen wird {05/17}; 2.Oliven–, Ölbaum {05}; 3. Handgriff für die Verschlußvorrichtung an Fenstern, Türen o. ä. {40/41/44}; 4. länglich–runde Bernsteinperle {20}; 5. Endstück verschiedener ärztlicher Instrumente (↗ UTL 1448b) o. Laborgeräte (med. t. t.) {70}	dto.	dto.

–	Olivette, die gr>l>frz	⌐ Koralle o. Glasperle, die früher in Afrika zum Tauschhandel verwendet wurde {42/75/80}	dto. frz. *olivette*	dto. Traubenart; Tomatenart; imitierte Perle zum Handeln
4132	Olymp, der gr>l	1. höchster Berg Griechenlands {64}; 2. oberster Rang im ⌐ Theater o. in der Oper (⌐ UTL 2433) (ugs. scherzh.) {35/58}; 3. auf dem hohen – sitzen: arrogant (⌐ UTL 0276), herablassend sein {33/84}	῎Ολυμπος Olympos	Olympos (s. Anhang „Namen")
4133	Olympia, das	= ⌐ Olympische Spiele {85}	Ὀλυμπία Olympia	Olympia (s. Anhang „Namen")
–	Olympiade, die gr>l	1. Zeitspanne von 4 Jahren {59}; 2. = ⌐ Olympische Spiele {85}; 3. Wettbewerb {33/40/85}	Ὀλυμπιάς, Gen. Ὀλυμπιάδος Olympias, Olympiados	Olympiadenjahr; Olympiade als Zeitraum; olympischer Wettkampf
4134	Olympier, der gr>l	1. Beiname der gr. Götter, besonders des Zeus (s. Anhang „Namen") {51/75}; 2. erhabene Persönlichkeit (⌐ UTL 2612) {33/84}	Ὀλύμπιος Olympios	Bewohner des Olymp
4135	Olympionike, der gr>l	1. Sieger bei den ⌐ Olympischen Spielen; 2. Teilnehmer an den ⌐ Olympischen Spielen {85}	ὀλυμπιονίκης olympionikes	Sieger in den olympischen Spielen
–	olympisch gr>l bzw. g>l;d	1. göttergleich, erhaben {33/84}; 2. die Olympischen Spiele betreffend {85}; 3. –e Spiele: alle 4 Jahre stattfindende Wettkämpfe für Sportler aus aller Welt {85}	1. Ὀλύμπιος Olympios 2. Ὀλυμπικός Olympikos bzw. (3.) + d. *Spiele*	Bewohner des Olymp zu Olympia gehörig
>>>	–om(a) ⌐ Partikelliste			
>>>	Oma– ⌐ Wortelementeliste			
4136	Omalgie, die gr;gr	Schulterschmerz (med. t. t.) {14/70}	ὦμος omos + ἄλγος algos	Schulter Schmerz
4137	Omarthritis, die gr;gr	Entzündung des Schultergelenks (med. t. t.) {14/70}	ὦμος omos + ἀρθρῖτις arthritis	Schulter Gelenkkrankheit s. o. Arthritis

701

>>> Ombro– ↗ Wortelementeliste

4138	Ombrograph, der (gr;gr) >nlat	Regenschreiber; Gerät zum Aufzeichnen der Niederschlagsmenge (meteor. t. t.) {57/65}	ὄμβρος ombros + γραφεύς grapheus	Regen Schreiber, Maler
4139	Ombrometer, das gr;gr	Regenmesser (meteor. t. t.) {57/65}	ὄμβρος ombros + μέτρον metron	Regen Maß; Versmaß s. o. Meter
4140	ombrophil gr;gr	regen– o. feuchtigkeitsliebend (von Tieren u. Pflanzen – biol. t. t.) {68/69}	ὄμβρος ombros + φίλος philos	Regen lieb, befreundet, Freund
4141	ombrophob gr;gr	trockene Gebiete bevorzugend (von Tieren u. Pflanzen – biol. t. t.) {68/69}	ὄμβρος ombros + φόβος phobos	Regen Angst, Furcht
4142	Omega, das	vierundzwanzigster (und letzter) Buchstabe des gr. ↗ Alphabets (langes O) {32/76}	ω, Ω (ὦ μέγα) o, O (o mega)	Omega
4143	Omikron, das	fünfzehnter Buchstabe des gr. ↗ Alphabets (kurzes O) {32/76}	o, O (ὄ μικρόν) o, O (o mikron)	Omikron
4144	Omophagie, die gr>l	Verschlingen des rohen Fleisches eines Opfertieres {17/51/77}	ὠμοφαγία omophagia	das Essen des rohen Fleisches

>>> Omphal(o)– ↗ Wortelementeliste

4145	Omphalitis, die (gr;gr) >nlat	Nabelentzündung (med. t. t.) {14/70}	ὀμφαλός omphalos + –ῖτις –itis	Nabel gr. Suffix s. Partikelliste
4146	Omphalophobie, die gr;gr	unnatürliche Angst vor dem eigenen Nabel {14/26/70}	dto. + φόβος phobos	dto. Angst, Furcht
4147	Omphaloskopie, die gr;gr	„Nabelschau"; meditative (↗ UTL 2187) Betrachtung des eignen Nabels, bes. im ↗ Hesychasmus {25/51/77}	dto. + σκοπή skope	dto. das Umschauen, Spähen

>>> –on ↗ Partikelliste

4148	Onager, der gr>l	1. südwestasiatischer Halbesel {06/69}; 2. röm. Wurfmaschine (hist. t. t.) {75/86}	ὄναγρος onagros	Wildesel; Wurfmaschine
>>>	Oneiro– ⤴ Wortelementeliste			
4149	Oneirodynia, die (gr;gr)>l	Alpdrücken, nächtliche Unruhe (med. t. t.) {14/16/70}	ὄνειρος oneiros + ὀδύνη odyne	Traum Schmerz, Leid
4150	Oneiromantie, die gr;gr	(veraltet) Traumdeutung {51/75}	ὄνειρος oneiros + μαντεία manteia	Traum das Weissagen; die Weissagung
4151	Oniomanie, die (gr;gr) >nlat	krankhafter Kauftrieb (med. t. t.) {14/42/70}	ὤνιος onios + μανία mania	käuflich Raserei, Wahnsinn, Verzückung
4152	Onkologe, der gr;gr	Spezialist (⤴ UTL 3394) für Geschwulstkrankheiten (med. t. t.) {40/70}	ὄγκος onkos + λόγος logos	Masse, Last; Aufgeblasenheit Rede, Wort; Berechnung
–	Onkologie, die gr;gr	Lehre von den Geschwülsten (med. t. t.) {14/70}	dto.	dto.
–	onkologisch gr;gr	die Onkologie betreffend (med. t. t.) {14/70}	dto. + λογικός logikos	dto. zum Reden gehörig, die Rede betreffend
4153	Önologe, der (gr;gr) >nlat	Fachmann für Önologie {39/40}	οἶνος oinos + λόγος logos	Wein Rede, Wort; Berechnung
–	Önologie, die gr;gr	Wein(bau)kunde {39}	dto.	dto.
–	önologisch gr;gr	die Önologie betreffend {39}	dto. + λογικός logikos	dto. zum Reden gehörig, die Rede betreffend
>>>	Onoma(to)– ⤴ Wortelementeliste			

Nr.	Wort	Bedeutung	Griechisch	Übersetzung
4154	Önomanie, die gr;gr	Säuferwahn; ↗ Psychose durch Alkoholentzug bei Trinkern; Delirium (↗ UTL 0648) tremens (↗ UTL, S. 879) {14/70}	οἶνος oinos + μανία mania	Wein Raserei, Wahnsinn, Verzückung
4155	Onomantie, die (gr;gr) >nlat	Wahrsagerei aus Namen {51}	ὄνομα onoma + μαντεία manteia	Name das Weissagen; die Weissagung
4156	Onomasiologie, die gr;gr	Bezeichnungslehre (Teilgebiet der ↗ Semantik – sprachwiss. t. t.) {32/76}	ὀνομασία onomasia + λόγος logos	Benennung Rede, Wort; Berechnung
–	onomasiologisch gr;gr	die Onomasiologie betreffend {32/76}	dto. + λογικός logikos	dto. zum Reden gehörig, die Rede betreffend
4157	Onomastik, die	Wissenschaft von den Eigennamen; Namenkunde (sprachwiss. t. t.) {31/32/76}	ὀνομαστική (τέχνη) onomastike (techne)	(die Kunst des) Namengebens
–	Onomastikon, das	1. antikes (↗ UTL 0214) o. mittelalterliches Namens– o. Wörterverzeichnis {31/75/76}; 2. kleines Gedicht zum Namenstag {34}	ὀνομαστικόν onomastikon	Wörter– o. Namensverzeichnis
4158	Onomatologie, die gr;gr	= ↗ Onomastik {31/32/76}	ὄνομα, Gen. ὀνόματος onoma, onomatos λόγος logos	Name Rede, Wort; Berechnung
4159	Onomatomanie, die (gr;gr) >nlat	1. krankhafter Zwang, sich an bestimmte Wörter zu erinnern {14/24/70}; 2. krankhafter Zwang zum Aussprechen bestimmter (obszöner (↗ UTL 2408)) Wörter (med. t. t.) {14/32/70}	ὄνομα, Gen. ὀνόματος onoma, onomatos + μανία mania	Name Raserei, Wahnsinn, Verzückung
4160	Onomatopoesie, die	= ↗ Onomatopoiie: 1. Lautmalerei bei der Bildung von Wörtern {32/76}; 2. Wortbildung des Kleinkindes durch Lautnachahmung {31/32/76}	ὀνοματοποίησις onomatopoiesis	Bildung eines Wortes o. Namens

4161	Onomato-poetikon o. -kum, das gr;gr	klangnachahmendes, lautmalendes Wort {32/76}	ὄνομα, Gen. ὀνόματος onoma, onomatos + ποιητικός poietikos	Name schaffend; dichterisch
–	onomato-poetisch gr;gr	die Onomatopöie betreffend; lautnachahmend {32/76}	dto.	dto.
4162	Onomato-poiie, die gr>l	1. Lautmalerei bei der Bildung von Wörtern {32/76}; 2. Wortbildung des Kleinkindes durch Lautnachahmung {31/32/76}	ὀνοματο-ποιία onomatopoiia	Bildung eines (lautmalerischen) Wortes
4163	Öno-meter, das (gr;gr) >nlat	Instrument (↗ UTL 1448b) zum Messen des Alkoholgehaltes im Wein {17/56}	οἶνος oinos + μέτρον metron	Wein Maß; Versmaß s. o. Meter
4164	ontisch	seiend, existierend, dem Sein nach (philos. t. t.) {52/77}	ὄν, Gen. ὀντός on, ontos	das Seiende
>>>	Onto– ↗ Wortelementeliste			
4165	Onto-genese o. Onto-genie, die (gr;gr) >nlat	die Entwicklung des Individuums (↗ UTL 1354) von der Eizelle zum geschlechtsreifen Zustand (biol. t. t.) {61/69}	dto. + γένεσις genesis bzw. + γενεά genea	dto. Ursprung, Entstehung Geburt, Herkunft
–	ontoge-netisch o. onto-genisch (gr;gr) >nlat	die Entwicklung des Individuums (↗ UTL 1354) betreffend {31/61/69}	ὄν, Gen. ὀντός on, ontos + γενητός genetos	das Seiende geworden, entstanden
4166	Ontologe, der gr;gr	Vertreter der Ontologie (philos. t. t.) {52/77}	ὄν, Gen. ὀντός on, ontos + λόγος logos	das Seiende Rede, Wort; Berechnung
–	Onto-logie, die gr;gr	Lehre vom Sein (Ausdruck 1704 von dem d. ↗ Philosophen Wolf geprägt) {52/77}	dto.	dto.

–	ontologisch gr;gr	die Ontologie betreffend {52/77}	ὄν, Gen. ὀντός + λογικός logikos	das Seiende zum Reden gehörig, die Rede betreffend
–	Ontologismus, der gr;gr;gr	Lehre, nach der alles endliche Seiende als nur scheinbar ursächlich verstanden wird u. seine wahre Ursache in Gott als dem ersten Sein hat (philos. t. t.) {51/52/77}	dto. + –ισμός –ismos	dto. gr. Suffix s. Partikelliste
>>>	Onych– ↗ Wortelementeliste			
4167	Onychie, die	Nagelbettentzündung (med. t. t.) {14/70}	ὄνυξ, Gen. ὄνυχος onyx, onychos	Nagel, Huf, Kralle
4168	Onycholyse, die gr;gr	Ablösung des Nagels vom Nagelbett (med. t. t.) {14/70}	dto. + λύσις lysis	dto. (Auf)lösung
4169	Onychophagie, die gr;gr	Nägelkauen (med. t. t.) {14/70}	dto. + φαγεῖν phagein	dto. essen
4170	Onyx, der gr>l>afrz >mhd	1. Halbedelstein (wohl wegen der Ähnlichkeit der Farbe mit der eines Fingernagels) {20}; 2. Hornhautabszeß in Nagelform (med. t. t.) {14/70}	ὄνυξ, Gen. ὄνυχος onyx, onychos l. onyx afrz. onix mhd. onix	Nagel, Huf, Kralle gelblicher Edelstein; Alabaster(gefäß) dto. dto.
>>>	Oo– ↗ Wortelementeliste			
4171	Oologie, die gr;gr	Eierkunde (Zweig der Vogelkunde) (zool. t. t.) {69}	ᾠόν oon + λόγος logos	Ei Rede, Wort; Berechnung
4172	Oophoron, das	Eierstock (med. t. t.) {11/70}	ᾠοφόρος oophoros	Eier tragend
4173	Oozyt, der o. Oozyte, die gr;gr	unreife Eizelle (biol. t. t.) {69/70}	ᾠόν oon + κύτος kytos	Ei Höhlung, Wölbung

4174	**Opal,** der sanskr >gr>l>afrz >mfrz>frz	1. glasig o. milchigfarbener Halbedelstein {20}; 2. feines Baumwollgewebe von milchigem Aussehen {19}	sanskr. *upalah* ὀπάλλιος opallios l. *opalus* afrz. *opal* mfrz. *opal(l)e* frz. *opale*	Stein Opal dto. dto. dto. dto.
–	**opalen** sanskr >gr>l	1. aus Opal bestehend; 2. wie ein Opal {20}	dto.	dto.
4175	**Ophiolatrie,** die gr;gr	religiöse (⌕ UTL 3066) Verehrung von Schlangen {51/77}	ὄφις ophis + λατρεία latreia	Schlange (Lohn)dienst; Gottesdienst
4176	**Ophit,** der gr>l	1. Schlangenanbeter; Verehrer der Paradiesschlange {51/77}; 2. ein Mineral (⌕ UTL 2238) {67}	ὀφίτης ophites	schlangenähnlich; ein Stein
–	**ophitisch** gr;l	die Ophiten betreffend {51/67/77}	dto.	dto.

>>> **Ophthalm(o)–** ⌕ Wortelementeliste

4177	**Ophthalmiatrie** o. **Ophthalmiatrik,** die (gr;gr) >nlat	Augenheilkunde (med. t. t.) {70}	ὀφθαλμός ophthalmos + ἰατρεία iatreia bzw. + ἰατρική (τέχνη) iatrike (techne)	Auge Heilen, Heilung Heilkunst
4178	**Ophthalmie,** die	Augenentzündung (med. t. t.) {14/70}	ὀφθαλμία ophthalmia	Augenkrankheit
	Ophthalmikum, das gr>l	Augenheilmittel (med. t. t.) {70}	ὀφθαλμικός ophthalmikos	die Augen betreffend
–	**ophthalmisch** gr>l	zum Auge gehörend (med. t. t.) {11/70}	dto.	dto.
4179	**Ophthalmologe,** der gr;gr	Augenarzt {40/70}	ὀφθαλμός ophthalmos + λόγος logos	Auge Rede, Wort; Berechnung

–	Ophthal-mologie, die gr;gr	Augenheilkunde {70}	dto.	dto.
–	ophthal-molo-gisch gr;gr	die Augenheilkunde betreffend {70}	dto. + λογικός logikos	dto. zum Reden gehörig, die Rede betreffend
4180	Ophthal-moskop, das (gr;gr) >nlat	Augenspiegel (med. t. t) {70}	ὀφθαλμός ophthalmos + σκοπός skopos	Auge jmd., der genau hinschaut; Aufseher, Späher
–	Ophthal-moskopie, die gr;gr	Ausspiegelung des Augenhintergrundes (med. t. t.) {70}	ὀφθαλμός ophthalmos + σκοπή skope	Auge das Umschauen, Spähen
–	ophthal-mosko-pisch gr;gr	1. die Ophthalmoskopie betreffend; 2. mit Hilfe des Augenspiegels (med. t. t.) {70}	dto.	dto.
4181	Opiat, das gr>l>mlat >mhd	1. Opium enthaltendes Medikament (↗ UTL 2184) {70}; 2. dem Betäubungsmittelgesetz unterliegendes Arzneimittel {17/70/82}	ὄπιον opion l. *opium* mlat. *opiatum* mhd. *opiat*	Mohnsaft, Opium dto. dto. dto.
>>>	–opie ↗ Wortelementeliste			
4182	Opistho-domos, der	Raum hinter der Cella (↗ UTL 0492a) eines gr. Tempels (↗ UTL 3545) {51/58/75/88}	ὀπισθό-δομος opisthodomos	Hinterhaus; Hinterhalle des gr. Tempels
4183	Opistho-graph, das gr>l	auf beiden Seiten beschriebene Handschrift o. Papyrusrolle {32/75/76}	ὀπισθό-γραφος opistho-graphos	hinten, auf der Rückseite beschrieben
–	opistho-graphisch (gr;gr)>l	auf beiden Seiten beschrieben {32/76}	dto.	dto.
4184	Opium, das gr>l	aus Schlafmohn gewonnenes schmerzstillendes Arzneimittel u. Rauschgift {17/70/82}	ὄπιον opion	Mohnsaft, Opium
>>>	–opsie ↗ Wortelementeliste			
>>>	opt(i)– ↗ Wortelementeliste			

4185	Optik, die gr>l>mlat	1. Wissenschaft vom Licht {72/87}; 2. Linsensystem {87}; 3. äußeres Erscheinungsbild {55}	ὀπτική (τέχνη) optike (techne)	die Lehre vom Sehen
–	Optiker, der gr>mlat	Fachmann für optische Geräten, bes. Brillen {40/87}	ὀπτικός optikos	das Sehen betreffend
4186	Optimeter, das (gr;gr) >nlat	Feinmeßgerät für Länge u. Dicke (techn. t. t.) {41/72/87}	dto. + μέτρον metron	dto. Maß; Versmaß
4187	optisch	die Optik betreffend; vom äußeren Eindruck her {55/87}	ὀπτικός optikos	das Sehen betreffend
>>>	Opto– ↗ Wortelementeliste			
4188	Optoelektronik, die gr;gr	Teilgebiet der ↗ Elektronik, das die auf der Wechselwirkung von Optik u. Elektronik beruhenden physikalischen Effekte zur Herstellung elektronischer Schaltungen benutzt {72/87}	dto. + ἤλεκτρον elektron	dto. Silbergold; Bernstein als Träger von Reibungselektrizität s. o. Elektronik
–	optoelektronisch gr;gr	die Optoelektronik betreffend {72/87}	dto.	dto.
4189	Optokoppler, der gr;d	elektronisches Modul (↗ UTL 2263), bei der ↗ elektrische digitale (↗ UTL 0742) Impulse (↗ UTL 1325) in Lichtsignale umgewandelt werden {87}	dto. + d. *Koppler*	
4190	Optometer, das (gr;gr) >nlat	Instrument (↗ UTL 1448b) zum Messen der Sehweite (med. t. t.) {70/87}	ὀπτικός optikos + μέτρον metron	das Sehen betreffend Maß; Versmaß
–	Optometrie, die (gr;gr) >nlat	Sehkraftbestimmung (med. t. t.) {56/70}	dto.	dto.
4191	Opuntie, die gr>nlat	Feigenkaktus mit eßbaren Früchten {04/17}	Ὀποῦς, Gen. Ὀποῦντος Opous, Opountos	Opous (s. Anhang „Namen")

4192	Oral-erotik, die l>nlat;gr >frz	Lustgewinnung im Bereich der Mundzone bes. im ersten Lebensjahr (psych. t. t.) {18/70}	l. *os*, Gen. *oris* + ἐρωτικός erotikos	Antlitz, Gesicht, Mund; Sprache (↗ UTL 2445) zur Liebe gehörig s. o. Erotik
>>>	—orama ↗ Wortelementeliste			
4193	Orcheso-graphie, die (gr;gr) >nlat	= ↗ Choreographie: 1. Ausgestaltung der einzelnen Tanzschritte eines ↗ Ballettes {37/79}; 2. Zeichnung mit Tanzbewegungen {36/37/79}	ὄρχησις orchesis + γραφή graphe	das Tanzen Schrift; Zeichnung
4194	Orche-ster, das gr>l>frz	1. Ensemble (↗ UTL 0901) von Instrumentalmusikern, Musikkapelle {37/40}; 2. = ↗ Orchestra {58/88}	ὀρχήστρα orchestra l. *orchestra* frz. *orchèstre*	Tanzplatz im gr. Theater Sitzplätze der Senatoren im Theater Orchester
4195	Orche-stik, die	Tanzkunst; Lehre vom ↗ pantomimischen Tanz {12/37/79}	ὀρχηστική (τέχνη) orchestike (techne)	Tanzkunst
4196	Orche-stra, die gr>l	1. halbrunder Raum zwischen Bühne und Zuschauern als Tanzplatz für den Chor im gr. ↗ Theater {58/88}; 2. Raum zwischen Bühne u. Zuschauerreihen für die Hofgesellschaft bzw. für Instrumentalisten (↗ UTL 1448b) {37/47/58}	ὀρχήστρα orchestra	Tanzplatz im gr. Theater
–	orche-stral gr>l>frz	1. zum Orchester gehörend; 2. wie ein Orchester {37/58/88}	dto. frz. *orchestral*	dto.
–	Orche-stration, die gr>l	Einrichtung einer Komposition (↗ UTL 1770) für Orchesterbesetzung {37}	dto.	dto.
>>>	Orchestren, die = Plural (↗ UTL 2697) von Orchestra			
–	orche-strieren gr>l	eine Komposition für Orchesterbesetzung einrichten {37}	dto.	dto.

4197	Orchidee, die gr>l>frz	eine Zierpflanze {04/68}	ὄρχις orchis	Hoden; Pflanze mit hodenförmigen Wurzelknollen
			l. orchis	dto.
			frz. orchidée	Orchidee
–	Orchis, der gr>l	1. der Hoden (med. t. t.) {11/70}; 2. die Knabenhaut (Pflanze aus der Gattung der Orchidazeen) {04/68}	dto.	dto.
–	Orchitis, die (gr;gr)>l	Hodenentzündung (med. t. t.) {14/70}	dto. + –ῖτις –itis	dto. gr. Suffix s. Partikelliste
4197a	Oreade, die gr>l	gr. Bergnymphe {51/75}	ὀρειάς, Gen. ὀρειάδος oreias, oreiados	zum Berg gehörig
–	oreal gr>nlat	zum Gebirgswald gehörend (geogr. t. t.) {64}	dto.	dto.
4198	Oregano, das	1. Gewürzpflanze {04/68}; 2. Gewürz (z. B. für Pizza verwendet) {04/17}	ὀρίγανος origanos	wilder Majoran

>>> Oreo– ↗ Wortelementeliste

| 4198a | Oreopithekos, o. Oreopithecus, der gr;gr>l | Bergmensch (eine frühe Vormenschenart – biol. t. t.) {69} | ὀρειάς, Gen. ὀρειάδος oreias, oreiados + πίθηκος pithekos | zum Berg gehörig

Affe |

>>> –orexia o. –orexie ↗ Wortelementeliste

| 4199 | Organ, das gr>l>frz | 1. innerer einheitlicher Körperteil (med. t. t.) {11/70}; 2. Zeitschrift eines Verbandes {32/33}; 3. Stimme (ugs.) {11/32}; 4. Aufgaben ausführende Behörde o. Person (↗ UTL 2612) {49}; 5. Gefühl für etwas (ugs.) {26} | ὄργανον organon l. organum frz. organe | Werkzeug; Sinn; Körperteil; (Musik)Instrument dto. dto.; Stimme; ausführende Institution |

>>> Organa, die (Pl.) = Plural (↗ UTL 2697) von ↗ Organum

–	organal gr>spätl	das Organum betreffend {37}	dto. spätl. *organalis*	dto. zum Organum gehörig
4200	Organbank, die gr>l>frz;it	Aufbewahrungsort für ↗ Organe (1) zur Transplantation (↗ UTL 3643) {58/70}	dto. + it. *banca*, *banco*	dto. Bank; Tisch des Geldwechslers
4201	Organell, das o. Organelle, die gr>l>nlat	organartige Bildung des Zellplasmas von Einzellern (biol. t. t.) {69}	dto. nlat. *organella*	dto. Diminutiv zu Organ
4202	Organigramm, das gr;gr	(Kunstw.) 1. stammbaumartiges ↗ Schema einer (wirtschaftlichen) ↗ Organisation {32/42/80}; 2. = ↗ Organogramm {32/69}	dto. + γράμμα *gramma*	dto. Buchstabe, Schrift(werk)
4203	Organiker, der	Spezialist (↗ UTL 3394) für ↗ organische ↗ Chemie {40/73}	ὀργανικός *organikos*	als Werkzeug dienend, organisch
4204	Organisation, die gr>frz	1. das ↗ Organisieren; 2. planmäßige Gestaltung, Aufbau {25/40}; 3. Verband mit festen Zielen {33}	dto. frz. *organisation*	dto.
–	Organisator, der gr>frz	jmd., der etwas ↗ organisiert o. organisatorische Fähigkeiten hat {33}	dto. frz. *organisateur*	dto.
–	organisatorisch	die Organisation betreffend {25/33/40}	dto.	dto.
4205	organisch gr>l bzw. (5.) gr>l;gr	1. ein ↗ Organ o. den ↗ Organismus betreffend (biol. t. t.); 2. der belebten Natur (↗ UTL 2343) angehörend {69}; 3. Kohlenstoffverbindungen betreffend {73}; 4. innerlich geordnet, einheitlich {25/56}; 5. –e Chemie: Lehre von den Verbindungen, die Kohlenstoff enthalten {73}	ὄργανον *organon* bzw. ὀργανικός *organikos* bzw. (5.) + χύμα *chyma* gemischt mit: χυμεία *chymeia* o. χημεία *chemeia* arab. (*al-*) *kimija* frz. *chimie*	Werkzeug; Sinn; Körperteil; (Musik)Instrument als Werkzeug dienend, organisch Flüssigkeit Metallverwandlung dto. dto. Chemie

4206	organisieren gr>l>frz	1. etwas ⚹ systematisch vorbereiten, planen, gestalten {25/40}; 2. sich etwas nicht ganz rechtmäßig beschaffen (ugs.) {43/82}; 3. sich zu einem Verband zusammenschließen {33/40}	ὀργανικός organikos frz. *organiser*	als Werkzeug dienend, organisch
–	organisiert gr>l>frz	1. sorgfältig geplant {25/40/82}; 2. einer ⚹ Organisation angehörend {33/40}	dto.	dto.
4207	Organismus, der (gr;gr)>frz	1. das gesamte ⚹ System der ⚹ Organe (1); 2. tierisches o. pflanzliches Lebewesen (biol. t. t.) {68/69}; 3. ein aus mehreren zusammenwirkenden Teilen bestehendes Ganzes {56}	ὄργανον organon + –ισμός –ismos frz. *organisme*	Werkzeug; Sinn; Körperteil; (Musik)Instrument gr. Suffix s. Partikelliste
–	Organist, der gr>l>mlat >mhd	⚹ Musiker, der ⚹ Orgel spielt {37/40}	ὄργανον organon l. *organum* mlat. *organista* mhd. *organist(e)*	Werkzeug; Sinn; Körperteil; (Musik)Instrument dto. Orgelspieler dto.
4208	Organklage, die gr>l>frz;d	Klage eines Verfassungsorgans gegen ein anderes vor dem Bundesverfassungsgericht (jur. t. t.) {82}	ὄργανον organon l. *organum* + d. *Klage*	Werkzeug; Sinn; Körperteil; (Musik)Instrument dto.
4209	organogen (gr>l;gr) >nlat	1. ⚹ organische Verbindungen aufbauend (chem. t. t.) {73}; 2. ⚹ Organe bildend; organischen Ursprungs (biol. t. t.) {68/69}	ὄργανον organon l. *organum* + –γενής –genes	Werkzeug; Sinn; Körperteil; (Musik)Instrument dto. stammend von; hervorbringend, verursachend
4210	Organogramm, das gr>l;gr	1. Schaubild zur Wiedergabe der Verarbeitung von Informationen (⚹ UTL 1379) im Organismus (psych. t. t.) {32/69}; 2.= ⚹ Organigramm {32/42/80}	dto. + γράμμα gramma	dto. Buchstabe, Schrift(werk)
4211	Organologe, der gr>l;gr	Spezialist (⚹ UTL 3394) für Orgelbau {37/40}	ὄργανον organon l. *organum* + λόγος logos	Werkzeug; Sinn; Körperteil; (Musik)Instrument dto. Rede, Wort; Berechnung

–	Organo- logie, die gr>l;gr	1. Organlehre (med., biol. t. t.) {69/70}; 2. Orgel(bau)kun- de (mus. t. t.) {37/40}	dto.	dto.
–	organo- logisch gr>l;gr	die Organologie betreffend {37/40/69/70}	ὄργανον organon l. *organum* + λογικός logikos	Werkzeug; Sinn; Körperteil; (Mu- sik)Instrument dto. zum Reden gehö- rig, die Rede be- treffend
4212	Organon, das	1. Bezeichnung für die ↗ logi- schen Schriften des Aristote- les (s. Anhang „Namen") {32/ 76/77}; 2. (logische) Schrift als Grundlage der Erkenntnis {25/32/77}	ὄργανον organon	Werkzeug; Sinn; Körperteil; (Mu- sik)Instrument
–	Organum, das gr>l	1. älteste Art der Mehrstim- migkeit, Parallelgesänge zu den Weisen des Gregoriani- schen Gesanges; 2. Musikin- strument, bes. Orgel {37}	dto.	dto.
4213	Orgas- mus, der gr>nlat >engl	Höhepunkt des Geschlechts- aktes {18/70}	ὀργασμός orgasmos nlat. *orgasmus* engl. *orgasm*	Erweichung Aufwallen, Gären Orgasmus
–	orga- stisch gr>nlat >engl	den Orgasmus betreffend; sinnlich {18/70}	dto.	dto.
4214	Orgel, die gr>l>ahd >mhd	größtes Tasteninstrument, Pfeifenwerk {37}	ὄργανον organon l. *organa* = Pl. zu: *organum* ahd. *organa, orgela* mhd. *orgel(e)*	Werkzeug; Sinn; Körperteil; (Mu- sik)Instrument dto. dto.; Orgel dto.; Orgel
4215	Orgias- mus, der gr>nlat	ausschweifende kultische (↗ UTL 1947) Feier in den anti- ken (↗ UTL 0214) ↗ Myste- rien {33/51/75}	ὀργιασμός orgiasmos	das Feiern der Or- gien
–	Orgiast, der gr>nlat	Teilnehmer an einer Orgie {33/51/75/85}	ὀργιαστής orgiastes	der Orgien Fei- ernde

–	orgia-stisch gr>nlat	wie eine Orgie; wild, zügellos {26/33/51}	ὀργιαστικός orgiastikos	die Feier der Orgien betreffend	
–	Orgie, die gr>l	1. ↗ ekstatische antike (↗ UTL 0214) Mysterienfeier {33/51/75}; 2. ausschweifendes Gelage {33/85}	ὄργια orgia	geheimer Gottesdienst	
4216	Orion, der	ein Sternbild {01/66}	Ὠρίων Orion	Orion (s. Anhang „Namen")	
4217	Orkus, der gr>l	(↗ Etymologie unsicher): Unterwelt, Totenreich {51/58/75/77}	ὅρκος horkos l. Orcus	Schwurgegenstand; Eid Unterwelt; Gott der Unterwelt, Pluton (s. Anhang „Namen") (↗ UTL 2451)	
4218	Ornis, die	die Vogelwelt einer Landschaft {64/69}	ὄρνις, Gen. ὄρνιθος ornis, ornithos	Vogel	

>>> Ornitho– ↗ Wortelementeliste

4219	Ornithologe, der gr;gr	Wissenschaftler der Vogelkunde {40/69}	dto. + λόγος logos	dto. Rede, Wort; Berechnung	
–	Ornithologie, die (gr;gr) >nlat	Vogelkunde {69}	dto.	dto.	
–	ornithologisch (gr;gr) >nlat	vogelkundlich {69}	dto. + λογικός logikos	dto. zum Reden gehörig, die Rede betreffend	
4220	Ornithopter, der (gr;gr) >engl	Schwingenflügler; Experimentierflugzeug mit dem Antriebsprinzip des Vogelflugs {45/72/85}	dto. + πτερόν pteron	dto. Feder, Flügel	

>>> Oro– ↗ Wortelementeliste

4221	orogen (gr;gr) >nlat	gebirgsbildend (geol. t. t.) {62}	ὄρος oros + –γενής –genes	Berg, Gebirge stammend von; hervorbringend, verursachend
–	Orogenese, die gr;gr	Bildung von Gebirgen (geol. t. t.) {62}	ὄρος oros + γένεσις genesis	Berg, Gebirge Ursprung, Entstehung
–	orogenetisch gr;gr	= orogen: gebirgsbildend (geol. t. t.) {62}	dto. + γενητός genetos	dto. geworden, entstanden
–	Orogenie, die gr;gr	(veraltet) Lehre von der Entstehung der Gebirge (geol. t. t.) {62}	dto. + γενεά genea	dto. Geburt, Herkunft
4222	Orologie, die gr;gr	(veraltet) vergleichende Gebirgskunde {62/64}	ὄρος oros + λόγος logos	Berg, Gebirge Rede, Wort; Berechnung
4223	Orpheum, das gr>nlat	Tonhalle, Konzertsaal {37/58/88}	Ὄρφειος Orpheios	zu Orpheus gehörig (s. Anhang „Namen")
4224	Orphik, die gr>l	altgr. religiöse (↗ UTL 3066) ↗ philosophische Geheimlehre {51/75/77}	Ὀρφικός Orphikos	dto.
–	Orphiker, der	Anhänger der Orphik {33/51/75/77}	dto.	dto.
–	orphisch	zur Orphik gehörend {51/75/77}	dto.	dto.
–	Orphismus, o. Orphizismus, der (gr;gr) >nlat	(= Orphik): altgr. religiöse (↗ UTL 3066) ↗ philosophische Geheimlehre {51/75/77}	dto. + –ισμός –ismos	dto. gr. Suffix s. Partikelliste
>>>	Ortho– ↗ Wortelementeliste			
4225	orthodox gr>l bzw. (3.) gr>l;gr >spätgr >ahd>mhd	1. recht-, strenggläubig, traditionell (↗ UTL 3609) {25/51/77}; 2. starr, unnachgiebig {25/84}; 3. –e Kirche: die seit 1054 von Rom getrennte ↗ christliche Ostkirche {51/77}	ὀρθόδοξος orthodoxos bzw. (3.) + κυριακόν kyriakon spätgr. κυρικόν ahd. kiricha mhd. kirche	die richtige Meinung habend das zum Herren gehörige Haus; Gotteshaus dto. dto. dto.

–	Orthodoxie, die	1. Recht-, Strenggläubigkeit; Streben nach der reinen ↗ theologischen Lehre {51/77}; 2. konservative (↗ UTL 1824) Lebenshaltung {25/84}	ὀρθοδοξία orthodoxia	die richtige Meinung	
4226	orthodrom gr>nlat	die Orthodrome betreffend {45/71}	ὀρθοδρομεῖν orthodromein	geradeaus laufen	
–	Orthodrome, die	kürzeste Verbindung zwischen zwei Punkten (↗ UTL 2903) auf der Erdoberfläche (seemannsspr. t. t.) {45/71}	dto.	dto.	
–	orthodromisch	auf der Orthodrome gemessen {45/71}	dto.	dto.	
4227	Orthoepie, die	Lehre von der richtigen Aussprache der Wörter (sprachwiss. t. t.) {32/76}	ὀρθοέπεια orthoepeia	die richtige Aussprache	
–	orthoepisch	die Orthoepie betreffend {32/76}	dto.	dto.	
4228	Orthogon, das gr>l	Rechteck (geometr. t. t.) {71}	ὀρθογωνία orthogonia	der rechte Winkel	
–	orthogonal gr>nlat	rechtwinklig {71}	ὀρθογώνιος orthogonios	rechtwinklig	
4229	Orthographie, die gr>l	nach bestimmten Regeln festgelegte Schreibung der Wörter; Rechtschreibung {32/76}	ὀρθογραφία orthographia	Rechtschreibung	
–	orthographisch	die Orthographie betreffend {32/76}	ὀρθογράφος orthographos	richtig schreibend	
4230	Orthologie, die gr;gr	Wissenschaft vom Normalzustand des Organismus (med. t. t.) {70}	ὀρθός orthos + λόγος logos	gerade, aufrecht; recht, richtig Rede, Wort; Berechnung	
4231	orthonym	unter dem richtigen Namen des Autors (↗ UTL 0333) veröffentlicht {32/76}	ὀρθώνυμος orthonymos	mit rechtem, wahrem Namen	
4232	Orthopäde, der gr;gr	Facharzt für Orthopädie {40/70}	ὀρθός orthos + παιδεία paideia	gerade, aufrecht; recht, richtig Erziehung, Bildung	
–	Orthopädie, die (gr;gr)>frz	Wissenschaft von der Erkennung u. Behandlung angeborener o. erworbener Fehler der Haltungs– u. Bewegungsorgane (Bezeichnung 1741 von dem frz. ↗ Arzt N. Andry geprägt) {70}	dto. frz. *orthopédie*	dto.	

–	**Orthopä-diemecha-niker,** der (gr;gr)>frz; gr	Handwerker, der künstliche Gliedmaßen für Behinderte herstellt {40/70}	dto. + μηχανικός mechanikos	dto. geschickt, kunstfertig s. o. Mechaniker
–	**ortho-pädisch** gr;gr	die Orthopädie betreffend {70}	ὀρθός orthos + παιδεία paideia	gerade, aufrecht; recht, richtig Erziehung, Bildung
–	**Ortho-pädist,** der gr;gr;gr	Hersteller orthopädischer Geräte {40/41/70}	dto. + –ιστής –istes	dto. gr. Suffix s. Partikelliste
4233	**Ortho-phonie,** die gr;gr	nach bestimmten Regeln festgelegte Aussprache {32/76}	ὀρθός orthos + φωνή phone	gerade, aufrecht; recht, richtig Laut, Stimme
4234	**Ortho-ptere,** die (gr;gr) >nlat o. **Ortho-pteron,** das	Geradflügler (z. B. Heuschrecke, Ohrwurm, Schabe, Grille) (↗ UTL 1223a) {08/69}	ὀρθός orthos + πτερόν pteron	gerade, aufrecht; recht, richtig Feder, Flügel
4235	**Orthop-tik,** die gr;gr	Behandlung des Schielens durch Training der Augenmuskeln {14/70}	ὀρθός orthos + ὀπτική (τέχνη) optike (techne)	gerade, aufrecht; recht, richtig die Lehre vom Sehen s. o. Optik
–	**Orthop-tist(in),** der / die gr;gr	in Orthoptik ausgebildete(r) Helfer(in) des Augenarztes {40/70}	dto.	dto.
4236	**Ortho-stase,** die (gr;gr) >nlat	aufrechte Körperhaltung {12/70}	ὀρθός orthos + στάσις stasis	gerade, aufrecht; recht, richtig das Feststehen; Zustand, Lage; Aufstand
–	**Ortho-staten,** die (Pl.)	hochkant stehende Platten als unterste Steinlage bei antiken (↗ UTL 0214) Gebäuden {75/88}	ὀρθοστάτης orthostates	der gerade, aufrecht Stehende
–	**ortho-statisch**	1. die Orthostase betreffend {12/70}; 2. die Orthostaten betreffend {75/88}	dto.	dto.

4237	Orthotonie, die	richtige Betonung (mus. t. t.) {37}	ὀρθοτονεῖν orthotonein	richtig betonen	
–	orthotonieren	gr. ⟋ enklitische Wörter mit einem ⟋ Ton versehen {32/76}	ὀρθότονος orthotonos	richtig betont	

>>> –ose, –osis ⟋ Partikelliste

4238	Osmose, die (gr;gr) >nlat	das Filtern eines schwächer konzentrierten (⟋ UTL 1883) Lösungsmittels in ein stärker konzentriertes (chem. t. t.) {69/73}	ὠσμός osmos + –ωσις –osis	Stoß, Schub gr. Suffix s. Partikelliste	
–	Osmotherapie, die gr;gr	Behandlung von Krankheiten durch Erhöhung des osmotischen Drucks des Blutes (med. t. t.) {70}	dto. + θεραπεία therapeia	dto. Dienen, Pflegen s. u. Therapie	
–	osmotisch	auf Osmose beruhend {69/73}	ὠσμός osmos	Stoß, Schub	
4239	Ösophagitis, die gr;gr	Entzündung der Speiseröhre (med. t. t.) {14/70}	οἰσοφάγος oisophagos + –ῖτις –itis	„Träger des Essens", Speiseröhre gr. Suffix s. Partikelliste	
4240	Ösophagoskop, das gr;gr	Speiseröhrenspiegel (med. t. t.) {70}	dto. + σκοπός skopos	dto. jmd., der genau hinschaut; Aufseher, Späher	
4241	Ösophagus, der	Speiseröhre (anat. t. t.) {11/70}	οἰσοφάγος oisophagos	Speiseröhre	

>>> Oste(o)– ⟋ Wortelementeliste

4242	Ostealgie, die (gr;gr) >nlat	Knochenschmerz (med. t. t.) {14/70}	ὀστέον osteon + ἄλγος algos	Knochen Schmerz	
4243	Osteodynie, die gr;gr	= Ostealgie: Knochenschmerz (med. t. t.) {14/70}	ὀστέον osteon + ὀδύνη odyne	Knochen Schmerz, Leid	

4244	osteogen gr>nlat	1. knochenbildend; 2. aus Knochen entstanden (med. t. t.) {70}	ὀστεογενής osteogenes bzw. ὀστέον osteon + –γενής –genes		von Knochen erzeugt Knochen stammend von; hervorbringend, verursachend
–	Osteogenese, die gr;gr	Knochenbildung (med. t. t.) {70}	ὀστέον osteon + γένεσις genesis		Knochen Ursprung, Entstehung
4245	Osteologe, der gr;gr	Facharzt für Osteologie {40/70}	ὀστέον osteon + λόγος logos		Knochen Rede, Wort, Berechnung
–	Osteologie, die	Wissenschaft von den Knochen (med. t. t.) {70}	ὀστεολογία osteologia		Lehre von den Knochen
–	osteologisch gr;gr	die Osteologie betreffend {70}	ὀστέον osteon + λογικός logikos		Knochen zum Reden gehörig, die Rede betreffend
4246	Osteolyse, die gr;gr	Auflösung von Knochengewebe (med. t. t.) {14/70}	ὀστέον osteon + λύσις lysis		Knochen (Auf)lösung
4247	Osteomyelitis, die gr;gr;gr	Knochenmarkentzündung (med. t. t.) {14/70}	dto. + μυελός myelos + –ῖτις –itis		dto. Mark gr. Suffix s. Partikelliste
4248	Osteon, das	Baustein des Knochengewebes (med. t. t.) {70}	ὀστέον osteon		Knochen
4249	Osteopathie, die (gr;gr) >nlat	Knochenleiden (med. t. t.) {14/70}	dto. + πάθος pathos		dto. Schmerz; Leiden(schaft)
4250	Osteoplastik, die gr;gr	operativer (↗ UTL 2434) künstlicher Knochenersatz {70}	ὀστέον osteon + πλαστική (τέχνη) plastike (techne)		Knochen (die Kunst des) Bilden, Gestaltens s. u. Plastik

–	osteo-plastisch gr;gr	die Osteoplastik betreffend {70}	dto.	dto.
4251	Osteo-porose, die gr;gr;gr	krankhaftes Poröswerden von Knochen (med. t. t.) {14/70}	ὀστέον osteon + πόρος poros + –ωσις –osis	Knochen Furt, Weg, Durchgang; Öffnung gr. Suffix s. Partikelliste

>>> Ostraka, die = Plural (↗ UTL 2697) von Ostrakon

4252	Ostrakis-mos o. Ostra-kismus, der	Scherbengericht im alten Athen, wo man mit Scherben abstimmte {50/75/82}	ὀστρα-κισμός ostrakismos	Scherbengericht; Verbannung
–	Ostrakon, das	in der Antike (↗ UTL 0214) als Schreibmaterial verwendete Scherbe {32/75/82}	ὄστρακον ostrakon	Keramikgefäß; Scherbe; Stimmtäfelchen bei Gericht

>>> Ostrazismus, der = Ostrakismos

4253	Östrogen, das (gr;gr) >nlat	weibliches Geschlechtshormon (med. t. t.) {11/70}	οἶστρος oistros + –γενής –genes	Pferdebremse; Stachel; Leidenschaft stammend von; hervorbringend, verursachend
4254	Östro-manie, die	= ↗ Nymphomanie: Mannstollheit; krankhaftes sexuelles (↗ UTL 3303) Bedürfnis der Frau (med. t. t.) {14/18/33/70}	οἰστρο-μανία oistromania	rasende Leidenschaft
4255	Östron, das	Follikelhormon (med. t. t.) {11/70}	οἶστρος oistros	Pferdebremse; Stachel; Leidenschaft
–	Östrus, der gr>l	gesteigerte Paarungsbereitschaft bei Tieren; Brunst (zool. t. t.) {69}	dto.	dto.
4256	Oszillo-gramm, das l;gr	von einem Oszillographen aufgezeichnetes Schwingungsbild (phys. t. t.) {72}	l. *oscillare* + γράμμα gramma	sich schaukeln (↗ UTL 2456) Buchstabe, Schrift(werk)

Oszillograph   4256

–	Oszillo- graph, der l;gr	Apparatur (↗ UTL 0230) zum Aufzeichnen (schnell) verän- derlicher (↗ elektrischer) Vorgänge, bes. Schwingungen (phys. t. t.) {72}	dto. + γραφεύς grapheus	dto. Schreiber, Maler
–	Oszillo- skop, das l;gr	Apparatur (↗ UTL 0230) zur Sichtbarmachung von Schwingungen; Kontrollbild- schirm (phys., techn. t. t.) {72}	dto. + σκοπός skopos	dto. jmd., der genau hinschaut; Aufse- her, Späher
>>>	Ot(o)– ↗ Worteelementeliste			
4257	Otalgie, die gr>nlat	Ohrenschmerz (med. t. t.) {14/ 70}	ὠταλγία otalgia	Ohrenschmerz
4258	Otiatrie, die gr;gr	Ohrenheilkunde (med. t. t.) {70}	οὖς, Gen. ὠτός ous, otos + ἰατρική (τέχνη) iatrike (techne)	Ohr Heilkunst
–	otiatrisch gr;gr	die Ohrenheilkunde betref- fend (med. t. t.) {70}	dto.	dto.
4259	Otitis, die (gr;gr) >nlat	Ohrenentzündung (med. t. t.) {14/70}	οὖς, Gen. ὠτός ous, otos + –ῖτις –itis	Ohr gr. Suffix s. Partikelliste
–	otitisch (gr;gr) >nlat	die Ohrenentzündung betref- fend (med .t. t.) {14/70}	dto.	dto.
	Otologe, der gr;gr	Ohrenarzt (med. t. t.) {40/70}	dto. + λόγος logos	dto. Rede, Wort; Be- rechnung
–	Otologie, die gr;gr	↗ Otiatrie {70}	dto.	dto.
–	otolo- gisch gr;gr	↗ otiatrisch {70}	οὖς, Gen. ὠτός ous, otos + λογικός logikos	Ohr zum Reden gehö- rig, die Rede be- treffend
4260	Otophon, das (gr;gr) >nlat	Hörgerät {70}	οὖς, Gen. ὠτός ous, otos + φωνή phone	Ohr Laut, Stimme, Ton

4261	Oto-plastik, die gr;gr	Ohrstück eines Hörgeräts {70}	dto. + πλαστική (τέχνη) plastike (techne)	dto. (die Kunst des) Bilden, Gestaltens s. u. Plastik	
4262	Otoskop, das gr;gr	Ohrenspiegel (med. t. t.) {70}	dto. + σκοπός skopos	dto. jmd., der genau hinschaut; Aufseher, Späher	
–	Otosko-pie, die gr;gr	Ausspiegelung eines Ohres (med. t. t.) {70}	dto. + σκοπή skope	dto. das Umschauen, Spähen	
4263	Ovarial-hormon, das l;gr	das im Eierstock gebildete Geschlechtshormon (med. t. t.) {70}	l. *ovarius* + ὁρμᾶν horman	zum Ei gehörig, Ei... in Bewegung setzen s. o. Hormon	
4264	Ovariek-tomie, die l;gr	operative (↗ UTL 2434) Entfernung eines Eierstocks (med. t. t.) {70}	dto. + ἐκτομή ektome	dto. das Herausschneiden s. o. Ektomie	
4265	Oxalat, das gr>l>nlat	Salz der Oxalsäure {73}	ὀξαλίς oxalis l. *oxalis*	eine Art Sauerampfer dto.	
–	Oxal-stein, der gr;d	Nierenstein aus oxalsaurem Kalk (↗ UTL 1599) (med. t. t.) {14/70/73}	dto. + d. *Stein*	dto.	
–	Oxal-säure, die gr;d	Kleesäure; giftige ↗ organische Säure {73}	dto. + d. *Säure*	dto.	
>>>	–oxi–, –oxy– ↗ Wortelementeliste				
>>>	–oxid, –oxyd ↗ Wortelementeliste				
4266	Oxyd, das gr>frz	Verbindung eines chem. Grundstoffes mit Sauerstoff (Bezeichnung geprägt 1787 von G. de Morveau) {73}	ὀξύς oxys frz. *oxyde, oxide*	scharf, spitz, sauer	
–	Oxydase, die gr>frz;gr	sauerstoffübertragendes ↗ Enzym (chem. t. t.) {69/73}	dto. + –ασις –asis	dto. gr. Suffix s. Partikelliste	
–	Oxyda-tion, die gr>frz	1. Verbindung eines chem. Grundstoffes mit Sauerstoff {73}; 2. Entzug von ↗ Elektronen aus den ↗ Atomen eines chem. Grundstoffs {72/73}	ὀξύς oxys frz. *oxydation*	scharf, spitz, sauer	

–	oxydativ	durch eine Oxydation bewirkt (chem. t. t.)	dto.	dto.
–	Oxydator, der	1. Oxydationsmittel {73}; 2. Sauerstoffträger als Bestandteil von Raketentreibstoffen {45/66}	dto.	dto.
–	oxydieren gr>frz	1. sich mit Sauerstoff verbinden {73}; 2. ↗ Elektronen abgeben, die von einer anderen Substanz aufgenommen werden {72/73}	dto.	dto. frz. *oxyder*
–	oxydisch	Oxyd enthaltend {73}	dto.	dto.
4267	Oxygen(ium), das (gr;gr)>frz >nlat	Sauerstoff; chem. Zeichen: O (Bezeichnung 1786 von dem frz. ↗ Chemiker Lavoisier geprägt) {73}	dto. + –γενής –genes frz. *oxygène*	dto. stammend von; hervorbringend, verursachend
–	Oxygenation o. Oxygenierung, die gr;gr	Sättigung des Gewebes mit Sauerstoff (med. t. t.) {70}	dto.	dto.
4268	Oxymoron, das	Verbindung von zwei sich widersprechenden Begriffen (rhet. t. t.) {32/76}	ὀξύμωρος oxymoros	scharfsinnig– dumm
4269	Oxytonon, das	auf der letzten u. kurzen ↗ Silbe betontes Wort (linguist. t. t.) {32/76}	ὀξύτονος oxytonos	scharf angespannt; mit dem Akut auf der letzten Silbe
4270	Ozean, der gr>l	Weltmeer {02/64}	Ὠκεανός Okeanos	Okeanos (s. Anhang „Namen")
–	Ozeanarium, das gr>l>nlat	großes Meerwasseraquarium {68/69}	dto.	dto.
4271	Ozeanaut, der gr;gr	Forscher in einer Unterwasserstation {40/62/63/64/69}	dto. + ναύτης nautes	dto. Seemann
4272	Ozeanien, das	Inselgruppen des Pazifischen (↗ UTL 2556) Ozeans {64}	dto.	dto.
–	ozeanisch gr>l	1. zum Ozean gehörig; 2. zu Ozeanien gehörig {64}	dto.	dto.
4273	Ozeanist, der (gr;gr)>l >nlat	Erforscher der Kulturen (↗ UTL 1947) der ozeanischen Völker {64/81}	dto. + –ιστής –istes	dto. gr. Suffix s. Partikelliste

–	Ozeanistik, die (gr;gr)>l >nlat	Wissenschaft von der Kultur der ozeanischen Völker {64/81}	dto.	dto.
4274	Ozeanität, die	Abhängigkeit des Küstenklimas von den großen Meeresflächen (geogr. t. t.) {64/65}	’Ωκεανός Okeanos	Okeanos (s. Anhang „Namen")
4275	Ozeanograph, der (gr;gr) >nlat	Meereskundler {64/65}	’Ωκεανός Okeanos + γραφεύς grapheus	Okeanos (s. Anhang „Namen") Schreiber, Maler
–	Ozeanographie, die gr;gr	Meereskunde {64/65}	dto. + γραφή graphe	dto. Schrift; Zeichnung
–	ozeanographisch gr;gr	meereskundlich {64/65}	dto. + γραφικός graphikos	dto. im Malen geschickt; malerisch; zum Malen o. Schreiben gehörig
4276	Ozeanologe, der gr;gr	= ↗ Ozeanograph {64/65}	’Ωκεανός Okeanos + λόγος logos	Okeanos (s. Anhang „Namen") Rede, Wort; Berechnung
–	Ozeanologie, die gr;gr	= ↗ Ozeanographie {64/65}	dto.	dto.
–	ozeanologisch gr;gr	= ↗ ozeanographisch {64/65}	’Ωκεανός Okeanos + λογικός logikos	Okeanos (s. Anhang „Namen") zum Reden gehörig, die Rede betreffend
4277	Ozon, der / das	dreiatomiges Sauerstoffmolekül; chem. Zeichen: O_3 (Ausdruck 1839 von dem d. ↗ Chemiker C.F. Schönbein gebildet nach dem ausgeprägten Geruch des ↗ Gases) {01/65/73}	ὄζον ozon = PPrA von: ὄζειν ozein	das Riechende riechen, duften
–	ozonisieren	mit Ozon behandeln {40/41/73}	dto.	dto.
–	Ozonloch, das gr;d	ausgedünnte Stelle der Ozonschicht über den ↗ Polen {01/63/65/73}	dto. + d. *Loch*	dto.

725

–	**Ozono-sphäre,** die gr;gr	Schicht der Erdatmosphäre, in der sich unter Einwirkung von ultravioletten (↗ UTL 3713) Strahlen Ozon kondensiert (↗ UTL 1776) (meteor. t. t.) {01/63/65}	dto. + σφαῖρα sphaira	dto. Kugel, Ball s. u. Sphäre
–	**Ozon-schicht,** die gr;d	= ↗ Ozonosphäre {01/63/65}	dto. + d. *Schicht*	dto.

P

4278	Päan, der gr>l	(Lob)Hymnus auf Apoll (s. Anhang „Namen") {37/51}	παιάν paian	feierlicher Gesang an Apoll
4279	Pachydermen, die (Pl.) gr;gr	Sammelbezeichnung für Dickhäuter (z. B. ↗ Elefanten o. Nashörner) {69}	παχύς pachys + δέρμα derma	dick, breit Haut s. o. Derma
–	Pachydermie, die gr;gr	Verdickung der Haut {70}	dto.	dto.
>>>	Päd(o)– ↗ Wortelementeliste			
4280	Pädagoge, der gr>l	1. Erzieher, Lehrer; 2. Erziehungswissenschaftler {31/40/78}	παιδαγωγός paidagogos	Kinder führend; Erzieher
>>>	–pädagogik, –pädagogisch ↗ Wortelementeliste			
–	Pädagogik, die gr>frz	Erziehungswissenschaft {31/78}	παιδαγωγική paidagogike frz. *pédagogique*	Erziehungskunst
–	Pädagogikum, das	Teil des ersten Staatsexamens in Deutschland; Prüfung in Erziehungswissenschaft {78}	παιδαγωγικός paidagogikos	erzieherisch, zur Erziehung gehörig
–	pädagogisch	1. die Pädagogik betreffend; 2. erzieherisch {31/78}	dto.	dto.
–	pädagogisieren	etwas unter pädagogischen Gesichtspunkten betrachten {31/78}	dto.	dto.
–	Pädagogium, das gr>l	1. Erziehungsanstalt {31/33/78}; 2. Vorbereitungsschule für die pädagogische Hochschule {31/78}	dto.	dto.

4281	Päderast, der	↗ Homosexueller, der Knaben liebt {18/33/70}	παιδε-ραστής paiderastes	Knabenliebhaber
–	Päderastie, die	Knabenliebe {18/33/70}	dto.	dto.
4282	Pädiater, der (gr;gr) >nlat	Kinderarzt {15/40/70}	παῖς, Gen. παιδός pais, paidos + ἰατρός iatros	Kind, Junge Arzt
–	Pädiatrie, die gr;gr	Kinder- u. Säuglingsheilkunde {15/70}	παῖς, Gen. παιδός pais, paidos + ἰατρική (τέχνη) iatrike (techne)	Kind, Junge (Kunst des) Heilens
–	pädiatrisch gr;gr	die Kinderheilkunde betreffend {15/70}	dto.	dto.

>>> –pädie ↗ Wortelementeliste
>>> Pädo– ↗ Wortelementeliste

4283	Pädolinguistik, die gr;d	Wissenschaft, die sich mit den ↗ Stadien des Spracherwerbs u. der ↗ systematischen Entwicklung der Kindersprache beschäftigt (sprachwiss. t. t.) {32/76}	παῖς, Gen. παιδός pais, paidos + l. lingua	Kind, Junge Zunge, Sprache, Rede (↗ UTL 2068)
4284	Pädologe, der gr;gr	Wissenschaftler der Pädologie {15/40/70}	παῖς, Gen. παιδός pais, paidos + λόγος logos	Kind, Junge Rede, Wort; Berechnung
–	Pädologie, die gr;gr	Kinder- u. Jugendpsychologie {15/70}	dto.	dto.
–	pädologisch gr;gr	die Pädologie betreffend {15/70}	dto. + λογικός logikos	dto. zum Reden gehörig, die Rede betreffend
4285	pädophil gr;gr	1. die Pädophilie betreffend; 2. zur Pädophilie neigend {18/33/70}	παῖς, Gen. παιδός pais, paidos + φίλος philos	Kind, Junge lieb, befreundet, Freund

–	**Pädo-phile,** der gr;gr	pädophil empfindender Mensch {18/33/70}	dto.	dto.
–	**Pädophi-lie,** die gr;gr	↗ erotische Zuneigung Erwachsener zu Kindern {18/33/70}	dto. + φιλία philia	dto. Liebe, Freundschaft
4286	**Pädose-xuelle,** der gr;l	= ↗ Pädophile {18/33/70}	dto. + l. *sexualis*	dto. zum Geschlecht gehörig (↗ UTL 3303)
4287	**Page,** der gr>it>afrz	1. junger Adlinger im fürstlichen Dienst (hist. t. t.) {40/47/75}; 2. junger livrierter (↗ UTL 2079) (Hotel)Diener {40/45}	παῖς, Gen. παιδός pais, paidos bzw. παιδίον paidion it. *paggio* afrz. *page*	Kind, Junge; hier auch: Diener kleines Kind; junger Sklave Junge; Diener dto.
4288	**Pägnium,** das gr>nlat	altgr. Gedicht mit scherzhaftem Inhalt {34/75/76}	παίγνιον paignion	Spiel, Scherz; Scherz-, Spottgedicht
4289	**Paideia,** die	altgr. Erziehungsideal {31/33/75/78}	παιδεῖα paideia	Erziehung, Bildung
>>>	**Palä(o)–** ↗ Wortelementeliste			
4290	**Palä-anthropo-loge,** der (gr;gr;gr) >nlat	Wissenschaftler der Paläanthropologie {40/59/69/70}	παλαιός palaios + ἄνθρωπος anthropos + λόγος logos	alt; vorzeitlich Mensch Rede, Wort; Berechnung s. o. Anthropologe
–	**Palä-anthropo-logie,** die (gr;gr;gr) >nlat	Wissenschaft vom vorgeschichtlichen Menschen {59/69/70}	dto.	dto.
–	**palä-anthropo-logisch** (gr;gr;gr) >nlat	die Paläanthropologie betreffend {59/69/70}	dto. + λογικός logikos	dto. zum Reden gehörig, die Rede betreffend
>>>	**Paläo–** ↗ Wortelementeliste			
>>>	**Paläoanthropologie,** die = ↗ **Paläanthropologie**			

4291	Paläo-biologie, die gr;gr;gr	Teilgebiet der Paläontologie, das sich mit den fossilen (↗ UTL 1137a) ↗ Organismen befaßt {59/68/69}	παλαιός palaios + βίος bios + λόγος logos	alt; vorzeitlich Leben Rede, Wort; Berechnung s. o. Biologie
4292	Paläo-botanik, die gr;gr	Wissenschaft von den fossilen (↗ UTL 1137a) Pflanzen {59/68}	dto. + βοτανική botanike	dto. Pflanzenkunde s. o. Botanik
–	Paläobo-taniker, der gr;gr	Wissenschaftler der Paläobotanik {40/59/68}	dto.	dto.
–	paläobo-tanisch gr;gr	die Paläobotanik betreffend {59/68}	dto.	dto.
4293	Paläo-demo-graphie, die gr;gr;gr	Teilgebiet der ↗ Anthropologie, das sich mit der Sterblichkeit u. Altersstruktur der prähistorischen (↗ UTL 2771) Menschen befaßt {59/69/70}	παλαιός palaios + δῆμος demos + γραφή graphe	alt; vorzeitlich Volk Schrift; Zeichnung s. o. Demographie
4294	Paläogen, das	ältere Abteilung des Tertiärs (↗ UTL 3565) (geol. t. t.) {59/62}	παλαιο-γενής palaiogenes	vor langer Zeit geboren, uralt
4295	Paläogeo-graphie, die gr;gr	Teilgebiet der ↗ Geologie, das sich mit den ↗ geographischen Verhältnissen der Vorzeit befaßt {59/62/64}	παλαιός palaios + γεωγραφία geographia	alt; vorzeitlich Erdbeschreibung s. o. Geographie
4296	Paläo-graph, der gr;gr	Wissenschaftler der Paläographie {32/40/76}	παλαιός palaios + γραφεύς grapheus	alt; vorzeitlich Schreiber, Maler
–	Paläo-graphie, die gr;gr	Handschriftenkunde {32/76}	dto. + γραφή graphe	dto. Schrift; Zeichnung
–	paläogra-phisch gr;gr	die Paläographie betreffend {32/76}	dto. + γραφικός graphikos	dto. im Malen geschickt; malerisch; zum Malen o. Schreiben gehörig

4297	Paläo-klimato-logie, die gr;gr;gr	Wissenschaft, die sich mit der Untersuchung des ↗ Klimas früherer Erdzeitalter befaßt {59/65}	παλαιός palaios + κλίμα, Gen. κλίματος klima, klimatos + λόγος logos	alt; vorzeitlich Neigung der Erde gegen die Pole zu; Himmelsgegend Rede, Wort; Berechnung s. o. Klimatologie
4298	Paläolin-guistik, die gr;l	Wissenschaft, die von einer allen Völkern gemeinsamen Ursprache ausgeht (sprach-wiss. t. t.) {32/76}	παλαιός palaios + l. *lingua*	alt; vorzeitlich Zunge, Sprache, Rede (↗ UTL 2068)
4299	Paläo-lithen, die (Pl.) gr;gr	Steinwerkzeuge des Paläo-lithikums {44/59/69}	παλαιός palaios + λίθος lithos	alt; vorzeitlich Stein
–	Paläo-lithiker, der gr;gr	Mensch der Altsteinzeit {59/69/70}	dto. + λιθικός lithikos	dto. die Steine betreffend
–	Paläoli-thikum, das gr;gr	Altsteinzeit {59/62}	dto.	dto.
–	paläoli-thisch gr;gr	zum Paläolithikum gehörend {59/62}	dto.	dto.
4300	Paläonto-loge, der gr;gr;gr	Wissenschaftler der Paläonto-logie {40/59/68/69}	παλαιός palaios ὄν, Gen. ὄντός on, ontos + λόγος logos	alt; vorzeitlich das Seiende Rede, Wort; Berechnung s. o. Ontologe
–	Paläonto-logie, die gr;gr;gr	Lehre von den ausgestorbe-nen Tieren u. Pflanzen ver-gangener Erdzeitalter {59/68/69}	dto.	dto.
–	paläonto-logisch gr;gr;gr	die Paläontologie betreffend {59/68/69}	dto. + λογικός logikos	dto. zum Reden gehö-rig, die Rede be-treffend

4301	Paläopsychologie, die gr;gr;gr	⟶ Psychologie von den Urzuständen des Seelischen {70}	παλαιός palaios + ψυχή psyche + λόγος logos	alt; vorzeitlich Seele Rede, Wort; Berechnung s. u. Psychologie
4302	Paläotype, die gr;gr	Wiegendruck, Inkunabel (⟶ UTL 1418) {32/34/76}	παλαιός palaios + τύπος typos	alt; vorzeitlich Schlag; Abdruck; Gepräge, Gestalt
–	Paläotypie, die gr;gr	Lehre von den Formen (⟶ UTL 1132) der gedruckten Buchstaben {32/76}	dto.	dto.
4303	paläozän gr;gr	das Paläozän betreffend {59/62}	παλαιός palaios + καινός kainos	alt; vorzeitlich neu
–	Paläozän, das gr;gr	älteste Abteilung des Tertiärs (⟶ UTL 3565) (geol. t. t.) {59/62}	dto.	dto.
4304	Paläozoikum, das gr;gr	Erdaltertum (geol. t. t.) {59/62}	παλαιός palaios + ζωϊκός zoïkos	alt; vorzeitlich die Lebewesen betreffend
–	paläozoisch gr;gr	das Paläozoikum betreffend {59/62}	dto.	dto.
4305	Paläozoologe, der gr;gr;gr	Wissenschaftler der Paläozoologie {40/59/62/69}	παλαιός palaios + ζῷον zoon + λόγος logos	alt; vorzeitlich Lebewesen; Tier Rede, Wort, Berechnung s. u. Zoologe
–	Paläozoologie, die gr;gr;gr	Lehre von den Versteinerungen ausgestorbener Tiere {59/62/69}	dto.	dto.
–	paläozoologisch gr;gr;gr	die Paläozoologie betreffend {59/62/69}	dto. + λογικός logikos	dto. zum Reden gehörig, die Rede betreffend
4306	Palästra, die gr>l	altgr. Übungsplatz für Ringer {58/75/85}	παλαίστρα palaistra	Ringplatz, Ringschule

4307	Palato-gramm, das l;gr	Abbildung mit dem Palatographen {32/70/76}	l. *palatum* + γράμμα gramma	Gaumen (↗ UTL 2475 N) Buchstabe, Schrift(werk)
–	Palato-graph, der l;gr	Instrument (↗ UTL 1448b) zur Durchführung der Palatographie {32/70/76}	l. *palatum* + γραφεύς grapheus	Gaumen Schreiber, Maler
–	Palato-graphie, die l;gr	↗ Methode zur Ermittlung u. Aufzeichnung der Berührungsstellen zwischen Zunge u. Gaumen beim Sprechen eines Lautes (linguist. t. t.) {32/70/76}	l. *palatum* + γραφή graphe	Gaumen Schrift; Zeichnung
4308	Pala-tschinke, der gr>l >rumän >ung >österr	dünner, zusammengerollter mit Marmelade (↗ UTL 2153) o. ä. gefüllter Eierkuchen {17}	πλακοῦς plakous l. *placenta* rumän. *placinta* ung. *palacsinta* österr. *Palatschinke*	flacher Kuchen dto. Eierkuchen dto. dto.
4309	Palaver, das gr>l>port >engl	1. Ratsversammlung afrikanischer Stämme {32/81}; 2. ergebnisloses langwieriges Reden über etw. (abwertend) {25/32/56/59}	παραβολή parabole l. *parabole* o. *parabola* port. *palavra* engl. *palaver*	das Nebeneinanderstellen; Vergleich, Gleichnis Gleichnis, Erzählung Unterredung, Erzählung dto.; Geschwätz
–	palavern gr>l>port >engl	mit anderen über etw. sprechen; etw. erörtern, ohne daß ein Ergebnis zustandekommt (abwertend) {25/32/56/59}	dto.	dto.
>>>	paleozän = ↗ paläozän			
>>>	Pali(n)- ↗ Wortelementeliste			
4310	Palilalie, die (gr;gr) >nlat	krankhaftes Wiederholen desselben Wortes o. Satzes (med. t. t.) {14/32/70}	πάλιν palin + λαλεῖν lalein	wieder reden, schwatzen
4311	Pali-mnese, die gr;gr	Wiedererinnerung (med., psych. t. t.) {24/70}	πάλιν palin + μνῆσις mnesis	wieder das Erinnern

4312	Palimpsest, der / das gr>l	1. wieder neu beschriebenes ↗ Pergament, von dem der erste Text abgekratzt wurde {32/34/76}; 2. Rest des alten Ausgangsgesteins in umgewandeltem Gestein (geol. t. t.) {62}	παλίμ-ψηστος palimpsestos	wieder abgeschabt	
4313	Palindrom, das	Text (↗ UTL 3576), der vorwärts wie rückwärts gelesen – meist denselben – Sinn ergibt {32/34/76}	παλίν-δρομος palindromos	rückwärts laufend	
4314	palingen gr;gr	die Palingenese (3.) betreffend (geol. t. t.) {62}	πάλιν palin + –γενής –genes	wieder stammend von; hervorbringend, verursachend	
–	Palingenese o. Palingenesis, die (gr;gr) >nlat o. Palingenesie, die gr>l	1. Wiedergeburt durch Seelenwanderung {15/51/52}; 2. das Ausbilden von stammesgeschichtlichen Merkmalen bei der Entwicklung des ↗ Embryos (biol. t. t.) {69/70}; 3. Entstehung von ↗ Magma beim Aufschmelzen eines Gesteins (geol. t. t.) {62}	πάλιν palin + γένεσις genesis	wieder Ursprung, Entstehung	
–	palingenetisch gr;gr	die Palingenese (1. u. 2.) betreffend {15/51/52/69/70}	πάλιν palin + γενητός genetos	wieder geworden, entstanden	
4315	Palinodie, die	Widerruf einer Kränkung in Gedichtform {34/76}	παλινῳδία palinodia	Widerruf	
4316	Palladium, das 1. gr>l 2. gr>nlat	1. Kultbild der gr. Göttin Pallas Athene (s. Anhang „Namen") in Troja (s. Anhang „Namen") {36/75}; 2. chem. Grundstoff; dehnbares, silberweißes Edelmetall (Zeichen: Pd) (nach dem ↗ Planetoiden Pallas benannt) {73}	Παλλάδιον Palladion	Pallasbild	
4317	Paludarium, das gr>l>nlat	Anlage zur Haltung von Sumpf- u. Moorpflanzen sowie Tieren (biol. t. t.) {58/68/69}	παλός palos l. palus Gen. paludis	Lehm, Schlamm Pfuhl, Sumpf, Pfütze, See (↗ UTL 2484)	

4318	Pamphlet, das gr>mlat >afrz >altengl >mengl >frz	Streit- u. Schmähschrift, verunglimpfende Flugschrift {26/32/50}	πάμφιλος pamphilos mlat. *Pamphilus (seu de amore)* afrz. *pamphilet* altengl. *panfletus* mengl. *pamflet* frz. *pamphlet*	von allen geliebt, allen lieb Titel eines Liebesromans Kurzform dieses Titels kleine Schrift, Heftchen dto. Broschüre; kleine satirische Schrift
>>>	Pan-, pan- ↗ Wortelementeliste				
4319	panafrikanisch (gr;gr) >nlat	1. den Panafrikanismus betreffend {50/81}; 2. alle afrikanischen Staaten betreffend {64}	πᾶν pan = Neutrum zu: πᾶς, πᾶσα, πᾶν pas, pasa, pan + Ἀφρική Aphrike	all(es) all(es), ganz; jeder die römische Provinz Afrika
–	Panafrikanismus, der gr;gr;gr	Streben nach Zusammenarbeit aller afrikanischen Staaten {50/81}	dto. + –ισμός –ismos	dto. gr. Suffix s. Partikelliste
4320	Panagia, die	(in der ↗ orthodoxen ↗ Kirche): 1. Beiname Marias; 2. ↗ liturgisches Marienmedaillon des ↗ Bischofs; 3. Marienbild in der ↗ Ikonostase; 4. Brotsegnung zu Ehren Marias {51/77}	παναγία panagia Fem. zu: πανάγιος panagios	„die Allheilige" ganz heilig
4321	Panaritium, das gr>l	Nagelgeschwür, eitrige Entzündung an den Fingern (med. t. t.) {14/70}	παρονύχιον paronychion	kleiner Nebennagel
4322	Panathenäen, die (Pl.)	großes athernisches Volksfest, das im dritten Jahr jeder ↗ Olympiade zu Ehren der Athene (s. Anhang „Namen") begangen wurde {51/75}	Παναθήναια (Pl.) Panathenaia	die Panathenäen

4323	**Panax**, der gr>l	Araliengewächs, dessen Wurzel auch Ginseng genannt wird {04/68}	πάναξ o. πάνακες panax o. panaces		allheilend; Allheilmittel
4324	**Panazee**, die	Allheilmittel, Wundermittel {70}	πανάκεια panakeia		dto.
>>>	**Pancreas**, das = ⌐ Pankreas				
4325	**Pandaimonion** o. **Pandämonium**, das (gr;gr) >nlat	1. Gesamtheit aller ⌐ Dämonen; 2. Aufenthaltsort aller ⌐ Dämonen {51/58/75/77}	πᾶν pan + δαιμόνιον daimonion		all(es) das Göttliche, die Wirkung der Gottheit s. o. Dämon
4326	**Pandekten**, die (Pl.) gr>l	Gesetzessammlung; Hauptteil des röm. Privatrechts im Corpus juris civilis (⌐ UTL S. 877) {75/82}	πανδέκτης pandektes (βίβλοι) (Pl.) (bibloi)		alles in sich aufnehmend, in sich enthaltend; die Gesetzbücher des ⌐ Kaisers Justinian
–	**Pandektist**, der (gr;gr)>l >nlat	deutscher Zivilrechtler für Römisches Recht (bes. im 19. Jh.) {82}	dto. + –ιστής –istes		dto. gr. Suffix s. Partikelliste
4327	**Pandemie**, die gr>nlat	sich über Länder u. Erdteile ausbreitende Seuche {09/14/70}	πανδημία pandemia		das ganze Volk
–	**pandemisch**	sich über mehrere Länder ausbreitend (von Seuchen; med. t. t.) {09/14/70}	πανδήμιος pandemios		im ganzen Volke
4328	**Pandora**, die	1. Gestalt der gr. Sage, die das Unheil in die Welt brachte (s. Anhang „Namen") {51/75} 2. Büchse der –: Unheilsquell {25/33}	πανδώρα pandora		„die Allgeberin"
–	**Pandorabüchse**, die gr;gr	das Gefäß, das Pandora mit sich führt u. das alle Übel für die Menschheit enthält {51/75}	dto. + πυξίς pyxis		dto. Büchse aus Buchsbaumholz s. o. Büchse
4329	**Panegyriker**, der gr>l	Verfasser von Panegyriken {32/34/51/76/77}	πανηγυρικός panegyrikos (λόγος) (logos)		zur Volksversammlung gehörig; Fest–, Lobrede

–	**Pa**negyri-kon, das	↗ liturgisches Buch der ↗ orthodoxen ↗ Kirche mit Lobreden auf die Heiligen {34/51/77}	dto.		dto.
–	**Pa**negyrikos o. –kus, der gr>l	Fest–, Lobrede {32/76}	dto.		dto.
–	pa**ne**gyrisch	1. den Panegyrikus betreffend {32/76}; 2. lobpreisend {33/51/56/77}	dto.		dto.
4330	**Pa**nentheismus, der (gr;gr;gr;gr)>nlat	philosophische Lehre, nach der das Weltall eine Erscheinungsform Gottes ist (philos. t. t.) {77}	πᾶν pan + ἐν en + θεός theos + –ισμός –ismos		all(es) darin Gott gr. Suffix s. Partikelliste s. u. Theismus
–	pa**nen**theistisch (gr;gr;gr;gr)>nlat	in der Art des Panentheismus {77}	dto.		dto.
4331	**Pa**neuropa, das (gr;gr)>nlat	künftige Gemeinschaft aller europäischen Staaten {48/64}	πᾶν pan + Εὐρώπη Europe		all(es) Europa (s. Anhang „Namen") s. o. Europa
–	pa**neu**ropäisch gr;gr	ganz Europa umfassend {48/64}	dto.		dto.
4332	**Pan**flöte, die gr;d	mehrere aneinandergefügte Pfeifen verschiedener Länge (mus. t. t.) {37}	Πάν Pan + d. Flöte		Pan (s. Anhang „Namen")
4333	**Pan**gene, die (Pl.) gr;gr	kleinste Zellteilchen in der Vererbungskette (biol. t. t.) {68/69}	πᾶν pan + γένος genos		all(es) Geschlecht, Art s. o. Gen
4334	**Pan**genesistheorie, die gr;gr;gr	Annahme, daß die Vererbung durch kleinste Zellteilchen vonstatten geht (biol. t. t.) {68/69}	πᾶν pan + γένεσις genesis + θεωρία theoria		all(es) Ursprung, Entstehung das Anschauen, Betrachten; (wissenschaftliche) Untersuchung s. u. Theorie

4344	Pan-germa-nismus, der (gr;l;gr) >nlat	Bestreben, alle deutschsprachigen Völker in einem Staat zu vereinigen {27/33/48}	πᾶν pan + l. *Germania* + –ισμός –ismos	all(es) Germanien gr. Suffix s. Partikelliste
>>>	Panhagia, die = ↗ Panagia			
4345	panhelle-nisch (gr;gr) >nlat	alle Griechen betreffend {33/81}	πᾶν pan + Ἕλλην, Gen. Ἕλληνος Hellen, Hellenos	all(es) Grieche s. o. hellenisch
–	Panhelle-nismus, der gr;gr	Bestreben, alle griechischen Länder in einem Staat zu vereinigen {33/50/81}	dto. + ἑλλη-νισμός hellenismos	dto. die Eigentümlichkeit der gr. Sprache s. o. Hellenismus
4346	Panik, die gr>frz	kopflose Verwirrung, plötzlich ausbrechende Angst {26}	Πανικός Panikos frz. *panique*	vom Gott Pan (s. Anhang „Namen") herrührend, dessen plötzliches Erscheinen die Menschen erschreckte
–	panisch	kopflos verängstigt {26}	dto.	dto.
4347	Panisla-mismus, der (gr;arab;gr) >nlat	Streben nach Vereinigung aller islamischen Völker {33/50/77/81}	πᾶν pan + arab. *islam* + –ισμός –ismos	all(es) völlige Hingabe an Gott gr. Suffix s. Partikelliste
4348	Pankra-tion, die	altgr. Zweikampf: Kombination (↗ UTL 1734) von Ring– u. Faustkampf {75/85}	πανκράτιον pankration	Allkampf (Ringen u. Faustkampf)
4349	Pankraz	veralteter männlicher Vorname {31}	παγκρατής pankrates	allherrschend, allgewaltig

4350	Pankreas, das	Bauchspeicheldrüse (med. t. t.) {11/70}	πάγκρεας pankreas aus: πᾶν pan + κρέας, Gen. κρέατος kreas, kreatos	Bauchspeicheldrüse all(es) Fleisch
–	Pankreatitis, die gr;gr	Entzündung der Bauchspeicheldrüse (med. t. t.) {14/70}	dto. + –ῖτις –itis	dto. gr. Suffix s. Partikelliste
4351	Panlogismus, der (gr;gr) >nlat	Lehre, daß die Welt als Verwirklichung der Vernunft aufzufassen sei (philos. t. t.) {25/77}	πᾶν pan + λογισμός logismos	all(es) Rechnen, Berechnung; Überlegung, Erwägung s. o. Logismus
4352	Panmixie, die (gr;gr) >nlat	1. Möglichkeit der Kreuzung aller Tiere o. Pflanzen, die zu einer Population (↗ UTL 2721) gehören; 2. Mischung guter und schlechter Erbanlagen; 3. das zufällige Zustandekommen von Paarungen ohne den Einfluß von Selektionsfaktoren {68/69}	πᾶν pan + μῖξις mixis	all(es) Mischung
4353	Pannychis, die	Nachtfeier; nächtliche Vorfeier höherer Feste in der Ostkirche {51/77}	παννυχίς pannychis	nächtliches Fest
4354	Panoptikum, das (gr;gr) >nlat>engl	1. Wachsfigurenkabinett; 2. Sammlung von Kuriositäten (↗ UTL 1966) {36/57}	πᾶν pan + ὀπτικός optikos engl. panopticon	alles das Sehen betreffend
–	panoptisch (gr;gr) >nlat>engl	von überall einsehbar {23/55}	dto.	dto.
4355	Panorama, das gr;gr	1. Ausblick, Rundblick {23/55}; 2. ↗ fotografische Rundaufnahme {87}; 3. Rundbild {36}	πᾶν pan + ὅραμα horama	alles das Gesehene, der Anblick

–	**Panoramaverfahren,** das gr;gr;d	Breitwand– u. Raumtonwiedergabe bei Kinofilmen {85/87}	dto. + d. *Verfahren*	dto.	
4356	**Panphobie,** die (gr;gr) >nlat	krankhafte Angst vor allen Vorgängen der Außenwelt (psych., med. t. t.) {14/70}	πᾶν pan + φόβος phobos	all(es) Angst, Furcht	
4357	**Panplegie,** die (gr;gr) >nlat	allgemeine, vollständige Lähmung der ↗ Muskulatur (med. t. t.) {14/70}	πᾶν pan + πληγή plege	alles Schlag	
4358	**Panpsychismus,** der (gr;gr;gr) >nlat	Vorstellung, daß die gesamte Natur (↗ UTL 2343) beseelt ist (philos. t. t.) {25/77}	πᾶν pan + ψυχή psyche + –ισμός –ismos	alles Seele gr. Suffix s. Partikelliste s. u. Psychismus	

>>> **Pansflöte,** die = ↗ **Panflöte**

4359	**Pansinusitis,** die (gr;l;gr) >nlat	Entzündung der Nasennebenhöhlen (med. t. t.) {14/70}	πᾶν pan + l. *sinus* + –ῖτις –itis	alles bauschige Rundung, Krümmung, Falte; Bucht; das Innerste (↗ UTL 3331) gr. Suffix s. Partikelliste	
4360	**Panslawismus,** der (gr;slaw;gr) >nlat	Bestreben, alle slawischen Völker zu vereinigen {33/50/81}	πᾶν pan + slaw. *slawa* + –ισμός –ismos	alles Ruhm gr. Suffix s. Partikelliste	
–	**Panslawist,** der (gr;slaw;gr) >nlat	Anhänger des Panslawismus {33/50/81}	dto. + –ιστής –istes	dto. gr. Suffix s. Partikelliste	
–	**panslawistisch** (gr;slaw;gr) >nlat	den Panslawismus betreffend {33/50/81}	dto.	dto.	

4361	Pansophie, die (gr;gr) >nlat	religiös (↗ UTL 3066) – ↗ philosophische Bewegung des 16.–18. Jh.s, für weltweiten Zusammenschluß aller Wissenschaften u. Gelehrtenaustausch {33/77}	πᾶν pan + σοφία sophia	alles das Wissen; Weisheit
–	pansophisch gr;gr	die Pansophie betreffend {33/77}	dto.	dto.
4362	Panspermie, die (gr;gr) >nlat	↗ Theorie von der Entstehung des Lebens auf der Erde durch Keime von anderen ↗ Planeten (biol. t. t.) {66/68/69}	πᾶν pan + σπέρμα sperma	alles Same
4363	Pantalone, der gr>it	Figur (↗ UTL 1089) in der it. Comedia dell' arte: ↗ komischer Alter {35/74}	Πανταλέων Pantaleon it. *Pantaleone* u. *pantaloni*	Pantaleon (s. Anhang „Namen") it. Heiliger lange Hosen (Teil des Kostüms dieser Rolle)
–	Pantalons, die (Pl.) gr>it>frz	während der französischen Revolution (↗ UTL 3143) aufgekommene lange Männerhose {19/75}	dto. frz. *pantalon(s)*	dto.
4364	Pantelismus, der (gr;gr;gr) >nlat	Anschauung, nach der das gesamte Seiende ↗ teleologisch erklärbar ist (philos. t. t.) {25/52/77}	πᾶν pan + τέλος telos + –ισμός –ismos	all(es) Ende, Zweck, Ziel gr. Suffix s. Partikelliste
4365	Pantheismus, der (gr;gr;gr) >nlat	Lehre, daß Gott überall in der Natur (↗ UTL 2343) ist (philos. t. t.) {51/77}	πᾶν pan + θεός theos + –ισμός –ismos	all(es) Gott gr. Suffix s. Partikelliste s. u. Theismus
–	Pantheist, der gr;gr;gr	Vertreter des Pantheismus {51/77}	dto. + –ιστής –istes	dto. gr. Suffix s. Partikelliste
–	pantheistisch gr;gr;gr	den Pantheismus betreffend {51/77}	dto.	dto.

4366	Panthelismus, der (gr;gr;gr) >nlat	Lehre, nach der der Wille das innerste Wesen der Welt ist (philos. t. t.) {29/77}	πᾶν pan + θέλειν thelein + –ισμός –ismos	all(es) wollen gr. Suffix s. Partikelliste
4367	Pantheon, das gr>l	1. antiker (↗ UTL 0214) Tempel (↗ UTL 3545) für alle Götter {51/88}; 2. Ehrentempel {24/88}; 3. Gesamtheit der Götter eines Volkes {51/57/77}	Πάνθειον Pantheion l. Pantheon	„allen Göttern geweihter Tempel"; Pantheon dto.
4368	Panther, der gr>l>ahd >mhd	schwarz–gelb gefleckte (= ↗ Leopard) oder tiefschwarze Großkatze {06/69}	πάνθηρ panther	Panther
4369	Pantoffel, der (gr;gr) >mgr >mfrz/frz >nhd	(↗ Etymologie unsicher): leichter Hausschuh {19}	πᾶν, Gen. παντός pan, pantos + φελλός phellos mgr. παντόφελλος* pantophellos mfrz./frz. pantoufle nhd. pantoffel	all(es) Kork(eiche) Schuh ganz aus Kork bequemer Hausschuh dto.
4370	Pantograph, der (gr;gr) >nlat	Storchschnabel (Zeicheninstrument) {36/40}	πᾶν, Gen. παντός pan, pantos + γραφεύς grapheus	all(es) Schreiber, Maler
–	Pantographie, die gr;gr	mit dem Pantographen hergestelltes Bild {36}	dto. + γραφή graphe	dto. Schrift; Zeichnung
4371	Pantokrator, der gr;gr	1. Bezeichnung für Gott u. den auferstandenen ↗ Christus; 2. Darstellung des thronenden Christus {51/77}	dto. + κράτος kratos	dto. Kraft, Macht
4372	Pantomime, die gr>l	Darstellung einer ↗ Szene ohne Worte, nur mit Gebärden u. ↗ Mimik {32/35/74}; 2. Darsteller einer Pantomime {35/40/74}	παντόμιμος pantomimos	alles nachahmend; Pantomimendarsteller
–	Pantomimik, die gr>l	1. Kunst des Gebärdenspiels {32/35/74}; 2. Gesamtheit der Ausdrucksbewegungen des Körpers (psych. t. t.) {12/70}	dto.	dto.

–	**pantomi-misch**	1. nur durch Gebärden {12/32}; 2. die Pantomimik betreffend {32/35/74}	dto.		dto.
4373	**panto-phag** gr>nlat	sowohl pflanzliche als auch tierische Nahrung fressend (zool. t. t.) {69}	παντοφάγος pantophagos		alles essend
–	**Panto-phage,** der	Allesfresser (zool. t. t.) {69}	dto.		dto.
–	**Panto-phagie,** die	Allesfresserei (zool. t. t.) {69}	παντοφαγία pantophagia		das Essen aller Speisen
4374	**Panto-then-säure,** die gr;d	zur B_2 - Gruppe gehörendes Vitamin (↗ UTL 3838) {17/70/73}	πάντοθεν pantothen + d. *Säure*		von überall her (da die Säure in allen Geweben vorkommt)
4375	**panur-gisch**	verschmitzt, listig {25/26/84}	πανοῦργος panourgos		alles zu tun im Stande; geschickt; listig, schlau
4376	**Päon,** der gr>l	im ↗ Päan verwendeter Versfuß mit drei kurzen u. einer langen Silbe {34/37/76}	παιών paion		feierlicher Gesang; Versfuß aus drei kurzen u. einer langen Silbe
4377	**Päonie,** die gr>l	Pfingstrose {04/69}	παιωνία paionia		die Blume Päonia
4378	**papal** gr>mlat	päpstlich {51/77}	πάππας pappas		Papa
–	**Papalis-mus,** der (gr>mlat; gr)>nlat	kirchenrechtliche Anschauung, nach der die höchste Kirchengewalt beim ↗ Papst, nicht bei den ↗ Bischöfen liegt {51/77}	dto. + –ισμός –ismos		dto. gr. Suffix s. Partikelliste
–	**papali-stisch** gr>mlat >nlat	im Sinne des Papalismus {51/77}	dto.		dto.
–	**Papal-system,** das gr>mlat;gr	↗ katholisches ↗ System der päpstlichen Kirchenhoheit {51/77}	dto. + σύστημα systema		dto. ein aus mehreren Teilen zusammengesetztes Ganzes s. u. System
–	**Papat,** der / das gr>mlat >nlat	Würde u. Amt des ↗ Papstes {51/77}	πάππας pappas		Papa

4379	**Papeterie**, die gr>l>frz	Papierwarenhandlung, Papierwaren {40/42}	πάπυρος papyros l. *papyrus* frz. *papeterie*	Papyrusstaude; Papier dto.
–	**Papeterist**, der gr>l>frz;gr	Schreibwarenhändler (schweiz.) {40/42}	dto. + –ιστής –istes	dto. gr. Suffix s. Partikelliste
4380	**Papier**, das gr>l>afrz >mhd	1. durch Faserverfilzung entstandenes, blattartiges Gebilde zum Schreiben, Drucken u. Verpacken {44}; 2. Schriftstück {32}; 3. Ausweis, Unterlagen {32/49/52}	πάπυρος papyros l. *papyrus* afrz. *papier* mhd. *papier*	Papyrusstaude; Papier dto.
>>>	–**papier** ↗ Wortelementeliste			
–	**Papiermaché**, das gr>l>afrz >mhd; frz	↗ Masse aus eingeweichtem Papier u. Leim {40/44}	dto. + frz. *maché*	dto. Brei
4381	**Papismus**, der (gr;gr) >mlat>nlat	Papsttum (abwertend) {51/77}	πάππας pappas + –ισμός –ismos	Papa s. u. Papst gr. Suffix s. Partikelliste
–	**Papist**, der (gr;gr) >mlat>nlat	Anhänger des Papsttums (abwertend) {33/51/77}	dto. + –ιστής –istes	dto. gr. Suffix s. Partikelliste
–	**papistisch** (gr;gr) >mlat>nlat	den Papsttum betreffend (abwertend) {51/77}	dto.	dto.
>>>	**Pappmaché**, das = ↗ **Papiermaché**			
4382	**Paprika**, der mind>gr>l >serb>ung	1. Gemüse– u. Gewürzpflanze {05/69}; 2. Paprikaschote {05/17}; 3. Paprikapulver (Gewürz) {17}	mind. *pippari* πέπερι peperi l. *piper* serb. *pàpar* serb./ung. *pàprika*	Pfeffer dto. dto. dto. Pfefferschote, Paprika

–	paprizieren mind>gr>l >serb>ung	mit Paprika würzen {17}	dto.	dto.
4383	Papst, der gr>l	Oberhaupt der römisch- ↗ katholischen ↗ Kirche {33/51/77}	πάππας pappas l. pap(p)as	Papa Erzieher; Vater, Bischof
>>>	Papyri, die = Plural (↗ UTL 2697) von ↗ Papyrus			
4384	Papyrin, das gr>l>nlat	Pergamentpapier {44}	πάπυρος papyros	Papyrusstaude; Papier
4385	Papyrologe, der (gr;gr) >nlat	Wissenschaftler der Papyrologie {32/40/76}	dto. + λόγος logos	dto. Rede, Wort; Berechnung
–	Papyrologie, die (gr;gr) >nlat	Wissenschaft, die sich mit der Entzifferung und Bewahrung von Handschriften auf ↗ Papyrus befaßt {76}	dto.	dto.
–	papyrologisch gr;gr	die Papyrologie betreffend {76}	dto. + λογικός logikos	dto. zum Reden gehörig, die Rede betreffend
4386	Papyrus, der gr>l	1. Papierstaude {05/69}; 2. Schreibmaterial aus dem Mark der Papyrusstaude {44}; 3. Papyrusrolle; Papyrustext {32/75}	πάπυρος papyros	Papyrusstaude; Papier
>>>	Par(a)- ↗ Partikelliste			
4387	Parabase, die	Einschub in der ↗ attischen ↗ Komödie: Rede des Chorführers an die Zuschauer {35/74/75}	παράβασις parabasis	das Übertreten; Abschweifen; Teil der alten Komödie
4388	Parabel, die gr>l	1. lehrhaftes Gleichnis {25/32/34/78}; 2. Kegelschnitt (math. t. t.) {71}; 3. Wurfbahn in einem ↗ Vakuum (↗ UTL 3747) (phys. t. t.) {72}	παραβολή parabole	das Nebeneinanderstellen; Gleichnis; Kegelschnitt

4389	Parabiont, der (gr;gr) >nlat	in Parabiose lebender ↗ Organismus (biol. t. t.) {68/69}	παρά para + βιῶν, Gen. βιοῦντος bion, biountos	neben, daneben; von; entlang; während lebend
–	Parabiose, die gr;gr;gr	Zusammenleben zweier Lebewesen, die miteinander verwachsen sind (biol. t. t.) {68/69}	dto. + βίος bios + –ωσις –osis	dto. Leben gr. Suffix s. Partikelliste
4390	Parabolantenne, die gr>l;l>it	Satellitenempfangsantenne mit Wellenbündelung durch Reflektionsschirm in Form (↗ UTL 1132) eines Hohlspiegels {46/66/72/87}	παραβολή parabole l. parabole + l. antemna	das Nebeneinanderstellen; Gleichnis; Kegelschnitt Begleitung der Gestirne (astron. t. t.); Gleichnis (↗ UTL 2500) Segelstange, Rahe (↗ UTL 0207)
–	parabolisch gr>l>nlat	1. wie eine Parabel; gleichnishaft {25/32/34/78}; 2. parabelförmig {71}	παραβολικός parabolikos	zum Vergleich gehörig
4391	Paraboloid, das (gr>l;gr) >nlat	gekrümmte Fläche ohne Mittelpunkt (math. t. t.) {71}	παραβολή parabole l. parabole + –(ε)ιδής –(e)ides	das Nebeneinanderstellen; Gleichnis; Kegelschnitt Aussehen, Gestalt Begleitung der Gestirne (astron. t. t.); Gleichnis (↗ UTL 2500) ähnlich aussehend s. Partikelliste
–	Parabolspiegel, der gr>l;d	als Paraboloid geformter Hohlspiegel zur Aussendung o. zum Empfang ↗ elektromagnetischer Strahlung {46/66/72/87}	παραβολή parabole l. parabole + d. Spiegel	das Nebeneinanderstellen; Gleichnis; Kegelschnitt Aussehen, Gestalt Begleitung der Gestirne (astron. t. t.); Gleichnis (↗ UTL 2500)

4392	**Para-deiser,** der awest >miran/ hebr>gr>l >ahd>mhd	Tomate (österr.) {05/17/69}	awest. *pairidaeza* miran. *pardez** u. hebr. *pardes* παράδεισος paradeisos l. *paradisus* ahd. *paradis(i)* mhd. *par(a)dis(e)*	ringsumgehende, sich zusammen-schließende Um-mauerung Garten Baumgarten, Park Tiergarten, Park dto.; Paradies; Himmel Ort des Glückes, Ort der Seligen
4393	**Paraden-titis,** die gr;l;gr	= ↗ Parodontitis: Entzündung des Zahnfleischsaums {14/70}	παρά para + l. *dens* + –ἶτις –itis	neben, daneben; von; entlang; während Zahn (↗ UTL 0665) gr. Suffix s. Partikelliste
>>>	**Paradentose,** die = ↗ **Parodontose**			
4394	**Paradies,** das awest >miran/ hebr>gr>l	1. Garten Eden {26/52}; 2. Ort der Seligen {51/77}; 3. Vorhal-le romanischer ↗ Kirchen {58/88}	awest. *pairidaeza* miran. *pardez** u. hebr. *pardes* παράδεισος paradeisos l. *paradisus* ahd. *paradis(i)* mhd. *par(a)dis(e)*	ringsumgehende, sich zusammen-schließende Um-mauerung Garten Baumgarten, Park Tiergarten, Park dto.; Paradies; Himmel Ort des Glückes, Ort der Seligen
–	**paradie-sisch** awest >miran/ hebr>gr>l	1. das Paradies betreffend {51/58/77/88}; 2. wunderbar, himmlisch {26}	dto.	dto.
4395	**Para-digma,** das gr>l	1.Flexionsmuster (sprachwiss. t. t.) {32/76}; 2.kurze ↗ cha-rakteristische Erzählung {34/76}; 3. Denkmuster {25}	παράδειγμα paradeigma	Beispiel, Muster

	paradig-matisch	in der Art eines Paradigmas, beispielhaft {25/32/34/76}	παραδειγ-ματικός paradeig-matikos	als Beispiel geeignet
4396	paradox gr>l o. para-doxal gr>nlat	widersinnig; einen Widerspruch in sich enthaltend {25/56/77}	παράδοξος paradoxos	wider Erwarten
–	Paradox o. Para-doxon, das gr>l	(scheinbar) widersinnige Behauptung o. Ereignis {25/26/32/77}	dto.	dto.
>>>	Paradoxa, die (Pl.) = Plural von Paradoxon			
–	Para-doxie, die	Widersinnigkeit, der Widerspruch in sich {25/77}	dto.	dto.
–	Parado-xität, die	Paradoxie, das Paradoxsein {25/77}	dto.	dto.
4397	Para-geusie, die (gr;gr) >nlat	schlechter Geschmack im Mund; abnormale Geschmacksempfindung (med. t. t.) {14/55/70}	παρά para + γεῦσις geusis	neben, daneben; von; entlang; während Geschmack
4398	Para-gnosie, die (gr;gr) >nlat	außersinnliche Wahrnehmung (psych. t. t.) {23/24/70}	dto. + γνῶσις gnosis	dto. das Erkennen; Erkenntnis
–	Para-gnost, der gr;gr	Medium (↗ UTL 2189) mit hellseherischen Fähigkeiten (parapsych. t. t.) {24/51/70}	dto. + γνωστός gnostos	dto. erkennbar
4399	Para-gramm, das gr>l	Änderung von Buchstaben eines Wortes, so daß das Wort einen scherzhaften Sinn bekommt {32/76}	παράγραμμα paragramma	was man daneben schreibt; das Verändern einer Schrift; scherzhafte Veränderung eines Buchstabens
–	Para-gramma-tismus, der gr>nlat	Sprechstörung (med., psych. t. t.) {14/32/70}	παραγραμ-ματισμός paragram-matismos	das Setzen eines Buchstabens für den anderen

4400	**Para-graph,** der gr>l>mhd	1. Absatz einer Schrift {32}; 2. Absatz im Gesetzbuch {32/82}	παράγραφος (γραμμή) paragraphos (gramme) l. *para-graphus* mhd. *paragraf*	danebengeschriebene (Linie) Zeichen zur Texteinteilung (Zeichen für einen) Abschnitt
–	**Para-graphie,** die (gr;gr) >nlat	Störung des Schreibvermögens (med. t. t.) {14/32/70}	παρά para + γραφή graphe	neben, daneben; von; entlang; während Schrift; Zeichnung
–	**paragra-phieren** gr>nlat	in Paragraphen einteilen {32/82}	παραγρά-φειν paragraphein	daneben schreiben
4401	**Parake-ratose,** die gr;gr;gr	Schuppenbildung durch Verhornungsstörung der Haut (med. t. t.) {14/70}	παρά para + κέρας, Gen. κέρατος keras, keratos + –ωσις –osis	neben, daneben; von; entlang; während Horn gr. Suffix s. Partikelliste s. o. Keratose
4402	**Paraklet,** der gr>mlat	Tröster, Helfer, Fürsprecher, Heiliger Geist {26/33/51/77}	παράκλητος parakletos	zu Hilfe gerufen, hilfreich
4403	**Parakme,** die	das Ende der Entwicklung einer Organismengruppe {59/68/69}	παρακμή parakme	Zeit nach dem Höhepunkt
4404	**Para-kusis,** die gr>nlat o. **Para-kusie,** die	falsches Hören (med., psych. t. t.) {14/23/70}	παράκουσις parakousis	das Verhören
4404a	**Paralalie,** die gr>nlat	Sprachstörung mit Lautverwechslungen (med., psych. t. t.) {14/32/70}	παραλαλεῖν paralalein	dazwischen o. unrichtig schwatzen
4405	**Paralexie,** die gr;gr	Lesestörung mit Wortverwechselung (med., psych. t. t.) {14/32/70}	παρά para + λέξις lexis	neben, daneben; von; entlang; während Sprechen, Redeweise

4406	Paralin-guistik, die gr;l	Teilbereich der Linguistik (↗ UTL 2068), in dem man sich mit Erscheinungen des menschlichen Sprechverhaltens befaßt, die nicht eigentlich sprachlich sind (sprachwiss. t. t.) {32/76}	dto. + l. *lingua*	dto. Zunge, Sprache, Rede (↗ UTL 2068)
–	paralin-guistisch gr;l	die Paralinguistik betreffend {32/76}	dto.	dto.
4407	Parali-pomenon, das	1. Nachtrag, Randbemerkung {32/34/76}; 2. (nur Pl.) die Bücher der ↗ Chronik im AT {51/77}	παραλει-πόμενον paralei-pomenon = PPrP von παραλεί-πειν paraleipein	das Ausgelassene unbeachtet lassen, übergehen
4408	Paralipo-phobie, die (gr;gr) >nlat	Zwangsvorstellung, daß die Unterlassung bestimmter Handlungen Unheil bringe (psych. t. t.) {14/25/70}	dto. + φόβος phobos	dto. Angst, Furcht
4409	Paralipse, die	↗ rhetorisches Mittel des Hervorhebens von etw. durch die Erklärung, es übergehen zu wollen (rhet. t. t.) (vgl. Praeteritio ↗ UTL 2799) {32/76}	παράλειψις paraleipsis	das Vorbeilassen, Unterlassen; Hervorheben durch Auslassung
4410	paralisch (gr;gr)>l	die Entstehung in Küstennähe betreffend (geol. t. t.) {62}	παρά para + ἅλς, Gen. ἁλός hals, halos	neben, daneben; von; entlang; während Salz; Meer
4411	parallak-tisch	die Parallaxe betreffend {71}	παραλλακ-τικός parallaktikos	die Parallaxis betreffend
–	Paral-laxe, die	1. Winkel zwischen zwei Linien (↗ UTL 2069), die von verschiedenen Punkten (↗ UTL 2903) aus zu einem Punkt gezogen werden (phys. t. t.) {71/72}; 2. Abweichung {56}; 3. Unterschied zwischen dem Bildausschnitt im Sucher u. auf dem Film (fot. t. t.) {87}	παράλλαξις parallaxis	Vertauschung: Abweichung

4412	parallel gr>l	1. im gleichen Intervallabstand (mus. t. t.) {37}; 2. gleichlaufend {56/59/61}; 3. in gleichem Abstand ohne gemeinsamen Schnittpunkt nebeneinander verlaufend (math. t. t.) {71}	παράλληλος parallelos	neben einander liegend; gleichlaufend
–	Parallele, die gr>l>frz	1. eine zu einer anderen gleichlaufende Linie (math. t. t.) {71}; 2. ähnlicher Tatbestand, Fall {56/59/82}	dto. frz. *parallèle*	dto.
–	parallelisieren gr>l>nlat	1. vergleichend nebeneinanderstellen; 2. einander angleichen {32/56}	dto.	dto.
–	Parallelismus, der	1. Übereinstimmung {56}; 2. gleicher Bau von Satzgliedern o. Sätzen (rhet. t. t.) {32/34/76}	παραλληλισμός parallelismos	das Nebeneinanderstellen ähnlicher Dinge
–	Parallelität, die	1. Eigenschaft zweier paralleler Geraden (math. t. t.) {71}; 2. Gleichlauf, Ähnlichkeit {56/59/61}	παραλληλότης parallelotes	das Gleichlaufendsein, Nebeneinanderstehen
–	Parallelo, der gr>l>it	längsgestrickter Pullover mit Querrippen {19}	dto.	dto.
–	Parallelogramm, das	Viereck mit zwei Paaren paralleler Geraden (math. t. t.) {71}	παραλληλόγραμμον parallelogrammon	Figur aus vier Linien, von denen je zwei gleich lang sind
4413	Paralogie, die gr>nlat	1. Vernunftwidrigkeit (log. t. t.) {25/71/77}; 2. Gebrauch unpassender Wörter o. Verfehlen eines ↗ Problems aus Konzentrationsmangel (med., psych. t. t.) {14/32/70}	παράλογος paralogos	wider die Rechnung; unvernünftig
–	Paralogismus, der	auf Denkfehlern beruhender Fehlschluß (log. t. t.) {25/71/77}	παραλογισμός paralogismos	falsche Rechnung
–	Paralogistik, die	Verwendung von Trugschlüssen (log. t. t.) {25/71/77}	παραλογιστικός paralogistikos	zum Täuschen durch falsche Rechnungen gehörig
4414	Paralyse o. Paralysis, die gr>l	1. Lähmung (med. t. t.); 2. Gehirnerweichung (med. t. t.) {14/70}	παράλυσις paralysis	(Auf)Lösung; Gliederlähmung
–	paralysieren gr>nlat	1. lähmen (med. t. t.) {14/70}; 2. entkräften, hemmen {25/26/56}	dto.	dto.

–	Paralytiker, der gr>l	1. Gelähmter; 2. Kranker mit Gehirnerweichung {14/70}	παραλυτικός paralytikos	auf einer Seite gelähmt
–	paralytisch	die progressive (↗ UTL 2843) Paralyse betreffend (med. t. t.) {14/70}	dto.	dto.
4415	paramagnetisch (gr;gr) >nlat	die Eigenschaft des Paramagnetismus zeigend (phys. t. t.) {54/72}	παρά para + Μαγνῆτις (λίθος) Magnetis (lithos)	neben, daneben; von; entlang; während (Stein) aus der gr. Landschaft Magnesia s. o. magnetisch
–	Paramagnetismus, der gr;gr;gr	Verstärkung des ↗ Magnetismus durch Stoffe mit ↗ atomarem magnetischem Moment (UTL 2273) (phys. t. t.) {72}	dto. + –ισμός –ismos	dto. gr. Suffix s. Partikelliste s. o. Magnetismus
4416	Parameter, der (gr;gr) >nlat	1. in Funktionen (↗ UTL 1164) einen neben den eigentlichen Variablen (↗ UTL 3156) auftretende konstant (↗ UTL 1836) gehaltene Hilfsgröße (math. t. t.); 2. bei Kegelschnitten die im Brennpunkt die Hauptachse senkrecht schneidende Sehne (math. t. t.) {71}; 3. kennzeichnende Größe in ↗ technischen Prozessen (↗ UTL 2891) {41/72}; 4. veränderliche Größe (wirtsch. t. t.) {42/80}; 5. Klangeigenschaft der ↗ Musik, eine der Dimensionen (↗ UTL 0753) des ↗ musikalischen Wahrnehmungsbereichs (mus. t.t .) {37}	παρά para + μέτρον metron	neben, daneben; von; entlang; während Maß, Versmaß
–	parametrisieren (gr;gr) >nlat	mit einem Parameter versehen {37/41/42/71/72/80}	dto.	dto.
4417	paramilitärisch gr;l	militärähnlich {86}	παρά para + l. militaris	neben, daneben; von; entlang; während den Kriegsdienst betreffend, soldatisch, kriegerisch (↗ UTL 2236)

4418	Paramnesie, die (gr;gr) >nlat	Erinnerungstäuschung: das Einbilden von nicht stattgefundenen Ereignissen (med., psych. t. t.) {14/24/70}	παρά para + μνῆσις mnesis	neben, daneben; von; entlang; während das Erinnern
4419	Paramythie, die gr;gr	durch Herder eingeführte Art der Mythendarstellung {34/51}	dto. + μῦθος mythos	dto. Wort, Rede, Erzählung
4420	Paränese, die gr>l	Mahnpredigt {51/77}	παραίνεσις parainesis	das Zureden
–	paränetisch	1. die Paränese betreffend {51/77}; 2. ermahnend {28/32}	παραινετικός parainetikos	zum Zureden gehörig
4421	Paranoia, die	Geisteskrankheit mit Wahnideen u. Verfolgungswahn (psych. t. t.) {14/24/70}	παράνοια paranoia	Unverstand, Torheit; Wahnsinn
–	paranoid (gr;gr) >nlat	der Paranoia ähnlich {14/24/70}	dto. + –(ε)ιδής –(e)ides	dto. ähnlich aussehend s. Partikelliste
–	Paranoiker, der	ein an Paranoia Leidender {14/24/70}	παράνοια paranoia	Unverstand, Torheit; Wahnsinn
–	paranoisch	1. die Paranoia betreffend; 2. geistesgestört (psych. t. t.) {14/24/70}	dto.	dto.
–	Paranoismus, der gr;gr	Verfolgunswahn (med. t. t.) {14/24/70}	dto. + –ισμός –ismos	dto. gr. Suffix s. Partikelliste
4422	Paranomie, die	Gesetzeswidrigkeit {82}	παρανομία paranomia	das Handeln gegen Gesetze
4423	paranormal gr;l	nicht auf natürliche Weise erklärbar; übersinnlich (parapsych. t. t.) {24/51/70}	παρά para + l. normalis	neben, daneben; von; entlang; während nach dem Winkelmaß gemacht
4424	Paranthropus, der gr;gr	südafrikanischer Frühmensch des ↗ Pliozäns {59/69/70}	παρά para + ἄνθρωπος anthropos	neben, daneben; von; entlang; während Mensch

>>> Paraph, der = ↗ Paraphe

4425	Para-phage, der (gr;gr) >nlat	Wirtstier, das weder nützt noch schadet (zool. t. t.) {69}	παρά para + φαγεῖν phagein	neben, daneben; von; entlang; während essen
4426	Para-phasie, die (gr;gr) >nlat	Sprechstörung mit Vertauschung von Wörtern u. Lauten (med. t. t.) {14/32/70}	dto. + φάσις phasis	dto. Sprechen, Sprache
4427	Paraph(e), die gr>l>mlat >mfrz/frz	Namenszeichen {31/32}	παράγραφος (γραμμή) paragraphos (gramme) l. *paragraphus* mlat. *paraphus* mfrz./frz. *paraffe* u. *paraphe*	danebengeschriebene (Linie) s. o. Paragraph Zeichen zur Texteinteilung dto. abgekürzte Unterschrift
4428	Parapher-nalien, die (Pl.) 2. u. 3. gr>engl	1. das außer der Mitgift eingebrachte Sondervermögen einer Frau {31/43}; 2. persönlicher (↗ UTL 2612) Besitz {43}; 3. Zubehör {44/56}	παράφερνα parapherna (Pl.)	was die Braut neben der eigentlichen Mitgift mitbringt
4429	paraphil gr;gr	die Paraphilie betreffend {14/18/30/70}	παρά para + φίλος philos	neben, daneben; von; entlang; während lieb, befreundet, Freund
–	Para-philie, die gr;gr	von der als normal angesehenen sexuellen Beziehung o. Betätigung abweichende Verhaltensweise {14/18/30/70}	παρά para + φιλία philia	neben, daneben; von; entlang; während Freundschaft
4430	para-phieren gr;gr	mit der ↗ Paraphe versehen (z. B. zwischenstaatliche Verträge) {31/32/50}	παρά para + φάσις phasis	neben, daneben; von; entlang; während Sprechen, Sprache

4431	**Para-phonie**, die gr;gr	1. das Umschlagen der Stimme (med. t. t.); 2. Veränderung des Stimmklanges (med. t. t.) {32/55/70}; 3. das Zusammenklingen eines ↗ Tones mit seiner Quinte (↗ UTL 2944) o. Quarte (↗ UTL 2934) (mus. t. t.) {37}; 4. Nebenklang {55}	dto. + φωνή phone	dto. Laut, Stimme, Ton
4432	**Para-phrase**, die gr>l	1. Umschreibung {32/76}; 2. freie ↗ Phantasie über ein ↗ Thema (mus. t. t.) {37}	παράφρασις paraphrasis	erweiternde Umschreibung
–	**Para-phrasie** o. **Para-phrasis**, die gr>nlat	1. = ↗ Paraphase {32/37/76}; 2. Sprachstörung mit Wortneubildungen u. –abwandlungen (med. t. t.) {14/32/70}	dto.	dto.
–	**paraphra-sieren**	1. verdeutlichend umschreiben {32/76}; 2. eine ↗ Melodie frei umspielen {37}	dto.	dto.
–	**Para-phrast**, der gr>l	jmd., der etw. zusammenfaßt {32/76}	παρα-φραστής paraphrastes	jmd., der eine Rede mit anderen Worten zusammenfaßt
–	**paraphra-stisch**	wie eine Paraphrase ausgedrückt {32/76}	παρα-φραστικός paraphrastikos	erklärend umschreibend
4433	**Para-phrenie**, die gr;gr	leichte Form der ↗ Schizophrenie {14/70}	παρά para + φρήν phren	neben, daneben; von; entlang; während Sinn, Verstand
4434	**Paraphro-syne**, die	Fieberwahnsinn (med. t. t.) {14/70}	παρα-φροσύνη paraphrosyne	Verrücktheit, Wahnsinn
4435	**Para-plegie**, die	doppelseitige Lähmung (med. t. t.) {14/70}	παραπληγία paraplegia	Lähmung durch Schlaganfall
–	**para-plegisch**	an Paraplegie leidend (med. t. t.) {14/70}	παρα-πληγικός paraplegikos	durch Schlaganfall gelähmt

4436	Parapluie, der gr;l>frz	Regenschirm (veraltet) {44}	παρά para	neben, daneben; von; entlang; während
			+ l. *pluvius*	vom Regen herrührend, regnerisch; Regen...
			bzw. *pluvia*	Regen
			frz. *pluie*	dto. (↗ UTL 2505)
4437	parapneumonisch (gr;gr) >nlat	als Begleitkrankheit einer Lungenentzündung auftretend (med. t. t.) {14/70}	παρά para	neben, daneben; von; entlang; während.
			+ πνευμονικός pneumonikos	zur Lunge gehörig s. u. pneumonisch
4438	parapsychisch (gr;gr) >nlat	1. ↗ Phänomene der Parapsychologie betreffend; 2. übersinnlich {24/51/70}	παρά para	neben, daneben; von; entlang; während
			+ ψυχικός psychikos	zur Seele gehörig s. u. psychisch
–	Parapsychologie, die gr;gr;gr	Lehre von den übersinnlichen Seelenkräften {24/51/70}	dto.	dto.
			+ ψυχή psyche	Seele
			+ λόγος logos	Rede, Wort; Berechnung s. u. Psychologie
–	parapsychologisch gr;gr;gr	die Parapsychologie betreffend {24/51/70}	dto.	dto.
			+ λογικός logikos	zum Reden gehörig, die Rede betreffend
4439	parasem gr>nlat	im Hinblick auf die ↗ Semantik nebengeordnet {32/76}	παρασημεῖον parasemeion	Nebenzeichen
–	Parasem, das gr>nlat	im Hinblick auf die ↗ Semantik nebengeordneter Begriff (sprachwiss. t. t.) {32/76}	dto.	dto.
4440	Parasit, der gr>l	1. Lebewesen, das von einem anderen Lebewesen lebt, ohne dieses zu töten (biol. t. t.) {68/69}; 2. jmd., der von anderen lebt {33/43}; 3. kleiner, am Hang eines Vulkans (↗ UTL 3865) gebildeter ↗ Krater (geol. t. t.) {62}	παράσιτος parasitos	neben, bei einem anderen essend; Schmarotzer
–	parasitär gr>l>frz o. parasitisch	1. Parasiten betreffend {68/69}; 2. schmarotzerhaft {33/43}	dto. frz. *parasitaire*	dto.

–	parasi- tieren gr>l	als Parasit leben {33/43/68/69}	dto.	dto.
–	Parasi- tismus, der gr>l;gr	Schmarotzertum {33/43/68/69}	dto. + –ισμός –ismos	dto. gr. Suffix s. Partikelliste
4441	Parasito- loge, der gr>l;gr	Wissenschafter auf dem Gebiet der Parasitologie {40/68/69}	dto. + λόγος logos	dto. Rede, Wort; Berechnung
–	Parasito- logie, die gr>l;gr	Wissenschaft von den pflanzlichen u. tierischen Schmarotzern {68/69}	dto.	dto.
–	parasito- logisch gr>l;gr	die Parasitologie betreffend {68/69}	dto. + λογικός logikos	dto. zum Reden gehörig, die Rede betreffend
–	parasito- trop gr>l;gr	gegen Parasiten wirkend (med. t. t.) {09/14/70}	dto. + τροπή trope	dto. Wende, Kehre
4442	Parasol, der (gr;l)>it >frz	1. Sonnenschirm (veraltet) {44}; 2. großhutiger, wohlschmeckender Blätterpilz (Parasolschirmpilz) {03}	παρά para + l. sol frz. parasol	neben, daneben; von; entlang; während Sonne, Sonnengott Sonnenschirm
4443	Parästhe- sie, die (gr;gr) >nlat	unnnormales, unangenehmes Körper– o. Schmerzempfinden (med. t. t.) {14/23/70}	παρά para + αἴσθησις aisthesis	neben, daneben; von; entlang; während Wahrnehmung, Empfindung
4444	Parasym- pathikus, der (gr;gr) >nlat	dem ↗ Sympathikus entgegengesetzt wirkender Teil des vegetativen (↗ UTL 3763) Nervensystems (med. t. t.) {11/70}	dto. + συμπαθής sympathes	dto. mitleidend, mitempfindend s. u. Sympathikus
–	parasym- pathisch (gr;gr) >nlat	den Parasympathikus betreffend (med. t. t.) {11/70}	dto.	dto.
4445	paratak- tisch	wie eine Parataxe (sprachwiss. t. t.) {32/76}	παράταξις parataxis	das Nebeneinanderstellen
–	Parataxe, o. Para- taxis, die	Nebeneinanderstellen von Hauptsätzen {32/76}	dto.	dto.

–	Parataxie, die gr>nlat	1. Störung sozialer (↗ UTL 3373) Beziehungen {33}; 2. nichtperspektivische Wiedergabe {36}	dto.		dto.
4446	Paratyphus, der (gr;gr) >nlat	typhusähnliche Infektionskrankheit (med. t. t.) {14/70}	παρά para + τῦφος typhos		neben, daneben; von; entlang; während Rauch, Dampf; Verblendung s. u. Typhus
4447	paratypisch (gr;gr) >nlat	nichterblich (med. t. t.) {10/70}	dto. + τυπικός typikos		dto. nach einem Muster gemacht s. u. typisch
4448	Parechese, die	Zusammenstellung lautlich ähnlich klingender Wörter von verschiedener Herkunft (sprachwiss. t. t.) {32/76}	παρήχησις parechesis		das Nachahmen (eines Tones o. Wortes)
4449	parenteral (gr;gr) >nlat	unter Umgehung des Verdauungsweges (med. t. t.) {70}	παρά para + ἔντερον enteron		neben, daneben; von; entlang; während Darm, Eingeweide
4450	Parenthese, die gr>l	1. Einschub; 2. Zeichen, die den Einschub kennzeichnen, Gedankenstriche {32/76}	παρένθεσις parenthesis		das Dazwischenstellen, Einschieben
–	parenthetisch	1. nebenbei {56}; 2. die Parenthese betreffend {32/76}	παρένθετος parenthetos		dazwischen gestellt, eingeschoben
4451	Parergon, das gr>l	(Pl. Parerga) Beiwerk, Anhang {56}	πάρεργον parergon		Nebenwerk, Anhang
4452	Parison, das	Satzteil, der in einer ↗ Periode im Vergleich mit den anderen Satzteilen nur annähernd gleich lang ist {32/76}	πάρισος parisos		fast gleich

Nr.	Wort	Bedeutung	Griechisch/Roman.	Übersetzung
4453	Parlament, das gr>l>vulgl >afrz>engl	1. Volksvertretung mit gesetzgebender Funktion (↗ UTL 1164) {50781}; 2. Parlamentsgebäude {58}	παραβολή parabole l. *parabole* o. *parabola* vulgl. *paraula** *paraulare** afrz. *parler* *parlement* engl. *parliament*	das Nebeneinanderstellen; Gleichnis Gleichnisrede, Parabel (Gleichnis)rede, Erzählung sprechen sprechen, reden Gespräch, Unterhaltung, Erörterung
–	Parlamentär, der gr>l>vulgl >frz	Unterhändler zwischen feindlichen Heeren {32/50/86}	dto. frz. *parlamenter* *parlamentaire*	dto. in Unterhandlungen treten
–	Parlamentarier, der gr>l>vulgl >frz>engl	Abgeordneter, Parlamentsmitglied {40/50/81}	dto. engl. *parliamentarian*	dto.
–	parlamentarisch gr>l>vulgl >frz>engl	das Parlament betreffend {50/81}	dto.	dto.
–	parlamentarisieren gr>l>vulgl >frz>engl	den Parlamentarismus einführen {50/81}	dto.	dto.
–	Parlamentarismus, der gr>l>vulgl >frz>engl >nlat	↗ demokratische Regierungsform, in der die Regierung dem Parlament verantwortlich ist {50/81}	dto.	dto.
–	parlamentieren gr>l>vulgl >frz	1. unterhandeln (veraltet); {32/50/86}; 2. eifrig hin u. her reden, verhandeln (landsch.) {32}	dto.	dto.
4454	parlando gr>l>vulgl >it	im Sprechgesang (mus. t. t.) {37}	dto. it. *parlare*	dto.

–	Parlando, das	vorgetragener Gesang; Sprechgesang (mus. t. t.) {37}	dto.	dto.
4455	parlieren gr>l>vulgl >frz	1. plaudern; sich unterhalten, leichte Konversation machen; 2. in einer fremden Sprache sprechen {32}	dto. frz. *parler*	dto.
4456	Parnaß o. Parnassos o. Parnassus, der gr>l	Berg der ↗ Musen (s. Anhang „Namen"), Reich der Dichtkunst {34/51/75}	Παρνασσός Parnassos	Parnassos (s. Anhang „Namen")
–	parnassisch gr>l	den Parnaß betreffend {34/51/75}	dto.	dto.

>>> Parochi, die (Pl.) = Plural (↗ UTL 2697) von ↗ **Parochus**

4457	parochial gr>l>mlat	zur Pfarrei gehörend {51/77}	παροικία paroikia l. *paroecia* u. *parochia* mlat. *parochialis*	Aufenthalt in einem fremden Land Sprengel eines Bischofs
–	Parochialkirche, die gr>l>mlat; gr	Pfarrkirche {51/77}	dto. + κυριακόν kyriakon	dto. das zum Herren gehörige Haus; Gotteshaus s. o. Kirche
–	Parochie, die gr>l>mlat	Amtsbezirk eines Pfarrers {51/77}	dto.	dto.
–	Parochus, der gr>l>mlat	Pfarrer als Leiter einer Parochie {33/40/51/77}	dto.	dto.
4458	Parodie, die gr>l>frz	1. ↗ komisch–satirische (↗ UTL 3215) Nachahmung {35/74/85}; 2. Unterlegung eines Musikstückes mit einem anderen Text (↗ UTL 3576); 3. Austausch einzelner Musikstücke innerhalb des eigenen Gesamtwerkes (mus. t. t.) {37}	παρῳδία parodia l. *parodia* frz. *parodie*	Nebengesang Gegengesang Verspottung, Verzerrung
–	parodieren gr>l>frz	verspottend nachahmen {26/35/74/85}	dto. frz. *parodier*	dto.

–	parodisch	die Parodie betreffend {35/74/85}	παρῳδικός parodikos	zum Parodieren gehörig
–	Parodist, der	jmd., der Parodien verfaßt o. vorträgt {35/40/74/85}	dto.	dto.
–	Parodistik, die	Kunst der Parodie {35/74/85}	dto.	dto.
–	parodistisch	1. die Parodie betreffend; 2. den Parodisten betreffend {35/74/85}	dto.	dto.
4459	Parodontitis, die gr;gr;gr	Entzündung des Zahnfleischsaumes (med. t. t.) {14/70}	παρά para + ὀδούς, Gen. ὀδόντος odous, odontos + –ῖτις –itis	neben, daneben; von; entlang; während Zahn gr. Suffix s. Partikelliste
4460	Parodontose, die gr;gr;gr	Zahnfleischschwund (med. t. t.) {14/70}	dto. + –ωσις –osis	dto. gr. Suffix s. Partikelliste
4461	Parodos, der	Einzugslied des ↗ Chores im altgr. ↗ Drama {35/37/74/75}	πάροδος parodos	das Vorbeigehen; Auftritt; Einzug des Chors in die Orchestra
4462	Paröke, der	Einwohner mit geringerem Bürgerrecht im Byzantinischen Reich {33/75/82}	πάροικος paroikos	benachbart; der in einer Stadt ohne Bürgerrecht lebende Fremde
4463	Parole, die gr>l>vulgl >frz	1. gesprochene, aktualisierte Sprache, Rede {32}; 2. militärisches Kennwort, Losung {32/86}; 3. Leit–, Wahlspruch; 4. (unwahre) Meldung, Behauptung {25/32}	παραβολή parabole l. parabole o. parabola vulgl. paraula* frz. parole	das Nebeneinanderstellen; Vergleichen Gleichnisrede, Parabel (Gleichnis)rede, Erzählung
4464	Parömiakus, der gr>l	Sprichwortvers {32/34/76}	παροιμιακός paroimiakos	sprichwörtlich; katalektischer anapästischer Dimeter
4465	Parömie, die	Denkspruch {25/32/76}	παροιμία paroimia	Sprichwort

–	Parömio-graph, der	Gelehrter, der die Parömien des gr. Volkes zusammenstellte {34/40/75/76}	παροιμιο-γράφος paroimio-graphos	Sprichwörter aufschreibend, sammelnd
–	Parömio-logie, die gr;gr	Sprichwortkunde {32/34/76}	παροιμία paroimia + λόγος logos	Sprichwort Rede, Wort; Berechnung
4466	Parono-masie, die gr>l	Wortspiel mit dem ähnlichen Klang, aber unterschiedlichen Bedeutung zweier Wörter {32/76}	παρονο-μασία paronomasia	Namensveränderung mit Nebensinn; Spiel mit Sinn u. Klang der Wörter
–	parono-mastisch	die Paronomasie betreffend {32/76}	dto.	dto.

>>> Paronyma o. Paronyme, die (Pl.) = Plural (↗ UTL 2697) von ↗ Paronymon

4467	Parony-mie, die	das Ableiten von einem Stammwort {32/76}	παρωνυμία paronymia	Ableitung eines Wortes aus dem anderen
–	Parony-mik, die gr>nlat	Lehre von der Ableitung der Wörter {32/76}	dto.	dto.
–	parony-misch	die Paronymie betreffend {32/76}	dto.	dto.
–	Parony-mon, das gr>l	stammverwandtes, vom gleichen Stamm abgeleitetes Wort (sprachwiss. t. t.) {32/76}	παρώνυμος paronymon	von einem Namen o. Wort abgeleitet
4468	Parotitis, die gr;gr	Entzündung der Ohrspeicheldrüse; Ziegenpeter (med. t. t.) {14/70}	παρωτίς, Gen. παρωτίδος parotis, parotidos + –ῖτις –itis	Drüse hinter dem Ohr gr. Suffix s. Partikelliste
4469	paroxys-mal gr>nlat	anfallsartig, sich steigernd (med. t. t.) {14/70}	παροξυσμός paroxysmos	Anreizung; Fieberanfall, Steigerung der Krankheit
–	Paroxys-mus, der	1. Höhepunkt eines Erregungszustandes o. einer Krankheit (med. t. t.) {14/26/70}; 2. aufs höchste gesteigerte Tätigkeit eines Vulkans (↗ UTL 3865) (geogr. t. t.) {62/64}	dto.	dto.

4470	Paroxy-tonon, das	ein Wort, das die Betonung (den Akut – ↗ UTL 0126) auf der vorletzten ↗ Silbe trägt {32/76}	παροξύ-τονος	paroxytonos	mit dem Akzent auf der vorletzten Silbe
4471	Parrhe-sie, die	Freimütigkeit im Reden {25/32}	παρρησία	parresia	freies Reden, Freimütigkeit
4472	Parthe-nien, die (Pl.)	altgr. ↗ Hymnen für Jungfrauenchöre {37}	παρθένεια (Pl.) partheneia		Jungfrauengesänge
>>>	Partheno- ↗ Wortelementeliste				
4473	Partheno-genese, die (gr;gr) >nlat	1. Geburt eines Helden o. Gottes durch eine Jungfrau (rel. t. t.) {15/51/77}; 2. Entstehung der Eizelle ohne vorherige Befruchtung (biol. t. t.) {69}	παρθένος parthenos + γένεσις genesis		Jungfrau, Mädchen Ursprung, Entstehung
–	partheno-genetisch gr;gr	die Parthenogenese betreffend {15/51/69/77}	dto. + γενητός genetos		dto. geworden, entstanden
4474	Partheno-karpie, die gr;gr	Bildung von Früchten ohne Samen (bot. t. t.) {68}	παρθένος parthenos + καρπός karpos		Jungfrau, Mädchen Frucht
4475	Parthe-non, der	Tempel (↗ UTL 3545) der „jungfräulichen" Athene (s. Anhang „Namen") auf der ↗ Akropolis in Athen {75/88}	Παρθενών Parthenon		Tempel der Athene Parthenos
4476	Parusie, die	1. Gegenwart der ↗ Ideen in den Dingen (philos. t. t.) {25/77}; 2. die Wiederkehr ↗ Christi beim Jüngsten Gericht (theol. t. t.) {51/77}	παρουσία parousia		Gegenwart
4477	Pasigra-phie, die (gr;gr) >nlat	allen Völkern verständliche Schrift {32/76}	πᾶσι pasi = Dat. Pl. von: πᾶς, πᾶσα, πᾶν pas, pasa, pan + γραφή graphe		für alle all(es), ganz; jeder Schrift; Zeichnung
4478	Pasilalie, die gr;gr	Lehre von den künstlichen Welthilfssprachen {32/76}	dto. + λαλεῖν lalein		dto. reden, schwatzen

4479	**Pasilin-gua**, die gr;l	von Rudolf Steiner erstellte Welthilfssprache {32/76}	dto. + l. *lingua*	dto. Zunge, Sprache, Rede (↗ UTL 2068)
4480	**Pasilogie**, die gr;gr	= ↗ Pasilalie {32/76}	dto. + λόγος logos	dto. Rede, Wort; Berechnung
4481	**Pasta** gr>l>mlat >it	(Gericht aus) Nudelteig {17}	πάστη paste l. *pasta* mlat. *pasta* it. *pasta*	Mehlteig, Brei ein Gericht von gemischten u. eingebrockten Speisen Teig Teig, Brei
4482	**Paste**, die gr>l>mlat >it	1. streichbare ↗ Masse (aus Fisch, Gänseleber o. ä, o. als Grundlage für Arzneien u. ↗ Kosmetika) {17/21/70}; 2. Abdruck von Gemmen (↗ UTL 1177a) o. ↗ Medaillen in einer feinen Gipsmasse {20}; 3. antike (↗ UTL 0214) Nachbildung von Gemmen in Glas {20}	dto.	dto.
4483	**Pastell**, das gr>l>it>frz	1. zarte(r) helle(r) Farbton, Farbe {36/55}; 2. mit Pastellfarben gemaltes Bild {36}; 3. trockene Malerfarbe in Stiftform {40}	dto. it. *pastello*	dto. geformter Farbteig; Farbstift
–	**pastellen** gr>l>it>frz	(wie) mit Pastellfarbe gemalt; von heller, samtartiger Wirkung {36/55}	dto.	dto.
–	**Pastellfarbe**, die gr>l>it>frz; d	1. Farbe aus ↗ Gips o. Kreide, der Farbe u. Bindemittel zugesetzt wurde; 2. zarter, heller Farbton {36/40/55}	dto. + d. *Farbe*	dto.
4484	**Pastete**, die gr>l>mlat >roman	1. Fleisch–, Fischspeise in Teighülle; 2. Speise aus fein gemahlenem Fleisch o. Leber (gastron. t. t.) {17}	dto. afrz. pastee	dto. Teig, Brei
–	**Pasticcio**, das gr>l>mlat >it	1. gefälschtes Gemälde {36/56}; 2. aus Teilen fremder Kompositionen (↗ UTL 1770) zusammengesetztes Musikstück {37}	dto. it. *pasticcio*	dto. Pastete; verwikkelte Geschichte

–	**Pastiche,** der gr>l>mlat >frz	1. frz. Form (↗ UTL 1132) von Pasticcio {36/56}; 2. Nachahmung eines Autors (↗ UTL 0333) {34/76}	dto.		dto.
4485	**pastos** gr>l>it	1. dick aufgetragen; 2. dickflüssig {55}	dto.	it. *pastoso*	dto. weich, breiig
–	**pastös** gr>l>it	1. aufgedunsen, –schwemmt (med. t. t.) {14/55/70}; 2. teigig (techn. t. t.) {40/41/55}	dto.		dto.
–	**Pastosität,** die gr>l>it	Schriftbild mit dicken Strichen {32/76}	dto.		dto.
4486	**patetico** gr>l>it	leidenschaftlich (mus. t. t.) {37}	παθητικός pathetikos l. *patheticus* it. *patetico*		leidend, gefühlvoll, leidenschaftlich dto. dto.

>>> **–path(ie)** ↗ Wortelementeliste

–	**Pathetik,** die	übertriebene Feierlichkeit {26}	dto.		dto.
–	**pathetisch** gr>l	1. ausdrucksvoll; 2. übertrieben gefühlvoll {26}	dto.		dto.

>>> **Patho–** ↗ Wortelementeliste

4487	**pathogen** (gr;gr) >nlat	krankheitserregend (med. t. t.) {14/70}	πάθος pathos + –γενής –genes		Schmerz; Leiden(schaft) stammend von; hervorbringend, verursachend
–	**Pathogenese,** die gr;gr	Krankheitsentstehung {14/70}	πάθος pathos + γένεσις genesis		Schmerz; Leiden(schaft) Ursprung, Entstehung
–	**pathogenetisch** gr;gr	die Pathogenese betreffend {14/70}	πάθος pathos + γενητός genetos		Schmerz; Leiden(schaft) geworden, entstanden
4488	**Pathognostik,** die gr;gr	Erkennen einer Krankheit aus ↗ charakteristischen ↗ Symptomen (med. t. t.) {14/70}	πάθος pathos + γνωστικός gnostikos		Schmerz; Leiden(schaft) das Erkennen betreffend
–	**pathognostisch** gr;gr	↗ charakteristisch für eine Krankheit {14/70}	dto.		dto.

4489	Pathographie, die gr;gr	Darstellung von Krankheitseinflüssen auf die Entwicklung eines Menschen (med. t. t.) {14/70}	πάθος pathos + γραφή graphe	Schmerz; Leiden(schaft) Schrift; Zeichnung
4490	Pathologe, der gr;gr	Wissenschaftler der Pathologie {14/15/40/70}	πάθος pathos + λόγος logos	Schmerz; Leiden(schaft) Rede, Wort; Berechnung
–	Pathologie, die gr;gr	1. Wissenschaft von den Krankheiten (med. t. t.) {14/70}; 2. pathologische Abteilung im Krankenhaus, in der die Verstorbenen bis zur Bestattung aufbewahrt werden {15/58/70}	dto.	dto.
–	pathologisch gr;gr	1. die Pathologie betreffend {14/15/58/70}; 2. krankhaft (med. t. t.) {14/70}	dto. + λογικός logikos	dto. zum Reden gehörig, die Rede betreffend
4491	Pathophysiologe, der gr;gr;gr	Spezialist (↗ UTL 3394) für Pathophysiologie {14/40/70}	πάθος pathos + φύσις, Gen. φύσεως physis, physeos + λόγος logos	Schmerz; Leiden(schaft) Natur Rede, Wort; Berechnung s. u. Physiologe
–	Pathophysiologie, die gr;gr;gr	Teilgebiet der Medizin (↗ UTL 2190) betreffend Krankheitsvorgänge u. Funktionsstörungen (med. t. t) {14/70}	dto.	dto.
4492	Pathopsychologie, die gr;gr;gr	Lehre vom Einfluß von Krankheiten auf das Seelenleben {14/70}	πάθος pathos + ψυχή psyche + λόγος logos	Schmerz; Leiden(schaft) Seele Rede, Wort; Berechnung s. u. Psychologie
4493	Pathos, das	1. Ausdruck der Ergriffenheit {26/32}; 2. Gefühlsüberschwang {26}	πάθος pathos	Schmerz; Leiden(schaft)

4494	Patisserie, die gr>l>mlat >afrz>frz	1. feines Backwerk, Konditoreierzeugnisse {17}; 2. Feinbäckerei {17/40/42/58}	πάστη paste l. pasta mlat. pasta afrz. pastis frz. pâtisserie	Mehlteig, Brei ein Gericht von gemischten u. eingebrockten Speisen Teig Kuchen
–	Patissier, der gr>l>mlat >afrz>frz	Konditor (↗ UTL 1778) {17/40}	dto.	dto.
4495	Patriarch, der gr>l>mhd	1. würdiger Greis {15/33}; 2. Stammvater {10}; 3. Titel (↗ UTL 3586) der obersten ↗ orthodoxen Geistlichen u. ↗ Bischöfe in einigen Ostkirchen; 4. Titel ↗ katholischer ↗ Erzbischöfe {33/51/77}	πατριάρχης patriarches l. patriarcha mhd. patriarche, patriarc	Stammvater eines Geschlechts, Urvater dto. Stammvater, Kirchenoberhaupt
>>>	patriarchal = ↗ patriarchisch			
–	patriarchalisch gr>l	1.den Patriarchen betreffend {33/51/77}; 2. autoritär (↗ UTL 0335) innerhalb der Familie (↗ UTL 1037) {10/28/33/84}; 3. vaterrechtlich {10/82}	dto. l. patriarchalis	dto.
–	Patriarchat, das gr>mlat	1. Vaterrecht {10/82}; 2. Würde u. Amtsbereich eines Patriarchen {33/51/77}	dto. mlat. patriarchatus	dto. Amtsbereich eines Patriarchen
–	patriarchisch gr>l	1. durch das Patriarchat geprägt; 2. das Patriarchat betreffend {33/51/77}	dto.	dto.
4496	Patriot, der gr>mlat >frz	jmd., der vom Patriotismus erfüllt ist {25/26/30/50}	πατριώτης patriotes mlat. patriota frz. patriote	aus demselben Land stammend Landsmann dto.; Vaterlandsfreund
–	patriotisch gr>mlat >frz	1. vaterländisch {50}; 2. den Patriotismus betreffend {25/26/30/50}	dto.	dto.
–	Patriotismus, der (gr;gr) >mlat>frz	vaterländische Gesinnung {25/26/30/50}	dto. + –ισμός –ismos frz. patriotisme	dto. gr. Suffix s. Partikelliste

>>> Patro– ⤢ Wortelementeliste

4497	Patrologe, der gr;gr	Wissenschaftler, der sich mit den Kirchenvätern beschäftigt {40/51/77}	πατήρ, Gen. πατρός pater, patros + λόγος logos	Vater Rede, Wort; Berechnung
–	Patrologie, die gr;gr	Wissenschaft von den Schriften u. Lehren der Kirchenväter; altchristliche Literaturgeschichte {34/51/75}; = Patristik (⤢ UTL 2550)	dto.	dto.
–	patrologisch gr;gr	die Patrologie betreffend {34/51/77}	dto. + λογικός logikos	dto. zum Reden gehörig, die Rede betreffend
4498	Patronymikon o. Patronymikum, das gr>l	vom Namen des Vaters abgeleiteter Name {31}	πατρωνυμικόν (ὄνομα) patronymikon (onoma)	vom Namen des Vaters abgeleiteter Name
–	patronymisch	das Patronymikon betreffend {31}	dto.	dto.
4499	Pause, die gr>l>afrz >mhd	1. Unterbrechung einer Tätigkeit {29/40/59}; 2. kurze Zeit des Ausruhens, Rastens {59} – andere Bedeutungen sind lat. Ursprungs; vgl. ⤢ UTL 2554	παύειν pauein l. pausa afrz. pose mhd. puse	beendigen; aufhören machen Pause; das Innehalten; Stillstand Ruhe, Zeitraum dto.
–	pausieren gr>l>afrz >mhd	1. eine Tätigkeit (für kurze Zeit) unterbrechen, mit etw. vorübergehend aufhören {29/40/59}; 2. ausruhen, ausspannen {16}	dto. l. pausare afrz. poser mhd. puser	dto. innehalten, pausieren dto. dto.
4500	Pech, das gr>l>ahd >mhd	1. dunkler zähklebriger teerartiger Rückstand bei der Destillation (⤢ UTL 0703) ⤢ organischer Stoffgemenge {02/73}; 2. Unglück, Mißgeschick (übertr.) {25/26/33}	πίσσα pissa l. pix ahd. peh mhd. pech	Pech, Teer dto. dto. dto.

4501	Pedant, der gr>mlat>it >mfrz>frz	(↗ Etymologie unsicher): jmd., der die Dinge übertrieben genau nimmt; Kleinigkeitskrämer {25/26/33/84}	παιδαγωγός paidagogos mlat. paedagogans* o. paedans* it. pedante mfrz. pedant frz. pédant	Kinder führend; Erzieher dto. Erzieher, Schulmeister dto. dto; engstirniger Kleinigkeitskrämer
–	Pedanterie, die gr>mlat>it >mfrz/frz	übertriebene Genauigkeit; Kleingkeitskrämerei {25/26/33}	dto. it. pedanteria mfrz./frz. pédanterie	dto.
–	pedantisch gr>mlat>it >mfrz/frz	übertrieben genau; kleinlich {25/26/33/84}	dto. it. pedantesco mfrz./frz. pédantesque	dto.
4502	Pedologie, die (gr;gr) >nlat	Bodenkunde {62/64}	πέδον pedon + λόγος logos	Boden, Erdboden Rede, Wort; Berechnung
–	pedologisch gr;gr	die Bodenkunde betreffend {62/64}	dto. + λογικός logikos	dto. zum Reden gehörig, die Rede betreffend
4503	Pedometer, das l;gr	Schrittzähler {57/61}	l. pes Gen. pedis + μέτρον metron	Fuß Maß; Versmaß
4504	Pedothek, die gr;gr	Sammlung von Bodenproben {62/64}	πέδον pedon + θήκη theke	Boden, Erdboden Behältnis, Kasten
4505	Pegasos o. Pegasus, der gr>l	geflügeltes Roß als Sinnbild dichterischer ↗ Phantasie {51/75}	Πήγασος Pegasos	Pegasos (s. Anhang „Namen")
4506	Pege, die	kalte Quelle {64}	πηγή pege	Quelle

4507	Pein, die gr>l>mlat >ahd>mhd	1. Strafe, Leibesstrafe (veraltet) {26/33/82}; 2. Qual, Not, Mühe {25/26}; 3. eifrige Bemühung {28/29}	ποινή poine l. *poena* mlat. *pena* ahd. *pina* mhd. *pine*	Zahlung, Buße, Sühne; Strafe Strafe, Qual, Marter, Pein dto. dto. dto.
–	peinigen gr>l>mlat >ahd>mhd	Schmerzen zufügen, quälen, martern {26/33/82}	dto. mhd. *pinegen, pinigen*	dto.
–	Peiniger, der gr>l>mlat >ahd>mhd	jmd., der Schmerzen zufügt {26/33/82}	dto.	dto.
–	Peinigung, die gr>l>mlat >ahd>mhd	das Zufügen von Schmerzen {26/33/82}	dto. mhd. *pinegunge, pinigunge*	dto.
–	peinlich gr>l>mlat >ahd>mhd	1. unangenehm, beschämend {26/33}; 2. pedantisch genau, sorgfältig {25/84}	dto. mhd. *pinlich*	dto.
4508	Pektin, das gr>nlat	kohlenhydratähnlicher Stoff {17/73}	πηκτός pektos	fest verbunden, fest geworden
>>>	**pelagial** = ↗ **pelagisch**			
4509	Pelagial, das gr>nlat	1. alle Lebewesen des freien Meeres u. großer Binnenseen (biol. t. t.) {68/69}; 2. Region (↗ UTL 3029) des Meeres (geol. t. t.) {62/64}	πέλαγος pelagos	Meer
–	pelagisch	zur Hochsee gehörig {64}	πελάγιος pelagios	zum Meer gehörig
4510	Pelargonie, die	Storchschnabelgewächs; ↗ Geranie (nach der schnabelähnlichen Blütenform) {04/68}	πελαργός pelargos	Storch
4511	Pelikan, der gr>l>mhd	Schwimmvogel mit ausgeprägtem Schnabel und Kehlsack {07/69}	πελεκάν pelekan abgeleitet von: πέλεκυς pelekys l. *pelecanus* u. *pelicanus* mhd. *pellican*	der Wasservogel Pelikan Axt, Beil (nach dem beilförmigen Schnabel) dto. dto.

4512	Peloponnes, die / der	gr. Halbinsel {64}	Πελοπόννησος Peloponnesos		„Insel des Pelops"; Peloponnes
4513	Peltast, der gr>l	leichtbewaffneter altgr. Fußsoldat {75/86}	πελταστής peltastes abgeleitet von: πέλτη pelte		leichtbewaffneter Krieger kleiner, leichter Schild
4514	Penalty, der gr>l>vulgl >engl	Strafstoß (bes. im Eishockey - sport. t. t.) {85}	ποινή poine l. poena vulgl. poenalitas engl. penalty		Zahlung, Buße, Sühne; Strafe Strafe, Qual, Marter, Pein dto.
4515	penibel gr>l>frz	1. sehr sorgfältig, genau, empfindlich {25/84}; 2. unangenehm, peinlich (landsch.) {26/33}	dto. frz. peine pénible		dto. Strafe, Schmerz; Mühe, Schwierigkeit schmerzlich, beschwerlich, mühsam
–	Penibilität, die gr>l>frz	Sorgfalt, (ängstliche) Genauigkeit; Empfindlichkeit {26/84}	dto. frz. pénibilité		dto.
>>>	Penta– ↗ Partkelwörterliste				
4516	Pentachord, das gr>l	fünfsaitiges Saiteninstrument (mus. t. t.) {37}	πεντάχορδος pentachordos		fünfsaitig
4517	Pentade, die	Einheit von fünf aufeinanderfolgenden Tagen (meteor. t. t.) {59/65}	πεντάς, Gen. πεντάδος pentas, pentados		Anzahl von fünf
–	Pentadik, die gr>nlat	Zahlensystem mit der Grundzahl 5 (math. t. t.) {71}	πενταδικός pentadikos		aus der Fünfzahl bestehend
4518	Pentaeder, das gr;gr	Fünfflächner {71}	πέντε pente + ἕδρα hedra		fünf Sitz, Grundlage
4519	Pentaeteris, die gr>l	altgr. Zeitraum von fünf Jahren {59/75}	πενταετηρίς pentaeteris		Zeitraum von fünf Jahren

4520	Pentaglotte, die (gr;gr) >nlat	in fünf Sprachen abgefaßtes Buch; fünfsprachige ↗ Bibel {32/34/51/76/77}	πέντε pente + γλῶσσα glossa	fünf Zunge, Sprache
4521	Pentagon, das	1. Fünfeck {71}; 2. das fünfeckige Gebäude des US–Verteidigungsministeriums {58/86}	πεντάγωνος pentagonos	fünfeckig
–	pentagonal gr>nlat	fünfeckig {71}	dto.	dto.
–	Pentagondodekaeder, der (gr;gr) >nlat	aus untereinander kongruenten (↗ UTL 1802) Fünfecken bestehender zwölfflächiger Körper {71}	dto. + δωδεκάεδρος dodekaedros	dto. zwölfsitzig, mit zwölf Flächen s. o. Dodekaeder
4522	Pentagramm, das	fünfeckiger Stern aus gleichlangen Linien (↗ UTL 2069); Drudenfuß {51/71}	πεντάγραμμος pentagrammos	mit fünf Linien
4523	Pentakosiomedimnoi, die (Pl.)	Mitglieder der höchsten Steuerklasse im antiken (↗ UTL 0214) Athen („Fünfhundertscheffler") {43/75/86}	πεντακοσιομέδιμνος pentakosiomedimnos	wer mindestens 500 Medimnen erntet u. zur ersten Steuerklasse gehört
4524	Pentalpha, das gr;gr	= ↗ Pentagramm {51/71}	πέντε pente + α, A (ἄλφα) a, A (alpha)	fünf Alpha s. o. Alpha
4525	pentamer gr>l	fünfteilig {57/71}	πενταμερής pentameres	fünfteilig
–	Pentameron, das gr>it	fünf Tage dauernde Erzählung neapolitanischer Märchen von Giambattista Basile {34/59/76}	dto. it. pentamerone	dto.
4526	Pentameter, der gr>l	fünffüßiger ↗ daktylischer Vers (↗ UTL 3791), der mit dem ↗ Hexameter im ↗ elegischen ↗ Distichon verwendet wird {34/76}	πεντάμετρος pentametros	mit fünf Versfüßen

4527	Pentan, das gr;l	("Fünfstoff") gesättigter Kohlenwasserstoff, der in drei isomeren Formen (↗ UTL 1132) vorkommt {73}	πέντε pente + l. -anus	fünf (l. Suffix) was vom Stammwort ausgeht, mit ihm in Verbindung steht, zu ihm gehört
4528	Pentarchie, die gr;gr	Fünfherrschaft {48/50}	dto. + ἀρχή arche	dto. Anfang, Herrschaft
4529	Pentastylos, der gr;gr	Tempel (↗ UTL 3545) mit je fünf Säulen an den Schmalseiten {88}	πεντάς pentas + στῦλος stylos	Anzahl von fünf Säule
4530	Pentateuch, der gr>l	die fünf Bücher Mosis im AT {51/77}	πεντάτευχος pentateuchos	aus fünf Büchern in einem Bande bestehend
4531	Pentathlon, der	Fünfkampf {85}	πένταθλον pentathlon	Fünfkampf
4532	Pentatonik, die gr>nlat	fünfstufiges, halbtonloses Tonsystem (mus. t. t.) {37}	πεντάτονος pentatonos	von fünf Tönen; kleine Septime
–	pentatonisch	die Pentatonik betreffend {37}	dto.	dto.
4533	Pentekontaetie, die	Zeitraum von fünfzig Jahren zwischen den Perserkriegen und dem Ausbruch des Peloponnesischen Krieges im antiken (↗ UTL 02149) Athen (hist. t. t.) {59/75}	πεντηκονταετής pentekontaetes	fünfzigjährig
4534	pentekostal gr>mlat	1. pfingstlich {59}; 2. die Pfingstbewegung betreffend {33/59}	πεντηκοστός pentekostos	der fünfzigste (Tag nach Ostern)
–	Pentekoste, die	1. Pfingsten als der 50. Tag nach Ostern; 2. der Zeitraum zwischen Ostern u. Pfingsten {59}	dto.	dto.
4535	Pentere, die gr>l	antikes Kriegsschiff mit etwa 300 Rudern in fünf Reihen {45/75/86}	πεντήρης penteres	fünfruderig
4536	Penthemimeres, die	Verseinschnitt nach dem fünften Halbfuß (metr. t. t.) {34/76}	πενθημιμερής penthemimeres	aus fünf halben Teilen bestehend

4537	Peperoni, die mind>gr>l >it	kleine, in Essig eingelegte scharfe Paprikafrucht {17}		mind. *pippari* πέπερι peperi l. *piper* ait. *pevere* it. *pepe*	Pfeffer dto. dto.
4538	Peplon, das	altgr. Obergewand, bes. für Frauen {19/75}		πέπλος peplos	Tuch, Decke; Gewand
4539	Peplopause, die (gr;gr) >nlat	Obergrenze der untersten Luftschicht der ↗ Atmosphäre (meteor. t. t.) {63/65}		πέπλος peplos + παύειν pauein	Tuch, Decke; Gewand beendigen; aufhören machen s. o. Pause
>>>	Peplos, der = ↗ Peplon				
4540	Pepsin, das gr>nlat	1. ↗ Enzym des Magensaftes, das Eiweis spaltet {70/73}; 2. Arzneimittel {70}		πέψις pepsis	das Kochen; Verdauung
–	Pepsinwein, der gr;l>d	Dessertwein, der die Magentätigkeit anregt {17/70}		dto. + l. *vinum*	dto. Wein
–	Peptid, das gr;gr	Spaltprodukt des Eiweißabbaus {70/73}		πεπτικός peptikos + –(ε)ιδής –(e)ides	zum Verdauen geeignet ähnlich aussehend s. Partikelliste
–	peptisch	das Pepsin betreffend {70/73}		πεπτικός peptikos	zum Verdauen geeignet
4541	Perchloräthylen, das (l;gr;gr) >nlat	(Abk.: Per) Lösungsmittel (chem. t. t.) {73}		l. *per* + χλωρός chloros + αἰθήρ aither + ὕλη hyle	auf ... hin, durch ... hindurch; während, unter, vermittelst, durch; völlig (↗ UTL 2584) grüngelb; blaß s. o. Chlor die obere, reine Luft Stoff, Material; Bau-, Brennholz s. o. Äthylen
>>>	Pergamen, das = ↗ Pergament				
>>>	pergamenen = ↗ pergamenten				

4542	**Perga-ment,** das gr>l>mlat	(Handschrift auf einer) zum Beschreiben geglättete(n) Tierhaut {32/40}	Πέργαμον Pergamon l. *pergamena* (sc. *charta*) mlat. *pergamen(t)um*	Pergamon (s. Anhang „Namen") Pergament
–	**perga-menten** gr>l>mlat	(wie) aus Pergament {54/55}	dto.	dto.
–	**Perga-menter,** der gr>l>mlat	Pergamentmacher {32/40}	dto.	dto.
–	**perga-men-tieren** gr>l>mlat	1. ein pergamentähnliches ⌐ Papier herstellen {32/40}; 2. Baumwollgewebe durch Schwefelsäure pergamentähnlich machen {19/73}	dto.	dto.
–	**Perga-ment-papier,** das gr>l>mlat; gr>l>afrz >mhd	dünnes wasserundurchlässiges ⌐ Papier {44}	dto. + πάπυρος papyros	dto. Papyrusstaude; Papier s. o. Papier
>>>	**Pergamin,** das o. **Pergamyn,** das = ⌐ Pergamentpapier			
>>>	**Peri–** ⌐ Partikelliste			
4543	**Peribolos,** der	heiliger Bezirk um den antiken (⌐ UTL 0214) Tempel (⌐ UTL 3545) {58/75}	περίβολος peribolos	das Umgebende, Gehege
4544	**Pericho-rese,** die gr;gr	1. Einheit der menschlichen u. göttlichen Natur (⌐ UTL 2343) in Jesus ⌐ Christus; 2. Einheit u. wechselseitige Durchdringung der drei göttlichen Personen (⌐ UTL 2612) in der Trinität (⌐UTL 3669) (rel. t. t.) {51/77}	περί peri + χώρησις choresis bzw. περιχώ-ρησις perichoresis	ringsum, um … herum; über … hinaus; ungefähr das Erfassen, Aufnehmen das Herumgehen
4545	**Periegese,** die gr>l	Länder- u. Ortsbeschreibung {32/64}	περιήγησις periegesis	das Herumführen, Erklären, Beschreibung
–	**Perieget,** der	Verfasser einer Periegese {32/40/64}	περιηγητής periegetes	der Herumführende; Erzähler
–	**periege-tisch**	die Periegese betreffend {32/64}	dto.	dto.

4546	Perigäum, das gr;gr	Punkt (↗ UTL 2903) der größten Erdnähe eines Himmelskörpers (astron. t. t.) {58/66}	περί peri + γαῖα gaia	ringsum, um ... herum; über ... hinaus; ungefähr Erde
4547	periglazial gr;l	Zustände in der Umgebung vergletscherter Gebiete betreffend (geogr. t. t.) {64/65}	dto. + l. glacies	dto. Eis, Härte (↗ UTL 1201)
4548	Perihel o. –lium, das gr;gr	Punkt (↗ UTL 2903) der geringsten Entfernung eines Himmelskörpers von der Sonne {58/66}	dto. + ἥλιος helios	dto. Sonne
4549	Perikard, das gr>nlat	äußerste Umhüllung des Herzens (med. t. t.) {11/70}	περικάρδιος perikardios	um das Herz herum
–	perikardial	den Herzbeutel betreffend (med. t. t.) {11/70}	dto.	dto.
–	Perikarditis, die gr;gr	Herzbeutelentzündung (med. t. t.) {14/70}	dto. + –ῖτις –itis	dto. gr. Suffix s. Partikelliste
4550	Perikope, die gr>mlat	1. Abschnitt aus der ↗ Bibel zum Vorlesen beim Gottesdienst {32/51/77}; 2. Strophengruppe {34/76}	περικοπή perikope	das Ringsumherbehauen; Verstümmelung: Abschnitt
4551	Perimeter, 1. der 2. das gr;gr	Umfang einer Figur (↗ UTL 1089) (math. t. t.) {71}; 2. Gerät zur Bestimmung des Gesichtsfeldumfangs (med. t. t.) {23/70}	περί peri + μέτρον metron	ringsum, um ... herum; über ... hinaus; ungefähr Maß, Versmaß
–	Perimetergebühren, die (Pl.) gr;gr;d	Anliegergebühren {45/49}	dto. + d. Gebühren	dto.
–	Perimetrie, die gr;gr	Bestimmung der Grenzen des Gesichtsfeldes (med. t. t.) {23/70}	dto.	dto.
–	perimetrieren (gr;gr) >nlat	das Gesichtsfeld bestimmen (med. t. t.) {23/70}	dto.	dto.
–	perimetrisch gr;gr	den Umfang des Gesichtsfeldes betreffend (med. t. t.) {23/70}	dto.	dto.

4552	**perinatal** (gr;l)>nlat	den Zeitraum um die Geburt herum betreffend (med. t. t.) {15/59/70}	περί peri	ringsum, um ... herum; über ... hinaus; ungefähr, sehr
			+ l. *natalis*	zur Geburt gehörig, Geburts...
–	**Perinatologe**, der gr;l;gr	Wissenschaftler der Perinatologie (med. t. t.) {15/40/59/70}	dto.	
			+ λόγος logos	Rede, Wort; Berechnung
–	**Perinatologie**, die gr;l;gr	Teilgebiet der Medizin (↗ UTL 2190), das die ↗ Probleme in der Zeit der Geburt untersucht (med. t. t.) {15/59/70}	dto.	dto.
4553	**Perineurium**, das gr;gr	Nervenhülle (med. t. t.) {11/70}	περί peri	ringsum, um ... herum; über ... hinaus; ungefähr, sehr
			+ νεῦρον neuron	Sehne, Faser; Nerv

>>> –periode ↗ Wortelementeliste

4554	**Periode**, die gr>l	1. Umlaufzeit {59/61}; 2. etwas regelmäßig Wiederkehrendes {59}; 3. Satzgefüge (sprachwiss. t. t.) {32/76}; 4. Umlaufzeit eines Sternes (astron. t. t.) {59/66}; 5. Zeitabschnitt einer Formation der Erdgeschichte (geol. t. t.) {59/62}; 6. Schwingungsdauer (elektrotechn. t. t.) {41/59/72}; 7. Zahl o. Zahlengruppe, die sich ständig wiederholt (math. t. t.) {71}; 8. Verbindung von mehreren ↗ Kola zu einer Einheit (metr. t. t.) {32/76}; 9. in sich geschlossene musikalische Grundform (mus. t. t.) {37}; 10. Monatsblutung {11/59/70}	περίοδος periodos	Umlauf, Umkreis; das Herumgehen; regelmäßige Wiederkehr; Satzgefüge
4555	**Periodensystem**, das gr>l;gr	Anordnung der chem. Elemente (↗ UTL 0874) nach bestimmten Eigenschaften {73}	dto. + σύστημα systema	dto. ein aus mehreren Teilen zusammengesetztes Ganzes s. u. System

>>> Periodicum, das = ↗ Periodikum
>>> Periodik, die = ↗ Periodizität

4556	Periodikum, das gr>l	in regelmäßigen Abständen erscheinendes Schriftwerk {32/59/76}	περιοδικός periodikos	regelmäßig wiederkehrend; in Satzgefügen verfasst
–	periodisch	regelmäßig wiederkehrend {59}	dto.	dto.
–	periodisieren gr>nlat	in Zeitabschnitte einteilen {59}	dto.	dto.
–	Periodizität, die	regelmäßige Wiederkehr {59}	dto.	dto.
4557	Periodogramm, das gr;gr	Darstellung eines periodisch verlaufenden Vorgangs (techn., wirtsch. t. t.) {32/41/42/80}	περίοδος periodos	Umlauf, Umkreis; das Herumgehen; regelmäßige Wiederkehr; Satzgefüge
			+ γράμμα gramma	Buchstabe, Schrift(werk)
4558	Periodologie, die gr;gr	Lehre vom Bau ↗ musikalischer Sätze (mus. t. t.) {37}	dto.	dto.
			+ λόγος logos	Rede, Wort; Berechnung
4559	Periöke, der	freier Einwohner Spartas (s. Anhang „Namen"), der das Recht auf Grundbesitz, aber keine ↗ politischen Rechte hatte (hist. t. t.) {43/75}	περίοικος perioikos	herum wohnend; Nachbar
4560	Peripatetiker, der gr>l	Schüler des Aristoteles (s. Anhang „Namen") {75/77/78}	περιπατητικός peripatetikos	zum Herumwandeln geneigt
–	peripatetisch	den Peripatetiker betreffend {75/77}	dto.	dto.
–	Peripatos, der	1. Wandelgang der Schule, wo Aristoteles (s. Anhang „Namen") lehrte {58/75/78}; 2. Schule des Aristoteles (philos. t. t.) {77/78}	περίπατος peripatos	das Herumgehen, Spazierengehen; Gespräch (beim Spaziergang)
4561	Peripetie, die	Wendepunkt in der Handlung des gr. ↗ Dramas {35/74/75}	περιπέτεια peripeteia	plötzliches Umschlagen; Änderung
4562	peripher o. peripherisch gr>l	am Rand {56/58}	περιφερής peripheres	herumgetragen; rund umgeben
–	Peripherie, die	1. Rand {58/64}; 2. Umfangslinie (math. t. t.) {71}	περιφέρεια periphereia	das Herumgehen; der Umlauf, Umfang

4563	Peri-phrase, die gr>l	1. Umschreibung; 2. = ⚹ Paraphrase {32/76}	περίφρασις periphrasis	das umschweifige Reden; Umschreibung
–	periphrasieren gr>nlat	umschreiben {32/76}	dto.	dto.
–	periphrastisch	1. die Periphrase betreffend; 2. umschreibend {32/76}	περιφραστικός periphrastikos	umschreibend
4564	Peripteraltempel, der gr;l	Tempel mit einem umlaufenden Säulengang {88}	περίπτερος peripteros	ringsum beflügelt; von Säulenreihen umgebener Tempel
	o. Peripteros, der		bzw. + l. templum	Tempel; Anhöhe; Kapelle; weiter Raum (⚹ UTL 3545)
4565	Periskop, das gr;gr	Rundblickfernrohr (z. B. bei U-Booten gebraucht) {86/87}	περί peri + σκοπός skopos	ringsum, um ... herum; über ... hinaus; ungefähr jmd., der genau hinschaut; Aufseher, Späher
–	periskopisch gr;gr	mit Hilfe eines Periskops {86/87}	dto.	dto.
4566	Perispomenon, das	gr. Wort mit einem Zirkumflex (⚹ UTL 3909) auf der letzten ⚹ Silbe {32/76}	περισπώμενον perispomenon	mit Zirkumflex auf der letzten Silbe
4567	Peristaltik, die	Bewegung der Hohlorgane mit Muskeln (med. t. t.) {12/61/70}	περισταλτικός peristaltikos	umfassend u. zusammendrückend
–	peristaltisch	die Peristaltik betreffend (med. t. t.) {12/61/70}	dto.	dto.
4568	Peristase, die	Einflüsse der Umwelt auf die Entwicklung des ⚹ Organismus {68/69/70}	περίστασις peristasis	das Herumstehen; Umgebung; Umstände
–	peristatisch	1. umständlich {56}; 2. umweltbedingt {68/69/70}	περιστατικός peristatikos	die Umstände betreffend
4569	Peristerium, das gr>mlat	Hostiengefäß in Taubengestalt {51/77}	περιστέριον peristerion	kleine Taube

4570	Peristyl o. Peristylium, das gr>l	von Säulen umgebener Innenhof eines antiken (↗ UTL 0214) Hauses {75/88}	περίστυλος peristylos	mit Säulen umgeben
4571	Peritoneum, das	Bauchfell (med. t. t.) {11/70}	περιτόνιον peritonion	Maschinenteil zum Umdrehen; Bauchfell
4572	Peroxid o. Peroxyd, das l;gr	sauerstoffreiche chem. Verbindung {73}	l. per	auf ... hin, durch ... hindurch; während, unter, vermittelst, durch; völlig (↗ UTL 2584)
			+ ὀξύς oxys	scharf, spitz, sauer s. o. Oxyd
–	Peroxydase, die l;gr;gr	peroxidspaltendes ↗ Enzym {70/73}	dto. + –ασις –asis	dto. gr. Suffix s. Partikelliste
4573	Pessar, das gr>spätl	in die Scheide eingelegter Ring als Verhütungsmittel (med. t. t.) {18/70}	πεσσάριον pessarion Diminutiv von:	Pessar
			πεσσός pessos	ovaler Spielstein; Watte– o. Stoffteil zum Einführen in die Scheide
			spätl. pessarium	dto.
4574	Petal o. Petalum, das	Blumenblatt (bot. t. t.) {68}	πέταλον petalon	Blatt
>>>	–petal ↗ Wortelementeliste			
4575	Petasos, der	altgr. breitkrempiger Hut mit Kinnriemen {19/75}	πέτασος petasos	breitkrempiger Hut
4576	Peter	männlicher Vorname {31}	πέτρος petros	Stein, Fels

4577	**Peter-silie,** die gr>l>mlat >ahd>mhd	Gewürz– u. Gemüsepflanze {05/17/68}	πετρο-σέλινον petroselinon l. *petro-selinum* mlat. *petro-silium* ahd. *petarseli* mhd. *petersilje, petersil*	Steineppich dto. dto. dto.
4578	**Petra**	weiblicher Vorname {31}	πέτρα petra	Fels
>>>	Petr(i)–, Petro– ↗ Wortelementeliste			
4579	**Petrefakt,** das gr;l	Versteinerung von Pflanzen o. Tieren (geol., biol. t. t.) {62/68/69}	πέτρος petros + l. *facere*	Stein, Fels tun, machen, handeln (↗ UTL 2622)
–	**Petrifi-kation,** die gr;l	das Versteinern (geol., biol. t. t.) {62/68/69}	dto.	dto.
–	**petrifi-zieren** gr;l	versteinern (biol., geol. t. t.) {62/68/69}	dto.	dto.
4580	**Petro-chemie,** die gr;gr	1. Lehre von der chem. Zusammensetzung der Gesteine {62/73}; 2. = ↗ Petrolchemie {45/73}	πέτρος petros + χύμα chyma gemischt mit: χυμεία chymeia o. χημεία chemeia	Stein, Fels Flüssigkeit Metallverwandlung dto. s. o. Chemie
–	**petroche-misch** gr;gr	1. = ↗ petrolchemisch {45/73}; 2. die chem. Zusammensetzung der Gesteine betreffend {62/73}; 3. die Petrochemie betreffend {45/62/73}	dto.	dto.
4581	**Petro-dollar,** der gr;gr; niederd >am	(Kunstwort aus ↗ Petroleum u. Dollar) am. Währung der erdölproduzierenden Staaten {42/80}	πέτρος petros + ἔλαιον elaion + niederd. *daler*	Stein, Fels Oliven-, (Baum)öl s. o. Öl Taler

4582	**Petro-genese**, die gr;gr	Entstehung der Gesteine (geol. t. t.) {62}	πέτρος petros + γένεσις genesis	Stein, Fels Ursprung, Entstehung
–	**petrogenetisch** gr;gr	die Gesteinsbildung betreffend (geol. t. t.) {62}	πέτρος petros + γενητός genetos	Stein, Fels geworden, entstanden
4583	**Petroglyphe**, die gr;gr	Felszeichnung {36/75}	πέτρος petros + γλυφή glyphe	Stein, Fels das Schnitzen
4584	**Petrograph**, der gr;gr	Wissenschaftler der Petrographie {40/62}	πέτρος petros + γραφεύς grapheus	Stein Schreiber, Maler
–	**Petrographie**, die gr;gr	Zweig der ↗ Petrologie, der sich mit der Beschreibung u. Klassifizierung (↗ UTL 1689) der Gesteine befaßt {62}	πέτρος petros + γραφή graphe	Stein Schrift; Zeichnung
–	**petrographisch** gr;gr	die Petrographie betreffend {62}	dto. + γραφικός graphikos	dto. im Malen geschickt; malerisch; zum Malen o. Schreiben gehörig

>>> **Petrol**, das = ↗ **Petroleum**

4585	**Petrolchemie**, die gr;gr;gr	Zweig der ↗ Chemie, der sich mit der Verarbeitung von Erdöl befaßt {45/73}	πέτρος petros + ἔλαιον elaion + χύμα chyma gemischt mit: χυμεία chymeia o. χημεία chemeia	Stein, Fels Oliven-, (Baum)öl s. o. Öl Flüssigkeit Metallverwandlung dto. s. o. Chemie
–	**petrolchemisch** gr;gr;gr	die Petrolchemie betreffend {45/73}	dto.	dto.
4586	**Petroleum**, das gr;gr	1. Erdöl {02/73}; 2. Destillat (↗ UTL 0703) des Erdöls {44/73}	πέτρος petros + ἔλαιον elaion	Stein, Fels Oliven-, (Baum)öl s. o. Öl

4587	Petrologe, der gr;gr	Wissenschaftler der Petrologie u. ↗ Petrographie {40/62}	πέτρος petros + λόγος logos	Stein, Fels Rede, Wort; Berechnung
–	Petrologie, die (gr;gr) >nlat	Wissenschaft von der Bildung u. Verwandlung der Gesteine {62}	dto.	dto.
4588	Pfaffe, der gr>l>ahd >mhd	Geistlicher (abwertend) {32/ 51/56/77}	πάππας pappas l. pap(p)as ahd. phaffo mhd. phaffe	Papa Erzieher; Vater, Bischof Weltgeistlicher dto.
4589	Pfanne, die gr>l>vulgl >ahd>mhd	1. Schüssel, Schale; Bratgefäß {44}; 2. Vertiefung am Gewehr für die Aufnahme des Pulvers (↗ UTL 2902) {58/86}; 3. Gelenkkapsel (med. t. t.) {11/70}; 4. Dachziegel (landsch.) {40/44}	πατάνη patane l. patina vulgl. panna ahd. phanna mhd. phanne	Schüssel dto.; Pfanne(ngericht) flaches Metallgeschirr mit Stil dto. dto.
4590	Pfarre o. Pfarrei, die gr>l>ahd >mhd	Bezirk, Amt o. Haus eines Pfarrers {51/58/77}	παροικία paroikia l. paroecia ahd. pharra mhd. pharre	das Wohnen eines Fremden an einem Ort ohne Bürgerrecht der Sprengel eines Bischofs dto. dto.
4591	Pfeffer, der mind>gr>l >ahd>mhd	in Ostasien beheimateter Gewürzstrauch {17}	mind. pippari πέπερι peperi l. piper ahd. pheffur, pheffar mhd. pheffer	Pfeffer dto. dto. dto. dto.
–	Pfeffersack, der mind>gr>l >ahd>mhd; hebr>gr>l >ahd/mhd	Großkaufmann, reicher Geschäftsmann {40/42/43}	dto. + σάκκος sakkos	dto. Sack, Trauerkleid s. u. Sack
>>>	Pfefferone, der o. Pfefferoni, die = ↗ Peperoni			

4592	**Pferd**, das gr>(gr;gall >spätl) >spätl>ahd >mhd	Reittier; Roß, Gaul {06/45/69/ 85}	πάριππος danebenreitend; parhippos neben dem Pferd lehnübersetzt laufend zu: spätl. *paraveredus* Nebenpferd, (Ex- abgeleitet tra)postpferd von: παρά neben, daneben; para von; entlang; + gall. während *voredos** Pferd spätl. *veredus* Kurier-, Jagdpferd ahd. *parafred,* dto. *pherfrit, pherit* mhd. *phert* dto.
4593	**Pfifferling**, der mind>gr>l >ahd>mhd	gelber Speisepilz mit würzigem, pfefferartigem Geschmack {04/17}	mind. *pippari* Pfeffer πέπερι dto. peperi l. *piper* dto. ahd. *phiferia* pfefferartig schmeckender mhd. Speisepilz *phifferlinc* dto.
4594	**Pfingsten**, das gr>l/got >ahd>mhd	↗ christliches Fest der Ausgießung des Heiligen Geistes u. Gründung der ↗ Kirche {51/ 77}	πεντη- der fünfzigste (Tag κοστός nach Ostern) pentekostos o. πεντη- κοστή (ἡμέρα) pentekoste dto. (hemera) l. *pentecoste* dto. o. got. *paintekuste* (mit Übersetzung von pente— in fünf) ahd. *(fona)* dto. *fimfkustim* mhd. *phingesten* dto.

4595	Pflaster, das gr>l>mlat >ahd>mhd	1. Verband für Wunden {44/70}; 2. fester Straßen- o. Wegbelag {45}	ἔμπλα-στ(ρ)ον emplast(r)on l. *emplastrum* mlat. *plastrum*		Wundpflaster; Salbe zum Aufschmieren dto. dto.; Mörtel (nach der klebrigen Konsistenz); freier, sich abhebender Platz (wie ein Pflaster auf der Haut)
			ahd. *phlastar* mhd. *phlaster, pflaster*		dto.; gepflasterter Boden dto.
4596	Pflaume, die gr>l>vulgl >ahd>mhd	1. Steinfrucht mit saftigem Fruchtfleisch {05/17}; 2. (ugs.) untauglicher, schwächlicher Mensch {25/26/33}	προῦμνον proumnon l. *prunum* vulgl. *prumum*, pruma** ahd. *phruma, phluma* mhd. *phlume*		Pflaume dto. dto. dto. dto.
4597	Phäake, der	sorgloser Genießer {26/33}	Φαίαξ, Gen. Φαίακος Phaiax, Phaiakos		Phaiake (s. Anhang „Namen")
4598	Phaeton, der phaethonisch o. phaethontisch	leichte, vierrädrige, offene Kutsche {45/75} kühn {25/26/33/86}	Φαέθων Phaeton dto.		Phaeton (s. Anhang „Namen") dto.
>>>	–phag(e) o. –phagie ↗ Wortelementeliste				
4599	Phagozyt, der (gr;gr) >nlat phagozytieren gr;gr	weißes Blutkörperchen, das Fremdstoffe durch ↗ Enzyme unschädlich machen kann (med. t. t.) {11/70} Fremdstoffe in sich aufnehmen u. durch ↗ Enzyme auflösen (med. t. t.) {70}	φαγεῖν phagein + κύτος kytos dto.		essen, fressen Höhlung, Wölbung dto.

	Phago- zytose, die gr;gr;gr	1. Unschädlichmachung von Fremdkörpern durch Phagozyten (med. t. t.) {70}; 2. Aufnahme geformter Nahrung durch einzellige Lebewesen {69}	dto. + –ωσις –osis	dto. gr. Suffix s. Partikelliste
4600	Phalanx, die gr>l	1. geschlossene, mehrgliedrige Schlachtreihe; 2. geschlossene Front {75/86}; 3. Glieder der Finger u. Zehen {11/70}	φάλαγξ phalanx	Schlachtreihe; Baumstamm, Walze; Hand– o. Fußgelenk
>>>	Phallo– ⤴ Wortelementeliste			
4601	phallisch	den Phallus betreffend {11/18/70}	φαλλικός phallikos	den Penis betreffend
4602	Phallograph, der gr;gr	Gerät zur Durchführung einer Phallographie {18/70}	φαλλός phallos + γράφευς grapheus	Penis einritzen, Schreiber, Maler
	Phallographie, die gr;gr	Aufzeichnung der Penisreaktion mittels eines ⤴ Erektometers {18/70}	dto. + γραφή graphe	dto. Schrift; Zeichnung
4603	Phallokrat, der gr;gr	phallokratischer Mensch {18/33}	φαλλός phallos + κράτος kratos	Penis Kraft, Macht
	Phallokratie, die gr;gr	Unterdrückung der Frau durch den Mann {18/33}	dto.	dto.
	phallokratisch gr;gr	die Phallokratie betreffend {18/33}	dto.	dto.
4604	Phallometrie, die gr;gr	Messen der Penisreaktion bei sexualpsychologischen Untersuchungen {18/70}	φαλλός phallos + μέτρον metron	Penis Maß, Versmaß
4605	Phalloplastik, die gr;gr	operatives (⤴ UTL 2434) Nachbilden des Penis {70}	φαλλός phallos + πλαστική (τέχνη) plastike (techne)	Penis (die Kunst des) Bilden, Gestaltens s. u. Plastik
4606	Phallos o. Phallus, der	das (erigierte – ⤴ UTL 0916b) männliche Glied {11/18/70}	φαλλός phallos	Penis

–	**Phallus-kult,** der gr;l	religiöse (↗ UTL 3066) Verehrung des männlichen Gliedes {18/51/75}	dto. + l. *cultus*	dto. Pflege; Kultur; Bildung; Verehrung einer Gottheit (↗ UTL 1947)
>>>	**Phäno–** ↗ Wortelementeliste			
4607	**Phäno-logie,** die gr;gr	Lehre von den jahreszeitlich bedingten Erscheinungsformen bei Tieren u. Pflanzen (biol. t. t.) {59/68/69}	φαίνεσθαι phainesthai + λόγος logos	erscheinen, sich zeigen Rede, Wort; Berechnung
–	**phänolo-gisch** gr;gr	die Phänologie betreffend {59/68/69}	dto. + λογικός logikos	dto. zum Reden gehörig, die Rede betreffend
4608	**Phäno-men** o. **Phäno-menon,** das gr>l	1. Erscheinung {52/55}; 2. Wunder, ungewöhnlicher Mensch {33/84}; 3. der sich der Erkenntnis zeigende Bewußtseinsinhalt {25/77}	φαινόμενον phainomenon = PPrM von φαίνεσθαι phainesthai	das Erscheinende erscheinen, sich zeigen
>>>	**Phänomena,** die (Pl.) = Plural (↗ UTL 2697) von **Phänomenon**			
–	**phäno-menal** gr>l>frz	1. das Phänomen betreffend {52/55}; 2. erstaunlich {25/56}; 3. sich der Erkenntnis darbietend (philos., psych. t. t.) {25/70/77}	dto. frz. *phénoménale*	dto.
4609	**Phänome-nalismus,** der (gr>l>frz; gr)>nlat	philosophische Richtung, nach der die Erkenntnis der Dinge nur nach ihrer äußeren Erscheinung geschieht (philos. t. t.) {25/77}	dto. + –ισμός –ismos	dto. gr. Suffix s. Partikelliste
–	**phäno-menali-stisch** (gr>l>frz; gr)>nlat	den Phänomenalismus betreffend {25/77}	dto.	dto.
4610	**Phänome-nologie,** die (gr;gr) >nlat	1. Lehre von den Erscheinungen der Dinge; 2. Wissenschaft von den sich ↗ dialektisch entwickelnden Erscheinungen des Geistes (Hegel) {25/77}	dto. + λόγος logos	dto. Rede, Wort; Berechnung

phänomenologisch

–	phänome-nologisch gr;gr	die Phänomenologie betreffend {25/77}	dto. + λογικός logikos	dto. zum Reden gehörig, die Rede betreffend
4611	phäno-typisch gr;gr	das Erscheinungsbild eines ↗ Organismus betreffend (biol. t. t.) {53/68/69}	φαινόμενον phainomenon + τυπικός typikos	das Erscheinende s. o. Phänomen nach einem Muster gemacht
–	Phänotyp o. Phäno-typus, der gr;gr	das Erscheinungsbild eines ↗ Organismus (biol. t. t.) {53/68/69}	dto. + τύπος typos	dto. Schlag; Abdruck; Gepräge, Gestalt
4612	Phanta-sie, die gr>l>mhd	1. Vorstellungskraft {22/25}; 2. Einbildung, Wahnvorstellung {24}; 3. freies Musikstück (mus. t. t.) {37}	φαντασία phantasia	das Sichtbarmachen; das Sichtbarwerden; Aussehen; Vorstellungskraft
>>>	–phantasie ↗ Wortelementeliste			
–	phanta-sieren gr>l>nhd	1. erfinden, ausdenken {22/25}; 2. irre reden {14/24/32/70}; 3. ↗ musikalisch improvisieren (↗ UTL 1324) (mus. t. t.) {37}	dto.	dto.
4613	Phantas-ma, das gr>l	Trugbild (psych. t. t.) {23/24/70}	φάντασμα phantasma	Erscheinung, Gespenst; Vorstellung
4614	Phantas-magorie, die gr;gr	1. Trug–, Wahngebilde {24}; 2. Gespenstererscheinung auf der Bühne {35/74}	dto. + ἀγορά agora	dto. Markt(platz), (Volks)versammlung
–	phantas-mago-risch gr;gr	bizarr, gespenstisch {24/26}	dto.	dto.
4614	Phantast, der gr>mlat	Schwärmer, Träumer {26/84}	φανταστής phantastes	der sich zur Schau stellt, Prahler
–	Phanta-sterei, die	Träumerei, Spinnerei (abwertend) {26/56/84}	dto.	dto.
–	Phanta-stik, die	das Unwirkliche {24/26/52}	φαντα-στικόν phantastikon	Vorstellungsvermögen

–	Phantastika, die	Stoffe, die stark erregend auf die ⌕ Psyche wirken (med. t. t.) {70}	dto.	dto.
–	phantastisch	1. wirklichkeitsfern, überspannt {25/33}; 2. märchenhaft {25/34/35/85}; 3. unglaublich, wunderbar (ugs.) {25/56}	φανταστικός phantastikos	fähig, sich etw. vorzustellen
4615	Phantom, das gr>l>gallorom>aprov >afrz>frz	1. Geistererscheinung {24/51}; 2. künstliche Körperteile zu Lehrzwecken (med. t. t.) {70}	φάντασμα phantasma l. *phantasma* gallorom. *phantagma** aprov. *fantauma* afrz. *fantosme* frz. *fantôme*	Erscheinung, Gespenst; Vorstellung dto. dto. dto. dto. dto.
–	Phantombild, das gr;d	nach Zeugenaussagen gezeichnetes Bild eines gesuchten Täters {53/82}	dto. + d. *Bild*	dto.
–	Phantomschmerz, der gr;d	scheinbare Schmerzen in einem bereits amputierten Körperteil (med. t. t.) {14/70}	dto. + d. *Schmerz*	dto.
4616	Pharao, der 1. ägypt>gr 2. ägypt>gr >frz	1. Titel (⌕ UTL 3586) der altägypt. Könige {47/50/75}; 2. afrz. Kartenglücksspiel (nach dem Namen Pharaon für den Herzkönig) {75/85}	ägypt. *per-a'a* Φαραώ Pharao	großes Haus, Palast, Hof Pharao
–	pharaonisch ägypt>gr	den Pharao betreffend {47/50/75}	dto.	dto.
4617	Pharisäer, der aram>gr>l	1. Angehöriger einer altjüdischen Partei (⌕ UTL 2519) mit ⌕ orthodoxer Religiosität (⌕ UTL 3066) {51/75/77}; 2. selbstgerechter Mensch, Heuchler {25/84}; 3. heißer Kaffee mit Rum u. geschlagener Sahne {17}	aram. *perishaiya* Φαρισαῖος Pharisaios l. *Pharisaeus*	abgesondert Pharisäer dto.
–	pharisäisch aram>gr>l	1. die Pharisäer betreffend {51/75/77}; 2. selbstgerecht {25/84}	dto.	dto.
–	Pharisäismus, der (aram>gr >l;gr)>nlat	1. Lehre der Pharisäer {51/75/77}; 2. Selbstgerechtigkeit, Heuchelei {25/84}	dto. + –ισμός –ismos	dto. gr. Suffix s. Partikelliste

>>> Pharma(ko)- ↗ Wortelementeliste

4618	Pharmaindustrie, die gr;l	Arzneimittelherstellung(skonzerne) {41/70}	φάρμακον pharmakon + l. *industria*	Heilmittel; Zaubermittel; Gift Tätigkeit, Fleiß, Eifer (↗ UTL 1360)

>>> Pharmaka, die (Pl). = Plural (↗ UTL 2697) von ↗ Pharmakon

4619	Pharmakeule, die gr;d	übermäßig große Menge von Arzneimitteln für die Behandlung (ugs.) {57/70}	φάρμακον pharmakon + d. *Keule*	Heilmittel; Zaubermittel; Gift
4620	Pharmakodynamik, die (gr;gr) >nlat	Teilgebiet der ↗ Pharmazie, das die Wirkungen von Arzneimitteln untersucht (med., pharmaz. t. t.) {70}	dto. + δυναμικός dynamikos	dto. vermögend, wirksam s. o. Dynamik
4621	Pharmakologe, der gr;gr	Wissenschaftler der Pharmakologie {40/70}	φάρμακον pharmakon + λόγος logos	Heilmittel; Zaubermittel; Gift Rede, Wort; Berechnung
–	Pharmakologie, die gr;gr	Lehre von den Wirkungen u. Anwendungen von Medikamenten (↗ UTL 2184) {70}	dto.	dto.
–	pharmakologisch gr;gr	die Pharmakologie betreffend {70}	dto. + λογικός logikos	dto. zum Reden gehörig, die Rede betreffend
4622	Pharmakon, das	1. Arzneimittel {70}; 2. Liebestrank {17/18/70}	φάρμακον pharmakon	Heilmittel; Zaubermittel; Gift
4623	Pharmakopsychologie, die gr;gr;gr	Teilgebiet der Psychologie, das die Wirkung von Arzneimitteln auf die seelischen Vorgänge betrifft {70}	φάρμακον pharmakon + ψυχή psyche + λόγος logos	Heilmittel; Zaubermittel; Gift Seele Rede, Wort; Berechnung s. u. Psychologie
4624	Pharmareferent, der gr;l	Vertreter, der für die Arzneimittel einer Firma wirbt {40/70}	φάρμακον pharmakon + l. *referre* (PPA. *referens* Gen. *referentis*)	Heilmittel; Zaubermittel; Gift überbringen; melden, berichten, mitteilen (↗ UTL 3014)

4625	**Pharma-zeut,** der	Fachmann der ↗Pharmazie, ausgebildeter ↗ Apotheker {40/70}	φαρμα-κευτής pharma-keutes	Hersteller von Heilmitteln
–	**Pharma-zeutik,** die	Arzneimittelkunde {70}	φαρμακευ-τική (τέχνη) pharmakeu-tike (techne)	(Kenntnis der) Arzneimittel
–	**Pharma-zeutikum,** das gr>l	Arzneimittel {70}	φαρμακευ-τικός pharmakeu-tikos	den Hersteller von Heilmitteln be-treffend
–	**pharma-zeutisch** gr>l	die Pharmazie betreffend {70}	dto.	dto.
4626	**Pharma-zie,** die gr>mlat	Wissenschaft von der Zube-reitung von Arzneimitteln; Arzneimittelkunde {70}	φαρμακεία pharmakeia	das Geben von Heilmitteln
4627	**Pharus,** der gr>l	Leuchtturm {23/45/75}	Φάρος Pharos	Pharos (s. Anhang „Namen")
>>>	**Pharyng(o)–** ↗ Wortelementeliste			
4628	**pharyn-gal** gr>nlat	den Rachen betreffend; dort artikuliert (↗ UTL 0281a) (sprachwiss. t. t.) {32/76}	φάρυγξ, Gen. φάρυγ(γ)ος pharynx, pharyngos	Schlund; Kehle
–	**pharyn-gali-sieren** gr>nlat	mit verengtem Mundraum artikulieren {32/76}	dto.	dto.
>>>	**Pharyngen,** die (Pl.) = Plural (↗ UTL 2697) von ↗ **Pharynx**			
4629	**Pharyn-gitis,** die gr;gr	Rachenentzündung (med. t. t.) {14/70}	dto. + –ῖτις –itis	dto. gr. Suffix s. Partikelliste
4630	**Pharyn-gologe,** der gr;gr	Facharzt der Pharyngologie (med. t. t.) {40/70}	dto. + λόγος logos	dto. Rede, Wort; Be-rechnung

Pharyngologie

–	**Pharyn-gologie,** die gr;gr	Wissenschaft von den Krankheiten des Rachens (med. t. t.) {14/70}	dto.	dto.
–	**pharyn-gologisch** gr;gr	die Rachenkrankheiten betreffend (med. t. t.) {14/70}	dto. + λογικός logikos	dto. zum Reden gehörig, die Rede betreffend
4631	**Pharyn-goskop,** das gr;gr	Kehlkopf–, Rachenspiegel (med. t. t.) {70}	φάρυγξ, Gen. φάρυγ(γ)ος pharynx, pharyngos + σκοπός skopos	Schlund, Kehle jmd., der genau hinschaut; Aufseher, Späher
–	**Pharyn-goskopie,** die gr;gr	Untersuchung mit dem Pharyngoskop (med. t. t.) {70}	dto. + σκοπή skope	dto. das Umschauen, Spähen
–	**pharyn-gosko-pisch** gr;gr	1. unter Anwendung des Pharyngoskops; 2. die Pharyngoskopie betreffend {70}	dto.	dto.
4632	**Pharyn-gotomie,** die gr;gr	operative (↗ UTL 2434) Öffnung des Schlundes; Kehlkopfschnitt (med. t. t.) {70}	dto. + τομή tome	dto. das Schneiden; Schnitt; das Abgeschnittene
4633	**Pharynx,** der	Rachen, Schlund (med. t. t.) {11/70}	φάρυγξ, Gen. φάρυγ(γ)ος pharynx, pharryngos	Schlund, Kehle
4634	**Phase,** die	1. Abschnitt einer Entwicklung {59/61}; 2. jeweiliger Zustand eines schwingenden Systems (phys. t. t.) {72}; 3. Aggregatzustand eines chem. Stoffes (chem. t. t.) {73}; 4. Schwingungszustand bei Wechselstrom (elektrotechn. t. t.) {72}; 5. Zeit, in der ein Himmelskörper nur zum Teil erleuchtet ist (astron. t. t.) {66}	φάσις phasis	Anzeige; Erscheinung (der Gestirne)

>>> –phasie ↗ Wortelementeliste

–	phasisch	die Phase betreffend; regelmäßig wiederkehrend {59/61}	dto.	dto.
4635	Phenacetin, das gr;l	Schmerz– u. Fiebermittel (med. t. t.) {14/70}	φαίνειν phainein + l. *acetum*	zeigen; scheinen, leuchten 1. saurer Wein, Weinessig; 2. beißender Witz, scharfer Spott (↗ UTL 0041)
4636	Phenol, das gr;gr	Karbolsäure; ↗ organische Verbindung aus Steinkohlenteer {73}	φαίνειν phainein + ἔλαιον elaion	zeigen; scheinen, leuchten Oliven-, (Baum)öl s. o. Öl
4637	Phenyl, das o. Phenylgruppe, die gr;(d)	in vielen ↗ aromatischen Kohlenwasserstoffen enthaltende einwertige Atomgruppe {73}	φαίνειν phainein + ὕλη hyle (+ d. *Gruppe*)	zeigen; scheinen, leuchten Stoff, Material, Bau–, Brennholz
4638	Pherekrateus, der gr>l	↗ katalektischer ↗ Glykoneus (metr. t. t.) {34/76}	Φερεκράτης Pherekrates	Pherekrates (s. Anhang „Namen")
4639	Pheromon, das (gr;gr) >nlat	abgegebener Wirkstoff mit Einfluß auf andere Mitglieder der gleichen Art (biol. t. t.) {69}	φέρειν pherein + ὁρμᾶν horman	tragen, bringen in Bewegung setzen s. o. Hormon
4640	Phi, das	einundzwanzigster Buchstabe des gr. ↗ Alphabets {32/76}	φ, Φ (φῖ) ph, Ph (phi)	Phi
4641	Phiale, die gr>l	altgr. flache Oberschale {44/75}	φιάλη phiale	(Trink)schale
>>>	-phil, Phil(o)-	↗ Wortelementeliste		
4642	Philaleth, der	Wahrheitsfreund {25/84}	φιλαλήθης philalethes	die Wahrheit liebend; Freund der Wahrheit
4643	Philanthrop, der	Menschenfreund {33/84}	φιλάνθρωπος philanthropos	menschenliebend, menschenfreundlich
–	Philanthropie, die	Menschenliebe {33/84}	φιλανθρωπία philanthropia	Menschenliebe, Menschenfreundlichkeit

–	Philan- thropin o. Philan- thropi- num das gr>nlat	Erziehungsanstalt nach den Maßstäben des Philanthropi- nismus {77/78}	φιλανθρώ- πινος philanthro- pinos	zum Menschen- freund gehörig
–	Philan- thropi- nismus, der gr;gr	Erziehung durch Güte zu Na- türlichkeit u. Weltbürger- lichkeit {33/78}	dto. + –ισμός –ismos	dto. gr. Suffix s. Partikelliste
–	Philan- thropi- nist, der gr;gr	Anhänger des Philanthropi- nismus {33/78}	dto. + –ιστής –istes	dto. gr. Suffix s. Partikelliste
–	philan- thropisch	menschenfreundlich {25/33/ 84}	φιλάνθρω- πος philanthro- pos	menschenliebend, menschenfreund- lich
4644	Philate- lie, die (gr;gr)>frz	das Sammeln von Briefmar- ken (Begriff 1864 von dem frz. Sammler Herpin geprägt) {85}	φίλος philos + ἀτέλεια ateleia frz. philatélie	lieb, befreundet, Freund Abgabenfreiheit
–	Philate- list, der (gr;gr;gr) >frz	Briefmarkensammler {85}	dto. + –ιστής –istes frz. philatéliste	dto. gr. Suffix s. Partikelliste
4645	Philhar- monie, die gr;gr	1. Konzertsaal eines philhar- monischen ↗ Orchesters; 2. berühmte Konzerthalle in Berlin {37/58}	φίλος philos + ἁρμονία harmonia	lieb, befreundet, Freund Fügung, Verbin- dung; die richtige Proportion s. o. Harmonie
–	Philhar- moniker, der gr;gr	Mitglied eines philharmoni- schen ↗ Orchesters {37/40}	dto. + ἁρμονικός harmonikos	dto. die Harmonie be- treffend s. o. Harmoniker
–	philhar- monisch (gr;gr)>it >frz	die Musikliebe betreffend {37}	dto. it. filarmonico frz. philharmo- nique	dto.

4646	Philhel-lene, der	Anhänger des Philhellenismus {25/33/81}	φιλέλλην philhellen	die Hellenen liebend; Hellenenfreund
–	Philhel-lenismus, der (gr;gr) >nlat	Griechenlandbegeisterung {26/33/45/81}	dto. + –ισμός –ismos	dto. gr. Suffix s. Partikelliste
>>>	–philie ↗ Wortelementeliste			
4647	Philipp	männlicher Vorname {31}	φίλιππος philippos	Rosse liebend; Pferdefreund
–	Philip-pika, die (Pl.)	Anklagerede (nach den Kampfreden des gr. Redners Demosthenes (s. Anhang „Namen") gegen König Philipp von Makedonien – s. Anhang „Namen") {32/75/76}	Φιλιππικά (Pl.) Philippika abgeleitet von: Φιλιππικός Philippikos	Philippische (Reden) Philipp betreffend
>>>	Philo– ↗ Wortelementeliste			
4648	philobat gr;gr	Bindung meidend (psych. t. t.) {33/70}	φίλος philos + βατεῖν batein	lieb, befreundet, Freund besteigen
4649	Philo-dendron, der (gr;gr) >nlat	Aronstabgewächs; Blattpflanze mit Luftwurzeln {04/68}	φίλος philos + δένδρον dendron	lieb, befreundet, Freund Baum
4650	Philogyn, der	Frauenfreund {18/33}	φιλόγυνος philogynos	Weiberfreund
4651	Philo-kalia o. Philo-kalie, die	Erbauungsbuch der ↗ orthodoxen ↗ Kirche {32/51/77}	φιλοκαλία philokalia	Liebe zum Schönen
4652	Philo-loge, der gr>l	jmd., der sich wissenschaftlich mit der Philologie befaßt {34/40/76}	φιλόλογος philologos	„den Logos liebend"; Gelehrsamkeit, Literatur u. Wissenschaft liebend
–	Philo-logie, die	Literatur- u. Sprachwissenschaft {34/76}	φιλολογία philologia	„Liebe zum Logos"; Liebe zu Gelehrsamkeit, Literatur, Wissenschaft

–	philo- logisch	die Philologie betreffend, zu ihr gehörend {34/76}	φιλόλογος philologos	„den Logos liebend"; Gelehrsamkeit, Literatur u. Wissenschaft liebend
4653	Philo- mathie, die	(veraltet) Wissensdrang {25/84}	φιλομαθία philomathia	Lernbegier, Wißbegier
4654	Philo- semit, der gr;hebr	Vertreter des Philosemitismus {25/33/81}	φίλος philos + hebr. *Sem*	lieb, befreundet, Freund der älteste Sohn Noahs im AT s. u. Semit
–	Philose- mitismus, der gr;hebr;gr	geistige Bewegung, die den Juden gegenüber freundlich gesonnen ist {25/33/81}	dto. + –ισμός –ismos	dto. gr. Suffix s. Partikelliste
4655	Philo- soph, der gr>l	1. Denker {25/40/77}; 2. nachdenklicher Mensch {25/84}	φιλόσοφος philosophos	Freund der Weisheit, Wissenschaft, Dialektik
–	Philoso- phaster, der gr;roman	Scheinphilosoph {25/77}	dto. + roman. –*aster*	dto. herabsetzendes roman. Suffix
–	Philoso- phem, das	philosophisches Ergebnis {25/77}	φιλοσόφημα philoso- phema	Ergebnis gelehrter, wissenschaftlicher Untersuchung
–	Philoso- phie, die gr>l	1. forschendes Fragen u. Streben nach Erkenntnis des letzten Sinnes, der Ursprünge des Denkens und Seins; 2. Wissenschaft von den verschiedenen Denkgebäuden {25/77}	φιλοσοφία philosophia abgeleitet von: φίλος philos + σοφία sophia	Liebe zur Weisheit, zu den Wissenschaften lieb, befreundet, Freund das Wissen; Weisheit
–	philoso- phieren	1. Philosophie betreiben {25/77}; 2. über etw. nachdenken {25}	dto.	dto.
–	Philoso- phikum, das	1. Zwischenexamen für das Priesteramt {51/77/78}; 2. Prüfung in Philosophie für die Lehramtskandidaten {31/77/78}	φιλόσοφος philosophos	Freund der Weisheit, Wissenschaft, Dialektik
–	philoso- phisch	1. die Philosophie betreffend {25/77}; 2. überlegend {25}	dto.	dto.

4656	Philo-xenie, die	Gastfreundschaft {33/45}	φιλοξενία philoxenia		Gastfreundschaft
4657	Phimose, die	entwickelte o. angeborene Vorhautverengung des Penis (↗ UTL 2579) (med. t. t.) {14/70}	φίμωσις phimosis		Verengung einer (Körper)Öffnung
4658	Phiole, die gr>l>mlat	kugelförmige Glasflasche mit langem Hals {44/73}	φιάλη phiale l. phiala mlat. fiola		(Trink)Schale Tasse, Schale (Trink)Schale
4659	Phlebitis, die gr;gr	Venenentzündung (med. t. t.) {14/70}	φλέψ, Gen. φλεβός phlebs, phlebos + -ῖτις -itis		Blutader gr. Suffix s. Partikelliste
4660	phlebo-gen gr;gr	von den Venen (↗ UTL 3774) ausgehend (med. t. t.) {14/70}	dto. + -γενής -genes		dto. stammend von; hervorbringend, verursachend
4661	Phlebo-graphie, die gr;gr	↗ röntgenologische Darstellung der Venen mit Hilfe von Kontrastmitteln (med. t. t.) {70}	φλέψ, Gen. φλεβός phlebs, phlebos + γραφή graphe		Blutader Schrift; Zeichnung
4662	Phlebo-loge, der gr;gr	Facharzt für Venenerkrankungen (med. t. t.) {14/40/70}	φλέψ, Gen. φλεβός phlebs, phlebos + λόγος logos		Blutader Rede, Wort; Berechnung
–	Phlebo-logie, die gr;gr	Teilgebiet der Medizin (↗ UTL 2190), das die Venen u. ihre Erkrankungen umfasst (med. t. t.) {14/70}	dto.		dto.
4663	Phlegma, das	1. Schwerfälligkeit {12/61}; 2. Dickfelligkeit {25/26/84}	φλέγμα phlegma		kalter, zähflüssiger Körperschleim
–	Phlegma-sie, die gr>nlat	Entzündung (med. t. t.) {14/70}	φλεγμασία phlegmasia		Entzündung, Leidenschaft
–	Phlegma-tiker, der gr>l	langsamer, schwerfälliger Mensch (nach der Temperamentenlehre des Hippokrates – s. Anhang „Namen") {25/26/84}	φλεγματι-κός phlegmatikos		zum Schleim gehörig, davon kommend

–	Phlegmatikus, der	träger Mensch {25/26/84}	dto.	dto.
–	phlegmatisch	träge, gleichgültig {25/26/84}	dto.	dto.
4664	Phlegmone, die	eitrige Zellgewebsentzündung (med. t. t.) {14/70}	φλεγμονή phlegmone	Entzündung; Leidenschaft
–	phlegmonös	mit Phlegmone einhergehend (med. t. t.) {14/70}	dto.	dto.
4666	phlogistisch gr>nlat	eine Entzündung betreffend, zu ihr gehörend {14/70}	φλόγωσις phlogosis	Brand, Entzündung
–	phlogogen gr>nlat	Entzündung erregend (med. t. t.) {14/70}	φλογογενής phlogogenes	aus dem Feuer erzeugt
–	Phlogose, die o. Phlogosis, die	Entzündung (med. t. t.) {14/70}	φλόγωσις phlogosis	Brand, Entzündung
4667	Phlyaken, die (Pl.)	altgr. Spaßmacher {35/74/75/85}	φλύαξ, Gen. φλύακος phlyax, phlyakos	Geschwätz; Possenspiel; Possenreißer
>>>	–phob(ie) ⤤ Wortelementeliste			
4668	Phobie, die gr>nlat	krankhafte Angst {14/24/70}	φόβος phobos	Angst, Furcht
–	phobisch	die Phobie betreffend {14/24/70}	dto.	dto.
–	Phobophobie, die gr;gr	Angst vor Angstzuständen (med. t. t.) {14/24/70}	dto.	dto.
4669	Phönizien, das	Syrien vorgelagertes Küstenland am Mittelmeer {64}	Φοινίκη Phoinike	Phönizien
4670	Phon, das	Maßeinheit der Lautstärke; Zeichen: phon (72/87)	φωνή phone	Laut, Stimme, Ton
4671	Phonasthenie, die (gr;gr) >nlat	Stimmschwäche (med. t. t.) {14/32/70}	dto. + ἀσθένεια astheneia	dto. Kraftlosigkeit, Schwäche

4672	Phonation, die	Laut- u. Stimmbildung {32/76}	φωνή phone	Laut, Stimme, Ton
–	phonatorisch	die Phonation, die Stimme betreffend {32/76}	dto.	dto.
4673	Phonem, das	1. kleinste Einheit der ↗ Phonologie {32/76}; 2. ↗ akustische Sinnestäuschung {23/24}	φώνεμα phonema	Laut, Stimme, Ton; Sprache
–	phonematisch o. phonemisch	das Phonem betreffend {23/24/32/76}	dto.	dto.
–	Phonemik, die	= ↗ Phonologie {32/76}	dto.	dto.
4674	Phonetik, die	Wissenschaft von der Lautbildung {32/76}	φωνητικός phonetikos	zum Tönen o. Sprechen gehörig
–	Phonetiker, der	Wissenschaftler auf dem Gebiet der Phonetik {32/40/76}	dto.	dto.
–	phonetisch	1. die Phonetik betreffend; 2. –e Schrift: universelle (↗ UTL 3727) Lautschrift {32/76}	dto.	dto.
4675	Phonetograph, der gr;gr	Gerät, das gesprochene Worte direkt (↗ UTL 0758) in Schrift überführt (techn. t. t.) {71/87}	dto. + γραφεύς grapheus	dto. Schreiber, Maler
4676	Phoniater, der gr;gr	Facharzt auf dem Gebiet der Phoniatrie (med., psych. t. t.) {32/40/70}	φωνή phone + ἰατρός iatros	Laut, Stimme, Ton Arzt
–	Phoniatrie, die gr;gr	Stimm–, Sprachheilkunde {32/70}	φωνή phone + ἰατρική (τέχνη) iatrike (techne)	Laut, Stimme, Ton Heilkunst

>>> –phonie ↗ Wortelementeliste

4677	Phonik, die	Tonlehre {37}	φωνή phone	Laut, Stimme, Ton
–	phonisch	die Stimmbildung betreffend {32/76}	dto.	dto.
4679	Phönix, der gr>l	altägypt. Vogel, der sich im Feuer verjüngt; Sinnbild der Unsterblichkeit {51/75}	φοῖνιξ phoinix	Purpur; Palme; Wundervogel

>>> Phono– ↗ Wortelementeliste

4680	**Phonodiktat**, das gr;l	auf Tonband gesprochenes Diktat (↗ UTL 0746) {32/40/87}	φωνή phone + l. *dictare*	Laut, Stimme, Ton diktieren; anfertigen, vorschreiben (↗ UTL 0746)
4681	**phonogen** (gr;gr) >nlat	bühnenwirksam; für Rundfunksendungen geeignet {22/32/35/46}	φωνή phone + –γενής –genes	Laut, Stimme, Ton stammend von; hervorbringend, verursachend
4682	**Phonogramm**, das gr;gr	Aufzeichnung von Tönen o. Schallwellen {72}	φωνή phone + γράμμα gramma	Laut, Stimme, Ton Buchstabe, Schrift(werk)
4683	**Phonograph**, der gr;gr	Tonaufnahmegerät, das 1877 von Edison erfunden wurde {72}	φωνή phone + γραφεύς grapheus	Laut, Stimme, Ton Schreiber, Maler
–	**Phonographie**, die gr;gr	1. Aufzeichnung von Lauten {32/72}; 2. Verzeichnis von Tonaufnahmen {32/37/46}	φωνή phone + γραφή graphe	Laut, Stimme, Ton Schrift; Zeichnung
–	**phonographisch** gr;gr	die Phonographie betreffend {32/37/46/72}	dto.	dto.
4684	**Phonologe**, der gr;gr	Wissenschaftler auf dem Gebiet der Phonologie {32/40/76}	φωνή phone + λόγος logos	Laut, Stimme, Ton Rede, Wort; Berechnung
–	**Phonologie**, die gr;gr	Teilgebiet der Sprachwissenschaft, das die Funktionen (↗ UTL 1164) von Lauten untersucht {32/76}	dto.	dto.
–	**phonologisch** gr;gr	die Phonologie betreffend {32/76}	dto. + λογικός logikos	dto. zum Reden gehörig, die Rede betreffend
4685	**Phonomanie**, die gr;gr	Mordsucht (med. t. t.) {14/70/82}	φόνος phonos + μανία mania	Mord Raserei, Wahnsinn, Verzückung
4686	**Phonometer**, das (gr;gr) >nlat	Meßapparat zur Prüfung der Lautstärke {72/87}	φωνή phone + μέτρον metron	Laut, Stimme, Ton Maß, Versmaß

–	Phono-metrie, die gr;gr	genaues Messen der Laute beim Sprechen {32/72}	dto.	dto.
–	phono-metrisch gr;gr	die Phonometrie betreffend {32/72}	dto.	dto.
4687	Phono-phobie, die gr;gr	1. Sprechangst {14/26/32/70}; 2. Angst vor lauten Stimmen o. Geräuschen {14/23/26/70}	φωνή phone + φόβος phobos	Laut, Stimme, Ton Furcht, Schrecken
4688	Phono-taxie o. Phono-taxis, die gr;gr	die sich nach Schallwellen richtende Ortsbewegung bestimmter Tiere {61/69}	φωνή phone + τάξις taxis	Laut, Stimme, Ton Aufstellung, (An)-Ordnung
4689	Phono-thek, die gr;gr	Tonarchiv {37/46}	φωνή phone + θήκη theke	Laut, Stimme, Ton Behältnis, Kasten
4690	Phonoty-pistin, die gr;gr>engl	Angestellte, die nach einem Diktiergerät schreibt {32/40/87}	φωνή phone + τύπος typos engl. *typist*	Laut, Stimme, Ton Schlag; Abdruck; Gepräge, Gestalt

>>> –phor ↗ Wortelementeliste

4691	Phoresie, die	Beziehung zweier Tierarten, bei der das eine Tier das andere ohne Schaden als Transportmittel benutzt {61/69}	φόρησις phoresis	das Tragen
4692	Phor-minx, die	der ↗ Kithara ähnliches Saiteninstrument (mus. t. t.) {37/75}	φόρμιγξ phorminx	„das Tragbare"; eine Art Harfe o. Zither
4693	Phosgen, das (gr;gr) >nlat	Giftgas aus ↗ Chlor u. Kohlenmonoxyd {73/82}	φώς, Gen. φωτός phos, photos + –γενής –genes	Licht stammend von; hervorbringend, verursachend
4694	Phosphat, das	Salz der Phosphorsäure {73}	φώς, Gen. φωτός phos, photos	Licht
4695	Phosphor, das gr>nlat	chem. Element (↗ UTL 0874), Nichtmetall; Zeichen: P {73}	φωσφόρος phosphoros	Licht bringend

–	Phosphore, die (Pl.)	phosphoreszierende Leuchtmasse {41/87}	dto.	dto.
–	Phosphoreszenz, die gr;l	Nachleuchten vorher bestrahlter Stoffe {41/73/87}	dto. + l. –escere	dto. l. Verbteil, das ein Wachsen ausdrückt
–	phosphoreszieren gr;l	nach vorheriger Bestrahlung nachleuchten {41/73/87}	dto.	dto.
–	phosphorig	Phosphor enthaltend {73}	dto.	dto.
–	Phosphorismus, der gr;gr	Phosphorvergiftung {14/70}	dto. + –ισμός –ismos	dto. gr. Suffix s. Partikelliste
–	Phosphorit, das gr;gr	phosphorhaltiges Mineral (↗ UTL 2238); wichtiger Ausgangsstoff für die Phosphorgewinnung {73}	φωσφόρος phosphoros + –ιτής –ites	Licht bringend gr. Suffix s. Partikelliste
>>>	Photo– ↗ Wortelementeliste			
4696	Photo, das	(auch: Foto) Kurzform von ↗ Photographie (2) {87}	φώς, Gen. φωτός phos, photos	Licht
4697	Photoapparat, der gr;l	Gerät zum Herstellen von Lichtbildern {87}	dto. + l. apparatus	dto. Zubereitung; Einrichtung; Apparat, Gerät, Ausstattung (↗ UTL 0230)
4698	Photobiologie, die gr;gr;gr	Teilgebiet der ↗ Biologie, das sich mit den Wechselwirkungen zwischen Licht u. ↗ Organismus befaßt (biol. t. t.) {69}	dto. + βίος bios + λόγος logos	dto. Leben Rede, Wort; Berechnung s. o. Biologie
–	photobiologisch gr;gr;gr	die Photobiologie betreffend {69}	dto. + λογικός logikos	dto. zum Reden gehörig, die Rede betreffend
4699	Photochemie, die gr;gr	Teilgebiet der ↗ Chemie, das sich mit der chem. Wirkung des Lichtes befaßt {73}	dto. + χύμα chyma gemischt mit: χυμεία chymeia o. χημεία chemeia	dto. Flüssigkeit Metallverwandlung dto. s. o. Chemie

–	photoche-misch gr;gr	eine chem. Reaktion (↗ UTL 2990) betreffend, die durch Strahlung bewirkt wird {73}	dto.	dto.
4700	Photo-element, das gr;l	Halbleiterbauelement, das Licht in ↗ elektrische ↗ Energie umwandelt {72/73}	dto. + l. *elementum*	dto. Grund–, Urstoff, Element; Anfangsgründe (↗ UTL 0874)
4701	Photo-finish, das gr;engl	Zieleinlauf, bei dem der Sieger durch eine ↗ Photographie ermittelt wird (sport. t. t.) {85}	dto. + engl. *finish*	dto. Ende
4702	photogen (gr;gr) >engl	zum Filmen o. ↗ Photographieren besonders geeignet, bildwirksam {33/55}	dto. + –γενής –genes	dto. stammend von; hervorbringend, verursachend
–	Photoge-nität, die (gr;gr) >engl	Bildwirksamkeit {33/55}	dto.	dto.
4703	Photo-gramm, das (gr;gr) >nlat	nach ↗ photographischem Verfahren gewonnenes Meßbild {72}	dto. + γράμμα gramma	dto. Buchstabe, Schrift(werk)
4704	Photo-graph, der gr;gr	jmd., der Photographien macht {40/87}	dto. + γραφεύς grapheus	dto. Schreiber, Maler
–	Photogra-phie, die gr;gr	1. Verfahren zur Herstellung von Lichtbildern; 2. einzelnes Lichtbild, ↗ Photo {87}	dto. + γραφή graphe	dto. Schrift; Zeichnung
–	photogra-phieren gr;gr	mit dem ↗ Photoapparat Bilder machen {29/87}	dto.	dto.
–	photogra-phisch gr;gr	1. die Photographie o. das Photographieren betreffend {87}; 2. –es Gedächtnis: Fähigkeit, sich Bildinhalte einprägen zu können {22/23}	dto. + γραφικός graphikos	dto. im Malen geschickt; malerisch; zum Malen o. Schreiben gehörig

4705	Photokopie, die gr;l>mlat	↗ photographisch hergestellte Ablichtung {87}	dto. + l. *copia* mlat. *copia*	dto. Fülle, Menge, Vorrat (den Bestand an Exemplaren vermehrende) Abschrift (↗ UTL 1894c)
–	photokopieren gr;l>mlat	etw. ↗ photographisch vervielfältigen, ablichten {87}	dto.	dto.
4706	Photolyse, die (gr;gr) >nlat	mit der ↗ Photosynthese einhergehende Zersetzung chem. Verbindungen durch Licht {73}	dto. + λύσις lysis	dto. (Auf)lösung
4707	Photomaton, das gr;gr	(Kunstwort): selbsttätig arbeitender Lichtbildapparat, der fertige Bilder liefert {87}	dto. + αὐτόματος automatos	dto. aus eigenem Antrieb; freiwillig s. o. Automat
4708	photomechanisch gr;gr	mit Hilfe eines Lichtbildverfahrens (hergestellt) {87}	dto. + μηχανικός mechanikos	dto. geschickt, kunstfertig s. o. mechanisch
4709	Photometer, das gr;gr	Gerät zum Vergleichen u. Messen der Lichtstärke {72}	dto. + μέτρον metron	dto. Maß, Versmaß
–	Photometrie, die gr;gr	Verfahren zur Messung der Lichtstärke {72}	dto.	dto.
–	photometrisch gr;gr	die Lichtstärkemessung betreffend {72}	dto.	dto.
4710	Photomodell, das gr;l>vulgl>it	↗ photogener Mensch als Modell für ↗ Photos (bes. für Modeartikel) {40/55/87}	dto. + l. *modulus* vulgl. *modellus** it. *modello*	dto. Rhythmus, Takt, Melodie; Maß(stab) dto. Muster, Form; Vorbild; Entwurf; Mannequin (↗ UTL 2257)

4711	Photo-montage, die gr;l>vulgl >frz	1. Zusammensetzung bereits vorhandener Bildausschnitte zu einem neuen Gesamtbild; 2. ein durch Photomontage hergestelltes Bild {36/87}	dto. + l. *mons* vulgl. *montare** frz. *monter* *montage*	dto. Berg, Gebirge steigen steigen, aufsitzen; errichten, aufbauen Auf-, Zusammenbau (↗ UTL 2281)
4712	Photon, das	Elementarteilchen der ↗ elektromagnetischen Strahlung {72}	φώς, Gen. φωτός phos, photos	Licht
4713	Photo-objektiv, das gr;l	Linse(n) (↗ UTL 2071) am ↗ Photoapparat {87}	dto. + l. *obicere* (PPP. *obiectus*)	dto. entgegenwerfen, -stellen; vorwerfen; darbieten (↗ UTL 2397)
4714	Photo-optik, die gr;gr	Kameraobjektiv {87}	dto. + ὀπτική (τέχνη) optike (techne)	dto. die Lehre vom Sehen s. o. Optik
4715	photophil gr;gr	das Leben im Licht bevorzugend (biol. t. t.) {68/69}	dto. + φίλος philos	dto. lieb, befreundet, Freund
4716	photo-phob gr;gr	1. lichtscheu; 2. das Licht meidend (biol. t. t.) {68/69}	dto. + φόβος phobos	dto. Angst, Furcht
–	Photo-phobie, die gr;gr	schmerzhafte Lichtempfindlichkeit der Augen (med. t. t.) {14/70}	dto.	dto.
4717	Photo-physio-logie, die gr;gr;gr	Teilgebiet der ↗ Physiologie, das sich mit der Wirkung des Lichtes auf Pflanzen befaßt {68}	dto. + φύσις, Gen. φύσεως physis, physeos + λόγος logos	dto. Natur Rede, Wort; Berechnung s. u. Physiologie
4718	Photop-sie, die gr;gr	Auftreten von subjektiven (↗ UTL 3454) Lichtempfindungen (med. t. t.) {23/70}	dto. + ὄψις opsis	dto. das Sehen
4719	Photo-sphäre, die gr;gr	strahlende Gashülle der Sonne (astron. t. t.) {66}	dto. + σφαῖρα sphaira	dto. Kugel, Ball s. u. Sphäre

4720	Photosynthese, die gr;gr	Nutzung von Licht beim Umwandeln von Kohlendioxid in Kohlenhydrate bei grünen Pflanzen {68/73}	dto. + σύνθεσις synthesis	dto. Übereinkunft; Zusammenlegen, –setzung s. u. Synthese
4721	phototaktisch gr;gr	die Phototaxis betreffend (bot. t. t.) {61/68}	dto. + τακτικός taktikos	dto. im Anordnen geschickt
–	Phototaxis, die gr;gr	durch Licht ausgelöste Bewegung (bot. t. t.) {61/68}	dto. + τάξις taxis	dto. Aufstellung, (An)ordnung s. u. Taxis
4722	Photothek, die gr;gr	Sammlung von ⤴ Photographien {55/87}	dto. + θήκη theke	dto. Behältnis, Kasten
4723	Phototherapie, die gr;gr	Heilverfahren mit Licht (med. t. t.) {70}	dto. + θεραπεία therapeia	dto. das Dienen, Pflegen s. u. Therapie
4724	Phototopographie, die gr;gr	das Herstellen von ⤴ Karten anhand von ⤴ Photographien {64}	dto. + τοπογραφία topographia	dto. Beschreibung eines Ortes o. einer Gegend s. u. Topographie
4725	phototrop u. phototropisch gr;gr	den Phototropismus betreffend {68}	dto. + τρόπος tropos	dto. Wendung; Art und Weise
–	Phototropismus, der gr;gr;gr	Neigung von Pflanzen zum Licht hin (bot. t. t.) {68}	dto. + τρόπος tropos + –ισμός –ismos	dto. Wendung; Art und Weise gr. Suffix s. Partikelliste
4726	Phototypie, die gr;gr	1. Lichtbilddruck; 2. Verfahren zur ⤴ photomechanischen Herstellung von Druckplatten {41/87}	φώς, Gen. φωτός phos, photos + τύπος typos	Licht Schlag; Abdruck; Gepräge, Gestalt dto.
4727	Photozelle, die gr;l	Vorrichtung, die Licht– in Stromschwankungen bzw. Strahlungs– in ⤴ elektrische ⤴ Energie umwandelt (phys. t. t.) {72}	dto. + l. cella	dto. Vorratskammer, enger Wohnraum (⤴ UTL 2644)

4728	Phrase, die gr>l>frz	1. Satz, Redewendung {32/76}; 2. Satzteil {76}; 3. Abschnitt im einem Musikstück (mus. t. t.) {37}; 4. bloße Redensart, leeres Geschwätz {32/56}	φράσις, Gen. φράσεως phrasis, phraseos l. *phrasis* frz. *phrase*	das Reden, Sprechen; Redensart Ausdruck
–	phrasenhaft gr;d	wie eine Phrase (4.) {32/56}	dto.	dto.
4729	Phraseologie, die gr;gr	1. Sammlung der für eine Sprache ↗ charakteristischen Redewendungen; 2. die Redewendungen einer Fachsprache {32/76}	dto. + λόγος logos	dto. Rede, Wort; Berechnung
–	phraseologisch gr;gr	die Phraseologie betreffend {32/76}	dto. + λογικός logikos	dto. zum Reden gehörig, die Rede betreffend
–	Phraseologismus, der gr;gr;gr	feste Redewendung {32/76}	dto. + –ισμός –ismos	dto. gr. Suffix s. Partikelliste
4730	Phraseonym, das gr;gr	Deckname, der aus einer Redewendung besteht {32/33/76}	φράσις, Gen. φράσεως phrasis, phraseos + ὄνυμα onyma = Nebenform zu: ὄνομα onoma	das Reden, Sprechen; Redensart Name
4731	Phraseur, der gr>l>frz	(veraltet) Phrasenmacher, Schwätzer {32/33/56}	φράσις, Gen. φράσεως phrasis, phraseos frz. *phraseur*	das Reden, Sprechen; Redensart
>>>	–phrasie ↗ Wortelementeliste			
4732	phrasieren	ein Tonstück in ↗ melodisch– ↗ rhythmische Abschnitte gliedern und vortragen (mus. t. t.) {37}	dto.	dto.

4733	Phratrie, die	altgr. Sippengemeinschaft {33/75}	φρατρεία phratreia	Stammverwandschaft, Volksstamm; politische Volksabteilung
>>>	–phren(ie) ↗ Wortelementeliste			
4734	Phrenesie, die gr>nlat	Wahnsinn (med. t. t.) {14/70}	φρήν, Gen. φρενός phren, phrenos	Zwerchfell; Gemüt, Sinn, Verstand
4735	phrenetisch gr>l	1. wahnsinnig {14/70}; 2. = ↗ frenetisch {26}	φρενητικός phrenetikos	wahnsinnig; vom Fieber erhitzt
4736	Phrenitis, die gr>l	Zwerchfellentzündung (med. t. t.) {14/70}	φρενῖτις phrenitis	Seelenkrankheit, Wahnsinn
>>>	Phreno– ↗ Wortelementeliste			
4737	Phrenokardie, die gr;gr	Herzneurose mit Herzklopfen u. Atemnot (med. t. t.) {14/70}	φρήν, Gen. φρενός phren, phrenos + καρδία kardia	Zwerchfell; Gemüt, Sinn, Verstand Herz
4738	Phrenolepsie, die gr;gr	Zwangsvorstellung (med. t. t.) {14/24/70}	φρήν, Gen. φρενός phren, phrenos + λῆψις lepsis	Zwerchfell; Gemüt, Sinn, Verstand das Annehmen, Empfangen; (med.) Anfall
4739	Phrenologe, der gr;gr	Vertreter der Phrenologie {40/70}	φρήν, Gen. φρενός phren, phrenos + λόγος logos	Zwerchfell; Gemüt, Sinn, Verstand Rede, Wort; Berechnung
–	Phrenologie, die gr;gr	↗ Theorie, daß die Schädelform Aufschlüsse über die geistigen u. seelische Eigenschaften bietet; Schädellehre (med. t. t.) {70}	dto.	dto.
–	phrenologisch gr;gr	die Phrenologie betreffend {70}	dto. + λογικός logikos	dto. zum Reden gehörig, die Rede betreffend

4740	Phreno-nym, das gr;gr	Deckname, der aus einer Charaktereigenschaft besteht {31/32}	dto. + ὄνυμα onyma = Nebenform zu ὄνομα onoma	dto. Name
4741	phrygisch	1. die kleinasiatische Landschaft Phrygien betreffend {64}; 2. die Jakobinermütze bezeichnend {19/75}	Φρύγιος Phrygios	phrygisch
–	Phrygische, das	1. altgr. Tonart {37/75}; 2. Kirchentonart (mus. t. t.) {37}	dto.	dto.
4742	Phthiriase o. Phthiriasis, die	Läuse–, bes. Filzlausbefall (med. t. t.) {14/70}	φθειρίασις phtheiriasis	Läusekrankheit
4743	Phthise o. Phthisis, die gr>l	1. Lungentuberkulose, verbunden mit Schrumpfung des Lungengewebes (med. t. t.); 2. allgemeiner Verfall des Körpers (⟶ UTL 1903) o. einzelner ⟶ Organe (med. t. t.) {14/70}	φθίσις phthisis	Auszehrung; Schwindsucht
4744	Phthiseophobie, die (gr;gr) >nlat	krankhafte Angst vor Ansteckung durch Lungentuberkulose (med. t. t.) {14/24/70}	dto. + φόβος phobos	dto. Angst, Furcht
4745	Phthisiker, der gr>l	Schwindsüchtiger (med. t. t.) {14/70}	φθισικός phthisikos	an Auszehrung leidend, schwindsüchtig
–	phthisisch o. phthitisch	1. die ⟶ Phthise betreffend; 2. schwindsüchtig (med. t. t.) {14/70}	dto.	dto.
4747	Phykologie, die gr;gr	Algenkunde (bot. t. t.) {68}	φῦκος phykos + λόγος logos	(Meer)Tang, Seegras Rede, Wort; Berechnung
4748	Phylakterion, das	1. jüdischer Gebetsriemen; 2. als Amulett (⟶ UTL 0184a) benutzter Gegenstand {51/77}	φυλακτήριον phylakterion	Wachposten; Schutzmittel, Amulett
4749	Phyle, die	altgr. Stammesverband {33/75}	φυλή phyle	Volksstamm, –abteilung; Heeresabteilung

	phyle- tisch	die Stammesgeschichte be- treffend (biol. t. t.) {68/69}	φυλετικός phyletikos	den Stammesge- nossen betreffend
>>>	Phyllo- ↗ Worteleme ntelistе			
4750	Phyllo- biologie, die gr;gr;gr	Lehre von den Blättern (biol. t. t.) {68}	φύλλον phyllon + βίος bios + λόγος logos	Blatt, Laub Leben Rede, Wort; Be- rechnung s. o. Biologie
4751	Phyllo- chinon, das gr;indian	in Blättern enthaltenes, für die Blutgerinnung wichtiges Vitamin (↗ UTL 3838) K {70}	dto. + indian. chinina	dto. Chinarinde
4752	Phyllo- kaktus, der gr;gr	am. Blätterkaktus {04/68}	dto. + κάκτος kaktos	dto. stachelige Pflanze
4752a	Phyllo- phage, der gr;gr	Pflanzenfresser (biol. t. t.) {69}	dto. + φαγεῖν phagein	dto. essen
4753	Phyllo- pode, der gr;gr	Blattfüßler, Blattfußkrebs {08/69}	dto. + πούς, Gen. ποδός pous, podos	dto. Fuß
4754	Phyllo- taxis, die gr;gr	Blattstellung (bot. t. t.) {68}	dto. + τάξις taxis	dto. Aufstellung, (An)- ordnung s. u. Taxis
4755	Phyllo- xera, die gr;gr	„die Blattaustrocknerin": Reb- laus {08/39/69}	dto. + ξηρός xeros	dto. trocken
>>>	Phylo- ↗ Wortelementeliste			
4756	Phylo- genese, die (gr;gr) >nlat	= Phylogenie: Stammesge- schichte der Lebewesen (biol. t. t.) {68/69}	φῦλον phylon + γένεσις genesis	Stamm, Ge- schlecht Ursprung, Ent- stehung
	phyloge- netisch (gr;gr) >nlat	die Stammesgeschichte be- treffend (biol. t. t.) {68/69}	dto. + γενητός genetos	dto. geworden, ent- standen

–	Phylogenie, die (gr;gr) >nlat	Stammesgeschichte der Lebewesen (biol. t. t.) {68/69}	dto.	dto. +γενεά genea	dto. Geburt, Abstammung
4757	Phylum, das gr>nlat	↗ systematische Bezeichnung für: Tier– o. Pflanzenstamm (biol. t. t.) {32/68/69}		dto.	dto.
>>>	–phym ↗ Wortelementeliste				
4758	Physiater, der (gr;gr) >nlat	Naturheilarzt {40/70}		φύσις, Gen. φύσεως physis, physeos +ἰατρός iatros	Natur Arzt
–	Physiatrie, die (gr;gr) >nlat	Naturheilkunde {70}		dto. +ἰατρική (τέχνη) iatrike (techne)	dto. Heilkunst
>>>	–physik ↗ Wortelementeliste				
4759	Physik, die gr>l	Zweig der Naturwissenschaft, der sich mit den Vorgängen in der unbelebten Natur (↗ UTL 2343) befaßt {72}		φυσική (τέχνη) physike (techne)	Erforschung der Natur
–	physikalisch gr>l>mlat	die Physik betreffend {72}		φυσικός physikos	natürlich, naturgemäß; Naturphilosoph
–	Physikalismus, der gr;gr	philosophische Anschauung, die nur das mit physikalischen ↗ Methoden Erfaßbare gelten läßt (philos. t. t.) {25/77}		dto. +–ισμός –ismos	dto. gr. Suffix s. Partikelliste
–	physikalistisch gr;gr	den Physikalismus betreffend {25/77}		dto.	dto.
–	Physiker, der	Wissenschaftler auf dem Gebiet der ↗ Physik {40/72}		φυσικός physikos	natürlich, naturgemäß; Naturphilosoph

4760	Physiko- chemie, die gr;gr	⁊ physikalische ⁊ Chemie; Untersuchung von chem. Stoffen u. Vorgängen mit ⁊ physikalischen ⁊ Methoden {72/73}	dto. + χύμα chyma gemischt mit: χυμεία chymeia o. χημεία chemeia	dto. Flüssigkeit Metallverwand- lung dto. s. o. Chemie
–	physiko- chemisch gr;gr	die ⁊ physikalische ⁊ Chemie betreffend {72/73}	dto.	dto.
4761	Physiko- theologie, die gr;gr	Versuch, Gott aus den sinn- vollen Einrichtungen der Na- tur zu beweisen {25/51/72/77}	φυσικός physikos + θεολογία theologia	natürlich, natur- gemäß; Naturphi- losoph Untersuchung über Gott s. u. Theologie
4762	Physi- kum, das	ärztliches Vorexamen {31/40/ 70/78}	φυσικός physikos	natürlich, natur- gemäß; Naturphi- losoph
>>>	Physio– ⁊ Wortelementeliste			
4763	physio- gen (gr;gr) >nlat	körperlich bedingt (psych. t. t.) {70}	φύσις, Gen. φύσεως physis, physeos + –γενής –genes	Natur stammend von; hervorbringend, verursachend
4764	Physio- gnom o. Physio- gnomiker, der gr>l	jmd., der sich mit der Physio- gnomik beschäftigt, der die äußere Erscheinung eines Menschen deutet {70/77}	φυσιο- γνώμων physio- gnomon	die Natur beurtei- lend; einen Men- schen nach seinen Gesichtszügen be- urteilend
–	Physio- gnomie, die gr>l>mlat >mhd>nhd	äußeres Erscheinungbild, bes. die Gesichtszüge eines Men- schen o. Tieres {55}	φυσιο- γνωμία physiognomia	Fähigkeit, einen Menschen nach seinen Gesichtszü- gen zu beurteilen
–	Physio- gnomik, die	Lehre, aus den Gesichtszügen eines Menschen Rückschlüsse auf seine Charaktereigen- schaften zu ziehen {70/77}	φυσιο- γνωμονικός physio- gnomonikos	in der Physiogno- mie geübt
–	physio- gnomisch	die Physiognomie betreffend {70/77}	dto.	dto.

4765	Physio-krat, der gr;gr	Vertreter des Physiokratismus {75/80}	φύσις, Gen. φύσεως physis, physeos + κράτος kratos	Natur Kraft, Macht
–	Physio-kratie, die gr;gr	Herrschaft der Natur (↗ UTL 2343) (veraltet) {68/69/77}	dto.	dto.
–	physio-kratisch gr;gr	1. die Physiokratie betreffend (veraltet) {68/69/77}; 2. den Physiokratismus betreffend {75/80}	dto.	dto.
–	Physio-kratis-mus, der gr;gr;gr	Volkswirtschaftslehre des 18. Jh.s, die den Boden als einzige Quelle für Reichtum ansah {75/80}	dto. + –ισμός –ismos	dto. gr. Suffix s. Partikelliste
4766	Physio-loge, der	Wissenschaftler auf dem Gebiet der Physiologie {40/68/69/70}	φυσιολόγος pysiologos	jmd., der das Wesen der Natur untersucht; Naturforscher, –philosoph
–	Physio-logie, die	Lehre von den Lebensvorgängen {68/69/70}	φυσιολογία physiologia	Untersuchung des Wesens der Natur
–	physio-logisch	die Physiologie betreffend {68/69/70}	φυσιολόγος pysiologos	jmd., der das Wesen der Natur untersucht; Naturforscher, –philosoph
–	Physio-logus, der	Überschrift eines mittelalterlichen Buches mit ↗ christlichen Glaubenssätzen in ↗ allegorischer Auslegung {32/51/75/77}	dto.	dto.
4767	Physio-nomie, die gr;gr	Lehre von den Naturgesetzen {68/69/72}	φύσις, Gen. φύσεως physis, physeos + νόμος nomos	Natur Brauch, Gesetz
4768	Physio-thera-peut, der gr;gr	Krankengymnast, Masseur {40/70}	dto. + θερα-πευτής therapeutes	dto. Diener s. u. Therapeut

–	Physio- therapie, die gr;gr	Behandlung von Krankheiten mit natürlichen Mitteln {70}	dto. + θεραπεία therapeia	dto. das Dienen, Pflegen s. u. Therapie
>>>	–physis, –physisch ⤴ Wortelementeliste			
4769	Physis, die gr>l	1. die Natur (⤴ UTL 2343), das Wirkliche {52}; 2. das Erfahrbare im Gegensatz zum Unerfahrbaren (metaphys. t. t.) {25/77}; 3. körperliche (⤴ UTL 1903) Beschaffenheit {53/54/55}	φύσις, Gen. φύσεως physis, physeos	Natur
–	physisch	1. natürlich {56}; 2. die körperliche Beschaffenheit betreffend {53/54/55}	φυσικός physikos	natürlich, naturgemäß; Naturphilosoph
>>>	–phyt(o), Phyto– ⤴ Wortelementeliste			
4770	phytogen (gr;gr) >nlat	1. aus Pflanzen entstanden {68}; 2. durch Pflanzen verursacht (med. t. t.) {14/70}	φυτόν phyton + –γενής –genes	Gewächs, Pflanze stammend von; hervorbringend, verursachend
4771	Phytolith, der gr;gr	Sedimentgestein, das aus Pflanzenresten entstanden ist (geol. t. t.) {62}	φυτόν phyton + λίθος lithos	Gewächs, Pflanze Stein
4772	Phytologie, die gr;gr	Pflanzenkunde, ⤴ Botanik {68}	φυτόν phyton + λόγος logos	Gewächs, Pflanze Rede, Wort; Berechnung
4773	Phytom, das gr;gr	pflanzlicher Bestand innerhalb eines ⤴ Bioms {68}	φυτόν phyton + –ωμα –oma	Gewächs, Pflanze gr. Suffix s. Partikelliste
4774	phytopathogen gr;gr;gr	Pflanzenkrankheiten hervorrufend (bot. t. t.) {68}	φυτόν phyton + πάθος pathos + –γενής –genes	Gewächs, Pflanze Schmerz; Leiden(schaft) stammend von; hervorbringend, verursachend s. o. pathogen

–	Phytopa-thologie, die gr;gr;gr	Lehre von den Pflanzen-krankheiten (bot. t. t.) {68}	φυτόν phyton + πάθος pathos + λόγος logos		Gewächs, Pflanze Schmerz; Leiden-(schaft) Rede, Wort; Be-rechnung s. o. Pathologie
–	phyto-patho-logisch gr;gr;gr	die Phytophatologie betref-fend, zu ihr gehörend {68}	dto. + λογικός logikos		dto. zum Reden gehö-rig, die Rede be-treffend
4775	phyto-phag gr;gr	pflanzenfressend (biol. t. t.) {69}	φυτόν phyton + φαγεῖν phagein		Gewächs, Pflanze essen
–	Phyto-phage, der gr;gr	Pflanzenfresser (biol. t. t.) {69}	dto.		dto.
4776	Phyto-plankton, das gr;gr	im Wasser schwebende pflanzliche ↗ Organismen {68}	φυτόν phyton + πλαγκτόν plangton		Gewächs, Pflanze das Umhertrei-bende s. u. Plankton
4777	Phyto-zoon, das gr;gr	Meerestier von pflanzenähn-lichem Aussehen {08/69}	φυτόν phyton + ζῷον zoon		Gewächs, Pflanze Lebewesen, Tier
4778	Pi, das	1. sechzehnter Buchstabe des gr. ↗ Alphabets {32/76}; 2. Zahl, die das Verhältnis von Kreisumfang zu Kreisdurch-messer angibt (math. t. t.) {71}	π, Π (πῖ) p, P (pi)		Pi
4779	Piano-chord, das l>it;gr	kleines Klavier (↗ UTL 1691) als Haus- u. Übungsinstru-ment {37}	l. *planus* it. *piano* + χορδή chorde		platt, eben, flach leise, schwach (↗ UTL 2646) Darm, Darmsaite s. o. Chorda
4780	Pieriden, die (Pl.)	Beiname der ↗ Musen {34/51/75}	Πιερίδες (Pl.) Pierides		Einwohner von Pierien (s. Anhang „Namen")
>>>	Piezo- ↗ Wortelementeliste				

4781	piezo- elektrisch (gr;gr) >nlat	Aufladung mancher ↗ Kri- stalle unter Druckeinwirkung {72}	πιέζειν piezein + ἤλεκτρον elektron	drücken Silbergold; Bern- stein als Träger von Reibungselek- trizität s. o. elektrisch
–	Piezoelek- trizität, die (gr;gr) >nlat	durch Druck entstandene ↗ Elektrizität bei ↗ Kristallen {72}	dto.	dto.
4782	Piezo- meter, das (gr;gr) >nlat	Meßgerät für die Zusammen- drückbarkeit von Flüssig- keiten {72}	dto. + μέτρον metron	dto. Maß, Versmaß
4783	Pikto- gramm, das l;gr	formelhaftes Bildsymbol mit international (↗ UTL 1485) festgelegter Bedeutung {32}	l. pictura + γράμμα gramma	das Malen, Male- rei; Gemälde (↗ UTL 2654) Buchstabe, Schrift(werk)
–	Pikto- graphie, die l;gr	Symbol–, Bilderschrift {32}	dto. + γραφή graphe	dto. Schrift; Zeichnung
–	piktogra- phisch l;gr	die Piktographie betreffend {32}	dto.	dto.
4784	Pilot, der gr>mgr >it/frz	1. Steuermann; 2. Flugzeug- führer {40/45}; 3. Rennfahrer {40/85}	πηδόν pedon mgr. πηδώτης* pedotes it. pedotta, pedot(t)o, piloto, pilota frz. pilote	Steuerruder Steuermann dto.; Lotse, Schiffsführer dto.; Ballon–, Flugzeugführer
4785	Pilotfilm, der gr>mgr >it/frz;engl	erster Film einer Serie (↗ UTL 3290) {85}	dto. + engl. film	dto.

4786	**Pilot-studie**, die gr>mgr >it/frz;l	einem Projekt (↗ UTL 2845) vorausgehende Untersuchung {40/41}	πηδόν pedon + l. *studium*	Steuerruder Eifer, Streben, Interesse; wissenschaftliche Beschäftigung (↗ UTL 3446)
4787	**Pilz**, der gr>l>ahd >nhd	1. Sporenpflanze, deren Fruchtkörper z. T. eßbar u. wohlschmeckend sind {04/17/68}; 2. Hautpilz {04/14/68/70}	βωλίτης bolites l. *boletus* ahd. *buliz* nhd. *pilz*	ein eßbarer Pilz Champignon Pilz, Trüffel dto.
4788	**Pimelose**, die (gr;gr) >nlat	Fettleibigkeit (med. t. t.) {14/70}	πιμελός pimelos + –ωσις –osis	fett gr. Suffix s. Partikelliste
4789	**Pinako-thek**, die (gr;gr)>l	Gemäldesammlung {36}	πίναξ, Gen. πίνακος pinax, pinakos + θήκη theke	Tafel, Brett; Gemälde Behältnis, Kasten
4790	**Pinax**, der (Pl. **Pina-kes**)	altgr. Tafel (↗ UTL 3523), die beschriftet o. bemalt wurde {36/75}	πίναξ, Gen. πίνακος pinax, pinakos	Tafel, Brett; Gemälde
4791	**pingelig** gr>l>mlat >ahd >rhein	übertrieben gewissenhaft, ↗ pedantisch genau {25/26/84}	ποινή poine l. *poena* mlat. *pena* ahd. *pina* rhein. *ping(k)* u. *pingelich*	Zahlung, Buße, Sühne; Strafe Strafe, Qual, Marter, Pein dto. dto. dto.
4792	**Pirat**, der gr>l>it/afrz >mhd>nhd	Seeräuber {40/45/75/82}	πειρατής peirates l. *pirata* it. *pirata* u. afrz. *pirate* mhd. *pirate* nhd. *pirat*	Seeräuber dto. dto. dto. dto. dto.
–	**Piraterie**, die gr>l >mfrz/frz	1. Seeräuberei {40/45/75/82}; 2. Diebstahl {82}	mfrz./frz. *piraterie*	

4793	Pistazie, die pers>gr>l	1. Baum o. Strauch des Mittelmeergebietes mit grünlichen Früchten {05/68}; 2. Frucht des Pistazienbaumes {17}	pers. *pistah* πιστάκια pistakia u. πιστάκη pistake l. *pistacia* u. *pistacium*	Pistazie dto. Pistazienbaum dto. Pistazienkern
4793	Pithekanthropus, der gr;gr	Frühmensch des ↗ Pleistozäns {59/69/70}	πιθήκος pithekos + ἄνθρωπος anthropos	Affe Mensch
4794	pithekoid gr;gr	affenähnlich {55/69}	πιθήκος pithekos + –(ε)ιδής –(e)ides	Affe ähnlich aussehend
>>>	–pithekus ↗ Wortelementeliste			
4795	Pityriasis, die gr>l	Hautkrankheit mit Schuppenbildung (med. t. t.) {14/70}	πιτυρίασις pityriasis	Kleiengrind
4796	placken gr>l>ahd/ mhd	heftig quälen, belästigen, schinden {25/26/33/40}	πληγή plege l. *plaga* mhd. *plage*	Schlag, Hieb, Wunde Schlag, Streich, Hieb, Wunde (↗ UTL 2684) dto.
–	Plackerei, die gr>l>ahd/ mhd	besonders anstrengende Arbeit, quälendes Übel; Mißgeschick {25/26/33/40}	dto.	dto.
4797	plagal gr>mlat	Neben..., Seiten..., außer (mus. t. t.) {37}	πλᾶγος plagos	Seite
4798	Plage, die gr>l>mhd	quälendes Übel; Belästigung; anstrengende Arbeit; Mißgeschick {25/26/33/40}	πληγή plege l. *plaga* mhd. *plage*	Schlag, Hieb, Wunde Schlag, Streich, Hieb, Wunde (↗ UTL 2684) dto.
–	plagen gr>l>ahd/ mhd	quälen, belästigen, schinden {25/26/33/40}	dto. l. *plagare* ahd./mhd. *plagen*	dto. schlagen, verwunden; peinigen, quälen dto.

4799	Plagiat, das gr>l>frz	unrechtmäßige Nachahmung eines fremden Werkes; Diebstahl geistigen Eigentums {34/37/82}	πλάγιος plagios l. *plagiarius* frz. *plagiaire* u. *plagiat*	quer, schief; unredlich, zweideutig Menschendieb, Seelenverkäufer jmd., der geistiges Eigentum stiehlt
–	Plagiator, der gr>l>frz	jmd., der ein Plagiat herstellt {34/37/82}	dto.	dto.
>>>	–plagie ↗ Wortelementeliste			
4800	Planet, der gr>l>mhd	Wandelstern; nicht selbst leuchtender Himmelskörper {01/66}	πλάνης, Gen. πλάνητος planes, planetos l. *planeta* mhd. *planete*	der Herumirrende, –schweifende; Irrstern Wandelstern dto.
–	planetar o. planetarisch gr>l>nlat	die Planeten betreffend {01/66}	dto.	dto.
–	Planetarium, das gr>l>nlat	1. Vorrichtung zur Erläuterung der Gestirnsbewegung; 2. Gebäude für diese Vorrichtung {58/66}	dto.	dto.
4802	Planetensystem, das gr>l>mhd; gr	Gesamtheit der die Sonne umkreisenden Planeten {01/66}	dto. + σύστημα systema	dto. ein aus mehreren Teilen zusammengesetztes Ganzes s. u. System
4803	Planetoid, der (gr>l>mhd; gr)>nlat	sich in ↗ elliptischer Bahn bewegender kleiner Planet {01/66}	dto. + –(ε)ιδής –(e)ides	dto. ähnlich aussehend s. Partikelliste
4804	Planetologie, die gr>l>mhd; gr	Erforschung der Oberflächenformation der ↗ Planeten u. ihrer Satelliten (↗ UTL 3214) {66}	dto. + λόγος logos	dto. Rede, Wort; Berechnung
4805	Planimeter, das l;gr	Instrument (↗ UTL 1448b) zur Bestimmung des Flächeninhalts ebener Flächen {71}	l. *planus* + μέτρον metron	platt, eben, flach (↗ UTL 2680) Maß, Versmaß

–	Planime-trie, die l;gr	⌐ Geometrie der Ebene {71}	dto.	dto.
4806	Planke, die gr>l>vulgl >l>mhd	1. langes, dickes Brett {40/44}; 2. (hoher) Bretterzaun; Hindernis beim Springreiten {85}	φάλαγξ phalanx l. phalanx vulgl. palanca* l. planca mhd. planke	Schlachtreihe; Baumstamm, Walze; Hand– o. Fußgelenk dto. dto. Brett
>>>	Plankter, der = ⌐ Planktont			
4807	Plankton, das	im Wasser treibende Kleinlebewelt ohne Eigenbewegung (biol. t. t.) {68/69}	πλαγκτός plangtos	irrend, umherschweifend
–	planktonisch o. planktontisch	das Plankton betreffend {68/69}	dto.	dto.
–	Planktont, der	im Wasser schwebendes Lebewesen (biol. t. t.) {68/69}	dto.	dto.
4808	planparallel l;gr	parallel angeordnete Flächen habend {71}	l. planus + παράλληλος parallelos	platt, eben, flach (⌐ UTL 2679) neben einander liegend; gleichlaufend s. o. parallel
>>>	–plasie ⌐ Wortelementeliste			
>>>	–plasma ⌐ Wortelementeliste			
4809	Plasma, das gr>l	1. flüssiges Blut; 2. = ⌐ Protoplasma {11/70}; 3. leuchtendes Gasgemisch, das bei der ⌐ Ionisation entsteht (phys. t. t.) {72}; 4. dunkelgrüne Abart des ⌐ Chalzedons (Mineral – ⌐ UTL 2238) {67}	πλάσμα, Gen. πλάσματος plasma, plasmatos	das Gebildete, Geformte
4810	Plasmapherese, die gr>l;gr;gr	Gewinnung von Blutplasma mit Wiederzuführung der roten Blutkörperchen an den Blutspender (med. t. t.) {70}	dto. + φέρειν pherein + –σις –sis	dto. tragen, bringen gr. Suffix s. Partikelliste

4811	Plasma-physik, die gr>l;gr	Erforschung der Eigenschaften ↗ ionisierter ↗ Gase (phys. t. t.) {72}	πλάσμα, Gen. πλάσματος plasma, plasmatos	das Gebildete, Geformte
			+ φυσική (τέχνη) physike (techne)	Erforschung der Natur s. o. Physik
4812	plasmatisch gr>l	das Plasma o. ↗ Protoplasma betreffend {11/70}	πλάσμα, Gen. πλάσματος plasma, plasmatos	das Gebildete, Geformte
4813	Plasmodium, das gr>l	1. Protoplasmamasse der Schleimpilze {68}; 2. Malariaerreger {14/70}	πλάσμα, Gen. πλάσματος plasma, plasmatos	das Gebildete, Geformte
4814	Plasmon, das gr;gr	die Gesamtheit der Erbfaktoren des ↗ Protoplasmas (biol. t. t.) {68/69/70}	πλάσμα, Gen. πλάσματος plasma, plasmatos	das Gebildete, Geformte
			+ –ων –on	gr. Suffix s. Partikelliste

>>> –plast ↗ Wortelementeliste

4815	Plast, der	↗ makromolekularer Kunststoff {40/73}	πλαστός plastos	gebildet, geformt
–	Plaste, die	= Plast (DDR, ugs.) {40/73}	dto.	dto.
4816	plastifizieren o. plastizieren gr;l	spröde Kunststoffe weich u. geschmeidig machen {40/73}	πλαστικός plastikos + l. facere	zum Bilden gehörig tun, machen, handeln

>>> –plastik ↗ Wortelementeliste

4817	Plastik, 1.–3. die 4. das gr>l>frz	1. Bildhauerei; 2. Werk der Bildhauerei {36}; 3. Organersatz durch Operation (↗ UTL 2434) {70}; 4. Kunststoff {40/73}	πλαστική (τέχνη) plastike (techne) l. plastica frz. (art) plastique	(die Kunst des) Bilden, Gestaltens dto. dto.

4818	Plastik- bombe, die gr>l>frz;gr	weicher Sprengkörper {82/86}	dto. + βόμβος bombos	dto. Dröhnen, dump- fes Geräusch s. o. Bombe
4819	Plastiker, der	Bildhauer {36/40}	πλαστικός plastikos	zum Bilden gehö- rig
4820	Plastilin, das gr>nlat u. Pla- stilina, die gr>it	farbige Knetmasse {40/44/85}	dto. it. *plastelina*	dto.

>>> –plastisch ⟶ Worteleementeliste

4821	plastisch gr>l>frz	1. die Bildhauerei betreffend {36}; 2. Plastisität aufweisend {53/54/55}; 3. räumlich, an-schaulich {55}; 4. die operative (⟶ UTL 2434) Plastik betref-fend {70}	dto. l. *plasticus* frz. *plastique*	dto. zur Plastik gehörig räumlich, mode-lierbar
4822	Plastizi- tät, die gr>nlat	1. Körperlichkeit, Anschau-lichkeit {53/55}; 2. Formbar-keit eines Materials (⟶ UTL 2163) {40/54/73}	dto.	dto.
4823	Platane, die gr>l	Laubbaum {04/68}	πλάτανος platanos	Platane
4824	Plateau, das gr>vulgl >frz	Hochebene {64}	πλατύς platys vulgl. *plattus** frz. *plateau*	platt, breit Tablett; Hoch-ebene
4825	Platin, das gr>vulgl >span	chem. Grundstoff; silbriges Edelmetall; Zeichen: Pt {20/73}	πλατύς platys vulgl. *plattus** u. *platta** span. *plata;* *platina* u. *platino*	platt, breit flach Blatt, Platte, Me-tallblättchen Silber kleines Silber (wegen der Körn-chenform)

–	Platine, die gr>vulgl >span	1. kleiner Metallblock, aus dem dünne Bleche ausgewalzt werden (techn. t. t.); 2. Haken zum Anheben der Kettenfäden beim Weben {41}; 3. mit Löchern versehene Platte {40/41}; 4. Stahlplättchen {40/41/44}	dto.	dto.
–	platinieren gr>vulgl >span	mit Platin überziehen {20/73}	dto.	dto.
4826	Platitüde, die gr>vulgl >afrz/frz	abgeschmackte Bemerkung, Gemeinplatz {32/56}	πλατύς platys vulgl. plattus* afrz./frz. plat frz. platitude	platt, breit flach dto.; eben
4827	Platoniker, der gr>l	Kenner bzw. Anhänger der ↗ Philosophie Platos (s. Anhang „Namen") {40/77}	Πλατωνικός Platonikos	zu Platon gehörig
–	platonisch	1. rein geistig o. seelisch {25/77}; 2. die ↗ Philosophie Platos betreffend {77}	dto.	dto.
–	Platonismus, der gr;gr	Weiterführung der Lehre Platos {77}	Πλάτων Platon + –ισμός –ismos	gr. Philosoph (s. Anhang „Namen") gr. Suffix s. Partikelliste
4828	platt gr>vulgl >afrz/frz	1. flach {55/58}; 2. oberflächlich, trivial {56}	πλατύς platys vulgl. plattus* afrz./frz. plat	platt, breit flach dto.; eben
4829	Platt(deutsch), das gr;(d)	↗ Dialekt im nördlichen Teil Deutschlands {32/64}	dto. (+ d. Deutsch)	dto.
4830	Plätteisen, das gr>vulgl >afrz/frz >mnd;d	Bügeleisen {44}	πλατύς platys vulgl. plattus* afrz./frz. plat mnd. pletten + d. Eisen	platt, breit; flach, ausgedehnt; eben flach dto.; eben, glatt machen, bügeln

		plätten	glatt machen, bügeln {44}	dto.	dto.
		gr>vulgl >afrz/frz >mnd			
4831		Platy-podie, die gr>nlat	Plattfüßigkeit (med. t. t.) {11/70}	πλατύπους platypous	breitfüßig
4832		Platz, der gr>l>afrz >mhd	1. freie, unbebaute (Straßen)- Fläche {45/58}; 2. Ort, Stelle {58}; 3. Stellung, Position (↗ UTL 2736) {12/33/58}; 4. verfügbarer Raum {58}; 5. Sitzplatz {45/58}	πλατεῖα (ὁδός) plateia (hodos) l. platea afrz. place mhd. pla(t)z	breite Straße Gasse; Straße; freier Platz (im Haus) freier Raum, Ort Stelle dto.
	–	Plätzchen, das gr>l>afrz >mhd	1. Verkleinerungsform zu ↗ Platz {58}; 2. flaches kleines Stück Gebäck {17}	dto.	dto.
4833		Plazenta, die gr>l	1. Mutterkuchen (med., biol. t. t.) {69/70}; 2. leistenförmige Verdickung des Fruchtblattes (bot. t. t.) {68}	πλακοῦς plakous l. placenta	flacher, breiter Kuchen Kuchen
	–	plazental o. plazentar gr>l	die Plazenta betreffend {68/69/70}	dto.	dto.
	–	Plazentation, die gr>l	Bildung der Plazenta (med. t. t.) {70}	dto.	dto.
4834		Plazentitis, die gr>l;gr	Entzündung der Plazenta (med. t. t.) {14/70}	dto. + –ῖτις –itis	dto. gr. Suffix s. Partikelliste

4835	plazieren gr>l>afrz >frz	1. an einen bestimmten ↗ Platz setzen {58}; 2. Kapitalien anlegen (wirtsch. t. t.) {80}; 3. einen gut gezielten Wurf, Schuß abgeben (sport. t. t.); 4. einen Schlag genau beim Gegner anbringen (sport. t. t.) {61/85}; 5. sich –: bei einem Wettkampf einen vorderen Platz erringen (sport. t. t.) {56/85}	πλατεῖα (ὁδός) plateia (hodos) l. *platea* afrz. *place* frz. *placer*	breite Straße Gasse; Straße; freier Platz (im Haus) freier Raum, Ort Stelle (hin)stellen; anbringen
4836	Pléiade, die gr>l>frz	Kreis von sieben frz. Dichtern im 16. Jh. (u. a. Ronsard), die nach antikem (↗ UTL 0214) Vorbild dichteten (als Pendant (↗ UTL 2574) zur Pleias)	Πλειάς, Gen. Πλειάδος Pleias, Pleiados (meist Pl. Πλειάδες Pleiades)	Siebengestirn im Sternbild des Stiers Plejaden
4837	Pleias, die	Gruppe von sieben ↗ Tragikern am Hofe Ptolemaios II. in Alexandria (s. Anhang „Namen") {34/35/75}	dto.	dto.
4838	pleistozän (gr;gr) >nlat	das Pleistozän betreffend {59/62}	πλεῖστος pleistos + καινός kainos	das meiste neu
–	Pleistozän, das (gr;gr) >nlat	ältere Zeitstufe des Quartärs (↗ UTL 2934) (geol. t. t.) {59/62}	dto.	dto.
4839	Plektron o. Plektrum, das gr>l	Plättchen zum Anreißen der Saiten einiger Saiteninstrumente {37}	πλῆκτρον plektron	Werkzeug zum Schlagen, bes. die Saiten eines Musikinstruments
>>>	Pleo(n)– ↗ Wortelementeliste			
4840	pleomorph gr;gr	= ↗ polymorph: viel– o. verschiedengestaltig (biol. t. t.) {53/68/69}	πλέον pleon + μορφή morphe	mehr Form, Gestalt
4841	Pleonasmus, der gr>nlat	überflüssige Verdoppelung sinngleicher Ausdrücke (rhet., stilk. t. t.) {32/76}	πλεονασμός pleonasmos	Überfluß; das Hinzufügen eines überflüssigen Wortes

–	pleonastisch gr>nlat	den Pleonasmus betreffend; „doppelt gemoppelt" {32/76}	dto.	dto.
4842	Pleonexie, die	Habsucht {27/28/43/84}	πλεονεξία pleonexia	das Mehrhaben-(wollen)
4843	Pleoptik, die gr;gr	Behandlung der Schwachsichtigkeit durch Training der Augenmuskeln {70}	πλέον pleon + ὀπτική (τέχνη) optike (techne)	mehr die Lehre vom Sehen s. o. Optik
4844	Plesianthropus, der gr;gr	in Südafrika gefundener Hominide (↗ UTL 1249) des ↗ Pliozäns {59/69/70}	πλησίος plesios + ἄνθρωπος anthropos	nahe Mensch
4845	Plethora, die	Überfülle, bes. der roten Blutkörperchen im Blut {14/57/70}	πληθώρη plethore	Fülle, Anfüllung; Überfülle (an Körpersäften, bes. Blut)
4846	Pleura, die	Brust–, Rippenfell (med. t. t.) {11/70}	πλευρά pleura (meist im Pl.)	Flanken, Rippen
–	pleural gr>nlat	die Pleura betreffend (med. t. t.) {11/70}	dto.	dto.
4847	Pleuralgie, die gr;gr	Brustfellschmerz (med. t. t.) {14/70}	dto. + ἄλγος algos	dto. Schmerz
4848	Pleuritis, die	Rippenfellentzündung (med. t. t.) {14/70}	πλευρῖτις pleuritis	Seitenstechen
4849	Pleurodynie, die gr;gr	Seitenschmerz (med. t. t.) {14/70}	πλευρόν pleuron + ὀδύνη odyne	Seite, Rippe Leid, Schmerz
4850	Pleuropneumonie, die gr;gr	Rippenfell– u. Lungenentzündung (med. t. t.) {14/70}	dto. + πνευμονία pneumonia	dto. Lungensucht s. u. Pneumonie
4851	Plexiglas, das gr>l;d	(Warenzeichen) nichtsplitternder, glasartiger Kunststoff {40/41/44}	πλέκειν plekein l. plectere (PPP. plexus) + d. Glas	flechten, drehen flechten, ineinanderfügen (↗ UTL 2693)
4852	Plexus, der gr>l>nlat	Gefäß– o. Nervengeflecht (med. t. t.) {11/70}	dto.	dto.

4853	Plissee, das gr>l>afrz	1. schmale, gepreßte Falten in einem Gewebe, Stoff; 2. gefälteltes Gewebe {19}	dto. l. *plicare* afrz. *ploier* frz. *plier, plisser* (PPP *plissé*)	dto. zusammenfalten, –legen, –wickeln (↗ UTL 2693) biegen, falten falten, fälteln dto.
–	plissieren gr>l>frz	in Falten legen {19}	dto.	dto.
4854	Plinthe, die gr>l	= ↗ Sockel {36/88}	πλίνθος plinthos	Ziegel; Unterlage des Säulenfußes
4855	pliozän (gr;gr) >nlat	das Pliozän betreffend {59/62}	πλείων pleion + καινός kainos	mehr neu
–	Pliozän, das (gr;gr) >nlat	jüngste Stufe des Tertiärs (↗ UTL 3565) (geol. t. t.) {59/62}	dto.	dto.
4856	Pluto, der	äußerster ↗ Planet unseres Sonnensystems {01/66}	Πλούτων Plouton	Pluto(n) (s. Anhang „Namen")
4857	Plutokrat, der	jmd., der durch Reichtum ↗ politische Macht ausübt {33/43/50}	πλουτοκρατεῖν ploutokratein	durch Reichtum herrschen
–	Plutokratie, die	Geldherrschaft {33/43/50}	πλουτοκρατία ploutokratia	Herrschaft des Reichtums
–	plutokratisch	die Plutokratie betreffend {33/43/50}	dto.	dto.
4858	Pluton, der	Tiefengesteinskörper o. –massiv (geol. t. t.) {62}	Πλούτων Plouton	Pluto(n) (s. Anhang „Namen")
–	plutonisch	1. der Unterwelt zugehörig (rel. t. t.) {51/77}; 2. den Plutonismus betreffend (geol. t. t.) {62}	Πλουτώνιος Plutonios	zu Pluto(n) gehörig
–	Plutonismus, der gr;gr	1. Tiefenvulkanismus (geol. t. t.); 2. veraltete ↗ geologische ↗ Theorie, nach der die meisten Gesteine erstarrte ↗ Masse aus dem Erdinnern seien (geol. t. t.) {62}	dto. + –ισμός –ismos	dto. gr. Suffix s. Partikelliste
–	Plutonist, der gr;gr	Vertreter des Plutonismus {62}	dto. + –ιστής –istes	dto. gr. Suffix s. Partikelliste
–	Plutonit, das	plutonisches Gestein {62}	dto. + –ιτής –ites	dto. gr. Suffix s. Partikelliste

4859	**Plutonium**, das	künstlich hergestelltes, radioaktives (↗ UTL 2964) ↗ chemisches Element (↗ UTL 0874); Zeichen: Pu {72/73}	dto.	dto.
4860	**Pluviograph**, der l;gr	Gerät zur Aufzeichnung der Niederschläge (meteor. t. t.) {65}	l. *pluvia* + γράφευς grapheus	Regen (↗ UTL 2699) Schreiber, Maler
4861	**Pluviometer**, das l;gr	Regenmesser (meteor. t. t.) {65}	dto. + μέτρον metron	dto. Maß, Versmaß
4862	**Pluvionivometer**, das l;l;gr	Gerät zur Aufzeichnung des als Regen o. Schnee fallenden Niederschlags (meteor. t. t.) {65}	dto. + l. *nix,* Gen. *nivis* + μέτρον metron	dto. Schnee Maß, Versmaß
4863	**Pneu**, der	1. Gummireifen für Fahrzeuge {45}; 2. ↗ Pneumothorax: Luftansammlung im Brustfellraum (med. t. t.) {14/70}	πνεῦμα, Gen. πνεύματος pneuma, pneumatos	Hauch, Luft, Atem

>>> **Pneuma(to)–** ↗ Wortelementeliste

4864	**Pneuma**, das	1. Heiliger Geist (theol. t. t.) {51/77}; 2. luftartige Substanz (↗ UTL 3466), die in der ↗ Stoa als Lebensprinzip angesehen wurde (philos. t. t.) {77}	πνεῦμα, Gen. πνεύματος pneuma, pneumatos	Hauch, Luft, Atem
4865	**Pneumatik**, die	1. Teilgebiet der ↗ Mechanik, das Luft u. ↗ Gase untersucht {72}; 3. = ↗ Pneumatologie {51/77}; 4. Luftdruckmechanik bei der ↗ Orgel {37}	πνευματικός pneumatikos	zum Wind, Hauch, Atem gehörig
–	**Pneumatiker**, der	1. vom göttlichen Geist Erleuchteter {51/77}; 2. Vertreter einer antiken (↗ UTL 0214) Richtung der Medizin (↗ UTL 2190), die den Atem als Krankheitsursache ansah {70/75}	dto.	dto.
–	**pneumatisch** gr>l	1. das Pneuma betreffend (philos. t. t.) {77}; 2. die Luft betreffend {72}; 3. luftgefüllt {54/55}; 4. vom Geist Gottes erfüllt (theol. t. t.) {51/77}	dto.	dto.

–	Pneuma-tismus, der (gr;gr) >nlat	Lehre von der Wirklichkeit als Erscheinungsform des Geistes (philos. t. t.) {77}	dto. + –ισμός –ismos	dto. gr. Suffix s. Partikelliste
>>>	Pneumato– ↗ Wortelementeliste			
4866	Pneuma-tologie, die (gr;gr) >nlat	1. = ↗ Pneumatik {37/51/72/77}; 2. ↗ Psychologie (veraltet) {70}; 3. Lehre vom Heiligen Geist (theol. t. t.); 4. Lehre von den ↗ Engeln u. ↗ Dämonen {51/77}	πνεῦμα, Gen. πνεύματος pneuma, pneumatos + λόγος logos	Hauch, Luft, Atem Rede, Wort; Berechnung
4867	Pneuma-tometer, das gr;gr	Gerät zur Messung des Luftdrucks beim Aus– u. Einatmen (med. t. t.) {70/72}	dto. + μέτρον metron	dto. Maß, Versmaß
–	Pneuma-tometrie, die gr;gr	Messung des Luftdrucks beim Atmen mit Hilfe des Pneumatometers (med. t. t.) {70/72}	dto.	dto.
>>>	Pneumo– ↗ Wortelementeliste			
4868	Pneumo-kokke, die o. Pneumo-kokkus, der gr;gr	Krankheitserreger, bes. der Lungenentzündung (med. t. t.) {14/70}	πνεύμων pneumon + κόκκος kokkos	Lunge Kern, Scharlachbeere
4869	Pneumo-koniose, die gr;gr;gr	durch Einatmen von Staub hervorgerufene Lungenkrankheit; Staublunge (med. t. t.) {14/70}	dto. + κονία konia + –ωσις –osis	dto. Staub gr. Suffix s. Partikelliste
4870	Pneumo-loge, der gr;gr	Facharzt für Lungenkrankheiten (med. t. t.) {40/70}	dto. + λόγος logos	dto. Rede, Wort; Berechnung
–	Pneumo-logie, die gr;gr	Teilgebiet der Medizin (↗ UTL 2190), das die Lunge u. Lungenkrankheiten betrifft {14/70}	dto.	dto.

4871	**Pneumon-ektomie,** die gr;gr	Entfernung eines Lungenflügels (med. t. t.) {14/70}	dto. + ἐκτομή ektome	dto. das Herausschneiden s. o. Ektomie
4872	**Pneumonie,** die	Lungenentzündung (med. t. t.) {14/70}	πνευμονία pneumonia	Lungensucht
4873	**Pneumonik,** die	⟋ pneumatische Steuerungstechnik (techn. t. t.) {41/72}	πνευμονικός pneumonikos	zur Lunge gehörig
–	**pneumonisch**	die Lungenentzündung betreffend (med. t. t.) {14/70}	dto.	dto.
4874	**Pneumothorax,** der gr;gr	Luftansammlung im Brustfellraum (med. t. t.) {14/70}	πνεύμων pneumon + θώραξ, Gen. θώρακος thorax, thorakos	Lunge Brustpanzer; Brustkorb s. u. Thorax
4875	**pneumotrop** gr;gr	auf die Lunge einwirkend, die Lunge befallend (med. t. t.) {14/70}	πνεύμων pneumon + τρόπος tropos	Lunge Wendung; Art und Weise
4876	**Pnigos,** der	schnell gesprochener Abschluß des ⟋ Epirrhems (Dialogverse des ⟋ Chors in der ⟋ attischen ⟋ Komödie) {32/35/75/76}	πνῖγος pnigos	Erstickung, Erwürgung; Teil der ⟋ Parabase, der in einem Atemzug vorgetragen werden mußte
>>>	–pnoe ⟋ Wortelementeliste			
4877	**Podagra,** das gr>l	Fußgicht (med. t. t.) {14/70}	ποδάγρα podagra abgeleitet von: πούς, Gen. ποδός pous, podos + ἄγρα agra	Fußschlinge; gichtige Lähmung der Füße Fuß Jagd, –beute, –netz
–	**podagrisch** gr>l	an Podagra leidend (med. t. t.) {14/70}	ποδαγρικός podagrikos	an Fußgicht leidend
–	**Podagrist,** der gr;gr	ein an Podagra Leidender (med. t. t.) {14/70}	ποδάγρα podagra + –ιστής –istes	Fußschlinge; gichtige Lähmung der Füße gr. Suffix s. Partikelliste

4878	Podalgie, die	Fußschmerzen (med. t. t.) {14/70}	ποδαλγία podalgia	Fußschmerz
4879	Podest, das gr>l;l	(Treppen)Absatz, Stufe; Podium {44/58/88}	πόδιον podion l. *podium* gemischt mit: l. *suggestum*	Füßchen Tritt, Erhöhung, Untergestell; Postament Erhöhung, Tribüne; Anhöhe (↗ UTL 2701)
–	Podium, das gr>l	trittartige, breitere Erhöhung; Rednerpult {58/88}	dto.	dto.
–	Podiumsdiskussion, die gr;l	Meinungsaustausch vor einer Zuhörerschaft {32}	dto. + l. *discussio*	dto. Untersuchung, Prüfung; Revision (↗ UTL 0769)
4880	Podometer, das (gr;gr)>nlat	Schrittzähler {44/61}	πούς, Gen. ποδός pous, podos + μέτρον metron	Fuß Maß, Versmaß
4881	Poem, das gr>l	Gedicht {34/76}	ποίημα poiema	das Gemachte, Werk; Gedicht
>>>	–poese ↗ Wortelementeliste			
4882	Poesie, die gr>l>frz	1. Dichtung {34/76}; 2. dichterischer Stimmungsgehalt {26/34}	ποίησις poiesis l. *poesis* frz. *poésie*	das Machen, Verfertigen; Dichten Dichtkunst; Gedicht dto.
–	Poesiealbum, das gr>l>frz;l	Büchlein, in das Verwandte u. Bekannte zur Erinnerung Sprüche einschreiben {32/34}	dto. + l. *album*	dto. weiße Farbe; weiße Tafel; amtliche öffentliche Listen (im Pl.) (↗ UTL 0136)
4883	Poet, der gr>l>mhd	Dichter {34/40}	ποιητής poietes l. *poeta* mhd. *poete*	der etwas macht, schafft; Dichter dto. dto.
–	Poetaster, der gr>l>nlat; roman	Dichterling (abwertend) {33/34/40}	dto. + roman. *–aster*	dto. herabsetzendes roman. Suffix

–	Poetik, die gr>l>frz	1. Lehrbuch der Dichtkunst; 2. wissenschaftliche Beschreibung der Dichtkunst {34/76}	ποιητική (τέχνη) poietike (techne) l. *poetica* frz. *poétique*	Dichtkunst dto. poetisch
–	poetisch gr>l>frz	1. stimmungsvoll {26/34}; 2. die Poesie betreffend {34/76}	ποιητικός poietikos	zum Schaffen gehörig; dichterisch
–	poetisieren gr>l>frz	dichterisch ausschmücken {32/34/76}	ποιητίζειν poietizein	dichten
–	poetologisch gr;gr	die Poetik betreffend {34/76}	ποιητικός poietikos + λογικός logikos	zum Schaffen gehörig; dichterisch zum Reden gehörig, die Rede betreffend
4884	poietisch	bildend {31/78}	ποιητικός poietikos	zum Schaffen gehörig; dichterisch
4885	poikilotherm gr;gr	wechselwarm (biol. t. t.) {69}	ποικίλος poikilos + θερμός thermos	bunt, verschiedenartig; gewandt warm
4886	Pokal, der gr>spätl>it	1. Siegestrophäe; 2. kurz für: Pokalwettbewerb {85}; 3. wertvolles Trinkgefäß mit Fuß {20/44}	βαύκαλις baukalis spätl. *baucalis* it. *boccale*	Gefäß zum Abkühlen von Wasser u. Wein dto. bauchiges Trinkgefäß

>>> –pol ⤤ Wortelementeliste
>>> –pol(ar) ⤤ Wortelementeliste

4887	Pol, der gr>l	1. Drehpunkt, Mittelpunkt {58/71}; 2. Nord–, Südpol {64}; 3. Himmelspol (astron. t. t.) {66}; 4. Bezugspunkt (math. t. t.) {71}; 5. der Aus– u. Eintrittspunkt bei einer Stromquelle (phys. t. t.); 6. Aus– u. Eintrittspunkt bei ⤤ Magneten {72}	πόλος polos	Achse, Drehpunkt, Pol
4888	polar gr>l>nlat	1. die Erdpole betreffend {64}; 2. nicht vereinbar {25/33/56}	dto.	dto.
–	Polare, die	Verbindungslinie zwischen den Berührungspunkten zweier Tangenten (⤤ UTL 3531) (math. t. t.) {71}	dto.	dto.

4889	Polarisation, die gr>l>nlat	1. Bildung von Polen; 2. Beschränkung der Lichtschwingungen auf eine Ebene {72}	πόλος polos l. *polus*	Achse, Drehpunkt, Pol Pol, Himmel(sgewölbe)
–	Polarisator, der gr>l>nlat	Vorrichtung, die polarisiertes Licht aus natürlichem erzeugt {72}	dto.	dto.
–	polarisieren	1. sich immer mehr zu Gegensätzen entwickeln {25/33/56}; 2. Pole hervorrufen (chem. t. t.) {73}; 2. Polarität verleihen (phys. t. t.) {72}	dto.	dto.
4890	Polarität, die	1. Vorhandensein zweier Pole {64/72}; 2. Verhältnis von Gegensätzen {25/33/56}; 3. verschiedenartige Ausbildung zweier entgegengesetzter Pole (biol. t. t.) {68/69}	dto.	dto.
4891	Polarium, das	Abteilung eines ⟶ Zoos mit Tieren aus den Polargebieten {58/69}	dto.	dto.
4892	Polarkreis, der gr>l>nlat;d	Breitenkreis von etwa 66,5° nördlicher bzw. südlicher Breite {64}	dto. + d. *Kreis*	dto.
4893	Polaroidkamera, die gr>l>nlat; gr;gr	⟶ Fotoapparat, der in sehr kurzer Zeit ein fertiges Bild liefert {87}	dto. + –(ε)ιδής –(e)ides + καμάρα kamara	dto. ähnlich aussehend s. Partikelliste Gewölbe, gewölbte Decke, Zimmer s. o. Kamera
4894	Polarstern, der gr>l>nlat;d	hellster Stern im Sternbild des kleinen Bären (astron. t. t.) {01/66}	dto. + d. *Stern*	dto.
>>>	Poleis, die (Pl.) = Plural (⟶ UTL 2697) von ⟶ Polis			
>>>	–pole ⟶ Wortelementeliste			
4895	Polemik, die gr>frz	1. wissenschaftlicher Streit, Federkrieg; 2. scharfe ⟶ Kritik; 3. unsachliche Hetzkampagne {32/33/40/56}	πολεμική (τέχνη) polemike (techne) frz. *polémique*	(Kunst des) Krieges streitbar
–	Polemiker, der gr>frz	jmd., der unsachlich scharfe ⟶ Kritik übt {32/33/40}	πολεμικός polemikos	kriegerisch

	polemisch	1. die Polemik betreffend; 2. unsachlich hetzerisch {32/33/40}	dto.	dto.
–	pole̱misch gr>frz	1. die Polemik betreffend; 2. unsachlich hetzerisch {32/33/40}	dto.	dto.
–	po̱lemisieren gr>frz	1. eine wissenschaftliche Auseinandersetzung ausfechten; 2. scharfe unsachliche ⌐ Kritik üben {32/33/40}	dto.	dto.
4896	Po̱lemologi̱e, die gr;gr	Kriegsforschung {33/81/86}	πόλεμος polemos + λόγος logos	Krieg Rede, Wort; Berechnung
>>>	Poli– ⌐ Wortelementeliste			
4897	Po̱lice, die gr>mlat >aprov/it >frz	Versicherungsurkunde {42/44/80}	ἀπόδειξις apodeixis mlat. apodixa aprov. polissia, policia o. it. polizza frz. police	Darstellung; Beweis dto; Quittung Bescheinigung, Vertrag, Frachtbrief dto. dto.
4898	Poli̱er, der gr>l>vulgl >afrz>nhd	Vorarbeiter der Maurer u. Zimmerleute, Bauführer {40/41}	παραβολή parabole l. parabole o. parabola vulgl. paraula* afrz. parler u. parlier nhd. parlier	das Nebeneinanderstellen; Vergleichen Gleichnisrede, Parabel (Gleichnis)rede, Erzählung sprechen, reden jmd., der viel redet Wortführer
4899	Po̱liklinik, die gr;gr	1. Krankenhaus für ambulante (⌐ UTL 0173) Behandlung; 2. Ärztehaus mit zahlreichen Fachärzten; Bezirksklinik {58/70}	πόλις polis + κλινική (τέχνη) klinike (techne)	Stadt(staat) (Heilkunst) für bettlägerige Kranke s. o. Klinik
–	Polikli̱niker, der gr;gr	⌐ Arzt in einer Poliklinik {40/70}	πόλις polis + κλινικός klinikos	Stadt(staat) bettlägerig; einer, der seine Kranken besucht s. o. Kliniker
–	po̱liklinisch gr;gr	die Poliklinik betreffend {58/70}	dto.	dto.

>>> **Polio**, die = Kurzform für **Poliomyelitis**

4900	**Poli(o)-enzephalitis**, die gr;gr;gr	Entzündung der grauen Hirnsubstanz (med. t. t.) {14/70}	πολιός polios + ἐγκέφαλος enkephalos + -ῖτις -itis	grau Gehirn gr. Suffix s. Partikelliste s. o. Enzephalitis
4901	**Poliomyelitis**, die gr;gr;gr	Entzündung der grauen Rückenmarksubstanz; spinale (↗ UTL 3401) Kinderlähmung (med. t. t.) {14/70}	πολιός polios + μυελός myelos + -ῖτις -itis	grau Mark gr. Suffix s. Partikelliste
4902	**Poliosis**, die	das Ergrauen der Haare (med. t. t.) {11/55/70}	πολίωσις poliosis	das Grauwerden
4903	**Polis**, die	altgr. Stadtstaat {48/50/75}	πόλις polis	Stadt(staat)

>>> –**polis** ↗ Wortelementeliste
>>> **Polit–** ↗ Wortelementeliste

4904	**Politbüro**, das (gr>l>frz;l >vulgl >afrz>frz) >russ	↗ zentraler Lenkungsausschuß einer kommunistischen (↗ UTL 1751a) Partei (↗ UTL 2519) (bis 1990) {33/50}	πολιτικός politikos l. *politicus* frz. *politique* + l. *burra* vulgl. *bura* afrz. *burel* frz. *bureau* russ. *politbjuró* = Kurzform aus: *politiceskoe bjuró*	den Bürger betreffend, (staats)bürgerlich; öffentlich zum Staat gehörig, politisch dto. zottiges Gewand, Wolle grober Wollstoff dto., (Schreib)-tischbezug Arbeitsraum (↗ UTL 0455)

Politesse 4904a

4904a	**Politesse,** die (gr>l>mlat; l>afrz>frz >engl)	Kunstwort aus ↗ Polizei u. Hosteß: Hilfspolizistin für bestimmte Aufgabenbereiche {40/49} (andere Bedeutunge sind lateinischen Ursprungs – vgl. ↗ UTL 2708)	πολιτεία politeia l. *politia* mlat. *politia* /*policia* + l. *hospes* afrz. *(h)oste, (h)ostesse* frz. *hôtesse* engl. *hostess*	Staatsverwaltung, –verfassung, Staat dto. dto. Gastfreund, Quartiergeber, Wirt; Fremdling Gastgeber(in); Gast dto. dto. (↗ UTL 1256)

>>> –politik ↗ Wortelementeliste

4905a	**Politik,** die gr>l>frz	1. Lenkung eines Staates u. der öffentlichen Angelegenheiten {33/48/50}; 2. berechnendes, zielgerichtetes Verhalten {25/28}	πολιτική (τέχνη) politike (techne) l. *politicus* frz. *politique*	(Kunst der) Staatsverwaltung zum Staat gehörig, politisch dto.; Staatsführung
–	**Politikaster,** der gr>l>nlat; roman	jmd., der viel über ↗ Politik spricht, ohne viel davon zu verstehen {32/33/48/50}	πολιτικός politikos + roman. *–aster*	den Bürger betreffend, (staats)bürgerlich; öffentlich herabsetzendes roman. Suffix
–	**Politiker,** der gr>l>mlat	Staatsmann {40/50}	dto.	dto.
–	**Politikum,** das gr>nlat	Vorgang von politischer Bedeutung {33/50/56}	dto.	dto.
–	**Politikus,** der gr>nlat	jmd., der sich eifrig mit Politik beschäftigt (scherzhaft) {33/48/50}	dto.	dto.

>>> –politisch ↗ Wortelementeliste

–	**politisch** gr>l>frz	die Politik betreffend {50}	πολιτικός politikos	den Bürger betreffend, (staats)bürgerlich

–	politisieren gr>nlat	1. von Politik reden; 2. etw. unter ⚹ politischen Gesichtspunkten betrachten; 3. politische Interessen (⚹ UTL 1466) erwecken {33/48/50}	dto.		dto.
4906	Politologe, der gr;gr	Wissenschaftler auf dem Gebiet der Politologie {40/50/81}	πολιτική (τέχνη) politike (techne) + λόγος logos		(Kunst der) Staatsverwaltung Rede, Wort; Berechnung
–	Politologie, die gr;gr	Wissenschaft von der ⚹ Politik {50/81}	dto.		dto.
–	politologisch gr;gr	die Politologie betreffend {50/81}	dto. + λογικός logikos		dto. zum Reden gehörig, die Rede betreffend
4907	Politprominenz, die gr;l	berühmte Leute aus dem Bereich der ⚹ Politik {33/50}	πολιτικός politikos + l. prominentia		den Bürger betreffend, (staats)bürgerlich; öffentlich das Hervorragen, Vorspringen; Vorsprung (⚹ UTL 2853)
4908	Polizei, die gr>l>mlat	1. Sicherheitsbehörde zur Überwachung der öffentlichen Ordnung; {49}; 2. Angehörige der Polizei {40/49}; Dienststelle der Polizei {49/58}	πολιτεία politeia l. politia mlat. politia /policia		Staatsverwaltung, –verfassung, Staat dto. dto.
–	Polizeistaat, der gr>l>mlat; d	Kontrollsystem eines totalitären (⚹ UTL 3605) Staates {33/49/50}	dto. + d. Staat		dto.
–	Polizist, der gr>l>mlat >nlat	Angehöriger der Polizei, Schutzmann {40/49}	dto.		dto.
>>>	poly- ⚹ Wortelementeliste				

4909	Polyamid, das gr;gr;gr	Kunststoff, –faser {19/73}	πολύς polys + ἀμμωνιακός ammoniakos + –(ε)ιδής –(e)ides	viel pflanzliches Gummiharz aus Libyen s. o. Ammoniak ähnlich aussehend s. Partikelliste
4910	Polyandrie, die gr;gr	Vielmännerei {18/31/33}	πολύς polys + ἀνήρ, Gen. ἀνδρός aner, andros	viel Mann
–	polyandrisch gr;gr	die Vielmännerei betreffend {18/31/33}	dto.	dto.
4911	Polyarchie, die	Herrschaft von mehreren Machthabern in einem Staat {50}	πολυαρχία polyarchia	Vielherrschaft
4912	Polyäthylen, das gr;gr;gr	ein ↗ thermoplastischer Kunststoff {41/73}	πολύς polys + αἰθήρ aither + ὕλη hyle	viel die obere, reine Luft Stoff, Material, Bau–, Brennholz s. o. Äthylen
4913	Polychord, das	zehnsaitiges Streichinstrument in Kontrabaßform {37}	πολύχορδος polychordos	vielsaitig, vielstimmig
4914	polychrom	bunt {54/55}	πολύχρωμος polychromos	vielfarbig
–	Polychromie, die	Vielfarbigkeit {54/55}	dto.	dto.
–	polychromieren	bunt ausstatten {41/54/55}	dto.	dto.
4915	Polychromographie, die gr;gr	Vielfarbendruck {41}	dto. + γραφή graphe	dto. Schrift; Zeichnung
4916	Polydaktylie, die	angeborene Mißbildung der Hand o. des Fußes mit Bildung überzähliger Finger o. Zehen (med., biol. t. t.) {14/70}	πολυδάκτυλος polydaktylos	vielfingerig
>>>	Polydeukes = ↗ Kastor (s. Anhang „Namen")			

4917	Poly-dipsie, die gr;gr	krankhaft gesteigerter Durst (med. t. t.) {14/17/70}	πολύς polys + δίψα dipsa	viel Durst
4918	Polyeder, das	Vielflächner (math. t. t.) {71}	πολύεδρος polyhedros	vielflächig, vieleckig
4919	Polyester, der gr;l;gr	Verbindung aus Säuren u. Alkoholen, die wichtig für die Herstellung von Kunstfasern u. –harzen ist {19/41/73}	πολύς polys + l. acetum + αἰθήρ aither	viel Essig (↗ UTL 0934) die obere, reine Luft s. o. Äther
4920	polygam	1. zur Mehrehe veranlagt; 2. in Mehrehe lebend {33/69}	πολύγαμος polygamos	mit mehreren Partnern verheiratet
–	Polygamie, die	1. Mehrehe {33/69}; 2. geschlechtlicher Verkehr mit mehreren Partnern {18/33}; 3. das Auftreten von zwittrigen u. eingeschlechtigen Blüten auf einer Pflanze (bot. t. t.) {68}	πολυγαμία polygamia	Ehe mit mehreren Frauen
–	Polygamist, der (gr;gr) >nlat	in Vielehe lebender Mensch {18/33}	dto. + –ιστής –istes	dto. gr. Suffix s. Partikelliste
4921	polygen gr;gr	1. durch mehrere Erbfaktoren bedingt (biol. t. t.) {68/69}; 2. vielfachen Ursprung habend {52/56/60}	πολύς polys + –γενής –genes	viel stammend von; hervorbringend, verursachend
–	Polygenese, o. Polygenesis, die gr;gr	↗ Theorie von der stammesgeschichtlichen Herleitung jeder Gruppe von Lebewesen aus jeweils mehreren Stammformen (biol. t. t.) {68/69}	πολύς polys + γένεσις genesis	viel Ursprung, Entstehung
4922	Polygenie, die gr;gr	Ausbildung eines Merkmals infolge der Beteiligung mehrerer ↗ Gene (biol. t. t.) {68/69}	πολύς polys + γενεά genea	viel Geburt; Herkunft
–	Polygenismus, der gr;gr;gr	1. = ↗ Polygenese {68/69}; 2. Lehre, nach der das Menschengeschlecht auf mehrere Stammpaare zurückgeht {69}	πολύς polys + γενεά genea + –ισμός –ismos	viel Geburt; Herkunft gr. Suffix s. Partikelliste

4923	**polyglott** o. **polyglottisch** gr;gr	1. vielsprachig; 2. viele Sprachen sprechend {32/76}	πολύς polys + γλῶττα glotta (im attischen Dialekt)	viel Zunge, Sprache, eigentümliche Ausdrucksweise
–	**Polyglotte**, der / die gr;gr	1. Buch mit Textfassungen in verschiedenen Sprachen; 2. vielsprachiges Wörterbuch {32/76}; 3. jmd., der viele Sprachen beherrscht {32/33/64}	dto.	dto.
4924	**Polygon**, das	Vieleck (math. t. t.) {71}	πολύγονος polygonos	vielwinkelig
–	**polygonal**	vieleckig (math. t. t.) {71}	dto.	dto.
4925	**Polygramm**, das gr;gr	bei der Polygraphie gewonnenes Röntgenbild (med. t. t.) {70}	πολύς polys + γράμμα gramma	viel Buchstabe, Schrift(werk)
4926	**Polygraph**, der 1. (gr;gr) >russ; 2. gr;gr	1. Angehöriger eines ↗ graphischen Gewerbes (DDR) {40}; 2. Gerät zur Registrierung mehrerer gleichzeitiger Vorgänge {59/70/72}	πολύς polys + γράφευς graphein	viel Schreiber, Maler
–	**Polygraphie**, die 1. (gr;gr) >russ; 2. gr;gr	1. alle Zweige des ↗ graphischen Gewerbes (DDR) {40}; 2. ↗ röntgenologische Darstellung von Organbewegungen durch mehrfaches Belichten eines Films (med. t. t.) {70}	πολύς polys + γραφή graphe	viel Schrift; Zeichnung
–	**polygraphisch** gr;gr	die Polygraphie betreffend {40/70}	dto. + γραφικός graphikos	dto. im Malen geschickt; malerisch; zum Malen o. Schreiben gehörig
4927	**polygyn** gr;gr	die Polygynie betreffend {18/33}	πολύς polys + γυνή gyne	viel Frau
–	**Polygynie**, die gr;gr	Vielweiberei {18/33}	dto.	dto.
4928	**Polyhistor**, der	in vielen Fächern bewanderter Gelehrter {25/40/75}	πολυίστωρ polyhistor	viel wissend

4929	polyhybrid gr;l	von Eltern abstammend, die sich in mehreren Merkmalen unterscheiden (biol. t. t.) {68/69}	πολύς polys + l. *hibrida*	viel Mischling, Bastard (↗ UTL 1266)
–	Polyhybride, der gr;l	Nachkomme von Eltern, die sich in mehreren Erbmerkmalen unterscheiden (biol. t. t.) {68/69}	dto.	dto.
4930	polykarp o. polykarpisch	in einem bestimmten Zeitraum mehrmals Früchte tragend (bot. t. t.) {39/68}	πολύκαρπος polykarpos	mit vielen Früchten
4931	Polymathie, die	vielseitiges Wissen {25/77}	πολυμαθία polymathia	vielseitige Gelehrsamkeit
4932	Polymelie, die gr>nlat	angeborene Mißbildung, bei der bestimmte Gliedmaßen doppelt ausgebildet sind (med. t. t.) {14/70}	πολυμελής polymeles	vielgliederig
4933	Polymenorrhö(e), die gr;gr;gr	zu häufige, nach zu kurzen Abständen eintretende Regelblutung (med. t. t.) {14/70}	πολύς polys + μήν men + ῥοή rhoe	viel Monat das Fließen; Fluß s. o. Menorrhöe
4934	polymer	1. vielteilig {56}; 2. aus größeren Molekülen (↗ UTL 2268) bestehend, die durch Verknüpfung kleinerer entstanden sind (chem. t. t.) {73}	πολυμερής polymeres	aus vielen Teilen bestehend
–	Polymer, o. Polymere, das	Verbindung aus Riesenmolekülen (chem. t. t.) {73}	dto.	dto.
–	Polymerie, die	1. Verbindung vieler gleicher Moleküle (chem. t. t.) {73}; 2. das Zusammenwirken gleichartiger Erbfaktoren bei der Ausbildung eines erblichen Merkmals (biol. t. t.) {68/69}	dto.	dto.
–	Polymerisation, die	↗ chemisches Verfahren zur Herstellung von Kunststoffen {41/73}	dto.	dto.
–	polymerisieren	die Polymerisation bewirken (chem. t. t.) {41/73}	dto.	dto.

4935	Polymetrie, die	1. Gebrauch verschiedener ↗ Metren in einem Gedicht {34/76};. 2. gleichzeitiges Auftreten verschiedener Taktarten in mehrstimmiger ↗ Musik; 3. häufiger Taktwechsel innerhalb eines Tonstückes (mus. t. t.) {37}	πολυμετρία polymetria	Vielheit des (Silben)maßes
4936	polymorph	viel- o. verschiedengestaltig (biol. t. t.) {53/68/69}	πολύμορφος polymorphos	vielgestaltig
–	Polymorphie, die	1. Vielgestaltigkeit {53/68/69}; 2. verschieden Kristallformen bei Mineralien (↗ UTL 2238) gleicher Zusammensetzung (chem. t. t.) {73}	πολυμορφία polymorphia	Vielheit der Gestalten
–	Polymorphismus, der gr;gr	= ↗ Polymorphie {53/68/69/73}	dto. + -ισμός -ismos	dto. gr. Suffix s. Partikelliste
4937	Polynesien, das gr;gr	Inselgruppe im Pazifik (↗ UTL 2556) {64}	πολύς polys + νῆσος nesos	viel Insel
4938	Polynom, das gr;gr	aus mehr als zwei Gliedern bestehender ↗ mathematischer Ausdruck (math. t. t.) {71}	πολύς polys + νόμος nomos	viel Brauch, Gesetz
–	polynomisch gr;gr	1. vielgliedrig; 2. das Polynom betreffend (math. t. t.) {71}	dto.	dto.
4939	Polyp, der	1. Nesseltier; 2. Tintenfisch, Krake {08/69}; 3. Geschwulst der Schleimhäute (med. t. t.) {14/70}; 4. Polizeibeamter (ugs.) {32/33/40/82}	πολύπους polypous	vielfüßig; Meerpolyp
4940	polyphag	sich von verschiedenartigen Futterpflanzen o. Tierarten ernährend (zool. t. t.) {69}	πολυφάγος polyphagos	viel essend
–	Polyphage, der	1. Tier, das Nahrung verschiedenster Herkunft aufnimmt; 2. Unterordnung der Käfer (zool. t. t.) {69}	dto.	dto.
–	Polyphagie, die	1. krankhafte Gefräßigkeit (med. t. t.) {14/17/70}; 2. Ernährungsweise von Tieren, die die verschiedenartigsten Tiere u. Pflanzen fressen (zool. t. t.) {69}	πολυφαγία polyphagia	das Vielessen

4941	polyphon o. polyphonisch	1. die Polyphonie betreffend; 2. mehrstimmig (mus. t. t.) {37}	πολύφωνος polyphon	vielstimmig	
–	Polyphonie, die	Mehrstimmigkeit (mus. t. t.) {37}	πολυφωνία polyphonia	Vieltönigkeit	
–	Polyphoniker, der	jmd., der polyphone Musikstücke komponiert (↗ UTL 1770) (mus. t. t.) {37/40}	dto.	dto.	
4942	Polyphrasie, die gr;gr	krankhafte Geschwätzigkeit (med. t. t.) {14/32/70}	πολύς polys + φράσις Gen. φράσεως phrasis, phraseos	viel das Reden, Sprechen; Redensart	
4943	Polypionie, die gr;gr	Fettsucht (med. t. t.) {14/70}	πολύς polys + πίων pion	viel fett, feist	
4944	polyploid gr;gr	mehr als zwei Chromosomensätze aufweisend (biol. t. t.) {68/69} (vgl. o. diploid u. haploid)	πολύπλοος polyploos + -(ε)ιδής -(e)ides	mehrfach ähnlich aussehend s. Partikelliste	
–	Polyploidie, die gr;gr	das Vorhandensein von mehr als zwei Chromosomensätzen (biol. t. t.) {68/69}	dto.	dto.	
4945	Polypol, das gr;gr	Marktform, bei der auf der Angebots- o. Nachfrageseite jeweils viele kleine Unternehmer stehen (wirtsch. t. t.) {42/80}	πολύς polys + πωλεῖν polein	viel Handel treiben, verkaufen	
4946	Polyptoton, das gr>l	Wiederholung desselben Wortes in verschiedenen Fällen (rhet. t. t.) {32/76}	πολύπτωτος polyptotos	in vielen Fällen	
4947	Polyptychon, das	1. Flügelaltar mit mehr als zwei Flügeln {36/51/88}; 2. aus mehr als drei Teilen bestehende Schreibtafel im Altertum {44/75}	πολύπτυχος polyptychos	mit vielen Falten, Krümmungen, Tafeln	

4948	Polyreaktion, die gr;l;l	Bildung hochmolekularer Verbindungen (chem. t. t.) {73}	πολύς polys + l. *re* + l. *actio*	viel zurück, entgegen, wieder Handlung, Tätigkeit; Rede; Bewegung (↗ UTL 2990)
4949	Polysaccharid, das gr;gr;gr	↗ Kohlenhydrat, das sich aus mehr als zehn einfachen Zuckermolekülen zusammensetzt {17/73}	πολύς polys + σάκχαρ sakchar + –(ε)ιδής –(e)ides	viel Zucker ähnlich aussehend s. Partikelliste s. u. Saccharid
4950	polysem o. polysemantisch	mehrere Bedeutungen habend {32/76}	πολυ- σήμαντος polysemantos u. πολύ- σημος polysemos	vieles bezeichnend, viel bedeutend
–	Polysemie, die	das Vorhandensein mehrerer Bedeutungen zu einem Wort {32/76}	dto.	dto.
4951	Polyspermie, die	1. Eindringen mehrerer Samenfäden in ein Ei (biol. t. t.) {69/70}; 2. = ↗ Spermatorrhö(e): Samenfluß ohne geschlechtliche Erregung (med. t. t.) {14/18/70}	πολυ- σπερμία polyspermia	Überfluß an Samen
4952	Polysyllabum, das gr>nlat	vielsilbiges Wort (sprachwiss. t. t.) {32/76}	πολυ- σύλλαβος polysyllabos	vielsilbig
4953	polysyndetisch	1. durch mehrere Bindewörter verbunden (sprachwiss. t. t.); 2. das Polysyndeton betreffend {32/76}	πολυ- σύνδετος polysyndetos	vielfach ver–, zusammengebunden
–	Polysyndeton, das	Wortreihe, deren Teile durch Konjunktionen (↗ UTL 1806) miteinander verbunden sind {32/76}	πολυ- σύνδετον polysyndeton	Vielheit der Verbindungswörter
4954	polysynthetisch	vielfach zusammengesetzt (sprachwiss. t. t.) {32/76}	πολυ- σύνθετος polysynthetos	vielfach zusammengesetzt

–	Polysyn-thetis-mus, der (gr;gr) >nlat	Erscheinung des polysynthe-tischen Sprachbaus (sprach-wiss. t. t.) {32/76}	dto. + –ισμός –ismos	dto. gr. Suffix s. Partikelliste
4955	Poly-technik, die gr;gr	Ausbildung in polytechni-schen Fähigkeiten (DDR) {31/78}	πολύς polys + τεχνικός technikos	viel die Kunst, das Handwerk betref-fend s. u. Technik
–	Polytech-niker, der gr;gr	Student (↗ UTL 3446) am Polytechnikum {31/78}	dto.	dto.
–	Polytech-nikum, das gr;gr	1. ↗ technische Hochschule o. Universität (↗ UTL 3727); 2. gehobene technische Lehr-anstalt {31/78}	dto.	dto.
–	polytech-nisch gr;gr	mehrere Zweige der ↗ Tech-nik umfassend {31/78}	dto.	dto.
4956	Polythe-ismus, der gr;gr;gr	Vielgötterei {51/77}	πολύς polys + θεός theos + –ισμός –ismos	viel Gott gr. Suffix s. Partikelliste
–	Poly-theist, der gr;gr;gr	Anhänger des Polytheismus {33/51/77}	dto. + –ιστής –istes	dto. gr. Suffix s. Partikelliste
–	polythe-istisch gr;gr;gr	den Polytheismus betreffend {51/77}	dto.	dto.
4957	polytonal gr;gr	gleichzeitig mehrere Tonarten aufweisend (mus. t. t.) {37}	πολύς polys + τόνος tonos	viel Spannung, Band, Ton s. u. tonal
–	Polytona-lität, die gr;gr	Vieltonart (mus. t. t.) {37}	dto.	dto.

845

4958	polytrop	höchst anpassungsfähig (biol. t. t.) {68/69}	πολύτροπος polytropos	viel hin– u. hergewendet, viel umhergetrieben; sehr gewandt, listig
–	Polytropismus, der gr;gr	große Anpassungsfähigkeit bestimmter ⁊ Organismen (biol. t. t.) {68/69}	dto. + –ισμός –ismos	dto. gr. Suffix s. Partikelliste
4959	Polytype, die gr;gr	Drucktype mit mehreren Buchstaben {32/40}	πολύς polys + τύπος typos	viel Schlag; Abdruck; Gepräge, Gestalt
4960	Polyvinylchlorid, das gr;l;gr;gr;gr	durch ⁊ Polymerisation von Vinylacetat hergestellter Kunststoff; Abk.: PVC {40/41/ 44/73}	πολύς polys + l. *vinum* + ὕλη hyle + χλωρός chloros + –(ε)ιδής –(e)ides	viel Wein Stoff, Material, Bau-, Brennholz s. u. Vinyl grüngelb; blaß ähnlich aussehend s. Partikelliste s. o. Chlorid
4961	Polyzentrismus, der gr;gr;gr	1. das Aufteilen der Vorherrschaft auf eine Mehrzahl von Machtzentren (pol. t. t.) {50/ 81}; 2. städtebauliche Anlage einer Stadt mit mehreren Zentren {64/88}	πολύς polys + κέντρον kentron + –ισμός –ismos	viel Mittelpunkt eines Kreises; Stachel-(stab); ruhender Zirkelschenkel gr. Suffix s. Partikelliste s. u. Zentrismus
>>>	Pommer, der = ⁊ Bombarde (2.)			
4963	Pomp, der gr>l>afrz >mhd	großer Aufwand, prachtvolle Ausstattung; übertriebener Prunk {20/33/47/55}	πομπή pompe l. *pompa* afrz. *pompe* mhd. *pompe*	Geleit, festlicher Aufzug (Fest)umzug; Leichenzug; Pracht, Prunk dto. dto.
–	pomphaft o. pompös gr>l>spätl >frz	übertrieben prächtig, prunkhaft {33/47/55}	dto. spätl. *pomposus* frz. *pompeux*	dto. prächtig, reichlich dto.
–	pomposo gr>l>it	feierlich, prächtig (mus. t. t.) {37}	dto.	dto.

4964	pönal gr>l	die Strafe, das Strafrecht betreffend (jur. t. t.) {82}	ποινή poine l. *poena* u. *poenalis*	Zahlung, Buße, Sühne; Strafe Strafe, Qual, Marter, Pein zur Strafe gehörig, Straf...; peinlich, qualvoll (↗ UTL 2714)
–	pönalisieren gr>l>nlat	1. unter Strafe stellen {33/82}; 2. einem Pferd einen Gewichtsausgleich auferlegen (sport. t. t.) {85}	dto.	dto.
4965	Pope, der gr>l>russ	Geistlicher in der russ.– ↗ orthodoxen ↗ Kirche {40/51/77}	πάππας pappas l. *pap(p)as* russ. *pop*	Papa Erzieher; Vater, Bischof Priester
4966	Pore, die gr>l	(Haut)Öffnung {11/58/70}	πόρος poros	Furt, Weg, Durchgang; Öffnung; Ausweg
4967	Porno, der	Kurzform für: pornographischer Film o. Roman {18/32/85}	πόρνη porne	Hure
4968	Pornograph, der gr>frz	Verfasser pornographischer Werke (1769 von Restif de La Bretonne als Buchtitel verwandt) {18/32/34/40/85}	πορνογράφος pornographos frz. *pornographe*	von Huren schreibend
–	Pornographie, die gr>frz	Darstellung sexueller (↗ UTL 3303) Vorgänge mit ausschließlicher Beschränkung auf den Geschlechtsakt {18/32/85}	dto. frz. *pornographie*	dto.
–	pornographisch	die Pornographie betreffend {18/32/85}	dto.	dto.
4969	pornophil gr;gr	eine Vorliebe für Pornographie habend {18/32/85}	πόρνη porne + φίλος philos	Hure lieb, befreundet, Freund
4970	Poromere, die (Pl.) gr;gr	luftdurchlässige Kunststoffe {41/73}	πόρος poros + μέρος meros	Furt, Weg, Durchgang; Öffnung; Ausweg Teil
4971	porös gr>l>frz	löchrig {54/55}	πόρος poros frz. *poreux*	Furt, Weg, Durchgang; Öffnung; Ausweg

–	Porosität, die gr>l>frz	Durchlässigkeit {54/55}	dto. frz. *porosité*	dto.
4972	Porphyr, der gr>l>mlat >it	dichtes, feinkörniges Eruptivgestein mit eingestreuten Kristalleinsprenseln {62}	πορφυρίτης (λίθος) porphyrites (lithos) l. *porphyrites* mlat. *porphyrium* it. *porfiro*	wie Purpur; Purpur(stein) dto. dto. dto.
4973	Porus, der gr>l	Körperöffnung (med., biol. t. t.) {69/70}	πόρος poros	Furt, Weg, Durchgang; Öffnung; Ausweg
4974	Positron, das l;gr	(Kurzwort aus positiv und Elektron): positiv geladenes Elementarteilchen (phys. t. t.) {72}	l. *positivus* + ἤλεκτρον elektron	gesetzt, gegeben; im Positiv, als Substantiv stehend (gramm. t. t.) (↗ UTL 2736) Silbergold; Bernstein als Träger von Reibungselektrizität s. o. Elektron
4975	Poster, das gr>l>engl	künstlerisches, dekoratives (↗ UTL 0638) (Werbe)Plakat {36/42/44}	παστάς pastas l. *postis* engl. *(to) post*	Pfosten, (Tür)pfeiler dto. (Plakate) anschlagen
4976	posttraumatisch l;gr	nach einer Verletzung auftretend (med. t. t.) {70}	l. *post* + τραυματικός traumatikos	hinter, nachher, zuletzt (↗ UTL 2739b) die Wunde betreffend s. u. traumatisch
4977	potamisch gr>nlat	die Potamologie betreffend (geogr. t. t.) {64}	ποταμός potamos	Fluß
4978	Potamologie, die gr;gr	Wissenschaft der Erforschung von Flüssen (geogr. t. t.) {64}	dto. + λόγος logos	dto. Rede, Wort; Berechnung
4979	Potentiometer, das l>spätl/ mlat;gr	(ugs. Poti): Gerät zur Herstellung von Teilspannungen (elektrotechn. t. t.) {41/72/87}	l. *potentia* spätl. / mlat. *potentialis* + μέτρον metron	Vermögen; Kraft; Macht; Einfluß nach Vermögen; tätig wirkend (↗ UTL 2749) Maß; Versmaß

4980	Prähistorie, die l;gr	Vorgeschichte {59/62/75}	l. *prae* + ἱστορία historia	vor, voran, voraus, vorher (↗ UTL 2755) Forschung; (Geschichts-)Wissenschaft, Bericht s. o. Historie
–	Prähistoriker, der l;gr	Wissenschaftler auf dem Gebiet der Prähistorie {40/59/62/75}	dto. + ἱστορικός historikos	dto. wissenschaftlich; geschichtskundlich s. o. Historiker
–	prähistorisch l;gr	vorgeschichtlich {59/62/75}	dto.	dto.
4981	Präsenzbibliothek, die l>frz;gr	Bibliothek, deren Bücher nicht ausgeliehen werden dürfen {31/32/49}	l. *praesentia* frz. *présence* + βιβλιοθήκη bibliotheke	Gegenwart; Einwirkung; Schutz Gegenwart; Anwesenheit (↗ UTL 2793) Bücherbehälter, Büchersammlung s. o. Bibliothek
4982	Pragmatik, die gr>l	1. Sachkunde, Sinn für Tatsachen {25/33/56}; 2. Teilgebiet der ↗ Semiotik über die Beziehungen zwischen Zeichen u. Zeichenbenutzer (sprachwiss. t. t.) {32/76}	πραγματικός pragmatikos	geschäftig, Geschäftsmann; sachkundig; tatkräftig
–	Pragmatiker, der	Vertreter des Pragmatismus, Pragmatist {25/33/56}	dto.	dto.
–	pragmatisch	1. auf das Handeln o. Tatsachen bezogen; 2. dem praktischen Nutzen dienend; 3. sachlich, fachkundig {25/33/56}	dto.	dto.
–	Pragmatismus, der gr;gr	↗ philosophische Lehre, die im Handeln das Wesen des Menschen erblickt {25/77}	dto. + –ισμός –ismos	dto. gr. Suffix s. Partikelliste
4983	Praktik, die gr>l>mlat >nhd	1. Ausübung einer Tätigkeit; 2. Handhabung; 3. Verfahren; 4. Kunstgriff, Kniff {29/40}; 5. Kalenderanhang {59}	πρακτικός praktikos	zum Handeln gehörig, tätig

>>> Praktika, die (Pl.) = Plural (↗ UTL 2697) von ↗ Praktikum

4984	prakti-kabel gr>mlat >frz	1. benutzbar; 2. ausführbar {29/40}	dto. mlat. *practicabilis* frz. *practicable*	dto. ausführbar dto.
–	Prakti-kabel, das gr>mlat >frz	begehbarer Teil der Theater-dekoration {35/36/74}	dto.	dto.
–	Praktika-bilität, die gr>mlat >frz	Durchführbarkeit {29/40}	dto.	dto.
4985	Prakti-kant, der gr>mlat	jmd., der sich auf das Ausüben seines Berufes vorbereitet {31/40/78}	dto.	dto.

>>> Praktiken, die (Pl.) = Plural (↗ UTL 2697) von ↗ Praktik
>>> –praktiker ↗ Wortelementeliste

–	Praktiker, der	1. praktischer, zupackender Mensch {84}; 2. Mensch mit praktischer Erfahrung {33/40}	πρακτικός praktikos	zum Handeln gehörig, tätig
–	Prakti-kum, das	praktische Anwendung von ↗ theoretischen Kenntnissen in der Ausbildung {31/40/78}	dto.	dto.
–	Prakti-kus, der	jmd., der immer Rat weiß (scherzhaft) {25/33/40}	dto.	dto.

>>> –praktisch ↗ Wortelementeliste

–	praktisch gr>l>frz	1. das Handeln betreffend {29}; 2. zweckmäßig {40/44/56}; 3. erfahren {25/33/40}	dto. frz. *pratique*	dto.
–	prakti-zieren gr>mlat >frz	1. anwenden; 2. etw. aktiv (↗ UTL 0122) ausüben {29/40}; 3. als ↗ Arzt arbeiten {40/70}	dto. frz. *pratiquer*	dto.
–	Prakti-zismus, der (gr;gr)>l >nlat	Neigung, bei der ↗ Praxis die ↗ Ideologie zu vernachlässigen {25/33/81}	dto. + –ισμός –ismos	dto. gr. Suffix s. Partikelliste

4986	Praxeologie, die (gr;gr) >nlat	Wissenschaft vom rationalen (↗ UTL 2986) Handeln {25/77}	πρᾶξις, Gen. πράξεως praxis, praxeos + λόγος logos	Tat, Handlung Rede, Wort; Berechnung
–	praxeologisch (gr;gr) >nlat	die Praxeologie betreffend {25/77}	dto. + λογικός logikos	dto. zum Reden gehörig, die Rede betreffend

>>> –praxis ↗ Wortelementeliste

4987	Praxis, die gr>l	1. Ausübung {29/40}; 2. Berufserfahrung {40}; 3. Verfahrensart {29/40}; 4. Arbeitsräume eines ↗ Arztes o. Anwalts {40/58/70/82}	dto.	dto.
4988	Preemphasis, die (l;gr)>engl	Vorverzerrung hoher Frequenzen (↗ UTL 1144) zur Störungsunterdrückung (im Funkwesen o. bei ↗ elektronischen Geräten) {46/87}	l. prae + ἔμφασις emphasis	vor, voran, voraus, vorher (↗ UTL 2755) Spiegelung; Andeutung; Nachdruck in der Rede s. o. Emphasis

>>> Presby– ↗ Wortelementeliste

4989	Presbyakusis, die (gr;gr) >nlat	Altersschwerhörigkeit (med. t. t.) {14/23/70}	πρέσβυς presbys + ἄκουσις akousis	alt, ehrwürdig das Hören
4990	Presbyopie, die gr;gr	Altersweitsichtigkeit (med. t. t.) {14/23/70}	dto. + ὤψ, Gen. ὠπός ops, opos	dto. Auge, Gesicht
4991	Presbyter, der gr>l	1. Gemeindeältester im Urchristentum; 2. ↗ Priester der ↗ katholischen ↗ Kirche; 3. Mitglied eines Kirchenvorstandes {33/51/77}	πρεσβύτερος presbyteros	der Ältere
–	presbyterial gr>nlat	das Presbyterium betreffend {51/77}	dto.	dto.

–	**Presbyterianer,** der gr>nlat	Angehöriger protestantischer (⌐ UTL 2880) ⌐ Kirchen in England u. Amerika {33/51/77}	dto.	dto.
–	**presbyterianisch** gr>nlat	⌐ Kirchen mit Presbyterialverfassung betreffend {51/77}	dto.	dto.
–	**Presbyterium,** das gr>l	1. ⌐ evangelischer Kirchenvorstand u. sein Versammlungsraum {33/51/58/77}; 2. Chorraum einer ⌐ Kirche {51/58/77/88}; 3. ⌐ katholisches Priesterkollegium {33/51/77}	πρεσβυτέριον presbyterion	Versammlung, Rat der Älteren
4992	**Priapea,** die (Pl.)	Sammlung obszöner (⌐ UTL 2408) lateinischer Gedichte aus dem 1. Jh. n. Chr. {18/34/76}	Πρίαπος Priapos	Priapos (s. Anhang „Namen")
–	**priapeisch** o. **priapisch**	unzüchtig {18/34/70/76}	πριάπειος priapeios	zu Priapos (s. Anhang „Namen") gehörig
–	**Priapeus,** der	antikes (⌐ UTL 0214) Versmaß {34/76}	dto.	dto.
–	**Priapismus,** der	krankhaft anhaltende, schmerzhafte Erektion (⌐ UTL 0915) {14/18/70}	πριαπισμός priapismos	das stete Aufrechtstehen des männlichen Gliedes
4993	**Priester,** der gr>kirchenl >gallorom >ahd>mhd	geweihter Geistlicher, bes. der ⌐ katholischen ⌐ Kirche {33/40/51/77}	πρεσβύτερος presbyteros kirchenl. *presbyter* gallorom. *prestre** ahd. *priest(er)* mhd. *priestre*	der Ältere der (Kirchen)Älteste, Priester dto. dto. dto.
–	**priesterlich** gr>kirchenl >gallorom >ahd>mhd	den Priester betreffend {33/40/51/77}	dto. ahd. *prestarlih* mhd. *priesterlich*	dto.

4994	**Primaballerina**, die l>it;gr >spätl>it	erste, Vortänzerin einer Ballettgruppe {37/61/40}	l. *primus* it. *prima, primo* + βαλλίζειν ballizein spätl. *ballare* it. *ballerina*	der erste, beste, vorzüglichste dto. (↗ UTL 2816) die Schenkel hin– u. herwerfen, tanzen tanzen Tänzerin s. o. Ballerina
4995	**Primärenergie**, die l>frz;gr>l >frz	von natürlichen, nicht weiter bearbeiteten Trägern (z. B. Kohle, Erdöl) stammende Energie (techn. t. t.) {41/56/72}	l. *primarius* frz. *primaire* + ἐνέργεια energeia	zu den ersten gehörig, vornehm, ansehnlich dto. (↗ UTL 2816) Tätigkeit, Wirksamkeit s. o. Energie
4996	**Primatologie**, die l;gr	Wissenschaft, die sich mit der Erforschung von Primaten (↗ UTL 2816) befaßt (zool. t. t.) {69}	l. *primatus* + λόγος logos	erste Stelle, erster Rang, Vorrang (↗ UTL 2816) Rede, Wort; Berechnung
–	**Primatologe**, der l;gr	Primatenforscher {40/69}	dto.	dto.
4997	**Prisma**, das gr>l	1. keilförmiger, durchsichtiger, lichtbrechender Körper {72}; 2. Körper, der von zwei ↗ parallelen kongruenten (↗ UTL 1802) Vielecken begrenzt ist (math. t. t.) 3. Kristallfläche, die nur zwei Achsen schneidet u. der dritten parallel ist {71}	πρίσμα prisma	das Gesägte, Sägespäne; dreiseitige Säule, stereometrischer Körper
–	**prismatisch** gr>nlat	1. nach Art eines Prismas {71/72}; 2. –e Absonderung: säulenförmige Ausbildung senkrecht zur Abkühlungsfläche {41/72}	dto.	dto.

>>> **Prismen**, die (Pl.) = Plural (↗ UTL 2697) von **Prisma**

–	**Prismenbrille**, die gr;gr	Brille, durch die mit Hilfe von Prismen das Schielen behandelt wird {23/70/87}	dto. + βήρυλλος beryllos	dto. Beryll s. o. Brille

–	Prismen-glas, das gr;d	Fernglas {44/87}	dto. + d. *Glas*	dto.
>>>	Pro– ⚹ Partikelliste			
4998	pro gr>l	je, für (z. B. pro Stück) {56/57}	πρό pro l. *pro*	vor, vorn, vorher; zum Schutze von; anstatt vor, für, vorn, vorwärts, zugunsten
–	Pro, 1. das 2. die gr>l	1. das Für, Dafür {25/33}; 2. minderjährige Prostituierte (⚹ UTL 2878) (Jargon) {18/33}	dto.	dto.
4999	Proärese, die	der freie, aber mit Überlegung vollzogene Entschluß in der ⚹ Philosophie des Aristoteles (s. Anhang „Namen")	προαίρεσις proairesis	das Vornehmen, Vorsatz; Entschluß
5000	Probiont, der (gr>l;gr) >nlat	primitiver (⚹ UTL 2817) Vorläufer höherer Lebensformen (biol. t. t.) {68/69}	πρό pro + βιῶν, Gen. βιοῦντος bion, biountos	vor, vorn, vorher; zum Schutze von; anstatt lebend
5001	Problem, das gr>l	1. ungelöste Frage {25}; 2. schwierige Aufgabe im Kunstschach {25/85}	πρόβλημα problema	das Vorspringende, Vorgehaltene; das Vorgelegte, gestellte Aufgabe
–	Problematik, die	Schwierigkeit {25/56}	προβληματικός problematikos	zur Aufgabe gehörig
...	problematisch	voller Probleme {25/56}	dto.	dto.
–	problematisieren	1. zum Problem machen; 2. die Problematik sichtbar machen {25/32/56}	dto.	dto.
5002	Procheilie, die gr>nlat	starkes Vorspringen der Lippen (med. t. t.) {11/70}	πρόχειλος procheilos	mit vorstehenden Lippen

5003	**Prodrom**, das gr>l o. **Prodromalsymptom**, das (gr>l;gr) >nlat	Frühsymptom einer Krankheit (med. t. t.) {14/70}	πρόδρομος prodromos bzw. + σύμπτωμα symptoma	vorlaufend, frühzeitig Zufall s. u. Symptom	
5004	**Profilneurose**, die l>it>frz; (gr;gr) >nlat	die Angst (bes. im Beruf), zu wenig zu gelten (u. die daraus resultierenden (↗ UTL 3123) Profilierungsbemühungen – psych. t. t.) {24/40/70}	l. *filum* it. *filo* *profilare* *profilo* frz. *profil* + νεῦρον neuron + –ωσις –osis	Faden, Gewebe Strich, Linie, Faden umreißen, im Profil zeichnen; mit einer Linie im Umriß zeichnen Seitenansicht, Umriß dto. (↗ UTL 2839) Sehne, Faser; Nerv gr. Suffix s. Partikelliste s. o. Neurose	
5005	progam gr>nlat	vor der Befruchtung stattfindend (med., biol. t. t.) {69/70}	προγάμιος progamios	vor der Hochzeit	
5006	**Progenese**, die	vorzeitige Geschlechtsentwicklung (med. t. t.) {59/70}	προγένεσις progenesis	die frühere Geburt	
5007	**Progenie**, die	Vorstehen des Kinns o. Unterkiefers (med. t. t.) {11/70}	προγένειος progeneios	mit vorstehendem Kinn	
5008	**Progerie**, die gr>nlat	vorzeitige Vergreisung (med. t. t.) {14/15/70}	προγήρως progeros	vor der Zeit alt	
5009	**Prognath**, der gr;gr	jmd., der an Prognathie leidet (med. t. t.) {11/70}	πρό pro + γνάθος gnathos	vor, vorn, vorher; zum Schutze von; anstatt Kinnbacken, Kiefer	
–	**Prognathie**, die gr;gr	Vorstehen des Oberkiefers (med. t. t.) {11/70}	dto.	dto.	
–	**prognathisch** gr;gr	die Prognathie betreffend {11/70}	dto.	dto.	

5010	**Prognose,** die gr>l	Vorhersage {25/59}	πρόγνωσις prognosis	das Vorherwissen
–	**Progno-stik,** die	Kunst der Vorhersage {25/59}	προγνωσ-τικός prognostikos	zum Vorherwissen gehörig
–	**Progno-stiker,** der	jmd., der sich mit Prognosen beschäftigt {25/40/59}	dto.	dto.
–	**Progno-stikon** o. **Prog-nostikum,** das	Vorzeichen über den voraussichtlichen Verlauf einer zukünftigen Entwicklung {25/59}	προγνωσ-τικόν prognostikon	Vorzeichen
–	**progno-stisch**	die Prognose betreffend {25/59}	dto.	dto.
–	**progno-stizieren** gr>mlat	den voraussichtlichen Verlauf einer zukünftigen Entwicklung vorhersagen {25/32/59}	dto. mlat. *prognosticare*	dto. vorhersagen
5011	**Pro-gramm,** das gr>l	1. Spielplan {35/74}; 2. Arbeitsplan {40}; 3. Zielsetzung {25/28/81}; 4. programmierbarer Ablauf von Arbeitsvorgängen einer Maschine {40/41}; 5. Heft, das über eine Darbietung informiert {32/35/37/85}	πρόγραμμα programma	öffentliche, schriftliche Bekanntmachung; Anschlag
–	**Program-matik,** die	Zielvorstellung {25/28/81}	dto.	dto.
–	**Program-matiker,** der	jmd., der ein Programm entwickelt {25/33/81}	dto.	dto.
–	**program-matisch**	einem Programm entsprechend {25/28/81}	dto.	dto.
–	**program-mieren**	1. einen Computer (↗UTL 0535) mit Instruktionen (↗ UTL 1448a) versehen {71}; 2. auf ein Programm setzen {25}	dto.	dto.
–	**Program-mierer,** der	jmd., der ein Computerprogramm aufstellt {40/71}	dto.	dto.
5012	**Program-mier-sprache,** die gr;l	Maschinen– o. Computersprache {32/71}	dto. + d. *Sprache*	dto.

5013	Programmierungstechnik, die gr;gr	Fertigkeit im Programmieren {22/71}	dto. + τεχνικός technikos	dto. die Kunst, das Handwerk betreffend s. u. Technik
5014	Programmkino, das gr;gr	Lichtspielhaus mit außergewöhnlichen Filmen {85}	dto. + κίνημα kinema	dto. das Bewegte; Bewegung s. o. Kino
5015	Programmmusik, die gr;gr	Instrumentalmusik, die konkrete (↗ UTL 1812) Inhalte durch ↗ Töne wiederzugeben versucht {37}	dto. + μουσική (τέχνη) mousike (techne)	dto. Musenkunst, Tonkunst s. o. Musik
5016	Prokatalepsis, die	Vorwegnahme u. Widerlegung eines erwarteten Einwands {25/32/77}	προκατάληψις prokatalepsis	Vorwegnahme gegnerischer Argumente
5017	Prokeleusmatikus, der gr>l	aus vier Kürzen bestehender Versfuß {34/76}	προκελευσματικός prokeleusmatikos	Versfuß mit vier Kürzen
5018	Proklise gr>nlat o. Proklisis, die	Anlehnung eines unbetonten Wortes an ein folgendes betontes {32/76}	προκλίνειν proklinein	vorwärts neigen
–	Proklitikon, das	unbetontes Wort, das sich an das folgende betonte anlehnt (sprachwiss. t. t .) {32/76}	dto.	dto.
–	proklitisch	sich an ein folgendes betontes Wort anlehnend (sprachwiss. t. t.) {32/76}	dto.	dto.
5019	Prokrustesbett, das gr;d	1. gewaltsames Hineinzwängen in ein ↗ Schema {25/77}; 2. unangenehme Lage, in die jmd. mit Gewalt gezwungen wird {25/26/28/33}	Προκρούστης Prokroustes + d. Bett	Prokroustes (s. Anhang „Namen")
5020	Proktologe, der gr;gr	Facharzt auf dem Gebiet der Proktologie {40/70}	πρωκτός proktos + λόγος logos	Steiß, Mastdarm Rede, Wort; Berechnung
–	Proktologie, die gr;gr	Lehre von den Erkrankungen des Mastdarms (med. t. t.) {14/70}	dto.	dto.

–	**prokto-logisch** gr;gr	die Proktologie betreffend {14/70}	dto. + λογικός logikos	dto. zum Reden gehörig, die Rede betreffend
–	**Prokto-plastik,** die gr;gr	operative (↗ UTL 2434) Bildung eines künstlichen Afters (med. t. t.) {70}	dto. + πλαστική (τέχνη) plastike (techne)	dto. (die Kunst des) Bilden, Gestaltens s. o. Plastik
5021	**Prolego-menon,** das	Vorwort {32/34/76}	προλεγόμενον PPrP von: προλέγειν prolegein	„das Vorhergesagte" auswählen, vorziehen; vorhersagen; vorher bekannt machen
5022	**Prolepse,** die gr>l o. **Prolepsis,** die	1. Vorwegnahme eines Satzgliedes {32/76}; 2. = ↗ Prokatalepsis: Vorwegnahme u. Widerlegung eines erwarteten Einwands {25/32/77}	πρόληψις prolepsis	das Vorwegnehmen; Vorherahnung
–	**prolep-tisch**	vorgreifend {25/59}	προληπτικός proleptikos	vorwegnehmend
5023	**Prolog,** der gr>l>mhd	1. Vorwort {34/76}; 2. einleitender Teil des ↗ Dramas {35/74}	πρόλογος prologos	Vorrede, Vorwort; erster Dramenteil
5024	**prome-theisch**	himmelstürmend {25/26/77}	Προμηθεύς Prometheus	Prometheus (s. Anhang „Namen")
–	**Prome-thium,** das gr>nlat	chem. Grundstoff, ↗ Metall; Zeichen: Pm {73}	dto.	dto.
5025	**Pronaos,** der gr>l	1. Vorraum der ↗ orthodoxen ↗ Kirche {51/58/77/88}; 2. Vorraum des altgr. Tempels (↗ UTL 3545) {51/58/75/88}	πρόναος pronaos	vor dem Tempel befindlich; Vorhof
5026	**Prooi-mion,** o. **Proömium,** das gr>l	1. kleinere ↗ Hymne als Vorspruch zum ↗ Epos {34/76}; 2. Einleitung zu einer Schrift {32/34/76}	προοίμιον prooimion	Eingang, Vorspiel, Vorrede
5027	**Propä-deutik,** die	Vorbereitung auf ein wissenschaftliches Studium (↗ UTL 3446) {31/78}	προπαιδεύειν propaideuein	vorher unterrichten

–	Propä-deutikum, das	medizinische (↗ UTL 2190) Vorprüfung (schweiz.) {31/70/78}		dto.	dto.
–	propä-deutisch	einführend, vorbereitend {31/78}		dto.	dto.
5028	Propan, das (gr;gr;gr;gr)>nlat	(Kunstwort aus Propylen u. Methan) Brenngas {41/44/73}	πρῶτος protos	erster	
			+ πίων pion	fett, feist	
			+ ὕλη hyle	Stoff, Material, Bau–, Brennholz s. u. Propylen	
			+ μέθυ methy	Wein s. o. Methan	
5029	Propemp-tikon, das gr>l	antikes (↗ UTL 0214) Geleit-gedicht für einen Abreisenden im Gegensatz zum ↗ Apo-pemptikon {34/76}	προπεμπ-τικός propemptikos	begleitend	
>>>	Propen, das = ↗ Propylen				
5030	Prophet, der gr>kir-chenl>mhd	1. Künder des göttlichen Willens {51/77}; 2. Mahner, Seher (der Zukunft) {25/51/59}	προφήτης prophetes kirchenl. propheta u. prophetes mhd. prophet(e)	Vorhersager Weissager dto.	
–	Prophe-tie, die gr>kir-chenl>mhd	Weissagung {25/32/51/59/77}	προφητεία propheteia	Weissagung	
–	prophe-tisch gr>kir-chenl>mhd	weissagend {25/32/51/59/77}	προφητικός prophetikos	zum Vorhersager gehörig	
–	prophe-zeien gr>kir-chenl>mhd	voraussagen {25/32/51/59/77}	dto. mhd. prophezien	dto.	
5031	Prophy-laktikum, das gr>nlat	vorbeugendes Mittel (med. t. t.) {70}	προφυλακ-τικός prophylak-tikos	verwahrend, (be)-schützend	
–	prophy-laktisch	vorbeugend, verhütend (med. t. t.) {70}	dto.	dto.	

–	Prophy-laxe o. Pro-phylaxis, die	Vorbeugung vor Krankheiten (med. t. t.) {70}		προφύλαξις prophylaxis abgeleitet von:	Vorsicht
				προφυλάσ-σειν prophylas-sein	Wache halten, bewachen; sich vorher vor etw. hüten
5032	Propy-läen, die (Pl.) gr>l	1. Vorhalle gr. Tempel (↗ UTL 3545) {51/58775/88}; 2. Eingang {58/88}		προπύλαιος propylaios u.	vor der Tür; zum Vorhof gehörig
				προπύλαιον propylaion	Vorhof (eines Tempels)
5033	Propylen, das (gr;gr;gr) >nlat	gasförmiger, ungesättigter Kohlenwasserstoff {73}		πρῶτος protos	erster
				+ πίων pion	fett, feist
				+ ὕλη hyle	Stoff, Material, Bau–, Brennholz

>>> Pros– ↗ Partikelliste

5034	Proselyt, der gr>l	Neubekehrter {51/77}		προσήλυτος proselytos	hinzugekommen
–	Proselyten-macherei, die gr>l;d	aufdringliche Werbung für eine Glaubensrichtung {51/77}		dto. + d. Macherei	dto.
5035	Prosi-metrum, das l;gr	literarisches (↗ UTL 2075) Werk mit einer Mischung aus Versen (↗ UTL 3791) u. Prosa {34/76}		l. prorsus o. prosus	geradeaus gerichtet, ungebunden prosaisch (↗ UTL 2869)
				+ μέτρον metron	Maß, Versmaß
5036	Prosky-nese o. Prosky-nesis, die	demütige Kniebeugung vor einem Herrscher {32/33/47}		προσκύνη-σις proskynesis	das Verehren

>>> Prosodia, die (Pl.) = Plural (↗ UTL 2697) von ↗ Prosodion

5037	Prosodie, die gr>l o. Prosodik, die	1. Lehre von den Tonhöhen u. ⤻ Silben; 2. Verhältnis zwischen ⤻ Ton u. Wort (mus. t. t.) {32/37/76}	προσῳδία prosodia		Zugesang; Betonung; Lehre der Silbenbetonung
5038	Prosodion, das	im ⤻ Chor gesungenes altgr. Prozessionslied {37/75}	προσόδιον (μέλος) prosodion (melos) abgeleitet von: προσόδιος prosodios		feierliches (Lied) bei Aufzügen zum Tempel zum feierlichen Aufzug in einen Tempel gehörig
–	prosodisch gr>l	die Prosodie betreffend {32/37/76}	προσῳδικός prosodikos		zur Betonung der Silben gehörig
5039	Prosopographie, die gr;gr	⤻ alphabetisches Verzeichnis aller Menschen in einem bestimmten Lebenskreis mit Quellenangaben {32/33/34}	πρόσωπον prosopon + γραφή graphe		Gesicht, Person Schrift; Zeichnung
5040	Prosopolepsie, die	Charakterdeutung aus den Gesichtszügen {25/55/84}	προσωποληψία prosopolepsia		Rücksicht, Respekt für jmd.
5041	Prosopopöie, die	Personifikation (⤻ UTL 2612) {25/34/76/77}	προσωποποιΐα prosopopoia		Personifikation, Vermenschlichung
5042	Prospermie, die (gr;gr) >nlat	vorzeitiger Samenerguß (med. t. t.) {18/70}	πρό pro + σπέρμα Gen. σπέρματος sperma, spermatos		vor, vorn, vorher; zum Schutze von; anstatt s. o. Spermie Same
5043	Prostaglandine, die (Pl.) gr;l	hormonähnliche Stoffe mit wehenauslösender u. blutdrucksenkender Wirkung (pharmaz., med. t. t.) {70}	προστάτης prostates + l. *glandulae* (Pl.)		Vorsteher Mandeln, Drüsen
5044	Prostata, die gr>nlat	Vorsteherdrüse (med. t. t.) {11/70}	προστάτης prostates		Vorsteher

5045	Prostata-adenom, das gr;gr;gr	gutartige Vergrößerung der Prostata {14/70}	προστάτης + ἀδήν, Gen. ἀδένος aden, adenos + –ωμα –oma	Vorsteher Drüse gr. Suffix s. Partikelliste
5046	Prostata-hyper-trophie, die gr;gr;gr	übermäßige Vergrößerung der Prostata (med. t. t.) {14/70}	προστάτης + ὑπέρ hyper + τροφή trophe	Vorsteher oberhalb; über ... hinaus das Ernähren; Nahrung s. o. Hypertrophie
5047	Prostat-ektomie, die gr;gr	operative (↗ UTL 2434) Entfernung von Prostatawucherungen o. der Prostata selbst (med. t. t.) {70}	προστάτης prostates + ἐκτομή ektome	Vorsteher das Herausschneiden s. o. Ektomie
5048	Prosta-tiker, der	an einer Vergrößerung der Prostata Leidender (med. t. t.) {14/70}	προστα-τικός prostatikos	zum Vorsteher gehörig
5049	Prosta-titis, die gr;gr	Entzündung der Prostata (med. t. t.) {14/70}	προστάτης prostates + –ῖτις –itis	Vorsteher gr. Suffix s. Partikelliste
5050	Pros-these o. Pros-thesis, die	= ↗ Prothese {70}	πρόσθεσις prosthesis	das Hinzusetzen
–	prosthe-tisch	angefügt, angesetzt {55/70}	πρόσθετος prosthetos	hinzugesetzt
5051	Prostylos, der gr>l	Tempel (↗ UTL 3545) mit einer Säulenvorhalle {75/88}	πρόστυλος prostylos	vorn mit Säulen versehen
5052	Prosyllo-gismus, der gr>nlat	Schluß einer Schlußkette, dessen Schlußsatz die ↗ Prämisse des folgenden Schlusses ist (log. t. t.) {25/71}	προσυλλο-γισμός prosyllo-gismos	logischer Schluß, dessen Folgerung der Vordersatz eines anderen wird
–	prosyllo-gistisch	von einem Schluß zum Vorschluß zurückgehend (log. t. t.) {25/71}	dto.	dto.

>>> Prot(o)– ↗ Wortelementeliste

5053	Protactinium, das (gr;gr) >nlat	radioaktiver (↗ UTL 2964) chem. Grundstoff, ↗ Metall; Zeichen: Pa {72/73}	πρῶτος protos + ἀκτίς aktis	erster Strahl
5054	Protagonist, der	1. der erste Schauspieler des altgr. ↗ Theaters {35/74/75}; 2. Vorkämpfer, Bahnbrecher {25/33}	πρωταγωνιστής protagonistes	erster Kämpfer; erster Schauspieler, Hauptperson
5055	Protasis, die gr>l	1. Vordersatz, bes. der bedingende Nebensatz eines Konditionalsatzes (sprachwiss. t. t.) {32/76}; 2. der ↗ Epitasis vorangehende Einleitung eines ↗ Dramas {35/74}	πρότασις protasis	vorgelegte Aufgabe; Vordersatz; Teil des Dramas
5056	Protein, das	einfacher Eiweißkörper (chem. t. t.) {69/70/73}	πρῶτος protos	erster (da angeblich alle Eiweißkörper auf einer Grundsubstanz basieren)
5057	proteisch gr>nlat	wie Proteus (s. Anhang „Namen"); wandelbar, unzuverlässig {84}	Πρωτεύς Proteus	Proteus
5058	Proteolyse, die gr;gr	Aufspaltung von Eiweißkörpern in Aminosäuren (chem. t. t.) {69/70/73}	πρῶτος protos + λύσις lysis	erster (Auf)lösung
–	proteolytisch gr;gr	eiweißverdauend (med. t. t.) {69/70}	dto. + λυτικός lytikos	dto. zum Lösen geeignet
5059	Proteus, der gr>l	1. wetterwendischer Mensch {84}; 2. Gattung der Schwanzlurche {07/69}	Πρωτεύς Proteus	Proteus (s. Anhang „Namen")
5060	Prot(o)-evangelium, das (gr;gr)>l	als erste Verkündigung des Erlösers aufgefaßte Stelle im A. T. {51/77}	πρῶτος protos + εὐαγγέλιον euangelion	erster gute Botschaft s. o. Evangelium
5061	Prothese, die	1. künstlicher Ersatz für einen Körperteil {70}; 2. Bildung eines neuen Lautes o. einer neuen ↗ Silbe am Wortanfang (sprachwiss. t. t.) {32/76}	πρόθεσις prothesis	das Davorstellen
–	Prothetik, die	Lehre vom Kunstgliederbau (med. t. t.) {70}	προθετικός prothetikos	zum Davorstellen gehörig
–	prothetisch	1. die Prothetik betreffend; 2. die Prothese betreffend {70}	dto.	dto.

>>> Proto– ⇗ Wortelementeliste

5062	Protogynie, die gr;gr	Reifung der weiblichen Geschlechtsprodukte vor den männlichen (bei zwittrigen Pflanzen o. Tieren – bot. t. t.) {68/69}	πρῶτος protos + γυνή gyne	erster Frau
5063	Protokoll, das (gr;gr) >mlat	„das erste vorgeleimte Blatt an einer Schriftrolle o. Buch": 1. Niederschrift über den Verlauf einer Sitzung o. Verhandlung {32/33/72/81}; 2. Amt im Außenministerium für Fragen des Zeremoniells (⇗ UTL 3895) {47/50/81}	πρῶτος protos + κόλλα kolla mlat. protocollum	erster Leim zusammengeleimtes Buch für Verhandlungen; Register
–	Protokollant, der gr;gr	Schriftführer {32/33/40}	dto.	dto.
–	protokollarisch gr;gr	1. in der Form eines Protokolls; 2. im Protokoll festgehalten {32/40}	dto.	dto.
–	protokollieren (gr;gr) >mlat	ein Protokoll aufnehmen; beurkunden {32/40}	dto. mlat. protocollare	dto.
5064	Proton, das (Pl. Protonen) gr>nlat	1. positiv (⇗ UTL 2736) geladenes Elementarteilchen, zusammen mit dem Neutron (⇗ UTL 2352) Baustein von Atomkernen {72/73}; 2. – pseudos: a) die erste falsche Prämisse (⇗ UTL 2779) eines ⇗ Syllogismus, durch die der ganze Schluß falsch wird (in der ⇗ Philosophie des Aristoteles – s. Anhang „Namen"); b) falsche Voraussetzung, aus der andere Irrtümer gefolgert werden {25/77}	πρῶτον proton bzw. + ψεῦδος pseudos	das erste Lüge, Täuschung, Betrug
5065	Protoplasma, das (gr;gr) >nlat	Lebenssubstanz aller Zellen (⇗ UTL 3886) {68/69/70}	πρῶτος protos + πλάσμα, Gen. πλάσματος plasma, plasmatos	erster das Gebildete, Geformte s. o. Plasma

–	protoplasmatisch gr;gr	1. aus Protoplasma bestehend; 2. zum Protoplasma gehörend {68/69/70}	dto.	dto.
–	Protoplast, der gr;gr	1. der aus dem Protoplasma bestehende Zellleib {68/69/70}; 2. Adam u. Eva als die erstgeschaffenen Menschenwesen (theol. t. t.) {51/77}	πρῶτος protos + πλαστός plastos	erster gebildet, geformt s. o. Plast
5066	Prototyp, der gr>l	1. Urbild, Vorbild, Muster {56}; 2. erster Abdruck {32/41}; 3. erste Ausführung eines Flugzeugs, eines ↗ Autos o. einer ↗ Maschine vor dem Serienbau {41/45}	πρωτότυπον prototypon	die erste Bildung; Urbild, Original
–	prototypisch gr>nlat	den Prototyp betreffend {41/45}	dto.	dto.

>>> Protozoen , die (Pl.) = Plural (↗ UTL 2697) von ↗ Protozoon

5067	Protozoologe, der gr;gr;gr	Wissenschaftler auf dem Gebiet der Protozoologie {40/69}	πρῶτος protos + ζῷον zoon + λόγος logos	erster Lebewesen; Tier Rede, Wort; Berechnung s. u. Zoologie
–	Protozoologie, die gr;gr;gr	Wissenschaft von den Einzellern {69}	dto.	dto.
5068	Protozoon, das gr;gr	einzelliges Tier {08/69}	πρῶτος protos + ζῷον zoon	erster Lebewesen; Tier
5069	Protreptik, die	Aufmunterung als Bestandteil ↗ didaktischer Schriften {31/78}	προτρεπτικός protreptikos	ermahnend, erweckend
–	protreptisch	die Protreptik betreffend; ermahnend, aufmunternd {31/78}	dto.	dto.
5070	prozyklisch gr;gr	einem bestehenden Konjunkturzustand entsprechend (wirtsch. t. t.) {42/80}	πρό pro + κυκλικός kyklikos	vor, vorn, vorher; zum Schutze von; anstatt kreisförmig, rund s. u. zyklisch

5071	Prünelle, die gr>l>frz	1. entsteinte, getrocknete u. gepreßte Pflaume {05/17}; 2. Pflaumenlikör {17}	προῦμνον proumnon l. *prunum* u. *prunellum* frz. *prune* u. *prunelle*	Pflaume Pflaume kleine Pflaume dto. dto.
–	Prunus, die gr>l	Pflanzengattung der Steinobstgewächse mit vielen einheimischen Obstbäumen {05/68}	προῦμνος proumnos l. *prunus*	Pflaumenbaum dto.
5072	Prytane, der gr>l	Mitglied der regierenden (↗ UTL 3028) Behörde in altgr. Staaten (hist. t. t.) {50/75}	πρύτανις prytanis	Herrscher; Vorsitzender
–	Prytaneion o. Prytaneum, das	Versammlungshaus der Prytanen {58/75/88}	πρυτανεῖον prytaneion	Amtshaus der Prytanen; Stadthaus
5073	Psaligraphie, die (gr;gr) >nlat	Kunst des Scherenschnittes {36}	ψαλίς psalis + γραφή graphe	Schere Schrift; Zeichnung
–	psaligraphisch (gr;gr) >nlat	die Psaligraphie betreffend {36}	dto. + γραφικός graphikos	dto. im Malen geschickt; malerisch; zum Malen o. Schreiben gehörig
5074	Psalm, der gr>kirchenl>ahd	1. Lied aus dem Psalter; 2. geistliches Lied {37/51/77}	ψαλμός psalmos kirchenl. *psalmus* ahd. *psalm(o)*	das Berühren, Betasten; Zupfen (der Leier) Psalm dto.
–	Psalmist, der gr>l	Psalmendichter o. –sänger {37/40/51/77}	ψαλμιστής psalmistes	Psalmendichter o. –sänger
5075	Psalmodie, die	Psalmengesang {37/51/77}	ψαλμῳδία psalmodia	das Singen von Psalmen
–	psalmodieren gr>nlat	Psalmen vortragen {37/51/77}	dto.	dto.
–	psalmodisch	psalmenartig {37/51/77}	dto.	dto.

5076	**Psalter,** der o. **Psalterium** gr>l>ahd	1. Buch der Psalmen im A. T. {51/77}; 2. dreieckiges Saiteninstrument {37}; 3. Blättermagen der Wiederkäuer (zool. t. t.) {69}	ψαλτήριον psalterion	Saiteninstrument
5077	**Psellismus,** der gr>nlat	Stammeln (med. t. t.)	ψελλισμός psellismos	das Stammeln, Stottern
5078	**Psephologe,** der gr;gr	jmd., der wissenschaftliche Untersuchungen über das Wählen u. Abstimmen macht {40/75/81}	ψῆφος psephos + λόγος logos	(Stimm)Stein Rede, Wort; Berechnung
>>>	Pseud(o)- ↗ Wortelementeliste			
5079	**Pseudandronym,** das (gr;gr;gr) >nlat	Deckname einer Frau, der aus einem männlichen Namen besteht {31}	ψεῦδος pseudos + ἀνήρ, Gen. ἀνδρός aner, andros + ὄνυμα onyma = Nebenform zu: ὄνομα onoma	Lüge, Täuschung, Betrug Mann Name
5080	**Pseudepigraph,** das	unter falschem Namen bekannte Schrift {34/76}	ψευδεπίγραφος pseudepigraphos	falsch überschrieben, fälschlich benannt
5081	**Pseudogynym,** das gr;gr;gr	Deckname eines Mannes, der aus einem weiblichen Namen besteht {31}	ψεῦδος pseudos + γυνή gyne + ὄνυμα onyma = Nebenform zu: ὄνομα onoma	Lüge, Täuschung, Betrug Frau Name
5082	**pseudoisidorisch** gr;l	–e Dekretalien: Sammlung kirchenrechtlicher Fälschungen aus dem 9.Jh., die fälschlich dem Bischof Isidor von Sevilla (s. Anhang „Namen") zugeschrieben wurden	ψεῦδος pseudos + l. *Isidorus* + l. *decretalis*	Lüge, Täuschung, Betrug Isidor ein Dekret enthaltend, durch ein Dekret bewilligt (↗ UTL 0639)

5083	Pseudo-krupp, der gr;engl	Krankheit, deren ⚡ Symptome einer Entzündung u. Schwellung der Kehlkopfschleimhaut mit Atemnot ähneln (med. t. t.) {14/70}	ψεῦδος pseudos + engl. *croup*	Lüge, Täuschung, Betrug
5084	Pseudologie, die	krankhafte Sucht zu lügen (psych., med. t. t.) {14/32/70}	ψευδολογία pseudologia	falsche Rede, Lüge
–	pseudologisch	krankhaft lügnerisch (psych., med. t. t.) {14/32/70}	ψευδολόγος pseudologos	falsch redend, lügnerisch
5085	Pseudomyopie, die gr;gr	scheinbare Kurzsichtigkeit (med. t. t.) {14/23/70}	ψεῦδος pseudos + μυωπία myopia	Lüge, Täuschung, Betrug Kurzsichtigkeit s. o. Myopie
5086	pseudonym	unter einem Decknamen {31}	ψευδώνυμος pseudonymos abgeleitet von: ψεῦδος pseudos + ὄνυμα onyma = Nebenform zu ὄνομα onoma	unter falschem Namen Lüge, Täuschung, Betrug Name
–	Pseudonym, das	Deckname, Künstlername {31}	dto.	dto.
5087	Psi, das	1. 23. u. vorletzter Buchstabe des gr. ⚡ Alphabets {32/76}; 2. ⚡ parapsychologisches Element (⚡ UTL 0874) {51/70}	ψ, Ψ (ψῖ) psi, Psi (psi)	Psi
5088	Psilose o. Psilosis, die	1. krankhafter Haarausfall; Kahlheit (med. t. t.) {14/70}; 2. Schwund des Hauchlautes im Altgriechischen (sprachwiss. t. t.) {32/76}	ψίλωσις psilosis	das Bloßmachen, Entblößung (bes. von Haaren)
5089	Psiphänomen, das gr;gr	durch ⚡ Psi (2.) bewirkter Vorgang (parapsych. t. t.) {51/70}	ψ, Ψ (ψῖ) psi, Psi (psi) + φαινόμενον phainomenon = PPrP von: φαίνεσθαι phainesthai	Psi das Erscheinende erscheinen, sich zeigen s. o. Phänomen
5090	Psittaci, die (Pl.) gr>l	zusammenfassende Bezeichnung für Papageien {07/69}	ψίττακος psittakos	Papagei

–	Psitta-kose, die gr;gr	durch ein Virus (↗ UTL 3829) erregte Infektionskrankheit; Papageienkrankheit (med. t. t.) {09/69}	dto. + –ωσις –osis	dto. gr. Suffix s. Partikelliste
5091	Psoriasis, die	Schuppenflechte (med. t. t.) {14/70}	ψωρίασις psoriasis	das Krätzigsein
>>>	Psych(o)–	↗ Wortelementeliste		
5092	Psycha-goge, der gr>nlat	Heilpädagoge {40/70/78}	ψυχαγωγός psychagogos	(abgeschiedene) Seelen führend, lenkend
–	Psycha-gogik, die	↗ pädagogisch– ↗ therapeutische Betreuung zum Heilen von Verhaltensstörungen (med., psych. t. t.) {70/78}	ψυχαγωγικός psychagogikos	zum Seelengeleiter gehörig
–	psycha-gogisch	die Psychagogik betreffend {70/78}	dto.	dto.
>>>	Psychanalyse, die = ↗ Psychoanalyse			
5093	Psyche, die	1. Seele {22/25/52}; 2. Wesen, Eigenart {22/84}	ψυχή psyche	Seele
>>>	psychedelisch = ↗ psychodelisch			
5094	Psychi-ater, der gr;gr	Facharzt für Psychiatrie {40/70}	ψυχή psyche + ἰατρός iatros	Seele Arzt
–	Psychia-trie, die gr;gr	1. Lehre von den Geistes– u. Gemütskrankheiten {14/70}; 2. psychiatrische Abteilung in einer ↗ Klinik {58/70}	ψυχή psyche + ἰατρική (τέχνη) iatrike (techne)	Seele Heilkunst
–	psychia-trisch gr;gr	die Psychiatrie betreffend {70}	dto.	dto.
5095	Psychi-ker, der	(in der ↗ Gnosis) Angehöriger der mittleren Menschenklasse {33/51/77}	ψυχικός psychikos	zur Seele gehörig
5096	psychisch	seelisch, die Psyche betreffend {22/25/70}	dto.	dto.

5097	Psychis- mus, der (gr;gr) >nlat	1. Verhaltensweise {25/33}; 2. ⟋ Ideologie, die das Psychi- sche ins ⟋ Zentrum alles Wirklichen stellt (psych. t. t.) {70/77}	ψυχή psyche + –ισμός –ismos	Seele gr. Suffix s. Partikelliste
>>>	Psycho– ⟋ Wortelementeliste			
5098	Psycho- analyse, die gr;gr	⟋ Methode zur Heilung ⟋ psychischer Krankheiten durch Bewußtmachen der ins Unterbewußtsein verdräng- ten Komplexe (⟋ UTL 1765) {14/70}	ψυχή psyche + ἀνάλυσις analysis	Seele Auflösung s. o. Analyse
–	psycho- analy- sieren gr;gr	jmdn. psychoanalytisch be- handeln {14/70}	dto.	dto.
–	Psycho- analy- tiker, der gr;gr	ein die Psychoanalyse vertre- tender o. anwendender ⟋ Psy- chologe o. ⟋ Arzt {40/70}	dto. + ἀναλυ- τικός analytikos	dto. zum Auflösen ge- hörig s. o. Analytiker
–	psycho- analy- tisch gr;gr	die Psychoanalyse betreffend {70}	dto.	dto.
5099	psycho- delisch gr;gr	rauschhaft, bewußtseinser- weiternd {17/24/26/70}	ψυχή psyche + δηλοῦν deloun	Seele offenbaren
5100	Psycho- drama, das gr;gr	1. Form des ⟋ Monodramas, die durch einen einzigen Sprecher die ⟋ dramatische Handlung in der Seele des Zuhörers lebendig werden läßt {35/74}; 2. ⟋ psychothera- peutische ⟋ Methode, die den Kranken dazu anregt, seine Konflikte (⟋ UTL 1792) schauspielerisch vorzuführen, um sich so von ihnen zu be- freien {14/70}	ψυχή psyche + δρᾶμα drama	Seele Handlung; Schau- spiel s. o. Drama
5101	psycho- gen gr;gr	seelisch bedingt (med., psych. t. t.) {14/70}	ψυχή psyche + –γενής –genes	Seele stammend von; hervorbringend, verursachend

–	**Psycho-genese** o. **Psycho-genesis,** die gr;gr	Entwicklung der Seele o. des Seelenlebens {22/25/70}	ψυχή psyche + γένεσις genesis	Seele Ursprung, Entstehung
5102	**Psycho-genie,** die gr;gr	Entstehung einer Krankheit aus seelischen Ursachen (med., psych. t. t.) {14/70}	ψυχή psyche + γενεά genea	Seele Geburt, Herkunft
5103	**Psycho-glossie,** die gr;gr	(seelisch bedingtes) Stottern (med. t. t.) {14/32/70}	ψυχή psyche + γλῶσσα glossa	Seele Zunge, Sprache, eigentümliche Ausdrucksweise
5104	**Psycho-gnosie,** die gr;gr	Deuten u. Erkennen von Seelischem (psych. t. t.) {25/70}	ψυχή psyche + γνῶσις, Gen. γνόσεος gnosis, gnoseos	Seele das Erkennen; Erkenntnis
5105	**Psycho-gnostik,** die gr;gr	Menschenkenntnis auf Grund ↗ psychologischer Untersuchungen {33/70}	ψυχή psyche + γνωστικός gnostikos	Seele das Erkennen betreffend
–	**Psycho-gnostiker,** der gr;gr	Wissenschaftler auf dem Gebiet der Psychognostik {33/40/70}	dto.	dto.
–	**psycho-gnostisch** gr;gr	die Psychognostik betreffend {33/70)	dto.	dto.
5107	**Psycho-gramm,** das gr;gr	↗ graphische Darstellung von Fähigkeiten u. Eigenschaften eines Menschen (psych. t. t.) {22/32/70}	ψυχή psyche + γράμμα gramma	Seele Buchstabe, Schrift(werk)
5108	**Psycho-graph,** der gr;gr	Gerät zum Niederschreiben von Aussagen, die aus dem Unbewußten stammen (psych. t. t.) {32/70}	ψυχή psyche + γραφεύς grapheus	Seele Schreiber, Maler
–	**Psycho-graphie,** die gr;gr	↗ psychologische Beschreibung eines Menschen mittels eigener u. fremder mündlicher u. schriftlicher Aussagen (psych. t. t.) {32/70}	ψυχή psyche + γραφή graphe	Seele Schrift; Zeichnung
5109	**psychoid**	seelenähnlich, –artig {25/55}	ψυχοειδής psychoeides	seelenartig, seelenähnlich

5110	Psycho-kinese, die gr;gr	↗ physikalisch unerklärliches Bewegen von Gegenständen durch geistige Einwirkung (psych. t. t.) {51/61/70}	ψυχή psyche + κίνησις kinesis	Seele Bewegung
–	psychoki-netisch gr;gr	die Psychokinese betreffend {51/61/70}	ψυχή psyche + κινητός kinetos	Seele bewegt
5111	Psycho-lingui-stik, die gr;l	Wissenschaft von den ↗ psy-chischen Vorgängen beim Er-lernen u. Gebrauch der Spra-che (linguist. t. t.) {32/70/76}	ψυχή psyche + l. lingua	Seele Zunge, Sprache, Rede (↗ UTL 2068)
–	psycho-lingui-stisch gr;l	die Psycholinguistik betref-fend {32/70/76}		
5112	Psycho-loge, der gr;gr	1. Wissenschaftler der Psy-chologie {40/70}; 2. jmd., der sich in die Psyche anderer hineindenken kann {22/25}	ψυχή psyche + λόγος logos	Seele Rede, Wort; Be-rechnung
–	Psycho-logie, die gr;gr	1. Wissenschaft von den Er-scheinungen u. Zuständen des bewußten u. unbewußten Seelenlebens {70}; 2. Ver-ständnis für die menschliche ↗ Psyche {22/25/33}	dto.	dto.
–	psycho-logisch gr;gr	1. die Psychologie betreffend {22/25/33/70}; 2. = ↗ psychisch {22/25/70}	dto. + λογικός logikos	dto. zum Reden gehö-rig, die Rede be-treffend
–	psycholo-gisieren gr;gr	unter psychologischen Ge-sichtspunkten darstellen {32/70}	dto.	dto.
5113	Psycho-lyse, die gr;gr	↗ Psychotherapie, die mit Medikamenten (↗ UTL 2184) arbeitet {70}	ψυχή psyche + λύσις lysis	Seele (Auf)Lösung
5114	Psycho-mantie, die gr;gr	= ↗ Nekromantie: Weissa-gung durch Beschwörung von Toten {32/51/59}	ψυχή psyche + μαντεία manteia	Seele das Weissagen; die Weissagung
5115	Psycho-metrie, die gr;gr	1. das Messen von psychi-schen Funktionen (↗ UTL 1164) u. Fähigkeiten {70}; 2. Kontaktnahme mit jmd. mit-tels eines Gegenstandes (pa-rapsych. t. t.) {51/70}	ψυχή psyche + μέτρον metron	Seele Maß, Versmaß

–	**psycho-metrisch** gr;gr	die Psychometrie betreffend {51/70}	dto.	dto.
5116	**Psycho-motorik,** die gr;l	Gesamtheit der vom Willen abhängigen Bewegungen {12/28/61}	ψυχή psyche + l. *motor*	Seele Beweger (↗ UTL 2302)
–	**psycho-moto-risch** gr;l	auf Psychomotorik beruhend {12/28/61}	dto.	dto.
5117	**Psycho-neurose,** die (gr;gr;gr) >nlat	seelische Störung, die sich eher ↗ psychisch denn körperlich ausdrückt (med., psych. t. t.) {14/70}	ψυχή psyche + νεῦρον neuron + –ωσις –osis	Seele Sehne, Faser; Nerv gr. Suffix s. Partikelliste s. o. Neurose
5118	**Psycho-path,** der gr;gr	in abnormer (↗ UTL 0019) Weise seelisch gestörter Mensch (med., psych. t. t.) {14/70/82}	ψυχή psyche + πάθος pathos	Seele Schmerz; Leiden-(schaft)
–	**Psycho-pathie,** die gr;gr	Abartigkeit im seelischen Verhalten (med., psych. t. t.) {14/70/82}	dto.	dto.
–	**psycho-pathisch** gr;gr	die Psychopathie betreffend (med., psych. t. t.) {14/70/82}	dto.	dto.
5119	**Psycho-pharma-kologie,** die gr;gr;gr	Wissenschaft von den Arzneimitteln, die Einfluß auf ↗ psychische Erkrankungen haben {70}	ψυχή psyche + φάρμακον pharmakon + λόγος logos	Seele Heilmittel; Zaubermittel; Gift Rede, Wort; Berechnung s. o. Pharmakologie
–	**Psycho-pharma-kon,** das gr;gr	Arzneimittel, das eine steuernde Wirkung auf die ↗ psychischen Abläufe hat (med., pharmaz. t. t.) {70}	ψυχή psyche + φάρμακον pharmakon	Seele Heilmittel; Zaubermittel; Gift s. o. Pharmakon
5120	**Psycho-physik,** die gr;gr	Wissenschaft von den Wechselwirkungen zwischen Leib u. Seele (med., psych. t. t.) {70}	ψυχή psyche + φυσική (τέχνη) physike (techne)	Seele Erforschung der Natur s. o. Physik

–	**Psycho-physiker,** der gr;gr	Wissenschaftler der Psychophysik {40/70}	dto. + φυσικός physikos	dto. natürlich, naturgemäß; Naturphilosoph s. o. Physiker
–	**psycho-physisch** gr;gr	seelisch–körperlich {11/70}	dto.	dto.
5121	**Psychose,** die (gr;gr) >nlat	Geistes– o. Nervenkrankheit {14/70}	ψυχή psyche + –ωσις –osis	Seele gr. Suffix s. Partikelliste
5122	**Psycho-somatik,** die gr;gr	Lehre von den Wechselwirkungen zwischen Körper (↗ UTL 1903) u. Seele (med. t. t.) {70}	ψυχή psyche + σωματικός somatikos	Seele körperlich; zum Körper gehörig
–	**Psychoso-matiker,** der gr;gr	↗ Therapeut o. Wissenschaftler auf dem Gebiet der Psychosomatik {40/70}	dto.	dto.
–	**psychoso-matisch** gr;gr	die seelisch–körperlichen Wechselwirkungen betreffend {70}	dto.	dto.
5123	**psycho-sozial** gr;l	durch soziale Gegebenheiten bedingt {33/70}	ψυχή psyche + l. socialis	Seele die Gesellschaft betreffend, gesellschaftlich; gesellig (↗ UTL 3373)
5124	**Psycho-terror,** der gr;l	↗ Methode, einen Gegner mit psychologischen Mitteln einzuschüchtern u. gefügig zu machen {28/33/70/82}	ψυχή psyche + l. terror	Seele Schrecken, Einschüchterung; Schrecknis (↗ UTL 3564)
5125	**Psycho-test,** der gr;l>afrz >engl	Austesten des Seele {31/40/78}	ψυχή psyche + l. testum afrz. test engl. test	Seele irdenes Geschirr, Gefäß, Schüssel, Napf irdener Topf; Tiegel (für alchimistische Experimente) Versuch; Prüfung (↗ UTL 3566)

5126	Psycho- thera- peut, der gr;gr	Facharzt für Psychotherapie {40/70}	ψυχή psyche + θερα- πευτής therapeutes	Seele Diener s. u. Therapeut
–	Psycho- thera- peutik, die gr;gr	Heilmaßnahmen u. Verfahren im Sinne der Psychotherapie (med. t. t.) {70}	dto. + θερα- πευτική therapeutike	dto. Pflege, Behand- lung s. u. Therapeutik
–	psycho- thera- peutisch gr;gr	die Psychotherapie betreffend (med. t. t.) {70}	dto. + θερα- πευτικός therapeutikos	dto. dienend, pflegend s. u. therapeutisch
–	Psycho- therapie, die gr;gr	Behandlung seelischer Stö- rungen durch Tiefenpsycho- logie (med., psych. t. t.) {70}	dto. + θεραπεία therapeia	dto. das Dienen, Pfle- gen s. u. Therapie
5127	Psycho- thriller, der gr;engl	Nervenkitzel erzeugendes Buch o. Film {34/35/85}	dto. + engl. *(to)* *thrill*	dto. durchbohren, –dringen, zittern machen
5128	psycho- tisch gr;gr	geisteskrank (med. t. t.) {14/ 70}	ψυχή psyche + –ωσις –osis	Seele gr. Suffix s. Partikelliste
5129	Psycho- top, das gr;gr	Landschaftstyp, der Tieren durch Gewöhnung vertraut ist (biol. t. t.) {69}	ψυχή psyche + τόπος topos	Seele Ort, Platz, Stelle
5130	Psychro- meter, das gr;gr	Luftfeuchtigkeitsmesser (meteor. t. t.) {65}	ψυχρός psychros + μέτρον metron	kalt, frostig Maß, Versmaß
5131	psychro- phil gr;gr	kälteliebend (biol. t. t.) {68/ 69}	ψυχρός psychros + φίλος philos	kalt, frostig lieb, befreundet, Freund
5132	Ptarmus, der gr>nlat	Nieskrampf (med. t. t.) {14/70}	πταρμός ptarmos	das Niesen
>>>	Pter(o)– ⤴ Worteelementeliste			
5133	Ptero- daktylus, der gr;gr	Flugsaurier des Jura (⤴ UTL 1578) mit rückgebildetem Schwanz {59/69}	πτερόν pteron + δάκτυλος daktylos	Flügel Finger, Zehe; Län- genmaß; Versfuß s. o. Daktylus

5134	Pteropode, die gr;gr	Ruderschnecke (Meeresschnecke mit ruderartigem Fuß) {08/69}	dto. + πούς, Gen. ποδός pous, podos	dto. Fuß	
5135	Pterosaurier o. -saurus, der gr;gr	Flugechse {59/69}	dto. + σαῦρος sauros	dto. Eidechse s. u. Saurier	
5136	Pterygium, das gr>l	1. dreieckige Bindehautwucherung (med. t. t.) {14/70}; 2. Schwimmhaut (biol. t. t.) {69}	πτερύγιον pterygion	kleiner Flügel; Augenfehler; das Überwachsen des Nagels	
5137	pterygot	geflügelt (zool. t. t.) {69}	πτερυγωτός pterygotos	beflügelt, befiedert	

>>> –ptose ↗ Worteleementeliste

5138	Ptyalin, das gr>nlat	stärkespaltendes ↗ Enzym im Speichel {11/70/73}	πτύαλον ptyalon	Speichel	
5139	Ptyalolith, das gr;gr	Speichelstein (med. t. t.) {14/70}	dto. + λίθος lithos	dto. Stein	
5140	Pumpe, die gr>l>span/ port >mniederl	↗ zylindrisches Gerät mit einem Schwengel, der bei Betätigung Wasser an die Oberfläche saugt {41/72}	βόμβος bombos l. bombus span./port. bomba mniederl. pompe, pumpe	Dröhnen, dumpfes Geräusch dto. Schiffspumpe	
5141	Pumpernickel, der nhd;gr>d	süßlich schmeckendes Schwarzbrot in kleinen Scheiben {17}	nhd. pumpern + Νικόλαος Nikolaos d. Nikolaus Nickel	furzen (wegen der blähenden Wirkung) „der Völkerbesieger" (s. Anhang „Namen") s. o. Nikolaus	
5142	Purpur, der gr>l	1. hochroter Farbstoff {36/55}; 2. purpurfarbenes, prächtiges, von Herrschern getragenes Gewand (bei offiziellen (↗ UTL 2414) Anlässen) {19/47/75}	πορφύρα porphyra l. purpura	Purpurschnecke, –farbe, –stoff dto.	

–	**purpurn** gr>l	purpurfarben {55}	dto.	dto.
–	**Purpurschnecke,** die gr>l;d	Meeresschnecke, aus deren Saft dunkelroter Farbstoff gewonnen wird {08/69}	dto.	dto. + d. *Schnecke*
5143	**Pyelitis,** die gr;gr	Nierenbeckenentzündung (med. t. t.) {14/70}	πύελος pyelos + –ῖτις –itis	Trog, (Bade)-Wanne; wannenartig ausgehöhltes Gerät gr. Suffix s. Partikelliste
5144	**Pygmäe,** der gr>l	Angehöriger einer zwergwüchsigen Menschenrasse {10/64/81}	πυγμαῖος pygmaios	eine Faust lang
5145	**pygmoid** (gr;gr) >nlat	zu den Pygmoiden gehörend {10/64/81}	dto. + –(ε)ιδής –(e)ides	dto. ähnlich aussehend s. Partikelliste
–	**Pygmoide,** der (gr;gr) >nlat	Angehöriger einer kleinwüchsigen Menschenrasse mit pygmäenähnlichen Merkmalen {10/64/81}	dto.	dto.
5146	**Pykniker,** der	Mensch von gedrungenem u. zu Fettansatz neigendem Körperbau {10/11/70}	πυκνός pyknos	dicht, fest; gedrängt
–	**pyknisch**	untersetzt, gedrungen u. zu Fettansatz neigend {10/11/70}	dto.	dto.
5147	**Pyknometer,** das gr;gr	Meßgerät zur Bestimmung der Dichte von Flüssigkeiten {72}	dto. + μέτρον metron	dto. Maß, Versmaß
5148	**Pylon,** der u. **Pylone,** die	1. Eingangstor am ägypt. Tempel (↗ UTL 3545) {75/88}; 2. Stützpfeiler {45/88}	πυλών pylon	Tor, Portal
5149	**pyogen** gr;gr	Eiterungen verursachend (med. t. t.) {14/70}	πῦον pyon + –γενής –genes	Eiter stammend von; hervorbringend, verursachend
5150	**Pyorrhöe,** die	eiteriger Ausfluß (med. t. t.) {14/70}	πυόρροια puorroia	Eiterfluß
5151	**pyramidal** ägypt>gr>l	1. pyramidenförmig {71}; 2. riesenhaft, gewaltig (ugs.) {53/55}	πυραμίς Gen. πυραμίδος pyramis, pyramidos	Pyramide; eine Art Weizenkuchen

	Pyramide, die ägypt>gr>l	1. spitzzulaufender Körper mit Vieleck als Grundfläche u. Dreiecken als Seitenflächen (math. t. t.) {71}; 2. Grabdenkmal ägypt. Pharaonen {51/75/88}; 3. Kristallfläche, die alle drei Kristallachsen schneidet {71}	dto.	dto.
>>>	Pyr(o)- ⤤ Wortelementeliste			
5152	Pyranometer, das (gr;gr) >nlat	Gerät zur Messung der Sonnen- u. Himmelsstrahlung (meteor. t. t.) {65}	πῦρ, Gen. πυρός pyr, pyros + μέτρον metron	Feuer Maß, Versmaß
5153	Pyretikum, das gr>nlat	fiebererzeugendes Mittel (med. t. t.) {70}	πυρετός pyretos	brennende Hitze, Fieber
–	pyretisch	fiebererzeugend (med. t. t.) {70}	dto.	dto.
–	Pyrexie, die	Fieber (med. t. t.) {14/70}	πύρεξις pyrexis	das Fiebern
5154	Pyrgeometer, das gr;gr	Gerät zur Messung der Erdstrahlung (meteor. t. t.) {65}	πῦρ, Gen. πυρός pyr, pyros + γεωμέτρης geometres	Feuer Landmesser s. o. Geometer
5155	Pyrheliometer, das (gr;gr;gr) >nlat	Gerät zur Messung der direkten (⤤ UTL 0758) Sonnenstrahlung (meteor. t. t.) {65}	πῦρ, Gen. πυρός pyr, pyros + ἥλιος helios + μέτρον metron	Feuer Sonne Maß, Versmaß
5156	Pyridin, das	Derivat (⤤ UTL 0681) des Benzols {73}	πυρίδιον pyridion	kleines Feuer
5157	Pyrit, der gr>l	Eisenkies {02/62/73}	πυρίτης pyrites	Feuerstein
>>>	Pyro- ⤤ Wortelementeliste			

5158	pyrogen (gr;gr) >nlat	1. fiebererzeugend (med. t. t.) {70}; 2. aus Schmelze entstanden (geol. t. t.) {62}	πύρ, Gen. πυρός pyr, pyros + –γενής –genes	Feuer stammend von; hervorbringend, verursachend
–	Pyrogen, das (gr;gr) >nlat	aus ↗ Bakterien gewonnener Eiweißstoff mit fiebererzeugender Wirkung (med. t. t.) {70}	dto.	dto.
5159	Pyrolyse, die gr;gr	Zersetzung von chem. Verbindungen durch Hitze {73}	πύρ, Gen. πυρός pyr, pyros + λύσις lysis	Feuer (Auf)lösung
–	pyrolytisch gr;gr	die Pyrolyse betreffend {73}	dto. + λυτικός lytikos	dto. zum Lösen geeignet
5160	Pyromane, der gr;gr	jmd., der zur Pyromanie neigt (med. t. t.) {14/70/82}	πύρ, Gen. πυρός pyr, pyros + μανία mania	Feuer Raserei, Wahnsinn, Verzückung
–	Pyromanie, die gr;gr	zwanghafter Trieb, Brände zu legen (med. t. t.) {14/70/82}	dto.	dto.
–	pyromanisch gr;gr	die Pyromanie betreffend {14/70/82}	dto. + μανικός manikos	dto. rasend
5161	Pyromantie, die gr;gr	das Wahrsagen aus dem Opferfeuer {51/75}	πύρ, Gen. πυρός pyr, pyros + μαντεία manteia	Feuer das Weissagen; die Weissagung
5162	Pyrometer, das (gr;gr) >nlat	Gerät zur Messung hoher Temperaturen (↗ UTL 3546) {72}	πύρ, Gen. πυρός pyr, pyros + μέτρον metron	Feuer Maß, Versmaß
–	Pyrometrie, die (gr;gr) >nlat	Temperaturmessung bei über 500°C {72}	dto.	dto.

5163	Pyrophobie, die gr;gr	krankhafte Furcht vor dem Feuer (med. t. t.) {14/26/70}	πύρ, Gen. πυρός pyr, pyros + φόβος phobos	Feuer Angst, Furcht
5164	Pyrosis, die	Sodbrennen (med. t. t.) {14/70}	πύρωσις pyrosis	das Brennen; Entzündung
5165	Pyrotechnik, die gr;gr	Feuerwerkerei {85}	πύρ, Gen. πυρός pyr, pyros + τεχνικός technikos	Feuer die Kunst, das Handwerk betreffend s. u. Technik
–	Pyrotechniker, der gr;gr	Feuerwerker {40/85}	dto.	dto.
–	pyrotechnisch gr;gr	die Pyrotechnik betreffend {85}	dto.	dto.
5166	Pyrrhichius, der	aus zwei Kürzen bestehender Versfuß (häufig beim Waffentanz verwandt) {34/76}	πυρρίχιος pyrrhichios	den Waffentanz betreffend; Versfuß mit zwei Kürzen
5167	Pyrrhussieg, der gr;d	Scheinsieg, da der Sieger mehr Verluste als der Verlierer hat {86}	Πύρρος Pyrrhos + d. Sieg	Pyrrhos (s. Anhang „Namen")
>>>	Pythagoräer, der = ↗ Pythagoreer			
>>>	pythagoräisch = pythagoreisch			
5168	Pythagoreer, der	Anhänger der Lehre des Pythagoras {31/75/78}	Πυθαγόρειος Pythagoreios	Schüler des Pythagoras (s. Anhang „Namen")
–	pythagoreisch	nach der Lehre des Pythagoras {71/77}	dto.	dto.
5169	Pythia, die	Frau, die in orakelhafter Weise Zukünftiges vorraussagt {51/59/75}	Πυθία Pythia	Pythia (s. Anhang „Namen")
–	pythisch	dunkel, orakelhaft {26/51/59/75}	dto.	dto.
5170	Python, der	Riesenschlange {07/69}	Πυθών Python	Python (s. Anhang „Namen")
5171	Pyxis, die gr>l	Hostienbehälter {51/58/77}	πυξίς pyxis l. pyxis u. buxis	Büchse aus Buchsbaumholz dto.

Q

5172	quadro- phon l;gr	über vier Kanäle (↗ UTL 1606) laufend (in bezug auf die Übertragung von ↗ Musik, Sprache o. ä. – techn. t. t.) {32/46/57/87}	l. *quadrus* + φωνή phone	viereckig (↗ UTL 2917) Laut, Stimme, Ton	
–	Quadro- phonie, die l;gr	vierkanalige Übertragungs- technik mit erhöhter räumli- cher Klangwirkung (techn. t. t.) {32/46/57/87}	dto.	dto.	
–	quadro- phonisch l;gr	die Quadrophonie betreffend {32/46/57/87}	dto.	dto.	
5173	Quendel, der gr>l>ahd >mhd	eine Art ↗ Thymian {04/17/68}	κονίλη konile l. *cunila* ahd. *quenal(a)* mhd. *quen(d)el*	eine Art Origanum dto. dto. dto.	
5174	Quitte, die gr>l>vulgl >ahd>mhd	zu den Rosengewächsen zäh- lende Baumart bzw. deren apfel– oder birnenförmige Früchte {04/17}	κυδώνια (μῆλα) kydonia (mela) l. *cydonea* / *cotonea* *(mala)* vulgl. *quidonea* ahd. *quitina* mhd. *quiten*	Quittenäpfel, Äpfel aus Kydonia auf Kreta (heute Chania) dto. dto. dto. dto.	

R

5175	**Rachitis,** die gr>nlat >engl	Vitamin(↗ UTL 3838) –D–Mangel–Krankheit mit mangelhafter Verkalkung des Knochengewebes (med. t. t.) {14/70}	ῥαχῖτις rhachitis	Rückgratskrankheit
–	**rachitisch** gr>nlat >engl	1. an Rachitis leidend; 2. die Rachitis betreffend (med. t. t.) {14/70}	dto.	dto.
5176	**Radiästhesie,** die l;gr	wissenschaftlich umstrittene Fähigkeit, mit Pendeln (↗ UTL 2574) o. Wünschelruten Erdstrahlen wahrzunehmen (parapsych. t. t.) {24/63/70}	l. *radius* + αἴσθησις aisthesis	Stab, Strahl (↗ UTL 2959) Wahrnehmung, Empfindung s. o. Ästhesie
–	**radiästhetisch** l;gr	die Radiästhesie betreffend {24/63/70}	dto.	dto.
5177	**Radicchio,** der gr>l>it	eßbare ↗ Zichorien-Pflanze (für Salate) {05/17}	ῥάδιξ rhadix l. *radix* it. *radicchio*	Ast, Zweig, Palmenblatt (Baum)wurzel; Ursprung, Quelle Chicorée (↗ UTL 2960)
5178	**Radieschen,** das gr>l>it>frz >niederl	rettichartiges Wurzelknollengewächs {05/17}	dto. it. *radice* frz. *radis* niederl. *radijs*	dto. Wurzel, Radieschen Radieschen dto.
5179	**Radikand,** der gr>l	Größe u. Zahl, deren Wurzel gezogen werden soll (math. t. t.) {71}	dto.	dto.
5180	**radiogen** l;gr	durch radioaktiven (↗ UTL 2964) Zerfall entstanden {72/73}	l. *radius* + –γενής –genes	Stab, Strahl (↗ UTL 2959) stammend von; hervorbringend, verursachend

—	Radiogen, das l;gr	durch den Zerfall eines radioaktiven (↗ UTL 2964) Stoffes entstandenes ↗ Element {72/73}	dto.		dto.
5181	Radiokarbonmethode, die l;l;gr	Verfahren, das Alter ↗ organischer Stoffe mit Hilfe ihres Gehalts an radioaktivem (↗ UTL 2964) Kohlenstoff zu ermitteln (chem., geol. t. t.) {59/68/73}	l. *radius* + l. *carbo* + μέθοδος methodos		Stab, Strahl (↗ UTL 2959) Kohle (↗ UTL 1637) das Nachgehen, Verfolgen; Verfahren s. o. Methode
5182	Radiologe, der l;gr	Facharzt für ↗ Röntgenologie u. Strahlenheilkunde (med. t. t.) {40/70}	dto. + λόγος logos		dto. Rede, Wort; Berechnung
—	Radiologie, die l;gr	Wissenschaft von den Strahlen radioaktiver (↗ UTL 2964) Stoffe u. ihrer Anwendung; Strahlenkunde {40/70/72}	dto.		dto.
—	radiologisch l;gr	die Radiologie betreffend {70/72}	dto. + λογικός logikos		dto. zum Reden gehörig, die Rede betreffend
5183	Radiolyse, die l;gr	Veränderung in einem chem. ↗ System durch ↗ ionisierende Strahlen (chem. t. t.) {72/73}	l. *radius* + λύσις lysis		Stab, Strahl (Auf)lösung
5184	Radiometrie, die l;gr	Messung von Strahlung, bes. radioaktiver (↗ UTL 2964) Strahlung {72}	dto. + μέτρον metron		dto. Maß; Versmaß
>>>	Radioskopie ↗ Röntgenoskopie (med. t. t.)				
5185	Radioteleskop, das l;gr	↗ Parabolantenne zum Empfang von Radiofrequenzen aus dem Weltraum {46/66/72}	dto. + τηλεσκόπος teleskopos		dto. weit schauend s. u. Teleskop
5186	Radiotherapie, die l;gr	Behandlung mit radioaktiven (↗ UTL 2964) o. Röntgenstrahlen (med. t. t.) {70/72}	dto. + θεραπεία therapeia		dto. das Dienen, Pflegen s. u. Therapie
5187	Radix, die gr>l	1. Pflanzenwurzel {68}; 2. Basisteil eines ↗ Organs, ↗ Nervs o. sonstigen Körperteils (med., anat. t. t.) {11/70}	ῥάδιξ rhadix l. *radix*		Ast, Zweig, Palmenblatt (Baum)wurzel; Ursprung, Quelle s. o. Radicchio

–	radizieren	die Wurzel (aus einer Zahl) ziehen (math. t. t.) {71}	dto.	dto.
5188	Raphiden, die (Pl.) gr>nlat	nadelförmige ↗ Kristalle in Pflanzenzellen {53/68}	ῥαφίς, Gen. ῥαφίδος rhaphis, rhaphidos	Nadel
5189	Rapunzel, die (gr>l; gr>l) >vulgl >mlat	Baldriangewächs {04}	ῥάδιξ rhadix + φοῦ phu l. phu (Akk. phun) vulgl. radice puntium* mlat. rapuncium	Ast, Zweig, Palmenblatt s. o. Radix Baldrian eine Art Baldrian dto. dto. (↗ UTL 2979)
5190	Ravioli, die (Pl.) gr>l>vulgl >lombard >it	mit kleingewiegtem Fleisch o. Gemüse (früher meistens Rüben) gefüllte Nudelteigtasche {17}	ῥάπυς rhapys l. rapum vulgl. rapa lombard. rava it. ravioli	Rübe dto., Wurzelknolle dto dto.
5191	Reaktionsnorm, die l;l;gr>l	Reaktion (↗ UTL 2990) eines ↗ Organismus auf Reize der Umwelt {68/69}	l. re + l. actio + γνῶμων gnomon	zurück, entgegen, wieder (↗ UTL 2970) Handlung, Tätigkeit (↗ UTL 2990) Kenner; Maßstab, Richtschnur s. o. Norm
5192	Realenzyklopädie, die l;gr;gr	↗ Reallexikon {31/32/76}}	l. realis + ἐγκύκλιος enkyklios + παιδεία paideia	sachlich, wesentlich (↗ UTL 2991) kreisförmig, rund Erziehung, Bildung s. o. Enzyklopädie
5193	Realgymnasium, das l;gr	Schultyp mit neueren Sprachen, Latein u. Naturwissenschaften {31/78}	dto. + γυμνάσιον gymnasion	dto. Sportplatz s. o. Gymnasium
5194	Reallexikon, das l;gr	↗ Lexikon mit Sachbegriffen eines Wissenschaftsgebietes {31/32/76}	dto. + λεξικός lexikos	dto. ein Wort betreffend s. o. Lexikon

5195	**Real-politik**, die l;gr	↗ Politik, die nicht auf Gefühlen, sondern auf nüchterner Erkenntnis beruht {25/33/81}	dto. + πολιτική (τέχνη) politike (techne)	dto. (Kunst der) Staatsverwaltung s. o. Politik
5196	**Recyc-ling**, das (l;gr)>engl	wiederholte Materialverwertung zum Umweltschutz {40}	l. *re* + κύκλος kyklos	zurück, entgegen, wieder (↗ UTL 2970) Kreis, Kreislauf
5197	**Reflexo-loge**, der l;gr	Wissenschaftler auf dem Gebiet der Reflexologie {70}	l. *reflexus* + λόγος logos	das Zurückbeugen (↗ UTL 3016) Rede, Wort; Berechnung
–	**Reflexo-logie**, die l;gr	Lehre von den Reflexen (↗ UTL 3016) {70}	dto.	dto.
5198	**Reflex-zonen-massage**, die l;gr;arab	= ↗ Reflexzonentherapie {70}	dto. + ζώνη zone + arab. *massage*	dto. Gurt, Gürtel; Zone s. u. Zone Behandlung des Körpers durch Kneten mit den Händen
–	**Reflex-zonen-therapie**, die l;gr;gr	Fußmassage, bei der durch Druck auf einzelne Stellen andere Körperorgane stimuliert (↗ UTL 3431) werden {70}	dto. + ζώνη zone + θεραπεία therapeia	dto. Gurt, Gürtel; Zone s. u. Zone das Dienen, Pflegen s. u. Therapie
5199	**Reichen-hall** (Bad) d;gr	deutscher Kurort {64}	d. *reich* + ἅλς hals	Salz
5200	**Reis**, der gr>l>mlat >mhd	Getreideart {05/17}	ὄρυζα oryza l. *oriza* o. *oryza* mlat. *risus* o. *risum* mhd. *ris*	Reis
5201	**Rekto-skop**, das l;gr	Mastdarmspiegel (med. t. t.) {40/70}	l. *rectum* + σκοπός skopos	Darm (↗ UTL 3056) jmd., der genau hinschaut; Aufseher; Späher

–	**Rekto- skopie**, die l;gr	Untersuchung des Mastdarms mit dem Rektoskop (med. t. t.) {70}	dto. + σκοπή skope	dto. das Umschauen, Spähen
–	**rekto- skopisch** l;gr	1. die Rektoskopie betreffend 2. mit Hilfe von Rektoskopie erfolgend {70}	dto.	dto.
5202	**Reorga- nisation**, die l;gr>l>frz	1. Neugestaltung, Neuord- nung {25/52/33}; 2. Neubil- dung zerstörten Gewebes bei der Heilung (med. t. t.) {70}	l. re + ὄργανον organon	zurück, entgegen, wieder (↗ UTL 2970) Werkzeug; Sinn; Körperteil; (Mu- sik)Instrument s. o. Organisation
–	**reorgani- sieren** l;gr>l>frz	neu gestalten, neu ordnen, wieder einrichten {25/52/33}	dto.	dto. s. o. organisieren
5203	**Repro- graphie**, die l;l;gr	1. Produkt (↗ UTL 2834) der Reprographie; 2. Kopierver- fahren mit Hilfe ↗ elektro- magnetischer Strahlung {40/41}	l. re + l. *productio* + γραφή graphe	zurück, entgegen, wieder (↗ UTL 2970) das Hervorführen; Ausdehnung, Ver- längerung (↗ UTL 3095) Schrift; Zeich- nung
–	**reprogra- phieren** l;l;gr	eine Reprographie anfertigen {40/41}	dto. + γράφειν graphein	dto. einritzen, schrei- ben, malen
–	**reprogra- phisch** l;l;gr	1. die Reprographie betref- fend 2. durch Reprographie hergestellt {40/41}	dto. + γραφικός graphikos	dto. im Malen ge- schickt; male- risch; zum Malen o. Schreiben gehörig
5203a	**Resi**	(bayerische Kurzform von Theresia) weiblicher Vor- name {31}	Θηρεσία Theresia	Theresia
5204	**retour** l;gr>l>afrz >frz	zurück (landsch., sonst veral- tend) {56/58}	l. re + τόρνος tornos	zurück, entgegen, wieder (↗ UTL 2970) Dreh–, Drechsel- eisen; Meißel s. u. Tour
–	**Retour**, die l;gr>l>afrz >frz	Rückfahrkarte (österr., ugs.) {45/58/61}	dto.	dto.

–	Retour-kutsche, die l;gr>l>afrz >frz; ung	das Zurückgeben eines Vorwurfs, einer Beleidigung (bei einer passenden Gelegenheit) {25/32/33}	dto. + ung. *kosci*	dto. Wagen aus der Stadt Kocs
–	retour-nieren l;gr>l>afrz >frz	1. Waren an den Verkäufer zurücksenden {42}; 2. zurück-geben, –bringen (österr.) {29/45}; 3. beim Tennis den Ball zurückspielen {85}	dto.	dto.
5205	Retsina, der gr>l>mlat >ngr	griechischer Weißwein mit harzigem Geschmack {17}	ῥητίνη rhetine l. *resina* mlat. *resina* ngr. *retsina*	Harz
5206	Rettich, der gr>l>altd >mhd	Gemüsepflanze mit scharf schmeckender eßbarer Wurzelknolle {05/17}	ῥάδιξ radix l. *radix* altd. *ratih* mhd. *retich*	Ast, Zweig, Palmenblatt Wurzel; Ursprung; Rettich; Radieschen dto. dto. (↗ UTL 3131)
5207	Return, der l;gr>l>afrz >frz>engl	Gegenschlag, zurückgeschlagener Ball (Tischtennis, Tennis (↗ UTL 3552) – sport. t. t.) {12/61/85}	l. *re* + τόρνος tornos	zurück, entgegen, wieder (↗ UTL 2970) Dreh–, Drechsel-eisen; Meißel s. u. turnen
>>>	–r(r)euse ↗ Wortelementeliste			
5208	Rhabar-ber, der (gr;gr) >mlat>it	Knöterichgewächs mit großen Blättern {05/17}	ῥᾶ rha + βάρβαρος barbaros	eine Pflanzenwurzel (wohl nach dem Gebiet des Flusses Rha = Wolga) nicht griechisch, unverständlich, ungebildet
5209	rhabdoid o. rhabdo-idisch gr>nlat	stabförmig (med., biol. t. t.) {68/69/70}	ῥαβδοειδής rhabdoeides	rutenartig
–	Rhabdom, das	Sehstäbchen in der Netzhaut des Auges (med. t. t.) {11/70}	ῥάβδος rhabdos	Rute, Stab

–	**Rhabdo-mantie,** die gr;gr	das Wahrsagen mit geworfenen Stäben o. der Wünschelrute {24/51}	dto. + μαντική (τέχνη) mantike (techne)	dto. (Kunst des) Wahrsagens
>>>	Rhachitis ⌐ Rachitis			
>>>	Rhaphiden ⌐ Raphiden			
5210	**Rhapsode,** der	fahrender Sänger, der ⌐ epische Dichtungen mit Kitharabegleitung vortrug {37/40/75}	ῥαψῳδός rhapsodos abgeleitet von: ῥάπτειν rhaptein + ᾠδή ode	der Zusammennäher, –füger von Gesängen zusammennähen, –flicken Gesang; Lied
–	**Rhapsodie,** die gr>l	1. von einem Rhapsoden vorgetragene ⌐ epische Dichtung; 2. Gedicht in freien ⌐ Rhythmen {34/76}; 3. romantisches (⌐ UTL 3167) Musikstück in freier Form {37}	ῥαψῳδία rhapsodia	von einem Rhapsoden vorgetragenes Gedicht
–	**Rhapsodik,** die	Kunst der Rhapsodiendichtung {34/76}	ῥαψῳδική (τέχνη) rhapsodike (techne)	Rhapsodenkunst
–	**rhapsodisch**	1. in Rhapsodieform; 2. die Rhapsodie, den Rhapsoden betreffend {34/37/76}	ῥαψῳδικός rhapsodikos	den Rhapsoden betreffend
5211	**Rhema,** das	Kern der Aussage (sprachwiss. t. t.) {25/32/76}	ῥῆμα rhema	das Gesagte; Rede Wort, Spruch
–	**rhematisch**	das Rhema betreffend {25/32/76}	ῥηματικός rhematikos	zum Wort, zur Rede gehörig
–	**Rhematisierung,** die gr>nlat	betonter Satzteil, der das ⌐ Thema des folgenden Satzes zum Rhema macht (sprachwiss. t. t.) {32/76}	dto.	dto.
5212	**Rhenchospasmus,** der (gr;gr) >nlat	Schnarchkrampf (med. t. t.) {70}	ῥόγχος rhonchos + σπασμός spasmos	das Schnarchen Zuckung, Krampf
5213	**rheobiont** (gr;gr) >nlat	(von Fischen) nur in strömenden Gewässern lebend (biol. t. t.) {68}	ῥέος rheos + βίος bios	das Fließen, Fluß Leben

5214	Rheologie, die gr;gr	Erforschung des Fliessens von Stoffen, Teilgebiet der ↗ Mechanik {72}	dto. + λόγος logos	dto. Rede, Wort; Berechnung
5215	rheophil gr;gr	vorzugsweise in strömenden Gewässern lebend (biol. t. t.) {69}	dto. + φίλος philos	dto. lieb, befreundet; Freund
>>>	Rheotron ↗ Betatron			
5216	Rhetor, der gr>l	Redner in der Antike (↗ UTL 0214) {32/40/75/76}	ῥήτωρ rhetor	Redner, Redelehrer
–	Rhetorik, die gr>l	1. Redekunst, wirkungsvolle Gestaltung einer Rede {32}; 2. Redetalent {22/32}; 3. Lehrbuch der Redekunst {32/76}	ῥητορική (τέχνη) rhetorike (techne)	Redekunst
–	Rhetoriker, der	guter Redner {22/32/40}	ῥητορικός rhetorikos	den Redner betreffend
–	rhetorisch gr>l	1. die Rhetorik betreffend {32/76}; 2. phrasenhaft {25/32}; 3. –e Frage: Frage, auf die keine Antwort erwartet wird, weil diese offenkundig ist {32/76}	dto.	dto.
5217	Rheuma, das	↗ Rheumatismus {14/70}	ῥεῦμα rheuma	das Fließen, Fluß; die im Körper umherfließende Krankheit
–	Rheumarthritis, die (gr;gr) >nlat	Gelenkrheumatismus (med. t. t.) {14/70}	dto. + ἀρθρῖτις arthritis	dto. Gelenkkrankheit s. o. Arthritis
–	Rheumatiker, der	jmd., der an Rheumatismus leidet {14/70}	ῥευματικός rheumatikos	am Fliessen leidend
–	rheumatisch	den Rheumatismus betreffend {14/70}	dto.	dto.
–	Rheumatismus, der gr>l	schmerzhafte Erkrankung der Gelenke, ↗ Muskeln, Nerven (↗ UTL 2350b), Sehnen (med. t. t.) {14/70}	ῥευματισμός rheumatismos	Fluß im Körper

5218	rheuma-toid (gr;gr) >nlat	ähnlich wie Rheumatismus (med. t. t.) {14/70}	ῥεῦμα, Gen. ῥεύματος rheuma, rheumatos + –(ε)ιδής –(e)ides	das Fließen, Fluß; die im Körper umherfließende Krankheit ähnlich aussehend s. Partikelliste
–	Rheuma-toid, das (gr;gr) >nlat	rheumatismusähnliche Folgeerkrankung (med. t. t.) {14/70}	dto.	dto.
5219	Rheuma-tologe, der gr;gr	Facharzt auf dem Gebiet rheumatischer Krankheiten (med. t. t.) {40/70}	ῥεῦμα, Gen. ῥεύματος rheuma, rheumatos + λόγος logos	das Fließen, Fluß; die im Körper umherfließende Krankheit Rede, Wort; Berechnung
–	Rheuma-tologie, die gr;gr	Heilkunde auf dem Gebiet der rheumatischen Erkrankungen {14/70}	dto.	dto.
>>>	Rhin(o)– ↗ Wortelementeliste			
5220	Rhin-allergose, die gr;gr;gr;gr	Heuschnupfen; vgl. ↗ Allergie (med. t. t.) {14/70}	ῥίς, Gen. ῥινός rhis, rhinos + ἄλλος allos + ἔργον ergon + –ωσις –osis	Nase ein anderer Werk, Tat gr. Suffix s. Partikelliste
5221	Rhinitis, die gr;gr	Nasenschleimhautentzündung (med. t. t.) {14/70}	ῥίς, Gen. ῥινός rhis, rhinos + –ῖτις –itis	Nase gr. Suffix s. Partikelliste
5222	rhinogen gr;gr	von der Nase ausgehend (med. t. t.) {11/70}	dto. + –γενής –genes	dto. stammend von; hervorbringend, verursachend
5223	Rhino-lalie, die gr;gr	das Näseln (med. t. t.) {32/70}	dto. + λαλεῖν lalein	dto. reden, schwatzen

5224	Rhinologe, der gr;gr	Facharzt für Nasenkrankheiten {40/70}	dto. + λόγος logos	dto. Rede, Wort; Berechnung
–	Rhinologie, die gr;gr	Nasenheilkunde {70}	dto.	dto.
5225	Rhinophym, das gr;gr	Knollennase (med. t. t.) {11/70}	ῥίς, Gen. ῥινός rhis, rhinos + φῦμα phyma	Nase Gewächs, Geschwulst
5226	Rhinoplastik, die gr;gr	Aufbau einer künstlichen Nase durch Operation (↗ UTL 2434) {70}	dto. + πλαστική (τέχνη) plastike (techne)	dto. (die Kunst des) Bilden, Gestaltens s. o. Plastik
5227	Rhinorrhagie, die gr;gr	heftiges Nasenbluten (med. t. t.) {14/70}	dto. + ῥαγή rhage	dto. Riß, Spalt
5228	Rhinoskop, das gr;gr	Nasenspiegel (med. t. t.) {40/70}	dto. + σκοπός skopos	dto. Aufseher; Späher
–	Rhinoskopie, die gr;gr	Untersuchung der Nase mit dem Rhinoskop (med. t. t.) {70}	dto. + σκοπή skope	dto. das Umschauen, Spähen
5229	Rhinozeros, das (gr;gr)>gr >l>mhd	Nashorn {06}	ῥινόκερως rhinokeros abgeleitet von: ῥίς, Gen. ῥινός rhis, rhinos + κέρας keras	Nashorn Nase Horn
5230	Risiko, das gr>l>vulgl >altit>it	(↗ Etymologie unsicher): 1. Wagnis, Gefahr {25/26/28/33}; 2. gewagter Einsatz bei einem Geschäft oder Spiel {25/28/42/85}	ῥίζα rhiza l. resecare vulgl. resecum* altit. ris(i)co it. rischio	Wurzel abschneiden das vom Festland Abgeschnittene; Felsklippe, Gefahr Gefahr, Wagnis dto.

–	**riskant** gr>l>vulgl >altit>it >frz	gewagt, gefährlich, waghalsig {25/26/33}	dto. frz. *risquant*	dto.
–	**riskieren** gr>l>vulgl >altit>it >frz	freiwillig Gefahr auf sich nehmen, ein Wagnis eingehen, aufs Spiel setzen {25/26/28/33}	dto. frz. *risquer*	dto.
5231	**rhizoid** gr;gr	wurzelartig (biol. t. t.) {68/69}	ρίζα rhiza + –(ε)ιδής –(e)ides	Wurzel ähnlich aussehend s. Partikelliste
5232	**Rho,** das	siebzehnter Buchstabe des gr. ↗ Alphabets {32}	ρ, 'Ρ ('Ρό) rh, Rh	Rho
5233	**Rhodamine,** die (Pl.) gr;gr;nlat	Gruppe von stark fluoreszierenden (↗ UTL 1119) roten Farbstoffen (chem. t. t.) {54/73}	ρόδον rhodon + *Amin* (Kurzw. aus ἀμμωνιακός ammoniakos + nlat. *–in*	Rose pflanzliches Gummiharz aus Libyen Suffix zur Bezeichnung chem. Stoffe
5234	**Rhodan,** das gr>nlat	einwertige Schwefel–Kohlenstoff–Stickstoff–Gruppe in chem. Verbindungen (chem. t. t.) {73}	ρόδον rhodon	Rose
5235	**Rhodanzahl,** die gr;d	Kennzahl für den Grad der Ungesättigtheit von Fetten u. ↗ Ölen (chem. t. t.) {56/73}	dto. + d. *Zahl*	dto.
5236	**Rhodium,** das	chem. Grundstoff; Zeichen: Rh {73}	ρόδον rhodon	Rose
5237	**Rhododendron,** der/das (gr;gr)>gr >l	Pflanzengattung der Erikagewächse {04/68}	ροδοδέν- δρον rhododen- dron abgeleitet von: ρόδον rhodon + δένδρον dendron	Rosenbaum; Oleander Rose Baum

>>> Rhomben, die (Pl.) = Plural (↗ UTL 2697) von ↗ Rhombus
>>> Rhomb(o)– ↗ Wortelementeliste

5238	**rhombisch** gr>nlat	in der Form eines Rhombus {53/71}	ρόμβος rhombos	kreisförmiger Körper; Kreisel

–	Rhombo-eder, das (gr;gr)>nlat	↗ Kristall in Form von sechs Rhomben {53/67/71}	dto. + ἕδρα hedra	dto. Sitz, Grundlage; Fläche	
–	rhomboid gr>l	rautenähnlich {53/71}	ῥομβοειδής rhomboeides	kreisförmig	
–	Rhomboid, das	↗ Parallelogramm mit paarweise ungleichen Seiten {53/71}	dto.	dto.	
–	Rhombus, der gr>l	↗ Parallelogramm mit gleichen Seiten {53/71}	ῥόμβος rhombos	kreisförmiger Körper; Kreisel	
5239	Rhonchus, der gr>l	Rasselgeräusch (med. t. t.) {23/70}	ῥόγχος rhonchos	das Schnarchen	
5240	Rhotazismus, der gr>nlat	Veränderung eines intervokalischen „s" zu „r" {32/76}	ῥωτακισμός rhotakismos	Gebrauch o. Mißbrauch des Rho	

\>\>\> –rhythmie, –rhythmik, –rhythmisch ↗ Wortelementeliste

5241	Rhythmik, die gr>l	1. Lehre vom Rhythmus {37} 2. rhythmischer Charakter {37/55/59}; 3. rhythmische Erziehung {31/78}; 4. Kunst der rhythmischen Gestaltung {37}	ῥυθμικός rhytmikos	gleichmäßig, ebenmäßig, wechselnd
–	Rhythmiker, der	Komponist (↗ UTL 1770), der die Rhythmik gut beherrscht {37/40}	dto.	dto.
–	rhythmisch gr>l	1. den Rhythmus betreffend 2. in einem bestimmten Rhythmus erfolgend {37/59}	dto.	dto.
–	rhythmisieren gr>nlat	in einen bestimmten Rhythmus versetzen {37/59}	dto.	dto.

\>\>\> Rhythmus– ↗ Wortelementeliste

–	Rhythmus, der gr>l	zeitliches Ordnungs– und Gestaltungsprinzip {37/59}	ῥυθμός rhythmos	gleichmäßig abwechselnde Bewegung, Ebenmaß; Takt

5242	Risotto, der/das gr>l>mlat >mhd>it	Reisgericht {17}		ὄρυζα orzya l. *oriza* o. *oryza* mlat. *risus* o. *risum* mhd. *ris* it. *riso*	Reis dto. dto. dto. dto. dto. dto.
5243	Röntge- nologe, der d;gr	Facharzt für Röntgenologie {40/70}		*Röntgen* + λόγος logos	d. Physiker (1845-1923) Rede, Wort; Be- rechnung
–	Röntge- nologie, die d;gr	Lehre von den Röntgenstrah- len u. ihrer Anwendung {70/ 72}		dto.	dto.
–	röntge- nologisch d;gr	die Röntgenologie betreffend {70/72}		dto. λογικός logikos	dto. zum Reden gehö- rig, die Rede be- treffend
–	Röntge- noskopie, die d;gr	Durchleuchtung mit Rönt- genstrahlen (med. t. t.) {70}		*Röntgen* + σκοπή skope	d. Physiker (1845-1923) das Umschauen, Spähen
>>> >>>	–rrhagie ↗ Wortelementeliste –rrhö(e) ↗ Wortelementeliste				
5244	Rumba, die gr>kuban/ span	lateinamerikanischer Gesell- schaftstanz {37/85}		ῥόμβος rhombos kuban./span. *rumba* (abgeleitet von: *rumbo*)	kreisförmiger Körper; Kreisel herausfordernder Tanz Herausforderung
5245	russisch- orthodox russ;gr	der russischen Ausprägung der ↗ orthodoxen ↗ Kirche angehörend {33/51/77}		russ. *Rus* + ὀρθόδοξος orthodoxos	Russe die richtige Mei- nung habend s. o. orthodox

S

5246	Saccha-rase, die (altind >mind (pali)>gr >l;gr) >nlat	↗ Enzym, das Rohrzucker in Traubenzucker u. Fruchtzucker zerlegt {69/73}	altind. *sarkara* mind. (pali) *sakkhara* σάκχαρ *sakchar* l. *saccharum* + –ασις –asis	Grieß, Körnerzucker Zucker dto. dto. gr. Suffix s. Partikelliste
–	Saccharid, das (altind >mind (pali)>gr >l;gr)>nlat	Kohlenhydrat (Zuckerstoff; chem. t. t.) {73}	dto. + –(ε)ιδής –(e)ides	dto. ähnlich aussehend s. Partikelliste
–	Saccharin, das altind >mind (pali)>gr >l>frz	künstlich hergestellter Süßstoff (Ausdruck 1878 von dem d. ↗ Chemiker K. Fahlberg geprägt) {17/73}	dto. frz. *saccharin*	dto. aus Zucker
–	Saccharose, die altind >mind (pali)>gr >l>nlat;gr	Rohrzucker {17/73}	dto. + –ωσις –osis	dto. gr. Suffix s. Partikelliste
5247	Sack, der hebr>gr>l >ahd/mhd	1. grober Mantel; Trauer–, Büßerkleid {19/33/51}; 2. Behältnis aus grobem Jutestoff {58/40/44}	hebr. *saq* σάκκος *sakkos* l. *saccus* ahd./mhd. *sac*	Sack, Trauerkleid dto. Filter, Durchschlag, Sack dto.

–	Säckel, der hebr>gr>l >ahd>mhd	Portemonnaie (↗ UTL 2726), Geldbeutel {58/42}		dto. l. *saccellus* ahd. *seckil* mhd. *seckel*	dto. Säckchen Geldsäckchen
–	Sakko, der/das hebr>gr>l >ahd>mhd >it	(italienisierend) einzeln zu kaufendes Jackett {19}		dto. it. *sacco*	dto. dto.; Männerjacke
5248	Salamander, der gr>l>mhd	Molch–, Eidechsenart {07/69}	σαλαμάνδρα salamandra l. *salamandra* mhd. *salamander*		Eidechse, Schwanzlurch dto. dto.
5249	Salm, der gr>kirchenl>ahd	(ugs.) langes, langweiliges Gerede {26/32} (andere Bedeutungen sind lateinischen Ursprungs, vgl. ↗ UTL 3200; vgl. ↗ Psalm)	ψαλμός psalmos kirchenl. *psalmus* ahd. *psalm(o)*		das Berühren, Betasten; Zupfen (der Leier) Psalm dto. s. o. Psalm
5250	salomonisch	von scharfsinniger Klugheit {22/25}	Σαλομών Salomon		Salomon (s. Anhang „Namen")
>>>	Salpingen = Plural von ↗ Salpinx				
5251	Salpingitis, die (gr;gr) >nlat	Eileiterentzündung (med. t. t.) {14/70}	σάλπινγξ, Gen. σάλπιγγος salpinx, salpingos + –ῖτις –itis		Trompete gr. Suffix s. Partikelliste
5252	Salpingographie, die gr;gr	röntgenologische Untersuchung u. Darstellung des Eileiters mit Kontrastmitteln (med. t. t.) {70}	σάλπινγξ, Gen. σάλπιγγος salpinx, salpingos + γραφή graphe		Trompete Schrift; Zeichnung
–	Salpinx, die	1. altgr. Trompete {37/75}; 2. Ohrtrompete (med. t. t.); 3. Eileiter (med. t. t.) {11/70}	σάλπινγξ, Gen. σάλπιγγος salpinx, salpingos		Trompete

5253	Samos, der	Süßwein von der Insel Samos {17}	Σάμος Samos		die gr. Insel Samos (s. Anhang „Namen")
5254	Sampi, das	Buchstabe im ältesten gr. ↗ Alphabet, der als Zahlzeichen für 900 fortlebte {32/57/75/76}	ϡ sampi		Sampi
5255	Samt, der (gr;gr) >mgr>mlat >afrz>mhd	sechsfädiges Seidengewebe pelzartiger Oberfläche {19}	ἕξ hex + μίτος mitos mgr. ἑξάμιτον hexamiton mlat. (e)xamitum o. samitum afrz. samit mhd. samit		sechs Faden sechsfädig(es Seidengewebe) Samt dto. dto.
5256	Sandale, die gr>l	Riemenschuh {19}	σάνδαλον sandalon l. sandalium		hölzerner Riemenschuh dto.
–	Sandalette, die	leichter sandalenartiger Damensommerschuh {19}	dto.		dto.
5257	Sandelholz, das altind>pers >arab>gr >mlat>it >mhd;d	gelbes bis goldbraunes o. dunkelrotes, oft ↗ aromatisch duftendes Holz {21/40}	altind. candana pers. candal arab. sandal σάνταλον santalon mlat. sandalum it. sandalo mhd. sandel + d. Holz		Sandelbaum, –holz dto. dto. dto. dto. dto. dto.
5257a	Sandro bzw. Sandra gr>it	(Kurzform von Alessandro bzw. Alessandra) männlicher bzw. weiblicher Vorname {31}	ἀλέξειν alexein + ἀνήρ, Gen. ἀνδρός aner, andros		abwehren Mann
5258	Saphir, der sanskr >hebr>gr >l>mhd	1. ↗ Mineral u. blauer Edelstein {20/67}; 2. Nadelspitze aus Saphir im Plattenspieler {87}	sanskr. sanipriya hebr. sappir σάπφειρος sappheiros l. sapphirus mhd. saphir(e)		dem Planeten Saturn lieb blauer Lasurstein; Lapislazuli; Saphir dto. dto. dto.

–	**saphiren** sanskr >hebr>gr >l>ahd	aus Saphir gearbeitet, bestehend {20/67}	dto. l. *sapphirinus* ahd. *saphirnisc*	dto. aus Saphir dto.
5259	**sapphisch**	die Dichterin Sappho u. ihre Werke betreffend {32/34/76}	Σαπφώ Sappho	Sappho (s. Anhang „Namen")
–	**Sapphismus,** der (gr;gr) >nlat	↗ lesbische Liebe {18/70}	dto. + –ισμός –ismos	dto. gr. Suffix s. Partikelliste
>>>	**Sapro–** ↗ Wortelementeliste			
5260	**Saprobie,** die o. **Saprobiont,** der gr;gr	Lebewesen, das in und auf faulenden Stoffen lebt u. sich von ihnen ernährt {68/69}	σαπρός sapros + βίος bios bzw. βιῶν Gen. βιοῦντος bion, biountos	faul, stinkend Leben lebend
–	**saprobisch** gr;gr	1. die Fäulnis betreffend {73}; 2. in faulenden Stoffen lebend {68/69}	dto.	dto.
5261	**saprogen** gr;gr	fäulniserregend {73}	σαπρός sapros + –γενής –genes	faul, stinkend stammend von; hervorbringend, verursachend
5262	**Saprophage,** der gr;gr	↗ Organismus, der sich von faulenden Stoffen ernährt {68/69}	σαπρός sapros + φαγεῖν phagein	faul, stinkend essen
5263	**saprophil** gr;gr	in, auf o. von faulenden Stoffen lebend (biol. t. t.) {68/69}	σαπρός sapros + φίλος philos	faul, stinkend lieb, befreundet, Freund
5264	**Saprophyt,** der gr;gr	Pflanze, die von faulenden Stoffen lebt {68}	σαπρός sapros + φυτόν phyton	faul, stinkend Gewächs, Pflanze
5265	**Saprozoon,** das gr;gr	Tier, das von faulenden Stoffen lebt {69}	σαπρός sapros + ζῷον zoon	faul, stinkend Lebewesen, Tier

5266	sardo-nisch gr>l	hämisch u. fratzenhaft verzerrt (evtl. benannt nach der sardinischen Pflanze Sardane o. Sardonion, deren Genuß die Gesichtsmuskeln verzerrt) {26/55}	σαρδάνιος sardanios	höhnisch, hämisch
5267	Sardonyx, der (gr;gr)>l	weißgeäderter mehrfarbiger ↗ Achat {20}	σαρδόνυξ sardonyx aus: Σάρδιος Sardios + ὄνυξ onyx	mit Onyx durchsetzter Edelstein aus Sardinien Nagel, Huf, Kralle s. o. Onyx
5268	Sarg, der gr>l>vulgl >ahd>mhd	(Kurzform von ↗ Sarkophag): kastenförmiges, längliches Behältnis mit Deckel, in das ein Toter gelegt wird {15/51/52 58}	σαρκοφάγος sarkophagos l. sarco-phagus vulgl. sarcus* ahd. sarc mhd. sarc(h)	fleischfressend; Kalkstein, der zum Auslegen der Särge gebraucht wurde, um das Fleisch wegzuätzen dto.; Grab Sarg dto. dto.
5269	Sarkas-mus, der gr>l	1. beißender Spott; 2. bissig-spöttische Bemerkung {26/32}	σαρκασμός sarkasmos abgeleitet von: σαρκάζειν sarkazein	höhnende Rede, bitterer Spott Fleisch zerreißen; sich wütend auf die Lippen beißen
–	sarka-stisch	höhnisch, spöttisch {26/32}	σαρκαστι-κός sarkastikos	höhnend, bitter
5270	sarkoid gr>nlat	sarkomähnlich (von Geschwülsten; med. t. t.) {14/70}	σαρκοειδής sarkoeides	fleischartig
5271	Sarkom o. Sar-koma, das	bösartige Bindegewebsgeschwulst (med. t. t.) {14/70}	σάρκωμα sarkoma	Auswuchs von Fleisch
–	sarkoma-tös gr>nlat	sarkomartig verändert (von Geweben – med. t. t.) {14/70}	dto.	dto.
–	Sarkoma-tose, die gr;gr	ausgebreitete Sarkombildung (med. t. t.) {14/70}	dto. + –ωσις –osis	dto. gr. Suffix s. Partikelliste

5272	Sarko-phag, der gr>l>vulgl >ahd>mhd	Prunksarg {15/51}	σαρκοφάγος sarkophagos	fleischfressend; Kalkstein, der zum Auslegen der Särge gebraucht wurde, um das Fleisch wegzu- ätzen
			l. *sarco-phagus*	dto.; Grab
5272a	Sascha (gr;gr) >russ	männlicher Vorname {31}	ἀλέξειν alexein + ἀνήρ, Gen. ἀνδρός aner, andros	abwehren Mann s. o. Alexander bzw. Sandro
5273	Satan(as), der hebr>gr >kirchenl >ahd>mhd	1. Teufel {51/77}; 2. Mensch mit bösartigem Charakter {84}	hebr. *satan* Σατάν, Σαταν, Σατανᾶς Satan, Satanas kirchenl. *Satan(as)* ahd. Satanas mhd. *Satan(as)*	nachstellen, ver- folgen;Widersa- cher, Feind Feind, Widersa- cher; Teufel dto. dto. dto.
–	Satanie, die	teuflische Grausamkeit {25/26/33/82}	dto.	dto.
–	satanisch hebr>gr >kirchenl >ahd>mhd	teuflisch {25/26/51/77/82}	Σατανικός Satanikos	Satan betreffend
–	Satanis- mus, der hebr>gr >kirchenl >ahd>mhd; gr	1. Teufelsverehrung {51/77}; 2. angeborene Grausamkeit Bösartigkeit u. Verderbtheit {84}	dto. + –ισμός –ismos	dto. gr. Suffix s. Partikelliste
5274	Satans- messe, die hebr>gr >kirchenl >ahd>mhd; l>mlat	schwarze Messe {51/77}	dto. + l. *mittere* mlat. *missa*	dto. schicken, senden liturgische Opfer- feier, Messe (↗ UTL 2219)

5275	Satrap, der pers>gr>l	Statthalter des Perserkönigs (hist. t. t.) {50/75}	pers. *xsaça-pavan-* σατράπης satrapes	das Reich schützend Statthalter des persischen Königs
–	Satrapie, die gr>l	Amt des Staathalters (hist. t. t.) {50/75}	σατραπεία satrapeia	Statthalterschaft
5276	Satyr, der gr>l	1. bocksfüßiger Waldgeist, Faun {51/75}; 2. sinnlich-lüsterner Mensch {18/33}	Σάτυρος Satyros	Satyr
–	Satyriasis, die gr>l	krankhaft gesteigerter Geschlechtstrieb des Mannes (med. t. t.) {14/18/70}	σατυρίασις satyriasis	widernatürliche, krankhafte Geilheit
–	Satyrspiel, das gr>l;d	↗ komisches Nachspiel der antiken (↗ UTL 0214) ↗ Tragödie {35/74/75}	Σάτυρος Satyros + d. *Spiel*	Satyr
5277	Saurier, der	1. ausgestorbene Echse der Urzeit; 2. Kurzform für ↗ Dinosaurier (Begriff 1799 von dem frz. ↗ Zoologen A. Brongniart geprägt) {07/59/69}	σαῦρος sauros	Eidechse
5278	Sauropode, der gr;gr	zusammenfassende Bezeichnung für pflanzenfressende Riesensaurier {07/69}	σαῦρος sauros + πούς, Gen. ποδός pous, podos	Eidechse Fuß
>>>	–saurus ↗ Wortelementeliste			
5279	Sauropsiden (Pl.), die (gr;gr) >nlat	die beiden Wirbeltierklassen der Vögel u. Reptilien {07/69}	σαῦρος sauros + ὄψις opsis	Eidechse das Sehen
5280	Saxophon, das belg;gr	Blasinstrument aus ↗ Messing mit nach oben gerichtetem Schalltrichter (mus. t. t.) {37}	*Sax* + φωνή phone	belg. Instrumentenerfinder Laut, Stimme, Ton
5281	Scenonym, das (gr;gr) >nlat	Deckname, der aus dem Namen eines Schauspielers besteht {31/35}	σκηνή skene + ὄνυμα onyma = Nebenform zu: ὄνομα onoma	Zelt; Bühne Name

5282	Schaff, das gr>l>mlat >ahd>mhd	(↗ Etymologie unsicher): 1. Kornmaß {17/56}; 2. kleines Schiff {45}; 3. offenes Gefäß, Bottich, Zuber; 4. Schrank, Regal {44}	σκάφιον skaphion l. *scaphium* mlat. *scaphum* ahd. *sca(p)f* mhd. *schaf*	kleiner Nachen; Trinkgefäß dto. dto. dto. dto.
5283	Schafott, das (gr>l;l) >vulgl >afrz>frz >mniederl >niederl	(erhöhte) Stätte für Enthauptungen {58/82}	κατάστασις katastasis l. *catasta* + l. *fala* vulgl. *catafalicum** afrz. *chafaud* frz. *échafaud* mniederl. *scafault, scafot* niederl. *schavot*	das Aufstellen; Zustand, Lage Schaugerüst hohes Gerüst, hölzerner Turm Gerüst, erhöhte Plattform dto. (zum Erhängen) dto. dto.
5284	Scharteke, die gr>frz >mnd	1. altes wertloses Buch, Schmöker {32/56}; 2. (veraltet) anspruchloses Theaterstück {35/74} 2. (abwertend) ältliche Frau {33}	χάρτης chartes frz. *charte* mnd. *scarte* o. *scharteke*	Papierblatt aus Papyrus; Buch, Schriftwerk Karte, Urkunde Urkunde; altes Buch s. o. Charta
5284a	Schellkraut, das gr>mlatl	„Schildkraut": eine Wildkräuterart {04/68}	χελιδόνιον chelidonion mlat. *celidonia*	Schwalbenkraut dto.
5285	Schema, das gr>l	1. Muster, Grundform; 2. Aufriß {40/41/56/78}	σχῆμα schema	Haltung, Gestalt, Figur
–	schematisch	1. nach einem Schema; schablonenhaft, gleichförmig {56}; 2. gedankenlos {25/26}	dto.	dto.
–	schematisieren gr>l>nlat	in eine Übersicht bringen {32/56/78}	dto.	dto.
–	Schematismus, der gr>l	Gleichmacherei, unterschiedslose Behandlung, Formenkram {33/56}	σχηματισμός schematismos	Haltung, Gestalt
–	Schemen, die (Pl.)	1. Plural (↗ UTL 2697) von ↗ Schema {40/41/56/78}; 2. nur ungenau wahrzunehmender Gegenstand o. Gestalt {23/55}	σχῆμα schema	Haltung, Gestalt, Figur

–	schemen-haft gr;d	nur undeutlich wahrnehmbar {23/55}	dto.	dto. + d. –haft
5286	Schimäre, die gr>l>frz	Trugbild, Hirngespinst {24}	Χίμαιρα Chimaira l. chimaera frz. chimère	sagenhaftes Untier (s. Anhang „Namen") dto. dto.; Wahnidee
–	schimärisch gr>l>frz	trügerisch {24/55}	dto.	dto.
5287	Schisma, das gr>kirchenl>mhd	1. Spaltung, Kirchenspaltung {51/77}; 2. kleinstes ↗ musikalisches Intervall (↗ UTL 1501) (mus. t. t.) {37}	σχίσμα schisma	Spalt, Zwiespalt
–	Schismatiker, der gr>kirchenl	Verursacher einer Kirchenspaltung {33/51/77}	σχισματικός schismatikos	die Spaltung betreffend
–	schismatisch gr>kirchenl	die Kirchenspaltung betreffend {51/77}	dto.	dto.
>>>	Schismen = Plural von ↗ Schisma			
>>>	–schisis ↗ Wortelementeliste			
>>>	Schizo– ↗ Wortelementeliste			
5288	schizogen gr;gr	durch Spaltung entstanden (biol. t. t.) {68/69}	σχίζειν schizein + –γενής –genes	(zer)spalten, durchschneiden stammend von; hervorbringend, verursachend
5289	Schizogonie, die gr;gr	ungeschlechtliche Vermehrung durch Teilung einer Zelle (↗ UTL 3886) in mehr als zwei Zellen (biol. t. t.) {68/69}	σχίζειν schizein + γονή gone	(zer)spalten, durchschneiden Erzeugung, Geburt; Nachkomme
5289a	schizoid gr;gr	↗ autistisch veranlagt (med. t. t.) {14/70}	σχίζειν schizein + –(ε)ιδής –(e)ides	(zer)spalten, durchschneiden ähnlich aussehend s. Partikelliste
5290	Schizophasie, die gr;gr	Äußerung zusammenhangloser Wörter (med. t. t.) {14/32/70}	σχίζειν schizein + φάσις phasis	(zer)spalten, durchschneiden Sprache, Rede; Behauptung

5291	schizo-phren gr;gr	1. zwiespältig, Gegensätze in sich vereinend {25/56}; 2. an Schizophrenie leidend (med. t. t.) {14/70}	σχίζειν schizein + φρήν phren	(zer)spalten, durchschneiden Zwerchfell; Geist, Verstand
–	Schizo-phrenie, die gr;gr	1. Spaltungsirresein (med. t. t.) {14/70}; 2. innere Widersprüchlichkeit, Zwiespältigkeit {25}	dto.	dto.
5292	Schizo-phyten, die (Pl.) gr;gr	zusammenfassender Begriff für Spaltpflanzen (bot. t. t.) {68}	σχίζειν schizein + φυτόν phyton	(zer)spalten, durchschneiden Gewächs, Pflanze
5293	schizo-thym gr;gr	auf Schizothymie beruhend (med. t. t.) {14/70}	σχίζειν schizein + θυμός thymos	(zer)spalten, durchschneiden Lebenskraft, Mut, Zorn, Leidenschaft
–	Schizo-thyme, der gr;gr	jmd., der schizothym veranlagt ist (med. t. t.) {14/70}	dto.	dto.
–	Schizo-thymie, die gr;gr	Neigung zur ↗ Schizophrenie (med. t. t.) {14/70}	dto.	dto.
5294	Schleu-der-trauma, das d;gr	Nackenverletzung bei Auffahrunfällen, wenn der Kopf ruckartig nach vorn u. zurückgeschleudert wird {14/45/70}	d. schleudern + τραῦμα trauma	Wunde, Verletzung s. u. Trauma
5295	Schmin-ke, die gr>l	(↗ Etymologie unsicher): ↗ kosmetisches Mittel zum Verschönern der Haut u. der Lippen {21}	σμῆγμα smegma l. smegma mhd. smicke	Salbe, Seife Reinigungsmittel Brei, Salbe
5296	Schmir-gel, der gr>l>mgr >mlat>it	feinkörniges Gestein, das als Mittel zum Schleifen benutzt wird {40/44}	σμύρις smyris l. smyris mgr. σμερί mlat. smerilium* it. smeriglio	Mittel zum Reiben u. Polieren; Schmirgel
5297	Schola, die gr>l	institutionelle (↗ UTL 1447) Vereinigung von Lehrern u. Schülern im Mittelalter (mus. t. t.) {37/75}	σχολή schole	Muße, Ruhe, Freiheit von Arbeiten; Zeit für Wissenschaft
5298	Scholar, der gr>l>mlat	fahrender Student {31/78}	dto. l. scholaris	dto. zur Schule gehörig, Schul... (↗ UTL 3235)

Nr.	Wort	Bedeutung	Griechisch	Übersetzung
–	Scholarch, der gr>mlat	Vorsteher einer Kloster– o. Domschule im Mittelalter (hist. t. t.) {33/51/75/77}	σχολάρχης scholarches	Vorsteher einer Schule
–	Scholarchat, das gr>nlat	Amt eines Scholarchen {33/51/75/77}	dto.	dto.
5299	Scholast, der	↗ Scholar {31/78}	σχολαστής scholastes	müßig, untätig
–	Scholastik, die gr>l	abendländische ↗ Philosophie im Mittelalter, die auf den ↗ christlichen Glaubenswahrheiten ↗ basiert {51/77}	σχολαστικός scholastikos	müßig, ohne Beschäftigung; mit Wissenschaft beschäftigt
–	Scholastiker, der gr>l	Vertreter der Scholastik {33/51/77}	dto.	dto.
5300	Scholastikus, der gr>l	= Scholarch {33/51/75/77}	σχολαστικός scholastikos l. scholasticus	müßig; jmd., der sich mit Wissenschaft beschäftigt Schüler, Student; Professor, Gelehrter
–	scholastisch gr>l	1. spitzfindig {25}; 2. nach der ↗ Methode der Scholastik {51/77}	dto.	dto.
–	Scholastizismus, der (gr;gr) >mlat >nlat	Überbewertung der Scholastik {25/51/77}; 2. Spitzfindigkeit {25}	dto. + –ισμός –ismos	dto. gr. Suffix s. Partikelliste
5301	Scholiast, der gr>mgr >mlat	Verfasser von Scholien {32/34/75/76}	σχολιαστής scholiastes	Scholienschreiber; Ausleger, Erklärer
5302	Scholie, die o. Scholion, das	erklärende Randbemerkung in antiken (↗ UTL 0214) Handschriften {32/34/75/76}	σχόλιον scholion	Auslegung, Erklärung
5302a	Schorsch	(ugs. für Georg): männlicher Vorname {31}	γεωργός georgos	Bauer

5303	Schüssel, die gr>l>ahd >mhd	flaches Gefäß {44}	σκυτάλη skytale l. scutella u. scutula ahd. scuzzila mhd. schüzzel(e)	Stab, Walze Platte flache Schüssel dto. dto.
5304	Schule, die gr>l>ahd >mhd	Unterrichtsstätte, Unterricht {31/58/78}	σχολή schole l. sc(h)ola ahd. scuola mhd. schuol(e)	Muße, Ruhe, Freiheit von Arbeiten; Zeit für Wissenschaft Muße, Ruhe; Schule, Unterricht (↗ UTL 3238) dto. dto.
5305	Scientology, die l;gr	pseudo-religiöse (↗ UTL 3066), mit wissenschaftlichem Scheinanspruch auftretende Sekte (↗ UTL3260) {33/51/82}	l. scientia + λόγος logos	Wissen(schaft), Kunde, Kenntnis (↗ UTL 3242) Rede, Wort, Berechnung
5306	Scylla	1. ein Seeungeheuer {34/51/75/76}; 2. zwischen – und Charybdis: in einer ausweglosen Lage; von zwei Übeln bedrängt, denen man nicht entkommen kann {25/26}	Σκύλλα Skylla bzw. (2.) + Χάρυβδις Charybdis	Skylla (s. Anhang „Namen") Charybdis (s. Anhang „Namen")
5307	Sebastian	männlicher Vorname {31}	σεβαστός sebastos bzw. Σεβαστιανός Sebastianos	verehrt; ehrwürdig; Kaisername (entspricht dem l. Augustus) der Erlauchte

>>> Seism(o)- ↗ Wortelementeliste

5308	Seismik, die gr>nlat	Erdbebenkunde {62/63/64}	σεισμός seismos	Erschütterung; Erdbeben
–	Seismiker, der gr>nlat	Wissenschaftler der Seismik {40/62/63/64}	dto.	dto.
–	seismisch gr>nlat	1. die Seismik betreffend; 2. durch ein Erdbeben verursacht {62/63/64}	dto.	dto.

–	Seismizität, die gr>nlat	Häufigkeit u. Stärke der Erdbeben eines Gebietes {62/63/64}	dto.	dto.
5309	Seismogramm, das gr;gr	Aufzeichnung des Erdbebenmessers {62/63/64}	dto. + γράμμα gramma	dto. Buchstabe, Schrift(werk)
5310	Seismograph, der gr;gr	Erdbebenmesser {62/63/64}	dto. + γραφεύς grapheus	dto. Schreiber, Maler
–	seismographisch gr;gr	mit einem Seismographen aufgenommen {62/63/64}	dto. + γραφικός graphikos	dto. im Malen geschickt; malerisch; zum Malen o. Schreiben gehörig
5311	Seismologe, der gr;gr	= ↗ Seismiker {40/62/63/64}	σεισμός seismos + λόγος logos	Erschütterung; Erdbeben Rede, Wort; Berechnung
–	Seismologie, die gr;gr	= ↗ Seismik {62/63/64}	dto.	dto.
–	seismologisch gr;gr	= ↗ seismisch {62/63/64}	dto. + λογικός logikos	dto. zum Reden gehörig, die Rede betreffend
5312	Seismometer, der gr;gr	Erdbebenmesser {62/63/64}	σεισμός seismos + μέτρον metron	Erschütterung; Erdbeben Maß, Versmaß
–	seismometrisch gr;gr	mit einem Seismometer gemessen {62/63/64}	dto.	dto.
5313	Seismophon, das gr;gr	Gerät, das weit entfernte Erdbeben hörbar macht {62/63/64}	σεισμός seismos + φωνή phone	Erschütterung; Erdbeben Laut, Stimme, Ton
5314	Seismoskop, das gr;gr	= ↗ Seismometer {62/63/64}	σεισμός seismos + σκοπός skopos	Erschütterung; Erdbeben jmd., der genau hinschaut; Aufseher, Späher

5315	Selenologe, der gr;gr	Mondforscher {40/62/66}	σελήνη selene + λόγος logos	Mond Rede, Wort; Berechnung
–	Selenologie, die gr;gr	Mondforschung (astron. t. t.) {62/66}	dto.	dto.
–	selenologisch gr;gr	die Mondforschung betreffend {62/66}	dto. + λογικός logikos	dto. zum Reden gehörig, die Rede betreffend
5316	Selen, das gr>nlat	chem. Element (↗ UTL 0874); graues Halbmetall; Zeichen: Se {73}	σελήνη selene	Mond
5317	Selenzelle, die gr;l	↗ Photozelle mit Selen, die Licht in ↗ elektrischen Strom umwandelt (phys. t. t.) {72}	dto. + l. cella	dto. Vorratskammer, Kabinett, Bienenstock–Zelle, Gefängnis (↗ UTL 3886)
5318	Sellerie, der gr>l>it >nordit>frz	eine Gemüse- u. Gewürzpflanze {05/17/69}	σέλινον selinon l. selinon it. selano nordit. selleri (Pl.) frz. céleri	Eppich; Sellerie; Petersilie Eppich Sellerie

>>> Sem(a)– ↗ Wortelementeliste

5319	Sem, das	eines von mehreren Merkmalen, die zusammen ein ↗ Semem ausmachen (sprachwiss. t. t.) {32/76}	σῆμα sema	Zeichen, Merkmal; Grabmal
–	Semantem, das	1. Ausdrucksseite eines ↗ Lexems als Träger des Inhalts; 2. = ↗ Sem; 3. = ↗ Semem {32/76}	σημαντός semantos	bezeichnet
5320	Semantik, die gr>frz	1. Lehre von der Bedeutung der Wörter (linguist. t. t.); 2. Bedeutung, Inhalt (eines Wortes o. Textes (↗ UTL 3576) (Ausdruck 1883 von dem frz. Linguisten (↗ UTL 2068) M. Bréal geprägt) {32/76}	σημαντικός semantikos frz. sémantique	bezeichnend

–	Semantiker, der	Wissenschaftler der Semantik (linguist. t. t.) {32/40/76}	dto.	dto.
–	semantisch	1. die Semantik betreffend; 2. zeichenhaft {32/76}	dto.	dto.
–	semantisieren	die Bedeutung ermitteln (sprachwiss. t. t.) {32/76}	dto.	dto.
5321	Semaphor, das (gr;gr) >nlat	Mast mit verstellbarem Flügelsignal zur ↗ optischen Zeichengebung {32/45}	σῆμα sema + φορός phoros	Zeichen, Merkmal; Grabmal tragend, bringend
–	semaphorisch (gr;gr) >nlat	das Semaphor betreffend {32/45}	dto.	dto.
5322	Semasiologie, die gr;gr	1. = ↗ Semantik; 2. Lehre von der Bedeutung sprachlicher Ausdrücke (Ausdruck 1839 von K. Reisig geprägt – linguist. t. t.) {32/76}	σημασία semasia + λόγος logos	das Bezeichnen; das Geben eines Zeichens Rede, Wort; Berechnung
–	semasiologisch gr;gr	die Semasiologie betreffend {32/76}	dto.	dto.
>>>	Sem(e)io– ↗ Wortelementeliste			
5323	Semeiographie, die (gr;gr) >nlat	Zeichenschrift; Notenschrift {32/37/76}	σημεῖον semeion + γραφή graphe	Zeichen Schrift; Zeichnung
>>>	Semeiotik, die = ↗ Semiotik			
5324	Semem, das	inhaltliche Seite o. Bedeutung eines sprachlichen Zeichens (sprachwiss. t. t.) {32/76}	σημεῖον semeion	Zeichen
>>>	Semi– ↗ Wortelementeliste			
5325	Semikolon, das altind>gr>l >ahd;gr>l	zwei Hauptsätze trennendes Satzzeichen (;), das stärker als das ↗ Komma, aber schwächer ist als der Punkt (↗ UTL 2903) (Ausdruck Ende des 15. Jh. von A. Manutius eingeführt) {32/76}	altind. *sami* ἡμι– hemi– l. *semi* ahd. *sami* + κῶλον kolon	halb halb halb (↗ UTL 3266) Glied; Abschnitt (↗ UTL 3268)

5326	**Semio-logie,** die (gr;gr) >nlat	1. Zeichentheorie (philos., sprachwiss. t. t.) {32/76/77}; 2. = ⟶ Symptomatologie{14/70}	σημεῖον semeion + λόγος logos	Zeichen Rede, Wort; Berechnung
5327	**Semiotik,** die	1. = ⟶ Semiologie (1.) {32/76/77}; 2. Bedeutungslehre {32/76}; 3. = ⟶ Symptomatologie {14/70}	σημειωτικός semeiotikos	das Bezeichnen betreffend
–	**semio-tisch**	die Semiotik betreffend {14/32/70/76/77}	dto.	dto.
5328	**Semmel,** die assyr>gr>l >ahd>mhd	Brötchen, Schrippe (meist aus Weizen) {17}	assyr. *samidu* σεμίδαλις semidalis l. *simila* ahd. *simala, semala* mhd. *semel*	feines Mehl feinstes Weizenmehl Brötchen aus feinstem Weizenmehl dto. dto.
–	**semmeln** assyr>gr>l >ahd>mnd	(ugs.) beim Fußballspiel den Ball hart (o. sehr ungenau) schießen {29/85}	dto.	dto.
5329	**Senf,** der gr>l>ahd >mhd	Mostrich (⟶ UTL 22989); aus Senfkörnern mit Essig u. Gewürzen hergestellte gelbbraune ⟶ Masse {17}	σίναπι sinapi l. *sinapi* ahd. *senaf* mhd. *sen(e)f*	Senfpflanze, Senfgewürz dto. dto. dto.
5330	**sepia** gr>l	graubraunschwarz {55}	σηπία sepia	Tintenfisch
–	**Sepia** o. **Sepie,** die	1. Tintenfisch {08/69}; 2. schwarz–braune Farbe aus dem Tintenbeutel des Tintenfisches {40/55}	dto.	dto.
5331	**Sepsis,** die	Blutvergiftung (med. t. t.) {14/70}	σῆψις sepsis	Fäulnis, Gärung; Verdauung
–	**septisch** gr>l	1. auf Sepsis beruhend; 2.eine Blutvergiftung hervorrufend (med. t. t.) {14/70}	σηπτικός septikos	Fäulnis bewirkend
5332	**Sera-peion** o. **Sera-peum,** das	Tempel des ägypt. Gottes der Unterwelt Serapis {51/58/75/88}	Σαραπεῖον Sarapeion	Tempel des Serapis
5333	**Serigra-phie,** die (gr>l;gr) >nlat	1. Siebdruckverfahren; 2. auf diese Weise hergestelltes Erzeugnis {40/41}	σηρικός serikos + γραφή graphe	seiden Schrift; Zeichnung

5334	Serologe, der l;gr	Facharzt, Wissenschaftler auf dem Gebiet der Serologie {40/70}	l. *serum*	Molke, Käsewasser; wässriger Teil von etwas (↗ UTL 3293)
			+ λόγος logos	Rede, Wort; Berechnung
–	Serologie, die l;gr	Teilgebiet der Medizin (↗ UTL 2190), das sich mit (Infektions)krankheiten u. den Veränderungen des Blutserums befaßt (med. t. t.) {70}	dto.	dto.
–	serologisch l;gr	die Serologie betreffend {70}	dto. + λογικός logikos	dto. zum Reden gehörig, die Rede betreffend
5335	Sesam, der akkad >gr>l	1. Ölpflanze aus Indien u. Afrika {05/69}; 2. Samen der Sesampflanze {17}	akkad. *sammassamu* σήσαμον sesamon l. *sesamum*	Sesam Sesamfrucht, –pflanze dto.
5336	Sexologe, der l;gr	Wissenschaftler der Sexologie {18/40/70}	l. *sexus*	männliches u. weibliches Geschlecht; Geschlechtsglied (↗ UTL 3301)
			+ λόγος logos	Rede, Wort; Berechnung
–	Sexologie, die l;gr	Wissenschaft über die Erforschung der Sexualität u. des sexuellen Verhaltens (↗ UTL 3303) {18/70}	dto.	dto.
–	sexologisch l;gr	die Sexologie betreffend {18/70}	dto. + λογικός logikos	dto. zum Reden gehörig, die Rede betreffend
5337	Sexualethik, die l;gr	sittliche Haltung im Bereich des Geschlechtslebens {18/30/70}	l. *sexualis*	zum Geschlecht gehörig (↗ UTL 3303)
			+ ἠθικός ethikos	sittlich; den Charakter betreffend s. o. Ethik
–	sexualethisch l;gr	die Sexualethik betreffend {18/30/77}	dto.	dto.
5338	Sexualhormon, das l;gr	in den Keimdrüsen gebildeter Wirkstoff (med. t. t) {11/18/70}	l. *sexualis*	zum Geschlecht gehörig
			+ ὁρμᾶν horman	in Bewegung setzen s. o. Hormon

5339	Sexualhygiene, die l;gr	Gesundheitslehre auf dem Gebiet des Geschlechtslebens {18/32/70}	l. *sexualis* + ὑγιεινός hygieinos Fem. ὑγιεινή hygieine	zum Geschlecht gehörig der Gesundheit zuträglich, gesund s. o. Hygiene
5340	Sexualorgan, das l;gr	Geschlechtsteil {11/18}	l. *sexualis* + ὄργανον organon	zum Geschlecht gehörig Werkzeug; Sinn; Körperteil; (Musik)Instrument s. o. Organ
5341	Sexualpädagogik, die l;gr	Lehre von der geschlechtlichen Erziehung der Jugend {18/31/78}	l. *sexualis* + παιδαγωγική paidagogike	zum Geschlecht gehörig Erziehungskunst s. o. Pädagogik
5342	Sexualpathologie, die l;gr;gr	Lehre von den krankhaften Störungen u. Abarten des Geschlechtslebens (med. t. t., psych. t. t.) {14/18/70}	l. *sexualis* + πάθος pathos + λόγος logos	zum Geschlecht gehörig Schmerz; Leiden(schaft) Rede, Wort; Berechnung s. o. Pathologie
–	sexualpathologisch l;gr;gr	die Sexualpathologie betreffend {14/18/70}	dto. + λογικός logikos	dto. zum Reden gehörig, die Rede betreffend
5343	Sexualpsychologie, die l;gr;gr	Teil der Psychologie, die das Verhalten im Geschlechtsleben erforscht {18/70}	l. *sexualis* + ψυχή psyche + λόγος logos	zum Geschlecht gehörig Seele Rede, Wort; Berechnung s. o. Psychologie
5344	Sexualrhythmus, der l;gr	regelmäßige Abfolge der Paarungsbereitschaft {18/59/69/70}	l. *sexualis* + ῥυθμός rhythmos	zum Geschlecht gehörig gleichmäßige Bewegung, Ebenmaß; Takt s. o. Rhythmus
5345	Sexualzyklus, der gr;gr	= ↗ Sexualrhythmus {18/59/69/70}	l. *sexualis* + κύκλος kyklos	zum Geschlecht gehörig Kreis, Kreislauf s. u. Zyklus
5346	Sibylla o. Sibylle, (die) gr>l	1. Wahrsagerin {51/75}; 2. weiblicher Vorname {31}	Σίβυλλα Sibylla	Sibylle (s. Anhang „Namen")

–	Sibyllinen, die (Pl.) gr>l	hellenistisch–jüdische Weissagungsbücher {32/51/75}	τὰ Σιβύλλεια (Pl.) ta Sibylleia		die Sibyllinischen Bücher
–	sibyllinisch gr>l	rätselhaft, geheimnisvoll {25/26/51}	Σιβύλλειος Sibylleios		sibyllinisch
5347	Siderit, der gr>nlat	1. karbonatisches Eisenerz {62/73}; 2. ↗ Meteorit aus reinem Eisen {66/73}	σιδηρίτης siderites		aus Eisen; Eisenstein
5348	Siderolith, der gr;gr	Eisensteinmeteorit {66/73}	σίδηρος sideros + λίθος lithos		Eisen Stein
5349	Siderurgie, die	Eisen– u. Stahlbearbeitung (techn. t. t.) {40/41}	σιδηρουργία siderourgia		das Arbeiten in Eisen
–	siderurgisch	die Siderurgie betreffend (techn. t. t.) {40/41}	σιδηρουργός siderourgos		in Eisen arbeitend
5349a	Sieben Weisen, die (Pl.)	Gruppierung der bedeutendsten Denker des frühen Griechenland {25/75/77}	ἑπτὰ σοφοί (Pl.) hepta sophoi		die Sieben Weisen (s. Anhang „Namen")
5350	Sigma, das	achtzehnter Buchstabe des gr. ↗ Alphabets {32/76}; 2. = ↗ Sigmoid (med. t. t.) {70}	σ, ς (am Schluß), Σ (σίγμα) s, S (sigma)		Sigma
5351	Sigmatiker, der	jmd., der an Sigmatismus leidet {14/32/70}	σιγματίζειν sigmatizein		das Sigma (falsch o. zu oft) gebrauchen
–	Sigmatismus, der gr>nlat	das Lispeln (med. t. t.) {14/32/70}	σιγματισμός sigmatismos		(falscher) Gebrauch des Sigma
5352	Sigmoid, gr	S-förmiger Abschnitt des Grimmdarms (med. t. t.) {11/70}	σιγμοειδής sigmoeides		in der Gestalt eines Sigma; halbkreisförmig
5353	Silbe, die gr>l>ahd >mhd	einen o. mehrere Laute umfassende ↗ phonetische Einheit in einem Wort {32/76}	συλλαβή syllabe l. *syllaba* ahd. *sillaba* mhd. *sil(la)be*		das Zusammenfassen; Band; Silbe dto. dto. dto.
5354	Silen, der	dicker, glatzköpfiger, trunkener Begleiter des ↗ Bacchus {51/75}	Σιληνός Silenos		Silenos (s. Anhang „Namen")

5355	Silikose, die l;gr	(Quarz)staublunge (med. t. t.) {14/70}	l. *siliceus* + –ωσις –osis	aus Kiesel, Kiesel... (↗ UTL 3321) gr. Suffix s. Partikelliste	
5356	Sillen, die (Pl.)	↗ parodistische altgr. Spottgedichte {34/75/76}	σίλλος sillos	Hohn, Spott; Spottgedicht	
–	Sillograph, der gr>l	Verfasser von Spottgedichten {34/40/75/76}	σιλλογράφος sillographos	Sillenschreiber	
5357	Sillybos, der gr>l	farbiger Zettel an den Schriftrollen des Altertums mit dem Titel (↗ UTL 3586) des Werkes u. des Verfassers {34/75/76}	σίλλυβος sillybos	Quaste; Anhängsel; Zettel an den Schriftrollen	
5358	Silo, der o. das gr>l>span	(Herkunft unsicher): 1. Großspeicher {58}; 2. Gärfutterbehälter {39/58}	σ(ε)ιρός s(e)iros l. *sirus* span. *silo*	Getreidegrube dto. dto.	
5359	Sima, die gr>l	Rinnleiste antiker (↗ UTL 0214) Tempel (↗ UTL 3545) {75/88}	σιμός simos l. *sima*	nach oben gebogen, stumpfnasig Rinnleiste, Teil des Säulenkranzes	
5359a	Simon	männlicher Vorname	Σίμον Simon	Stupsnase	
–	Sims, der gr>l>ahd >mhd	vorspringende Baukante; Rand, Leiste {88}	σιμός simos l. *sima* ahd. *simiz* mhd. *simez*	nach oben gebogen, stumpfnasig Rinnleiste Säulenkapitell vorderer Teil des Gestühls	
5360	Sinfonie, die gr>l>afrz >mhd	großes mehrsätziges Musikstück für ↗ Orchester (mus. t. t.) {37}	συμφωνία symphonia	das Zusammenklingen	
–	Sinfonietta, die gr>l>it	kleine Sinfonie (mus. t. t.) {37}	dto.	dto.	
–	Sinfonik, die	Lehre vom sinfonischen Satzbau (mus. t. t.) {37}	σύμφωνος symphonos	zusammenklingend; übereinstimmend	
–	Sinfoniker, der	1. Komponist (↗ UTL 1770) von Sinfonien; 2. Mitglied eines Sinfonieorchesters {37/40}	dto.	dto.	
–	sinfonisch	sinfonieartig {37}	dto.	dto.	

5361	Sinologe, der (gr;gr) >nlat	Chinaforscher {40/64/81}	Σῖναι Sinai + λόγος logos		Chinesen Rede, Wort; Berechnung
–	Sinologie, die gr;gr	Chinaforschung {64/81}	dto.		dto.
–	sinologisch gr;gr	die Sinologie betreffend {64/81}	dto. + λογικός logikos		dto. zum Reden gehörig, die Rede betreffend
5362	Sipho, der gr>l	Atemröhre der Schnecken, ↗ Muscheln u. Tintenfische {69}	σίφων siphon l. *sipho*		Röhre Spritze, Röhre
–	Siphon, der gr>l>frz	Behälter mit Druckverschluß {17/44/58}	dto. frz. *siphon*		dto.
5363	Sirene, die gr>l>mhd	1. schöne, verführerische Frau {18/33}; 2. Anlage zur Erzeugung eines Alarm- o. Warnsignals {23/40/44}; 3. bestimte Säugetierordnung (Seekühe – biol. t. t.) {69}	Σειρήν Seiren l. *Siren* mhd *siren(e)*		Sirene (s. Anhang „Namen")
5364	Sirius, der	Gestirnsname {66}	σείριος seirios		heiß, brennend; Hundsstern
>>>	–sis ↗ Partikelliste				
5365	Sistrum, das gr>l	ein altägypt. Rasselinstrument {37/75}	σεῖστρον seisstron		Klapper für den Gottesdienst der Isis (s. Anhang „Namen")
5366	Sisyphusarbeit, die gr;d	sinnlose große Anstrengung ohne Hoffnung auf ein Ende {25/40}	Σίσυφος Sisyphos + d. *Arbeit*		Sisyphos (s. Anhang „Namen")
5367	Sit(i)omanie, die gr;gr	krankhafte Eßsucht (med. t. t.) {14/17/70}	σῖτος sitos + μανία mania		Weizen, Getreide; Nahrung Raserei, Wahnsinn, Verzückung
5368	Sittich, der gr>l>ahd >mhd	kleiner bunter Vogel mit langem Schwanz von der Südhalbkugel der Erde {07/69}	ψίττακος o. σίττακος psittakos o. sittakos l. *psittacus* ahd. *sitih* mhd. *sitech*		Papagei, Sittich dto. dto. dto.

5369	Sito-phobie, die gr;gr	Nahrungsverweigerung (med. t. t.) {14/17/28/70}	σῖτος sitos + φόβος phobos	Weizen, Getreide; Nahrung Angst, Furcht
5370	Skandal, der gr>l>frz	1. Lärm, Radau {33/55}; 2. Anstoß, Ärgernis, Aufsehen {30/33/77}	σκάνδαλον skandalon	Falle; Beleidigung
–	skandalieren gr>l>frz	lärmen {29/55}	dto.	dto.
–	skandalisieren gr>l>frz	Anstoß nehmen {30/33/77}	dto.	dto.
–	Skandalon, das	Anstoß, Ärgernis {30/33/77}	dto.	dto.
–	skandalös gr>l>frz	anstößig, schandbar {30/33/77}	dto.	dto.
5371	Skarabäengemme, die gr>l;l	als Siegelringstein verwendetes Abbild des Skarabäus {20/32}	σκάραβος skarabos + l. gemma	Krabbe, Krebs Knospe am Weinstock; Juwel, Schmuck, Siegelring (↗ UTL 1177a)
–	Skarabäus, der gr>l	1. Mistkäfer, Pillendreher {08/69}; 2. käferähnlicher Stein als Talisman {21}	σκάραβος skarabos	Krabbe, Krebs
5372	Skat, der gr>l>it	1. deutsches Kartenspiel für drei Spieler {85}; 2. die zwei verdeckt liegenden Karten beim Skatspiel {57/85}	χάρτης chartes l. charta it. carta scartare scarto	Papierblatt aus Papyrus; Buch, Schriftwerk Papyrusblatt; Brief Papier, (Spiel-)Karte Karten wegwerfen, ablegen die abgelegten, „gedrückten" Karten
5373	Skatol, das	bei der Fäulnis von Eiweißstoffen entstehende chem. Verbindung {73}	σκῶρ, Gen. σκάτος skor, skatos	Kot
5374	Skatologie, die gr;gr	1. wissenschaftliche Untersuchung von Kot {70/73}; 2. Verwendung von Ausdrücken aus der Fäkaliensprache {26/32}	dto. + λόγος logos	dto. Rede, Wort; Berechnung

–	skato- logisch gr;gr	1. die Skatologie betreffend {70/73}; 2. eine schmutzige Ausdrucksweise benutzend {26/32}	dto. + λογικός logikos	dto. zum Reden gehörig, die Rede betreffend	
5375	Skazon, der gr>l	= ↗ Choliambus {34/75/76}	σκάζων skazon	hinkend; jambischer Hinkvers	
5376	Skelett, das	1. Gerippe, Knochengerüst {11/70}; 2. das zur Festigung von Pflanzenorganen dienende Gewebe (bot. t. t.) {68}; 4. Grundgerüst {25/31/56/78}	σκελετός skeletos	ausgetrocknet, dürr; abgemagert	
–	skelet- tieren	1. das Skelett bloßlegen {70}; 2. zum Skelett werden {14/17/70}	dto.	dto.	
5377	Skene, die	erhöhte Spielfläche für die Schauspieler im altgr. ↗ Theater {35/58/74/75}	σκηνή skene	Zelt; Bühne	
5378	Skeno- graphie, die	altgr. Bühnendekorationsmalerei {35/36/74/75}	σκηνο- γραφία skenographia	Bühnen–, Theatermalerei	
5379	Skepsis, die	Zweifel, zweifelnde Betrachtung {25/26}	σκέψις skepsis	Betrachtung, Überlegung	
–	Skeptiker, der	1. Zweifler {25/26/33/84}; 2. Anhänger des Skeptizismus {25/33/77}	σκεπτικός skeptikos	das Betrachten, Überlegen betreffend; skeptischer Philosoph	
–	skeptisch	mißtrauisch, kühl abwägend, zweifelnd {25/26}	dto.	dto.	
–	Skepti- zismus, der (gr;gr) >nlat	1. Zweifelsucht {25/26}; 2. ↗ philosophische Lehre, die den Zweifel zum Prinzip (↗ UTL 2821) des Denkens macht {25/77}	dto. + –ισμός –ismos	dto. gr. Suffix s. Partikelliste	
5380	Skia- graphie, die	Schattenmalerei {36}	σκιαγραφία skiagraphia	„das Malen von Schatten"; Malerei mit der richtigen Verteilung von Licht u. Schatten	
5381	Skizze, die gr>l>it	Entwurf {25/32/34/36/88}	σχεδόν schedon u. σχέδιος schedios l. schedius it. schizzo	(bei)nahe in Eile; aus dem Stegreif gemacht dto. Spritzer; Entwurf	
–	skizzie- ren gr>l>it	das Entwerfen von Texten o. Bildern {29/32/34/36/88}	dto.	dto.	

5382	Sklave, der gr>mlat >mhd	(↗ Etymologie unsicher): 1. Leibeigener, in völliger wirtschaftlicher u. rechtlicher Abhängigkeit lebender Mensch {33/50}; 2. Masochist {18/70}	σκῦλον skylon abgeleitet von: σκυλεύειν skyleuein mlat. *scylavus** *sclavus* mhd. *sklafe*	Kriegsbeute erbeuten
>>>	–sklerose ↗ Wortelementeliste			
5383	Sklerose, die gr;gr	krankhafte Verhärtung von Geweben u. ↗ Organen (med. t. t.) {14/70}	σκλήρωσις sklerosis	Verhärtung
–	sklerotisch gr;gr	verhärtet (med. t. t.) {14/70}	dto.	dto.
5384	Skoliose, die gr;gr	seitliche Verkrümmung der Wirbelsäule (med. t. t.) {14/70}	σκολίωσις skoliosis	Krümmung, Biegung
>>>	–skop, –skopie ↗ Wortelementeliste			
5385	Skorpion, der gr>l>ahd> mhd	1. ↗ tropisches u. subtropisches Spinnentier mit Giftstachel {08/69}; 2. ein Sternbild {66}; 3. das 8. Tierkreiszeichen bzw. ein in diesem Zeichen geborener Mensch {15/51/66}	σκορπίος skorpios l. *scorpio* ahd. *scorpio* mhd. *sc(h)orpion*	Skorpion
>>>	Skylla (und Charybdis ↗ 1003) = gr. Form (↗ UTL 1132) von ↗ Szylla			
5386	Skyphos, der	altgr. Trinkgefäß mit zwei waagerechten Henkeln am Rand {44/75}	σκύφος skyphos	Becher, Pokal
5387	Smaragd, der semit>gr >l>mhd	grüner Edelstein; Abart des ↗ Beryll {21}	semit. *brq* σμάραγδος smaragdos l. *smaragdus* mhd. *smaragt*	glänzen, blitzen Smaragd; grüner (Halb)edelstein dto. dto.

–	**smaragden** semit>gr >l>mhd	grün wie ein Smaragd {21/55}	σμαράγ- δειος smaragdeios l. *smarag- dinus* mhd. *smaractin*	smaragdfarben dto. dto.
5388	**Socke,** die gr>l>ahd	(↗ Etymologie unsicher): kurzer Strumpf {19}	συκχίς o. σύκχος sykchis o. sykchos l. *soccus* ahd. *soc*	eine Art Schuh o. Socken gr. Schlupfschuh (bes. des Komödienschauspielers) leichter Schuh (aus Stoff)
–	**Sockel,** der gr>l>it>frz	Unterbau, Fußgestell (z. B. für Statuen (↗ UTL 3424), unterer Mauervorsprung {36/58/88}	dto. l. *socculus* it. *zoccolo* frz. *socle*	kleiner Schuh Holzschuh Basis; Gesteinsbrocken
5389	**Sodom,** das	1. Stätte der Sünde u. Lasterhaftigkeit {18/30/77}; 2. – und Gomorrha: Zustand der Lasterhaftigkeit u. Verworfenheit {18/30/77/82}	Σόδομα Sodoma	Sodom (s. Anhang „Namen")
–	**Sodomie,** die gr>nlat	1. Unzucht zwischen Mensch u. Tier {18/70}; 2. (veraltet) ↗ Homosexualität {18/33/70}	dto.	dto.
–	**sodomisieren**	analen (↗ UTL 0185) Geschlechtsverkehr ausüben {18/30}	dto.	dto.
–	**Sodomit,** der	jmd., der Sodomie treibt {18/30}	dto.	dto.
–	**sodomitisch**	Sodomie treibend {18/30}	dto.	dto.
5390	**Sokratik,** die	↗ Philosophieren in der Nachfolge des Sokrates (s. Anhang „Namen") {30/75/77}	Σωκρατικός Sokratikos	sokratisch
–	**Sokratiker,** der	↗ Philosoph in der Nachfolge des Sokrates {30/75/77}	dto.	dto.
–	**sokratisch**	die Sokratik betreffend {30/75/77}	dto.	dto.

5391	**Solar- energie,** die l;gr>l>frz	Sonnenenergie (phys. t. t.) {72}	l. *solaris* + ἐνέργεια energeia	zur Sonne gehö- rig, Sonnen... (↗ UTL 3353) Tätigkeit, Wirk- samkeit s. o. Energie
5392	**Solar- technik,** die l;gr	Industriezweig, der sich mit der Nutzung der Sonnenener- gie für Heizzwecke u. zur Stromerzeugung befaßt {41/ 72}	dto. + τεχνικός technikos	dto. die Kunst, das Handwerk be- treffend s. u. Technik
5393	**Solökis- mus** o. **Solözis- mus,** der gr;gr	grober sprachlicher Fehler, bes. fehlerhafte ↗ syntakti- sche Verbindung von Wör- tern (rhet., stilk. t. t.) {32/76}	σολοικισ- μός soloikismos	Sprachfehler; Sprechen wie die Einwohner von Soloi (denen ein fehlerhaftes Grie- chisch nachgesagt wurde)
5394	**solonisch** gr>l	klug, weise {25/33}	Σόλων Solon	Solon (s. Anhang „Namen")
>>>		**–som(al), –somato–** ↗ Wortelementeliste		
5395	**Soma,** das	Leib, Körper (↗ UTL 1903) {11/70}	σῶμα, Gen. σώματος soma, somatos	Leib, Körper
–	**Soma- tiker,** der	Arzt, der sich mit den körper- lichen Erscheinungsformen der Krankheiten befaßt {14/ 40/70}	σωματικός somatikos	körperlich; zum Körper gehörig
–	**soma- tisch**	1. körperlich (med., biol. t. t.); 2. die Körperzellen betref- fend (med., biol. t. t.) {69/70}	dto.	dto.
5396	**soma- togen** (gr;gr) >nlat	1. körperlich bedingt (med., psych. t. t.) {70}; 2. von Kör- perzellen gebildet (biol. t. t.) {69/70}	σῶμα, Gen. σώματος soma, somatos + –γενής –genes	Leib, Körper stammend von; hervorbringend, verursachend

5397	Somato-gramm, das gr;gr	Schaubild der körperlichen Entwicklung, bes. eines Säuglings o. Kleinkindes {15/70}	σῶμα, Gen. σώματος soma, somatos	Leib, Körper
			+ γράμμα gramma	Buchstabe, Schrift(werk)
5398	Somato-logie, die gr;gr	Lehre vom Körper {11/70}	σῶμα, Gen. σώματος soma, somatos	Leib, Körper
			+ λόγος logos	Rede, Wort; Berechnung
5399	Somato-metrie, die gr;gr	Messungen am menschlichen Körper; ↗ Anthropologie {70}	σῶμα, Gen. σώματος soma, somatos	Leib, Körper
			+ μέτρον metron	Maß, Versmaß
5400	Somato-psycho-logie, die gr;gr;gr	Erforschung der Zusammenhänge zwischen körperlichen Reaktionen (↗ UTL 2990) u. seelischen Zustände (psych. t. t.) {70}	σῶμα, Gen. σώματος soma, somatos	Leib, Körper
			+ ψυχή psyche	Seele
			+ λόγος logos	Rede, Wort; Berechnung s. o. Psychologie
5401	Somato-skopie, die gr;gr	Untersuchung des Körpers (med. t. t.) {70}	σῶμα, Gen. σώματος soma, somatos	Leib, Körper
			+ σκοπή skope	das Umschauen, Spähen
5402	Sonja	weiblicher Vorname {31}	σοφία sophia	das Wissen; Weisheit
>>>	–soph, –sophie ↗ Wortelementeliste			
–	Sophia, (die) gr>l	1. Weisheit {25/77}; 2. in der russ. Religionsphilosophie Bezeichnung für die schöpferische Weisheit Gottes {51/77}; 3. weiblicher Vorname {31}	dto.	dto.
–	Sophie	weiblicher Vorname {31}	dto.	dto.

5403	**Sophisma**, das o. **Sophismus**, der	Trugschluß, Scheinbeweis {25/29/77}	σόφισμα sophisma o. σοφισμός sophismos	geschickt Erfundenes; kluger, listiger Gedanke
5404	**Sophist**, der	1. Lehrer der Redekunst u. ↗ Philosophie {40/77/78}; 2. Wortverdreher {25/32}	σοφιστής sophistes	Kundiger; Lehrer der Rhetorik u. Weisheit (später raffinierter Betrügerei verdächtigt)
–	**Sophisterei**, die	Spitzfindigkeit; Spiegelfechterei {25}	σοφιστήριον sophisterion	Lehrsaal eines Sophisten
–	**sophisticated** gr>engl	1. weltgewandt; 2. geistreich {25/33}	σοφιστικός sophistikos	den Sophisten betreffend
–	**Sophistik**, die	1. Lehre der Sophisten {25/77}; 2. Spitzfindigkeit {25}	σοφιστική (τέχνη) sophistike (techne)	(die Kunst des) Sophisten
–	**Sophistikation**, die gr>nlat	Schluß von etwas, was wir kennen, auf etwas, was wir nicht kennen u. beweisen können {25/77}	dto.	dto.
–	**sophistisch** gr>l	1. in der Art eines Sophisten {25/77}; 2. spitzfindig {25}	σοφιστικός sophistikos	den Sophisten betreffend
5405	**Sophrosyne**, die	die Tugend der Selbstbeherrschung u. der Mäßigung {30/77}	σωφροσύνη sophrosyne	Besonnenheit, Klugheit
5406	**Sotadeus**, der gr>l	ein dem ↗ Tetrameter ähnliches Versmaß {34/75/76}	Σωτάδης Sotades	Sotades (s. Anhang „Namen")
5407	**Soter**, der gr>l	Retter, Heiland {25/51/77}	σωτήρ soter	Retter
5408	**Soteriologie**, die (gr;gr) >nlat	↗ theologische Lehre vom Erlösungswerk ↗ Christi {51/77}	σωτήριος soterios + λόγος logos	rettend Rede, Wort; Berechnung
–	**soteriologisch** gr;gr	die Soteriologie betreffend {51/77}	dto. + λογικός logikos	dto. zum Reden gehörig, die Rede betreffend

Nr.	Wort	Bedeutung	Herkunft	Übersetzung
5409	Sozialdemokrat, der l;gr;gr	Anhänger einer sozialdemokratischen Partei (↗ UTL 2519) {33/50/81}	l. socialis	die Gesellschaft betreffend, gesellschaftlich; gesellig (↗ UTL 3373)
			+ δῆμος demos	Volk
			+ κράτος kratos	Kraft, Macht s. o. Demokrat
5410	Sozialdemokratie, die l;gr;gr	1. ↗ politische Richtung, die die Grundsätze des Sozialismus (↗ UTL 3373) u. der ↗ Demokratie zu verbinden sucht; 2. Gesamtheit der sozialdemokratischen Parteien (↗ UTL 2519) {33/50/81}	dto. + δημοκρατία demokratia	dto. Volksherrschaft s. o. Demokratie
5411	sozialdemokratisch l;gr;gr	zur Sozialdemokratie gehörend, ihre Ziele verfolgend {33/50/81}	dto. + δημοκρατικός demokratikos	dto. zur Demokratie gehörig, demokratisch s. o. demokratisch
5412	Sozialethik, die l;gr	Lehre von den Pflichten des Menschen gegenüber der Gesellschaft {30/33/77}	dto. + ἠθικός ethikos	dto. sittlich, den Charakter betreffend s. o. Ethik
5413	Sozialkritik, die l;gr	Gesellschaftskritik {25/33/50/77}	dto. + κριτική ἒ (τέχνη) kritike (techne)	dto. (die Kunst des) Beurteilens s. o. Kritik
5414	Sozialökonomie o. Sozialökonomik, die l;gr	Volkswirtschaftslehre {80}	dto. + οἰκονομία oikonomia o. οἰκονομική (τέχνη) oikonomike (techne)	dto. Verwaltung des Hauses o. (die Kunst des) Haushaltens u. Wirtschaftens
5415	Sozialpädagoge, der l;gr	jmd., der in der Sozialpädagogik tätig ist {31/33/40/78}	dto. + παιδαγωγός paidagogos	dto. Kinder führend; Lehrer s. o. Pädagoge
—	Sozialpädagogik, die l;gr	Lehre von der Erziehung zur Gemeinschaft u. zur Staatsbürgerlichkeit {31/33/78}	dto. + παιδαγωγικός paidagogikos	dto. zur Erziehung gehörig s. o. Pädagogik

–	sozial-pädagogisch l;gr	die Sozialpädagogik betreffend {31/33/78}	dto.	dto.
5416	Sozial-politik, die l;gr	staatl. Maßnahmen zur Verbesserung der sozialen Verhältnisse {33/49/50}	dto. + πολιτική (τέχνη) politike (techne)	dto. (Kunst der) Staatsverwaltung s. o. Politik
–	sozial-politisch l;gr	die Sozialpolitik betreffend {33/49/50}	dto. + πολιτικός politikos	dto. den Bürger betreffend, (staats)bürgerlich s. o. politisch
5417	Sozio-genese, die l;gr	Entstehung u. Entwicklung auf Grund bestimmter gesellschaftlicher Umstände {33/81}	l. *socius* + γένεσις genesis	Gesellschafter, Teilnehmer, Kamerad (↗ UTL 3374) Ursprung, Entstehung
5418	Sozio-gramm, das l;gr	↗ graphische Darstellung sozialer Verhältnisse innerhalb einer Gruppe (soziol. t. t.) {32/33/81}	dto. + γράμμα gramma	dto. Buchstabe, Schrift(werk)
–	Sozio-graphie, die l;gr	Darstellung der Formen (↗ UTL 1132) menschlichen Zusammenlebens {32/33/81}	dto. + γραφή graphe	dto. Schrift; Zeichnung
5419	Soziologe, der l;gr	Fachmann auf dem Gebiet der Soziologie {33/40/81}	dto. + λόγος logos	dto. Rede, Wort; Berechnung
–	Sozio-logie, die l;gr	Gesellschaftslehre {33/81}	dto.	dto.
–	sozio-logisch l;gr	die Soziologie betreffend; mit den ↗ Methoden der Soziologie durchgeführt {33/81}	dto. + λογικός logikos	dto. zum Reden gehörig, die Rede betreffend
5420	Sozio-metrie, die l;gr	Verfahren der ↗ Sozialpsychologie zur Erfassung der Gruppenstruktur hinsichtlich der Sympathie– u. Antipathiebeziehungen {33/81}	dto. + μέτρον metron	dto. Maß, Versmaß
–	sozio-metrisch l;gr	die Soziometrie betreffend {33/81}	dto.	dto.

5421	soziomorph l;gr	von den sozialen Verhältnissen geprägt {33/81}	dto. + μορφή morphe	dto. Form, Gestalt
5422	sozioökonomisch l;gr	die Gesellschaft wie die Wirtschaft in ihrer gesellschaftlichen Struktur (↗ UTL 3445) betreffend {33/81}	dto. + οἰκονομικός oikonomikos	dto. die Verwaltung des Hauses betreffend s. o. ökonomisch
5423	Soziopathie, die l;gr	Art der ↗ Psychopathie; gestörtes soziales Verhalten u. Handeln {14/33/70}	dto. + πάθος pathos	dto. Schmerz; Leiden(schaft)
5424	Spachtel, die gr>l>it	kleines, aus einem Griff u. einem (trapezförmigen) Blatt bestehendes Werkzeug zum Auftragen, Glattstreichen od. Abkratzen {40/41/44}	σπάθη spathe l. spatha spatula	flaches Werkzeug Rührlöffel Schulterblatt, Spatel, Schäufelchen
			it. spatola	dto.
–	spachteln gr>l>it	1. mit einem Spachtel arbeiten {40/41/44}; 2. tüchtig essen (wie mit einer Schaufel) {17}	dto.	dto.
–	Spalier, das gr>l>it	1. Gitterwerk für (Obst)pflanzen {39}; 2. Ehrenformation beiderseits des Weges (mil. t. t.) {86}	dto. l. spatula	dto. Rührlöffel, Spatel: Vorderbug, Schulterblatt
			it. spalla u. spalliera	Schulter Schulterstütze, Rückenlehne; (Pflanzenteppich entlang einer) Stützwand (↗ UTL 3376)
5425	Spargel, der gr>l>it >mhd	weißlich–gelbe stangenförmige Gemüsepflanze {05/69}	ἀσπάραγος asparagus l. asparagus it. asparago mhd. sparger, spargel	Spargel dto. dto. dto. dto.
5426	spartanisch gr>l	hart, streng; einfach {26/55}	Σπαρτιατικός Spartiatikos abgeleitet von: Σπάρτη Sparte	aus Sparta Sparta (s. Anhang „Namen")

5427	Sparte, die	(↗ Etymologie unsicher – nach Euripides, Telephos, frg. 723 Nauck, wo dem Menelaos Beschränkung auf sein Herrschaftsgebiet Sparta anempfohlen wird): 1. besonderer Bereich eines Fachgebiets {40}; 2. Spalte, Teil einer Zeitung, in dem etw. abgehandelt wird {32/40}	Σπάρτη Sparte	Sparta (s. Anhang „Namen")
>>>	Spasm(o) – ↗ Wortelementeliste			
>>>	Spasmen = Plural (↗ UTL 2697) von ↗ Spasmus			
5428	spasmisch o. spasmodisch	verkrampft, krampfartig, krampfhaft {12/14/70}	σπασμός spasmos bzw. σπασμώδης spasmodes	Zuckung, Krampf krampfartig
5429	spasmogen (gr;gr) >nlat	krampferzeugend (med. t. t.) {70}	σπασμός spasmos + –γενής –genes	Zuckung, Krampf stammend von; hervorbringend, verursachend
5430	Spasmolytikum, das gr;gr	krampflösendes Mittel (med. t. t.) {70}	dto. + λυτικός lytikos	dto. zum Lösen geeignet
–	spasmolytisch gr;gr	krampflösend (med. t. t.) {70}	dto.	dto.
5431	spasmophil gr;gr	zu Krämpfen neigend (med. t. t.) {12/14/70}	σπασμός spasmos + φίλος philos	Zuckung, Krampf lieb, befreundet, Freund
–	Spasmophilie, die gr;gr	mit Neigung zu Krämpfen verbundene Stoffwechselkrankheit (med. t. t.) {14/70}	σπασμός spasmos + φιλία philia	Zuckung, Krampf Liebe, Freundschaft
>>>	–spasmus ↗ Wortelementeliste			
5432	Spasmus, der gr>l	Krampf, Verkrampfung (med. t. t.) {12/14/70}	σπασμός spasmos	Zuckung, Krampf
–	Spastiker, der	spastisch gelähmter Mensch (med. t. t.) {14/70}	dto.	dto.
–	spastisch	1. = spasmisch {12/14/70}; 2. unsinnig, blöde (ugs.) {25/26}	dto.	dto.

5433	Spatel, der gr>l>it	= ↗ Spachtel {40/41/44}	σπάθη spathe l. *spatha* spatula it. *spatola*	flaches Werkzeug Rührlöffel Schulterblatt, Spatel, Schäufelchen dto.
5434	Spektralanalyse, die l;gr	1. Ermittlung der chem. Zusammensetzumg eines Stoffes durch Auswertung seines Spektrums (chem., phys., techn. t. t.) {72/73}; 2. Verfahren zur Feststellung der phys.–chem. Beschaffenheit von Himmelskörpern (astron., phys. t. t.) {66/72}	l. *spectrum* + ἀνάλυσις analysis	Erscheinung in der Vorstellung; Schemen; Gesicht (↗ UTL 3387) Auflösung s. o. Analyse
5435	Spektrograph, der l;gr	Gerät zur Zerlegung von Licht in die einzelnen Spektralfarben (techn. t.. t.) {72/73}	dto. + γραφεύς grapheus	dto. Schreiber, Maler
–	Spektrographie, die l;gr	1. Aufnahme von Spektren mit einem Spektralapparat {72/73}; 2. Auswertung der festgehaltenen Sternspektren (astron. t. t.) {66/72}	dto. + γραφή graphe	dto. Schrift, Zeichnung
5436	Spektrophotometrie, die l;gr;gr	Untersuchung von Spektren bezüglich der Verteilung u. Intensität der einzelnen Spektrallinien {72/73}	dto. + φώς, Gen. φωτός phos, Gen. photos + μέτρον metron	dto. Licht Maß, Versmaß s. o. Photometrie
>>>	Spektroskop, das = ↗ Spektrograph			
5437	Spektroskopie, die gr;gr	Wissenschaft von der Untersuchung von Wellenlängen u. Bereichen von Spektren (phys., astron. t. t.) {66/72}	dto. + σκοπή skope	dto. das Umschauen, Spähen
5438	Speläologie, die gr;gr	Höhlenforschung {62/64}	σπήλαιον spelaion + λόγος logos	Höhle Rede, Wort; Berechnung
5439	Spelunke, der gr>l	wenig gepflegtes, verrufenes Wirtshaus {17/33/45}	σπῆλυγξ spelynx l. *spelunca*	Höhle Höhle, Grotte
>>>	Sperma(to)– ↗ Wortelementeliste			

927

5440	Sperma, das gr>l	Samenflüssigkeit (biol. t. t.) {69/70}	σπέρμα Gen. σπέρματος sperma, spermatos	Same
–	Sperma- tide, die (gr>l;gr) >nlat	noch unreife männliche Keimzelle (biol. t. t.) {69/70}	dto. + –(ε)ιδής –(e)ides	dto. ähnlich aussehend s. Partikelliste
–	Sperma- titis, die gr>l;gr	Entzündung des Samen- strangs (med. t. t.} {14/70}	dto. + –ῖτις –itis	dto. gr. Suffix s. Partikelliste
5441	sperma- togen gr>l;gr	1. dem Samen entstammend (biol. t. t.); 2. männl. Keimzel- len bildend (biol. t. t.) {69/70}	dto. + –γενής –genes	dto. stammend von; hervorbringend, verursachend
5442	Spermato- genese, die gr>l;gr	Samenbildung im Hoden (med., biol. t. t.) {69/70}	dto. + γένεσις genesis	dto. Ursprung, Ent- stehung
5443	Spermato- gramm, das gr>l;gr	bei der ↗ mikroskopischen Untersuchung der Samen- flüssigkeit entstandenes Bild {69/70}	dto. + γράμμα gramma	dto. Buchstabe, Schrift(werk)
5444	Spermato- phyten, die (Pl.) gr>l;gr	Samenpflanzen {68}	dto. + φυτόν phyton	dto. Gewächs, Pflanze
5445	Sperma- torrhö(e), die gr>l;gr	Samenfluß ohne geschlechtli- che Erregung (med. t. t.) {14/ 18/70}	dto. + ῥοή rhoe	dto. das Fließen, Fluß
5446	Spermato- zoon, das gr>l;gr	reife männliche Keimzelle (biol. t. t.) {69/70}	dto. + ζῷον zoon	dto. Lebewesen, Tier

>>> Spermen = Plural (↗ UTL 2697) von ↗ Sperma
>>> Spermien = Plural von ↗ Spermium
>>> Spermiogenese, die = ↗ Spermatogenese
>>> Spermiogramm, das = ↗ Spermatogramm

5447	Sper- mium, das gr>l	Samenzelle {18/69/70}	σπέρμα Gen. σπέρματος sperma, spermatos	Same

5448	spermizid gr>l;l	samenabtötend (med. t. t.) {70}	dto. + l. *caedere*	dto. schlagen, fällen, töten
–	Spermizid, das gr>l;l	samenabtötendes Mittel zur Empfängnisverhütung (med. t. t.) {70}	dto.	dto.
>>>	–sphäre ↗ Wortelementeliste			
5449	Sphäre, die gr>l	1. Erdkugel {02}; 2. Himmelskugel {01}; 3. Wirkungskreis, Wirkungsbereich {33/40/66}	σφαῖρα sphaira	Kugel, Ball
5450	Sphärenharmonie, o. Sphärenmusik, die gr;gr	die unhörbaren ↗ Töne, die die Himmelskörper durch ihre Bewegung hervorbringen (nach Pythagoras – s. Anhang „Namen") {66/72}	dto. + ἁρμονία harmonia bzw. + μουσική (τέχνη) mousike (techne)	dto. Fügung, Verbindung; die richtige Proportion (↗ UTL 2863) s. o. Harmonie Musenkunst, Tonkunst s. o. Musik
5451	Sphärik, die	↗ Geometrie von Figuren (↗ UTL 1089), die auf Kugeloberflächen durch größte Kreise gebildet sind (math. t. t.) {71}	σφαιρικός sphairikos	kugelrund
–	sphärisch	1. zur Himmelskugel gehörig (math. t. t.) {66/71}; 2. kugelförmig {71}	dto.	dto.
5452	Sphäroid, das gr>nlat	abgeplattete Kugel {71}	σφαιροειδής sphairoeides	kugelartig
–	sphäroidisch gr>nlat	kugelähnlich {71}	dto.	dto.
5453	Sphärologie, die gr;gr	Teil der ↗ Geometrie, der sich mit der Kugel befaßt {71}	σφαῖρα sphaira + λόγος logos	Kugel, Ball Rede, Wort; Berechnung
5454	Sphärometer, das gr;gr	Gerät zur Messung der Krümmung von Kugelflächen {71}	σφαῖρα sphaira + μέτρον metron	Kugel, Ball Maß, Versmaß
5455	Sphenoid, das gr>nlat	keilförmige Kristallform {54/71}	σφηνοειδής sphenoeides	keilförmig

sphenoidal 5455

–	sphenoidal	keilförmig {54/71}	dto.	dto.
>>>	Sphingen = Plural (↗ UTL 2697) von ↗ Sphinx			
5456	Sphinkter, der	Ring–, Schließmuskel (med. t. t.) {11/70}	σφιγκτήρ sphinkter	etwas, womit man schnürt; Schließmuskel am After
5457	Sphinx, die	1. ägypt. Fabelwesen {51/75}; 2. rätselhafte Gestalt {26/33}; 3. Abendpfauenauge (Schmetterling) {08/69}	Σφίγξ Sphinx	Sphinx (s. Anhang "Namen")
5458	Sphragistik, die	Siegelkunde {32/75/76}	σφραγιστικός sphragistikos	das Siegeln betreffend
–	sphragistisch	siegelkundlich {32/75/76}	dto.	dto.
5459	Sphygmograph, der gr;gr	Pulsschreiber {70}	σφυγμός sphygmos + γραφεύς grapheus	Puls Schreiber, Maler
–	Sphygmographie, die gr;gr	durch den Sphygmographen aufgezeichnete Pulskurve (med. t. t.) {70}	dto. + γραφή graphe	dto. Schrift; Zeichnung
5460	Sphygmomanometer, das gr;gr;gr	Gerät zur Blutdruckmessung (med. t. t.) {70}	σφυγμός sphygmos + μανός manos + μέτρον metron	Puls dünn, locker Maß; Versmaß s. o. Manometer
5461	Spiel(i)othek, die d;gr	Einrichtung, bei der man Spiele ausleihen kann {85}	d. Spiel + θήκη theke	Behältnis, Kasten
5462	Spierstrauch, der gr;d	artenreiches Rosengewächs {04/68}	σπειραία speraia + d. Strauch	Liguster
5463	spiral o. spiralig gr>l>mlat	schraubenförmig {55}	σπεῖρα speira l. spira mlat. spiralis	das Gewundene; Windung Windung; Brezel (↗ UTL 3403) schneckenförmig sich windend
–	Spirale, die gr>l>mlat	1. Schneckenwindung (math. t. t.) {71}; 2. Schraubenwindung {40/41/44}; 3. Empfängnisverhütungsmittel {18/70}	dto.	dto.

5464	Spiro-chäte, die (gr;gr) >nlat	krankheitserregende ⁊ Bakterie {70}	dto. + χαίτη chaite	dto. wallendes Haar	
5465	Spiro-meter, das gr;gr	Gerät zur Bestimmung der Leistungsfähigkeit der Lunge bei der Aufnahme von Luft u. Abgabe von Abfallprodukten der Atmung (med. t. t.) {70}	l. spirare + μέτρον metron	blasen, wehen, hauchen, atmen Maß, Versmaß	
–	Spiro-metrie, die gr;gr	Messung u. Aufzeichnung der Atmung (med. t. t.) {70}	dto.	dto.	
5466	splanch-nisch	die Eingeweide betreffend {11/70}	σπλάγχνα (Pl.) splanchna	Eingeweide	
5467	Splanch-nologie, die (gr;gr) >nlat	Teilgebiet der Medizin, das sich mit den Eingeweiden befaßt (med. t. t.) {70}	dto. + λόγος logos	dto. Rede, Wort; Berechnung	
5468	Spleen, der gr>l>engl	1. verschrobene, überspannte Art {33/84}; 2. Schrulle, ⁊ Marotte {25/26/33/84}	σπλήν splen l. splen engl. spleen	Milz (nach antiker Vorstellung Ursache für Gemütskrankheiten) dto. dto.; Wunderlichkeit	
–	spleenig gr>l>engl	verschroben, überspannt, eingebildet {25/26/33/84}	dto.	dto.	
5469	Spleno-tomie, die gr;gr	Milzoperation (med. t. t.) {70}	σπλήν splen + τομή tome	Milz das Schneiden; Schnitt; das Abgeschnittene	
>>		Spondeen = Plural (⁊ UTL 2697) von ⁊ Spondeus			
5470	spon-deisch	1. den Spondeus betreffend; 2. in Spondeen geschrieben {34/76}	σπονδεῖος spondeios	zum Opfertrank gehörig; getragener Versfuß beim Opfergesang	
–	Spondeus, der gr>l	aus zwei Längen bestehender Versfuß {34/76}	dto. l. spondeus	dto.	
–	Spondia-kus, der	⁊ Hexameter, in dem statt des fünften ⁊ Daktylus ein Spondeus steht {34/76}	σπονδεια-κός spondeiakos	spondeisch	

5471	Spondylose, die gr;gr	krankhafte Veränderung an den Wirbelkörpern u. Bandscheiben (med. t. t.) {14/70}	σπόνδυλος spondylos + -ωσις -osis	Wirbel des Rückgrats gr. Suffix s. Partikelliste
5472	Spongia, die gr>nlat	Schwamm (biol. t. t.) {08/69}	σπογγιά spoggia o. σπόγγος spongos	Schwamm
–	spongiform gr;l	schwammartig (biol. t. t.) {09/55/68/69} – vgl. ↗ BSE	dto.	dto.
–	Spongiologie, die gr;gr	Teilgebiet der Biologie, das sich mit den Schwämmen befaßt (biol. t. t.) {69}	dto. + λόγος logos	dto. Rede, Wort; Berechnung
–	spongiös gr>l	schwammig {54/55}	dto.	dto.
5473	sporadisch gr>frz	ab und zu, verstreut, vereinzelt {56/59}	σποραδικός sporadikos frz. sporadique	verstreut

>>> Spor(o)– ↗ Worteleventeliste

5474	Spore, die gr>nlat	1. ungeschlechtliche Fortpflanzungszelle (biol. t. t.); 2. Dauerform einer ↗ Bakterie (zool., med. t. t.) {68/69/70}	σπόρος sporos	das Säen, Same
5475	Sporangium, das gr>nlat	Sporenbildner u. –behälter bei Pflanzen (bot. t. t.) {68}	dto.	dto.
5476	Sporogonie, die gr;gr	1. Erzeugung von Sporen (bot. t. t.) {68}; 2. Fortpflanzung durch Sporen (biol. t. t.) {68/69}	dto. + γονεία goneia	dto. Zeugung
5477	Sporophyt, der gr;gr	sporenbildende Generation (↗ UTL 1179) bei Pflanzen (bot. t. t.) {68}	σπόρος sporos + φυτόν phyton	das Säen, Same Gewächs, Pflanze
5478	Sporozoit, der gr;gr;gr	durch Sporogonie entstandenes Entwicklungsstadium der Sporentierchen (biol. t. t.) {69}	σπόρος sporos + ζῷον zoon + –ιτής –ites	das Säen, Same Lebewesen, Tier gr. Suffix s. Partikelliste

Nr.	Wort	Bedeutung	Griechisch	Übersetzung
–	Sporo-zoon, das gr;gr	Sporentierchen {08/69}	σπόρος sporos + ζῷον zoon	das Säen, Same Lebewesen, Tie
5479	Sportel, das gr>l	mittelalterl. Form (↗ UTL 1132) des Beamteneinkommens; Gebühr für Amtshandlungen (z. B. Gerichtskosten) {49/50/75}	σπυρίς spyris l. *sporta* *sportula*	geflochtener Korb Korb Speisekörbchen; Gegenwert einer Mahlzeit, Geldgeschenk
5480	stadial gr>l>nlat	stufen-, abschnittweise {56/59}	στάδιον stadion	Rennbahn; ein Längenmaß (ca. 185 m)
>>>	Stadien (Pl.), die = Plural (↗ UTL 2697) von ↗ Stadium u. ↗ Stadion			
–	Stadion, das	1. Sportfeld, die Gesamtanlage der Sportplätze; 2. Kampfbahn {58/85}; 2. gr. Längenmaß (ca. 185 m) {56/75}	στάδιον stadion	Rennbahn; ein Längenmaß (ca. 185 m)
–	Stadium, das gr>l	Entwicklungsstufe {59/70}	dto.	dto.
5481	Stalagmit, der gr;gr	vom Boden zur Decke wachsender Tropfstein {62/64}	στάλαγμα stalagma o. σταλαγμός stalagmos + –ιτής –ites	Tropfen gr. Suffix s. Partikelliste
–	stalagmitisch	wie ein Stalagmit geformt {62/64}	dto.	dto.
5482	Stalagmometer, das gr;gr	Gerät zur Messung der Tropfengröße u. damit der Oberflächenspannung von Flüssigkeiten {72/73}	σταλαγμός stalagmos + μέτρον metron	Tropfen Maß, Versmaß
5483	Stalaktit, der gr;gr	von der Decke zum Boden hängender Tropfstein {62/64}	σταλακτός stalaktos + –ιτής –ites	tröpfelnd gr. Suffix s. Partikelliste

5484	Stalin-orgel, die russ;gr>l >ahd>mhd	Raketenwerfer, mit dem eine Reihe von Raketengeschossen gleichzeitig abgefeuert werden konnte {75/86}	*Stalin* + ὄργανον organon l. *organa* = Pl. zu: *organum* ahd. *organa*, *orgela* mhd. *orgel(e)*	russischer Diktator (1879-1953) Werkzeug; Sinn; Körperteil; (Musik)Instrument dto. dto.; Orgel dto.; Orgel s. o. Orgel
5485	Stambul gr;gr;gr	kurzer Name für Istanbul {64}	εἰς τὴν πόλιν eis ten polin	in die Stadt
5486 –	Staphyle, das Staphylokokkus, der gr;gr	Zäpfchen am Gaumen (med. t. t.) {11/70} traubenförmige ↗ Bakterie (med. t. t.) {70}	σταφυλή staphyle dto. + κόκκος kokkos	Weintraube; Gaumenzäpfchen dto. Kern, Scharlachbeere s. o. Kokke

>>> –stase ↗ Wortelementeliste

5487	Stase o. Stasis, die	Stauung, Stockung (med. t. t.) {70}	στάσις stasis	das Feststehen; Zustand, Lage; Aufstand
5488	Stasimon, das	von dem in der ↗ Orchestra stehenden ↗ Chor in der gr. ↗ Tragödie gesungenes Lied {35/37/75}	στάσιμος stasimos	zum Stehen bringend, feststehend; Standlied

>>> –stat ↗ Wortelementeliste

5489	Stater, der	Name verschiedener Münzen des Altertums {42/75/80}	στατήρ stater	Münzgewicht
5490	Stathmograph, der gr;gr	Gerät zur Aufzeichnung von Geschwindigkeiten u. Fahrzeiten von Eisenbahnen {45/72}	σταθμός stathmos + γραφεύς grapheus	Posten, Pfeiler; Standort; Tagesreise, –marsch Schreiber, Maler

>>> –statik, –statisch ↗ Wortelementeliste

5491	Statik, die	1. Ruhelage {12/16}; 2. Lehre vom Gleichgewicht der Körper (↗ UTL 1903) {40/41/72}; 3. statischer Zustand {12/61}	στατική (τέχνη) statike (techne)	(die Kunst des) Wägens

–	**Sta**tiker, der	Fachmann auf dem Gebiet der Statik {40/41}	στατικός statikos		hemmend, zum Stillstand bringend; stellend
–	**sta**tisch	die Statitik betreffend, auf Ergebnissen der Statitik beruhend {41/72}	dto.		dto.
5492	**Sta**toskop, das (gr;gr) >nlat	Gerät zur Messung von Höhendifferenzen während eines Fluges {45/72}	στατός statos + σκοπός skopos		gestellt, stehend jmd., der genau hinschaut; Aufseher, Späher
5493	**Sta**tussymbol, das l;gr	Gegenstand, durch den das Ansehen eines Menschen deutlich wird {33/43}	1. *status* + σύμβολον symbolon		Stellung, Umstände, Verfassung, Lage (↗ UTL 3426) (das „Zusammengefügte"): (Kenn)-Zeichen s. o. Symbol
5494	**Stau**rothek, die gr;gr	Behältnis für eine Reliquie (↗ UTL 3067) des heiligen Kreuzes {51/58/77}	σταυρός stauros + θήκη theke		aufrechtstehender Pfahl; Kreuz Behältnis, Kasten
5495	**Stea**rin, das gr;nlat	Rohstoff zur Kerzenherstellung {44}	στέαρ, Gen. στέατος stear, steatos + nlat. –(z)in		Fett, Talg Suffix zur Bezeichnung chem. Stoffe
5496	**Stear**rhö(e), die gr;gr	Fett enthaltender Durchfall (med. t. t.) {14/70}	dto. + ῥοή rhoe		dto. das Fließen, Fluß
5497	**Stea**tose, die gr;gr	Verfettung (med. t. t.) {14/70}	στέαρ, Gen. στέατος stear, steatos + –ωσις –osis		Fett, Talg gr. Suffix s. Partikelliste
5498	**Ste**fan bzw. **Ste**fanie (auch **Ste**phan bzw. **Ste**phanie)	männlicher bzw. weiblicher Vorname {31}	στέφανος stefanos		Umkränzung; Kranz

5499	**Stegano-graphie**, die (gr;gr) >nlat	Geheimschreibkunst {32/51}	στεγανός steganos + γραφή graphe	bedeckt; verschwiegen; dicht Schrift, Zeichnung
5500	**Stego-saurier** o. –saurus, der gr;gr	Saurier, dessen stark gekrümmter Rücken zwei Reihen knöcherner Zacken trug {59/69}	στέγος stegos + σαῦρος sauros	Dach Eidechse s. o. Saurier
5501	**Stele**, die	1. freistehende Säule (kunstwiss. t. t.) {36/88}; 2. Leitbündelstrang des Pflanzensprosses {68}	στήλη stele	Säule
5502	**Stemma**, das gr>l	1. ↗ graphische Darstellung einer Satzstruktur (sprachwiss. t. t.) {32/76}; 2. ↗ chronologischer Stammbaum der einzelnen Handschriften eines Werkes u. ihrer Abhängigkeit (lit.wiss. t. t.) {34/76}	στέμμα stemma	Kranz, Binde
5503	**stemma-tologisch** gr;gr	das Stemma betreffend {34/76}	dto. + λογικός logikos	dto. zum Reden gehörig, die Rede betreffend

>>> **Steno** = Kurzform von ↗ **Stenographie**
>>> **Steno–** ↗ Wortelementeliste

5504	**Steno-daktylo-graphie**, die gr;gr;gr	Maschineschreiben (schweiz.) {32/40}	στενός stenos + δάκτυλος daktylos + γραφή graphe	eng Finger, Zehe; Längenmaß; Versfuß Schrift; Zeichnung s. o. Daktylographie
–	**Steno-daktylo-graph** o. –graphin der / die gr;gr;gr	Stenotypist(in) (schweiz.) {32/40}	στενός stenos + δάκτυλος daktylos + γραφεύς grapheus	eng Finger, Zehe; Längenmaß; Versfuß Schreiber, Maler
5505	**Steno-gramm**, das gr;gr	Niederschrift in Kurzschrift {32/40}	στενός stenos + γράμμα gramma	eng Buchstabe, Schrift(werk)

–	Stenograph, der gr;gr	jmd., der Kurzschrift beherrscht {32/40}	στενός stenos + γραφεύς grapheus	eng Schreiber, Maler
–	Stenographie, die (gr;gr) >engl	Kurzschrift (Bezeichnung 1602 von dem engl. Erfinder der Kurzschrift J. Willis geprägt) {32/40}	στενός stenos + γραφή graphe	eng Schrift; Zeichnung
–	stenographieren gr;gr	in Stenographie schreiben {32/40}	στενός stenos + γράφειν graphein	eng einritzen, schreiben, malen
–	stenographisch gr;gr	die Stenographie betreffend {32/40}	dto. + γραφικός graphikos	dto. im Malen geschickt; malerisch; zum Malen o. Schreiben gehörig
5506	stenök gr;gr	empfindlich gegenüber Schwankungen der Umweltfaktoren (biol. t. t.) {69}	στενός stenos + οἶκος oikos	eng Haus
5507	Stenokardie, die gr;gr	Herzangst; Herzbeklemmung (med. t. t.) {14/70}	στενός stenos + καρδία kardia	eng Harz
5508	stenophag gr;gr	auf bestimmte Nahrung angewiesen (biol. t. t.) {68/69}	στενός stenos + φαγεῖν phagein	eng essen
5509	Stenose, die o. Stenosis, die	Verengung von Öffnungen o. ↗ Kanälen (med. t. t.) {70}	στένωσις stenosis	Einengung
5510	stenotop gr;gr	nicht weit verbreitet (biol. t. t.) {68/69}	στενός stenos + τόπος topos	eng Ort, Stelle, Gegend
5511	Stenotypie, die (gr;gr) >engl	Druck in Stenographie {32/40}	στενός stenos + τύπος typos	eng Schlag; Abdruck; Gepräge, Gestalt
–	stenotypieren gr;gr	1. Stenogramm aufnehmen u. abtippen; 2. Kurzschriftmaschine schreiben {32/40}	dto.	dto.

	Stenoty- **pist** o. –typi- stin, der / die gr;gr>engl	Kurzschrift– u. Maschinen- schreiber(in) (Begriff im 19. Jh. von dem ↗ Stenographen Ferdinand Schrey geprägt) {32/40}	dto. engl. *typist*	dto.
5512	**Stentor- stimme**, die gr;d	dröhnende Stimme {23/26/32}	Στέντωρ Stentor + d. *Stimme*	Stentor (s. An- hang „Namen")
>>>	**Stephan / Stephanie** = ↗ **Stefan / Stefanie**			
5513	**Ster**, der gr>frz	Raummaß für Holz {38/56}	στερεός stereos frz. *stère*	fest, hart; kubisch
>>>	**Stereo–** ↗ Wortelementeliste			
	stereo	1. = ↗ stereophonisch {46/72/ 87}; 2. bisexuell (↗ UTL 0403) (ugs.) {18}	dto.	dto.
	Stereo, das	1. = ↗ Stereotypie {32/40/70}; 2. = ↗ Stereophonie {46/72/ 87}	dto.	dto.
5514	**Stereo- akustik**, die gr;gr	Wissenschaft vom räumlichen Hören {70/72}	στερεός stereos + ἀκουσ- τικός akoustikos	fest, hart; kubisch das Gehör betref- fend s. o. Akustik
5515	**Stereobat**, der	Fundamentunterbau des gr. Tempels (↗ UTL 3545) {75/88}	στερεο- βάτης stereobates	Fundament eines Gebäudes
5516	**Stereo- bild**, das gr;d	Bild mit räumlichem Ein- druck {36/72/87}	στερεός stereos + d. *Bild*	fest, hart; kubisch
5517	**Stereo- film**, der gr;d	dreidimensionaler Film {72/ 85/87}	dto. + d. *Film*	dto.
5518	**Stereofo- tografie**, die gr;gr;gr	1. ↗ fotografisches Verfahren zur Erzeugung dreidimensio- naler Bilder; 2. fotografisches Raumbild {72/87}	στερεός stereos + φώς, Gen. φωτός phos, photos + γραφή graphe	fest, hart; kubisch Licht Schrift, Zeichnung s. o. Photographie

5519	Stereo**me**ter, das gr;gr	1. ↗ optisches Gerät zur Messung des Volumens (↗ UTL 3858) fester Körper (phys. t. t.); 2. Gerät zur Auswertung von ↗ Stereofotografien {72/87}	στερεός stereos + μέτρον metron	fest, hart; kubisch Maß, Versmaß
–	Stereome**trie**, die gr;gr	räumliche ↗ Geometrie, Körperlehre, Raumlehre {71}	dto.	dto.
–	stereo**me**trisch gr;gr	die Stereometrie betreffend {71}	dto.	dto.
5520	stereo**phon** o. stereo**pho**nisch gr;gr	zweikanalig übertragen (in der Rundfunktechnik) {46/87}	στερεός stereos + φωνή phone	fest, hart; kubisch Laut, Stimme, Ton
–	Stereopho**nie**, die (gr;gr) >nlat	zweikanalige Übertragung (von Rundfunksendungen) {46/87}	dto.	dto.
5521	Stereo**skop**, das gr;gr	↗ optisches Gerät, das Bilder dreidimensional erscheinen läßt {72/87}	στερεός stereos + σκοπός skopos	fest, hart; kubisch jmd., der genau hinschaut; Aufseher, Späher
–	Stereosko**pie**, die gr;gr	↗ Technik zur ↗ fotografischen Wiedergabe räumlich wirkender Bilder {72/87}	στερεός stereos + σκοπή skope	fest, hart; kubisch das Umschauen, Spähen
–	stereo**sko**pisch gr;gr	dreidimensional wiedergegeben {87}	dto.	dto.
5522	stereo**typ** o. stereo**ty**pisch (gr;gr)>frz	starr, formelhaft, feststehend (Fachausdruck aus der Buchdruckkunst, 1922 von W. Lippman für die Sozialwissenschaft, 1975 von H. Putnam für die Sprachwissenschaft übernommen) {25/26/32/59}	στερεός stereos + τύπος typos frz. stéréotype	fest, hart; kubisch Schlag; Abdruck; Gepräge, Gestalt feststehender Schriftsatz
–	Stereo**typ**, der (gr;gr)>frz	1. = ↗ Stereotypie {32/40/70}; 2. eingebürgertes Vorurteil mit festen Vorstellungsklischees {25/33}	dto.	dto.

–	**Stereotyp-druck**, der gr;gr;d	Druck von der Stereotypplatte {40}	dto.	dto. + d. *Druck*
–	**Stereotypie**, die (gr;gr)>frz	1. Ausgießen von Druckplatten (druckw. t. t.); 2. gegossene Druckplatte {40/41}; 3. krankhaftes Wiederholen von etwas über einen längeren Zeitraum hinweg (psych., med. t. t.) {32/59/70}	dto.	dto.
–	**stereotypieren** gr>frz>nlat	eine Druckplatte herstellen (druckw. t. t.) {40}	dto.	dto.
–	**Stereotypplatte**, die gr;gr;d	Abguß einer Mutterplatte in eine feste Druckplatte {40}	dto.	dto. + d. *Platte*
5523	**Sterin**, das (gr;nlat) >nlat	Kohlenwasserstoffverbindung in Körperzellen (biochem. t. t.) {69/70/73}	στερεός stereos + nlat. *–(z)in*	fest, hart; kubisch Suffix zur Bezeichnung chem. Stoffe
5524	**Sterling**, der gr>l>mlat >afrz>engl	Währungseinheit in Großbritannien; engl. Pfund (↗ UTL 2642a) {42/80}	στατήρ stater l. *stater* mlat. *sterlingus* arz. *esterlin* engl. *sterling*	Münzgewicht; Münzeinheit dto. dto. dto. dto.
5525	**sternal** gr>nlat	zum Brustbein gehörend (med. t. t.) {11/70}	στέρνον sternon	Brust
–	**Sternum**, das	Brustbein (med. t. t.) {11/70}	dto.	dto.
5526	**Steroid**, das gr;gr	↗ biologisch wichtige ↗ organische Verbindung {69/70}	στερεός stereos + *–(e)ιδής* *–(e)ides*	fest, hart; kubisch ähnlich aussehend s. Partikelliste
–	**Steroidhormon**, das gr;gr;gr	1. Wirkstoff, der aus ↗ Cholesterin gebildet wird (biol. t. t.) {69/70}; 2. verbreitete Substanz (↗ UTL 3466) zum Muskeldoping {11/70/85}	dto. + ὁρμᾶν horman	dto. in Bewegung setzen s. o. Hormon
5527	**Stethoskop**, das (gr;gr) >nlat	ärztliches Hörrohr (med. t. t.) {23/70}	στῆθος stethos + σκοπός skopos	Brust jmd., der genau hinschaut; Aufseher, Späher

5528	**Sthenie**, die gr>nlat	Kraftfülle, Vollkraft (med. t. t.) {70}	σθένος sthenos	Stärke, Kraft
–	**sthenisch**	kraftvoll, vollkräftig {70}	dto.	dto.
5529	**stichisch**	in Einzelverse gegliedert {32/34/76}	στίχος stichos	Reihe, Zeile, Vers
>>>	–sticho(n) ⚲ Wortelementeliste			
5530	**Stichomantie**, die (gr;gr) >nlat	Wahrsagen aus einer zufällig aufgeschlagenen Buchstelle {51/59}	στίχος stichos + μαντεία manteia	Reihe, Zeile, Vers das Weissagen; die Weissagung
5531	**Stichometrie**, die gr;gr	1. Verszählung zur Feststellung des Umfangs eines literarischen (⚲ UTL 2075) Werkes {34/75/76}; 2. ⚲ antithetischer ⚲ Dialog {34/76}	στίχος stichos + μέτρον metron	Reihe, Zeile, Vers Maß, Versmaß
5532	**Stichomythie**, die gr;gr	Wechsel von Rede u. Gegenrede nach jedem Vers (⚲ UTL 3791) im gr. ⚲ Drama {34/76}	στίχος stichos + μῦθος mythos	Reihe, Zeile, Vers Wort, Rede, Erzählung
5533	**Stigma**, das gr>l	1. Wundmal, im Pl. die Wundmale ⚲ Christi {14/70}; 2. Narbe des Fruchtknotens {68}; 3. den ⚲ Sklaven eingebranntes Mal {33/75}; 4. bleibende krankhafte Veränderung (med. t. t.) {14/70}; 5. Buchstabe des ältesten griech. Alphabets (als Zahlzeichen für 6 erhalten – sprachwiss. t. t.) {76}	στίγμα, Gen. στίγματος stigma, stigmatos	Stich, Wundmal
–	**Stigmatisation**, die gr>mlat >nlat	1. Erscheinen der Wundmale ⚲ Christi am Leib anderer Menschen {51/77}; 2. Brandmarkung der ⚲ Sklaven im Altertum {33/75}	dto.	dto.
–	**stigmatisieren** gr>mlat	1. mit den Wundmalen Christi zeichnen {51/77}; 2. jmdn. anprangern; jmdn. in diskriminierender (⚲ UTL 0767) Weise kennzeichnen {32/33/50/82}	dto.	dto.
–	**stigmatisiert** gr>mlat	mit den Wundmalen Christi gezeichnet {51/77}	dto.	dto.

–	Stigmatisierte(r), der / die gr>mlat	Mensch mit den Wundmalen Christi {51/77}	dto.	dto.
>>>	Stigmata o. Stigmen = Plural (↗ UTL 2697) von ↗ Stigma			
5534	Stigmonym, das (gr;gr) >nlat	durch Punkte (↗ UTL 2903) u. Sterne ersetzter Name {32}	dto. + ὄνυμα onyma = Nebenform zu: ὄνομα onoma	dto. Name
5535	Stoa o. Stoá, die	1. Säulenhalle (kunstwiss. t. t.) {88}; 2. Name einer altgr. Philosophenschule {75/77}	στοά (ποικίλη) stoa (poikile) abgeleitet von: στοά stoa	mit den Wandmalereien des Polygnotos geschmückte Säulenhalle; Lehrstätte des gr. Philosophen Zeno Säule, Säulenhalle
5536	Stochastik, die	↗ statistisches Verfahren zur Ermittlung von Wahrscheinlichkeiten (math. t. t.) {71}	στοχαστική stochastike	Geschicklichkeit, gleich das Richtige zu treffen
–	stochastisch	zufallabhängig {71}	στοχαστικός stochastikos	zum Erraten gehörig
5537	Stöchiometrie, die (gr;gr) >nlat	Arbeitsgebiet der ↗ Chemie, das sich mit der quantitativen (↗ UTL 2931) rechnerischen Behandlung chem. Vorgänge befaßt {73}	στοιχεῖα stoicheia (Pl.) + μέτρον metron	die ersten Bestandteile Maß, Versmaß
–	stöchiometrisch gr;gr	entsprechend den in der Chemie geltenden quantitativen (↗ UTL 2931) Gesetzen reagierend (↗ UTL 2990) {73}	dto.	dto.
5537a	Stoffel	(Kurzform von Christoph) 1. männlicher Vorname {31}; 2. unhöflicher, ungeschliffener Mensch; Rüpel, Flegel {33/84}	Χριστοφόρος Christophoros	Christusträger
5538	Stoichedon, das	Anordnung der Buchstaben auf altgr. Inschriften reihenweise untereinander u. ohne Worttrennung {32/75/76}	στοιχηδόν stoichedon	in der Reihe, hintereinander
5539	Stoiker, der gr>l	1. Vertreter der ↗ Stoa {25/75/77}; 2. gleichmütiger, unerschütterlicher Mensch {84}	Στωϊκός Stoikos	Stoiker

–	stoisch	1. die Stoa betreffend {25/30 75/77}; 2. unerschütterlich; gleichmütig, gelassen {84}	dto.	dto.
–	Stoizismus, der (gr;gr) >nlat	1. Lehre der ⌐ Stoa{25/30/ 75/77}; 2. Unerschütterlichkeit, Gleichmut {84}	dto. + –ισμός –ismos	dto. gr. Suffix s. Partikelliste
5540	Stola, die gr>l>ahd >mhd	1. altröm. knöchellanges Gewand für Frauen {19/75}; 2. schärpenartiger Streifen am Umhang des ⌐ katholischen ⌐ Priesters {19/51/77}; 3. schalartiger Umhang {19}	στολή stole l. stola ahd. stola mhd. stol(e)	Rüstung, Kleidung; Gewand langes Gewand dto.; Priesterbinde dto.
–	Stolgebühren, die (Pl.) gr;d	Gebühren für bestimmte Amtshandlungen des Geistlichen {42/51/77}	dto. + d. Gebühren	dto.
5541	Stoma, das	Mundöffnung, Köperöffnung (med., zool. t. t.) {11/69/70}	στόμα, Gen. στόματος stoma, stomatos	Mund, Mündung
–	stomachal gr>nlat	den Magen betreffend (med. t. t.) {11/70}	στόμαχος stomachos	Mündung, Öffnung; Magenmund
–	Stomachikum, das gr>l	Mittel, das den Appetit (⌐ UTL 0236) u. die Verdauung anregt (med. t. t.) {70}	στομαχικός stomachikos	den Magen betreffend
>>>	Stomata= Plural (⌐ UTL 2697) von ⌐ Stoma			
>>>	Stomato– ⌐ Wortelementeliste			
5542	Stomatitis, die (gr;gr) >nlat	Mundschleimhautentzündung (med. t. t.) {14/70}	στόμα, Gen. στόματος stoma, stomatos + –ῖτις –itis	Mund, Mündung gr. Suffix s. Partikelliste
5543	stomatogen gr;gr	vom Mund u. seinen ⌐ Organen herrührend (med. t. t.) {70}	dto. + –γενής –genes	dto. stammend von; hervorbringend, verursachend
5544	Stomatologe, der gr;gr	Facharzt der Stomatologie {40/70}	dto. + λόγος logos	dto. Rede, Wort; Berechnung

–	**Stomato- logie**, die gr;gr	Zahn–, Mund- u. Kieferheil- kunde (med. t. t.) {14/70}	dto.	dto.
–	**stomato- logisch** gr;gr	die Stomatologie betreffend {14/70}	dto. + λογικός logikos	dto. zum Reden gehö- rig, die Rede be- treffend
5545	**stop** gr>l>mlat >altengl >engl>mhd	1. = halt! {28/61}; 2. Punkt (↗ UTL 2903) (im Telegraphen- verkehr) {46}	στύππη styppe l. *stuppa* mlat. *stup- pare* altengl. *forstoppian* engl. *stop* mhd. *stopp*	Werg dto. mit Werg zustop- fen zustopfen; schlie- ßen
–	**Stop(p)** gr>l>mlat >altengl >engl>mhd	(Aufforderung zum) Haltma- chen, Anhalten {28/45/61}	dto.	dto.
–	**Stop- schild**, das gr>l>mlat >altengl >engl >mhd;d	Verkehrszeichen, das ein An- halten erzwingt {28/45/61}	dto. + d. *Schild*	dto.
–	**stopfen** gr>l>mlat >altengl >ahd>mhd	1. dicht machen, verschließen; flicken; 2. füllen, hineinstek- ken {29/44/58}; 3. mit Nadel u. Faden ausbessern {19/40/44}; 4. (Gänse) gewaltsam füttern {39}	dto. ahd. *stophon* mhd. *stopfen*	dto.
–	**Stopfen** gr>l>mlat >altengl >ahd>mhd	Verschlußeinrichtung {40/44}	dto.	dto.
–	**stoppen** gr>l>mlat >altengl >mniederl	haltmachen; zum Anhalten bringen {29/45/61}	dto. mniederl. *stoppen*	dto. verstopfen
–	**Stopper** gr>l>mlat >altengl >mhd	1. Gegenstand, der etw. Be- wegliches aufhält {40/44}; 2. Verteidiger beim Fußballspiel {85}	dto.	dto.

–	Stöpsel gr>l>mlat >altengl >mhd	1. Verschlußeinrichtung, z. B. beim Waschbecken {40/44}; 2. (ugs. berlin.) kleiner Junge, Steppke {31/33}	dto.		dto.
5546	Story, die gr>l>afrz >frz>engl/ am	1. den Inhalt eines Films, Romans o. ä. ausmachende Geschichte {34}; 2. ungewöhnliche (Kurz)geschichte {25/34/ 56}; Bericht, Report; Erzählung {32/34}	ἱστορία historia l. *historia* afrz. *estoire* frz. *histoire* engl./am. *history* *story*		Forschung; (Geschichts-)Wissenschaft, Bericht Kunde, Kenntnis; Erzählung, Geschichte dto. dto. dto. dto.
>>>	Storax, der = ↗ Styrax				
5547	Strabismus, der gr>nlat	das Schielen (med. t. t.) {14/70}	στραβισμός strabismos		das Schielen
–	Strabo, der gr>l	Schielender (med. t. t.) {14/70}	στραβός strabos		verdreht; schielend
5548	Strabometer, das (gr;gr) >nlat	↗ optisches Meßgerät, mit dem die Abweichung der Augenachsen von der Parallelstellung bestimmt wird (med. t. t.) {70}	dto. + μέτρον metron		dto. Maß, Versmaß
–	Strabometrie, die (gr;gr) >nlat	Messung des Schielwinkels mit dem Strabometer (med. t. t.) {70}	dto.		dto.
5549	Strabotomie, die gr;gr	Schieloperation (med. t. t.) {70}	στραβός strabos + τομή tome		verdreht; schielend das Schneiden; Schnitt; das Abgeschnittene
5550	Strangulation, die gr>l	1. das Erdrosseln, Erhängen {15/82}; 2. Abklemmung innerer ↗ Organe (med. t. t.) {70}	στραγγαλοῦν strangaloun l. *strangulatio*		drehen; erdrosseln das Erwürgen
–	strangulieren gr>l	erdrosseln, erhängen {70/82}	dto. l. *strangulare*		dto. erwürgen, erdrosseln

5551	Strangurie, die	Harnzwang (med. t. t.) {14/70}	στραγγουρία strangouria	Harnzwang
5552	Stratege, der gr>l>frz	1. jmd., der sich auf Strategie versteht {25}; 2. Feldherr {86}	στρατηγός strategos frz. stratège	Heerführer, Feldherr
–	Strategem, das gr>l	1. Trick {25}; 2. Kriegslist {86}	στρατήγημα strategema	Feldherrntat, Kriegslist
–	Strategie, die gr>frz	genaue Vorbereitung u. Durchführung eines Planes, der etwaige Risiken (↗ UTL 3158b) bereits vorher antizipiert (↗ UTL 0220) {25/86}	στρατηγία strategia frz. stratégie	Amt des Feldherrn; Heerführung
–	strategisch gr>l	genau geplant, einer Strategie folgend {25/86}	στρατηγικός strategikos	den Feldherrn betreffend; in der Feldherrnkunst erfahren
5553	Stratigraphie, die l;gr	Lehre von der Schichtung der Gesteine (geol. t. t.) {62}	l. *stratum* + γραφή graphe	Matraze, Polster, Lager; Decke (↗ UTL 3441) Schrift; Zeichnung
–	stratigraphisch l;gr	die Altersfolge der Schichtgesteine betreffend (geol. t. t.) {62}	dto. + γραφικός graphikos	dto. im Malen geschickt; malerisch; zum Malen o. Schreiben gehörig
5554	Stratopause, die (l;gr>l) >nlat	Schicht in der ↗ Atmosphäre zwischen Stratosphäre u. ↗ Mesosphäre (meteor. t. t.) {63/65}	l. *stratum* + παῦσις pausis abgeleitet von: παύειν pauein	Matraze, Polster, Lager; Decke (↗ UTL 3441) das Beendigen beendigen, aufhören machen s. o. Pause
5555	Stratosphäre, die l;gr	die mittlere Schicht der Erdlufthülle zwischen 10 u. 80km Höhe {63/65}	l. *stratum* + σφαῖρα sphaira	Matraze, Polster, Lager; Decke (↗ UTL 3441) Kugel, Ball s. o. Sphäre
–	stratosphärisch l;gr	die Stratosphäre betreffend {63/65}	dto.	dto.

5556	Strauß, der gr>l>ahd	größter, flugunfähiger Laufvogel der Welt {07/69}	στρουθός strouthos l. *struthio* ahd. *struz*	Sperling; Strauß Strauß dto.
5557	Streptokokke, die o. Streptokokkus, der gr;gr	Eitererreger, Kettenbakterien {70}	στρεπτός streptos + κόκκος kokkos	gedreht, geflochten Kern, Scharlachbeere s. o. Kokke
–	Streptomycin o. Streptomyzin, das gr;gr;nlat	⌐ Antibiotikum gegen Tuberkulose (aus dem Strahlenpilz gewonnen) {70}	στρεπτός streptos + μύκης mykes + nlat. *–(z)in*	gedreht, geflochten Pilz s. o. Myzeel Suffix zur Bezeichnung chem. Stoffe
5558	Strippe, die gr>l>mhd	1. Schnur, Bindfaden, ⌐ Kordel {40/44}; 2. Leitungsdraht; {ugs.} Telefonleitung {46}	στρόφος strophos l. *struppus, stroppus* mhd. *strüpfe*	(das gedrehte o. geflochtene) Band Schnur, Riemen
5559	Stroboskop, das (gr;gr) >nlat	1. Gerät zum Sichtbarmachen u. Messen schnell ablaufender Bewegungen (z. B. bei ⌐ Analog–Plattenspielern) {72/87}; 2. Gerät zur Bestimmung der Frequenz (⌐ UTL 1144) schwingender o. rotierender (⌐ UTL 3173) ⌐ Systeme {41/72}	στρόβος strobos + σκοπός skopos	das Herumdrehen im Kreise, Wirbel jmd., der genau hinschaut; Aufseher, Späher
–	stroboskopisch gr;gr	das Stroboskop betreffend {41/72/87}	dto.	dto.
5560	Strolch, der gr>it	(⌐ Etymologie unsicher): 1. (abwertend) jmd. der verwahrlost aussieht; 2. lustigwilder kleiner Junge, Schlingel {31/33}	ἀστρολόγος astrologos it. *astrologo strolegh*	Sternkundiger dto.; Scharlatan
5561	Stroma, das gr>l	1. Fruchtlager von ⌐ Pilzen (bot. t. t.) {68}; 2. Stützgewebe von ⌐ Organen o. Geschwülsten (med. t. t.) {70}	στρῶμα stroma	das Hingebreitete; Decke
–	Stromatik, die gr>nlat	Teppichwebekunst {40/44}	dto.	dto.

5562	Strophe, die gr>l	1. Gesangsteil des ↗ Chores im gr. ↗ Drama {37/75}; 2. Gruppe von Verszeilen {34/76}	στροφή strophe	das Drehen, Wenden; Strophe
–	Strophik, die	Kunst des Strophenbaus {34/76}	στροφικός strophikos	zum Drehen, zur Strophe gehörig
–	strophisch	1. in Strophen geteilt {34/76}; 2. mit der gleichen Melodie zu singen {37}	dto.	dto.
5563	Strychnin, das gr>nlat	hochgiftiges ↗ Alkaloid des Brechnußbaums {70}	στρύχνος strychnos	Nachtschatten
5564	Stube, die gr>l>mlat >ahd>mhd	(↗ Etymologie unsicher): 1. Zimmer, Wohnraum; 2. größerer gemeinschaftlicher Wohn- u. Schlafraum {44/58}	τῦφος l. tufus* mlat. extufare* stufa ahd. stuba mhd. stube	Dampf Dampf, Qualm ausdünsten heizbares Genach, Badezimmer
5565	stygisch	schauerlich, kalt {26/55}	Στύξ, Gen. Στυγός Styx, Stygos	Styx (s. Anhang „Namen")
5566	Stylit, der	Säulenheiliger {33/51/77}	στυλίτης stylites	auf einer Säule lebend
5567	Stylobat, der gr>l	Grundfläche, auf der Säulen stehen {88}	στυλοβάτης stylobates	Säulenfuß
5568	Stymphalide, der	vogelartiges Ungeheuer in der gr. Sage {51/75}	Στυμφηλίδες (Pl.) Stymphelides	am stymphalischen See lebend (s. Anhang „Namen")
5569	Stypsis, die	Blutstillung (med. t. t.) {70}	στῦψις stypsis	das Zusammenziehen; Dicht–, Festmachen
–	Styptikum, das	1. blutstillendes Mittel (med. t. t.); 2. Mittel gegen Durchfall (med. t. t.) {70}	στυπτικός styptikos	zusammenziehend, verdichtend
5570	Styrax, der gr>l	1. Strauch, der Räucherharz liefert {04/68}; 2. ↗ Balsam des Amberbaumes {21/70}	στύραξ styrax	Styraxstrauch u. sein Harz
5571	Styrol, das gr;arab	farblose Flüssigkeit; Grundstoff für verschiedene Kunststoffe {41/73}	dto. + arab. alkohol	dto.
–	Styropor, das gr;arab;gr	aus Styrol u. Treibmitteln gewonnener leichter weißer Kunststoff (oft als Verpackungsmaterial verwendet {40/41/42/43}	dto. + πόρος poros	dto. Furt, Weg, Durchgang; Öffnung s. o. Pore

5572	Subdiakon, der l;gr>kirchenl	zweiter Gehilfe des ↗ Priesters {51/77}	l. *sub* + διάκονος diakonos kirchenl. *diaconus*	unter (... hervor); unten, unterhalb; bei (↗ UTL 3451) Diener Kirchendiener s. o. Diakon
5573	subkutan l;gr>l	(med. t. t.) 1. unter der Haut befindlich; 2. unter die Haut appliziert (↗ UTL 0238) (= gespritzt) {70}	dto. + κύτος kytos	dto. Höhle, Wölbung s. o. kutan
5574	subpolar l;gr	zwischen den ↗ Polen u. der gemäßigten Klimazone gelegen (geogr., meteor. t. t.) {64/65}	dto. + πόλος polos	dto. Achse, Drehpunkt, Pol s. o. polar
5575	Subsystem, das l;gr	Bereich innerhalb eines ↗ Systems, der selbst Merkmale eines Systems aufweist {71/72}	dto. + σύστημα systema	dto. ein aus mehreren Teilen zusammengesetztes Ganzes s. u. System
5576	Subtropen, die (Pl.) l;gr	Gebiete des Übergangs von den ↗ Tropen zur gemäßigten Klimazone (geogr. t. t.) {64/65}	dto. + τροπαί tropai (Pl.) gemischt mit: (κύκλος) τροπικός (kyklos) tropikos	dto. Sonnenwende Wende(kreis) s. u. Tropen
–	subtropisch (l;gr)>nlat	in den Subtropen gelegen {64/65}	dto.	dto.
5577	suffixoid l;gr	einem Suffix ähnlich (sprachwiss. t. t.) {32/76}	l. *suffigere* PPP *suffixus* + –(ε)ιδής –(e)ides	anfügen, –heften, –stecken (↗ UTL 3480) ähnlich aussehend s. Partikelliste
–	Suffixoid, das l;gr	einem Suffix ähnlicher Wortteil (sprachwiss. t. t.) {32/76}	dto.	dto.

5578	Super-(o)nym, das l;gr	= ⌐ Hyperonym: übergeordneter Begriff zu einer Gruppe ähnlicher Wörter (sprachwiss. t. t.) {76}	l. *super* + ὄνυμα onyma = Nebenform zu: ὄνομα onoma	obendrauf, darüber, darauf; oberhalb (⌐ UTL 3491) Name
5579	Super-(o)nymie, die l;gr	= ⌐ Hyperonymie: Übergeordnetheit im ⌐ semantischen Verhältnis (sprachwiss. t. t.) {76}	dto.	dto.
5580	Super-oxyd o. Super-oxid, das l;gr	= ⌐ Peroxyd: sauerstoffreiche chem. Verbindung {73}	dto. + ὀξύς oxys	dto. scharf, spitz, sauer s. o. Oxyd

>>> Sy- ⌐ Partikelliste

5581	Sybarit, der gr>l	Schlemmer, Schwelger {17/26/33}	Συβαρίτης Sybarites	aus Sybaris (s. Anhang „Namen")
–	sybaritisch	verweichlicht, genußsüchtig {26/33}	dto.	dto.
–	Sybaritismus, der (gr;gr) >nlat	Genußsucht, Schlemmerei, Verweichlichung {17/26/33}	dto. + –ισμός –ismos	dto. gr. Suffix s. Partikelliste
5582	Sykophant, der	Verleumder, Denunziant (⌐ UTL 0667) {32/33/82}	συκοφάντης sykophantes	„Feigenanzeiger"; Ränkeschmied, falscher Ankläger
–	sykophantisch	verleumderisch, verräterisch {32/33/82}	συκοφαντικός sykophantikos	verleumderisch
5583	Sykose o. Sykosis, die gr>nlat	1. (veraltet) ⌐ Saccharin {73}; 2. Bartflechte (med. t. t.) {14/70}	σύκωσις sykosis	Feigwarze

>>> Syl- ⌐ Partikelliste

5584	Syllabar o. –r(ium), das	(veraltet) Buchstabierbuch {32/76}	συλλαβή syllabe	das Zusammenfassen; Band, Silbe

>>> Syllabi = Plural (↗ UTL 2697) von ↗ Syllabus

–	sylla-bieren gr>nlat	(veraltet) in ↗ Silben sprechen {32/76}	dto.	dto.
–	sylla-bisch gr>l	1. ↗ silbenweise {32/76}; 2. ↗ silbenweise komponiert (↗ UTL 1770) {32/34/37/76}	συλλαβικός syllabikos	zur Silbe gehörig
–	Syllabus, der gr>l	1. Zusammenfassung, Verzeichnis {32/56}; 2. ↗ päpstliches Verzeichnis der Irrlehren {51/56/77}	συλλαβή syllabe l. *syllabus*	das Zusammenfassen; Band, Silbe Register, Verzeichnis
5585	Syllepse, o. Syllepsis, die	↗ syntaktisch nicht korrekter (↗ UTL 1909) Bezug, vor allem eines Prädikats (↗ UTL 2760), auf mehrere, in Person (↗ UTL 2612), Numerus (↗ UTL 2388) o. Genus (↗ UTL 1188) verschiedene Subjekte (↗ UTL 3454) (sprachwiss. t. t.) {32/76}	σύλληψις syllepsis	das Erfassen; Verhaftung
–	syllep-tisch gr>nlat	die Syllepse betreffend {32/76}	dto.	dto.
5586	Syllogis-mus, der gr>l	↗ logischer Schluß vom Allgemeinen auf dass Besondere (log. t. t.) {25/71}	συλλογισ-μός syllogismos	das Zusammenrechnen; Folgern aus Vordersätzen
–	Syllogi-stik, die	Lehre von den Syllogismen {25/71}	συλλογισ-τικός syllogistikos	zum Folgern gehörig
–	syllogi-stisch	den Syllogismus, die Syllogistik betreffend {25/71}	dto.	dto.
5587	Sylphe, die	1. Luftgeist {51}; 2. zartes, junges Mädchen {18/33}	σίλφη silphe	Motte
–	Sylphi-den, die (Pl.) gr>l>nlat	1. weiblicher Luftgeist {51}; 2. schlankes, ↗ ätherisch anmutiges Mädchen {18/33}	dto.	dto.

>>> Sym– ↗ Partikelliste

5588	Symbiont, der	Tier o. Pflanze, die mit anderen in Symbiose lebt {68/69}	συμβιῶν, Gen. συμβι-οῦντος symbion, symbiountos	zusammenlebend

–	Symbiose, die	Zusammenleben von Lebewesen verschiedener Art zu gegenseitigem Nutzen {68/69}	συμβίωσις symbiosis	das Zusammenleben
–	symbio(n)tisch	in Symbiose lebend {68/69}	συμβιωτής symbiotes	zusammenlebend
5589	Symbol, das gr>l	(= „das erneute Zusammenfügen von zwei zuvor getrennten Hälften"): 1. Zeichen, Sinnbild {25/32}; 2. Glaubensbekenntnis {51/77}	σύμβολον symbolon	(das „Zusammengefügte"): (Kenn)-Zeichen
5590	Symbolik, die	1. Sinnbildgehalt {25/32/35/36}; 2. Wissenschaft von den Symbolen u. ihrer Verwendung {35/36/74}; 3. Konfessionskunde {51/77}	συμβολικός symbolikos	durch ein Zeichen andeutend
–	symbolisch gr>l	sinnbildlich; die Symbole betreffend {25/32/34/35/36}	dto.	dto.
–	symbolisieren gr>nlat>frz	sinnbildlich darstellen {25/32/34/35/36}	dto. frz. *symboliser*	dto.
–	Symbolisierung, die gr>nlat>frz	1. sinnbildliche Darstellung {25/32/34/35/36}; 2. Versinnbildlichung seelischer Konflikte im Traumerleben (psych. t. t.) {16/70}	dto.	dto.
–	Symbolismus, der gr;gr	Kunstrichtung, die die Wirklichkeit in Sinnbildern darstellt {34/35/36}	dto. + –ισμός –ismos	dto. gr. Suffix s. Partikelliste
–	Symbolist, der gr;gr	Vertreter des Symbolismus {34/35/36}	dto. + –ιστής –istes	dto. gr. Suffix s. Partikelliste
–	symbolistisch gr;gr	den Symbolismus betreffend {34/35/36}	dto.	dto.
5591	Symmachie, die	Bundesgenossenschaft altgr. Stadtstaaten {50/75/86}	συμμαχία symmachia	Hilfe im Kampf, Kampfgemeinschaft
5592	Symmetrie, die gr>l	1. Spiegelbildlichkeit (math. t. t., biol. t. t.) {68/69/71}; 2. Gleichheit, Ausgewogenheit der Verhältnisse {33/56}	συμμετρία symmetria	Ebenmaß, Gleichmaß
–	symmetrieren gr>l	1. etw. symmetrisch machen {56/71}; 2. ein unsymmetrisches Tonsignal symmetrisch machen {45/87}	dto.	dto.

–	symme-trisch gr>nlat	1. gleich–, ebenmäßig {53/55}; 2. auf beiden Seiten einer Mittellinie ein Spiegelbild ergebend (math. t. t.) {71}	σύμμετρος symmetros		abgemessen; gleichmäßig, an-gemessen
5593	sympa-thetisch	1. auf ↗ Sympathie beruhend {33}; 2. geheimnisvolle Wir-kung auf das Gefühl ausü-bend {26}	συμπαθής sympathes		mitleidend, mit-empfindend
–	Sympa-thie, die gr>l	1. Mitgefühl; 2. Zuneigung auf Grund innerer Verwandt-schaft {26/33}	συμπάθεια sympatheia		gleiche Empfin-dung, Mitleiden
5594	Sympa-thiko-tonie, die gr;gr	erhöhte Erregbarkeit des sympathischen Nervensys-tems (med. t. t.) {70}	dto. + τόνος tonos		dto. Spannung, Band, Ton
–	Sympa-thikoto-nikum, das gr;gr	Teil des sympathischen Ner-vensystems, das die dem Wil-len entzogenen Körpervor-gänge regelt (med. t. t.) {11/70}	dto.		dto.
5595	Sympa-thikus, der	Grenzstrang des ↗ sympathi-schen Teils des ↗ autonomen Nervensystems (med. t. t.) {11/70}	συμπαθής sympathes		mitleidend, mit-empfindend
–	Sympa-thisant, der gr>nlat	jmd., der einer Sache wohl-wollend gegenübersteht {25/28/33/50}	dto.		dto.
–	sympa-thisch gr>frz	1. zusagend, angenehm {25/26}; 2. den Sympathikus be-treffend (med. t. t.) {11/70}; 3. mitfühlend {26/33}	dto. frz. sympathique		dto.
–	sympathi-sieren gr>frz	1. sich innerlich verbunden fühlen {25/26/33}; 2. jmd. wohlwollend gegenüberste-hen	dto. frz. sympathiser		dto.
>>>	Symphonie, die = ↗ Sinfonie				
5596	Sym-physe, die	1. Verwachsung (med. t. t.) {14/70}; 2. Knochenfuge (med. t. t.) {70}	σύμφυσις symphysis		das Zusammen-wachsen, Ver-wachsen
–	symphy-tisch	zusammengewachsen (med. t. t.) {70}	συμφυτικός symphytikos		das Zusammen-wachsen betref-fend

5597	Symploke, die	Verflechtung von ⟋ Anapher u. ⟋ Epipher; Wiederholung derselben Wörter jeweils am Anfang bzw am Ende {32/76}	συμπλοκή symploke	Verflechtung, Verknüpfung
5598	Symposion o. Symposium, das	1. altgr. Trinkgelage {33/75}; 2. wissenschaftliche Tagung {33/40}	συμπόσιον symposion	das Zusammentrinken; Trinkgelage
5599	Symptom, das	Anzeichen, Merkmal (bes. bei Krankheitsentwicklung – med. t. t.) {14/25/70}	σύμπτωμα symptoma	Zufall, Vorfall
–	Symptomatik, die	1. Gesamtheit der Symptome {14/25/70}; 2. = ⟋ Symptomatologie {14/70}	συμπτωματικός symptomatikos	zufällig
–	symptomatisch	1. anzeigend, bezeichnend {25/55}; 2. auf bestimmten Symptomen beruhend (med. t. t.) {14/70}	dto.	dto.
5600	Symptomatologie, die (gr;gr) >nlat	Wissenschaft von den Krankheitszeichen {14/70}	σύμπτωμα symptoma + λόγος logos	Zufall, Vorfall Rede, Wort; Berechnung
>>>	Syn– ⟋ Partikelliste			
5601	synagogal gr>l>nlat	1. die Synagoge betreffend {51/58/77}; 2. den jüdischen Gottesdienst betreffend {51/77}	συναγωγή synagoge	das Zusammenführen; Versammlung
–	Synagoge, die gr>l>mhd	Gotteshaus der Juden {51/58/77}	dto.	dto.
5602	Synalgie, die gr>nlat	Empfinden von Schmerzen in nicht erkrankten Körpergliedern (med. t. t.) {14/26/70}	συναλγεῖν synalgein	zugleich Schmerz haben; mitleiden
5603	Synallage o. Synallage, die bzw. Synallagma, das	gegenseitiger Vertrag {33/42/80}	συναλλαγή synallage bzw. συνάλλαγμα synallagma	Austausch; Ausgleichung; Verkehr Vertauschung, Verkehr; Vertrag

–	synallag-matisch gr>nlat	gegenseitig {33/42/80}	συναλλαγ-ματικός synallagmatikos	den Handel betreffend
5604	Syna-löphe, die	Verschmelzung zweier ⟶ Silben {34/76}	συναλοιφή synaloiphe	Zusammenschmelzung, Vereinigung, bes. zweier Silben
5605	Synaphie, die gr>l	⟶ rhythmisch fortlaufende Verbindung von Versen (⟶ UTL 3791) (metr. t. t.) {32/76}	συναφή synaphe	Verbindung, Gemeinschaft
–	syna-phisch gr>nlat	die Synaphie betreffend {32/76}	dto.	dto.
5606	Synapse, die	1. Kontaktstelle zwischen Nervenfortsätzen zum Weiterleiten ⟶ nervöser Reize; 2. Berührungsstelle zwischen ⟶ Muskel u. ⟶ Nerv {11/70}	σύναψις synapsis	Verbindung
5607	Synapte, die	Fürbittgebet im ⟶ orthodoxen Gottesdienst {51/77}	συναπτός synaptos	verbunden
5608	Synärese, o. Syn-äresis, die	1. = Kontraktion (⟶ UTL 1861): Zusammenziehung zweier o. mehrerer Vokale (⟶ UTL 3852) zu einem Vokal o. ⟶ Diphthong (sprachwiss. t. t.); 2. = ⟶ Synizese: Zusammenziehung zweier Vokale zu einer ⟶ Silbe {32/76}	συναίρεσις synairesis	das Zusammennehmen; Zusammenziehung zweier Vokale zu einem Diphthong
5609	Syn-ästhesie, die gr>nlat	unterschiedliches Empfinden desselben Reizes durch verschiedene Sinnesorgane (med. t. t.) {26/70}	συναίσ-θησις synaisthesis	Mitempfindung
–	synä-sthetisch	die Synästhesie betreffend {26/70}	dto.	dto.
5610	Synaxis, die gr>l	Meßfeier in der gr.– ⟶ orthodoxen ⟶ Kirche {51/77}	σύναξις synaxis	das Zusammenführen; Versammlung
5611	synchron o. syn-chronisch gr>nlat>frz	1. gleichzeitig, zeitlich übereinstimmend {59}; 2. mit der Frequenz (⟶ UTL 1144) eines Schwingungserzeugens gleichlaufend (techn. t. t.) {40/41/72}	σύγχρονος synchronos frz. synchronique	gleichzeitig
–	Syn-chron-detektor gr;l	elektronische Schaltung zur Verbesserung des Empfangs bei Kurzwellenradios {46/87}	dto. + l. detector	dto. Offenbarer (⟶ UTL 0710)

–	**Synchronie,** die gr>frz	beschreibende Darstellung des Sprachzustandes eines bestimmten Zeitraumes (von F. de Saussure 1913 eingeführt – sprach-wiss. t. t.) {32/76}	dto. frz. *synchronie*	dto.
–	**Synchronisation,** die gr>engl	1. = das Synchronisieren {59}; 2. das Zusammenbringen von getrennt aufgenommenen Bildern o. Tonbändern {32/35/59/85}; 3. das Unterlegen eines fremdsprachigen Filmes mit Übersetzungen in der eigenen Sprache {32/35/59/85}	dto. engl. *synchronization*	dto.
–	**synchronisieren**	1. eine Synchronisation herstellen {40/41/59}; 2. verschiedene Vorgänge o. Geräte zum Gleichlauf bringen {40/41/59}; 3. einen fremdsprachigen Film mit Übersetzungen in der eigenen Sprache unterlegen {32/35/59/85}	συγχρονίζειν synchronizein	gleichzeitig sein
–	**Synchronismus,** der	1. Gleichzeitigkeit verschiedener Erzeugnisse o. Vorgänge {59}; 2. Zusammenstellung von Gleichzeitigem {32/59}	συγχρονισμός synchronismos	Gleichzeitigkeit
–	**synchronistisch**	den Synchronismus betreffend {32/59}	σύγχρονος synchronos	gleichzeitig
5612	**Synchronopse,** die (gr;gr) >nlat	Gegenüberstellung von Ereignissen in Tabellenform {32/59}	dto. + ὄψις opsis	dto. das Sehen
–	**synchronoptisch** gr;gr	die Synchronopse betreffend {32/59}	dto.	dto.
5613	**Synchrotron,** das gr;gr	Gerät zur Beschleunigung von geladenen Elementarteilchen auf sehr große Geschwindigkeiten (kernphys. t. t.) {72}	σύγχρονος synchronos + –τρον –tron	gleichzeitig gr. Suffix zur Bezeichnung eines Werkzeugs
5614	**Syndaktylie,** die (gr;gr) >nlat	Verwachsung der Finger o. Zehen (med. t. t.) {11/14/70}	σύν o. ξύν syn o. xyn + δάκτυλος daktylos	zusammen, zugleich, gleichfalls Finger; Zehe; Längenmaß, Versfuß

5615	Syndes-mologie, die (gr;gr) >nlat	1. Teilgebiet der ↗ Anatomie, das sich mit den Bändern befaßt (anat. t. t.) {70}; 2. die Gesamtheit der Bänder, die Knochen miteinander verbinden {11/70}	σύνδεσμος syndesmos + λόγος logos	Verbindung, Band Rede, Wort; Berechnung
–	Syndes-moseriß (gr;gr) >nlat;d	Bänderriß im Fußgelenk (med. t. t.) {14/70}	σύνδεσμος syndesmos + d. *Riß*	Verbindung, Band
5616	Syndika-lismus, der (gr;gr) >l>nlat	sozialistische (↗ UTL 3373) Arbeiterbewegung mit genossenschaftlich-gewerkschaftlichem ↗ Charakter {33/50/81}	σύνδικος syndikos + –ισμός –ismos	vor Gericht beistehend, Anwalt gr. Suffix s. Partikelliste
–	Syndika-list, der gr;gr	Anhänger des Syndikalismus {33/50}	dto. + –ιστής –istes	dto. gr. Suffix s. Partikelliste
–	syndika-listisch gr;gr	den Syndikalismus betreffend {33/50}	dto.	dto.
>>>	–syndikat ↗ Wortelementeliste			
–	Syndikat, das gr>l>nlat >mnd>frz >am	1. Gewerkschaft in romanischen (↗ UTL 3167) Ländern {33/50}; 2. Unternehmerverband {42/80}; 3. als geschäftliches Unternehmen getarnte Verbrecherorganisation {82}	dto. mnd. *sindicat* frz. *syndicat* am. *syndicat*	dto. Amt eines Rechtsbeistands
–	Syndikus, der gr>l	Rechtsbeistand {82}	dto.	dto.
–	syndi-ziert gr>l>nlat	in einem Syndikat zusammengefaßt {42/80}	dto.	dto.
>>>	–syndrom ↗ Wortelementeliste			
5617	Syndrom, das	1. Gruppe von Krankheitssymptomen (med. t. t.) {14/70}; 2. Gruppe von Merkmalen, deren Auftreten einen bestimmten Zusammenhang anzeigt (soziol. t. t.) {81}	συνδρομή syndrome	das Zusammenlaufen

Nr.	Stichwort	Bedeutung	Griechisch	Übersetzung
5618	Synedrion o. Synedrium, das gr>l	1. altgr. Bezeichnung für Ratsbehörden {50/75}; 2. der hohe Rat der Juden in der gr.-röm. Antike (↗ UTL 0214) (hist. t. t.) {50/75}	συνέδριον synedrion	Sitzung, Ratsversammlung
5619	Synekdoche, die	Gebrauch des Teils für das Ganze oder umgekehrt (rhet. t. t.) {32/76}	συνεκδοχή synekdoche	das Mitverstehen; rhet. Mittel der Umschreibung
–	synekdochisch	die Synekdoche betreffend {32/76}	συνεκδοχικός synekdochikos	die Synekdoche betreffend
5620	Synektik, die	↗ Methode zur Lösung von ↗ Problemen durch Verfremdung der Frage {25/71/77}	συνεκτικός synektikos	zusammenhaltend; kurz zusammenfassend
5621	Synephebe, der gr>l	(veraltet) Jugendgenosse {33}	συνέφηβος synephebos	Jugendgenosse

>>> Synergeten, die = (Plural von) ↗ Synergist

Nr.	Stichwort	Bedeutung	Griechisch	Übersetzung
5622	synergetisch	zusammen-, mitwirkend {33/40}	συνεργός synergos	mitarbeitend, helfend
–	Synergie, die	1. Zusammenwirken {33/40}; 2. = ↗ Synergismus {51/77}	συνεργία synergia	Hilfe bei der Arbeit
–	Synergieeffekt, der gr;l	positive (↗ UTL 2736) Wirkung, die sich aus dem Zusammenschluß zweier Unternehmen ergibt {41/42/80}	dto. + l. effectus	dto. Durchführung, Wirkung, Erfolg (↗ UTL 0856)
–	Synergismus, der gr;gr	1. Zusammenwirken mehrerer Kräfte {33/40}; 2. Heilslehre, nach der der Mensch an der Erlangung des Heils mitwirken kann (rel. t. t.) {51/77}	συνεργός synergos + -ισμός -ismos	mitarbeitend, helfend gr. Suffix s. Partikelliste
–	Synergist, der gr;gr	1. Anhänger des Synergismus {51/77}; 2. gleichsinnig zusammenwirkendes ↗ Organ (med. t. t.) {11/70}	dto. + -ιστής -istes	dto. gr. Suffix s. Partikelliste
–	synergistisch gr;gr	den Synergismus betreffend {33/40/51/77}	dto.	dto.
5623	Synesis, die	Satzaufbau nach dem Inhalt und nicht nach den ↗ grammatischen Gesetzen {32/76}	σύνεσις synesis	das Zusammentreffen; Verstand, Einsicht

5624	Synizese o. Synizesis, die	Zusammenziehung zweier Vokale (↗ UTL 3852) zu einer ↗ Silbe {32/76}	συνίζησις synizesis		das Zusammenfallen; Zusammenziehen zweier Vokale
5625	synkarp (gr;gr) >nlat	zusamengewachsen (von Fruchtknoten) {68}	σύν o. ξύν syn o. xyn + καρπός karpos		zusammen, zugleich, gleichfalls Frucht
–	Synkarpie, die gr;gr	Verwachsung der Fruchtblätter zu einem einzigen Fruchtknoten (bot. t. t.) {68}	dto.		dto.
5626	Synkinese	Mitbewegung (med. t. t.) {12/70}	συγκίνησις synkinesis		Mitbewegung
5627	Synkope, die gr>l>mhd	1. Betonung eines unbetonten Taktteiles (mus. t. t.) {37}; 2. Weglassen eines Vokals innerhalb eines Wortes (metr. t. t.) {32/76}; 3. Zusammenbruch (med. t. t.) {14/70}	συγκοπή synkope		das Verkürzen durch Abhauen; Ausstoßen eines Vokals im Wortinneren
–	synkopieren gr>nlat	1. durch Auslassen eines Lautes zusammenziehen {32/76}; 2. durch Synkopen ↗ rhythmisch verschieben (mus. t. t.) {37}	dto.		dto.
–	synkopisch gr>l>mhd	die Synkope betreffend {14/32/37/70/76}	dto.		dto.
5628	Synkretismus, der	1. Verbindung entgegengesetzter Lehren, Religionen (↗ UTL 3066), Meinungen {25/51/77}; 2. = Kasussynkretismus: Zusammenfall einer oder mehrerer Fälle in einer Form (↗ UTL 1132) (sprachwiss. t. t.) {32/76}	συγκρητισμός synkretismos		Vereinigung zweier Streitender gegen einen Dritten
–	Synkretist, der gr;gr	Vertreter des Synkretismus {51/77}	dto. + –ιστής –istes		dto. gr. Suffix s. Partikelliste
–	synkretistisch gr;gr	den Synkretismus betreffend {32/51/76/77}	dto.		dto.
5629	Synkrise o. Synkrisis, die	Vergleich; Zusammensetzung (philos., sprachwiss. t. t.) {25/32/76/77}	σύγκρισις synkrisis		das Zusammensetzen, Vereinigen; Vergleichen

–	synkritisch gr>nlat	zusammensetzend, vergleichend, verbindend (philos., sprachwiss. t. t.) {25/32/76/77}	συγκριτικός synkritikos	zusammensetzend; vergleichend
5630	Synod, der	oberste Kirchenbehörde im zaristischen Russland {51/75/77}	σύνοδος synodos	Zusammenkunft, Versammlung
–	synodal	die Synode betreffend {51/77}	dto.	dto.
–	Synodale, der	Mitglied einer Synode {51/77}	dto.	dto.
–	Synode, die	1. Kirchenversammlung; 2. ⇗ kirchl. Selbstverwaltungskörperschaft aus Geistlichen u. ⇗ Laien {51/77}	dto.	dto.
–	synodisch	1. = synodal {51/77}; 2. auf die Stellung von Sonne u. Erde zueinander bezogen (astron. t. t.) {66}	dto.	dto.
5631	synonym gr>l	1. = ⇗ synonymisch; 2. sinnverwandt (von Wörtern – sprachwiss. t. t.) {32/76}; 3. gleichbedeutend {32/56}	συνώνυμος synonymos	denselben Namen führend
–	Synonym, das	1. sinnverwandtes Wort, Wort von gleicher o. ähnlicher Bedeutung; 2. synonymer Begriff {32/76}	dto.	dto.
–	Synonymie, die	inhaltliche Übereinstimmung von verschiedenen Wörtern {32/76}	συνωνυμία synonymia	gleiche Bedeutung
–	Synonymik, die	1. Lehre von der Sinnverwandtschaft der Wörter (linguist. t. t.); 2. = ⇗ Synonymie; 3. Wörterbuch der Synonyme {32/76}	dto.	dto.
–	synonymisch	die Synonymie betreffend {32/76}	dto.	dto.
5632	Synopse o. Synopsis, die	1. knappe Zusammenfassung {32/34/76}; 2. vergleichende Zusammenstellung (der drei ersten ⇗ Evangelisten) {51/77}	σύνοψις synopsis	Überblick, Anblick
5633	Synoptik, die	für eine Wettervorhersage notwendige großräumige Wetterbeobachtung (meteor. t. t.) {65}	συνοπτικός synoptikos	übersehend; zusammenfassend
–	Synoptiker, der	die drei ersten ⇗ Evangelisten Matthäus, Markus u. Lukas {51/77}	dto.	dto.

–	synop-tisch	1. zusammengestellt, nebeneinandergereiht {32/56}; 2. von den Synoptikern stammend {51/77}	dto.	dto.
5634	Synözie, die gr>nlat	1. Zusammenleben verschiedenartiger ↗ Organismen, ohne Nutzen o. Schaden für die Wirtstieren {68/69}; 2. = ↗ Monözie: das Vorkommen männl. und weibl. Blüten auf einem Individuum {↗ UTL 1354}; Einhäusigkeit (bot. t. t.) {68}	συνοικία synoikia	das Zusammenwohnen
–	synözisch	1. in Synözie lebend, sie betreffend {68/69}; 2. = ↗ monözisch: einhäusig (bot. t. t.) {68}	dto.	dto.
5635	Syntagma, das	1. Sammlung von Schriften verwandten Inhalts {34/76}; 2. zusammengehörende Wortgruppe, die kein Satz ist (sprachwiss. t. t.) {32/76}	σύνταγμα syntagma	das Zusammengeordnete; Sammlung verschiedener Schriften mit verwandtem Inhalt
–	syntagmatisch gr>nlat	in der Art eines Syntagmas, auf ihm beruhend {32/34/76}	συνταγματικός syntagmatikos	zum Zusammengestellten gehörig
5636	Syntaktik, die	Teilgebiet der ↗ Semiologie, das sich mit den Beziehungen zwischen den Zeichen einer Sprache befaßt {32/76}	συντακτικός syntaktikos	zusammenstellend
–	syntaktisch	die Syntax betreffend {32/76}	dto.	dto.
–	Syntax, die gr>l	1. Lehre vom Satzbau (linguist. t. t.); 2. Satzbau (linguist. t. t.) {32/76}	σύνταξις syntaxis	Zusammenstellung, Anordnung; Wortfügung
>>>	–synthese ↗ Wortelementeliste			
5637	Synthese o. Synthesis, die gr>l	1. Verknüpfung zur Einheit {25/71}; 2. Aufbau von Verbindungen aus einfachen, ↗ chemischen Bausteinen {73}	σύνθεσις synthesis	Übereinkunft; Zusammenlegen, –setzung
–	Synthesizer, der gr>engl	↗ elektronisches ↗ Musikinstrument zur Erzeugung von Klängen u. Geräuschen {37}	dto. engl. synthesize	dto. verbinden
>>>	Syntheta, die = Plural von ↗ Syntheton			

–	**Synthe-tik,** die	Gewebe aus Kunstfaser {19/40}	συνθετικός synthetikos	zum Zusammenstellen gehörig
–	**synthe-tisch**	1. zusammensetzend {56}; 2. künstlich hergestellt (chem. t. t.) {19/73}	dto.	dto.
–	**syntheti-sieren**	aus einfachen Stoffen herstellen (chem. t. t.) {73}	dto.	dto.
–	**Synthe-ton,** das	aus einer ursprünglichen Wortgruppe zusammengezogenes Wort (sprachwiss. t. t.) {32/76}	σύνθετον syntheton	das Zusammengesetzte
5638	**Syringe,** die gr>mlat	Flieder (da aus den Fliederzweigen Flöten geschnitzt wurden – bot. t. t.) {04/68}	σῦριγξ, Gen. σύρριγγις syrinx	Röhre; Hirtenflöte; Blutader
–	**Syrin-gitis,** die (gr;gr) >nlat	Ohrtrommelentzündung (med. t. t.) {14/70}	dto. + –ῖτις –itis	dto. gr. Suffix s. Partikelliste
–	**Syrinx,** die gr>l	1. Panflöte {37}; 2. unterer Kehlkopf der Vögel (zool. t. t.) {69}	dto.	dto.
5639	**Syrologe,** der (gr;gr) >nlat	Wissenschaftler der Syrologie {40/64/81}	Σύριος Syrios + λόγος logos	Syrer Rede, Wort; Berechnung
–	**Syrologie,** die gr;gr	Wissenschaft von den Sprachen, der Geschichte u. den Altertümern Syriens {64/81}	dto.	dto.
5640	**systal-tisch** gr>l	zusammenziehend (med. t. t.) {70}	συσταλ-τικός systaltikos	zusammenziehend

>>> System–, –system ⤴ Wortelementeliste

5641	**System,** das gr>l	1. Vorgehensweise {25/40}; 2. sinnvoll gegliederte Anordnung {25/56}; 3. philosophisches Gedankengebäude {25/77}; 4. Regierungsform {50}	σύστημα systema	ein aus mehreren Teilen zusammengesetztes Ganzes

5642	Systemanalyse, die gr;gr	1. Untersuchung eines ↗ Problems u. seine Zerlegung in Einzelpobleme als Vorstufe des ↗ Programmierens; 2. Untersuchung der Eignungsmöglichkeiten eines Computers (↗ UTL 0535) für die Lösung eines speziellen (↗ UTL 3394) Problems {25/71}	dto. + ἀνάλυσις analysis	dto. Auflösung s. o. Analyse
–	Systemanalytiker, der gr;gr	Fachmann auf dem Gebiet der Systemanalyse {25/40/71}	dto.	dto.
5643	Systematik, die	1. Kunst der Systembildung {25/40}; 2. planmäßige Ordnung {25/56}	συστηματικός systematikos	zu einem Ganzen verbunden
–	Systematiker, der	jmd., der alles in ein System bringen will {25/33/84}	dto.	dto.
–	systematisch	1. das System betreffend {25/71}; 2. in ein System gebracht {25/40}; 3. planmäßig, gezielt {25/29/30}	dto.	dto.
–	systematisieren	systematisch behandeln {25/40}	dto.	dto.
5644	systemisch	ein Organsystem betreffend (biol., med. t. t.) {68/69/70}	σύστημα systema	ein aus mehreren Teilen zusammengesetztes Ganzes
5645	systemkonform gr;l	mit einem bestehenden ↗ politischen ↗ System sich im Einklang befindend {25/33/50}	dto. + l. conformis	dto. gleichförmig, ähnlich (↗ UTL 1794)
5646	Systemkritiker, der gr;gr	jmd., der eine gesellschaftliche ↗ Ideologie kritisiert {25/32/50}	σύστημα systema + κριτικός kritikos	ein aus mehreren Teilen zusammengesetztes Ganzes der Beurteiler; zum Entscheiden gehörig s. o. Kritiker
5647	Systole, die	1. Zusammenziehung des Herzens (med. t. t.) {70}; 2. Vokalkürzung ↗ metrischen Gründen (sprachwiss. t. t.) {32/76}	συστολή systole	das Zusammenziehen
–	systolisch	die Systole betreffend {32/70/76}	dto.	dto.

5648	Syzygie, die	1. Konjunktion (↗ UTL 1806) u. Opposition (↗ UTL 2437) von Sonne u. Mond (astron. t. t.) {66}; 2. Verbindung zweier Versfüße {32/76}	συζυγία syzygia	das Zusammenspannen, Zweigespann; Zusammenfügung
>>>	Szenar, das = ↗ 1. Szenarium; 2. Szenario			
5649	Szenario, das gr>l	1. Drehbuch; 2. für die Regie erstellte Übersicht über Szenenfolge, auftretende Personen usw. (theat. t. t.) {32/35/40/74/85}; 2. Plan mit Alternativlösung u. konkreten (↗ UTL 1812) Einzelheiten {25/41/60/80}	σκηνή skene l. scaena bzw. scaenarius	Zelt; Bühne Bühne, Schauplatz, Szene, Theater szenisch, Bühnen... (↗ UTL 3514)
–	Szenarist, der gr>l;gr	jmd., der ein Szenario verfaßt {35/40/74/85}	dto. + –ιστής –istes	dto. gr. Suffix s. Partikelliste
–	Szenarium, das gr>l	1. szenisch gegliederter Dramenentwurf {35/74}; 2. = Szenario {32/35/40/74/85}; 3. Schauplatz {58}	σκηνή skene l. scaena bzw. scaenarius	Zelt; Bühne Bühne, Schauplatz, Szene, Theater szenisch, Bühnen... (↗ UTL 3514)
–	Szene, die gr>l>frz	1. Schauplatz einer (Theater)handlung; Bühne {35/58/74}; 2. kleinste Einheit des Dramas o. Films, Auftritt (als Unterabteilung des Aktes (↗ UTL 0121) {32/35/59/74/85}; 3. Vorgang, Anblick {23/29}; 4. ↗ theatralische Auseinandersetzung, Zank {26/33}; Gesamtheit aller kulturellen (↗ UTL 1947) Aktivitäten (↗ UTL 0122) {33/57/81}	dto.	dto.
–	Szenerie, die gr>l>frz	1. das mittels der Dekoration (↗ UTL 0638) hergestellte Bühnenbild {23/35/36/74}; 2. Landschaft(sbild), Gegend, Schauplatz {23/58}	dto.	dto.
–	szenisch gr>l>frz	die Szene (1., 2.) betreffend, bühnenmäßig {35/74}	σκηνικός skenikos	zur Bühne gehörig
>>>	Szepter, das = ↗ Zepter			
>>>	Szylla, die = ↗ Scylla			

T

>>>	**Tacho**, der = Kurzform von **Tachometer**				
5650	**Tacho-graph,** der (gr;gr) >nlat	Fahrtenschreiber {32/45/59}	τάχος tachos + γραφεύς grapheus		Schnelligkeit, Geschwindigkeit Schreiber, Maler
5651	**Tacho-(meter),** der gr;gr	Geschwindigkeitsmesser {45/56/59}	τάχος tachos + μέτρον metron		Schnelligkeit, Geschwindigkeit Maß, Versmaß
>>>	**Tachy–** ↗ Wortelementeliste				
5652	**Tachy-graph,** der	1. Schreiber, der die Tachygraphie beherrscht {32/40/59}; 2. = ↗ Tachograph {32/45/59}	ταχυγράφος tachygraphos		schnell schreibend, Kurzschrift schreibend
–	**Tachy-graphie,** die gr;gr	antikes (↗ UTL 0214) Kurzschriftsystem {32/59/75}	ταχύς tachys + γραφή graphe		schnell Schrift; Zeichnung
5653	**Tachy-kardie,** die gr;gr	Herzjagen; stark beschleunigte Herztätigkeit (med. t. t.) {14/59/70}	ταχύς tachys + καρδία kardia		schnell Herz
5654	**Tachy-meter,** der gr;gr	Meßgerät zur ↗ geodätischen Schnellmessung {64/72}	ταχύς tachys + μέτρον metron		schnell Maß, Versmaß
–	**Tachy-metrie,** die gr;gr	↗ geodätisches Meßverfahren mit Hilfe des Tachymeters {64/72}	dto.		dto.
5655	**Tachy-phagie,** die gr;gr	hastiges Essen (med. t. t.) {17/59/70}	ταχύς tachys + φαγεῖν phagein		schnell essen

5656	Tachy-phylaxie, die gr;gr	unzureichende Reaktion (↗ UTL 2990) des ↗ Organismus auf mehrfach verabreichte Arzneimittel (med. t. t.) {14/70}	ταχύς tachys + φύλαξις phylaxis	schnell Bewachung
5657	Tachy-pnoe, die gr;gr	Kurzatmigkeit (med. t. t.) {14/70}	ταχύς tachys + πνοή pnoe	schnell das Wehen, Blasen; Wind
5658	taktieren gr>frz	geschickt geplant vorgehen {25/29/85/86} (andere Bedeutungen sind lateinischen Ursprungs – vgl. ↗ UTL 3525)	τακτικός taktikos	im Anordnen geschickt
–	Taktik, die gr>frz	1. Kunst der Kampfführung {85/86}; 2. berechnendes, zweckbestimmtes Verhalten {25/29}	τακτική (τέχνη) taktike (techne) frz. *tactique*	(Kunst der) militärischenTruppenführung
–	Taktiker, der	jemand, der die Taktik beherrscht {25/29/85/86}	τακτικός taktikos	im Anordnen geschickt
–	taktisch	1. die Taktik betreffend {25/29/85/86}; 2. geschickt u. planvoll vorgehen {25/29}	dto.	dto.
5659	Talent, das gr>l	1. angeborene besondere Begabung {22}; 2. altgr. u. röm. Gewichts– u. Geldeinheit {56/75}	τάλαντον talanton	Waage; (Handels)-Gewicht; Geldsumme
–	talentiert	geschickt, begabt {22}	dto.	dto.
5660	Talisman, der gr>arab >frz/engl	Maskottchen, Glücksbringer {25/26/51}	τέλεσμα telesma arab. *talisman* = Dual von *tilasm* frz./engl. *talisman*	Steuer, Abgabe; geweihter Gegenstand Zauberbild, glückbringender Gegenstand
5661	Tantal, das gr>nlat	chem. Grundstoff, ↗ Metall; Zeichen: Ta {73}	Τάνταλος Tantalos	Tantalos (s. Anhang „Namen")
–	Tantalusqualen, die (Pl.) gr>nlat;d	Schmerzen dessen, der für ihn Unerreichbares zum Greifen nahe sieht {26/51}	dto. + d. *Qualen*	dto.

5662	**Tape**, das gr>l>engl	1. Klebeband, Verband {44/70/85}; 2. Lochstreifen, Magnetband; 3. Tonband (techn. t. t.) {46/87}	τάπης tapes l. *tapete* u. *tapetum* engl. *tape*	Teppich, Decke dto. Klebe–, Tonband
–	**Tapedeck**, das gr>l>engl; engl	(Cassetten)Tonbandgerät ohne eigenen Verstärker u. Lautsprecher (techn. t. t) {87}	dto. + d. *Deck*	dto.
5663	**Tapeinosis**, die	Verwendung eines (zu) schwachen Ausdrucks (rhet. t. t.) {32/76}	ταπείνωσις tapeinosis	Erniedrigung
5664	**Tapet**, das gr>l	1. Überzug eines Konferenztisches (veraltet) {19/40/44}; 2. etw. aufs – bringen: etw. zur Sprache bringen {32}	τάπης tapes o. ταπήτιον tapetion l. *tapete* u. *tapetum*	Teppich, Decke (Verkleinerungsform) dto.
–	**Tapete**, die gr>l>mlat	Wandverkleidung aus gemustertem Stoff, Leder o. ⤴ Papier {44}	dto. mlat. *tapeta*	dto. Wandverkleidung
–	**tapezieren** gr>l>mlat>frz>it	1. Wände mit Tapeten bekleben, verkleiden; 2. mit einem neuen Stoff beziehen (z. B. Möbel – österr.) {29/40/44}	dto. frz. *tapisser* it. *tappezzare*	dto. tapezieren dto.
–	**Tapezierer**, der gr>l>mlat>it	Handwerker, der tapeziert, mit Stoffen bespannt, Möbel polstert {40/44}	dto.	dto.

>>> –**taph** ⤴ Wortelementeliste

5665	**Taphophobie**, die	krankhafte Angst, lebendig begraben zu werden (med. t. t.) {14/70}	τάφος taphos + φόβος phobos	Grab Furcht, Schrecken
5666	**Tapisserie**, die gr>afrz>frz	1. gewirkter Wandteppich; 2. teppichartige Stickerei {44}	τάπης tapes o. ταπήτιον tapetion afrz. *tapiz* frz. *tapis*, *tapisserie*	Teppich, Decke (Verkleinerungsform) dto.; Wandverkleidung dto; Wandteppich
–	**Tapisseristin**, die gr>afrz>frz	in der Herstellung feiner Handarbeiten ausgebildete Frau {40/44}	dto.	dto.

5667	Tarsus, der gr>nlat	1. Fußwurzel (anat. t. t.); 2. Lidknorpel (med. t. t.) {11/70}; 3. Fußteil des Insektenbeins (zool. t. t.) {69}	ταρσός tarsos	breite Fläche; Fußsohle
>>>	Tartaros, der = ↗ Tartarus			
5668	Tartarus, der gr>l	Unterwelt in der gr. Sage {51/75}	Τάρταρος Tartaros	Tartaros
5669	Tau, das	neunzehnter Buchstabe des gr. ↗ Alphabets {32/76}	τ, Τ (ταῦ) t, T (tau)	Tau
5670	Taurobolium, das gr>l	Stieropfer u. damit verbundene Bluttaufe in den antiken (↗ UTL 0214) ↗ Mysterien {51/75}	ταυροβόλιον taurobolion	Stieropfer
5671	Tauromachie, die gr>span	1. Stierkampf; 2. ↗ Technik des Stierkampfs {85}	ταυρομαχία tauromachia	Stiergefecht
5672	Tautazismus, der (gr;gr) >nlat	unschöne Häufung von gleichen Lauten in aufeinanderfolgenden Wörtern (rhet. t. t.) {32/76}	ταυτά tauta + –ισμός –ismos	dasselbe gr. Suffix s. Partikelliste
5673	Tautogramm, das (gr;gr) >nlat	Gedicht, bei dem alle Wörter o. Zeilen mit demselben Anfangsbuchstaben beginnen {34/76}	ταυτό tauto + γράμμα gramma	dasselbe Buchstabe, Schrift(werk)
5674	Tautologie, die gr>l	ugs. „doppelt gemoppelt": Stilmittel, bei dem das bereits Gesagte durch sinnverwandte Wörter wiederholt o. verstärkt wird {32/76}	ταυτολογία tautologia	Wiederholung des bereits Gesagten
–	tautologisch gr>l	die Tautologie betreffend {32/76}	ταυτολόγος tautologos	dasselbe sagend
>>>	Taxa, die (Pl.) = Plural von ↗ Taxon			

5675	Taxa-meter, das l>mlat>frz; gr	1. Fahrpreisanzeiger in einem Taxi {42/45/56}; 2. Taxi {45}	l. *taxare* mlat. *taxa* frz. *taxer* *taxe* + μέτρον metron	anstechen; tadeln; antasten; prüfend betasten Schätzung des Wertes; Gebühr (↗ UTL 3538} Maß, Versmaß
5676	Taxem, das gr>engl/am	kleinste ↗ grammatisch–↗ syntaktische Einheit ohne ↗ semantischen Eigenwert (sprachwiss. t. t.) {32/76}	τάξις taxis engl./am. *taxeme*	Aufstellung, (An)-ordnung
5677	Taxi-dermie, die (gr;gr) >nlat	das Ausstopfen von Tieren für Demonstrationszwecke {44/ 69}	τάξις taxis + δέρμα derma	Aufstellung, (An)-ordnung Haut
–	Taxi-dermist, der (gr;gr;gr) >nlat	jmd., der Tiere präpariert (↗ UTL 2786) {40/44/69}	dto. + –ιστής –istes	dto. gr. Suffix s. Partikelliste
>>>	–taxis ↗ Wortelementeliste			
5678	Taxon, das	künstlich abgegrenzte Gruppe von Lebewesen als Einheit innerhalb der ↗ biologischen ↗ Systematik (biol. t. t.) {69}	τάξις taxis	Aufstellung, (An)-ordnung
5679	taxonom o. taxo-nomisch gr;gr	1. ↗ systematisch (biol. t. t.) {69}; 2. die Taxonomie betreffend (sprachwiss. t. t.) {32/76/78}	dto. + νόμος nomos	dto. Brauch, Gesetz
–	Taxo-nomie, die gr;gr	1. Einordnung in ein ↗ biologisches ↗ System (biol. t. t.) {69}; 2. Lehre von den ↗ Methoden der Klassenbildung (z. B. bei Lernzielen) {32/76/78}	dto.	dto.
>>>	Techni–, Techno– ↗ Wortelementeliste			
5680	Techni-color, das gr>l	(Warenzeichen) ein Farbbildherstellungsverfahren (techn. t. t.) {40/41/72/85}	τέχνη techne + l. *color*	das fachliche Können; Handwerk; Kunst Farbe; Anstrich; Teint (↗ UTL 3539)

5681	technifi- zieren gr;l	Errungenschaften der Technik auf etwas anwenden {40/41}	τέχνη techne + l. *facere*	das fachliche Können; Handwerk; Kunst tun, machen
5682	Technik, die gr>frz	1. ↗ praktische Verwertung der naturwissenschaftlichen Erkenntnisse {40/41}; 2. zu einer Tätigkeit gehörende Fertigkeit {22/40}; 3. Herstellungsverfahren {40/41}	τεχνικός technikos frz. *technique*	die Kunst, das Handwerk betreffend
>>>	–technik ↗ Wortelementeliste			
>>>	Technika, die (Pl.) = Plural von ↗ Technikum			
–	Techniker, der	Facharbeiter auf dem Gebiet der Technik {40/41}	dto.	dto.
–	Technikum, das	technische Fachhochschule {31/40/78}	dto.	dto.
–	technisch	1. zur Technik gehörig; 2. fachmännisch {22/40/41}	dto.	dto.
–	technisieren gr>nlat	auf technischen Betrieb umstellen {40/41}	dto.	dto.
–	Technizismus, der gr;gr	1. technische Asudrucksweise {32/40/41}; 2. Einschätzung der Technik als Maßstab allen Fortschritts {25/41}	dto. + –ισμός –ismos	dto. gr. Suffix s. Partikelliste
>>>	Techno– ↗ Wortelementeliste			
5683	Techno, das / der	Kurzform für Technobeat: elektronisch erzeugte, stark von gleichförmigen ↗ Rhythmen bestimmte ↗ Musik {37}	τέχνη techne	das fachliche Können; Handwerk; Kunst
5684	Technokrat, der (gr;gr) >engl/am	Vertreter der Technokratie {25/33/50/77}	τέχνη techne + κράτος kratos engl./am. *technocrat*	das fachliche Können; Handwerk; Kunst Kraft, Macht
–	Technokratie, die (gr;gr) >engl/am	Lehre von der Vorherrschaft der Technik bzw. des Expertentums über alle anderen Lebensbereiche {25/33/50/77}	dto. engl./am. *technocracy*	dto.

Nr.	Stichwort	Bedeutung	Griechisch	Übersetzung
–	techno-kratisch gr>engl/am	1. die Technokratie betreffend {25/33/50/77}; 2. rein ↗ mechanisch (abwertend) {25/41/56}	dto.	dto.
5685	Techno-lekt, der (gr;gr) >nlat	Fachsprache (sprachwiss. t. t.) {32/76}	τέχνη techne + λεκτικός lektikos	das fachliche Können; Handwerk; Kunst zum Reden gehörig
5686	Techno-loge, der	Wissenschaftler auf dem Gebiet der Technologie {40/41}	τεχνολόγος technologos	eine Wissenschaft kunstgemäß abhandelnd
–	Techno-logie, die	1. Lehre von der Verarbeitung der Rohstoffe; 2. = ↗ Technik; 3. Gesamtheit der Vorgänge zur Gewinnung u. Bearbeitung von Stoffen {40/41}	τεχνολογία technologia	kunstgemäße Abhandlung über eine Kunst. o. Wissenschaft
–	Techno-logie-park, der gr;mlat>frz	erschlossenes Gelände zur Förderung des Technologietransfers {40/41/58}	dto. + mlat. parricus frz. parc	dto. eingeschlossener Raum, Gehege (↗ UTL 2516)
–	Techno-logie-transfer, der gr;l	Weitergabe betriebswirtschaftlicher u. technologischer Kenntnisse u. Verfahren {40/41/78}	τεχνολογία technologia + l. transferre	dkunstgemäße Abhandlung über eine Kunst. o. Wissenschaft (hin)übertragen, –bringen, –schaffen; übersetzen (↗ UTL 3623)
–	techno-logisch	verfahrenstechnisch {40/41}	τεχνο-λογικῶς technologikos	kunstgemäß abhandelnd
5687	Techno-pägnion, das gr>l	Figurengedicht; Gedicht, dessen äußere Gestalt seinen Inhalt nachbildet {34/76}	τεχνο-παίγνιον techno-paignion	Spiel der Kunst; poetisches Spielen mit schwierigen Formen
5688	Teicho-skopie, die gr>nlat	„Mauerschau"; ↗ dramatisches Mittel, das dem Zuschauer Ereignisse außerhalb der Bühne als aktuelle (↗ UTL 0123) Beobachtung schildert {35/74}	τειχοσκοπία teichoskopia	das Schauen von der Mauer

>>> Tekto– ↗ Wortelementeliste

5689	Tekto-genese, die gr;gr	alle Vorgänge, die die Formung der Erdkruste betreffen (geol. t. t.) {62/63}	τέκτων tekton + γένεσις genesis	Baumeister, Zimmermann Ursprung, Entstehung
5690	Tektonik, die gr>l	1. Lehre von der Beschaffenheit u. den Vorgängen in der Erdkruste (geol. t .t.) {62/63}; 2. Konstruktionslehre {40/41/78}; 3. Lehre vom inneren Aufbau eines Kunstwerks {34/36/78}	τεκτονική (τέχνη) tektonike (techne)	Baukunst
–	tektonisch	die Tektonik betreffend {62/63}	τεκτονικός tektonikos	im Bauen geschickt
5691	Telamon, der / das gr>l	1. Leibgurt für Waffen (mil. t. t.) {19/86}; 2. tragende Bildsäule (archit. t. t.) {88}	τελαμών telamon	breiter, lederner Tragriemen, Wehrgehenk; Tragbalken

\>\>\> Tele– ⤤ Partiklewörterliste

5692	Telebrief, der gr;l	Schreiben, das durch ⤤ Telekopierer übermittelt u. Eilboten zugestellt wird {32/46}	τῆλε tele + l. brevis	weit, fern kurz, klein; kurz gefaßt (⤤ UTL 0438)
5693	Telefax, das gr;l	1. Fernkopie; 2. Fernkopierer {32/46}	τῆλε tele + l. facere (Imp. fac)	weit, fern tun, machen mach! (⤤ UTL 1053b)
–	telefaxen gr;l	fernkopieren {32/46}	dto.	dto.
5694	Telefon, das gr;gr	Fernsprechanschluß, Fernsprecher {32/46}	τῆλε tele + φωνή phone	weit, fern Laut, Stimme, Ton
–	Telefonat, das gr;gr	Anruf, Ferngespräch {32/46}	dto.	dto.
–	telefonieren gr;gr	durch das Telefon mit jmdm. sprechen {32/46}	dto.	dto.
–	telefonisch gr;gr	mit Hilfe des Telefons {32/46}	dto.	dto.

–	Telefo-nist o. -nistin, der / die gr;gr;gr	Angestellte(r)im Fernsprech-verkehr {32/40/46}	dto. + –ιστής –istes	dto. gr. Suffix s. Partikelliste	
–	Telefon-sex, der gr;gr;l	sexueller Anreiz durch telefo-nischen Gesprächskontakt {18/32/46}	dto. + l. *sexus*	dto. männliches u. weibliches Ge-schlecht; Ge-schlechtsglied (↗ UTL 3301)	
5695	Telefoto, das gr;gr o. Telefo-tografie, die gr;gr;gr	fotografische Aufnahme ent-fernter Objekte mit einem ↗ Teleobjektiv {87}	τῆλε tele + φώς, Gen. φωτός phos, photos + γραφή graphe	weit, fern Licht Schrift; Zeichnung s. o. Photographie	
5696	telegen gr;gr	geeignet für einen wirkungs-vollen Auftritt im Fernsehen {26/32/55/85}	τῆλε tele + –γενής –genes	weit, fern stammend von; hervorbringend, verursachend	
5697	Telegraf, der (gr;gr)>frz	Fernschreiber {32/46}	τῆλε tele + γραφεύς grapheus frz. *télégraphe*	weit, fern Schreiber, Maler	
–	Telegra-fie, die (gr;gr)>frz	↗ elektrische Nachrichten-übermittlung {32/46}	τῆλε tele + γραφή graphe frz. *télégraphe*	weit, fern Schrift; Zeichnung	
–	telegra-fieren (gr;gr)>frz	eine Nachricht telegrafisch übermitteln {32/46}	dto. frz. *télé-grapher*	dto.	
–	telegra-fisch (gr;gr)>frz	durch Telegrafie übermittelt {32/46}	dto. frz. *télégraphique*	dto.	
–	Telegra-fist, der gr;gr;gr	jemand, der telegrafisch Nachrichten übermittelt {32/40/46}	dto. + –ιστής –istes	dto. gr. Suffix s. Partikelliste	
5698	Tele-gramm, das (gr;gr) >am/engl	telegrafisch übermittelte Nachricht (Ausdruck 1852 von dem Amerikaner P. Smith ge-bildet) {32/46}	τῆλε tele + γράμμα gramma am./engl. *telegram*	weit, fern Buchstabe, Schrift(werk)	

Telekinese

>>> **Telegraph**, der = ↗ **Telegraf**

5699	**Teleki- nese,** die (gr;gr) >nlat	das Bewegen eines Gegen- standes durch übersinnliche Kräfte {51/61}	τῆλε tele + κίνησις kinesis	weit, fern Bewegung s. o. Kinese
–	**teleki- netisch** (gr;gr) >nlat	die Telekinese betreffend {51/ 61}	τῆλε tele + κινητικός kinetikos	weit, fern zum Bewegen gehörig s. o. kinetisch
5700	**Tele- kolleg,** das gr;l	Unterrichtssendung in Se- rienform im Fernsehen {31/ 33/46/78/85}	τῆλε tele + l. *collegium*	weit, fern Amtsgemein- schaft, Vereini- gung, Zunft (↗ UTL 3543a)
5701	**Telekom- munika- tion,** die gr;l	Austausch von Nachrichten mit Hilfe der ↗ Elektrotech- nik {32/46/87}	τῆλε tele + l. *communi- catio*	weit, fern Mitteilung (↗ UTL 1749a)
5702	**Telekon- verter,** der gr;l	Linsensystem, das zwischen Objektiv (↗ UTL 2397) u. ↗ Kamera eingefügt wird, wo- durch sich die Brennweite vergrößert (fot. t. t.) {87}	τῆλε tele + l. *convertere*	weit, fern umkehren, –dre- hen, –wandeln; hinwenden (↗ UTL 1876)
5703	**teleko- pieren** gr;l	mit Hilfe eines Telekopierers ↗ photokopieren {32/46}	τῆλε tele + l. *copiari*	weit, fern sich mit etw. reich- lich versehen (↗ UTL 1894c)
–	**Teleko- pierer,** der gr;l	Gerät, das ↗ Photokopien per Telefonleitung weiterleitet {32/46}	dto.	dto.
5704	**Tele- meter,** das (gr;gr) >nlat	Entfernungsmesser {66/72/87}	τῆλε tele + μέτρον metron	weit, fern Maß, Versmaß
–	**Teleme- trie,** die (gr;gr) >nlat	Entfernungsmessung {66/72/ 87}	dto.	dto.

5705	Telenose, die gr;gr	Beeinflussung des Willens eines Lebewesens aus der Ferne {28/51/70}	τῆλε tele + γνῶσις gnosis		weit, fern das Erkennen; Erkenntnis
5706	Teleobjektiv, das gr;l>nlat	Kombination (↗ UTL 1734) von Linsen (↗ UTL 2071) zur Erreichung großer Brennweiten für Fernaufnahmen (fot., opt. t. t.) {40/87}	τῆλε tele + l. obicere (PPP. obiectus)		weit, fern entgegenwerfen, –stellen; vorwerfen; darbieten (↗ UTL 2397)
5707	Teleologie, die gr;gr	Lehre vom Zweck o. Ziel, nach der alles Geschehen zweckmäßig u. zielgerichtet angelegt ist (philos. t. t.) {52/77}	τέλος telos + λόγος logos		Ende, Zweck, Ziel Rede, Wort; Berechnung
–	teleologisch gr;gr	die Teleologie betreffend {52/77}	dto. + λογικός logikos		dto. zum Reden gehörig, die Rede betreffend
5708	Teleonomie, die gr;gr	von einem umfassenden Zweck regierte Eigenschaft {25/77}	τέλος telos + νόμος nomos		Ende, Zweck, Ziel Brauch, Gesetz
–	teleonomisch gr;gr	die Teleonomie betreffend {25/77}	dto.		dto.
5709	Telepath, der (gr;gr) >nlat	jemand, der für Telepathie empfänglich ist {24/25/51}	τῆλε tele + πάθος pathos		weit, fern Schmerz; Leiden(schaft)
–	Telepathie, die gr;gr	instinktives (↗ UTL 1446) Erleben der Gefühle anderer Menschen auf rein geistiger ↗ Basis; Gedankenübertragung {24/25/51}	dto.		dto.
–	telepathisch gr;gr	durch Telepathie {24/25/51}	dto.		dto.
>>>	Telephon, das = ↗ Telefon				
>>>	Telephotographie, die = ↗ Telefotografie				
5710	Teleprompter, der gr;l	(Warenzeichen) Rolle (↗ UTL 3166), auf der für den Moderator (↗ UTL 2258) auf der Kamerascheibe sichtbar der zu sprechende Text (↗ UTL 3576) abläuft {32/40/46/85}	τῆλε tele + l. promptus		weit, fern gleich zur Hand; bereit; entschlossen; offenbar (↗ UTL 2856)

5711	Telesko-mat, der gr;gr	Zusatzgerät zum Fernsehapparat, durch das ermittelt wird, wer welches ↗ Programm eingeschaltet hat {32/40/46}	τηλεσκόπος teleskopos + αὐτόματος automatos	weit schauend aus eigenem Antrieb; freiwillig
5712	Teleskop, das	Fernrohr {66/87}	τηλεσκόπος teleskopos	weit schauend
–	Teleskop-antenne, die gr;l	Antenne aus dünnen Metallröhrchen, die man ineinanderschieben kann {46/87}	dto. + l. antemna	dto. Segelstange, Rahe (↗ UTL 0207)
–	Telesko-pie, die (gr;gr) >nlat	Wahrnehmung in der Ferne befindlicher Gegenstände {23/66/87}	τῆλε tele + σκοπή skope	weit, fern das Umschauen, Spähen
–	telesko-pisch (gr;gr) >nlat	1. das Teleskop betreffend; 2. die Teleskopie betreffend {23/66/87}	dto.	dto.
5713	Telesti-chon, das gr;gr	1. Wort o. Satz, der aus den Endbuchstaben o. Endsilben der Verszeilen eines Gedichts gebildet ist; 2. Gedicht, das Telestichen enthält {34/76} vgl. ↗ Akrosti-chon	τέλος telos + στίχος stichos	Ende, Zweck, Ziel Reihe, Zeile, Vers
5714	Televi-sion, die gr;l	Fernsehen (Abk.: TV) {32/46/85}	τῆλε tele + l. visio	weit, fern das (An)sehen; Anblick, Vorstellung (↗ UTL 3543a)
5715	Telos, das	Ziel, Endzweck (philos. t. t.) {52/77}	τέλος telos	Ende, Zweck, Ziel
5716	Temenos, das	abgegrenzter heiliger Bezirk im altgr. Kult (↗ UTL 1947) {51/58/75}	τέμενος temenos	abgegrenztes Stück Land; Tempelbezirk
5717	Tenes-mus, der gr>nlat	fortwährender, schmerzhafter Stuhl– o. Harndrang (med. t. t.) {14/70}	τεινεσμός teinesmos	gespannter, harter Leib
5718	Tenoto-mie, die gr;gr	operative (↗ UTL 2434) Sehnendurchtrennung (med. t. t.) {14/70}	τένων tenon + τομή tome	Band; Sehne das Schneiden; Schnitt; das Abgeschnittene

5719	Tensid, das l>nlat;gr	die Oberflächenspannung von Flüssigkeiten herabsetzende Substanz (↗ UTL 3466) in Wasch- u. Reinigungsmitteln {44/73}	l. *tensus* + −(ε)ιδής −(e)ides	gespannt ähnlich aussehend s. Partikelliste
5720	Teppich, der gr>l>vulgl >mhd	1. Decke {19}; (aus Wolle o. Fasern) gewebter, geknüpfter Bodenbelag o. Wandbehang {44}	τάπης tapes o. ταπήτιον tapetion l. *tapete* u. *tapetum* vulgl. *tap(p)edum* * ahd. *tep(p)id*, *tep(p)ih* mhd. *tep(p)ich*	Teppich, Decke (Verkleinerungsform) dto. dto. dto. dto.

>>> Tera− ↗ Wortelementeliste

5721	teratogen gr;gr	Mißbildungen bewirkend (med. t. t.) {14/70}	τέρας, Gen. τέρατος teras, teratos + −γενής −genes	Wunderzeichen; Ungeheuer, Mißgeburt stammend von; hervorbringend, verursachend
−	Teratologie, die gr;gr	Lehre von den Mißbildungen bei Lebewesen (med. t. t.) {14/70}	dto. + λόγος logos	dto. Rede, Wort; Berechnung
−	teratologisch gr;gr	die Teratologie betreffend {14/70}	dto. + λογικός logikos	dto. zum Reden gehörig, die Rede betreffend
5722	Terebinthe, die gr>l	↗ Pistazie; Terpentinbaum {04/68}	τερέβινθος terebinthos	Terpentinbaum

>>> −terion ↗ Partikelliste

5723	Terminologe, der l>mlat;gr	(wissenschaftlich ausgebildeter) Fachmann, der fachsprachliche Begriffe definiert {32/40/76}	l. *terminus* + λόγος logos	Grenzstein, −linie; Grenze, Ziel (↗ UTL 3558) Rede, Wort; Berechnung

–	Termino- logie, die l>mlat;gr	1. Gesamtheit der in einem Fachgebiet üblichen Fach- wörter {32/57/76}; 2. Wissen- schaft von der Terminologie {32/76}	dto.	dto.
–	termino- logisch l>mlat;gr	die Terminologie betreffend, dazu gehörend {32/76}	dto. + λογικός logikos	dto. zum Reden gehö- rig, die Rede be- treffend
5724	Terpen- tin, das gr>l>spätl >mhd	dickflüssiges Harz verschie- dener Nadelbäume u. das da- raus gewonnene ↗ Öl; Lö- sungsmittel {44/73}	τερέβινθος terebinthos l. *terebinthus*, spätl. *(resina) terebinthina* mhd. *therbinthin, terpentin*	Terpentinbaum dto. (Harz des) Terpentinbaums dto. s. o. Terebinthe
>>>	–tes ↗ Partikelliste			
5725	tessella- risch gr>l	gewürfelt (Kunstw.) {36/88}	τέσσαρες tessares u. τέσσερες tesseres l. *tessera* u. *tessela*	vier viereckige Marke, Mosaiksteinchen
–	tessel- lieren gr>l	eine Mosaikarbeit anfertigen {36/88}	dto.	dto.
5726	Testikel- hormon, das l;gr	männliches Keimdrüsenhor- mon (med. t. t.) {11/70}	l. *testiculus* + ὁρμᾶν horman	Hoden (↗ UTL 3571) in Bewegung set- zen s. o. Hormon
5726a	Testo- steron, das l;gr	männliches Geschlechtshor- mon (med. t. t.) {11/70}	l. *testis* + στερεός stereos	Hode fest, hart; kubisch
5727	Tetanie, die gr>nlat	Starrkrampf (med. t. t.) {14/ 70}	τέτανος tetanos	Spannung; krampfartige Ver- zerrung von Kör- perteilen
–	tetanisch gr>nlat	den Tetanus betreffend, vom Tetanus befallen (med. t. t.) {14/70}	dto.	dto.
–	Tetanus, der gr>l	Wundstarrkrampf (med. t. t.) {14/70}	dto.	dto.

>>>	**Tetra–** ↗ Wortelementeliste			
5728	Tetra-chord, der / das gr>l	Aufeinanderfolge von vier ↗ Tönen zur Bildung der ↗ diatonischen Tonleiter (mus. t. t.) {37}	τετρά-χορδος tetrachordos	viersaitig; Viertonfolge
5729	Tetrade, die	die Vierheit (math., philos. t. t.) {57/71/77}	τετράς, Gen. τετράδος tetras, tetrados	die Zahl Vier
5730	Tetraeder, das (gr;gr) >nlat	dreiseitige ↗ Pyramide {71/88}	τετράς, Gen. τετράδος tetras, tetrados + ἕδρα hedra	die Zahl vier Sitz, Grundlage, Fläche
5731	Tetragon, das gr>l	Viereck {71}	τετράγωνος tetragonos	viereckig
–	tetragonal	viereckig {71}	dto.	dto.
5732	Tetragramm o. Tetragrammaton, das	Bezeichnung für die vier hebr. Konsonanten (UTL 1832) des Gottesnamens Jahwe als Sinnbild Gottes {32/51/76/77}	τετρα-γράμματος tetragrammatos	mit vier Buchstaben
5733	Tetraktys, die	die Zahl Vier, zugleich die Zehn als Summe der ersten vier Zahlen {71}	τετρακτύς tetraktys	die Zahl Vier
5734	Tetralogie, die	Folge von vier zusammenhängenden künstlerischen Einzelwerken {34/35/36}	τετραλογία tetralogia	Einheit aus drei Tragödien u. einem Satyrspiel
5735	tetramer	vierzählig (bot. t. t.) {68}	τετραμερής tetrameres	vierteilig
5736	Tetrameter, der gr>l	aus vier ↗ Metren bestehender Vers (↗ UTL 3791) {34/76}	τετράμετρος tetrametros	vier Maße enthaltend; aus vier Versmaßen bestehender Vers
5737	Tetra-morph, der	↗ Engel mit vier Köpfen als ↗ Symbol für die vier ↗ Evangelisten {51/77}	τετρά-μορφος tetramorphos	viergestaltig
5738	Tetrapode, der	Vierfüßer (biol. t. t.) {69}	τετραπόδης tetrapodes	vierfüßig

Tetrapodie

–	**Tetra-podie,** die	vierfüßige Verszeile; Tetrameter {34/76}	τετραποδία tetrapodia	Vierfüßigkeit
–	**tetrapo-disch**	vierfüßig {34/69/76}	dto.	dto.
5739	**Tetrarch,** der gr>l	Herrscher über ein Viertel des Landes {47/48/81}	τετράρχης tetraches	Vierfürst
–	**Tetrar-chie,** die	Herrschaft o. Herrschaftsgebiet eines Tetrarchen {47/48/81}	τετραρχία tetrarchia	Herrschaft eines Vierfürsten
5740	**Tetra-stichon,** das	Gruppe von vier Verszeilen {34/76}	τετράστιχος tetrastichos	vierzeilig
5741	**Tetrode,** die (gr;gr) >nlat	Vierpolröhre {46/72/87}	τετρα tetra + ὁδός hodos	die Zahl Vier Weg
5742	**Teufel,** der gr>l>ahd >mhd	1. der Widersacher Gottes; Verkörperung des Bösen; 2. ↗ Dämon, böser Geist {51/77}	διάβολος diabolos l. *diabolus* ahd. *tiufal* mhd. *tiuvel, tievel*	Verleumder Verleumder; Teufel Teufel dto.
5743	**Text-kritik,** die l;gr>l	Untersuchung eines überlieferten Textes auf Echtheit u. Inhalt {32/76}	l. *textus* + κριτική (τέχνη) kritike (techne)	Verbindung, Zusammnehang; Darstellung, Inhalt (↗ UTL 3576) (die Kunst des) Beurteilens s. o. Kritik
5744	**Thala-mus,** der	Hauptteil des Zwischenhirns (med. t. t.) {11/70}	θάλαμος thalamos	(Schlaf)Zimmer, Brautgemach
>>>	**Thalasso–** ↗ Wortelementeliste			

5745	thalasso-gen gr>nlat	durch das Meer entstanden (geol., geogr. t. t.) {62/64}	θαλασσί-γονος thalassigonos abgeleitet von: θάλασσα thalassa + –γενής –genes	im Meere erzeugt Meer stammend von; hervorbringend, verursachend
5746	Thalasso-graphie, die gr;gr	Meereskunde {64}	θάλασσα thalassa + γραφή graphe	Meer Schrift; Zeichnung
5747	thalasso-krat o. thalas-sokra-tisch gr;gr	das Meer beherrschend {28/33/81}	θάλασσα thalassa + κράτος kratos	Meer Kraft, Macht
5748	Thalasso-meter, das gr;gr	Meerestiefenmesser {64/72}	θάλασσα thalassa + μέτρον metron	Meer Maß, Versmaß
5749	Thalasso-phobie, die gr;gr	krankhafte Angst vor größeren Wasserflächen (med., psych. t. t.) {14/70}	θάλασσα thalassa + φόβος phobos	Meer Furcht, Schrecken
5750	Thalasso-therapie, die gr;gr	Teilgebiet der Medizin (↗ UTL 2190), das sich mit den Heilwirkungen von Seeluft u. Bädern im Meerwasser befaßt (med. t. t.) {70}	θάλασσα thalassa + θεραπεία therapeia	Meer Dienst, Behandlung s. u. Therapie
5752	Thallium, das gr>nlat	chem. Grundstoff, ↗ Metall; Zeichen: Tl {73}	θαλλός thallos	Sproß, junger Zweig
5753	Thallo-phyt, der gr;gr	eine Gruppe der Sporenpflanzen {68}	dto. + φυτόν phyton	dto. Gewächs, Pflanze
–	Thallus, der	primitiver (↗ UTL 2817) Pflanzenkörper der Thallophyten {68}	θαλλός thallos	Sproß, junger Zweig

>>> Thanato– ↗ Wortelementeliste

5754	Thana-tismus, der (gr;gr) >nlat	Lehre von der Sterblichkeit der Seele {52/77}	θάνατος thanatos + –ισμός –ismos	Tod gr. Suffix s. Partikelliste
5755	Thanato-logie, die gr;gr	Forschungsgebiet, das sich mit den ↗ Problemen des Sterbens befaßt {52/70}	dto. + λόγος logos	dto. Rede, Wort; Berechnung
5756	Thanato-manie, die gr;gr	Neigung zum Selbstmord {14/52/70}	θάνατος thanatos + μανία mania	Tod Raserei, Wahnsinn, Verzückung
5757	Thanato-phobie, die gr;gr	krankhafte Angst vor dem Tode {14/26/52/70}	θάνατος thanatos + φόβος phobos	Tod Furcht, Schrecken
5758	Thanatos, der	Todestrieb {52/70}	θάνατος thanatos	Tod
5759	Tharge-lien, die (Pl.)	altgr. Erntefest für Apollon (s. Anhang „Namen") {51/75}	Θαργήλια Thargelia (Pl.)	Erstlingsopfer von Feldfrüchten, Vorerntefest
5760	Thauma-tologie, die (gr;gr) >nlat	Lehre von den Wundern (theol. t. t.) {51/77}	θαῦμα thauma Gen. θαύματος thaumatos + λόγος logos	Wunder Rede, Wort; Berechnung
5761	Thauma-turg, der	Wundertäter {51/77}	θαυμα-τουργός thaumatourgos	jemand, der Wunder verrichtet
5762	Thea	weiblicher Vorname {31}	θεά thea	Göttin
5763	Theater, das gr>l>frz	1. Opern–, Schauspielhaus {35/58/74}; 2. Aufführung; 3. Schauspielkunst {35/74}; 4. Getue (ugs.) {26/29}	θέατρον theatron l. theatrum frz. théâtre	Schauplatz, Bühne dto.
–	Theatra-lik, die gr>l>nlat	übertriebenes, schauspielerisches Wesen {26/84}	θεατρικός theatrikos	theatralisch
–	theatra-lisch gr>l	1. das Theater betreffend {35/78}; 2. gespreizt {26/84}	dto.	dto.

5764	Theis-mus, der (gr;gr) >nlat >engl/frz	Glaube an einen einzigen, persönlichen (↗ UTL 2612), außerweltlichen Gott {26/51/77}	θεός theos + –ισμός –ismos engl./frz. theism, théisme	Gott gr. Suffix s. Partikelliste
–	Theist, der gr;gr	Anhänger des Theismus {26/51/77}	dto. + –ιστής –istes	dto. gr. Suffix s. Partikelliste
–	theistisch gr;gr	den Theismus betreffend {26/51/77}	dto.	dto.
5765	Theke, die gr>l>mlat	1. Ladentisch {42}; 2. Schanktisch {17/33/42}	θήκη theke	Behältnis, Kasten
5765a	Thekla	weiblicher Vorname {31}	Θέκλα Thekla	Thekla
5766	Thelema, das	Wille (philos. t. t.) {28/77}	θέλημα, Gen. θελήματος thelema, thelematos	Wille
–	Thelema-tismus, der gr;gr o. Thele-mato-logie, die gr;gr	Willenslehre {28/77}	dto. + –ισμός –ismos bzw. + λόγος logos	dto. gr. Suffix s. Partikelliste Rede, Wort; Berechnung
	thelema-tologisch gr;gr	die Thelematologie betreffend {28/77}	dto. + λογικός logikos	dto. zum Reden gehörig, die Rede betreffend
5767	theli-stisch	willensmäßig {28/77}	θελητικός theletikos	wollend
5768	Thely-genie, o. Thely-tokie, die	Erzeugung ausschließlich weiblicher Nachkommen (med. t. t.) {10/70}	θηλυγονία thelygonia abgeleitet von: θῆλυς thelys + γενεά genea bzw. θηλυτοκία thelytokia	das Erzeugen weiblicher Kinder weiblich Geburt, Abstammung das Gebären weiblicher Kinder

5769	thely- tokisch	nur weibliche Nachkommen habend (med. t. t.) {10/70}		θηλυτόκος thelytokos abgeleitet von: θῆλυς thelys + τόκος tokos	weibliche Kinder gebärend weiblich das Gebären; das Geborene, Nach- kommenschaft
5770	Thema, das gr>l	1. Gegenstand einer Darstel- lung {32}; 2. Grundgedanke, Leitgedanke {25/32}; 3. Motiv (↗ UTL 2301) (mus. t. t.) {37}		θέμα thema	Satz, Behaup- tung, zu behan- delnder Gegen- stand
–	Thematik, die	1. Themenstellung {32}; 2. Kunst der Themenführung (mus. t. t.) {37}		θεματικός thematikos	zum Thema gehö- rig, einen aufge- stellten Satz be- treffend
–	thema- tisch	das Thema betreffend {25/32/ 37}		dto.	dto.
–	themati- sieren	als Thema behandeln, zur Sprache bringen {25/32}		θεματίζειν thematizein	einen Satz als Dis- kussionsgegen- stand aufstellen
>>> >>>	Themen, die (Pl.) = Plural (↗ UTL 2697) von Thema Theo– ↗ Wortelementeliste				
5771	Theo (gr;gr)	Kurzform von ↗ Theodor {31}		θεός theos + δῶρον doron	Gott Geschenk, Gabe
5772	Theodi- zee, die (gr;gr)>frz	Rechtfertigung Gottes (frz. Ausdruck 1710 von dem ↗ Philosophen Leibniz geprägt – philos. t. t) {51/77}		θεός theos + δίκη dike frz. théodicée	Gott Recht; Gerechtig- keit
5773	Theodor bzw. Theodora gr;gr	männlicher bzw. weiblicher Vorname {31}		θεός theos + δῶρον doron	Gott Geschenk, Gabe
5774	Theogno- sie, o. Theo- gnosis, die	die Gotteserkenntnis (philos. t. t.) {51/77}		θεογνωσία theognosia	Gotterkenntnis
5775	Theo- gonie, die gr>l	↗ mythische Lehre von der Entstehung der Götter {51/75}		θεογονία theogonia	Göttergeburt u. Abstammung

5776	Theokrat, der gr;gr	Anhänger der Theokratie {50/51/77/81}	θεός theos + κράτος kratos	Gott Kraft, Macht
–	Theokratie, die	Staatsform, in der staatliche u. ↗ kirchliche Gewalt vereinigt sind u. der Herrscher als Vertreter Gottes gilt {50/51/77/81}	θεοκρατία theokratia	Gottesherrschaft
–	theokratisch gr;gr	die Theokratie betreffend {50/51/77/81}	dto.	dto.
5777	Theolatrie, die	Gottesverehrung {51/77}	θεολατρεία theolatreia	Gottesdienst
5778	Theologe, der gr>l	Wissenschaftler der Theologie {40/51/77}	θεολόγος theologos	von Gott redend, lehrend
–	Theologie, die	wissenschaftliche Darstellung einer Religion (↗ UTL 3066) {51/77}	θεολογία theologia	Untersuchung über Gott
–	theologisch	die Theologie betreffend {51/77}	θεολογικός theologikos	die Kenntnis von Gott betreffend
–	theologisieren gr>nlat	Theologie betreiben {51/77}	dto.	dto.
5779	Theomanie, die	religiöser Wahnsinn {14/51/70/77}	θεομανία theomania	durch Gott bewirkte Raserei
–	Theomantie, die	Weissagen durch göttliche Eingebung {51/77}	θεομαντεία theomanteia	göttliche Weissagung
5780	theomorph o. theomorphisch	in göttlicher Gestalt erscheinend {51/53/77}	θεόμορφος theomorphos	von göttlicher Gestalt
5781	theonom (gr;gr) >nlat	unter Gottes Gesetz stehend {51/77}	θεός theos + νόμος nomos	Gott Brauch, Gesetz
–	Theonomie, die (gr;gr) >nlat	Unterwerfung unter Gottes Gesetz {28/51/77}	dto.	dto.
5782	Theophanie, die	Gotteserscheinung {51/77}	θεοφάνεια theophaneia	Erscheinung Gottes

5783	Theophil gr;gr	männlicher Vorname {31}	θεός theos + φίλος philos		Gott lieb, befreundet, Freund
5784	theopho- risch	Gottesnamen tragend {31/51/77}	θεοφόρος theophoros		Gott tragend
5785	Theorem, das gr>l	Lehrsatz (philos., math. t. t.) {71/77}	θεώρημα theorema		das Angeschaute; Schauspiel; Un- tersuchung; Lehr- satz
5786	Theore- tiker, der	1. Wissenschaftler, der sich mit einer Sache grundsätzlich auseinandersetzt {25/40}; 2. jmd., der sich nur abstrakt, aber nicht ⌐ praktisch mit et-was beschäftigt {25/40/77}	θεωρητικός theoretikos		beschauend, un- tersuchend
–	theore- tisch	1. gedanklich, begrifflich {25/32}; 2. eine Theorie betreffend {25}	dto.		dto.
–	theoreti- sieren gr>nlat	theoretisch durchspielen {25}	dto.		dto.
>>>	–theorie ⌐ Worteelementeliste				
–	Theorie, die gr>l	1. auf ein Wissenschaftsgebiet bezogenes Gedankengebäu-de; 2. Gedankenarbeit ohne Beziehung zur Wirklichkeit {25}	θεωρία theoria		das Anschauen, Betrachten; (wis- senschaftliche) Untersuchung
5787	Theosoph, der gr>mlat	Anhänger der Theosophie {25/51/77}	θεόσοφος theosophos		in göttlichen Din- gen erfahren
–	Theo- sophie, die	Lehre von der Erkenntnis Gottes u. der höheren Welten durch unmittelbare geistige Schau {25/51/77}	θεοσοφία theosophia		Wissen über gött- liche Dinge
–	theoso- phisch	die Theosophie betreffend {25/51/77}	dto.		dto.
5788	Theoxe- nien, die (Pl.)	kultische (⌐ UTL 1947) Mahl-zeiten mit Götterbewirtung {17/51/77}	θεοξένια (Pl.) theoxenia abgeleitet von: θεοξένιος theoxenios		ein dem Apollon (s. Anhang „Na-men") u. Hermes (s. Anhang „Na-men") geweihtes Fest „göttlicher Gast"; Beiname des Apol- lon u. des Hermes

5789	theozentrisch (gr;gr) >nlat	Gott in den Mittelpunkt stellend {51/77}	θεός theos + κέντρον kentron	Gott Mittelpunkt eines Kreises; Stachel-(stab); ruhender Zirkelschenkel s. u. zentrisch	

>>> –therapeut, –therapeutisch, –therapie ⌐ Wortelementeliste

5790	Therapeut, der	jmd., der eine Therapie vornimmt {40/70}	θεραπευτής therapeutes	Diener
–	Therapeutik, die	Wissenschaft von der Behandlung der Krankheiten {40/70}	θεραπευτική therapeutike	Pflege, Behandlung
–	Therapeutikum, das gr>nlat	Heilmittel {70}	θεραπευτικός therapeutikos	dienend, pflegend
–	therapeutisch	zur Therapie gehörend {70}	dto.	dto.
–	Therapie, die	Heilbehandlung {70}	θεραπεία therapeia	Dienst, Behandlung
–	therapieren	jmdn. einer Therapie unterziehen {70}	dto.	dto.
5790a	Theresia o. Therese	weiblicher Vorname {31}	Θηρεσία Theresia	Theresia
5791	Theriak, der gr>l	mittelalterliches Allheilmittel {70/75}	θηριακός theriakos	von wilden, bes. giftigen Tieren gemacht

>>> Therio– ⌐ Wortelementeliste

5792	theriomorph	tiergestaltig (von Göttern; rel. t. t.) {51/77}	θηριόμορφος theriomorphos	tiergestaltig
–	theriophor (gr;gr) >nlat	Tiernamen tragend {31}	θηρίον therion + φορός phoros	Tier tragend, bringend

>>> –therm, Therm(o)–, Therm(al)–, –thermie ⌐ Wortelementeliste

5793	thermal	die Wärme betreffend (phys. t. t.) {72}	θερμός thermos o. θέρμη therme	warm Wärme, Hitze

5794	**Thermal- quelle,** die gr;d	warme Heilquelle {63/64/70}	dto.	dto. + d. *Quelle*
5795	**Therme,** die u. **Ther- men,** die (Pl.) gr>l	1. = Thermalquelle (warme Quelle) {63/64}; 2. antike (↗ UTL 0214) römische Badeanlage (nur Pl. – archit., hist. t. t.) {21/75/88}	dto. 1. *thermae* (Pl.)	dto. Warmbad; die (öffentlichen) Thermen
5796	**Thermik,** die gr>nlat	warmer Aufwind (meteor. t. t.) {65}	dto.	dto.
–	**ther- misch**	die Wärme betreffend {65}	dto.	dto.
>>>	**Thermo–** ↗ Wortelementeliste			
5797	**Thermo- chromie,** die gr;gr	Farbänderung eines Stoffes bei Temperaturveränderung (chem. t. t.) {54/73}	θερμός thermos + χρῶμα chroma	warm Farbe, Haut
5798	**Thermo- dynamik,** die gr;gr	↗ theoretische Wärmelehre, die sich mit den Beziehungen zwischen Wärme u. Kraft befaßt (phys. t. t.) {63/65/72}	θερμός thermos + δυναμικός dynamikos	warm vermögend, wirksam s. o. Dynamik
–	**thermo- dyna- misch** gr;gr	den Gesetzen der Thermodynamik folgend {63/65/72}	dto.	dto.
5799	**Thermo- elektrizi- tät,** die gr;gr	durch Wärme entstehende ↗ Elektrizität {72}	θερμός thermos + ἤλεκτρον elektron	warm Silbergold; Bernstein als Träger von Reibungselektrizität s. o. Elektrizität
5800	**Thermo- gramm,** das gr;gr	durch Infrasotstrahlen erzeugtes Wärmebild eines Körpers {70/72}	θερμός thermos + γράμμα gramma	warm Buchstabe, Schrift(werk)
–	**Thermo- graph,** der gr;gr	Gerät zur selbsttätigen Temperaturaufzeichnung (meteor. t. t.) {65}	θερμός thermos + γράφευς grapheus	warm Schreiber, Maler

–	Thermographie, die gr;gr	1. Verfahren zum Sichtbarmachen der Wärmestrahlen von Körpern {72}; 2. ↗ Methode zur Untersuchung von Patienten (↗ UTL 2546), bei der die Wärmestrahlung von Körpergeweben genutzt wird {70}	θερμός thermos + γραφή graphe	warm Schrift; Zeichnung
5801	Thermokaustik, die gr;gr	Verschorfen von Geweben mit Brennstift (med. t. t.) {70}	θερμός thermos + καυστικός kaustikos	warm brennend s. o. Kaustik
5802	Thermokauter, der gr;gr	Schneidbrenner für Operationen (↗ UTL 2434) o. zur Verschorfung von Gewebe (med. t. t.) {70}	θερμός thermos + καυτήρ kauter	warm der Verbrenner s. o. Kauter
5803	Thermometer, das gr;gr	Temperaturmeßgerät (phys., med., meteor. t. t.) {65/70/72}	θερμός thermos + μέτρον metron	warm Maß, Versmaß
–	Thermometrie, die gr;gr	Temperaturmessung (meteor. t. t.) {65}	dto.	dto.
–	thermometrisch gr;gr	die Thermometrie betreffend {65}	dto.	dto.
5804	thermonuklear gr;l	die durch ↗ atomare Kettenreaktion freiwerdende Wärme betreffend {54/72/86}	θερμός thermos + l. nucleus	warm Kern, Fruchtkern, Nuß (↗ UTL 2885)
5805	Thermonuklearwaffe, die gr;l;d	Kernwaffe, die ihre Wärmeenergie aus dem raschen Ablauf einer kernspaltenden Kettenreaktion bezieht {72/86}	dto. + d. Waffe	dto.
5806	Thermopane, das gr;engl	isolierendes (↗ UTL 1556) Fensterglas {44}	θερμός thermos + engl. pane	warm Fensterscheibe
5807	thermophil gr;gr	wärmeliebend (biol. t. t.) {68/69}	θερμός thermos + φίλος philos	warm lieb, befreundet, Freund
–	Thermophilie, die gr;gr	Bevorzugung warmer Lebensräume (biol. t. t.) {68/69}	θερμός thermos + φιλία philia	warm Freundschaft

5808	Thermophor, der gr;gr	wärmespeicherndes Gefäß {40/44}	θερμός thermos + φορός phoros	warm tragend, bringend
5809	thermoplastisch gr;gr	in erwärmten Zustand formbar {40/54}	θερμός thermos + πλαστική (τέχνη) plastike (techne)	warm (die Kunst des) Bilden, Gestaltens s. o. plastisch
5810	Thermosflasche, die gr;d	Gefäß zum Warmhalten von Getränken {44}	θερμός thermos + d. Flasche	warm
5811	Thermoskop, das (gr;gr) >nlat	Instrument (↗ UTL 1448b), das Temperaturunterschiede, aber keine Meßwerte anzeigt {65/70}	θερμός thermos + σκοπός skopos	warm jmd., der genau hinschaut; Aufseher, Späher
5812	Thermostat, der gr;gr	Wärmeregler; Gerät zum Einstellen einer festen Temperatur (↗ UTL 3546) {44/87}	θερμός thermos + στατός statos	warm gestellt, stehend
5813	Thermotherapie, die gr;gr	Wärmeheilbehandlung (med. t. t.) {70}	θερμός thermos + θεραπεία therapeia	warm das Dienen, Pflegen s. o. Therapie
5814	thesaurieren gr>l>nlat	aufspeichern, horten {43/57}	θησαυρίζειν thesaurizein	sammeln, aufspeichern
–	Thesaurus, der gr>l	1. Name für Sammelwerke; 2. Wortschatz, Wörterbuch {32/34/76}	θησαυρός thesauros	Ort zum Aufbewahren; Vorrats-, Schatzkammer; das Aufbewahrte, Schatz
5815	These, die gr>l>frz	Lehrsatz, Behauptung {25/32/78}	θέσις thesis l. thesis frz. thèse	das Setzen, (Auf-)Stellen; aufgestellter Satz dto.; Fallen der Stimme dto.; Doktorarbeit dto.
–	Thesis, die gr>l	1. betonter Teil im altgr. Vers (↗ UTL 3791); vgl. ↗ Arsis {32/75/76}; 2. Abwärtsschlag beim Taktieren (↗ UTL 3525) (mus. t. t.) {37}		

5816	Thesmo-phorien, die (Pl.)	altgr. Fruchtbarkeitsfest zu Ehren der Göttin Demeter (s. Anhang „Namen") {51/75}	Θεσμοφόρια Thesmophoria (Pl.)	„die Gesetzgebenden"; Thesmophorien
5817	Thespiskarren, der gr;(gall)>l >it>frz	Wanderbühne (scherzhaft) {35/61}	Θέσπις Thespis + l. carrus it. carro d. Karren	Thespis (s. Anhang „Namen")
5818	Theta, das hebr>gr	achter Buchstabe des gr. ↗ Alphabets {32/76}	hebr. teth θ, Θ (θῆτα) th, Th (theta)	Theta
5819	Thetik, die	Wissenschaft von den Festsetzungen o. ↗ dogmatischen Lehren {77}	θετικός thetikos	setzend, festlegend
–	thetisch	dogmatisch, behauptend {77}	dto.	dto.
5820	Theurg, der gr>l	Zauberer {51}	θεουργός theourgos	göttliche Werke verrichtend
–	Theurgie, die	Fähigkeit, durch Zauber Götter zu beschwören {51}	θεουργία theourgia	göttliche Handlung
5821	Thiamin, das (gr;gr) >nlat	Vitamin (↗ UTL 3838) B {17/70}	θεῖον theion + Amin (Kurzw. aus ἀμμωνιακός ammoniakos	Schwefel pflanzliches Gummiharz aus Libyen s. o. Ammoniak
5822	Tholos, die / der	altgr. Rundbau mit Säulenumgang {75/88}	θόλος tholos	Kuppel(dach), rundes Gebäude
>>>	Thorak(o)–	↗ Wortelementeliste		
5823	thorakal gr>nlat	zum Brustkorb gehörend (med. t. t.) {11/70}	θώραξ, Gen. θώρακος thorax, thorakos	Brustpanzer; Brustkorb
5824	Thorakoskop, das gr;gr	Gerät zur Ausleuchtung der Brustfellhöhle (med. t. t.) {70}	dto. + σκοπός skopos	dto. jmd., der genau hinschaut; Aufseher, Späher
–	Thorakoskopie, die gr;gr	Untersuchung der Brustfellhöhle mit Hilfe des Thorakoskops (med. t. t.) {70}	θώραξ, Gen. θώρακος thorax, thorakos + σκοπή skope	Brustpanzer; Brustkorb das Umschauen, Spähen

5825	Thorako-tomie, die gr;gr	operative (↗ UTL 2434) Öffnung der Brusthöhle (med. t. t.) {70}	θώραξ, Gen. θώρακος thorax, thorakos + τομή tome	Brustpanzer; Brustkorb das Schneiden; Schnitt; das Abgeschnittene
5826	Thorax, der gr>nlat	1. Brustkorb (med. t. t.) {11/70}; 2. Brustabschnitt bei Gliederfüßern (biol. t. t.) {69}; 3. antiker (↗ UTL 0214) Panzer (↗ UTL 2493) {75/86}	θώραξ, Gen. θώρακος thorax, thorakos	Brustpanzer; Brustkorb
5827	Threni, die (Pl.) gr>l	Jeremias' Klagelieder {37/51/52/77}	θρῆνος threnos	Totenklage
–	Threnodie, die o. Threnos, der	rituelle (↗ UTL 3161) Totenklage, Trauergesang {37/51/52}	θρηνῳδία threnodia bzw. θρῆνος threnos	Klagelied Totenklage
>>>	Thromb(o)– ↗ Wortelementeliste			
5828	Thrombin, das	ein ↗ Enzym, das Blutgerinnung bewirkt {70}	θρόμβος thrombos	geronnene Blutmasse
5829	Thrombogen, das gr;gr	Faktor für die Blutgerinnung (med. t. t.) {70}	dto. + –γενής –genes	dto. stammend von; hervorbringend, verursachend
5830	Thrombophlebitis, die gr;gr;gr	Venenentzündung mit Ausbildung einer Thrombose (med. t. t.) {14/70}	θρόμβος thrombos + φλέψ, Gen. φλεβός phlebs, phlebos + –ῖτις –itis	geronnene Blutmasse Blutader gr. Suffix s. Partikelliste s. o. Phlebitis
5831	Thrombose, die	Blutpfropfbildung innerhalb der Blutgefäße (med. t. t.) {70}	θρόμβωσις thrombosis	das Gerinnen
–	thrombotisch	die Thrombose betreffend (med. t. t.) {70}	dto.	dto.

5832	Thrombo-zyt, der (gr;gr) >nlat	Blutplättchen (med. t. t.) {11/70}	θρόμβος thrombos + κύτος kytos	geronnene Blutmasse Höhlung, Wölbung	
5833	Thrombus, der gr>nlat	Blutpfropf (med. t. t.) {70}	θρόμβος thrombos	geronnene Blutmasse	
5834	Thron, der gr>l>afrz >mhd	1. erhöhter verzierter Sessel für einen Monarchen {47}; 2. (fam. scherzh.) Nachttopf, Toiletten(sitz) {44}	θρόνος thronos l. thronus afrz. tron mhd. t(h)ron	Sitz, Sessel erhobener Sitz Herrschersitz dto.	
5835	Thuja, die	Zypressengewächs; Lebensbaum {04/68}	θυία thyia	duftende Zeder	
5836	Thunfisch, der gr>l;d	ein makrelenartiger Fisch {07/17/69}	θύννος thynnos l. thynnus + d. Fisch	Thunfisch dto.	
5837	Thymian, der gr>l>ahd >mhd	Heil- u. Gewürzpflanze {05/17/68}	θυμίαμα thymiama l. thymiama ahd. tymiana mhd. tymian gemischt mit: θύμον thymon l. thymum	Räucherwerk dto. dto. dto. Thymian, Quendel dto.	
>>>		–thymie, Thymo– ⤴ Wortelementeliste			
5838	thymogen gr;gr	1. von der Thymusdrüse ausgehend (med. t. t.) {70}; 2. vom Gemüt ausgehend (med. t. t.) {14/26/70}	θύμον thymon bzw. θυμός thymos + –γενής –genes	Brustdrüse neugeborener Tiere Lebenskraft, Mut, Zorn, Leidenschaft stammend von; hervorbringend, verursachend	
5839	Thymopath, der gr;gr	Gemütskranker (med. t. t.) {14/26/70}	θυμός thymos + πάθος pathos	Lebenskraft, Mut, Zorn, Leidenschaft Schmerz; Leiden(schaft)	
–	Thymopathie, die gr;gr	Gemütskrankheit (med. t. t.) {14/26/70}	dto.	dto.	

thymopathisch 5839

–	thymo-pathisch gr;gr	an gestörtem Gemütsleben leidend (med. t. t.) {14/26/70}	dto.	dto.
5840	Thymo-psyche, die gr;gr	die Gemüts–Seite des Seelenlebens (psych. t. t.) {26/70}	θυμός thymos + ψυχή psyche	Lebenskraft, Mut, Zorn, Leidenschaft Seele s. o. Psyche
5841	Thymose, die	durch Überempfindlichkeit u. Gereiztheit ↗ charakterisierter Gemütszustand während der Pubertät (↗ UTL 2894) (psych. t. t.) {14/26/59/70}	θύμωσις thymosis	das Zornigwerden
5842	Thymus, der bzw. Thymus-drüse, die gr;d	Drüse hinter dem Brustbein, die sich nach der Geschlechtsreife zurückbildet (med. t. t.) {11/70}	θύμον thymon bzw. + d. Drüse	Brustdrüse neugeborener Tiere

>>> Thyreo– ↗ Wortelementeliste

5843	thyreogen (gr;gr) >nlat	von der Schilddrüse ausgehend (med. t. t.) {70}	θυρεός thyreos + –γενής –genes	großer, türförmiger Schild stammend von; hervorbringend, verursachend
5844	Thyreo-idea, die gr;gr	Schilddrüse (med. t. t.) {11/70}	θυρεός thyreos + –(ε)ιδής –(e)ides	großer, türförmiger Schild ähnlich aussehend s. Partikelliste
–	Thyreo-iditis, die gr;gr;gr	Entzündung der Schilddrüse (med. t. t.) {14/70}	dto. + –ῖτις –itis	dto. gr. Suffix s. Partikelliste
5845	Thyreo-toxikose, die gr;gr;gr	krankhafte Überfunktion der Schilddrüse (med. t. t.) {14/70}	θυρεός thyreos + τοξικόν toxikon + –ωσις –osis	großer, türförmiger Schild Gift gr. Suffix s. Partikelliste s. u. Toxikose
–	thyreo-toxisch gr;gr	durch Überfunktion der Schilddrüse erzeugt (med. t. t.) {14/70}	θυρεός thyreos + τοξικόν toxikon	großer, türförmiger Schild Gift

Nr.	Stichwort	Bedeutung	Griechisch	Übersetzung
5846	thyreo-trop gr;gr	die Schilddrüsentätigkeit steuernd (med. t. t.) {70}	θυρεός thyreos + τρόπος tropos	großer, türförmiger Schild Wendung; Art und Weise
5847	Thyroxin, das gr;gr	Hauptbestandteil des Schilddrüsenhormons {70}	θυρεός thyreos + ὀξύς oxys	großer, türförmiger Schild scharf, spitz, sauer
5848	Thyrsos o. -sus, der gr>l	der laubbekränzte Stab der ↗ Bacchanten {51/75}	θύρσος thyrsos	mit Efeu und Weinlaub umwundener Stab des Dionysos (s. Anhang „Namen")
5849	Tiara, die pers>gr >mlat	1. hohe, spitze Kopfbedeckung der pers. Könige (hist. t. t.) {19/75/81}; 2. dreifache Papstkrone {20/51/77}	τιάρα tiara	persische Kopfbedeckung; Tiara, Turban
5850	Tiger, der apers>gr>l >ahd>mhd	asiatische Großkatze {06/69}	apers. tigri- τίγρις tigris l. tigris ahd. tigirtior mhd. tigertier	Pfeil Tiger dto. dto. dto.
–	Tigris, der	↗ mesopotamischer Flußname {64}	dto.	dto.
–	tigroid apers>gr>l >ahd>mhd; gr	tigerähnlich gestreift (zool. t. t.) {55/69}	dto. + –(ε)ιδής –(e)ides	dto. ähnlich aussehend s. Partikelliste
5851	Timarchie, die gr;gr	die auf Ruhm u. Reichtum der Regierungsschicht beruhende Herrschaft im Staat {33/50/81}	τιμή time + ἀρχή arche	Ehre; Preis, Wert Anfang, Herrschaft
5852	Timokratie, die gr>mlat	„Vermögensherrschaft": Staatsform, in der die Rechte u. Pflichten des Bürgers nach seinem Vermögen bemessen werden {33/50/81}	τιμοκρατία timokratia	Staat, dessen Grundlage die Ehre ist; Staat, in dem Ehrenämter nach Vermögen vergeben werden
–	timokratisch gr>mlat	die Timokratie betreffend {33/50/81}	τιμοκρατικός timokratikos	zur Timokratie gehörig
5853	timonisch gr>l	(veraltet) menschenfeindlich {33}	Τίμων Timon	Timon (s. Anhang „Namen")
5854	Timpano, der gr>l>it	Kesselpauke {37}	τύμπανον tympanon l. tympanum it. timpano	Handpauke, Kesselpauke dto.; Tambourin

5855	Tisch, der gr>l>ahd >mhd	Speisetafel; Ladentisch {42/44}	δίσκος diskos l. *discus* ahd. *tisc* mhd. *tisch*	(Wurf)Scheibe; Teller, Schüssel s. o. Diskus dto.
–	Tischler, der	Holzhandwerker, Möbelschreiner {40}	dto.	dto.
5856	Titan, 1. der gr>l 2. das gr>l>nlat	1. Angehöriger eines Geschlechts riesenhafter, von Zeus (s. Anhang „Namen") gestürzter Götter der gr. Sage {51/75}; 2. chem. Element (↗ UTL 0874), ↗ Metall; Zeichen: Ti {73}	Τιτάν Titan	Titane, Riese
>>>	Titane, der = Titan (1.)			
–	Titanic, die gr>engl	Name eines Luxusdampfers, der Anfang des 20. Jhs. unterging {45}	Τιτανικός Titanikos	den Titanen betreffend
–	Titanide, der gr;gr	Abkömmling der Titanen {51/75}	Τιτάν Titan + –(ε)ιδής –(e)ides	Titane ähnlich aussehend s. Partikelliste
–	titanisch gr>l	1. die Titanen betreffend {51/75}; 2. riesenhaft, gewaltig {53/55}	Τιτανικός Titanikos	den Titanen betreffend
5857	Titanomachie, die gr;gr	Kampf der Titanen gegen Zeus (s. Anhang „Namen") in der gr. Sage {51/75}	dto. + μάχη mache	dto. Kampf, Schlacht
5858	Titan-Rakete, die gr;germ>it	von den USA eingesetzte Weltraumrakete {66}	Τιτάν Titan + it. *rocchetta*	Titane kleine Spindel
5859	Tithon, das gr>l>nlat	Übergang zwischen Jura– u. Kreidezeit (geol. t. t.) {59/62}	Τιθωνός Tithonos	Tithonos (s Anhang „Namen")
5860	Titlonym, das l;gr	Deckname, der einen Hinweis auf einen anderen Buchtitel des gleichen Autors (↗ UTL 0333) darstellt {34/76}	l. *titulus* + ὄνυμα onyma = Nebenform zu: ὄνομα onoma	Auf-, Überschrift; Titel, Ehrenname (↗ UTL 3586) Name

>>> –tokie ↗ Wortelementeliste

5861	Tokogonie, die (gr;gr) >nlat	geschlechtliche Fortpflanzung (biol. t. t.) {68/69}	τόκος tokos + γονή gone	das Gebären Erzeugung, Geburt; Nachkomme
5862	Tokologie, die gr;gr	Lehre von Geburt u. Geburtshilfe (med. t. t.) {70}	τόκος tokos + λόγος logos	das Gebären Rede, Wort; Berechnung

>>> –tom, –tomie, Tomo– ↗ Wortelementeliste

5863	Tomographie, die (gr;gr) >nlat	Folge von Röntgenaufnahmen, die ein ↗ Organ in mehreren, unterschiedlich tiefen Schichten aufnehmen (med. t. t.) {70/72}	τομή tome + γραφή graphe	das Schneiden; Schnitt; das Abgeschnittene, Schrift; Zeichnung
5864	Tomomanie, die gr;gr	krankhaftes Bedürfnis nach Operationen (↗ UTL 2434) (med. t. t.) {14/70}	τομή tome + μανία mania	das Schneiden; Schnitt; das Abgeschnittene Raserei, Wahnsinn, Verzückung
5865	Tomus, der gr>l	Abschnitt, Band eines Werkes (veraltet) {34/76}	τόμος tomos	Schnitt, Abschnitt; Teil eines Buches
5866	Ton, der gr>l>mhd	1. Klang, Laut, Hall, Akzent (↗ UTL 0128) {32/37}; 2. Farbton {23/55}; 3. Umgangston {32/33}	τόνος tonos l. tonus mhd. ton	Spannung, Band, Ton dto.; Farbton dto.; Lied
5867	tonal gr>l>frz	die Tonalität betreffend (mus. t. t.) {37}	dto. frz. tonal	dto. dto.
–	Tonalität, die gr>l>nlat	Beziehung zwischen Tönen, Klängen u. Akkorden (↗ UTL 0114) (mus. t. t.) {37}	dto.	dto.
5768	tönen gr>l	(er)klingen, hallen; laut (prahlend) reden {32/33/55}	dto. l. tonare	dto. ertönen, erschallen; donnern

>>> –tonie, –ton(isch) ↗ Wortelementeliste

5869	Tonika, die gr>it	1. die erste Stufe einer Tonleiter; 2. der Grundton eines Tonstücks; 3. Dreiklang auf der ersten Stufe (mus. t. t.) {37}	τονικός tonikos it. tonico dazu Fem. tonica	durch Spannung bewirkt; in einem Ton bestehend auf den Klang bezogen Grundton

5870	**Tonikum**, das	Kräftigungsmittel (med. t. t.) {17/70}	dto.	dto.
–	**tonisch** gr>nlat	kräftigend (med. t. t.) {70}; 2. die Tonika betreffend (mus. t. t.) {37}	dto.	dto.
–	**tonisieren**	kräftigen (med. t. t.) {70}	dto.	dto.
5871	**Tonographie**, die (gr;gr) >nlat	Messung des Augeninnendrucks mit einem Tonometer (med. t. t.) {70}	τόνος tonos + γραφή graphe	Spannung, Band, Ton s. o. Ton Schrift; Zeichnung
5872	**Tonometer**, das gr;gr	1. Instrument (↗ UTL 1448b) zur Messung des Augeninnendrucks; 2. Blutdruckmesser {70}	τόνος tonos + μέτρον metron	Spannung, Band, Ton s. o. Ton Maß, Versmaß
5873	**Tonus**, der gr>l	1. Ganzton (mus. t. t.) {37}; 2. normaler (↗ UTL 2374) Spannungszustand eines ↗ Organs (med. t. t.) {70}	τόνος tonos	Spannung, Band, Ton s. o. Ton
>>>	**Topalgie**, die = ↗ Topoalgie			
5874	**Topas**, der gr>l>mhd	heller, durchsichtiger Halbedelstein {20}	τόπαζος topazos l. *topazios* mhd. *topaze*	Topas (benannt nach der Insel Topazos, dem Fundort des Steins) dto. dto.
–	**topasen**	aus (einem) Topas bestehend {20}	dto.	dto.
>>>	**Top(o)–, –topie, –top(isch)** ↗ Wortelementeliste			
5875	**Topik**, die gr>l	1. Lehre von der Wort– u. Satzstellung (sprachwiss. t. t.) {32/76/78}; 2. Lehre von den allgemeinen Gesichtspunkten bei der Erörterung eines ↗ Themas {25/32/77/78}; 3. Lehre von den ↗ biblischen Beweisstellen {51/77}; 4. Lehre vom Aufbau einer wissenschaftlichen Arbeit {25/32/78}	τοπική (τέχνη) topike (techne) l. *topica* (Pl.)	(Kunst,) Gemeinplätze rhetorisch anzuwenden Sammlung von Gemeinplätzen
–	**topikal**	themenbezogen {32/76}	dto.	dto.
–	**Topikalisierung**, die	Hervorhebung eines Satzgliedes durch die Anordnung im Satz (sprachwiss. t. t.) {32/76}	dto.	dto.

5876	topisch gr>l	1. örtlich, äußerlich (med. t. t.) {70}; 2. einen ↗ Topos behandelnd {25/32/59/76}	τοπικός topikos	den Ort, die Gemeinplätze betreffend
5877	Topoalgie, die (gr;gr) >nlat	örtlich begrenzte Schmerzstelle ohne ↗ organische Ursache (med. t. t.) {70}	τόπος topos + ἄλγος algos	Ort, Stelle, Gegend Schmerz
5878	topogen gr;gr	von einem bestimmten Ort ausgehend (philos. t. t.) {77}	τόπος topos + –γενής –genes	Ort, Stelle, Gegend stammend von; hervorbringend, verursachend
5879	Topograph, der	Vermessungsingenieur {40/64}	τοπογράφος topographia	einen Ort o. eine Gegend beschreibend
–	Topographie, die gr>l	Ortsbeschreibung, Geländebeschreibung {32/64}	τοπογραφία topographia	Beschreibung eines Ortes o. einer Gegend
–	topographisch	die Topographie betreffend {32/64}	τοπογράφος topographia	einen Ort o. eine Gegend beschreibend
>>>	Topoi, die = Plural (↗ UTL 2697) von ↗ Topos			
5880	Topologie, die (gr;gr) >nlat	1. Wortstellung im Satz (sprachwiss. t. t.) {32/76}; 2. Lehre von der räumlichen Lage u. Anordnung ↗ geometrischer Gebilde {71}	τόπος topos + λόγος logos	Ort, Stelle, Gegend Rede, Wort; Berechnung
5881	topologisch (gr;gr) >nlat	die Topologie betreffend {32/71/76}	dto. + λογικός logikos	dto. zum Reden gehörig, die Rede betreffend
5882	Toponymie, die gr;gr	1. = Toponymik {32/64}; 2. Ortsnamenbestand {64}	τόπος topos + ὄνυμα onyma = Nebenform zu: ὄνομα onoma	Ort, Stelle, Gegend Name
–	Toponymik, die gr;gr;gr	Ortsnamenkunde {32/64}	dto. + –ική –ike	dto. gr. Suffix s. Partikelliste

5883	**Topo-** **phobie,** die gr;gr	Platzangst (med. t. t.) {14/70}	τόπος topos + φόβος phobos	Ort, Stelle, Gegend Furcht, Schrecken
5884	**Topos,** der	1. Ort {58/64}; 2. wiederkehrende Redewendung {32/59}; 3. Denk– u. Ausdrucksschema {25/32/76}; 4. Gemeinplatz {32/76}	τόπος topos	Ort, Stelle, Gegend
>>>	–**tor** ↗ Partikelliste			
5885	**Törn,** der gr>l>afrz >engl	1. Fahrt mit einem Segelboot; Segeltörn {45/61}; 2. Zeitspanne, ↗ Turnus für eine abwechselnd ausgeführte Arbeit an Bord {40/45/59}; 3. (nicht beabsichtigte) Schlinge in der Leine {44/55}; 4. (= Turn – Jargon) durch Haschisch o. Marihuana bewirkter Rauschzustand {17/25/26/82}	τόρνος tornos l. *tornus* afrz. *tor(n)* engl. *turn*	Dreh–, Drechseleisen; Meißel dto. (↗ UTL 3607) Wendung, Drehung dto.
5886	**Tornado,** der gr>l>span >engl	starker Wirbelsturm im südlichen Nordamerika (meteor. t. t.) {65}	dto. span. *tornar,* *tronada* engl. *tornado*	dto. donnern, krachen; Gewitter, Unwetter
5887	**Torso,** der gr>l>spätl/ vulgl>it	1. unvollendet gebliebene o. unvollständig erhaltene Statue (↗ UTL 3424) (meist nur der Rumpf) {36/56/57}; 2. Bruchstück, unvollendetes Werk {34/36/40/56/57/88}	θύρσος thyrsos l. *thyrsus* spätl./vulgl. *tursus* it. *torso*	mit Efeu und Weinlaub umwundener Stab des Dionysos (s. Anhang „Namen") dto.; Stengel eines Gewächses, Strunk dto. Kohlstrunk, Fruchtkern
5888	**Torte,** die gr>spätl>it	(↗ Etymologie unsicher): 1. großer runder Kuchen {17}; 2. saloppe Anrede für Frauen: „Schätzchen, Puppe (↗UTL 2905)" (ugs.) {32/33}	τὸ ἀρτίδιον to artidion τωρτίδιον* tortidion spätl. *torta* it. *torta*	das kleine Brot dto. ein gewundenes Gebäck, der Striezel; rundes Brot, Brotgebäck (↗ UTL 3602)

5889	Tour, die gr>l>afrz >frz	1. Ausflug, Fahrt, Exkursion (↗ UTL 0974) {45/61}; 2. bestimmte Strecke {45/64}; 3. Art u. Weise, mit Tricks (↗ UTL 3663) u. Täuschungsmanövern etw. zu erreichen (abwertend) {25/28/33}; 4. Umlauf, Umdrehung eines rotierenden (↗ UTL 3173) Körpers (techn. t. t.) {61/72}; 5. in sich geschlossener Abschnitt einer Bewegung {12/61}; 6. einzelne Lektion (↗ UTL 2036) beim Dressurreiten {31/61/85}; 7. krumme –: Vorhaben, Unternehmen, das nicht korrekt (↗ UTL 1909) ist {25/28/82}	τόρνος tornos l. tornus afrz. tor(n) frz. tour	Dreh–, Drechseleisen; Meißel dto. (↗ UTL 3607) Wendung, Drehung
–	touren gr>l>mlat >frz	auf Tour (1.) bzw. ↗ Tournee gehen, sein (Jargon) {35/37/45/61}	τορνεύειν torneuein l. tornare mlat. turnare frz. tourner	drehen, drechseln; runden dto. dto. drehen, wenden
–	Tourismus, der (gr>l>afrz >frz;gr) >frz/engl	das Reisen von Touristen in größerem Ausmaß; Fremdenverkehr {33/45/61}	τόρνος tornos + –ισμός –ismos frz. tourisme engl. tourism	Dreh–, Drechseleisen; Meißel s. o. Törn gr. Suffix s. Partikelliste
–	Tourist, der (gr>l>afrz >frz;gr) >frz/engl	1. Urlauber, Reisender; 2. Ausflügler, Wanderer, Bergsteiger {33/45/61}	dto. + –ιστής –istes frz. tourisme engl. tourism	dto. gr. Suffix s. Partikelliste
–	Touristenklasse, die (gr>l>afrz >frz;gr) >frz/engl;l	billigste Transportkategorie beim Passagierverkehr {45}	dto. + l. classis	dto. versammelte Menge, Abteilung; Landheer, Flotte (↗ UTL 1689)
–	Touristik, die (gr>l>afrz >frz;gr;gr) >frz/engl	1. institutionalisierter Touristenverkehr, Reisewesen {33/45/61}; 2. das Wandern o. Bergsteigen (veraltet) {45/61}	dto. + –ική –ike	dto. gr. Suffix s. Partikelliste

–	touristisch (gr>l>afrz >frz;gr) >frz/engl	den Tourismus betreffend, Reise... {33/45/61}		dto.	dto.
5890	Tournee, die gr>l>afrz >frz	Gastspielreise von Künstlern, Artisten (↗ UTL 0282) o. ä. {35/37/40/45/61}	τόρνος tornos frz. *tournée*		Dreh–, Drechseleisen; Meißel s. o. Törn
>>>	tox(i)–, –toxin ↗ Wortelementeliste				
5891	Toxämie, die (gr;gr) >nlat	Blutvergiftung (med. t. t.) {14/70}	τοξικόν toxikon + αἷμα haima		Gift Blut
5892	toxigen o. toxogen gr;gr	1. Giftstoffe erzeugend (med. t. t.); 2. durch Vergiftung entstanden, verursacht (med. t. t.) {14/70}	τοξικόν toxikon + –γενής –genes		Gift stammend von; hervorbringend, verursachend
5893	Toxikodendron, der gr;gr	südafrikanischer Giftbaum {04/68}	τοξικόν toxikon + δένδρον dendron		Gift Baum
5894	Toxikologe, der gr;gr	Wissenschaftler der Toxikologie {40/68/69/70}	τοξικόν toxikon + λόγος logos		Gift Rede, Wort; Berechnung
–	Toxikologie, die gr;gr	Wissenschaft von den Giften u. Vergiftungen (med. t. t.) {14/68/69/70}	dto.		dto.
–	toxikologisch gr;gr	die Toxikologie betreffend {14/68/69/70}	dto. + λογικός logikos		dto. zum Reden gehörig, die Rede betreffend
5895	Toxikomanie, die gr;gr	Medikamentensucht (med. t. t.) {14/70}	τοξικόν toxikon + μανία mania		Gift Raserei, Wahnsinn, Verzückung
5896	Toxikose, die gr;gr	durch Giftstoffe hervorgerufene Krankheit (med. t. t.) {14/70}	τοξικόν toxikon + –ωσις –osis		Gift gr. Suffix s. Partikelliste
5897	Toxikum, das gr>l	Giftstoff (med. t. t.) {14/70}	dto.		dto.

5898	**Toxin**, das (gr;nlat) >nlat	giftiges Stoffwechselprodukt von ↗ Bakterien {14/70}	dto. + nlat. –(z)in	dto. Suffix zur Bezeichnung chem. Stoffe
5899	**Toxinämie**, die gr;nlat;gr	Vergiftung des Blutes durch Toxine (med. t. t.) {14/70}	dto. + αἷμα haima	dto. Blut
5900	**toxisch**	giftig (med. t. t.) {14/68/69/70}	τοξικόν toxikon	Gift
–	**Toxizität**, die	Giftigkeit (med. t. t.) {14/68/69/70}	dto.	dto.
>>>	**Toxo–** ↗ Wortelementeliste			
5901	**Toxophobie**, die gr;gr	krankhafte Angst vor Vergiftung (med. t. t.) {14/70}	dto. + φόβος phobos	dto. Furcht, Schrecken
5902	**Toxoplasmose**, die gr;gr;gr	von Tieren auf Menschen übertragbare Infektionskrankheit (med. t. t.) {09/14/70}	τοξικόν toxikon + πλάσμα plasma + –ωσις –osis	Gift das Gebildete, Geformte gr. Suffix s. Partikelliste
>>>	**Trache(o)–** ↗ Wortelementeliste			
5903	**Trachea**, die gr>l	Luftröhre (med. t. t.) {11/70}	τραχεῖα (ἀρτηρία) tracheia (arteria)	die rauhe (Arterie)
–	**tracheal** gr>l>nlat	zur Luftröhre gehörend (med. t. t.) {11/70}	dto.	dto.
–	**Trachee**, die	Atmumgsorgan vieler Gliedertiere (zool. t. t.) {69}; 2. durch Zellfusion entstandenes Gefäß bei Pflanzen (bot. t. t.) {68}	dto.	dto.
>>>	**Tracheen**, die (Pl.) = Plural (↗ UTL 2697) von **Trachea** u. **Trachee**			
5904	**Tracheitis**, die gr;gr	Luftröhrenentzündung (med. t. t.) {14/70}	τραχεῖα (ἀρτηρία) tracheia (arteria) + –ῖτις –itis	die rauhe (Arterie) gr. Suffix s. Partikelliste
>>>	**Tracheo–** ↗ Wortelementeliste			

5905	Tracheo-skop, das gr;gr	Luftröhrenspiegel (med. t. t.) {70}	τραχεῖα (ἀρτηρία) tracheia (arteria) + σκοπός skopos	die rauhe (Arterie) jmd., der genau hinschaut; Aufseher, Späher
–	Tracheo-skopie, die gr;gr	Luftröhrenspiegelung (med. t. t.) {70}	dto. + σκοπή skope	dto. das Umschauen, Spähen
–	tracheo-skopieren gr;gr	eine Tracheoskopie durchführen (med. t. t.) {14/70}	dto.	dto.
5906	Tracheo-stenose, die gr;gr;gr	Luftröhrenverengung (med. t. t.) {11/14/70}	τραχεῖα (ἀρτηρία) tracheia (arteria) + στενός stenos + –ωσις –osis	die rauhe (Arterie) eng gr. Suffix s. Partikelliste
5907	Tracheo-tomie, die gr;gr	Luftröhrenschnitt (med. t. t.) {70}	τραχεῖα (ἀρτηρία) tracheia (arteria) + τομή tome	die rauhe (Arterie) das Schneiden; Schnitt; das Abgeschnittene
5908	Trachom, das	Körnerkrankheit, ägypt. Augenkrankheit (med. t. t.) {14/70}	τράχωμα trachoma	Rauhheit
5909	Tragik, die gr>l	verhängnisvoller Zusammenhang von Umständen o. Ereignissen, der zu Leiden o. Untergang führt {26/30}	τραγικός tragikos	bocksartig; tragisch
5910	Tragiker, der gr>l	Tragödiendichter {34/74/76}	dto.	dto.
5911	Tragi-komik, die gr;gr	teils tragische, teils ↗ komische Wirkung {26/35/74}	dto. + κωμικός komikos	dto. die komische Dichtkunst betreffend; witzig; Schauspieler der Komödie s. o. Komik
–	tragiko-misch gr;gr	teils tragisch, teils ↗ komisch {34/35/74/76}	dto.	dto.

–	Tragiko-mödie, die (gr;gr)>l	⚹ Drama, in dem Tragik u. ⚹ Komik vermischt sind {34/35/74/76}	τραγικός tragikos + κωμῳδία komoidia l. tragicocomedia	bocksartig; tragisch Komödie s. o. Komödie tragische Komödie
5912	tragisch gr>l	die Tragik betreffend; erschütternd {26/33}	τραγικός tragikos	bocksartig; tragisch
5913	Tragöde, der / die gr>l	Schauspieler(in) tragischer Rollen (⚹ UTL 3166) {35/74}	τραγῳδός tragodos	tragischer Dichter u. Sänger
–	Tragödie, die gr>l	1. Trauerspiel {35/74}; 2. tragisches Ereignis, Unglück {26/33}	τραγῳδία tragodia	„Bocksgesang"; Trauerspiel; tragisches Drama
5914	transatlantisch l;gr>l	überseeisch {64/86}	l. trans + Ἀτλαντικός Atlantikos	jenseits; über ... hin(aus) (⚹ UTL 3622) atlantisch s. o. atlantisch
5915	transgalaktisch l;gr>l	jenseits der Milchstraße befindlich, über unser Milchstraßensystem hinausgehend (astron. t. t.) {01/66}	l. trans + γαλακτικός galaktikos	jenseits; über ... hin(aus) (⚹ UTL 3622) milchweiß s. o. galaktisch
5916	transozeanisch l;gr>l	jenseits des Ozeans liegend {64}	l. trans + Ὠκεανός Okeanos	jenseits; über ... hin(aus) (⚹ UTL 3622) Okeanos (s. Anhang „Namen") s. o. ozeanisch
5917	Trapez, das gr>spätl	1. Viereck mit nur zwei parallelen Seiten (math. t. t.) {71}; 2. an Seilen hängende Schaukel {61/85}	τραπέζιον trapezion = Diminutiv zu: τράπεζα trapeza spätl. trapezium dto.	kleiner Tisch Tisch dto.
–	Trapezakt, der gr>spätl;l	am Trapez ausgeführte Zirkusnummer {61/85}	dto. + l. actus	dto. Bewegung; Vor–, Darstellung; Aufzug; Akt (⚹ UTL 0121)
5918	Trauma, das	1. nachhaltig starke seelische Erschütterung (psych., med. t. t.) {14/26/70}; 2. Verletzung durch äußere Gewalteinwirkung (med. t. t.) {14/70/82}	τραῦμα trauma	Wunde, Verletzung

–	**trauma- tisch** gr>l	1. das Trauma betreffend (med., psych. t. t.) {14/26/70}; 2. durch Gewalteinwirkung verletzt (med. t. t.) {14/70/82}	τραυματι- κός traumatikos	die Wunde betreffend
5919	**Trauma- tologe,** der gr;gr	Spezialist (↗ UTL 3394) für Wundbehandlung {14/40/70}	dto. + λόγος logos	dto. Rede, Wort; Berechnung
–	**Trauma- tologie,** die gr;gr	Wissenschaft von der Behandlung von Wunden (med. t. t.) {14/70}	dto.	dto.
5920	**Trema,** das	1. zwei Punkte (↗ UTL 2903) über einem Vokal (↗ UTL 3852) als Zeichen der getrennten Aussprache zweier Vokale (sprachwiss. t. t.) {32/76}; 2. Lücke zwischen den mittleren Schneidezähnen (med. t. t.) {11/70}	τρῆμα trema	das Durchbohrte, Loch; Punkte des Würfels
5921	**Trema- tode,** der gr>nlat	Saugwurm (zool. t. t.) {08/69}	τρηματώδης trematodes	durchlöchert
5922	**Trepan,** der gr>mlat >frz	Bohrer zum Durchbohren der Schädeldecke {70}	τρύπανον trypanon mlat. *trepanum* frz. *trépan*	Bohrer der Tischler u. Zimmerleute; chirurgisches Instrument zum Durchbohren der Hirnschale dto. Schädelbohrer
–	**Trepana- tion,** die gr>mlat >frz	operative (↗ UTL 2434) Öffnung des Schädels mit dem Trepan (med. t. t.) {70}	dto. frz. *trépanation*	dto. dto.
–	**trepa- nieren** gr>mlat >frz	den Schädel mit dem Trepan aufbohren (med. t. t.) {70}	dto. frz. *trépaner*	dto. dto.

5923	**Tresor,** der gr>l>vulgl >afrz>frz	Geldschrank, Panzerschrank; Stahlkammer {42/43/44}	θησαυρός thesauros	Ort zum Aufbewahren; Vorrats-, Schatzkammer; das Aufbewahrte, Schatz
			l. *thesaurus* vulgl.	dto.
			tresaurus *	dto.
			afrz. *tresor*	dto.
			frz. *trésor*	dto.
>>>	**Tri-** ⟋ Wortelementeliste			
5924	**Triade,** die gr>l	1. Gruppe von drei Göttern (rel. t. t.) {51/77}; 2. Dreiheit aus ⟋ Strophe, ⟋ Antistrophe und ⟋ Epode als Kompositionsform in der gr. Tragödie {34/35/74/76}; 3. ursprünglich gebildete Gruppe aus drei Elementen bei der Erstellung eines Elementensystems (chem. t. t.) {73}; 4. kriminelle Verbrecherorganisation in China {82}	τριάς, Gen. τριάδος trias, triados	Dreizahl
–	triadisch	die Triade betreffend {57/71}	dto.	dto.
5925	**Triarchie,** die	Dreimännerherrschaft {48/57}	τριαρχία triarchia	Dreiherrschaft; Triumvirat
5926	**Trias,** die gr>l	1. ältester Teil des Erdmittelalters (geol. t. t.) {59/62}; 2. Dreiheit {57/71}; 3. = Triade {35/51/57/73/74/76/82}	τριάς, Gen. τριάδος trias, triados	Dreizahl
–	triassisch	die Trias betreffend	dto.	dto.
5927	**Triathlet,** der gr;gr	jmd., der Triathlon betreibt {85}	τρεῖς, τρία treis, tria + ἀθλητής athletes	drei Wettkämpfer s. o. Athlet
–	**Triathlon,** der gr;gr	Mehrkampf aus drei Sportarten: 1. Schwimmen, Radfahren u. Laufen; 2. Skilanglauf, Schießen, Riesenslalom	τρεῖς, τρία treis, tria + ἆθλον athlon	drei (Wett)kampf
5928	**Tribade,** die gr>l	⟋ lesbische Frau {18/33}	τριβάς, Gen. τριβάδος tribas	lesbische Frau

–	Tribadie, die gr>nlat o. Tribadismus, der gr;gr	↗ lesbische Liebe {18/33}	dto. bzw. + –ισμός –ismos	dto. gr. Suffix s. Partikelliste
5929	Tribologie, die gr;gr	Wissenschaft von Reibung, Verschleiß u. Schmierung gegeneinander bewegter Körper (↗ UTL 1903) {41/72}	τρίβειν tribein + λόγος logos	reiben Rede, Wort; Berechnung
5930	Tribrachys, der gr>l	antiker (↗ UTL 0214) Versfuß mit drei Kürzen {34/76}	τρίβραχυς tribrachys	aus drei Kürzen bestehender Versfuß
>>>	Trich– ↗ Wortelementeliste			
5931	Trichalgie, die (gr;gr) >nlat	Berührungsschmerz im Bereich der Kopfhaare (med. t. t.)	θρίξ, Gen. τριχός thrix, trichos + ἄλγος algos	Haar Schmerz
5932	Trichine, die gr>engl	↗ parasitischer Fadenwurm {08/17/69}	τρίχινος trichinos engl. trichina	aus Haaren; haarig „Haarwurm"
–	trichinös gr>engl	von Trichinen befallen {17/69}	dto. engl. trichinous	dto.
–	Trichinose, die gr;gr	durch Trichinen verursachte Erkrankung (med. t. t.) {14/70}	dto. + –ωσις –osis	dto. gr. Suffix s. Partikelliste
5933	Trichose, die	unnormale Körperbehaarung (med. t. t.) {14/70}	τρίχωσις trichosis	das Behaaren
5934	Trichotillomanie, die gr;gr;gr	krankhafte Sucht, sich Kopf- u. Barthaare auszureißen (med. t. t.) {14/70}	θρίξ, Gen. τριχός thrix, trichos + τίλλειν tillein + μανία mania	Haar (aus)rupfen, zupfen Raserei, Wahnsinn, Verzückung
5935	Trichotomie, die	1. Dreiteilung des Menschen in Leib, Seele u. Geist (rel. t. t.) {51/77}; 2. Einteilung von Straftaten in Übertretung, Vergehen, Verbrechen {82}	τριχοτομεῖν trichotomein	dreifach unterteilen

5936	**Trichuris**, die gr;gr	Gattung der Fadenwürmer (biol. t. t.) {08/69}	θρίξ, Gen. τριχός thrix, trichos + οὐρά oura	Haar Schwanz, Schweif
5937	**Triere**, die	Dreiruderer {45/75/86}	τριήρης trieres	Dreiruderer
5938	**Triglotte**, die (gr;gr) >nlat	Werk o. Wörterbuch in drei Sprachen {32/76}	τρεῖς, τρία treis, tria + γλῶττα glotta (im attischen Dialekt)	drei Zunge, Sprache, eigentümliche Ausdrucksweise s. o. Glosse
5939	**Triglyph**, der o. **Triglyphe**, die gr>l	mit ↗ Metopen abwechselndes dreiteiliges Feld am Fries des ↗ dorischen Tempels (↗ UTL 3545) {88}	τρίγλυφος triglyphos	dreimal gespalten; Dreischlitz über dem Architrav in der dorischen Säulenordnung
5940	**Trigon**, das gr>l	Dreieck {71}	τρίγωνον trigonon	Dreieck
–	**trigonal**	dreieckig {71}	τρίγωνος trigonos	dreieckig
–	**Trigonalzahl**, die gr;d	Dreieckszahl {71}	dto. + d. *Zahl*	dto.
5941	**Trigonometer**, der (gr;gr) >nlat	mit Trigonometrie beschäftigter Vermesser {40/71}	dto. + μέτρον metron	dto. Maß, Versmaß
–	**Trigonometrie**, die (gr;gr) >nlat	Dreiecksmessung (math. t. t.) {71}	dto.	dto.
–	**trigonometrisch** (gr;gr) >nlat	die Trigonometrie betreffend {71}	dto.	dto.
5942	**Triklinium**, das gr>l	altröm. Speisezimmer mit dem an drei Seiten von Polstern zum Liegen umgebenen Eßtisch {58/75/88}; 2. der Eßtisch selbst (hist. t. t.) {44/75}	τρίκλινος triklinos l. *triclinium*	drei Tischlager (um)fassend Speisesofa; Speisezimmer

5943	Trikolon, das gr>l	aus drei gleichen Gliedern zusammengesetzte Aussage (rhet. t. t.) {32/57/76}	τρίκωλος trikolos		dreigliedrig; dreigliedriger Redesatz
5944	Trilemma, das (gr;gr) >nlat	logischer Schluß mit drei Lösungsmöglichkeiten (philos. t. t.) {25/57/77}	τρεῖς, τρία treis, tria + λῆμμα lemma		drei Annahme(satz)
5945	Trilith, der	vorgeschichtliches Steindenkmal aus der Bronze– o. Steinzeit {59/75}	τρίλιθος trilithos		mit drei Steinen
5946	Trilobit, der gr>nlat	Dreilappkrebs, ausgestorbener Urkrebs {59/69}	τρίλοβος trilobos		dreilappig
5947	Trilogie, die	Folge von drei zusammengehörenden Werken {34/57/76}	τριλογία trilogia		Folge von drei Tragödien
5948	trimer	dreiteilig (bot. t. t.) {57/68}	τριμερής trimeres		dreiteilig
5949	Trimeter, der gr>l	aus drei ↗ Metren bestehender Vers (↗ UTL 3791) {34/76}	τρίμετρος trimetros		aus drei (Vers)-Maßen bestehend
5950	trimorph o. trimorphisch	dreigestaltig (bot. t. t.) {57/68}	τρίμορφος trimorphos		dreigestaltig
–	Trimorphie, die gr>nlat o. Trimorphismus, der (gr;gr) >nlat	Dreigestaltigkeit (bot. t. t.) {57/68}	dto. + –ισμός –ismos		dto. gr. Suffix s. Partikelliste
5951	Triode, die gr>nlat	Verstärkerröhre mit drei ↗ Elektroden {46/72/87}	τρίοδος triiodos		Dreiweg
5952	Triözie, die gr;gr	Dreihäusigkeit von Pflanzen (bot. t. t.) {68}	τρεῖς, τρία treis, tria + οἰκία oikia		drei Haus
–	triözisch gr;gr	dreihäusig (von Pflanzen; bot. t. t.) {68}	dto.		dto.
5953	Triphthong, der (gr;gr) >nlat	aus drei Vokalen (↗ UTL 3852) gebildeter Laut (sprachwiss. t. t.) {32/57/76}	τρεῖς, τρία treis, tria + φθόγγος phthongos		drei Stimme, Klang

5954	triploid (gr;gr) >nlat	mit einem dreifachen Satz von ↗ Chromosomen versehen (biol. t. t.) {57/68/69}	τριπλόος triploos + -(ε)ιδής -(e)ides	dreifach ähnlich aussehend s. Partikelliste
>>>	Tripoden, die (Pl.) = Plural (↗ UTL 2697) von ↗ Tripus			
5955	Tripodie, die	↗ metrische dreigliedrige Einheit {34/57/76}	τριποδία tripodia	dreigliedriges Metrum
>>>	Triptik, die = ↗ Triptyk			
5956	Triptychon, das	dreiteiliges (Altar)Bild {51/57/77}	τρίπτυχος triptychos	dreifaltig
5957	Triptyk, das gr>frz/engl	Grenzübertrittsschein für Fahrzeuge {45}	dto. frz./engl. triptyque	dto.
5958	Tripus, der gr>l	Dreifuß {44}	τρίπους, Gen. τρίποδος tripous, tripodos	dreifüßig; Dreifuß
5959	Trishagion, das gr>mgr	dreimalige Anrufung Gottes, bes. in der ↗ orthodoxen ↗ Liturgie {51/57/77}	τρισάγιος trisagios	dreimal heilig
5960	Triskaidekaphobie, die gr;gr	Angst vor der Zahl 13 {24/57}	τρισκαίδεκα triskaideka + φόβος phobos	dreizehn Furcht, Schrecken
5961	tristich	dreizeilig (bot. t. t.) {57/68}	τρίστιχος tristichos	dreizeilig
–	tristichisch	aus drei Verszeilen bestehend {34/57/76}	dto.	dto.
–	Tristichon, das	aus drei Zeilen bestehende Versgruppe {34/57/76}	dto.	dto.
5962	trisyllabisch gr>l>nlat	dreisilbig {32/57/76}	τρισύλλαβος trisyllabos	dreisilbig
–	Trisyllabum, das gr>l	dreisilbiges Wort {32/57/76}	dto.	dto.
5963	Tritagonist, der	dritter Schauspieler im altgr. ↗ Drama {35/57/74/75}	τριταγωνιστής tritagonistes	dritter Kämpfer, Schauspieler

5964	Tritheismus, der gr;gr	Abwandlung der ↗ christlichen Dreieinigkeitslehre unter Annahme drei getrennter göttlicher Personen (↗ UTL 2612) {51/57/77}	τριθεία tritheia + –ισμός –ismos	Dreiheit Gottes gr. Suffix s. Partikelliste
5965	Trithemimeres, die gr;gr	Verseinschnitt nach dem dritten Halbfuß im ↗ Hexameter (metr. t. t.) {34/76}	τρίτος tritos + ἡμιμερής hemimeres	der dritte halbteilig, hälftig
5966	Tritium, das gr>nlat	radioaktives (↗ UTL 2964) Wasserstoffisotop {72/73}	τρίτος tritos	der dritte
5967	Triton, der gr>l	1. gr. Meergott {51/75}; 2. Salamandergattung (biol. t. t.) {07/69}; 3. einer der Jupitermonde {01/66}	Τρίτων Triton	Triton
5968	Tritonus, der gr>nlat	Intervall (↗ UTL 1501) aus drei ganzen ↗ Tönen, übermäßige Quarte (↗ UTL 2934) (mus. t. t.) {37/57}	τρίτονος tritonos	dreitönig
5969	Triumph, der gr>l	1. feierlicher Einzug eines siegreichen Feldherren (im antiken (↗ UTL 0214) Rom – hist. t. t.) {33/75/86}; 2. Genugtuung, Frohlocken, Siegesfreude {25/26}; 3. großer Erfolg, Sieg {25/26/33/85}	θρίαμβος thriambos l. *triumphus*	Festlied u. Festzug für Dionysos (s. Anhang „Namen") Siegeszug, Triumph; Dreischritt (↗ UTL 3674)
5970	trochäisch gr>l	aus Trochäen bestehend {34/76}	τροχαϊκός trochaikos	aus Trochäen bestehend
–	Trochäus, der	Versfuß, der aus einer langen u. kurzen ↗ Silbe besteht {34/76}	τροχαῖος trochaios	laufend; Versfuß aus einer langen u. kurzen ↗ Silbe
5971	Trochilus, der	Hohlkehle in der ↗ Basis ↗ ionischer Säulen {88}	τρόχιλος trochilos	Strandläufer (Vogelart)
5972	Troglodyt, der gr>l	Höhlenbewohner {33/44}	τρωγλοδύτης troglodytes	jmd., der in Höhlen wohnt
5973	Trogon, der	südamerikanischer Urwaldvogel; Nageschnäbler {07/69}	τρώγειν trogein PPA τρώγων trogon	nagen einer, der nagt

5974	troja- nisch	1. Troja (s. Anhang „Namen") betreffend, zu ihm gehörend {75}; 2. –es Pferd: der Kriegslist dienendes, hohles hölzernes Pferd; ↗ Danaergeschenk; Kriegslist {75/86}	Τροία Troia	zu Troja gehörig
>>>	–tron(ik) ↗ Partikelliste			
>>>	–trop(ie) ↗ Wortelementeliste			
5975	Tropa- rion, das gr>mgr	kurzer Liedhymnus im ↗ orthodoxen Gottesdienst {37/51/77}	τροπή trope	das Umwenden, Wende
–	Tropa- rium, das gr>l	1. römisch- ↗ katholisches Chorbuch mit Tropen (↗ Tropus 3.) {37/51/77}; 2. Anlage mit ↗ tropischem ↗ Klima zur Haltung bestimmter Pflanzen u. Tiere {58/68/69}	dto.	dto.
5976	Trope, die gr>l	bildlicher Ausdruck, ↗ poetische Wendung (sprachwiss. t. t.) {32/34/76}	τροπή trope	Wende, Kehre
5977	Tropen, die (Pl.) gr>l	1. die heiße ↗ Zone am Äquator (↗ UTL 0249) {64/65}; 2. Plural (↗ UTL 2697) von ↗ Tropus {37/51/77}	τροπαί tropai (Pl.) gemischt mit: (κύκλος) τροπικός (kyklos) tropikos	Sonnenwende Wende(kreis)
>>>	–troph(ie) ↗ Wortelementeliste			
5978	Trophäe, die gr>l>frz	Siegeszeichen, Ehrenmal {38/85/86/88}	τρόπαιον tropaion l. *tropaeum* frz. *trophée*	Siegeszeichen dto.
5979	trophisch gr>nlat	die Ernährung (der Gewebe) betreffend (med. t. t.) {70}	τροφή trophe	das Ernähren, Nahrung
5980	Tropho- blast, der gr;gr	ernährende Hülle des ↗ Embryo (med. t. t.) {11/70}	τροφή trophe + βλαστός blastos	das Ernähren, Nahrung Keim, Sproß
>>>	Tropho– ↗ Wortelementeliste			

5981	**Trophologe,** der gr;gr	Ernährungswissenschaftler {17/40/70}	τροφή trophe + λόγος logos	das Ernähren, Nahrung Rede, Wort; Berechnung
–	**Trophologie,** die gr;gr	Ernährungswissenschaft {17/70}	dto.	dto.
–	**trophologisch** gr;gr	die Trophologie betreffend {17/70}	dto. λογικός logikos	dto. zum Reden gehörig, die Rede betreffend
5982	**Tropika,** die gr>l>nlat	schwere Art der ↗ Malaria (med. t. t.) {14/70}	(κύκλος) τροπικός (kyklos) tropikos nlat. *malaria tropica*	Wende(kreis)
5983	**tropisch** gr>l	1. die ↗ Trope betreffend {32/34/76}; bildlich; 2. zu den ↗ Tropen gehörig {37/51/64/65/77}	dto.	dto.
5984	**Tropismus,** der (gr;gr) >nlat	durch äußere Reize bestimmte Bewegung festgewachsener Pflanzen (biol. t. t.) {61/68}	dto. + –ισμός –ismos	dto. gr. Suffix s. Partikelliste
5985	**Tropopause,** die gr;gr	Grenze zwischen Tropo– u. ↗ Stratosphäre (meteor. t. t.) {63/65}	τρόπος tropos + παύειν pauein	Wendung beendigen s. o. Pause
5986	**Troposphäre,** die gr;gr	unterste Schicht der ↗ Atmosphäre, Wetterschicht (meteor. t. t.) {63/65}	τρόπος tropos + σφαῖρα sphaira	Wendung Kugel, Ball s. o. Sphäre
5987	**Tropotaxis,** die gr;gr	Orientierungsweise frei beweglicher Lebewesen (zool. t. t.) {61/69}	τρόπος tropos + τάξις taxis	Wendung Aufstellung, (An)ordnung
5988	**Tropus,** der gr>l	1. = ↗ Trope {32/34/76}; 2. Kirchentonart (mus. t. t.) {37}; 3. nachträgliche Texterung (↗ UTL 3576) vorgegebener ↗ melismatischer Gesänge {34/37}	τρόπος tropos	Wendung

5989	Trouble, der gr>l>vulgl >afrz/frz >engl	Ärger, Unannehmlichkeit(en), Aufregung {25/26/33}	τύρβη tyrbe l. *turba*	Verwirrung, Getümmel, Lärm lärmende Unordnung, Verwirrung, Getümmel, Tumult
			bzw. *turbare*	in Unordnung, in Verwirrung bringen, stören, beunruhigen
			vulgl. *turbulare* afrz./frz.	(↗ UTL 3680) dto.
			troubler	trüben; verwirren, beunruhigen
			trouble	Verwirrung, Unruhe
			engl. *trouble*	dto.
–	Trubel, der gr>l>vulgl >frz	lärmendes Treiben, wirres Durcheinander {25/26/33}	dto.	dto.
5990	Trumpf, der gr>l>mfrz >frz	1. stechende Farbe o. ↗ Karte im Kartenspiel {56/85}; 2. entscheidendes Argument (↗ UTL 0266) {25/32}	θρίαμβος thriambos l. *triumphus*	Festlied u. Festzug für Dionysos (s. Anhang „Namen") Siegeszug, Triumph; Dreischritt
			mfrz. *triumphe*	(↗ UTL 3674) dto.
			frz. *triomphe*	dto.
5991	Trypanosoma, das (gr;gr) >nlat	Geißeltierchen, die im Blut von Wirbeltieren schmarotzen {09/14/69/70}	τρύπανον trypanon	Bohrer der Tischler u. Zimmerleute; chirurgisches Instrument zum Durchbohren der Hirnschale
			+ σῶμα soma	Leib, Körper
5992	Trypanosomiasis, die gr;gr;gr	durch Trypanosomen verursachte Schlafkrankheit (med. t. t.) {14/16/70}	dto. + –ασις –asis	dto. gr. Suffix s. Partikelliste
5993	Trypsin, das	eiweißspaltendes ↗ Enzym der Bauchspeicheldrüse (med. t. t.) {70/73}	τρύειν thryptein	(zer)reiben
			+ πέψις pepsis	das Kochen; Verdauung s. o. Pepsin

5994	Tumba, die gr>l	1. Scheinbahre; 2. Grabplatte mit reliefartiger Abbildung des Toten {36/51/52}	τύμβος tymbos l. *tumba*	Grabhügel Grab
5995	Turbodynamo, der l;gr	Generator (↗ UTL 1179), der unmittelbar mit einer Turbine (↗ UTL 3694) gekoppelt ist {72}	l. *turbo* + δύναμις dynamis	Wirbel, Sturm; Kreisel (↗ UTL 3694) Kraft, Vermögen, Macht s. o. Dynamo
5996	Turn, der gr>l>engl	1. Kehre, hochgezogene Kurve (↗ UTL 1970) im Kunstfliegen (sport. t. t.) {45/61/85}; 2. Rauschzustand (infolge Drogenkonsums – Jargon) {17/26/33/82}	τόρνος tornos engl. *(to) turn*	Dreh–, Drechseleisen; Meißel s. o. Törn
–	turnen 1. gr>l>ahd 2. u. 3. gr>l>engl	1. sportliche Übungen vollführen {12/61/85}; 2. Drogen zu sich nehmen (Jargon) {17/33/82}; 3. eine berauschende Wirkung haben (ugs.) {17/26/70}	τορνεύειν torneuein l. *tornare* 1. ahd. *turnen* 2. u. 3. engl. *(to) turn*	drehen, drechseln; runden dto. drehen, bewegen (um)drehen s. o. antörnen
–	Turnier, das gr>l>afrz >mhd	1. ritterliches Kampfspiel im Mittelalter (hist. t. t.) {33/75/86}; 2. ein von mehreren Einzelsportlern o. Mannschaften bestrittener Wettbewerb (sport. t. t.) {85}	τόρνος tornos l. *tornus* afrz. *tor(n)* *torner* *torn(o)i(i)er* *tornoi* mhd. *turnoi, turnei*	Dreh–, Drechseleisen; Meißel dto. (↗ UTL 3607) Wendung, Drehung drehen, wenden sich drehen; im Turnier kämpfen Kampf, Turnier Kampfspiel
–	Turnüre, die gr>l>frz	1. gewandtes Benehmen {33}; 2. in der Damenmode Ende des 19.Jh.s übliches Gesäßpolster o. Reifrock {19/75}	dto. frz. *tournure*	dto.
–	Turnus, der gr>l>mlat	regelmäßiger Wechsel, Wiederkehr, Reihenfolge; Umlauf {59/61}	dto. mlat. *turnus*	dto. Wechsel, Reihenfolge
>>>	TV, das ↗ Television			
5997	Tyche, die	Zufall, Glück, Schicksal {26/51/52/77}	τύχη tyche	Schicksal, Fügung

–	**Tychis-mus,** der gr;gr	Lehre, nach der die Welt vom Zufall beherrscht wird (philos. t. t.) {77}	dto. + –ισμός –ismos	dto. gr. Suffix s. Partikelliste	
5998	**Tylom,** das	Schwiele (med. t. t.) {14/70}	τύλωμα tyloma	Schwiele	
–	**Tylose** o. **Tylosis,** die gr;gr	das Auftreten von Tylomen {14/70}	dto. + –ωσις –osis	dto. gr. Suffix s. Partikelliste	

>>> **Tympana,** die (Pl.) = Plural (↗ UTL 2697) von ↗ **Tympanon** u. ↗ **Tympanum**

5999	**Tympanie** o. **Tympanitis,** die gr;gr	Ansammlung von ↗ Gasen in inneren ↗ Organen (med., zool. t. t.) {09/14/69/70}	τύμπανον tympanon bzw. + –ῖτις –itis	Handpauke, Kesselpauke gr. Suffix s. Partikelliste	
6000	**Tympanon,** das	Bogenfeld über Portal (↗ UTL 2725), Tür u. Fenster {88}	dto.	dto.; hier auch: dreieckiges, hölzernes Giebelfeld	
6001	**Tympanum,** das gr>l	1. = Tympanon {88}; 2. Handpauke (mus. t. t.) {37}; 3. Trommelfell im Ohr (med. t. t.) {11/70}	dto.	dto.	

>>> **–typ, –typie, –typus** ↗ Worteleinenteliste

6002	**Typ** o. **Typus,** der gr>l	1. Musterform (von Sachen) {56}; 2. Erscheinungsform mit feststehenden Merkmalen, einer besonderen Wesensart {33/84}; 3. abwertende Bezeichnung für Mann (ugs.) {32/33}	τύπος typos	Schlag; Abdruck; Gepräge, Gestalt	
–	**Type,** die gr>l>frz	1. gegossener Druckbuchstabe {40}; 2. Zeichen auf Büromaschinen {40}; 3. ↗ komischer, ulkiger Mensch (ugs.) {26/33}	dto. frz. *type*	dto.	
–	**typen**	etwas nur in bestimmten Größen herstellen {40/41/57}	dto.	dto.	

>>> **Typen,** die (Pl.) = Plural (↗ UTL 2697) von ↗ **Typ,** ↗ **Type,** ↗ **Typus**

6003	**Typhlitis,** die (gr;gr) >nlat	Blinddarmentzündung (med. t. t.) {14/70}	τυφλός typhlos + –ῖτις –itis	blind gr. Suffix s. Partikelliste	

1017

–	Typhlon, der	Blinddarm (med. t. t.) {11/70}		dto.	dto.
–	Typhlo-tomie, die	Blinddarmschnitt (med. t. t.) {70}		+ τομή tome	dto. das Schneiden; Schnitt; das Abgeschnittene
6004	Typhon, 1. das 2. der gr bzw. chin>engl	1. Sirene von Schiffen, Leuchttürmen o. Fabriken (↗ UTL 1024) {32/41/45/59}; 2. Wirbelwind {64/65}		τυφῶν typhon gemischt mit: engl. typhoon	Wirbelwind; Ungewitter Taifun
6005	typhös gr>nlat	typhusartig (med. t. t.) {14/70}		τῦφος typhos	Rauch, Dampf; Verblendung
–	Typhus, der	schwere fieberhafte Infektionskrankheit (med. t. t.) {14/70}		dto.	dto.
>>>	–typie ↗ Wortelementeliste				
6006	Typik, die	1. Typenpsychologie {70}; 2. Typenlehre {32/40/78/84}		τυπικός typikos	nach einem Muster gemacht
–	typisch gr>l	kennzeichnend, ↗ charakteristisch {53/55}		dto.	dto.
–	typisieren gr>nlat	vereinheitlichen; gleichförmig, nicht individuell (↗ UTL 1354) darstellen o. auffassen {25/32/53/56}		dto.	dto.
–	Typizität, die	↗ charakteristische Eigenart {53/56}		dto.	dto.
6007	Typogenese, die gr;gr	Formenbildung im Laufe der Stammesgeschichte (biol. t. t.) {68/69}		τύπος typos + γένεσις genesis	Schlag; Abdruck; Gepräge, Gestalt Ursprung, Entstehung
6008	Typograph, der gr;gr	1. Schriftsetzer {32/40}; 2. Zeilensetzmaschine {40/41}		τύπος typos + γράφευς grapheus	Schlag; Abdruck; Gepräge, Gestalt Schreiber, Maler
–	Typographie, die gr;gr	1. Buchdruck; 2. Buchdruckerkunst {32/40}		τύπος typos + γραφή graphe	Schlag; Abdruck; Gepräge, Gestalt Schrift; Zeichnung
–	typographisch gr;gr	die Typographie betreffend		dto. + γραφικός graphikos	dto. im Malen geschickt; malerisch; zum Malen o. Schreiben gehörig

6009	Typo- logie, die gr;gr	Lehre von den menschlichen ↗ Typen hinsichtlich ihrer Lebensform, Konstitution (↗ UTL 1839), Weltanschauung {11/25/33/70/84}	τύπος typos + λόγος logos	Schlag; Abdruck; Gepräge, Gestalt Rede, Wort; Be- rechnung
–	typo- logisch gr;gr	die Typologie betreffend {11/ 25/33/70/84}	dto. + λογικός logikos	dto. zum Reden gehö- rig, die Rede be- treffend
6010	Typo- skript, das gr;l	maschinegeschriebenes Ma- nuskript (↗ UTL 2145) (druckw. t. t.) {32/40}	τύπος typos + l. *scriptum*	Schlag; Abdruck; Gepräge, Gestalt Schrift, Entwurf; schriftliche Anwei- sung (↗ UTL 3342)
>>>	Typus, der = ↗ Typ			
6011	Tyrann, der gr>l	1. Gewaltherrscher {50}; 2. strenger, herrschbegieriger Mensch {28/33/81/84}; 3. am. Schreivogel {07/69}	τύραννος tyrannos	Einzelherrscher; Gewaltherrscher
–	Tyrannei, die gr>l>frz	1. Gewaltherrschaft {50/81}; 2. tyrannisches Verhalten {28/ 33/84}	τυραννίς tyrannis	Gewaltherrschaft
–	Tyrannis, die gr>l	1. Gewaltherrschaft {50/81}; 2. = Tyrannei {28/33/50/84}	dto.	dto.
–	tyran- nisch gr>l	herrschsüchtig, ↗ despotisch, diktatorisch (↗ UTL 0746) {28/ 33/81/84}	τυραννικός tyrannikos	den Tyrannen be- treffend; despo- tisch
–	tyranni- sieren gr>l>frz	gewaltsam unterdrücken, knechten {28/33/81}	τυραννεῖν tyrannein frz. *tyranniser*	beherrschen

U

6012	**Udometer,** das gr;gr	Instrument (↗ UTL 1448b) zum Messen der Regenmenge (meteor. t. t.) {40/57/65}	ὕδωρ hydor + μέτρον metron		Wasser Maß; Versmaß
6013	**Uhr,** die gr>l>afrz >mhd	1. Stundenmesser, Zeitanzeiger {44/59}; 2. (veraltet bzw. in Redewendungen): Stunde {59}	ὥρα hora l. *hora* afrz. *(h)ore* mhd. *(h)ore, ur(e)*		Jahres–, Tageszeit; Stunde dto. Stunde dto.
6014	**Ulitis,** die (gr;gr) >nlat	Zahnfleischentzündung (med. t. t.) {14/70}	οὖλον oulon + –ῖτις –itis		Zahnfleisch gr. Suffix s. Partikelliste
6015	**Ulkus,** das gr>l	Geschwür (med. t. t.) {70}	ἕλκος helkos l. *ulcus*		Wunde, Geschwür Geschwür, Auswuchs
6016	**Ulose,** die (gr;gr) >nlat	Narbenbildung (med. t. t.) {70}	οὐλή oule + –ωσις –osis		Narbe gr. Suffix s. Partikelliste
6017	**unipetal** (l;gr)>nlat	einblättrig (bei Pflanzen – bot. t. t.) {68}	l. *unus* + πέταλον petalon		ein Blatt
6018	**unipolar** l;gr	einpolig, den ↗ elektrischen Strom nur in einer Richtung leitend {46/72}	dto. + πόλος polos		dto. Achse, Drehpunkt, Pol
6019	**Urämie,** die (gr;gr) >nlat	Harnvergiftung (med. t. t.) {14/70}	οὖρον ouron + αἷμα haima		Harn Blut
–	**urämisch** (gr;gr) >nlat	harnvergiftet (med. t. t.) {14/70}	dto.		dto.

>>> **Uran(o)–** ↗ Wortelementeliste

6021	Uran, das gr>l>nlat	chem. Grundstoff, ⌐ Metall; Zeichen: U {72/73}	Οὐρανός Ouranos		Uranos (s. Anhang „Namen")
6022	Urania, die	⌐ Muse der Sternkunde {74/75/79}	Οὐρανία abgeleitet von: οὐράνιος uranios		Urania himmlisch
>>>	Uranier, der = ⌐ Uranist				
–	Uranismus, der (gr;gr)>l >nlat	⌐ Homosexualität zwischen Männern {18/70}	dto. + –ισμός –ismos		dto. gr. Suffix s. Partikelliste
–	Uranist, der (gr;gr)>l >nlat	⌐ Homosexueller {18/33/70}	dto. + –ιστής –istes		dto. gr. Suffix s. Partikelliste
6023	Uranographie, die	Himmelsbeschreibung {66}	οὐρανογραφία uranographia aus: οὐρανός ouranos + γραφή graphe		Himmelsbeschreibung Himmel Schrift; Zeichnung
6024	Uranolatrie, die (gr;gr) >nlat	göttliche Verehrung der Himmelskörper {25/51/77}	dto. + λατρεία latreia		dto. (Lohn)dienst; Gottesdienst
6025	Uranologie, die gr;gr	Himmelskunde {01/66}	dto. + λόγος logos		dto. Rede, Wort; Berechnung
6026	Uranometrie, die gr;gr	Bestimmung von Sternorten u. ihre Erfassung in ⌐ Katalogen {01/66}	dto. + μέτρον metron		dto. Maß; Versmaß
6027	Uranos o. Uranus, der	⌐ Planet des Sonnensystems {01/66}	Οὐρανός Ouranos		Uranos (s Anhang „Namen")
6028	Uräusschlange, die gr>nlat;d	1. afrikanische Hutschlange {07/69}; 2. auch: Sonnensymbol in der Krone (⌐ UTL 1936) der ägypt. Könige {51/75}	οὐραῖος ouraios + d. Schlange		zum Schwanz gehörig

Ureat 6029

>>> Ure– ↗ Wortelementeliste

6029	Ur(e)at, das gr>nlat	Salz der Harnsäure (med. t. t.) {70}	οὖρον ouron	Harn
–	Urea, die gr>nlat	Harnstoff (med. t. t.) {70}	dto.	dto.
–	Urease, die gr;gr	Harnstoff spaltendes ↗ Enzym (med. t. t.) {70/72}	dto. + –ασις –asis	dto. gr. Suffix s. Partikelliste

>>> Ureat = ↗ Urat

6030	Urese, die	das Harnen (med. t. t.) {70}	οὔρησις ouresis	das Wasserlassen
6031	Ureter, der	Harnleiter (med. t. t.) {11/70}	οὐρήτηρ oureter	Harnleiter
–	Ureteritis, die (gr;gr) >nlat	Harnleiterentzündung (med. t. t.) {14/70}	dto. + –ῖτις –itis	dto. gr. Suffix s. Partikelliste

>>> Uret(h)– ↗ Wortelementeliste

6032	Urethra, die gr>l	Harnröhre (med. t. t) {11/70}	οὐρήθρα ouretra	Harnröhre
–	urethral gr>l>nlat	zur Harnröhre gehörend (med. t. t.) {11/70}	dto.	dto.
–	Urethritis, die gr;gr	Harnröhrenentzündung (med. t. t.) {14/70}	dto. + –ῖτις –itis	dto. gr. Suffix s. Partikelliste
6033	Urethrorrhö(e), die gr;gr	Harnröhrenausfluß (med. t. t.) {14/70}	dto. + ῥοή rhoe	dto. das Fließen; Fluß
6034	Urethroskop, das gr;gr	Instrument (↗ UTL 1448b) zum Ausleuchten der Harnröhre (med. t. t.) {40/70}	dto. + σκοπός skopos	dto. jmd., der genau hinschaut; Aufseher, Späher
6035	uretisch gr>l	harntreibend (med. t. t.) {70}	οὐρητικός uretikos	zum Urin gehörig

>>> –urie ↗ Wortelementeliste
>>> Uro– ↗ Wortelementeliste
>>> Urning, der = Uranist

6036	Urobilin, das gr;l;nlat	Gallenfarbstoff im Harn {70/72}	οὖρον ouron		Harn
			+ l. *bilis*		Galle; Verdruß, Melancholie, Raserei (➚ UTL 0394)
			+ nlat. –(z)in		Suffix zur Bezeichnung chem. Stoffe
6037	Uroboros, der gr;gr	Schlange, die sich in den Schwanz beißt und selbst zeugt (➚ Symbol der Ewigkeit im ➚ Orphismus) {51/59}	οὐρά oura + βορός boros		Schwanz gefräßig
6038	Urochrom, das gr;gr	natürlicher, gelber Harnfarbstoff {55/70/72}	οὖρον ouron + χρῶμα chroma		Harn Farbe, Haut
6039	Urodynie, die gr;gr	schmerzhaftes Harnlassen (med. t. t.) {14/70}	dto. + ὀδύνη odyne		dto. Leid, Schmerz
6040	urogenital gr;l	Harn- u. Geschlechtsorgane betreffend, zu ihnen gehörend (med. t. t.) {11/70}	dto. + l. *genitalis*		dto. zur Zeugung gehörig, fruchtbar (➚ UTL 3734 bzw. 1182)
6041	Urolalie, die gr;gr	Verwendung unflätiger Ausdrücke aus dem Harnbereich {29/30/32}	dto. + λαλεῖν lalein		dto. reden, schwatzen
6042	Urolith, der gr;gr	Harnstein (med. t. t.) {14/70}	dto. + λίθος lithos		dto. Stein
6043	Urologe, der gr;gr	Facharzt für Krankheiten der Harnorgane {40/70}	dto. + λόγος logos		dto. Rede, Wort; Berechnung
–	Urologie, die gr;gr	Wissenschaft von den Krankheiten der Harnorgane {70}	dto.		dto.
–	urologisch gr;gr	Krankheiten der Harnorgane betreffend {14/70}	dto. + λογικός logikos		dto. zum Reden gehörig, die Rede betreffend
6044	Urophilie, die gr;gr	Bekundung freundlicher Regungen durch Harnlassen (bei Tieren) {69}	οὖρον ouron + φιλία philia		Harn Liebe, Freundschaft
6045	Urophobie, die gr;gr	Angst vor Harndrang zur Unzeit (med. t. t.) {26/70}	dto. + φόβος phobos		dto. Furcht, Schrecken

6046	Uropole-mie, die gr;gr	Bekundung feindlicher Regungen durch Harnlassen (bei Tieren) {69}	dto.	dto. + πολεμική (τέχνη) polemike (techne)	(Kunst des) Krieges s. o. Polemik
6047	Uro-skopie, die gr;gr	Harnuntersuchung (med. t. t.) {70}	dto. + σκοπή skope	dto. das Umschauen, Spähen
6048	Usie, die gr>l	Sein, Wesen, Wesensgestalt (rel. t. t.) {51/77}	οὐσία ousia	das Sein
6049	Utopia, das (gr;gr)>frz	1. Romantitel von Thomas Morus {34/76}; 2. Nirgends–, Traumland; Zukunftsstaat {25/50/81}	οὐ ou + τόπος topos	nicht Ort, Platz, Stelle
–	Utopie, die (gr;gr)>frz	als unausführbar geltender Plan (↗ UTL 2680) ohne reale (↗ UTL 2991) Grundlage {25/27/52}	dto. frz. utopie	dto.
–	utopisch (gr;gr)>frz	unerfüllbar, unwirklich; wirklichkeitsfremd {25/27/52}	dto.	dto.
–	Utopis-mus, der (gr;gr;gr)>frz>nlat	Neigung zu unausführbaren Weltverbesserungsplänen {25/27/81}	dto. + –ισμός –ismos	dto. gr. Suffix s. Partikelliste
–	Utopist, der (gr;gr;gr)>frz	jmd., der utopische Ziele u. Pläne hat {25/27/33}	dto. + –ιστής –istes	dto. gr. Suffix s. Partikelliste

V

6050	**Vapori-meter,** das l;gr	Gerät zur Bestimmung des Alkoholgehaltes einer Flüssigkeit {41/73}	l. *vapor* + μέτρον metron	Dampf Maß; Versmaß
6051	**Vase-lin(e),** die d;gr>l >vulgl>ahd >mhd	Grundstoff für Salben und Schmiermittel {44/73}	d. *Wasser* + ἔλαιον elaion l. *oleum* vulgl. *olium** ahd. *oli* mhd. *ol(e), öl(e)*	Oliven–, (Baum)öl dto. dto. dto. dto.
6052	**Vasoto-mie,** die l;gr	operative (↗ UTL 2434) Durchtrennung eines Samenleiters o. eines Blutgefäßes (med. t. t.) {70}	l. *vas* + τομή tome	Gefäß das Schneiden; Schnitt; das Abgeschnittene
6053	**Velodrom,** das (l>frz;gr) >frz	(geschlossene) Radrennbahn {58/85}	l. *velox* + δρόμος dromos	schnell, rasch (↗ UTL 3769) Lauf, Wettlauf; Rennbahn
6053a	**Venero-loge,** der l;gr	Facharzt für Geschlechtskrankheiten (med. t. t.) {14/40/70}	l. *Venus,* Gen. *Veneris* + λόγος logos	Venus (s Anhang „Namen") Rede, Wort; Berechnung
–	**Venero-logie,** die l;gr	Wissenschaft von den Geschlechtskrankheiten (med. t. t.) {14/70}	dto.	dto.
–	**venero-logisch** l;gr	auf die ↗ Venerologie bezogen {14/70}	dto. + λογικός logikos	dto. zum Reden gehörig, die Rede betreffend
–	**Venero-phobie,** die l;gr	krankhafte Angst vor Geschlechtskrankheiten (med., psych. t. t.) {14/26/70}	l. *Venus,* Gen. *Veneris* + φόβος phobos	Venus (s An-hang „Namen") Furcht, Schrecken

6054	Verbal-erotiker, der l;gr	jmd., der Befriedigung daraus gewinnt, obszön (↗ UTL 2408) über sexuelle (↗ UTL 3303) Dinge zu sprechen {18/33/70}	l. *verbalis* + ἐρωτικός erotikos	zum Wort, zum Verb gehörig (↗ UTL 3782) zur Liebe gehörig, auf die Erotik bezogen s. o. Erotik	
6055	verket-zern d;gr	als ↗ Ketzer, ↗ ketzerisch bloßstellen {25/32/33/51/77}	d. *ver-* + καθαρός katharos	rein s. o. Ketzer	
6056	Vernis-sage, die (gr;gr)>gr >mlat>it >afrz>frz	Ausstellungseröffnung eines zeitgenössischen Künstlers {33/36/85}	φέρειν pherein + νίκη nike abgeleitet von: Φερενίκη Pherenike makedonisch Βερενίκη Berenike mlat. *veronice* it. *vernice* afrz. *verniz* frz. *vernis, vernissage*	bringen Sieg „Siegbringerin" Berenike (s. Anhang „Namen"); in mgr. Aussprache „Verenike" zur Herstellung von Lack verwandtes Harz Lack dto. s. o. Berenike dto.	
6057	Veronica o. Vero-nika l;gr	weiblicher Vorname {31}	(der Legende nach) abgeleitet von: l. *vera* = Fem. von: l. *verus* + εἰκών eikon	„wahres Abbild" (s. Anhang „Namen") wahr, wirklich, echt Bild; Ebenbild; Gleichnis	
6058	vertonen d;gr	in ↗ Musik umsetzen {37}	τόνος tonos	Spannung, Band, Ton	
6059	Vibra-phon, das l;gr	Schlaginstrument mit klaviaturähnlich angeordneten Metallplatten (mus. t. t.) {37/87}	l. *vibrare* + φωνή phone	zittern, schwingen, vibrieren (↗ UTL 3808) Laut, Stimme, Ton	

–	Vibraphonist, der l;gr;gr	Vibraphonspieler {37/40}	dto. + –ιστής –istes	dto. gr. Suffix s. Partikelliste
6060	Vibrogramm, das l;gr	Schwingungsaufzeichnung des ↗ Vibrographen {72/88}	l. vibrare + γράμμα gramma	zittern, schwingen, vibrieren Buchstabe, Schrift(werk)
–	Vibrograph, der l;gr	Instrument (↗ UTL 1448b) zum Messen von Schwingungen {41/72/88}	dto. + γράφευς grapheus	dto. Schreiber, Maler
6061	videographieren l;gr	Videofilme herstellen {41/79/ 85}	l. videre (video) + γράφειν graphein	sehen, erblicken, erkennen (ich sehe) (↗ UTL 3809) einritzen, schreiben, malen
6062	Videotechnik, die l;gr	alle Verfahren zur Aufzeichnung u. Wiedergabe auf Videokassetten {41/87}	dto. + τεχνικός technikos	dto. die Kunst, das Handwerk betreffend
6063	Videothek, die (l;gr) >engl	Sammlung von Filmaufzeichnungen, Video–Film–Verleihgeschäft {42/85}	dto. + θήκη theke	dto. Behältnis, Kasten
–	Videothekar, der (l;gr)>engl	Betreiber einer ↗ Videothek {40/42/85}	dto.	dto.
6064	Vinyl, das l;gr	1 bestimmter Kunststoff {41/ 73/87}; 2. ungesättigter Kohlenwasserstoffrest (chem. t. t.) (↗ UTL 3818) {73}	l. vinum + ὕλη hyle	Wein Stoff, Material, Bau–, Brennholz
6065	Virologe, der l;gr	Virusforscher {14/40/70}	l. virus + λόγος logos	Schleim; Saft; Gift (↗ UTL 3829) Rede, Wort; Berechnung
–	Virologie, die l;gr	Wissenschaft und Lehre von den Viren (med. t. t.) {14/70}	dto.	dto.
–	virologisch l;gr	die Virologie betreffend {14/ 70}	dto. + λογικός logikos	dto. zum Reden gehörig, die Rede betreffend
6066	Viskosimeter, das l;gr	Gerät zur Bestimmung des Grades der Zähflüssigkeit (techn., phys. t. t.) {41/56/72}	l. viscosus + μέτρον metron	klebrig, zäh (↗ UTL 3836) Maß; Versmaß

Viskosimetrie

–	**Viskosimetrie,** die l;gr	Bestimmung des Grades der Zähflüssigkeit {41/56/72}	dto.	dto.
6067	**Voltameter,** das it;gr	Instrument (↗ UTL 1448b) zur Messung der Strommenge (phys. t. t.) {41/56/72}	it. *Volta* + μέτρον metron	Volta (ital. Physiker, 1745-1827) Maß; Versmaß
–	**Voltmeter,** das it;gr	Gerät zur Bestimmung der ↗ elektrischen Spannung (phys. t. t.) {41/56/72}	dto.	dto.
6068	**Volumeter,** das l;gr	Senkwaage mit Volumenskala zur Bestimmung der Dichte einer Flüssigkeit {41/56/72}	l. *volumen* + μέτρον metron	Schriftrolle, Buch; Kreis, Windung (↗ UTL 3858) Maß; Versmaß
–	**Volumetrie,** die l;gr	Messung von Rauminhalten {56/58/71}	dto.	dto.
6069	**Vulkanologe,** der l;gr	Forscher auf dem Gebiet der Vulkanologie {40/62/63}	l. *Vulcanus* + λόγος logos	Vulcanus (s. Anhang „Namen" Rede, Wort; Berechnung
–	**Vulkanologie,** die l;gr	Erforschung der Vulkane (↗ UTL 3865) {40/62/63}	dto.	dto.
–	**vulkanologisch** l;gr	die Vulkanologie betreffend {40/62/63}	dto. + λογικός logikos	dto. zum Reden gehörig, die Rede betreffend

W

6070	Walone, die gr>mgr>it	Fruchtbecher der Eiche, der viel Gerbstoff enthält {68}	βάλανος balanos	Eichel
			it. val(l)onea	Eiche
6071	Wams, das gr>spätl >mlat>afrz >mhd	enganliegende Männerjacke mit Schoß {19}	πάμβαξ pambax	Baumwolle
			spätl. bambax	dto.
			mlat. wambasium	gefüttertes Kleidungsstück unter dem Panzer
			afrz. wambais bambais o. gambais	dto.
			mhd. wambeis	dto.
6072	Wasserstoff(super)oxid o. Wasserstoffperoxyd, das d;d;l/l;gr >frz	1. Verbindung von Wasserstoff u. Sauerstoff (chem. t. t.) {73}; 2. Mittel zum Bleichen der Haare {21}	d. Wasser + d. Stoff + l. super bzw. + l. per + ὀξύς oxys frz. oxyde, oxide	über, oberhalb (↗ UTL 3491) durch ... hindurch scharf, spitz, sauer s. o. Oxyd
6072a	Wastl	(bayerische Kurzform von Sebastian) männlicher Vorname {31}	σεβαστός sebastos bzw. Σεβαστιανός Sebastianos	verehrt; ehrwürdig; Kaisername (entspricht dem l. Augustus) der Erlauchte
6073	Weckamin, das d;gr;nlat	Mittel, das den Kreislauf gegen Erschöpfung stimuliert (↗ UTL 3431) {16/70}	d. wecken + Amin (Kurzw. aus ἀμμωνιακός ammoniakos + nlat. -in	pflanzliches Gummiharz aus Libyen s. o. Ammoniak Suffix zur Bezeichnung chem. Stoffe

6073a **Wolken-** ↗ utopisches Phantasiereich Lehnüber-
kuckucks- (nach Aristophanes – s. An- setzung von:
heim, hang „Namen") {25/34/76} νεφελο- Wolkenkuckucks-
das κοκκυγία heim
nephelo-
kokkygia

X

>>> Xanth(o)– ↗ Wortelementeliste

6074	**Xanthin,** das	pflanzliches u. tierisches ↗ Alkaloid (med. t. t.) {70/73}	ξανθός xanthos	gelb, blond
6075	**Xan- thippe,** die (gr;gr) >gr >l	zanksüchtige Ehefrau (ugs.) {26/31/32}	Ξανθίππη Xanthippe abgeleitet von: ξανθός xanthos + ἵππος hippos	Xanthippe (s. An- hang „Namen") gelb, blond Pferd, Stute
6076	**xantho- chrom** (gr;gr) >nlat	gelb–, hellfarbig {55}	ξανθός xanthos + χρῶμα chroma	gelb, blond Farbe, Haut
6077	**xantho- derm** gr;gr	gelbhäutig (med. t. t.) {11/55/70}	dto. + δέρμα derma	dto. Haut
–	**Xantho- dermie,** die gr;gr	Gelbfärbung der Haut bei ↗ Xanthomen (med. t. t.) {14/55/70}	dto.	dto.
6078	**Xanthom,** das gr>nlat	gelbfarbene gutartige Ge- schwulst der Haut {14/55/70}	ξανθός xanthos	gelb, blond
6079	**Xantho- phyll,** das gr;gr	gelblicher Pflanzenfarbstoff {55/68}	dto. + φύλλον phyllon	dto. Blatt
6080	**Xanth- opsie,** die gr;gr	das Gelbsehen aller Gegen- stände bei gestörtem Farben- sehen (med. t. t.) {14/23/70}	dto. + ὄψις opsis	dto. das Sehen

6081	X-Chromosom, das gr;gr;gr	↗ Chromsom, das das Geschlecht des Fötus (↗ UTL 1078) als weiblich bestimmt (med., biol. t. t.) {11/69/70}	ξ, Ξ (Ξί) xi, Xi + χρῶμα chroma + σῶμα soma	Xi s. u. Xi Farbe, Haut s. o. Chrom Leib, Körper s. o. Chromosom
>>>	Xen(o)–	↗ Wortelementeliste			
6082	Xenie, die u. Xenion, das	kurzes begleitendes Sinngedicht {32/34/76}	ξένιον xenion	Gastgeschenk	
6083	Xenizität, die	fremdartiges Verhalten von (neuen) Elementarteilchen (phys. t. t.) {54/72}	ξενικός xenikos	fremd, ausländisch	
6084	Xenodochium, das (gr;gr)>l	Fremdenherberge (altchristlich – rel. t. t.) {33/44/51/77}	ξενοδοχεῖον xenodocheion abgeleitet von: ξένος xenos + δοχεῖον docheion	Ort, wo Fremde o. Gäste aufgenommen werden Gast; Fremder Gefäß, Ort zum Aufnehmen	
6085	xenogam gr;gr	fremdbestäubt (bot. t. t.) {68}	dto. + γάμος gamos	dto. Hochzeit, Ehe	
–	Xenogamie, die (gr;gr) >nlat	Fremd- o. Kreuzbestäubung (bot. t. t.) {68}	dto.	dto.	
6086	Xenoglossie, die gr;gr	unbewußtes Reden in einer unbekannten Fremdsprache (psych. t. t.) {32/70/76}	ξένος xenos + γλῶσσα glossa	Gast; Fremder Zunge, Sprache	
6087	Xenokratie, die gr;gr	Fremdherrschaft {33/50}	dto. + κράτος kratos	dto. Stärke, Kraft	
6088	xenomorph gr;gr	fremdgestaltig (von Mineralien (↗ UTL 2238) – geol. t. t.) {55/62/67}	dto. + μορφή morphe	dto. Form, Gestalt	
6089	Xenon, das	(ursprünglich: das Fremde) Edelgas, chem. Grundstoff; Zeichen: Xe {73}	ξένος xenos	Gast; Fremder	
6090	xenophil gr;gr	fremdenfreundlich {33/81}	dto. + φίλος philos	dto. lieb, befreundet, Freund	

–	Xeno-philie, die gr;gr	Fremdenliebe, Vorliebe für Fremde {33/81}	dto. + φιλία philia	dto. Liebe, Freundschaft
6091	xenophob gr;gr	fremdenfeindlich {33/81}	dto. + φόβος phobos	dto. Furcht, Schrecken
–	Xeno-phobie, die gr;gr	Fremdenfeindlichkeit {33/81}	dto.	dto.

>>> Xero– ↗ Wortelementeliste

6092	Xero-derma, das (gr;gr) >nlat	erblich bedingte, u. U. tödliche Hautkrankheit (med. t. t.) {14/70}	ξηρός xeros + δέρμα derma	trocken Haut
–	Xero-dermie, die (gr;gr) >nlat	Trockenheit der Haut (med. t. t.) {14/70}	dto.	dto.
6093	Xerogel, das gr;l>it>frz	Trockengel {21/44/73}	ξηρός xeros + l. *gelare* (PPP. *gelatus*)	trocken gefrieren machen, verdichten, eindicken (↗ UTL 1175)
6094	Xero-graphie, die (gr;gr) >engl>am	↗ elektrostatisches Verfahren zum Vervielfältigen und Drucken {41/57/72}	dto. + γραφή graphe	dto. Schrift; Zeichnung
–	xerographieren (gr;gr) >engl>am	nach dem Verfahren der Xerographie vervielfältigen {40/41/57/72}	dto. + γράφειν graphein	dto. einritzen, schreiben, malen
–	xerographisch (gr;gr) >engl>am	die Xerographie betreffend {40/41/57/72}	dto. + γραφικός graphikos	dto. im Malen geschickt; malerisch; zum Malen o. Schreiben gehörig

6095	Xero-kopie, die gr;l>mlat	↗ xerographisch hergestellte Kopie {32/40/41/57/72}	ξηρός xeros + l. copia mlat. copia	trocken Fülle, Menge, Vorrat (den Bestand an Exemplaren vermehrende) Abschrift (↗ UTL 1894c)
–	xeroko-pieren gr;l	eine ↗ Xerokopie herstellen {29/41/57/72}	dto.	dto.
6096	xerophil gr;gr	die Trockenheit liebend (von Pflanzen – bot. t. t.) {68}	ξηρός xeros + φίλος philos	trocken lieb, befreundet, Freund
–	Xero-philie, die gr;gr	Bevorzugung der Trockenheit (bot. t. t .) {68}	dto. + φιλία philia	dto. Liebe, Freundschaft
6097	Xeroph-thalmie, die u. Xeroph-thalmus, der gr;gr	Austrocknung der Binde- u. Hornhaut des Auges (med. t. t.) {14/70}	ξηροφθαλ-μία xerophthal-mia bzw. ξηρός xeros + ὀφθαλμός ophthalmos	Trockenheit des Auges, Augenentzündung trocken Auge
6098	Xerophyt, der gr;gr	an trockene Standorte ange-paßte Pflanze (bot. t. t.) {68}	ξηρός xeros + φυτόν phyton	trocken Gewächs, Pflanze
6099	Xerose, die gr;gr	1. ↗ Xerophthalmie; 2. Trok-kenheit der Schleimhäute (med. t. t.) {14/70}	ξηρός xeros + –ωσις –osis	trocken gr. Suffix s. Partikelliste
6100	xero-therm gr;gr	ein trockenwarmes ↗ Klima aufweisend {55/64/65}	dto. + θερμός thermos	dto. warm
6101	xerotisch	trocken, eingetrocknet (med. t. t.) {70}	ξηρότης xerotes	Trockenheit, Dürre
6102	Xi, das	vierzehnter Buchstabe des gr. ↗ Alphabets {32/76}	ξ, Ξ (Ξί) xi, Xi	Xi
>>>	Xyl(o)– ↗ Wortelementeliste			

6103	Xylan, das gr>nlat	eine der wichtigsten ↗ Hemizellulosen (chem. t. t.} {73}	ξύλον xylon	Holz
6104	Xylem, das	der wasserleitende Gefäßteil der Pflanze (bot. t. t.) {68}	dto.	dto.
6105	Xylit, der	Holzbestandteil der Braunkohle {62/68/73}	dto.	dto.
6106	Xylograph, der (gr;gr) >nlat	Holzschneider {41/87}	dto. + γράφευς grapheus	dto. Schreiber, Maler
–	Xylographie, die (gr;gr) >nlat	Holzschneidekunst {36/79}	dto. + γραφή graphe	dto. Schrift; Zeichnung
–	xylographisch (gr;gr) >nlat	1. in Holz geschnitten; 2. die ↗ Xylographie betreffend {36/79}	dto. + γραφικός graphikos	dto. im Malen geschickt; malerisch; zum Malen o. Schreiben gehörig
6107	Xylol, das gr;arab	↗ aromatische Verbindung in Steinkohlenteer u. Erdöl (chem. t. t.) {62/73}	ξύλον xylon + arab. alkohol	Holz
6108	Xylometer, das gr;gr	Gerät zur Bestimmung des Rauminhalts unregelmäßig geformter Hölzer {41/58}	dto. + μέτρον metron	dto. Maß; Versmaß
6109	Xylophon, das gr;gr	Schlaginstrument aus abgestimmten Holzplättchen {37}	dto. + φωνή phone	dto. Laut, Stimme, Ton
6110	Xylorganum, das gr;gr	eine Art ↗ Xylophon mit Klaviatur (↗ UTL 1691) {37}	dto. + ὄργανον organon	dto. Werkzeug; Sinn; Körperteil; (Musik)Instrument s. o. Organ
6111	Xylose, die gr;gr	Holzzucker (chem. t. t.) {17/73}	ξύλον xylon + –ωσις –osis	Holz gr. Suffix s. Partikelliste
6112	Xystos, der	gedeckter Säulengang in altgr. ↗ Gymnasien, Laufbahn für die ↗ Athleten im Winter {58/75/88}	ξυστός xystos	bedeckter Säulengang in antiken Gymnasium

6113	**Xystus,** der gr>l	altröm. Gartenanlage vor der Halle {58/75/88}	ξυστόν xyston	Terrasse vor dem Säulengang des Landhauses

Y

6114	**Y-Chromosom,** das gr;gr;gr	↗ Chromosom, das das Geschlecht des Fötus (↗ UTL 1078) als männlich bestimmt (med., biol. t. t.) {11/69/70}	υ,Y (ὖ ψιλόν) y, Y (y psilon) abgeleitet von: ψιλός psilos + χρῶμα chroma + σῶμα soma	Ypsilon nackt, kahl; bloß Farbe, Haut s. o. Chrom Leib, Körper s. o. Chromosom
>>>	**–yl** ↗ Wortelementeliste			
>>>	**–yllion** ↗ Partikelliste			
6115	**Ypsilon,** das	1. zwanzigster Buchstabe des gr. ↗ Alphabets {76} 2. = ↗ Ypsiloneule (zool. t. t.) {08/69}	υ,Y (ὖ ψιλόν) y, Y (y psilon) abgeleitet von: ψιλός psilos	Ypsilon nackt, kahl; bloß
–	**Ypsiloneule,** die gr;d	Nachtfalter mit Y-förmigem Fleck auf den Vorderflügeln {08/69}	dto. + d. *Eule*	dto.
6116	**Ysop,** der hebr>gr>l >ahd>mhd	Heil– u. Gewürzpflanze aus Südeuropa (Lippenblütler) {05/68}	hebr. *ezob* ὕσσωπος hyssopos l. hyssopum ahd. *hysop* mhd. *ysope*	Ysop dto. dto. dto. dto.

Z

>>> Zäno– ⌐ s. Wortelementeliste

6117	Zänogenese o. Zänogenesis, die (gr;gr) >nlat	das Auftreten von Besonderheiten während der stammesgeschichtlichen Entwicklung der Tiere (biol. t. t.) {69}	καινός kainos + γένεσις genesis	neu, ungewöhnlich Ursprung, Entstehung
–	zänogenetisch (gr;gr) >nlat	die Zänogenese betreffend (biol. t. t.) {69}	dto. + γενητός genetos	dto. geworden, entstanden
6118	Zänozoikum, das gr;gr	(= ⌐ Känozoikum): jüngstes Zeitalter der Erdgeschichte, das vor 60 Millionen (⌐ UTL 2237) Jahren begann (geol. t. t.) {59/62}	dto. + ζωϊκός zoïkos	dto. die Lebewesen betreffend
6119	Zar, der u. Zarin, die l>gr>got >aslaw >russ/bulg	Herrschertitel bei Russen, Serben, Bulgaren (hist. t. t.) {33/47/50/75}	l. (Gaius Iulius) Caesar Καῖσαρ Kaisar got. kaisar aslaw. cesar russ. / bulg. car / car	Cäsar (s. Anhang „Namen") gr. Form für l. Caesar Herrscher Großfürst dto.
–	Zarismus, der l>gr>got >aslaw >russ/bulg >nlat;gr	Zarentum, unumschränkte Herrschaft der Zaren (hist. t. t.) {33/50/75}	dto. + –ισμός –ismos	dto. gr. Suffix s. Partikelliste
–	zaristisch l>gr>got >aslaw >russ/bulg >nlat;gr	den Zaren, den Zarismus betreffend (hist. t. t.) {33/50/75}	dto. + –ιστής –istes	dto. gr. Suffix s. Partikelliste

6120	Zeder, die gr>l>ahd >mhd	immergrüner Nadelbaum des Mittelmeergebietes {04/68}	κέδρος kedros l. cedrus ahd. cedarboum mhd. zeder(boum)	Wacholder ; Zeder dto. dto. dto.
6121	Zedrela-holz, das gr>l;d	rotes, für Zigarrenkisten verwendetes Holz der Zedrele {40/44/68}	κεδρελάτη kedrelate l. cedrelate + d. Holz	Zedertanne dto.
–	Zedrele, die gr>l	zu den Zedrachgewächsen gehörender Laubbaum {04/68}	dto.	dto.
>>>	Zellophan, das = ↗ Cellophan			
6122	Zellular-patho-logie, die l;gr;gr	Lehre, nach der Krankheiten Störungen des Normalzustandes von Zellen sind (med. t. t.) {70}	l. cella + πάθος pathos + λόγος logos	(Vorrats)kammer, Kabinett; Gefängnis, Bienenstockzelle (↗ UTL 3886) Schmerz; Leiden(schaft) Rede, Wort; Berechnung s. o. Pathologie
–	Zellular-therapie, die l;gr	das Einspritzen von Frischzellen zur Regenerierung (↗ UTL 3024) des ↗ Organismus (med. t. t.) {70}	dto. + θεραπεία therapeia	dto. Dienst, Behandlung s. o. Therapie
6123	Zelluloid, das l;gr	leicht brennbarer Kunststoff aus Zellulosenitrat (chem. t. t.) {40/41/73}	dto. + –(ε)ιδής –(e)ides	dto. Aussehen, ähnlich aussehend s. Partikelliste
6124	Zelot, der gr>l	1. religiöser (↗ UTL 3066) Fanatiker (↗ UTL 1040) {51/77}; 2. Angehöriger einer antirömischen jüdischen Partei (↗ UTL 2521) zur Zeit ↗ Christi {51/75/77}	ζηλωτής zelotes	Nacheiferer
–	zelotisch gr>nlat	fanatisch {25/51/77}	dto.	dto.
–	Zelotis-mus, der gr>l;gr	fanatischer Glaubenseifer {25/51/77}	dto. + –ισμός –ismos	dto. gr. Suffix s. Partikelliste
>>>	Zenotaph, das = ↗ Kenotaph			

6125	**Zentaur,** der	Fabelwesen der gr. Sage {51/75}	Κένταυρος Kentauros	Kentaur (s. Anhang „Namen")
6126	**Zentimeter,** der l;gr	der hunderste Teil eines ↗ Meters {56/58}	l. *centum* + μέτρον metron	hundert Maß; Versmaß s. o. Meter
>>>	zentral– ↗ Wortelementeliste			
6127	**zentral** gr>l	im Zentrum –, nach allen Seiten hin günstig gelegen {58}; 2. von einer (übergeordneten) Stelle aus {33/40}; 3. sehr wichtig, sehr bedeutend, hauptsächlich, entscheidend {25/56}	κέντρον kentron l. *centrum* l. *centralis*	Mittelpunkt eines Kreises; Stachel-(stab); ruhender Zirkelschenkel Zirkelschenkel; Kreismittelpunkt; Kern in der Mitte befindlich (↗ UTL 3891)
–	**Zentrale,** die gr>l	1. Hauptort, –stelle; Mittel-, Ausgangspunkt {41/42/56/58}; 2. Fernsprechvermittlung von mehreren Anschlüssen {46/57}; 3. Verbindungsstrecke der Mittelpunkte zweier Kreise (math. t. t.) {71}	dto.	dto.
–	**Zentralisation,** die gr>l>frz	1. ↗ organisatorische Zusammenfassung zu einem einheitlichen Komplex (↗ UTL 1765) {40/42/48/57}; 2. Zustand, nach dem sich etw. nach dem Zentralisieren befindet {48/52/53}	dto. frz. *centralisation*	dto.
–	**zentralisieren** gr>l>frz	mehrere Dinge ↗ organisatorisch zusammenfassen {40/42/48/56/57/81}	dto. frz. *centraliser*	dto.
–	**Zentralismus,** der (gr;gr)>l >nlat	das Bestreben, ↗ Politik u. Verwaltung eines Staates zusammenzuziehen u. von einer Stelle aus zu leiten {28/33/48/50/81}	dto. + –ισμός –ismos	dto. gr. Suffix s. Partikelliste
–	**zentralistisch** (gr;gr)>l >nlat	von einer Zentralbehörde aus bestimmt; nach Zusammenziehung strebend {28/48/50/81}	dto. + –ιστής –istes	dto. gr. Suffix s. Partikelliste
–	**Zentralität,** die gr>l>nlat	Mittelpunkt von Orten {58/71}	dto.	dto.

6128	**Zentral-komitee,** das gr>l;l	führendes ⌐ Organ kommunistischer (⌐ UTL 1751a) u. einiger sozialistischer (⌐ UTL 3373) Parteien (⌐ UTL 2521); Abk.: ZK {33/50/81}	dto. + l. *committere*	dto. zusammenbringen; anvertrauen; preisgeben; abhalten (⌐ UTL 1736)
6129	**Zentral-nerven-system,** das gr>l;gr>l; gr	aus Gehirn u. Rückenmark bestehender Teil des Nervensystems {11/70}	dto. + νεῦρον neuron + σύστημα systema	dto. Sehne; Faser; Nerv s. o. Nerv ein aus mehreren Teilen zusammengesetztes Ganzes s. o. System
6130	**Zentral-organ,** das gr>l;gr	das offizielle Presseorgan einer Partei (⌐ UTL 2521) o. Massenorganisation {33/46/50}	dto. + ὄργανον organon	dto. Werkzeug; Sinn; Körperteil; (Musik)Instrument s. o. Organ
6131	**Zentral-projek-tion,** die gr>l;l	Abbildung einer Figur (⌐ UTL 1089) auf einer Ebene eines Bildes mittels Strahlen aus einem Mittelpunkt {36/71}	dto. + l. *proiectio*	dto. das Hervorwerfen; Vorbau, Erker (⌐ UTL 2845)
6132	**zentrie-ren** gr>l>nlat	1. etw. auf die Mitte einstellen {40/41/58}; 2. sich genau, speziell (⌐ UTL 3394) auf jmdn. (o. etw.) als Zentrum des Handelns einstellen {25/33}	κέντρον kentron l. *centrum* l. *centralis*	Mittelpunkt eines Kreises; Stachel-(stab); ruhender Zirkelschenkel Zirkelschenkel; Kreismittelpunkt; Kern in der Mitte befindlich (⌐ UTL 3891)
6133	**zentri-fugal** (gr>l;l) >nlat	1. auf die Zentrifugalkraft bezogen; durch Zentrifugalkraft wirkend (phys. t. t.) {72}; 2. vom Zentrum zur ⌐ Peripherie verlaufend (med. t. t.) {70}	dto. + l. *fuga*	dto. Flucht; das Fliehen; schneller Lauf (⌐ UTL 1157)
—	**Zentrifu-galkraft,** die (gr>l;l) >nlat >engl;d	bei der Kreisbewegung eines Körpers auftretende nach außen gerichtete Kraft; Fliehkraft (vom engl. ⌐ Physiker Newton 1687 geprägte Bezeichnung – phys. t. t.) {72}	dto. nlat. *vis centrifuga* engl. *centrifugal (force)* + d. *Kraft*	dto. Kraft nach außen fliehend

–	**Zentri-fuge**, die (gr>l;l)>frz	Schleudergerät zur Trennung von Substanzen (↗ UTL 3466) mittels der Zentrifugalkraft (techn., phys. t. t.) {40/41/70/72/73}	dto. frz. *centrifuge*	dto.
–	**zentrifu-gieren** (gr>l;l)>frz	mit der Zentrifuge trennen, ausschleudern, zerlegen (phys., techn. t. t.) {40/41/70/72/73}	dto.	dto.
6134	**zentri-petal** gr>l;l	1. auf die Wirkung der Zentripetalkraft beruhend (phys. t. t.) {72}; 2. von der ↗ Peripherie zum Zentrum verlaufend (biol., med. t. t.) {68/69/70}	dto. + l. *petere*	dto. nach etwas streben
–	**Zentripe-talkraft**, die (gr>l;l) >nlat >engl;d	zum Mittelpunkt hin wirkende Kraft (vom engl. ↗ Physiker Newton 1687 geprägte Bezeichnung – phys. t. t.) {72}	dto. nlat. *vis centripeta* engl. *centripetal (force)* + d. *Kraft*	dto. Kraft zum Mittelpunkt wirkend dto.
6135	**zentrisch** gr>l>nlat	in der Mitte, im Mittelpunkt befindlich {58/71}	κέντρον kentron l. *centrum* l. *centralis*	Mittelpunkt eines Kreises; Stachel(stab); ruhender Zirkelschenkel Zirkelschenkel; Kreismittelpunkt; Kern in der Mitte befindlich (↗ UTL 3891)

>>> –zentrisch, Zentro– ↗ Wortelementeliste

6136	**Zentro-mer**, das gr>l;gr	Ansatzstelle am ↗ Chromosom bei der Kernteilung für sich ausbildende Spindelfasern (biol. t. t.) {69/70}	dto. + μέρος meros	dto. Teil
6137	**zentro-vertiert** gr>l;l	selbstbezogen (psych. t. t.) {25/70}	dto. + l. *vertere*	dto. kehren, wenden drehen

6138	**Zentrum**, das gr>l>mhd	1. Mittelpunkt; innerster Bezirk, Brennpunkt {58/71}; 2. Innenstadt {58/64/81}; 3. ↗ politische Partei (↗ UTL 2519) in Deutschland (1871–1933) {50/75}; 4. Mittelfeld des Schachbretts {58/85}; 5. Bereich, der Mittelpunkt für bestimmte Tätigkeiten ist (z. B. Einkaufs…, Presse…) {40/56/58/85}	κέντρον kentron l. *centrum* mhd. *zentrum*	Mittelpunkt eines Kreises; Stachel-(stab); ruhender Zirkelschenkel Zirkelschenkel; Kreismittelpunkt, Kern (↗ UTL 3891) Mittelpunkt, Mitte
>>>	–zentrum ↗ Wortelementeliste			
6139	**Zephir** o. **Zephyr**, der gr>l	1. feiner Baumwollstoff {19}; 2. milder (West)wind {65}	Ζέφυρος Zephyros	Gott der Winde (s. Anhang „Namen"); Nordwestwind
–	**zephirisch** o. **zephyrisch** gr>l	säuselnd, lieblich, sanft {23/55}	dto.	dto.
6140	**Zepter**, das / der gr>l>mhd	1. Herrscherstab {47}; 2. höchste Macht {50}	σκῆπτρον skeptron l. *sceptrum* mhd. *scepter, zepter*	Stab (als Zeichen der Macht) Königsstab; Herrschaft dto.
6141	**Zerberus**, der gr>l	grimmiger Wächter {23/40/87}	Κέρβερος Kerberos l. *Cerberos* o. *–us*	Kerberos (s. Anhang „Namen") dto.
6142	**Zerebralsklerose**, die l;gr;gr	Verhärtung der Gehirnsubstanz (med. t. t.) {70}	l. *cerebrum* + σκληρός skleros + –ωσις –osis	Gehirn, Verstand; Kopf (↗ UTL 3894) hart, trocken, fest, spröde gr. Suffix s. Partikelliste
6143	**Zerograph**, der gr;gr	jmd., der Wachsgravierungen anfertigt {36/40}	κηρός keros + γράφευς grapheus	Wachs Schreiber, Maler

–	**Zero-graphie,** die gr;gr	die Kunst der Wachsgravierung {36/40}	κηρογραφία kerographia abgeleitet von: κηρός keros + γραφή graphe	Wachsmalerei Wachs Schrift; Zeichnung
6144	**Zestoden,** die (Pl.) gr>nlat	zusammenfassender Begriff für die Bandwürmer (zool. t. t.) {08/69}	κεστός kestos	bestickt; Gürtel
6145	**Zeta,** das hebr>aram >gr	sechster Buchstabe des gr. ↗ Alphabets {32/76}	hebr. *zajit* aram. *zeta* ζ, Z (ζῆτα) z, Z (zeta)	Zeta
6146	**Zetazeen,** die (Pl.) (gr>l;gr) >nlat	zusammenfassender Begriff für die Wale (zool. t. t.) {06/69}	κῆτος ketos l. *cetus* + ζῷον zoon	Seeungeheuer; Walfisch dto. Lebewesen, Tier
6147	**Zetazismus,** der (hebr >aram>gr; gr)>nlat	1. Entwicklung von k vor hellem Vokal (↗ UTL 3852) zu z (sprachwiss. t. t.); 2. fehlerhafte Aussprache des Z-Lautes {32/76}	hebr. *zajit* aram. *zeta* ζ, Z (ζῆτα) z, Z (zeta) + -ισμός -ismos	Zeta s. o. Zeta gr. Suffix s. Partikelliste
6148	**Zettel,** der gr>l>mlat >it>mhd	kleines (rechteckiges) Stück ↗ Papier {32/44}	σχίδη schide l. *scheda* o. *scida;* *schedula* mlat. *cedula* it. *cedola* mhd. *zedel(e)*	(Holz)splitter, -scheit abgerissener Papyrusstreifen; Blatt Papier Blättchen Papier dto. dto. dto.
6149	**Zeugma,** das gr>l	sachlich unrichtiger Bezug eines Wortes auf zwei o. mehr Satzglieder (sprachwiss. t. t.) {32/76}	ζεῦγμα zeugma	Joch, Verbindung; unpassende Verknüpfung eines Verbes (↗ UTL 3782) mit verschiedenen Subjekten (↗ UTL 3454)
6150	**Ziborium,** das gr>l	1. auf Säulen getragener Überbau {88}; 2. gedeckter ↗ Kelch zum Aufbewahren der geweihten Hostie (↗ UTL 1257) {51/77}	κιβώριον kiborion l. *ciborium*	Fruchtgehäuse einer ägypt. Pflanze; Becher ägypt. Bohne; bohnenförmiger Becher

6151	Zichorie, die gr>l>mlat >it	1. Pflanzengattung der Korbblütler {04/68}; 2. Kaffeezusatz aus ihren gerösteten Wurzeln {17}	κιχώριον kichorion l. *cichoreum* mlat. *cichorea* it. *cicoria*	Zichorienkraut ↗ Endivie Zichorie dto.
>>>	Zider, der = ↗ Cidre			
6152	Ziliarneuralgie, die l;gr;gr	Schmerzen in Augapfel u. Augenhöhle (med. t. t.) {14/70}	l. *cilium* + νεῦρον neuron + ἄλγος algos	(Augen)lid Sehne; Faser; Nerv Schmerz s. o. Neuralgie
6153	Zimbal, das gr>l>ung	1. mit Hämmerchen geschlagenes Hackbrett {44}; 2. Orgelregister {37}	κύμβαλον kymbalon l. *cymbalum* ung. *cimbalom, cymbal*	Zimbel, Becken dto. dto.
—	Zimbel, die gr>l>ahd >mhd	1. altes Schlaginstrument mit zwei ↗ metallenen Becken; 2. Glockenspiel; 3. Schelle; 4. Orgelregister {37}	κύμβαλον kymbalon l. *cymbalum* ahd. *zimbala* mhd. *zimbal, zimbel*	Zimbel, Becken dto. dto. dto.
6154	Zimelie, die o. Zimelium, das gr>mlat	1. kostbares Buch o. Handschrift in einer ↗ Bibliothek {32/76}; 3. wertvoller Gegenstand im Kirchenschatz {51/77}	κειμήλιον keimelion mlat. *cimelium*	kostbares Besitztum, Kleinod dto.
6155	Zimt, der hebr>gr>l >ahd>mhd >nhd	1. Gewürz aus der Rinde des Zimtbaumes {17}; 2. wertloses Zeug, Unsinn (ugs.) {25/56}	hebr. *qinnamon* κίνναμον kinnamon l. *cinnamum* ahd. *zinamin* mhd. *zi(ne)min, zinmint* nhd. *zim(m)et, zim(m)t*	Zimt dto. dto. dto. dto. dto.

6156	**Zindel,** das gr>mlat>it >mhd>nhd	1. mittelalterliches kostbares schleierartiges Seidengewebe {19/75}; 2. eine Art Taft {19}	σινδών sindon mlat. *cendalum* it. *zendale* mhd. *zendal, zindal* nhd. *zindel*	feines Gewebe dünner Seidenstoff dto. dto. eine Art Taft
6157	**Zinnamom,** das hebr>gr>l >ahd>mhd >nhd	1. = ↗ Zimt {17}; 2. Zimtbaum (bot. t. t.) {05/68}	hebr. *qinnamon* κίνναμον *kinnamon*	Zimt dto.
6158	**Zinnober,** der pers?>gr>l >afrz>prov >mhd	(vorgr. ↗ Etymologie unsicher): 1. (hell)rotes bis graues o. schwarzes quecksilberhaltiges ↗ Mineral {67}; 2. gelblichrote Farbe {54/55}; 3. Blödsinn, Krempel (ugs.) {25/44}	pers. *sangarf* κιννά- βαρι(ς) *kinnabaris* l. *cinnabari(s)* afrz. *cenobre* prov. *cinobre* mhd. *zinober*	Menning, Zinnober Zinnobererz; rote Farbe aus dem Harz des Drachenblutbaumes; rote Tinte für den Herrscher dto. dto. dto. dto.
6159	**Zirkel,** der gr>l/gr>l >ahd>mhd >frz	1. ↗ geometrisches Gerät zum Zeichnen von Kreisen (math. t. t.) {71}; 2. eng miteinander verbundene Gruppe von Personen (↗ UTL 2612) {33}; 3. Kreis, Ring {58}; 4. Figur (↗ UTL 1089) beim Dressurreiten {61/85}; 5. verschlungene Buchstaben als Zeichen der Zugehörigkeit zu einer studentischen (↗ UTL 3446) Verbindung {32/33/31}; 6. Quintenzirkel (mus. t. t.) {37}	κίρκινος *kirkinos* l. *circinus* unter Einfluß von: κίρκος *kirkos* l. *circulus* ahd. *circil* mhd. *zirkel* frz. *cercle*	Zirkel dto. dto. dto. Kreis Kreis(linie); Verein, Gruppe Zirkel dto.; (Kreis)lauf, Ring (gesellschaftlicher) Kreis
–	**zirkeln** gr>l	1. genau einteilen, abmessen {25/57}; 2. genau bemessend an eine bestimmte Stelle bringen (ugs.) {12/58/85}; 3. einen Kreis ziehen (math. t. t.) {71}	dto. l. *circulare*	dto. kreisförmig machen (↗ UTL 3908)

6160	Zirkel-schluß, der gr>l;d	Beweis, bei dem das zu Beweisende bereits in der Voraussetzung enthalten ist {25/71/77}	dto. + d. *Schluß*	dto.
6161	Zirkel-training, das gr>l;l >vulgl>frz >engl	(eigentlich Circuittraining) Konditionstrainingsmethode mit Übungen an im Kreis aufgestellten Geräten {12/61/85}	dto. + l. *trahere* vulgl. *tragere** *traginare** frz. *traîner* engl. *(to) train*	dto. ziehen, schleppen, schleifen ziehen, schleppen (nach)ziehen, nachschleppen (auf–, er)ziehen, abrichten (↗ UTL 3611)
6162	zirkular o. zirkulär gr>l	1. kreisförmig {58/71}; 2. periodisch wiederkehrend (med. t. t.) {59/70}	dto. l. *circularis*	dto. kreisförmig, kreisrund
–	Zirkular, das gr>l	Rundschreiben (veraltet) {32}	dto.	dto.
–	Zirkula-tion, die gr>l	Kreislauf, Umlauf {61/70}	dto. l. *circu(m)-latio*	dto. Umlauf, Kreislauf; das Herumtragen
–	zirku-lieren gr>l	in Umlauf sein, umlaufen, kreisen {61/70}	dto. l. *circulare*	dto. kreisförmig machen (↗ UTL 3908)
6163	Zirkus, der gr>l >engl/frz	1. Kampfspielbahn im antiken (↗ UTL 0214) Rom {33/58/75/85}; 2. Artistenunternehmen {33/40/85}; 3. Zelt, Gebäude mit einer Manege {58/88}; 4. etw. Abwechslungsreiches, Buntes {33/56}; 5. Durcheinander, unnötiger Trubel, Aufwand; Wirbel, Getue (ugs.) {25/26/33}	κίρκος kirkos l. *circus* engl. *circus* frz. *cirque*	Kreis s. o. Zirkel Kreis(linie); Rennbahn; Arena (↗ UTL 3910)
6164	Zirrhose, die (gr;gr) >nlat>frz	Wucherung des Bindegewebes (med. t. t.) {14/70}	κιρρός kirrhos + –ωσις –osis nlat. *cirrhosis* frz. *cirrhose*	orange– bis zitronengelb (nach der Farbe der kranken Leber) gr. Suffix s. Partikelliste Lebererkrankung dto.

	zirrhotisch			6164
–	zirrho- tisch (gr;gr) >nlat>frz	durch Zirrhose bedingt, sie betreffend (med. t. t.) {14/70}	dto.	dto.
>>>	Zirze, die = ↗ Circe			
6165	zirzen- sisch gr>l	den Zirkus betreffend, in ihm abgehalten {33/58/85}	κίρκος kirkos l. *circensis*	Kreis zum Zirkus gehö- rig, zirzensisch (↗ UTL 3912)
6166	Zista o. Ziste, die gr>l	1. etruskisches ↗ zylindri- sches Gefäß {44/75}; 2. zylin- derförmiger Korb (↗ UTL 1898a), bes. zur Aufbewah- rung heiliger ↗ Symbole der ↗ Mysterien {51/58/77}	κίστη kiste l. *cista*	Kiste, Kasten dto.
–	Zisterne, die gr>l>mhd	unterirdischer Behälter zum Auffangen von Regenwasser {44/58}	dto. l. *cisterna* mhd. *zistern(e)*	dto. Vertiefung zum Sammeln u. Auf- bewahren von Wasser
6167	Zither, die gr>l>ahd >nhd	fünfsaitiges Zupfinstrument mit flachem Resonanzkörper (mus. t. t.) {37} (vgl. a. ↗ Gi- tarre u. ↗ Kithara)	κιθάρα kithara l. *cithara* ahd. *zithara* nhd. *cither, zitter*	Leier dto. dto. dto.
6168	Zitronat, das gr>l>gr >aprov>it >frz	(↗ Etymologie unsicher): kan- dierte Fruchtschale einer Zi- tronenart {17}	κέδρος kedros l. *citrus* κίτρ(ι)ον kitr(i)on aprov. *citronat* it. *citronata* frz. *citronnat*	Wacholder ; Zeder s. o. Zeder Zitronenbaum Zitrone(nbaum) kandierte Zitrone kandierte Zitro- nenschale dto.
–	Zitrone, die gr>l>gr>it	1. immergrüner Südfrucht- strauch o. –baum {05/68}; 2. Frucht des Zitronenbaums {17}	dto. it. *citrone*	dto. Zitrone
6169	zodiakal gr>l>nlat	die Tierkreiszeichen betref- fend (astron. t. t.) {51/66}	ζῳδιακός (κύκλος) zodiakos (kyklos)	Tierkreis

–	**Zodiakus,** der gr>l	die Gruppe der zwölf Tierkreiszeichen (astron. t. t.) {51/66}	dto.	dto.
6170	**Zoidiogamie,** die (gr;gr) >nlat	Blütenbestäubung durch Tiere {68/69}	ζῴδιον zo(i)dion + γάμος gamos	Tierchen Hochzeit, Ehe
–	**Zoidiophilie,** die (gr;gr) >nlat	= ↗ Zoidiogamie {68/69}	dto. + φιλία philia	dto. Liebe, Freundschaft
6171	**Zölenterat,** der (gr;gr) >nlat	Hohltier (zool. t. t.) {08/69}	κοῖλος koilos + ἔντερον enteron	hohl das Innere; die Eingeweide
6172	**Zöliakie,** die gr>nlat	Verdauungsstörung (med. t. t.) {14/70}	κοιλιακός koiliakos	den Unterleib betreffend; an der Verdauung leidend
6173	**Zoll,** der gr>spätl >vulgl>ahd	1. Abgabe für bestimmte Waren an der Grenze {42/80}; 2. Zollstelle {42/50/80}	τελωνεῖον teloneion l. *telonium* vulgl. *toloneum* ahd. *zol*	das Zollhaus dto. dto. Abgabe
6174	**Zölom,** das	Hohlraum im Körper (med., biol. t. t.) {58/69/70}	κοίλωμα koiloma	das Ausgehöhlte, die Vertiefung
6175	**Zömeterium,** das gr>kirchenl	1. Ruhestätte, Kirchhof {51/77}; 2. ↗ Katakombe {51/58/77}	κοιμητήριον koimeterion l. *coemeterium*	Schlafzimmer; Ruhestätte, Begräbnisplatz dto.
>>>	–**zön** ↗ Wortelementeliste			
>>>	**zonal–, –zone** ↗ Wortelementeliste			
6176	**zonal** u. **zonar** gr>l	zu einer Zone gehörend, eine Zone betreffend {48/58/64}	ζώνη zone l. *zonalis* bzw. *zonarius*	Gurt, Gürtel; Zone zu den Zonen gehörig zum Gürtel gehörig (↗ UTL 3921)

–	**Zone,** die gr>l	1. ↗ geographisches Gebiet {64}; 2. bestimmter Bereich {58}; 3. von Militär (↗ UTL 2236) besetztes Gebiet {86}; 4. ugs. abwertende Bezeichnung für die DDR (veraltet) {50/75/81}; 5. Einteilung von Tarifen entsprechend der Entfernung {42/45}	dto. l. *zona*	dto. dto.
–	**zonieren** gr>l	in Zonen gliedern {45/64}	dto.	dto.
6177	**Zönobit,** der gr>kirchenl	in Klostergemeinschaft lebender ↗ Mönch {33/51/77}	κοινοβιακός koinobiakos l. *coenobita*	zum gemeinsamen (Kloster)leben gehörig Klosterbruder
–	**zönobitisch** gr>kirchenl	in Gemeinschaft lebend (von ↗ Mönchen) {33/51/77}	dto.	dto.
–	**Zönobium,** das gr>kirchenl	1. Kloster (↗ UTL 1694) {33/51/77}; 2. Zellkolonie (biol. t. t.) {68/69}	κοινόβιος koinobios l. *coenobium*	mit anderen in Gemeinschaft lebend Kloster
>>>	**Zoo–, –zoon** ↗ Wortelementeliste			
6178	**Zoo,** der	Kurzw. für ↗ zoologischer Garten: Tierpark {69}	ζῷον zoon	Lebewesen; Tier
6179	**Zoochorie,** die (gr;gr) >nlat	Verbreitung von Pflanzensamen u. –früchten durch Tiere (biol. t. t.) {68/69}	ζῷον zoon + χωρεῖν chorein	Lebewesen; Tier von der Stelle gehen, sich fortbewegen
6180	**zoogen**	aus tierischen Resten gebildet (von Gesteinen – geol. t. t.) {62}	ζῳογενής zoogenes	tierisch
6181	**Zoographie,** die gr;gr	das Benennen u. ↗ Systematisieren der Tierarten {69}	ζῷον zoon + γραφή graphe	Lebewesen; Tier Schrift; Zeichnung
6182	**Zoolatrie,** die gr;gr	1. Verehrung von Tieren {18/26}; 2. Verehrung von Göttern in Tiergestalt {25/51/77}	dto. + λατρεία latreia	dto. (Lohn)dienst; Gottesdienst
6183	**Zoologe,** der gr;gr	Tierforscher {40/69}	dto. + λόγος logos	dto. Rede, Wort; Berechnung

6183	Zoologe, der gr;gr	Tierforscher {40/69}	dto. + λόγος logos	dto. Rede, Wort; Berechnung
–	Zoologie, die (gr;gr) >nlat	Tierkunde (biol. t. t.) {69}	dto. nlat. zoologia	dto.
–	zoologisch (gr;gr) >nlat (>engl; engl)	1. die Tierkunde betreffend {69}; 2. –er Garten: Tierpark {58/69}	ζῷον zoon + λογικός logikos nlat. zoologica bzw. (2.) engl. zoological + engl. garden	Lebewesen; Tier zum Reden gehörig, die Rede betreffend
6184	Zoonose, die (gr;gr) >nlat	von Tieren auf Menschen übertragbare Infektionskrankheit {09/14/69/70}	dto. + νόσος nosos	dto. Krankheit
6185	Zooparasit, der (gr;gr) >nlat	Schmarotzer, der in o. auf Tieren lebt {69}	dto. + παράσιτος parasitos	dto. neben, bei einem anderen essend; Schmarotzer s. o. Parasit
6186	zoophag	fleischfressend (von Pflanzen; bot. t. t.) {68}	ζῳοφάγος zoophagos	Tiere o. Fleich fressend
6187	Zoophage, der	fleischfressende Pflanze (bot. t. t.) {68}	dto.	dto.
6188	Zoophilie, die gr;gr	= ↗ Sodomie: Unzucht zwischen Mensch u. Tier {18/70}	ζῷον zoon + φιλία philia	Lebewesen; Tier Liebe, Freundschaft
6189	Zoophobie, die gr;gr	krankhafte Angst vor Tieren {26/70}	ζῷον zoon + φόβος phobos	Lebewesen; Tier Angst, Furcht
6190	Zoophyt, der gr;gr	an einen festen Ort gebundenes Tier {69}	ζῷον zoon + φυτόν phyton	Lebewesen; Tier Gewächs, Pflanze
6191	Zooplankton, das gr;gr	die im Wasser schwebenden tierischen ↗ Organismen {69}	ζῷον zoon + πλαγκτόν plangton	Lebewesen; Tier das Umhertreibende s. o. Plankton

6192	Zoosper- mie, die gr;gr	Vorhandensein beweglicher Samenfäden in Ejakulat (↗ UTL 0864c) (med. t. t.) {70}	ζῷον zoon + σπέρμα sperma	Lebewesen; Tier Same
6193	Zootomie, die gr;gr	↗ analoge Bildung zu ↗ Anatomie; Tieranatomie {69}	ζῷον zoon + τομή tome	Lebewesen; Tier das Schneiden; Schnitt; das Abgeschnittene
6194	Zootoxin, das gr;gr	tierisches Gift {69/73}	ζῷον zoon + τοξικόν toxikon	Lebewesen; Tier Gift s. o. Toxin
6195	Zoozönologie, die gr;gr;gr	Verhaltensforschung, Tiersoziologie {69}	ζῷον zoon + κοινός koinos + λόγος logos	Lebewesen; Tier gemeinsam Rede, Wort; Berechnung
6196	Zophoros o. –us, der gr>l	Figurenträger; mit Reliefs (↗ UTL 3065) geschmückter Fries (↗ UTL 1146) {36/88}	ζωφόρος zoophoros	Tiere o. Tierfiguren tragend
>>>	Zyan, das = ↗ Cyan			
>>>	Zyanat, das = ↗ Cyanat			
6197	Zyane, die gr>l	Kornblume {04}	κύανος kyanos l. cyanos	dunkelblauer Stahl, Lasurstein; Kornblume; blaue Farbe Kornblume; blauer Edelstein
>>>	Zyanid, das = ↗ Cyanid			
6198	Zyankali(um), das gr;nlat	das stark giftige Kaliumsalz der Blausäure {70/73}	dto. + nlat. Kalium	dto. Alkalimetall
>>>	Zyano– ↗ Wortelementeliste			
6199	Zyanometer, das (gr;gr) >nlat	Blauskala; Meßgerät für die Himmelsbläue (meteor. t. t.) {65}	dto. + μέτρον metron	dto. Maß; Versmaß

6200	Zyan-opsie, die gr;gr	Sehstörung, bei der alles als blau wahrgenommen wird; Blausehen (med. t. t.) {14/23/70}	dto. + ὄψις opsis	dto. das Sehen
6201	Zyanose, die gr;gr	bläuliche Verfärbung der Haut (med. t. t.) {14/55/70}	dto. + –ωσις –osis	dto. gr. Suffix s. Partikelliste
6202	zyano-tisch gr;gr	auf Zyanose beruhend (med. t. t.) {14/70}	dto.	dto.
>>>	Zyathus, der = ↗ Kyathos			
6203	Zygäne, die	1. Haifisch, Hammerhai {07/69}; 2. mitteleuropäischer Schmetterling {08/69}	ζύγαινα zygaina	Hammerkopfhai
6204	Zygoma, das	Jochbein (med. t. t.) {11/70}	ζύγωμα zygoma	Querbalken; Jochbein
–	zygoma-tisch	zum Jochbein gehörend (med. t. t.) {11/70}	dto.	dto.
6205	Zygote, die	Erbzelle; Zellvereinigung aus den Geschlechtszellen {69/70}	ζυγωτή zygote (Fem. zu ζυγωτός zygotos)	zusammengejocht
>>>	Zykladen, die (Pl.) = ↗ Kykladen			
6206	zyklam	lilarot {55}	κυκλάμινος kyklaminos	Geißblatt
–	Zyklame, die u. Zykla-men, das gr>l	Alpenveilchen {04/68}	dto.	dto.
>>>	Zykl(o)– ↗ Wortelementeliste			
6207	Zykliker, der gr>l	Angehöriger einer Gruppe von nachhomerischen ↗ Epikern {75/76}	οἱ κυκλικοί hoi kyklikoi (Pl.)	die Dichter des nachhomerischen epischen Zyklus
6208	zyklisch	1. kreisläufig, –förmig {58/71}; 2. regelmäßig wiederkehrend (chem. t. t.) {59/73}	κυκλικός kyklikos	kreisförmig, rund
6209	Zyklo-genese, die gr;gr	Entstehung von ↗ Zyklonen (meteor. t. t.) {65}	κύκλος kyklos + γένεσις genesis	Kreis, Kreislauf Ursprung, Entstehung

6210	Zyklo-gramm, das gr;gr	⚹ graphische Darstellung einer in sich geschlossenen Folge zusammengehörender Vorgänge {40/71}	dto. + γράμμα gramma	dto. Buchstabe, Schrift(werk)
6211	zykloid gr;gr	1. einem Kreis ähnlich (math. t. t.) {71}; 2. an heftigen Stimmungsschwankungen leidend (psych., med. t. t.) {26/70}	dto. + –(ε)ιδής –(e)ides	dto. ähnlich aussehend s. Partikelliste
6212	Zyklolyse, die gr;gr	Auflösung von ⚹ Zyklonen (meteor. t. t.) {65}	dto. + λύσις lysis	dto. (Auf)lösung
6213	Zyklo-meter, das gr;gr	Wegmesser (veraltet) {56/64/72}	dto. + μέτρον metron	dto. Maß; Versmaß
–	Zyklo-metrie, die gr;gr	1. Wegmessung (veraltet) {56/64/72}; 2. Winkelbestimmung an Kreisbögen (math. t. t.) {71}	dto.	dto.
–	zyklo-metrisch gr;gr	auf den Kreisbogen bezogen (math. t. t.) {71}	dto.	dto.
6214	Zyklon, der gr>engl	heftiger ⚹ tropischer Wirbelsturm {65}	κύκλος kyklos engl. cyclone	Kreis, Kreislauf Wirbelsturm
–	Zyklone, die	(wanderndes) Tiefdruckgebiet (meteor. t. t.) {65}	dto.	dto.
6215	Zyklono-path, der (gr;gr) >nlat	besonders wetterfühliger Mensch (psych., med. t. t.) {26/65/70}	dto. + πάθος pathos	dto. Schmerz; Leiden(schaft)
–	Zyklono-pathie, die gr;gr	Wetterfühligkeit {26/65/70}	dto.	dto.
6216	Zyklo-nose, die gr;gr	Krankheitssymptome bei wetterfühligen Menschen (med. t. t.) {14/65/70}	κύκλος kyklos + νόσος nosos	Kreis, Kreislauf Krankheit
6217	Zyklop, der gr>l	einäugiger Riese der gr. Sage {51/75/77}	Κύκλωψ Kyklops	„der Rundäugige"; der Zyklop (s. Anhang „Namen")
6218	Zyklo-phorie, die gr>nlat	eine Art des Schielens {14/70}	κυκλοφορία kyklophoria	kreisförmige Bewegung

6219	zyklo-pisch gr>l	von gewaltiger Größe, riesenhaft {53/55}	Κυκλώπιος Kyklopios	zyklopisch
6220	zyklo-thym gr;gr	aufgeschlossen u. umgänglich, aber launenhaft (med., psych. t. t.) {26/33/70/84}	κύκλος kyklos + θυμός thymos	Kreis, Kreislauf Lebenskraft, Mut, Zorn, Leidenschaft
–	Zyklo-thymie, die gr;gr	schwankendes Lebensgefühl (med., psych. t. t.) {26/70/84}	dto.	dto.
6221	Zyklo-tron, das (gr;gr) >engl	kreisförmiger Beschleuniger für Elementarteilchen (kernphys. t. t.) {72}	κύκλος kyklos + –τρον –tron engl. cyclotron	Kreis, Kreislauf gr. Suffix zur Bezeichnung eines Werkzeugs
–	zyklotro-nisch (gr;gr) >engl	1. mit dem Zyklotron beschleunigt; 2. das Zyklotron betreffend (kernphys. t. t.) {72}	dto.	dto.
6222	Zyklus, der gr>l	1. regelmäßig wiederkehrender Ablauf {59}; 2. Folge inhaltlich zusammenhängender Werke der Literatur (↗ UTL 2075) o. ↗ Musik {34/37/56}; 3. Regelblutung der Frau samt Intervallen (↗ UTL 1501) (med. t. t.) {11/59/70}	κύκλος kyklos	Kreis, Kreislauf
6223	Zylinder, der gr>l	1. Walze u. walzenförmiger Hohlkörper {58/71}; 2. Hut mit hohem, steifem Aufsatz {19}; 3. Glas für Petroleumlampe {44}; 4. Teil einer Pumpe {40/41/72}	κύλινδρος kylindros	Walze, Rolle
–	zylin-drisch gr>nlat	walzenförmig {58/71}	κυλινδρικός kylindrikos	walzenförmig
>>>	–zym, Zym– ↗ Wortelementeliste			
6224	Zymase, die (gr;gr) >nlat>frz	aus Hefe gewonnenes Gemisch von ↗ Enzymen, das die alkoholische Gärung verursacht {73}	ζύμη zyme + –ασις –asis frz. zymase	Sauerteig gr. Suffix s. Partikelliste
>>>	Zymbal, das = ↗ Zimbal			

6225	zymisch gr>nlat	die Gärung betreffend {73}	ζυμωτικός zymotikos	aufblähend	
6226	Zymologe, der gr;gr	Spezialist (↗ UTL 3394) auf dem Gebiet der Zymologie (chem. t. t.) {40/73}	ζύμη zyme + λόγος logos	Sauerteig Rede, Wort; Berechnung	
–	Zymologie, die gr;gr	Lehre von der Gärung (chem. t. t.) {73}	dto.	dto.	
6227	Zymotechnik, die (gr;gr) >nlat	↗ Methode der Gärung (chem. t. t.) {73}	ζύμη zyme + τεχνικός technikos	Sauerteig die Kunst, das Handwerk betreffend s. o. Technik	
6228	zymotisch	Gärung bewirkend {73}	ζυμωτικός zymotikos	aufblähend	
6229	Zynegetik, die gr>l	Kunst, Hunde zur Jagd abzurichten {38}	κυνηγετική (τέχνη) kynegetike (techne)	(die Kunst des) Jagens (mit Hunden)	
–	zynegetisch	die Zynegetik betreffend {38}	κυνηγετικός kynegetikos	zur Jagd (mit Hunden) gehörig	
6230	Zyniker, der gr>l	zynischer Mensch; ↗ Kyniker {25/33/84}	κυνικός kynikos	hündisch (wegen der zur Schau gestellten Armut u. Schamlosigkeit wurden die Kyniker mit Hunden verglichen); kynischer Philosoph s. o. Kyniker	
–	zynisch gr>l	spöttisch, bissig, höhnisch; ↗ kynisch {25/32/84}	dto.	dto.	
–	Zynismus, der gr>l	zynische Haltung, Bemerkung {25/32}	κυνισμός kynismus	kynische Denkweise, Philosophie	
6231	Zypresse, die gr>l>ahd >mhd	immergrüner Baum des Mittelmeergebietes {04/68}	κυπάρισσος kyparissos l. *cyparissus,* *cupressus* ahd. *cypres,* *cipres* mhd. *zipres,* *zipresse*	Zypresse dto. dto. dto.	

–	zypressen gr>l>ahd >mhd	aus Zypressenholz hergestellt {04/40}	dto.	dto.
>>>	Zyst(o)– ↗ Wortelementeliste			
6232	Zyste, die gr>nlat	1. Blase, Geschwulst (med. t. t.) {14/70}; 2. sackartiger mit Flüssigkeit gefüllter Hohlraum im Körper {58/70}	κύστις kystis	Harnblase; Beutel, Schlauch
6233	Zystektomie, die gr;gr	operative (↗ UTL 2434) Entfernung einer Zyste o. der Harnblase (med. t. t.) {70}	dto. + ἐκτομή ektome	dto. das Herausschneiden s. o. Ektomie
6234	Zystis, die gr>nlat	Blase, Harnblase (med. t. t.) {11/70}	κύστις kystis	Harnblase; Beutel, Schlauch
–	zystisch gr>nlat	1. Zysten bildend; 2. die Zyste o. Harnblase betreffend (med. t. t.) {11/14/70}	dto.	dto.
–	Zystitis, die gr;gr	Entzündung der Harnblase (med. t. t.) {14/70}	dto. + –ῖτις –itis	dto. gr. Suffix s. Partikelliste
6235	Zystoskop, das gr;gr	Gerät zur Untersuchung der Harnblase (med. t. t.) {70}	dto. + σκοπός skopos	dto. jmd., der genau hinschaut; Aufseher, Späher
6236	Zystoskopie, die gr;gr	Ausleuchtung der Blase mit einem Zystoskop (med. t. t.) {70}	dto. + σκοπή skope	dto. das Umschauen, Spähen
>>>	–zyt, Zyto– ↗ Wortelementeliste			
6237	Zytoblast, der (gr;gr) >nlat	1. Zellkern (med. t. t.) {70}; 2. = ↗ Mitochondrium: fadenförmiges Gewebe für die Atmung u. Stoffwechsel von ↗ Zellen (biol. t. t.) {69/70}	κύτος kytos + βλαστός blastos	Höhlung, Wölbung Keim, Sproß
–	Zytoblastom, das (gr;gr;gr) >nlat	bösartige Geschwulst aus unreifen Zellen (↗ UTL 3886) {14/70}	dto. + –ωμα –oma	dto. gr. Suffix s. Partikelliste s. o. Blastom
6238	Zytochrom, das gr;gr	Zellfarbstoff, der bei der ↗ Oxydation als Enzym wirkt (med. t. t.) {70}	dto. + χρῶμα chroma	dto. Farbe, Haut

6239	zytogen gr;gr	von der Zelle (↗ UTL 3886) gebildet (biol. t. t.) {69/70}	dto. + –γενής –genes	dto. stammend von; hervorbringend, verursachend
6240	Zytogenetik, die gr;gr	Wissenschaft, die die Zusammenhänge zwischen Feinbau der Zelle (↗ UTL 3886) u. Vererbung untersucht {69/70}	dto. + γένεσις genesis	dto. Ursprung, Entstehung
6241	Zytologe, der gr;gr	Wissenschaftler der ↗ Zytologie {40/69/70}	dto. + λόγος logos	dto. Rede, Wort; Berechnung
–	Zytologie, die gr;gr	Zellenlehre (biol., med. t. t.) {69/70}	dto.	dto.
–	zytologisch gr;gr	die Zytologie betreffend {69/70}	dto. + λογικός logikos	dto. zum Reden gehörig, die Rede betreffend
6242	Zytolyse, die gr;gr	Auflösung, Abbau von Zellen (↗ UTL 3886) (biol. t. t.) {69/70}	κύτος kytos + λύσις lysis	Höhlung, Wölbung (Auf)lösung
–	Zytolysin, das gr;gr	Antikörper, der Zellen auflösen kann (med. t. t.) {70}	dto.	dto.
6243	Zytoplasma, das gr;gr	= ↗ Protoplasma: Lebenssubstanz aller Zellen (↗ UTL 3886) {69/70}	κύτος kytos + πλάσμα plasma	Höhlung, Wölbung das Gebildete, Geformte s. o. Plasma
6244	Zytostatikum, das gr;gr	zytostatisch wirkendes Mittel (med., biol. t. t.) {69/70}	dto. + στατικός statikos	dto. zum Stillstand bringend; wägend
–	zytostatisch gr;gr	Kernteilung u. Zellvermehrung hemmend (biol. t. t.) {69/70}	dto.	dto.
6245	Zytotoxin, das gr;gr	Zellgift (med., biol. t. t.) {69/70}	κύτος kytos + τοξικόν toxikon	Höhlung, Wölbung Gift s. o. Toxin
–	zytotoxisch gr;gr	zellvergiftend, zellschädigend (med., biol. t. t.) {69/70}	dto.	dto.
–	Zytotoxizität, die gr;gr	Eigenschaft ↗ chemischer Substanzen (↗ UTL 3466), Gewebszellen zu schädigen (med., biol. t. t.) {69/70}	dto.	dto.

Anhang

Partikel, Präfixe, Suffixe, Affixe

A–, a–, An–, an–, Am–, am–	verneinende Vorsilbe	ἀ–, ἀν–, ἀμ– a–, an–, am–	nicht, ohne
–amphi–, Amphi–	beiderseits, ringsum; zweifach, doppel...	ἀμφί amphi	um...herum, auf beiden Seiten
An(a)–, –an(a)–	auf, hinauf; zurück; wieder; über . hin; gemäß	ἀνά ana	auf, hinauf; über ... hin, durch
Anti–, anti–	wider; gegenüber	ἀντί anti	gegenüber; gegen; anstelle von
Ap(h)–, ap(h)–, Apo–, apo–	von ... weg, von ... her; ab	ἀπό apo	von, von...weg; seit; wegen; gemäß
–asis	Endung zur Angabe eines Vorgangs o. dessen Ergebnis (häufig in der Biologie, Chemie u. Medizin verwandt)	–ασις –asis	Suffix zur Bezeichnung einer Tätigkeit o. deren Ergebnis (z. T. mit vorausgehendem Vokal i) s. u. –sis
–asmus	Endung zur Angabe eines Vorgangs	–ασμός –asmos	Suffix zur Bezeichnung einer Tätigkeit o. deren Ergebnis
Dia–, dia– vor Vokalen: Di–, di–	durch, hindurch; gänzlich; zwischen; auseinander, getrennt	διά dia	durch..., hindurch; wegen
Dys–, dys–	schlecht, schwer, schwierig, widrig; miß	δυσ– dys–	un–, miß–
–eion	Endung zur Angabe eines Ortes, Mittels o. ä.	–εῖον –eion	Suffix zur Bezeichnung eines Ortes, Mittels o. Geräts
Ek–, ek– vor Vokalen u. h: ex–, Ex–	aus, heraus	ἐκ ek	aus, von...her; seit

Ekto–, ekto–	außerhalb	ἐκτός ektos	außerhalb, außen
El–, Em–, En–	(dar)in	ἐν en	in, an, auf, unter, vor, zu, bei
Ento–, ento–	innen..., Innen...	ἐντός entos	innerhalb, innen
Epi–, epi–; vor Vokalen: **Ep–, ep–;** vor h: **Eph–, eph–**	auf, darüber, an der Oberfläche, hinzu; an, in, für	ἐπί epi	auf, während, bei, wegen, nach, gegen
Eu–, eu–	gut; wohl; schön	εὖ eu	gut
Exo–, exo–	außerhalb	ἔξω exo	hinaus, außerhalb
–gen	Endung zur Angabe der Herkunft o. einer Folgewirkung	–γενής –genes	stammend von; hervorbringend, verursachend
Hyper–, hyper–	über ... hinaus, übermäßig	ὑπέρ hyper	oberhalb; über ... hinaus
Hypo–, hypo–	unter, darunter	ὑπό hypo	unter; von
–ia	Endung zur Angabe eines Vorgangs o. Zustands	–ία –ia	Suffix zur Bezeichnung einer Tätigkeit o. deren Ergebnis
–id	Endung zur Angabe einer Herkunft o. Abstammung (= ähnlich aussehend) vgl. unten –oid	–(ε)ιδής –(e)ides	ähnlich aussehend
–ik(e)	eine Gesamtheit o. ein Fachgebiet bezeichnend	–ική –ike l. –ica	Suffix zur Bezeichnung einer Zugehörigkeit

Partikelliste

–ion	Endung zur Angabe einer Verminderung o. Verächtlichmachung	–ιον –ion	Suffix zur Bezeichnung eines Ortes, Mittels, Geräts o. einer Verkleinerung
–iskus	Endung zur Angabe einer Verminderung	–ισκος –iskos	Suffix zur Bezeichnung einer Verkleinerung
–ismus	Lehrmeinung, System; Gesamtheit; Krankheit; Spracheigentümlichkeit	–ισμός –ismos	Suffix zur Bezeichnung einer Tätigkeit o. deren Ergebnis
–ist	Endung zur Angabe eines Täters	–ιστής –istes l. *–ista*	Suffix zur Bezeichnung einer handelnden Person
–ites	Endung zur Angabe eines Täters o. einer Zugehörigkeit (häufig in der Chemie u. Medizin verwandt)	–ιτής –ites	Suffix zur Bezeichnung einer handelnden Person s. u. –tes
–itis	Endung zur Angabe einer Erkrankung, bes. Entzündung	–ῖτις –itis	Suffix zur Bezeichnung einer Krankheit
Kat(a)–, kat(a)–, vor h: Kath–	von...herab, nieder; gegen, gemäß; über ... hin	κατά kata	von ... herab, nieder; gegen, gemäß
–kos	Endung zur Angabe eines Täters	–κός –kos l. *–cus*	Suffix zur Bezeichnung einer handelnden Person
–ma	Endung zur Angabe eines Vorgangs	–μα –ma	Suffix zur Bezeichnung einer Tätigkeit o. deren Ergebnis
Meta–, –meta–, vor h: Meth–	mit–, um–, ver–; nachher, anders	μετά meta	inmitten; mittels; mit; danach, dahinter; um

–oid	(vgl. o. –id) Endung zur Angabe einer Herkunft o. Abstammung (= aussehend wie)	nlat. Fugenvokal o + (ε)ιδής (e)ides	ähnlich aussehend
–om(a)	Geschwulst (med. t. t.)	–ωμα –oma	Suffix zur Bezeichnung einer Tätigkeit o. deren Ergebnis
–on	Endung zur Angabe eines Täters	–ων –on	Suffix zur Bezeichnung einer handelnden Person
–ose, –osis	Endung zur Angabe einer Krankheit	–ωσις –osis	Suffix zur Bezeichnung einer Krankheit s. u. –sis
Par(a)–, par(a)–	(nahe) bei, neben, entgegen	παρά para	neben, daneben; von; entlang; während
Peri–, peri–	(um ...) herum	περί peri	ringsum, um ... herum; über ... hinaus; ungefähr
Pro–, pro–	vor, vorwärts, hervor; für, zu jmds. Gunsten, zum Schutz von jmdm; an Stelle von; im Verhältnis zu	πρό pro l. pro	vor, vorn, vorher; zum Schutze von; anstatt vor, für, vorn, vorwärts, zugunsten
Pros–	(hin)zu	πρός	außerdem, dazu, überdies; von ... her; vor, neben, bei, an; nach ... hin, gegen
–sis	(im Deutschen auch –(a)sie,. –ase o. –ese): Endung zur Angabe eines Vorgangs o. dessen Ergebnis	–σις –sis bzw. –ασις –sis, –ωσις –osis	Suffix zur Bezeichnung einer Tätigkeit o. deren Ergebnis; meist mit vorausgehendem Bindevokal (a, e oder o)

Partikelliste

Sy–, Syl–, Sym–, Syn–,	(zusammen) mit	σύν o. ξύν syn o. xyn	zusammen, zugleich, gleichfalls
–terion	Endung zur Angabe eines Ortes, Werkzeugs o. Mittels	–τήριον –terion	Suffix zur Bezeichnung eines Ortes, Mittels o. Geräts
–tes	Endung zur Angabe eines Täters o. einer Zugehörigkeit	–τής –tes (bzw. –ιτής –tes, –ητής –tes)	Suffix zur Bezeichnung einer handelnden Person; oft mit vorausgehendem Bindevokal (e, i)
–tor	Endung zur Angabe eines Täters	–τωρ –tor	Suffix zur Bezeichnung einer handelnden Person
–tron(ik)	Endung zur Angabe einer (technischen) Einrichtung, eines Ortes o. Mittels	–τρον –tron l. *–trum* + –ική –ike l. *–ica*	Suffix zur Bezeichnung eines Ortes, Mittels o. Geräts s. oben
–yllion	Endung zur Angabe einer Verminderung	–ύλλιον –yllion	Suffix zur Bezeichnung einer Verkleinerung

Liste der Wortelemente

Ein Strich hinter dem aufgeführten Wortelement gibt an, daß an dieser Stelle in der Regel der jeweils andere Wortteil bzw. die anderen Wortteile) anzuhängen sind; die gleiche Markierung vor dem Element hingegen bedeutet, daß es sich meist um einen angehängten Wortteil handelt. Allerdings ist es durchaus möglich, daß das jeweilige Wortelement davon abweichend, z. B. auch in der Mitte eines Wortes, erscheinen kann. Dies hat jedoch keinen Einfluß auf die Bedeutung des Elements. In der zweiten Spalte sind nur dann Bedeutungen aufgeführt, wenn diese sich von der Bedeutung des zugrunde liegenden griechischen Wortes unterscheiden; ansonsten bleibt dieses Feld frei.

Aero–, aero–	Luft, Gas	ἀήρ aer	Luft
Agrar–, Agro–	landwirtschaftlich, Landwirtschafts...	ἀγρός agros	Acker, Feld
Air–, –air	Hauch, Fluidum; Aussehen, Haltung	ἀήρ aer	Luft
Akro–	hoch	ἄκρος akros	spitz, äußerst, oberst
Aktino–, aktino–,	Strahl, Strahlung	ἀκτίς, Gen. ἀκτῖνος aktis, aktinos	Strahl
–al	(vgl. u. –hal)	ἅλς hals	Salz, Meer
Algo–, –algie		ἄλγος algos	Schmerz
All(o)–, –all(o)–	anders, fremd	ἄλλος allos	ein anderer
Alpha–	erster	α, Α (ἄλφα) a, A (alpha)	a, A (= Alpha): erster Buchstabe des gr. Alphabets
–äm(ie)	Blut(ung)	αἷμα haima	Blut

Liste der Wortelemente

Amylo–, amylo–	(pflanzliche) Stärke	ἄμυλον amylon	Kraftmehl, Stärke
–ander, Ando–, andro–	männlich, Mann...	ἀνήρ, Gen. ἀνδρός aner, andros	Mann
Anemo–		ἄνεμος anemos	Wind
Angio–	eng, Enge	ἀγγεῖον angeion	Gefäß; Blutgefäß
Anthropo–		ἄνθρωπος anthropos	Mensch
Archä(o)–	alt, Ur...	ἀρχαῖος archaios	alt
Arch(i)–, –arch, –archie, –archist	erster, Haupt..., alt, Ur...	ἀρχή arche	Anfang, Herrschaft
Aristo–		ἄριστος aristos	der Beste, Tüchtigste, Vornehmste
Arithm(o)–		ἀριθμός arithmos	Zahl
Arterio–		ἀρτηρία arteria	Schlag–, Pulsader
–ästhesie		αἴσθησις aisthesis	Wahrnehmung, Empfindung
Ast(e)ro–, Astral–	Stern	ἀστήρ aster	Stern
Atom–	auf die Kernenergie bezogen	ἄτομος atomos	unteilbar
Aut(o)–	selbst, eigen	αὐτός autos	selbst

Liste der Wortelemente

Bakteri–	bakteriell	βακτηρία bakteria	Stock, Stab
Bar(y)–, –bar		βαρύς barys	schwer
Baro–	auf die (Erd–)Schwere bezogen	βάρος baros	Schwere, Druck
–bas(al)–, –basis	Grund, Fundament	βάσις basis	Tritt, Gang; Grund
–bat	auf das Treten, Bewegen bezogen	βατέω bateo	besteigen
Batho–		βάθος bathos	Tiefe
Bathy–		βαθύς bathys	tief
Biblio–, biblio–	Buch...	βιβλίον biblion	Büchlein
Bio–, bio–	Leben...; gesund, natürlich	βίος bios	Leben
Blasto–, –blast		βλαστός blastos	Keim, Sproß
–bol(ie)		βολή bole	das Werfen, Wurf
–bolisch		βόλος bolos	Wurf
Brachy–		βραχύς brachys	kurz, klein
Bronchial–, Broncho–	die Bronchien betreffend	βρόγχια bronchia bzw. βρόγχος bronchos	das Ende der Luftröhre Kehle, Luftröhre

Liste der Wortelemente

–bulie		βουλή boule	Wille; Plan; Rat; Ratsversammlung
Chalko–, chalko–	Erz..., Metall..., Kupfer...	χαλκός chalkos	Erz, Kupfer, Bronze
Ch(e)iro–		χείρ cheir	Hand
Chemie–, –chemi–, Chemo–	auf der Chemie beruhend, mit ihrer Hilfe	χύμα chyma gemischt mit: χυμεία chymeia o. χημεία chemeia	Flüssigkeit Metallverwandlung dto.
Chlor(o)–, –chlor,	auf das chem. Element Chlor –, auf eine grüne Substanz bezogen	χλωρός chloros	grüngelb; blaß
Chol–, –cholie		χολή chole	Galle
Chor(e)o–		χορός choros	Tanz(platz); Chor
Christ(o)–	auf Christus bezogen	Χριστός Christos	der Gesalbte
–chrom(o), –chrom(ie)	farbig, Farbe, Verfärbung	χρῶμα chroma	Farbe, Haut
Chrono–, chron(o)–	Zeit...	χρόνος chronos	Zeit
Chrys(o)–, chrys(o)–	golden, Gold...	χρυσός chrysos	Gold
–chthon		χθών chton	Erde, Erdboden
Cine–	Film, „bewegte Bilder"	κίνημα kinema	das Bewegte; Bewegung
Cyan–	giftige Kohlenstoff–Stickstoff–Verbindung	κύανος kyanos	dunkelblauer Stahl, Lasurstein

Liste der Wortelemente

Daktyl(i/o)–, **Daktylo–**		δάκτυλος daktylos	Finger; Zehe; Längenmaß, Versfuß
Deka–, deka–	zehn..., Zehn...; bei Maßeinheiten das Zehnfache der genannten Einheit	δέκα deka	zehn
Dem(o)–, **–dem(o)–**	Volk	δῆμος demos	Volk
Dendro–, **–dendro–**		δένδρον dendron	Baum
–derm(a), **–dermis**		δέρμα derma	Haut
Di(s)–, **di(s)–**	doppelt	δίς dis	zweimal
Dicho–, dicho–	zweifach, doppelt; zweigeteilt	δίχα dicha	zweifach, zweigeteilt
–dipsie		δίψιος dipsios	durstig
–doxie	Lehre	δόξα doxa	Meinung, Ruf, Ruhm
–drom		δρόμος dromos	Lauf, Wettlauf; Rennbahn
–dyn(am)–, **dynamie,** **Dynamo–**	Kraft	δύναμις dynamis	Kraft, Vermögen, Macht
–dynamik, **–dynamisch**		δυναμικός dynamikos	vermögend, wirksam
–dynie		ὀδύνη odyne	Schmerz
Echino–, **echino–**	Igel, Stachel	ἐχῖνος echinos	Igel
–eder	...flächner	ἕδρα hedra	Sitz, Grundlage; Fläche

1069

Liste der Wortelemente

Eid(o)–		εἶδος eidos	Aussehen, Gestalt
–ektomie	operative Entfernung	ἐκτομή ektome	das Ausschneiden; Ausschnitt
Elektr(o)–, –elektr(o)–	elektrisch	ἤλεκτρον elektron	Silbergold; Bernstein als Träger von Reibungselektrizität
Embryo–		ἔμβρυον embryon	ungeborene Frucht im Mutterleib
Endo–, endo–		ἔνδον endon	innen, drinnen
Entero–		ἔντερον enteron	Darm
Enzepha(lo)–		ἐγκέφαλος enkephalos	Gehirn
Eo–, eo–	früh..., Früh..., vorgeschichtlich	ἠώς eos	Morgenröte; Eos (s. Anhang „Namen")
Ergo–, ergo–	Arbeit	ἔργον ergon	Werk, Tat
Erot(o)–, erot(o)–	auf die Erotik –, das Geschlechtsleben bezogen	ἔρως, Gen. ἔρωτος eros, erotos	Liebe, Verlangen
–erotik		ἐρωτικός erotikos	zur Liebe gehörig, auf die Erotik bezogen
Erythr(o)–		ἐρυθρός erythros	rot
Erz– , erz–	sehr, extrem; oberster	ἀρχι– archi– mlat. *arci–* ahd. *erzi–* mhd. *erz(e)–*	Ober–, Haupt– dto. dto. dto.

–ethik	auf die Moral bezogen	ἠθικός ethikos	sittlich, den Charakter betreffend
Ethno–, ethno–	Volks..., Völker...	ἔθνος ethnos	Volk
Foto–, –foto– (auch: **Photo**–)	Lichtbild	+ φώς, Gen. φωτός phos, photos	Licht
–gam(ie)		γάμος gamos	Hochzeit, Ehe
–gamet, –gameto–		γαμέτης gametes	Gatte
Gamma–	auf den Buchstaben Gamma –, auf kurzwellige Röntgenstrahlen bezogen	γ, Γ (γάμμα) g, G (gamma)	Gamma (3. Buchstabe im griech. Alphabet)
Gastr(o)–	Magen..., Verdauungs..., Speise...	γαστήρ, Gen. γαστ(ε)ρός gaster, gast(e)ros	Bauch, Magen
Gelo–		γέλως gelos	das Lachen, Gelächter
–genese, –genesis		γένεσις genesis	Ursprung, Entstehung
–genie		γενεά genea	Geburt; Herkunft
–genos		γένος genos	Geschlecht, Art, Herkunft
–genetisch		γενητός genetos	geworden, entstanden
Geo–, –geo–	Erde, Erd...	γῆ ge	Erde

Liste der Wortelemente

Geronto–	auf das Alter –, alte Menschen bezogen	γέρων, Gen. γέροντος geron, gerontos	Greis
Giga–, giga–	eine Milliarde; Gigant, gigantisch	Γίγας, Gen. Γίγαντος Gigas, Gigantos	Riese (s. Anhang „Namen")
Giro–	beweglich, flexibel	γυρός gyros	rund
Gloss(o)–, –glossie, bzw. **Glott(o)–, –glott**	sprachlich	γλῶσσα glossa bzw. γλῶττα glotta	Zunge, Sprache Zunge, Sprache
Gluco–, Gluko– Glyk(o)–	auf den Zucker bezogen	γλυκύς glykys	süß
–gnomie, –gnomisch		γνώμη gnome bzw. γνώμων gnomon	Einsicht; Verstand, Sinn-(spruch) Kenner; Maßstab, Richtschnur
–gnose, –gnosie	(vgl. u. –nose)	γνῶσις gnosis	das Erkennen, Erkenntnis
Gono–, –gonie		γονή gone	Erzeugung, Geburt; Nachkomme
–graf(o), –graph(o)	Schreiben, Schreiber	γραφεύς grapheus	Schreiber, Maler
–grafie, –graphie	...schrift	γραφή graphe	Schrift; Zeichnung
–grafieren, –graphieren	schreiben	γράφειν graphein	einritzen, schreiben, malen

Liste der Wortelemente

–grafisch, –graphisch	schriftlich	γραφικός graphikos	im Malen geschickt; malerisch; zum Malen o. Schreiben gehörig
–gramm		γράμμα gramma	Schrift, Buchstabe; Schriftwerk
Gymn(o)–		γυμνός gymnos	nackt
–gyn(isch), Gynäko–		γυνή gyne	Frau
Gyro–		γυρός gyros	rund
Hagio–		ἅγιος hagios	heilig
Hal(o)–		ἅλς hals	Salz; Meer
Hämato–, Häm(o)–	auf das Blut –, die Blutkörperchen bezogen	αἷμα, Gen αἵματος haima, haimatos	Blut
–harmonisch		ἁρμονικός harmonikos	die Harmonie betreffend
hek(a)t(o)–	hundertfach	ἑκατόν hekaton	hundert
heli(o)–, Heli(o)–	Sonnen...	ἥλιος helios	Sonne
Hemi–, hemi–	halb	ἥμισυς hemisys	halb
Hen(o)–		ἕν, Gen. ἑνός	eins

Liste der Wortelemente

Hepa(to)–	Leber...	ἧπαρ, Gen. ἥπατος hepar, hepatos	Leber
hept(a)–	sieben	ἑπτά hepta	sieben
Hetero–, hetero–	fremd, verschieden	ἕτερος heteros	der andere (von zweien)
Hexa–, hexa–	sechs	ἕξ hex	sechs
Hier(o)–, hier(o)–	heilig	ἱερός hieros	heilig, geweiht
Hipp(o)–, hipp(o)–	Pferd(e)...	ἵππος hippos	Pferd
Histo–, histo–	Gewebe...	ἱστός histos	Gewebe
Histor(io)–	Geschichts	ἱστορία historia	Forschung; (Geschichts–)Wissenschaft, Bericht
holo–, Holo–	ganz, dreidimensional	ὅλος holos	ganz
Homo–, homoio–, Homöo–	gleich, gleichartig	ὁμός homos u. ὁμοῖος homoios l. *homoe(o)*–	gleich, ähnlich dto.
Hormon–, –hormon	auf Hormone –, Wirkstoffe bezogen	ὁρμᾶν horman	in Bewegung setzen
Hydr(o)–, –hydr(o)–	Wasser...	ὕδωρ, Gen. ὕδατος hydor, hydatos	Wasser
Hygro–, hygro–	feucht	ὑγρός hygros	naß, feucht

Liste der Wortelemente

hyl(o)–	(vgl. unten –yl)	ὕλη hyle	Stoff, Material, Bau–, Brennholz
Hypno–, hypno–	den Schlaf betreffend	ὕπνος hypnos	Schlaf
Hypso–, hypso–		ὕψος hypsos	Höhe
Hystero–	auf die nervliche Verfassung bezogen, aufgeregt	ὑστέρα hystera bzw. ὑστερικός hysterikos	Gebärmutter die Gebärmutter betreffend, an ihr leidend
Iatro–		ἰατρός iatros	Arzt
–iatrie		ἰατρεία iatreia	Heilen, Heilung
–iatrik		ἰατρική iatrike	Heilkunst
Ichthyo–		ἰχθύς ichthys	Fisch
Ideo–	Gedanken..., Ideen...	ἰδέα idea	Gestalt, Wesen, Urbild; Idee
Idio–, idio–	eigen(tümlich)	ἴδιος idios	eigen, eigentümlich
Ikon(o)–	Bild, bildlich	εἰκών eikon	Bild; Ebenbild; Gleichnis
Iso– , –iso–	gleich	ἴσος isos	gleich
Jod(o)–	auf das chem. Element Jod bezogen	ἰοειδής o. ἰώδης ioeides o. iodes	veilchenfarben
Kako–, kako–	schlecht	κακός kakos	schlecht, häßlich

Liste der Wortelemente

Kal(l)(o)–	schön, Schönheit	καλός kalos	schön
Kard–, –kard–, Kardi(o)–		καρδία kardia	Herz
–karp(ie)		καρπός karpos	Frucht
Karto–, karto–	Kasten..., Zettel...	χάρτης chartes	Papierblatt aus Papyrus; Buch, Schriftwerk
Karyo–, karyo–	Zellkern...	κάρυον karyon	Nuss, Kern
Karzino–, karzino–	Krebs...	καρκίνος karkinos	Krebs
–katarrh	Schleimhautentzündung	κατάρροος katarrhoos	(vom Kopf) herabfließend (aus dem Hirn abfließender Schleim als Krankheitsursache)
–kaustik		καυστικός kaustikos	brennend
Kephal(o)–, –kephal		κεφαλή kephale	Kopf, Haupt
Kilo–, kilo–	tausend...	χίλιοι chilioi	tausend
–kinese, –kinesis		κίνησις kinesis	Bewegung
–kinetisch		κινητικός kinetikos	zum Bewegen gehörig; beweglich
Klepto–		κλέπτειν kleptein	stehlen

Liste der Wortelemente

Klima–	auf das Wetter –, die Stimmungslage bezogen	κλίμα, Gen. κλίματος klima, klimatos	Neigung der Erde gegen die Pole zu; Himmelsgegend
Kopro–, kopro–		κόπρος kopros	Mist; Dünger, Kot
Koronar–	Kranz, kranzförmig, Runde	κορώνη korone	Krähe (nach dem gekrümmten Schnabel); alles Gebogene; Ring, Kranz
		l. corona	Kranz, Krone; Versammlung, Zuhörer
Kosmo–, –kosmos, –kosmisch	Weltumriß..., Weltall...	κόσμος kosmos	Welt, –ordnung, Schmuck
Kranio–	auf den Kopf bezogen	κρανίον kranion	Scheitel; Hirnschale
–krat, –kratie, –kratisch	...herrschaft, ...macht; Staatsverfassung	κράτος kratos	Kraft, Macht
Kristallo–		κροὐταλλος krystallos	Eis; Bergkristall
Kryo–	Kälte..., Gefrier...	κρύος kryos	Eis(kälte), Frost
Krypto–, krypto–	verborgen, heimlich	κρυπτός kryptos	verborgen, versteckt
Kubik–		κύβος kybos	Würfel; kubischer Körper; Kubikzahl
–kybernetik, –kybernetisch	auf die Lehre von den Steuerungsprozessen bezogen	κυβερνητικός kybernetikos	zum Steuern gehörig
Kymo–		κῦμα kyma	Woge, Welle

1077

Liste der Wortelemente

Lal(o)–, –lalie		λαλεῖν lalein	reden, schwatzen
Laryng(o)–	auf den Kehlkopf bezogen	λάρυγξ, Gen. λάρυγγος larynx, laryngos	Kehle, Schlund
–latrie	Anbetung	λατρεία latreia	(Lohn)dienst; Gottesdienst
–lepsie	Anfall	λῆψις lepsis	das Annehmen, Empfangen; (med.) Anfall
Leuk(o)–, leuk(o)–	weiß, glänzend	λευκός leukos	hell, weiß
–lexie		λέξις lexis	Sprechen, Rede- weise
Lexiko–, –lexikon		λεξικός lexikos	ein Wort betref- fend
Limno–, limno–		λίμνη limne	See, Teich
–lin		ἔλαιον elaion	Öl
Lipo–, lipo–	fett...	λίπος lipos	Fett
Lith(o)–, –lith	Stein..., Gesteins...	λίθος lithos	Stein
–log(o)	Gesprächs..., Wort...; in einem bestimmten Verhältnis stehend	λόγος logos	Rede, Wort; Be- rechnung
–loge	Wissenschaftler	dto.	dto.
–logie	Wissenschaft; Sammlung	dto.	dto.

Liste der Wortelemente

–logisch		λογικός logikos	zum Reden gehörig, die Rede betreffend
–logismus		λογισμός logismos	das Rechnen, Berechnung
–logistisch		λογιστικός logistikos	zum (Be)rechnen gehörig
Lymph–, lymph–	die Lymphdrüsen u. –knoten betreffend	νύμφη nymphe l. *lympha* o. *limpha*	Braut; (Berg-o. Quell)Nymphe (s. Anhang „Namen") klares Wasser, Flüssigkeit
–lyse		λύσις lysis	(Auf)lösung
–lyt , –lytikum, –lytisch		λυτικός lytikos	zum Lösen geeignet
Magne(to)–	auf den Magneten –, den Magnetismus bezogen	Μαγνῆτις (λίθος) Magnetis (lithos)	(Stein) aus der gr. Landschaft Magnesia
Makro–	groß	μακρός makros	groß, lang
Malako–		μαλακός malakos	weich, sanft
–manie		μανία mania	Raserei, Wahnsinn, Verzückung
–mant		μάντις mantis	Wahrsager
–mantie		μαντεία manteia	das Weissagen; die Weissagung
–mantik		μαντική mantike	Wahrsagekunst

Liste der Wortelemente

–mathie		–μαθία –mathia	–wissen
–mechanisch	auf die phys. Lehre der Mechanik bezogen	μηχανή mechane	Hilfsmittel, Werkzeug
–mechanik		μηχανική mechanike	Maschinenkunst
Mega–, –mega–, Megal(o)–	groß, lang; sehr (ugs.)	μέγας megas u. Fem. μεγάλη megale	groß
–megalie	Vergrößerung, vergrößert	μεγαλεῖος megaleios	groß
Melan(o)–	schwarz, dunkel	μέλας Gen. μέλανος melas, melanos	schwarz, dunkel
Meno–	monatlich	μήν men	Monat
–mer(e)		μέρος meros	Teil
Meso–	in der Mitte	μέσος mesos	in der Mitte; der mittlere
Meteor(o)–	oben schwebend	μετέωρος meteoros	in die Höhe gehoben, in der Luft schwebend
–meter, –metrie, –metrik	Maß(einheit) Messung	μέτρον metron	Maß; Versmaß
–methode	Verfahren	μέθοδος methodos	das Nachgehen, Verfolgen; Verfahren
Mikro–, –mikro–	klein	μικρός mikros	klein

–mimie, –mimese, –mimesis	Nachahmung	μιμεῖσθαι mimeisthai	nachahmen
Mis(o)–	Haß, Abscheu gegen...	μῖσος misos	Haß, Feindschaft
–mixie		μῖξις mixis	Mischung
Mon(o)–	allein, nur, ausschließlich, einzig; Einzel...	μόνος monos	allein
Morph(o)–, –morph	...förmig, in einer bestimmten Gestalt	μορφή morphe	Form, Gestalt
–morphose	auf die Gestalt bezogen	μόρφωσις morphosis	das Gestalten, Abbilden
Musik–	auf die Tonkunst bezogen	μουσική (τέχνη)	Musenkunst, Tonkunst
Nano–	ein Milliardstel einer phys. Einheit; zwerg–	νάννος nannos	Zwerg
Narko–	betäuben, Betäubung	νάρκωσις narkosis	Erstarrung, Betäubung
–naut	Reisender	ναύτης nautes	Seemann
–nautik	Schiffs...	ναυτική nautike	Schiffahrtskunde
Nekro–	tot..., Toten..., Leichen...	νεκρός nekros	tot; Leichnam
Neo–, neo–	neu, jung	νέος neos	neu, jung
Nephelo–, Neph(o)–	auf Wolken bezogen	νεφέλη nephele bzw. νέφος nephos	Nebel, Wolke Wolke, Gewölk

Liste der Wortelemente

Nephr(o)–		νεφρός nephros	Niere
Neur(o)–	Nerv	νεῦρον neuron	Sehne; Faser; Nerv
Nitr(o)–	die Nitrogruppe enthaltend	ägypt. *ntr(j)* νίτρον nitron	Natron dto; Laugensalz, Soda
–nom	Sachkundiger	νόμος nomos	Brauch; Gesetz; Herkommen
Nomo–, –nomie		dto.	dto.
–norm	Maßstab	γνώμων gnomon Akk. γνώμονα gnomona l. *norma*	Kenner; Maßstab, Richtschnur Winkelmaß; Richtschnur, Maßstab, Regel, Vorschrift
–nose	(vgl. o. –gnosis, –gnosie)	γνῶσις gnosis	das Erkennen; Erkenntnis
–nose, Noso–		νόσος nosos	Krankheit
Nykt(o)–		νύξ, Gen. νυκτός nyx, nyktos	Nacht
–nym		ὄνυμα onyma = Nebenform zu: ὄνομα onoma	Name
Nymph(o)–		νύμφη nymphe	Braut; (Berg– o. Quell)Nymphe (s. Anhang „Namen")

Liste der Wortelemente

Odont(o)–	die Zähne betreffend	ὀδούς, Gen. ὀδόντος odous, odontos	Zahn
–odynie		ὀδύνη odyne	Schmerz
Ök(o)–, –ök, –öko–	(ursprünglich) den Haushalt betreffend; die Umwelt betreffend (als Kurzw. für Ökologie)	οἶκος oikos	Haus
–ökonomie	wirtschaftlich	οἰκονομία oikonomia	Haushaltung, Verwaltung des Hauses
–ökonomisch	wirtschaftlich	οἰκονομικός oikonomikos	zur Verwaltung des Hauswesens geschickt
Okta–, Okto–	acht...	ὀκτώ okto	acht
Olig(o)–	wenig, gering	ὀλίγος oligos	wenig, klein, gering
Oma–	zur Schulter gehörig	ὦμος omos	Schulter
Ombro–	zum Regen gehörig	ὄμβρος ombros	Regen
Omphal(o)–	zum Nabel gehörig	ὀμφαλός omphalos	Nabel
Oneiro–	auf den Traum bezogen	ὄνειρος oneiros	Traum
Onoma(to)–	Name(ns)...	ὄνομα, Gen. ὀνόματος onoma, onomatos	Name

1083

Liste der Wortelemente

Onto–	auf das Sein bezogen	ὄν, Gen. ὄντός on, ontos	das Seiende
Onych–		ὄνυξ, Gen. ὄνυχος onyx, onychos	Nagel, Huf, Kralle
Oo–	Ei...	ᾠόν oon	Ei
Ophthalm(o)–	die Augen betreffend	ὀφθαλμός ophthalmos	Auge
–opie	das Sehen betreffend	ὤψ, Gen. ὠπός ops, opos	Auge, Gesicht
–opsie	das Sehen betreffend	ὄψις opsis	das Sehen
opt(i)–, opt(o)–	Augen..., Seh...,	ὀπτικός optikos	das Sehen betreffend
–orama		ὅραμα horama	das Gesehene, der Anblick
Oreo–	(vgl. Oro–) die Berge, das Gebirge betreffend	ὀρειάς, Gen. ὀρειάδος oreias, oreiados	zum Berg gehörig
–orexie, –orexia		ὄρεξις orexis	Begierde, Appetit
Organ–	einen Körperteil, eine Verbandszeitschrift o. eine Aufgaben ausführende Behörde o. Person betreffend	ὄργανον organon l. *organum* frz. *organe*	Werkzeug; Sinn; Körperteil; (Musik)Instrument dto. dto.; Stimme; ausführende Institution

Liste der Wortelemente

Ornitho–	Vögel betreffend	ὄρνις, Gen. ὄρνιθος ornis, ornithos	Vogel
Oro–	die Berge, das Gebirge betreffend	ὄρος oros	Berg, Gebirge
Ortho–	gerade, aufrecht; recht, richtig	ὀρθός orthos	gerade, aufrecht; recht, richtig
Oste(o)–	die Knochen betreffend	ὀστέον osteon	Knochen
Ot(o)–	die Ohren betreffend	οὖς, Gen. ὠτός ous, otos	Ohr
–oxi–, –oxy–	Sauerstoff enthaltend	ὀξύς oxys	scharf, spitz, sauer
–oxid	Sauerstoff enthaltende Verbindung	ὀξύς oxys + –(ε)ιδής –(e)ides	scharf, durchdringend, sauer ähnlich aussehend (s. Partikelliste)
Päd(o)–		παῖς, Gen. παιδός pais, paidos	Kind, Junge
–pädagogik, –pädagogisch	die Erziehung betreffend	παιδαγωγική paidagogike παιδαγωγικός paidagogikos	Erziehungskunst erzieherisch, zur Erziehung gehörig
–pädie	Erziehung	παιδεία paideia	Erziehung, Bildung
Palä(o)–	alt	παλαιός palaios	alt; vorzeitlich
Pali(n)–, Palim–	wieder	πάλιν palin	wieder

1085

Liste der Wortelemente

Pan–, pan–	alles, ganz	πᾶν pan	all(es)
–papier		πάπυρος papyros	Papyrusstaude; Papier
Partheno–		παρθένος parthenos	Jungfrau, Mädchen
Path(o)–, –path(ie)	Leiden(schaft)	πάθος pathos	Schmerz; Leiden(schaft)
Patro–		πατήρ, Gen. πατρός pater, patros	Vater
Penta–	fünf	πέντε pente	fünf
–periode	regelmäßige Wiederkehr	περίοδος periodos	Umlauf, Umkreis; das Herumgehen; regelmäßige Wiederkehr; Satzgefüge
–petal	blättrig (von Pflanzen gesagt)	πέταλον petalon	Blatt
–phag(e), –phagie	verzehrend	φαγεῖν phagein	essen
Phallo–	den Penis betreffend	φαλλός phallos	Penis
Phäno–	Erscheinung, Merkmal	φαίνεσθαι phainesthai bzw. PPrP φαινόμενον phainomenon	erscheinen, sich zeigen das Erscheinende
–phantasie		φαντασία phantasia	Erscheinung, Aussehen, Vorstellung
Pharma(ko)–	Heilmittel	φάρμακον pharmakon	Heilmittel; Zaubermittel; Gift

Liste der Wortelemente

Pharyng(o)–	die Kehle –, den Kehlkopf betreffend	φάρυγξ, Gen. φάρυγ(γ)ος pharynx, pharyngos	Schlund; Kehle
–phasie		φάσις phasis	Sprache, Rede
Phil(o)–, –phil	Freund, liebend	φίλος philos	lieb, befreundet, Freund
–philie	Zuneigung	φιλία philia	Liebe, Freundschaft
–phob(ie)	Angst	φόβος phobos	Angst, Furcht
Phon(o)–, –phon(ie)	Schall, Stimme	φωνή phone	Laut, Stimme, Ton
–phor	Träger	φορός phoros	tragend, bringend
Phot(o)–, Phos–	Licht	φώς, Gen. φωτός phos, photos	Licht
–phrasie		φράσις phrasis	das Sprechen; Sprache
Phreno–, –phren(ie)	Sinn...	φρήν, Gen. φρενός phren, phrenos	Zwerchfell; Gemüt, Sinn, Verstand
Phyllo–		φύλλον phyllon	Blatt, Laub
Phylo–		φῦλον phylon	Stamm, Geschlecht
–phym		φῦμα phyma	Gewächs, Geschwulst

Liste der Wortelemente

–physik		φυσική (τέχνη) physike (techne)	Naturforschung
–physis, –physi(o)–	Natur...	φύσις, Gen. φύσεως physis, physeos	Natur
–physisch		φυσικός physikos	natürlich, naturgemäß
Phyt(o)–, –phyt(o),		φυτόν phyton	Gewächs, Pflanze
Piezo–	Druck...	πιέζειν piezein	drücken
–pithekus		πίθηκος pithekos	Affe
–plagie		πληγή plege	Schlag, Hieb
–plasie		πλάσις plasis	das Bilden, Formen
–plasma	Substanz; Gasgemisch	πλάσμα plasma	das Gebildete, Geformte
–plast		πλάστης plastes bzw. πλαστός plastos	Bildner, Former gebildet, geformt
–plastik		πλαστική plastike	die Kunst des Bildens u. Formens
–plastisch		πλαστικός plastikos	zum Bilden gehörig
Pleo(n)–		πλέον pleon	mehr

Liste der Wortelemente

Pneuma(to)–		πνεῦμα, Gen. πνεύματος pneuma, pneumatos	Hauch, Luft, Atem
Pneumo–	Luft, Wehen, Geist	πνεύμων pneumon	Lunge
–pnoe		πνοή pnoe	das Wehen, Blasen; Wind
–poese	Herstellung	ποίησις poiesis	das Machen, Verfertigen; Dichten
–pol	Handels...	πωλεῖν polein	Handel treiben
–pol(ar)		πόλος polos	Achse, Drehpunkt, Pol
Poli–, –pole, –polis	Stadt, Staat	πόλις polis	Stadt(staat)
Polit–, –politik		πολιτική (τέχνη) politike (techne)	(Kunst der) Staatsverwaltung
–politisch		πολιτικός politikos	den Bürger betreffend, (staats)bürgerlich
poly–	viel	πολύς polys	viel
–praktiker	Handelnder	πρακτικός praktikos	zum Handeln gehörig, tätig
–praktisch		dto.	dto.
–praxis	Tat	πρᾶξις, Gen. πράξεως praxis, praxeos	Tat, Handlung

Liste der Wortelemente

Presby–		πρέσβυς presbys	alt, ehrwürdig
Prot(o)–	erster, Ur...	πρῶτος protos	erster
Pseud(o)–	falsch, vorgetäuscht	ψεῦδος pseudos	Lüge, Täuschung, Betrug
Psych(o)–, –psych(o)–	Seele	ψυχή psyche	Seele
Pter(o)–		πτερόν pteron	Flügel
–ptose		πτῶσις ptosis	das Fallen
Pyr(o)–		πύρ, Gen. πυρός pyr, pyros	Feuer
–r(r)euse		ῥεῦσις rheusis	das Fließen
Rhin(o)–		ῥίς, Gen. ῥινός rhis, rhinos	Nase
Rhomb(o)–	Parallelogramm	ῥόμβος rhombos	kreisförmiger Körper; Kreisel
Rhythmus–	regelmäßiger Wechsel, „das Fließen"	ῥυθμός rhythmos	gleichmäßige Bewegung, Ebenmaß; Takt
–rhythmik, –rhythmie, –rhytmisch		ῥυθμικός rhytmikos	gleichmäßig, ebenmäßig
–rrhagie		ῥαγή rage	Riß, Spalt
–rrhö(e)		ῥοή rhoe	das Fließen; Fluß

Liste der Wortelemente

Sapro–		σαπρός sapros	faul, stinkend
–saurus		σαῦρος sauros	Eidechse
–schisis		σχίσις schisis	das Spalten, Trennen
Schizo–	gespalten	σχίζειν schizein	(zer)spalten, durchschneiden
Seism(o)–		σεισμός seismos	Erdbeben
Sem(a)–	Zeichen	σῆμα sema	Zeichen; Merkmal; Grabmal
Sem(e)io–	Zeichen	σημεῖον semeion	Zeichen
Semi–	halb...	ἡμι– altind. sami l. *semi* ahd. *sami*	halb
–sklerose	Verkalkung	σκληρός skleros	trocken; hart
–skop	Beobachtungsinstrument	σκοπός skopos	jmd., der genau hinschaut; Aufseher; Späher
–skopie	Beobachtung	σκοπή skope	das Umschauen, Spähen
–som, –somal, –somat(o)–	auf den Leib bezogen	σῶμα, Gen. σώματος soma, somatos	Leib, Körper
–soph	Denker	σοφος sophos	klug, gebildet, weise

Liste der Wortelemente

–sophie	auf das Denken bezogen	σοφία sophia	das Wissen; Weisheit
Spasmo–, –spasmus	Verkrampfung	σπασμός spasmos	Zuckung, Krampf
Sperma(to)–		σπέρμα sperma	Same
–sphäre	Kreis; Ebene	σφαῖρα sphaira	Kugel, Ball
Sporo–		σπορά spora	Saat, das Säen
–stase	Stockung	στάσις stasis	das Feststehen; Zustand, Lage; Aufstand
–statik		στατική (τέχνη) statike (techne)	Kunst des Wägens
–statisch		στατικός statikos	hemmend, zum Stillstand bringend; stellend
–stat(os)		στατός statos	gestellt, stehend
Steno–	eng	στενός stenos	eng
Stereo–	räumlich; fest	στερεός stereos	fest, hart; kubisch
–sticho(n)	Verszeile	στίχος stichos	Reihe, Zeile, Vers
Stomato–		στόμα stoma	Mund, Mündung
–syndikat	Verband, Gruppe	σύνδικος syndikos	vor Gericht beistehend, Anwalt

–syndrom	Krankheit; Zusammentreffen	συνδρομή syndrome	das Zusammenlaufen
–synthese	Verknüpfung	σύνθεσις synthesis	Übereinkunft; Zusammenlegen, –setzung
System–, –system	Zusammensetzung; zusammengesetzt	σύστημα systema	ein aus mehreren Teilen zusammengesetztes Ganzes
Tacho–, Tachy–	schnell, Schnelligkeit	ταχύς tachys	schnell
–taph		τάφος taphos	Grab
–taxis, –taxie		τάξις taxis	Aufstellung, (An)ordnung
Techni–	Kunstfertigkeit	τέχνη techne	das fachliche Können; Handwerk; Kunst
–technik, –techno–, –technisch		τεχνικός technikos	die Kunst, das Handwerk betreffend
Tekto–		τέκτων tekton	Baumeister, Zimmermann
Tele–	fern	τῆλε tele	weit, fern
Tera–	billionenfach	τέρας, Gen. τέρατος teras, teratos	Wunderzeichen; Ungeheuer, Mißgeburt
Tetr(a)–	vier	τετράς, Gen. τετράδος tetras, tetrados	die Zahl Vier

Liste der Wortelemente

Thalasso–		θάλασσα thalassa	Meer
Thanato–		θάνατος thanatos	Tod
Thauma(to)–		θαῦμα thauma	Wunder
–thek(e)	Verkaufs–, Verleihstelle	θήκη theke	Behältnis, Kasten
Theo–	Gott...	θεός theos	Gott
–theorie	Begriffssystem, Lehre	θεωρία theoria	das Anschauen, Betrachten; (wissenschaftliche) Untersuchung
–therapeut	Heiler	θεραπευτής therapeutes	Diener
–therapeutisch	heilend	θεραπευτικός therapeutikos	dienend, pflegend
–therapeutik	Heilverfahren	θεραπευτική therapeutike	Pflege, Behandlung
–therapie	Heilverfahren	θεραπεία therapeia	Dienst, Behandlung
Therio–	Tier...	θηρίον therion	Tier
–therm, Therm(o)–, Therm(al)–	Wärme, warm	θερμός thermos	warm
–thermie	Wärme, warm	θέρμη therme	Wärme, Hitze

Thorak(o)–	den Brustkorb betreffend	θώραξ, Gen. θώρακος thorax, thorakos	Brustpanzer; Brustkorb
Thromb(o)–	die Blutgerinnung betreffend	θρόμβος thrombos	geronnene Blutmasse
–thym, –thymie		θυμός thymos	Lebenskraft; Mut, Zorn, Leidenschaft
Thymo–		θύμον thymon	Brustdrüse neugeborener Tiere
Thyreo–	die Schilddrüse betreffend	θυρεός thyreos	großer, türförmiger Schild
–tokie	das Gebären betreffend	τόκος tokos	das Gebären; das Geborene, Nachkommenschaft
–tom, –tomie, –tomo–	das Schneiden betreffend	τομή tome	das Schneiden; Schnitt; das Abgeschnittene
–tonie, –ton(isch)	Druck, Spannung	τόνος tonos	Spannung, Band, Ton
Top(o)–, top(isch), –topie	Ort	τόπος topos	Ort, Stelle, Gegend
Tox(i)–, –toxin, Toxo–		τοξικόν toxikon	Gift
Trache(o)–	die Luftröhre betreffend	τραχεῖα (ἀρτηρία) tracheia (arteria)	die rauhe (Arterie)
Tri–	drei	τρεῖς, τρία treis, tria Gen. τριάδος triados	drei

Liste der Wortelemente

Trich–	Haar...	θρίξ, Gen. τριχός thrix, trichos	Haar
–trop(ie)	...wendung	τρόπος tropos	Wendung; Art und Weise
Troph(o)–, –troph(ie)	...nahrung	τροφή trophe	das Ernähren, Nahrung
Typ(o)–, –typ(us), –typie	charakteristisch	τύπος typos	Schlag; Abdruck; Gepräge, Gestalt
Uran(o)–		οὐρανός ouranos	Himmel
Uret(h)–		οὐρήθρα ouretra o. οὐρήτηρ oureter	Harnröhre Harnleiter
Ure–, Uro–		οὖρον ouron	Harn
–urie		οὐρεῖν ourein	harnen
Xanth(o)–		ξανθός xanthos	gelb, blond
Xen(o)–	fremd, ausländisch	ξένος xenos	Gast; Fremder
Xero–		ξηρός xeros	trocken
Xyl(o)–		ξύλον xylon	Holz
–yl	(vgl. o. –hyl)	ὕλη hyle	Stoff, Material, Bau–, Brennholz
Zäno–		καινός kainos	neu, ungewöhnlich

Liste der Wortelemente

Zentral–, **–zentrisch,** **zentro–,** **–zentrum**		κέντρον kentron	Mittelpunkt eines Kreises; Stachel(stab); ruhender Zirkelschenkel
		l. *centrum*	Zirkelschenkel; Kreismittelpunkt; Kern
		l. *centralis*	in der Mitte befindlich
–zön–		κοινός koinos	gemeinsam
–zonal, –zone		ζώνη zone	Gurt, Gürtel; Zone
Zoo–, –zoo–, **–zoon**	Tiere o. Lebewesen betreffend	ζῷον zoon	Lebewesen, Tier
Zyano–		κύανος kyanos	dunkelblauer Stahl, Lasurstein; Kornblume; blaue Farbe
		l. *cyano*	Kornblume; blauer Edelstein
–zykl(o)–	Kreis...	κύκλος kyklos	Kreis, Kreislauf
Zym–, –zym	die Gärung betreffend	ζύμη zyme	Sauerteig
Zyst(o)–	Geschwulst	κύστις kystis	Harnblase; Beutel, Schlauch
Zyt(o)–, –zyt	Körperzellen betreffend	κύτος kytos	(Bauch)Höhle, Wölbung

Anhang Namen

ABDERA, griechische Stadt an der Küste Thraziens, heute Avdira, gegenüber der Insel Thasos gelegen. Sie stand im Rufe, eine äußerst törichte Bevölkerung zu besitzen, und war dadurch so sprichwörtlich wie das moderne Schilda.

ACHATES, nach Theophrast ein Fluß, an dem der Achat zuerst gefunden worden war.

ACHERON, ACHERONTISCH, Unterweltsfluß, mitunter, wie die ↗ Styx, als Grenze des ↗ Hades aufgefaßt, über die der Fährmann Charon die Seelen der Toten hinüberfährt.

ACHILLEUS, l. Achilles, deutsch Achill, der größte der griechichen Helden im Heerzug vor ↗ Troja, wurde von seiner göttlichen Mutter Thetis unverwundbar gemacht. Er blieb jedoch, ähnlich wie der hürnerne Siegried, an einer einzigen Stelle ungeschützt, der Ferse, wo ihn ein Pfeil traf und tötete. ↗ Amazonen. ↗ Eos. ↗ Keren.

ADONIS, im griechischen Mythos Name eines besonders schönen Jünglings, Liebling der Aphrodite, auf der Jagd durch einen Eber zu Tode verwundet; allgemein als Vegetationsgottheit angesehen, dessen Sterben und Wiederauferstehen religiös gefeiert wurde.

ÄGINA / AIGINA, die „Ziegeninsel", Insel und Stadt vor Attika, seit dem 18. Jhdt. v. Chr. besiedelt, 456 von den Athenern besetzt, 405 den Ägineten zurückgegeben, seit 133 unter römischer Herrschaft.

AKADEMIE, die von Platon im Hain des Heros Akademos vor den Toren Athens 385 oder bald darauf gegründete philosophische Schule, die erst im 10. Jhdt. ihres Bestehens durch Kaiser Justinian 529 (dem Jahr der Gründung des ersten abendländischen Klosters Monte Cassino) geschlossen wurde. Nach ihrem Standort tragen höhere Forschungs- und Bildungsanstalten die Bezeichnung „akademisch".

ALEXANDREIA, l. Alexandria, 332/1 v. Chr. von Alexander d. Gr. am Nildelta gegründet, bis 30. v. Chr. Hauptstadt des Ptolemäerreiches, wirtschaftliches und kulturelles Zentrum im Ostmittelmeer.

ALKAIOS aus Mytilene auf Lesbos, um 600 v. Chr., einer der neun kanonischen Lyriker. Von den zehn Büchern seiner Werke haben sich nur Fragmente erhalten. Er schuf Liebes- und Trinklieder, aber auch politisch und moralisch mahnende Texte, dazu Götterhymnen und Rebellenlieder. Ein antikes Versmaß, die alkäische Strophe, ist nach ihm benannt.

AMAZONEN, in der griechischen Sage Name eines am Rande der bewohnten Welt lebenden Frauenvolkes, das mit legendärer Tapferkeit Kriege führte und auch dem Priamos im Kampf um ↗ Troja zu Hilfe kam. Dabei wurde die Königin Penthesilea von ↗ Achill überwunden. Der Name wurde als „ohne Brust" verstanden, weil die Kriegerinnen, um besser kämpfen zu können, sich angeblich eine Brust amputierten.

ANAKREON aus Teos in Ionien, * um 570, † um 485, Lyriker, verfaßte Hymnen und Liebeslieder, ferner spöttisch–satirische, z. T. aggressive Jamben und schließlich Elegien mit Widmungen und Grabgedichten. Erhalten als Ganzes sind nur drei seiner Werke, jedoch haben die in seinem Stil von Nachahmern geschaffenen Anakreonteen während der Antike und auch in der späteren europäischen Lyrik weite Verbreitung gefunden.

ANDROMEDA ↗ Kassiopeia

ANTISTHENES, * um 455, † um 360, Schüler des ↗ Sokrates, Gründer der kynischen Philosophenschule [„Zynismus"]. Nur wenige Fragmente erhalten.

ÄOLUS / AIOLOS, eine der geringeren Gottheiten, der Herr der Winde.

APHRODITE, l. Venus, die große olympische Göttin der Liebe und der Schönheit, der Fruchtbarkeit und des sexuellen Genusses. Sie wird, zusammen mit ihrem Sohne Amor, griechisch Eros, häufig metaphorisch für diese Bereiche benannt. ↗ Ares. ↗ Eros. ↗ Hera. ↗ Horen.

APIS, ägyptische Gottheit in Stiergestalt, auch als Mann mit Stierkopf dargestellt, vor allem in Memphis verehrt und mit Osiris verbunden.

APOLLON, eine der großen Gottheiten des Olymp, als strahlend schöner junger Mann mit den Attributen des Bogens und der Leier dargestellt. Er gilt auch als Führer der Musen, Inbegriff der Künste und Inkarnation der Schönheit. ↗ Äskulap. ↗ Daphne. ↗ Delphi. ↗ Hyakinthos. ↗ Kassandra.

ARCHILOCHOS von Paros, Mitte des 7. Jhdt. v. Chr., der erste Lyriker Europas. Sein Werk ist freilich nur in Fragmenten erhalten, war aber in der antiken Lyrik von größtem Einfluß.

ARCHIMEDES aus Syrakus, 287–212 v. Chr., Mathematiker, Physiker, Konstrukteur. Als seine Heimatstadt trotz des Einsatzes seiner Erfindungen erobert wurde, war er in seine in den Sand gezeichneten Berechnungen vertieft und rief dem Angreifer zu: „Störe mir meine Kreise nicht!" Den Stolz auf seine Erkenntnisse drückt der Satz aus: „Gib mir einen Punkt, auf dem ich stehe, und ich werde die Welt bewegen." Sprichwörtlich ist auch das ihm zugeschriebene *Heureka!* = „Ich habe es gefunden!", gerufen, als er im Bade das Gesetz des hydrostatischen Auftriebs entdeckte.

Anhang Namen

ARES, einer der 12 großen olympischen Götter, Sohn des ↗ Zeus und der ↗ Hera, Bruder der ↗ Eris; Gott des Krieges, l. Mars, Vater von Romulus und Remus. Bekannt seine Liebschaft mit ↗ Aphrodite: Das Paar wurde entdeckt und von ↗ Hephaist, dem Gatten der Göttin, in einem Netz gefesselt den Göttern gezeigt, die daraufhin in das „homerische" Gelächter ausbrachen.

ARGO, in der griechischen Sage der Name des ersten Schiffes. Es wurde von Jason in Begleitung zahlreicher Helden (= **Argonauten**) nach Kolchis geführt, um dort das Goldene Vlies zu rauben, was mit Hilfe der Königstochter Medea gelang.

ARGUS, Name eines Riesen, der unendlich viele Augen besaß und darum auch von ↗ Hera zum Wächter der in eine Kuh verwandelten Io bestimmt wurde. Nachdem Hermes ihn zu töten vermochte, versetzte Hera seine vielen Augen in den Pfauenschweif.

ARIADNE, Tochter des Kreterkönigs Minos, die dem Theseus mit Hilfe des Fadens eines Wollknäuels den Rückweg aus dem ↗ Labyrinth zu finden half, wo er den ↗ Minotaurus erschlug.

ARISTIPP von Kyrene, um 435–355 v. Chr., Philosoph, Schüler des ↗ Sokrates. Er war der Gründer der sog. kyreneischen Schule.

ARISTOPHANES aus Athen, um 445–386 v. Chr., Verfasser von Komödien. Bekannt sind 40 Titel, erhalten jedoch nur 11 Stücke. Bekannt insbesondere „Die Vögel", das Urbild einer utopischen Komödie, in der im Gegensatz zur Misere der Realität ein phantastischer Vogelstaat errichtet wird; ferner „Die Frösche" über die Kunstrichtungen des Aischylos und Euripides; sodann „Lysistrate" [= „die Heeresauflöserin"], in der die Titelheldin einen Liebesstreik der Ehefrauen inszeniert, um so den Frieden herbeizuzwingen; schließlich „Die Wolken", in denen in der Person des ↗ Sokrates paradoxerweise die Sophistik bekämpft wird.

ARISTOTELES aus Stageira in Makedonien, 384–322 v. Chr., lange Jahre Mitarbeiter in ↗ Platons ↗ Akademie, 345–340 Erzieher Alexanders d. Gr. in Makedonien. Er gründete 335 im Nordosten Athens seine Schule, Lykeion genannt, als Peripatos bekannt. Während seine Schriften verloren sind, haben sich Nachschriften seiner Vorlesungen erhalten. Das Corpus umfaßt 38 Nummern, unter ihnen Schriften von zweifelhafter Echtheit oder unbezweifelte Fälschungen. Sie behandeln logische und erkenntnistheoretische Fragen, Naturbeobachtungen und Schriften zur Ethik, Rhetorik, Ästhetik, Politik und Poetik.

ARIUS, gest. 335 n. Chr., geboren in Libyen, christlicher Priester in Alexandrien, Begründer des von der Kirche als Irrlehre abgelehnten Arianismus, dem zufolge Christus nicht Gott, sondern ein Geschöpf war.

ARKADIEN, Gebirgsgegend in der Mitte der Peloponnes, seit etwa 550 v. Chr. unter spartanischer Vorherrschaft, ab 146 v. Chr. unter römischer Verwaltung. In der Literatur der Schauplatz idyllischen Dasein auf dem Lande unter Hirten.

ASKLEPIADES von Samos aus dem 3. Jh. v. Chr., Lyriker. Erhalten sind rund 40 Epigramme. Nach ihm trägt auch der asklepiadeische Vers, ein antikes Versmaß, seinen Namen.

ÄSKULAP (= **ASKLEPIOS**), Sohn des ↗ Apoll, Gott der Heilkunst.

ÄSOP / AISOPOS, 6. Jh. v. Chr., Begründer der Fabeldichtung unseres Kulturkreises. Offenbar ein Thraker, lebte er erst als Sklave, dann als Freigelassener auf Samos. Die ihm zugeschriebene Sammlung von Tierfabeln in Prosa ist nicht erhalten, jedoch sind viele derartige Texte aus späterer Zeit überliefert, desgleichen ein Roman über sein Leben aus dem 2./3. Jh. n. Chr.

ATHENÄUM, 135 n.Chr. von Kaiser Hadrian in Rom gegründete Lehranstalt mit öffentlichen Vorlesungsräumen, die keilförmig angeordnete Sitzreihen aufwiesen wie später die akademischen Hörsäle. Das Institut existierte bis zum Ende des 6. Jhs. und fand andernorts Nachahmungen, z. B. in Konstantinopel.

ATHENE, eine der großen olympischen Gottheiten, die Schützerin von Athen, das ihr auch die Ölfrucht verdankt. ↗ Gorgo.

ATLAS, ein sagenhafter Riese, der die Last des Himmelsgewölbes trägt.

ATTIKA, ATTISCH, Name der Halbinsel im Südosten von Mittelgriechenland bis zum Kap Sunion. Stark gebirgiges Land mit einer größeren Ebene bei Athen und zwei kleineren bei ↗ Eleusis und ↗ Marathon. Um ca. 1000 v. Chr. von Athen aus geeinigt. Infolge der politischen und kulturellen Vorherrschaft Athens im 5. Jh. v. Chr. wurden Zivilisation und Sprache des Gegend zum Modell von ganz Griechenland.

AUGIAS, König von Elis, dessen seit 30 Jahren nicht gereinigter Stall mit 3000 Rindern von Herakles in einem einzigen Tage gesäubert wurde, indem er einen Fluß hindurchleitete.

BABYLON, uralte Hauptstadt am Euphrat, kulturell, wirtschaftlich und machtpolitisch lange Zeit ein bedeutendes Zentrum, 539 v. Chr. von den Persern erobert. Sprichwörtlich durch den „Turmbau zu Babel" [Genesis 11, 1-9], die Errichtung eines himmelhohen Turmes, und die Strafe Gottes für diesen Hochmut durch die Verwirrung ihrer Sprache [„babylonisches Durcheinander"].

BAKCHOS (= **BACCHUS**), auch Dionysos genannt, Sohn des Zeus und der thebanischen Prinzessin Semele, Gott des Weines und der rauschhaften Begehungen.

BERENIKE, ägyptische Herrscherin, mit dem makedonischen Prinzen Demetrios dem Schönen verheiratet. Dieser hatte ein Verhältnis mit ihrer Mutter Apame. Sie ließ ihn umbringen, herrschte kurze Zeit allein und heiratete dann 246 v. Chr. Ptolemaios III., dem sie vier Kinder gebar. Sie wurde 221 von den Höflingen ihres Sohnes Ptolemaios IV. ermordet. Das Sternbild der *coma Berenices,* der „Locke der Berenike", ist nach ihr benannt. In der Nähe der Stadt Berenike [= Bengasi] fand man ein Harz, das für die Herstellung von Firnis verwendet wurde und diesem auch den Namen gab.

Anhang Namen

BOREAS, der Gott des Nordwindes.

BOSPORUS, der Meeresarm zwischen Europa und Asien, der das Schwarze Meer mit dem Marmarameer verbindet [thrakischer Bosporus], sowie jener, welcher vom Schwarzen Meer zum Asowschen Meer führt [kimmerischer Bosporus, früher Straße von Maiotis, heute Straße von Kertsch]. Diese wurde von der in eine Kuh verwandelten Io auf ihren Irrfahrten überquert und heißt danach „Kuhfurt" = *Bosporos*.

BYZANZ, um 660 v. Chr. gegründet, später Konstantinopel, heute Istanbul; durch seine strategische Lage einflußreich, von Kaiser Konstantin 330 n. Chr. zur Hauptstadt des Römerreiches erhoben [= „Zweites Rom"], 1453 von den Türken erobert.

CÄSAR, Gaius Iulius Caesar, 13. 7. 100 – 15. 3. 44 v. Chr., römischer Politiker und Feldherr; Eroberer Galliens 58–51; Übergang über den Rubikon in Oberitalien am 10.1. 49 [„Der Würfel ist gefallen!"], Sieger [„veni vidi vici"] im Bürgerkrieg 49–46 über die Senatspartei unter Pompeius; Reformator [Kalender, Finanzen, Gesetze]; Ermordung durch eine konservative Adelsverschwörung an den Iden des März unter der Führung von Brutus und Cassius [„Et tu, Brute?"]. Caesars Name lebt im Monatsnamen „Juli" sowie in den Titeln „Kaiser" und „Zar" fort. Seine Schriften über den „Krieg in Gallien" und den „Bürgerkrieg" gelten in ihrer klaren Sprache und durchsichtigen Darstellung als Vorbild klassischer lateinischer Literatur.

CASTOR (= **KASTOR**) und Pollux, griechisch Polydeikes, die Dioskuren, Söhne des ↗ Zeus, der Leda als Schwan schwängerte.

CHALKEDON ↗ Kalchedon

CHARITEN, Töchter des ↗ Zeus und der Eurynome, Begleiterinnen der ↗ Aphrodite, Göttinnen der Anmut und des Liebreizes.

CHARYBDIS: in der Meerenge von Messina fürchteten die Seeleute die Skylla, ein Ungeheuer, das Menschen verschlingt, und ihr gegenüber die Charybdis, einen Strudel, der die Schiffe vernichtet.

CHIMAIRA, feuerspeiendes Ungeheuer, teils Löwe, teils Ziege, teils Schlange.

CHRISTOPHOROS, ein Heiliger der christlichen Legende. Er half Reisenden durch einen reißenden Strom. Als er eines Tages ein Kind hinübertrug, wurde ihm die Last überschwer: es war das Christuskind, das die Last der ganzen Welt in seinen Händen trug. So entstand sein Name „Christusträger".

CIRCE (= **KIRKE**), in ↗ Homers Odyssee eine Zauberin, die auf einer einsamen Insel haust, bei ihr landende Männer betört und in Schweine verwandelt.

DÄDALUS, griechisch Daidalos, Vater des ↗ Ikaros, Erbauer des Labyrinths auf Kreta, Erfinder und Künstler; nach ihm, wurde frühe Kunst und ihre Produkte „dädalisch" genannt.

DAMOKLES, der am Hofe des sizilischen Tyrannen Dionysios (Herrscher von 405 bis 367 v. Chr.) dessen Glück so sehr bewunderte, daß dieser ihm eine glänzende Mahlzeit servieren ließ, jedoch während dieser ein schweres Schwert an einem dünnen Faden oder Haar über seinem Haupte hängen ließ und ihm so die ständigen Gefährdungen des Tyrannenglücks deutlich machte.

DANAER, Bezeichnung des Griechenheeres vor ↗ Troja, das bei seinem Scheinabzug ein großes hölzernes mit Kriegern gefülltes Pferd als eine Art Geschenk an die Feinde hinterließ. Nachts verließen die verborgenen Griechen das Pferd und eroberten die Stadt, die sie sie so durch Täuschung mit einem hinterlistigen Geschenk bezwangen.

DANAIDEN, die 50 Töchter des ägyptischen Königs Danaos, die mit ihm vor seinem Zwillingsbruder Aigyptos nach Argos flohen und dort zwangsweise den sie verfolgenden 50 Söhnen des Aigyptos zur Ehe gegeben wurden. In der Hochzeitsnacht erdolchten sie alle ihre Männer bis auf Hypermnestra, die Lynkeus liebte und ihn leben ließ. In der Unterwelt wurden die D. zur Strafe für ewig dazu verurteilt, Wasser in ein Gefäß ohne Boden zu schöpfen.

DAPHNE, Name einer schönen Nymphe, Tochter eines Flußgottes, von ↗ Apoll begehrt, dem sie dadurch entgeht, daß sie in den Lorbeerbaum [griechisch „daphne"] verwandelt wird.

DELPHI, Ort in Mittelgriechenland, Haupheiligtum des Gottes ↗ Apollon, dessen dort gegebene Orakel oft dunkel und zweideutig waren und leicht mißverstanden werden konnten.

DEMETER, l. Ceres, Schwester des ↗ Zeus, eine der 12 großen olympischen Gottheiten; die Göttin der Erdentiefe und der Ernte wie der Fruchtbarkeit überhaupt; Mutter der Persephone, l. Proserpina, auch Kore genannt.
↗ ®Eleusis.

DIONYSOS ↗ Bakchos

DIOPHANTOS aus Alexandreia, Mathematiker aus der Mitte des 3. Jhs. v. Chr.. Sein Werk „Arithmetika" ist [unvollständig] erhalten; nach ihm benannt die „diophantinischen Gleichungen".

DORER, griechischer Stamm, der am Ende der Bronzezeit im 12. Jh. v. Chr. aus dem Norden einwanderte.

DORIS, Paßlandschaft in Böotien, von wo aus der Sage nach die Dorer einwanderten.

DRAKON ließ um 621 v. Chr. in Athen das Gewohnheitsrecht schriftlich festhalten. Obschon schon 594 durch ↗ Solon wieder kassiert, blieben die Gesetze wegen ihrer Strenge als „drakonische Maßnahmen" sprichwörtlich.

Anhang Namen

DRYADEN: Baumnymphen, die zusammen mit der von ihnen belebten Pflanze ihr Dasein führten und endlich auch starben.

ECHO = „Widerhall", eine Nymphe, die ↗ Hera mit langen Geschichten so fesselnd unterhielt, daß Zeus sich ungestört mit den anderen Nymphen vergnügen konnte. Als Hera den Betrug bemerkte, bestrafte sie beleidigt Echo mit der Beschränkung ihres Sprachvermögens: Sie konnte von nun an nichts Eigenes mehr vorbringen, sondern nur noch wiederholen, was andere vorsagten.

ELEKTRA, Tochter des Agamemnon und der Klytaimnestra. Der König führte das Griechenheer vor ↗ Troja an und blieb so 10 Jahre lang abwesend. Klytaimnestra begann ein Verhältnis mit Aigistheus; als Agamemnon heimkehrte, wurde er von ihnen im Bade erschlagen. Elektra trauerte unablässig um ihn und und verbarg ihren Haß gegen die Mörder nicht. Als ihr verbannter Bruder Orest heimlich heimkehrte, half sie ihm bei der Ausführung der Rache.

ELEUSIS, Kleinstadt im Westen von Athen, Ort der der ↗ Demeter heiligen Mysterien.

ELYSIUM, Name einer antiken Paradiesvorstellung, in der ein fernes Land – wie die „Inseln der Seligen" – alle erdenkbaren Glücksvorstellungen in sich vereinigt; später auch als Teil der Unterwelt dargestellt, den die Gerechten bewohnen.

EOS, l. Aurora, die „rosenfingrige" Göttin der Morgenröte. Sie erhebt sich morgens aus dem Ozean, schreitet farbenprächtig dem Sonnenlicht voran und vertreibt die Nacht. Ihr Sohn Memnon führte vor ↗ Troja die Aithiopier gegen ↗ Achilleus und fiel. Die Tränen seiner Mutter über den Verlust des Kindes erscheinen uns als Morgentau.
↗ Tithonos.

EPIKUR, Philosoph aus Samos, 341–270 v. Chr.. 306 erwarb er in Athen ein Haus, dessen Garten [*kepos*] die Bezeichnung für seine Schule wurde, zu der auch Frauen und Sklaven Zutritt hatten. Seine rund 300 Schriften sind verloren; erhalten sind nur wenige Texte.

EPIMETHEUS, Bruder des ↗ Prometheus, = „Nachbedacht".

EREBOS, das Dunkel der Unterwelt, das Totenreich.

ERINYS, ERINNYEN, Rachegöttinnen aus der Unterwelt.

ERIS, Göttin der Zwietracht. Bei einer Götterhochzeit ausgeschlossen, warf sie einen goldenen Apfel mit der Aufschrift „Für die Schönste" unter die Gäste. Drei Göttinnen, ↗ Hera, ↗ Athene und ↗ Aphrodite, stritten sich um den Preis. Paris, Prinz aus ↗ Troja, sollte entscheiden. Um die schönste aller Frauen, ↗ Helena, zu erhalten, favorisierte er Aphrodite. Zwar konnte er seine Beute heimführen, doch entbrannte ihretwegen der Trojanische Krieg, zu dessen Ausbruch Eris entscheidend beigetragen hatte.

EROS, l. Amor, Sohn der ↗ Aphrodite / Venus und des ↗ Ares / Mars, zunächst als kosmische Urmacht bei Beginn der Welt verstanden, später erst als der reizende Bogenschütze gesehen, der die Herzen der Menschen trifft und zur Liebe entzündet.

EUHEMEROS von Messene, um 300 v. Chr., als Religionsphilosoph bekannt. Er sah in den geläufigen Göttergestalten der Griechen ursprünglich Menschen mit besonderen Leistungen, die als Herrscher oder Erfinder bedeutendes Profil gewonnen hatten und schließlich zu göttlichen Ehren gelangt waren.

EUMENIDEN, „Die Wohlgesinnten", Gottheiten, die im Gegensatz zu den ↗ Erinnyien die freundliche Seite der jenseitigen Wesenheiten darstellten.

EUROPA, Tochter des Phönizierkönigs (Agenor oder Phoinix), beim Spiel am Strand von Zeus in der Gestalt eines weißen Stiers geraubt und nach Kreta entführt, wo sie ihm die Söhne ↗ Minos, Rhadamanthys und Sarpedon gebar.

GALEN[OS] aus Pergamon, 129–199v. Chr., Arzt und Verfasser von rund 250 philosophisch grundierten medizinischen Schriften, von denen etwa ein Drittel erhalten ist.

GANYMED, Sohn des Tros, des Gründers von ↗ Troja. Wegen seiner besonderen Schönheit wurde der Hirte von einem Adler auf den Olymp entführt und dort zum Mundschenk der Götter gemacht. Als Geliebter des ↗ Zeus gesehen, wurde seine Gestalt aber auch humanistisch als Aufstieg des Menschen zum Göttlichen aufgefaßt.

GIGANTEN, gewaltige Ungeheuer mit Schlangenleibern anstelle der Füße. Sie entstanden aus den bei der Entmannung des ↗ Uranos zur Erde fallenden Blutstropfen. Ihr Ansturm gegen die olympischen Götter wurde von diesen erst mit Hilfe des Zeus–Sohnes ↗ Herakles überwunden.

GLYKON, ein hellenistischer Dichter, nach dem ein antikes Versmaß, der Glyconeus, benannt ist.

GORDION, Hauptstadt Phrygiens, auf deren Burg der Streitwagen des legendären Königs Gordios mit einem unlösbaren Knoten befestigt war. Der Sage nach würde dem, der sie zu lösen verstünde, die Herrschaft über Asien zuteil werden. Alexander d. Gr. soll im Winter 334/333 v. Chr. mit einem Hieb seines Schwertes den Knoten gelöst haben.

GORGO, GORGONEN, drei Töchter des Meeresgottes Phorkys und seiner Schwester, des Ungeheuers Keto. Ihr Anblick war so furchtbar, daß jeder, der sie sah, sofort zu Stein wurde. Perseus tötete Medusa, die einzige Sterbliche unter ihnen; er schützte sich, indem er nur durch den Spiegel seines Schildes hinsah. Die Göttin ↗ Athena fügte das unheilbringende Haupt ihrem Schilde, der Ägis, ein; es wurde auch sonst allgemein als Abwehrzauber an Waffen und Geräten abgebildet.

HADES, der gefürchtete Gott der Unterwelt, die „Haus des Hades" oder einfach „Hades" heißt.

HARPYIEN, mythologische weibliche Mischwesen aus Mensch und Vogel, ihren Raub rasch dahinraffende Geistergestalten.

HEKABE, l. Hecuba, Gattin des Trojanerkönigs Priamos. Im Krieg verlor sie alle ihre Kinder. Nach der Eroberung der Stadt wurde sie selbst durch das Los Beute des Odysseus. Ihr Name wurde sprichwörtlich gebraucht als Symbol des Leidens und unerträglicher Schmerzen. Die moderne Wendung „Das ist mir Hecuba" bezeichnet distanzierte Gelichgültigkeit [nach Hektors Worten Ilias 6, 450-454].

HELENA, Tochter des ↗ Zeus und der Leda, Schwester der Dioskuren Kastor und Pollux. Sie wurde aus dem Ei geboren, das Leda gelegt hatte, nachdem Zeus sich ihr als Schwan genähert hatte. Als schönste Frau Griechenlands hatte sie 38 Bewerber um ihre Hand. Sie wurde die Frau des Spartanerkönigs Menelaos. Als der Trojanerprinz Paris sie entführte, unternahmen die Griechen einen Rachezug: es begann der zehnjährige Trojanische Krieg.

HELIKON, ein Gebirge im Westen Böotiens. Dort war der Sage nach durch den Hufschlag des Flügelrosses Pegasos die „Pferdequelle" Hippokrene entstanden, wo die Musen ihr Bad zu nehmen pflegten. So ist der Helikon Musenort und Ursprung der poetischen Inspiration.

HELIOS, der Gott der Sonne und die Sonne selbst. Er fuhr mit prächtigem Gespann allmorgendlich aus dem Ozean empor und am Himmel über die ganze Erde hin zum Westen, des nachts in einer gewaltigen goldenen Schale auf dem Okeanos wieder in den Osten. Dabei sah er alles, was vorging. Er wurde auch bei feierlichen Schwüren als Zeuge für den Eid angerufen. Besonders in der Spätantike fand der Sonnenkult zahlreiche Anhänger.

HEPHAIST[OS], l. Vulcanus, Sohn des ↗ Zeus und der ↗ Hera, Gatte der ↗ Aphrodite; der hinkende Gott des Feuers, der Schmiedekunst, der Handwerker; Schöpfer von Kunstwerken, Waffen, Gebrauchsgegenständen, Automaten.

HERA, l. Juno, Schwester und Gattin des ↗ Zeus / Jupiter, eine der zwölf großen olympischen Gottheiten, Mutter u. a. des Kriegsgottes Ares und des häßlichen hinkenden Schmiedegottes ↗ Hephaist[os]. Unter den Menschen erwies Hera ihren göttlichen Schutz der Ehe und der Geburt. Sie zeigte sich als eifersüchtige Gattin gegenüber den Liebschaften ihres Gemahls. Im Krieg um ↗ Troja stand sie auf Seiten der Griechen, weil der Trojanerprinz Paris beim Schönheitswettbewerb der Göttinnen nicht ihr den Preis zuerkannt hatte, sondern der ↗ Aphrodite.
↗ Ares. ↗ Argus. ↗ Horen. ↗ ®Milchstraße.

HERAKLES, l. Hercules, Sohn des ↗ Zeus und der Alkmene, stärkster und berühmtester Held der griechischen Sage. Von der eifersüchtigen ↗ Hera lebenslang verfolgt, war er gezwungen, sich dem Eurystheus unterzuordnen und auf dessen Geheiß 12 nahezu unerfüllbare Arbeiten zu verrichten [u. a. ↗ Augias, ↗ Hydra, ↗ Kerberos]. Er unterstützte auch erfolgreich die Götter in ihrem Kampf gegen die ↗ Giganten. Erst nach vielen Mühen und Leiden wurde ihm die versprochene Unsterblichkeit zuteil. Seine Gestalt wurde im Laufe der Zeit unterschiedlich aufgefaßt: als Vorbild für Tapferkeit, Ausdauer und Entsagung, aber auch als burleske Figur. ↗ Prometheus.

Anhang Namen

HERMAPHRODIT[OS] ↗ Aphrodite verband sich mit ↗ Hermes, ihr Kind wurde der doppelgeschlechtliche Hermaphrodit. Er war zunächst ein wunderschöner Jüngling; doch die Quellnymphe Salmakis verliebte sich in ihn, und als er ein Bad nahm, sprang sie selbst hinein und betete, daß ihre beider Körper nie getrennt werden sollten. Sie wurde erhört, die beiden wuchsen zusammen. Der Jüngling war erschrocken über das Geschehen, er betete, daß auch alle anderen Männer, die dort badeten, in derselben Weise zu Zwittern werden sollten, was dem Ort einen zwei-felhaften Ruf eintrug.

HERMES, l. Mercurius, Sohn des ↗ Zeus und einer Nymphe, einer der zwölf großen olympischen Götter, als deren Bote er auftrat. In seiner Findigkeit beschützte er Reisende, Händler und Diebe ebenso wie Hirten und Herden; er war auch als Erfinder berühmt. Die Seelen der Toten geleitete er zur Unterwelt.

HERMES TRISMEGISTOS, griechische Übertragung [„Hermes der dreimal Größte"] für das ägyptische „Thoth der Allergrößte". Thoth ist dort der Gott der Schreibkunst und der Wissenschaft. Er gilt als angeblicher Verfasser der Schriften des *Corpus Hermeticum*, einer Sammlung von 17 Einzelschriften, Erbauungsliteratur aus dem Heidentum in den geläufigen Formen von Dialog, Brief und Traktat, über die Erlösung der gefallenen Seele, ein Konglomerat aus ägyptischem, gnostischem, jüdischem und griechischem Gedankengut.

HERON von Alexandreia, Mathematiker aus dem 1. Jh. n. Chr., Verfasser verschiedener Traktate, die teils griech., teils arab., teils in lat. Übersetzung erhalten sind.

HEROSTRAT[OS], ein Psychopath aus Ephesos, der aus Ruhmsucht 356 v. Chr. den dortigen Artemistempel in Brand setzte, um so in die Geschichte einzugehen. Nach ihm sprichwörtlich eine „herostratische Tat".

HESPERIDEN, Nymphen, die an einem weit entfernten westlichen Ort ↗ Heras goldene Äpfel bewachen. ↗ Herakles vermag sie für Eurystheus zu rauben, nahdem er den Wache haltenden Drachen Ladon getötet hat. Eurystheus gab die Äpfel an Herakles zurück; dieser stiftete sie der ↗ Athene, die sie ihrerseits den Hesperiden zurückerstattete.

HESPEROS, der Abendstern, Sohn oder Bruder des ↗ Atlas, schon frühzeitig von den Griechen mit dem Morgenstern identifiziert.

HIPPOKRATES aus Kos, der größte Arzt des klassischen Altertums, * um 460, † um 370. Unter seinem Namen sind 58 Schriften in 73 Büchern in jonischem Dialekt überliefert, die meist nicht von ihm selbst, sondern aus seiner Schultradition stammen. Sein Werk kennzeichnet die Abwendung von magisch–mythischer Medizin und die Hinwendung zu wissenschaftlich fundierter, rational reglementierter Heil-kunst. Als grundlegend gelten die 4 Säfte des Körpers: Blut, Schleim, gelbe und schwarze Galle, deren richtige Mischung die Gesundheit garantiert, deren falsche aber zu Krankheiten führt. Die Züge eines dem nahenden Tode Geweihten werden als „hippokratisches Antlitz" bezeichnet. Der berühmte „hippokratische Eid", bei den Heilgottheiten ↗ Apollon und ↗ Asklepios, Hygieia und Panakeia geleistet, gilt bis in die Gegenwart als ethisches Fundament des Ärztestandes.

Anhang Namen

HIPPONAX aus Ephesos, Mitte des 6. Jhs. v. Chr., Verfasser von Schmäh- und Bettelgedichten, von denen nur Fragmente erhalten sind; Erfinder des nach ihm als „hipponacteus" benannten Hinkjambus.

HOMER[OS], epischer Dichter aus dem 8. Jh. v. Chr., dessen Person und Leben unklar bleiben. Sieben Städte nannten ihn ihren Sohn: Smyrna, Rhodos, ↗ Kolophon, Salamis, Chios, Argos, Athen. Zwei Werke wurden ihm zugeschrieben, die „Ilias" [nahezu 16.000 Hexameter] über den Kampf um ↗ Troja und die „Odyssee" über die Heimkehr des Odysseus von dort [etwa 12.000 Verse]. - Das „unauslöschliche [= „homerische"] Gelächter" geht auf das Lachen der Götter über ↗ Hephaist Ilias 6, 599–600 und Odyssee 8, 326–327 sowie 20, 345–347 zurück.

HOREN, Töchter des ↗ Zeus und der Themis, Personifikationen der drei Jahreszeiten Thallo, Auxo, Karpo = „Blühen", „Wachsen", „Ernten". Sie werden zusammen mit den Grazien gesehen und erscheinen im Gefolge der ↗ Hera und der ↗ Aphrodite.

HYADEN, die „Regenschwestern", eine Sterngruppe mit 5 Sternen im Bild des Stiers, oft verknüpft mit den 7 Pleiaden im selben Sternbild. Der Name mag damit zusammenhängen, daß bei ihrem Auf- und Untergang Regen einsetzte, oder auch damit, daß griechisch *hyein* = regnen mit 'y' beginnt, dessen Form das Sternzeichen zeigt.

HYAKINTHOS, l. Hyacinthus, ein überaus schöner Jüngling, durch den die Knabenliebe in die Welt kam. Der Sänger Thamyris liebte ihn, ebenso aber auch ↗ Apoll, der ihn mit einem Diskuswurf unabsichtlich tötete, weil der eifersüchtige ↗ Zephyros den Wurf abgelenkt hatte. Aus des Toten Blut erblühte die Hyazinthe.

HYDRA, ein Ungeheuer mit vielen Köpfen, das in Argos im lernäischen Sumpf hauste und allein durch seinen tödlichen Hauch alle Vorübergehenden umbrachte. Um sie zu töten, schlug ↗ Herakles ihr die Köpfe ab. Doch für jeden abgehauenen wuchsen zwei neue nach. Erst als er die Stümpfe ausbrannte, kam sie zu Tode. Der Sieger vergiftete mit ihrer Galle seine Pfeilspitzen.

HYPERBOREER, sagenhaftes Nordvolk. Der Name wurde von den Griechen als „Jenseits des Nordwindes ↗ Boreas" verstanden. Sie galten als glückliche Geschöpfe, bei denen ↗ Apollon die drei Wintermonate verbrachte.

IKAROS, l. Icarus, Sohn des ↗ Daidalos, der das Labyrinth auf Kreta schuf. Als König Minos den Künstler nicht ziehen lassen wollte, konstruierte dieser zwei Paar Flügel aus Federn, mit Wachs zusammengefügt, und entfloh mit seinem Sohn. Ikaros strebte jedoch allzu hoch hinaus, und die Hitze der nahen Sonne schmolz das Wachs, seine Flügel zerfielen, und er stürzte in den Tod.

ISIDOR von Sevilla, geb. 560/570 in Cartagena / Spanien, gest. 636 in Sevilla, wo er seit 601 Erzbischof war; Verfasser von theologischen und historischen Schriften; am bekanntesten durch seine 20 Bücher *Etymologiae* oder *Origines* [„Ursprünge"], in denen er das Wissen seiner Zeit in enzyklopädischer Form darbietet, im Mittelalter in fast 1000 Handschriften verbreitet.

ISIS, die große ägyptische Himmelsgöttin, die im ganzen Mittelmeerraum Verehrung fand und besonders in der römischen Kaiserzeit eine der wichtigsten und am meisten angerufenen Gottheiten war.

ISTHMOS, l. Isthmus, Landenge, besonders die bei ↗ Korinth, welche Peloponnes und Festland verbindet. Hier wurden seit 582 v. Chr. alle zwei Jahre die gesamtgriechischen Isthmischen Spiele festlich begangen.

KALCHEDON, auch Chalkedon, um 680 v. Chr. am Bosporos gegründete Kolonie, erfolgreicher Handelsplatz, infolge der günstigen strategischen Lage vielfach umkämpft; 451 n. Chr. Konzil mit Festlegung des Dogmas von den zwei Naturen [Gott und Mensch] in der Einen Person Christi.

KASSANDRA, die schönste Tochter des Trojanerkönigs Priamos und der ↗ Hekabe. Sie wies die Werbungen des Gottes ↗ Apollon ab, der ihr daraufhin zwar die Sehergabe verlieh, jedoch bewirkte, daß ihren Prophezeiungen niemand Glauben schenkte. Nach der Eroberung der Stadt fiel sie als Beute an Agamemnon und wurde mit diesem zusammen bei seiner Heimkehr nach Mykene von Klytaimnestra und Aigisth umgebracht.

KASSIOPEIA, Gattin des äthiopischen Königs Kepheus und Mutter der Andromeda. Weil sie sich rühmte, so schön wie die Nereïden [↗ Nereus] zu sein, sandte der Meeresgott Poseidon ein Ungeheuer. Kepheus kettete Andromeda an einen Felsen, um durch dieses Opfer seiner Tochter die Wut des Ungeheuers zu besänftigen. Doch Perseus rettete Andromeda, die später von Athena unter die Sterne versetzt wurde.

KASTALIA, Quelle am Parnaß in Delphi. Ihrem Wasser, das kultischer Reinigung diente, wurde auch prophetische Kraft zugeschrieben. Später wurde sie als Symbol dichterischer Inspiration aufgefaßt.

KASTOR ↗ Castor

KENTAUREN, Mischwesen aus Pferdeleibern und Männerköpfen. Bekannt ihr Kampf mit den Lapithen, die sie zu einer Hochzeit eingeladen hatten. An Wein nicht gewöhnt, berauschten sich die Kentauren und versuchten, die Frauen der Gastgeber zu entführen; sie wurden erst nach blutigem Kampf zurückgeschlagen.

KERBEROS, l. Cerberus, deutsch Zerberus, dreiköpfiger schlangenumwundener Höllenhund am Eingang des ↗ Hades. Allein Orpheus vermochte ihn durch seinen Gesang zu erweichen, während ↗ Herakles ihn mit Gewalt zu Eurystheus und danach wieder zurückbrachte.

KEREN, Todesgöttinnen, die den Menschen umlauern und schließlich dahinraffen. Sie werden mit langen Zähnen und Klauen gedacht und verbildlichen die Unvermeidlichkeit und Plötzlichkeit des Todesgeschickes. Beim Kampf um ↗ Troja wiegt Zeus die Keren des ↗ Achill und des Hektor gegeneinander ab [die „Kerostasie"]; die schwereren des Hektor entscheiden für ihn Niederlage und Tod.

KIRKE ↗ Circe

KOLOPHON, jonische Stadt in der Nähe von Ephesos, blühend bereits im 8. Jh. v. Chr., Mutterstadt von Smyrna, angeblich Heimat Homers, Herkunftsort von Xenophanes und Antimachos. Nicht weit entfernt befand sich das Heiligtum des Klarischen ↗ Apollon.

KORINTHOS, Korinth, bedeutende Handelsstadt der ↗ Dorer am ↗ Isthmus seit dem 8. Jh. v. Chr.; seit 582 Austragungsort der gesamtgriechischen isthmischen Spiele; 146 von den Römern zerstört.; 44 als römische Kolonie neu gegründet; danach Sitz einer vom Heiligen Paulus eingerichteten Christengemeinde.

KORYBANTEN, männliche Begleiter der ↗ Kybele. Sie feierten ihre Herrin mit Waffentänzen, bei denen sie Speere und Schilde aneinanderschlugen. Auch die menschlichen Anhänger des Kultes ahmten diese Tänze zur Musik von Zymbeln, Trommeln und Flöten nach.

KROISOS, letzter lydischer König, 595–546 v. Chr., Herrscher ab 561, unermeßlich reich und entsprechend hochmütig. Als ↗ Solon ihn besuchte, zeigte er ihm seine Schätze und fragte, wer der glücklichste Mensch sei. Solon verärgerte ihn durch andere Namen, bestand aber darauf, daß kein Mensch vor seinem Ende glücklich genannt werden könne. Später wurde Kroisos von den Persern besiegt, gefangen genommen und zum Tod auf dem Scheiterhaufen bestimmt. Als er da wiederholt den Namen des Solon ausrief, befragte ihn König Kyros, und Kroisos erzählte. Das rettete ihm das Leben.

KRONOS, l. Saturnus, Sohn des Uranos, der Gebieter der Titanen, Vater von ↗ Hera, ↗ Hades, ↗ Poseidon und ↗ Zeus. Er verschluckte seine Kinder, deren eines ihn nach einer Weissagung in der Herrschaft ablösen würde. Doch die Mutter Rheia gab ihm statt des neugeborenen Zeus einen Stein in Windeln. Der erwachsene Zeus überwand die Titanen und verbannte sie in die Unterwelt. Saturn wurde als gütiger König des Goldenen Zeitalters und Schützer der Felder verstanden; seine Sichel wies nun sowohl auf die Entmannung des Uranos wie auf die Erntearbeit hin. Auf seine Festzeit im Dezember, die Saturnalien, legte die christliche Kirche den Zeitpunkt des Weihnachtsfestes.

KYBELE oder **KYBEBE**, Die Große Göttin, die Göttermutter [Magna Mater], auch einfach Mutter, später Allmutter genannt. Sie verkörpert die nährende und erhaltende Kraft der Natur, ist die Gebieterin der Tiere und Herrin des Wachstums, Städtebeschirmerin und Schicksalsgottheit. Sie wird meist dargestellt auf einem von Löwen gezogenen Wagen fahrend, mit einer Krone auf dem Haupt, die als Mauerkrone verstanden wird und den Schutz von Städten deutlich macht.
↗ Korybanten.

KYKLOPEN ↗ Zyklopen

KYRENE, Tochter des Hypseus, die die traditionellen weiblichen Arbeiten ablehnte und lieber auf die Jagd ging. Als sie mit nackten Fäusten einen Löwen niederrang, fiel sie dem Gott ↗ Apollon auf, der sie nach Nordafrika entführte. Von ihr erhielt danach die Kolonie Kyrene in Libyen ihren Namen.

LAKONISCH ↗ Sparta

LAMIA, ein Gespenst, gräßlich anzuschauen, als Kinderschreck gerufen, auch als Kinderräuberin gefürchtet. ↗ Zeus verliebte sich in die zuerst sehr schöne Prinzessin, doch ↗ Hera ließ sie wahnsinnig werden, sodaß sie ihre eigenen Kinder tötete. In ihrem Schmerz vereinsamte sie, verlor ihre Schönheit und fing an, fremde Kinder zu rauben. Jungen Männern konnte sie auch in verführerischer Gestalt erscheinen, um alsdann ihr Blut auszusaugen.

LESBOS, große fruchtbare Insel vor Kleinasiens Westküste, Heimat der ↗ Sappho und des ↗ Alkaios.

LETHE, Unterweltsfluß, aus dem die ins Totenreich einströmenden Seelenschatten tranken und so ihre Erinnerung an ihr voraufgegangenes Dasein verloren; *Lethe* bedeutet „Vergessen".

LYKEION ↗ Aristoteles

MAGNESIA, Gebiet in Thessalien in der Nähe des Tempetales, nach dem die dort gefundenen Magnetsteine benannt sind.

MÄANDER / MAIANDROS, kleinasiatischer Fluß im Norden Kariens, aufgrund seiner zahlreichen Windungen sprichwörtlich.

MANICHÄISCH, von Mani [215–274 n. Chr.] gestiftete Religion, die im 4. Jh. n.Chr. im Römerreich weit verbreitet war.

MARATHON, Ebene an der Ostküste ↗ Attikas, Ort des entscheidenden griechischen Sieges über die Perser 490 v. Chr.; ein Grieche soll die über 40 km lange Strecke nach Athen ununterbrochen durchlaufen haben und nach Überbringung der Siegesnachricht tot zusammengebrochen sein.

MAUSOLOS, Herrscher in Karien 377–353 v. Chr., nach dem das in Halikarnass errichtete gewaltige Grabmal „Mausoleum" heißt.

MEDUSA ↗ Gorgo

MEGAIRA [Megaera, Megäre], eine der ↗ Erinnyen.

MEGARA, Stadt am Saronischen Golf zwischen ↗ Athen und ↗ Korinth, einflußreicher Handelsort, gründete u. a. ↗ Chalkedon und ↗ Byzanz.

MENTOR, Freund des Odysseus, der ihm für die Zeit seiner Abwesenheit vor ↗ Troja die Sorge für sein Hauswesen anvertraut; er berät auch Telemach, den Sohn seines Freundes, und wird darum als Name für einen verständnisvollen einsichtigen Ratgeber gebraucht.

Anhang Namen

MIDAS, sagenhafter phrygischer König, der von ↗ Dionysos erbat, alles, was er anrührte, möge zu Gold werden. Die Erfüllung der Bitte brachte ihn nahezu zu Tode, denn auch Speisen und Getränke wurden verwandelt. Er mußte sich zur Befreiung im Fluß Paktolos baden, der von nun an Gold führte. Als er später im musikalischen Wettstreit zwischen ↗ Apollon und ↗ Pan statt des Gottes den Pan auszeichnen wollte, wuchsen ihm zur Strafe Eselsohren. Er verbarg sie, doch sein Barbier bemerkte die Besonderheit, und da er sie niemandem verraten durfte, grub er ein Erdloch und flüsterte sie hinein. Das hervorsprießende Gras gab das Geheimnis preis: „König Midas hat Eselsohren!"

MILCHSTRASSE: ↗ Zeus wollte ↗ Herakles unsterblich machen und legte den Säugling der schlafenden ↗ Hera an die Brust. Als sie aber erwachte und den Knaben verärgert von sich stieß, verspritzte sie ihre Milch über den Himmel und brachte so die Milchstraße hervor.

MINOS, sagenhafter König von Kreta, Sohn des ↗ Zeus und der ↗ Europa; von Pasiphaë Vater der ↗ Ariadne. Daidalos erbaute für ihn das Labyrinth, in dem der Minotauros hauste, ein Untier, halb Mensch, halb Stier. Nach seinem Tode wurde Minos Richter in der Unterwelt, zusammen mit Aiakos und Rhadamanthys.

MITHRIDATES, Herrschername in der Arsakidendynastie des Königreichs Pontos nach der Zeit Alexanders d.Gr.; M.VI. [132-63 v. Chr.] führte 3 Kriege gegen Rom und wurde erst nach bedeutenden Anfangserfolgen besiegt und entthront.

MITHRAS, altiranische Gottheit, von Zarathustra bekämpft, im Römerreich während des 1.-4.Jhs. weithin verehrt, 312 zum Reichsgott erhoben [*Sol invictus* = „der unbesiegbare Sonnengott"]; vom Christentum bekämpft und schließlich über-wunden. Die Lehre betonte die Unsterblichkeit der Seele, ihre Auferstehung und ein Totengericht; das Geburtsfest des Gottes am 25. Dezember [Sonnenwende] wurde vom Christentum als Festtag übernommen.

MOLOSSER, ein Stamm in Epirus [bei Ioannina]. Berühmt ihr König ↗ Pyrrhos, die von ihnen gezüchteten Jagdhunde und die dort befindliche Orakelstätte des Zeus in Dodona.

MOSSYNOIKEN, ein Gebirgsvolk an der Südostküste des Schwarzen Meeres, das in hölzernen Hütten haust.

MORPHEUS, Sohn des Schlafgotttes Hypnos [l. Somnus], der unterschiedliche menschliche Gestalten, griechisch *morphai,* in den Träumen erscheinen läßt; daher auch für „Schlafen" die Redewendung „In Morpheus' Armen".

MYKENE, eine der ältesten Städte Griechenlands, auf dem Peloponnes in der nördlichen Argolis die Verbindung zwischen Argos und Korinth kontrollierend; nach ihr die Kultur der 2. Hälfte des 2. Jahrtausend v. Chr. als „mykenisch" bezeichnet; im 19. Jh. von Schliemann ausgegraben [Löwentor, Grabanlagen].

MOIRAI [Moeren, l. Parcae, Parzen], drei Schicksalsgöttinnen, die den Lebensgang des Menschen bestimmen. Sie werden oft als Spinnerinnen gedacht: Klotho beginnt den Lebensfaden, Lachesis führt ihn, Atropos schneidet ihn ab.

NARKISSOS, ein überaus schöner Jüngling, der die Liebe der Nymphe ↗ Echo verschmähte und sich in sein eigenes Spiegelbild verliebte. Da diese Neigung keine Erfüllung finden konnte, kam er zu Tode; an seiner Stelle erwuchs die nach ihm benannte Blume.

NEMESIS, Personifikation der gerecht ausgleichenden göttlichen Gewalt, eine Tochter des Okeanos, von ↗ Zeus Mutter der ↗ Helena. Sie straft Übermut und Überhebung, rächt Übeltaten und bewahrheitet ihren Beinamen *Adrasteia* = „die Unentrinnbare".

NEREUS, ein freundlicher weiser Meergreis, Vater der Nereiden.

NESTOR, König von Pylos, der älteste der griechischen Helden vor ↗ Troja.

NIKOLAOS, katholischer Heiliger, Bischof von Myra in Lykien, dessen Reliquien nach Bari entführt wurden. Sein Fest ist am 6. Dezember. Er soll durch seine unbemerkt verteilten Gaben Arme und Kinder erfreut haben.

NYMPHE bedeutet ursprünglich „junge Frau", „Braut". Es findet dann auch Verwendung zur Bezeichnung niederer Naturgottheiten, die, je nach ihrem Umfeld, im Meer Okeaniden heißen, Najaden bei Quellen, Flüssen und Seen, Dryaden in den Wäldern. Es werden auch individuelle Namen und Schicksale angeführt, z. B. ↗ Echo, ↗ Daphne, Eurydike.

ODYSSEUS, griechischer Heros von der Insel Ithaka, durch ↗ Homers Epos „Odyssee" in die Weltdichtung eingeführt und auch nach ihm vielfältig dargestellt; Erfinder vieler listiger Lösungen [↗ Troja] und Held unterschiedlicher Abenteuer [↗ Circe, ↗ Phaiaken, ↗ Zyklopen].

OGYGES, der vorgeschichtliche erste König Thebens, in dessen Zeit auch die große Sintflut von Deukalion und Pyrrha gesetzt wurde.

OIDIPUS, Sohn des thebanischen Königs Laios und seiner Gemahlin Jokaste. Da ein Orakel warnte, er werde den Vater töten und die Mutter heiraten, wurde er mit durchbohrtem Fuß [„Schwellfuß"] ausgesetzt. Jedoch rettete ihn ein Hirte. Als er später als Jüngling nach Theben kam, tötete er an einer Wegkreuzung im Streit einen ihm fremden Mann, seinen Vater. Danach löste er das Rätsel der ↗ Sphinx und heiratete die verwitwete Königin, mit der er vier Kinder hatte. Eine Seuche im Land veranlaßte ihn, nach dem Mörder des Laios zu suchen, den er schließlich in sich selbst erkannte. Zur Sühne blendete er sich selbst und ging in die Verbannung.

OKEANOS, frühe Gottheit, Sohn des Uranos, Herrscher über den Weltstrom, der Eurasia und Afrika umfloß im Gegensatz zum inneren Mittelmeer; Vater der Meeresgöttinnen Okeaniden.

Anhang Namen

OLYMPIA, Ort im Westen der Peloponnes, Stätte der panhellenischen Olympischen Spiele, seit 776 v. Chr. alle 4 Jahre abgehalten, 393 n. Chr. von Kaiser Theodosius abgeschafft; seit 1896 modern erneuert.

OLYMPOS, Berg zwischen Thessalien und Makedonien, in der Sage Sitz der griechischen Götter.

OPOUS, l. Opus, lokrische Stadt in Griechenland in der Nähe des Wasserweges, der Euboia vom Festland trennt; schon von Homer im Schiffskatalog der „Ilias" erwähnt und von Pindar in seiner 9. Olympischen Oden gefeiert; Heimat des Feigenkaktus.

ORION, im Mythos ein gewaltiger Jäger, an den sich verschiedene Sagen knüpfen; nach seinem Tode als Sternbild an den Himmel versetzt.

ORPHEUS aus Thrakien, als Sänger von außerordentlicher zauberischer Kraft, dessen Tönen die wilden Tiere folgten und sogar Bäume und Flüsse. Als seine Gattin Eurydike starb, vermochte er sogar die Götter der Unterwelt zu erweichen: sie erlaubten ihr die Rückkehr, doch mußte sie ihm schweigend folgen und er durfte sich nicht nach ihr umblicken. Als er das Gebot brach, wurde sie wieder zu den Schatten versetzt. Orpheus wurde von thrakischen Mänaden zerrissen; sein immer noch singendes Haupt trieb den Fluß Hebros hinunter ins Meer und landete schließlich auf der Insel Lesbos. An seinen Namen knüpft die mystische Bewegung der Orphik an, ebenso auch eine Textsammlung von Hymnen „Orphika".

PAN, arkadischer Hirtengott, vorgestellt mit Hörnern und Bocksbeinen, Erfinder der Panflöte, bisweilen durch seinen Schrei Urheber des „panischen" Schreckens oder der „Panik".

PANDORA, die „Allgeberin" als frühe Erdgöttin; als Gabe des ↗ Zeus von ↗ Epimetheus, trotz der Warnungen seines Bruders ↗ Prometheus, zur Frau genommen, da sie von allen Göttern mit Liebreiz beschenkt worden war [die „Allbeschenkte"]. Als Strafe des Zeus für die Menschheit, die von Prometheus mit aus dem Himmel geraubten guten Gaben beschenkt worden war, öffnete sie ein Gefäß [„die Büchse der Pandora"] und entließ die darin verborgenen Übel; nur die Hoffnung verblieb drinnen.

PARNASSOS, Berg in Phokis, an dem die Orakelstätte Delphi liegt. Er galt als Lieblingsort des Apoll; die Musenquelle Kastalia entspringt an seinem Fuße.

PERGAMON, das moderne Bergama in der Türkei, 283–133 ein selbständiger Staat, kulturell in seiner Zeit führend, mit einer berühmten Bibliothek [„Pergament"] und bedeutenden Kunstwerken, von denen wichtige Reste im Berliner Pergamon-Museum aufbewahrt sind.

PEGASOS, ein geflügeltes Pferd, entsprang der ↗ Medusa, als Perseus ihr den Kopf abschlug. Es galt als Liebling der Musen; sein Hufschlg ließ die Quelle Hippokrene am ↗ Helikon hervorsprudeln. So wurde es zum Symbol der Poesie.

PHÄAKEN = PHAIAKEN, lebten nach der „Odyssee" [↗ Homer] unter ihrem gütigen König Alkinoos auf der Wunderinsel Scheria. Sie besaßen Schiffe, die ohne Steuermann windschnell ans Ziel gelangten, und führten so Odysseus in seine Heimat Ithaka zurück.

PHAETON, Sohn des ↗ Helios, von dem er sich für einen Tag die Lenkung des Sonnenwagens erbat. Unfähig, die stürmischen Riesenrosse zu leiten, geriet er zu nah an die Erde und rief einen riesigen Brand hervor. ↗ Zeus erschlug ihn mit seinem Blitz.

PHASIS, Fluß in Kolchis, mündet in das Schwarze Meer, Ort vieler Abenteuer der ↗ Argonauten.

PIERIA = PIERIEN, makedonische Landschaft nahe Saloniki, Heimat der Musen.

PINDAR, griech. Pindaros, * um 518 v. Chr, † nach 446 v. Chr., dichtete Hymnen, Preisgesänge und Siegeslieder in adliger Tradition.

PLATON, 427–347 v. Chr., der große athenische Philosoph, Schüler des ↗ Sokrates, Gründer der ↗ Akademie.

PLUTON, Gott der die Nahrung und Reichtümer spendenden Erdentiefe, daher oft mit *Plutos*, dem Gott des Reichtums, gleichgesetzt; insgesamt mit ↗ Hades, dem Herrn der Unterwelt, identifiziert.

POLLUX ↗ Castor

POLYKLET = POLYKLEITOS aus dem Nordosten der Peloponnes, berühmter Bildhauer der Hochklassik in der 2. Hälfte des 5. Jhs. v. Chr.

PRIAP[OS], mit überdimensionalem Phallos dargestellter Fruchtbarkeits– und Vegetationsgott, als Wächter in Garten und Weinbergen plaziert. Nach ihm benannt die „Priapeen", kurze freizügige Gedichte über ihn und sein Wirken.

PROKRUSTES, ein Unhold aus der Nähe von Eleusis, der die vorbeiziehenden Wanderer zur Übernachtung einlud, sie dann jedoch den Maßen seines Bettes anpaßte, indem er sie entweder verstümmelte oder streckte [daher sein Name „Strecker"]. Theseus bestrafte ihn auf dieselbe Art und Weise.

PROMETHEUS [= „Vorbedacht"], Bruder des Epimetheus [= „Nachbedacht"], schuf aus Lehm das Menschengeschlecht und raubte ihm von den Göttern das Feuer. ↗ Zeus ließ ihn, im Kaukasos an einen Felsen geschmiedet und von einem Adler gepeinigt, ohne Ende büßen; ↗ Herakles befreite ihn.

PROTEUS, in der griechischen Mythologie Sohn oder Untergebener des ↗ Poseidon, in der See lebender Seher, der sein Wissen nicht preisgeben mochte. Er konnte aber des Mittags im Schlaf überwältigt werden; vermochte er dann trotz einer Folge von Verwandlungen [Löwe, Bär, Schlange, Baum, Feuer, Wasser u. a. m.] nicht entkommen, gab er sein Wissen preis.

Anhang Namen

PYRRHOS, König von Epiros, ca. 318–272 v. Chr., sah sich als Nachkommen des Pyrrhos, des Sohnes des ↗ Achilleus. Er errang zahlreiche Siege in Griechenland, Italien und Sizilien, mußte jedoch hohe Verluste hinnehmen, sodaß der Ausdruck „Pyrrhossieg" entstand: ein militärischer Erfolg, der jedoch infolge der Verluste letzten Endes negative Auswirkungen hat.

PYTHAGORAS, um 572 v. Chr. auf ↗ Samos geboren; später in der ↗ dorischen Kolonie Kroton [Crotone in Unteritalien] ansässig; dort Gründer und Leiter einer religiösen Gemeinschaft und Philosophenschule; um 493 in Metapont gestorben. Seine Lehre machte die Zahl[en] zum Urgrund aller Dinge, die wirkliche Welt zu ihrem Abbild. So wie die Bahnen der Himmelskörper geordnete Zahlenverhältnisse erkennen ließen, so gleichermaßen auch die Harmonien der Töne [„Sphärenharmonie"]. Seine Schüler entwickelten diese Lehren weiter und beeinflußten u. a. Platons Denken nachhaltig. Die Bewegung erlosch um die Mitte des 4. Jhs. v. Chr.; um Christi Geburt erwuchs in Rom ein neu–pythagoreisches Denken, das freilich nicht den alten Einfluß erreichen konnte.

PYTHIA, Priesterin und Prophetin am Tempel des ↗ Apollon zu Delphi, deren nicht selten recht dunkle Verkündigungen als „Pythische Aussprüche" für rätselhafte Weisungen angeführt wurden.

PYTHON, eine riesige Schlange in Delphi, die von ↗ Apollon, als er sein Heiligtum dort begründete, getötet wurde.

SALOMON, Sohn des jüdischen Königs David, herrschte von ca. 974–937 v. Chr., dem auch verschiedene religiöse Dichtunge des Alten Testaments zugeschrieben werden, z. B das „Hohelied Salomons".

SAMOS, Insel vor der Westküste Kleinasiens, jonisch besiedelt. Ein berühmter ↗ Hera–Tempel erhob sich im Westen in dem bereits im 10. Jh. v. Chr. gegründten Heiligtum der Göttin. Beliebt war und ist auch der Süßwein der Insel.

SAPPHO, Lyrikerin aus Lesbos, * um 600 v. Chr. Ihr Lebensgang ist historisch nur schwer festzumachen. Sie leitete einen religiös fundierten Kreis junger Mädchen aus führenden Familien und bereitete sie auf ihre spätere Rolle in der Ehe vor. Nur Fragmente ihrer Gedichte sind erhalten, obschon die Antike neun Bücher besaß. Sie wurde als einzige Frau im Kanon der neun exemplarischen Lyriker geführt und von Platon als „zehnte Muse" gefeiert. Eine metrische Einheit der Antike heißt nach ihr die „sapphische Strophe".

SCHIMÄRE ↗ Chimaira

SERAPIS / SARAPIS, griechisch–ägyptische Gottheit, dargestellt im Serapaeum in Alexandreia, menschengestaltige Entsprechung zum Apis–Stier, Zentrum eines weit im Imperium Romanun verbreiteten Kultes; Tempel und Statue zerstört 385 n. Chr. als Ende der heidnischen Ära.

SIBYLLEN, gottbegeisterte [„enthusiasmierte"] prophezeiende Frauen. Eine lückenhafte Orakelsammlung „sibyllinische Bücher" ist erhalten; sie wurde in der Spätantike zusammengestellt, enthält jedoch auch Texte aus den Jahrhunderten vor und nach Christi Geburt.

SILEN[OS] / SEILENOS, Begleiter des ↗ Dionysos, Mischwesen mit menschlichen und tierischen Zügen, alt, trinkfreudig, weise, meist mit Bart und Phallos dargestellt.

SIRENEN, Töchter des Acheloos und einer Muse. Sie hausten auf einer einsamen Insel, waren von den Hüften abwärts Vögel und hatten auch Flügel. Ihr betörender Gesang zog unwiderstehlich die Vorübersegelnden an; viele Opfer bedeckten ihren Strand. Die ↗ Argonauten konnten ungefährdet passieren, da unter ihnen ↗ Orpheus berückender sang als die Sirenen. Odysseus, von ↗ Circe gewarnt, hatte sich an den Mast binden lassen und seinen Gefährten die Ohren mit Wachs verstopft; so vermochte er allein unbeschadet den Zaubergesang zu vernehmen.

SISYPHOS, König bzw. Gründer von Korinth, wegen verschiedener Freveltaten im Hades dadurch bestraft, daß er einen schweren Stein den Berg hinauf wälzen muß, der unmittelbar vor dem Gipfel zurückrollt.

SKYLLA ↗ Charybdis

SODOM, Stadt am Toten Meer, zusammen mit der Nachbarstadt Gomorrha wegen ihrer widernatürlichen Sünden von Gott mit Feuer und Schwefel vertilgt [Genesis 18ff.].

SOKRATES aus Athen, 470–399 v. Chr., Philosoph. Über ihn berichten insbesondere seine Schüler ↗ Platon und Xenophon, mehr kritisch ↗ Aristophanes in den „Wolken". Es hieß, er „brachte die Philosophie vom Himmel auf den Marktplatz", d. h. er überging die naturphilosophischen Fragen zugunsten der praktischen Ethik. Seine unbedingte Gradlinigkeit brachte ihm viele Feinde ein; er wurde Opfer eines Justizmordes und durch Gift hingerichtet.

SOLON, * um 640 v. Chr., † um 560, Dichter und Politiker in Athen. Als hochangesehener Bürger wurde er 595/3 zu einer Staats- und Gesellschaftsreform berufen, in der er mit zahlreichen politischen, wirtschaftlichen und sozialen Neuerungen viele Fortschritte erzielte. Solon wurde auch zu den Sieben Weisen gezählt. Teile seiner Dichtungen haben sich erhalten. ↗ Kroisos.

SOTADES, Dichter aus Thessalien, lebte Anfang des 3. Jhs. v. Chr. in Alexandria. Eine Versform ist nach ihm benannt. Aufgrund seiner scharfen Witze gegen die Herrscher wurde er zum Tode verurteilt. Nur Fragmente sind überliefert.

Anhang Namen

SPARTA, Stadt im Südosten der Peloponnes, als Staat Lakedaimon genannt, seit ca. 1050 v. Chr. von den Spartiaten, den Vollbürgern, besiedelt. Die Heloten, die ursprüngliche Bevölkerung, wurde von ihnen unterdrückt und ausgebeutet. Zahlenmäßig weit unterlegen führten die Spartiaten ein strenges Regime und selbst auch ein strikt diszipliniertes hartes Dasein; das führte zum sprichwörtlichen Gebrauch des Begriffs „lakonisch".

SPHINX, ein furchterregendes Fabelwesen mit weiblichem Oberkörper und Flügeln, einem Löwenleib und Schlangenschwanz. Oft wird sie in Texten erwähnt bzw. bildlich dargestellt; am bekanntesten ist ihre Rolle in der thebanischen Ödipussage. Dort tötete sie alle, die ihr begegneten und ihr Rätsel, das sie von den Musen gelernt hatte, nicht lösen konnten. Erst ↗ Ödipus vermochte es zu erklären; besiegt stürzte sich die Unholdin zu Tode.

STENTOR, in der Trojasage der stimmkräftige Herold des griechischen Heeres, „so laut wie 50 Männer". Das führte zum sprichwörtlichen Gebrauch des Begriffs „Stentorstimme".

STYMPHALISCHE VÖGEL, auf einem See bei Stymphalos in Arkadien lebend, konnten mit ihren Federn wie mit Pfeilen Tiere und Menschen umbringen. Es war eine der 12 Arbeiten des ↗ Herakles, sie zu töten.

STYX, Tochter des Okeanos, die Gottheit des nach ihr benannten Unterweltsstromes, bei dem die Götter ihre Eide schwören. Der Fährmann Charon führt in seinem Boot die Seelen der Abgeschiedenen hinüber in die Finsternis des Totenreiches.

SYBARIS, um 709 v. Chr. gegründete achäische Kolonie am Golf von Tarent. Die Bewohner der bald sehr reichen Stadt galten als verweichlichte „Sybariten". Der Ort wurde 510 vom nahe gelegenen Kroton zerstört.

TANTALOS, lydischer König, wollte die Allwissenheit der Götter erproben. Er lud sie zu einem Gastmahl ein und setzte ihnen seinen getöteten Sohn Pelops als Speise vor. Einzig ↗ Demeter aß davon, weil sie infolge des Kummers wegen ihrer entführten Tochter Persephone abgelenkt war; alle anderen wiesen die schaurige Speise zurück. Sie bestraften Tantalos mit den sog. Tantalosqualen: im ↗ Hades steht er bis zum Kinn im Wasser, doch wenn er trinken will, wich es vor ihm zurück, ebenso die reifen Früchte, die vor ihm hingen. Pelops wurde von den Göttern wiederbelebt; das Schulterstück, das Demeter verzehrt hatte, wurde mit einem Elfenbeinstück ersetzt.

THESPIS, ein griechischer Dichter des 6. Jhs. v. Chr., nach unbestätigten Berichten Begründer der Tragödie. Die wenigen ihm zugeschriebenen Fragmente sind vermutlich unecht.

TIMON, bekannt als griesgrämiger Menschenfeind, lebte am Ende des 5. Jhs. v. Chr. in Athen. Der Triumvir Antonius errichte sich eine Zufluchtsstätte in Alexan-dria unter dem Namen „Timoneion". Shakespeare hat der Gestalt ein Drama gewidmet.

TITHONOS, ein schöner Prinz aus ↗ Troja, wurde von ↗ Eos geliebt. Sie erbat und erlangte von ↗ Zeus Unsterblichkeit für ihn, vergaß aber, daß er nun auch ewiger Jugend bedurfte. So alterte er wie alle Sterblichen; da er aber unsterblich war, schrumpfte er zu einer Grille zusammen.

TROJA, Stadt im Norden Kleinasiens, Schauplatz des in Homers „Ilias" geschilderten Trojanischen Krieges: Die Griechen belagerten 10 Jahre lang die Stadt, weil der Trojanerprinz Paris [↗ Eris] die Gattin des Menelaos, ↗ Helena, in seine Heimat entführt hatte. Erst durch eine List gelang die Eroberung: Ein großes hölzernes Pferd wurde von den Griechen zurückgelassen und von den Trojanern in ihre Stadt verbracht. Nachts entstiegen ihm darin verborgene Krieger, öffneten und eroberten die Stadt. Die Bevölkerung wurde getötet oder versklavt, nur Aineas entkam und erreichte schließlich Italien, wo als Nachfolgestadt Rom entstand.

URANOS, l. Uranus, der Ahnherr der griechischen Götter, Vater der Titanen und ↗ Zyklopen, von seinem Sohne Kronos mit einer Sichel entmannt und seiner Herrschaft beraubt.

VENUS ↗ Aphrodite

VERONIKA, eine heiligmäßige Figur der christlichen Legende. Während des Kreuztragens gab sie aus Mitleid mit dem Leidenden Christus ihr Tuch, um sein Gesicht von Schweiß und Blut zu reinigen. Ein Abbild seines Antlitzes blieb auf wunderbare Weise in dem Tuch erhalten. Ihr Name wird mitunter von dieser Legende hergeleitet als *vera icon* = „wahres Abbild".

VULCANUS ↗ Hephaistos

XANTHIPPE, die wesentlich jüngere Gattin des Philosophen Sokrates: als er 399 v. Chr. siebzigjährig hingerichtet wurde, waren sein drei Söhne alle noch Kinder. Daß sie der Nachwelt als Urbild der unverträglichen und unerträglichen zänkischen Gattin gilt, ist unberechtigt. Überliefert ist nur, daß ihr Gatte sie unmittelbar vor der Hinrichtung aus dem Gefängnis heimsandte, um so ohne Störung sein letztes philosophisches Gespräch führen zu können.

XENOPHON aus Attika, * um 430, † um 355; Schüler des Sokrates, den er in seinen „Erinnerungen" [= „Hypomnemoneumata"] dargestellt hat; Anführer eines griechischen Söldnerkontingents [„Zug der Zehntausend"] nach mißlungener Mission gegen Persien auf dem an Mühen und Gefahren reichen Rückweg ans Schwarze Meer [„Thalatta! Thalatta!"], dargestellt in seiner „Anabasis"; Verfasser einer griechischen Geschichte [„Hellenika"], ferner des ersten Bildungsromans [„Kyrou paideia" = „Die Erziehung des Kyros"] und anderer kleinerer Werke; in der Antike wegen seiner reinen Sprache und klaren Darstellung weithin gelobt, ist er bis heute Schulautor geblieben.

ZEPHYR[OS], der feuchte Westwind und der Gott des Westwindes, Bruder des ↗ Boreas.
↗ Hyakinthos.

Anhang Namen

ZEUS, l. Jupiter, der oberste Himmelsgott und Herrscher des Olymp, Gatte der ↗ Hera / Juno, Vater vieler Götter, Heroen und Helden.
↗ Castor, ↗ Chariten, ↗ Demeter, ↗ Europa, ↗ Ganymed, ↗ Helena, ↗ Hephaistos, ↗ Herakles, ↗ Horen, ↗ Kronos, ↗ Lamia, ↗ Minos, ↗ Pandora, ↗ Phaëton, ↗ Prometheus, ↗ Tithonos.

ZYKLOPEN: die „Rundaugen" haben nur ein einziges Auge in der Mitte der Stirn und sind als ungeschlachte Riesen leicht skurrile Randfiguren im Mythos. Nach ihnen werden auffällig große Steinbefestigungen „kyklopische Mauern" genannt. Aus Homers „Odyssee" ist der einsam lebende Hirte Polyphem bekannt, der einige Gefährten des Odysseus fängt und verspeist, wofür er mit dem ihm unbekannten Wein betrunken gemacht und geblendet wird.

SPRICHWÖRTER UND ZITATE

Alpha – Omega
Ἄλφα – ῏Ω μέγα

Alpha und Omega = Anfang und Ende
(Johannes, Offenbarung 1, 8)

aei pherei ti Libye kainon.
ἀεὶ φέρει τι Λιβύη καινόν.

Immer bringt Afrika etwas Neues.
(Aristoteles, Tierkunde 8, 28)

Allos ego.
Ἄλλος ἐγώ.

Mein anderes Ich.
(Diogenes Laërtios, 7, 23)

anechou kai apechou.
ἀνέχου καὶ ἀπέχου.

Heb dich heraus und halte dich fern!
(Epiktet bei Aulus Gellius, 17, 19, 6)

anerriphtho kybos.
ἀνερρίφθω κύβος.

Der Würfel ist gefallen.
(Menander bei Plutarch, Pompeius 60)

an eti mian machen Romaious nikesomen, apoloumetha pantelos.
ἂν ἔτι μίαν μάχην Ῥωμαίους νικήσωμεν, ἀπολούμεθα παντελῶς.

Wenn wir noch (solch) eine Schlacht gegen die Römer gewinnen, sind wir gänzlich verloren.
(König Pyrrhus bei Plutarch, Leben des Pyrrhus 21, 9)

apage Satana!
ἄπαγε Σατανᾶ!

Fort mit dir, Satan!
(Matthäus 4, 10; Lukas 4, 8)

ariston men hydor.
ἄριστον μὲν ὕδωρ.

Das Beste ist das Wasser.
(Pindar, Olympische Oden 1, 1)

asbeston gelo.
ἄσβεστον γέλω.

Unauslöschliches („Homerisches") Gelächter.
(Homer, Ilias 1, 599 u. ö.)

autos epha.
αὐτὸς ἔφα.

Er selbst hat es gesagt.
(Pythagoreer über Pythagoras; laut Cicero, De natura deorum 1, 10)

boen agathos.
βοὴν ἀγαθός.

Stark zu rufen = Rufer im Streit
(Homer, Ilias 2, 408 u. ö.)

cheir cheira niptei.
χεὶρ χεῖρα νίπτει.

Eine Hand wäscht die andere.
(Ps. Platon, Axiochos 366c; Menander, Monosticha 832)

chryson epon
χρυσόν ἐπῶν

Das Gold der Worte = Goldene Worte.
(Aristophanes, Ploutos 268)

Sprichwörter und Zitate

chryseon ... genos ... anthropon
χρύσεον ... γένος ... ἀνθρώπων

Das goldene Geschlecht der Menschen
= Goldenes Zeitalter
(Hesiod, Werke und Tage 109)

dosis d' olige te phile te.
δόσις δ' ὀλίγη τε φίλη τε.

Gering ist die Gabe, doch sehr willkommen.
(Homer, Odyssee 6, 208 u. 14, 58)

ek Dios archomestha.
ἐ Διὸς ἀρχώμεσθα.

Von Zeus wollen wir den Anfang nehmen.
(Arat, Phainomena; Theokrit, Idyll 17)

epea pteroenta.
ἔπεα πτερόεντα.

Geflügelte Worte.
(Homer, Ilias 1, 201 u. ö.)

ergon d' ouden oneidos.
ἔργον δ' οὐδὲν ὄνειδος.

Arbeit ist keine Schande = Arbeit
schändet nicht.
(Hesiod, Werke und Tage 308–313)

essetai emar (hot' an pot' olole Ilios hire).
ἔσσεται ἦμαρ (ὅτ' ἄν ποτ' ὀλ ὤλη Ἴλιος ἱρή).

Einst wird kommen der Tag (da das heilige Iion hinsinkt).
(Homer, Ilias 4, 164/5 und 6, 448/9)

ethos anthropo daimon.
ἦθος ἀνθρώπῳ δαίμων.

Des Menschen Charakter ist sein
Schicksal.
(Heraklit, Diels / Kranz frg. 119; Kirk /
Raven / Schofield frg. 247)

ex onychos ton leonta graphein.
ἐξ ὄνυχος τὸν λέοντα γράφειν.

An der Klaue den Löwen erkennen.
(Lukian, Hermotimos 54, 2)

gerasko d' aiei polla didaskomenos.
γηράσκω δ' αἰεὶ πολλὰ διδασκόμενος.

Ich werde alt und lerne immer (noch)
vieles.
(Solon, frg. 22 Diehl)

gnothi seauton.
γνῶθι σεαυτόν.

Erkenne dich selbst!
(Inschrift des Apollontempels in Delphi
nach Platon, Protagoras 343b)

hamartolai ... en anthropoisin hepontai thnetois.
ἁμαρτωλαί ... ἐν ἀνθρώποισιν ἕπονται θνητοῖς.

Fehltritte ... haften den sterblichen
Menschen an.
(Theognis, 327f.)

hena ... alla leonta.
ἕνα ... ἀλλὰ λέοντα.

Einen nur...aber einen Löwen!
(Äsop, Fabeln)

Sprichwörter und Zitate

he physis meden ... poiei ... maten.
ἡ φύσις μηδὲν ... ποιεῖ ... μάτην.

Die Natur schafft nichts ohne Sinn.
(Aristoteles, Politik 1, 1253a 27–9)

heureka!
εὕρηκα!

Ich hab's gefunden!
(Archimedes laut Vitruv 9, praefatio 10)

ho bios brachys, he de techne makre.
ὁ βίος βραχύς, ἡ δὲ τέχνη μακρή.

Das Leben ist kurz, die Kunst lang.
(Hippokrates, Aphorismen 1, 1)

hoi ... exepaton kai autoi epatemenoi.
οἳ ... ἐξηπάτων καὶ αὐτοὶ ἠπατημένοι.

Betrogene Betrüger.
(Porphyrios, Leben Plotins, 16)

ho me dareis anthropos ou paideuetai.
ὁ μὴ δαρεὶς ἄνθρωπος οὐ παιδεύεται.

Ein Mensch, der nicht geschunden wird, wird auch nicht gebildet.
(Menander, Monosticha, 422)

hon hoi theoi philousin apothneskei neos.
ὃν οἱ θεοὶ φιλοῦσιν ἀποθνῄσκει νέος.

Wen die Götter lieben, der stirbt jung.
(Menander bei Plutarch, Trostrede an Apollonios)

hoper edei deixai.
ὅπερ ἔδει δεῖξαι.

Was zu beweisen war.
(Euklid, 1, 5 und 3, 4, 13)

hos einai smikra tauta megaloisi symbalein.
ὡς εἶναι σμικρὰ ταῦτα μεγάλοισι συμβαλεῖν.

Kleines mit Grossem vergleichen.
(Herodot, 2, 10 und 4, 99)

idou he Rhodos, idou kai to pedema.
ἰδοὺ ἡ Ῥόδος, ἰδοὺ καὶ τὸ πήδημα.

Hier ist Rhodos, hier springe.
(Äsop, Fabeln 403)

kai eidenai men meden plen auto touto.
καὶ εἰδέναι μὲν μηδὲν πλὴν αὐτὸ τοῦτο.

Und nichts zu wissen außer dieser Tatsache selbst = Ich weiß, daß ich nichts weiß.
(Sokrates bei Diogenes Laertios 2, 32)

(akos kakon hegelazei)
hos aiei ton homoion agei theos hos ton homoion.
(κακὸς κακὸν ἡγηλάζει)
ὡς αἰεὶ τὸν ὁμοῖον ἄγει θεὸς ὡς τὸν ὁμοῖον.

Ein Taugenichts führt den anderen, wie denn immer ein Gott das Gleiche zum Gleichen gesellt.
(Homer, Odyssee, 17, 217/8)

kretes aei pseustai, kaka theria, gasteres argai.
κρῆτες ἀεὶ ψεῦσται, κακὰ θηρία, γαστέρες ἀργαί.

Die Kreter sind immer Lügner, böse Tiere und faule Bäuche.
(Epimenides bei Paulus an Titus 1, 12)

Sprichwörter und Zitate

Kroisos Halyn diabas megalen katalysetai archen.
Κροῖσος Ἅλυν διαβὰς μεγάλην καταλύσεται ἀρχήν.

Kroisos wird, wenn er den Hakys überquert, ein großes Reich zerstören.
(nach Herodot 1, 53)

ktema es aei.
κτῆμα ἐς ἀεί.

Ein Besitz für immer.
(Thukydides 1, 22, 4)

meden agan.
μηδὲν ἄγαν.

Nichts zu sehr!
(Solon)

meden hamartein esti theon.
μηδὲν ἁμαρτεῖν ἐστι θεῶν.

Nicht zu irren ist göttlich.
(Demosthenes, Kranzrede, Epigramm auf die Gefallenen von Chaironeia, V. 9)

meden thaumazein.
μηδὲν θαυμάζειν.

Nichts anstaunen!
(Pythagoras bei Plutarch, Über das Hören 13)

mega biblion, mega kakon.
μέγα βιβλίον, μέγα κακόν.

Ein großes Buch ist ein großes Übel
(Kallimachos)

metabole panton glyku.
μεταβολὴ πάντων γλυκύ.

Abwechslung ist immer angenehm.
(Euripides, Orestes 234)

mia chelidon ear ou poiei.
μία χελιδὼν ἔαρ οὐ ποιεῖ.

Eine Schwalbe macht keinen Frühling.
(Äsop, Fabeln 304 Halm; Aristoteles, Nikomachische Ethik 1, 1098a 16–20)

nomos ho panton basileus thnaton te kai athanaton.
Νόμος ὁ πάντων βασιλεὺς θνατῶν τε καὶ ἀθανάτων.

Das Gesetz, der König über alle, die Sterblichen wie die Unsterblichen.
(Pindar, frg. 169, 1)

nun chre methysthen.
νῦν χρὴ μεθύσθην.

Nun heißt es trinken!
(Alkaios, frg. 332)
(vgl. Horaz: Nunc est bibendum!)

odinon oros, Zeus d'ephobeito, to d' eteken myn.
ὤδινεν ὄρος, Ζεὺς δ᾽ ἐφοβεῖτο, τὸ δ᾽ ἔτεκεν μῦν.

Es kreißte der Berg, Zeus erbebte, und eine Maus ward geboren.
(Athenaios 14, 616)

oinos, o phile pai, kai alathea.
οἶνος, ὦ φίλε παῖ, καὶ ἀλάθεα.

Wein, lieber Knabe, (heißt auch) Wahrheit.
(Alkaios, frg. 128)

Sprichwörter und Zitate

opse theon aleousi myloi, aleousi de lepta.
ὀψὲ θεῶν ἀλέουσι μύλοι, ἀλέουσι δὲ λεπτά.

Spät mahlen der Götter Mühlen, doch sie mahlen fein.
(Sextus Empiricus 1, 287)

ou gar popote eiden ophthalmos helion, helioeides me gegenemenos, oude to kalon an idoi psyche me kale genomene.
οὐ γὰρ πώποτε εἶδεν ὀφθαλμὸς ἥλιον, ἡλιοειδὴς μὴ γεγενημένος, οὐδὲ τὸ καλὸν ἂν ἴδοι ψυχὴ μὴ καλὴ γενομένη.

Nie je sähe das Auge die Sonne, wäre es selbst nicht sonnenhaft, und nie die Seele das Schöne, ohne selbst schön zu sein.
(Plotin, Enneaden 1, 6, 8)

ouk agathon polykoiranie, heis koiranos esto, heis basileus.
οὐκ ἀγαθὸν πολυκοιρανίη, εἷς κοίρανος ἔστω, εἷς βασιλεύς.

Nicht gut ist die Vielherrschaft, einer nur soll Herrscher sein, einer König.
(Homer, Ilias 2, 204/5)

ou toi synechthein, alla symphilein ephyn.
οὔ τοι συνέχθειν, ἀλλὰ συμφιλεῖν ἔφυν.

Nicht mitzuhassen, mitzulieben bin ich da.
(Sophokles, Antigone, 516)

o xein', angellein Lakedaimoniois hoti tede keimetha tois keimon rhemasi peithomenoi.
ὦ ξεῖν', ἀγγέλλειν Λακεδαιμονίοις ὅτι τῇδε κείμεθα τοῖς κείνων ῥήμασι πειθόμενοι.

Oh Fremder, melde den Spartanern, daß wir hier (begraben) liegen, ihren Gesetzen gehorsam. (= Wanderer, kommst du nach Sparta ...)
(Simonides bei Herodot 7, 228)

panta rhei.
πάντα ῥεῖ.

Alles fließt.
(Heraklit; nach Platon, Kratylos 402a)

panton chrematon anthropon metron einai.
πάντων χρημάτων ἄνθρωπον μέτρον εἶναι.

Aller Dinge Maß ist der Mensch.
(Protagoras bei Platon, Theaitet 160d)

pathei mathos.
πάθει μάθος.

Durch Leiden (oder: Erfahrung) Lernen.
(Aischylos, Agamemnon 177)

patris gar esti pas' in'an tratte tis eu.
πατρὶς γάρ ἐστι πᾶσ' ἵν' ἂν τράττῃ τις εὖ.

Heimat ist dort, wo man gut behandelt wird.
(Aristophanes, Ploutos 1151)

pempte ousia.
πέμπτη οὐσία.

Das fünfte Element (= l. Quintessenz).
(Aristoteles)

petren koilainei rhanis hydatos endelecheie.
πέτρην κοιλαίνει ῥανὶς ὕδατος ἐνδελεχείῃ.

Der Tropfen höhlt den Stein durch die Beharrlichkeit.
(Choirilos von Samos)

Sprichwörter und Zitate

philos men Sokrates, alla philtate he aletheia.
φίλος μὲν Σωκράτης , ἀλλὰ φιλτάτη ἡ ἀλήθεια.

Lieb ist mir Sokrates, doch lieber noch die Wahrheit.
(Ammonios, Leben des Aristoteles)

pleon hemisu pantos.
πλέον ἥμισυ παντός.

Die Hälfte ist mehr als das Ganze.
(Hesiod, Werke und Tage 40)

politikon zoon.
πολιτικὸν ζῷον.

Ein politisch orientiertes Lebewesen.
(Aristoteles, Politik 1, 1253a 27–9)

polla ta deina, kouden anthropou deinoteron pelei.
πολλὰ τὰ δεινά, κοὐδὲν ἀνθρώπου δεινότερον πέλει.

Ungeheuer ist vieles, nichts ungeheurer als der Mensch.
(Sophokles, Antigone 331/2)

polyteles analoma einai ton chronon.
πολυτελὲς ἀνάλωμα εἶναι τὸν χρόνον.

Zeit ist eine kostbare Ausgabe (engl. = time is money).
(Theophrast)

potamo gar ouk estin embenai dis to auto.
ποταμῷ γὰρ οὐκ ἔστιν ἐμβῆναι δὶς τῷ αὐτῷ.

Denn man kann nicht zweimal in denselben Fluß steigen.
(Heraklit, frg. 91 Diels / Kranz; frg. 214 Kirk / Raven / Schofield)

prin d' an teleutese, epischein mede kaleein ko olbion, all' eutychea.
πρὶν δ' ἂν τελευτήσῃ, ἐπισχεῖν μηδὲ καλέειν κω ὄλβιον, ἀλλ' εὐτυχέα.

Vor seinem Ende aber halte man sich zurück und sage nicht, er sei glücklich, sondern, es gehe ihm wohl.
(Solon bei Herodot 1, 32)

rhages omphakizousi mala.
ῥᾶγες ὀμφακίζουσι μάλα.

Die Trauben sind sauer = Die Trauben hängen zu hoch.
(Äsop, Fabeln 33 Halm)

skias onar anthropoi.
σκιᾶς ὄναρ ἄνθρωποι.

Eines Schattens Traum sind die Menschen.
(Pindar, Pythische Oden 8, 95)

speude bradeos!
σπεῦδε βραδέως!

Eile mit Weile!
(nach Sueton, Augustus 25,8)

(tetlathi de kradin) kai kunteron allo pot' etles.
(τέτλαθι δὴ κραδίν) καὶ κύντερον ἄλλο ποτ' ἔτλης.

(Dulde, mein Herze,) du hast eine härtere Kränkung erduldet.
(Homer, Odyssee 20, 180)

Sprichwörter und Zitate

tes d' aretes hidrota theoi proparoithen ethekan Athanatoi.
τῆς δ' ἀρετῆς ἱδρῶτα θεοὶ προπάροιθεν ἔθηκαν Ἀθάνατοι.

Vor die Vollkommenheit haben die Götter den Schweiß gesetzt, die unsterblichen.
(Hesiod, Werke und Tage 289)

thalatta, thalatta!
θάλαττα, θάλαττα!

Das Meer, das Meer!
(Xenophon, Anabasis 4, 7, 24)

theon en gounasi keitai.
θεῶν ἐν γούνασι κεῖται.

Es ruht auf den Knien der Götter = Das wissen die Götter.
(Homer, Ilias 17, 514 u. ö.)

ti ischyerotaton? Ananke, kratei gar panton.
τί ἰσχυερότατον; Ἀνάνκη, κρατεῖ γάρ πάντων.

Was ist das Stärkste? Die Notwendigkeit – sie beherrscht alles.
(Thales)

ti kalliston? Kosmos, poiema gar theou.
τί κάλλιστον; Κόσμος, ποίημα γάρ θεοῦ.

Was ist das Schönste? Die Welt – sie ist Gottes Werk.
(Thales)

ti megiston? Topos, hapanta gar chorei.
τί μέγιστον; Τόπος ἀπάντα γάρ χορεῖ.

Was ist das Größte? Der Raum – er umfaßt alles.
(Thales)

ti presbytaton? Theos, ageneton gar.
τί πρεσβύτατον; Θεός, ἀγένητον γάρ.

Was ist das Älteste? Gott – er ist ungezeugt.
(Thales)

ti sophotaton? Chronos anheuriskei gar panta.
τί σοφότατον; Χρόνος, ἀνευρίσκει γάρ πάντα.

Was ist das Weiseste? Die Zeit – sie findet alles wieder.
(Thales)

tis glauk' Athenaz' egage?
τίς γλαῦκ' Ἀθήναζ' ἤγαγε;

Wer will denn Eulen nach Athen tragen?
(Aristophanes, Vögel 301)

to gamein, ean tis ten aletheian skope, kakon men estin, all' anagkaion kakon.
τὸ γαμεῖν, ἐάν τις τήν ἀλήθειαν σκοπῇ, κακὸν μέν ἐστιν, ἀλλ' ἀναγκαῖον κακόν.

Zu heiraten, wenn man es recht betrachtet, ist ein Übel, aber ein notwendiges.
(Menander bei Stobaios)

ton tethnekota me kakologein.
τὸν τεθνηκότα μὴ κακολογεῖν.

Über Tote nichts Böses!
(Cheilon bei Diogenes Laertios 1, 3 und 2, 70)

GRIECHISCHE REDEWENDUNGEN UND GEFLÜGELTE WORTE

Bibliographie:

Büchmann, Georg, Geflügelte Worte. 1864 u. ö.

The Oxford Dictionary of Quotations, edited by Partington, Angela. 4th revised edition. Oxford 1996.

Pohlke, Reinhard, Das wissen nur die Götter. Deutsche Redensarten aus dem Griechischen. Düsseldorf 2000.

Reclams Lateinisches Zitaten—Lexikon, hrsg. von Kasper, Muriel. Stuttgart 1996.

Zoozmanns Zitatenschatz der Weltliteratur. Leipzig 1911 u. ö..

Alphabetisches Verzeichnis der im lexikalischen Teil auftauchenden griechischen Ursprungswörter (in lateinischer Umschrift)

A

a–, an	0002, 0006, 0007, 0010, 0014, 0020, 0023, 0024, 0025, 0027, 0061, 0066, 0081, 0082, 0089, 0090, 0091, 0093, 0103, 0105, 0118, 0124, 0126a, 0162, 0167, 0170, 0172, 0173, 0176, 0200, 0211, 0221, 0238, 0271, 0272, 0273, 0274, 0288, 0289, 0290, 0291, 0293, 0295, 0296, 0297, 0298, 0307, 0308, 0309, 0310, 0311, 0314, 0407a, 0415, 0423, 0424, 0427, 0430, 0471, 0522, 0540, 0541, 0566, 0590, 0592, 0604, 0634, 0638, 0707, 0708, 0709, 0710, 0711, 0712, 1247, 2255, 2300, 2499a, 3873	
abaton	0003	
abax	0001	
abbas	0004, 0009	
Abderites	0005	
abyssos	0011	
Achates	0013	
Acheron	0016	
Achilleus	0017	
adamas	1199, 1282	
aden	0022, 3408, 5045	
adiaphoros	0026	
adonios	0028a	
Adonis	0028	
adynamia	0029	
adynamos	0029	
adyton	0030	
adytos	0030	
aer	0031, 0032, 0033, 0034, 0035, 0036, 0037, 0038, 0039, 0040, 0041, 0042, 0043, 0044, 0045, 0046, 0047, 0048, 0050, 0051, 0052, 0053, 0085, 0211, 0502, 3464, 3465	
aeroplanos	0049	
aeteisthai	0054	
agametos	0056	
agamia	0056	
agamos	0056	
agape	0057	
agathe	0058	
agaue	0059	
ageratos	0060	
agma	0065	
agnosia	0068	
agnostos	0068	
agoge	0069	
agogos	0251, 1049, 1198, 2044, 2603	
agon	0070	
agonia	0070	
agonistes	0070, 1245	
agonistike (techne)	0070	
agora	0072, 4614	
agra	1028, 2115, 4877	
agrammatos	0073	
agraphos	0074	
agronomia	0076	
agronomos	0076	
agros	0075, 0077, 0078	
agrypnia	0079	
aidoion	0084	
Aigidios	0030a, 1490a	
Aiginetes	0063	
aigis	0062, 0064	
Aigyptios	3143, 3144	
Aigyptos	0080	
ainigma	0292	
ainigmatizesthai	0292
Aiolikos	2610
Aiolos	0409
aion	0410
Aisopos	0549
aisthesis	0563, 2255, 2566, 3036, 3218, 3439, 4443, 5176
aisthetes	0564,
aisthetikos	0564, 2566, 3036
aisthetos	0564
aither	0599, 0601, 0606, 0612, 1787, 1791, 4541, 4912, 4919
aitherios	0606
aitiologia	0614
aitiologikos	0614
aix	0071
Akademaikos	0086
Akademeia	0086, 3852
akakia	0092
akanthos	0087
akari	0088
akephalos	0093
akinesia	0094
akinetos	0094
akme	0097, 0098
akolouthia	0100
akolouthos	0100
akoniton	0101
akorie	0102
akouazesthai	0099
akousis	0221, 1452, 2563, 4989
akousmatikos	0121
akoustikos	0122, 1542, 5514
akribeia	0106

Griechische Ursprungswörter (Umschrift)

akribes	0106	Amazones	0162	anagnorisis	0214
akroamatikos	0107	ambainein	0165	anagnostes	0215
akrobatein	0108	amblys	0164	anagoge	0216
akrolithos	0109	ambrosia	0166	anagramma	0217
akropolis	0115	ambrosios	0166	anaisthesia	0244, 3399
akros	0104, 0106, 0110,	ame	4097	anaisthetos	0244
	0111, 0112, 0113, 0114,	amen	0168	anakolouthos	0218
	0116, 0119	amethystos	0169	Anakreon	0219
akroterion	0117	ametros	0171	anakrousis	0220
aktis	0019, 0120, 5053	amixia	0174	anakyklikos	0250
alabastron	0123	ammoniakos	0175, 0365,	analektos	0222
alala	2188		2432, 4909, 5233, 5821,	analeptikos	0223
Alexandrinos	0126		6073	analgesia	0224
alexein	0125a, 5257a,	amnesia	0176	analgetos	0225
	5272a	amnestia	0177	anallaktos	0226
Alexis	0125	amnos	0178	analogia	0227, 1332
algesis	0127, 2564	amoibaios	0180	analogismos	0227
algos	0128, 0317, 0378,	amoibe	0179	analogos	0227
	0412, 0530, 0902, 1216,	amorphos	0182	analphabetos	0228
	1222, 1960, 2077, 2299,	amousos	0200	analysis	0229, 1543, 2604,
	2320, 2652, 2765, 3010,	ampelos	0184		3438, 3484, 3522, 3684,
	3183, 3871, 3984, 3998,	amphi	0188, 0189, 0192		3921, 5098, 5434, 5642
	4061, 4062, 4071, 4090,	amphibios	0185	analytikos	0229, 5098
	4136, 4242, 4847, 5877,	amphibolia	0186	anamnesis	0231
	5931, 6152	amphibrachys	0187	anamorphosis	0232
Alkaikos	0130	amphiktyones	0190	anankasma	0233
alkyoneios	0132	amphimakros	0191	ananke	0234
allegorein	0133	amphiprostylos	0194	anapaistos	0235
allegoria	0133	amphitheatron	0195	anapherein	0236
allegorikos	0133	ampho	0196	anaphora	0237
allelon	0134	amphoreus	0183, 0193,	anaptyxis	0240
allos	0135, 0136, 0137,		0197, 0199, 1498	anarchia	0241
	0138, 0139, 0140, 0141,	amphoteroi	0198	anarchos	0241
	0142, 0143, 0144, 0145,	amygdale	3471	Anastasios	0243
	0146, 2762, 2763, 5220	amylon	0201	anastasis	0243
allotrios	0147	ana	0212, 0239, 0243, 0245	anastrophe	0246
allotropein	0148	anabainein	0165	anathema	0247
aloe	0150	anabaptizein	0202	anathema	0247
alopekia	0151	anabasis	0203	anatokismos	0249
alpha	0152, 0152a, 0153,	anabiosis	0204	Anatolios	0247a
	0154, 0155, 0156, 0156a,	anabole	0205, 0206	anatome	0248
	4524	anabolikos	0205	anatomikos	0248
alphabetos	0152	anachoretes	0207	anchone	0280, 2352
althaia	0157	anachoretikos	0207	Andreas	0252
alyein	2190	anachronismos	0208	andre(i)a	0252
amarakos	3436	anachronizein	0208	anekdotos	0262
amarantos	0159	anadiplosis	0209	anemone	0268
Amaryllis	0161	anadyesthai	0210	anemos	0263, 0264, 0265,
amaryssein	0160	anaglyphos	0213		0266, 0267, 0269

Griechische Ursprungswörter (Umschrift)

anepigraphos	0270	anti–	0317, 0320, 0321,	Aphrodite	0238, 0425
aner	0125a, 0251, 0253,		0322, 0323, 0324, 0325,	aphtha	0426
	0254, 0255, 0256, 0257,		0326, 0351, 0352, 0353,	aphye	0315
	0259, 0260, 0261, 2175,		0355, 0356, 0358, 0359,	Apis	0429
	3741, 3940a, 4910, 5079,		0360, 0362, 0362a, 0363,	apnoia	0431
	5257a, 5272a		0364, 0365, 0366, 0366a,	apo	0420, 0436, 0437,
angeion	0279, 0281, 0282,		0367, 0368, 0369, 0374,		0441, 0444, 0451, 0454
	0283, 0284, 0285, 1051,		0377, 0378, 0380, 0381,	apo koinou	0444
	3155		0383, 0388, 0389, 0390,	apodeiktikos	0433
angelikos	0277		0391, 0392, 0393, 0394,	apodeixis	4897
angelos	0276, 0278, 1637		0395, 0396, 0398, 0399,	apodosis	0434
anhaimatos	0230		0400, 0401, 0402	apodyesthai	0435
anhaimia	0230	antichresis	0357	apodyterion	0435
anhairesis	0242	antidotos	0361	apogaion	0438
anheurysma	0275	antilabe	0370	apographos	0439
anhodos	0301	antilegein	0371	apoikia	0443
anison	0294	antilogia	0372	apokalypsis	0440
ankylosis	0300	antimetabole	0375	apokalyptikos	0440
ankyra	0299	antimetathesis	0376	apokarteresis	0442
ano	0313	antinomia	0379	apokope	0445
anoia	0302	antinomikos	0379	apokrinein	0446
anomalia	0303, 1246	antipatheia	0382	apokryphos	0447
anomalos	0303, 0312	antiphonos	0327, 0384	Apollon	0448
anomia	0304	antiphrasis	0385	Apollonios	0448
anomos	0304	antipous	0386	apologetikos	0450
anonymos	0305	antiptosis	0387	apologia	0450
anopheles	0306	antithesis	0397	apologos	0449
antagonisma	0316	antithetos	0397	apopemptikos	0452
antagonistes	0316	antodos	0403	apophantikos	0453
antagonistikos	0316	antoikos	0404	apophthegma	0455
antarktikos	0318, 0319	antonomasia	0405	apoplektos	0456
anthemion	0328	aoidos	0408	apoplexia	0456
anthemis	0329	aoristos	0411	aporhema	0457
anthemon	1128, 2268	aorte	0412	aporhematikos	0457
antheros	0330	apagoge	0413	aporhetikos	0457
anthologia	0331	apagogos	0413	aporia	0457
anthologion	0331	apatheia	0414	aposiopesis	0458
anthologos	0331	apathes	0414	apostasia	0459
anthos	0332, 0350, 0373,	apeiria	0428	apostates	0460
	2268, 2828	apeiros	0416	apostole	0461, 3262
anthrax	0333, 2716	apellazein	0417	apostolikos	0461
anthropos	0055, 0334,	aphasia	0419	apostolos	0461
	0335, 0336, 0337, 0338,	aphhairesis	0418	apostrophos	0462
	0339, 0340, 0341, 0342,	aphonia	0421	apotheke	0463, 0882,
	0343, 0344, 0345, 0346,	aphorismos	0422		0898, 0899, 0954
	0347, 0348, 0349, 0478,	aphoristikos	0422	apotheosis	0464
	0616, 2061, 2176, 3532,	aphraktos	1907	apotropaios	0465
	3742, 4290, 4424, 4793,	Aphrike	4319	apous	0432
	4844	aphrodisiakos	0425	apraxia	0467

Griechische Ursprungswörter (Umschrift)

aprosdoketos	0468	Arkadikos	0513		3294, 4000
aprosexia	0469	Arkas	0513	asthenikos	0562, 3294,
apsinthion	0008	arktos	0514, 2446, 3942		4000
apyrexia	0472	aroma	0516	asthma	0565, 0922
ara	0476	aromatikos	0516	asthmatikos	0565
arachne	0475	aromatizein	0516	astragalos	0567
arachnoeides	0475	aron	0518	astrolabos	0576
archaikos	0477	arren	0519, 0520, 0521	astrologia	0578
archaios	0477, 0478, 0479,	arrhythmia	0522	astrologikos	0578
	0480, 0481, 0482, 0483	arrhythmos	0522	astrologos	0578, 5560
archaismos	0477	arsenikon	0523	astron	0572, 0573, 0574,
archaizein	0477	arsenikos	0523		0575, 0579, 0580, 0581,
archangelos	1781	arsis	0524		0582, 0584, 0585, 0586,
arche	0485, 0789, 1440,	arteria	0525, 0526, 0527,		1237
	2334, 3515, 3575, 4528,		0528, 0529	astronomia	0583, 1944
	5851	arthritikos	0320, 0531	astronomikos	0583
archeion	0493	arthritis	0531, 2116, 4137,	astronomos	0583
archetypos	0482a		5217	asylon	0587
archi–	0484, 0487, 0489,	arthron	0530, 0532, 0533,	asylos	0587
	0490, 0492		0534, 1454	asymmetros	0588
archiatros	0537	arthroun	1453	asymptotos	0589
archidiakonos	0484	artidion	0958, 5888	asyndetos	0591
archiepiskopos	1780	arybalos	0536	ataktos	0595
Archilochos	0486	asbestos	0538	ataraktos	0596
Archimedes	0488	asebeia	0539	ataraxia	0596
architekton	0491	Asia	0542, 1830	ataxia	0597, 2301
architektonike	0491,	Asiates	0543	ateleia	0598, 4644
architektonikos	0491	asideros	0544	athanasia	0600
archon	0494	askaris	0545	athanatismos	0600
archos	1200	askesis	0546	athare	0607
Areios	0501	asketes	0546	athaumastia	0602
Areios pagos	0495	asketikos	0546	Athenaion	0605
aretalogia	0496	Asklepiades	0547	atheos	0603
arete	0496	Asklepios	0548	ather	0607
Argo	0498	askos	0594	athesia	0608
Argos	0499	asparagos	0551, 5425	athesmia	0609
argos	0497	aspermos	0552	athetesis	0610
Ariadne	0500	asphaltos	0553	athletes	0611, 0790, 3296,
aristeia	0503	asphyxia	0554		5927
aristokratia	0504	aspis	0556	athletikos	0611, 3296
aristokratikos	0504	assymmetria	0588	athlon	0790, 5927
Aristophanes	0506	Assyria	0556a	athrein	0612
aristos	0505	astatos	0557	athymia	0613
Aristoteles	0507	aster	0558, 0560, 0561,	Atlantikon (pelagos)	0617
arithmetike (techne)	0508		0568, 0569, 0570, 0577	Atlantikos	0617, 5914
arithmetikos	0508	asteriskos	0559	Atlas	0615, 0616
arithmos	0509, 0510, 0511,	astheneia	0562, 3294,	atmis	0618
	0512, 3377		3378, 3872, 4000, 4671	atmos	0619, 0620, 0621
Arkadia	0513	asthenes	0321, 0562,	atomos	0622, 0623, 0624,

Griechische Ursprungswörter (Umschrift)

0625, 0626, 0627, 0628, 0629, 0629a, 0680, 1831	autarkes 0652	0657, 0658, 0660, 0661, 0663, 0664, 0665, 0666,
atonia 0631	authentes 1490	0667, 0668, 0669, 0670,
atonos 0630a, 0631, 0632	authentia 0653	0671, 0673, 0674, 0675,
atopia 0633	authentikos 0653	0677, 0678, 0681, 0682,
atrophein 0635	autochthon 0659	0684, 0685, 0686, 0687,
atrophia 0635	autodidaktos 0662	0688, 0690, 0691, 0692,
atrophos 0635	autographos 0672	0693, 0694, 0695, 0696,
atropos 0636	autokinesis 0676	0697, 0698, 0699, 0700,
attikismos 0637	autokrateia 0679	0701, 1544, 2967
Attikos 0637	autokrates 0679	axiologos 0702
Augeias 0644	automatismos 0680	axioma 0703
aule 0645	automatos 0680, 3854, 4707, 5711	axiomatikos 0703
auletike (techne) 0646	autonomia 0683	axios 0704
aulodia 0647	autonomos 0683	axon 0705
aulos 0648	autopsia 0689	azaleos 0706
autarkeia 0652	autos 0654, 0655, 0656,	azymos 0713

B

Babylon 0714	0751, 0752, 0754, 2762	biblion 0793, 0794, 0795,
Babylonios 0714	barytonos 0744, 0753	0796, 0797, 0798, 0799,
Bakchos 0715	basanites lithos 0756	0800, 00801, 0802, 0804
bakteria 0716, 0717, 0718, 0719, 0720, 0721, 0722, 0723, 0724, 3101, 4033	basanos 0756	bibliotheke 0803, 4981
	basilike (stoa) 0758	biblos 0791, 0805, 0806, 1892, 2438
	basilikos 0758, 0759	
balaneion 0729, 0730, 0731	basis 0002, 0755, 0757, 0760, 0761, 0762, 0763, 0764, 0765, 0766	bikos 0777
balanos 0725, 6070		bion 0211, 0354, 1614, 1669, 1687, 2000, 2990, 4389, 5000, 5260
balaustion 0733	baskein 0767	
ballein 0515, 0728	bastazein 0768	
ballismos 0727	batein 0032, 4648	bios 0006, 0007, 0031, 0034, 0211, 0355, 0572, 0656, 0812, 0813, 0814, 0815, 0816, 0817, 0818, 0819, 0820, 0821, 0822, 0823, 0824, 0825, 0826, 0827, 0828, 0829, 0830, 0831, 0832, 0833, 0834, 0835, 0836, 0837, 0838, 0839, 0840, 0841, 0842, 0843, 0844, 0845, 0846, 0848, 0849, 0850, 0851, 0852, 0853, 0853a, 0854, 0855, 0856, 0857, 0860, 0861, 0862, 0863, 0864, 0865, 0866, 0867, 1117,
ballizein 0726, 4994	bathos 0770, 0771, 2768	
balsamon 0732, 1499	bathys 0769, 0772, 0773, 0774, 0775	
banausos 0734		
baptismos 0736	baukalis 3939, 4886	
baptisterion 0738	bema 0779, 3928	
baptistes 0737, 0776	benthos 0780	
barbarismos 0740	Berenike 1896, 6056	
barbaros 0353, 0740, 0741, 0781, 0917, 5208	Berenikes (Gen.) 1140a	
	beryllos 0213, 0782, 0919, 4997	
barbitos 0742		
baris 0746	beta 0783, 0784, 0785, 0786, 0787	
baros 0739, 0747, 0749, 2767, 3724		
	bibliographia 0792, 0812	
barys 0743, 0745, 0750,	bibliographos 0792	

1133

Griechische Ursprungswörter (Umschrift)

1209, 1614, 1870, 1999, 2271, 2502, 2989, 3169, 3214, 3686, 3687, 3762, 4003, 4291, 4389, 4698, 4750, 5213, 5260	bolis 0886	boutyron 0953, 0958
	bolites 0885, 4787	brachion 0901, 0902, 0903, 0916, 0918
	bolos 0884, 0888, 0889, 0890	brachys 0904, 0905, 0906, 0907, 0908, 0909, 0910, 0911
biote 0858	bombos 0623, 0891, 0893, 2507, 4024, 4818, 5140, 5141	bradys 0912, 0913
biotike (techne) 1804, 2857, 3440	bombyx 0892	branchia 0914, 0915
biotikos 0355	Boreas 0894	bromos 0920
biotos 0355, 0859, 3440	boros 6037	bronchia 0921, 0922, 0923, 0924
birrhos 0948	botane 0897	
blaisos 0871a, 0873	botanike 0897, 2001, 4292	bronchos 0925, 0926, 0927, 0928, 0929, 0930
blasphemein 0872, 0874	botanikos 0897, 2001	
blasphemia 0874	boubalos 0940	bronte 0931, 2769
blasphemos 0874	boubon 0937	brontos 0932
blastema 0875	boukolikos 0942	bryche 0933
blastos 0876, 0877, 0878, 0879, 0880, 1654, 2682, 3315, 5980, 6237	boule 0010, 0945, 1456, 2571, 2611	bryon 0934, 0935, 0936
		byrsa 0895, 0950
	boulimia 0946	byssos 0959
blepharon 0881	bous 0896, 0941, 0943, 0947, 0953, 0958, 2257	bytine 0939a, 0955
blepsis 4029		Byzantion 0960
bolbos 0887, 0944	boustrophedon 0952	

C

chairein 0979	2934, 2935, 2936, 2937, 3022, 5284, 5372	3688, 4004, 4205, 4580, 4585, 4699, 4760
chairephyllon 3017		
chaite 4125, 5464	Charybdis 1003, 5306	cheroubim 1019
chalix 0981	chasma 1004, 2770, 2949	chi 1020
Chalkedon 0984	chasmata(Pl.) 2949	chiasma 1021
chalkos 0982, 0983	cheilos 1005	chiasmos 1022
chamai 0985, 2866	cheir 0014, 1006, 1007, 1008, 1009, 1010, 1028, 1029, 1030, 1031, 1032, 1033, 1034, 1035, 1036	chiastos 1022
chamaimelon 2866		chilias 1024
chaos 0818, 0986, 1957, 1958		chiliasmos 1025
		chiliastai 1025
charakter 0987, 0988, 0991, 0992, 0993, 0994, 0995	cheiragra 1028	chilioi 3024, 3025, 3026, 3027, 3028, 3029, 3030, 3031, 3032, 3033, 3034
	cheirourgia 1037, 1546, 1985, 3690, 4005	
charakteristikos 0990	cheirourgikos 1037, 4005	Chimaira 5286
charakterizein 0989, 2572	cheirourgos 1037, 4005	chimaira 1026
charis 0996	chelidonion 5284a	chion 1027
charisma 0997	chelone 1011	chiton 1039
chartes 0969, 0999, 1000, 1001, 1002, 2928, 2929, 2930, 2931, 2932, 2933,	chemeia 0124a, 0813, 1012, 1013, 1014, 1015, 1016, 1017, 1018, 1545, 2002, 2433, 2660, 3107, 3170,	chlaina 1040
		chlamys 1041
		chloros 1042, 1043, 1044, 1045, 1046, 1047, 1048,

Griechische Ursprungswörter (Umschrift)

2819, 3427, 3930, 4541, 4960	chrematistike 1078	chronographos 1120
chole 1049, 1050, 1051, 1052, 1054, 1055, 1057, 2093, 2573, 4126	chrestomatheia 1079	chronologia 1121, 1210, 2003, 2089
	chrisma 0958, 1081, 1150	chronologikos 1121
	Christe eleison 1082	chronologos 1121
	Christianos 1085, 2927a, 3051a, 3198, 3199	chronos 1115, 1117, 1118, 1119, 1122, 1123, 1124, 1125, 1126, 1127, 1261, 2773, 3606
cholera 1053, 3106		
choliambos 1056	Christina 1086	
chondrion 3751	Christophoros 1092, 5537a	
chondros 1058, 1059, 3751	Christos 0358, 1082, 1083, 1084, 1087, 1088, 1089, 1090, 1091, 1092, 1093, 1094, 1095	chrysanthemon 1128
chora 0136, 0263, 0334, 0658, 2771		chrysographia 1130
		chrysos 1128, 1129, 1131
chorde 0096, 1061, 1062, 1063, 1145, 2908, 3057, 3148, 3775, 4112, 4779	chroma 0137, 1096, 1100, 1101, 1102, 1103, 1104, 1105, 1106, 1107, 1108, 1109, 1110, 1111, 1112, 1113, 1322, 1323, 1457, 2210, 2359, 2360, 2574, 2772, 3348, 3614, 3776, 5797, 6038, 6076, 6081, 6114, 6238	chthon 0138, 3548
		chthonios 1132
choregos 1065		chylos 1133
choreia 1064		chyma 0124a, 0813, 1012, 1013, 1014, 1015, 1016, 1017, 1018, 1545, 2002, 2433, 2660, 3107, 3170, 3688, 4004, 4205, 4580, 4585, 4699, 4760
chorein 6179		
choreios 1068		
choresis 4544		
choreutes 1069		
choreutikos 1069		
choriambos 1071	chromatikos 1097, 1099, 1322, 2772, 3776	chymeia 0124a, 0813, 1012, 1013, 1014, 1015, 1016, 1017, 1018, 1545, 2002, 2433, 2660, 3107, 3170, 3688, 4004, 4205, 4580, 4585, 4699, 4760
chorismos 2118		
choristos 2118	chromatinos 1098	
choros 1060, 1066, 1067, 1070, 1072, 1075, 1076, 1077	chronika biblia 1114	
	chronikos 1114	
	chronismos 2773	
choros 1073, 1074, 2771	chronistos 1115, 1116	chymos 1134
chreia 1080	chronographia 1120	

D

Daidalos 1154	Danaides 1173	Delphoi 1194
daidalos 1154	Danaoi 1172	delta 1195, 1196, 1197
daimon 1168, 1169, 1170, 1171	Daphne 1174	demagogia 1198
	daphne 1174	demagogikos 1198
daimonion 1168, 4325	deiktikos 1180	demagogos 1198
daimonios 1168	deinos 1347	demarchos 1200
daimonizesthai 1168	deixis 1180	demiourgos 1201
daktylikos 1158	deka 1181, 1183, 1184, 1185, 1186, 1187, 1188, 1189, 1190, 1191	demokratia 0762, 1083, 1204, 5410
daktylios 1156, 1157		
daktylos 0020, 0904, 1155, 1159, 1160, 1161, 1162, 1163, 1175, 1525, 5133, 5504, 5614		demokratikos 1204, 5411
	dekas 1182	demokratizein 1204
	Delos 1191a	demos 1198, 1200, 1202, 1203, 1204, 1205, 1206, 1207, 4293, 5409
	deloun 5099	
Damokles 1167	delphis 1177, 1192, 1193	

1135

Griechische Ursprungswörter (Umschrift)

dendrites 1208	diallelos 1277	dihairesis 1294
dendron 1209, 1210, 1211, 1212, 4649, 5237, 5893	dialogikos 1278	dikasterion 1339
	dialogismos 1278	dike 5772
deon 1219	dialogistikos 1278	dimorphos 1346
derma 1221, 1222, 1224, 1225, 1226, 1227, 1228, 1229, 1230, 1231, 1232, 1233, 1234, 1235, 1518, 1655, 2050, 2613, 3316, 3345, 3553, 4006, 4279, 5677, 6077, 6092	dialogizesthai 1278	dioikesis 1356
	dialogos 1278	Dionysia 1349
	dialysis 1279, 1548, 2211	Dionysios 1212a, 1349
	dialytikos 1279	Diophantos 1350
	diametrikos 1283	dioptra 1351
	diametros 1283	dioptrike 1351
	dianoetikos 1284, 1285	dioptron 1351
dermatikos 1223	diapausis 1286	diorismos 1353
derris 1236	diaphaneia 1287	diourein 1392
desmos 1238, 1239, 1240	diaphanes 1287, 1288	diouretikos 1392
despotes 0023, 1242	diaphonia 1289	diphthera 1358
despotikos 1242	diaphonos 0025	diphthongos 1359
deuterios 1248, 1249	diaphora 1290	diphyes 1360
deuteros 1245, 1246, 1247, 1250, 1251	diaphoresis 1291	diploma 1363
	diaphoretikos 1291	diploos 1361, 1362, 1364, 1365
dexios 1252	diaphragma 1292	
dia 1256, 1261, 1264, 1269, 1280, 1281, 1293, 1303, 1304, 1308, 1309, 1310, 1314, 1315, 1329, 1352, 2315	diarrhoia 1295	dipnoos 1366
	diarrhoikos 0360, 1295	dipodia 1367
	diarthrosis 1296	dipodos 1367
	diaskeuastes 1297	dipsa 1369, 4917
	diaskopein 1298, 1694	dipsios 0027
diabasis 1257	diaspora 1299	diptychos 1371
diabates 0024	diastasis 1300	dipylos 1372
diabates 0359, 1258, 1259	diastema 1301	dis 1322, 1330, 1331, 1336, 1338, 1340, 1341, 1343, 1344, 1345, 1348, 1355, 1357, 1368, 1383, 1389, 1393, 1436
diabolia 1260	diastole 1302	
diabolikos 1260	diathermasia 1309	
diabolos 1260, 1317, 5742	diathesis 1311	
diadema 1262	diatome 1313	
diadochos 1263	diatonikos 1314	diskos 1373, 1375, 1375a, 1376, 1377, 1378, 1379, 1380, 1381, 1382, 5855
diaglyphein 1265	diatribe 1316	
diagnosis 1266, 1267	dicha 1318	
diagnostikos 1268, 2804	dichoreios (pous) 1319	dispondeios 1384
diagramma 1270	dichotomia 1320	distichon 1118, 1387, 3778
diaita 1305, 1312, 4067	dichotomos 1320	distichos 1386
diaitetike (techne) 1306	dichromos 1324	dithyrambos 1388
diaitetikos 1306	dichroos 1321	dittos 1390, 1391
diakonia 1271	didaktikos 1325	doche 1176
diakonikos 1271	didaskalia 1326	docheion 6084
diakonos 0484, 1271, 5572	didaxis 1327	dochmios 1394, 2614
diakrisis 1272	didymos 3962	dodeka 1395, 1397, 1398
diakritikos 1272	diegesis 1328	dodekaedros 1396, 4521
dialektike (techne) 1275	diegetikos 1328	dogma 1399
dialektikos 1275	diepteros 1370	dogmatikos 1399
dialektos 1273, 1274, 1275, 1276	diglossos 1334	dogmatizein 1399
	diglyphos 1335	dokein 1400

Griechische Ursprungswörter (Umschrift)

dokimasia	1401, 1402	dramatikos	1424, 3567	dynastes	1449
dokimastikos	1403	dramatizein	1425	dynastikos	1449
dokos	1361	dramatourgia	1426	dyo	1440, 1450
dolon	1404	dramatourgos	1426	dyoin	2315
Dorikos	1406, 2615	drastikos	1428	dys–	1452, 1453, 1454,
doron	1405, 1407, 1408,	dromas	1429		1456, 1457, 1460, 1463,
	2272, 2766, 3602, 5771,	dromos	0663, 3171, 3840,		1464, 1465, 1468, 1469,
	5773		6053		1471, 1474
doryphoros	1409	droseros	1430	dysaisthesia	1455
dosis	1410, 1411, 1412,	drosos	1431, 1431a, 1432	dysenteria	1458
	1489	Dryas	1433	dysenterikos	1458
doule	2703	drys	1434	dysergia	1459
douleia	2703	dyadikos	1439	dyskinesis	1461
doxa	1414, 1415, 2149	dyas	1439	dyskolia	1462
doxologia	1416	dynamikos	0035, 0573,	dysouria	1476
drachme	1418		0664, 1443, 1444, 1549,	dyspareunon	1466
Drakon	1422		2006, 2503, 4620, 5798	dyspepsia	1467
drakon	1417, 1420, 1421	dynamis	0814, 1441, 1442,	dysphoria	1470
drama	0988, 1423, 1427,		1443, 1445, 1446, 1447,	dyspnoia	1472
	1437, 2678, 3567, 3730,		1448, 1450, 5995	dystokia	1473
	3779, 3856, 5100	dynasteia	1449	dystrophos	1475

E

e psilon	1753	eikosaedros	2709	ekleiptikos	1509
ebenos	1477	eikosi	2709	eklektikos	1508
echinos	1478	eileos	2711	ekloge	1510
echo	1479, 1480, 1481,	eilos	2293	eknoia	1512
	1482, 1483, 1484, 1485,	eirene	2754	ekpyrosis	1513
	1486, 1487	eirenikos	2754	ekstasis	1514, 1515
ego	1491, 1492	eironeia	2759, 2760	ekstatikos	1514
–(e)ides s. unter i!		eironikos	2759	ekteneia	1516
eidololatreia	2696	eis	5485	ekthlipsis	1517
eidolon	1495, 2695, 2696,	eis ten polin	5485	ektome	0466, 1519, 1961,
	2697	eisagoge	2761		2653, 2755, 3985, 4264,
eidos	1493, 1494, 1496,	eisagogikos	2761		4871, 5047, 6233
	1497, 2847	ek	1511, 1869, 1886	ektos	1518, 1520, 1521,
eidyllion	2698	ekdemos	1501		1522, 1523, 1524
eikon	2702, 2703, 2704,	ekklepsia	1502, 1504,	ektropion	1526
	2705, 2706, 2707, 2708,		1505	ektropos	1525
	6057	ekklesiastes	1503	ektypos	1527
eikonikos	2702	ekklesiastikos	1503	ekzeima	1528
eikonismos	2702	ekkyklema	1506	ela(s)tos	1530, 1531
eikonographia	2704	eklampein	1507	elaia	4120, 4131
eikonographos	2704	eklampsis	1507	elaion	1529, 2046, 2954,
eikonologia	2707	ekleipsis	1509		3213, 3586, 3900, 3919,

Griechische Ursprungswörter (Umschrift)

	4118, 4121, 4581, 4585, 4586, 4636, 6051	emphysema	1603	entopos	1658
		emphyteuein	2714	entos	1654, 1655
Eleates	1532	emplast(r)on	4595	entrope	1659
eleemosyne	0149	emplastron	3319	entybon	1613
elegeia	1535	emporion	1606	eos	1669, 1670, 1671, 1672, 1673
elegeiakos	1535	empyros	1607		
elegeion	1534, 1589	en	1638, 4330	epagoge	1674
elegeios	1535	enallage	1608	epagogos	1674
eleison	1536, 3257	enanaphora	1677	epakmos	1675
Elektra	1537	(en)angeiospermos	0286	epanalepsis	1676
elektron	0787, 0815, 1329, 1538, 1539, 1540, 1541, 1542, 1543, 1544, 1545, 1546, 1547, 1548, 1549, 1550, 1551, 1552, 1553, 1554, 1555, 1556, 1557, 1558, 1559, 1560, 1561, 1562, 1563, 1564, 1565, 1566, 1567, 1568, 1569, 1570, 1571, 1572, 1573, 1574, 1575, 1576, 1577, 1578, 1579, 1580, 1581, 2504, 3692, 4188, 4781, 4974, 5799	encheiresis	1610	epanhodos	1678
		encheiridion	1611	eparchia	1679
		endemos	1612	eparchos	1679
		endogenes	1616	epeishodios	1724
		endon	1614, 1615, 1617, 1618, 1619, 1620, 1621, 1622, 1623, 1624, 1625, 1626, 1627, 1628	epexegesis	1680
				ephebeia	1681
				ephebikos	1681
				ephebos	1681, 1682
		energeia	0271, 0624, 1629, 1632, 1633, 1634, 1635, 4995, 5391	ephelis	1683
				ephemeris	1685
				ephemeros	1684
		energetikos	0817, 1630, 2505	ephoreia	1686
				ephoros	1686
		energos	1631, 1636	epi	1687, 1694, 1704, 1708, 1711, 1714, 1716, 1718, 1732, 1736, 1744
elenchos	1583	enharmonikos	1639		
elenktikos	1583	enkaustes	1640		
elephantinos	1129	enkaustike (techne)	1640	epideiktike (techne)	1688
elephas	1533, 1586, 4123	enkephalos	0936a, 1550, 1609, 1661, 1662, 1663, 1664, 3577, 4900	epidemia	1689
Eleusinia (Pl.)	1584			epidemios	1690, 1691
Eleusinios	1584			epidermis	1692, 1693
eleutheros	1585	enklisis	1641	epididymis	1695
elleipsis	1588	enklitikos	1641	epiglottis	1696
elleiptikos	1589	enkomiastes	1642	epigonos	1697
Elysion (pedion)	1590	enkomiastikos	1642	epigramma	1698
emblema	1591	enkomion	1642	epigraphe	1699, 3773
embole	1592	enkyklios	1666, 1667, 5192	epikedeion	1701
embolos	1592			epikedeios	1701
embryon	1593, 1594, 1595, 1596, 1597	enourein	1660	epikentros	1743
		entasis	1643	epiklesis	1703
embrytomia	1598	entelecheia	1644	epikos	1700, 1702, 1720
emesis	1599	enteron	1645, 1646, 1647, 1648, 1649, 1650, 1966, 1966a, 4449, 6171	Epikoureios	1706
emetikos	0323, 1599			epikrisis	1705
empatheia	1601			epikyklos	1745, 1746
empathes	1601	enthalpein	1651	epilepsia	1707
empeirein	1604	enthousiasmos	1652	epileptikos	0362, 1707
empeiria	1605	enthousiastes	1652	epilogos	1709
empeirikos	1605	enthousiastikos	1652	epimetheuesthai	1710
emphasis	1602, 4988	enthymema	1653	Epimetheus	1710
emphatikos	1602	entomos	1656, 1657	epinikios	1712

Griechische Ursprungswörter (Umschrift)

epiphaneia	1713	erotikos	1773, 2457, 4192,	Eulalia	1821
epiphora	1715		6054	eulogia	1822
epiphysis	1717	erotomanes	1775	eumenes	1823
epirrhema	0324, 1719	erotomania	1775	Eumenides (Pl.)	1823
episitios	1721	erythros	0273, 1776, 1777,	eunouchos	1824
episkopein	1722		1778, 1779	euphemismos	1825
episkopos	0869, 1723	eschatos	1782	euphonia	1826
epispastikos	1725	esoterikos	1783	euphonos	1826
epistasis	1726	essen	1786	euphorbion	1827
epistaxis	1727	eta	1789	euphoria	1828
episteme	1729	etesios	1790	eupraxia	1829
epistole	1728, 1730, 1731	ethikos	1792, 5337, 5412	eurhythmia	1832, 1845
epitaphios	1733	ethnarches	1793	Europe	1830, 1831, 1833,
epitasis	1734	ethnikos	1795		1834, 1835, 1836, 1837,
epithalamios	1735	ethnos	1794, 1796, 1797,		1838, 1838, 1840, 1841,
epithesis	1737		1798		1842, 1843, 1844, 2719,
epitheton	1738	ethologia	1799		4331
epithetos	1738	ethologos	1799	eurys	1846
epitome	1739	ethos	1800	eusebeia	1847
epitrachelios	1740	etymologia	1802	eustachys	1848
epitritos	1741	etymologikos	1802	euthanasia	1849
epitrope	1742	etymologos	1802	euthymia	1850
epoche	1747	etymon	1803	eutokia	1851
epode	1748	etymos	1801	eutonia	1852
eponymos	1749	eu	1804, 1817, 1818, 1821	eutropia	1853
epopoiia	1750		1828a	eutropos	1853
epoptes	1751	euangelion	1855, 1856,	ex	1869, 1886, 2394, 2399,
epos	1752		1863, 5060		2406
eptateuchos (biblos)	2335	euangelistes	1861, 1862	exanthema	1864
erasmios	1753a	euangelistikos	1854, 1857,	exanthropos	1865
Erebos	1754		1859	exarchos	1866
ereike	1765	euangelizesthai	1858,	exegeisthai	1868
eremites	1756		1860	exegesis	1868
erethismos	1757	euboulia	1805	exegetes	1868
erethistikos	1757	eucharistia	1806	exegetikos	1868
ergates	1759	eucharistos	1806	exhedra	1867
ergon	0135, 1758, 1760,	eudaimonia	1807	exo	1870, 1872, 1873,
	1761, 1762, 1763, 1764,	eudaimonismos	1808		1874, 1875, 1876, 1879,
	1869, 5220	eudia	1809		1882
Eri(n)nys	1766	eudoxia	1810	exoche	2987
eris	1767	euergos	1811	exodos	1871
eristike (techne)	1768	Eugeneia	1812	exophthalmos	1877
eristikos	1768	eugenes	1815	exorkismos	1878
Eros	1773, 1774	eugenetes	1813	exorkistes	1878
eros	0272, 0665, 1769,	eugenios	1812, 1814	exorkizein	1878
	1771, 2575	Euhemeros	1816	exoterikos	1881
erotema	1772	eukolia	1819	exotikos	1880, 1883
erotematikos	1772	eukrasia	1820		

F

s. unter Ph!

G

gagates	1915	
gaia	4064, 4546	
gala	0436, 1917, 1918, 1920, 1921	
galaktikos	1885, 1916, 2731, 5915	
galaktosis	1919	
galaxias	1921	
galee	1922, 1924	
Galenos	1923	
gametes	0253, 0295, 1937, 1938, 1939, 1940, 1941, 1942, 2178, 2363, 2774, 3443, 3698	
gamma	1330, 1943, 1944, 1945, 1946, 1947, 1948, 1949, 2775	
gamos	0139, 0264, 0295, 0437, 0667, 0807, 1318, 1615, 1656, 1872, 1938, 1950, 2363, 2458, 2506, 2576, 2617, 2774, 2939, 3059, 3220, 3607, 3743, 3780, 6085, 6170	
ganglion	1951	
gangraina	1952	
ganos	1953	
ganosis	1954	
Ganymedes	1955	
gargarismos	1956	
gargarizein	1956	
gaster	1959, 1960, 1961, 1962, 1963, 1964, 1965, 1966, 1966a, 1967, 1968, 1969, 1970, 1971, 1972, 1973, 1974, 1975, 1976, 1977	
ge	0822, 1274, 1999, 2000, 2001, 2002, 2003, 2006, 2007, 2008, 2009, 2010, 2011, 2012, 2013, 2014, 2015, 2016, 2018, 2019, 2020, 2021, 2022, 2023, 2024, 2025, 2026, 2027, 2030, 2031, 2032, 2032a, 2033, 2034, 2035, 2036, 2037, 2038, 2040, 2041, 2042, 2043, 2508, 2777, 3070	
geis(s)on	1978	
gelasma	1979	
gelos	1980, 1981	
genea	0335, 0519, 0821, 1986, 2008, 4165, 4221, 4757, 4922, 5102, 5768	
–genes	0128, 0254, 0335, 0364, 0668, 0819, 1102, 1217, 1331, 1504, 1646, 1769, 1873, 1893, 1900, 1967, 2057, 2094, 2190, 2193, 2202, 2212, 2322, 2507, 2656, 2661, 2674, 2725, 2776, 2897, 2942, 2999, 3105, 3146, 3194, 3221, 3360, 3410, 3781, 3883, 3987, 4007, 4036, 4091, 4209, 4221, 4244, 4253, 4267, 4314, 4487, 4660, 4681, 4693, 4702, 4763, 4770, 4774, 4921, 5101, 5149, 5158, 5180, 5222, 5261, 5288, 5396, 5429, 5441, 5543, 5696, 5721, 5745, 5829, 5838, 5843, 5878, 5892, 6239	
genesis	0006, 0212, 0254, 0335, 0485, 0820, 0876, 1264, 1594, 1939, 1988, 1990, 2007, 3221, 3360, 3763, 3781, 3832, 4165, 4221, 4244, 4314, 4334, 4473, 4487, 4582, 4756, 4921, 5101, 5417, 5442, 5689, 6007, 6117, 6209, 6240	
genethliakos	1989	
genetos	4165, 4221, 4314, 4473, 4487, 4582, 4756, 6117	
genomos	2105	
genos	1984, 1985, 1991, 1992, 1993, 1994, 1995, 1996, 1997, 1997a, 1998, 1998a, 4333	
gentiane	1665	
geodaisia	2004	
geodaites	2004	
geographia	0822, 1274, 2011, 3070, 4295	
geographikos	2011	
geographos	2011	
geometres	2016, 5154	
geometria	2005, 2017	
georgikos	2029	
georgos	2028, 2829a, 2832, 5302a	
geraios	2044	
geranion	2045, 2046	
geranos	2045, 2046, 3184, 3186	
Germanoi	2720	
geron	2047, 2050, 2051, 2052, 2053, 2054	

Griechische Ursprungswörter (Umschrift)

gerousia 2055
gerousios 2056
geusis 0061, 2841, 4397, 4398
gigantikos 2060
Gigantomachia 2065
Gigas 2058, 2059, 2060, 2061, 2062, 2063, 2064, 2065, 2066
glaukoma 2073
glaukos 2073
glia 2075
glossa 2076, 2077, 2078, 2079, 2080, 2081, 2082, 2083, 2084, 2085, 2086, 2732, 2778, 3485, 4520, 5103, 6086
glossarion 2078
glotta 2087, 2089, 2090, 4923, 5938
glottis 2088
glykeros 2101, 4036
Glykon 2097
glykurrhiza 3269
glykys 2091, 2092, 2093, 2094, 2095, 2096, 2577
glyphe 4583
glyptikos 1982, 2098, 3361
glyptos 2098, 2099, 2100
gnathos 0066, 2102, 2103, 2104, 5009
gnome 1029, 2106, 2107, 2246, 3608
gnomikos 2106
gnomologia 2107
gnomon 2108, 4051, 4052, 4053, 4054, 4055, 4056, 5191
gnomona (Akk.) 4051
gnosis 0574, 0670, 2009, 2109, 2110, 4398, 5104, 5705
gnostikos 2111, 4488, 5105
gnostos 4398
gone 0188, 2090, 2114, 2118, 2119, 2120, 2365, 2460, 5289, 5289, 5861
goneia 2010, 5476

gonia 1269, 2113, 2117, 2313, 2779, 4047, 4115
gony 2115, 2116
Gordion 2120a
Gorgo 2121
Gorillai 2122
graikizein 2144, 2145
Graikos 2124, 2126, 2149 2151
gramma 0036, 0281, 0516, 0526, 0671, 0747, 0824, 0925, 1030, 1089, 1119, 1160, 1184, 1336, 1550, 1552, 1638, 1662, 2127, 2129, 2130, 2131, 2203, 2213, 2244, 2260, 2366, 2399, 2413, 2434, 2449, 2541, 2666, 2679, 2913, 2932, 3026, 3027, 3173, 3222, 3250, 3298, 3386, 3647, 3724, 3783, 3884, 4043, 4202, 4210, 4256, 4307, 4557, 4682, 4703, 4783, 4925, 5107, 5309, 5397, 5418, 5443, 5505, 5673, 5698, 5800, 6060, 6210
grammatike (techne) 2128
grammatikos 2128
graphe 0184, 0281, 0336, 0526, 0575, 0620, 0656, 0672, 0691, 0729, 0773, 0803, 0822, 0825, 0905, 0926, 0982, 1066, 1073, 1100, 1104, 1124, 1142, 1161, 1202, 1233, 1252, 1274, 1377, 1390, 1480, 1550, 1552, 1663, 1731, 1796, 1930, 2011, 2064, 2082, 2099, 2132, 2135, 2138, 2139, 2140, 2141, 2142, 2184, 2230, 2260, 2273, 2323, 2449, 2494a, 2509, 2538, 2679, 2704, 2932, 3039, 3044, 3070, 3074, 3155, 3204, 3222, 3250, 3332, 3362, 3386, 3442, 3469, 3615, 3697, 3784, 4043, 4057, 4193, 4275, 4293, 4296, 4307, 4370, 4400, 4477, 4489, 4584, 4602, 4661, 4683, 4704, 4783, 4915, 4929, 5039, 5073, 5108, 5203, 5252, 5323, 5333, 5418, 5435, 5459, 5499, 5504, 5505, 5518, 5553, 5652, 5695, 5697, 5746, 5800, 5863, 5871, 6008, 6023, 6094, 6106, 6143, 6181
graphein 1161, 2137, 2449, 2932, 3222, 3362, 5203, 5505, 6061, 6094
grapheion 2150
graphema 2133
grapheus 0036, 0120, 0265, 0269, 0575, 0656, 0748, 0825, 0982, 1027, 1031, 1066, 1161, 1202, 1215, 1233, 1336, 1415, 1431, 1550, 1552, 1791, 1796, 2011, 2082, 2125, 2134, 2184, 2260, 2273, 2366, 2444, 2509, 2538, 2541, 2704, 2913, 2932, 3011, 3028, 3039, 3222, 3250, 3362, 3431, 3499, 3615, 3648, 3726, 3885, 3981, 4138, 4256, 4275, 4296, 4307, 4370, 4584, 4602, 4675, 4683, 4704, 4860, 4926, 5108, 5310, 5435, 5459, 5490, 5504, 5505, 5650, 5697, 5800, 6008, 6060, 6106, 6143
graphike (techne) 2136
graphikos 0982, 1202, 1796, 2136, 2273, 2449, 2509, 2538, 2683, 2704, 2932, 3204, 3332, 3362, 3386, 3784, 4043, 4275, 4296, 4585, 4926, 5203, 5310, 5505, 5553, 6008, 6106
gregorein 2146
Gregorios 2146
griphos 0509, 3387

1141

Griechische Ursprungswörter (Umschrift)

grypos	1162, 2147	gymnastike	2167, 2817	gyne	0255, 2172, 2173,
gryps	2147, 2424	gymnastikos	2167		2174, 2175, 2176, 2178,
gymnasiarchos	2165	gymnos	2168, 2169, 2170		3744, 4927, 5062, 5081
gymnasion	2163, 2164,	gymnosophistes	2169	gypsos	2068
	2166, 5193	gynaikeion	2171, 2177	gyros	0669, 2069, 2070,
gymnastes	2167	gynandros	2175		2071, 2179, 2180

H

Hades	2181	hapsis	0469		2280, 2282, 2284, 4548,
hadros	2182	haptikos	2234		5155
hagiasmos	2183	harmonia	1374, 1856,	heliosis	2277
hagiographa (Pl.)	2184		2237, 2238, 2239,	heliotropion	2281
hagios	2184, 2185, 2186,		2240, 2241, 4645,	helix	2269, 2270, 2283,
	2187		5450		2285
hagne	0067	harmonike (techne)	2241	helkoma	2287
hagnos	0067,	harmonikos	2242, 4645	helkos	2286, 6015
haima	0314, 0716, 1050,	harmonios	2243, 2244	Hellas	2288
	2092, 2199, 2200, 2202,	Harpyia	2245	Hellen	2289, 2290, 4345
	2203, 2204, 2205, 2206,	hateres (Pl.)	2196	hellenismos	2289, 4346
	2207, 2208, 2209, 2210,	heauton	2246, 2247, 2248	hellenistes	2289
	2211, 2212, 2213, 2214,	hebdomas	2249	hellenizein	2289
	2215, 2216, 2217, 2218,	hebe	2250	helminthian	2291
	2222, 2223, 2224, 2225,	Hebraikos	2251	helmis	0326
	2226, 2227, 2228, 2565,	Hebraios	2251	helos	2292
	2577, 2764, 3314, 3346,	hedone	0288, 2252, 2578	hemera	1187, 2331
	3546, 5891, 5899, 6019	hedonikos	2252	hemeralops	2294
haimatinos	2201	hedra	1183, 2709, 4518,	hemerokallis	2295
haimatites (lithos)	2201		5238, 5730	hemeros	2296, 2297, 2298
haimatopoietikos	2207	hegeisthai	2254	hemi–	5325
haimorrhagia	2219	hegemon	2253	hemiepes	2302
haimorrhagikos	2219	hegemonia	2253	hemiholios	2304
haimorrhoia	2220	hegemonikos	2253	hemikrania	2303, 3682
hairesiarches	2235	hegoumenos	2254	hemimeres	5965
hairesis	2236	Heimarmene	2256	hemiplegia	2305
hairetikos	2236	Hekabe	2265	hemisphairion	2308
halma	2191	hekatombe	2257	hemistichion	2309
halos	2192, 2194	hekaton	2257, 2258, 2260,	hemisys	0081, 2299, 2300,
hals	0772, 0780, 2189,		2261, 2262, 2263, 2264		2301, 2305, 2306,
	2193, 2195, 4410,	hektikos	2259		2307, 2310, 2311
	5199	Helene	2266	hen	2315, 2316, 2317,
hamadryades (Pl.)	2197	heliakos	2267		2602
hamartia	2198	helianthes	2268	hen dia dyoin	2315
hapax legomenon	2229	helios	0289, 0325, 0420,	henas	2312
haploeides	2231		2268, 2271, 2272, 2273,	hendeka	2313
haplous	2230, 2232, 2233		2274, 2275, 2276, 2278,	hendekasyllabos	2314

Griechische Ursprungswörter (Umschrift)

heorte	2318	heteronymos	2373		4980, 5546
heortologion	2318	heterophonia	2377	historikos	0082, 2439,
hepar	2319, 2320, 2321,	heterophonos	2377		2442, 4980
	2322, 2323, 2324, 2325,	heteros	2358, 2359, 2360,	historiographia	2440
	2326, 2327		2361, 2363, 2365, 2366,	historiographos	2440
hephthemimeres	2328		2367, 2368, 2369, 2372,	histos	2433, 2434, 2435,
hepta	2331, 2332, 2333,		2374, 2375, 2376, 2378,		2436
	2334, 5349a		2379, 2381, 2382, 2383,	hodegesia	2443
heptachordos	2329		2384, 2385, 2386, 2387,	hodegetikos	2443
heptagonos	2330		2388, 2389, 2390	hodometron	2445
heptatonos	2336	heterosis	2380	hodos	1348, 1436, 1450,
Heraion	2337	heuriskein	2391		1547, 2444, 5741
Herakleides	2338	hex	5255	hoi	6207
Herakles	2339	hexachordos	2392	hoi kyklikoi (Pl.)	6207
hermaion	2340	hexadaktylos	2393	holokau(s)tos	2448
Hermaphroditos	2341	hexaedros	2396	holos	2446, 2447, 2449,
hermaphroditos	2341	hexaemeros	2397, 2401		2450, 2451
hermeneutike (techne)		hexagonos	2398	Homeridai (Pl.)	2452
	2343	hexameres	2400	Homerides	2452
Hermes	2342	hexametros	2402	Homerikos	2452
Hermes Trismegistos		hexaplasios	2403	homiletes	2453
	2344	hexapous	2404	homiletike (techne)	2453
heroikos	1770, 2346, 2348	hexas	2395	homilia	2453
heroine	2346, 2348	hexastylos	2405	homilitikos	2453
herois	2346	hexis	2407	homilos	2454, 2455
heroizein	2348	hidrosis	0290, 2408	homogenes	2459
Heron	2349	hidrotikos	2408	homoioousios	2483, 2485
heroon	2350	hierarches	2409	homoioprophoros	2469
heros	2345, 2347, 2350	hierarchia	2409	homoioptotos	2470
Herostratos	2351	hierarchikos	2409	homoios	2466, 2467, 2468,
herpes	2352	hieratikos	2410		2471
herpetikos	2352	hierodoulos	2411	homoioteleutos	2472
herpeton	2353	hieroglyphika (grammata)		homoiothermos	2473
Hesperides (Pl.)	2354		2412	homologein	2462
hesperios	2355	hieronymos	2416, 2817a	homologoumenos	2462
Hesperos	2355	hierophantes	2417	homonomos	2464
hesychastes	2355a	hieros	2413, 2414, 2415,	homonymia	2465
hesychazein	2355a		2416, 2418	homonymios	2465
hetaira	2356	himation	2419	homonymos	2465
hetairia	2357	hippodromos	2423	homophonia	2477
heterochromos	2359	hippokampos	2422, 2425	homophonos	2477
heterodoxia	2362	Hippokrates	2426	homos	2456, 2457, 2458,
heterodoxos	2362	Hippolytos	2428a		2460, 2461, 2463, 2474,
heterogenes	2364	Hipponax	2429		2475, 2476, 2478, 2479,
heterogonos	2365	hippopotamos	2430		2480, 2481, 2486, 2725
heteroklitos	2367	hippos	2421, 2424, 2427,	homousia	2482, 2484
heteromorphos	2370,		2428, 2431, 6075	hoplites	2487
	2371	histion	0365, 2432	Horai (Pl.)	2488
heteronymia	2373	historia	2437, 2438, 2441,	horama	1137, 1352, 4355

Griechische Ursprungswörter (Umschrift)

horizon	2489	
horkos	4217	
horman	1901, 2490, 2490a, 2491, 2492, 4008, 4263, 4639, 5338, 5526, 5726	
horologion	2492	
horoskopeion	2492a	
Hyades (Pl.)	2494	
hyaina	2495	
Hyakinthos	2495a	
hyakinthos	2495a	
hyalos	2494a	
hybris	2496	
hydor	0291, 1178, 1179, 2497a, 2498a, 2499a, 2501, 2502, 2503, 2504, 2505, 2506, 2507, 2508, 2509, 2510, 2511, 2512, 2514, 2515, 2517, 2518, 2519, 2520, 2521, 2522, 2525, 2527, 2527a, 2528, 2530, 2531, 2532, 2533, 2534, 2535, 2537, 2744, 3092, 6012	
Hydra	2496a	
hydra	2496a	
hydragogos	2497	
hydrargyros	2498	
hydraulikos	2499	
hydria	2500	
hydrokephalos	2536	
hydrologion	2513	
hydromanteia	2516	
hydrophobia	2523	
hydrophobos	2523	
hydrophoros	2524, 2526, 2529	
hydrops	2526, 2529	
hyetos	2538, 2539, 2780	
hygieine	2052, 2540, 2738, 5339	
hygieinos	2051, 2540, 5339	
hygros	2541, 2542, 2543, 2544, 2545, 2546, 2547	
hylaios	2548	
hyle	0012, 0018, 0612, 0967, 2549, 2550, 2552, 2553, 2554, 3655, 3662, 4541, 4637, 4912, 4960, 5028, 5033, 6064	
hylikos	2551	
hymen	2555	
hymenaios	2555, 2556	
hymnikos	2557	
hymnodes	2558	
hymnodia	2558	
hymnographos	2559	
hymnos	2557, 2560, 3929	
hypaithrios	2562	
hypallage	2561	
hyper	0366, 2563, 2564, 2565, 2566, 2571, 2572, 2573, 2574, 2575, 2576, 2577, 2578, 2579, 2580, 2581, 2582, 2583, 2584, 2585, 2586, 2587, 2588, 2589, 2590, 2591, 2592, 2593, 2594, 2595, 2596, 2597, 2598, 2599, 2600, 5046	
hyperbaton	2567	
hyperbatos	2567	
hyperbole	2568, 2569	
hyperbolikos	2568	
Hyperboreioi (Pl.)	2570	
hyperboreos	2570	
hypermetria	2582	
hypermetros	2582	
hyph' hen	2602	
hyphen	2602	
hyphhairesis	2601	
hypnos	0673, 2603, 2604, 2605, 2606, 2607, 2608	
hypnotikos	2609	
hypo	2602, 2610, 2611, 2613, 2614, 2615, 2617, 2619, 2621, 2622, 2626, 2627, 2628, 2629, 2630, 2633, 2634, 2637, 2642, 2644, 2646, 2647, 2648, 2649	
hypochondrios	2612
hypogaion	2618
hypogaios	2616
hypogeion	2618
hypogeios	2616
hypokauston	2620
hypokaustos	2620
hypokeimon	2621
hypokorismos	2623
hypokoristikos	2623
hypokrisis	2624
hypokrites	2624
hypokritikos	2624
hypoleptos	2625
hypomnema	2631
hypomnesis	2632
hypophysis	2635
hyporchema	2636
hypostasis	2638
hypostatikos	2638
hypostylon	2639
hypostylos	2639
hypotaktikos	2640
hypotaxis	2640
hypoteinein	2641
hypoteinousai (pleurai) (Pl.)	2641
hypotheke	2643
hypothesis	2645
hypothetikos	2645
hypsi	2650
hypsos	2651
hyssopos	6116
hystera	2652, 2653, 2655, 2656, 2657, 2658
hysteresis	2654
hysterikos	2655
hysteron	2658a
hysteron proteron	2658a

I

iamb(ei)ographos	2814	
iambelegos	2812	
iambikos	2813	
iambos	1338, 1926, 2420, 2813, 2815	
iaspis	2816	
iatreia	0941, 2421, 4177	
iatrike (techne)	0941, 2421, 2659, 3040, 4014, 4177, 4258, 4282, 4676, 4758, 5094	
iatrikos	2047, 2659	
iatros	2047, 2660, 2661, 2662, 4282, 4676, 4758, 5094	
ibis	2663	
ibiskos	1492a, 2407a	
ichneumon	2664, 2665	
ichnos	2666	
ichtys	2667, 2668, 2669, 2670, 2671, 2672	
idea	2674, 2675, 2676, 2677, 2678, 2679, 2680, 2681, 3785	
–(e)ides	0131, 0179, 0256, 0337, 0520, 0523, 0560, 0650, 0718, 0920, 1042, 1152, 1358, 1362, 1528, 1588, 1707, 1746, 1840, 1842, 1889a, 1953, 2091, 2193, 2569, 2605, 2657, 2665, 2923, 3107, 3199, 3202, 3347, 3349, 3411, 3511, 3810, 3814, 3875, 3943, 4030, 4391, 4421, 4540, 4794, 4803, 4893, 4909, 4944, 4949, 4960, 5145, 5218, 5231, 5246, 5289a, 5440, 5526, 5577, 5719, 5844, 5850, 5856, 5954, 6123, 6211	
idiographos	2683	
idiokrasia	2684	
idioma	2687	
idiomatikos	2687	
idiorrhythmia	2691	
idiorrhythmos	2691	
idios	2673, 2682, 2683, 2685, 2686, 2688, 2689, 2690, 2691, 2692, 2694	
idiosynkrasia	2692	
idioteia	2693	
idiotes	2693	
idiotikos	2693	
idiotismos	2693	
Ies(ous)	2700a	
ihtyphallos	2809	
Ikaros	2701	
ikterikos	2710	
ikteros	2710	
Indikon	2716, 2717, 2718	
Indos	2716a, 2719, 2720, 2721, 2722	
iodes	2818, 2819	
ioeides	2818, 2819	
Iohannes	2821, 2822, 2823, 2824, 2825, 2826, 2827, 2829	
Iolanthe	2828	
ion	0293, 2743, 2744, 2745, 2746, 2747, 2749, 2751, 2752, 2753, 2828, 2998	
Ionikos	2619, 2748, 2750	
iota	2830	
ioudaikos	2831	
Ioudaismos	2831	
ioudaizein	2831	
iris	2755, 2756, 2757, 2758	
is	2727	
ischein	2764	
ischiadikos	2765	
ischias	2765	
ischion	1500, 2765	
Isis	2766	
isobares	2767	
isobates	2768	
isochronos	2773	
isogenes	2776	
isogonios	2779	
isokolon	2782	
isomeres	2785	
isometria	2786	
isometros	2786, 2787	
isonomia	2789	
isos	0295, 0296, 2762, 2763, 2767, 2768, 2769, 2770, 2771, 2772, 2773, 2774, 2775, 2776, 2777, 2778, 2779, 2780, 2781, 2783, 2784, 2785, 2786, 2788, 2789, 2790, 2791, 2792, 2793, 2794, 2795, 2796, 2797, 2798, 2799, 2800, 2801, 2802, 2803, 2804, 2805, 2806	
isotropos	0297, 2807	
Isthmia	2808	
isthmos	2808	
ithyphallikos	2809	
ixos	2810	

K

kachektikos	2835	
kachexia	2837	
kadm(e)ia	2838	
kainos	1672, 2451, 2890, 3739, 4303, 4838, 4855, 6117, 6118	
kairos	2839, 2840	
Kaisar	2840a, 6119	
kak(k)abe	2836	

Griechische Ursprungswörter (Umschrift)

kak(k)abos	2836		2914, 2915, 2916, 2917,	katamenios	2969
kakophonia	2842		2918, 2919, 3886, 4737,	katapeltes	2974
kakophonos	2842		5507, 5653, 5654	kataphasis	0090
kakos	2841, 2844	kardiakos	2910	kataphorikos	2971
kakosmia	2843	kardialgia	2912	kataphraktos	2972
kaktos	1478, 2845, 4752	karebaria	0998	kataplektikos	2973
kalamos	0961, 2851, 2856,	karkinoeides	2943	kataplexis	2973
	2860, 2902, 2903, 2904	karkinoma	2945, 2946,	katarrhaktes	2975
kalathos	2846		3108, 3288	katarrhoos	0923, 2976,
kalligraphia	2850	karkinos	2942, 2943, 2947		2986
kalligraphos	2850	karkinosis	2948	katastasis	2958, 2977,
kalos kagathia	2858	karotides (Pl.)	2924		5283
kalos kagathos	2858	karoton	2922, 2923, 2925	katasterismos	2978
kalopodion	2848	karpos	0140, 0189, 0441,	katastrophe	2979
kalos	2847, 2857		0968, 1619, 2012, 2926,	katasyllogizesthai	2980
kalyptos	1817		2927, 3589, 4474, 5625	katatonos	2982
kalyx	0963, 3004	Karyatides (Pl.)	2938	katechein	2984
kamara	2834, 2862, 2863,	karyon	2939, 2940, 2941	katechesis	2983
	2684, 2865, 2868, 2869,	Kassandra	2950	katechetes	2983
	4893	Kassiope	2951	katechetikos	2983
kamelos	2861	Kastalia	2952a	katechismos	2983
kaminos	2867, 3005	kastana	2952	katechistes	2983
kampe	1936a	kastanea	2952, 2953	katechizein	2983
kanastron	0964, 2874,	Kastor	0970, 0971, 0972	katechoumenos	2984
	3086		2953a	kategoria	2985
kanephoros	2873	kastor	2953a, 2954	kategorikos	2985
kanistron	2874	kat' exochen	2987	katharos	2982a, 2988,
kanna	0966, 2870, 2872,	kata	2961, 2970, 2981,		2989, 2990, 2997a,
	2874, 2875, 2876, 2877,		2987, 2998		3023, 6055
	2878, 2879, 2880, 2881,	kata kymbas	2961	katharsis	2991
	2896	kata tymbas	2961	kathartikos	2991
kannabis	0965	katabatikos	2955	kathedra	0973, 0980,
kanon	2877, 2889	katabole	2956		2992, 2993
kanonike (techne)	2882	katachresis	2957	katheter	2995
kanonikos	2882, 2885	katachrestikos	2957	katheterizein	2995
kanonistes	2888	katakausis	2959	kathetos	0298, 2994
kanonizein	2883, 2884,	kataklysmos	2960	kathizein	0091
	2886, 2887	katakoustes	2962	kathodos	2996
kantharis	2892	katalektikos	0089, 0906,	katholikos	2149, 2997
kantharos	2893		2963	kato	2999, 3000
kanthos	2891, 2894, 2895	katalepsis	2964	kaulos	2920, 3091
kapia	1138	kataleptikos	2964	kauma	0962, 2852, 2853,
kappa	2901	katalexis	0906, 2965		2854, 2855, 3001
kapparis	2900	katalogizesthai	2966	kaustikos	1553, 1931,
karabos	2906	katalogos	2966		3002, 5801
karchesion	2921	katalysis	0674, 0826, 2967,	kaustos	3944
kardamomon	2907		2968	kauter	1553, 1931, 3003,
kardia	0912, 1253, 1552,	katalytikos	2968		5802
	1618, 2909, 2911, 2913,	katamenia (Pl.)	2969	kauterion	3003

Griechische Ursprungswörter (Umschrift)

kedrelate	6121	kineter	2510	klysma	3084
kedros	6120, 6168	kinetikos	1818, 2579,	klyster	3080
keimelion	6154		2622, 3043, 5699	klysterion	3080
kenos	3006	kinetos	3044, 3045, 3046,	klyzein	3085
kenosis	3007		5110	kobalos	3087
kenotaphion	3008	kinnabari(s)	6158	kochlias	1140
kenotikos	3009	kinnamon	6155, 6157	kodeia	3088
Kentauros	6125	Kirke	0777a, 1139	koiliakos	6172
kentron	0346, 0754, 0865,	kirkinos	6159, 6160,	koiloma	6174
	0977, 0978, 1094, 1254,		6161, 6162	koilos	6171
	1267, 1279, 1492, 1771,	kirkos	0788, 6159, 6160,	koimesis	3093
	1798, 1886, 1898, 2041,		6161, 6162, 6163, 6155	koimeterion	6175
	2282, 2649, 3130, 3398,	kirros	6164	koine	3094
	2649, 3130, 3398, 3642,	kiste	3052, 6166	koinobiakos	6177
	4961, 5789, 6127, 6128,	kithara	1038, 2072, 3053,	koinobios	6177
	6129, 6130, 6131, 6132,		6167	koinon	3095
	6133, 6134, 6135, 6136,	kitharistes	2072	koinos	0444, 0823, 0866,
	6137, 6138	kitharistike	3053		0867, 3094, 6195
kephale	0093, 0119,	kitharodia	3054	kokkos	1478, 1647, 2119,
	0675, 0707, 0911, 2781,	kitharodos	3054		3096, 3097, 3098, 4868,
	3010, 3011, 3012, 3013,	klasmos	0793, 2705		5486, 5557
	3014, 3459, 3721	klastos	3187, 3363	kolaphos	1147
kephalgia	3010	kleidion	1139a	koleopteros	3099, 3100
Ker	3018	kleis	1139a	koleos	1151
keramike (techne)	3015	kleistos	3059	kolikos	3102
keramos	3015	kleitoris	3081	kolla	3104, 3105, 3107,
keras	3014, 3016, 4401,	klematis	3060		5063
	5230	klepshydra	3062	koloboma	3109
kerasion	3051	kleptein	3063, 3064	kolon	3101, 3103, 3110,
kerasos	3051	kleptes	3061		3111, 5325
keration	2905	klerikos	0366a, 3065	Kolophon	3112
Kerberos	6141	kleros	3065	kolophon	3112
kerographia	6143	klima	0095, 0827, 1790,	kolossos	3113
keros	3019, 6143		3066, 3067, 3068, 3069,	kolpos·	2112, 3114, 3115
kerygma	3020		3070, 3072, 3073, 3074,	koma	3116
kerykeion	3021		3075, 3445, 3590, 3699,	kome	1140a, 3116
kestos	6144		4297	kometes	3117
ketos	6146	klimakter	3071	komikos	1141, 3118, 5911
kiborion	6150	klimakterikos	3071	komma	3199
kichore	1023	klimax	0367, 3076	kommi	2157, 2158, 2159,
kichorion	6151	kline	1340		2160, 2161
kinaidos	3035	klinein	3078	kommos	3120
kinein	3036, 3047	klinike (techne)	3077,	komodia	0991, 3121, 5911
kinema	0677, 1136, 1137,		3079, 4899	konche	3090, 3122
	3037, 3038, 3039, 3048,	klinikos	3077, 4899	konchylion	3123, 3124
	5014	klisis	2367	kondylos	1143
kinesis	1481, 2579, 2622,	klon	3082	konia	3125, 4869
	3040, 3041, 3042, 5110,	klonein	3388	konikos	3126
	5699	klonos	3083, 3887	konile	5173

1147

Griechische Ursprungswörter (Umschrift)

konoeides 3126	kouroi (Pl.) 1354,	kybikos 3238
konopeion 2871, 3127	kranion 0105, 0943, 1149,	kybos 3230, 3232, 3233,
konos 1144, 3126, 3129	3185, 3187, 3188, 3189,	3234, 3235, 3236, 3237,
kope 3131	3190, 3191, 4009	3239
kophinos 3089	krasis 3192	kydonia (mela) 5174
kophosis 3133	krater 1884, 3193, 3646	kyklaminos 6206
koppa 3135	kratos 0949, 1204, 1894,	kyklikoi (Pl.) 6207
koprogenes 3136	2053, 2172, 2414, 2680,	kyklikos 0402, 0712, 2043,
koprophagein 3139	3194, 3389, 3588, 3789,	5070, 6208
koprophagos 3139	4044, 4084, 4371, 4603,	kyklophoria 6218
kopros 3137, 3138, 3140,	4765, 5409, 5684, 5747,	Kyklopios 6219
3141, 3142	5776, 6087	Kyklops 6217
koral(l)ion 3145, 3146	kreas 4350	kyklos 0402, 3248a, 5196,
kordax 3147	krene 2427	5345, 6209, 6210, 6211,
kore 3149	krepidoma 3195	6212, 6213, 6214, 6215,
korian(n)on 3150	krepis 3196	6216, 6220, 6221, 6222
Korinthios 3151	Kretikos 3197	(kyklos) tropikos 5576,
Korinthos 3151	krinein 1620, 1875	5977, 5982, 5983, 5984
koris 3150	krisis 1633, 3203	kylindrikos 6223
koroi (Pl.) 3152	kriterion 3206	kylindros 6223
korone 1146, 3153, 3154,	kritike (techne) 2681,	kylix 3004, 3264
3155, 3156, 3157, 3158,	3207, 3479, 3610, 5413,	kyma 3250, 3251
3210	5743	kymation 3249
koronis 3159	kritikos 2581, 3207, 5646	kymbalistes 0976
koros 3160	Kroisos 3212	kymbalon 0976, 3058,
Korybas 3162	krokodeilos 3208	6153
koryphaios 3163	krokos 3209	kymbe 2961
koryza 3164	Kroneides 3211	kyminon 3241
kosmetike (techne) 3166,	krotein 0118	kynegetike (techne) 6229
3167	kroton 3213	kynegetikos 6229
kosmetikos 3166	krymos 2783	kynikos 3252, 6230
kosmia (Fem.) 3165	kryos 3214, 3215, 3216	kynismos 6230
kosmikos 3168, 3446,	krypte 2152, 2153, 2154,	kyon 3253, 3254
3701	2155, 2156, 3217	kyparissos 6231
kosmios 3165	kryptos 3218, 3219, 3220,	kype 1148, 1151a, 1838,
kosmogonia 3172	3221, 3222, 3223, 3224,	3132, 3231, 3240, 3242,
kosmographia 3173	3225, 3226, 3227, 3228	3244, 3760
kosmographos 3173	krystallinos 3203a	kyphosis 3255
kosmokrator 3174	krystallos 3203a, 3204,	kyprios 3243
kosmologia 3175	3205	Kyrenaikos 3256
kosmologikos 3175	kteis 3229	kyriakon 1723, 3049,
kosmopolites 3177	kyanos 0710, 1152, 2849,	3050, 3675, 4225, 4457
kosmos 0103, 3169, 3170,	6197, 6198, 6199, 6200,	kyriakos 3049
3171, 3173, 3176, 3177,	6201. 6202	kyrie 3257
3178, 3179, 3180, 3181,	kyathos 3247	kyrie eleison 3257
3446, 3701	kybernan 2123	kystis 6232, 6233, 6234,
kothornos 3182	kybernetike (techne)	6235, 6236
kotyledon 1341	0829, 3248	kytos 0879, 1779, 1942,
kouki 3097	kybernetikos 1153, 3248	2228, 2741, 3246, 3317,

Griechische Ursprungswörter (Umschrift)

3324, 3325, 3413, 3444,
3722, 3827, 4173, 4599,

5573, 5832, 6237, 6238,
6239, 6240, 6241, 6242,

6243, 6244, 6245

L

labrys 3258
labyrinthos 3258, 3259
lagneia 0128
laikos 3261, 3262, 3263, 3264, 3265, 3266
laizein 3267
Lakonikos 3269
lalein 0124, 0141, 0907, 1463, 1482, 1821, 2083, 3137, 3272, 3273, 4310, 4478, 5223, 6041
lalema 3271
laletikos 3271
lalia 2083
lambda 3274
lamdakismos 3274
lamia 3275
lampas 3276
lampter 3290
lapara 3277, 3278
larnax 3279
larynx 3280, 3281, 3282, 3283, 3284, 3285, 3286, 3287, 3288
lasanon 3289
latax 3291
latreia 0278, 0338, 0577, 0794, 1090, 2185, 2685, 2696, 2706, 3292, 3488, 3792, 4175, 6024, 6182
ledanon 3293
leichen 3339
leios 3345
leipein 3298
leirion 3340
leitourgia 3373
leitourgikos 3373
leitourgos 3373
lekithos 3338
lektikos 5685
lekythos 3299

lemma 1343, 3300, 4001, 5944
lemniskos 3301
Lenaia (Pl.) 3302
leon 0985, 3303, 3304, 3304a, 3313, 3328, 3401
leontopardos 3304
leopardos 3304
lepis 3305
lepra 3306
lepros 3306
lepsis 1980, 4738
leptikos 4010
lepton 3308
leptos 3307, 3308
leptosomos 3309
Lesbios 3310
Lesbos 3310
lethargia 3311
lethargikos 3311
Lethe 3312
leukoion 3327
leukos 3314, 3315, 3316, 3317, 3318, 3319, 3320, 3321, 3322, 3324, 3325, 3326
leukothrix 3323
lexikographos 3332
lexikon (biblion) 3129, 3334, 3335
lexikos 3330, 3331, 3332, 3333, 3336, 3337, 5194
lexis 0126a, 1464, 2686, 3329, 4405
lenaios 3302
limne 1708, 3341, 3342, 3343
limnion 2626
lipos 3346, 3347, 3348, 3349, 3350, 3351, 3352, 3353

litaneia 3356
lithiasis 1052, 3358, 3988
lithikos 0983, 1670, 3529, 3591, 3966, 4299
lithos 0795, 0830, 1103, 1104, 1670, 1968, 2324, 2667, 2718, 2926, 3138, 3359, 3360, 3361, 3362, 3363, 3364, 3365, 3366, 3367, 3368, 3369, 3370, 3371, 3529, 3988, 4299, 4771, 5139, 5348, 6042
lithourgike (techne) 3372
litotes 3372a
litra 1185, 2261, 3357, 3724
lobos 3374, 3375
locheia 3376
logike (techne) 3379
logikos 0038, 0080, 0129, 0135, 0257, 0283, 0339, 0475, 0479, 0556a, 0719, 0730, 0831, 0960, 0993, 1074, 1091, 1211, 1277, 1657, 1690, 1729, 1760, 1782, 1797, 1914, 1983, 1986, 1999, 2013, 2018, 2027, 2042, 2054, 2074, 2107, 2109, 2134, 2138, 2173, 2186, 2204, 2271, 2325, 2428, 2435, 2487, 2493, 2508, 2512, 2560, 2627, 2662, 2668, 2681, 2712, 2914, 2944, 3075, 3100, 3124, 3169, 3188, 3201, 3333, 3343, 3346, 3379, 3381, 3384, 3461, 3489, 3660, 3688, 3703, 3735, 3767, 3794, 3833, 3861, 3879, 3899, 3967, 3989, 4012, 4016, 4017,

1149

Griechische Ursprungswörter (Umschrift)

4049, 4058, 4093, 4103, 4152, 4153, 4156, 4166, 4179, 4211, 4219, 4246, 4259, 4276, 4284, 4290, 4300, 4305, 4385, 4438, 4441, 4497, 4502, 4607, 4621, 4630, 4684, 4698, 4729, 4739, 4774, 4883, 4906, 4986, 5020, 5112, 5182, 5243, 5312, 5315, 5335, 5336, 5342, 5361, 5374, 5408, 5419, 5503, 5544, 5707, 5721, 5723, 5766, 5881, 5894, 5981, 6009, 6043, 6053a, 6065, 6069, 6241
logion 2186, 3380, 3580, 3945
logismos 0832, 3381, 3968, 4351
logistike (techne) 3382
logistikos 0833, 3382
logizesthai 3381, 3383
logographos 3386
logomachia 3390
logos 0034, 0038, 0078, 0080, 0088, 0129, 0135, 0244, 0257, 0266, 0278, 0282, 0339, 0475, 0479, 0496, 0510, 0556a, 0563, 0572, 0621, 0640, 0719, 0730, 0827, 0831, 0866, 0908, 0934, 0960, 0993, 1006, 1032, 1074, 1091, 1117, 1123, 1125, 1169, 1186, 1203, 1276, 1397, 1402, 1494, 1505, 1596, 1620, 1657, 1668, 1690, 1729, 1760, 1774, 1782, 1785, 1797, 1870, 1909, 1913, 1914, 1917, 1966a, 1969, 1983, 1986, 1993,

1997a, 1999, 2013, 2018, 2027, 2042, 2054, 2074, 2102, 2107, 2109, 2134, 2138, 2168, 2173, 2185, 2204, 2232, 2271, 2286, 2318, 2325, 2353, 2368, 2384, 2428, 2435, 2441, 2461, 2493, 2493a, 2502, 2508, 2512, 2560, 2662, 2668, 2681, 2707, 2712, 2721, 2757, 2898, 2914, 2927, 2940, 2944, 3014, 3075, 3100, 3124, 3144, 3167, 3169, 3188, 3201, 3214, 3253, 3284, 3305, 3333, 3339, 3343, 3364, 3377, 3378, 3385, 3386, 3387, 3388, 3389, 3391, 3392, 3393, 3394, 3395, 3396, 3397, 3398, 3461, 3465, 3468, 3489, 3496, 3503, 3615, 3634, 3651, 3652, 3660, 3669, 3687, 3699, 3734, 3762, 3767, 3794, 3833, 3841, 3861, 3879, 3888, 3899, 3908, 3922, 3945, 3967, 3989, 4003, 4012, 4017, 4019, 4045, 4049, 4058, 4068, 4092, 4101, 4103, 4111, 4152, 4153, 4156, 4158, 4166, 4171, 4179, 4211, 4219, 4222, 4230, 4245, 4259, 4276, 4284, 4290, 4291, 4297, 4300, 4301, 4305, 4385, 4438, 4441, 4465, 4480, 4490, 4491, 4492, 4497, 4502, 4552, 4558, 4587, 4607, 4610, 4621, 4623, 4630, 4662, 4684, 4698, 4717, 4729, 4739, 4750, 4772, 4774,

4804, 4866, 4870, 4896, 4906, 4978, 4986, 4996, 5020, 5067, 5078, 5112, 5119, 5182, 5197, 5214, 5219, 5224, 5243, 5305, 5311, 5315, 5322, 5326, 5334, 5336, 5342, 5343, 5361, 5374, 5398, 5400, 5408, 5419, 5438, 5453, 5467, 5472, 5544, 5600, 5615, 5639, 5707, 5721, 5723, 5755, 5760, 5766, 5862, 5880, 5894, 5919, 5929, 5981, 6009, 6025, 6043, 6053a, 6065, 6069, 6122, 6178, 6178, 6195, 6226, 6241
lotos 3400
Lydios 2630, 3404, 3754
Lydos 2628, 2630, 3404, 3754
lyein 3414, 3415
lykanthropia 3405
Lykeion 3421
lykos 3406, 3407
lynx 3401a
lyra 3297, 3354, 3355, 3416
lyrikos 3417
lysis 0720, 0835, 0856, 1163, 1193, 1211, 1218, 1219a, 1225, 1240, 1259, 1391, 1555, 1777, 1779, 2096, 2214, 2436, 2514, 2941, 3317, 3365, 3418, 3419, 4168, 4246, 4706, 5058, 5113, 5159, 5183, 6212, 6242
lyssa 3420
lytikos 0196, 1556, 2514, 5058, 5159, 5430

Griechische Ursprungswörter (Umschrift)

M

machana	3497, 3498, 3499, 3500, 3501	
mache	2065, 5857	
machetike (techne)	3423	
mageia	3425	
magikos	3290, 3425	
magma	3426	
Magnesia	3427, 3474	
Magnetis (lithos)	1280, 1281, 1538, 1557, 1582, 1890a, 3428, 3429, 3430, 3431, 3432, 3433, 3434, 3435, 4415	
magos	3425	
Maiandros	3422	
maieutike (techne)	3424	
maieutikos	3424	
mainas	3470	
makarismos	3437	
makellon	3677	
makros	3438, 3439, 3440, 3441, 3442, 3443, 3444, 3445, 3446, 3447, 3448, 3449, 3450, 3451, 3452, 3453, 3454, 3455, 3456, 3457, 3458, 3459	
malache	3466	
malakia	1663, 3460	
malakos	3461, 3462, 3463	
mamma	3467, 3468, 3469	
mandra	0487	
mandragoras	3473	
mania	0084, 0181, 0258, 0511, 0796, 0933, 0979, 1067, 1170, 1369, 1407, 1491, 1899, 1903, 1927, 2066, 2126, 2139, 2515, 2629, 2658, 2726, 3063, 3406, 3476, 3530, 3568, 3661, 3670, 3704, 3795, 3862, 3910, 3923, 3946, 4059, 4080, 4151, 4154, 4159, 4685, 5160, 5367, 5756, 5864, 5895, 5934	
manikos	2629, 3063, 3475, 3476, 3480, 4080, 5160	
manos	3477, 3478, 5460	
manteia	0039, 0797, 0837, 1030, 1033, 1156, 2014, 3958, 4027, 4150, 4155, 5114, 5161, 5530	
mantike (techne)	0512, 2014, 2933, 3205, 3480, 5209	
mantis	1033, 2415, 3480, 4027	
marantikos	3481	
marasmos	3481	
Marathon	3482	
margarites	2148, 3483, 3486	
margaron	3483	
Maria	3487, 3488, 3489, 3490, 3493	
marmaros	3492, 3847	
marsypos	3494	
martyr	3495, 3496	
martyrion	3495	
mastichan	3506	
mastiche	3508	
mastigophoros	3505	
mastos	3507, 3509, 3510, 3511, 3512, 3513	
mathematike (techne)	3514	
mathematikos	3514	
—mathia	1925	
*mattee	3678	
mattye	3678	
mauros	3760	
Mausoleion	3518	
maza	0838, 3502, 3503, 3504	
mazos	0162	
mechane	1001, 1445, 3344, 3497, 3498, 3499, 3500, 3501	
mechanike (techne)	0040, 0839, 1558, 2517, 3520	
mechanikos	1558, 3520, 4232, 4709	
Medousa	3525	
mega	4142	
Megaira	3535	
megale	3530, 3531	
megaleios	0110	
Megarikos	3536	
megaron	3537	
megas	2326, 3526, 3527, 3528, 3529, 3530, 3531, 3532, 3533, 3534, 3538, 3539, 3540, 3541, 3542, 3543	
meion	3739	
meiosis	3544, 3738	
meiotikos	3738	
meiouros	3545	
melaina	3549	
melancholia	3547	
melancholikos	3547	
melanoma	3554	
melanosis	3555	
melas	3546, 3548, 3548a, 3550, 3551, 3552, 3553, 3558	
melasma	3556	
meli	3491, 3557, 3560	
melikos	3559	
melimelon	3491	
melisma	3562	
melissa	3563, 3564, 3565	
melissophyllon	3564	
melitta	3563, 3565	
melodia	3566	
melodikos	3566	
melodos	3566	
melon	2866, 3491	
melopepon	3570	
melopoiia	3571	
melos	0167, 3448, 3567, 3568, 3569, 3572, 3573	
men	1465, 3575, 3580, 3581, 3582, 3583, 3584, 4933	

Griechische Ursprungswörter (Umschrift)

mene	3578	meteoros	3644, 3646,		5399, 5420, 5436, 5454,
meniaios	3576		3647, 3648, 3650, 3651,		5460, 5465, 5482, 5519,
meninx	3577		3652, 3653		5531, 5537, 5548, 5651,
meniskos	3578, 3579	meter	3515, 3670		5675, 5704, 5748, 5803,
Mentor	3587	methexis	3657		5872, 5941, 6012, 6026,
meros	0878, 1344, 1531,	methodike (techne)	3658		6050, 6066, 6067, 6068,
	2369, 2785, 3223, 3618,	methodikos	3658		6108, 6126, 6199, 6213
	3619, 3620, 4970, 6136	methodos	3658, 3659,	metronymikos	3673
meson	3593		3660, 5181	metropolis	3668, 3674
mesonyktios	3594	methy	3655, 3656, 3661,	metropolites	3675
Mesopotamia	3596		3662, 5028	miasma	3679, 3680
mesos	3589, 3590, 3591,	metoikos	3663	Midas	3681
	3592, 3593, 3595, 3597,	metonomasia	3664	mikrologia	3703
	3598, 3599, 3601	metonymia	3665	mikrologos	3703
mesotes	3600	metonymikos	3665	mikron	4143
mespilon	3747	metope	3666	mikros	0111, 0810, 1566,
meta	1446, 3606, 3607,	metra	1621		3683, 3684, 3685, 3686,
	3608, 3609, 3610, 3611,	metrike (techne)	3667		3687, 3688, 3689, 3690,
	3618, 3619, 3620, 3621,	metrikos	2582, 2583, 3667		3691, 3692, 3693, 3694,
	3622, 3623, 3624, 3627,	metron	0042, 0120, 0142,		3695, 3696, 3697, 3698,
	3628, 3629, 3632, 3633,		0158, 0170, 0267, 0269,		3699, 3700, 3701, 3702,
	3634, 3635, 3637, 3639,		0377, 0480, 0555, 0580,		3704, 3705, 3705a, 3706,
	3642		0584, 0618, 0639, 0641,		3707, 3708, 3709, 3710,
metabasis	3604		0704, 0705, 0749, 0750,		3711, 3712, 3713, 3714,
metabole	3605		0770, 0841, 0857, 0889,		3715, 3716, 3717, 3718,
metabolikos	3605		0974, 1122, 1188, 1212,		3719, 3720, 3721, 3722
metallon	0808, 1196,		1213, 1214, 1255, 1345,	miktos	0451
	1559, 3521, 3612, 3613,		1351, 1411, 1431, 1431a,	mimeisthai	0172, 1484,
	3614, 3615, 3616		1442, 1448, 1561, 1755,		3726
metallourgein	1560, 3617		1761, 1809, 1932, 1958,	mimeomai	3726
metallourgos	3617		2016, 2038, 2117, 2162,	mimesis	3727
metamorphosis	1447, 3625		2215, 2262, 2332, 2519,	mimetikos	3727
metanoia	3626		2539, 2542, 2651, 2730,	mimiamboi (Pl.)	3728
metaphora	3630		2752, 2786, 2792, 2859,	mimikos	3569, 3729
metaphorikos	3630		2934, 3012, 3032, 3078,	mimos	3725, 3730, 3731,
metaphrasis	3631		3110, 3125, 3189, 3215,		3732
metaphrastes	3631		3233, 3234, 3237, 3245,	Minoios	3736
metaphrastikos	3631		3270, 3403, 3418, 3431,	Minoos	3736
metastasis	3636		3477, 3519, 3654, 3669,	minthe	3586, 3737
metastatikos	3636		3671, 3672, 3676, 3705,	misandria	3741
metathesis	3638		3717, 3724, 3735, 3822,	misanthropia	3742
metatrophe	3640		3978, 3982, 4074, 4093,	misanthropos	3742
metaxa	3641		4105, 4122, 4139, 4163,	misogyneia	3744
metempsychosis	3643		4186, 4190, 4416, 4503,	misogynes	3744
meteorismos	3645		4551, 4604, 4686, 4709,	misologia	3745
meteorologia	0579, 0840,		4782, 4805, 4861, 4862,	misos	3741, 3742, 3743,
	2518, 3649		4867, 4880, 4979, 5035,		3744, 3746
meteorologikos	3649		5115, 5130, 5147, 5152,	Mithras	3749
meteorologos	3649		5155, 5162, 5184, 5312,	Mithridates	3750

Griechische Ursprungswörter (Umschrift)

mitos	0173, 3751, 3752, 5255		3784, 3785, 3786, 3787, 3788, 3789, 3790, 3791,	mydriasis	3874
mitra	3748, 3753		3792, 3794, 3795, 3797,	myeloeis	3875
mixis	0192, 0451, 2630, 3754, 3755, 4352		3798, 3799, 3800, 3801, 3802, 3803, 3805, 3806,	myelos	3875, 4247, 4901,
mna	3733		3812, 3813, 3814, 3815,	myia	3876
mneme	3756, 3757		3816, 3819, 3820, 3821,	Mykenaios	3877
mnemonikos	3757		3824, 3825, 3826, 3827	mykes	1227, 3878, 3879, 3880, 3881, 3914, 5557
mnesis	0176, 1511, 2584, 2970, 4311, 4418		monostichos	3817	mykos	3842a, 3843
			monosyllabos	3818	myle	3842
mnestis	3758		monotonia	3822	myon	1228, 3889
Moira	3761		monotonos	3822	myopia	3893, 5085
moira	3761		monotropos	3823	myops	3890, 389
Molossos	3764		moria	3829	myraina	3846
molybdaina	3765		moron	3516, 3836	myrias	3896
monachos	3771		morphe	0143, 0296, 0340, 0682, 0842, 1446, 2018,	myrioi	3897, 3898
monarchia	3768				myriophyllon	3898
monarchikos	3768		2463, 2550, 2788, 3307,	myriopous	3897
monarchos	3768		3592, 3622, 3623, 3624,	myrmex	3899
monas	3766, 3767		3671, 3797, 3830, 3832,	myrobalanos	3740
monasterion	3769, 3845		3833, 3834, 4840, 5421, 6088	myrrha	3900
monastikos	3769				myrsine	3835
monochordos	3775		Morpheus	1624, 3831	myrtos	3901
monochromos	3776		morphosis	0843	mys	3839, 3849, 3870, 3871, 3872, 3873, 3882,
monodia	3777		morphotikos	0844		3883, 3884, 3885, 3886,
monodos	3777		moschos	3838, 3869		3887, 3888, 3891, 3892,
monogamia	3780		Mossynikos (chalkos) 3603		3894, 3895
monogamos	3780		mousa	0200, 3850	mystagogos	3902
monoglossos	3782		mousagetes	3848	mysteria	3903
monoglottos	3782		mouseion	3850	mysterion	3903
monolithos	3793		mouseios	3837, 3850, 3867	mystes	3903
monomeres	3796		mousike (techne)	2239,	mystikos	3904, 3905
monophthongos	3804		3585, 3851, 3852, 3854,	mythikos	3906
monopodia	3807		3855, 3858, 3859, 3860,	mythographos	3907
monopolion	3808, 3809, 3810, 3811		3861, 3863, 3864, 3865, 5015, 5450	mythologia	0569, 3909
					mythologikos	3909
monopteros	3813		mousikos	3853, 3856, 3857, 3862, 3866, 3868	mythos	1387, 2309, 3908, 3910, 3911, 4419, 5532
monos	3770, 3772, 3773, 3774, 3775, 3776, 3778, 3779, 3780, 3781, 3783,				
				mytilos	3912
			mychlos	3517, 3844	myxa	3913

N

naias	3915	naphtha	3919	narkissos	3927
nannos	3916, 3917	nardos	3920	narkosis	1565, 2606, 3921, 3922, 3923, 3924
naos	3918	Narkissos	3927		

1153

Griechische Ursprungswörter (Umschrift)

narkotikos	3925	
narthex	3926	
nastos	4073	
nauarchos	3933	
naumachia	3934	
nauplios	3935	
nausia	3936	
nautes	0043, 0473, 0498, 0581, 2520, 3176, 4271	
nautike (techne)	0043, 0473, 3176, 3937	
nautikos	0043, 3937, 3940	
nautilos	3938, 3939	
Neapolis	3941	
nekromanteia	3947	
nekromantis	3947	
nekros	3944, 3945, 3946, 3948, 3949, 3949a, 3950, 3951, 3953, 3954, 3955	
nekrosis	3952	
nektar	3956	
nektareos	3956	
nektarion	3956	
nekton	3957	
nekyia	3958	
nema	3959	
nematodes	3959	
Nemesis	3960	
nemesis	3960	
neon	3969, 3971, 3972	
neophytos	3973	
neos	3940a, 3942, 3961, 3962, 3963, 3964, 3965, 3966, 3967, 3968, 3969, 3970, 3973, 3974, 3976, 3977	
neoterikos	3975	
nephele	3978, 3979	
nephelokokkygia	6073a	
nephos	3980, 3981, 3982, 3982, 3983	
nephritis	1711, 3986, 3987	
nephros	3984, 3985, 3988, 3989, 3990, 3991	
Nereis	3992	
nerites	3993	
nesos	3548a, 3705a, 4937	
Nestor	3995	
neuma	3996	
neuron	0274, 0378, 3391, 3994, 3997, 3998, 3999, 4000, 4001, 4002, 4003, 4004, 4005, 4006, 4007, 4008, 4009, 4010, 4011, 4012, 4013, 4014, 4015, 4016, 4017, 4018, 4019, 4020, 4021, 4022, 4023, 4553, 5004, 5117, 6129, 6152	
nike	1896, 6056	
Nikolaos	3054a, 4025, 4026, 4028, 5141	
niphas	4029	
nitron	3931, 3932, 4030, 4031, 4032, 4033, 4034, 4035, 4036, 4037	
noein	4065
noema	4038
noematikos	4039
noesis	4040
noetikos	4040
nomas	4041
nomismatikos	4069
nomos	0044, 0811, 1007, 1205, 1251, 1585, 1970, 2247, 2372, 2789, 3672, 3798, 4042, 4043, 4044, 4045, 4046, 4767, 4938, 5679, 5708, 5781
nonnos	4048
nosos	0348, 1762, 4057, 4058, 4059, 4060, 6184, 6216
nostos	4061
nothos	4063
notos	4062, 4064
noumenon	4065
nous	4049, 4050, 4066, 4070
nyktalops	4072
nymphaia	4077
nymphaion	4078
nymphe	3408, 3409, 3410, 3411, 3412, 3413, 4079, 4080
nyx	4071, 4073, 4074, 4075, 4076

O

o	4142, 4143	
Oasis	4081	
obeliskos	4082	
obolos	4083	
ochlokratia	4084	
ochlos	4084	
ochra	4085	
ode	4086, 5210	
odeion	4088	
odous	1239, 1360, 2361, 2456, 2700, 3259, 3509, 4090, 4091, 4092, 4093, 4459, 4460	
odyne	0017, 2081, 3510, 3882, 4149, 4243, 4849, 6039	
Odysseia	4094	
ogygios	4096	
oidema	3913, 408	
oidematoeis	3913	
Oidipous	4089
oikia	3825, 5952
oikonomia	1488, 3450, 3706, 4105, 4106, 4107, 5414
oikonomike (techne)	4106, 5414
oikonomikos	3450, 3627, 3706, 4106, 4117, 5422
oikonomos	4104

Griechische Ursprungswörter (Umschrift)

oikos 1203, 1357, 1993, 2389, 2493, 4098, 4103, 4108, 4109, 4110, 4111, 5506
oikoumene (ge) 4117
oinochoe 4099
oinos 4153, 4154, 4163
oinotheras 4095
oisophagos 4239, 4240, 4241
oistromania 4254
oistros 4253, 4255
Okeanis 4100
Okeanos 0617, 4270, 4271, 4272, 4273, 4274, 4275, 4276, 5916
oknos 4102
oktachordos 4112
oktagonon 4114
oktahedros 4113
okto 4112, 4115
oktopous 4116
oligarchia 4124
oligarchikos 4124
oligarchos 4124
oligos 4125, 4126, 4127, 4128, 4129
oligotrophia 4130
oligotrophos 4130
Olympia 4133
Olympias 4133
Olympikos 4135
olympionikes 4135
Olympios 4134, 4135,
Olympos 4132
ombros 2790, 4138, 4139, 4140, 4141
mega 4142
o mikron 4143
omophagia 4144
omos 4136, 4137
omphalos 4145, 4146, 4147
on 1364, 1909, 2233, 4164, 4165, 4166, 4300
onagros 4148
oneiros 4149, 4150
onios 4151
onkos 4152

onoma 0112, 0144, 0341, 0406a, 0505, 0561, 0684, 1876, 2019, 2187, 2466, 2586, 2633, 2760, 3225, 4155, 4158, 4159, 4161, 4730, 4740, 5079, 5081, 5086, 5281, 5534, 5578, 5579, 5860, 5882
onomasia 4156
onomastike (techne) 4157
onomastikon 4157
onomatopoiesis 4160
onomatopoiia 4162
onyma 0112, 0144, 0341, 0406a, 0505, 0561, 0684, 1876, 2019, 2187, 2466, 2586, 2633, 2760, 3225, 4730, 4740, 5079, 5081, 5086, 5281, 5534, 5578, 5579, 5860, 5882
onyx 4167, 4168, 4169, 4170, 5267
oon 4171, 4173
oophoros 4172
opallios 4174
ophis 4175
ophites 4176
ophthalmia 4178
ophthalmikos 4178
ophthalmos 0947, 4177, 4179, 4180, 6097
opion 4181, 4184
opisthodomos 4182
opisthographos 0308, 4183
Opous 4191
ops 0171, 0373, 0562, 2583, 2787, 4990
opsis 0164, 0273, 0307, 0710, 0848, 1047, 1231, 1247, 1323, 1365, 2300, 2371, 3453, 3624, 3713, 3951, 3979, 4718, 5279, 5612, 6080, 6200
opsonia 4129
optike (techne) 1567, 3432, 4185, 4235, 4714, 4843

optikos 0850, 4185, 4186, 4187, 4188, 4189, 4190, 4354
ora 2488, 6013
orchesis 4193
orchestike (techne) 4195
orchestra 2240, 4194, 4196
orchis 3226, 4197
oreias 4197a, 4198a
orexis 0309, 2587, 3254, 3407
organikos 0310, 1153, 4203, 4204, 4205, 4206
organon 3628, 3707, 4199, 4200, 4201, 4202, 4205, 4207, 4208, 4209, 4210, 4211, 4212, 4214, 5202, 5340, 5484, 6110, 6130
orgasmos 0311, 4213
orgia 4215
orgiasmos 4215
orgiastes 4215
orgiastikos 4215
origanos 4198
Orion 4216
ornis 4218, 4219, 4220
oros 4221, 4222
Orpheios 4223
Orphikos 4224
orthodoxia 4225
orthodoxos 2149, 4225, 5245
orthodromein 4226
orthoepeia 4227
orthogonia 4228
orthogonios 4228
orthographia 4229
orthographos 4229
orthonymos 4231
orthos 4230, 4232, 4233, 4234, 4235, 4236
orthostates 4236
orthotonein 4237
orthotonos 4237
oryza 5200, 5242
osmos 4238
osteogenes 4244

1155

Griechische Ursprungswörter (Umschrift)

osteologia 4245	ouranios 6022	6045, 6046, 6047
osteon 4242, 4243, 4244, 4245, 4246, 4247, 4248, 4249, 4250, 4251	ouranographia 6023	ous 4258, 4259, 4260, 4261, 4262
	Ouranos 6021, 6027	
	ouranos 6023, 6024, 6025, 6026, 6028	ousia 6048
ostrakismos 4252		oxalis 4265
ostrakon 1788, 4252	ourein 0407a, 2212, 4076	oxymoros 4268
ostreon 0649	ouresis 6030	oxys 0314, 0380, 1241, 1249, 1355, 2535, 2728, 3616, 3824, 4266, 4267, 4572, 5580, 5847, 6072
otalgia 4257	oureter 6031	
ou 6049	ourethra 6032, 6033, 6034	
oule 6016	ouretikos 6035	
oulon 6014	ouron 6019, 6029, 6036, 6038, 6039, 6040, 6041, 6042, 6043, 6044,	oxytonos 4269
oura 0350, 5936, 6037		ozein 4277
Ourania 6022		ozon 4277

P

pachys 4279	pamphilos 4318	panourgos 4375
paian 4278	Pan 4332	Pantaleon 4363
paidagogike 3523, 3863, 4280, 5341	pan 1137, 4319, 4325, 4330, 4331, 4333, 4334, 4344, 4345, 4347, 4350, 4351, 4352, 4354, 4355, 4356, 4357, 4358, 4359, 4360, 4361, 4362, 4364, 4365, 4366, 4369, 4370, 4371	Pantheion 4367
		panther 4368
paidagogikos 4280, 5415		pantomimos 4372
paidagogos 3523, 3863, 4280, 4501, 5415		pantophagia 4373
		pantophagos 4373
paideia 1667, 3392, 4232, 4289, 5192		pantothen 4374
		pappas 4378, 4381, 4383, 4588, 4965
paiderastes 4281	panakeia 4324	papyros 0956, 1105, 3260, 4379, 4380, 4384, 4385, 4386, 4542
paidion 4287	panakes 4323	
paignion 4288	Panathenaia (Pl.) 4322	
paion 4376	panax 4323	
paionia 4377	pandektes (bibloi) (Pl.) 4326	para 2161, 4389, 4393, 4397, 4398, 4400, 4401, 4405, 4406, 4410, 4415, 4416, 4417, 4418, 4419, 4423, 4424, 4425, 4426, 4429, 4430, 4431, 4433, 4436, 4437, 4438, 4442, 4443, 4444, 4446, 4447, 4449, 4459, 4460, 4592
pais 3746, 4014, 4282, 4283, 4284, 4285, 4286, 4287		
	pandektes 4326	
palaiogenes 4294	pandemia 4327	
palaios 4290, 4291, 4292, 4293, 4295, 4296, 4297, 4298, 4299, 4300, 4301, 4302, 4303, 4304, 4305	pandemios 4327	
	pandora 4328	
	pandoura 0735, 3472	
	panegyrikos (logos) 4329	
palaistra 4306	panegyrikos 4329	parabasis 4387
palimpsestos 4312	panhagia (Fem.) 4320	parabole 2733, 4309, 4388, 4390, 4391, 4453, 4454, 4455, 4463, 4898
palin 4310, 4311, 4314	panhagios 4320	
palindromos 4313	Panikos 4346	
palinodia 4315	pankrates 4349	parabolikos 4390
Palladion 4316	pankration 4348	paradeigma 4395
palos 4317	pankreas 4350	paradeigmatikos 4395
pambax 6071	pannychis 4353	paradeisos 4392, 4394

Griechische Ursprungswörter (Umschrift)

paradoxos	4396	Parnassos	4456	Pegasos	4505
paragramma	4399	parodia	4458	pege	4506
paragrammatismos	4399	parodikos	4458	peirates	4792
paraphein	4400	paroikia	4457, 4590	pektos	4508
paragraphos (gramme)		paroikos	4462	pelagios	4509
	2161, 4400, 4427	paroimia	4465	pelagos	0489, 4509
parainesis	4420	paroimiakos	4464	pelargos	4510
parainetikos	4420	paroimiographos	4465	pelekan	4511
parakletos	4402	paronomasia	4466	pelekys	4511
parakme	4403	paronychion	4321	pella	1890
parakousis	4404	paronymia	4467	pellis	0778
paralalein	4404a	paronymos	4467	Peloponnesos	4512
paraleipein	4407	parotis	4468	peltastes	4513
paraleipomenon	4407, 4408	parousia	4476	pelte	4513
		paroxysmos	4469	penia	3318
paraleipsis	4409	paroxytonos	4470	pentachordos	4516
parallaktikos	4411	parrhesia	4471	pentadikos	4517
parallaxis	4411	partheneia (Pl.)	4472	pentaeteris	4519
parallelismos	4412	Parthenon	4475	pentagonos	4521
parallelogrammon	4412	parthenos	4473, 4474	pentagrammos	4522
parallelos	4412, 4808	pas, pasa, pan	4319, 4477, 4478, 4479, 4480	pentakosiomedimnos	4523
parallelotes	4412				
paralogismos	4413	pasi	4477	pentameres	4525
paralogistikos	4413	pastas	4975	pentametros	4526
paralogos	4413	paste	4481, 4482, 4483, 4484, 4485, 4494	pentas	4517, 4529
paralysis	3891, 4414			pentateuchos	4530
paralytikos	4414	patane	4589	pentathlon	4531
paranoia	4421	pater	4497	pentatonos	4532
paranomia	4422	pathetikos	4486	pente	4518, 4520, 4524, 4527, 4528
parapherna (Pl.)	4428	pathos	0135, 0145, 0284, 0342, 0532, 0936a, 0994, 1123, 1171, 1378, 1597, 1940, 1971, 2020, 2216, 2327, 2454, 2467, 2521, 2688, 2791, 2915, 3272, 3393, 3433, 3512, 3650, 3892, 3990, 4015, 4249, 4487, 4488, 4489, 4490, 4491, 4492, 4493, 4774, 5118, 5342, 5423, 5709, 5839, 6122, 6215		
paraphrasis	4432			pentekontaetes	4533
paraphrastes	4432			pentekoste (hemera)	4594
paraphrastikos	4432				
paraphrosyne	4434			pentekostos	4534, 4594
paraplegia	4435			penteres	4535
paraplegikos	4435			penthemimeres	4536
parasemeion	4439			peperi	4382, 4537, 4591, 4593
parasitos	1520, 4440, 4441, 6185			peplos	4538, 4539
				pepsis	4540, 5993
parataxis	4445			peptikos	4540
pardalis	3304			Pergamon	4542
pardos	3304	patriarches	4495	peri	2792, 4544, 4546, 4547, 4548, 4551, 4552, 4553, 4565
parechesis	4448	patriotes	4496		
parenthesis	4450	patris	0415		
parenthetos	4450	pauein	3581, 3595, 4499, 4539, 5554, 5985	peribolos	4543
parergon	4451			perichoresis	4544
parhippos	4592	pausis	5554	periegesis	4545
parhodos	4461	pedon	0686, 3134, 4502, 4504, 4784, 4785, 4786	periegetes	4545
parisos	4452				

Griechische Ursprungswörter (Umschrift)

perihodikos 4556
perihodos 3295, 4554, 4555, 4557, 4558
perikardios 4549
perikope 4550
perioikos 4559
peripathos 4560
peripathtikos 4560
peripeteia 4561
periphereia 4562
peripheres 4562
periphrasis 4563
periphrastikos 4563
peripteros 4564
perispomenon 4566
peristaltikos 4567
peristasis 4568
peristatikos 4568
peristerion 4569
peristylos 4570
pertonion 4571
pessarion 2742a, 4573
pessos 2742a, 4573
petalon 0113, 0760, 4574, 6017
petasos 4575
petra 4578
petronymikon (onoma) 4498
petros 4576, 4579, 4580, 4581, 4582, 4583, 4584, 4585, 4586, 4587
petroselinon 4577
Phaeton 4598
phagein 0045, 0343, 0721, 0798, 2021, 2374, 2474, 2669, 3366, 3451, 3708, 3799, 4127, 4169, 4425, 4426, 4599, 4752, 4775, 5262, 5508, 5655
Phaiax 4597
phainein 4635, 4636, 4637
phainesthai 4607, 4608, 5089
phainomenon 1714, 4608, 4609, 4610, 4611, 5089
phalanx 4600, 4806
phallikos 4601

phallos 4602, 4603, 4604, 4605, 4606
phanos 0975, 1093, 1887, 2793, 3367
phantasia 1888, 4612
phantasma 4613, 4614, 4615
phantastes 4614
phantastikon 4614
phantastikos 1888, 4614
Pharao 4616
Pharisaios 4617
pharmakeia 4626
pharmakeutes 4625
pharmakeutike (techne) 4625
pharmakeutikos 4625
pharmakon 3800, 4618, 4619, 4620, 4622, 4623, 4624, 5119
Pharos 4627
pharynx 4628, 4629, 4630, 4631, 4632, 4633
phaselos 1897
Phasianos (ornis) 1889
phasis 1468, 3629, 3801, 4430, 4634, 5290
phellos 4369
pheme 2375
pherein 1896, 4639, 4810, 6056
Pherekrates 4638
Pherenike 1896, 6056
phi 4640
phiale 0193, 1891, 4641, 4658
philalethes 4642
philanthropia 4643
philanthropinos 4643
philanthropos 4643
philhellen 4646
philia 0259, 0672, 0685, 0799, 1682, 1904, 1928, 2048, 2217, 2290, 2475, 2522, 2543, 3055, 3140, 3351, 3462, 3948, 4285, 4429, 5431, 5807, 6044, 6090, 6096, 6170, 6188
Philippika (Pl.) 4647

Philippikos 4647
philippos 4647
philogynos 4650
philokalia 4651
philologia 4652
philologos 4652
philomathia 4653
philos 0799, 1432, 1671, 1682, 1904, 1928, 2048, 2275, 2296, 2475, 2522, 2543, 3351, 3368, 3414, 4037, 4102, 4140, 4285, 4429, 4644, 4645, 4648, 4649, 4654, 4655, 4715, 4966, 5131, 5215, 5263, 5431, 5783, 5807, 6090, 6096
philosophema 4655
philosophia 1910, 4655
philosophos 4655
philoxenia 4656
phimosis 4657
phlegma 4663
phlegmasia 4663
phlegmatikos 4663
phlegmone 4664
phleps 4659, 4660, 4661, 4662, 5830
phlogistos 0383
phlogizein 0383
phlogogenes 4666
phlogosis 4666
phlyax 4667
phobos 0072, 0344, 0767, 0771, 0800, 1778, 1905, 1929, 1950, 2049, 2174, 2206, 2276, 2297, 2376, 2455, 2476, 2650, 2839, 2899, 2947, 3056, 3064, 3141, 3273, 3352, 3415, 3802, 3949, 4060, 4075, 4141, 4146, 4356, 4408, 4668, 4687, 4716, 4744, 5153, 5369, 5665, 5749, 5757, 5883, 5901, 5960, 6045, 6053a, 6091, 6189
Phoinike 4669
phoinix 4679
phone 0046, 0071, 0114,

0146, 0454, 0642, 1062,
1342, 1398, 1469, 1573,
1906, 2022, 2130, 2688,
2794, 3045, 3434, 3534,
3574, 3709, 3803, 4233,
4260, 4431, 4670, 4671,
4672, 4676, 4678, 4680,
4681, 4682, 4683, 4684,
4686, 4687, 4688, 4689,
4690, 5172, 5280, 5313,
5520, 5694, 6059, 6109
phonema 3834
phonema 4673
phonetikos 0846, 4674,
4675, 4677
phonos 4685
phoresis 1574, 4691
phoretos 1574
phorminx 4692
phoros 0047, 0260, 1092,
1106, 1496, 3229, 3402,
3828, 5321, 5792, 5808
phos 0423, 0584, 1124,
1828a, 3442, 3697, 4693,
4694, 4696, 4697, 4698,
4699, 4700, 4701, 4702,
4703, 4705, 4706, 4707,
4708, 4709, 4710, 4711,
4712, 4713, 4714, 4715,
4716, 4717, 4718, 4719,
4720, 4721, 4722, 4723,
4724, 4725, 4726, 4727,
5436, 5518, 5695, 5696
phosphoros 4695
phou 5189
phrasis 0287, 0424, 0913,
1471, 1485, 4728, 4729,
4730, 4731, 4732, 4942
phrastikos 2450
phratreia 4733
phren 2250, 4433, 4734,
4737, 4738, 4739, 4740,
5291
phrenetikos 1908, 4735
phrenitis 4736
Phrygios 2634, 4741
phtheiriasis 4742
phthisikos 4745
phthisis 4743, 4744

phthongos 5953
phykos 4747
phylakterion 4748
phylaktikos 0239
phylaxis 0239, 3632, 5656
phyle 4749
phyletikos 4749
phyllon 0427, 1044, 1716,
3564, 3898, 4750, 4751,
4752, 4752a, 4753, 6079
phylon 4756, 4757
phyma 5225
physika (Pl.) 3633
physike (techne) 0585,
0628, 0847, 2023, 2588,
3633, 3710, 4759, 4811,
5120
physikos 0585, 2023,
2588, 3633, 4759, 4760,
4761, 4762, 5120
physiognomia 4764
physiognomon 4764
physiognomonikos 4765
physiologia 4766
physiologos 4766
physis 1125, 1451, 3652,
3805, 4017, 4491, 4717,
4758, 4763, 4765, 4767,
4768, 4769
phytikos 3973, 4769
phyton 0048, 0935, 1045,
1229, 1622, 1693, 1718,
1941, 2024, 2292, 2298,
2525, 2544, 3452, 3711,
4770, 4771, 4772, 4773,
4774, 4775, 4776, 4777,
5264, 5292, 5444, 5477,
5753, 6098, 6190
pi 4778
Pierides (Pl.) 4780
piezein 4781, 4782
pimelos 4788
pinax 4789, 4790
pion 4943, 5028, 5033
pissa 4500
pistake 4793
pistakia 4793
pithekos 0651, 1434, 4198,
4793, 4794

pityriasis 4795
plagios 4799
plagos 4797
plakous 4308, 4833, 4834
planan 0474, 2527, 3806
planes 4800, 4802, 4803,
4804
planetes 2734
plankton 4776, 6191
plankton 4807
plasis 0430, 2589
plasma 1521, 1623, 2690,
4809, 4810, 4811, 4812,
4813, 4814, 5065, 5902,
6243
plastes 1046, 1438
plastike (techne) 0687,
1230, 1234, 1933, 2025,
2589, 4250, 4261, 4605,
4817, 4818, 5020, 5226,
5809
plastikos 1933, 4816,
4819, 4820, 4821, 4822
plastos 3319, 4815, 5065
platanos 4823
plateia (hodos) 1219a,
4832, 4835
Platon 3974, 4827
Platonikos 4827
platypous 4831
platys 4824, 4825, 4826,
4828, 4829, 4830
plege 1981, 2084, 2305,
4018, 4357, 4796, 4798
Pleias 4836, 4837
pleion 4855
pleistos 4838
plekein 4851, 4852, 4853
plektron 4839
pleon 4840, 4843
pleonasmos 4841
pleonexia 4842
plesios 4844
plethore 4845
pleura 4846, 4847
pleurites 4848
pleuron 4849, 4850
plinthos 4854
ploutokratein 4857

Griechische Ursprungswörter (Umschrift)

ploutokratia	4857	polyarchia	4911	pous	0533, 1189, 1972,
Plouton	4856, 4858	polychordos	4913		2795, 3013, 3131, 3897,
Plutonios	4858	polychromos	4914, 4915		4753, 4877, 4880, 5134,
pneuma	4863, 4864, 4866,	polydaktylos	4916		5135, 5278
	4867	Polydeukes	2953a	pragmatikos	4982
pneumatikos	2528, 4437,	polygamia	4920	praktikos	1034, 2715,
	4865	polygamos	4920		4983, 4984, 4985
pneumon	4868, 4869,	polygonos	4924	prason	1131
	4870, 4871, 4874, 4875	polyhedros	4918	praxis	1486, 2728a, 4986,
pneumonia	4850, 4872	polyhistor	4928		4987
pneumonikos	4873	polykarpos	4930	presbys	4989, 4990
pnigos	4876	polymathia	4931	presbyterion	4991
pnoe	0909, 5657	polymeles	4932	presbyteros	3265, 4991,
podagra	4877	polymeres	4934		4993
podagrikos	4877	polymetria	4935	presbytes	0490
podalgia	4878	polymorphia	4936	priapismos	4992
podion	4879	polymorphos	4936	Priapos	4992
poiema	4881	polyphagia	4940	prisma	4997
poiesis	2207, 3320, 4882	polyphagos	4940	pro	4998, 5000, 5042,
poietes	4883	polyphonia	4941		5070
poietike (techne)	4883	polyphonos	4941	problema	1191a, 5001
poietikos	3320, 4161,	polypous	4939	problematikos	5001
	4883, 4884	polyploos	4944	procheilos	5002
poietizein	4883	polyptotos	4946	prodromos	5003
poietos	0015	polyptychos	4947	progamios	5005
poikilos	4885	polys	4899, 4909, 4910,	progeneios	5007
poine	4507, 4514, 4515,		4912, 4917, 4919, 4921,	progenesis	5006
	4791, 4964		4922, 4923, 4925, 4926,	progeros	5008
polein	4128, 4945		4927, 4929, 4933, 4937,	prognosis	5010
polemike (techne)	4895,		4938, 4942, 4943, 4945,	prognostikon	5010
	6046		4948, 4949, 4955, 4956,	prognostikos	5010
polemikos	4895		4957, 4959, 4960, 4961	programma	5011, 5012,
polemos	4896	polysemantos	4950		5013, 5014, 5015
polin	5485	polysemos	4950	prohairesis	4999
polios	4900, 4901	polyspermia	4951	prokatalepsis	5016
poliosis	4902	polysyllabos	4952	prokeleusmatikos	5017
polis	3531, 3950, 4903	polysyndeton	4953	proklinein	5018
politeia	1843, 2735, 3200,	polysyndetos	4953	Prokrustes	5019
	4904a, 4905, 4908	polysynthetos	4954	proktos	5020
politike (techne)	1895,	polytropos	4958	prokynesis	5036
	2026, 4905, 4906, 5195,	pompe	4963	prolegein	5021
	5416	ponos	3369	prolegomenon	5021
politikos	2026, 3177,	porne	4967, 4969	prolepsis	5022
	4904, 4905, 4907, 5416	pornographos	4968	proleptikos	5022
polos	0163, 0868, 1220,	poros	0896, 4251, 4966,	prologos	5023
	1368, 1902, 2378, 2468,		4970, 4971, 4973, 5571	Prometheus	5024
	4887, 4888, 4889, 4890,	porphyra	5142	pronaos	5025
	4891, 4892, 4893, 4894,	porphyrites (lithos)	4972	prooimion	5026
	5574, 6018	potamos	4977, 4978	propaideuein	5027

Griechische Ursprungswörter (Umschrift)

propemptikos	5029	prytanis	5072	psychros	5130, 5131
propheteia	5030	psalis	5073	ptarmos	5132
propheteia	5030	psalmistes	5074	pteron	0471, 1035, 2270,
prophetes	5030	psalmodia	5075		2306, 2556, 3305, 3813,
prophylaktikos	5031	psalmos	5074, 5249		4220, 4234, 5133, 5134
prophylassein	5031	psalterion	5076	pterygion	5136
prophylaxis	5031	psellismos	5077	pterygotos	5137
propylaion	5032	psephos	5073	pteryx	0481
propylaios	5032	pseudepigraphos	5080	ptosis	2085, 3513
proselytos	5034	pseudologia	5084	ptyalon	5138, 5139
proshodion (melos)	5038	pseudologos	5084	ptysis	2218
proshodios	5038	pseudonymos	5086	pyelos	5143
prosodia	5037	pseudos	5064, 5079, 5081,	pygmaios	5144, 5145
prosodikos	5038		5082, 5083, 5085, 5086	pyknos	5146, 5147
prosopolepsia	5040	psi	5087, 5089	pylon	5148
prosopon	5039	psilon	1753, 6114, 6115	pyon	5149
prosopopoiia	5041	psilos	1753, 6114, 6115	pyorrhoia	5150
prostates	5043, 5044,	psilosis	5088	pyr	5152, 5154, 5155,
	5045, 5046, 5047, 5049	psittakos	5090, 5368		5158, 5159, 5160, 5161,
prostatikos	5048	psoriasis	5091		5162, 5163, 5165
prosthesis	5050	psychagogikos	5092	pyramis	5151
prosthetos	5050	psychagogos	5092	pyretikos	0388
prostylos	5051	psyche	0849, 1913, 2027,	pyretos	0388, 2590, 5153
prosyllogismos	5052		2493a, 3503, 3634, 3812,	pyrexis	2590, 5153
protagonistes	5054		4019, 4050, 4301, 4358,	pyridion	5156
protasis	5055		4438, 4492, 4623, 5093,	pyrites	5157
proteron	2658a		5094, 5097, 5098, 5099,	pyrosis	5164
Proteus	5057, 5059		5100, 5101, 5102, 5103,	pyrrhichios	5166
prothesis	5061		5104, 5105, 5107, 5108,	Pyrrhos	5167
prothetikos	5061		5110, 5111, 5112, 5113,	Pythagoras	5168
proton	5064		5114, 5115, 5116, 5117,	Pythagoreios	5168
protos	5028, 5033, 5053,		5118, 5119, 5120, 5121,	Pythia	5169
	5056, 5058, 5060, 5062,		5122, 5123, 5124, 5125,	Python	5170
	5063, 5065, 5067, 5068		5126, 5127, 5128, 5129,	pytine	0955
prototypon	5066		5343, 5400, 5840	pyxis	0900, 0939, 0951,
protreptikos	5069	psychikos	3634, 4019, 4438,		4328, 5171
proumnon	4596, 5071		5095, 5096	pyxos	0938
prytaneion	5072	psychoeides	5109		

R

rha	5208		5187, 5189, 5206	rhapsodikos	5210
rhabdoeides	5209	rhage	1664, 3582, 5227	rhapsodos	5210
rhabdos	5209	rhaphis	5188	rhaptein	5210
rhachitis	5175	rhapsodia	5210	rhapys	5190
rhadix	5177, 5178, 5179,	rhapsodike (techne)	5210	rhema	5211

Griechische Ursprungswörter (Umschrift)

rhematikos	5211	rhinokeros	5229		2208, 3394, 3583, 4933,
rheos	5213, 5214, 5215	rhis	5220, 5221, 5222,		5445, 5496, 6033
rhetine	5205		5223, 5224, 5225, 5226,	rhomboeides	5238
rhetor	5216		5227, 5228, 5229	rhombos	5238, 5244
rhetorike (techne)	5216	rhiza	3880, 5230, 5231	rhonchos	5212, 5239
rhetorikos	5216	Rho	5232	rhotakismos	5240
rheuma	5217, 5218, 5219	rhododendron	4119, 5237	rhythmikos	0852, 5241
rheumatikos	5217	rhodon	5233, 5234, 5235,	rhythmos	0154, 0522,
rheumatismos	5217		5236, 5237		0693, 0852, 2691, 2797,
rheusis	0851	rhoe	1465, 1918, 2120,		5242, 5344

S

s(e)iros	5358		5279, 5500	semantikos	3815, 5320
sakchar	3814, 4949, 5246	schedios	5381	semantos	5319
sakkos	4591, 5247	schedon	5381	semasia	5322
salamandra	5248	schema	5285	semeia	3815
Salomon	5250	schematismos	5285	semeion	5323, 5324, 5326
salpingx	5251, 5252	schide	6148	semeiotikos	5327
Samos	5253	schisis	1005, 2103	semidalis	5328
sandalon	5256	schisma	5287	sepia	5330
santalon	5257	schismatikos	5287	sepsis	0391, 0541, 5331
sappheiros	5258	schizein	5288, 5289,	septikos	0391, 0541, 5331
Sappho	5259		5289a, 5290, 5291, 5292,	serikos	5333
sapros	5260, 5261, 5262,		5293	sesamon	5335
	5263, 5264, 5265	scholarches	5298	Sibylla	5346
Sarapeion	5332	scholastes	5299	Sibylleia (Pl.)	5346
sardanios	5266	scholastikos	5299, 5300	Sibylleios	5346
Sardios	5267	schole	5297, 5298, 5304	siderites	3597, 5347
sardonyx	5267	scholiastes	5301	sideros	5348
sarkasmos	5269	scholion	5302	siderourgia	5349
sarkastikos	5269	Sebastianos	0768a, 5307,	siderourgos	5349
sarkazein	5269		6072a	sigma	5350
sarkoeides	5270	sebastos	0768a, 5307,	sigmatismos	5351
sarkoma	5271, 527		6072a	sigmatizein	5351
sarkophagos	5268	Seiren	5363	sigmoeides	5352
Satan	5273, 5274	seirios	5364	sikera	1135
Satanas	5273, 5274	seismos	3454, 3714, 5308,	Silenos	5354
Satanikos	5273		5309, 5310, 5311, 5312,	sillographos	5356
satrapeia	5275		5313, 5314	sillos	5356
satrapes	5275	seistos	2798	sillybos	5357
satyriasis	5276	seistron	5365	silphe	5587
Satyros	5276	selene	5315, 5316, 5317	Simon	5359a
sauros	0054, 0617, 0903,	selinon	5318	simos	5359
	0915, 0931, 1348, 2670,	sema	0389, 0540, 2478,	Sinai	5361
	4063, 5135, 5277, 5278,		3815, 5319, 5321	sinapi	5329

Griechische Ursprungswörter (Umschrift)

sindon	6156	skytale	5303		6192
siphon	5362	smaragdeios	5387	sphagistikos	5458
Sisyphos	5366	smaragdos	5387	sphaira	0619, 0620,
sitos	1522, 5367, 5369	smegma	5295		0751, 0775, 0853a, 1112,
sittakos	5368	smyris	5296		1385, 1879, 2030, 2143,
skandalon	5370	Sodona	5389		2382, 2480, 2530, 2739,
skaphion	5282	Sokratikos	5390		2753, 3370, 3435, 3598,
skaphos	0774	soloikismos	5393		4277, 4719, 5449, 5450,
skarabos	5371	Solon	5394		5453, 5454, 5555, 5986
skazon	5375	sophia	0345, 0801, 1974,	sphairikos	0619, 5451
skeletos	1523, 1625, 5376		3179, 4361, 4655, 5402	sphairoeides	5452
skene	2729, 5281, 5377,	soma	1058, 1107, 1108,	sphenoeides	5455
	5649		1109, 1110, 1111, 1627,	sphinkter	5456
skenikos	5649		2360, 2381, 2592, 2637,	Sphinx	5457
skenographia	5378		3353, 3456, 3716, 5395,	sphygmos	5459
skepsis	5379		5396, 5397, 5398, 5399,	splanchna (Pl.)	5466,
skeptikos	5379		5400, 5401, 5991, 5992,		5467
skeptron	6140		6081, 6114	splen	5468, 5469
skiagraphia	5380	somatikos	5122, 5395	spondeiakos	5470
skleros	0528, 6142	sophisma	5403	spondeios	5470
sklerosis	3158, 5383	sophismos	5403	spondylos	5471
skoliosis	5384	sophisterion	5404	spongia	5472
skope	0178, 0586, 0928,	sophistes	2169, 5404	spongos	0936a, 5472
	1136, 1207, 1288, 1524,	sophistike (techne)	5404	sporadikos	5473
	1566, 1626, 1649, 1974,	sophistikos	5404	sporos	5474, 5475, 5476,
	2209, 2248, 2418, 2799,	sophoi (Pl.)	5349a		5477, 5478
	3216, 3228, 3277, 3285,	sophos	0345, 1974	spyris	5479
	3715, 3755, 3953, 4108,	sophrosyne	5405	stadion	5480
	4147, 4180, 4262, 4631,	Sotades	5406	stalagma	5481, 5482
	5201, 5228, 5243, 5401,	soter	5407	stalagmos	5481, 5482
	5437, 5521, 5712, 5824,	soterios	5408	stalaktos	5483
	5905, 6047, 6236	Sparte	5426, 5427	staphyle	5486
skopos	0303, 0612, 0810,	Spartiatikos	5426	stasimos	5488
	0927, 1008, 1126, 1207,	sparton	1784	stasis	0722, 1920, 2223,
	1288, 1566, 1626, 1649,	spasis	2222		2471, 2708, 3142, 3412,
	1934, 1973, 2278, 2545,	spasmodes	0393, 5428		3584, 4236, 5487
	2847, 3228, 3251, 3277,	spasmos	1009, 1975, 2140,	stater	5489, 5524
	3285, 3455, 3715, 3983,		2307, 2916, 3894, 5212,	stathmos	5490
	4180, 4240, 4257, 4262,		5428, 5429, 5430, 5431,	statike (techne)	0052,
	4565, 4631, 5201, 5228,		5432		0394, 1577, 2031, 2531,
	5314, 5492, 5521, 5527,	spathe	5424, 5433		5491
	5559, 5811, 5824, 5905,	speira	5463, 5464	statikos	0243, 0394,
	6034, 6235	spelaion	5438		0722, 1577, 1911, 2031,
skor	5373, 5374	spelynx	5439		2224, 2279, 2531, 5491,
skorpios	5385	speraia	5462		6244
skyleuein	5382	sperma	1383, 2170, 3816,	statos	2546, 3478, 5492,
Skylla	5306		3954, 4362, 5042, 5440,		5812
skylon	5382		5441, 5442, 5443, 5444,	stauros	5494
skyphos	5386		5445, 5446, 5447, 5448,	stear	1055, 5495, 5497

1163

Griechische Ursprungswörter (Umschrift)

steganos	5499		5562	synaisthesis	5609
stegos	5500	strophikos	5562	synalgein	5602
stele	5501	strophos	5558	synallage	5603
stemma	5502, 5503	strouthos	5556	synallagma	5603
stenos	5504, 5505, 5506,	strychnos	5563	synallagmatikos	5603
	5507, 5508, 5510, 5511,	strylites	5566	synaloiphe	5604
	5906	stylobates	5567	synaphe	5605
stenosis	5509	stylos	1732, 4529	synapsis	5606
Stentor	5512	Stymphelides (Pl.)	5568	synaxis	5610
stephanos	1887a, 5498	styppe	5545	synchronismos	5611
stereobates	5515	stypsis	5569	synchronizein	5611
stereos	0261, 0697, 1055,	styptikos	2225, 5569	synchronos	0590, 5611,
	1190, 2383, 3161, 5513,	styrax	5570, 5571		5612, 5613
	5514, 5516, 5517, 5518,	Styx	5565	syndesmos	5615
	5519, 5520, 5521, 5522,	Sybarites	5581	syndetos	3819
	5523, 5526, 5726a	sykchis	5388	syndikos	5616
sternon	5525	sykchos	5388	syndrome	5617
stethos	5527	sykophantes	5582	synekdoche	5619
sthenos	5528	sykophantikos	5582	synekdochikos	5619
stichos	0116, 1127, 3599,	sykosis	5583	synektikos	5620
	5529, 5530, 5531, 5532,	syllabe	0910, 1191, 5353,	synephebos	5621
	5713		5584	synergia	0592, 5622
stigma	0245, 0566, 5533,	syllabikos	5584	synergos	5622
	5534	syllepsis	5585	synesis	5623
stoa (poikile)	5535	syllogismos	5586	synhairesis	5608
stoa	5535	syllogistikos	5586	synhaptos	5607
stochastike	5536	symbion	5588	synhedrion	5618
stochastikos	5536	symbiosis	5588	synhodos	1987, 5630
stoichedon	5538	symbiotes	5588	synizesis	5624
stoicheia (Pl.)	5537	symbolikos	5590	synkinesis	5626
Stoikos	5539	symbolon	1862, 5493,	synkope	5627
stole	5540		5589	synkrasis	2692
stolos	0078	symmachia	5591	synkratos	2693
stoma	1650, 2104, 2844,	symmetria	5592	synkretismos	5628
	5541, 5542, 5543, 5544	symmetros	5592	synkrisis	5629
stomachikos	5541	sympatheia	5593, 5594	synkritikos	5629
stomachos	5541	sympathes	4444, 5593,	synoikia	5634
strabismos	5547		5595	synonymia	5631
strabos	5547, 5548, 5549	symphonia	5360	synonymos	5631
strangaloun	5550	symphonos	5360	synopsis	5632
strangouria	5551	symphysis	5596	synoptikos	5633
strategema	5552	symphytikos	5596	syntagma	5635
strategia	5552	symploke	5597	syntagmatikos	5635
strategikos	5552	symposion	5598	syntaktikos	5636
strategos	5552	symptoma	5003, 5599,	syntaxis	5636
streptos	5557		5600	synthesis	0854, 1016,
strobos	5559	symptomatikos	5599		4720, 5637
stroma	5561	syn	5614, 5625	synthetikos	5637
strophe	0395, 2032a,	synagoge	5601	syntheton	5637

Griechische Ursprungswörter (Umschrift)

syrinx	5638		1304, 1413, 1435, 2394,		6129
Syrios	5639		2713, 2895, 4109, 4378,	systematikos	5643
systaltikos	5640		4555, 4802, 5575, 5641,	systole	5647
systema	0356, 0809,		5642, 5644, 5645, 5646,	syzygia	5648

T

ta	1584	technologikos	5686	tetrapodes	5738
ta locheia (Pl.)	3376	technologos	5686	tetrapodia	5738
ta meta ta physika (Pl.)		technopaignion	5687	tetrarches	5739
	3633	teichoskopia	5688	tetrarchia	5739
ta Sibylleia (Pl.)	5346	teinesmos	5717	tetras	5729, 5730
tachos	5650, 5651	tekton	5689	tetrastichos	5740
tachygraphos	5652	tektonike (techne)	2035,	teuchos	2406
tachys	5652, 5653, 5654,		5690	thalamos	2642, 5744
	5655, 5656, 5657	tektonikos	2035, 5690	thalassa	5745, 5746, 5747,
taktike (techne)	5658	telamon	5691		5748, 5749, 5750
taktikos	4721, 5658	tele	0857, 3499, 5692,	thalassigonos	5745
talanton	5659		5693, 5694, 5695, 5696,	thalassonomos	2105
Tantalos	5661		5697, 5698, 5699, 5700,	thallos	5752, 5753
tapeinosis	5663		5701, 5702, 5703, 5704,	thanatos	5754, 5755,
tapes	5662, 5664, 5666,		5705, 5706, 5709, 5710,		5756, 5757, 5758
	5720		5712, 5714	Thargelia (Pl.)	5759
tapetion	5664, 5666, 5720	teleskopos	5185, 5711,	thauma	5760
taphos	0802, 5665		5712	thaumatourgos	5761
tarsos	5667	telesma	5660	thea	1408, 5762
Tartaros	5668	teloneion	6173	theatrikos	5763
tasis	3717	telos	2384, 4364, 5707,	theatron	5763
tau	5669		5708, 5713, 5715	theion	5821
taurobolion	5670	telygonia	5768	theke	0535, 1157, 1308,
tauromachia	5671	ten	5485		1380, 2100, 2141, 2723,
tauta	5672	tenon	5718		2936, 3037, 3335, 3337,
tauto	5673	teras	5721		3524, 4504, 4689, 4722,
tautologia	5674	terebinthos	5722, 5724		4789, 5461, 5494, 5765,
tautologos	5674	tessares	5725		6063
taxis	1935, 2033, 2547,	tesseres	5725	Thekla	5765a
	4688, 4721, 4754, 5676,	tetanos	5727	thele	1736
	5677, 5678, 5679, 5987	tetra	5741	thelein	4366
techne	1997a, 5680, 5681,	tetrachordos	5728	thelema	5766
	5683, 5684, 5685	tetragonos	5731	theletikos	5767
technikos	0643, 0855,	tetragrammatos	5732	thelys	5768, 5769
	0856, 1017, 1333, 1578,	tetraktys	5733	thelytokia	5768
	1936, 2034, 2532, 3757,	tetralogia	5734	thelytokos	5769
	3759, 4955, 5013, 5165,	tetrameres	5735	thema	5770
	5392, 5682, 6062, 6227	tetrametros	5736	thematikos	0604
technologia	5686	tetramorphos	5737	thematikos	5770

Griechische Ursprungswörter (Umschrift)

thematizein 5770
theogonia 5774, 5775
theokratia 5776
theolatreia 5777
theologia 4761, 5778
theologikos 5778
theologos 5778
theomania 5779
theomanteia 5779
theomorphos 5780
theophaneia 5782
theophoros 5784
theorema 5785
theoretikos 5786
theoria 1243, 1570, 1600, 1912, 3281, 3458, 3500, 3637, 3718, 3723, 3864, 4334, 5786
theos 2317, 3180, 3820, 4330, 4365, 4956, 5764, 5771, 5772, 5773, 5776, 5781, 5783, 5789
theosophia 5787
theosophos 5787
theourgia 5820
theourgos 5820
theoxenia (Pl.) 5788
theoxenios 5788
therapeia 0731, 0804, 1018, 1036, 1579, 1763, 2036, 2142, 2226, 2280, 2431, 2491a, 2533, 2608, 2747, 2805, 3042, 3072, 3396, 3865, 3999, 4238, 4723, 4768, 5126, 5186, 5198, 5750, 5791, 5813, 6122
therapeutes 1763, 2608, 3999, 4768, 5126, 5790
therapeutike 5126, 5790
therapeutikos 1018, 2533, 3396, 5126, 5790
thereia 2800
Theresia 5203a, 5790a
theriakos 5791
theriomorphos 5792
therion 3539, 5792
therme 0313, 1309, 1311, 1580, 2037, 2038, 2195, 2595, 2644, 2801, 3000, 5793, 5794, 5795, 5796
thermos 0313, 1628, 1882, 2037, 2038, 2385, 2534, 2763, 2777, 2801, 3000, 3519, 3540, 3735, 4885, 5793, 5794, 5795, 5796, 5797, 5798, 5799, 5800, 5801, 5802, 5803, 5804, 5805, 5806, 5807, 5808, 5809, 5810, 5811, 5812, 5813, 6100
thesaurizein 5814
thesauros 5814, 5923
thesis 5815
Thesmophoria (Pl.) 5816
Thespis 5817
theta 5818
thetikos 5819
tholos 5822
thorax 2742, 4874, 5823, 5824, 5825, 5826
threnodia 5827
threnos 5827
thriambos 5969, 5990
thrix 5931, 5934, 5936
thrombos 5828, 5829, 5830, 5832, 5833
thrombosis 5831
thronos 2737, 5834
thyia 5835
thymiama 5837
thymon 5837. 5838, 5842
thymos 0752, 1487, 2596, 2810, 2981, 5293, 5838, 5839, 5840, 6220
thymosis 5841
thynnos 5836
thyreoeides 2597, 2646
thyreos 2597, 5843, 5844, 5845, 5846
thyrsos 5848, 5887
tiara 5849
tiger 5850
tillein 5934
time 5851
timokratia 5852
timokratikos 5852
Timon 5853
Titan 5856, 5857, 5858
Titanikos 5856
Tithonos 5859
to 0958, 3957, 5888
to artidion 0958, 5888
to nekton 3957
tokos 0521, 2917, 5769, 5861, 5862
tome 0347, 0529, 0699, 0929, 1142, 1581, 1976, 3191, 3278, 3286, 3322, 3371, 3375, 3989, 4022, 4632, 5469, 5549, 5718, 5825, 5863, 5864, 5907, 6003, 6052, 6193, 6194
tomos 5865
tonikos 5869, 5870
tonos 0081, 0366, 0787a, 0860, 1010, 1076, 1244, 1314, 1474, 1775a, 2310, 2386, 2598, 2647, 2802, 3558, 3639, 3873, 3895, 4053, 4957, 4959, 5866, 5867, 5768, 5871, 5872, 5872, 5873, 6058
topazos 5874
topike (techne) 5875
topikos 5876
topographia 4724, 5879
topographos 5879
topos 0861, 1315, 1846, 2803, 2804, 2805, 2806, 4110, 4111, 5129, 5510, 5877, 5878, 5880, 5881, 5882, 5883, 5884, 6049
torneuein 0407, 3128, 5889, 5996
tornos 5204, 5207, 5885, 5886, 5889, 5890, 5996
tortidion* 5888
toxikon 0398, 0634, 2227, 2672, 2740, 4023, 5845, 5891, 5892, 5893, 5894, 5895, 5896, 5897, 5898, 5899, 5900, 5901, 5902, 6245
tracheia (arteria) 5903, 5904, 5905, 5906, 5907
trachoma 5908

Griechische Ursprungswörter (Umschrift)

tragema	1419	trimeres	5948	tropikos	5576
tragikos	5909, 5910, 5911, 5912	trimetros	5949	tropikos	5576, 5977, 5982, 5983, 5984
tragodia	0995, 5913	trimorphos	5950	tropos	0862, 1235, 1764, 2481, 2553, 3653, 4725, 4875, 5846, 5985, 5986, 5987, 5988
tragodos	5913	triploos	5954		
trapeza	5917	tripodia	5955		
trapezion	5917	tripous	5958		
trauma	5294, 5918, 5919	triptychos	5956, 5957	tryein	5993
traumatikos	4976, 5918	trishagios	5959	trypanon	5922, 5991, 5992
treis	5927, 5938, 5944, 5952, 5953	triskaideka	5960		
		tristichos	5961	tyche	5997
trema	5920	trisyllabos	5962	tyloma	5998
trematodes	5921	tritagonistes	5963	tymbos	2961, 5994
tria	5927, 5938, 5944, 5952, 5953	tritheia	5964	tympanon	5854, 5999, 6000, 6001
		Triton	5967		
		tritonos	5968		
triarchia	5925	tritos	5965, 5966	typhlos	6003
trias	5924, 5926	trochaikos	5970	typhon	6004
tribas	5928	trochaios	1389, 5970	typhos	4446, 5564, 6005
tribein	5929	trochilos	5971	typikos	0638, 0701, 4098, 4447, 4611, 6006
tribrachys	5930	trogein	5973		
trichinos	5932	troglodytes	5972	typos	0697, 0701, 0863, 1113, 1996, 2383, 2676, 2694, 3385, 3397, 3573, 4302, 4611, 4726, 5511, 5522, 6002, 6007, 6008, 6009, 6010
trichosis	5933	trogon	5973		
trichotomein	5935	trohodos	5951		
trieres	5937	Troia	5974		
triglyphos	5939	tropai (Pl.)	3976, 5576, 5977		
trigonon	5940				
trigonos	5940, 5941	tropaion	5978	tyrannein	6011
triklinos	5942	trope	0269, 2039, 4443, 5975, 5976	tyrannikos	6011
trikolos	5943			tyrannis	6011
trilithos	5945	trophe	0700, 2387, 2599, 2648, 5046, 5979, 5980, 5981	tyrannos	6011
trilobos	5946			tyrbe	5989
trilogia	5947			tyros	0953, 0958

U

ü psilon s. y psilon! u s. ou!

X

Xanthippe	6075	xenodocheion	6084	xerophthalmia	6097
xanthos	6074, 6075, 6076, 6077, 6078, 6079, 6080	xenos	6084, 6085, 6086, 6087, 6088, 6089, 6090, 6091	xeros	4755, 6092, 6093, 6094, 6095, 6096, 6097, 6098, 6099, 6100
xenikos	6083				
xenion	6082	xerion	1587	xerotes	6101

Griechische Ursprungswörter (Umschrift)

Xi	6081, 6102			6110, 6111	xyston 6113
xylon	6103, 6104, 6105,	xyn		5614, 5625	
	6106, 6107, 6108, 6109,	xystos		6112	

Y

y psilon　　　6114, 6115

Z

zelos	2086, 2811		2890, 3601, 3977, 4304,	zoophagos	6196
zelotes	6124		6118	zoster	2352
Zephyros	6139	zone	0871, 2736, 2854,	zygaina	6203
zeta	6145, 6147,		5198, 6176	zygoma	6204
zetesis	2388	zoogenes	6180	zygon	0711
zeugma	6149	zoon	0332, 0348, 0936,	zygote (Fem.)	2390, 3826,
zeugos	0711		1744, 2042, 2537, 3461,		6205
Zeus	1354		3463, 4305, 4777, 5067,	zygotos	1393, 2390, 2486,
zingiberis	2067, 2724		5068, 5265, 5446, 5478,		3826, 6205
zizyphon	2833		6146, 6178, 6179, 6181,	zyme	1668, 6224, 6226,
zodiakos (kyklos)	6169		6182, 6183, 6184, 6185,		6227
zodion	6170		6188, 6189, 6190, 6191,	zymotikos	6225, 6228
zoe	0709, 2499a, 2554		6192, 6193, 6194, 6195		
zoikos	0482, 0708, 1673,	zoophagos	6186, 6187		

Alphabetisches Verzeichnis der im lexikalischen Teil auftauchenden griechischen Ursprungswörter

A

ἀ-, ἀν 0002, 0006, 0007, 0010, 0014, 0020, 0023, 0024, 0025, 0027, 0061, 0066, 0081, 0082, 0089, 0090, 0091, 0093, 0103, 0105, 0118, 0124, 0126a, 0162, 0167, 0170, 0172, 0173, 0176, 0200, 0211, 0221, 0238, 0271, 0272, 0273, 0274, 0288, 0289, 0290, 0291, 0293, 0295, 0296, 0297, 0298, 0307, 0308, 0309, 0310, 0311, 0314, 0407a, 0415, 0423, 0424, 0427, 0430, 0471, 0522, 0540, 0541, 0566, 0590, 0592, 0604, 0634, 0638, 0707, 0708, 0709, 0710, 0711, 0712, 1247, 2255, 2300, 2499a, 3873
ἄβαξ 0001
ἄβατον 0003
ἄββας 0004, 0009
Ἀβδηρίτης 0005
ἄβυσσος 0011
ἀγαθή 0058
ἀγάμητος 0056
ἀγαμία 0056
ἄγαμος 0056
ἀγάπη 0057
ἀγαυή 0059
ἀγγεῖον 0279, 0281, 0282, 0283, 0284, 0285, 1051, 3155
ἀγγελικός 0277
ἄγγελος 0276, 0278, 1637
ἀγήρατος 0060
ἁγιασμός 2183
ἁγιόγραφα (Pl.) 2184

ἅγιος 2184, 2185, 2186, 2187
ἀγκύλωσις 0300
ἄγκυρα 0299
ἄγμα 0065
ἁγνή 0067
ἁγνός 0067
ἀγνωσία 0068
ἄγνωστος 0068,
ἀγορά 0072, 4614
ἄγρα 1028, 2115, 4877
ἀγράμματος 0073
ἄγραφος 0074
ἀγρονομία 0076
ἀγρονόμος 0076
ἀγρός 0075, 0077, 0078
ἀγρυπνία 0079
ἀγχόνη 0280, 2352
ἀγωγή 0069
ἀγωγός 0251, 1049, 1198, 2044, 2603
ἀγών 0070
ἀγωνία 0070
ἀγωνιστής 0070, 1245
ἀγωνιστική (τέχνη) 0070
ἀδάμας 1199, 1282
ἀδήν 0022, 3408, 5045
ἀδιάφορος 0026
ἀδρός 2182
ἀδυναμία 0029
ἀδύναμος 0029
ἄδυτον 0030
ἄδυτος 0030
ἀδώνιος 0028a
Ἄδωνις 0028
ἀερόπλανος 0049
ἀζαλέος 0706
ἄζυμος 0713
ἀήρ 0031, 0032, 0033,

0034, 0035, 0036, 0037, 0038, 0039, 0040, 0041, 0042, 0043, 0044, 0045, 0046, 0047, 0048, 0050, 0051, 0052, 0053, 0085, 0211, 0502, 3464, 3465
ἀητεῖσθαι 0054
ἀθανασία 0600
ἀθανατισμός 0600
ἀθάρη 0607
ἀθαυμαστία 0602
ἄθεος 0603
ἀθεσία 0608
ἀθεσμία 0609
ἀθέτησις 0610
Ἀθήναιον 0605
ἀθήρ 0607
ἀθλητής 0611, 0790, 3296, 5927
ἀθλητικός 0611, 3296
ἆθλον 0790, 5927
ἀθρεῖν 0612
ἀθυμία 0613
Αἰγίδιος 0030a, 1490a
Αἰγινήτης 0063
αἰγίς 0062, 0064
Αἰγύπτιος 3143, 3144
Αἴγυπτος 0080
Ἅιδης 2181
αἰδοῖον 0084
αἰθέριος 0606
αἰθήρ 0599, 0601, 0606, 0612, 1787, 1791, 4541, 4912, 4919
αἷμα 0314, 0716, 1050, 2092, 2199, 2200, 2202, 2203, 2204, 2205, 2206, 2207, 2208, 2209, 2210, 2211, 2212, 2213, 2214, 2215, 2216, 2217, 2218,

Griechische Ursprungswörter

2222, 2223, 2224, 2225,	ἀκριβής 0106	ἀλωπεκία 0151
2226, 2227, 2228, 2565,	ἀκροαματικός 0107	ἄλως 2192, 2194
2577, 2764, 3314, 3346,	ἀκροβατεῖν 0108	ἀμαδρυάδες (Pl.) 2197
3546, 5891, 5899, 6019	ἀκρόλιθος 0109	Ἀμαζόνες 0162
αἱμάτινος 2201	ἀκρόπολις 0115	ἀμάρακος 3436
αἱματίτης (λίθος) 2201	ἄκρος 0104, 0106, 0110,	ἀμάραντος 0159
αἱματοποιητικος 2207	0111, 0112, 0113, 0114,	ἀμαρτία 2198
αἱμορραγία 2219	0116, 0119	Ἀμαρυλλίς 0161
αἱμορραγικός 2219	ἀκρωτήριον 0117	ἀμαρύσσειν 0160
αἱμόρροια 2220	ἀκτίς 0019, 0120, 5053	ἀμβαίνειν 0165
αἴνιγμα 0292	ἀλάβαστρον 0123	ἀμβλύς 0164
αἰνιγματίζεσθαι 0292	ἀλαλά 2188	ἀμβρόσιος 0166
αἴξ 0071	ἄλγησις 0127, 2564	ἀμβρωσία 0166
Αἰολικός 2610	ἄλγος 0128, 0317, 0378,	ἀμέθυστος 0169
Αἴολος 0409	0412, 0530, 0902, 1216,	ἄμετρος 0171
αἱρεσιάρχης 2235	1222, 1960, 2077, 2299,	ἄμη 4097
αἱρετικός 2236	2320, 2652, 2765, 3010,	ἀμήν 0168
αἵρεσις 2236	3183, 3871, 3984, 3998,	ἀμιξία 0174
αἴσθησις 0563, 2255,	4061, 4062, 4071, 4090,	ἀμμωνιακός 0175, 0365,
2566, 3036, 3218, 3439,	4136, 4242, 4847, 5877,	2432, 4909, 5233, 5821,
4443, 5176	5931, 6152	6073
αἰσθητής 0564	Ἀλεξανδρινός 0126	ἀμνησία 0176
αἰσθητικός 0564, 2566,	ἀλέξειν 0125a, 5257a,	ἀμνηστία 0177
3036	5272a	ἀμνός 0178
αἰσθητός 0564	Ἄλεξις 0125	ἀμοιβαῖος 0180
Αἴσωπος 0549	ἀλθαία 0157	ἀμοιβή 0179
αἰτιολογία 0614	Ἀλκαῖκος 0130	ἄμορφος 0182
αἰτιολογικός 0614	ἀλκυόνειος 0132	ἄμουσος 0200
αἰών 0410	ἀλληγορεῖν 0133	ἄμπελος 0184
Ἀκαδημαϊκός 0086	ἀλληγορία 0133	ἀμυγδάλη 3471
Ἀκαδήμεια 0086, 3852	ἀλληγορικός 0133	ἄμυλον 0201
ἀκακία 0092	ἀλλήλων 0134	ἀμφί 0188, 0189, 0192
ἄκανθος 0087	ἄλλος 0135, 0136, 0137,	ἀμφίβιος 0185
ἀκαρί 0088	0138, 0139, 0140,	ἀμφιβολία 0186
ἀκέφαλος 0093	0141, 0142, 0143,	ἀμφίβραχυς 0187
ἀκινησία 0094	0144, 0145, 0146,	ἀμφιθέατρον 0195
ἀκίνητος 0094	2762, 2763, 5220	ἀμφικτύονες 0190
ἀκμή 0097, 0098	ἀλλότριος 0147	ἀμφίμακρος 0191
ἀκολουθία 0100	ἀλλοτροπεῖν 0148	ἀμφιπρόστυλος 0194
ἀκόλουθος 0100	ἄλμα 2191	ἀμφορεύς 0183, 0193,
ἀκόνιτον 0101	ἀλόη 0150	0197, 0199, 1498
ἀκορίη 0102	ἅλς 0772, 0780, 2189,	ἀμφότεροι 0198
ἀκουάζεσθαι 009	2193, 2195, 4410, 5199	ἄμφω 0196
ἄκουσις 0221, 1452,	ἀλτῆρες (Pl.) 2196	ἀνά 0212, 0239, 0243,
2563, 4989	ἀλύειν 2190	0245
ἀκουσματικός 0121	ἄλφα 0152, 0152a, 0153,	ἀναβαίνειν 0165
ἀκουστικός 0122, 1542,	0154, 0155, 0156, 0156a,	ἀναβαπτίζειν 0202
5514	4524	ἀνάβασις 0203
ἀκρίβεια 0106	ἀλφάβητος 0152	ἀναβίωσις 0204

ἀναβολή	0205, 0206	
ἀναβολικός	0205	
ἀνάγκασμα	0233	
ἀνάγκη	0234	
ἀνάγλυφος	0213	
ἀναγνώρισις	0214	
ἀναγνώστης	0215	
ἀνάγραμμα	0217	
ἀναγωγή	0216	
ἀναδίπλοσις	0209	
ἀναδύεσθαι	0210	
ἀνάθεμα	0247	
ἀνάθημα	0247	
ἀναίματος	0230	
ἀναιμία	0230	
ἀναίρεσις	0242	
ἀναισθησία	0244, 3399	
ἀναίσθητος	0244	
ἀνακόλουθος	0218	
Ἀνακρέων	0219	
ἀνάκρουσις	0220	
ἀνακυκλικός	0250	
ἀναλγησία	0224	
ἀνάλγητος	0225	
ἀνάλεκτος	0222	
ἀναληπτικός	0223	
ἀνάλλακτος	0226	
ἀναλογία	0227, 1332	
ἀναλογισμός	0227	
ἀνάλογος	0227	
ἀνάλυσις	0229, 1543, 2604, 3438, 3484, 3522, 3684, 3921, 5098, 5434, 5642	
ἀναλυτικός	0229, 5098	
ἀναλφάβητος	0228	
ἀνάμνησις	0231	
ἀναμόρφωσις	0232	
ἀνάπαιστος	0235	
ἀνάπτυξις	0240	
ἀνταρκτικός	0318, 0319	
ἀναρχία	0241	
ἄναρχος	0241	
Ἀναστάσιος	0243	
ἀνάστασις	0243	
ἀναστροφή	0246	
ἀνατοκισμός	0249	
Ἀνατώλιος	0247a	
ἀνατομή	0248	
ἀνατομικός	0248	
ἀναφέρειν	0236	
ἀναφορά	0237	
ἀναχρονίζειν	0208	
ἀναχρονισμός	0208	
ἀναχωρητής	0207	
ἀναχωρητικός	0207	
Ἀνδρέας	0252	
ἀνδρ(ε)ία	0252	
ἀνέκδοτος	0262	
ἄνεμος	0263, 0264, 0265, 0266, 0267, 0269	
ἀνεμώνη	0268	
ἀνεπίγραφος	0270	
ἀνεύρυσμα	0275	
ἀνήρ	0125a, 0251, 0253, 0254, 0255, 0256, 0257, 0259, 0260, 0261, 2175, 3741, 3940a, 4910, 5079, 5257a, 5272a	
ἀνθέμιον	0328	
ἀνθεμίς	0329	
ἄνθεμον	1128, 2268	
ἀνθηρός	0330	
ἀνθολογία	0331	
ἀνθολόγιον	0331	
ἀνθολόγος	0331	
ἄνθος	0332, 0350, 0373, 2268, 2828	
ἄνθραξ	0333, 2716	
ἄνθρωπος	0055, 0334, 0335, 0336, 0337, 0338, 0339, 0340, 0341, 0342, 0343, 0344, 0345, 0346, 0347, 0348, 0349, 0478, 0616, 2061, 2176, 3532, 3742, 4290, 4424, 4793, 4844	
ἄνισον	0294	
ἄνοδος	0301	
ἄνοια	0302	
ἀνομία	0304	
ἄνομος	0304	
ἀνταγώνισμα	0316	
ἀνταγωνιστής	0316	
ἀνταγωνιστικός	0316	
ἀντί	0317, 0320, 0321, 0322, 0323, 0324, 0325, 0326, 0351, 0352, 0353, 0355, 0356, 0358, 0359, 0360, 0362, 0362a, 0363, 0364, 0365, 0366, 0366a, 0367, 0368, 0369, 0374, 0377, 0378, 0380, 0381, 0383, 0388, 0389, 0390, 0391, 0392, 0393, 0394, 0395, 0396, 0398, 0399, 0400, 0401, 0402	
ἀντίδοτος	0361	
ἀντίθεσις	0397	
ἀντίθετος	0397	
ἀντιλαβή	0370	
ἀντιλέγειν	0371	
ἀντιλογία	0372	
ἀντιμεταβολή	0375	
ἀντιμετάθεσις	0376	
ἀντινομία	0379	
ἀντινομικός	0379	
ἀντιπάθεια	0382	
ἀντίπους	0386	
ἀντίπτωσις	0387	
ἀντίφρασις	0385	
ἀντίφωνος	0327, 0384	
ἀντίχρησις	0357	
ἄντοικος	0404	
ἀντονομασία	0405	
ἀντῳδός	0403	
ἄνω	0313	
ἀνωμαλία	0303, 1246	
ἀνώμαλος	0303, 0312	
ἀνώνυμος	0305	
ἀνωφελής	0306	
ἀξιόλογος	0702	
ἄξιος	0704	
ἀξίωμα	0703	
ἀξιωματικός	0703	
ἄξων	0705	
ἀοιδός	0408	
ἀόριστος	0411	
ἀορτή	0412	
ἀπαγωγή	0413	
ἀπαγωγός	0413	
ἀπάθεια	041	
ἀπαθής	0414	
ἅπαξ λεγόμενον	2229	
ἀπειρία	0428	
ἄπειρος	0416	
ἀπελλάζειν	0417	

Ἆπις	0429	ἀπροσεξία	0469	ἀρτηρία	0525, 0526, 0527, 0528, 0529
ἁπλοειδής	2231	ἁπτικός	2234		
ἁπλοῦς	2230, 2232, 2233	ἀπυρεξία	0472	ἀρτίδιον	0958, 5888
ἄπνοια	0431	ἀρά	0476	ἀρύβαλος	0536
ἀπό	0420, 0436, 0437, 0441, 0444, 0451, 0454	ἀράχνη	0475	ἀρχάγγελος	1781
		ἀραχνοειδής	0475	ἀρχαΐζειν	0477
ἀπόγαιον	0438	ἀργός	0497	ἀρχαϊκός	0477
ἀπόγραφος	0439	Ἄργος	0499	ἀρχαῖος	0477, 0478, 0479, 0480, 0481, 0482, 0483
ἀπόδειξις	4897	Ἀργώ	0498		
ἀποδεικτικός	0433	Ἄρειος	0501		
ἀπόδοσις	0434	Ἄρειος πάγος	0495	ἀρχαϊσμός	0477
ἀποδύεσθαι	0435	ἀρεταλογία	0496	ἀρχεῖον	0493
ἀποδυτήριον	0435	ἀρετή	0496	ἀρχέτυπος	0482a
ἀποθέωσις	0464	ἀρθριτικός	0320, 0531	ἀρχή	0485, 0789, 1440, 2334, 3515, 3575, 4528, 5851
ἀποθήκη	0463, 0882, 0898, 0899, 0954	ἀρθρῖτις	0531, 2116, 4137, 5217		
ἀποικία	0443	ἄρθρον	0530, 0532, 0533, 0534, 1454	ἀρχι-	0484, 0487, 0489, 0490, 0492
ἀποκάλυψις	0440				
ἀποκαλυπτικός	0440	ἀρθροῦν	1453	ἀρχιατρός	0537
ἀποκαρτέρησις	0442	Ἀριάδνη	0500	ἀρχιδιάκονος	0484
ἀπὸ κοινοῦ	0444	ἀριθμητική (τέχνη)	0508	ἀρχιεπίσκοπος	1780
ἀποκοπή	0445			Ἀρχίλοχος	0486
ἀποκρίνειν	0446	ἀριθμητικός	0508	Ἀρχιμήδης	0488
ἀπόκρυφος	0447	ἀριθμός	0509, 0510, 0511, 0512, 3377	ἀρχιτεκτονική	0491
Ἀπόλλων	0448			ἀρχιτεκτονικός	0491
Ἀπολλώνιος	0448	ἀριστεία	0503	ἀρχιτέκτων	0491
ἀπολογητικός	0450	ἀριστοκρατία	0504	ἀρχός	1200
ἀπολογία	0450	ἀριστοκρατικός	0504	ἄρχων	0494
ἀπόλογος	0449	ἄριστος	0505	ἄρωμα	0516
ἀποπέμπτικός	0452	Ἀριστοτέλης	0507	ἀρωματίζειν	0516
ἀπόπληκτος	0456	Ἀριστοφάνης	0506	ἀρωματικός	0516
ἀποπληξία	0456	Ἀρκαδία	0513	ἄσβεστος	0538
ἀπόρημα	0457	Ἀρκαδικός	0513	ἀσέβεια	0539
ἀπορηματικός	0457	Ἀρκάς	0513	ἀσθένεια	0562, 3294, 3378, 3872, 4000, 4671
ἀπορητικός	0457	ἄρκτος	0514, 2446, 3942		
ἀπορία	0457	ἁρμονία	1374, 1856, 2237, 2238, 2239, 2240, 2241, 4645, 5450	ἀσθενής	0321, 0562, 3294, 4000
ἀποσιώπησις	0458				
ἀποστασία	0459			ἀσθενικός	0562, 3294, 4000
ἀποστάτης	0460	ἁρμονική (τέχνη)	2241		
ἀποστολή	0461, 3262	ἁρμονικός	2242, 4645	ἆσθμα	0565, 0922
ἀποστολικός	0461	ἁρμόνιος	2243, 2244	ἀσθματικός	0565
ἀπόστολος	0461	Ἅρπυια	2245	Ἀσία	0542, 1830
ἀπόστροφος	0462	ἄρον	0518	Ἀσιάτης	0543
ἀποτρόπαιος	0465	ἄρρην	0519, 0520, 0521	ἀσίδηρος	0544
ἄπους	0432	ἀρρυθμία	0522	ἀσκαρίς	0545
ἀποφαντικός	0453	ἄρρυθμος	0522	ἄσκησις	0546
ἀπόφθεγμα	0455	ἀρσενικόν	0523	ἀσκητής	0546
ἀπραξία	0467	ἀρσενικός	0523	ἀσκητικός	0546
ἀπροσδόκητος	0468	ἄρσις	0524	Ἀσκληπιάδης	0547

Griechische Ursprungswörter

Ἀσκληπίος	0548	Ἀτλαντικόν (πέλαγος)		αὐτοματισμός	0680
ἀσκός	0594		0617	αὐτόματος	0680, 3854,
ἀσπάραγος	0551, 5425	Ἀτλαντικός	0617, 5914		4707, 5711
ἄσπερμος	0552	Ἄτλας	0615, 0616	αὐτονομία	0683
ἀσπίς	0556	ἀτμίς	0618	αὐτόνομος	0683
Ἀσσυρία	0556a	ἀτμός	0619, 0620, 0621	αὐτός	0654, 0655, 0656,
ἄστατος	0557	ἄτομος	0622, 0623,		0657, 0658, 0660, 0661,
ἀστερίσκος	0559	0624, 0625, 0626, 0627,		0663, 0664, 0665, 0666,	
ἀστήρ	0558, 0560, 0561,	0628, 0629, 0629a, 0680,		0667, 0668, 0669, 0670,	
0568, 0569, 0570, 0577			1831	0671, 0673, 0674, 0675,	
ἀστράγαλος	0567	ἀτονία	0631	0677, 0678, 0681, 0682,	
ἀστρολάβος	0576	ἄτονος	0630a, 0631,	0684, 0685, 0686, 0687,	
ἀστρολογία	0578		0632	0688, 0690, 0691, 0692,	
ἀστρολογικός	0578	ἀτοπία	0633	0693, 0694, 0695, 0696,	
ἀστρολόγος	0578, 5560	ἄτροπος	0636	0697, 0698, 0699, 0700,	
ἄστρον	0572, 0573,	ἀτροφεῖν	0635		0701, 1544, 2967
0574, 0575, 0579, 0580,		ἀτροφία	0635	αὐτόχθων	0659
0581, 0582, 0584, 0585,		ἄτροφος	0635	αὐτοψία	0689
	0586, 1237	ἀττικισμός	0637	ἀφαίρεσις	0418
ἀστρονομία	0583, 1944	Ἀττικός	0637	ἀφασία	0419
ἀστρονομικός	0583	Αὐγείας	0644	ἄφθα	0426
ἀστρονόμος	0583	αὐθεντικός	0653	ἀφορισμός	0422
ἄσυλον	0587	αὐθέντης	1490	ἀφοριστικός	0422
ἄσυλος	0587	αὐθεντία	0653	ἄφρακτος	1907
ἀσυμμετρία	0588	αὐλή	0645	Ἀφρική	4319
ἀσύμμετρος	0588	αὐλητική (τέχνη)	0646	ἀφροδισιακός	0425
ἀσύμπτωτος	0589	αὐλῳδία	0647	Ἀφροδίτη	0238, 0425
ἀσύνδετος	0591	αὐλός	0648	ἀφύη	0315
ἄσφαλτος	0553	αὐτάρκεια	0652	ἀφωνία	0421
ἀσφυξία	0554	αὐτάρκης	0652	Ἀχάτης	0013
ἄτακτος	0595	αὐτόγραφος	0672	Ἀχέρων	0016
ἀταξία	0597, 2301	αὐτοδίδακτος	0662	Ἀχιλλεύς	0017
ἀτάρακτος	0596	αὐτοκίνησις	0676	ἀψίνθιον	0008
ἀταραξία	0596	αὐτοκράτεια	0679	ἀψίς	0469
ἀτέλεια	0598, 4644	αὐτοκρατής	0679		

Β

Βαβυλών	0714		4033	βαλλισμός	0727
Βαβυλώνιος	0714	Βάκχος	0715	βάλσαμον	0732, 1499
βάθος	0770, 0771, 2768	βαλανεῖον	0729, 0730,	βάναυσος	0734
βαθύς	0769, 0772, 0773,		0731	βαπτισμός	0736
	0774, 0775	βάλανος	0725, 6070	βαπτιστήριον	0738
βακτηρία	0716, 0717,	βαλαύστιον	0733	βαπτιστής	0737, 0776
0718, 0719, 0720, 0721,		βάλλειν	0515, 0728	βαρβαρισμός	0740
0722, 0723, 0724, 3101,		βαλλίζειν	0726, 4994	βάρβαρος	0353, 0740,

Griechische Ursprungswörter

0741, 0781, 0917, 5208	0815, 0816, 0817, 0818,	βόμβος 0623, 0891, 0893,
βάρβιτος 0742	0819, 0820, 0821, 0822,	2507, 4024, 4818, 5140,
βᾶρις 0746	0823, 0824, 0825, 0826,	5141
βάρος 0739, 0747, 0749,	0827, 0828, 0829, 0830,	βόμβυξ 0892
2767, 3724	0831, 0832, 0833, 0834,	Βορέας 0894
βαρύς 0743, 0745, 0750,	0835, 0836, 0837, 0838,	βορός 6037
0751, 0752, 0754, 2762	0839, 0840, 0841, 0842,	βοτάνη 0897
βαρύτονος 0744, 0753	0843, 0844, 0845, 0846,	βοτανική 0897, 2001,
βασανίτης λίθος 0756	0848, 0849, 0850, 0851,	4292
βάσανος 0756	0852, 0853, 0853a, 0854,	βοτανικός 0897, 2001
βασιλική (στοά) 0758	0855, 0856, 0857, 0860,	βούβαλος 0940
βασιλικός 0758, 0759	0861, 0862, 0863, 0864,	βουβών 0937
βάσις 0002, 0755, 0757,	0865, 0866, 0867, 1117,	βουκολικός 0942
0760, 0761, 0762, 0763,	1209, 1614, 1870, 1999,	βουλή 0010, 0945, 1456,
0764, 0765, 0766	2271, 2502, 2989, 3169,	2571, 2611
βάσκειν 0767	3214, 3686, 3687, 3762,	βουλιμία 0946
βαστάζειν 0768	4003, 4291, 4389, 4698,	βοῦς 0896, 0941, 0943,
βατεῖν 0032, 4648	4750, 5213, 5260	0947, 0953, 0958, 2257
βαύκαλις 3939, 4886	βιοτή 0858	βουστροφηδόν 0952
βένθος 0780	βίρρος 0948	βούτυρον 0953, 0958
Βερενίκη 1896, 6056	βιῶν 0211, 0354, 1614,	βράγχια 0914, 0915
Βερενίκης (Gen.) 1140a	1669, 1687, 2000, 2990,	βραδύς 0912, 0913
βῆμα 0779, 3928	4389, 5000, 5260	βραχίων 0901, 0902,
βήρυλλος 0213, 0782,	βιωτική (τέχνη) 1804,	0903, 0916, 0918
0919, 4997	2857, 3440	βραχύς 0904, 0905,
βῆτα 0783, 0784, 0785,	βιωτικός 0355	0906, 0907, 0908, 0909,
0786, 0787	βιωτός 0355, 0859, 3440	0910, 0911
βιβλιογραφία 0792,	βλαῖσος 0871a, 0873	βρόγχια 0921, 0922,
0812	βλάστημα 0875	0923, 0924
βιβλιόγραφος 0792	βλαστός 0876, 0877,	βρόγχος 0925, 0926,
βιβλιοθήκη 0803, 4981	0878, 0879, 0880, 1654,	0927, 0928, 0929, 0930
βιβλίον 0793, 0794,	2682, 3315, 5980, 6237	βροντή 0931, 2769
0795, 0796, 0797, 0798,	βλασφημεῖν 0872, 0874	βροτός 0932
0799, 0800, 00801, 0802,	βλασφημία 0874	βρύον 0934, 0935, 0936
0804	βλάσφημος 0874	βρυχή 0933
βίβλος 0791, 0805,	βλέφαρον 0881	βρῶμος 0920
0806, 1892, 2438	βλέψις 4029	Βυζάντιον 0960
βῖκος 0777	βολβός 0887, 0944	βύρσα 0895, 0950
βίος 0006, 0007, 0031,	βολίς 0886	βύσσος 0959
0034, 0211, 0355, 0572,	βόλος 0884, 0888, 0889,	βυτίνη 0939a, 0955
0656, 0812, 0813, 0814,	0890	βωλίτης 0885, 4787

Γ

γαγάτης 1915	γάγγραινα 1952	γάλα 0436, 1917, 1918,
γαγγλίον 1951	γαῖα 4064, 4546	1920, 1921

γαλακτικός 1885, 1916, 2731, 5915
γαλάκτωσις 1919
γαλαξίας 1921
γαλέη 1922, 1924
Γαληνός 1923
γαμέτης 0253, 0295, 1937, 1938, 1939, 1940, 1941, 1942, 2178, 2363, 2774, 3443, 3698
γάμμα 1330, 1943, 1944, 1945, 1946, 1947, 1948, 1949, 2775
γάμος 0139, 0264, 0295, 0437, 0667, 0807, 1318, 1615, 1656, 1872, 1938, 1950, 2363, 2458, 2506, 2576, 2617, 2774, 2939, 3059, 3220, 3607, 3743, 3780, 6085, 6170
γάνος 1953
Γανυμήδης 1955
γάνωσις 1954
γαργαρίζειν 1956
γαργαρισμός 1956
γαστήρ 1959, 1960, 1961, 1962, 1963, 1964, 1965, 1966, 1966a, 1967, 1968, 1969, 1970, 1971, 1972, 1973, 1974, 1975, 1976, 1977
γεῖσ(σ)ον 1978
γέλασμα 1979
γέλως 1980, 1981
γενεά 0335, 0519, 0821, 1986, 2008, 4165, 4221, 4757, 4922, 5102, 5768
γενεθλιακός 1989
γένεσις 0006, 0212, 0254, 0335, 0485, 0820, 0876, 1264, 1594, 1939, 1988, 1990, 2007, 3221, 3360, 3763, 3781, 3832, 4165, 4221, 4244, 4314, 4334, 4473, 4487, 4582, 4756, 4921, 5101, 5417, 5442, 5689, 6007, 6117, 6209, 6240

–γενής 0128, 0254, 0335, 0364, 0668, 0819, 1102, 1217, 1331, 1504, 1646, 1769, 1873, 1893, 1900, 1967, 2057, 2094, 2190, 2193, 2202, 2212, 2322, 2507, 2656, 2661, 2674, 2725, 2776, 2897, 2942, 2999, 3105, 3146, 3194, 3221, 3360, 3410, 3781, 3883, 3987, 4007, 4036, 4091, 4209, 4221, 4244, 4253, 4267, 4314, 4487, 4660, 4681, 4693, 4702, 4763, 4770, 4774, 4921, 5101, 5149, 5158, 5180, 5222, 5261, 5288, 5396, 5429, 5441, 5543, 5696, 5721, 5745, 5829, 5838, 5843, 5878, 5892, 6239
γενητός 4165, 4221, 4314, 4473, 4487, 4582, 4756, 6117
γένος 1984, 1985, 1991, 1992, 1993, 1994, 1995, 1996, 1997, 1997a, 1998, 1998a, 4333
γεντιανή 1665
γεραιός 2044
γεράνιον 2045, 2046
γέρανος 2045, 2046, 3184, 3186
Γερμανοί 2720
γερουσία 2055
γερούσιος 2056
γέρων 2047, 2050, 2051, 2052, 2053, 2054
γεῦσις 0061, 2841, 4397, 4398
γεωγραφία 0822, 1274, 2011, 3070, 4295
γεωγραφικός 2011
γεωγράφος 2011
γεωδαισία 2004
γεωδαίτης 2004
γεωμέτρης 2016, 5154
γεωμετρία 2005, 2017
γεωργικός 2029
γεωργός 2028, 2829a,

2832, 5302a
γῆ 0822, 1274, 1999, 2000, 2001, 2002, 2003, 2006, 2007, 2008, 2009, 2010, 2011, 2012, 2013, 2014, 2015, 2016, 2018, 2019, 2020, 2021, 2022, 2023, 2024, 2025, 2026, 2027, 2030, 2031, 2032, 2032a, 2033, 2034, 2035, 2036, 2037, 2038, 2040, 2041, 2042, 2043, 2508, 2777, 3070
γηνόμος 2105
γιγαντικός 2060
Γιγαντομαχία 2065
Γίγας 2058, 2059, 2060, 2061, 2062, 2063, 2064, 2065, 2066
γλαυκός 2073
γλαύκωμα 2073
γλία 2075
γλυκερός 2101, 4036
γλυκύρριζα 3269
γλυκύς 2091, 2092, 2093, 2094, 2095, 2096, 2577
Γλύκων 2097
γλυπτικός 1982, 2098, 3361
γλυπτός 2098, 2099, 2100
γλυφή 4583
γλῶσσα 2076, 2077, 2078, 2079, 2080, 2081, 2082, 2083, 2084, 2085, 2086, 2732, 2778, 3485, 4520, 5103, 6086
γλῶττα 2087, 2089, 2090, 4923, 5938
γλωττίς 2088
γλωσσάριον 2078
γνάθος 0066, 2102, 2103, 2104, 5009
γνώμη 1029, 2106, 2107, 2246, 3608
γνωμικός 2106
γνωμολογία 2107
γνώμονα (Akk.) 4051

γνώμων 2108, 4051, 4052,
  4053, 4054, 4055, 4056,
  5191
γνῶσις 0574, 0670, 2009,
  2109, 2110, 4398, 5104,
  5705
γνωστικός 2111, 4488,
  5105
γνωστός 4398
γονεία 2010, 5476
γονή 0188, 2090, 2114,
  2118, 2119, 2120, 2365,
  2460, 5289, 5289, 5861
γόνυ 2115, 2116
Γοργώ 2121
Γόρδιον 2120a
Γόριλλαι 2122
γραικίζειν 2144, 2145
Γραικός 2149
Γραικός 2124, 2126, 2151
γράμμα 0036, 0281,
  0516, 0526, 0671, 0747,
  0824, 0925, 1030, 1089,
  1119, 1160, 1184, 1336,
  1550, 1552, 1638, 1662,
  2127, 2129, 2130, 2131,
  2203, 2213, 2244, 2260,
  2366, 2399, 2413, 2434,
  2449, 2541, 2666, 2679,
  2913, 2932, 3026, 3027,
  3173, 3222, 3250, 3298,
  3386, 3647, 3724, 3783,
  3884, 4043, 4202, 4210,
  4256, 4307, 4557, 4682,
  4703, 4783, 4925, 5107,
  5309, 5397, 5418, 5443,
  5505, 5673, 5698, 5800,
  6060, 6210
γραμματική (τέχνη)
  2128
γραμματικός 2128
γράφειν 1161, 2137,
  2449, 2932, 3222, 3362,
  5203, 5505, 6061, 6094

γραφεῖον 2150
γραφεύς 0036, 0120,
  0265, 0269, 0575, 0656,
  0748, 0825, 0982, 1027,
  1031, 1066, 1161, 1202,
  1215, 1233, 1336, 1415,
  1431, 1550, 1552, 1791,
  1796, 2011, 2082, 2125,
  2134, 2184, 2260, 2273,
  2366, 2444, 2509, 2538,
  2541, 2704, 2913, 2932,
  3011, 3028, 3039, 3222,
  3250, 3362, 3431, 3499,
  3615, 3648, 3726, 3885,
  3981, 4138, 4256, 4275,
  4296, 4307, 4370, 4584,
  4602, 4675, 4683, 4704,
  4860, 4926, 5108, 5310,
  5435, 5459, 5490, 5504,
  5505, 5650, 5697, 5800,
  6008, 6060, 6106, 6143
γραφή 0184, 0281, 0336,
  0526, 0575, 0620, 0656,
  0672, 0691, 0729, 0773,
  0803, 0822, 0825, 0905,
  0926, 0982, 1066, 1073,
  1100, 1104, 1124, 1142,
  1161, 1202, 1233, 1252,
  1274, 1377, 1390, 1480,
  1550, 1552, 1663, 1731,
  1796, 1930, 2011, 2064,
  2082, 2099, 2132, 2135,
  2138, 2139, 2140, 2141,
  2142, 2184, 2230, 2260,
  2273, 2323, 2449, 2494a,
  2509, 2538, 2679, 2704,
  2932, 3039, 3044, 3070,
  3074, 3155, 3204, 3222,
  3250, 3332, 3362, 3386,
  3442, 3469, 3615, 3697,
  3784, 4043, 4057, 4193,
  4275, 4293, 4296, 4307,
  4370, 4400, 4477, 4489,
  4584, 4602, 4661, 4683,
  4704, 4783, 4915, 4929,
  5039, 5073, 5108, 5203,
  5252, 5323, 5333, 5418,
  5435, 5459, 5499, 5504,
  5505, 5518, 5553, 5652,
  5695, 5697, 5746, 5800,
  5863, 5871, 6008, 6023,
  6094, 6106, 6143, 6181
γράφημα 2133
γραφική (τέχνη) 2136
γραφικός 0982, 1202,
  1796, 2136, 2273, 2449,
  2509, 2538, 2683, 2704,
  2932, 3204, 3332, 3362,
  3386, 3784, 4043, 4275,
  4296, 4585, 4926, 5203,
  5310, 5505, 5553, 6008,
  6106
γρηγορεῖν 2146
Γρηγόριος 2146
γρῖφος 0509, 3387
γρυπός 1162, 2147
γρύψ 2147, 2424
γυμνασίαρχος 2165
γυμνάσιον 2163, 2164,
  2166, 5193
γυμναστής 2167
γυμναστική 2167, 2817
γυμναστικός 2167
γυμνός 2168, 2169, 2170
γυμνοσοφιστής 2169
γυναικεῖον 2171, 2177
γύνανδρος 2175
γυνή 0255, 2172, 2173,
  2174, 2175, 2176, 2178,
  3744, 4927, 5062, 5081
γυρός 0669, 2069, 2070,
  2071, 2179, 2180
γύψος 2068
γωνία 1269, 2113, 2117,
  2313, 2779, 4047, 4115

Griechische Ursprungswörter

Δ

Δαίδαλος	1154	δεσπότης	0023, 1242	διαιτητικός	1306
δαίδαλος	1154	δεσποτικός	1242	διαίρεσις	1294
δαιμονίζεσθαι	1168	δευτέριος	1248, 1249	διακονία	1271
δαιμόνιον	1168, 4325	δεύτερος	1245, 1246,	διακονικός	1271
δαιμόνιος	1168		1247, 1250, 1251	διάκονος	0484, 1271, 5572
δαίμων	1168, 1169, 1170, 1171	Δῆλος	1191a		
		δηλοῦν	5099	διάκρισις	1272
δακτύλιος	1156, 1157	δημαγωγία	1198	διακριτικός	1272
δακτυλικός	1158	δημαγωγικός	1198	διαλεκτική (τέχνη)	1275
δάκτυλος	0020, 0904, 1155, 1159, 1160, 1161, 1162, 1163, 1175, 1525, 5133, 5504, 5614	δημαγωγός	1198		
		δήμαρχος	1200	διαλεκτικός	1275
		δημιουργός	1201	διάλεκτος	1273, 1274, 1275, 1276
		δημοκρατία	0762, 1083, 1204, 5410		
Δαμοκλῆς	1167			διάλληλος	1277
Δαναΐδες	1173	δημοκρατίζειν	1204	διαλογίζεσθαι	1278
Δαναοί	1172	δημοκρατικός	1204, 5411	διαλογικός	1278
Δάφνη	1174			διαλογισμός	1278
δάφνη	1174	δῆμος	1198, 1200, 1202, 1203, 1204, 1205, 1206, 1207, 4293, 5409	διαλογιστικός	1278
δεικτικός	1180			διάλογος	1278
δεινός	1347			διάλυσις	1279, 1548, 2211
δεῖξις	1180	διά	1256, 1261, 1264, 1269, 1280, 1281, 1293, 1303, 1304, 1308, 1309, 1310, 1314, 1315, 1329, 1352, 2315		
δέκα	1181, 1183, 1184, 1185, 1186, 1187, 1188, 1189, 1190, 1191			διαλυτικός	1279
				διαμετρικός	1283
				διάμετρος	1283
δεκάς	1182			διανοητικός	1284, 1285
δέλτα	1195, 1196, 1197	διάβασις	1257	διάπαυσις	1286
δελφίς	1177, 1192, 1193	διαβάτης	0024	διάρθρωσις	1296
Δελφοί	1194	διαβήτης	0359, 1258, 1259	διάρροια	1295
δενδρίτης	1208			διαρροϊκός	0360, 1295
δένδρον	1209, 1210, 1211, 1212, 4649, 5237, 5893	διαβολία	1260	διασκευαστής	1297
		διαβολικός	1260	διασκοπεῖν	1298, 1694
		διάβολος	1260, 1317, 5742	διασπορά	1299
δεξιός	1252			διάστασις	1300
δέον	1219	διαγλύφειν	1265	διάστημα	1301
δέρμα	1221, 1222, 1224, 1225, 1226, 1227, 1228, 1229, 1230, 1231, 1232, 1233, 1234, 1235, 1518, 1655, 2050, 2613, 3316, 3345, 3553, 4006, 4279, 5677, 6077, 6092	διάγνωσις	1266, 1267	διαστολή	1302
		διαγνωστικός	1268, 2804	διατομή	1313
				διατονικός	1314
		διάγραμμα	1270	διατριβή	1316
		διάδημα	1262	διαφάνεια	1287
		διάδοχος	1263	διαφανής	1287, 1288
		διαθερμασία	1309	διαφορά	1290
δερματικός	1223	διάθεσις	1311	διαφόρησις	1291
δέρρις	1236	δίαιτα	1305, 1312, 4067	διαφορητικός	1291
δεσμός	1238, 1239, 1240	διαιτητική (τέχνη)	1306	διάφραγμα	1292

1177

Griechische Ursprungswörter

διαφωνία	1289		3778	δρομάς	1429
διάφωνος	0025	δίστιχος	1386	δρόμος	0663, 3171, 3840,
δίγλυφος	1335	διττός	1390, 1391		6053
δίγλωσσος	1334	διφθέρα	1358	δροσερός	1430
διδακτικός	1325	δίφθογγος	1359	δρόσος	1431, 1431a, 1432
δίδαξις	1327	διφυής	1360	Δρυάς	1433
διδασκαλία	1326	δίχα	1318	δρῦς	1434
δίδυμος	3962	διχόρειος (πούς)	1319	δυαδικός	1439
διήγησις	1328	διχοτομία	1320	δυάς	1439
διηγητικός	1328	διχότομος	1320	δυναμικός	0035, 0573,
διθύραμβος	1388	δίχροος	1321		0664, 1443, 1444, 1549,
δικαστήριον	1339	δίχρωμος	1324		2006, 2503, 4620, 5798
δίκη	5772	δίψα	1369, 4917	δύναμις	0814, 1441,
δίμορφος	1346	δίψιος	0027		1442, 1443, 1445, 1446,
διοίκησις	1356	δόγμα	1399		1447, 1448, 1450, 5995
Διονυσία	1349	δογματίζειν	1399	δυναστεία	1449
Διονύσιος	1212a, 1349	δογματικός	1399	δυνάστης	1449
διόπτρα	1351	δοκεῖν	1400	δυναστικός	1449
διοπτρική	1351	δοκιμασία	1401, 1402	δύο	1440, 1450
δίοπτρον	1351	δοκιμαστικός	1403	δυοῖν	2315
διορισμός	1353	δοκός	1361	δυσ–	1452, 1453, 1454,
διουρεῖν	1392	δόλων	1404		1456, 1457, 1460, 1463,
διουρητικός	1392	δόξα	1414, 1415, 2149		1464, 1465, 1468, 1469,
Διόφαντος	1350	δοξολογία	1416		1471, 1474
διπλόος	1361, 1362, 1364, 1365	δορυφόρος	1409	δυσαισθησία	1455
		δόσις	1410, 1411, 1412, 1489	δυσεντερία	1458
δίπλωμα	1363			δυσεντερικός	1458
δίπνοος	1366	δουλεία	2703	δυσεργία	1459
διποδία	1367	δούλη	2703	δυσκίνησις	1461
δίποδος	1367	δοχεῖον	6084	δυσκολία	1462
δίπτερος	1370	δοχή	1176	δυσουρία	1476
δίπτυχος	1371	δόχμιος	1394, 2614	δυσπάρευνον	1466
δίπυλος	1372	δράκων	1417, 1420, 1421	δυσπεψία	1467
δίς	1322, 1330, 1331, 1336, 1338, 1340, 1341, 1343, 1344, 1345, 1348, 1355, 1357, 1368, 1383, 1389, 1393, 1436	Δράκων	1422	δύσπνοια	1472
		δρᾶμα	0988, 1423, 1427, 1437, 2678, 3567, 3730, 3779, 3856, 5100	δυστοκία	1473
				δύστροφος	1475
				δυσφορία	1470
		δραματίζειν	1425	δώδεκα	1395, 1397, 1398
δίσκος	1373, 1375, 1375a, 1376, 1377, 1378, 1379, 1380, 1381, 1382, 5855	δραματικός	1424, 3567	δωδεκάεδρος	1396, 4521
		δραματουργία	1426	Δωρικός	1406, 2615
		δραματουργός	1426	δῶρον	1405, 1407, 1408, 2272, 2766, 3602, 5771, 5773
δισπόνδειος	1384	δραστικός	1428		
δίστιχον	1118, 1387,	δραχμή	1418		

E

ἑαυτόν	2246, 2247, 2248	
ἑβδομάς		2249
ἔβενος		1477
Ἑβραϊκός		2251
Ἑβραῖος		2251
ἐγκαυστής		1640
ἐγκαυστική (τέχνη)		1640
ἐγκέφαλος	0936a, 1550, 1609, 1661, 1662, 1663, 1664, 3577, 4900	
ἔγκλισις		1641
ἐγκλιτικός		1641
ἐγκύκλιος	1666, 1667, 5192	
ἐγκωμιαστής		1642
ἐγκωμιαστικός		1642
ἐγκώμιον		1642
ἐγχείρησις		1610
ἐγχειρίδιον		1611
ἐγώ	1491, 1492	
ἕδρα	1183, 2709, 4518, 5238, 5730	
ἐθνάρχης		1793
ἐθνικός		1795
ἔθνος	1794, 1796, 1797, 1798	
–(ε)ιδής s. unter ι!		
εἶδος	1493, 1494, 1496, 1497, 2847	
εἰδύλλιον		2698
εἰδωλολατρεία		2696
εἴδωλον	1495, 2695, 2696, 2697	
εἰκονικός		2702
εἰκονισμός		2702
εἰκονογραφία		2704
εἰκονογράφος		2704
εἰκονολογία		2707
εἰκοσάεδρος		2709
εἴκοσι		2709
εἰκών	2702, 2703, 2704, 2705, 2706, 2707, 2708, 6057	
εἰλεός		2711
εἷλως		2293
Εἱμαρμένη		2256
εἰρήνη		2754
εἰρηνικός		2754
εἰρωνεία	2759, 2760	
εἰρωνικός		2759
εἰς		5485
εἰς τὴν πόλιν		5485
εἰσαγωγή		2761
εἰσαγωγικός		2761
ἐκ	1511, 1869, 1886	
Ἑκάβη		2265
ἑκατόμβη		2257
ἑκατόν	2257, 2258, 2260, 2261, 2262, 2263, 2264	
ἔκδημος		1501
ἔκζειμα		1528
ἔκθλιψις		1517
ἐκκλησία	1502, 1504, 1505	
ἐκκλησιαστής		1503
ἐκκλησιαστικός		1503
ἐκκύκλημα		1506
ἐκλάμπειν		1507
ἔκλαμψις		1507
ἔκλειψις		1509
ἐκλειπτικός		1509
ἐκλεκτικός		1508
ἐκλογή		1510
ἔκνοια		1512
ἐκπύρωσις		1513
ἐκστατικός		1514
ἔκστασι	1514, 1515	
ἐκτένεια		1516
ἐκτικός		2259
ἐκτομή	0466, 1519, 1961, 2653, 2755, 3985, 4264, 4871, 5047, 6233	
ἐκτός	1518, 1520, 1521, 1522, 1523, 1524	
ἐκτρόπιον		1526
ἔκτροπος		1525
ἔκτυπος		1527
ἐλαία	4120, 4131	
ἔλαιον	1529, 2046, 2954, 3213, 3586, 3900, 3919, 4118, 4121, 4581, 4585, 4586, 4636, 6051	
ἐλα(σ)τός	1530, 1531	
Ἐλεάτης		1532
ἐλεγεία		1535
ἐλεγειακός		1535
ἐλεγεῖον	1534, 1589	
ἐλεγεῖος		1535
ἐλεγκτικός		1583
ἔλεγχος		1583
ἐλεημοσύνη		0149
ἐλεῖσον	1536, 3257	
Ἑλένη		2266
ἐλεύθερος		1585
Ἐλευσίνια (Pl.)		1584
Ἐλευσίνιος		1584
ἐλεφάντινος		1129
ἐλέφας	1533, 1586, 4123	
ἕλιξ	2269, 2270, 2283, 2285	
ἕλκος	2286, 6015	
ἕλκωμα		2287
Ἑλλάς		2288
ἐλλειπτικός		1589
ἔλλειψις		1588
Ἕλλην	2289, 2290, 4345	
ἑλληνίζειν		2289
ἑλληνισμός	2289, 4346	
ἑλληνιστής		2289
ἑλμινθιᾶν		2291
ἕλμις		0326
ἕλος		2292
ἔμβλημα		1591
ἐμβολή		1592
ἔμβολος		1592
ἔμβρυον	1593, 1594, 1595, 1596, 1597	
ἐμβρυοτομία		1598
ἔμεσις		1599
ἐμετικός	0323, 1599	
ἐμπάθεια		1601
ἐμπαθής		1601
ἐμπειρεῖν		1604
ἐμπειρία		1605

ἐμπειρικός	1605	ἕξ	5255	ἐπίγραμμα	1698
ἔμπλαστ(ρ)ον	4595	ἐξάγωνος	2398	ἐπιγραφή	1699, 3773
ἔμπλαστρον	3319	ἐξαδάκτυλος	2393	ἐπιδεικτική (τέχνη)	
ἐμπόριον	1606	ἐξάεδρος	2396		1688
ἔμπυρος	1607	ἐξαήμερος	2397, 2401	ἐπιδερμίς	1692, 1693
ἔμφασις	1602, 4988	ἐξαμερής	2400	ἐπιδημία	1689
ἐμφατικός	1602	ἐξάμετρος	2402	ἐπιδήμιος	1690, 1691
ἐμφύσημα	1603	ἐξάνθημα	1864	ἐπιδιδυμίς	1695
ἐμφυτεύειν	2714	ἐξάνθρωπος	1865	ἐπιθαλάμιος	1735
ἐν	1638, 4330	ἐξαπλάσιος	2403	ἐπίθεσις	1737
ἕν	2315, 2316, 2317, 2602	ἐξάπους	2404	ἐπιθετόν	1738
ἕν διὰ δυοῖν	2315	ἔξαρχος	1866	ἐπίθετος	1738
(ἐν)ἀγγειόσπερμος		ἐξάστυλος	2405	ἐπίκεντρος	1743
	0286	ἐξάχορδος	2392	ἐπικήδειον	1701
ἐναλλαγή	1608	ἑξάς	2395	ἐπικήδειος	1701
ἐναρμονικός	1639	ἐξέδρα	1867	ἐπίκλησις	1703
ἑνάς	2312	ἐξηγεῖσθαι	1868	ἐπικός	1700, 1702, 1720
ἕνδεκα	2313	ἐξήγησις	1868	Ἐπικούρειος	1706
ἑνδεκασύλλαβος	2314	ἐξηγητής	1868	ἐπίκρισις	1705
ἔνδημος	1612	ἐξηγητητικός	1868	ἐπίκυκλος	1745, 1746
ἐνδογενής	1616	ἕξις	2407	ἐπιληπτικός	0362, 1707
ἔνδον	1614, 1615, 1617,	ἔξοδος	1871	ἐπιληψία	1707
	1618, 1619, 1620, 1621,	ἐξορκίζειν	1878	ἐπίλογος	1709
	1622, 1623, 1624, 1625,	ἐξορκισμός	1878	ἐπιμηθεύεσθαι	1710
	1626, 1627, 1628	ἐξορκιστής	1878	Ἐπιμηθεύς	1710
ἐνέργεια	0271, 0624, 1629,	ἐξόφθαλμος	1877	ἐπινίκιος	1712
	1632, 1633, 1634, 1635,	ἐξοχή	2987	ἐπίρρημα	0324, 1719
	4995, 5391	ἔξω	1870, 1872, 1873,	ἐπισίτιος	1721
ἐνεργητικός	0817, 1630,	1874, 1875, 1876, 1879,		ἐπισκοπεῖν	1722
	2505		1882	ἐπίσκοπος	0869, 1723
ἐνεργός	1631, 1636	ἐξωτερικός	1881	ἐπισπαστικός	1725
ἐνθάλπειν	1651	ἐξωτικός	1880, 1883	ἐπίσταξις	1727
ἐνθουσιασμός	1652	ἑορτή	2318	ἐπίστασις	1726
ἐνθουσιαστής	1652	ἑορτολόγιον	2318	ἐπιστήμη	1729
ἐνθουσιαστικός	1652	ἐπαγωγή	1674	ἐπιστολή	1728, 1730,
ἐνθύμημα	1653	ἐπαγωγός	1674		1731
ἐνουρεῖν	1660	ἔπακμος	1675	ἐπίτασις	1734
ἔντασις	1643	ἐπανάληψις	1676	ἐπιτάφιος	1733
ἐντελέχεια	1644	ἐπαναφορά	1677	ἐπιτομή	1739
ἔντερον	1645, 1646,	ἐπάνοδος	1678	ἐπιτραχήλιος	1740
	1647, 1648, 1649, 1650,	ἐπαρχία	1679	ἐπίτριτος	1741
	1966, 1966a, 4449, 6171	ἔπαρχος	1679	ἐπιτροπή	1742
ἔντομος	1656, 1657	ἐπεισόδιος	1724	ἐπιφάνεια	1713
ἔντοπος	1658	ἐπεξήγησις	1680	ἐπιφορά	1715
ἐντός	1654, 1655	ἐπί	1687, 1694, 1704,	ἐπίφυσις	1717
ἐντροπή	1659	1708, 1711, 1714, 1716,		ἐποποιία	1750
ἔντυβον	1613	1718, 1732, 1736, 1744		ἐπόπτης	1751
ἐξ	1869, 1886, 2394, 2399,	ἐπιγλωττίς	1696	ἔπος	1752
	2406	ἐπίγονος	1697	ἐποχή	1747

Griechische Ursprungswörter

ἑπτά	2331, 2332, 2333, 2334, 5349a	ἐσσήν	1786	εὐδοξία	1810
ἑπτάγωνος	2330	ἔσχατος	1782	εὐεργός	1811
ἑπτάτευχος (βίβλος)	2335	ἐσωτερικός	1783	Εὐήμερος	1816
		ἑταίρα	2356	εὐθανασία	1849
ἑπτάτονος	2336	ἑταιρία	2357	εὐθυμία	1850
ἑπτάχορδος	2329	ἑτερογενής	2364	εὐκολία	1819
ἐπῳδή	1748	ἑτερόγονος	2365	εὐκρασία	1820
ἐπώνυμος	1749	ἑτεροδοξία	2362	Εὐλαλία	1821
ἐράσμιος	1753a	ἑτερόδοξος	2362	εὐλογία	1822
ἐργάτης	1759	ἑτερόκλιτος	2367	εὐμενής	1823
ἔργον	0135, 1758, 1760, 1761, 1762, 1763, 1764, 1869, 5220	ἑτερόμορφος	2370, 2371	Εὐμενίδες (Pl.)	1823
		ἕτερος	2358, 2359, 2360, 2361, 2363, 2365, 2366, 2367, 2368, 2369, 2372, 2374, 2375, 2376, 2378, 2379, 2381, 2382, 2383, 2384, 2385, 2386, 2387, 2388, 2389, 2390	εὐνοῦχος	1824
				εὐπραξία	1829
Ἔρεβος	1754			εὑρίσκειν	2391
ἐρεθισμός	1757			εὐρυθμία	1832, 1845
ἐρεθιστικός	1757			εὐρύς	1846
ἐρείκη	1765			Εὐρώπη	1830, 1831, 1833, 1834, 1835, 1836, 1837, 1838, 1838, 1840, 1841, 1842, 1843, 1844, 2719, 4331
ἐρημίτης	1756	ἑτεροφωνία	2377		
Ἐρι(ν)νύς	1766	ἑτερόφωνος	2377		
ἔρις	1767	ἑτερόχρωμος	2359		
ἐριστική (τέχνη)	1768	ἑτερωνυμία	2373	εὐσέβεια	1847
ἐριστικός	1768	ἑτερώνυμος	2373	εὔσταχυς	1848
ἕρμαιον	2340	ἑτέρωσις	2380	εὐτοκία	1851
Ἑρμαφρόδιτος	2341	ἐτήσιος	1790	εὐτονία	1852
ἑρμαφρόδιτος	2341	ἐτυμολογία	1802	εὔτροφος	1853
ἑρμηνευτική (τέχνη)	2343	ἐτυμολογικός	1802	εὐτροφία	1853
		ἐτυμολόγος	1802	εὐφημισμος	1825
Ἑρμῆς	2342,	ἔτυμον	1803	εὐφόρβιον	1827
Ἑρμῆς Τρισμέγιστος	2344	ἔτυμος	180	εὐφορία	1828
ἑρπετόν	2353	εὖ	1804, 1817, 1818, 1821 1828a	εὐφωνία	1826
ἕρπης	2352			εὔφωνος	1826
ἑρπητικός	2352	εὐαγγελίζεσθαι	1858, 1860	εὐχαριστία	1806
ἐρυθρός	0273, 1776, 1777, 1778, 1779	εὐαγγελιστής	1861, 1862	εὐχάριστος	1806
				ἐφηβεία	1681
Ἔρως	1773, 1774	εὐαγγελικός	1854, 1857, 1859	ἐφηβικός	1681
ἔρως	0272, 0665, 1769, 1771, 2575			ἔφηβος	1681, 1682
		εὐαγγέλιον	1855, 1856, 1863, 5060	ἔφηλις	1683
ἐρώτημα	1772			ἐφημερίς	1685
ἐρωτικός	1773, 2457, 4192, 6054	εὐβουλία	1805	ἐφήμερος	1684
		Εὐγένεια	1812	ἐφθημιμερής	2328
ἐρωτηματικός	1772	εὐγενέτης	1813	ἐφορεία	1686
ἐρωτομανής	1775	εὐγενής	1815	ἔφορος	1686
ἐρωτομανία	1775	εὐγένιος	1812, 1814	ἐχῖνος	1478
Ἑσπερίδες (Pl.)	2354	εὐδαιμονία	1807	ἒ ψιλόν	1753
ἑσπέριος	2355	εὐδαιμονισμός	1808		
Ἕσπερος	2355	εὐδία	1809		

Z

Ζέφυρος	6139		3826, 6205		5198, 6176
ζεῦγμα	6149	ζυγωτός	1393, 2390,	ζῳογενής	6180
ζεῦγος	0711		2486, 3826, 6205	ζῷον	0332, 0348, 0936,
Ζεύς	1354	ζύμη	1668, 6224, 6226,		1744, 2042, 2537, 3461,
ζηλωτής	6124		6227		3463, 4305, 4777, 5067,
ζῆλος	2086, 2811	ζυμωτικός	6225, 6228		5068, 5265, 5446, 5478,
ζῆτα	6145, 6147	ζῳδιακός (κύκλος)			6146, 6178, 6179, 6181,
ζήτησις	2388		6169		6182, 6183, 6184, 6185,
ζιγγίβερις	2067, 2724	ζῴδιον	6170		6188, 6189, 6190, 6191,
ζίζυφον	2833	ζωή	0709, 2499a, 2554		6192, 6193, 6194, 6195
ζύγαινα	6203	ζωϊκός	0482, 0708, 1673,	ζῳοφάγος	6186, 6187
ζυγόν	0711		2890, 3601, 3977, 4304,	ζῳοφόρος	6196
ζύγωμα	6204		6118	ζωστήρ	2352
ζυγωτή (Fem.)	2390,	ζώνη	0871, 2736, 2854,		

H

ἥβη	2250		1581, 2504, 3692, 4188,		2301, 2305, 2306, 2307,
ἡγεῖσθαι	2254		4781, 4974, 5799		2310, 2311
ἡγεμονία	2253	ἡλιακός	2267	ἡμισφαίριον	2308
ἡγεμονικός	2253	ἡλιανθές	2268	ἧπαρ	2319, 2320, 2321,
ἡγεμών	2253	ἥλιος	0289, 0325, 0420,		2322, 2323, 2324, 2325,
ἡγούμενος	2254		2268, 2271, 2272, 2273,		2326, 2327
ἡδονή	0288, 2252, 2578		2274, 2275, 2276, 2278,	Ἥραιον	2337
ἡδονικός	2252		2280, 2282, 2284, 4548,	Ἡρακλείδης	2338
ἠθικός	1792, 5337, 5412		5155	Ἡρακλῆς	2339
ἠθολογία	1799	ἡλιοτρόπιον	2281	Ἡρόστρατος	2351
ἠθολόγος	1799	ἡλίωσις	2277	ἡρωΐζειν	2348
ἦθος	1800	Ἠλύσιον (πεδίον)		ἡρωϊκός	1770, 2346, 2348
Ἠλέκτρα	1537		1590	ἡρωΐνη	2346, 2348
ἤλεκτρον	0787, 0815,	ἡμέρα	1187, 2331	ἡρωΐς	2346
	1329, 1538, 1539, 1540,	ἡμεράλωψ	2294	Ἥρων	2349
	1541, 1542, 1543, 1544,	ἡμεροκαλλίς	2295	ἡρῷον	2350
	1545, 1546, 1547, 1548,	ἥμερος	2296, 2297, 2298	ἥρως	2345, 2347, 2350
	1549, 1550, 1551, 1552,	ἡμι-	5325	ἡσυχάζειν	2355a
	1553, 1554, 1555, 1556,	ἡμιεπές	2302	ἡσυχαστής	2355a
	1557, 1558, 1559, 1560,	ἡμικρανία	2303, 3682	ἦτα	1789
	1561, 1562, 1563, 1564,	ἡμιμερής	5965	ἠχώ	1479, 1480, 1481,
	1565, 1566, 1567, 1568,	ἡμιόλιος	2304		1482, 1483, 1484, 1485,
	1569, 1570, 1571, 1572,	ἡμιπληγία	2305		1486, 1487
	1573, 1574, 1575, 1576,	ἡμιστίχιον	2309	ἠώς	1669, 1670, 1671,
	1577, 1578, 1579, 1580,	ἥμισυς	0081, 2299, 2300,		1672, 1673

Θ

θάλαμος	2642, 5744	
θάλασσα	5745, 5746, 5747, 5748, 5749, 5750	
θαλασσίγονος	5745	
θαλασσονόμος	2105	
θαλλός	5752, 5753	
θάνατος	5754, 5755, 5756, 5757, 5758	
Θαργήλια (Pl.)	5759	
θαῦμα	5760	
θαυματουργός	5761	
θεά	1408, 5762	
θεατρικός	5763	
θέατρον	5763	
θεῖον	5821	
Θέκλα	5765a	
θέλειν	4366	
θέλημα	5766	
θελητικός	5767	
θέμα	5770	
θεματίζειν	5770	
θεματικός	0604, 5770	
θεογνωσία	5774	
θεογονία	5775	
θεοκρατία	5776	
θεολατρεία	5777	
θεολογία	4761, 5778	
θεολογικός	5778	
θεολόγος	5778	
θεομανία	5779	
θεομαντεία	5779	
θεόμορφος	5780	
θεοξένια (Pl.)	5788	
θεοξένιος	5788	
θεός	2317, 3180, 3820, 4330, 4365, 4956, 5764, 5771, 5772, 5773, 5776, 5781, 5783, 5789	
θεοσοφία	5787	
θεόσοφος	5787	
θεουργία	5820	
θεουργός	5820	

θεοφάνεια	5782	
θεοφόρος	5784	
θεραπεία	0731, 0804, 1018, 1036, 1579, 1763, 2036, 2142, 2226, 2280, 2431, 2491a, 2533, 2608, 2747, 2805, 3042, 3072, 3396, 3865, 3999, 4238, 4723, 4768, 5126, 5186, 5198, 5750, 5791, 5813, 6122	
θεραπευτής	1763, 2608, 3999, 4768, 5126, 5790	
θεραπευτική	5126, 5790	
θεραπευτικός	1018, 2533, 3396, 5126, 5790	
θερεία	2800	
Θηρεσία	5203a, 5790a	
θερμός	0313, 1628, 1882, 2037, 2038, 2385, 2534, 2763, 2777, 2801, 3000, 3519, 3540, 3735, 4885, 5793, 5794, 5795, 5796, 5797, 5798, 5799, 5800, 5801, 5802, 5803, 5804, 5805, 5806, 5807, 5808, 5809, 5810, 5811, 5812, 5813, 6100	
θέρμη	0313, 1309, 1311, 1580, 2037, 2038, 2195, 2595, 2644, 2801, 3000, 5793, 5794, 5795, 5796	
θέσις	5815	
Θεσμοφόρια (Pl.)	5816	
Θέσπις	5817	
θετικός	5819	
θεώρημα	5785	
θεωρητικός	5786	
θεωρία	1243, 1570, 1600, 1912, 3281, 3458, 3500, 3637, 3718, 3723, 3864, 4334, 5786	

θήκη	0535, 1157, 1308, 1380, 2100, 2141, 2723, 2936, 3037, 3335, 3337, 4789, 5461, 5494, 5765, 6063	
θηλή	1736	
θηλυγονία	5768	
θηλυτόκος	5769	
θῆλυς	5768, 5769	
θηλυτοκία	5768	
θηριακός	5791	
θηριόμορφος	5792	
θηρίον	3539, 5792	
θησαυρίζειν	5814	
θησαυρός	5814, 5923	
θῆτα	5818	
θόλος	5822	
θρῆνος	5827	
θρηνῳδία	5827	
θρίαμβος	5969, 5990	
θρίξ	5931, 5934, 5936	
θρόμβος	5828, 5829, 5830, 5832, 5833	
θρόμβωσις	5831	
θρόνος	2737, 5834	
θυία	5835	
θυμίαμα	5837	
θύμον	5837	
θύμον	5838, 5842	
θυμός	0752, 1487, 2596, 2810, 2981, 5293, 5838, 5839, 5840, 6220	
θύμωσις	5841	
θύννος	5836	
θυρεοειδής	2597, 2646	
θυρεός	2597, 5843, 5844, 5845, 5846	
θύρσος	5848, 5887	
θώραξ	2742, 4874, 5823, 5824, 5825, 5826	

I

ἰαμβ(ει)ογράφος 2814
ἰαμβέλεγος 2812
ἰαμβικός 2813
ἴαμβος 1338, 1926, 2420,
    2813, 2815
ἴασπις 2816
ἰατρεία 0941, 2421, 4177
ἰατρική (τέχνη) 0941,
    2421, 2659, 3040, 4014,
    4177, 4258, 4282, 4676,
    4758, 5094
ἰατρικός 2047, 2659
ἰατρός 2047, 2660, 2661,
    2662, 4282, 4676, 4758,
    5094
ἶβις 2663
ἰβίσκος 1492a, 2407a
ἰδέα 2674, 2675, 2676,
    2677, 2678, 2679, 2680,
    2681, 3785
–(ε)ιδής 0131, 0179,
    0256, 0337, 0520, 0523,
    0560, 0650, 0718, 0920,
    1042, 1152, 1358, 1362,
    1528, 1588, 1707, 1746,
    1840, 1842, 1889a, 1953,
    2091, 2193, 2569, 2605,
    2657, 2665, 2923, 3107,
    3199, 3202, 3347, 3349,
    3411, 3511, 3810, 3814,
    3875, 3943, 4030, 4391,
    4421, 4540, 4794, 4803,
    4893, 4909, 4944, 4949,
    4960, 5145, 5218, 5231,
    5246, 5289a, 5440, 5526,
    5577, 5719, 5844, 5850,
    5856, 5954, 6123, 6211
ἰδιόγραφος 2683
ἰδιοκρασία 2684
ἰδιορρυθμία 2691
ἰδιόρρυθμος 2691
ἴδιος 2673, 2682, 2683,
    2685, 2686, 2688, 2689,
    2690, 2691, 2692, 2694

ἰδιοσυγκρασία 2692
ἰδίωμα 2687
ἰδιωματικός 2687
ἰδιωτεία 2693
ἰδιώτης 2693
ἰδιωτικός 2693
ἰδιωτισμός 2693
ἵδρωσις 0290, 2408
ἰδρωτικός 2408
ἱεράρχης 2409
ἱεραρχία 2409
ἱεραρχικός 2409
ἱερατικός 2410
ἱερογλυφικά (γράμματα)
    2412
ἱερόδουλος 2411
ἱερός 2413, 2414, 2415,
    2416, 2418
ἱεροφάντης 2417
ἱερώνυμος 2416, 2817a
Ἰησ(οῦς) 2700a
ἰθύφαλλος 2809
ἰθυφαλλικός 2809
Ἴκαρος 2701
ἰκτερικός 2710
ἴκτερος 2710
ἱμάτιον 2419
Ἰνδικόν 2716, 2717,
    2718
Ἰνδός 2716a, 2719,
    2720, 2721, 2722
ἰξός 2810
ἰοειδής 2818, 2819
Ἰολάνθη 2828
ἰόν 0293, 2743, 2744,
    2745, 2746, 2747, 2749,
    2751, 2752, 2753, 2998
ἴον 2828
ἰουδαΐζειν 2831
ἰουδαϊκός 2831
Ἰουδαισμος 2831
ἱππόδρομος 2423
ἱππόκαμπος 2422, 2425
Ἱπποκράτης 2426

Ἱππόλιτος 2428a
ἱπποπόταμος 2430
ἵππος 2421, 2424, 2427,
    2428, 2431, 6075
Ἱππῶναξ 2429
ἶρις 2755, 2756, 2757,
    2758
ἴς 2727
Ἴσθμια 2808
ἰσθμός 2808
Ἶσις 2766
ἰσοβαθής 2768
ἰσοβαρής 2767
ἰσογενής 2776
ἰσογώνιος 2779
ἰσόκωλον 2782
ἰσομερής 2785
ἰσομετρία 2786
ἰσόμετρος 2786, 2787
ἰσονομία 2789
ἴσος 0295, 0296, 2762,
    2763, 2767, 2768, 2769,
    2770, 2771, 2772, 2773,
    2774, 2775, 2776, 2777,
    2778, 2779, 2780, 2781,
    2783, 2784, 2785, 2786,
    2788, 2789, 2790, 2791,
    2792, 2793, 2794, 2795,
    2796, 2797, 2798, 2799,
    2800, 2801, 2802, 2803,
    2804, 2805, 2806
ἰσότροπος 0297, 2807
ἰσόχρονος 2773
ἰστίον 0365, 2432
ἰστορία 2437, 2438,
    2441, 4980, 5546
ἰστορικός 0082, 2439,
    2442, 4980
ἰστοριογραφία 2440
ἰστοριογράφος 2440
ἰστός 2433, 2434, 2435,
    2436
ἴσχειν 2764
ἰσχιαδικός 2765

ἰσχιάς	2765	ἴχνος	2666	Ἰωνικός	2619, 2748, 2750
ἰσχίον	1500, 2765	Ἰωάννης	2821, 2822, 2823, 2824, 2825, 2826, 2827, 2829	ἰῶτα	2830
ἰχθύς	2667, 2668, 2669, 2670, 2671, 2672				
ἰχνεύμων	2664, 2665	ἰώδης	2818, 2819		

K

καδμ(ε)ία	2838	καμάρα	2834, 2862, 2863, 2684, 2865, 2868, 2869, 4893	καρκίνος	2942, 2943, 2947
καθαρός	2982a, 2988, 2989, 2990, 2997a, 3023, 6055	κάμηλος	2861	καρκίνωμα	2945, 2946, 3108, 3288
κάθαρσις	2991	κάμινος	2867, 3005	καρκίνωσις	2948
καθαρτικός	2991	καμπή	1936a	καρπός	0140, 0189, 0441, 0968, 1619, 2012, 2926, 2927, 3589, 4474, 5625
καθέδρα	0973, 0980, 2992, 2993	κάναστρον	0964, 2874, 3086		
καθετήρ	2995	κανθαρίς	2892		
καθετηρίζειν	2995	κάνθαρος	2893	Καρυάτιδες (Pl.)	2938
κάθετος	0298, 2994	κανθός	2891, 2894, 2895	κάρυον	2939, 2940, 2941
καθίζειν	0091	κάνιστρον	2874	καρχήσιον	2921
κάθοδος	2996	κανηφόρος	2873	καρωτίδες (Pl.)	2924
καθολικός	2149, 2997	κάννα	0966, 2870, 2872, 2874, 2875, 2876, 2877, 2878, 2879, 2880, 2881, 2896	καρωτόν	2922, 2923, 2925
καινός	1672, 2451, 2890, 3739, 4303, 4838, 4855, 6117, 6118			Κασσάνδρα	2950
				Κασσιόπη	2951
καιρός	2839, 2840	κάνναβις	0965	Κασταλία	2952a
Καῖσαρ	2840a, 6119	κανονίζειν	2883, 2884, 2886, 2887	κάστανα	2952
κακ(κ)άβη	2836			καστανέα	2952, 2953
κάκ(κ)αβος	2836	κανονική (τέχνη)	2882	Κάστωρ	0970, 0971, 0972, 2953a
κακός	2841, 2844	κανονικός	2882, 2885		
κακοσμία	2843	κανονιστής	2888	κάστωρ	2953a, 2954
κακοφωνία	2842	κανών	2877, 2889	κατά	2961, 2970, 2981, 2987, 2998
κακόφωνος	2842	κάπια	1138		
κάκτος	1478, 2845, 4752	κάππα	2901	καταβατικός	2955
κάλαθος	2846	κάππαρις	2900	καταβολή	2956
κάλαμος	0961, 2851, 2856, 2860, 2902, 2903, 2904	κάραβος	2906	κατ' ἐξοχήν	2987
		καρδάμωμον	2907	κατάκαυσις	2959
		καρδία	0912, 1253, 1552, 1618, 2909, 2911, 2913, 2914, 2915, 2916, 2917, 2918, 2919, 3886, 4737, 5507, 5653, 5654	κατακλυσμός	2960
καλλιγραφία	2850			κατακουστής	2962
καλλιγράφος	2850			κατὰ κύμβας	2961
καλοκἀγαθία	2858			καταληκτικός	0089, 0906, 2963
καλοκἀγαθοί	2858				
καλοπόδιον	2848	καρδιακός	2910	κατάληξις	0906, 2965
καλός	2847, 2857	καρδιαλγία	2912	καταληπτικός	2964
καλυπτός	1817	καρηβαρία	0998	κατάληψις	2964
κάλυξ	0963, 3004	καρκινοειδής	2943	καταλογίζεσθαι	2966

κατάλογος	2966	κειμήλιον	6154	κίνησις	1481, 2579,
κατάλυσις	0674, 0826,	κενός	3006		2622, 3040, 3041, 3042,
	2967, 2968	Κένταυρος	6125		5110, 5699
καταλυτικός	2968	κενοτάφιον	3008	κινητήρ	2510
καταμήνια (Pl.)	2969	κέντρον	0346, 0754,	κινητικός	1818, 2579,
καταμήνιος	2969	0865, 0977, 1094, 1254,			2622, 3043, 5699
καταπέλτης	2974	1267, 1279, 1492, 1771,		κινητός	3044, 3045,
καταπληκτικός	2973	1798, 1886, 1898, 2041,			3046, 5110
κατάπληξις	2973	2282, 2649, 3130, 3398,		κιννάβαρι(ς)	6158
καταρράκτης	2975	3642, 4961, 5789, 6127,		κίνναμον	6155, 6157
κατάρροος	0923, 2976,	6128, 6129, 6130, 6131,		Κίρκη	0777a, 1139
	2986	6132, 6133, 6134, 6135,		κίρκινος	6159, 6160,
κατάστασις	2958, 2977,	6136, 6137, 6138			6161, 6162
	5283	κέντρων	0978	κίρκος	0788, 6159,
καταστερισμός	2978	κένωσις	3007		6160, 6161, 6162, 6163,
καταστροφή	2979	κενωτικός	3009		6155
κατασυλλογίζεσθαι		κεραμική (τέχνη)	3015	κιρρός	6164
	2980	κέραμος	3015	κίστη	3052, 6166
κατάτονος	2982	κέρας	3014, 3016, 4401,	κιχώρη	1023
κατὰ τύμβας	2961		5230	κιχώριον	6151
κατάφασις	0090	κεράσιον	3051	κλασμός	0793, 2705
καταφορικός	2971	κέρασος	3051	κλαστός	3187, 3363
κατάφρακτος	2972	κεράτιον	2905	κλειδίον	1139a
κατάχρησις	2957	Κέρβερος	6141	κλειστός	3059
καταχρηστικός	2957	κεστός	6144	κλειτορίς	3081
κατηγορία	2985	κεφαλγία	3010	κλέπτειν	3063, 3064
κατηγορικός	2985	κεφαλή	0093, 0119, 0675,	κλέπτης	3061
κατηχεῖν	2984	0707, 0911, 2781, 3010,		κλεψύδρα	3062
κατήχησις	2983	3011, 3012, 3013, 3014,		κληίς	1139a
κατηχητής	2983		3459, 3721	κληματίς	3060
κατηχητικός	2983	Κήρ	3018	κληρικός	0366a, 3065
κατηχίζειν	2983	κηρογραφία	6143	κλῆρος	3065
κατηχισμός	2983	κηρός	3019, 6143	κλίμα	0095, 0827, 1790,
κατηχιστής	2983	κήρυγμα	3020		3066, 3067, 3068, 3069,
κατηχούμενος	2984	κηρύκειον	3021		3070, 3072, 3073, 3074,
κάτω	2999, 3000	κῆτος	6146		3075, 3445, 3590, 3699,
καυλός	2920, 3091	κιβώριον	6150		4297
καῦμα	0962, 2852, 2853,	κιθάρα	1038, 2072, 3053,	κλιμακτήρ	3071
	2854, 2855, 3001		6167	κλιμακτηρικός	3071
καυστικός	1553, 1931,	κιθαριστής	2072	κλῖμαξ	0367, 3076
	3002, 5801	κιθαριστική (τέχνη		κλίνειν	3078
καυστός	3944		3053	κλίνη	1340
καυτήρ	1553, 1931, 3003,	κιθαρῳδία	3054	κλινική (τέχνη)	3077,
	5802	κιθαρῳδός	3054		3079, 4899
καυτήριον	3003	κίναιδος	3035	κλινικός	3077, 4899
καχεκτικός	2835	κινεῖν	3036, 3047	κλίσις	2367
καχεξία	2837	κίνημα	0677, 1136, 1137,	κλονεῖν	3388
κεδρελάτη	6121	3037, 3038, 3039, 3048,		κλόνος	3083, 3887
κέδρος	6120, 6168		5014	κλύζειν	3085

Griechische Ursprungswörter

κλύσμα	3084	
κλυστήρ	3080	
κλυστήριον	3080	
κλών	3082	
κόβαλος	3087	
κόγχη	3090, 3122	
κογχύλιον	3123, 3124	
κόθορνος	3182	
κοιλιακός	6172	
κοῖλος	6171	
κοίλωμα	6174	
κοίμησις	3093	
κοιμητήριον	6175	
κοινή	3094	
κονία	4869	
κοινοβιακός	6177	
κοινόβιος	6177	
κοινόν	3095	
κοινός	0444, 0823, 0866, 0867, 3094, 6195	
κόκκος	1478, 1647, 2119, 3096, 3097, 3098, 4868, 5486, 5557	
κόλαφος	1147	
κολεόπτερος	3099, 3100	
κολεός	1151	
κόλλα	3104, 3105, 3107, 5063	
κολόβωμα	3109	
κολοσσός	3113	
Κολοφών	3112	
κολοφών	3112	
κόλπος	2112, 3114, 3115	
κόμη	1140a, 3116	
κομήτης	3117	
κόμμα	3199	
κομμός	3120	
κόμμι	2157, 2158, 2159, 2160, 2161	
κόνδυλος	1143	
κονία	3125	
κονίλη	5173	
κόππα	3135	
κοπρογενής	3136	
κόπρος	3137, 3138, 3140, 3141, 3142	
κοπροφαγεῖν	3139	
κοπροφάγος	3139	
κοράλ(λ)ιον	3145, 3146	
κόρδαξ	3147	
κόρη	3149	
κορίαν(ν)ον	3150	
Κορίνθιος	3151	
Κόρινθος	3151	
κόρις	3150	
κόροι (Pl.)	3152	
κόρος	3160	
Κορύβας	3162	
κόρυζα	3164	
κορυφαῖος	3163	
κορώνη	1146, 3153, 3154, 3155, 3156, 3157, 3158, 3210	
κορωνίς	3159	
κοσμητική (τέχνη)	3166, 3167	
κοσμητικός	3166	
κόσμια (Fem.)	3165	
κοσμικός	3168, 3446, 3701	
κόσμιος	3165	
κοσμογονία	3172	
κοσμογραφία	3173	
κοσμογράφος	3173	
κοσμοκράτωρ	3174	
κοσμολογία	3175	
κοσμολογικός	3175	
κοσμοπολίτης	3177	
κόσμος	0103, 3169, 3170, 3171, 3173, 3176, 3177, 3178, 3179, 3180, 3181, 3446, 3701	
κοτυληδών	1341	
κοῦκι	3097	
κοῦροι (Pl.)	1354	
κόφινος	3089	
κοχλίας	1140	
κρανίον	0105, 0943, 1149, 3185, 3187, 3188, 3189, 3190, 3191, 4009	
κρᾶσις	3192	
κρατήρ	1884, 3193, 3646	
κράτος	0949, 1204, 1894, 2053, 2172, 2414, 2680, 3194, 3389, 3588, 3789, 4044, 4084, 4371, 4603, 4765, 5409, 5684, 5747, 5776, 6087	
κρέας	4350	
κρήνη	2427	
κρηπίδωμα	3195	
κρηπίς	3196	
Κρητικός	3197	
κρίνειν	1620, 1875	
κρίσις	1633, 3203	
κριτήριον	3206	
κριτική (τέχνη)	2681, 3207, 3479, 3610, 5413, 5743	
κριτικός	2581, 3207, 5646	
Κροῖσος	3212	
κροκόδειλος	3208	
κρόκος	3209	
Κρονίδης	3211	
κροτεῖν	0118	
κρότων	3213	
κρυμός	2783	
κρύος	3214, 3215, 3216	
κρύπτη	2152, 2153, 2154, 2155, 2156, 3217	
κρυπτός	3218, 3219, 3220, 3221, 3222, 3223, 3224, 3225, 3226, 3227, 3228	
κρυστάλλινος	3203a	
κρύσταλλος	3203a, 3204, 3205	
κτείς	3229	
κύαθος	3247	
κύανος	0710, 1152, 2849, 6197, 6198, 6199, 6200, 6201. 6202	
κυβερνᾶν	2123	
κυβερνητική (τέχνη)	0829, 3248	
κυβερνητικός	1153, 3248	
κυβικός	3238	
κύβος	3230, 3232, 3233, 3234, 3235, 3236, 3237, 3239	
κυδώνια (μῆλα)	5174	
κυκλάμινος	6206	
κυκλικοί (Pl.)	6207	
κυκλικός	0402, 0712, 2043, 5070, 6208	

Griechische Ursprungswörter

κύκλος 0402, 3248a, 5196, 5345, 6209, 6210, 6211, 6212, 6213, 6214, 6215, 6216, 6220, 6221, 6222
(κύκλος) τροπικός 5576, 5977, 5982, 5983, 5984
κυκλοφορία 6218
Κυκλώπιος 6219
Κύκλωψ 6217
κυλινδρικός 6223
κύλινδρος 6223
κύλιξ 3004, 3264
κῦμα 3250, 3251
κυμάτιον 3249
κυμβαλιστής 0976
κύμβαλον 0976, 3058, 6153
κύμβη 2961
κύμινον 3241
κυνηγετική (τέχνη) 6229
κυνηγετικός 6229
κυνικός 3252, 6230
κυνισμός 6230
κυπάρισσος 6231
κύπη 1148, 1151a, 1838, 3132, 3231, 3240, 3242, 3244, 3760
κύπριος 3243
Κυρηναϊκός 3256
κυριακόν 1723, 3049, 3050, 3675, 4225, 4457
κυριακός 3049
κύριε 3257
κύριε ἐλεῖσον 3257
κύστις 6232, 6233, 6234, 6235, 6236
κύτος 0879, 1779, 1942, 2228, 2741, 3246, 3317, 3324, 3325, 3413, 3444, 3722, 3827, 4173, 4599, 5573, 5832, 6237, 6238, 6239, 6240, 6241, 6242, 6243, 6244, 6245
κύφωσις 3255
κύων 3253, 3254
κώδεια 3088
κωλικός 3102
κῶλον 3101, 3103, 3110, 3111, 5325
κῶμα 3116
κωμικός 1141, 3118, 5911
κωμῳδία 0991, 3121, 5911
κωνικός 3126
κωνοειδής 3126
κῶνος 1144, 3126, 3129
κωνωπεῖον 2871, 3127
κώπη 3131
κώφωσις 3133

Λ

λάβρυς 3258
λαβύρινθος 3258, 3259
λαγνεία 0128
λαΐζειν 3267
λαϊκός 3261, 3262, 3263, 3264, 3265, 3266
Λακωνικός 3269
λαλεῖν 0124, 0141, 0907, 1463, 1482, 1821, 2083, 3137, 3272, 3273, 4310, 4478, 5223, 6041
λάλημα 3271
λαλητικός 3271
λαλία 2083
λάμβδα 3274
λαμβδακισμός 3274
λαμία 3275
λαμπάς 3276
λαμπτήρ 3290
λαπάρα 3277, 3278
λάρναξ 3279
λάρυγξ 3280, 3281, 3282, 3283, 3284, 3285, 3286, 3287, 3288
λάσανον 3289
λάταξ 3291
λατρεία 0278, 0338, 0577, 0794, 1090, 2185, 2685, 2696, 2706, 3292, 3488, 3792, 4175, 6024, 6182
λεῖος 3345
λείπειν 3298
λείριον 3340
λειτουργία 3373
λειτουργικός 3373
λειτουργός 3373
λειχήν 3339
λέκιθος 3338
λεκτικός 5685
λέμμα 4001
λεξικογράφος 3332
λεξικόν (βιβλίον) 3129, 3334, 3335
λεξικός 3330, 3331, 3332, 3333, 3336, 3337, 5194
λέξις 0126a, 1464, 2686, 3329, 4405
λεοντόπαρδος 3304
λεόπαρδος 3304
λεπίς 3305
λέπρα 3306
λεπρός 3306
λεπτόν 3308
λεπτός 3307, 3308
λεπτόσωμος 3309
Λέσβιος 3310
Λέσβος 3310
λευκόθριξ 3323
λευκόιον 3327
λευκός 3314, 3315, 3316, 3317, 3318, 3319, 3320, 3321, 3322, 3324, 3325, 3326
λέων 0985, 3303, 3304,

Griechische Ursprungswörter

3304a, 3313, 3328, 3401
λήδανον 3293
ληθαργία 3311
ληθαργικός 3311
Λήθη 3312
λήκυθος 3299
λῆμμα 1343, 3300, 5944
λημνίσκος 3301
Λήναια (Pl.) 3302
ληναῖος 3302
ληπτικός 4010
λῆψις 1980, 4738
λιθίασις 1052, 3358,
3988
λιθικός 0983, 1670,
3529, 3591, 3966, 4299
λίθος 0795, 0830, 1103,
1104, 1670, 1968, 2324,
2667, 2718, 2926, 3138,
3359, 3360, 3361, 3362,
3363, 3364, 3365, 3366,
3367, 3368, 3369, 3370,
3371, 3529, 3988, 4299,
4771, 5139, 5348, 6042
λιθουργική (τέχνη)
3372
λίμνη 1708, 3341, 3342,
3343
λιμνίον 2626
λίπος 3346, 3347, 3348,
3349, 3350, 3351, 3352,
3353
λιτανεία 3356
λιτότης 3372a
λίτρα 1185, 2261, 3357,
3724
λοβός 3374, 3375
λογίζεσθαι 3381, 3383
λογική (τέχνη) 3379
λογικός 0038, 0080,
0129, 0135, 0257, 0283,
0339, 0475, 0479, 0556a,
0719, 0730, 0831, 0960,
0993, 1074, 1091, 1211,
1277, 1657, 1690, 1729,
1760, 1782, 1797, 1914,
1983, 1986, 1999, 2013,
2018, 2027, 2042, 2054,
2074, 2107, 2109, 2134,

2138, 2173, 2186, 2204,
2271, 2325, 2428, 2435,
2487, 2493, 2508, 2512,
2560, 2627, 2662, 2668,
2681, 2712, 2914, 2944,
3075, 3100, 3124, 3169,
3188, 3201, 3333, 3343,
3346, 3379, 3381, 3384,
3461, 3489, 3660, 3688,
3703, 3735, 3767, 3794,
3833, 3861, 3879, 3899,
3967, 3989, 4012, 4016,
4017, 4049, 4058, 4093,
4103, 4152, 4153, 4156,
4166, 4179, 4211, 4219,
4246, 4259, 4276, 4284,
4290, 4300, 4305, 4385,
4438, 4441, 4497, 4502,
4607, 4621, 4630, 4684,
4698, 4729, 4739, 4774,
4883, 4906, 4986, 5020,
5112, 5182, 5243, 5312,
5315, 5335, 5336, 5342,
5361, 5374, 5408, 5419,
5503, 5544, 5707, 5721,
5723, 5766, 5881, 5894,
5981, 6009, 6043, 6053a,
6065, 6069, 6241
λόγιον 2186, 3380,
3580, 3945
λογισμός 0832, 3381,
3968, 4351
λογιστική (τέχνη)
3382
λογιστικός 0833, 3382
λογογράφος 3386
λογομαχία 3390
λόγος 0034, 0038, 0078,
0080, 0088, 0129, 0135,
0244, 0257, 0266, 0278,
0282, 0339, 0475, 0479,
0496, 0510, 0556a, 0563,
0572, 0621, 0640, 0719,
0730, 0827, 0831, 0866,
0908, 0934, 0960, 0993,
1006, 1032, 1074, 1091,
1117, 1123, 1125, 1169,
1186, 1203, 1276, 1397,
1402, 1494, 1505, 1596,

1620, 1657, 1668, 1690,
1729, 1760, 1774, 1782,
1785, 1797, 1870, 1909,
1913, 1914, 1917, 1966a,
1969, 1983, 1986, 1993,
1997a, 1999, 2013, 2018,
2027, 2042, 2054, 2074,
2102, 2107, 2109, 2134,
2138, 2168, 2173, 2185,
2204, 2232, 2271, 2286,
2318, 2325, 2353, 2368,
2384, 2428, 2435, 2441,
2461, 2493, 2493a, 2502,
2508, 2512, 2560, 2662,
2668, 2681, 2707, 2712,
2721, 2757, 2898, 2914,
2927, 2940, 2944, 3014,
3075, 3100, 3124, 3144,
3167, 3169, 3188, 3201,
3214, 3253, 3284, 3305,
3333, 3339, 3343, 3364,
3377, 3378, 3385, 3386,
3387, 3388, 3389, 3391,
3392, 3393, 3394, 3395,
3396, 3397, 3398, 3461,
3465, 3468, 3489, 3496,
3503, 3615, 3634, 3651,
3652, 3660, 3669, 3687,
3699, 3734, 3762, 3767,
3794, 3833, 3841, 3861,
3879, 3888, 3899, 3908,
3922, 3945, 3967, 3989,
4003, 4012, 4017, 4019,
4045, 4049, 4058, 4068,
4092, 4101, 4103, 4111,
4152, 4153, 4156, 4158,
4166, 4171, 4179, 4211,
4219, 4222, 4230, 4245,
4259, 4276, 4284, 4290,
4291, 4297, 4300, 4301,
4305, 4385, 4438, 4441,
4465, 4480, 4490, 4491,
4492, 4497, 4502, 4552,
4558, 4587, 4607, 4610,
4621, 4623, 4630, 4662,
4684, 4698, 4717, 4729,
4739, 4750, 4772, 4774,
4804, 4866, 4870, 4896,
4906, 4978, 4986, 4996,

Griechische Ursprungswörter

5020, 5067, 5078, 5112,
5119, 5182, 5197, 5214,
5219, 5224, 5243, 5305,
5311, 5315, 5322, 5326,
5334, 5336, 5342, 5343,
5361, 5374, 5398, 5400,
5408, 5419, 5438, 5453,
5467, 5472, 5544, 5600,
5615, 5639, 5707, 5721,
5723, 5755, 5760, 5766,
5862, 5880, 5894, 5919,
5929, 5981, 6009, 6025,
6043, 6053a, 6065, 6069,
6122, 6178, 6178, 6195,

	6226, 6241
λοχεία	3376
λύγξ	3401a
Λύδιος	2630, 3404, 3754
Λυδός	2628, 2630, 3404, 3754
λύειν	3414, 3415
λυκανθρωπία	3405
Λύκειον	3421
λύκος	3406, 3407
λύρα	3297, 3354, 3355, 3416
λυρικός	3417

λύσις   0720, 0835, 0856,
1163, 1193, 1211, 1218,
1219a, 1225, 1240, 1259,
1391, 1555, 1777, 1779,
2096, 2214, 2436, 2514,
2941, 3317, 3365, 3418,
3419, 4168, 4246, 4706,
5058, 5113, 5159, 5183,
6212, 6242
λύσσα   3420
λυτικός   0196, 1556,
2514, 5058, 5159, 5430
λωτός   3400

M

μαγεία	3425	μαλακία	1663, 3460	μανός	3477, 3478, 5460
μαγικός	3290, 3425	μαλακός	3461, 3462, 3463	μάντις	1033, 2415, 3480, 4027
μάγμα	3426	μαλάχη	3466	Μαραθών	3482
Μαγνησία	3427, 3474	μάμμα	3467, 3468, 3469	μαραντικός	3481
Μαγνῆτις (λίθος)	1280, 1281, 1538, 1557, 1582, 1890a, 3428, 3429, 3430, 3431, 3432, 3433, 3434, 3435, 4415	μάνδρα	0487	μαρασμός	3481
		μανδραγόρας	3473	μαργαρίτης	2148, 3483, 3486
		μανία	0084, 0181, 0258, 0511, 0796, 0933, 0979, 1067, 1170, 1369, 1407, 1491, 1899, 1903, 1927, 2066, 2126, 2139, 2515, 2629, 2658, 2726, 3063, 3406, 3476, 3530, 3568, 3661, 3670, 3704, 3795, 3862, 3910, 3923, 3946, 4059, 4080, 4151, 4154, 4159, 4685, 5160, 5367, 5756, 5864, 5895, 5934	μάργαρον	3483
μάγος	3425			Μαρία	3487, 3488, 3489, 3490, 3493
μᾶζα	0838, 3502, 3503, 3504			μάρμαρος	3492, 3847
μαζός	0162			μάρσυπος	3494
μαθηματική (τέχνη)	3514			μάρτυρ	3495, 3496
μαθηματικός	3514			μαρτύριον	3495
–μαθία	1925			μαστιγοφόρος	3505
Μαίανδρος	3422			μαστιχᾶν	3506
μαιευτική (τέχνη)	3424			μαστίχη	3508
μαιευτικός	3424	μαντεία	0039, 0797, 0837, 1030, 1033, 1156, 2014, 3958, 4027, 4150, 4155, 5114, 5161, 5530	μαστός	3507, 3509, 3510, 3511, 3512, 3513
μαινάς	3470			ματτέη*	3678
μακαρισμός	3437			ματτύη	3678
μάκελλον	3677			μαῦρος	3760
μακρός	3438, 3439, 3440, 3441, 3442, 3443, 3444, 3445, 3446, 3447, 3448, 3449, 3450, 3451, 3452, 3453, 3454, 3455, 3456, 3457, 3458, 3459	μαντική (τέχνη)	0512, 2014, 2933, 3205, 3480, 5209	Μαυσώλειον	3518
				μαχανά	3497, 3498, 3499, 3500, 3501
		μανικός	2629, 3063, 3475, 3476, 3480, 4080, 5160	μάχη	2065, 5857
				μαχητική (τέχνη)	3423
				μέγα	4142

Μέγαιρα	3535	
μεγαλεῖος	0110	
μεγάλη	3530, 3531	
Μεγαρικός	3536	
μέγαρον	3537	
μέγας	2326, 3526, 3527, 3528, 3529, 3530, 3531, 3532, 3533, 3534, 3538, 3539, 3540, 3541, 3542, 3543	
Μέδουσα	3525	
μέθεξις	3657	
μεθοδική (τέχνη)	3658	
μεθοδικός	3658	
μέθοδος	3658, 3659, 3660, 5181	
μέθυ	3655, 3656, 3661, 3662, 5028	
μεῖον	3739	
μείουρος	3545	
μείωσις	3544, 3738	
μειωτικός	3738	
μελαγχολία	3547	
μελαγχολικός	3547	
μελανία	3549	
μελάνωσις	3555	
μελάνωμα	3554	
μέλας	3546, 3548, 3548a, 3550, 3551, 3552, 3553, 3558	
μέλασμα	3556	
μέλι	3491, 3557, 3560	
μελικός	3559	
μελίμηλον	3491	
μέλισμα	3562	
μέλισσα	3563, 3564, 3565	
μελισσόφυλλον	3564	
μέλιττα	3563, 3565	
μελοποιΐα	3571	
μέλος	0167, 3448, 3567, 3568, 3569, 3572, 3573	
μελῳδία	3566	
μελῳδικός	3566	
μελῳδός	3566	
Μέντωρ	3587	
μέρος	0878, 1344, 1531, 2369, 2785, 3223, 3618, 3619, 3620, 4970, 6136	
μέσον	3593	
μεσονύκτιος	3594	
Μεσοποταμία	3596	
μέσος	3589, 3590, 3591, 3592, 3593, 3595, 3597, 3598, 3599, 3601	
μεσότης	3600	
μέσπιλον	3747	
μετά	1446, 3606, 3607, 3608, 3609, 3610, 3611, 3618, 3619, 3620, 3621, 3622, 3623, 3624, 3627, 3628, 3629, 3632, 3633, 3634, 3635, 3637, 3639, 3642	
μετάβασις	3604	
μεταβολή	3605	
μεταβολικός	3605	
μετάθεσις	3638	
μέταλλον	0808, 1196, 1559, 3521, 3612, 3613, 3614, 3615, 3616	
μεταλλουργεῖν	1560, 3617	
μεταλλουργός	3617	
μεταμόρφωσις	1447, 3625	
μετάνοια	3626	
μετονομασία	3664	
μέταξα	3641	
μετάστασις	3636	
μεταστατικός	3636	
μετατροπή	3640	
μεταφορά	3630	
μεταφορικός	3630	
μετάφρασις	3631	
μεταφράστης	3631	
μεταφραστικός	3631	
μετεμψύχωσις	3643	
μετεωρισμός	3645	
μετεωρολογία	0579, 0840, 2518, 3649	
μετεωρολογικός	3649	
μετεωρολόγος	3649	
μετέωρος	3644, 3646, 3647, 3648, 3650, 3651, 3652, 3653	
μέτοικος	3663	
μετόπη	3666	
μετρική (τέχνη)	3667	
μετρικός	2582, 2583, 3667	
μέτρον	0042, 0120, 0142, 0158, 0170, 0267, 0269, 0377, 0480, 0555, 0580, 0584, 0618, 0639, 0641, 0704, 0705, 0749, 0750, 0770, 0841, 0857, 0889, 0974, 1122, 1188, 1212, 1213, 1214, 1255, 1345, 1351, 1411, 1431, 1431a, 1442, 1448, 1561, 1755, 1761, 1809, 1932, 1958, 2016, 2038, 2117, 2162, 2215, 2262, 2332, 2519, 2539, 2542, 2651, 2730, 2752, 2786, 2792, 2859, 2934, 3012, 3032, 3078, 3110, 3125, 3189, 3215, 3233, 3234, 3237, 3245, 3270, 3403, 3418, 3431, 3477, 3519, 3654, 3669, 3671, 3672, 3676, 3705, 3717, 3724, 3735, 3822, 3978, 3982, 4074, 4093, 4105, 4122, 4139, 4163, 4186, 4190, 4416, 4503, 4551, 4604, 4686, 4709, 4782, 4805, 4861, 4862, 4867, 4880, 4979, 5035, 5115, 5130, 5147, 5152, 5155, 5162, 5184, 5312, 5399, 5420, 5436, 5454, 5460, 5465, 5482, 5519, 5531, 5537, 5548, 5651, 5675, 5704, 5748, 5803, 5872, 5941, 6012, 6026, 6050, 6066, 6067, 6068, 6108, 6126, 6199, 6213	
μετωνυμία	3665	
μετωνυμικός	3665	
μῆλον	2866, 3491	
μηλοπέπων	3570	
μήν	1465, 3575, 3580, 3581, 3582, 3583, 3584, 4933	
μήνη	3578	
μηνιαῖος	3576	

μῆνιγξ 3577
μηνίσκος 3578, 3579
μήτηρ 3515, 3670
μήτρα 1621
μητρόπολις 3668, 3674
μητροπολίτης 3675
μητρωνυμικός 3673
μηχανή 1001, 1445, 3344,
 3497, 3498, 3499, 3500,
 3501
μηχανική (τέχνη) 0040,
 0839, 1558, 2517, 3520
μηχανικός 1558, 3520,
 4232, 4709
μίασμα 3679, 3680
Μίδας 3681
Μίθρας 3749
Μιθραδάτης 3750
Μιθριδάτης 3750
μικρολογία 3703
μικρολόγος 3703
μικρόν 4143
μικρός 0111, 0810, 1566,
 3683, 3684, 3685, 3686,
 3687, 3688, 3689, 3690,
 3691, 3692, 3693, 3694,
 3695, 3696, 3697, 3698,
 3699, 3700, 3701, 3702,
 3704, 3705, 3705a, 3706,
 3707, 3708, 3709, 3710,
 3711, 3712, 3713, 3714,
 3715, 3716, 3717, 3718,
 3719, 3720, 3721, 3722
μικτός 0451
μιμεῖσθαι 0172, 1484,
 3726
μιμέομαι 3726
μίμησις 3727
μιμητικός 3727
μιμίαμβοι (Pl.) 3728
μιμικός 3569, 3729
μῖμος 3725, 3730, 3731,
 3732
μίνθη 3586, 3737
Μινώιος 3736
Μινῶος 3736
μῖξις 0192, 0451, 2630,
 3754, 3755, 4352
μισανδρία 3741

μισανθρωπία 3742
μισάνθρωπος 3742
μισογύνεια 3744
μισογύνης 3744
μισολογία 3745
μῖσος 3741, 3742, 3743,
 3744, 3746
μίτος 0173, 3751, 3752,
 5255
μίτρα 3748, 3753
μνᾶ 3733
μνήμη 3756, 3757
μνημονικός 3757
μνῆσις 0176, 1511, 2584,
 2970, 4311, 4418
μνῆστις 3758
Μοῖρα 3761
μοῖρα 3761
Μολοσσός 3764
μολύβδαινα 3765
μοναρχία 3768
μοναρχικός 3768
μόναρχος 3768
μονάς 3766, 3767
μοναστήριον 3769,
 3845
μοναστικός 3769
μοναχός 3771
μονογαμία 3780
μονόγαμος 3780
μονόγλωσσος 3782
μονόγλωττος 3782
μονόλιθος 3793
μονομερής 3796
μονοποδία 3807
μονόπτερος 3813
μονοπώλιον 3808, 3809,
 3810, 3811
μόνος 3770, 3772, 3773,
 3774, 3775, 3776, 3778,
 3779, 3780, 3781, 3783,
 3784, 3785, 3786, 3787,
 3788, 3789, 3790, 3791,
 3792, 3794, 3795, 3797,
 3798, 3799, 3800, 3801,
 3802, 3803, 3805, 3806,
 3812, 3813, 3814, 3815,
 3816, 3819, 3820, 3821,
 3824, 3825, 3826, 3827

μονοσύλλαβος 3818
μονόστιχος 3817
μονοτονία 3822
μονότονος 3822
μονότροπος 3823
μονόφθογγος 3804
μονόχορδος 3775
μονόχρωμος 3776
μονῳδία 3777
μονῳδός 3777
μόρον 3516, 3836
Μορφεύς 1624, 3831
μορφή 0143, 0296, 0340,
 0682, 0842, 1446, 2018,
 2463, 2550, 2788, 3307,
 3592, 3622, 3623, 3624,
 3671, 3797, 3830, 3832,
 3833, 3834, 4840, 5421,
 6088
μόρφωσις 0843
μορφωτικός 0844
Μοσσυνικός (χαλκός)
 3603
μόσχος 3838, 3869
μοῦσα 0200, 3850
μουσαγέτης 3848
μουσεῖον 3850
μουσεῖος 3837, 3850,
 3867
μουσικός 3853, 3856,
 3857, 3862, 3866, 3868
μουσική (τέχνη) 2239,
 3585, 3851, 3852, 3854,
 3855, 3858, 3859, 3860,
 3861, 3863, 3864, 3865,
 5015, 5450
μυδρίασις 3874
μυελόεις 3875
μυελός 3875, 4247, 4901
μυθικός 3906
μυθογράφος 3907
μυθολογία 0569, 3909
μυθολογικός 3909
μῦθος 1387, 2309, 3908,
 3910, 3911, 4419, 5532
μυῖα 3876
Μυκηναῖος 3877
μύκης 1227, 3878, 3879,
 3880, 3881, 3914, 5557

Griechische Ursprungswörter

μῦκος	3842a, 3843	μύρρα	3900	μυστήριον	3903
μύλη	3842	μυρσίνη	3835	μύστης	3903
μύξα	3913	μύρτος	3901	μυστικός	3904, 3905
μύραινα	3846	μῦς	3839, 3849, 3870,	μυτίλος	3912
μυριάς	3896		3871, 3872, 3873, 3882,	μυχλός	3517, 3844
μύριοι	3897, 3898		3883, 3884, 3885, 3886,	μυῶν	1228, 3889
μυριόπους	3897		3887, 3888, 3891, 3892,	μυωπία	3893, 5085
μυριόφυλλον	3898		3894, 3895	μύωψ	3890, 3893
μύρμηξ	3899	μυσταγωγός	3902	μωρία	3829
μυροβάλανος	3740	μυστήρια	3903		

N

ναιάς	3915	νεκυία, νέκυια	3958	νηματώδης	3959
νάννος	3916, 3917	Νέμεσις	3960	Νηρείς	3992
ναός	3918	νέμεσις	3960	νηρίτης	3993
νάρδος	3920	νέον	3969, 3971, 3972	νῆσος	3548a, 3705a, 4937
νάρθηξ	3926	νέος	3940a, 3942, 3961,	νίκη	1896, 6056
Νάρκισσος	3927		3962, 3963, 3964, 3965,	Νικόλαος	3054a, 4025,
νάρκισσος	3927		3966, 3967, 3968, 3969,		4026, 4028, 5141
νάρκωσις	1565, 2606,		3970, 3973, 3974, 3976,	νίτρον	3931, 3932, 4030,
	3921, 3922, 3923, 3924		3977		4031, 4032, 4033, 4034,
ναρκωτικός	3925	νεόφυτος	3973		4035, 4036, 4037
ναστός	4073	Νέστωρ	3995	νιφάς	4029
ναύαρχος	3933	νεῦμα	3996	νοεῖν	4065
ναυμαχία	3934	νεῦρον	0274, 0378, 3391,	νόημα	4038
ναύπλιος	3935		3994, 3997, 3998, 3999,	νοηματικός	4039
ναυσία	3936		4000, 4001, 4002, 4003,	νόησις	4040
ναύτης	0043, 0473, 0498,		4004, 4005, 4006, 4007,	νοητικός	4040
	0581, 2520, 3176, 4271		4008, 4009, 4010, 4011,	νόθος	4063
ναυτική (τέχνη)	0043,		4012, 4013, 4014, 4015,	νομάς	4041
	0473, 3176, 3937		4016, 4017, 4018, 4019,	νομισματικός	4069
ναυτικός	0043, 3937,		4020, 4021, 4022, 4023,	νόμος	0044, 0811, 1007,
	3940		4553, 5004, 5117, 6129,		1205, 1251, 1585, 1970,
ναυτίλος	3938, 3939		6152		2247, 2372, 2789, 3672,
νάφθα	3919	νεφέλη	3978, 3979		3798, 4042, 4043, 4044,
Νεάπολις	3941	νεφελοκοκκυγία	6073a		4045, 4046, 4767, 4938,
νεκρομαντεία	3947	νέφος	3980, 3981, 3982,		5679, 5708, 5781
νεκρόμαντις	3947		3982, 3983	νόννος	4048
νεκρός	3944, 3945, 3946,	νεφρῖτις	1711, 3986,	νόσος	0348, 1762, 4057,
	3948, 3949, 3949a, 3950,		3987		4058, 4059, 4060, 6184,
	3951, 3953, 3954, 3955	νεφρός	3984, 3985, 3988,		6216
νέκρωσις	3952		3989, 3990, 3991	νόστος	4061
νέκταρ	3956	νεωτερικός	3975	νούμενον	4065
νεκτάρεος	3956	νηκτόν	3957	νοῦς	4049, 4050, 4066,
νεκτάριον	3956	νῆμα	3959		4070

Griechische Ursprungswörter

νυκτάλωψ 4072	νύμφη 3408, 3409, 3410,	νύξ 4071, 4073, 4074,
νυμφαία 4077	3411, 3412, 3413, 4079,	4075, 4076
νύμφαιον 4078	4080	νῶτος 4062, 4064

Ξ

Ξανθίππη 6075	6091	ξύλον 6103, 6104, 6105,
ξανθός 6074, 6075, 6076,	Ξί 6081, 6102	6106, 6107, 6108, 6109,
6077, 6078, 6079, 6080	ξήριον 1587	6110, 6111
ξενικός 6083	ξηρός 4755, 6092, 6093,	ξύν 5614, 5625
ξένιον 6082	6094, 6095, 6096, 6097,	ξυστός 6112
ξενοδοχεῖον 6084	6098, 6099, 6100	ξυστόν 6113
ξένος 6084, 6085, 6086,	ξηρότης 6101	
6087, 6088, 6089, 6090,	ξηροφθαλμία 6097	

Ο

ὁ 4143	3706, 4105, 4106, 4107,	ὀλιγάρχης 4124
Ὄασις 4081	5414	ὀλιγαρχία 4124
ὀβελίσκος 4082	οἰκονομική (τέχνη)	ὀλιγαρχικός 4124
ὀβολός 4083	4106, 5414	ὀλίγος 4125, 4126, 4127,
ὄγκος 4152	οἰκονομικός 3450,	4128, 4129
ὁδηγησία 2443	3627, 3706, 4106,	ὀλιγοτροφία 4130
ὁδηγητικός 2443	4117, 5422	ὀλιγότροφος 4130
ὁδόμετρον 2445	οἰκονόμος 4104	ὁλόκαυ(σ)τος 2448
ὁδός 1348, 1436, 1450,	οἶκος 1203, 1357, 1993,	ὅλος 2446, 2447, 2449,
1547, 2444, 5741	2389, 2493, 4098, 4103,	2450, 2451
ὀδούς 1239, 1360, 2361,	4108, 4109, 4110, 4111,	Ὀλυμπία 4133
2456, 2700, 3259, 3509,	5506	Ὀλυμπιάς 4133
4090, 4091, 4092, 4093,	οἰκουμένη (γῆ) 4117	ὀλυμπιονίκης 4135
4459, 4460	οἱ κυκλικοί (Pl.) 6207	Ὀλύμπιος 4134, 4135
ὀδύνη 0017, 2081, 3510,	οἰνοθήρας 4095	Ὀλυμπικός 4135
3882, 4149, 4243, 4849,	οἶνος 4153, 4154, 4163	Ὄλυμπος 4132
6039	οἰνοχόη 4099	ὄμβρος 2790, 4138, 4139,
Ὀδύσσεια 4094	οἰσοφάγος 4239, 4240,	4140, 4141
ὄζειν 4277	4241	Ὁμηρίδης 2452
ὄζον 4277	οἰστρομανία 4254	Ὁμηρίδαι (Pl.) 2452
οἱ 6207	οἶστρος 4253, 4255	Ὁμηρικός 2452
οἴδημα 3913, 4087	ὄκνος 4102	ὁ μικρόν 4143
Οἰδίπους 4089	ὀκτάγωνον 4114	ὁμιλητής 2453
οἰδηματόεις 3913	ὀκτάεδρος 4113	ὁμιλητική (τέχνη) 2453
οἰκία 3825, 5952	ὀκτάχορδος 4112	ὁμιλία 2453
οἰκονομία 1488, 3450,	ὀκτώ 4112, 4115	ὁμιλιτικός 2453
	ὀκτώπους 4116	ὅμιλος 2454, 2455

ὁμογενής	2459
ὁμοιόθερμος	2473
ὁμοιοπρόφορος	2469
ὁμοιόπτωτος	2470
ὁμοῖος	2466, 2467, 2468, 2471
ὁμοιοτέλευτος	2472
ὁμοιοούσιος	2483, 2485
ὁμολογεῖν	2462
ὁμολογούμενος	2462
ὁμόνομος	2464
ὁμός	2456, 2457, 2458, 2460, 2461, 2463, 2474, 2475, 2476, 2478, 2479, 2480, 2481, 2486, 2725
ὁμοουσία	2482, 2484
ὁμοφωνία	2477
ὁμόφωνος	2477
ὀμφαλός	4145, 4146, 4147
ὁμωνυμία	2465
ὁμωνύμιος	2465
ὁμώνυμος	2465
ὄν	1364, 1909, 2233, 4164, 4165, 4166, 4300
ὄναγρος	4148
ὄνειρος	4149, 4150
ὄνομα	0112, 0144, 0341, 0406a, 0505, 0561, 0684, 1876, 2019, 2187, 2466, 2586, 2633, 2760, 3225, 4155, 4158, 4159, 4161, 4730, 4740, 5079, 5081, 5086, 5281, 5534, 5578, 5579, 5860, 5882
ὀνομασία	4156
ομαστική (τέχνη)	4157
ὀνομαστικόν	4157
ὀνοματοποίησις	4160
ὀνοματοποιία	4162
ὄνυμα	0112, 0144, 0341, 0406a, 0505, 0561, 0684, 1876, 2019, 2187, 2466, 2586, 2633, 2760, 3225, 4730, 4740, 5079, 5081, 5086, 5281, 5534, 5578, 5579, 5860, 5882
ὄνυξ	4167, 4168, 4169, 4170, 5267
ὀξαλίς	4265
ὀξύμωρος	4268
ὀξύς	0314, 0380, 1241, 1249, 1355, 2535, 2728, 3616, 3824, 4266, 4267, 4572, 5580, 5847, 6072
ὀξύτονος	4269
ὀπάλλιος	4174
ὄπιον	4181, 4184
ὀπισθόγραφος	0308, 4183
ὀπισθόδομος	4182
ὀπτική (τέχνη)	1567, 3432, 4185, 4235, 4714, 4843
ὀπτικός	0850, 4185, 4186, 4187, 4188, 4189, 4190, 4354
ὁπλίτης	2487
’Οποῦς	4191
ὅραμα	1137, 1352, 4355
ὀργανικός	0310, 1153, 4203, 4204, 4205, 4206
ὄργανον	3628, 3707, 4199, 4200, 4201, 4202, 4205, 4207, 4208, 4209, 4210, 4211, 4212, 4214, 5202, 5340, 5484, 6110, 6130
ὀργασμός	0311, 4213
ὄργια	4215
ὀργιασμός	4215
ὀργιαστής	4215
ὀργιαστικός	4215
ὀρειάς	4197a, 4198a
ὄρεξις	0309, 2587, 3254, 3407
ὀρθογραφία	4229
ὀρθογράφος	4229
ὀρθογωνία	4228
ὀρθογώνιος	4228
ὀρθοδοξία	4225
ὀρθόδοξος	2149, 4225, 5245
ὀρθοδρομεῖν	4226
ὀρθοέπεια	4227
ὀρθός	4230, 4232, 4233, 4234, 4235, 4236
ὀρθοστάτης	4236
ὀρθοτονεῖν	4237
ὀρθότονος	4237
ὀρθώνυμος	4231
ὀρίγανος	4198
ὁρίζων	2489
ὅρκος	4217
ὁρμᾶν	1901, 2490, 2490a, 2491, 2492, 4008, 4263, 4639, 5338, 5526, 5726
ὄρνις	4218, 4219, 4220
ὄρος	4221, 4222
ὄρυζα	5200, 5242
῎Ορφειος	4223
’Ορφικός	4224
ὄρχησις	4193
ὀρχηστική (τέχνη)	4195
ὀρχήστρα	2240, 4194, 4196
ὄρχις	3226, 4197
ὀστεογενής	4244
ὀστεολογία	4245
ὀστέον	4242, 4243, 4244, 4245, 4246, 4247, 4248, 4249, 4250, 4251
ὀστρακισμός	4252
ὄστρακον	1788, 4252
ὄστρεον	0649
οὐ	6049
οὐλή	6016
οὖλον	6014
οὐρά	0350, 5936, 6037
Οὐρανία	6022
οὐράνιος	6022
οὐρανογραφία	6023
Οὐρανός	6021, 6027
οὐρανός	6023, 6024, 6025, 6026, 6028
οὐρεῖν	0407a, 2212, 4076
οὐρήθρα	6032, 6033, 6034
οὔρησις	6030
οὐρήτηρ	6031
οὐρητικός	6035
οὖρον	6019, 6029, 6036, 6038, 6039, 6040,

Griechische Ursprungswörter

6041, 6042, 6043, 6044, 6045, 6046, 6047
οὖς 4258, 4259, 4260, 4261, 4262
οὐσία 6048
ὀφθαλμία 4178
ὀφθαλμικός 4178
ὀφθαλμός 0947, 4177, 4179, 4180, 6097
ὄφις 4175
ὀφίτης 4176
ὀχλοκρατία 4084
ὄχλος 4084
ὄψ 0373, 2787
ὄψις 0164, 0273, 0307, 0710, 0848, 1047, 1231, 1247, 1323, 1365, 2300, 2371, 3453, 3624, 3713, 3951, 3979, 4718, 5279, 5612, 6080, 6200
ὀψωνία 4129

Π

παγκρατής 4349
πάγκρεας 4350
παθητικός 4486
πάθος 0135, 0145, 0284, 0342, 0532, 0936a, 0994, 1123, 1171, 1378, 1597, 1940, 1971, 2020, 2216, 2327, 2454, 2467, 2521, 2688, 2791, 2915, 3272, 3393, 3433, 3512, 3650, 3892, 3990, 4015, 4249, 4487, 4488, 4489, 4490, 4491, 4492, 4493, 4774, 5118, 5342, 5423, 5709, 5839, 6122, 6215
παιάν 4278
παίγνιον 4288
παιδαγωγική 3523, 3863, 4280, 5341
παιδαγωγικός 4280, 5415
παιδαγωγός 3523, 3863, 4280, 4501, 5415
παιδεία 1667, 3392, 4232, 4289, 5192
παιδεραστής 4281
παιδίον 4287
παῖς 3746, 4014, 4282, 4283, 4284, 4285, 4286, 4287
παιών 4376
παιωνία 4377
παλαιογενής 4294
παλαιός 4290, 4291, 4292, 4293, 4295, 4296, 4297, 4298, 4299, 4300,
4301, 4302, 4303, 4304, 4305
παλαίστρα 4306
παλίμψηστος 4312
πάλιν 4310, 4311, 4314
παλίνδρομος 4313
παλινῳδία 4315
Παλλάδιον 4316
παλός 4317
πάμβαξ 6071
πάμφιλος 4318
Πάν 4332
πᾶν 1137, 4319, 4325, 4330, 4331, 4333, 4334, 4344, 4345, 4347, 4350, 4351, 4352, 4354, 4355, 4356, 4357, 4358, 4359, 4360, 4361, 4362, 4364, 4365, 4366, 4369, 4370, 4371
παναγία (Fem.) 4320
πανάγιος 4320
Παναθήναια (Pl.) 4322
πανάκεια 4324
πάνακες 4323
πάναξ 4323
πανδέκτης 4326,
πανδέκτης (βίβλοι) (Pl.) 4326
πανδημία 4327
πανδήμιος 4327
πανδοῦρα 0735, 3472
πανδώρα 4328
πανηγυρικός 4329
πανηγυρικός (λόγος) 4329
Πάνθειον 4367
πάνθηρ 4368
Πανικός 4346
πανκράτιον 4348
παννυχίς 4353
πανοῦργος 4375
Πανταλέων 4363
πάντοθεν 4374
παντόμιμος 4372
παντοφαγία 4373
παντοφάγος 4373
πάππας 4378, 4381, 4383, 4588, 4965
πάπυρος 0956, 1105, 3260, 4379, 4380, 4384, 4385, 4386, 4542
παρά 2161, 4389, 4393, 4397, 4398, 4400, 4401, 4405, 4406, 4410, 4415, 4416, 4417, 4418, 4419, 4423, 4424, 4425, 4426, 4429, 4430, 4431, 4433, 4436, 4437, 4438, 4442, 4443, 4444, 4446, 4447, 4449, 4459, 4460, 4592
παράβασις 4387
παραβολή 2733, 4309, 4388, 4390, 4391, 4453, 4454, 4455, 4463, 4898
παραβολικός 4390
παράγραμμα 4399
παραγραμματισμός 4399
παραγράφειν 4400
παράγραφος (γραμμή) 2161, 4400, 4427

Griechische Ursprungswörter

παράδειγμα	4395	
παραδειγματικός	4395	
παράδεισος	4392, 4394	
παράδοξος	4396	
παραίνεσις	4420	
παραινετικός	4420	
παράκλητος	4402	
παρακμή	4403	
παράκουσις	4404	
παραλαλεῖν	4404a	
παραλείπειν	4407	
παραλειπόμενον	4407, 4408	
παράλειψις	4409	
παραλλακτικός	4411	
παράλλαξις	4411	
παραλληλισμός	4412	
παραλληλόγραμμον	4412	
παράλληλος	4412, 4808	
παραλληλότης	4412	
παραλογισμός	4413	
παραλογιστικός	4413	
παράλογος	4413	
παράλυσις	3891, 4414	
παραλυτικός	4414	
παράνοια	4421	
παρανομία	4422	
παραπληγία	4435	
παραπληγικός	4435	
παρασημεῖον	4439	
παράσιτος	1520, 4440, 4441, 6185	
παράταξις	4445	
παράφερνα (Pl.)	4428	
παράφρασις	4432	
παραφραστής	4432	
παραφραστικός	4432	
παραφροσύνη	4434	
πάρδαλις	3304	
πάρδος	3304	
παρένθεσις	4450	
παρένθετος	4450	
παρέργον	4451	
παρήχησις	4448	
παρθένεια (Pl.)	4472	
παρθένος	4473, 4474	
Παρθενών	4475	
πάριππος	4592	
πάρισος	4452	
Παρνασσός	4456	
πάροδος	4461	
παροικία	4457, 4590	
πάροικος	4462	
παροιμία	4465	
παροιμιακός	4464	
παροιμιογράφος	4465	
παρονομασία	4466	
παρονύχιον	4321	
παροξυσμός	4469	
παροξύτονος	4470	
παρουσία	4476	
παρρησία	4471	
παρῳδία	4458	
παρῳδικός	4458	
παρωνυμία	4467	
παρώνυμος	4467	
παρωτίς	4468	
πᾶς, πᾶσα, πᾶν	4319, 4477, 4478, 4479, 4480	
πᾶσι	4477	
παστάς	4975	
πάστη	4481, 4482, 4483, 4484, 4485, 4494	
πατάνη	4589	
πατήρ	4497	
πατριάρχης	4495	
πατρίς	0415	
πατριώτης	4496	
πατρωνυμικόν (ὄνομα)	4498	
παύειν	3581, 3595, 4499, 4539, 5554, 5985	
παῦσις	5554	
παχύς	4279	
πέδον	4502, 4504	
πειρατής	4792	
πελάγιος	4509	
πέλαγος	0489, 4509	
πελαργός	4510	
πελεκάν	4511	
πέλεκυς	4511	
πέλλα	1890	
πελλίς	0778	
Πελοπόννησος	4512	
πελταστής	4513	
πέλτη	4513	
πενία	3318	
πεντάγραμμος	4522	
πεντάγωνος	4521	
πενταδικός	4517	
πενταετηρίς	4519	
πένταθλον	4531	
πεντακοσιομέδιμνος	4523	
πενταμερής	4525	
πεντάμετρος	4526	
πεντάς	4517, 4529	
πεντάτευχος	4530	
πεντάτονς	4532	
πεντάχορδος	4516	
πέντε	4518, 4520, 4524, 4527, 4528	
πεντηκονταετής	4533	
πεντηκοστή (ἡμέρα)	4594	
πεντηκοστός	4534, 4594	
πενθημιμερής	4536	
πεντήρης	4535	
πέπερι	4382, 4537, 4591, 4593	
πέπλος	4538, 4539	
πεπτικός	4540	
Πέργαμον	4542	
περί	2792, 4544, 4546, 4547, 4548, 4551, 4552, 4553, 4565	
περίβολος	4543	
περιήγησις	4545	
περιηγητής	4545	
περικάρδιος	4549	
περικοπή	4550	
περιοδικός	4556	
περίοδος	3295, 4554, 4555, 4557, 4558	
περίοικος	4559	
περιπατητικός	4560	
περίπατος	4560	
περιπέτεια	4561	
περίπτερος	4564	
περισπώμενον	4566	
περισταλτικός	4567	
περίστασις	4568	
περιστατικός	4568	
περιστέριον	4569	
περίστυλος	4570	
περιτόνιον	4571

περιφέρεια	4562	πλαστική (τέχνη)	0687,	ποδαλγία	4878
περιφερής	4562	1230, 1234, 1933, 2025,		πόδιον	4879
περίφρασις	4563	2589, 4250, 4261, 4605,		ποίημα	4881
περιφραστικός	4563	4817, 4818, 5020, 5226,		ποίησις	2207, 3320, 4882
περιχώρησις	4544		5809	ποιητής	4883
πεσσάριον	2742a, 4573	πλαστικός	1933, 4816,	ποιητίζειν	4883
πεσσός	2742a, 4573	4819, 4820, 4821, 4822		ποιητική (τέχνη)	4883
πέταλον	0113, 0760,	πλαστός	3319, 4815,	ποιητικός	3320, 4161,
	4574, 6017		5065		4883, 4884
πέτασος	4575	πλάτανος	4823	ποιητός	0015
πέτρα	4578	πλατεῖα (ὁδος)	1219a,	ποικίλος	4885
πέτρος	4576, 4579, 4580,		4832, 4835	ποινή	4507, 4514, 4515,
4581, 4582, 4583, 4584,		πλατύπους	4831		4791, 4964
4585, 4586, 4587		πλατύς	4824, 4825, 4826,	πολεμική (τέχνη)	
πετροσέλινον	4577		4828, 4829, 4830		4895, 6046
πέψις	4540, 5993	Πλατωνικός	4827	πολεμικός	4895
Πήγασος	4505	Πλάτων	3974, 4827	πόλεμος	4896
πηγή	4506	Πλειάς	4836, 4837	πολιός	4900, 4901
πηδόν	0686, 3134, 4784,	πλεῖστος	4838	πόλιν	5485
	4785, 4786	πλείων	4855	πόλις	3531, 3950, 4903
πηκτός	4508	πλέκειν	4851, 4852, 4853	πολιτεία	1843, 2735,
πῖ	4778	πλέον	4840, 4843	3200, 4904a, 4905, 4908	
πιέζειν	4781, 4782	πλεονασμός	4841	πολιτική (τέχνη) 1895,	
Πιερίδες (Pl.)	4780	πλεονεξία	4842	2026, 4905, 4906, 5195,	
πίθηκος	0651, 1434,	πλευρά	4846, 4847		5416
	4198, 4793, 4794	πλευρῖτις	4848	πολιτικός	2026, 3177,
πιμελός	4788	πλευρόν	4849, 4850	4904, 4905, 4907, 5416	
πίναξ	4789, 4790	πληγή	1981, 2084, 2305,	πολίωσις	4902
πίσσα	4500	4018, 4357, 4796, 4798		πόλος	0163, 0868, 1220,
πιστάκη	4793	πληθώρη	4845	1368, 2378, 2468, 4887,	
πιστάκια	4793	πλῆκτρον	4839	4888, 4889, 4890, 4891,	
πιτυρίασις	4795	πλησίος	4844	4892, 4893, 4894, 5574,	
πίων	4943, 5028, 5033	πλίνθος	4854		6018
πλάγιος	4799	πλουτοκρατεῖν	4857	πολυαρχία	4911
πλαγκτόν	4776, 6191	πλουτοκρατία	4857	πολυγαμία	4920
πλαγκτός	4807	Πλούτων	4856, 4858	πολύγαμος	4920
πλᾶγος	4797	Πλουτώνιος	4858	πολύγονος	4924
πλακοῦς	4308, 4833,	πνεῦμα	4863, 4864, 4866,	πολυδάκτυλος	4916
	4834		4867	Πολυδεύκης	2953a
πλανᾶν	0474, 2527, 3806	πνευματικός	2528, 4437,	πολύεδρος	4918
πλάνης	4800, 4802, 4803,		4865	πολυΐστωρ	4928
	4804	πνευμονία	4850, 4872	πολύκαρπος	4930
πλανήτης	2734	πνευμονικός	4873	πολυμαθία	4931
πλάσις	0430, 2589	πνεύμων	4868, 4869,	πολυμελής	4932
πλάσμα	1521, 1623,	4870, 4871, 4874, 4875		πολυμερής	4934
2690, 4809, 4810, 4811,		πνῖγος	4876	πολυμετρία	4935
4812, 4813, 4814, 5065,		πνοή	0909, 5657	πολυμορφία	4936
	5902, 6243	ποδάγρα	4877	πολύμορφος	4936
πλάστης	1046, 1438	ποδαγρικός	4877	πολύπλοος	4944

Griechische Ursprungswörter

πολύπους	4939	πριαπισμός	4992	προσῳδία	5037
πολύπτυχος	4947	Πρίαπος	4992	προσῳδικός	5038
πολύπτωτος	4946	πρίσμα	4997	προσωποληψία	5040
πολύς	4899, 4909, 4910,	πρό	4998, 5000, 5042,	προσωποποιΐα	5041
	4912, 4917, 4919, 4921,		5070	πρόσωπον	5039
	4922, 4923, 4925, 4926,	προαίρεσις	4999	πρότασις	5055
	4927, 4929, 4933, 4937,	πρόβλημα	1191a, 5001	πρότερον	2658a
	4938, 4942, 4943, 4945,	προβληματικός	5001	προτρεπτικός	5069
	4948, 4949, 4955, 4956,	προγάμιος	5005	προῦμνον	4596, 5071
	4957, 4959, 4960, 4961	προγένειος	5007	προφητεία	5030
πολυσήμαντος	4950	προγένεσις	5006	προφήτης	5030
πολύσημος	4950	προγήρως	5008	προφητεία	5030
πολυσπερμία	4951	πρόγνωσις	5010	προφυλακτικός	5031
πολυσύλλαβος	4952	προγνωστικόν	5010	προφύλαξις	5031
πολυσύνδετος	4953	προγνωστικός	5010	προφυλάσσειν	5031
πολυσύνδετον	4953	πρόγραμμα	5011, 5012,	πρόχειλος	5002
πολυσύνθετος	4954		5013, 5014, 5015	πρυτανεῖον	5072
πολύτροπος	4958	πρόδρομος	5003	πρύτανις	5072
πολυφαγία	4940	πρόθεσις	5061	πρωκτός	5020
πολυφάγος	4940	προθετικός	5061	πρωταγωνιστής	5054
πολυφωνία	4941	προκατάληψις	5016	Πρωτεύς	5057, 5059
πολύφωνος	4941	προκελευσματικός		πρῶτον	5064
πολύχορδος	4913		5017	πρῶτος	5028, 5033, 5053,
πολύχρωμος	4914, 4915	προκλίνειν	5018		5056, 5058, 5060, 5062,
πομπή	4963	Προκρούστης	5019		5063, 5065, 5067, 5068
πόνος	3369	προλέγειν	5021	πρωτότυπον	5066
πόρνη	4967, 4969	προλεγόμενον	5021	πταρμός	5132
πορνογράφος	4968	προληπτικός	5022	πτερόν	0471, 1035, 2270,
πόρος	0896, 4251, 4966,	πρόληψις	5022		2306, 2556, 3305, 3813,
	4970, 4971, 4973, 5571	πρόλογος	5023		4220, 4234, 5133, 5134
πορφύρα	5142	Προμηθεύς	5024	πτερύγιον	5136
πορφυρίτης (λίθος)		πρόναος	5025	πτερυγωτός	5137
	4972	προοίμιον	5026	πτέρυξ	0481
ποταμός	4977, 4978	προπαιδεύειν	5027	πτύαλον	5138, 5139
πούς	0533, 1189, 1972,	προπεμπτικός	5029	πτύσις	2218
	2795, 3013, 3131, 3897,	προπύλαιον	5032	πτῶσις	2085, 3513
	4753, 4877, 4880, 5134,	προπύλαιος	5032	πυγμαῖος	5144, 5145
	5135, 5278	πρόσθεσις	5050	πύελος	5143
πραγματικός	4982	πρόσθετος	5050	Πυθαγόρας	5168
πρακτικός	1034, 2715,	προσήλυτος	5034	Πυθαγόρειος	5168
	4983, 4984, 4985	προσκύνησις	5036	Πυθία	5169
πρᾶξις	1486, 2728a,	προσόδιον (μέλος)		Πύθων	5170
	4986, 4987		5038	πυκνός	5146, 5147
πράσον	1131	προσόδιος	5038	πυλών	5148
πρέσβυς	4989, 4990	προστάτης	5043, 5044,	πυξίς	0900, 0939, 0951,
πρεσβυτέριον	4991		5045, 5046, 5047, 5049		4328, 5171
πρεσβύτερος	3265,	προστατικός	5048	πύξος	0938
	4991, 4993	πρόστυλος	5051	πῦον	5149
πρεσβύτης	0490	προσυλλογισμός	5052	πυόρροια	5150

Griechische Ursprungswörter

πύρ	5152, 5154, 5155, 5158, 5159, 5160, 5161, 5162, 5163, 5165	πυρετικός	0388	Πύρρος	5167
		πυρετός	0388, 2590, 5153	πύρωσις	5164
		πυρίδιον	5156	πυτίνη	0955
πυραμίς	5151	πυρίτης	5157	πωλεῖν	4128, 4945
πύρεξις	2590, 5153	πυρρίχιος	5166	πῶλος	1902

Ρ

ῥᾶ	5208	ῥεῦμα	5217, 5218, 5219	'Ρό	5232
ῥαβδοειδής	5209	ῥευματικός	5217	ῥόγχος	5212, 5239
ῥάβδος	5209	ῥευματισμός	5217	ῥοδοδένδρον	4119, 5237
ῥαγή	1664, 3582, 5227	ῥεῦσις	0851	ῥόδον	5233, 5234, 5235, 5236, 5237
ῥάδιξ	5177, 5178, 5179, 5187, 5189, 5206	ῥῆμα	5211		
		ῥηματικός	5211	ῥοή	1465, 1918, 2120, 2208, 3394, 3583, 4933, 5445, 5496, 6033
ῥάπτειν	5210	ῥητίνη	5205		
ῥάπυς	5190	ῥητορική (τέχνη)	5216		
ῥαφίς	5188	ῥητορικός	5216	ῥομβοειδής	5238
ῥαχῖτις	5175	ῥήτωρ	5216	ῥόμβος	5238, 5244
ῥαψῳδία	5210	ῥίζα	3880, 5230, 5231	ῥυθμικός	0852, 5241
ῥαψῳδική (τέχνη)	5210	ῥινόκερως	5229	ῥυθμός	0154, 0522, 0693, 0852, 2691, 2797, 5242, 5344
ῥαψῳδικός	5210	ῥίς	5220, 5221, 5222, 5223, 5224, 5225, 5226, 5227, 5228, 5229		
ῥαψῳδός	5210				
ῥέος	5213, 5214, 5215			ῥωτακισμός	5240

Σ

σάκκος	4591, 5247	σαρκαστικός	5269	σεβαστός	0768a, 5307, 6072a
σάκχαρ	3814, 4949, 5246	σαρκοειδής	5270		
σαλαμάνδρα	5248	σαρκοφάγος	5268	Σειρήν	5363
Σαλομών	5250	σάρκωμα	5271, 5272	σείριος	5364
σάλπιγξ	5251, 5252	Σατάν	5273, 5274	σ(ε)ιρός	5358
Σάμος	5253	Σατᾶν	5273, 5274	σεισμός	3454, 3714, 5308, 5309, 5310, 5311, 5312, 5313, 5314
σάνδαλον	5256	Σατανᾶς	5273, 5274		
σάνταλον	5257	Σατανικός	5273		
σαπρός	5260, 5261, 5262, 5263, 5264, 5265	σατραπεία	5275	σειστός	2798
		σατράπης	5275	σεῖστρον	5365
σάπφειρος	5258	σατυρίασις	5276	σελήνη	5315, 5316, 5317
Σαπφώ	5259	Σάτυρος	5276	σέλινον	5318
Σαραπεῖον	5332	σαῦρος	0054, 0617, 0903, 0915, 0931, 1348, 2670, 4063, 5135, 5277, 5278, 5279, 5500	σεμίδαλις	5328
σαρδάνιος	5266			σῆμα	0389, 0540, 2478, 3815, 5319, 5321
Σάρδιος	5267				
σαρδόνυξ	5267			σημαντικός	3815, 5320
σαρκάζειν	5269	Σεβαστιανός	0768a, 5307, 6072a	σημαντός	5319
σαρκασμός	5269			σημασία	5322

Griechische Ursprungswörter

σημεία	3815	
σημεῖον	5323, 5324, 5326	
σημειωτικός	5327	
σηπία	5330	
σηπτικός	0391, 0541, 5331	
σηρικός	5333	
σήσαμον	5335	
σῆψις	0391, 0541, 5331	
σθένος	5528	
Σίβυλλα	5346	
Σιβύλλεια (Pl.)	5346	
Σιβύλλειος	5346	
σίγμα	5350	
σιγματίζειν	5351	
σιγματισμός	5351	
σιγμοειδής	5352	
σίδηρος	5348	
σιδηρίτης	3597, 5347	
σιδηρουργία	5349	
σιδηρουγός	5349	
σίκερα	1135	
Σιληνός	5354	
σιλλογράφος	5356	
σίλλος	5356	
σίλλυβος	5357	
σίλφη	5587	
Σίμον	5359a	
σιμός	5359	
Σῖναι	5361	
σίναπι	5329	
σινδών	6156	
Σίσυφος	5366	
σῖτος	1522, 5367, 5369	
σίττακος	5368	
σίφων	5362	
σκάζων	5375	
σκάνδαλον	5370	
σκάραβος	5371	
σκάφιον	5282	
σκάφος	0774	
σκελετός	1523, 1625, 5376	
σκεπτικός	5379	
σκέψις	5379	
σκηνή	2729, 5281, 5377, 5649	
σκηνικός	5649	

σκηνογραφία	5378	
σκῆπτρον	6140	
σκληρός	0528, 6142	
σκλήρωσις	3158, 5383	
σκιαγραφία	5380	
σκολίωσις	5384	
σκοπή	0178, 0586, 0928, 1136, 1207, 1288, 1524, 1566, 1626, 1649, 1974, 2209, 2248, 2418, 2799, 3216, 3228, 3277, 3285, 3715, 3755, 3953, 4108, 4147, 4180, 4262, 4631, 5201, 5228, 5243, 5401, 5437, 5521, 5712, 5824, 5905, 6047, 6236	
σκοπός	0303, 0612, 0810, 0927, 1008, 1126, 1207, 1288, 1566, 1626, 1649, 1934, 1973, 2278, 2545, 2847, 3228, 3251, 3277, 3285, 3455, 3715, 3983, 4180, 4240, 4257, 4262, 4565, 4631, 5201, 5228, 5314, 5492, 5521, 5527, 5559, 5811, 5824, 5905, 6034, 6235	
σκορπίος	5385	
Σκύλλα	5306	
σκυλεύειν	5382	
σκῦλον	5382	
σκυτάλη	5303	
σκύφος	5386	
συκχίς	5388	
σύκχος	5388	
σκῶρ	5373, 5374	
σμαράγδειος	5387	
σμάραγδος	5387	
σμῆγμα	5295	
σμύρις	5296	
Σόδομα	5389	
σολοικισμός	5393	
Σόλων	5394	
σοφία	0345, 0801, 1974, 3179, 4361, 4655, 5402	
σόφισμα	5403	
σοφισμός	5403	
σοφιστήριον	5404	
σοφιστής	2169, 5404	

σοφιστική (τέχνη)		5404
σοφιστικός	5404	
σοφοί (Pl.)	5349a	
σοφός	0345, 1974	
σπάθη	5424, 5433	
Σπάρτη	5426, 5427	
Σπαρτιατικός	5426	
σπάρτον	1784	
σπάσις	2222	
σπασμός	1009, 1975, 2140, 2307, 2916, 3894, 5212, 5428, 5429, 5430, 5431, 5432	
σπασμώδης	0393, 5428	
σπεῖρα	5463, 5464	
σπειραία	5462	
σπέρμα	1383, 2170, 3816, 3954, 4362, 5042, 5440, 5441, 5442, 5443, 5444, 5445, 5446, 5447, 5448, 6192	
σπήλαιον	5438	
σπῆλυγξ	5439	
σπλάγχνα (Pl.)	5466, 5467	
σπλήν	5468, 5469	
σπογγιά	5472	
σπόγγος	0936a, 5472	
σπονδειακός	5470	
σπονδεῖος	5470	
σπόνδυλος	5471	
σποραδικός	5473	
σπόρος	5474, 5475, 5476, 5477, 5478	
σπυρίς	5479	
στάδιον	5480	
σταθμός	5490	
σταλακτός	5483	
στάλαγμα	5481, 5482	
σταλαγμός	5481, 5482	
στάσιμος	5488	
στάσις	0722, 1920, 2223, 2471, 2708, 3142, 3412, 3584, 4236, 5487	
στατήρ	5489, 5524	
στατική (τέχνη)	0052, 0394, 1577, 2031, 2531, 5491	

στατικός	0243, 0394, 0722, 1577, 1911, 2031, 2224, 2279, 2531, 5491, 6244	στρατήγημα	5552	σύμβολον	1862, 5493, 5589
		στρατηγία	5552		
		στρατηγικός	5552	συμμαχία	5591
		στρατηγός	5552	συμμετρία	5592
στατός	2546, 3478, 5492, 5812	στρεπτός	5557	σύμμετρος	5592
		στρόβος	5559	συμπάθεια	5593, 5594
σταυρός	5494	στρουθός	5556	συμπαθής	4444, 5593, 5595
σταφυλή	5486	στροφή	0395, 2032a, 5562		
στέαρ	1055, 5495, 5497			συμπλοκή	5597
στεγανός	5499	στροφικός	5562	συμπόσιον	5598
στέγος	5500	στρόφος	5558	σύμπτωμα	5003, 5599, 5600
στέμμα	5502, 5503	στρύχνος	5563		
στενός	5504, 5505, 5506, 5507, 5508, 5510, 5511, 5906	στρῶμα	5561	συμπτωματικός	5599
		στυλίτης	5566	σύμφυσις	5596
		στυλοβάτης	5567	συμφυτικός	5596
Στέντωρ	5512	στῦλος	1732, 4529	συμφωνία	5360
στένωσις	5509	Στυμφηλίδες (Pl.)	5568	σύμφωνος	5360
στερεοβάτης	5515	Στύξ	5565	σύν	5614, 5625
στερεός	0261, 0697, 1055, 1190, 2383, 3161, 5513, 5514, 5516, 5517, 5518, 5519, 5520, 5521, 5522, 5523, 5526, 5726a	στύππη	5545	συναγωγή	5601
		στυπττικός	2225, 5569	συναίρεσις	5608
		στύραξ	5570, 5571	συναίσθησις	5609
		στῦψις	5569	συναλγεῖν	5602
		Στωϊκός	5539	συναλλαγή	5603
στέρνον	5525	Συβαρίτης	5581	συνάλλαγμα	5603
στέφανος	1887a, 5498	συγκίνησις	5626	συναλλαγματικός	5603
στήλη	5501	συγκοπή	5627		
στῆθος	5527	σύγκρασις	2692	συναλοιφή	5604
στίγμα	0245, 0566, 5533, 5534	σύγκρατος	2693	σύναξις	5610
		συγκρητισμός	5628	συναπτός	5607
στίχος	0116, 1127, 3599, 5529, 5530, 5531, 5532, 5713	σύγκρισις	5629	συναφή	5605
		συγκριτικός	5629	σύναψις	5606
		συγχρονίζειν	5611	σύνδεσμος	5615
		συγχρονισμός	5611	σύνδετος	3819
στοά	5535	σύγχρονος	0590, 5611, 5612, 5613	σύνδικος	5616
στοὰ (ποικίλη)	5535			συνδρομή	5617
στοιχεῖα (Pl.)	5537	συζυγία	5648	συνέδριον	5618
στοιχηδόν	5538	συκοφάντης	5582	συνεκδοχή	5619
στολή	5540	συκοφαντικός	5582	συνεκδοχικός	5619
στόλος	0078	σύκωσις	5583	συνεκτικός	5620
στόμα	1650, 2104, 2844, 5541, 5542, 5543, 5544	συλλαβή	0910, 1191, 5353, 5584	συνεργία	0592, 5622
				συνεργός	5622
στομαχικός	5541	συλλαβικός	5584	σύνεσις	5623
στόμαχος	5541	σύλληψις	5585	συνέφηβος	5621
στοχαστική	5536	συλλογισμός	5586	σύνθεσις	0854, 1016, 4720, 5637
στοχαστικός	5536	συλλογιστικός	5586		
στραβισμός	5547	συμβιῶν	5588	συνθετικός	5637
στραβός	5547, 5548, 5549	συμβίωσις	5588	σύνθετον	5637
		συμβιωτής	5588	συνίζησις	5624
στραγγαλοῦν	5550	συμβολικός	5590	σύνοδος	1987, 5630
στραγγουρία	5551				

Griechische Ursprungswörter

συνοικία	5634		1385, 1879, 2030, 2143,	σχισματικός	5287
συνοπτικός	5633		2382, 2480, 2530, 2739,	σχολάρχης	5298
σύνοψις	5632		2753, 3370, 3435, 3598,	σχολαστής	5299
σύνταγμα	5635		4277, 4719, 5449, 5450,	σχολαστικός	5299,
συνταγματικός	5635		5453, 5454, 5555, 5986		5300
συντακτικός	5636	σφαιρικός	0619, 5451	σχολή	5297, 5298, 5304
σύνταξις	5636	σφαιροειδής	5452	σχολιαστής	5301
συνωνυμία	5631	σφηνοειδής	5455	σχόλιον	5302
συνώνυμος	5631	σφιγκτήρ	5456	Σωκρατικός	5390
σῦριγξ	5638	Σφίγξ	5457	σῶμα	1058, 1107, 1108,
Σύριος	5639	σφραγιστικός	5458		1109, 1110, 1111, 1627,
συσταλτικός	5640	σφυγμός	5459		2360, 2381, 2592, 2637,
σύστημα	0356, 0809,	σχέδιος	5381		3353, 3456, 3716, 5395,
	1304, 1413, 1435, 2394,	σχεδόν	5381		5396, 5397, 5398, 5399,
	2713, 2895, 4109, 4378,	σχῆμα	5285		5400, 5401, 5991, 5992,
	4555, 4802, 5575, 5641,	σχηματισμός	5285		6081, 6114
	5642, 5644, 5645, 5646,	σχίδη	6148	σωματικός	5122, 5395
	6129	σχίζειν	5288, 5289,	Σωτάδης	5406
συστηματικός	5643		5289a, 5290, 5291, 5292,	σωτήρ	5407
συστολή	5647		5293	σωτήριος	5408
σφαῖρα	0619, 0620,	σχίσις	1005, 2103	σωφροσύνη	5405
	0751, 0775, 0853a, 1112,	σχίσμα	5287		

T

τά	1584	ταυροβόλιον	5670	τελωνεῖον	6173
τακτική (τέχνη)	5658	ταυρομαχία	5671	τένων	5718
τακτικός	4721, 5658	ταὐτά	5672	τέρας	5721
τάλαντον	5659	ταὐτό	5673	τερέβινθος	5722, 5724
τὰ λοχεῖα (Pl.)	3376	ταυτολογία	5674	τέσσαρες	5725
τὰ μετὰ τὰ φυσικά		ταυτολόγος	5674	τέσσερες	5725
(Pl.)	3633	τάφος	0802, 5665	τέτανος	5727
Τάνταλος	5661	τάχος	5650, 5651	τετρα	5741
τάξις	1935, 2033, 2547,	ταχυγράφος	5652	τετραγράμματος	5732
	4688, 4721, 4754, 5676,	ταχύς	5652, 5653, 5654,	τετράγωνος	5731
	5677, 5678, 5679, 5987		5655, 5656, 5657	τετρακτύς	5733
ταπείνωσις	5663	τεινεσμός	5717	τετραλογία	5734
τάπης	5662, 5664, 5666,	τειχοσκοπία	5688	τετραμερής	5735
	5720	τεκτονική (τέχνη)	2035,	τετράμετρος	5736
ταπήτιον	5664, 5666,		5690	τετράμορφος	5737
	5720	τεκτονικός	2035, 5690	τετραπόδης	5738
ταρσός	5667	τέκτων	5689	τετραποδία	5738
Τάρταρος	5668	τελαμών	5691	τετράρχης	5739
τὰ Σιβύλλεια (Pl.)	5346	τέλεσμα	5660	τετραρχία	5739
τάσις	3717	τέλος	2384, 4364, 5707,	τετράς	5729, 5730
ταῦ	5669		5708, 5713, 5715	τετράστιχος	5740

Griechische Ursprungswörter

τετράχορδος	5728		2386, 2598, 2647, 2802,	τρίγλυφος	5939
τεῦχος	2406		3558, 3639, 3873, 3895,	τρίγωνον	5940
τέχνη	1997a, 5680, 5681,		4053, 4957, 4959, 5866,	τρίγωνος	5940, 5941
	5683, 5684, 5685		5867, 5768, 5871, 5872,	τριήρης	5937
τεχνικός	0643, 0855,		5872, 5873, 6058	τριθεΐα	5964
	0856, 1017, 1333, 1578,	τοξικόν	0398, 0634, 2227,	τρίκλινος	5942
	1936, 2034, 2532, 3757,		2672, 2740, 4023, 5845,	τρίκωλος	5943
	3759, 4955, 5013, 5165,		5891, 5892, 5893, 5894,	τρίλιθος	5945
	5392, 5682, 6062, 6227		5895, 5896, 5897, 5898,	τρίλοβος	5946
τεχνολογία	5686		5899, 5900, 5901, 5902,	τριλογία	5947
τεχνολογικῶς	5686		6245	τριμερής	5948
τεχνολόγος	5686	τόπαζος	5874	τρίμετρος	5949
τεχνοπαίγνιον	5687	τοπική (τέχνη)	5875	τρίμορφος	5950
τῆλε	0857, 3499, 5692,	τοπικός	5876	τρίοδος	5951
	5693, 5694, 5695, 5696,	τοπογραφία	4724, 5879	τριπλόος	5954
	5697, 5698, 5699, 5700,	τοπογράφος	5879	τριποδία	5955
	5701, 5702, 5703, 5704,	τόπος	0861, 1315, 1846,	τρίπους	5958
	5705, 5706, 5709, 5710,		2803, 2804, 2805, 2806,	τρίπτυχος	5956, 5957
	5712, 5714		4110, 4111, 5129, 5510,	τρισάγιος	5959
τηλεσκόπος	5185, 5711,		5877, 5878, 5880, 5881,	τρισκαίδεκα	5960
	5712		5882, 5883, 5884, 6049	τρίστιχος	5961
τήν	5485	τορνεύειν	0407, 3128,	τρισύλλαβος	5962
τιάρα	5849		5889, 5996	τριταγωνιστής	5963
τίγρις	5850	τόρνος	5204, 5207, 5885,	τρίτονος	5968
Τιθωνός	5859		5886, 5889, 5890, 5996	τρίτος	5965, 5966
τίλλειν	5934	τράγημα	1419	Τρίτων	5967
τιμή	5851	τραγικός	5909, 5910,	τρίχινος	5932
τιμοκρατία	5852		5911, 5912	τριχοτομεῖν	5935
τιμοκρατικός	5852	τραγῳδία	0995, 5913	τρίχωσις	5933
Τίμων	5853	τραγῳδός	5913	Τροία	5974
Τιτάν	5856, 5857, 5858	τράπεζα	5917	τροπαί (Pl.)	3976, 5576,
Τιτανικός	5856	τραπέζιον	5917		5977
τό	0958, 3957, 5888	τραῦμα	5294, 5918, 5919	τρόπαιον	5978
τὸ ἀρτίδιον	0958, 5888	τραυματικός	4976, 5918	τροπή	0269, 2039, 4443,
τὸ νηκτόν	3957	τραχεῖα (ἀρτηρία)			5975, 5976
τόκος	0521, 2917, 5769,		5903, 5904, 5905, 5906,	τροπικός	5576
	5861, 5862		5907	τρόπος	0862, 1235, 1764,
τομή	0347, 0529, 0699,	τράχωμα	5908		2481, 2553, 3653, 4725,
	0929, 1142, 1581, 1976,	τρεῖς	5927, 5938, 5944,		4875, 5846, 5985, 5986,
	3191, 3278, 3286, 3322,		5952, 5953		5987, 5988
	3371, 3375, 3989, 4022,	τρῆμα	5920	τροφή	0700, 2387, 2599,
	4632, 5469, 5549, 5718,	τρηματώδης	5921		2648, 5046, 5979, 5980,
	5825, 5863, 5864, 5907,	τρία	5927, 5938, 5944,		5981
	6003, 6052, 6193, 6194		5952, 5953	τροχαϊκός	5970
τόμος	5865	τριαρχία	5925	τροχαῖος	1389, 5970
τονικός	5869, 5870	τριάς	5924, 5926	τρόχιλος	5971
τόνος	0081, 0366, 0787a,	τριβάς	5928	τρύειν	5993
	0860, 1010, 1076, 1244,	τρίβειν	5929	τρύπανον	5922, 5991,
	1314, 1474, 1775α, 2310,	τρίβραχυς	5930		5992

τρώγειν	5973	τύπος	0697, 0701, 0863,	τύραννος	6011
τρωγλοδύτης	5972		1113, 1996, 2383, 2676,	τύρβη	5989
τρώγων	5973		2694, 3385, 3397, 3573,	τυρός	0953, 0958
τύλωμα	5998		4302, 4611, 4726, 5511,	τυφλός	6003
τύμβος	2961, 5994		5522, 6002, 6007, 6008,	τῦφος	4446, 5564, 6005
τυπικός	0638, 0701,		6009, 6010	τυφῶν	6004
	4098, 4447, 4611, 6006	τυραννεῖν	6011	τύχη	5997
τύμπανον	5854, 5999,	τυραννικός	6011	τωρτίδιον*	5888
	6000, 6001	τυραννίς	6011		

Y

Ὑάδες (Pl.)	2494		3092, 6012	ὑπερμετρία	2582
ὕαινα	2495	ὑετός	2538, 2539, 2780	ὑπέρμετρος	2582
Ὑάκινθος	2495a	ὑλαῖος	2548	ὕπνος	0673, 2603, 2604,
ὑάκινθος	2495a	ὕλη	0012, 0018, 0612,		2605, 2606, 2607, 2608
ὕαλος	2494a		0967, 2549, 2550, 2552,	ὑπνωτικός	2609
ὕβρις	2496		2553, 2554, 3655, 3662,	ὑπό	2602, 2610, 2611,
ὑγιεινή	2052, 2540, 2738,		4541, 4637, 4912, 4960,		2613, 2614, 2615, 2617,
	5339		5028, 5033, 6064		2619, 2621, 2622, 2626,
ὑγιεινός	2051, 2540, 5339	ὑλικός	2551		2627, 2628, 2629, 2630,
ὑγρός	2541, 2542, 2543,	ὑμέναιος	2555, 2556		2633, 2634, 2637, 2642,
	2544, 2545, 2546, 2547	ὑμήν	2555		2644, 2646, 2647, 2648,
Ὕδρα	2496a	ὕμνικός	2557		2649
ὕδρα	2496a	ὑμνογράφος	2559	ὑπόγαιον	2618
ὑδραγωγός	2497	ὕμνος	2557, 2560, 3929	ὑπόγαιος	2616
ὑδράργυρος	2498	ὑμνῴδης	2558	ὑπόγειον	2618
ὑδραυλικός	2499	ὑμνῳδία	2558	ὑπόγειος	2616
ὑδρία	2500	ὑπαίθριος	2562	ὑπόθεσις	2645
ὑδροκέφαλος	2536	ὑπαλλαγή	2561	ὑποθετικός	2645
ὑδρολόγιον	2513	ὑπέρ	0366, 2563, 2564,	ὑποθήκη	2643
ὑδρομαντεία	2516		2565, 2566, 2571, 2572,	ὑπόκαυστον	2620
ὑδροφοβία	2523		2573, 2574, 2575, 2576,	ὑπόκαυστος	2620
ὑδροφόβος	2523		2577, 2578, 2579, 2580,	ὑποκείμενον	2621
ὑδροφόρος	2524		2581, 2582, 2583, 2584,	ὑποκορισμός	2623
ὕδρωψ	2526, 2529		2585, 2586, 2587, 2588,	ὑποκοριστικός	2623
ὕδωρ	0291, 1178, 1179,		2589, 2590, 2591, 2592,	ὑπόκρισις	2624
	2497a, 2498a, 2499a,		2593, 2594, 2595, 2596,	ὑποκριτής	2624
	2501, 2502, 2503, 2504,		2597, 2598, 2599, 2600,	ὑποκριτικός	2624
	2505, 2506, 2507, 2508,		5046	ὑπόλεπτος	2625
	2509, 2510, 2511, 2512,	ὑπερβατόν	2567	ὑπόμνημα	2631
	2514, 2515, 2517, 2518,	ὑπερβατός	2567	ὑπόμνησις	2632
	2519, 2520, 2521, 2522,	ὑπερβολή	2568, 2569	ὑπόρχημα	2636
	2525, 2527, 2527a, 2528,	ὑπερβολικός	2568	ὑπόστασις	2638
	2530, 2531, 2532, 2533,	Ὑπερβόρειοι (Pl.)	2570	ὑποστατικός	2638
	2534, 2535, 2537, 2744,	ὑπερβόρεος	2570	ὑπόστυλον	2639

ὑπόστυλος	2639	ὕσσωπο	6116	ὑφαίρησις	2601
ὑποτακτικός	2640	ὑστέρα	2652, 2653, 2655,	ὑφέν	2602
ὑπόταξις	2640		2656, 2657, 2658	ὑφ' ἕν	2602
ὑποτείνειν	2641	ὑστέρησις	2654	ὖ ψιλόν	6114, 6115
ὑποτείνουσαι		ὑστερικός	2655	ὕψι	2650
(πλευραί) (Pl.)	2641	ὕστερον	2658a	ὕψος	2651
ὑπόφυσις	2635	ὕστερον πρότερον			
ὑποχόνδριος	2612		2658a		

Φ

φαγεῖν 0045, 0343, 0721, 0798, 2021, 2374, 2474, 2669, 3366, 3451, 3708, 3799, 4127, 4169, 4425, 4426, 4599, 4752, 4775, 5262, 5508, 5655
Φαέθων 4598
Φαίαξ 4597
φαίνειν 4635, 4636, 4637
φαίνεσθαι 4607, 4608, 5089
φαινόμενον 1714, 4608, 4609, 4610, 4611, 5089
φάλαγξ 4600, 4806
φαλλικός 4601
φαλλός 4602, 4603, 4604, 4605, 4606
φανός 0975, 1093, 1887, 2793, 3367
φαντασία 1888, 4612
φάντασμα 4613, 4614, 4615
φανταστής 4614
φανταστικόν 4614
φανταστικός 1888, 4614
Φαραώ 4616
Φαρισαῖος 4617
φαρμακευτής 4625
φαρμακευτική (τέχνη) 4625
φαρμακευτικός 4625
φαρμακεία 4626
φάρμακον 3800, 4618, 4619, 4620, 4622, 4623,

4624, 5119
Φάρος 4627
φάρυγξ 4628, 4629, 4630, 4631, 4632, 4633
φάσηλος 1897
Φασιανός (ὄρνις) 1889
φάσις 1468, 3629, 3801, 4430, 4634, 5290
φελλός 4369
φέρειν 1896, 4639, 4810, 6056
Φερεκράτης 4638
Φερενίκη 1896, 6056
φήμη 2375
φθειρίασις 4742
φθισικός 4745
φθίσις 4743, 4744
φθόγγος 5953
φῖ 4640
φιάλη 0193, 1891, 4641, 4658
φιλαλήθης 4642
φιλανθρωπία 4643
φιλανθρώπινος 4643
φιλάνθρωπος 4643
φιλέλλην 4646
φιλία 0259, 0672, 0685, 0799, 1682, 1904, 1928, 2048, 2217, 2290, 2475, 2522, 2543, 3055, 3140, 3351, 3462, 3948, 4285, 4429, 5431, 5807, 6044, 6090, 6096, 6170, 6188
Φιλιππικά (Pl.) 4647

Φιλιππικός 4647
φίλιππος 4647
φιλόγυνος 4650
φιλοκαλία 4651
φιλολογία 4652
φιλόλογος 4652
φιλομαθία 4653
φιλοξενία 4656
φίλος 0799, 1432, 1671, 1682, 1904, 1928, 2048, 2275, 2296, 2475, 2522, 2543, 3351, 3368, 3414, 4037, 4102, 4140, 4285, 4429, 4644, 4645, 4648, 4649, 4654, 4655, 4715, 4966, 5131, 5215, 5263, 5431, 5783, 5807, 6090, 6096
φιλοσόφημα 4655
φιλοσοφία 1910, 4655
φιλόσοφος 4655
φίμωσις 4657
φλέγμα 4663
φλεγμασία 4663
φλεγματικός 4663
φλεγμονή 4664
φλέψ 4659, 4660, 4661, 4662, 5830
φλογίζειν 0383
φλογιστος 0383
φλογογενής 4666
φλόγωσις 4666
φλύαξ 4667
φόβος 0072, 0344, 0767,

0771, 0800, 1778, 1905,
1929, 1950, 2049, 2174,
2206, 2276, 2297, 2376,
2455, 2476, 2650, 2839,
2899, 2947, 3056, 3064,
3141, 3273, 3352, 3415,
3802, 3949, 4060, 4075,
4141, 4146, 4356, 4408,
4668, 4687, 4716, 4744,
5153, 5369, 5665, 5749,
5757, 5883, 5901, 5960,
6045, 6053a, 6091, 6189
Φοινίκη 4669
φοίνιξ 4679
φόνος 4685
φόρησις 1574, 4691
φορητός 1574
φόρμιγξ 4692
φορός 0047, 0260, 1092, 1106, 1496, 3229, 3402, 3828, 5321, 5792, 5808
φοῦ 5189
φράσις 0287, 0424, 0913, 1471, 1485, 4728, 4729, 4730, 4731, 4732, 4942
φραστικός 2450
φρατρεία 4733
φρενητικός 1908, 4735
φρενῖτις 4736
φρήν 2250, 4433, 4734, 4737, 4738, 4739, 4740, 5291
Φρύγιος 2634, 4741

φῦκος 4747
φυλακτήριον 4748
φυλακτικός 0239
φύλαξις 0239, 3632, 5656
φυλετικός 4749
φύλη 4749
φύλλον 0427, 1044, 1716, 3564, 3898, 4750, 4751, 4752, 4752a, 4753, 6079
φῦλον 4756, 4757
φῦμα 5225
φυσικά (Pl.) 3633
φυσική (τέχνη) 0585, 0628, 0847, 2023, 2588, 3633, 3710, 4759, 4811, 5120
φυσικός 0585, 2023, 2588, 3633, 4759, 4760, 4761, 4762, 5120
φυσιογνωμία 4764
φυσιογνωμονικός 4765
φυσιογνώμων 4764
φυσιολογία 4766
φυσιολόγος 4766
φύσις 1125, 1451, 3652, 3805, 4017, 4491, 4717, 4758, 4763, 4765, 4767, 4768, 4769
φυτικός 3973, 4769
φυτόν 0048, 0935, 1045, 1229, 1622, 1693, 1718, 1941, 2024, 2292, 2298,

2525, 2544, 3452, 3711,
4770, 4771, 4772, 4773,
4774, 4775, 4776, 4777,
5264, 5292, 5444, 5477,
5753, 6098, 6190
φώνεμα 3834
φωνή 0046, 0071, 0114, 0146, 0454, 0642, 1062, 1342, 1398, 1469, 1573, 1906, 2022, 2130, 2688, 2794, 3045, 3434, 3534, 3574, 3709, 3803, 4233, 4260, 4431, 4670, 4671, 4672, 4676, 4678, 4680, 4681, 4682, 4683, 4684, 4686, 4687, 4688, 4689, 4690, 5172, 5280, 5313, 5520, 5694, 6059, 6109
φώνεμα 4673
φωνητικός 0846, 4674, 4675, 4677
φώς 0423, 0584, 1124, 1828a, 3442, 3697, 4693, 4694, 4696, 4697, 4698, 4699, 4700, 4701, 4702, 4703, 4705, 4706, 4707, 4708, 4709, 4710, 4711, 4712, 4713, 4714, 4715, 4716, 4717, 4718, 4719, 4720, 4721, 4722, 4723, 4724, 4725, 4726, 4727, 5436, 5518, 5695, 5696
φωσφόρος 4695

Χ

χαίρειν 0979
χαιρέφυλλον 3017
χαίτη 4125, 5464
χάλιξ 0981
Χαλκηδών 0984
χαλκός 0982, 0983
χαμαί 0985, 2866
χαμαίμηλον 2866
χάος 0818, 0986, 1957, 1958

χαρακτήρ 0987, 0988, 0991, 0992, 0993, 0994, 0995
χαρακτηρίζειν 0989, 2572
χαρακτηριστικός 0990
χάρις 0996
χάρισμα 0997
χάρτης 0969, 0999, 1000, 1001, 1002, 2928, 2929,

2930, 2931, 2932, 2933,
2934, 2935, 2936, 2937,
3022, 5284, 5372
Χάρυβδις 1003, 5306
χάσμα 1004, 2770, 2949
χάσματα (Pl.) 2949
χεῖλος 1005
χείρ 0014, 1006, 1007, 1008, 1009, 1010, 1028,

Griechische Ursprungswörter

1029, 1030, 1031, 1032, 1033, 1034, 1035, 1036
χειράγρα 1028
χειρουργία 1037, 1546, 1985, 3690, 4005
χειρουργικός 1037, 4005
χειρουργός 1037, 4005
χελιδόνιον 5284a
χελώνη 1011
χερουβίμ 1019
χημεία 0124a, 0813, 1012, 1013, 1014, 1015, 1016, 1017, 1018, 1545, 2002, 2433, 2660, 3107, 3170, 3688, 4004, 4205, 4580, 4585, 4699, 4760
χθόνιος 1132
χθών 0138, 3548
χῖ 1020
χίασμα 1021
χιασμός 1022
χιαστός 1022
χιλιάς 1024
χιλιασμός 1025
χιλιασταί 1025
χίλιοι 3024, 3025, 3026, 3027, 3028, 3029, 3030, 3031, 3032, 3033, 3034
Χίμαιρα 5286
χίμαιρα 1026
χιτών 1039
χιών 1027
χλαῖνα 1040
χλαμύς 1041
χλωρός 1042, 1043, 1044, 1045, 1046, 1047, 1048, 2819, 3427, 3930, 4541, 4960
χολέρα 1053, 3106
χολή 1049, 1050, 1051, 1052, 1054, 1055, 1057, 2093, 2573, 4126
χόνδρος 1058, 1059, 3751
χορδή 0096, 1061, 1062, 1063, 1145, 2908, 3057, 3148, 3775, 4112, 4779
χονδρίον 3751
χορεία 1064
χορεῖος 1068
χορευτής 1069
χορευτικός 1069
χορηγός 1065
χορίαμβος 1071
χορός 1060, 1066, 1067, 1070, 1072, 1075, 1076, 1077
χρεία 1080
χρηματιστική 1078
χρηστομάθεια 1079
χρῖσμα 0958, 1081, 1150
Χρῖστε ἐλεῖσον 1082
Χριστιανός 1085, 2927a, 3051a, 3198, 3199
Χριστῖνα 1086
Χριστός 0358, 1082, 1083, 1084, 1087, 1088, 1089, 1090, 1091, 1092, 1093, 1094, 1095
Χριστοφόρος 1092, 5537a
χρονικὰ βιβλία 1114
χρονικός 1114
χρονισμός 2773
χρονιστός 1115, 1116
χρονογραφία 1120
χρονογράφος 1120
χρονολογία 1121, 1210, 2003, 2089
χρονολογικός 1121
χρονολόγος 1121
χρόνος 1115, 1117, 1118, 1119, 1122, 1123, 1124, 1125, 1126, 1127, 1261, 2773, 3606
χρυσάνθεμον 1128
χρυσογραφία 1130
χρυσός 1128, 1129, 1131
χρῶμα 0137, 1096, 1100, 1101, 1102, 1103, 1104, 1105, 1106, 1107, 1108, 1109, 1110, 1111, 1112, 1113, 1322, 1323, 1457, 2210, 2359, 2360, 2574, 2772, 3348, 3614, 3776, 5797, 6038, 6076, 6081, 6114, 6238
χρωματικός 1097, 1099, 1322, 2772, 3776
χρωμάτινος 1098
χυλός 1133
χύμα 0124a, 0813, 1012, 1013, 1014, 1015, 1016, 1017, 1018, 1545, 2002, 2433, 2660, 3107, 3170, 3688, 4004, 4205, 4580, 4585, 4699, 4760
χυμεία 0124a, 0813, 1012, 1013, 1014, 1015, 1016, 1017, 1018, 1545, 2002, 2433, 2660, 3107, 3170, 3688, 4004, 4205, 4580, 4585, 4699, 4760
χυμός 1134
χωλίαμβος 1056
χώρα 0136, 0263, 0334, 0658, 2771
χωρεῖν 6179
χώρησις 4544
χωρισμός 2118
χωριστός 2118
χῶρος 1073, 1074, 2771

Griechische Ursprungswörter

Ψ

ψαλίς	5073	ψῖ	5087, 5089		5100, 5101, 5102, 5103,
ψαλμιστής	5074	ψιλόν	1753, 6114, 6115		5104, 5105, 5107, 5108,
ψαλμός	5074, 5249	ψιλός	1753, 6114, 6115		5110, 5111, 5112, 5113,
ψαλμῳδία	5075	ψίλωσις	5088		5114, 5115, 5116, 5117,
ψαλτήριον	5076	ψίττακος	5090, 5368		5118, 5119, 5120, 5121,
ψελλισμός	5077	ψυχαγωγικός	5092		5122, 5123, 5124, 5125,
ψευδεπίγραφος	5080	ψυχαγωγός	5092		5126, 5127, 5128, 5129,
ψευδολογία	5084	ψυχοειδής	5109		5343, 5400, 5840
ψευδολόγος	5084	ψυχή	0849, 1913, 2027,	ψωρίασις	5091
ψεῦδος	5064, 5079, 5081,		2493a, 3503, 3634, 3812,	ψυχικός	3634, 4019,
	5082, 5083, 5085, 5086		4019, 4050, 4301, 4358,		4438, 5095, 5096
ψευδώνυμος	5086		4438, 4492, 4623, 5093,	ψυχρός	5130, 5131
ψῆφος	5073		5094, 5097, 5098, 5099,		

Ω

ὦ	4142	ὦ μέγα	4142	Ὠρίων	4216
ὠγύγιος	4096	ὦμος	4136, 4137	ὡρολόγιον	2492
ᾠδεῖον	4088	ὠμοφαγία	4144	ὡροσκοπεῖον	2492a
ᾠδή	4086, 5210	ὤνιος	4151	ὠσμός	4238
Ὠκεανίς	4100	ᾠόν	4171, 4173	ὠταλγία	4257
Ὠκεανός	0617, 4270,	ᾠοφόρος	4172	ὤχρα	4085
	4271, 4272, 4273, 4274,	ὥρα	2488, 6013	ὦψ	0171, 0562, 2583,
	4275, 4276, 5916	Ὧραι (Pl.)	2488		4990